KB154934

『翰苑』蕃夷部의 세계

『翰苑』 蕃夷部의 세계

한원연구회 엮음

학연문화사

책머리에

『한원』은 660년(唐 顯慶 5년)에 張楚金이 찬술하고, 雍公睿가 訓注한 類書입니다. 이 책은 宋代 이후 중국에서 자취를 감추었는데, 1917년 일본 太宰府天滿宮 宮司인 西高辻家에서 그 최종권으로 추정되는 蕃夷部의 필사본이 발견되었습니다. 『한원』 번이부는 천하의 孤本으로 문헌적 가치가 높습니다. 한국고대사를 이해하는 데도 필수적인 사료입니다.

잘 알려진 대로 『한원』 번이부에는 중국 사방의 15개 이상의 나라와 종족을 서술 하였지만, 편찬 당시에 존재한 것은 고구려 · 신라 · 백제 · 왜 등 東夷諸國이었습니다. 더욱이 동이제국에 대해서는 현전하지 않는 『隋東藩風俗記』·『括地志』·『高麗記』 등 隋唐代에 작성된 1차 자료가 다수 인용되어 있습니다. 많은 학자들이 『한원』 번이부를 주목한 까닭입니다.

하지만 『한원』의 正文과 注文은 판독부터 쉽지 않습니다. 정문은 사륙병려문으로 난해하며, 주문은 오탈자와 衍文이 곳곳에 보입니다. 더구나 필사자는 틀린 곳을 알면서도 그대로 두었습니다. 그러므로 누구나 『한원』 번이부를 인용하지만, 일부 구절만 발췌하는 등 이용이 제한되어 있었습니다. 일본과 중국에서 몇 종의 교감본과 역주본이 나왔으나, 판독과 교감 그리고 역주를 동반하지는 못하였습니다. 6~7세기 한국고대사에 대한 이해가 부족하였기에 정확성에 의문도 있었습니다.

한원연구회는 이러한 문제의식을 공유하며 2015년 7월에 결성하였습니다. 그로부터 2018년 10월까지 성균관대학교, 동국대학교, 숙명여자대학교, 동북아역사재단, 한성백제박물관 등에서 거의 매월 강독회를 열었습니다. 45회에 걸친 連讀이었습니다. 그리고 2017년 동북아역사재단의 지원을 받아 2018년 12월 『역주 한원』(동북아역사재단, 자료총서52)을 간행하였습니다. 이어 서울대학교 규장각한국학연구원과 공동으로 『한원』에 대한 국제학술회의를 개최하였습니다(『일본 소재 唐代類書, 『翰苑』 蕃夷部의 종합적 검토』, 청주 나무호텔, 2020.12.28.). 이 책은 학술회의의 성과를 다시 묶은 것입니다.

『역주 한원』은 한원연구회의 첫 성과였습니다. 3년 넘도록 이어진 강독회에 30여 명이 넘는 연구자가 참여하였고, 집필에만 16명이 참여했습니다. 『역주 한원』은 강독회에 참여한 회원 모두의 공동 작업이었습니다. 특히 역주의 초고를 마친 2018년 봄(4.19~4.29)에는 『한원』 찬자 張楚金의 고향인 중국 山西省 일대의 답사도 하였습니다. 우리의 작업은 여전히 아쉬움이 남지만, 지금까지 나온 역주서 중에 가장 큰 공력이 들었다는 점은 자부해도 좋지 않을까 합니다.

이 책은 『역주 한원』의 후속작이자 강독회의 마무리 작업이라고 할 수 있습니다. 이로써 한원연구회는 모임의 이름에 걸맞게 자료의 강독과 역주, 현지 답사와 학술회의, 그리고 연구서 간행의 全과정을 밟았습니다. 2015년 7월부터 7년의 세월이 걸렸습니다. 회원의 수는 2배 가까이 되었고, 석 · 박사 학위과정을 전후하였던 우리 회원 중 다수가 한국고대사학계의 일원으로 정착하였습니다.

그동안 많은 분의 관심과 지원이 있기에 가능하였습니다. 먼저 연구회의 결성 초기부터 선뜻 강독회 장소와 지원을 아끼지 않으신 김경호 선생님(성균관대학교)의 후의가 떠오릅니다. 여러 차례 강독회 장소를 제공해 주신 김기섭 선생님(한성백제박물관, 현 경기도박물관)과 김지영 선생님(숙명여자대학교)의 배려도 잊을 수 없습니다. 주보돈 · 이영호 선생님(경북대학교)은 우리 회원을 대구와 경주로 불러 숙식 제공은 물론 격려를 아끼지 않으셨습니다. 이 기회를 빌려 감사의 말씀을 올립니다. 특히 이성제 선생님(동북아역사재단)은 『역주 한원』의 난해한 정문 번역을 맡아주셨고, 동북아역사재단에서 출간되도록 애써 주셨습니다. 깊이 감사드립니다.

아울러 이 책의 기획을 비롯하여 연구회의 실무를 맡아주신 권순홍 · 백다해 · 안정준 · 위가야 · 이정빈 · 전상우 선생님, 어려운 상황에도 불구하고 기꺼이 출판을 맡아주신 학연문화사 권혁재 대표님, 이 책을 이토록 훌륭하게 꾸며주신 권이지 선생님께 감사의 말씀을 올립니다.

2022년 5월 31일
필자의 마음을 모아
윤용구

목 차

제1부 연구의 현황

제2부 장초금과 『한원』

제3부 『한원』과 한국고대사

제4부 7세기 동아시아와 『한원』

제1부
연구의 현황

翰苑

蕃夷部의 세계

『翰苑』의 편찬과 蕃夷部

윤용구

Ⅰ. 머리말

『翰苑』은 唐 고종 顯慶 5년(660) 張楚金(?~689)이 찬술하고, 雍公叡가 注를 붙인 類書의 抄寫本이다. 문헌으로만 전하던 『翰苑』의 殘卷 蕃夷部가 1917년 일본에서 발견된 지도 한 세기가 넘었다. 『한원』 번이부는 사방의 15개 이민족을 서술 대상으로 삼았지만, 현실사회에 존재한 것은 고구려를 위시한 백제 · 신라 · 왜 등 東夷諸國 뿐이었다.

이런 점에서 『三國志』 '東夷傳'이 한국 고대 초기의 사정을 보여주는 것이라 한다면, 『한원』 번이부는 삼국시대 후기의 '동이전'이라 할 만하다. 특히 『한원』 번이부에는 현재 전하지 않는 많은 자료가 인용되어 있는 바, 6~7세기 한국고대사 연구에 있어서 가장 중요한 문헌 자료로 평가된다.

『한원』은 1922년 처음 실제 크기의 영인본이 간행된 이래 일본과 중국에서 적지 않은 교감 · 역주, 그리고 관련 연구가 반복되었다.[1] 그 이유는 현재의 『한원』은 오탈자와 衍文이 유난히 많은 데다, 騈儷體의 大字 正文은 난해하여 이용에 주의를 요하기 때문이다.

한국학계에서는 1980년 全海宗의 일련의 연구에 따라 『한원』 찬자와 주석자 그리고 이에 인용된 『魏略』 등에 관한 문헌적 이해가 시도되었다.[2] 이에 바탕하여 金鍾完은 東夷

1 『翰苑』 1922, 「京都帝國大學文學部景印唐鈔本」 第1集, 京都大學文學部 국립중앙도서관 古200.1; 『翰苑』 1933, 「藤田亮策藏 抄寫本」 국립중앙도서관 古.2205.28; 『翰苑』 1934, 「遼海叢書」(8集上) 排印本, 大連, 遼海叢書編印社.; 『翰苑』 1950, 「朝鮮學術院藏 油印本」국립중앙도서관 古.2209.15; 『翰苑』 1974, 「太宰府天满宮一千七十五年記念影印本」, 福岡, 太宰府天满宮文化研究所.; 『翰苑』 1977, 「竹內理三 校訂 · 解說本」, 福岡, 太宰府天满宮文化研究所.; 『翰苑校釋』 1983, 「湯淺幸孫 校釋本」, 東京, 國書刊行會.; 『《翰苑 · 蕃夷部》校譯』 2015, 張中澍 · 張建宇 校譯, 長春, 吉林文史出版社.

2 全海宗, 1980, 『東夷傳의 文獻的 硏究』, 일조각, 44~46쪽.; 1983, 「《魏略》과 《典略》」 『歷史學報』 99 · 100合. ; 1991, 「魏略과 翰苑」 『第四屆中國域外漢籍國際學術會議論文集』, 聯合報文化基金會國學文獻館 ; 2000, 『동아시아사의 비교와 교류』, 지식산업사.

傳이라 할 항목(부여 · 삼한 · 고구려 · 신라 · 백제)에 대한 상세한 문헌적 연구를 진행하였다.[3] 곧 기존 교감과 비교 검토하여 새로운 교감을 시도하는 한편 연대기 자료와의 검토를 통해 오 · 탈자와 衍文, 注文의 자의적 改文으로 인한 사료상의 문제점을 드러냈다.

金鍾完의 연구를 전후하여 『한원』 삼한과 신라 및 注文構成에 대한 연구 성과가 제출되었다.[4] 이를 바탕으로 동북아역사재단에서 펴낸 『譯註 翰苑』(2018)이 출간되면서 본격적인 연구의 기반을 만들게 되었다. 『譯註 翰苑』은 뒤에 언급한대로 해방 전후 朝鮮學人들이 영인본 『한원』에 의거 처음 교감한 이래[5] 70여 년 만의 성과였다.

그럼에도 불구하고 한국학계의 『한원』 번이부 연구는 여전히 현재 전하지 않는 기록만을 해당 시대사 연구에 이용하는 형태라 하겠다. 특히 注文에 인용한 문헌이 大字正文과 어떤 맥락인지, 나아가 해당 句文이 전체 서술 속에 지니는 의미는 간과하여 왔다. 蕃夷部의 사료적 성격과 구성의 전체상을 고려하지 않는다면, 여전히 사료 이용과 해석에서 오류를 범할 수 있다는 생각이다.

이런 점에서 『한원』의 편찬과 번이부의 正文과 注文의 관계, 각 편목의 구성, 注文에 인용된 문헌의 기재방식, 誤脫字와 衍文으로 본 자료적 성격 등이 검토되어야 할 것이다. 본고는 본격적인 연구에 앞서 기초적인 몇 가지 사항을 검토한 것이다.[6]

Ⅱ. 발견과 정리

『翰苑』은 『宋史』와 『崇文總目』 등 송대의 여러 書目에서 확인되지만, 온전히 전하지 않는다. 본래 30卷 분량이지만, 그 最終卷으로 여겨지는 蕃夷部 1卷 만이 천하의 孤本으로서 일본 福岡縣 太宰府天滿宮에 전해온다. 전장 15.86m에 달하는 墨書의 卷子本

3 金鍾完, 2008, 「《翰苑》의 문헌적 검토-夫餘 · 三韓 · 高句麗 · 新羅 · 百濟傳 기사의 검토」 『한중관계 2000년-全海宗先生九旬紀念 韓中關係史論叢』 서울, 소나무

4 郭丞勳, 2006 「翰苑新羅傳 硏究」 『韓國古代史硏究』 43 ; 金炳坤, 2008 「翰苑撰者의 三韓傳에 대한 敍述과 理解」 『韓國史學史學報』 18 ; 申鉉雄, 2008 「翰苑三韓傳과 魏略의 逸文」 『新羅文化』 32 ; 尹龍九, 2011 「《翰苑》蕃夷部의 注文構成에 대하여」 『百濟文化』 45.

5 『翰苑』 「朝鮮學術院藏 油印本」 국립중앙도서관 古.2209.15(1950년 이전).

6 본고는 『譯註 翰苑』(동북아역사재단, 2018)의 필자가 작성한 「解題」를 보완하여, 『백산학보』(120호, 2021.8)에 게제한 논문에 오 · 탈자와 표현의 일부를 수정한 것이다.

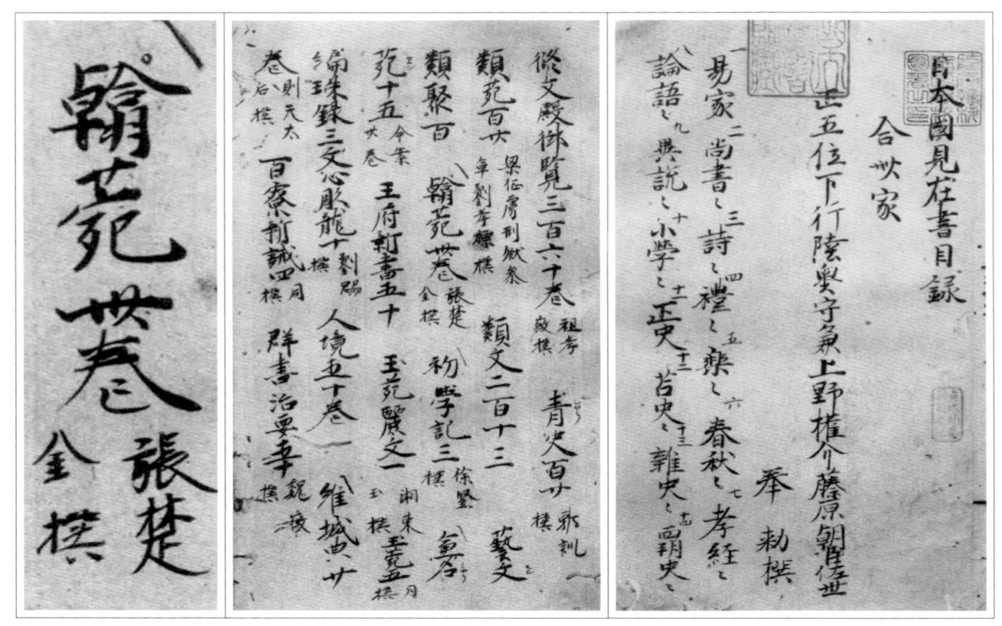

〈그림 1〉 藤原佐世 奉勅撰『日本國見在書目録』(宮內廳書陵部 所藏 室生寺本의 영인본, 1925)

으로, 9세기 平安初期 鈔本으로 알려져 있다.[7]

일본에 전래된 시기는 831년 滋野貞主(785~853)가 찬집한 『秘部略』에도 인용되어 있고, 891년 작성된 『日本國見在書目録』에 『한원』 30卷이 확인되는 것으로 짐작해 볼 수 있다.(〈그림 1〉)[8] 平安末 이후 『한원』의 존재는 잊혀 졌다가, 1917년 太宰府天滿宮宝物調査할 때 黒板勝美(1874~1946)가 天滿宮 宮司인 西高辻家에 소장된 것을 재발견하여 오늘에 이른다.[9] 1931년 중요문화재에 이어 1954년 일본의 國寶로 지정되었다.

1922년 內藤虎次郎(1866~1934)의 해설을 붙인 影印本 『한원』이 京都大學에서 출판되었다.[10] 15m가 넘는 두루마리 사본을 84쪽으로 분할하되 본래 크기대로 영인하였다. 1974년 太宰府天滿宮은 『한원』 전체를 실제 크기와 분절하지 않고 두루마리 형태로 영

7 內藤虎次郎, 1922, 「舊鈔本翰苑に就きて」『支那學』 2-8(1970, 『內藤湖南全集』 7, 筑摩書房, 119~125쪽); 竹內理三, 1977, 「解說」『翰苑』 福岡, 太宰府天滿宮研究所, 141~154쪽.

8 日本國會圖書館 디지털컬렉션, 天保6년 사본. https://dl.ndl.go.jp/info:ndljp/pid/2540620 (2021.8.8. 열람)

9 竹內理三, 1977, 앞의 글, 151쪽.

10 『翰苑』, 1922, 「京都帝國大學文學部景印唐鈔本」 第1集, 京都帝國大學文學部.

인본을 제작한데[11] 이어, 1977년에는 天滿宮의 天神인 菅原道真(845~903)의 1075年忌 사업으로 일본 고중세 사원경제와 고문서 전공인 竹内理三(1907~1997)의 釋文과 訓讀文을 붙여 간행하였다.[12] 원문은 89쪽으로 쪼개되, 실제 크기의 2/3로 축소하여 첨부되었다.

1983년 중국철학 전공인 湯淺幸孫(1917~2003)은 원문 교감과 훈독문, 그리고 역주까지 붙인 校釋本을 간행하였다.[13] 원문도 축소 영인하여 붙였는데 1922년 영인본을 사용하였다. 湯淺幸孫의 교석본은 중국 고전에 대한 지식을 바탕으로 자구마다 典故를 밝혔고, 注文을 張楚金의 自注와 雍公叡의 補注로 구분하는 새로운 견해를 제시하였다. 注文에 대한 엄정한 교감을 통해 『한원』의 활용도를 높였다.[14]

중국에서도 1934년 金毓黻(1887~1962)이 1922년 영인본을 판독하여 활자본(排印本)으로 간행하였다.[15] 이른바 「遼海叢書本」이다. 그러나 이미 지적된대로[16] 불완전한 字句를 교감하면서 자의적으로 변경한 것이 많았다. 이는 2015년 張中澍 · 張建宇에 의해 『《翰苑 · 蕃夷部》 校譯』 간행의 계기가 되었다. 하지만 논란이 많은 字句의 경우 원문의 字形보다 연대기 자료에 의거하여 改字한 것이 문제라 하겠다. 2016년 王碩은 『한원』을 주제로 한 박사학위 논문에서 새로운 校注를 시도하였다. 그러나 1983년 간행된 湯淺幸孫의 교석본을 제외하여 노력이 반감되었다.[17]

국립중앙도서관에는 1922년 간행된 『한원』 영인본 외에 藤田亮策(1892~1960)이 소장했던 1933년의 抄寫本 1책과, 1945년 해방 전후 결성된 朝鮮學術院 藏書印이 찍힌 油印本 『翰苑』 1책이 소장되어 있다.(〈그림2〉) 초사본은 罫紙에 正書한 것이고, 뒤는 철필로 쓰고 등사한 것이다. 모두 1922년 영인본을 저본으로 한 것인데, 1933년 초사본은 「遼海叢書本」에 앞선 최초의 校勘本이라 하겠다.

---

11 『翰苑』, 1974, 「太宰府天満宮一千七十五年記念影印本」 福岡, 太宰府天満宮文化研究所.

12 『翰苑』, 1977, 「竹内理三 校訂 · 解說本」 福岡, 太宰府天満宮文化研究所.

13 湯淺幸孫, 1983, 『翰苑校釈』 東京, 国書刊行会.

14 일본의 『한원』 연구에 대해서는 植田喜兵成智, 2021, 「日本學界의 『翰苑』 研究 動向과 課題」 『백산학보』 120에 잘 정리되어 있다.

15 『翰苑』, 1934, 「遼海叢書」8集上, 大連, 遼海叢書編印社.

16 湯淺幸孫, 1978, 「國寶 翰苑について」 『京都大學文學部研究紀要』 18 ; 湯淺幸孫, 1983, 「前言」 『翰苑校釋』, 國書刊行會 ; 佐藤眞, 1977, 「類書「翰苑」の注末助字」 『富山大學文理學部文學科紀要』 4.

17 중국의 『한원』 연구에 대해서는 趙宇然 · 李毅夫, 2021, 「중국 학계의 『翰苑』 研究」 『백산학보』 120에 잘 정리되어 있다.

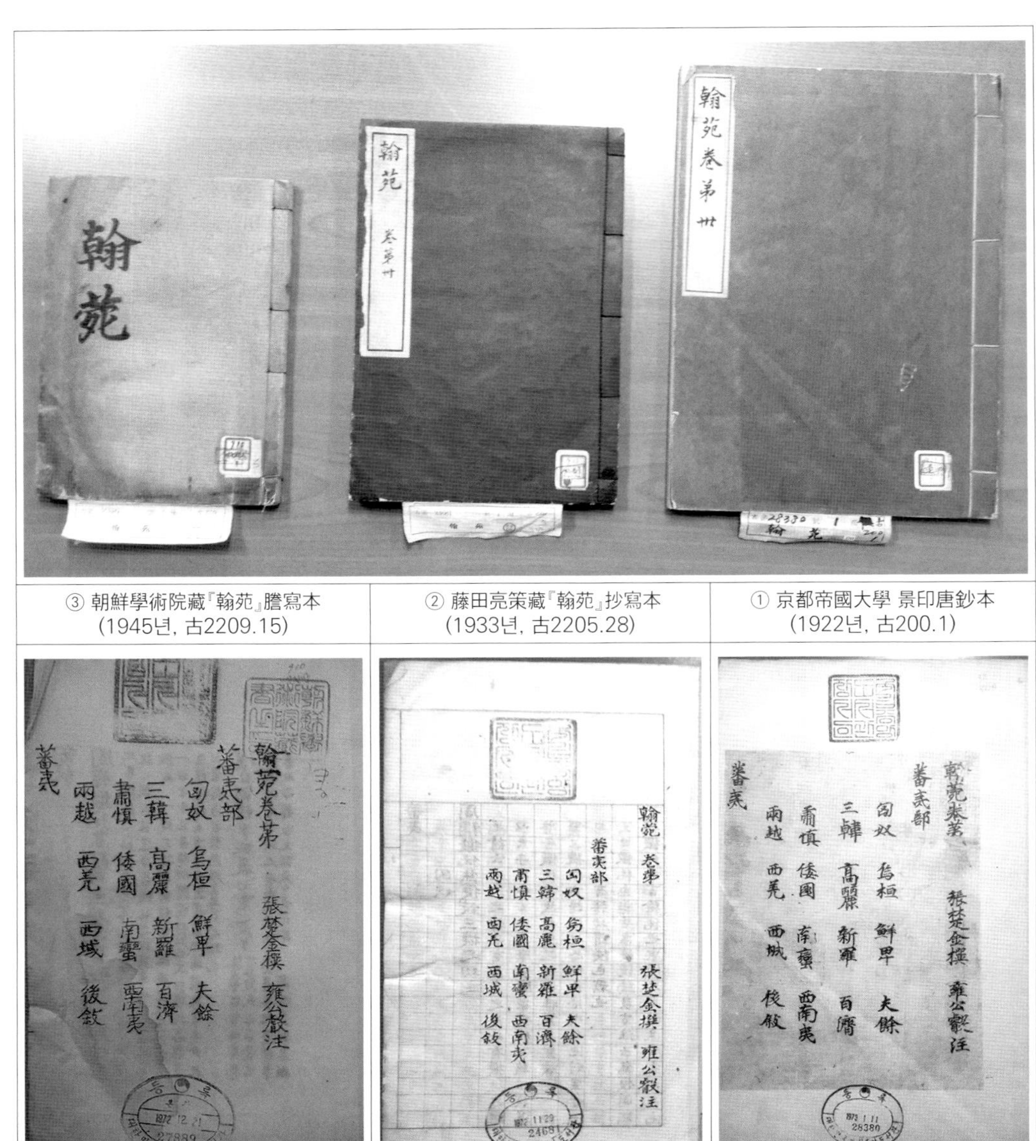

③ 朝鮮學術院藏『翰苑』謄寫本 (1945년, 古2209.15)	② 藤田亮策藏『翰苑』抄寫本 (1933년, 古2205.28)	① 京都帝國大學 景印唐鈔本 (1922년, 古200.1)

〈그림 2〉 국립중앙도서관 소장『翰苑』寫本 3종

藤田亮策藏 초사본은 '駝駱山房書屋'이라 인쇄된 원고지를 사용하였다. 그런데 말미에 "昭和八年 十月 謄寫"라는 표기와 함께 「藤田藏」이라 쓴 所藏印이 찍혀있다. '타락산방서옥'은 서울 동숭동 타락산 아래 거주하던 藤田亮策(1892~1960)의 宅號였다. 1930년대 藤田亮策을 비롯한 조선의 서적과 문화에 관심을 가진 京城 거주 일본인 지식인들

의 조선 고문헌 연구활동[18] 속에서 작성된 것으로 보인다.

국립중앙도서관에 朝鮮學術院 장서인이 찍힌 『한원』과 같은 등사본은 4책이 더 있다. 서울대학교 도서관에 두 책(일석 951.01 c362haYy ; 심악 952.02 c362haYy), 고려대학교 도서관 1책(치암 B2 A52), 명지대학교 도서관 1책(古951. 장815G)이 그것이다. 조선학술원은 白南雲(1894~1979)이 주축이 되어 1945년(8.16)부터 1950년 6월까지 활동한 民立의 학술단체 이다.[19] 여기에 서울대학교 등에 기증한 一石 李熙昇(1896~1986)·心岳 李崇寧(1908~1994)·痴菴 申奭鎬(1904~1981) 활동시기로 볼 때, 등사본 『한원』은 1950년 이전 간행으로 추정된다.

이처럼 초사본과 등사본은 일제강점기 조선에서 간행한 『한원』의 또 다른 사본이었다. 초사본은 행간과 자수를 조정하고 오탈자를 가능한 교정한 반면, 등사본은 영인본 그대로 옮기려는 노력이 역력하다.(《그림 3》) 두 사본의 성격에 대해서는 향후 검토가 요구된다.

1917년 재발견된 『한원』은 1922년 영인본으로 공개된 이래, 원문의 교감·표점·번역이 계속되고 있다. 언급한대로 1934년 金毓黻(遼海本)을 비롯하여 1977년 竹内理三(竹内本), 1983년 湯淺幸孫(湯淺本), 2015년 張中澍·張建宇(吉林本) 등 4종이 나왔다. 여기에 藤田亮策 소장의 1933년 초사본과 朝鮮學術院藏 등사본, 2016년 王碩의 학위논문 속 校注까지 합한다면 그 수는 7종에 달한다.

이는 『한원』이 類書이면서 刊刻이 아닌 寫本으로 流傳된 까닭에 원문의 교란이 심하기 때문이다. 유서의 편찬이란 이미 발췌된 기사를 다시 옮기는 작업이고, 사본의 거듭된 필사 또한 文章·語句를 줄이고 고치는 節略과 改文이 반복되었다. 더구나 『한원』의 필사자는 잘못된 부분을 알면서도 고치지 않고 이어서 새로 썼다. 전체적으로 倭國傳 이후로는 자획이 조악하고, 오탈자 등 오류도 매우 심하다.

하지만 그동안 『한원』 교감에 있어서 가장 큰 문제는 9세기 이전의 초사본을 10세기이후 刊刻의 연대기 자료를 통하여 교정하려는데 있었다. 곧 후대 문헌과 다른 경우, 『한원』의 기록을 잘못으로 보는 경향이 많았다. 뒤에서 보는 대로, 『한원』 번이부는

18 노경희, 2010, 「일제강점기 京城 거주 일본인의 한국 고문헌 연구 활동 -'書物同好會'의 활동을 중심으로-」 『서지학보』 35, 5~31쪽.

19 김용섭, 2005, 「과학자들의 '중앙 아카데미' 구상과 조선학술원 설립」 『남북 학술원과 과학원의 발달』, 지식산업사.

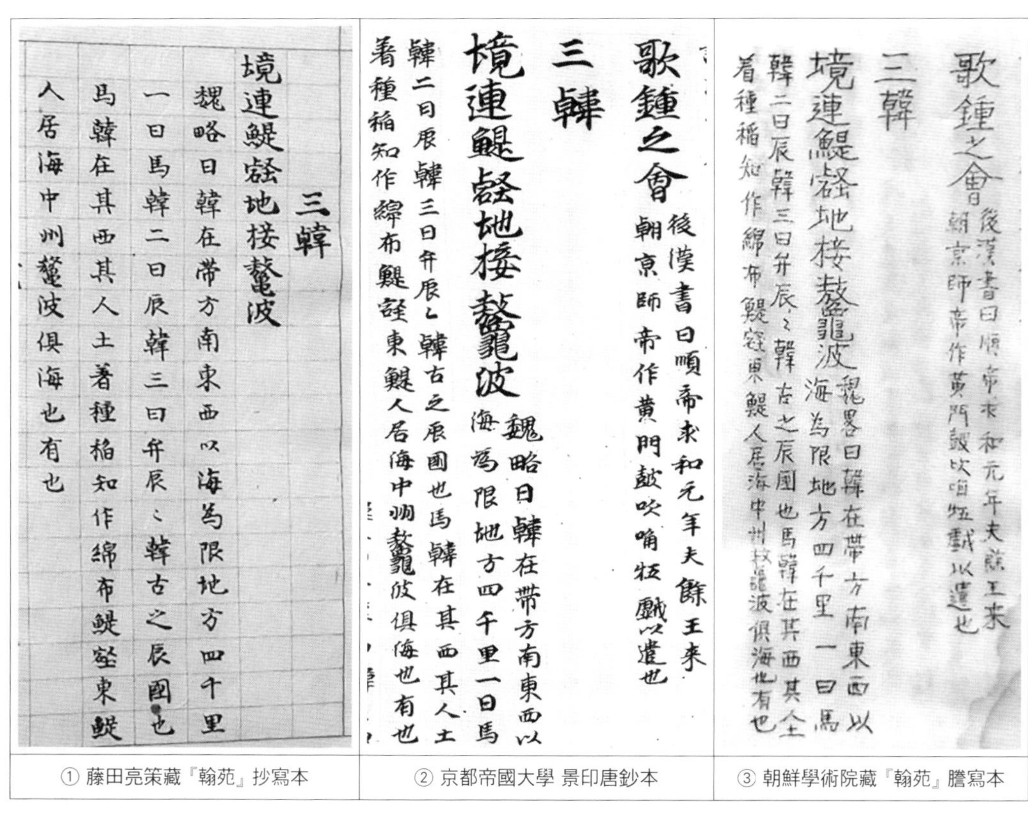
三韓
境連鯷壑地接鼇波
魏略曰韓在帶方南東西以海為限地方四千里
一曰馬韓二曰辰韓三曰弁辰〻韓古之辰國也
馬韓在其西其人土著種稲知作綿布鯷壑東鯷
人居海中州鼇波俱海也有也

① 藤田亮策藏『翰苑』抄寫本

歌鍾之會 後漢書曰順帝永和元年夫餘王來朝京師帝作黄門鼓吹角抵戲以遣也
三韓
境連鯷壑地接鼇波 魏略曰韓在帶方南東西以海為限地方四千里一曰馬韓二曰辰韓三曰弁辰〻韓古之辰國也馬韓在其西其人土著種稲知作綿布鯷壑東鯷人居海中州鼇波俱海也有也

② 京都帝國大學 景印唐鈔本

歌鍾之會 後漢書曰順帝永和元年夫餘王來朝京師帝作黄門鼓吹角抵戲以遣也
三韓
境連鯷壑地接鼇波 魏略曰韓在帶方南東西以海為限地方四千里一曰馬韓二曰辰韓三曰弁辰〻韓古之辰國也馬韓在其西其人土著種稲知作綿布鯷壑東鯷人居海中州鼇波俱海也有也

③ 朝鮮學術院藏『翰苑』謄寫本

〈그림 3〉『한원』寫本 3종의 필사 형태 : 藤田亮策藏本이 唐鈔本(②)을 완전히 재편성한데 반해, 朝鮮學術院藏 등 사본은 형태와 자획까지 그대로 재현하고 있다.

6~7세기 고구려 · 백제 · 신라에 대한 현실 인식을 제공하고자 만들어진 만큼, 그동안의 고전문학이나 철학에 대한 지식과 함께 한국고대사에 대한 이해가 뒤따라야 할 것이다. 2018년『譯註 翰苑』의 출간은 이러한 문제점을 해소하기 위한 노력이었다.[20]

20 『譯註 翰苑』은 '한원강독회'의 45회에 걸친(2015.7~2018.7) 連讀의 결과물이다. 2016년 동북아역사재단의 '소규모연구모임' 지원을 받은 데 이어 2017년 기획과제로 채택되어 간행되었다.

Ⅲ. 체재와 구성

1. 撰者와 成書時期

『한원』의 찬자 張楚金에 대하여는[21] 兩唐書의 本傳, 그리고 『全唐文』에 간단한 전기와 詩賦 2수가 남아있다.[22] 장초금은 대체로 17세(혹은 27세) 나이였던 당 태종 貞觀 연간에 진사에 입격, 李勣의 推擧로 출사하여 高宗朝에 刑部侍郎, 武后代에도 吏部侍郎, 秋官尙書에 이르는 등 현달하였으나, 酷吏 周興의 무고에 의해 689년 嶺表(南)로 유배되고 그해 7월(혹은 8월) 配所에서 絞死되었다. 그의 기록에서 특기할 것은 어려서부터 志行이 있으며 바른 품성을 지녔다는 逸話가 여러 문헌에 屢見되는 점이다.[23] 아마도 세간에 장초금이 억울한 죽음을 당했다고 여겨진 반증으로 생각된다.[24]

장초금의 自敍에 따르면 『한원』은 顯慶 5년(660) 무렵 찬술된 것으로 보인다. 곧

> 敍曰, 나는 大唐 顯慶 5년 3월 12일(계축) 幷州 太原縣의 廉平里에서 낮잠을 잣다. 꿈에 先聖 공자께서 옷을 입고 집무 보는 大堂 위에 앉아 계신 꿈을 꾸었다. 나는 자리 앞에 엎드려 「선생은 무엇 때문에 春秋를 지으셨습니까?」 물었다. 나의 형 越石이 곁에서 "선생은 기린이 잡힌 일에 감응하여 지으셨을 따름이다.」 말하였다. 내가 「선생은 다만 기린을 잡은 일에 감응한 것으로 지칭하였을 뿐, 그 깊은 뜻이 어찌 반드시 그 일에만 있다고 하겠습니까!」라 답하였다. 선생께서 말씀하시기를 「그렇다. 때로 政道가 이지러지고 禮樂은 없어지기도 한다. 고로 時事에 따라 善을 드러내고 허물을 나무라는 것이다. 이에 따라 一王의 法을 드러내려는 것이지 어찌 기린을 잡은 것에만 있겠는가!" 라 말씀하셨다. 내가 또 "「論語」에 이르기를 沂水에서 목욕하고 舞雩에서 바람을 쐬며 시를 읊고 돌아간다. 하였는데 감히 여쭙건대 무슨 의미입니까?" 라 하였다. 선생께서 말하기를 "또한 각자

---

21 장초금의 생애와 저술에 대해서는 趙望秦. 2001, 「唐文学家張楚金考」『文學遺産』 2001-5 ; 王硕. 2015, 「《翰苑》作者张楚金著述、生平辨疑」『古籍整理研究学刊』 2015-6 참조.

22 이 밖에도 『全唐文新編』 4, 張楚金條(周紹良 編, 2000, 吉林文史出版社)에는 장초금이 지은 2方의 墓誌銘이 수록되어 있다. 하지만 741년과 743년 사망한 인물의 것인 바, 『한원』의 찬자 장초금과는 同名異人의 작품이다.

23 『疑獄集』 1, 『折獄龜鑑』 3, 『說郛』 48上・51上, 『册府元龜』 619, 『賓賓錄』 1, 『記纂淵海』 37, 『山堂肆考』 96, 『淵鑑類函』 187, 『朝野僉載』 5, 『大唐新語』 6, 『太平廣記』 121 등에 산견된다.

24 石田幹之助, 1957, 「謠曲草子洗小町の構想と張楚金の逸事」『日本大學文學部研究年報』 8.

의 뜻을 말한 것이다."고 하였다. 나는 또 물었다. "사람이 태어나서 요절하거나 장수하는 것이 (따로) 있습니까?". 선생께서 말씀하셨다. "그대는 옛 聖人이 지금의 어리석은 자라 하여 (이를) 장수한다고 생각하거나, 요절했다고 여기는 것인가?」. (나는) "옛날이나 지금도 죽는 것은 한 가지인데, 누가 요절하거나 장수하는 것을 알 수 있습니까?" 라 답하였다. 선생이 말하였다. "그렇다. 무릇 不死不生이란 스스로 生死의 지경에 머물지 않는 것을 말한다. 무릇 (800세를 산) 彭祖와 요절한 자는 차이가 없다." 나는 또 물었다. "선생은 周代의 사람인데, (어째서) 아직도 계십니까?". 선생은 웃으며 "그대가 미치는 바가 아니다." 말하였다. 나는 또 물었다. "선생은 聖人이온데, 머무는 곳이 있습니까?" 이에 동쪽 창 아래를 가리키며 "내가 사는 곳이 저기다" 라 말하였다. 내가 동쪽 들창 앞을 돌아보니 검은 명주와 속이 붉은 (막을 친) 床 위에 붉은 비단 요를 깐 듯한 것이 있고, 그 앞에 侍者 둘이 서 있었다. 말을 마치면서 (잠에서) 깨었다. 놀라 일어났다. 탄식하듯 한숨지으며 "그 옛날 선생은 大聖이면서도, 오히려「나는 늙었구나. 꿈에 다시 周公을 보지 못한 지 오래구나!」하셨는데, 아무 것도 모르는 보잘 것 없는 내가 將聖(孔子)과 神交를 나누다니!" 라 감읍하여 말하고는, 마침내 이 책을 저술하였다.[25]

위의 서문에 따르면 장초금은 꿈에서 孔子와 春秋를 지은 大義와 그의 생사관에 대한 이야기를 나누고 깨어난 후 그 감흥이『한원』의 저술로 이어졌다 한다. 완성 시기를 분명히 할 수 없으나 660년에서 크게 내려오지는 않을 것이다. 후술한 대로 659년 저술된 李延壽의 南・北史를 비롯한 이후의 자료는 인용되어 있지 않기 때문이다. 689년 嶺表로 유배된 후 완성하였다는 견해도 있으나,[26] 장초금이 돌연 실각하고 곧바로 絞死

25 「敍曰. 余以大唐顯慶五年三月十二日癸丑. 晝寢于幷州太原縣之廉平里焉. 夢先聖孔丘被服坐於堂皇之上. 余伏於座前而問之曰. "夫子胡爲而制春秋乎." 余兄越石在側. 曰. "夫子感麟而作耳." 余對曰. "夫子徒以感麟爲名耳 其深旨何必在麟也." 子曰. "然. 于時政道陵夷. 禮樂交喪. 故因時事. 褒善貶過. 以示一王之法. 豈專在於麟乎." 余又問曰. "論語云. 浴乎沂. 風乎舞雩. 詠而歸. 敢問何謂也." 子曰. "亦各言其志也." 余又問曰. "人之生也. 有夭壽乎." 子曰. "爾. 謂古之聖・今之愚. 爲壽乎. 爲夭乎". 對曰. "古今一死也. 孰知其夭壽." 子曰. "然. 夫不死不生者. 自云絶住在生死之域. 則彭祖與殤子亦無以異也." 余又問曰. "夫子周人也. 奚爲尙也存乎." 夫子輾然而笑曰. "非爾所及也". 余又問曰. "夫子聖者也. 亦有居止之所乎." 乃指東牖下曰. "吾居是矣." 余顧東牖前. 有玄縵朱裏床上似鋪緋褥. 有二侍者立於前. 言終而寤. 懼焉而興. 喟然而歎曰. "昔夫子大聖也. 尙稱曰. 吾衰也. 久矣不復夢見周公. 余小子何知焉. 而神交於將聖." 感而有述. 遂著是書焉」.

26 全海宗, 1991,「魏略과 翰苑」『第四屆中國域外漢籍國際學術會議論文集』聯合報文化基金會國學文獻

되었으므로[27] 따르기 어렵다.

2. 卷帙

『한원』은 30권의 類書로 보인다. 『구당서』 本傳 말미에 「著翰苑三十卷, 紳誡三卷, 並傳於時」라 하였고, 『신당서』 藝文志에는 類書類에 '翰苑七卷', 總集類에 '翰苑三十卷'이 수록되어 있다. 이처럼 兩唐書의 기록이 일치하지는 않는다. 특히 『신당서』의 기록은 마치 類書와 總集 두 종류의 『한원』이 있는 것처럼 보이기도 한다. 宋代에 들어서 여러 書目에 보인다.

> 雍公叡注張楚金翰苑十一卷(宋史207, 藝文志 類書)
>
> 翰苑七卷 唐張楚金撰(通志69, 藝文略 類書)
>
> 翰苑三十卷 張楚金集(通志70, 藝文略 總集)
>
> 翰苑七卷(崇文總目6, 類書) 宋王尭臣等撰)

『崇文總目』 類書類와 『通志』 藝文略에는 모두 '翰苑七卷 張楚金撰'이라 하였고, 元 至正 5년(1345)에 완성된 『송사』 예문지에는 子部 類書類에서 '雍公叡注張楚金翰苑十一卷'을 들고 있다. 그런데 여기의 '十一'은 '七'의 誤記로 여겨지고 있다.[28]

이에 앞서 藤原佐世 奉勅撰의 『日本國見在書目錄』은 雜家의 部에 『修文殿御覽』·『藝文類聚』 등의 유서와 함께 『한원』 30권을 수록하고 있다. 藤原氏가 일을 마친 것은 宇

館 ; 2000, 『동아시아사의 비교와 교류』, 지식산업사, 372~373쪽.

27 「張道源, 幷州祁人也…高祖舉義, 召授大將軍府{戶曹叅軍,尋轉太僕卿, 後歷相州都督. 武德七年卒官, 贈工部尚書, 謚曰節. 道源雖歷職九卿, 身死日, 惟有粟兩石, 高祖深異之, 賜其家帛三百段. 族子楚金 楚金少有志行, 事親以孝聞. 初與兄越石同預鄉貢進士, 州司將罷越石而薦楚金, 辭曰. "以順則越石長, 以才則楚金不如." 固請俱退. 時李勣為都督, 歎曰.. "貢士本{求才行, 相推如此, 何嫌雙居也." 乃俱薦擢第. 楚金, 高宗時累遷刑部侍郎. 儀鳳年, 有妖星見, 楚金上疏, 極言得失, 高宗優納, 賜帛二百段. 則天臨朝, 歷位吏部侍郎, 秋官尚書, 賜爵南陽侯. 為酷吏周興所陷,配流嶺表, 竟卒於徙所. 著翰苑三十卷, 紳誡三卷, 並傳於時(『舊唐書』 187, 張道源附 楚金傳). 「族孫楚金有至行, 與兄越石皆舉進士, 州欲獨薦楚金, 固辭請俱罷. 都督李勣歎曰 "士求才行者也 既能讓何 嫌皆取乎" 乃並薦之, 累進刑部侍郎. 儀鳳初, 彗見東井, 上疏陳得失, 高宗欽納, 賜物二百段. 武后時, 歷秋官, 尚書, 爵南陽侯. 有清槩然尚文刻當時亦少之, 爲酷吏所搆, 流死嶺表」(『新唐書』 191, 張道源付 楚金傳).

28 湯淺幸孫, 1983, 앞의 글, (前言) iii쪽.

多天皇 寬平 3년(891)이고, 『구당서』가 찬수된 것은 後晋高祖 天福6년(941)이다. 『日本國見在書目錄』이 『한원』에 관한 가장 오랜 기록이다.

『日本國見在書目錄』』에는 『한원』이 본래 30卷이었고, 類書였음을 알게 한다.[29] 그렇다면 『신당서』 예문지의 7권, 혹은 『송사』 예문지에 11권이라 한 것은, 『신당서』가 편찬되던 북송 嘉祐5년(1060) 경에 『한원』은 흩어진 상태였음을 보여준다. 북송 慶曆원년(1041)에 편찬된 『숭문총목』의 類書部에도 『한원』을 7권이라 기재하고 있는 것도 이러한 연유로 여겨진다. 따라서 7권(혹은 11권)은 正文 만이고 30권은 注記가 합쳐진 것이라거나, 전자는 類書로서의 『한원』, 후자는 '張楚金詩文集'과 같다는 이해는[30] 성립되기 어렵다.

3. 部類

『한원』은 太宰府天滿宮에 전하는 殘卷(1卷) 蕃夷部 외에 『秘府略』에만 전하는 것으로 알려져왔다. 『秘府略』 권864, 百穀部 가운데 黍・粟條, 卷868 布帛部 錦條에 인용된 『張楚金翰苑』이 있다.(〈그림 4〉) 곧 黍粟條에 "張楚金翰苑曰" 아래 28組의 對句와 注記가 그것이다. 布帛部 錦條에도 "張楚金翰苑曰" 아래 4조의 대구와 주기가 보인다.[31] 하지만 湯淺幸孫은 新美寬 編, 『本邦殘存典籍による輯佚資料集成』(1968)을[32] 통하여 "翰苑云"이라 한 대구와 주기를 『藥字抄』에서 18조, 『香字抄』에서 3조, 그리고 『改元部類』에서도 3조를 찾아냈다.[33]

이들 대구와 주기는 현존 번이부와 같은 구성을 보여주고 있다. 이로 본다면 『한원』에는 百穀・布帛・藥部(혹은 草部) 정도의 부류가 더 있었을 것으로 추정된다. 이 가운데 번이부를 제외하고는 北齊 『修文殿御覽』, 唐初의 『藝文類聚』에도 같은 부류가 보인다. 번이부는 후대 類書에서만 나타난다. 801년 『通典』의 邊防門과 북송대 『太平御覽』 四夷部 등이 그것이다. 그렇다면 '蕃夷部'는 曹魏代 『皇覽』 이래 당대까지 만들어진 많은 類書 가운데 『한원』 저술 시에 처음 확인되는 부류로 생각된다.

---

29 湯淺幸孫, 1983, 위의 글, iv쪽; 嚴紹璗, 1992, 「平安時代漢風潮與秘府略的編纂」『漢籍在日本的流布研究』, 江蘇古籍出版社, 19~20쪽.

30 王碩, 2016, 『《翰苑》研究』, 東北師範大學 博士學位論文, 29쪽.

31 內藤虎次郎, 1992, 앞의 글, 120쪽.

32 新美寬 編, 1968, 『本邦殘存典籍による輯佚資料集成 續』, 京都大學人文科學研究所, 117~120쪽.

33 湯淺幸孫, 1983, 앞의 책, 250~263쪽.

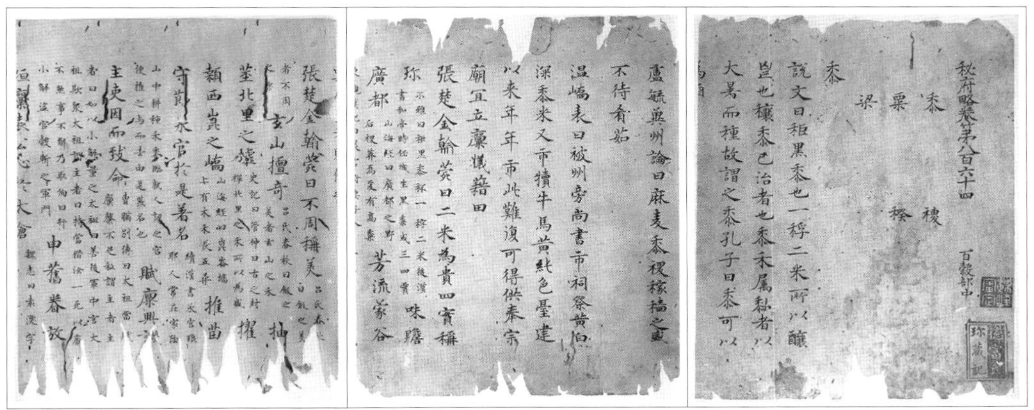

〈그림 4〉 滋野貞主 奉勅撰, 『祕府略』 864, 百穀部 (古典保存會 影印,1928년)

4. 注文의 구성

『한원』은 그 구성에 있어서 唐代 劉賡이 편찬한 『稽瑞』(1卷)와 근사하다.[34] 이에는 4字씩 8字가 對句가 되어 16字가 1韻으로 구성되고, 對句 뒤에는 典據를 제시하는 注記가 있다. 즉 2組의 대구가 하나의 조합을 이루는 것으로 후세 『初學記』·『事類賦』의 祖型에 해당한다.[35] 駢儷體의 正文을 大書하고 雙行의 夾注를 더한 형식인 『한원』에 가장 가까운 시기의 작품이다. 그러나 『稽瑞』의 찬술 연대가 『한원』보다 뒤에 간행되었을 가능성도 있기 때문에[36] 단정 짓기 어렵다.

이런 점에서 660년대 초에 당태종의 제7자인 蔣王 惲(635년 책봉, 674년 謀反의 논란 끝에 자결)의 僚佐인 杜嗣先(634~712)이 찬술한 『菟園策府』가 같은 구성을 보여주고 있어서 주목된다.[37] 『한원』과 마찬가지로 大字의 병려문 아래 夾注의 쌍행 注文을 통해 근거 자료를 제시하고 있다(〈그림 5〉). 그런데 『菟園策府』를 비롯하여, 『稽瑞』·『初學記』·『事類賦』 등은 모두 正文과 夾註 모두 동일인에 의하여 작성된 것으로 보인다. 『한원』의 경우는 어떠한지 살펴보기로 한다.

---

34 杤尾武, 1978, 「類書の硏究序說-魏晉六朝唐代類書略史」『成城國文學論集』 10, 121~150쪽.

35 杤尾武, 1978, 위의 글.

36 『稽瑞』는 唐初 혹은 天寶末 肅宗 至德(756) 이전에 만들어진 것으로 보는 견해가 있다(胡道靜, 1982, 『中國古代的類書』, 中華書局, 114쪽).

37 尹龍九, 2018, 「杜嗣先墓誌와《菟園策府 · 征東夷》」『隋唐洛陽と東アジア』, 明治大學東アジア石刻文物硏究所.

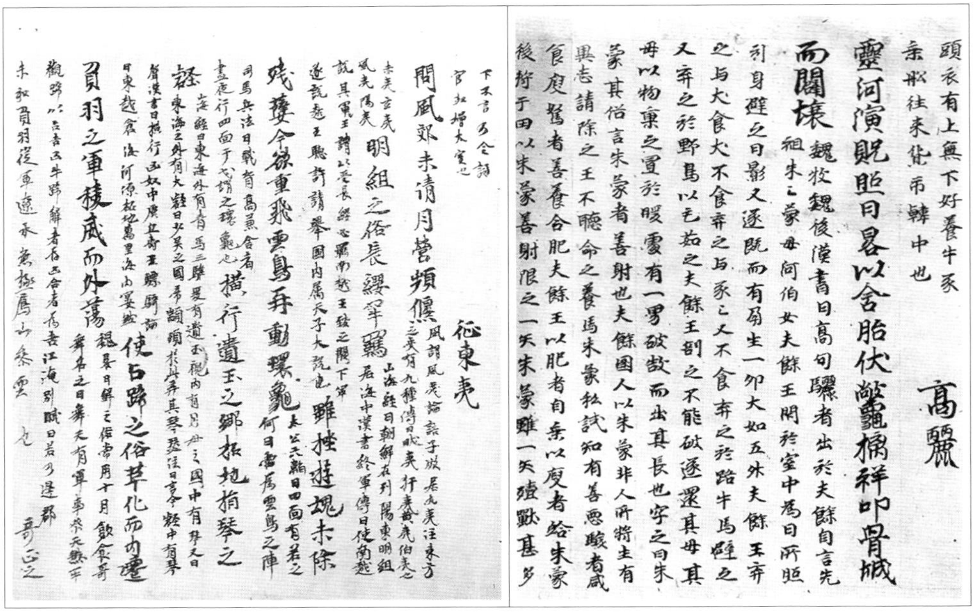

〈그림 5〉『한원』(蕃夷部 高麗)과 『토원책부』(征東夷)의 正文과 注文

『한원』 번이부 앞머리에 「翰苑卷第□ 張楚金撰雍公叡注」로 나타난다. 이로 본다면 正文은 張楚金이 짓고, 注記는 雍公叡가 담당한 것으로 여겨진다. 그러나 이에 대하여는 正文과 이의 문헌적 근거가 되는 注記 모두 張楚金에 의하여 이루어 졌으며, 宋代에 들어 雍公叡에 의하여 일부 내용에 간단하고 평이한 내용을 補注된 것으로 보는 견해[38], 이와 달리 雍公叡는 張楚金보다 한 세대 정도 뒤의 인물인 700년 전후 측천무후 시기에 활동한 雍州萬年人 高叡이며, 注記는 전적으로 그에 의하여 작성되었다고 하는 연구가 있다.[39] 두 견해를 종합한 듯한 견해도 있다. 雍公叡를 북송 太宗代 雍丘縣令을 지낸 趙睿로 보고, 그가 주문을 모두 작성하였다는 것이다.[40]

먼저 湯淺幸孫의 견해는 張楚金이 大字 正文을 짓고, 雍公叡가 注書한 것이 아니라

38 湯淺幸孫, 1983, 앞의 글.

39 全海宗, 1980, 『東夷傳의 文獻的研究』, 일조각, 45쪽. 그러나 실제 (高)叡는 注記를 완성하지 못하고 죽었으며 그의 사후 아들 高仲舒가 마무리하고서 그 부친을 '雍公'이라 했다는 것이다(全海宗, 1991, 「魏略과 翰苑」 『第四屆中國域外漢籍國際學術會議論文集』, 聯合報文化基金會國學文獻館 ; 2000, 『동아시아사의 비교와 교류』, 지식산업사, 373쪽).

40 高福順 · 姜維公 · 戚暢, 2003, 「翰苑的注者雍公睿」 『《高麗記》研究』 吉林文史出版社, 371~374쪽.

는 생각이다. 곧, 正文과 注文(自注) 모두 장초금이 지은 것이며, 雍公叡의 注는 겨우 補注에 지나지 않는다는 것이다. 예를 들어

①百金成列。李牧收勳於雁門。

史記曰, 李牧爲趙北邊將。常居代雁門。備匈奴。以便宜置吏。市租皆輸入莫府。爲士卒費。日殺數牛饗士。謹烽火。多間諜。匈奴卽入盜。卽急入保。不與戰數歲。不亡失。時皆以爲怯。趙王怒。使人代將。歲餘。戰不利。多亡失。乃復遣李牧如舊。數歲。乃選百金之士五萬。大破匈奴。漢書云。選百金之士十萬。注云。良士直百金(之)也。

②漢風尙阻。劉徹嗟其未通。

肅愼記曰。漢武帝時。肅愼不至。策詔慷慨。恨不能致之也。徹武帝名。

위에서 보는 대로 ①의 匈奴傳「百金成列」條 注文 말미에「注云, 士直百金(之)也。」의 경우, ②의 肅愼傳의「漢風尙阻」조 말미「徹武帝名」의 주문처럼 평이한 付記에 지나지 않는 것이다. 이를 앞의 주문과 구분한다면 湯淺幸孫의 지적대로『한원』의 주문은 張楚金의 自注와 雍公叡의 補注로 구성되는 셈이다.

하지만 湯淺幸孫이 실제 補注라 분류한 내용을 모두 정리해 보면 전체 165句 가운데 7句에 지나지 않는다. 그 내용도 引用文에 付注된 주석문을 삽입하거나, 인용한 문헌과 상이한 내용을 전하는 자료의 대비에 지나지 않고 나머지는 간단한 語釋 정도에 불과하다. 이러한 付記는 장초금의 自注로 분류한 것에도 들어 있다.[41] 더구나 自注와 補注로 분류한 14건 가운데 5건은 인용문의 주석을 삽입한 경우인데, 원 자료에서 발췌하였는지 아니면, 이미 발췌된 자료를 전사한 것이지 알 수 없다.

예컨대 ②의 注末에 붙은「之也」와 같은 助字(~也.~之.~之也.~者也.~之者也.~云云.~云云也.)는『한원』번이부 전체 句文 163구 가운데 122개소에서 확인된다. 대부분 인용된 원자료에는 없으며, 본문의 내용과도 무관하지만 동사의 목적어로 사용되는 등 불필요한 것은 아니었다.[42] 이 또한 인용문과 별개이고, 혹은 宋代의 표기로 보기 어렵다. 현존

41 尹龍九, 2011,「《翰苑》蕃夷部의 注文構成에 대하여」『백제문화』45, 159~160쪽.

42 佐藤進, 1977, 앞의 글, 4~15쪽.

자료에 보이지 않는다 하여 注記者의 附記로 볼 수 없다.

이와 같이 본다면『한원』의 주문을 自注와 補注로의 나누는 것은 곤란하다고 생각된다. 나아가 自注는 물론이고 補注라 분류한 것도 같은 시기에 작성되었을 것이다. 이를 좀더 분명히 하기 위해 인용문과 그에 붙은 注文, 그리고 案語와 부가적인 語釋이 正文과 어떤 연관이 있는지 高驪條의 한 句文을 통해 보기로 하자.

波騰碧瀲。鶩天險以浮刀。

① 漢書地理志曰。玄菟郡。西蓋馬縣。馬訾水西北入鹽難水。西南至西安平入海。過郡二。行二千一百里。應劭云。馬訾水西入鹽澤。② 高驪記曰。馬訾水。高驪一名淹水。今名鴨淥水。其國相傳云。水源出東北靺鞨國白山。色以鴨頭。故俗名鴨淥水。去遼東五百里。經國內城南。又西與一水合。卽鹽難水也。二水合流。西南至安平城入海。高驪之中。此水最大。波瀾淸澈。所經津濟。皆貯大船。其國恃此以爲天塹。③ 今案。其水闊三百步。在平壤城西北四百五十里也。④ 刀。小船也。毛詩曰。誰謂河廣。曾不容刀也。

위의「波騰碧瀲, 鶩天險以浮刀」이란 四六文을 설명하는 注文은 ①과 ②의 문헌을 인용하였고, 이어 ③의 '今案' 이하의 3부분으로 구성되어 있다. ④이하는 ③의 '今案'의 부가적인 설명이다. 그런데 정문 말미의 '浮刀'라는 표현은 ③의 '案語'의 내용 중에 ④이하의 부가적인 語釋 없이는 유추해 낼 수 없다.『한원』注文 전체에 대한 검토가 더 있어야 하지만, 自注와 補注라는 구성으로 구분하기 어려운 이유이다.

이렇게 볼 때,『한원』이 찬술된 지 300년 가까이 된 宋代 들어 注文이 작성되었다는 견해는 수긍하기 어렵다. 결국 문제는 雍公叡를 宋代人으로 볼 수 있는가에 있다. 蕃夷部가 宋代의 注本이라면 891년(寬平 3년)에 만들어진『日本國見在書目錄』에 수록된『한원』과 宋代 이후 들어간 현존하는『한원』두 종류가 있었다는 설명이 된다. 그런데 9세기 이전 일본으로 들어간『한원』을 인용한『秘府略』의 내용이 현재의 것과 형식에 있어 다름이 없다. 곧『秘府略』이 831년경 편찬되었으므로,[43] 雍公叡의 注本이 宋代들어 새로

43 823~833년 淳和天皇 시기의 朝臣인 滋野貞主가 편찬한『秘府略』권684 百穀部, 권686 布帛部에『翰苑』이 남아 있는 것으로 미루어 9세기 초에 隋唐代 典籍의 一半이 이미 일본에 유입되었다고 보기도 한다(嚴紹璗, 1992, 앞의 글, 19~20쪽).

이 일본에 유입되었다고 볼 수 없는 것이다.

『한원』의 기록에서 가장 주목되는 것은 短文의 騈儷文만으로는 도저히 文意를 이해할 수 없다는 점이다. 요컨대 처음부터 正文과 典據가 되는 注文는 동시에 이루어질 수 밖에 없는 구성이라 하겠다. 이는 여러 자료가 인용되고 중간에 注記者의 설명이 들어가는 경우 처음부터 끝까지 순차적으로 설명하려는 의도가 엿보인다. 어느 하나가 없어도 正文 이해에 곧바로 지장을 준다.

『한원』의 注記者 '雍公叡'의 정체는 여전히 불분명하다. 하지만 여기서는 注文에 인용된 문헌 가운데 659년 이후 成書된 것이 없다는 점을 강조하고자 한다.[44] 이런 이유로 옹공예가 주문 전체를 그것이 장초금 사후 700년 전후하여 완성하였다는 지적도 언급한 대로 따르기 어렵다.[45]

Ⅳ. 蕃夷部의 성격

『한원』 번이부는 卷首의 목차에서 보는 대로 匈奴・烏桓・鮮卑・夫餘・三韓・高驪・新羅・百濟・肅愼・倭國・南蠻・西南夷・兩越・西羌・西域 순으로 이루어져 있다. 그리고 卷尾에 장초금의 自敍가 붙어 있는바. 漢唐代 敍文은 全篇의 末尾에 온다는 점에서[46] 이해된다. 따라서 번이부는 30권 『한원』의 마지막 권임을 다시 볼 수 있다. 卷首 목차에 後敍라는 표기는 鈔本의 작성자가 삽입한 것으로 이해되고 있다.

匈奴이하 목차의 내용이 현존 鈔本과 부합하지 않는다. 본문에 西羌과 西域의 標題 없이 이어져 있는데, 兩越의 끝부분, 西羌 전체, 西域의 앞뒤 부분은 闕文이다. 번이부의 내용과 성격을 정리하면 다음 〈표 1〉과 같다.

---

44 武田幸男도 雍公叡가 『翰苑』에 주문을 붙인 시기에 대해 660년 혹은 그로부터 멀지 않은 때로 본바 있다(武田幸男, 1994, 「《高麗記》と高句麗攻勢」 『于江權兌遠教授停年紀念論叢: 民族文化의 諸問題』, 세종문화사 ; 김효진 譯, 2019, 「《高麗記》와 高句麗攻勢」 『중원문화연구』 27, 231쪽).

45 雍公叡를 高叡라는 全海宗의 견해가 있지만, 그의 표현대로 '直感'일 뿐 근거를 제시하지 못한 것으로 여겨지고 있다(榎一雄, 1983, 「連載 第三会: 《魏志》倭人伝とその周辺」 『季刊邪馬臺國』 17, 95쪽). 雍公叡가 張楚金이 유배된 嶺表 인근에 거주한 까닭에 注記할 수 있었다는 설명도(全海宗, 1991, 372~373쪽) 찬술 시기나 반역죄로 유배된 張楚金의 사정으로 미루어 성립하기 어렵다.

46 湯淺幸孫, 1978, 앞의 글, 5~6쪽.

〈표 1〉『한원』 蕃夷部의 기재순서와 내용

구분 (구문/문헌)	기재 순서	기재 내용	특기 사항
匈奴 (29/5)	대외관계(1~19句)→지배구조(20 · 21句)→의례풍속(22 · 23句)→대외관계(24~29句)	周代~후한 安帝代 까지 대흉노 교섭 개관, 흉노의 조공과 漢化의 사례	흉노에 대한 이해보다, 흉노 대책의 요령과 성공 사례 제시
烏桓 (13/2)	기원과 풍속 및 생활상(1~8句)→대외관계(9~13句)	후한 광무제~曹魏 초까지의 교섭 개관	오환에 대한 회유, 분열 조장, 정벌, 중심인물 제거 사례 제시
鮮卑 (14/6)	기원 · 풍속(1~5句)→대외관계(6~14句)	선비 기원과 주민구성의 다양성, 秦제국~후한말 교섭 개관	선비의 성장에 따른 주민구성의 다양성 인지, 保塞蠻夷의 역할 중시
夫餘 (7/3)	기원 · 풍속(1~5句)→대외관계(6~7句)	부여의 풍요로운 생활상과 두 차례 낙양에 조공(110, 136년)	『후한서』와 『魏略』에 의거하여 서술
三韓 (10/2)	위치와 환경(1~2句)→마한의 풍속(3~6. 8句)→진한의 사회상(7,9~10句)	마한의 土室 주거에 비해 진한은 성곽 거주 대비	마한과 진한 중심의 서술 변진 배제
高驪 (23/16)	기원 · 위치 · 영역(1~5句)→습속 · 관제 · 국가제사(6~9句)→성곽 · 산천(10~21句)→특산물 · 복식(22~23句)	고구려는 조선 · 예맥 · 옥저의 땅을 포함하지만, 그곳은 현도와 낙랑의 郡縣故地였음 강조	『高麗記』를 주된 자료로 작성됨
新羅 (5/6)	건국과 기원((1~2句)→영역(3~4句)→성장의 계기와 관제(5句)	신라는 백제 부용국에서 고구려인의 유입으로 强國이 되었음을 강조	『隋東藩風俗記』를 주된 자료로 작성됨
百濟 (9/6)	기원 · 영역(1~2句)→부여계승과 관제(3~4句)→도성과 5방의 거점성, 산천(5~7句)→생활풍속(8~9句)	국가제사, 제반 풍속과 생활상에 대하여 중국과 비교 서술	『括地志』를 주된 자료로 작성됨
肅愼 (8/6)	위치와 풍속(1~4句) →대외관계(5~8句)	숙신의 조공은 중국에서 聖人과 大國의 출현을 알리는 징조임을 강조	『肅愼國記』를 주된 자료로 작성됨
倭國 (9/7)	위치와 여왕국(1~4, 7句)→倭王의 南宋 통교(5句)→관제(6句)→漢魏代 통교(8~9句)	멀고 먼 바닷길의 여정과 이색적인 女王國에 대해 호기심 어린 서술	기재 순서에 혼돈이 있었던 것으로 추정됨
南蠻 (16/2)	기원(1句)-武陵蠻(2~6句)→日南交阯蠻(7~8,11~13句)→越裳國(9句)→黃支國(10句)→巴郡南郡蠻(14~15句)→板楯蠻(16句)	武陵蠻에서 板楯蠻에 諸蠻夷 회유와 교화의 사례	越裳國의 象 · 白雉 공헌, 肅愼之貢과 마찬가지로 聖人 출현의 징험
西南夷 (12/1)	夜郎(1 · 3 · 10句)→哀牢夷(2 · 4 · 10句)→滇(5句)→邛都夷(6 · 11~12句)→白馬氐(7句)→莋都夷(8~9句)	蜀郡塞外의 夜郎 등 여러 민족의 회유와 교화 사례	莋都夷의 慕化歸義 詩歌 3章
兩越 (3/1)	南越(1 · 3句)→閩越 · 東甌(2句)…後闕	秦漢교체기 자립했던 남월과 민월의 복속 과정	인용한 『한서』 兩粤傳으로 보면 후반부 유실
(西羌)	(全闕)	-	-
(西域) (5/2)	後闕…安息國(1句)→烏孫國(2句)→天竺國(3句)→龜兹國(4句)→疏勒國(5句)…後闕	兩漢代 서역 각국과의 긴밀한 통교와 회유	인용한 『한서』 · 『후한서』 西域傳으로 보면 앞뒤 모두 유실

卷首의 편목과 이에 따라 정리한 〈표 1〉을 보면 번이부는 四夷를 망라한 듯하지만, 高句麗 · 百濟 · 新羅 · 倭國을 제외하고는 660년 편찬 시점에서 모두 사라진 異民族이다. 隋唐과 빈번하게 교섭하던 高昌 · 突厥 · 契丹 · 薛延陀 · 靺鞨 등의 존재에 대하여

는 설명이 없다.

번이부에 수록된 전체 騈儷體의 句文은 163개가 남아있다. 東夷 지역에 71句가 기재되어 있다. 전체 163句의 절반 가까이 차지한다. 북방 유목민족(흉노 · 오환 · 선비)의 55句보다 많았다.

동이지역 71개 구문 가운데는 1/3에 달하는 23개 구문이 '高驪條'에 들어 있는데 匈奴(29句) 다음으로 많은 분량이다. 『한원』 蕃夷部의 설정이 동이 지역, 특히 고구려에 대하여 특별한 의도를 가지고 작성되었다고 보는 이유이다.

번이부에 기재된 사방의 이민족은 흉노 · 오환 · 선비의 이른바 북방 유목민족을 시작으로 東夷와 남만 · 서남이 · 양월, 그리고 西羌 · 서역순으로 기재하였다. 인용한 자료는 『한서』와 『후한서』를 비롯한 중국 정사의 외국전 이었다. 이 때문에 번이부에 수록된 각 이민족의 서술은 중국 사서의 이민족 열전과 유사하다.

오환과 선비전의 경우, 기원과 풍속에 이어 중국 각 왕조와의 교섭 기사 순으로 서술하였다. 부여 · 신라 · 숙신 · 왜국도 같은 형식을 보여준다. 광역의 지역에 다수의 종족과 정치체가 존재하는 남만과 서역의 경우도 기원과 풍속, 그리고 대외관계 순으로 서술하기는 마찬가지다. 결국 번이부의 작성은 여타 중국사서의 이민족 열전과 마찬가지로 貢獻의 형태로 慕化와 歸義를 통해 이들이 황제의 천하 질서를 구성하는 존재임을 보여주려던 것이라 하겠다.

하지만 흉노와 고구려의 서술은 이와 다른 측면을 보여주고 있다. 흉노는 전체 29구 가운데 중간의 4구만 흉노의 사회와 풍속을 다루고 앞뒤 25구는 周代로부터 후한 安帝代에 이르는 중국과의 교섭 기사로 채워져 있다. 그 내용은 해당 시기별로 흉노 대책의 요령과 성공사례를 나열하였다. 반면 고구려의 경우는 대외 교섭기사가 전혀 없다. 고구려는 과거 朝鮮 · 穢貊 · 沃沮의 땅으로 그곳에 설치된 현도와 낙랑의 郡縣之地를 차지하였으며, 箕子의 遺風이 남아있다고 강조하고 있다. 요컨대 고구려는 朝貢을 통한 교섭의 대상이 아니라, 중국이 회복해야 할 郡縣故地라는 사실을 표현한 것이다.[47]

흉노와 고구려에 할애된 구문은 52句로 전체 163句의 1/3에 해당한다. 660년 『한원』

---

47 裴矩(547~627)를 비롯한 隋唐君臣들이 고구려를 '中國郡縣의 故地'로 보는 것에 대해서는 윤용구,2008 「고구려와 요동 · 현도군-수당 군신의 '군현회복론' 검토」, 『초기 고구려역사 연구』 동북아역사재단 ; 김수진,2008 「수당의 고구려 실지론(失地論)과 그 배경」 『한국사론』 54, 서울대 국사학과 참조.

편찬의 시점에서 흉노는 성공적으로 제어한 이민족을, 고구려는 현실의 제어 대상으로 여긴 결과라 하겠다. 실제 고구려의 서술 내용을 살펴보면 이 점이 분명해진다. 기원과 영역, 습속과 특산물 및 복식까지 기록하고 다시 12개의 구문을 통해(10~21句) 도성과 주요 방어시설, 교통로 상의 山川에 대하여 상세하게 기술하였다. 번이부의 서술 가운데 가장 독특하다.

더구나 고구려 주요 거점 군사시설에 대해서는 중국과의 연관 관계를 서술하였다. 곧, 南蘇城에 전연이 도요장군 慕容恪을 보내 승리한 일, 平郭城은 북위에 격파되어 고구려로 망명한 馮弘의 근거지였다는 점, 國內城을 조위대 毌丘儉이 정벌한 일, 丸都城을 정벌한 慕容晃의 공적, 遼東城에 후한대 요동태수 耿夔의 紀功碑가 남있다는 내용 등이다. 고구려가 外國이 아니라 중국의 失地임을 드러내고자 한 것이다.

동이 지역의 서술에서는 최신 정보에 의한 자료를 이용했다는 점도 주목할 부분이다. 고구려전의 경우 민족지적 서술과 주요 거점과 지형지물에 대하여 645년 고구려에 파견된 陳大德의 『奉使高麗記』에 기반하여 작성되었다.[48] 신라와 백제 그리고 왜국전에도 역시 『括地志』와 『隋東藩風俗記』 등을 이용한 최신 정보를 이용하였다. 『括地志』는 당태종의 4子인 魏王 李泰에 의해 貞觀연간(632~642) 간행되었고,[49] 『隋東藩風俗記』는 『高麗風俗』을 지은 裵矩(547~627) 등이 隋煬帝代 작성한 것으로 추정된다. 신라의 경우 백제의 부용국에서 벗어나 새로운 强國으로 성장하고 있다는 점, 백제의 경우는 고구려, 신라와 다른 중국과 비교할 만한 문화 수준을 강조하고 있느 점이 눈에 띈다. 왜국은 肅愼·越裳과 마찬가지로 극히 멀리 떨어진 이민족으로서 중국과의 통교는 聖人과 大國(통일제국)의 출현을 알리는 징험으로 간주되었다.

이처럼 번이부 작성에 있어서 동이 지역에 대한 서술에 유의하였다는 것은 분명한데, 이는 주문의 인용 문헌에서도 확인된다. 인용된 문헌을 나열하면 다음 〈표2〉와 같다. 먼저 東夷諸國은 6종 이상의 문헌을 동원하여 서술한 반면 匈奴 등 여타 지역의 이

48 吉田光男, 1977 「翰苑註所引高麗記について」『朝鮮學報』 85, 朝鮮學會; 武田幸男, 1994 「《高麗記》と高句麗攻勢」『于江權兌遠教授停年紀念論叢:民族文化의 諸問題』, 세종문화사; 高福順·姜維公·戚暢, 2003 『《高麗記》研究』 吉林文史出版社.

49 宋敏求 『唐大詔令集』 40, 「魏王泰上括地志賜物詔」. 근래 鄭東俊은 '都督'과 '六佐平'의 설치시기를 통하여 『括地志』의 백제 기사는 隋唐交替期(624~630) 수집된 정보로 보았다.(鄭東俊, 2010 「《翰苑》百濟傳所引の「括地志」の史料的性格について」, 『東洋學報』 92-2, 143~145쪽)

민족에 대해서는 6종 이하 대부분은 2~3종의 자료로 서술하고 있음을 본다. 고구려에 대해서는 무려 16종이상의 문헌을 동원하여 작성하였다.

〈표 2〉『한원』注文의 引用書目

구분	인용문헌 ( )는 인용횟수	不傳 書目
匈奴	毛詩(3) · 漢書(15) · 史記(2) · 范曄後漢書(2) · 後漢書(10)	
烏丸	范曄後漢書 · 後漢書(12)	
鮮卑	司馬彪續漢書 · 王琰宋春秋 · 續漢書 · 後漢書(10) · 漢名臣奏 · 應邵風俗通(2)	①司馬彪續漢書 · ②王琰宋春秋 · 續漢書 · ③漢名臣奏 ·
夫餘	後漢書(5) · 魚豢魏略 · 魏略(2)	④魚豢魏略 · 魏略
三韓	魏略(4) · 後漢書(7)	魏略
高驪	魏收後魏書(2) · 魚豢魏略 · 漢書地理志(8) · 後漢書(3) · 高麗記(11) · 魏略(2),十六國春秋前燕錄(2) · 十六國春秋(北燕錄) · 魏志(2) · 范曄後漢書 · 周禮職方, · 續漢書 · 齊書東夷傳 · 後漢書地理志 · 毛詩 · 蕭子顯齊書東夷傳 · 梁元帝職貢圖	魚豢魏略 · ⑤高麗記 · 魏略,⑥十六國春秋前燕錄 · ⑦十六國春秋(北燕錄) · 續漢書 · ⑧齊書東夷傳 · 蕭子顯齊書東夷傳 · ⑨梁元帝職貢圖
新羅	括地志(3) · 宋書 · 范曄後漢書 · 魏志(2) · 齊書 · 隋東藩風俗記	⑩括地志 · 齊書 · ⑪隋東藩風俗記
百濟	東夷記 · 范曄後漢書東夷傳 · 魏志(2) · 後魏書 · 宋書 · 括地志(7)	⑫東夷記 · 括地志
肅愼	後漢書 · 魏略 · 肅愼國記 · 肅愼記(3) · 陸翽鄴中記 · 山海經	魏略 · ⑬肅愼國記 · ⑭肅愼記 · ⑮陸翽鄴中記
倭國	後漢書(3) · 魏志(2) · 魏略(2) · 宋書 · 括地志 · 廣志 · 漢書地理志	魏略 · 括地志 · ⑯廣志
南蠻	范曄後漢書 · 後漢書(15)	
西南夷	後漢書(12)	
兩越	漢書(3)	
西羌	(全闕)	
西域	漢書(3) · 後漢書(2)	

〈표 2〉를 통해 不傳書目 곧, 현재 전하지 않는 문헌 16종 가운데 14종이 東夷諸國의 注文에서 보인다. 더욱 주목되는 것은 不傳書目에 의한 내용이 전체 서술의 대부분을 차지 한다는 점이다. 고구려 등 동이제국에 대한 注文은 바로『한원』蕃夷部의 사료적 가치를 대표한다고 하겠다.

注文에 인용된『한서』·『후한서』·『위지』의 가치도 소홀히 할 수 없다. 일찍이 內藤虎次郎이『한원』에 인용된『후한서』가 현존본과 차이가 있다는 지적이 있었다.[50] 현존 사

50 內藤虎次郎, 1922, 위의 글, 121~122쪽; 金鍾完도 같은 의문은 낸 바 있다.(2008, 앞의 글,366쪽)

서들은 모두 북송 이후 刻本인데 반해 『한원』은 그로부터 300년 이상 앞선 시기의 필사본이다. 북송 인종 景祐원년(1034) 처음 판각된 『후한서』의 경우, 『한원』 찬술된 시기(660년)에 비해 374년이 뒤진다.

『한원』 에 인용된 문헌들은 오랜 기간 필사본으로 전해진 문헌들이다. 刊刻의 북송 이후 자료와 차이가 나는 것은 당연한 일이다. 현재 전하는 자료라 하더라도 『한원』에 인용된 자료적 가치를 낮추어 볼 수 없는 이유라 하겠다.

『한원』의 발견 초기부터 魚豢 『魏略』 등 지금은 사라진 引用文獻의 존재를 중시하였다.[51] 인용 문헌을 내용별로 보면 동이지역과 여타 지역에 대한 차이가 분명해진다. 앞서 본대로 동이지역은 수당대 최신 정보에 의해 작성된 문헌을 이용하였다. 반면 여타 지역은 『한서』·『후한서』를 주로 사용하였다. 고구려의 경우 『한서』·『후한서』뿐 아니라 660년 시점에 이르는 전 기간에 해당하는 16종의 자료를 동원하였으며, 그 가운데 8종이 현재는 전하지 않는다. 최신 자료를 이용한 점은 고구려만이 아니라 신라 · 백제 · 왜국전도 마찬가지다. 『한원』 번이부는 현실적으로 고구려 등 동이 지역에 대한 실제적인 지식의 제공을 목적으로 작성되었다고 여겨진다.

번이부가 지닌 현실적인 목적은 다른 측면에서도 제기된 바 있다. 湯淺幸孫에 의하여 『한원』의 저술은 어린아이(童蒙)의 例文集으로 찬술되었다는 지적이 있었다.[52] 이로 미루어 장초금 집안의 어린아이들을 위한 家塾課本이라는 내용이다. 唐初 이래 六朝의 전통에 따른 병려문이 크게 유행하여 『文選』의 경우 詞學의 모범으로 중시되었다. 과거에 급제하여 관료로 나가고자 한다면 어릴 때부터 父兄이랑 가정교사로부터 한자를 습득하고 對句를 짓는 연습을 하고 나아가 병려문을 짓는 기초적인 훈련이 필요하였다.

예컨대 『初學記』는 그 명칭에서 드러나듯이 작문할 때 事類를 검색하는 교본으로 편찬한 것이었다.[53] 당대 동몽의 가학은 識字 · 作文만이 아니라 經史를 두루 섭렵하도록 힘을 기우렸다. 그리하여 論語 · 太公家教 · 蒙求 등과 함께 『한원』은 童蒙書이자 과거시험을 대비한 교재 역할을 하였다고 생각된다.

---

51 內藤虎次郎, 1922, 앞의 글, 119~124쪽.

52 湯淺幸孫, 1983, 앞의 글, v쪽.

53 「玄宗謂張說曰 “兒子等欲學{綴文, 須檢事及看文體。御覽之輩, 部秩旣大, 尋討稍難, 卿與諸學士撰集要事並要文, 以類相從, 務取省便。令兒子等易見成就也”。說與徐堅 · 韋述等編此進上, 詔以初學記爲名。」(『大唐新語』 9, 著述, 許德楠 · 李鼎霞點校本, 中華書局, 1984, 129쪽).

실제 『한원』 번이부는 脫文을 제외한 나머지는 도합 163개의 句로 이루어져 있다. 이를 살펴보면 4字 對句 4개, 4·4자 21개, 4·5자 8개, 4·6자 97개, 4·7자 6개, 4·4-4·4자 4개, 4·6-4·6자 7개, 5·5자 1개, 6자 대구 2개, 6·4자 4개, 6·5자 2개, 6·6자 4개, 7자 대구 2개, 7·7자 3개로 나타난다. 4·6자를 비롯하여 그 이하 短文이 거의 대부분을 차지한다. 이는 단문을 통하여 암송을 용이하게 하려는 이유로 여겨진다.

그러나 앞서 언급한 대로 騈儷體의 類書가 작문을 위한 事類의 검색에 이용되지만, 그 쓰임은 課本만이 아닌 것이다. 앞서 살펴본 『한원』 敍文에서도 동몽에 대한 배려가 없다. 오히려 莊子風의 현학적 수사와 一王之法의 春秋大義를 되새기고 있지 않은가. 一王之法이 흐트러진 亂世를 정돈하고 大一統을 이루려는 것이라 할 때, 고구려 등 이민족 사회를 황제의 일원적 세계 질서 아래 구축하려한 唐初의 사정과 관련하여 생각하여야 할 것이다. 당시의 당 왕조는 蕃夷와의 접촉과 긴장 관계가 높아지면서 관료의 가정에서도 외국의 일이 화제가 되었으며 번이에 대한 사정을 알아야 할 현실적 필요가 있었다.

이런 점에서 『한원』과 거의 같은 시기 저술된 杜嗣先의 『兎園策府』가 주목된다. 1998년 劉進寶의 연구에 따라 처음 고구려와 관련된 자료로 주목 받은 『토원책부』 殘卷은 권1제4편으로 추정되는 「征東夷」(S1086) 편이다.[54] 1913년 王國維가 序文을 펠리오 문서에서 찾아낸 후 작성 연대에 대해 여러 논란이 있었으나, 1992년 대만의 葉國良이 杜嗣先의 墓誌를 찾아내면서, 『토원책부』의 편찬은 662년 설이 유력해졌다. 『한원』(660)과 거의 같은 시기에 편찬된 것이다.

『토원책부』 「征東夷」 편은 고구려 원정의 당위와 전략을 自問自答 식으로 적고, 관련 문헌을 訓注한 형태이다(그림 5). 問答의 요지는 정벌의 당위와 그에 대한 전폭적인 지지표명을 유도한 듯하다. 특히 답변의 말미에는 高句麗征服이 이루어져야 天下(六合) 統一이 완성된다는 점을 강조하고 있다. 무모하게 全國力을 기울여 시행된 唐의 高句麗遠征을 당시 魏徵을 비롯한 重臣들이 강력하게 反對하던 상황이었음을 감안하면, 이의

54 劉進寶, 1998, 「敦煌本《兎園策府·征東夷》産生的歷史背景」 『敦煌研究』 第1期; 葉國良, 1999, 「唐人墓誌考釋八則-徐州刺史杜嗣先墓誌」 『石學續探』, 大安出版社; 郭 丽, 2013 「《兔园策府》考论-兼论唐代童蒙教育的应试性倾向」 『敦煌研究』 2013-4; 윤용구, 2018 앞의 글.

강행을 위해 여론을 糊塗하려했던 당시정황을 짐작할 수 있다. 『한원』 蕃夷部와 마찬가지로 고구려정복에 부심하던 당 내부의 상황을 반영한 것이다.

V. 맺음말

이상에서 『한원』 蕃夷部에 대하여 1917년 재발견이후 교감과 역주, 편찬과 체재, 번이부의 내용과 자료적 성격으로 나누어 개괄적인 설명을 하였다. 기초적인 연구라 하고, 구체적인 분석은 뒤로 미룬 셈이다. 몇 가지 설명을 더하는 것으로 맺음말에 대신하고자 한다.

첫째, 『한원』 蕃夷部는 고구려 원정에 부심하던 唐이 원정의 당위와 명분, 그리고 동이제국에 대한 최신 정보를 제공할 목적으로 작성되었다는 측면을 강조하였다. 이와 관련하여 杜嗣先의 『토원책부』 征東夷(권1제4편)와 편찬시기, 체재, 작성 목적에서 유사한 측면을 제시하였다. 앞으로 두 자료를 구체적으로 비교 분석할 필요가 있다고 여겨진다.

둘째, 張楚金과 그의 『한원』 편찬의 과정, 배경에 대한 연구의 필요성이다. 2003년 나온 『《高麗記》硏究』 저자들은 張楚金이 李勣이 并州都督 재임(626~642)시 향공을 통해 진사에 입격한 일과 그를 통해 『高麗記』 등을 열람할 수 있었던 것으로 추정한바 있다.[55] 『한원』 蕃夷部와 注文에 당태종 정관연간에 나온 많은 史書를 두고, 『括地志』, 『高麗記』, 『隋東藩風俗記』와 같은 사신과 군사정보를 이용한 의문에 대한 해결의 실마리로서 주목된다. 다 아는 대로 李勣(594~669)은 并州都督으로 돌궐의 회유와 제압하고, 이어 644년부터 당태종과 고종대까지 고구려 원정을 주도하게 된다. 이적의 추천과 지원으로 출사한 張楚金이 고구려 중심의 『한원』 蕃夷部를 작성한 이유를 짐작할 수 있는 부분이라 하겠다. 역시 張楚金의 행적에 대한 구체적인 분석이 뒤따라야 할 문제이다.

셋째, 注文에 인용된 인용서목에 대한 이해 부분이다. 注文에 인용된 문헌 25종 가운데 16종이 현재 전하지 않는 이른바 '不傳書目'이다. 『한원』 蕃夷部의 사료적 가치를 대표하는 부분이라 하겠다. 『後漢書』·『魏志』 등 현재도 전하는 문헌과 차이나는 부분도

55 高福順 · 姜維公 · 戚暢, 2003, 『高麗記 硏究』, 吉林文史出版社, 365~371쪽.

중시할 문제이다. 이를 현재의 문헌과 同名의 異本으로 본 견해[56]도 있었다. 『사기』·『한서』·『위지』 등 현재 전하는 대부분의 인용 문헌은 근 천년부터 數百年의 오랜 寫本時代를 거쳐 活字化된 것이다. 660년 시점에서 이용된 필사형태의 문헌들도 400년 가까이 지나서야 刊刻되었다. 후대 간행자료를 통해 필사본 『한원』의 내용을 교정하는 것은 주의를 요하는 문제일 것이다. 사본시대의 잔재가 많이 남아있는 『태평어람』에 인용된 자료와 함께 문헌이해에 새로운 이해가 요구된다고 하겠다.

56 金鍾完, 2008, 앞의 글, 335~336쪽.

중국 학계의 『翰苑』 연구

趙宇然

Ⅰ. 머리말

자료가 지극히 제한적인 동아시아 고대사 연구에서 새로운 문헌자료의 발견은 항상 세간의 주목을 받아왔다. 唐代의 張楚金이 찬술한 『翰苑』은 현재 일본에 鈔本 殘卷 1卷만 남아 있는데, 마침 匈奴, 烏桓, 鮮卑, 夫餘, 三韓, 高(句)麗, 新羅, 百濟, 肅愼, 倭國 등 중원 주변 세력을 언급한 '蕃夷部'여서 동아시아 학자들의 관심을 끌었다.

후술하겠으나, 일본에서 『한원』 잔본이 발견되어 얼마 지나지 않아 곧 중국학자에 의해 인지되었고, 또 첫 영인본 간행에도 관여했으며, 첫 排印本(활자 교정본)을 출간하기도 했다. 하지만 그 후 오랜 기간 동안 『한원』은 별다른 관심을 받지 못했다. 1986년에 이르러서야 고구려 연구 자료로서 주목됐고,[1] 1991년에 500字 정도의 단편 자료소개가 발표된바 있다.[2] 그 후, 1990년대 말에서 2000년대 초에 이르러 『高麗記』에 초점을 맞춘 연구들이 일부 이루어졌으며, 『한원』 자체에 대한 연구는 근년에 들어서서야 진척되었다.

중국학계의 『한원』 관련 선행연구에 대해, 2016년 王碩의 박사논문에서 비교적 소상히 정리한 바 있으나,[3] 일부 누락과 오류가 있을뿐더러, 또 『한원』을 자료로 인용한 논저에 초점을 맞춰 장황하게 다루다보니, '연구사'가 주제별로 일목요연하게 정리되지는 못한 것 같다.

이에 본고에서는 王碩의 선행 연구사 정리에 기초해, 『한원』 잔본의 중국 전래와 출간, 그리고 앞선 시기 중국 학계의 관련 연구를 살펴 그 성과와 과제에 대해 짚어보고자 한다.

---

1 (顧)明學, (張)中澍, 1986, 「一份更爲可靠的高句麗史料一關於〈翰苑 · 蕃夷部〉注引〈高麗記〉佚文」『學術研究叢刊』1986年第5期.

2 林榮貴, 1991, 「翰苑」『中國邊疆史地研究』 1991-2.

3 王碩, 2016, 「《翰苑》硏究」, 東北師範大學博士論文, 2~12쪽.

Ⅱ. 중국 학계의 『한원』 인지와 출간

앞선 연구에서 여러 차례 소개됐듯이, 일본 소재 『한원』 잔본은 9세기 平安時代 鈔本으로 알려지고 있으며, 원래 福岡縣 筑紫郡 太宰府天滿宮 宮司 西高辻信稚 家에 소장돼오다가 1917년 조사과정에서 '재발견'되어, 1922년에 영인 출간되면서 주목받기 시작했다.[4]

『한원』의 재발견 소식이 중국학자들에게 알려진 구체적인 시점이 언제인지 알 수 없으나, 1922년 京都帝國大學에서 간행한 內藤湖南(內藤虎次郎)의 해설을 붙인 영인본('京大本')[5]과 연관이 있는 것 같다. 선행연구에 따르면, 金毓黻이 1922년의 영인본을 저본으로 校訂 작업을 거쳐 1934년에 활자본으로 구성해 『遼海叢書』第八集(叢書本)[6]에 수록 간행했다고 한다.[7]

최근 王碩의 연구에서는 1922년 영인본 간행에 관한 언급이 없이, "金毓黻 선생이 일본 도서관에서 베껴 가져다가 『요해총서』제8집 「蕃夷部」 중에 정리해 넣었다."[8]라고 애매모호하게 설명하고 있다. 하지만 金毓黻이 일본을 처음 방문한 시점이 1935년이고,[9] 한편 「遼海叢書總目提要」에서 『한원』에 대해 "據日本景印本覆校"라고 한 점으로 미루어 보면, 1922년 영인본에 기초했음이 분명하다.

한편, 일설에 따르면, 1921년 羅振玉이 일본 방문 기간에 발견하고 '東京帝大教授狩野'와 공동으로 影印 작업을 진행했으며, 귀국시 가져왔고, 현재 北京圖書館에 소장되

4 『翰苑』 자료 소개는 윤용구의 「『翰苑』 蕃夷部의 注文構成에 대하여」(2011, 『백제문화』45), 「『翰苑』의 편찬과 蕃夷部」(동북아역사재단, 한국고중세사연구소 편, 2018, 『譯註翰苑』, 동북아역사재단) 참조.

5 1922, 『京都帝國大學文學部景印唐鈔本』第一集, 京都帝國大學文學部.

6 金毓黻 輯, 1935, 『遼海叢書』第八集 翰苑殘 一卷, 遼海書社(1971, 藝文印書館; 1985, 遼瀋書社; 1994, 上海書店)

7 高福順, 姜維公, 戚暢, 2003, 『《高麗記》研究』, 吉林文史出版社, 4쪽; 張中澍, 張建宇 校譯, 2015, 『《翰苑・藩夷部》校譯』, 吉林文史出版社, '校譯前言' 윤용구, 2018, 「『翰苑』의 편찬과 蕃夷部」『譯註翰苑』, 동북아역사재단, 8쪽.

8 王碩, 2015, 「《翰苑》作者張楚金著述, 生平辨疑」『古籍整理研究學刊』 2015-6, 147쪽; 2016, 「《翰苑》研究」, 東北師範大學博士論文, 1쪽, 원문 "從日本圖書館抄回".
현재 百度百科 온라인 백과사전 '翰苑 : 文獻典籍名稱'條에서 王碩 박사논문의 내용을 그대로 轉載하고 있다.(https://baike.baidu.com/item/翰苑/22714788)

9 金毓黻, 1993, 『靜晤室日記』第5冊, 遼瀋書社, 3510쪽.

明治辛亥清廷板蕩于文搶攘我友羅君叔言携眷東渡築室京都東山下閑居無事乃得大展力於學
其所述作足以傳後世君又憾往年黎蒓齋刻古逸叢書概收宋元舊槧而不及唐鈔本挂漏猶多借得
古刹世家之藏景印尙書史記文選數種其嘉惠學者功不在蒓齋下也大正已未君將回國悉其業中
廢託炳卿博士暨余鬻其田宅舉所獲捐於京都大學充印書資大學因有景印古書之舉此其第一集
也茲記緣起且增載君書於後以見其高義亮節卓越時俗而稽古樂善之志窮而不少衰尤可敬重云
大正辛酉三月京都帝國大學敎授狩野直喜記
湖南 子溫 先生有道速得拜教快何可言惟離索之感在眉睫間爲可憾耳茲有請者弟去國以來萬念灰
冷惟傳古之志尙未盡衰頻年略刊古籍力不逮意十才一二而已平昔嘗歎敝國黎蒓齋先生在貴
國刻古逸叢書但收宋元槧而不及唐鈔至爲可憾竊不自量欲身任之而匆匆歸國此願莫償念有
寓居可售以充印書之資欲鬻宅得欵捐入貴國文科大學即以此資煩諸先生印唐鈔古籍而戒行
有期鬻宅一事非旦夕可就擬即將此宅奉煩兩先生代覓受主所得之價悉數捐入貴大學充印書
之用書成除頒送各國圖書館外售價所入以爲持續之用區區之志惟諸君贊成之宅契令小兒面

〈자료 1〉京大本 서문

어 있다고 한다.[10] 다만 그 출처를 張思溫이 편찬한 『積石錄』(1989)이라고 밝히고 있으나, 필자로서는 아직 확인하지 못해 구체적인 내용을 알 수 없다.

사실상 이 설은 『京都帝國大學文學部景印唐鈔本』第1集 첫 머리에 수록된 狩野直喜의 跋文 및 그 뒤에 붙인 羅振玉이 '湖南(內藤湖南)'과 '子溫(狩野直喜)'에게 보낸 편지의 내용에 근거한 것으로 짐작된다.(〈자료1〉참조) 실제로 이에 따르면, 나진옥이 일본에 거주하면서 漢籍 자료에 많은 관심을 가졌고, '大正已未(己未)', 즉 1919년에 일본을 떠나면서 자신의 田宅을 판매한 자금을 교토제국대학에 기탁했고, 이로써 영인본 출간이 가능하게 되었다고 한다.[11]

그렇다면 나진옥의 후원으로 1922년에 『京都帝國大學文學部景印唐鈔本』第1集이 간행되었고, 거기에 『한원』이 수록되었다는 점으로 미루어 봤을 때, 그가 1917년에 『한원』이 발견되었다는 사실을 이미 인지하고 있었던 것 같다.

김육불이 어떤 경로를 통해 『한원』을 입수해 『요해총서』에 수록했는지에 관해서는, 앞선 연구들에서 자세히 언급한 바 없다. 다만 김육불의 학술 일기인 『靜晤室日記』에 관련 단서들이 나타나고 있다. 일기에 따르면, 김육불은 1925년 무렵에 稻葉巖吉의 『清朝全史』(1914) 번역본을 구해보고 크게 감명했으며,[12] 1931년에 지인 黃炎培가 稻葉巖吉과의 교신왕래를 주선했고,[13] 1932년에 직접 만나 그 스승인 內藤湖南에 대해 전해 듣기도 했다.[14] 또 1933년에 稻葉巖吉을 통해 內藤湖南의 사위 鴛淵一을 소개 받았고, 다

10 王萬青, 1989, 「炳靈寺石窟摩崖碑刻題記考釋」 『敦煌學輯刊』 1989-1, 131쪽. '東京帝大教授狩野'란 사실 京都帝國大學의 狩野直喜이다.

11 1922, 『京都帝國大學文學部景印唐鈔本』第一集, 京都帝國大學文學部, 1~2쪽.

12 金毓黻, 1993, 앞의 책 第2册; 第4册, 1431~1432쪽; 2846쪽.

13 金毓黻, 1993, 앞의 책 第4册, 2597쪽.

14 金毓黻, 1993, 앞의 책 第4册, 2839~2840쪽.

시 그를 통해 内藤湖南과 연락이 닿아 『요해총서』 수록 내용에 대해 논의했다. 주로 内藤湖南이 구상 중이었던 『滿洲叢書』와 내용이 서로 겹치지 않기 위해서였던 것 같다. 그리고 같은 해 10월에 内藤湖南이 직접 瀋陽을 방문해 김육불을 만나 毌丘儉紀功碑 탁본 등을 증정했다.[15] 다만 아쉽게도 두 인물사의의 왕래과정에서 『한원』과 관련된 언급은 발견할 수 없다.

『정오실일기』에서 『한원』이 처음 언급된 것은, 1935년 1월9~28일, 김육불이 처음 일본을 방문해 여러 일본 학자들과 도서관을 두루 방문하면서 수집한 일본 소장 고문헌들에 관해 언급한 '2월 3일' 부분이다. 김육불은 70여 종의 신견 고문헌을 자세히 열거하고 있으나, 그 중에는 『한원』이 들어있지 않다. 다만 다음과 같은 설명 按語를 덧붙였는데, 거기서 『한원』을 언급하고 있다.

> "안어: 이 책들은 『한원』 잔본과 마찬가지로 당대의 진귀한 전적으로서, 이를 통해 이미 일실된 많은 문헌들을 집성해낼 수 있으니, 여러 輯逸家들이 살피지 못한 것들이다. (按: 是書與『翰苑』殘本同爲唐代珍籍, 可由此輯出多數逸書, 爲諸輯逸家所不及見.)"[16]

그리고, '3월 7일' 지인에게 보낸 서신에서 일본 여행 견문을 소개하면, 『한원』에 대해 언급하기도 했다.

> "기타의 것으로, 『천지상서지』 잔본이 있는데, 당 초기 인물이 저술한 것입니다. 그(문장) 중에 많은 일실된 서책이 언급되어있어, 장초금의 『한원』에 비견됩니다. (它如 『天地祥瑞志』 殘本, 爲唐初人著述, 中多佚書, 比於張楚金之 『翰苑』)"[17]

이상의 언급으로 미루어, 김육불은 1935년 일본행에 앞서 이미 『한원』 잔본의 존재를 인지하고 있었음을 알 수 있다. 그렇다면 그보다 앞선 시기 内藤湖南 혹은 稻葉巖吉 등 일본 지인으로부터 1922년에 간행된 교토대학 영인본을 입수했을 가능성이 크

---

15 金毓黻, 1993, 앞의 책 第4册, 3131쪽; 3164쪽.

16 金毓黻, 1993, 앞의 책 第5册, 3519쪽.

17 金毓黻, 1993, 앞의 책 第5册, 3537쪽.

다. 다만 직접 언급이 없어 확단하기는 어렵다. 위에서와 같이 특별히 비교대상으로 언급할 만큼 중요한 문헌으로 인식하고 있으면서도, 그 입수 경위에 대해 언급하지 않았다는 점이 아쉽다.

한편, 1935년 3월 1일, 『요해총서』 제5집 까지 완간됐다고 했는데,[18] 『한원』이 제8집에 수록됐으므로, 앞선 연구들에서 그 간행 연대를 1934년이라고 한 것은 잘못된 이해이다. 정확한 시점은 알 수 없으나, 제9집에 수록한 『雪屐尋碑錄』을 1935년 4월에 총서 수록을 위해 정리 중에 있다고 했고, 제8집에 수록되어 있는 『瀋陽日記』를 6월에 총서 수록 예정이라고 언급; 또 8집에 수록되어 있는 『遼紀』, 『瀋館錄』 서문을 7월에 완성했고,[19] 1936년 4월에 총서 10권 目略을 찬술했다고[20] 한 만큼, 그 무렵에 전권 간행을 마쳤던 것 같다. 그렇다면 『한원』을 수록한 총서 제8권은 1935년 하반기쯤에 간행되었을 것으로 짐작된다.

이상과 같이, 나진옥과 김육불은 일본 학자들과의 인맥관계를 통해, 비교적 이른 시기에 이미 『한원』 잔본의 존재를 인지했고, 적극 소개하고자 했던 것 같다. 그럼에도 그 후 오랜 기간에 걸쳐 그 존재가 중국 학계의 주목을 받지 못했던 것 같다.

1968년에 臺灣의 廣文書局에서 요해총서본 복각본을 간행했으나,[21] 발행부수가 많지 않아 잘 알려지지 않고 있다. 1970~72년에 대만의 藝文印書館에서 『요해총서』를 복각 발행했으며, 말미에 '翰苑勘誤表'를 첨부했다.

이상의 〈자료 2〉 『요해총서』 표지에 보면, '桐城張延厚署'라고 하여 서예가이자 碑碣 전문인 張延厚가 총서 제목을 揮毫했던 것 같다. 그리고 총서에 수록한 각 서책의 제목 글자는 각자 다른 인물에게 의뢰했던 것 같다. 예를 들어, 제10집에 수록한 『大元一統志』 書名은 羅振玉의 글씨이다. 『한원』 표지를 보면 '朝墉署檢'이라고 되어 있다. 즉, 黑龍江 지역의 유명 문인이자 서예가인 張朝墉(伯翔)의 글씨인데, 『정오실일기』에 1933~

18 金毓黻, 1993, 앞의 책 第5册, 3534쪽.

19 金毓黻, 1993, 앞의 책 第5册, 3560쪽; 3610쪽; 3615쪽; 3617쪽.

20 金毓黻, 1993, 앞의 책 第5册, 3803쪽

21 童嶺은 '京大本'에 기초해 영인 간행했다고 했으나(2017, 「貞觀年間唐帝國的東亞情報、知識與佚籍 - 舊鈔本《翰苑》注引《高麗記》研究」『東方學報』92, 412쪽), 윤용구의 연구에서는 이를 요해총서본 복각본이라고 했다. (2011, 「『翰苑』 蕃夷部의 注文構成에 대하여」『백제문화』 45, 164쪽, 각주11). 필자가 확인한 바에 따르면, 이 판본은 활자본으로서 후자의 설명이 정확하다.

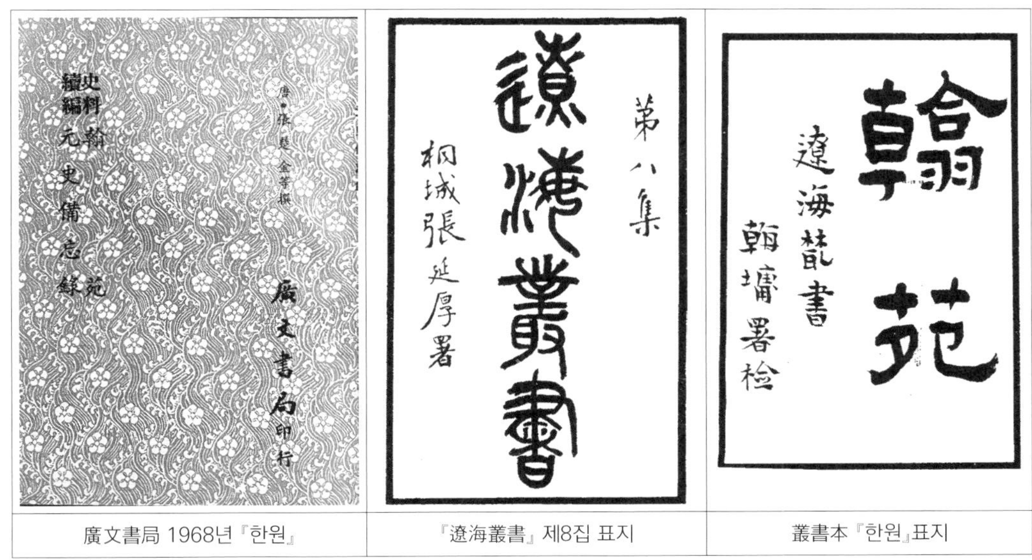

廣文書局 1968년『한원』	『遼海叢書』 제8집 표지	叢書本『한원』표지

〈자료 2〉『요해총서』 표지

1936년 무렵의 書信 왕래 기사가 있다.[22] 그런데 署名 아래에 단순히 '署'가 아닌 '署檢'이라고 되어 있다.(〈자료2〉참조) 『한원』 외에도 총서 6집의 『兩漢紀字句異同考』, 7집의 『錦縣志』, 『布特哈志略』 등 書名 역시 張朝墉의 글씨이다. 그런데 유독 『한원』 에만 '署檢'이라고 적었고, 나머지는 落款만 있다. 그렇다면 혹 張朝墉이 단순히 『한원』 서명 작성에 그친 것이 아니고, 그 내용을 검토해 의견을 제시했을 수도 있다.

중국 대륙지역에서는 1985년에 이르러서야 遼瀋書社에서 『요해총서』를 복각 발행했고(2009년에 遼海出版社에서 再版 발행), 1994년에 上海書店出版社에서 『叢書集成續編』 子部 典故類에 『한원』을 수록했다.

2015년에 張中澍, 張建宇의 『《翰苑 · 蕃夷部》校譯』(吉林文史出版社, 2015)이 출판되었는데, 김육불의 요해총서본에 이은 중국의 두 번째 교감본이라고 할 수 있다. 사실 이 저서는 張中澍가 吉林省民族研究所에서 근무하기 시작할 무렵인 80년대에 이미 구상되었다고 하는데, 湯淺幸孫이 1983년에 출판한 校釋本인 『翰苑校釋』(國書刊行會)에서 요해총서본에 대해 "排印本으로서, 校訂이 충분치 않고, 사사로이 수정한 부분도 적지 않

22 金毓黻, 1993, 앞의 책 第4, 5册, 3112쪽; 3213쪽; 3406쪽; 3767쪽.

 『遼海叢書』 복각본(1985)	『《翰苑 · 蕃夷部》校譯』(2015)	『日藏唐代漢字抄本字形表』(2016)

〈자료 3〉

아, 鈔本의 원모습을 제대로 전달하지 못하고 있다"[23] 라고 한 비판이 계기가 되었다.

그 외, 2016년에 臧克和, 海村惟一이 펴낸『日藏唐代漢字抄本字形表』(華東師範大學出版社, 2016)에『한원』鈔本 영인본을 別卷으로 첨부했다.

Ⅲ. 중국 학계의『한원』연구

중국 학계의『한원』연구는 크게, 편찬에 관한 연구, 校釋과 역주,『高麗記』연구 및 전거 자료로 활용한 연구 등으로 분류할 수 있다.

1. 편찬에 관한 연구

『한원』편찬과 관련해 학계에서는 우선 撰者 張楚金에 주목했다. 대부분 학자들은 장초금을 唐 高宗~武后 시대 인물로서, '唐(高宗)顯慶五年(660)'무렵에『한원』30권을 지은 것으로 보고 있다. 예를 들어, 金毓黻은「遼海叢書總目提要」에서 "楚金名見兩唐書忠義傳, 歷仕高宗武后, 所著翰苑三十卷, 著錄新唐書藝文志"[24]라고 하여 장초금의 활동 연대와 저술에 대해 언급한 바 있다.

그 후, 중국 학계에서는 당대에 '장초금'이라는 이름의 인물이 고종과 玄宗 시대 2人

23 湯淺幸孫, 1983,「前言」『翰苑校釋』, 國書刊行會, 1쪽.

24 金毓黻, 1985,『遼海叢書』, 遼瀋書社, '附錄'.

이 확인된다는 점에 주목했다. 즉,『全唐文』에 수록되어 있는 고종시기 장초금이 지은 것으로 알려진「樓下觀繩伎賦」,「透撞童兒賦」등 詩賦 2편은 사실 현종 시기 장초금이 지었다는 것이다. 그리고 현전하는「唐故右監門衛兵曹參軍張君(景陽)墓誌銘」,「唐故朝請郎行河南府河清縣主簿左府君(光胤)墓誌銘並序」등 묘지명도 바로 현종시대 장초금이 찬한 것이라고 보았다.[25]

한편 일각에서는 당대에 동명이인의 장초금이 두 명 있었고, 그들이『한원』으로 명명된 서로 다른 두 책을 저술한 것으로 보기도 한다. 즉, 고종-무후 시기 장초금은 類書 성격의『한원』7권을 지었고, 현종 시기 장초금은 문학가로서 (詩文)總集 성격의『한원』30권을 저술했다는 것이다. 그리고 전자는 현재 일본에 잔본1권이 남아 있고, 후자는 일실되었다는 것이다.[26]

그리고 다양한 기록에 혼란스럽게 나타나는 장초금의 생애와 사망에 관한 간략한 논의가 있었는데, 대체로 출신(張道源의 '族子'인지 '族孫'인지 문제)과 사망(사망 연대 및 자연사 혹은 피살되었는지 문제)에 대해 다뤘다.[27]

그 외,『한원』에 주석을 붙인 雍公叡라는 인물에 대해서는, 대체적으로 신원 미상이라고 보고, 宋代 혹은 唐末~五代 시기 인물일 가능성이 제시되었다.[28] 일각에서는 송대의 雍丘 縣令을 지낸 趙睿일 가능성이 있다고 보기도 한다.[29] 한편, 湯淺幸孫의 주장을 따라 주문 대부분은 장초금이 직접 붙였고, 雍公叡는 단지 일부만 작성했을 것이라고 보기도 한다.[30]

『한원』이 중국 지역에서 일실된 시기에 대해서는,『宋史』이후 관찬 문헌에 등장하지

---

25 吳企明, 1995,「唐代同名異人考」『吳中學刊』1995-2, 6쪽.
王碩의 선행연구에서는 吳企明이『한원』저자를 현종 시기 장초금이라고 주장했다고 하는데(2016, 앞의 논문, 3쪽), 필자가 확인해본 바로는 吳企明의 글에는 그러한 언급이 없다.

26 趙望秦, 2001,「唐文學家張楚金考」『文學遺產』2001-5, 124~125쪽; 王碩, 2015, 앞의 논문, 149쪽.

27 高福順, 姜維公, 戚暢, 2003, 앞의 책, 364~371쪽; 張中澍, 張建宇 校譯, 2015, 앞의 책, '校譯前言'; 王碩, 2015, 앞의 논문.

28 童嶺, 2012,「唐鈔本《翰苑》殘卷考正」『國際漢學研究通訊』第五期, 北京大學出版社, 158쪽; 童嶺, 2017, 앞의 논문, 410쪽.

29 高福順, 姜維公, 戚暢, 2003, 앞의 책, 374쪽.

30 王仲殊, 2006,「《三國志·魏書·東夷(倭人)傳》中的"景初二年"爲"景初三年"之誤」『考古』2006-4, 84쪽; 張中澍, 張建宇 校譯, 2015, 앞의 책, '校譯前言'.

않는다는 점을 근거로 대개 宋代,[31] 혹은 北-南宋 교체기로 추정하고 있으며, 일본으로 전해진 시기 上限은『한원』이 찬술된 660년이고, 下限은 마지막 遣唐使 파견 시점인 唐 昭宗 光化元年(898)으로 보고 있다.[32]

2. 校釋과 譯註

앞에서 살펴봤듯이, 1935년 무렵, 김육불이『한원』鈔本을 활자본으로 옮겨『요해총서』에 수록했는데, 그 과정에서 당연히 일부 문자에 대한 校訂 작업이 이루어졌던 것 같다. 그리고 앞에서 언급했듯이, 張朝墉이 '署檢'했다고 한 만큼 그 또한 문자 검토에 참여했을 수도 있다. 따라서 이 판본을 요해총서 校訂本이라고도 한다. 다만 별도로 校釋 내용을 밝히지 않아, 그 근거를 알 수 없으며, 한편 자의적인 부분이 적지 않다는 지적이 있어왔다. 그럼에도 중국 학계에서 가장 보편적으로 활용된 판본으로서 중국학자들 사이에서 높이 평가되기도 한다.[33]

1960년대에 고고학자 李文信이『요해총서』에 간략한 주석을 붙인 바 있는데(『李氏遼海叢書批注』[34]), 거기에『한원』주석도 포함되어 있다. 여섯 항목의 짧은 주문을 붙였는데, 옮겨 적어 보자면 다음과 같다.

「《翰苑》批注」,『李氏遼海叢書批注』

① 彈汗山, 遼稱炭山. 彈汗, 後世多作査干, 漢語白意, 即白山.

[原文] "慶隆吞雹方循彈嶺之儀, 注……遂推以為大人, 檀石槐乃立庭于彈汗山"(第十三頁第十二行)

② 焉骨可能是烏骨之訛, 所記山勢和築城之狀與今鳳凰山城相近, 里數也近似. 兩唐書及通鑒作烏骨為是.『三國史記』地理志:鴨綠水北未降十一城, 有屋城州, 當是屋山城州之簡稱.

[原文] "焉骨山在國西北, 夷音屋山在平壤西北七百里."(第二十頁第十六行)

31 王碩, 2016,「《翰苑》研究」, 東北師範大學博士論文, 32쪽.

32 童嶺, 2012, 앞의 논문, 159~160쪽.

33 高福順, 姜維公, 戚暢, 2003, 앞의 책, 4쪽.

34 1985년 遼瀋書社에서 복각 발행한『遼海叢書』附錄으로 첨부됨.

③ 銀山在國西北, 安市東北百餘里, 應是鳳城縣青城子銅礦. 該礦在明代仍產銀, 在青苔峪城附近. 見明宋國忠墓志(《遼陽碑志選一》).

[原文] “銀山在安市東北百餘里”(第二十頁第二十四行)

④ 安平城在平壤城西北四百五十里. 即靉河尖屯古城址, 出土有安平樂未央瓦當.

[原文] “二水合流西南至安平城入海……今按其水闊三百步, 在平壤城西北四百五十里也.”(二十一頁第四行)

⑤ 鹿耳當是鹿角之訛.

[原文] “以金銀為鹿耳加之幘上.”(第二十一頁二十五行)

⑥ 新城今撫順高爾山城, 非瀋陽, 推論皆誤.

[原文] “其記南蘇城云在新城北七十里山上. 王寂《遼東行部志》引韓穎《沈州記》以為新城即沈州”(跋第二頁末行)

이상 두 편의 간략한 校訂 작업은 논외하고, 진정한 의미의 校釋 작업은 2015년의 張中澍, 張建宇가 펴낸 『《翰苑 · 蕃夷部》校譯』(吉林文史出版社)이 중국 학계에서 최초이다. 이 저술에서는 앞선 시기의 遼海叢書本, 竹內本(竹內理三, 1977, 『翰苑』, 太宰府天滿宮研究所), 湯淺本(湯淺幸孫, 1983, 『翰苑校釋』, 國書刊行會) 등 세 판본을 대조해 校釋 작업을 진행했는데, 원문, 校釋, 주석, 白話文 번역 등 내용으로 구성하고 있다. 그리고 鈔本 영인본을 부록으로 첨부했다. 이 저술은 내용이 풍부하고 학술적 깊이도 있으나, 한편 전거자료 출전을 명확하게 밝히지 않아 다소 아쉬우며, 본문 번역은 ‘蛇足’이라 하여 넘기고,[35] 주문만 백화문으로 옮겼다는 점 역시 미흡한 부분이라 하겠다. 또한 논란이 있는 문구 해독에 있어서, 字形보다는 연대기 자료에 근거한 推讀이 많아 문제 제기되기도 했다.[36] 한편 일부 주문에 저자의 주관적 역사 인식이 강하게 투영되어 있어 학술적 가치가 반감되고 있다.

이어서 2016년에 王碩의 박사논문 「《翰苑》研究」 제3장(34~139쪽)에서 京大本을 저본

35 張中澍, 張建宇 校譯, 2015, 앞의 책, 342쪽.

36 윤용구, 2018, 「『翰苑』의 편찬과 蕃夷部」 『譯註翰苑』, 동북아역사재단, 8쪽.

으로 삼고, 遼海叢書本과 竹內本을 대조해 새로운 校注를 시도했다. 다만 湯淺本을 참조하지 않나 노력이 반감되었다는 비판이 제기되었으며,[37] 또 원문을 簡體字로 옮기다 보니, 저본의 자형이 무의미해지는 등 근본적인 한계를 안고 있다.

3.『高麗記』 관련 연구

중국 학계에서는 80년대 중반에 고구려 연구 자료로서『한원』주문에 보이는『高麗記』에 주목한바 있으며, 1990년대 후반이래로 당시 長春師範學院 소속이었던 姜維公, 姜維東, 高福順 등을 중심으로『고려기』관련 연구가 본격 진행되었다.

우선, 姜維公의 연구에서는『고려기』의 실체에 대해, 앞선 시기 제기된『高句麗古記』일 가능성[38]을 비판하고, 陳大德의『奉使高麗記』임을 주장했다.[39] 이어서『고려기』내용 교감과 사료적 가치, 그리고 지리 고증 등 일련의 관련 연구들이 발표되었으며,[40] 2003년에 그 성과를 모아 단행본으로 간행했다.[41] 이 저술에서는 주로『한원』에 수록되어 있는『고려기』를 기초 자료로 삼아,『고려기』佚文 輯錄과 考訂 작업을 진행했으며, 더불어 고구려 官制, 地名 등에 대해 검토했다. 물론『한원』전반에 대한 검토가 아니라, 주문에 보이는『고려기』에 대한 연구라고는 하나, 京大本, 遼海叢書本 등 판본을 기초 자료로 삼은만큼, 문장 고증작업과 사학사적 검토도 일부 이루어졌다. 그 후, 2014년에 일부 연구 논문을 추가해 새로운 단행본으로 출간했으나,[42] 소량 내부 배포에 그쳐 학계에 잘 알려지지 않고 있다. 그 외,『고려기』에 관한 단편적인 검토가 이루어지긴 했으나,[43] 그다지 주목할 만한 내용이 없다.

姜維公, 高福順 등의 연구 성과에 대해, 南京大學 교수 童嶺은 "(이들 성과) 대부분은 기

---

37 윤용구, 2018, 앞의 책, 8쪽.

38 李健才, 1995,『東北史地考略(續集)』, 吉林文史出版社, 55쪽.

39 姜維公, 姜維東, 1998,「《高麗記》成書時間及作者考」『古籍整理研究學刊』1998年第2期.

40 高福順, 高文輝, 1998,「陳大德與《奉使高麗記》」『長春師院學報』1998-03; 姜維公, 1998,「《高麗記》校勘記」『長春師院學報』1998-04; 姜維公, 1999,「《高麗記》的史料價⊠」『古籍整理研究學刊』1999-02; 高福順, 1999,「簡論《高麗記》佚文在地理學上的貢獻」『通化師範學院學報』1999-06(『東疆學刊』2000-01); 姜維公, 姜維東, 2000,「《高麗記》一則軼文的補訂」『通化師範學院學報』2000-03; 高福順, 2004,「《高麗記》所記平壤城考」『長春師範學院學報』2004-08.

41 高福順, 姜維公, 戚暢, 2003, 앞의 책.

42 姜維東, 姜維公, 高福順, 2014,『《高麗記》整理與研究』, 吉林文史出版社.

43 李爽, 2015,「陳大德出使高句麗與《奉使高麗記》」『東北史地』2015年第2期.

존 국외의 성과와 직접적으로 대화하기 어렵다(大多不能與旣有的國際成果眞正對話)."[44]라고 하여 평가절하하고 있다. 즉, 강유공 등의 연구는 지나치게 중국학계에만 치우쳐 있고, 국외 관련성과에 대한 검토가 거의 이루어지지지 않아, 그 학술성이 떨어진다는 것이다.

강유공 등의 연구가 이루어진 시점(1990~2000년대)과 학술 성향이 비교적 거친 東北지역 학자들에 의해 이루어졌다는 점을 감안하면, 童嶺의 이 같은 지적이 일견 타당한 것으로 판단된다. 이 같은 폐쇄성의 문제점은 단지 『한원』 연구뿐만 아니라, 동아시아사 연구에서 보편적으로 나타나는 문제로서, 중국학계에서 시급히 극복해야할 부분이기도 하다.

일반적으로 동북지역 학자들에 비해, 남방 연구자들의 학문 수준이 월등한데, 최근 대표적인 『한원』 연구자로는 南京大學의 童嶺을 손꼽을 수 있다. 그는 중국 중고시기 文獻史 연구 전공자로서, 일본 京都大學 文學部 유학(2007~2008년) 기간 동안, 일본 소재 고문헌 자료에 주목했는데, 『한원』 또한 중요한 연구대상이었다. 그는 박사논문 「日藏六朝隋唐漢籍舊鈔本綜合研究」(2010, 南京大學) '第9章 唐鈔本〈翰苑〉殘卷考正'에서 『한원』 잔본의 발견과 찬술 시기, 일본 전래 및 간행, 그리고 학계의 관련 연구를 간략하게 소개하고, 주문에서 인용한 서책의 계통을 자세히 살폈다.[45]

이어서 『한원』 주문에서 인용한 『고려기』에 주목, 관련 언급이 보이는 12개 항목을 추출해 분석을 시도했다. 우선 『고려기』 편찬 연대에 대해, 池內宏, 吉田光南 등의 선행 학설을 살피고, 관직 관련기록 등에 근거해 새로운 설을 제시했다. 즉, 『고려기』의 찬술 시기는 624~652년 및 656~668년 사이라는 것인데, 池內宏의 추정보다 그 범위가 10년 정도 축소됐고 자평하고 있다. 그리고 찬자에 대해, 70년대 吉田光南이 陳大德이라고 제시한 이래로, 盧泰敦, 武田幸男 등 학자들에 의해 긍정되면서 별다른 이견이 없었으나, 문제점이 있다고 지적했다. 즉, 진대덕이 고구려 사행과정에서 관련 정보를 입수해온 것이 사실이나, 직접 『고려기』를 찬술했다고 보기 어렵다는 것이다. 그리고 『한원』에 인용된 『고려기』가 곧 『新 · 舊唐書』에서 언급되고 있는 『奉使高麗記』일지 여부에 대해 회의적이라고 보고 있다. 저자의 결론은, 『고려기』는 고구려에 사행한 9명('A~I')의

44 童嶺, 2017, 앞의 논문, 411쪽.

45 童嶺, 2012, 앞의 논문 (2017, 「第九章 唐鈔本《翰苑》殘卷考正」『六朝隋唐漢籍舊鈔本研究』, 中華書局, 재수록)

使臣, 심지어는 隋代의 변경지역 관리, 사신 등에 의한 '집단' 저술의 결과물이라는 것이다.[46]

童嶺의 관련 연구는 동북지역 학자들의 연구에 비해, 일본 학계의 선행연구를 비교적 자세히 살펴 연구의 토대로 삼고 있고, 또 검토가 아주 치밀하다는 점에서 주목된다. 다만, 한국 학계의 성과는 아직 살피지 못하고 있고, 또 唐 중심의 동아시아세계질서 등『한원』과 직접 연관이 없는 곁도는 내용을 장황하게 언급하고 있어, 문장이 다소 혼란스럽다. 그럼에도 최근 중국에서 가장 주목되는『한원』연구자임은 틀림없다.

4. 전거 자료로 활용한 연구

중국학계의 많은 연구자들은『한원』자체에 대한 연구보다는, 그 수록 내용을 연구자료로 인용한 경우가 많다. 王碩의 선행 연구사 정리에서도 이 부분 연구를 중심으로 다루었던 것 같다. 중국학계에서는 대개 고구려, 백제, 숙신, 왜 등 연구에서『한원』에 수록된 관련 내용에 주목했던 것 같다.

우선, 고구려사 연구와 관련해, 鄭春穎은 몇 편의 사료 검토논문을 통해『한원』에 고구려 연구 자료로서의 가치를 부여하고 있는데, 특히나『위략』고구려전의 일실 내용에 주목했다.[47] 또한 복식사 전공자로서, 여러 편의 복식연구에서『한원』에 나타나는 '鄗日' 등 고구려 복식 자료에 주목하기도 했다.[48]

그 외, 단편적인 논문 여러 편이 발표되었는데, 지명과 국명,[49] 문화사,[50] 제도사[51] 등

46 童嶺, 2017, 앞의 논문, 401~411쪽.

47 鄭春穎, 2008,「《魏志・高句麗傳》與《魏略・高句麗傳》比較研究」『北方文物』2008-4; 鄭春穎, 2009,「《梁書・高句驪傳》史源學研究」『圖書館理論與實踐』2009-11; 鄭春穎, 2010,「《後漢書・高句驪傳》史源學研究」『中國邊疆史地研究』2010-1.

48 鄭春穎, 2009,「高句麗"鄗日"考」,『蘭臺世界』2009-8; 鄭春穎, 2011,「高句麗遺存所見服飾」, 吉林大學博士論文; 鄭春穎, 2013,「高句麗的幘, 骨蘇與羅冠」『華夏考古』2013-4; 鄭春穎, 2014,「高句麗"折風"考」『考古與文物』2014-4.

49 梁志龍, 1996,「高句麗名稱考釋」『遼海文物學刊』1996-1; 羅新, 2013,「高句麗國名臆測」『中華文史論叢』2013-1.

50 張博泉, 1998,「高句麗與中原文明」『社會科學戰線』1998-5; 閆海, 1999,「高句麗物質民俗初探」『遼寧師範大學學報』1999-4; 閻海, 孫璿, 2001,「試論高句麗與殷商的文化淵源」『遼寧師範大學學報』2001-11; 鴻鵠, 2007,「關於高句麗紡織品之我見—以分析〈高句麗〉史載爲中心」『社會科學戰線』2007-4.

51 金在善, 1998,「高句麗職官考」『中央民族大學學報』1998-5; 王綿厚,1997,「高句麗的城邑制度與都城」『遼海文物學刊』; 王綿厚, 2004,「關於確認高句麗歷史地位的三要素」『東北史地』2004-1; 楊軍, 2002,

에 관한 연구로서,『한원』에 수록된 내용을 전거자료로 활용하고 있다. 다만 이들 연구에서는 관련 기록을 사료비판 없이 짧게 언급한데 그치고 있을 뿐이다.

다음으로, 백제사와 관련해, 행정구역 편제, 유민 등에 관한 연구에서『한원』이 언급되었다.[52] 또 숙신, 왜 관련 문헌검토에서『한원』 기록을 인용한 비교 연구가 있으며,[53] 그 외,『秘府略』 연구에서 간략하게 언급되기도 했다.[54]

Ⅳ. 맺음말

『한원』 잔본 발견 초기부터 중국학자들은 이 문헌에 주목했던 것 같으나, 아쉽게도 학술사적으로 의미 있는 연구 성과를 내지는 못했다. 현재 학계에서는 보편적으로 1934년에 金毓黻이『遼海叢書』제8집에 활자본으로 수록했다고 알고 있으나, 사실 8집이 간행된 구체적인 시점은 1935년 하반기 무렵일 것으로 보인다. 김육불이『한원』을 중요한 문헌으로 인지하고 있었던 것 같으나, 그의 학술일기인『정오실일기』에 그에 관한 단편적인 언급만 있을 뿐, 그 입수 경위나 교정 과정에 관한 내용이 없어, 그 구체적인 경위를 파악하기 어렵다. 다만, 1930년대 무렵 稻葉巖吉, 內藤湖南 등 일본 학자들과의 왕래가 빈번했던 만큼, 그 과정에서 입수했을 것을 짐작된다.

현재 중국내『한원』 관련 전문 연구 논저가 몇 편 안되고, 최근 10년간 단지 자신의 몇몇 연구가 중요할 뿐이라고 한 童嶺의 自評처럼,[55] 앞선 시기 중국 학계의 관련 연구 성과는 미비한 편이다. 그럼에도 張中澍의 校譯(2015) 작업과 더불어 姜維公, 高福順 등

「高句麗地方統治結構研究」『史學集刊』 2002-1; 羅新, 2009,「高句麗兄系官職的內亞淵源」『中古北族名號研究』, 北京大學出版社; 範恩實, 2011,「高句麗"使者"、"皂衣先人"考」『東北史地』 2011-5; 付百臣, 2014,「高句麗政治制度史研究的參考資料」『溥儀研究』 2014-1.

52 趙智濱, 2012,「唐朝在百濟故地初設行政建置考略」『中國曆史地理論叢』 2012-27; 拜根興, 2014,「入唐百濟移民陳法子墓志關聯問題考釋」『史學集刊』 2014-5.

53 傅朗雲, 1983,「〈肅慎國記〉叢考」『圖書館學研究』 1983-3; 沈一民, 2010,「〈晉書・肅慎氏傳〉文獻來源考」『北方文物』 2010-4; 沈仁安, 1987,「〈漢書〉, 〈後漢書〉倭人記事考釋」『北京大學學報』1987-4; 王仲殊, 2006,「〈三國志・魏書・東夷(倭人)傳〉中的"景初二年"爲"景初三年"之誤」『考古』 2006-4.

54 唐雯, 2004,「日本漢文古類書〈秘府略〉文獻價值研究」『古籍整理研究學刊』 2004-9; 童嶺, 2010,「舊鈔本古類書〈秘府略〉殘卷中所見〈東觀漢記〉佚文輯考」『古典文獻研究』 2010-6.

55 童嶺, 2017, 앞의 논문, 411쪽.

이 고구려 연구 자료로서 『고려기』에 초점을 맞춘 연구(2003) 등이 주목된다. 그리고 근년에 남방지역 학자 童嶺이 일본 유학경험을 토대로 여러 편의 의미 있는 연구 성과를 발표하기도 했다. 한편, 2016년에 『한원』을 주제로 박사학위를 취득한 王碩 또한 중요한 학자로 지목되나, 관련 전적 수집 · 독해 능력 등 학술 수준이 童嶺에 미치지 못한다. 이는 중국 남 · 북 학계의 수준 차이라고 할 수 있다. 여하튼 향후 중국 학계의 『한원』 연구와 관련해, 이 두 젊은 학자의 활약이 기대된다.

日本學界의『翰苑』研究 動向과 課題

7世紀 資料로서 活用하기 위한 試論

우에다 기헤이나리치카

Ⅰ. 머리말

주지하듯이 『翰苑』은 일본에 유일하게 남은 孤本이다. 1917년에 자료 조사로 일본 九州 福岡縣 太宰府天滿宮을 찾은 黑板勝美가 발견하였다. 이후 內藤湖南이 漢文과 日文으로 해제를 작성했고,[1] 1922년에 京都帝國大學에서 影印版이 간행되어 널리 학계에 알려지게 되었다.[2]

이로써 『翰苑』이 발견된 지 벌써 100년이 넘었고 그동안 수많은 연구 성과가 제기되어왔다. 특히 『翰苑』에 인용된 逸書가 일본고대사와 한국고대사 연구자의 관심을 모았다. 「魏略」·「高麗記」·「括地志」등에 고대의 일본 및 한국에 관한 정보가 있기 때문이다. 이에 연구자들이 자신 논거로 자료의 일부를 인용한 글들은 셀 수 없을 만큼 많다. 이어 1970년대~1980년 초반에 걸쳐 『翰苑』에 대한 해석으로서 竹內理三의 校訂本과 湯淺幸孫의 校釋本이 발표되었다. 이로 인해 많은 연구자가 『翰苑』을 쉽게 활용할 수 있게 되었다.

1990년대 이후 일본 학계의 『翰苑』에 대한 연구는 저조하다. 일본어로 발표된 글들 가운데 『翰苑』을 주제로 한 글은 세 편밖에 찾을 수 없었다.[3] 한편 韓國 學界에서는 『翰苑』에 대한 관심이 점점 고조되고 있는 것 같다. 2018년에 동북아역사재단에서 『譯註 翰苑』이 간행되었다. 이 역주본은 기왕에 어떤 譯註書보다 자세한 주석을 단 것으로 평가할 수 있다. 앞으로 이 주석서를 바탕으로 연구가 이어질 것으로 예측된다.

---

1 內藤虎次郎, 1970a, 「旧鈔本翰苑に就きて」『內藤湖南全集』7, 筑摩書房(初出1922) ; 內藤虎次郎, 1976, 「舊鈔本翰苑跋」『內藤湖南全集』14, 筑摩書房 (初出1923).

2 京都帝國大學文學部, 1922, 『京都帝国大学文学部景印唐鈔本第一集』, 京都帝國大學文學部.

3 武田幸男, 1994, 「『高麗記』と高句麗情勢」『민족 문화의 제문제』, 世宗文化社 ; 大谷光男, 1998, 「女王卑弥呼の金印をめぐって-『翰苑』倭国伝から推測した」『二松学舎大学東洋学研究所集刊』28 ; 鄭東俊, 2010, 「『翰苑』百済伝所引の『括地志』の史料的性格について」『東洋学報』92-2.

다만, 한국 학계에서 일본의 『翰苑』 연구가 어떻게 인식되고 있는지 궁금하다. 물론 일본 학계의 모든 연구 동향을 파악하는 것이 불가능하며 불필요하겠다. 그러나 과거에 발표된 연구를 정리하다 보니 연구 동향에 편중이 있음을 알게 되었다. 따라서 일본 학계의 연구 동향에서 문제점을 정확하게 파악하면서 연구를 발전시키는 것이 한국·중국·일본을 막론하고 중요할 것이다.

본고의 목적은 일본 학계의 『翰苑』 연구 성과를 정리하면서 어떤 맥락에서 『翰苑』이 인용되어왔는지 살피는 것이다. 이미 중국문학 연구자 神鷹德治가 『翰苑』 관련 문헌을 분야별로 정리한 목록이 있다.[4] 그의 분류를 그대로 따를 수 없지만 본고에서는 이를 참고하면서 크게 書誌·史料論, 日本史, 韓國史의 세 분야로 정리하겠다. 이 정리를 통해 기존의 연구에 대한 경향과 문제점을 지적하고자 한다. 그리고 7세기 자료의 맥락에서 어떤 가치가 있는 자료인지에 대해서 향후의 전망을 제기하고자 한다.

Ⅱ. 書誌·史料論 分野

1. 影印·校訂·譯註

먼저 『翰苑』이란 자료에 대해서 書誌 및 史料論 분야의 동향을 정리하도록 한다. 위에서 말한 바와 같이 처음에 나온 『翰苑』의 影印版은 『景印唐鈔本第一集』이다.[5] 이후 오랜 기간 이것을 『翰苑』의 底本으로 하는 연구가 이어졌다. 예를 들어 和田清 등이 묶은 역주본은 「魏略」 逸文으로 『翰苑』 倭國條의 일부를 飜刻하고 소개했는데,[6] 역시 위의 영인판을 인용하였다.

다음으로 일본사학자 竹内理三이 『翰苑』 전체를 校訂·飜譯해서 영인판과 아울러 출판하였다.[7] 그러나 이 교정본은 많은 비판을 받았다. 漢文 해석에 대해 기초적인 오류가 많다고 지적되었다.[8] 이어 竹内本의 문제를 극복하기 위해서 중국사상학자 湯淺幸

4 神鷹德治, 1993, 「『翰苑』関係文献目録」 『中国文化論叢』2, 60~74쪽.

5 京都帝國大學文學部, 1922 앞의 책.

6 和田清·石原道博 共編譯, 1951, 『魏志倭人伝·後漢書倭伝·宋書倭国伝·隋書倭国伝』, 岩波書店.

7 竹内理三, 1977, 『翰苑』, 吉川弘文館.

8 奥村郁三, 1979, 「翰苑-竹内理三博士の校訂について」 『関西大学法学論集』28-4~6.

孫이 새롭게 교정·역주를 작성한『校釋 翰苑』을 간행하였다.[9] 이 역주본은 中國 古典에 의거하면서 교정과 해석을 제기하여 높게 평가를 받았다. 다만, 역사적인 지식이 부족함으로 인한 오해가 있기도 하였다.[10] 현재 일본 학계에서는 위의 역주본 두 편이 底本으로 쓰이는 경우가 많다.

2. 本文·逸文의 검토

처음『翰苑』에 대한 해제를 작성한 內藤湖南은『翰苑』에 대한 자료적 가치를 적절하게 지적하였다.[11] 첫째,『翰苑』에서 주석으로 인용된『後漢書』등의 서적은 현행의 텍스트와 다르므로, 異本으로서 교정의 재료가 된다는 점, 둘째,「魏略」,「高麗記」,「十六國春秋」등 현존되지 않은 逸書가 많이 인용된 점 등을 자료적 가치로 언급하였다. 內藤湖南이 말했듯이 이후 연구는 異本, 逸書의 관점에서『翰苑』에 주목하게 되었다.

『翰苑』본문에 대한 연구는 竹內本 및 湯淺本의 역주서를 제외하면 그리 많지 않다. 佐藤進이 중국 언어학적 입장에서『翰苑』에 보이는 注末助字를 분석한 바가 있다.[12]『翰苑』주석의 文末 부분에 종종 보이는 "……之者也"라는 말은 古典에서 인용한 구절을 명시하는 표현이라 주장하면서 이를 衍字로 판단한 金毓黻의『遼海叢書』를 비판하였다. 嵐義人도『翰苑』의 서지나 자료적 가치에 대해서 언급한 바가 있다.[13] 그리고 직접적으로『翰苑』을 살피는 논고는 아니지만, 小島憲之는 일본 平安時代에 이뤄진 類書 편찬 사업을 정리하면서『翰苑』을 언급하였다.[14] 당시 일본에 있던 복수의 類書 등에서 기록을 모은 類書의 일례로서『翰苑』을 들었다.

한편,『翰苑』은 현재 남은 제30권으로 추정되는 蕃夷部 이외의 逸文도 확인된다.『秘府略』,『香字抄(藥字抄)』,『三教指歸注』에 부분적으로『翰苑』이 인용되었다. 이들 逸文에

---

9 湯淺幸孫, 1983,『翰苑校釈』, 国書刊行会.

10 村山正雄, 1984,「「翰苑校釈」湯浅幸孫校釈」『朝鮮学報』111.

11 內藤虎次郎, 1970a, 앞의 글.

12 佐藤進, 1977,「類書〈翰苑〉の注末助字 - 併せて遼海叢書の校書を窺う」『富山大学文理学部文学科紀要』4.

13 嵐義人, 2010,「翰苑補考」『古事記年報』52.

14 小島憲之, 1973,「平安朝述作物の或る場合―「類書」の利用をめぐって」『国風暗黒時代の文学』中（上）, 塙書房(初出1970).

대해서 검토한 논고가 몇 편 있다. 森鹿三은『香字抄』에 인용된『翰苑』을 분석하였다.[15]『향자초』는 11세기 후반에 일본에서 편찬된 香의 字典이다. 또한 飯田瑞穂는『秘府略』을 분석하면서『翰苑』에 대해 언급하였다.[16]『비부략』은 같은 시기에 존재했던 類書를 발췌한 類書로서,『한원』을 비롯하여 선행한 類書를 忠實히 인용한 것으로 추정하였다. 이렇게『한원』은 蕃夷部 이외에도 다양한 항목이 존재했던 사실을 알 수 있다. 본래의『한원』이 어떤 성격을 가진 책인지 살필 수 있는 단서이다. 한편 본문 자체에 대한 연구는 그다지 활발하지 않은 것 같다. 후술한 바와 같이 이런 현상은『翰苑』연구의 편중에서 기인한 것으로 보인다.

3. 張楚金과 雍公叡

사료론에서는 저자에 관한 정보 역시 중요하다. 그러나『翰苑』을 쓴 저자 張楚金과 이에 주석을 달았다고 하는 雍公叡에 대해서는 알 수 있는 정보가 부족하다. 일반적으로는 內藤湖南이 해제에서 밝힌 견해가 유력하다.[17]

장초금은『舊唐書』·『新唐書』忠義傳에 立傳된 張道源傳에서 "族子楚金" 혹은 "族孫楚金"으로 그 이름이 확인된다. 다만 그의 개인적 행적은 거의 전해지지 않는다.

그의 행적에 관한 연구로는 石田幹之助의 글이 주목된다. 石田幹之助는 能樂「草紙洗小町」의 原典이 된 逸話 속에서 장초금의 행적을 찾아냈다.『太平廣記』권171 精察 소인『朝野僉載』에 전하는 逸話에 따르면, 垂拱 연간(685~688)에 湖州刺史 裴光이 謀反을 꾸민다는 문서를 佐史 江琛이 朝廷에 제출하였는데, 조정에서 진위를 둘러싸고 논쟁이 되었다. 조정에서는 진위 판단을 위해 관리를 파견하였는데, 이때 파견된 관리가 장초금이었다. 그가 조사한 결과, 그 문서는 江琛이 裴光의 글씨를 위조한 것이었다는 逸話이다.[18] 또, 장초금이 刑部尙書를 역임했으며「永徽留本司格後」라는 法典 편잔자 중 한

15 森鹿三, 1965,「「香字抄」と所引の「翰苑」について」『生活文化研究』13.

16 飯田瑞穂, 1975a,「「秘府略」の錯謬について」『中央大学文学部紀要』76 ; 飯田瑞穂, 1975b,「「秘府略」に関する考察」『中央大学九十周年記念論文集』, 中央大学.

17 內藤虎次郎, 1970a, 앞의 글.

18 石田幹之助, 1929,「「草紙洗小町」のプロットに就いて」『民族学』1-3 ; 石田幹之助, 1957,「張楚金の佚事と謡曲「草紙洗小町」のプロット」『日本大学文学部研究年報』8 ; 石田幹之助, 1973,「謡曲草紙洗小町の構想と張楚金の逸事と改題して」『東亜文化史叢考』, 東洋文庫 ;『太平廣記』권171 精察.

명이었다는 기록[19]에 주목하였다. 이를 통해 법률가로서의 人物像을 엿볼 수도 있다. 사료 상에서 장초금은 唐 高宗代부터 武則天 시기에 활동했던 인물로, 武周 시기에 酷吏에 의해 사형을 받게 되었는데, 결국 嶺南에 流配되어 그곳에서 죽었다고 전한다.[20]

雍公叡에 대해서는 장초금보다 정보가 적다. 內藤湖南은 831년에 성립된 『秘府略』에 書名이 보이는 것으로 말미암아 이보다 이른 시기에 활동했던 사람으로 보았다.[21] 한편 湯淺幸孫은 본문 및 대부분의 주석을 쓴 사람이 저자 장초금으로 보고, 옹공예는 宋代 사람으로 보았다.[22] 嵐義人은 새로운 견해를 제기하였다.[23] 장초금이 주석을 달았다면 옹공예가 주석을 달았다고 표기될 리가 없다고 보며, 역시 옹공예를 주석자로 보았다. 더구나 옹공예가 唐太宗 李世民의 아들인 李叡일 가능성을 제기하였다. 다만 확실한 근거가 없는 한 內藤說 이상의 견해는 제기하기 어렵겠다. 『翰苑』 주석에 인용된 서적을 보면 같은 唐代 사람으로 보는 게 타당하겠지만 단정할 수는 없다.

Ⅲ. 日本史 分野

1. 耶馬台國

다음으로 일본사 맥락에서 『한원』이 어떻게 인용되어 왔는지 살펴보도록 한다. 거의 대부분의 연구에서 耶馬台國, 倭五王 등 일본 고대국가의 형성에 관한 자료로서 주목을 모았다.

이들 중 가장 많은 논문 제목은 耶馬台國에 관한 글이다. 그 논문 수가 방대하므로, 일일이 소개할 수는 없다.[24] 다만, 耶馬台國 논쟁은 위치를 둘러싼 문제를 중심으로 진

---

19 『新唐書』권58 藝文志. "永徽留本司格後十一卷 (左僕射劉仁軌 右僕射戴至德 侍中張文瓘 中書令李敬玄 右庶子郝處俊黃門侍郎來恆 左庶子高智周 右庶子李義琰 吏部侍郎裴行儉馬載 兵部侍郎蕭德昭裴炎 工部侍郎李義琛 刑部侍郎張楚金 金部郎中盧律師等奉詔撰 儀鳳二年上)."

20 이 사건에 대해서는 『太平廣記』 권162에 수록되어 있다. 또한 어렸을 때부터 형 張越石과 함께 人望이 두터웠다고 전하는 逸話가 『太平廣記』 권202에 수록되어 있다.

21 內藤虎次郎, 1970a, 앞의 글.

22 湯淺幸孫, 1983, 앞의 책.

23 嵐義人, 2010, 앞의 글.

24 耶馬台國에 관한 논문 목록과 연구사 정리는 다음의 글 참조. 三品彰英, 1970, 『邪馬台国研究総

행되었고, 『翰苑』에 대한 관심은 倭國條에 인용된 「魏略」에만 집중되었다.

內藤湖南의 해제 이후 「魏略」에 주목한 연구자는 橋本增吉이다.[25] 당시 耶馬台國의 위치를 둘러싸고 논쟁이 벌어졌다. 耶馬台國의 위치에 관해서는 『三國志』 魏書 倭人條가 기본 자료로 알려져 있는데, 『翰苑』 倭國條에 인용된 「魏略」은 魏書의 原典이 된 것으로 추정되었다. 이에 橋本增吉은 「魏略」을 『三國志』 魏書 倭人條·『後漢書』 地理志·『宋書』 倭國傳과 비교하였다. 그에 따르면 『翰苑』에 인용된 「魏略」은 다른 사례와 같이 생략된 것이며 원문 그대로가 아니다. 그리고 『翰苑』이 편찬됐을 때 唐代 사람들의 倭에 대한 지식으로 윤색된 것으로 추정하였다.

이후로도 白鳥庫吉, 末松保和, 三品彰英, 上田正昭, 榎一雄, 山尾幸久 등 많은 연구자가 「魏略」에 대해서 검토하였다.[26] 그들도 耶馬台國 문제의 맥락에서 倭國條에 인용된 「魏略」을 활용하였다.

또한 耶馬台國에 관한 논고는 아니지만 「漢委奴國王印」이란 金印에 관한 문제를 다루면서 『翰苑』에 주목한 견해도 있다.[27] 『翰苑』 倭國條의 "中元之祭 賜紫綬之榮"이라는 구절, 즉 後漢代 倭奴國이 朝貢했을 때 印綬를 받았다고 서술한 구절에 주목한 견해이다.[28] 그러나 이것 역시 『翰苑』 倭國條의 일부를 언급한 데 불과하다.

2. 倭五王

다음으로 『翰苑』 逸文에 주목한 것으로 倭五王에 관한 연구가 있다. 이것 역시 일본 고대 초기 국가의 형성 과정을 밝히는 연구의 일환이다. 중국 史書에는 贊, 珍, 濟, 興,

---

覽』, 創元社 ; 佐伯有淸, 1971, 『研究史 邪馬台国』, 吉川弘文館.

25 橋本增吉, 1956a, 「支那の資料に現はれたる我が上代」『改訂增補東洋史上より見たる日本上古史』, 大岡山書店(初出1927~1931).

26 三品彰英, 1953, 「魏志倭人伝の読み方」『大谷史学』2 ; 上田正昭, 1959, 「邪馬台国問題の再検討」『日本古代国家成立史の研究』, 青木書店(初出1958) ; 白鳥庫吉, 1969, 「卑弥呼問題の解決」『白鳥庫吉全集 (日本上代史研究 上)』1, 岩波書店(初出1948) ; 山尾幸久, 1974, 「朝鮮三国の軍区組織—コホリのミヤケ研究序説」, 朝鮮史研究会編, 『古代朝鮮と日本』, 龍渓書舎 ; 榎一雄, 1992, 『榎一雄著作集 第8巻(邪馬台国)』, 汲古書院(初出1960); 末松保和, 1996b, 「太平御覧に引かれた倭国に関する魏志の文について」『末松保和著作集4 日本上代史管見』, 吉川弘文館(初出1930).

27 大谷光男, 1998, 앞의 글.

28 『後漢書』 권85 東夷列傳 倭條 "建武中元二年 倭奴國奉貢朝賀 使人自稱大夫 倭國之極南界也 光武賜以印綬."

武라는 왜왕이 중국 南朝에 조공하였다는 기록이 남아 있는데, 이들 다섯 왕은 이른바 倭五王으로 불린다. 五王들은『日本書紀』에 보이는 天皇 가운데, 어느 天皇으로 比定할 것인지에 대한 몇 편의 논고가『翰苑』을 인용하였다.

前田直典은 倭五王 중『梁書』에 "彌",『宋書』에 "珍"으로 나오는 왕에 대해서『翰苑』을 중요 자료로 활용하였다.[29] 그에 따르면『翰苑』新羅條 所引「括地志」에 "案宋書 元嘉中倭王弥……"라고 전하듯, 원래『宋書』에도 "珍"이 아니라 "彌"로 쓰였을 것으로 추정하였다.

한편 橋本增吉은 前田說에 대해서 原典 批判이 미흡하다며 그의 추정이 성립되기 어렵다고 부정하였다.[30] 특히 해당「括地志」가 인용된 부분을 현행의『宋書』와 비교해 보면 36자 중 誤字가 14 군데, 脫字 1 군데를 찾을 수 있다고 한다. 그러므로『翰苑』의 정확성은 낮다고 판단되며 그대로 믿을 만한 자료가 아니라고 주장하였다.

橋本說이 제기된 이후『翰苑』을 근거로 倭五王에 대해 논의하는 논고는 보이지 않는다. 다만, 이후 志水正司는 前田說을 완전히 부정하였다.[31] 湯淺幸孫도 해당 부분에 대해서 원래『宋書』에 "珍"이였다고 해서 前田說을 채용하지 않았다.

3. 官位十二階

앞에서 본 바와 조금 다른 시각에서『翰苑』에 주목한 견해도 있다. 倭國條에 인용된「括地志」에는 "倭國 其官有十二等 一曰 麻卑兜吉寐 華言大德 二曰 小德 三曰 大仁……"라는 구절이 있는데, 이를 통해, 고대 일본의 官等이 파악된다. 이 중 관등 제1등에 해당되는 大德을 "麻卑兜吉寐"로 표기하는데, 일찍이 이것을 고대 일본어를 표기한 사례로서 和田英松이 주목하였다.[32] 이후 "麻卑兜吉寐"의 읽기에 대해서 "マヒトキミ(眞人)"로

---

29 前田直典, 1971,「応神天皇朝といふ時代―ヤマト (大倭) 国形成の研究」, 上田正昭編,『論集日本文化の起源2 - 日本史』, 平凡社(初出1948).

30 橋本増吉, 1956b,「日本建国の年代について (下) 」『改訂增補東洋史上より見たる日本上古史』, 大岡山書店(初出1953).

31 志水正司, 1973,「倭の五王に関する基礎的考察」, 原島礼二編,『論集 日本歴史1 大和王権』, 有精堂(初出1965).

32 和田英松, 1926,「翰苑に見えたる冠位十二階の稱呼」『国史国文之研究』, 雄山閣(初出1917).

부르는 견해,[33] 그리고 “マヘツキミ(大夫)”로 부르는 견해가 제기되었다.[34]

이상 일본고대사 맥락에서 『翰苑』이 어떤 식으로 활용돼왔는지 살펴보았다. 기본적으로 『翰苑』은 일본 고대 국가의 기원과 실체를 추구하는 재료로 활용되어 왔다. 다만 100년이 넘을 정도의 연구사가 있는데도 「魏略」·「括地志」 등 국한된 자료에만 관심이 모인 것으로 보인다.

Ⅳ. 韓國史 分野

1. 高句麗

다음으로 한국사 분야에서 『翰苑』이 어떻게 활용되었는지 살펴보도록 한다. 분류의 편의상 高句麗, 百濟, 新羅의 순서로 분석하고자 한다.

고구려에 관해서도 『翰苑』 高麗條에 인용된 逸文이 주목 받았다. 高麗條에는 “魏略曰 其國大有五族 有消奴部 順准奴部 樓桂樓部 為土 微弱 桂婁部代之. 五部皆貴人之族也 一曰內部……”라는 高句麗 五部에 언급한 구절이 보인다. 고구려 사회에 관심을 가진 연구자들은 이 구절에 대해 주목하였다.

일찍이 이에 대해서 고찰한 연구자는 池內宏이었다.[35] 그는 「魏略」을 참조한 것으로 추정되는 『三國志』 魏志 高句麗傳 및 「高麗記」를 참조한 것으로 추정되는 『通典』 邊防典 高句麗條를 비교하여 “五部皆貴人之族也” 이하의 구절을 「高麗記」를 인용한 것으로 추정하였다. 이 견해는 통설이 되었고 후속 연구자도 따라갔다.[36]

다른 구절에서도 “高麗記曰 其國建官有九等 其一曰吐捽 比一品 舊名大對盧 惣知國

33 和田英松, 1926, 앞의 글 ; 志田不動麿, 1940, 『東洋史上の日本』, 四海書房 ; 橋本増吉, 1956a, 앞의 글.

34 宮本救, 1969, 「冠位十二階と皇親」, 竹内理三博士還暦記念会編, 『律令国家と貴族社会 正』, 吉川弘文館 ; 関晃, 1973, 「大化前後の大夫について」, 原島礼二編, 『大和王権・論集日本歴史1』, 有精堂(初出1959) ; 黛弘道, 1973, 「冠位十二階考」『大和王権・論集 日本歴史1』, 有精堂(初出1959).

35 池内宏, 1951a, 「高句麗の五族及び五部」『満鮮史研究』上世篇, 吉川弘文館(初出1926).

36 三品彰英, 1951, 「高句麗王都考—三国史記高句麗本紀の原典批判を中心として」『朝鮮学報』1 ; 三品彰英, 1954, 「高句麗の五族について」『朝鮮学報』6 ; 矢沢利彦, 1954, 「高句麗の五部について」『埼玉大学紀要』人文社会科学編3 ; 越田賢一郎, 1972, 「高句麗社会の変遷」『史苑』33-1.

事……又其諸大城置傉薩 比都督 諸城置處閭区 刺史 亦謂之道使……"와 같이, 「高麗記」를 인용하며 고구려 官制 및 地方統治制度에 대해 설명하고 있다. 일찍이 內藤湖南은 泉男生, 泉男產, 高慈 墓誌銘에 보이는 고구려 관직이 「高麗記」에도 나온다는 사실을 지적하였다.[37] 후에 武田幸男이 이런 구절을 활용하면서 고구려 관제를 복원하였다.[38] 大對盧의 職位・職掌을 추정하며 「高麗記」에 나오는 기록을 7세기 고구려 말기의 13등 관위제로 재구성하였다. 또한 고구려 관제만 살피는 논고는 아니지만, 「高麗記」를 활용하면서 고구려 관제와 백제 관제 혹은 삼국시대 제국가의 관제를 논한 바가 있기도 하다.[39]

일찍부터 「高麗記」 逸文은 고구려 사회와 제도에 관해서 주목을 모았으나 「高麗記」의 資料的 性格 자체에 대해서는 검토가 충분히 이루어지지 않았다. 1977년 吉田光男이 「高麗記」에 대해 본격적인 史料論을 제기하였다.[40] 그는 「高麗記」를 641년 고구려에 파견된 당 관료인 陳大德이 거기서 정보를 조사하여 귀국한 후 정리한 보고서로 추정하였다. 후에 武田幸男이 吉田說을 보충하는 논고를 발표하였고,[41] 吉田說은 통설화되었다.

이렇게 『翰苑』 高麗條에 대한 검토는 『高麗記』를 위주로 이루어져 왔다. 그런데 『翰苑』 高麗條에는 "梁元帝職貢圖云 高麗婦人衣白……"이라는 구절에 보이듯, 高句麗人의 服飾에 관해 「梁職貢圖」가 인용되었다. 從來 傳世해온 「梁職貢圖」에는 高句麗 題記가 전해지지 않았고 해당 기록은 逸文으로만 알려져 있었다.[42] 하지만 최근 새로 발견된 「梁職貢圖」의 逸文에 高句麗 題記가 남아 있고, 內容上 『翰苑』의 逸文과 거의 합치된다.[43] 앞으로 「梁職貢圖」 등 中國 正史 이외에 남은 문헌과 비교할 시각이 필요하겠다.

---

37 內藤虎次郎, 1970b, 「近獲の二三史料」 『內藤湖南全集』7, 筑摩書房(初出1922).

38 武田幸男, 1989, 「高句麗官位制の史的性格」 『高句麗史と東アジア』 岩波書店(初出1978).

39 宮崎市定, 1959, 「三韓時代の位階制について」 『朝鮮学報』14 ; 江原正昭, 1970, 「前近代国家機構と社会形態」, 旗田巍編, 『朝鮮史入門』, 太平出版社 ; 山尾幸久, 1974, 앞의 글.

40 吉田光男, 1977, 「『翰苑』註所引「高麗記」について-特に筆者と作成年次」 『朝鮮学報』 85.

41 武田幸男, 1994, 「『高麗記』と高句麗情勢」 『민족 문화의 제문제』, 世宗文化社.

42 榎一雄, 1963, 「梁職貢図について」 『東方学』26 ; 李成市, 1998, 「『梁書』高句麗伝と東明王伝説」 『古代東アジアの民族と国家』, 岩波書店(初出1984), 88쪽.

43 赤羽目匡由, 2014, 「新出「梁職貢図」題記逸文の朝鮮関係記事二、三をめぐって」 『梁職貢図と東部ユーラシア』, 勉誠出版 ; 尹龍九, 2014, 「「梁職貢図」流伝と模本」, 같은 책 ; 李成市, 2014, 「「梁職貢図」高句麗・百済・新羅の題記について」, 같은 책.

2. 百濟

다음으로 백제사 분야를 살펴보도록 한다. 백제사 분야도 역시 위에서 본 바와 비슷한 경향이 보인다. 즉『翰苑』百濟條에 인용된「括地志」에 관한 논고가 대부분이다.

內藤湖南으로부터『翰苑』의 사진을 제공 받은 今西龍은 百濟條 所引「括地志」에 "隋開皇中 其王名餘昌……. 其國有沙氏・燕氏・劦氏・解氏・真氏・國氏・木氏・苗氏八族其大姓也. 其官有十六等 左平五人第一等……. 王所都城內 又為五部 皆達率領之 又城中五巷 士庶居焉 又有五方……."라는 구절에 주목하며 백제 五部五方制를 논하였다.[44]

宮崎市定, 笠井倭人, 山尾幸久 등도 같은「括地志」逸文을 활용하여 백제의 제도에 대해서 언급한 바가 있다.[45] 村山正雄은 이른바 '大姓八族'을 분석하는 데 위의「括地志」를 활용하였다.[46] 또한 다른 百濟條 부분에 인용된「括地志」의 "用宋元嘉曆 其紀年無別號但數六甲為次第"라는 구절은 백제의 年號 使用을 둘러싼 논쟁에 활용되기도 하였다.[47]

「括地志」는 이렇게 중요한 자료로 활용되어 왔지만, 그 資料的 性格에 대해서는 거의 논한 바가 없었다. 최근 鄭東俊은「括地志」가『隋書』·『北史』·『舊唐書』·『新唐書』와 다른 계통의 자료이며, 隋唐交替期의 독자적인 정보를 전하는 것으로 주장하였다. 또한「括地志」이외의 기록을 언급한 논고로서, 末松保和가 백제 故地에 설치된 邁羅縣의 위치를 비정할 때 이를「魏略」에 보이는 "邁盧"의 異表記로 참조한 글 있기는 하다.[48] 그러나 위에서 본 바와 같이 백제조에 대한 논고는 거의「括地志」를 검토한 글이라고 할 수 있다.

3. 新羅 및 其他地域

본절에서는 편의상 신라 이외의 지역에 대해 언급한 연구를 포함해서 살펴보도록 한다. 먼저 신라에 관한 연구는『翰苑』을 언급한 글이 거의 없다.

---

44 今西龍, 1934a,「百済五方五部考」『百済史研究』, 近澤書店(初出1921).

45 宮崎市定, 1959, 앞의 글 ; 笠井倭人, 1964,「欽明朝における百済の対倭外交」『日本書紀研究』1 ; 山尾幸久, 1974, 앞의 글.

46 村山正雄, 1974,「百済の大姓八族について」『古代の朝鮮』, 学生社(初出1972).

47 木村誠, 2004,「百済史料としての七支刀銘文」『古代朝鮮の国家と社会』, 吉川弘文館(初出2000).

48 末松保和, 1996a,「百済故地に置かれた唐の州県について」『末松保和著作集3 高句麗と朝鮮古代史』, 吉川弘文館(1931).

曾野壽彦이 신라 17등 官位制를 살필 때 『翰苑』에 보이는 표기를 인용하였다.[49] 다만 자세하게 고찰한 것은 아니었다. 末松保和는 신라 軍號 '幢'의 기원을 추구하면서 『翰苑』 高麗條 所引 「高麗記」를 인용했으며,[50] 村上四男도 신라 王都에 대한 고찰에서 『翰苑』 百濟條 所引 「括地志」를 인용하였다. 즉 新羅條 자체에 대한 검토는 미흡한 상황이다. 新羅條를 인용한 글로는 今西龍이 가야 己汶伴跛의 위치를 비정할 때 간략하게 "地總任那"라는 구절을 언급한 바가 있다.[51]

한편, 『翰苑』 蕃夷部에는 한국과 일본 이외의 세력에 대해서도 기록되어 있다. 극소하게나마 池內宏과 江畑武가 肅愼에 대해서 검토한 글,[52] 內田吟風이 鮮卑條와 烏桓條를 검토한 글이 있다.[53]

이렇게 新羅條 및 기타지역에 대한 논고는 거의 없는 상황이다. 한국사 분야에서도 일본사와 같이 관심의 편중이 보인다. 동시에 蕃夷部 중 가장 긴 匈奴나 그동안 거의 주목을 모으지 않았던 南蠻・西南夷・兩越 등 다른 條文에 대한 검토도 미흡하다고 할 수밖에 없다.

V. 맺음말

이상과 같이 일본에서 발표된 논고를 중심으로 『翰苑』 연구 동향을 정리하였다. Ⅲ・Ⅵ장에서 본 바와 같이 기왕의 『翰苑』 연구는 倭國, 高麗, 百濟條에만 관심이 기울이고, 심지어 해당 條文에 인용된 「魏略」, 「高麗記」, 「括地志」의 逸文에만 관심이 집중된 것으로 보인다. 즉 『翰苑』 전체에 대한 검토나 本文에 대한 해석은 아직 충분하지 않은 것이다. 匈奴, 鮮卑 혹은 南蠻 등 北方아시아史나 嶺南 地域史를 전공하는 연구자와 함께 협력하면서 자료에 접근할 필요가 있지 않을까 한다.

---

49 曽野寿彦, 1955, 「新羅の十七等の官位成立の年代についての一考察」『古代研究(東京大学教養学部人文科学紀要5)』2.

50 末松保和, 1995, 「新羅幢亭考」『末松保和著作集2 新羅史の諸問題』, 吉川弘文館(初出1932).

51 今西龍, 1934b, 「己汶伴跛考」『朝鮮古史の研究』, 近澤書店(初出1922).

52 池内宏, 1951b, 「粛慎考」『満鮮史研究』上世篇, 吉川弘文館(初出1930) ; 江畑武, 1993, 「「翰苑」所引の「魏略」粛慎記事と魚豢の卒年」『阪南論集 人文・自然科学編』28-4.

53 内田吟風, 1975, 「後漢書南匈奴伝訳注」『北アジア史研究』, 同朋舎, 5쪽, 28쪽.

Ⅱ장에서 본 바와 같이 書誌學的인 연구 성과를 참고하여, 『翰苑』이 어떤 책이라는 관점을 가질 필요가 있겠다. 『秘部略』과 『香字抄』에 남은 『翰苑』 逸文을 통해 볼 때, 『翰苑』에는 다양한 내용이 담겨 있었고, 蕃夷部는 일부에 불과하다는 사실을 알 수 있다. 그리고 본래 『翰苑』 本文의 일부로 추정되는 『三教指歸注』 所引 逸文에 "老聃迦葉 弘至道於玄門 孔丘儒童 闡微言於儒訓"라고 전하듯, 당시 유행하던 儒道佛 융합적인 사상이 보이는 것도 시사하는 바가 많다.[54] 『翰苑』이 편찬되었던 唐代의 사상이 반영된 것으로 여겨진다. 『翰苑』은 7세기 후반이라는 시대 및 당이라는 사회에서 성립된 자료라는 사실을 염두에 둘 필요가 있다.

따라서 『翰苑』은 7세기 자료로 가치가 있다고 본다. 後敍에 따르면, 『翰苑』은 顯慶 5년(660)에 편찬되었다고 한다. 잘 알려져 있듯이 같은 해에 백제가 멸망했고 8년 후인 總章 元년(668)에 고구려가 멸망하였다. 이렇게 7세기 후반은 동아시아 차원에서 변동기이며 同時代 資料는 귀중하다.

그런데 『翰苑』과 비슷한 시기 자료로서 최근 중국에서 高句麗와 百濟 遺民 墓誌銘이 출토되었다. 예컨대 『翰苑』 高麗條와 유사한 표현이 고구려 유민 묘지명에서 다음과 같이 보인다.

▶ 照日略以含胎 : 泉獻誠 "燭後光前 乃日之子", 泉男產"朱蒙孕日"

▶ 伏鼈摛祥 : 高質"玄鱉殊祥"

▶ 境連穢貊 : 李他仁"俄翻穢境", 高牟"傳芳穢陌" "穢陌蒼忙", 泉獻誠"生於小貊之鄉", 泉男產"貊弓入獻"

▶ 地棱扶餘 : 高遠望"接夫餘肅慎", 高震"扶餘貴種"

▶ 帶玄菟以開疆 : 泉男生"飭躬玄菟之城", 高足酉"□居玄菟", 泉男產"寵殊玄菟之域"

▶ 自扇九種之風 : 泉男生"九種因之以輟耕", 高玄"九種名賢"

▶ 猶祖八條之教 : 李他仁"頓綱八條之國", 泉男生"隳八條於禮讓", 高質"箕子八條", 高慈"人承八教"

▶ 官崇九等 部貴五宗 : 李他仁"五族九官", 泉男生"五部三韓" "五部酋豪", 高質"携五族而稱賓" "河孫五族", 高慈"種落五族", 泉獻誠"聲雄五部"

---

54 森鹿三, 1965, 「「香字抄」と所引の「翰苑」について」『生活文化研究』13 ; 湯淺幸孫, 1983, 앞의 책.

▶ 延神宗檖穴之醮 : 李他仁"檖穴挻妖", 泉男生"抑揚檖穴", 高質"公資靈檖穴" "檖穴分源"

▶ 銘勲不耐之城 : 李他仁"不耐金成"

▶ 器重良弓 : 李他仁"良弓良冶", 泉男生"良冶良弓", 高慈"少稟弓冶", 泉男產"貊弓入獻"

이러한 고구려의 풍속 · 사회 · 지리에 관한 단어들은『翰苑』성립 이전 단계에 편찬된『漢書』,『三國志』등에 거론된 정보이기도 하다. 그러므로 墓誌銘 撰者가『翰苑』을 참조했다고 단정하기 힘들지만 동시대의 唐人들이 共有한 高句麗에 관한 지식이 엿보인다.

백제에 관해서는 高句麗 墓誌銘에 비하여 뚜렷이 유사한 표현을 찾기 어려운데, 禰軍墓誌銘이 주목된다. 그 묘지명에는 "巍巍鯨山 跨青丘以東峙 淼淼熊水 臨丹渚以南流"라는 구절이 있는데,[55] 이는『翰苑』百濟條의 "鷄山東峙 貫四序以同華 熊水西流 侶百川百齊騖"라는 구절의 밑줄 부분과 유사하다. "淼淼熊水 臨丹渚以南流"와 "熊水西流"는 방위가 다르기는 하지만 거의 같은 내용을 가리키는 표현이다. 또한 "巍巍鯨山 跨青丘以東峙"와 "鷄山東峙"는 산의 이름이 다르지만 "東峙"가 공통적으로 나온다. 이는 修辭 표현적인 改筆의 일환일 것이다.

初唐 詩人 王勃이 665년에 지은「乾元殿頌」에 "川浮沒羽 鯨谿靜丹浦之虞 陸薦飛毛 熊巘動青雲之偵"이라는 구절이 있다. 동물인 고래(鯨)와 곰(熊)이 對句로 되어 있다. 또한 陳法子 墓誌銘에 "遠祖以衰漢末季 越鯨津而避地 胤緖以依韓導日 託熊浦而爲家"라는 구절도 역시 鯨과 熊이 對句이다. 그리고 禰素士 墓誌銘에 "東浮鯨海 北有雄津"이라는 구절이 보여, 雄과 熊은 음이 동일하기에 雄津은 熊津과 같은 지명으로 추정된다.[56] 따라서 세 사례를 통하여 鯨과 熊은 對句를 이루는 단어라고 하겠다. 그렇다면『翰苑』에 보이는 鷄山과 熊水도 실제한 산과 하천을 표현하면서 수사적으로 鷄와 熊의 對句를 구성하기도 한다. 백제와 관련된 鯨山은 史料上 보이지 않는다. 이는 鷄를 熊과 비교하며 더 웅장한 동물인 鯨으로 置換했을 가능성이 있다. 즉『翰苑』의 해당 부분과 유사한 표현이 禰軍뿐만 아니라 陳法子와 禰素士의 墓誌銘에서도 보인다.

이와 관련되어 佐藤進이 "『翰苑』의 述作 意圖는 四六文을 쓰는 것, 그리고 그러기 위

55 古代東アジア史ゼミナール, 2013,「祢軍墓誌訳註」『史滴』35.

56 古代東アジア史ゼミナール, 2015,「祢素士墓誌訳註」『史滴』37.

한 參考資料를 만드는 데 있다"고 지적했듯이[57] 당시 『翰苑』 혹은 이와 비슷한 참고자료를 통해 唐代 知識人들은 글쓰기를 배운 것으로 보인다. 물론 古典 原文을 참조하면서 글을 썼던 경우도 있겠지만, 묘지명이나 詩를 지을 때 唐人들은『翰苑』과 같은 참고자료를 활용했을 가능성이 클 것이다.

묘지명은 귀중한 동시대 자료이지만 내용에 수사와 윤색이 섞여 있어서 자료 비판이 불가피하다. 그럴 때 唐代 知識人들이 수사의 모범으로 참고한 자료를 정확하게 알게 되면 묘지명에 대한 史料批判의 수준도 한 단계 높아질 것이다. 앞으로『翰苑』 연구는 일부의 條文 · 逸文에 주목할 뿐만 아니라 다른 條文, 그리고 다른 7세기 자료를 고려하면서 연구해나가야 할 것이다. 이런 측면에서『翰苑』을 활용할 만한 가치가 있다고 본다.

57 佐藤進, 1977,「類書〈翰苑〉の注末助字 - 併せて遼海叢書の校書を窺う」『富山大学文理学部文学科紀要』4.

제2부
장초금과 『한원』

翰苑

蕃夷部의 세계

『翰苑』 卷子本의 書誌와 筆寫의 諸問題

박준형

Ⅰ. 머리말

Ⅱ. 『한원』 권자본의 서지 검토

Ⅲ. 『한원』 권자본의 필사 과정

Ⅳ. 맺음말

Ⅰ. 머리말

『翰苑』은 唐 高宗 顯慶 5년(660)에 張楚金(?~689)이 찬술하고 雍公叡가 注를 붙인 類書이다. 『宋史』·『崇文總目』 등 宋代의 여러 書目에서 『한원』의 존재가 확인된다. 본래 『한원』은 30권으로 되어 있지만 현재 권30 蕃夷部 寫本 한 권만이 일본 太宰府天滿宮에 남아 있다.

일본에서 『한원』을 언급한 가장 오래된 기록은 831년 滋野貞主(785~852)가 저술한 『秘府略』이다. 『비부략』 권864 百谷部(中) 黎·粟조와 권868 布帛部(三) 錦조에 각기 "張楚金翰菀曰…"로 시작하는 『한원』의 일문이 수록되어 있다. 그리고 891년 藤原佐世(847~898)가 勅撰한 『日本國現在書目錄』 雜家에 "翰菀卅卷(張楚金撰)"이라고 되어 있다. 그리고 『藥字抄』(1166), 『香字抄』(11세기 후반) 등 헤이안시기 문헌에 『한원』이 일부 인용된 이후 그 존재가 잊혀지게 되었다.

『한원』은 1917년 黑板勝美(1874~1946)가 太宰府天滿宮의 보물 조사시 天滿宮 宮司인 西高辻家에 소장된 것을 발견하면서 다시 세상에 알려지게 되었다.[1] 1922년 京都帝國大學文學部에서는 內藤虎次郎의 해설과 함께 실제 크기로 『한원』을 영인·출판하였다(이하 '영인본'으로 함).[2] 內藤虎次郎은 書法이 古勁하고 紙墨이 芬郁한 것으로 보아 그 필사 연대가 貞觀(859~876)·元慶(877~884)연간 아래로 내려가지 않는 헤이안초기의 鈔本으로

1 竹內理三, 1977, 「解說」『翰苑』, 吉川弘文館, 151쪽.

2 『京都帝國大學文學部唐(舊)鈔本』은 제1집(1922) 『毛詩唐風』(殘卷), 『毛詩秦風正義』(残巻), 『翰苑』(巻30), 『王勃集』(巻29·30), 제2집(1935) 『講周易疏論家義記残巻』, 『経典釈文残巻』, 『漢書楊雄伝残巻』, 제3집(1935) 『文選集注』 巻第47·61·62·66·71, 제4집(1935) 『文選集注』 巻第73上殘缺, 제5집(1936) 『文選集注』 巻第56, 제6집(1936) 『文選集注』 巻第94中, 제7집(1936) 『文選集注』 巻第8, 제8집(1936) 『文選集注』 巻第63, 제9집(1942) 『文選集注』 巻第43~48·61~68·93~116, 제10집(1942) 『尚書残巻』·『毛詩二南残巻』 등 일본에 남아있는 唐宋代 鈔本을 대상으로 영인·출판되었다.

〈그림 1〉『翰苑』(卷第30) 복제본(1974)

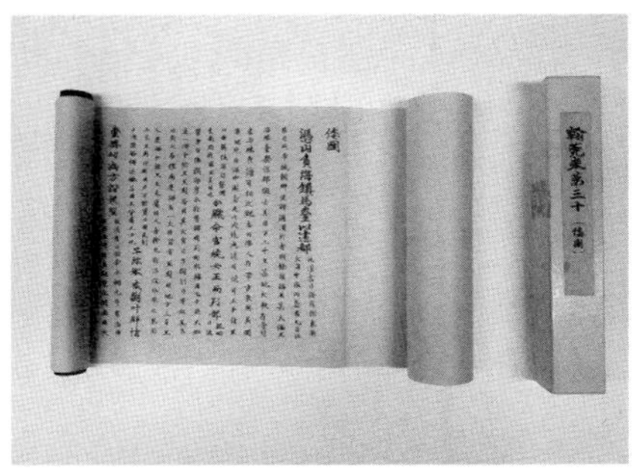

〈그림 2〉『翰苑』(卷第) 倭國篇 복제본(1974)

추정하였다.[3]『한원』은 1934년에 일본 중요문화재로, 1954년에 일본 국보로 지정되었다.[4]

이후 太宰府天満宮에서는 1977년에 '學問의 神'으로 칭송되는 祭神 菅原道眞[5](845~903)의 忌1075年祭 기념으로 竹内理三이 釋文·訓讀文 및 해설과 함께 1922년 영인본 사진을 축쇄·수록하여 校訂·解說한『翰苑』(吉川弘文館)을 출판하였다. 太宰府天満宮에서는 竹内理三의 출판에 앞서 1974년에 菅原道眞忌1075年祭 기념으로 원본과 같은 형태와 크기의 卷子本으로 복제본(이하 '복제본'으로 함. 그림1)과 함께 倭國篇만을 대상으로 하는 별도의 복제본을 제작하였다(그림 2).

1934년 金毓黻이 1922년 영인본을 판독하여 '遼海叢書'로 간행하였다. 이후 1983년 湯淺幸孫이 원문 교열과 훈독문에 역주까지 더해 校釋本인『翰苑校釋』(國書刊行會)을 발행하였다. 2015년에 중국의 張中澍·張建宇이『《翰苑·蕃夷部》校譯』(吉林文史出版社)을 간행하였다. 그리고 최근 2018년에 지금까지 校釋·譯註本과 연구성과를 종합하여 동북아역사재단 한국고중세사연구소에서『譯註 翰苑』(동북아역사재단)을 발행하였다.

이처럼 1922년 영인본은『한원』연구의 토대가 되었다. 대부분의『한원』연구는 교석·역주를 바탕으로 현전하지 않은『한원』수록『魏略』·『高麗記』·『括地志』등의 일문에 주목한 것이 대부분이었다.[6] 이 과정에서 많은 연구자들이『한원』은 필사과정에서 오탈과 결락이 심하여 충분히 교감하지 않으면 제대로 이용할 수 없다는 점을 지적

3 内藤虎次郞, 1922,「解題」『翰苑』(『京都帝國大學文學部景印唐(舊)鈔本』第1集), 1쪽.

4 윤용구, 2018,「해제:『翰苑』의 편찬과 蕃夷部」『譯註 翰苑』, 동북아역사재단, 7쪽.

5 菅原道眞은 882· 894년에 渤海 사신 裵頲을 영접하였다.

6 윤용구, 2018, 앞의 책, 7~21쪽.

하였다. 단지 『한원』이 관찬 사서와 같은 자료인용의 엄정함이 상대적으로 덜 요구되는 사찬 유서였기 때문에 찬술 과정에서 이런 오류가 발생할 수 있다거나 혹은 『한원』의 필사과정에서 필사자의 실수로 오류가 발생하였을 가능성이 제기될 뿐이었다.

이런 필사과정에서 오류라고 하는 반복적인 추론에서 벗어나기 위해서는 『한원』 연구의 기초작업이라고 할 수 있는 서지에 대한 분석이 충분히 선행되었어야만 했다. 그러나 『한원』을 처음 해설한 內藤虎次郎도 서지사항에 대해 자세히 언급하지 않았다. 오히려 竹內理三은 권자본의 縱과 全長, 1장에 22~23行, 1行에 16~17字를, 細註[割註]의 細字는 1행에 22~23자를 채워 넣었다고 하는 좀더 세부적인 서지사항을 언급하였다. 또한 1974년에 제작된 복제본이 있었지만 연구자들에게 주목되지는 않았다. 따라서 內藤虎次郎과 竹內理三의 언급 이상으로 서지사항에 대한 접근이 어려웠다. 한편 대부분 연구자들의 관심이 『한원』의 서지보다는 본문에만 수록된 일서의 내용에 집중되었던 것도 사실이다.

본고에서는 『한원』에 대한 보다 폭넓은 이해를 위해 서지에 대한 기초적인 분석과 함께 필사과정에 대한 좀더 구체적인 접근을 시도해 보고자 한다. 이를 위해서 필자가 입수한 1974년 복제본과 1922년 영인본[7]을 비교할 것이다. 이를 통해 『한원』 연구의 토대가 되었던 영인본에 대한 이해를 좀 더 심화시켜 보고자 한다.

이처럼 본고에서는 『한원』의 필사과정에 대한 이해를 바탕으로 『한원』의 사료적 가치뿐만 아니라 『한원』에 수록된 7세기 이전 고대 한국 관련 사료에 대한 전반적인 이해에 도움이 되고자 한다.

Ⅱ. 『한원』 권자본의 서지 검토

『한원』 원본은 1954년에 일본 국보로 지정되어서 현재 일반의 열람이 제한되어 있다. 그래서 본고에서는 1974년에 소장처인 太宰府天滿宮에서 원본과 같은 형태와 크기로 제작한 복제본을 대상으로 분석해 보겠다.

7 1922년 영인본은 일본국회도서관과 국립중앙도서관에서 원문을 제공하고 있다. 또한 국사편찬위원회도 영인본을 소장하고 있다.

현존『한원』에는 필사자와 필사시점이 남아 있지 않다. 앞에서 살펴본 것처럼『한원』에 대해 처음 해설한 內藤虎次郎은 書法이 古勁하고 紙墨이 芬郁한 것으로 보아 그 필사연대를 貞觀(859~876)·元慶(877~884)연간 이전으로 보았다. 이후 竹內理三도 그의 견해를 받아들여 필사시점이 헤이안초기 즉, 9세기 아래로 내려가지 않을 것이라고 했다.[8] 831년 滋野貞主가 저술한『비부략』에 이어서 891년 藤原佐世가 저술한『일본국현재서목록』에도『한원』이 언급되었던 점에 근거한 추론이라고 할 수 있다.

『한원』에 대해 竹內理三은 縱 9寸 1分, 全長 52尺 3寸 5分이며 墨界를 넣은 종이 한 장에 22~23行을 두었으며 한 行에 16~17字가, 세주의 글자는 1행에 22~23자라고 했다.[9] 필자가 확인해 본 결과 24번째 종이가 유일하게 14행이고 나머지는 19~23행이었다(표1 참조). 대체로 한 행에 16~17자가 쓰여 있지만 부여편 첫 행에는 19자가 쓰여 있다. 또한 세주의 글자수도 18~25자로 다양하게 나타난다. 이런 점에서 竹內理三이 제시한 수치는 엄밀한 검토에 의한 것이 아닌 대략적인 수치라고 할 수 있다.

竹內理三은 권자본『한원』의 縱은 9寸 1分, 全長 52尺 3寸 5分이라고 했다. 당시 1尺이 30.3㎝이었기 때문에 이를 ㎝로 환산하면 세로가 27.6㎝이고 전체 길이는 1,586.2㎝가 된다.『역주 한원』에서 제시한 전장 15.86m는 이러한 계산에 의한 것이다.[10]

복제본은 장황을 포함하여 39장의 종이를 이어붙인 것이다. 축 지름이 1.7㎝이고 좌단이 30.8㎝, 우단이 27.2㎝,『한원』본문이 1,566.5㎝이다. 전체 길이는 1,626.2㎝이고 세로 길이는 27.3㎝이다(그림2). 竹內理三이 제시한 全長이 복제본의 본문 길이보다 19.7㎝나 더 길다. 아마도 이 全長에는 본문 외에 장황하면서 발생하는 좌단과 우단의 길이가 포함되어 있었던 것으로 추정된다. 묵선 위쪽의 여백[欄外]은 1.9㎝이고 아래쪽 여백은 2.8㎝이다. 영인본에서는 이 여백 중 상하로 0.7~0.8㎝만 남기고 삭제하여 세로 24.2㎝ 크기로 인쇄되었다.

『한원』은 권자본으로 필사된 여러 장의 종이를 이어 붙여서 제작되었다. 그런데 영인본은 7행씩 나누어 인쇄되었기 때문에 사진의 편집과정에서 발생하는 연결선과 接

---

8 竹內理三, 1977,「解說」『翰苑』, 吉川弘文館, 143쪽.『한원』의 필사시점에 대해 內藤虎次郎과 竹內理三 외에 언급한 연구자가 거의 없다. 향후『한원』의 서체를 비롯한 서지 분석이 본격적으로 이루어진다면 필사시점에 대해서도 좀더 구체적으로 접근할 수 있을 것으로 기대된다.

9 竹內理三, 1977,「解說」『翰苑』, 吉川弘文館, 143쪽.

10 윤용구, 2018, 앞의 책, 6쪽.

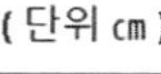

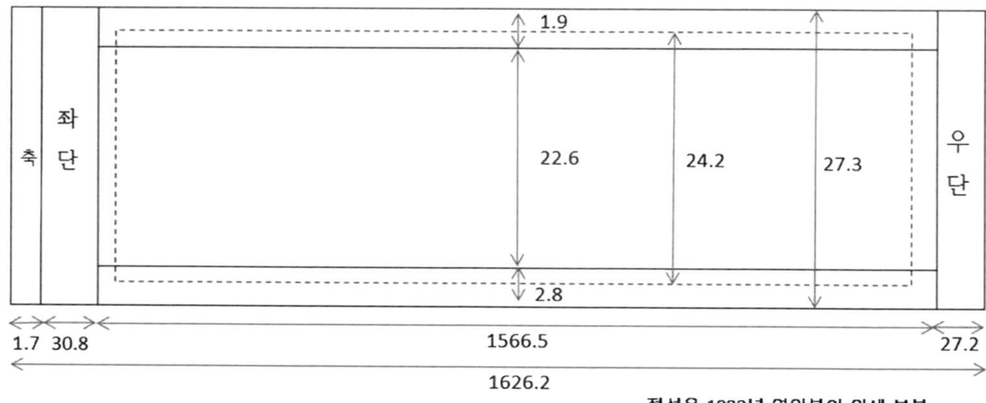

〈그림 3〉『한원』 복제본 제원

紙의 흔적을 정확하게 구별하기가 어렵다. 그러나 복제본의 상하 묵선 연결상태를 영인본과 비교하면 쉽게 접지의 흔적을 찾아낼 수 있다. 이렇게 검토한 결과, 『한원』은 모두 28장을 이어 붙인 것임을 확인하였다. 자세한 내용은 아래 〈표 1〉과 같다.

〈표 1〉『한원』 권자본 접지 상황

번호	필사지	영인본 위치	번호	필사지	영인본 위치	번호	필사지	영인본 위치
1	1	2-1장 7행	9	9	15-1장 2행	19	19	30-1장 4행
	2	2-2장 1행		10	3행		20	5행
2	2	4-1장 1행	10	10	16-2장 2행	20	20	31-2장 2행
	3	2행		11	3행		21	3행
3	3	5-2장 10행	11	11	18-1장 3행	21	21	33-1장 1행
	4	11행		12	4행		22	2행
4	4	7-1장 4행	12	12	19-2장 4행	22	22	34-2장 1행
	5	5행		13	5행		23	2행
5	5	8-2장 5행	13	13	21-1장 5행	23	23	35-2장 6행
	6	6행		14	6행		24	7행
6	6	10-1장 6행	14	14	22-2장 6행	24	24	36-2장 6행
	7	7행		15	7행		25	7행
7	7	11-2장 7행	15	15	24-1장 6행	25	25	38-1장 5행
	8	12-1장 1행		16	7행		26	6행
8	8	13-2장 1행	16	16	25-2장 5행	26	26	39-2장 3행
	9	2행		17	6행		27	4행

번호	필사지	영인본 위치	번호	필사지	영인본 위치	번호	필사지	영인본 위치
9	9	15-1장 2행	17	17	27-1장 4행	27	27	41-1장 3행
	10	3행		18	5행		28	4행

이처럼 접지흔을 확인하게 되면 자연스럽게 총 28장 각각의 길이를 잴 수 있다. 아래 〈표 2〉에서는 필사지의 길이를 일별하였다. 여기에 각 장에 필사된 행과 해당되는 번이부의 각 편도 함께 기입하였다. 이로써 『한원』의 전체적인 상황을 일목요연하게 이해할 수 있도록 정리하였다.

〈표 2〉『한원』의 장·행·폭·편목 구성

張	1	2	3	4	5	6	7	8	9	10
行	22	22	23(※)	23	22	22	22	22(※)	22(※)	21(#)
幅	55.0	57.0	57.5	57.5	57.5	57.5	57.5	57.5	57.5	57.5
篇	目次	匈奴					烏桓		鮮卑	夫餘
張	11	12	13	14	15	16	17	18	19	20
行	22	22	22(※)	22(※)	21	20	20	21	21(※)	19
幅	57.5	57.5	57.5	57.5	57.5	57.5	57.5	57.5	57.5	54.5
篇	夫餘	三韓	高(句)麗			新羅	百濟	肅愼	倭國	南蠻
張	21	22	23	24	25	26	27	28	합계	
行	20	21(※)	20(◆)	14	20(※)	20	21	14+여백	581行	
幅	54.5	57.5	57.5	39.0	55.0	57.0	57.0	47.5	1,566.5	
篇	南蠻		西南夷			兩越	西域	後敍	여백	

위의 〈표 2〉에서 行란 숫자 괄호 안에 ※표시한 것(3번 : 영인본 5-2장 3행, 8번 : 13-2장 1행, 9번 : 15-1장 2행, 13번 : 21-1장 5행, 14번 : 22-2장 6행, 19번 : 30-1장 4행, 22번 : 34-2장 1행, 25번 : 38-1장 5행 등 8건)은 필사지의 마지막 행에 세주가 한 행만 적혀 있는 것이다(그림4-좌: 3번). 각 행 속의 세주는 두 행으로 쓰는 것이 일반적이지만 한 행만 쓴 것은 접지하기 위해 절삭되는 상황을 고려했기 때문으로 보인다. #표시 10번(영인본 15-2장 1행 : 선비)에는 한 행의 세주에 세 행이 기입되어 있다(그림 4-중). ◆표시 23번(영인본 34-2장 6행 : 남만)은 한 행에 세주를 한 행만 쓴 경우이다(그림 4-우).

28장 중에서 서남이편에 해당하는 24번째 장이 39㎝으로 가장 작고, 마지막 장이 47.5㎝로 그 다음으로 작다. 그리고 가장 긴 것이 57.5㎝인데 21장이나 된다. 대체로 이

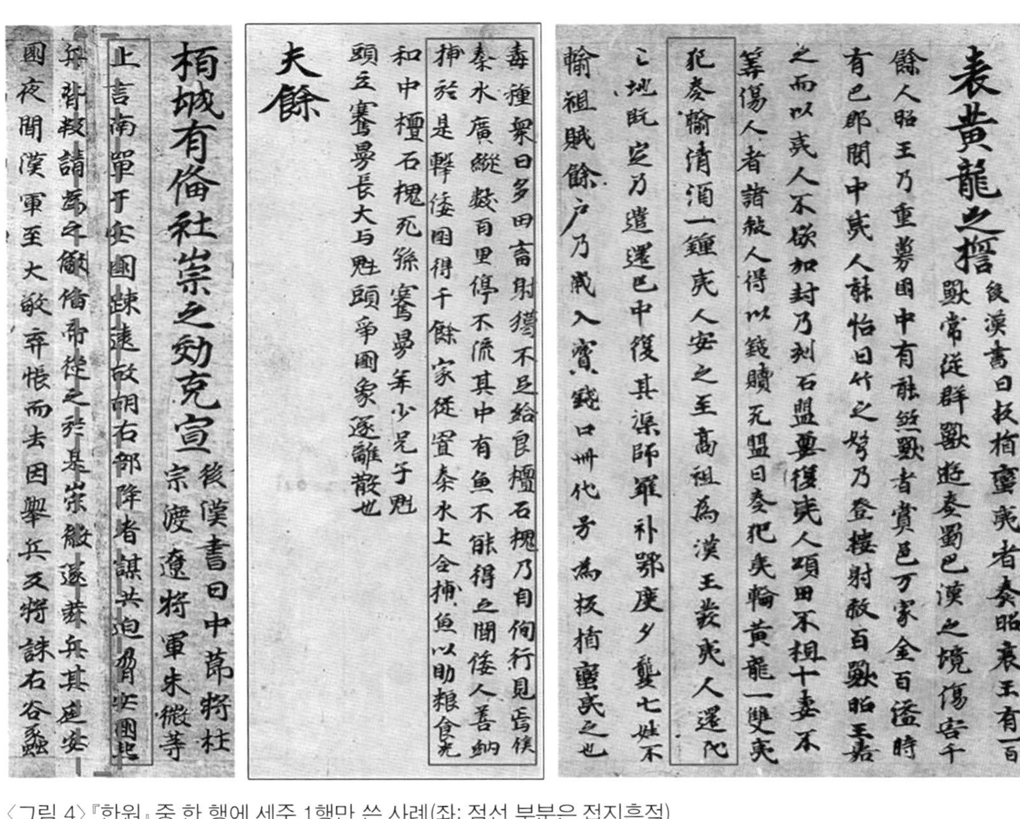

〈그림 4〉『한원』 중 한 행에 세주 1행만 쓴 사례(좌: 점선 부분은 접지흔적)

런 종이에는 22행이 필사되어 있다. 따라서 접지를 위해 네 변을 자른 후에 가로 57.5㎝, 세로 27.3㎝가 되는 것이 필사지의 기본 크기였다고 생각된다. 이런 종이에 필사를 위해 22행이 나오도록 묵선을 그었던 것이다. 한 행의 세로는 22.6㎝이고 가로는 2.2~27㎝로 일정하지 않다. 이런 필사지 한 장의 구성을 도면화하면 아래 〈그림 5〉와 같다. 〈그림 6〉에서 한 장의 종이에 필사된 분량(22행)을 제일 첫 장[목차 · 흉노편]을 통해 살펴볼 수 있다.

〈표 2〉에서 알 수 있듯이『한원』에 쓰인 필사지의 길이는 대체로 57.5㎝이다. 이 길이의 의미는 무엇일까? 일본에서는 율령반포 이후 8세기 초반에 高句麗尺인 大尺(1尺=35.6㎝)과 唐大尺인 小尺(29.7㎝)이 이원적으로 운영되었다.[11] 이중『한원』에 쓰인 종이는 가로 57.5㎝, 세로 27.3㎝인데 이는 소척을 적용했을 때 가로 2척(59.4㎝)과는 1.9㎝, 세로

11　이종봉, 2016,「韓 · 中 · 日 古代時期 度量衡制 比較 硏究」『지역과 역사』 38.

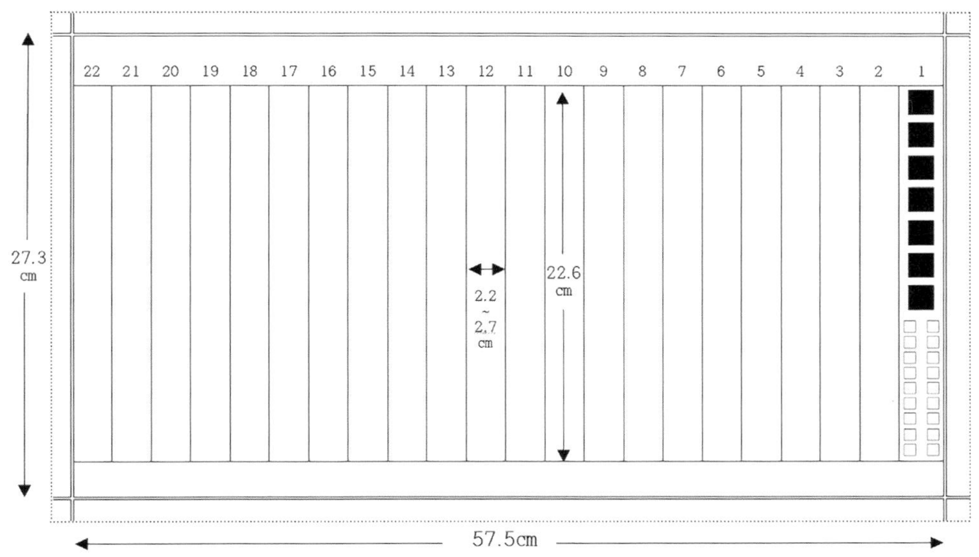

〈그림 5〉『한원』 필사지 제원

*점선 : 자르기 이전 필사지, 복선 : 자른 선

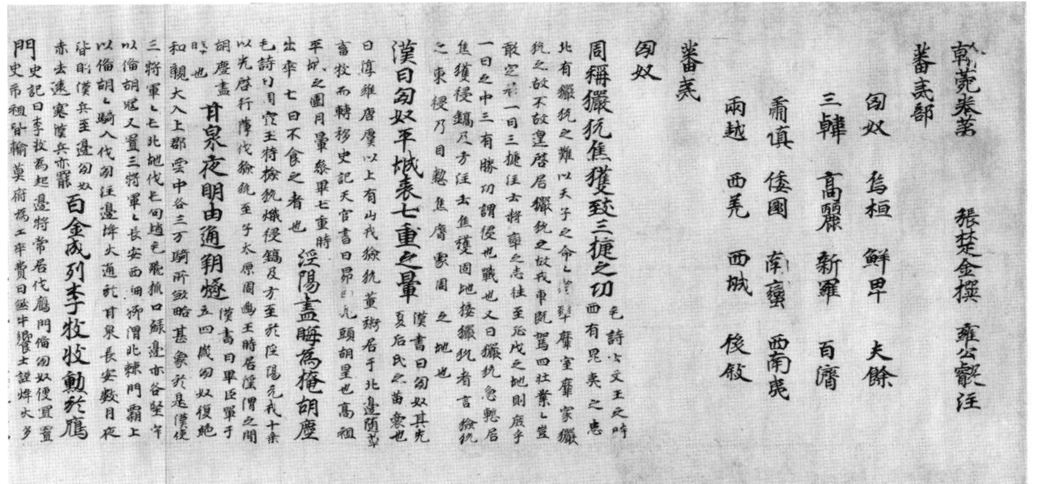
翰苑卷第
張楚金撰 雍公叡注
蕃夷部
匈奴 烏桓 鮮卑 夫餘
三韓 高麗 新羅 百濟
肅愼 倭國 南蠻 西南夷
兩越 西羌 西域 後敘
蕃夷
匈奴
周稱玁狁焦獲致三捷之功
漢曰匈奴平城表七重之暈
涇陽盡晦爲掩胡塵
甘泉夜明由通朔燧
百金成列李牧勳於鴈門

〈그림 6〉『한원』 필사지 첫 장의 목차와 흉노편

1척(29.7㎝)과는 2.4㎝ 정도 차이가 난다. 이 정도의 차이는 필사된 종이를 자른 후에 접지하는 과정에서 발생하는 정도로 이해할 수 있을 것이다. 참고로 950년에 작성된 宇多天皇의 유물목록인 「仁和寺御室御物實錄」(길이 1,126㎝, 세로 28.2㎝)에 사용된 종이도 길이가 55.5㎝, 세로 28.2㎝였다.[12] 이 종이도 『한원』에 사용된 것과 크게 차이가 나지 않는다. 이런 점에서 당시 일본에서 『한원』을 필사하는 데 가로 2척, 세로 1척의 용지가 사용되었던 것으로 추정된다.

Ⅲ. 『한원』 권자본의 필사 과정

일반적으로 필사는 원본의 형태와 내용을 그대로 옮기기 마련이다. 필사자가 필사과정에 얼마나 정성을 들이냐에 따라 필사의 완성도는 달라지게 된다. 이 과정에서 오탈이 있을 때 용지를 바꾸어 새로 쓰는 경우에 시간과 노력이 많이 들게 된다. 그러나 필사자가 그 오탈을 인식하지 못할 경우에는 틀린 상태에서 계속 이어서 필사되기도 한다. 이를 인지한 후 오자 옆에 추기하여 정정하거나 탈자의 경우에는 해당 부분에 작은 글씨로 보입하는 경우도 있다. 실제 『한원』 왜국편의 "王長子号〈和〉哥弥多弗利"에서 '和'자가 누락되어 보입한 사례가 1건 있다.

필사를 마치게 되면 필사가 제대로 이루어졌는지 검토하는 과정을 상정할 수 있다. 이 과정에서 저본과 필사본을 한 글자씩 비교해 가면서 오류를 찾아내는 것이 가장 정확할 것이다. 그러나 이렇게 하면 시간과 비용이 많이 발생하게 된다. 그래서 각 행의 첫 글자와 마지막 글자를 비교하는 좀더 쉬운 방법도 있을 수 있다. 그러나 이 방법도 중간의 오탈을 정확하게 짚어내지 못할 수도 있다는 단점이 있다. 만약 필사과정에서 해당 서적에 대한 전문지식을 갖춘 사람[필사의뢰자 혹은 필사자 본인]이 원문에 교정을 가하여 수정된 상태로 필사할 수도 있다. 이렇게 된다면 필사과정에서 저본과 달리 개변이 일어나게 된다.

현재 『한원』은 헤이안시기에 필사된 고초본만이 유일하게 남아 있기 때문에 저본과 대조할 수가 없다. 그래서 정확하게 어떠한 방식으로 필사가 이루어졌는지 분명하게 밝힐 수는 없다. 일반적으로 『한원』 고초본에 오탈이 적지 않기 때문에 필사과정에서 개변의 가능성이 있다는 추론이 반복적으로 제기되는 상황이다. 그러나 그러한 개변이 장초금과 옹공예가 저술할 당시 사료를 잘못 인용한 것인지 그것을 중국 혹은 일본

12 박준형 · 서영교, 2014, 「『仁和寺御室御物實錄』의 書誌와 내용」 『목간과 문자』 13, 35~38쪽.

에서 필사되는 과정에서 일어난 것인지는 명확하게 알 수 없다.

Ⅲ장에서는 『한원』의 필사 상태를 분석하여 필사자가 나름대로 원칙을 준수하면서 필사하려고 했던 흔적을 찾아보고자 한다. 또한 필사 과정에서 개변된 것도 확인해 볼 것이다. 나아가 그러한 오류가 저본의 오류였는지 필사자의 오류였는지도 나름대로 추적해 보고자 한다. 이를 통해 『한원』이 필사되는 과정에서 나타나는 특징에 대해 살펴 보고자 한다.

먼저 『한원』 오환편(그림7-좌)의 필사 상황을 보자. 그림 속의 ①행에는 세주로 右行 22자와 左行 23자로 이루어졌다. 이중 좌행의 맨 마지막 報자는 그 위의 仇자와 묵선 사이가 너무 좁아서 묵선을 넘겨서 쓰여 있다. 필사의 편의를 위해서라고 한다면 다음 행으로 바꾸어 쓰는 것이 훨씬 수월하겠지만 필사자는 굳이 한 글자를 더 썼다. ②의 우행 마지막 有자도 행을 바꾸면 보기도 좋고 쓰기도 편했을 것인데 굳이 묵선을 넘겨서 쓰여 있다. 이러한 현상은 ③의 우행 마지막 大자도 마찬가지이다. 이러한 현상은 백제편에서도 나타난다(그림7-중). ④ 우행 마지막 又자도 묵선에 거의 닿아있다. 이를 다음 좌행으로 넘겨도 된다. ⑤의 다음 행 세주 부분에 충분한 여유가 있기 때문이다.

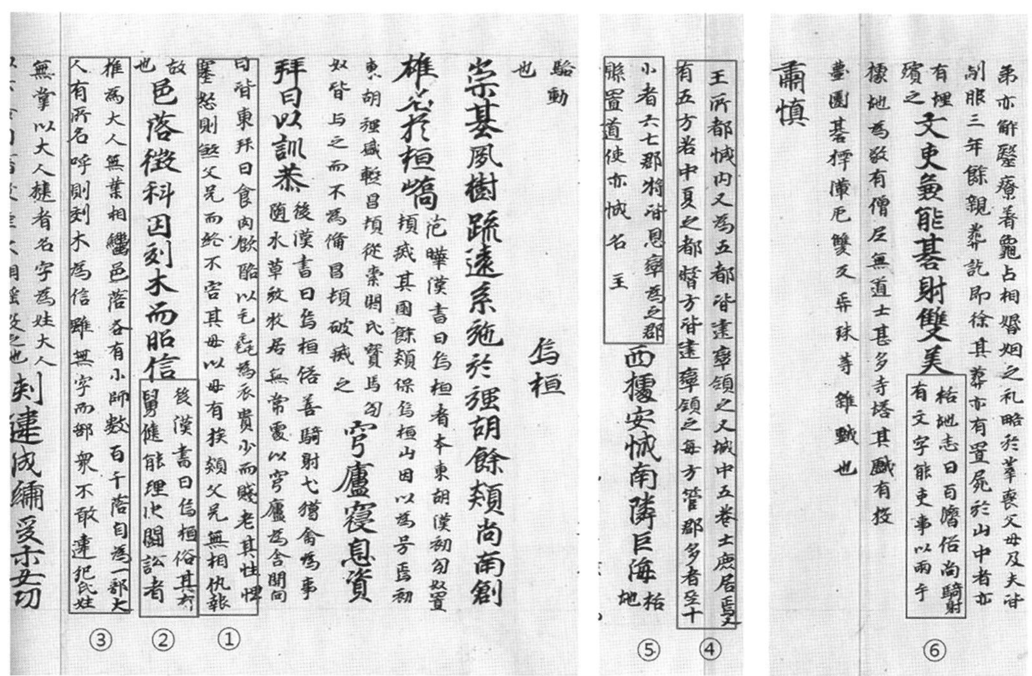

〈그림 7〉『한원』 오환(①·②·③), 백제(④·⑤·⑥)편 세주

역시 백제편(그림7-우)인 ⑥의 우행 마지막 射자에서도 같은 현상이 나타난다. 그렇다면 왜 무리하게 한 행에 글자를 맞추어 넣었을까? 아마도 이것은 필사 저본의 형태를 유지하기 위해 글자수를 무리하게 맞추다 보니 나타나는 현상이 아닌가 한다.

『한원』의 正文에는 한 행에 크게 한 자씩을 쓰고 세주에는 작은 글자로 좌우 두 행에 나누어 쓰게 되어 있다. 그런데 앞의 〈표 2〉와 〈그림 4-좌〉에서 살펴본 것처럼 세주에 한 행만 적은 경우가 8건이나 있다. 모두 필사지의 마지막 행에서 나타난다. 이것은 분명히 다음 필사지와 이어붙이는 과정에서 발생한 것이다. 그러나 다른 모든 필사지의 마지막 행에서 이런 현상이 나타나는 것은 아니다. 여기에서 중요한 것은 세주를 한 행만 적음으로써 저본과는 다른 형태의 배열이 나타난다는 것이다. 즉, 내용상은 아니지만 필사과정에서 저본과 달리 형태상의 변형이 일어났다는 것이다.

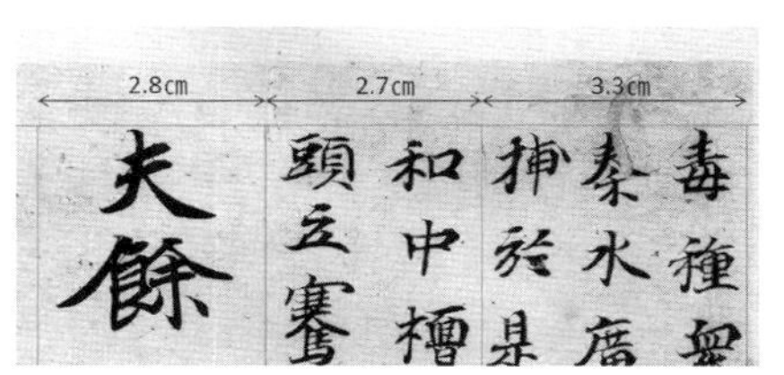

〈그림 8〉『한원』 선비편의 세주 부분

한편 행을 바꾸는 改行과정에서 특이한 점이 보인다. 앞의 선비편(그림4-중)에서 한 행에 세주를 두 행이 아니라 세 행을 적었다. 이것을 필사자의 실수로만 볼 수 있을까? 앞에서 언급한 것처럼 행간은 간혹 3㎝인 경우도 있지만 일반적으로 2.2~2.7㎝이다. 여기에는 모두 세주가 두 행씩 적혀 있다. 그런데 선비편 해당 부분의 행간을 재어 보면 3.3㎝로 다른 행보다 약 1㎝ 정도가 더 넓다. 『한원』 중에서 해당 부분만 묵선을 의도적으로 더 넓게 그은 것이다(그림 8). 그렇다면 이 부분은 단순히 필사자의 오류가 아니라 저본에 세주가 세 행이 들어가 있기 때문에 묵선을 그을 단계에서부터 의도적으로 세 행을 쓸 수 있는 공간을 확보한 것으로 볼 수 있지 않을까 한다.

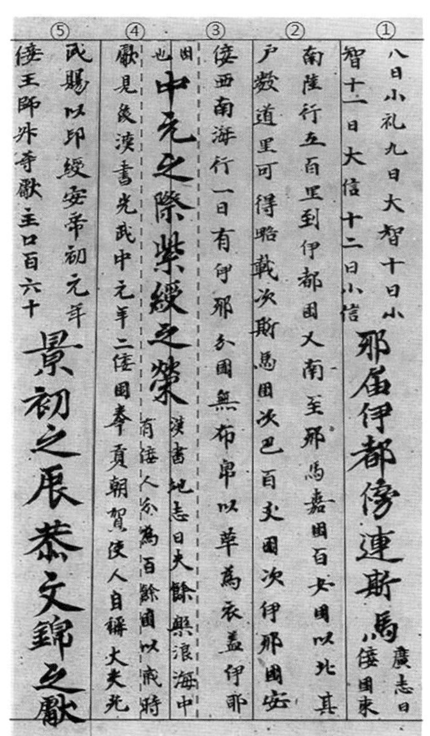

〈그림 9〉『한원』 왜국편 개행

개행과정에서 묵선을 무시한 경우도 있다. 〈그

림 9〉의 왜국편에서 검은 색 실선이 원래 그은 묵선이다. 원칙대로 한다면 ③의 正文인 '中元之際'는 세주를 두 행으로 적은 후 ③행의 중간 부분에서 시작되어야 한다. 그러나 ③에서 세주의 우행 한 행만 적으면서 묵선을 무시하고 의도적으로 묵선 중앙으로 개행했다. 그러자 ④는 좌행에 해당하는 한 행만 적을 수밖에 없게 된 것이다. 물론 내용상의 차이는 없지만 일반적인 개행 방식을 따르지 않은 것만은 확실하다.

주지하듯이 『한원』에서 가장 큰 결락 부분은 26번째 필사지에 있다. 권두의 목차에 의하면 이 부분에는 兩越 · 西羌 · 西域편이 수록되어 있어야 한다. 그러나 실제로는 양월 앞부분과 서역편의 뒷부분이 바로 연결되어 있다. 〈그림 10〉처럼 이 부분은 한 장의 필사지에 마치 전체가 남월 부분인 것처럼 연결되어 있다. 즉, 필사자는 누락된 어구를 채워 넣거나 잘못된 부분을 고치지 않고 이어서 쓴 것이다.[13] 이것은 원본의 오류를 수정하지 않고 있는 그대로 필사한 결과라고 할 수 있다.

이제까지 살펴본 것처럼 『한원』의 필사과정 중 일부 개행과정에서 개변이 보이기는 하지만 전체적으로 저본의 형태와 내용을 충실히 옮기려는 흔적을 확인할 수 있다. 이런 점을 고려해 볼 때 필사자는 저본의 결락된 부분을 그대로 옮긴 것으로 추정된다. 이 결락이 어떤 과정에서 발생했는지는 정확하게 추정하기 어렵지만 일본 내에서 이루

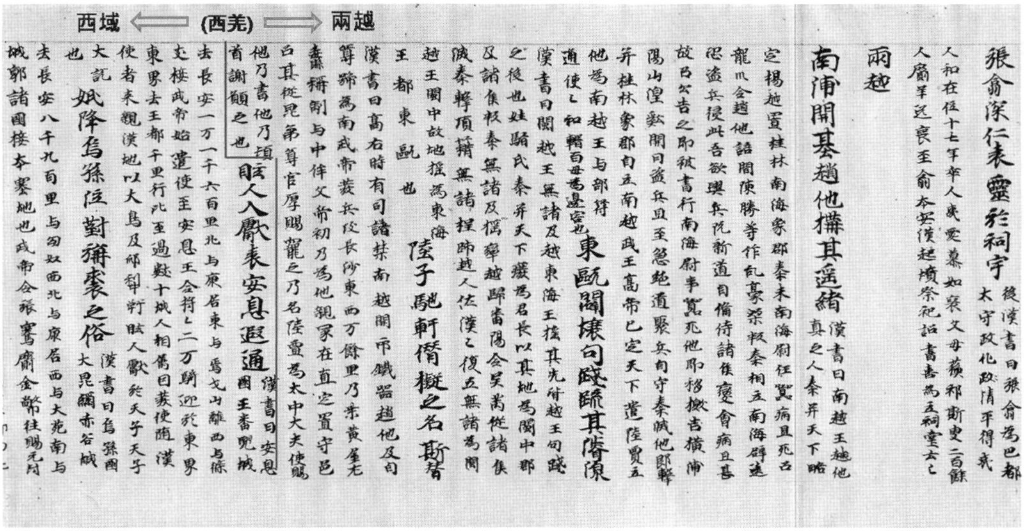

〈그림 10〉『한원』 26번째 필사지(서남이 · 양월 · (서강) · 서역 부분)

13 윤용구, 2018, 앞의 책, 10쪽.

어진 것은 아니라고 보인다.

마지막으로 왜국편을 검토해 보자. 『한원』 번이부 목록에 수록된 15개 편목 중에서 왜국편이 10번째에 해당된다. 〈표 2〉에서 알 수 있듯이 왜국편은 19번째 필사지 숙신편에 이어서 기록되어 있다. 그런데 전체적으로 왜국편부터 필체의 변화 현상을 확인할 수 있다. 이와 관련하여 『역주 한원』에서는 "전체적으로 倭國傳 이후로는 현격하게 자획이 조악하고 오탈자 등 오류도 심하다"[14]고 하였다. 과연 이러한 해석이 적절한지는 의문이다.

복제본을 펴고 전체적으로 필체를 살펴보면 목록을 비롯하여 흉노~숙신편까지 하나의 필체로, 왜국~양월편까지는 또 다른 필체로 필사된 사실을 확인할 수 있다(그림11). 그렇다면 왜 왜국편에서 갑자기 필체가 바뀌었을까? 이와 관련해서는 한 사람이 왜국편부터 필체를 바꾸었을 가능성을 제기해 볼 수도 있다. 그러나 한두 글자를 쓰는 것

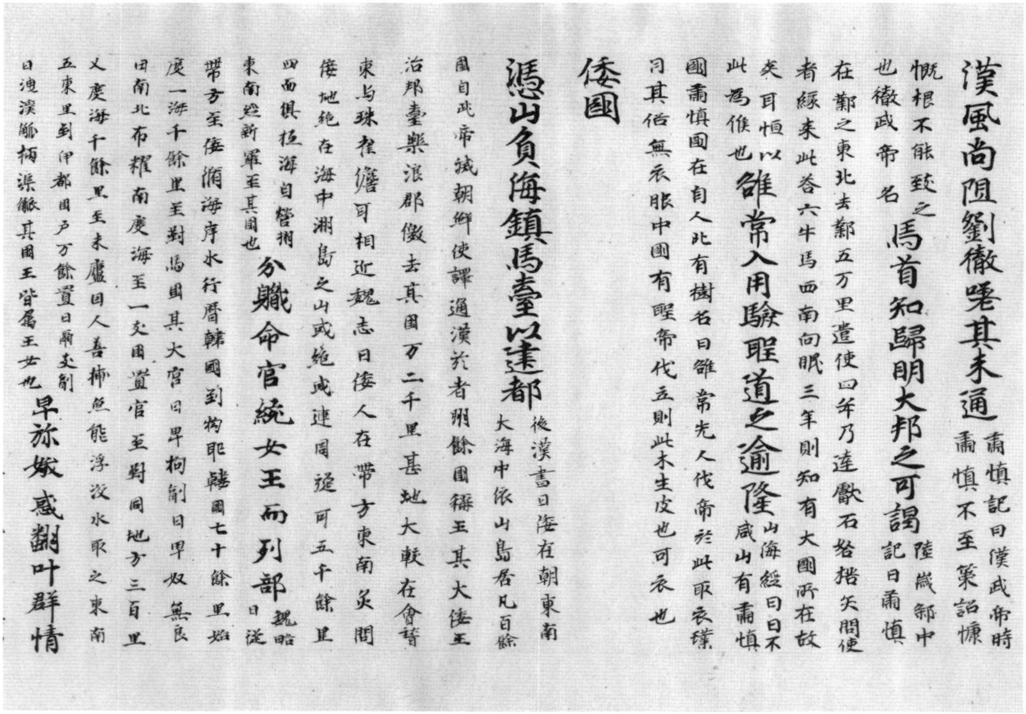

〈그림 11〉『한원』 왜국편 전후

14 윤용구, 2018, 앞의 책, 10쪽.

이 아니라 상당한 분량을 필사하는 과정에서 한 사람이 갑자기 필체를 바꾸기는 어렵다고 본다.

한편으로 필사자가 바뀐 경우를 상정해 볼 수 있다. 아래 〈그림 11〉에서도 확인할 수 있듯이 이전의 필체가 상대적으로 부드러운 면이 있다고 한다면 왜국편 이후의 필체는 그보다는 좀더 날카로운 측면이 강하다. 그런 점에서 필사자의 교체가 이루어졌을 가능성이 높다고 본다.

그렇다면 왜 필사자가 교체되었을까? 물론 필사과정에서 필사자가 바뀔 수 있을 가능성은 얼마든지 있다. 애초에 필사 분량을 서로 조절했을 가능성도 있다. 그러나 필사자가 다른 편도 아닌 전체 2/3지점인 왜국편에서 바뀌었다는 것이다. 이 왜국편에서 필사자가 바뀐 이유를 단정할 수는 없지만 필사가 일본에서 이루어졌고 자국과 관련된 부분에서 바뀌었다는 점은 시사하는 바가 크다고 할 수 있다.

Ⅳ. 맺음말

지금까지 일본에서 필사된 『한원』(권자본)의 서지와 필사과정에 대해 살펴보았다. 여기에서는 본론에서 다룬 내용을 요약하는 것으로 맺음말을 대신하고자 한다.

일본에 현존하는 필사본 『한원』에 대해 竹内理三은 縱이 9寸 1分, 全長 52尺 3寸 5分이라고 했다. 1尺=30.3㎝로 환산하면 세로가 27.6㎝이고 전장은 1,586.2㎝가 된다. 이에 비해 복제본 『한원』의 세로는 27.3㎝이며 본문 길이는 1,566.5㎝이며 장황을 포함하면 전장은 1,626.2㎝이다. 竹内理三은 墨界를 넣은 종이 한 장에 22~23行을 두었으며 한 行에 16~17字가, 세주의 글자는 1행에 22~23자라고 했다. 그러나 복제본과 영인본을 확인해 본 결과 24번째 종이가 유일하게 14행이고 나머지는 19~23행이었다. 세주도 18~25자로 다양하였다. 이런 점에서 竹内理三이 제시한 수치는 엄밀한 검토에 의한 것이 아닌 대략적인 수치라고 할 수 있다.

『한원』은 권자본으로 필사된 28장의 종이를 이어 붙여서 제작되었다. 그중에서 가장 긴 57.5㎝인 것이 21장이나 되었다. 접지를 위해 네 변을 자른 후에 가로 57.5㎝, 세로 27.3㎝가 되는 종이가 필사지의 기본 크기였다. 일본에서는 율령반포 이후 8세기 초반에 高句麗尺인 大尺(1尺=35.6㎝)과 唐大尺인 小尺(29.7㎝)이 이원적으로 운영되었는데 이중『한원』에 쓰인 종이는 가로 57.5㎝, 세로 27.3㎝로 소척[당대척] 기준으로 가로 2척, 세로 1척의 용지가 사용된 것이다.

『한원』의 필사자는 나름대로 원칙을 준수하면서 필사하였다. 먼저 한 행에 글자수를 무리하게 맞추다 보니 행의 마지막 부분에는 글자가 작아지면서 자간이 좁아지고 묵선을 넘어서 쓴 경우가 있다. 또한 선비편에서는 묵선을 다른 행보다 넓게 그어 세 행의 세주를 적기도 했다. 이것은 원본을 형태를 그대로 옮기려는 과정에서 나온 것이다. 물론 한 개의 행에 세주를 한 행만 적거나 개행과정에서 묵선을 무시한 경우도 있지만 글자수 만큼은 원본의 형태를 유지하였다.『한원』의 26번째 필사지에는 권두의 목차(兩越 · 西羌 · 西域 순)와 달리 양월 앞부분과 서역 뒷부분이 바로 연결되어 있다. 이 또한 원본의 오류를 수정하지 않고 있는 그대로 필사한 결과였다. 이처럼『한원』의 필사과정 중 개행과정에서 일부 개변이 보이기는 하지만 전체적으로 저본의 형태와 내용을 충실히 옮겼다고 할 수 있다. 한편 왜국편을 기준으로 필체가 바뀌었는데 이것은 필사자가 바뀌었기 때문이었다.

『한원』은 접지를 위해 일부 개행한 사례가 있지만 저본의 형태를 최대한 유지하면서 필사가 이루어졌다. 그런 점에서『한원』에 보이는 오탈과 결락은 필사과정에서 발생한 것이 아니라 저본의 오류였을 가능성이 높다. 물론 이러한 오류가 찬술 단계에 발생한 것인지 중국에서 필사 · 유포되는 과정에서 이루어진 것인지는 향후 밝혀야 할 과제라고 할 수 있다.

張楚金의 『翰苑』 편찬과 복고적 유가사상

정동준

Ⅰ. 머리말

『翰苑』은 四六騈儷體 문장 작성을 위한 교재 역할을 하는 유서여서, 그 구성은 세주에 있는 다양한 내용을 본문에서 사륙병려체로 압축하는 방식으로 되어 있다. 그러나 그 중 유일하게 현존하는 蕃夷部는 세주의 내용이 7세기 당대에 중국인의 시각으로 바라본 동아시아 지역의 정보를 모아놓은 것이어서, 사륙병려체의 본문보다는 세주가 더 주목받아 왔다.

세주 중심으로 연구되어 온 『한원』의 사료적 가치에 대해서는 이미 많은 연구가 진행되었고, 이 글의 주제에서도 벗어나는 것이기에 굳이 이 글에서 재론할 필요는 없다. 그런데 주목되는 것은 정작 『한원』의 편찬과정에 대해서도, 편찬자인 張楚金이나 세주의 작성자로 알려진 雍公叡에 대해서도 알려진 것이 그다지 없다는 점이다.

『한원』의 편찬과정에 대해서는 後敍에 기록된 대로 顯慶 5년(660)에 편찬되었다는 것 이외에는 알려진 정보가 없다.[1] 옹공예에 대해서는 현재까지도 여전히 관련사료가 발견되지 않아서 접근할 실마리가 없기에, 그가 어느 시기의 사람인지조차도 여전히 논쟁 중인 상황이다.[2] 다만 그 편찬자로 알려진 장초금에 대해서는 『舊唐書』·『新唐書』에 짧은 열전이 있다는 것만 알려져 있었는데, 그 이외에도 여러 사료에서 그의 흔적을 찾을 수 있었다.[3]

---

1 이 글에서 張楚金의 일생과 관련된 사료들을 최대한 수집하고 분석하였지만, 여전히 『한원』의 편찬과정에 대해서는 구체적인 내용이 없었다.

2 雍公叡가 唐代의 인물이라는 설이 유력하였으나(內藤虎次郎, 1922, 「舊鈔本翰苑に就きて」『支那學』 2-8: 1970 『內藤湖南全集』 7, 筑摩書房, 119쪽; 神田信夫, 1960, 「古鈔本翰苑について」『駿台史學』 10, 123쪽; 竹內理三, 1977, 「解說」『翰苑』, 吉川弘文館, 151쪽), 宋代의 인물이라는 설도 있고(湯淺幸孫, 1983, 「前言」『翰苑校釋』, 國書刊行會, 4~8쪽), 張楚金과 같은 열전에 수록된 武周~開元 시기의 雍州 출신인 高叡라고 특정하는 견해도 있었다(全海宗, 1980, 『東夷傳의 文獻的 硏究』, 一潮閣, 44~46쪽).

3 일찍이 일본에서 石田幹之助에 의해 C-6 · D-3 · E-7 등이 소개된 바 있으나(1929, 「『草子洗小町』のプ

특히 그러한 사료들에서 문장가로서 『한원』 편찬과 관련된 내용 대신에 측천무후 정권에서 활약하는 관인으로서의 면모가 더욱 드러났다는 점은 주목된다.[4] 다만 그가 관인으로서의 면모를 드러내는 것은 『한원』 편찬보다 한참 뒤의 일이어서, 『한원』 편찬과 관인으로서의 면모 사이에 어떠한 관계가 있는지도 불분명하다.

이 글에서는 장초금과 관련된 여러 사료들을 분석하여, 『한원』 편찬까지의 생애와 중앙정계 진출 후 관인으로서 활동하는 모습을 파악한 후, 양자의 관계를 검토해 보고자 한다. 유의미한 결론이 제시되어 향후 『한원』을 분석하는 데에 새로운 시각을 제공할 수 있기를 바란다.

Ⅱ. 『翰苑』을 편찬하기까지

張楚金과 관련된 기록 중 가장 기본이 되는 것은 역시 『舊唐書』·『新唐書』에 전하는 그의 열전이다. 다른 기록들이 그의 일생 중 일부분만 전하는 단편적인 기록인 것에 비해, 이 열전들은 그의 생애 전체를 전하는 기록이기 때문이다. 다만 그의 열전은 일족이었던 張道源의 열전에 부속된 형태로 되어 있기에, 그의 성장 배경을 이해하는 차원에서 장도원의 열전을 먼저 검토해 보고자 한다.

이하의 사료 A는 『구당서』·『신당서』에 전하는 장도원의 열전인데, 대부분 중복된 내용이기에 서로 중복되지 않는 부분만을 밑줄로 표시하였다. 중복되지 않는 내용을 밑줄로 표시하는 것은 사료 B에서도 마찬가지이다.

ロットに就いて」『民俗學』 1-3), 짧은 글인 데다가 제목에서 한원과의 관련성이 드러나지 않아서 이후의 연구에서 거의 주목되지 못하였다. 한편 최근 중국의 연구들에서는 B-3 · C-8 · D-3 · E-4~7 등이 소개되어 있다. 이 사료들은 한국과 일본의 연구에서는 전혀 인용되지 않았던 사료들이다. 필자도 이 글을 작성하기 전까지는 『舊唐書』·『新唐書』 열전과 『翰苑』 後敍 이외에 張楚金 관련사료가 존재한다는 것을 알지 못하였다.

4 문장가로서 張楚金이 등장하는 사료들도 존재하지만, 해당 사료의 張楚金은 8세기에 활동하는 동명이인이다(趙望秦, 2001, 「唐文學家張楚金考」『文學遺産』 2001-5, 122~124쪽; 王碩, 2015, 「『翰苑』作者張楚金著述 · 生平辨疑」『古籍整理研究學刊』 2015-6, 147~149쪽). 따라서 현존 사료에서 『한원』 이외에 문장가로서의 풍모를 보여주는 것은 없는 상황이다.

A-1. 張道源(?~624)은 幷州 祁縣 사람이다. 15세 때에 아버지가 죽자, 상중에 효행으로 칭송받았고, 현령 郭湛이 거처의 명칭을 고쳐서 復禮鄉 至孝里라고 하였다. 道源은 일찍이 벗과 타향에 기거하였는데, 벗이 병들어 밤중에 죽었다. 道源은 주인을 놀라게 할까 두려워하여, 마침내 시체와 함께 누워서 새벽에 이르러서야 바야흐로 울고 직접 걸어가서 호송하여 그 본래의 향리에 이르렀다. 高祖(재위 618~626)가 기의하자, 불러서 大將軍府 戶曹參軍을 제수하였다. 京城을 평정하자, 道源을 파견하여 山東을 위무하니, 燕・趙 지역이 다투어 와서 진심으로 귀부하였다. 高祖가 편지를 내려 칭찬하고 范陽郡公으로 거듭 책봉하며, 나중에 大理卿에 임명하였다. 이 때에 何稠(?~?)・於士澄(?~?)이 죄가 있어 가족들이 적몰되자, 인하여 그에게 하사하였는데 道源이 탄식하며 말하였다. "사람은 운명의 순탄함과 역경이 있어, 대체로 또한 변함없는 것이다. 어찌 자신의 순탄함으로 말미암아 남의 역경을 이용할 수 있겠는가? 그 자녀를 취하여 노비와 첩으로 삼는 것이 어찌 인자한 자의 마음에 가깝겠는가?" 그들을 모두 버리고, 하나도 취한 바가 없었다. 얼마 지나지 않아서 太僕卿으로 옮겼고, 나중에 相州都督을 역임하였다. 武德 7년(624) 관인으로 죽으니, 工部尙書를 추증하고 시호를 節이라고 하였다. 道源은 비록 九卿을 역임하였으나, 죽는 날에 粟 2석이 있었을 뿐이다. 高祖가 그것을 깊이 우대하여, 그 집안에 帛 300단을 하사하였다. 족자(동족 형제의 아들)는 楚金(?~?)이다.[5]

(『舊唐書』 卷187上, 列傳137上, 忠義上 張道源 族子楚金)

A-2. 張道源(?~624)은 幷州 祁縣 사람이다. 이름은 河인데, 字로 드러낸 것이다. 14세 때에 아버지의 상을 거행하여, 사인들이 그 효행을 덕행이 뛰어나다고 하였고, 현령 郭湛이 거처의 명칭을 고쳐서 復禮鄉 至孝里라고 기록하였다. 道源이 일찍이 객과 밤에 잤는데, 객이 갑자기 죽었다. 道源은 주인이 갑자기 놀랄까 두려워하여, 시체 옆에 누워서 새벽에 이르러서야 곧 알리고, 또한 걸어서 호송하여 그 본가로 돌려보냈다.

5 張道源, 幷州祁人也. 年十五, 父死, 居喪以孝行稱, 縣令郭湛改其所居爲復禮鄉至孝里. 道源嘗與友人客遊, 友人病, 中宵而卒. 道源恐驚擾主人, 遂共屍臥, 達曙方哭, 親步營送, 至其本鄉里. 高祖擧義, 召授大將軍府戶曹參軍. 及平京城, 遣道源撫慰山東, 燕・趙之地爭來款附. 高祖下書褒美, 累封范陽郡公, 後拜大理卿. 時何稠・士澄有罪, 家口籍沒, 仍以賜之, 道源歎曰:「人有否泰, 蓋亦是常. 安可因己之泰, 利人之否. 取其子女以爲僕妾, 豈近仁者之心乎!」 皆捨之, 一無所取. 尋轉太僕卿, 後歷相州都督. 武德七年卒官, 贈工部尙書, 謚曰節. 道源雖歷職九卿, 身死日, 唯有粟兩石. 高祖深異之, 賜其家帛三百段. 族子楚金.

隋 말기에 監察御史를 사직하고 평민으로 돌아갔다. 高祖(재위 618~626)가 일어나자, 大將軍府 戶曹參軍에 임명하였다. 賈胡堡에 이르러, 다시 幷州를 지키게 하였다. 京城을 평정하자, 파견하여 山東을 위무하게 하니, 燕·趙 지역을 항복시켰다. 조서를 내려 칭찬하고 范陽郡公으로 거듭 책봉하였다. 淮安王 神通(576~630)이 山東을 공략하여 평정하자, 趙州를 지키게 하였는데, 竇建德(573~621)에게 잡혔다. 때마침 建德이 河南을 노략질하자, 그 사이에 사람을 파견하여 조정에 나아가게 하고, 빈 틈을 타서 도적의 심장과 옆구리를 공격할 것을 청하였다. 곧 여러 장수에게 조서를 내려 병사를 이끌고 신속하게 지원하게 하였다. 얼마 지나지 않아 도적이 평정되자, 돌아와서 大理卿을 제수하였다. 이 때에 何稠(?~?)가 죄를 얻자 가속을 적몰하여 여러 신하에게 하사하였다. 道源이 말하였다. "화와 복이 언제 변함 없었던가? 어찌 남의 망함을 이익으로 삼고, 그 자녀를 취하여 스스로 일용할 물자를 공급할 수 있겠는가? 인자한 자는 하지 않는다." 다시 옷과 음식을 보태주어 돌려보냈다. 천자는 그 나이가 60이 된 것을 보고, 綿州刺史를 제수하였다. 죽고 나서 工部尙書를 추증하고 시호를 節이라고 하였다. 道源은 비록 九卿의 직무를 수행하였으나, 재산이 없어서 죽을 때에 남은 粟이 2斛이었다. 조서를 내려 帛 300단을 하사하였다.[6]

(『新唐書』 卷191, 列傳116, 忠義上 張道源 族子楚金)

먼저 A-1·2에서 공통되는 내용은 ①출신지가 幷州 祁縣이고, ②14~15세 때 아버지의 상을 잘 치루어서 거주지의 지명이 바뀌었으며, ③벗이 죽었을 때 시신을 호송하여 고향으로 돌아왔고, ④高祖가 봉기하였을 때 大將軍府 戶曹參軍이 되었으며, ⑤長安(京城) 평정 후 山東 위무에 파견되어 燕·趙 지역을 귀부시킨 공로로 范陽郡公으로 책봉되었고, ⑥나중에 大理卿이 되었으며, ⑦何稠 등의 가족이 적몰되었을 때 그들을 노비로 받아들이지 않았고, ⑧사망 후 工部尙書를 추증하고 시호를 節이라고 하였으며, ⑨

6 張道源, 幷州祁人, 名河, 以字顯. 年十四, 居父喪, 士人賢其孝, 縣令郭湛署所居曰復禮鄕至孝里. 道源嘗與客夜宿, 客暴死, 道源恐主人忽怖, 臥尸側, 至曙乃告, 又徒步護送還其家. 隋末政亂, 辭監察御史, 歸閭里. 高祖興, 署大將軍府戶曹參軍. 至賈胡堡, 復使守幷州. 京師平, 遣撫慰山東, 下燕·趙. 有詔褒美, 封累范陽郡公. 淮安王神通略定山東, 令守趙州, 爲竇建德所執. 會建德寇河南, 間遣人詣朝, 請乘虛擣賊心脅. 卽詔諸將率兵影接. 俄而賊平, 還, 拜大理卿. 時何稠得罪, 籍其家屬賜羣臣. 道源曰:「禍福何常, 安可利人之亡, 取其子女自奉? 仁者不爲也.」更資以衣食遣之. 天子見其年耆, 拜綿州刺史. 卒, 贈工部尙書, 謚曰節. 道源雖官九卿, 無產貲, 比亡, 餘粟二斛. 詔賜帛三百段.

九卿을 지냈어도 재산이 없어서 粟 2석만 남겼기에 帛 300단을 하사받았다는 것이다.

이 중 ①은 출신지역에 대한 서술이고, ②·③·⑦·⑨는 유가적 윤리에 충실한 품행을 보여주며, ④~⑥·⑧은 高祖의 관인으로서의 활약에 대한 소개이다. 장초금과 관련하여 참고가 될 수 있는 것은 출신지역 및 품행에 대한 부분이라고 생각되므로, ①~③·⑦·⑨가 이에 해당된다고 할 수 있을 것이다. 결국 幷州 祁縣 출신으로서 유가적 윤리에 충실한 품행을 보이는 가문의 분위기가 있었다는 것인데, 그렇기에 『구당서』·『신당서』 모두 忠義 열전에 수록되었을 것이다.

반면 중복되지 않은 부분의 경우 A-1에서는 太僕卿·相州都督을 역임하고 624년에 사망하였다는 것이고, A-2에서는 隋 말기의 監察御史 사직, 高祖 봉기 후 幷州 수성, 趙州 방어 중 竇建德에게 잡혔다가 그의 허점을 제보하여 평정할 수 있도록 공을 세운 것, 60세에 綿州刺史에 임명된 것이다. 모두 관인으로서의 활약에 대한 소개여서, 장초금과 관련하여 참고가 될 만한 내용은 없다고 할 수 있다. 굳이 찾자면 두건덕에게 잡혔을 때 그의 허점을 제보한 것이 유가적인 충의 윤리에 충실한 것이라고 할 수 있는 정도이다.

이렇게 장초금은 병주 기현 출신으로 유가적 윤리에 충실한 품행을 보이는 가문의 분위기 속에서 탄생하였다고 볼 수 있다. 지금부터는 장초금의 일생을 몇몇 장면으로 나누어서 검토해 보고자 한다. 먼저 660년에 『한원』을 편찬하기 이전까지의 행적을 기록한 사료는 이하의 B와 같다.

> B-1. 楚金은 어려서 포부와 품행이 있었고 부모를 효로 섬겨서 알려졌다. 처음에 형 越石과 함께 鄕貢進士에 참여하였는데, 州司가 장차 越石을 파하고 楚金을 추천하려고 하자 사양하며 말하였다. "순서로도 越石이 먼저이고, 재주로도 楚金이 못 미칩니다." 굳게 청하며 함께 물러났다. 이 때에 李勣(594~669)이 都督이 되었는데, 감탄하며 말하였다. "인재의 추천은 본래 재주와 품행을 구하는 것인데, 서로 밀어줌이 이와 같으니, 어찌 둘이 공존하는 것을 꺼리겠는가?" 곧 함께 추천하여 합격하였다.[7]

7 楚金少有志行, 事親以孝聞. 初與兄越石同預鄕貢進士, 州司將罷越石而薦楚金, 辭曰:「以順則越石長, 以才則楚金不如.」固請俱退. 時李勣爲都督, 歎曰:「貢士本求才行, 相推如此, 何嫌雙居也.」乃俱薦擢第.

(『舊唐書』卷187上, 列傳137上, 忠義上 張道源 族子楚金)

B-2. 족손(동족 형제의 손자) 楚金은 탁월한 품행이 있어서, 형 越石과 모두 進士에 추천되었다. 州에서는 楚金을 홀로 추천하고자 하였으나, 굳게 사양하고 함께 파하기를 청하였다. 都督 李勣(594~669)이 감탄하며 말하였다. "인재는 재주와 품행을 구하는 것이다. 이미 양보할 수 있으니, 어찌 모두 취하는 것을 꺼리겠는가?" 곧 그들을 모두 추천하였다.[8] (『新唐書』卷191, 列傳116, 忠義上 張道源 族子楚金)

B-3. 張楚金이 17세 때에 형 越石과 秀才로 추천되어야 했다. 담당관사는 형제를 둘 다 받아들일 수 없다고 하여, 장차 越石을 파하려고 하였다. 楚金이 사양하며 말하였다. "순서로도 越石이 먼저이고, 재주로도 楚金이 못 미칩니다. 물러남을 도모하기를 청합니다." 이 때에 李勣(594~669)이 州牧이 되어, 감탄하며 말하였다. "인재의 추천은 본래 재주와 품행을 구하는 것인데, 서로 밀어줌이 이와 같으니, 둘 다 추천할 만하다." 두 사람으로 하여금 함께 나아가서 상경하게 하니 모두 합격하였다.[9]

(『大唐新語』卷6, 擧賢13)

B-1~3은 대부분 공통되는 내용인데, 그것은 과거에 추천할 때 幷州에서는 장초금만 추천하려고 하였으나 형 장월석이 추천되어야 한다고 하여 사양하였고, 당시 都督이던 李勣이 둘 다 추천할 것을 결정하였다는 내용이다. 반면 밑줄친 부분의 경우, B-1에만 "효행으로 알려졌다"는 내용이 있고, 추천된 과목이 B-1・2는 進士이지만 B-3은 秀才이며, B-2에는 과거에 단독으로 추천되는 것을 사양하는 이유가 빠져 있다. 공통되는 내용은 결국 장초금은 효행은 물론 형제 간의 우애도 돈독할 정도로 유가적 윤리에 충실한 품행을 갖추었다는 내용이다.

먼저 이 일이 발생한 연대는 B-3에만 17세 때라고 되어 있을 뿐 장초금의 생몰연대가 불분명하여 시기를 알기 어렵다. 유일한 단서는 당시 병주도독이 이적이었다는 것이다.

---

8 族孫楚金有至行, 與兄越石皆擧進士. 州欲獨薦楚金, 固辭, 請俱罷. 都督李勣歎曰:「士求才行者也. 旣能讓, 何嫌皆取乎?」乃並薦之.

9 張楚金年十七, 與兄越石同以茂才應擧. 所司以兄弟不可兩收, 將罷越石. 楚金辭曰:「以順則越石長, 以才則楚金不如. 請謀退.」時李績爲州牧, 歎曰:「貢才本求才行, 相推如此, 可雙擧也.」令兩人同赴上京, 俱擢第.

〈표 1〉 626~633년의 과거 합격자

연대	秀才	進士
626	2	7
627	2	4
628	0	0
629	2	5
630	1	9
631	1	15
632	1	12
633	2	13

출처: 『文獻通考』 卷29, 選擧考2

이적은 唐 626년에 太宗이 즉위한 8월 이후에 幷州都督이 되어,[10] 633년 晉王 李治(나중의 高宗)가 병주도독으로 부임할 때까지 재직하였다.[11] 즉 626~633년 중의 한 해인 것이다.[12] 그렇다면 B-3을 기준으로 판단할 수 있는 장초금의 출생시기는 610~617년이 된다.

다만 과거에 추천된 과목에 대해서는 B-1・2와 B-3 중 어느 쪽이 타당한지 검토해 볼 필요가 있을 것이다. 「唐登科記總目」을 통하여 이 시기의 과거 급제자 수를 검토해 보면, 〈표 1〉과 같다. 숫자가 지나치게 적은 것에 대해서는 이 사료에 누락이 많다는 점을 지적한 연구가 있지만,[13] 그것을 고려하더라도 수재가 진사에 비해 훨씬 적었음은 분명하다. 따라서 B-3의 수재보다는 B-1・2의 진사일 가능성이 더 높다.

이와 관련하여 사료 B와 같은 貞觀 연간(627~649)의 진사과 관련기록은 정기적으로 실시되는 常擧 과목으로서의 진사과가 아니라 '引進된 士'일 가능성이 높고, 이와 관련된 후대 기록은 진사과가 정착되어 사회적으로 중시되던 상황을 반영하여 특정 인물의 미화를 위하여 급제 사실을 모칭한 경우가 많다고 한다.[14] 실제 진사과가 상거의 한 과목이 된 것은 高宗 시기 이후이고, 이전의 과거를 통한 관인의 선발은 후대의 制擧에 가까운 것이었으며, 본격적으로 진사과가 중시되어 초임관은 낮아도 입사 후 승진이 빨랐던 것은 8세기 이후의 일이었다고 한다.[15] 본래 진사는 합격할 경우 從9品上 또는

10 (武德九年)八月癸亥, 高祖傳位於皇太子, 太宗卽位於東宮顯德殿. (『舊唐書』 卷2, 本紀2, 太宗上) 太宗卽位, 拜幷州都督, 賜實封九百戶. (『舊唐書』 卷67, 列傳17, 李勣; 『新唐書』 卷93, 列傳18, 李勣)

11 貞觀七年, 遙領幷州都督. (『新唐書』 卷3, 本紀3, 高宗) 時高宗爲晉王, 遙領幷州大都督, 授勣光祿大夫, 行幷州大都督府長史. (『舊唐書』 卷67, 列傳17, 李勣)

12 王碩은 장초금의 과거 합격시기를 627~629년이라고 추정하였다(2015, 앞의 논문, 150쪽). 그러나 상한을 627년으로 판단한 것은 이적의 병주도독 부임시기를 근거로 제시하였으나, 하한을 629년으로 판단한 것에 대해서는 근거를 제시하지 않았다.

13 河元洙, 2017, 「『文獻通考』에 실린 '唐登科記總目'의 사료적 가치」 『中國古中世史硏究』 44.

14 河元洙, 2006, 「隋・唐初 進士科에 관한 記錄의 再檢討-進士科의 起源과 관련하여-」 『中國史硏究』 44.

15 하원수, 2010, 「唐代 進士科의 登場과 그 變遷-科擧制度의 歷史的 意義 再考-」 『사림』 36.

從9品下로 임명되는 반면 수재는 正8品上~從8品上으로 임명되지만,[16] 그것은 제도가 정착된 이후의 상황이어서, 정관 연간에는 연대가 확인되는 진사 급제자 중에서 8품과 9품 임명자의 숫자가 비슷하다.[17] 그렇다면 B-1 · 2의 '진사'는 과목명이라기보다는 '引進된 士'일 가능성이 높고, B-3의 수재는 급제 후 8품 임명 등으로 인하여 착오가 발생한 것이라고 볼 수 있을 것이다.

이후 장초금에 대해서는 670년대 이전까지 『한원』 後敍 이외에는 어떠한 행적도 전하지 않는다. 『한원』 후서에 전하는 내용은 다음과 같다.

> 내가 大唐 顯慶 5년(660) 3월 12일 계축일에 幷州 太原縣 廉平里에서 낮잠을 잤다. 옛 성인 孔子께서 옷을 입고 관리가 집무하는 청사의 당상에 앉아 있는 꿈을 꾸었다. 나는 자리 앞에 엎드려서 그에게 물었다. "선생께서는 무엇 때문에 『春秋』를 지으셨습니까?" 내 형 越石이 옆에 있다가 말하였다. "선생께서는 기린이 잡힌 일에 감응하여 지으셨을 따름이다." 내가 대답하였다. "선생께서는 단지 기린이 잡힌 일에 감응하였다는 것을 명분으로 삼았을 뿐입니다. 그 깊은 뜻이 어찌 반드시 기린이 잡힌 일에 있었겠습니까?" 공자께서 말씀하셨다. "그렇다. 당시에 정사와 도는 점차 쇠퇴하였고 예와 음악은 쇠락하였다. 그러므로 당시의 일로 인하여 잘한 것을 칭찬하고 잘못한 것을 꾸짖어서 한 왕의 법을 보여주었으니, 어찌 오로지 기린이 잡힌 일에 있겠는가?" 내가 또 물었다. "『論語』에서 '沂水에서 목욕하고 舞雩에서 바람쐬며 시를 읊고 돌아간다'고 하였는데, 감히 묻건대 무엇을 말하는 것입니까?" 공자께서 말씀하셨다. "또한 각각 그 뜻을 말한 것이다." … 내가 또 물었다. "선생님께서는 성인이신데, 또한 살고 계시는 곳이 있습니까?" 곧 동쪽으로 난 창 아래를 가리키며 말하였다. "나는 여기에 거처한다." 내가 동쪽으로 난 창 앞을 돌아보니, 평상 위에 검은 무늬 없는 비단과 붉은 색의 안감이 있어 붉은 요를 펴 놓은 것 같았다. 두 명의 시자가 있어 앞에 서 있었는데, 말이 끝나자 잠에서 깨었다. 걱정하며 일어나서 한숨 쉬며 탄식하고 말하였다. "옛날에 선생님께서는 큰 성인이셨는데도 오히려 '나는 쇠

16 諸秀才出身, 上上第, 正八品上; 上中第, 正八品下; 上下第, 從八品上. … 進士明法出身, 甲第, 從九品上; 乙第, 從九品下. (『舊唐書』 卷42, 志22, 職官1)

17 河元洙, 2018, 「唐前期 進士科와 明經科 급제자의 성격 분석 一例-科擧制度의 定着 과정 解明을 위한 試論-」 『中國古中世史硏究』 50, 234~235쪽의 표에는 8명의 사례가 제시되어 있는데, 8품과 9품이 각각 4명으로 숫자가 같다.

퇴하고 오래되었다. 다시 꿈에서 周公을 뵐 수 있겠는가?'라고 말씀하셨다. 나는 보잘 것 없는데 선생님께서 어찌 나를 아셨겠는가? 타고나신 성현을 신령함으로 뵈었다." 감응하여 서술했으니, 마침내 이 책을 저술하였다.[18]

(『翰苑』 卷30, 蕃夷部, 後敍)

後敍에서 먼저 주목할 것은 이것이 저술된 시점인 660년 3월12일과 그 공간적 배경인 幷州 太原縣 廉平里이다. 660년은 앞서의 연령 추정에 따르면 장초금이 44~51세에 해당하는 시기이고, 향공진사로 추천되어 과거에 합격한 이후 27~34년이기도 하다. 더 주목되는 것은 병주 태원현 염평리인데, 염평리에 대해서는 알 수 없지만 태원현은 병주의 치소가 있던 곳이다.[19] 다만 염평리라는 지명의 '廉平'이 '청렴하고 공평하다'는 뜻으로서 관리에게 요구되는 덕목이라는 점을 고려하면, 관청 즉 병주 또는 태원현의 관아가 소재하였던 장소일 가능성이 있다. 실제 꿈에 나타난 孔子가 관청 당상에 앉아 있었다는 점을 보더라도 그 가능성은 결코 무시하기 어렵다. 결국 이 시기에 장초금은 병주 또는 태원현 소속의 지방관인이었을 가능성이 높은 것이다.

병주는 高祖가 봉기한 唐의 출발점이어서 나중에는 한때 北都(또는 北京)으로서 太原府가 설치되기도 하였기 때문에, 그 치소인 태원현 또한 현 중에서 가장 높은 등급인 赤縣에 해당하였다.[20] 그러나 660년 당시 병주는 북도(또는 북경) 등 특별대우를 받는 행정구역이 아니라 대도독부였다는 점을 고려하면,[21] 태원현도 적현(특별행정구역의 치소) 또는 畿縣(특별행정구역의 소속 현)이 아니라 上縣이었을 가능성이 높다.

---

18 敍曰, 余以大唐顯慶五年三月十二日癸丑, 晝寢于幷州太原縣之廉平里焉. 夢先聖孔丘被服坐於堂皇之上. 余伏於座前而問之曰: 「夫子胡爲而制春秋乎.」 余兄越石在側, 曰: 「夫子感麟而作耳.」 余對曰: 「夫子徒以感麟爲名耳. 其深旨何必在麟耶.」 子曰: 「然. 于時政道陵夷, 禮樂交喪. 故因時事, 褒善貶過, 以示一王之法, 豈專在於麟乎.」 余又問: 『論語云: 「浴乎沂, 風乎舞雩, 詠而歸.」 敢問何謂也.』 子曰: 「亦各言其志也.」 … 余又問曰: 「夫子聖者也, 亦有居止之所乎.」 乃指東牖下曰: 「吾居是矣.」 余顧東牖前, 有玄縵朱裏床上, 似鋪緋縟. 有二侍者立於前, 言終而寤. 懼焉而興, 喟然而歎曰: 『昔夫子大聖也. 尙稱曰: 「吾衰也久矣, 不復夢見周公.」 余小, 子何知焉. 而神交於將聖.』 感而有述, 遂著是書焉.

19 太原, 漢晉陽縣. 隋文又移於州城內古晉陽城置, 今州所治. (『舊唐書』 卷39, 志19, 地理2 北京太原府)

20 北都, 天授元年置, 神龍元年罷, 開元十一年復置, 天寶元年曰北京, 上元二年罷, 肅宗元年復爲北都. … 太原府太原郡, 本幷州, 開元十一年爲府. … 太原, 赤. (『新唐書』 卷39, 志29, 地理3 北都)

21 北京太原府, 隋爲太原郡. 武德元年, 改爲幷州總管, … 七年, 改爲大都督府. … 天授元年, 置北都兼都督府. (『舊唐書』 卷39, 志19, 地理2 北京太原府)

장초금이 626~633년에 진사로 추천되어 종8품에 임명되면서 관인생활을 시작하였을 가능성이 높고, 후술하듯이 670년대에 刑部侍郎이라는 正4品下의 상위 관직에 재직한 것으로 볼 때, 과거 합격 후 27~34년이 지난 660년에는 5~6품 정도의 지방관직에 있었다고 추정된다. 660년 당시 대도독부였던 병주에는 5~6품에 해당하는 관직이 없고, 당시 상현이었다고 추정되는 태원현에서 5~6품에 해당하는 관직은 縣令(從6品上) 뿐이다.[22] 결국 『한원』 편찬 당시 장초금의 관직은 太原縣令일 가능성이 높다고 추정해 볼 수 있다.

다음으로 주목할 것은 『春秋』의 저술 동기에 대하여 서로 대화하면서 『論語』를 인용하고 있다는 점이다. 이것은 저술 동기가 유가적 윤리를 강화하려는 것과 관련이 깊다는 것을 보여준다. 특히 政道의 쇠퇴와 禮樂의 쇠락을 거론하였다는 것은 孔子 시대의 현실인식과 통하는 바이기도 하다. 그리고 나서 꿈에서 깨어나 성현의 도리에 감응하여 『한원』을 편찬하였다고 서술하고 있다.

주목할 것은 660년이 則天武后가 655년 황후로 책봉된 이래 점차 권력을 강화해 가던 시기라는 점이다.[23] 662년에는 『周禮』에 입각한 관제개혁을 실시한 바도 있었고, 복고적인 유가 사상을 강화하려는 입장이 강하였다. 周公을 이상적인 인간으로 생각하던 공자의 사고방식을 현실에 구현하려 했던 장초금의 입장도 이러한 당시의 분위기와 무관하지 않을 것이다. 3장에서 후술하겠지만 이러한 장초금의 입장은 이후 그가 측천무후 집권 하에서 요직을 맡을 수 있는 계기이기도 하다고 생각된다. 더군다나 측천무후는 기존의 건국공신세력인 關隴集團을 대체할 지배층으로서 과거 출신의 신진세력을 등용하고자 하였다.[24]

---

22 『唐六典』 卷30, 三府督護州縣官吏.

23 이 시기의 전반적인 상황에 대해서는 임대희, 1996, 「唐 高宗 統治前期의 政治와 人物」 『金文經教授停年退任紀念 동아시아사 연구논총』, 혜안, 570~589쪽을 참고하였다.

24 柳元迪, 1989, 「唐 前期의 支配層-舊貴族과 官僚基盤의 擴大-」 『講座中國史 II-門閥社會와 胡·漢의 世界-』, 지식산업사, 236~243쪽. 과거 출신의 신진세력을 등용하고자 했던 것은 인정하면서도, 측천무후가 대체하려고 했던 세력은 관롱집단이 아닌 왕조적 귀족 즉 황제권력을 지지하여 특권을 누리는 귀족이라고 지적한 견해도 있다(松井秀一, 1966, 「則天武后の擁立をめぐって」 『北大史學』 11).
장도원이 종3품의 太僕卿·大理卿을 역임한 것을 근거로 장초금의 출신을 신진세력이 아닌 귀족 가문이라고 볼 수도 있다. 그러나 장도원은 음서 등의 혜택을 줄 수 있는 장초금의 직계가 아닐 뿐만 아니라, 장도원의 아버지조차 열전에 등장하지 않을 정도로 누대에 걸쳐 고위 관직을 역임한 가문도 아니었다. 특히 장초금이 과거 합격 후 20~30년이 지나도록 지방관에 머물러 있다가 30여 년 결국 장초금은 병주 기현에서 유가적 윤리에 충실한 품행을 보이는 가문의 분위기 속에서 탄생하여, 17세 때 향공진사로 추천되어 과거에 합격하였고, 660년에 태원현령으로 재직하면서 복고적인 성격의 유가적 윤리에 충실하려는 목적에서『한원』을 편찬한 것으로 추정된다. 이러한『한원』편찬까지의 이력이 670년대 이후의 행적과 어떠한 관계가 있는지 다음 장에서 검토하고자 한다.

Ⅲ. 則天武后 집권기 張楚金의 활동

장초금은 660년 경에 태원현령으로 재직하면서『한원』을 편찬한 것으로 추정되는 것 이후로 10여 년 간 사료에 행적이 보이지 않는다. 그러다가 670년대 刑部侍郞 재직 시기의 행적이 보이게 되는데, 관련사료는 이하의 C와 같다.

C-1. 楚金은 高宗(재위 649~683) 때에 刑部侍郞으로 거듭 승진하였다. 儀鳳 연간(676~679)에 妖星이 보인 적이 있었는데, 楚金이 상소하여 득실을 바른 말로 간언하였다. 高宗이 넉넉히 받아들여 帛 200단을 하사하였다.[25]

(『舊唐書』卷187上, 列傳137上, 忠義上 張道源 族子楚金)

C-2. 刑部侍郞으로 거듭 승진하였다. 儀鳳 초년에 혜성이 東井에 나타나자, 상소하여 득실을 진언하였다. 高宗이 삼가 받아들이고, 물품 200단을 하사하였다.[26]

(『新唐書』卷191, 列傳116, 忠義上 張道源 族子楚金)

C-3. 上元 3년(676) 가을 7월에 혜성이 東井에서 일어나 北河를 향하다가 점차 동북쪽으로 가서 길이가 3丈이 되었는데, 中台를 스쳐 지나가고 文昌宮을 향하다가 58일이 되자 바야흐로 사라졌다. 8월 을미일에 吐蕃이 疊州를 노략질하였다. 경자일에 별의 이상 때문에 正殿을 피하고 반찬을 줄이며 경성의 죄수를 놓아주고 문무관에게 각

이 지나서야 중앙정계의 요직으로 진출하였다는 것을 보더라도, 귀족이나 호족처럼 가문의 배경을 통해서 출세한 인물이라기보다는 권력 핵심부의 발탁에 의해 벼락출세한 인물에 가까울 것이다.

25 楚金, 高宗時累遷刑部侍郞. 儀鳳年, 有妖星見, 楚金上疏, 極言得失. 高宗優納, 賜帛二百段.

26 累進刑部侍郞. 儀鳳初, 彗見東井, 上疏陳得失. 高宗欽納, 賜物二百段.

각 밀봉한 상소문을 올려 득실을 말하게 하였다.[27] (『舊唐書』 卷5, 本紀5, 高宗下)

C-4. 儀鳳 원년(676) 7월 정해일에 혜성이 東井에서 나오는 일이 있었다. … 8월 경자일에 正殿을 피하고 반찬을 줄이며 음악을 그만두고 좁쌀을 먹는 말을 덜어내며, 죄수를 살피고 조서를 내려 문무관으로 하여금 간언하게 하였다.[28] (『新唐書』 卷3, 本紀3, 高宗)

C-5. 儀鳳 연간(676~679)에 이르러 관호가 복구되었고, 또 左僕射 劉仁軌, 右僕射 戴至德, 侍中 張文瓘, 中書令 李敬玄, 右庶子 郝處俊, 黃門侍郎 來恒, 左庶子 高智周, 右庶子 李義琰, 吏部侍郎 裴行儉・馬載, 兵部侍郎 蕭德昭・裴炎, 工部侍郎 李義琛, 刑部侍郎 張楚, 金部郎中 盧律師 등에게 칙서를 내려 格式을 수정하여 편집하게 하였다. 儀鳳 2년(677) 2월 9일에 찬술하여 확정하고 아뢰었다.[29] (『舊唐書』 卷50, 志30, 刑法)

C-6. 永徽留本司格後 11권〈左僕射 劉仁軌, 右僕射 戴至德, 侍中 張文瓘, 中書令 李敬玄, 右庶子 郝處俊, 黃門侍郎 來恒, 左庶子 高智周, 右庶子 李義琰, 吏部侍郎 裴行儉・馬載, 兵部侍郎 蕭德昭・裴炎, 工部侍郎 李義琛, 刑部侍郎 張楚金, 金部郎中 盧律師 등이 조서를 받들어 편찬하였고, 儀鳳 2년(677)에 올렸다.〉[30] (『新唐書』 卷58, 志48, 藝文2 乙部史錄 刑法類)

C-7. 儀鳳 2년(677)에 이르러 관호가 복구되고, 또 칙서를 내려 수정하여 편집하게 하였다. 3월 9일 格式을 수정하여 편집하고 올렸다. 尙書左僕射 劉仁軌, 尙書右僕射 戴至德, 侍中 張文瓘, 中書令 李敬元, 太子右庶子 郝處俊, 黃門侍郎 來恒, 太子左庶子 高智周, 吏部侍郎 裴行儉・馬戴, 兵部侍郎 蕭德昭・裴炎, 工部侍郎 李義琰, 刑部侍郎 張楚金, 右司郎中 盧律師 등이다.[31] (『唐會要』 卷39, 定格令)

---

27 (上元三年)秋七月, 彗起東井, 指北河, 漸東北, 長三丈, 掃中台, 指文昌宮, 五十八日方滅. 八月乙未, 吐蕃寇疊州. 庚子, 以星變, 避殿, 減膳, 放京城繫囚, 令文武官各上封事言得失.
『舊唐書』 卷36, 志16, 天文下; 『唐會要』 卷43, 彗孛에도 앞부분(7월)과 같은 내용이 전하고 있으나, 날짜가 보다 구체적인 7월21일로 되어 있다.

28 (儀鳳元年)七月丁亥, 有彗星出于東井. … 八月庚子, 避正殿, 減膳, 撤樂, 損食粟馬, 慮囚, 詔文武官言事.

29 至儀鳳中, 官號復舊, 又敕左僕射劉仁軌, 右僕射戴至德, 侍中張文瓘, 中書令李敬玄, 右庶子郝處俊, 黃門侍郎來恒, 左庶子高智周, 右庶子李義琰, 吏部侍郎裴行儉・馬載, 兵部侍郎蕭德昭・裴炎, 工部侍郎李義琛, 刑部侍郎張楚, 金部郎中盧律師等, 刪緝格式. 儀鳳二年二月九日, 撰定奏上.

30 永徽留本司格後十一卷〈左僕射劉仁軌, 右僕射戴至德, 侍中張文瓘, 中書令李敬玄, 右庶子郝處俊, 黃門侍郎來恒, 左庶子高智周, 右庶子李義琰, 吏部侍郎裴行儉・馬載, 兵部侍郎蕭德昭・裴炎, 工部侍郎李義琛, 刑部侍郎張楚金, 金部郎中盧律師等奉詔撰, 儀鳳二年上.〉

31 至儀鳳二年, 官號復舊, 又勅刪輯. 三月九日, 刪輯格式, 擧上之. 尙書左僕射劉仁軌, 尙書右僕射戴至德, 侍中張文瓘, 中書令李敬元, 太子右庶子郝處俊, 黃門侍郎來恒, 太子左庶子高智周, 吏部侍郎裴行儉・馬戴, 兵部侍郎蕭德昭・裴炎, 工部侍郎李義琰, 刑部侍郎張楚金, 右司郎中盧律師等.

C-8. 唐 張楚金이 秋官侍郎이 되어, 반역인에게 사면을 받들어 죽음을 면하게 하고 가구는 곧 교형·참형 및 유배시켜 관노비로 삼는 것 등을 아뢰어, 모두 律에 넣었다. 나중에 楚金이 반역사건에 무고당하고 사면을 받들어 죽음을 면하였다. 남자 15세 이상은 참형에 처하고, 처자는 유배시켜 노비로 삼았다. 지식인들이 말하였다. "법을 만들어 화를 자초하니, 이른바 인과응보다."[32] (『朝野僉載』卷6)

먼저 가장 기본이 되는 C-1의 사료에서는 그가 高宗 재위 시기, 즉 649~683년에 형부시랑으로 승진하였다고 한다. 그런데 형부시랑이라는 관명은 이 기간에 계속 사용된 것이 아니어서 시기를 추정하는 하나의 단서가 될 수 있다. 형부시랑은 고종 재위 기간 중 649~662년, 670~683년의 2회에 걸쳐 사용되었고, 662~670년에는 司刑少常伯이라는 관명으로 개칭되었다.[33] C-1의 뒷부분에 나오는 儀鳳 연간(676~679)이 후자에 해당하는 데다가, C-5~8에 보이는 형부시랑으로서의 행적도 의봉 연간의 일이어서, 장초금이 의봉 연간에 형부시랑으로 재직한 것은 확실하다. 그렇다면 그가 형부시랑으로 처음 임명된 것은 사형소상백에서 형부시랑으로 관명이 복구된 670년 이후의 일이라고 할 수 있을 것이다.

다음으로 C-1에서는 밑줄친 부분이 의봉 연간으로 되어 있는데, C-2에서는 의봉 초년, C-3·4에서는 상원 3년(676) 또는 의봉원년(676)이라고 되어 있다. 특히 C-3·4의 경우 날짜가 구체적이어서, C-1의 밑줄친 부분의 경우 676년 7월에 혜성이 나타나고 8월에 득실을 간언하게 하였다는 것을 알 수 있다. 다만 C-3과 C-4의 연호가 다른 것은 연호 개정시점에 대한 인식 차이일 것이다. 676년의 경우 11월에 상원에서 의봉으로 연호가 바뀌었으므로,[34] 본래대로라면 7~8월은 상원 연호가 사용되었다고 할 수 있다.

---

32 唐張楚金爲秋官侍郎, 奏反逆人持赦免死, 家口卽絞斬及配沒入官爲奴婢等, 並入律. 後楚金被羅織反, 持赦免死. 男子十五以上斬, 妻子配沒. 識者曰:「爲法自斃, 所謂交報也.」
『太平廣記』卷121, 報應20, 張楚金에도 같은 내용이 전하고 있으나, "持赦免死"가 "持敕免死"로 바뀐 것 이외에는 완전히 똑같다.

33 龍朔二年二月甲子, 改百司及官名. 改尙書省爲中臺, … 刑部爲司刑, … 餘司依舊. 尙書爲太常伯, 侍郎爲少常伯, 郎中爲大夫. (『舊唐書』卷42, 志22 職官1) (咸亨元年)十二月庚寅, 諸司及百官各復舊名. (『舊唐書』卷5, 本紀5, 高宗下)

34 (上元三年冬十一月)壬申, 以陳州言鳳凰見於宛丘, 改上元三年曰儀鳳元年, 大赦. (『舊唐書』卷5, 本紀5, 高宗下)

그러나 사료에 따라서 또는 연호 개정방식에 따라서는 개정시점 이전으로 새 연호를 소급 적용하는 경우도 있기 때문에 같은 사건에 대한 연호의 차이가 나타난 것으로 보인다.

676년 8월에 득실을 간언하게 한 내용은 이 즈음 吐蕃의 침입이 극심하였다는 점을 고려할 때, 그에 대한 대책이었을 가능성이 높다. C-3만 보더라도 혜성 출현과 후속 조치의 사이인 676년 8월에 토번의 침입이 보이고 있다. 또 그 이외에『舊唐書』本紀만 보더라도 唐은 670년 4월의 침입 때문에 안서4진을 철폐하기도 하였고, 같은 해 7월에 大非川 전투에서 대패하여 吐谷渾 지역에 대한 영향력을 상실하기도 하였으며, 675년 정월에는 토번의 화평 제의를 거절하기도 하였고, 676년 윤3월에 다시 침입을 받기도 하였다.[35]

C-5~8의 내용은 C-1에는 보이지 않는 것이지만, 장초금이 형부시랑으로 재직할 당시의 활동이라고 볼 수 있다. C-5에는 "장초"라고만 되어 있지만 C-6~7을 참고하면 '금'자가 빠졌다는 것을 알 수 있다. C-5~7은 격의 편찬에, C-8은 율의 개정에 장초금이 참여한 것인데, 형부시랑의 본래 직무에 따른 행위라고 볼 수 있다.[36]

중요한 것은 형부시랑이 正4品下라는 비교적 높은 관품에 해당하고, 상서형부의 차관이라는 점이다. 장초금은 660년대까지는 역임한 관직조차 알 수 없어 전후 상황으로 추정해야 했으나, 670년대에는 중앙정계의 요직에서 활약하게 된 것이다. 특히 그의 최종관직이 秋官尙書 즉 刑部尙書라는 점에서 형부시랑 승진의 의미는 적지 않을 것이다.

이렇게 불과 10여 년 사이에 종6품상에서 정4품하까지 9개의 위계를 뛰어오르고 지방관에서 중앙관으로 진출할 정도라면, 그 승진에는 분명히 결정적인 계기가 있었을 것이다. 그가『한원』의 저자라는 점을 고려하면, 그 계기는 666년의 泰山 封禪이 아닐까 추정된다.

봉선은 장초금이『한원』을 통해 지향했던 복고적 유교의 대표적 의례인 데다가, 외국

---

35 (咸亨元年)夏四月, 吐蕃寇陷白州等一十八州, 又與于闐合衆襲龜茲撥換城, 陷之. 罷安西四鎭. … (秋七月戊子) 薛仁貴・郭待封至大非川, 爲吐蕃大將論欽陵所襲, 大敗, 仁貴等並坐除名. 吐谷渾全國盡沒, 唯慕容諾曷鉢及其親信數千帳內屬, 仍徙於靈州界. … (上元二年春正月)辛未, 吐蕃遣其大臣論吐渾彌來請和, 不許. … (三年)閏三月己巳朔, 吐蕃入寇鄯・廓・河・芳等四州. (『舊唐書』卷5, 本紀5, 高宗下)

36 刑部尙書・侍郎之職, 掌天下刑法及徒隷句覆・關禁之政令. (『唐六典』卷6, 尙書刑部)

의 사신들을 대거 초청하는 것이어서 해외에 대한 지식 또한 필요하다. 특히 동방 지역의 정세에 밝았던 劉仁軌가 신라·백제·탐라·왜의 사신을 데리고 온 공로로 종3품 御史大夫(당시 명칭으로는 大司憲)라는 요직에 발탁되었고, 봉선 종료 후 곧바로 재상인 정3품 中書令(당시 명칭으로 右相)으로 승진하였다는 점은[37] 이러한 추정의 가능성을 높여준다. 더군다나 봉선을 주관하는 대표자인 封禪大使에는 장초금과 인연이 깊은 李勣이 임명되어 있었다.[38]

해외에 대한 지식을 통해 발탁된 유인궤의 사례로 볼 때, 당시에는 장초금처럼 복고적 유교의례와 해외에 대한 지식을 갖춘 인재가 봉선을 계기로 발탁되는 분위기가 있었을 것이다.[39] 이러한 분위기에서 개인적으로 인연이 있었던 이적의 추천과 고종·측천무후의 가납에 의해 장초금의 고속 승진과 중앙관 진출이 가능할 수 있었던 것이 아닐까 추정해 볼 수 있을 것이다.

형부시랑 이후 장초금은 吏部侍郞, 司刑卿, 추관상서를 역임한 것으로 되어 있는데, 이 시기 그의 행적과 관련된 사료는 이하의 D와 같다.

D-1. 則天武后가 섭정하자, 吏部侍郞·秋官尙書를 역임하고 南陽侯의 작위를 하사받았다.[40]

(『舊唐書』 卷187上, 列傳137上, 忠義上 張道源 族子楚金)

D-2. 則天武后 때에 秋官尙書를 역임하고, 南陽侯의 작위를 받았다. 고상한 절개가 있지만, 법령 조문과 각박함을 숭상하여, 당시에 또한 그를 멸시하였다.[41]

(『新唐書』 卷191, 列傳116, 忠義上 張道源 族子楚金)

D-3. 唐 張楚金은 司刑卿이 되어, 관직에 재임하면서 사심이 없고 청렴하였으나, 잔인하

---

37 麟德二年, 封泰山, 仁軌領新羅及百濟·耽羅·倭四國酋長赴會, 高宗甚悅, 擢拜大司憲. 乾封元年, 遷右相. (『舊唐書』 卷84, 列傳34, 劉仁軌) 이전에 변방을 전전하던 지방관이자 장수였던 유인궤는 이후 太子左庶子·監修國史·尙書左僕射·太子太傅 등 재상 및 요직에서 활약하다가 사망하게 되었다.

38 麟德初, 東封泰山, 詔勣爲封禪大使, 乃從駕. (『舊唐書』 卷67, 列傳17, 李勣)

39 당시 복고적 유가사상(의례)에 대한 지식을 바탕으로 집권자가 된 인물로는 許敬宗을 들 수 있다. 그는 655년 측천무후가 황후에 책봉될 때 지지한 것을 계기로 중용되어, 656년 재상(侍中)이 된 후 顯慶禮 편찬을 주도하고, 659년 6월에 封禪을 건의하였으며, 662년의 『周禮』식의 官名 改定을 주도하는 등의 활약을 보여, 이 시기를 '許敬宗 정권'이라고 부르기도 한다(임대희, 1996, 앞의 논문, 570~589쪽). 그 중 封禪·『周禮』식 관명 등은 모두 복고적 유가사상에 의거한 것이었다.

40 則天臨朝, 歷位吏部侍郞·秋官尙書, 賜爵南陽侯.

41 武后時, 歷秋官尙書, 爵南陽侯. 有淸槩, 然尙文刻, 當時亦少之.

고 각박함에 지나쳐서 당시 사람들이 그를 멸시하였다.[42]

(『册府元龜』卷619, 刑法部11 深文)

D-4. 垂拱 연간(685~688)에 則天武后가 監國하자, 무고하는 일이 일어났다. 湖州佐史 江琛이 刺史 裴光의 계약서를 취하여 글자를 잘라서 문장의 조리를 합성하고, 거짓으로 徐敬業의 반란을 알리는 서신을 써서 보고하였다. 差使가 光을 추국하여, 글씨는 光의 글씨라고 의심하면서도 언어는 光의 언어가 아니라고 의심하였다. 앞뒤로 3번 추국하게 하였으나, 판결하지 못하였다. 칙령을 내려 일을 추국할 수 있는 사람을 차출하고 죄상을 조사하여 진실을 취하게 하니, 張楚金이 할 만하다고 모두 말하여 곧 그를 시켰다. 楚金이 걱정하며 번민하여 서쪽 창을 향해 반듯하게 누웠는데, 해가 높아지자 그것을 향해 보니, 글자가 덧대어 만든 것 같았다. 그냥 보면 알아채지 못하지만, 해를 향하면 그것을 볼 수 있었다. 州의 관인들을 불러들여 모이게 하고, 한 동이의 물을 찾아서 琛으로 하여금 물 속에 서신을 던지게 하니, 글자가 하나씩 흩어져서 琛이 머리를 조아리고 죄를 인정하였다. 칙령을 내려 杖 100대를 판결하고, 그 후에 斬하였다. 초금에게 絹 100필을 상으로 주었다.[43]

(『朝野僉載』卷5)

D-1에서는 측천무후의 섭정 이후에 장초금이 이부시랑을 거쳐서 추관상서에 임명되었고, 南陽侯에 책봉되었다고 한다. 이 중 이부시랑의 경우 앞서 검토한 형부시랑과 마찬가지로 670년에 관명이 복구되면서 다시 사용된 명칭이고, 684년 9월 복고적 관명으로 다시 개칭되면서 사용이 중지되었다.[44] 그런데 이부시랑에 임명된 시점은 측천무후

42 唐張楚金爲司刑卿, 在官公淸, 然傷於忍刻, 時人鄙之.
이 사료는 선행연구에서도 제시된 적이 없는 것이다. 필자는 논문심사 과정에서 익명의 심사위원이 이 사료의 존재를 알려주어 알 수 있었다. 알려준 심사위원에게 감사하는 바이다.

43 垂拱年, 則天監國, 羅織事起. 湖州佐史江琛取刺史裴光判書, 割字合成文理, 詐爲徐敬業反書以告. 差使推光, 疑書是光書, 疑語非光語. 前後三使推, 不能決. 敕令差能推事人勘當取實, 僉曰張楚金可, 乃使之. 楚金憂悶, 仰臥西窗, 日高, 向看之, 字似補作. 平看則不覺, 向日則見之. 令喚州官集, 索一甕水, 令琛投書於水中, 字一一解散, 琛叩頭伏罪. 敕令決一百, 然後斬之. 賞楚金絹百疋.

44 (嗣聖元年)九月, 大赦天下, 改元爲光宅. … 改東都爲神都, 又改尙書省及諸司官名. (『舊唐書』卷6, 本紀6, 則天皇后) 光宅元年九月, 改尙書省爲文昌臺, 左右僕射爲文昌左右相, 吏部爲天官, … 刑部爲秋官, 工部爲冬官. … 太常爲司禮, … 大理爲司刑, 司農依舊. (『舊唐書』卷42, 志22, 職官1)

의 섭정 즉 683년 12월 이후라고 되어 있으므로,[45] 장초금의 이부시랑 재직기간은 가장 길게 잡아도 683년 12월~684년 9월이 된다. 실제로 682년 4월까지 魏玄同이 吏部侍郎으로 재직하였던 것이 확인되고, 그가 683년 12월에 黃門侍郎으로 옮겼으므로,[46] 장초금의 그의 후임이었을 가능성이 높다. 이부시랑은 正4品上이어서[47] 같은 차관급인 형부시랑(正4品下)에 비해서도 관품이 높다.

D-1・2에 공통적으로 나오는 것은 추관상서 임명과 남양후 책봉이다. 추관상서는 형부상서를 684년 9월에 개칭한 관명으로,[48] 正3品이나 되는 최상위 관인이다.[49] 다만 그가 추관상서에 취임한 시기는 684년 9월 이후라고 추정되고, 후술하듯이 사료 E-5에 따르면 689년 8월 추관상서 재직 중에 유배되었으므로 그 시기에 해임된 것은 확실하다고 할 수 있다. 이와 관련하여 685년 2월에 裵居道가 추관상서로서 재상에 임명되었다가 5월에 內史(中書令)에 임명되었던 것을 보면,[50] 장초금은 685년 5월 이후 어느 시점에 추관상서에 임명되어 689년 8월에 유배되면서 해임되었다고 생각된다.[51]

---

45 弘道元年十二月丁巳, 大帝崩, 皇太子顯卽位, 尊天后爲皇太后. 旣將篡奪, 是日自臨朝稱制. (『舊唐書』 卷6, 本紀6, 則天皇后)

46 (永淳元年四月)丁亥, 黃門侍郎郭待擧・兵部侍郎岑長倩・中書侍郎郭正一・吏部侍郎魏玄同並同中書門下同承受進止平章事. (『舊唐書』 卷5, 本紀5 高宗下) (弘道元年十二月)甲戌, 劉仁軌爲尙書左僕射, 岑長倩爲兵部尙書, 魏玄同爲黃門侍郎, 並依舊知政事. (『舊唐書』 卷6, 本紀6, 則天皇后)

47 吏部尙書一人, 正三品; 侍郎二人, 正四品上. (『唐六典』 卷2, 尙書吏部)

48 주44 참조.

49 刑部尙書一人, 正三品; 侍郎一人, 正四品下. (『唐六典』 卷6, 尙書刑部)
唐代에 중앙관 중 2품 이상의 文官 實職(三師三公 등 명예직, 尙書令처럼 권위가 관행인 관직 제외)은 尙書都省의 左・右僕射(從2品) 각 1인뿐이고, 동급인 正3品도 尙書6部의 尙書 6인, 中書省의 中書令 2인, 門下省의 侍中 2인, 太常寺의 太常卿 1인, 太子詹事府의 太子詹事 1인 까지 총 12인뿐이다. 즉 정3품만 되어도 중앙관으로서는 최상위층이었던 것이다. 게다가 정3품 이상의 14인 중 좌・우복야 2인, 중서령 2인, 시중 2인 총 6인은 당연직으로서 재상이 되었다.

50 (垂拱元年)二月乙巳, 春官尙書武承嗣・秋官尙書裵居道・右肅政臺御史大夫韋思謙同鳳閣鸞臺三品. (『新唐書』 卷4, 本紀4 則天皇后) (垂拱元年夏)五月, 秋官尙書裵居道爲內史. (『舊唐書』 卷6, 本紀6, 則天皇后)

51 이와 관련하여 종친인 河間王 李孝恭의 둘째아들인 李晦가 垂拱 연간에 秋官尙書가 되었다가 永昌元年에 사망하여 장초금과 재직시기가 거의 겹친다. (『舊唐書』 卷60, 列傳10, 太祖諸子・代祖諸子 河間王孝恭)

다음으로 남양후는 鄧州 南陽縣에 설치된 縣侯라고 생각되므로, 食邑 1,000호의 종3품 작위라고 할 수 있다.[52] D-1·2의 맥락으로 보아 추관상서 임명 시점 또는 정4품상 이부시랑에서 정3품 추관상서 사이에 종3품의 다른 관직에 재임하던 시기에 책봉된 것으로 추정된다.

D-3을 보면, 남양후에 책봉될 당시 재임한 從3品의 관직이 무엇인지 알 수 있다. D-3의 사형경은 大理寺의 장관인 大理卿을 684년 9월부터 개칭한 관명으로,[53] 종3품에 해당한다.[54] 따라서 정4품상 이부시랑이었던 장초금은 종3품 사형경(대리경)을 거쳐 정3품 추관상서로 승진한 것으로 추정된다.

D-4의 경우 685~688년의 사건이다.[55] 이와 관련하여 周興·來俊臣 등의 무고로 徐敬業의 반란에 연루된 자들이 폭증하던 것이 686년 3월의 일이므로,[56] 그 시기 전후의 일이라고 추정된다. 장초금이 무고 사건을 현명하게 판결하여 측천무후의 총애를 받았다는 내용인데, 장초금이 직접 판결에 관여하는 것으로 보아 사형경 재임시절의 에피소드가 아닐까 한다.[57] 측천무후는 670년대에도 실질적인 권력자였고 683년 12월 이후에는 아예 정치의 전면에 나선 상황이었는데, 이 때에 장초금이 형부시랑·이부시랑·사형경·추관상서라는 고위직을 역임하였다는 것은 의미심장하다. 즉 장초금은 측천무후의 총애를 받는 관인 중 1인이었던 것이다.

실제로 측천무후가 中宗·睿宗을 잇달아 즉위시켜 놓고도 섭정을 함으로써 황제의 권력행사를 방해한 것에 대하여 반대의 움직임도 적지 않았는데, 684~685년 서경업의

---

52 『唐六典』 卷2, 尙書吏部, 司封郎中·員外郎.

53 주44 참조.

54 大理寺, 卿一人, 從三品; 少卿二人, 從四品上. (『唐六典』 卷18, 大理寺·鴻臚寺)

55 D-4에 처음으로 주목한 것은 石田幹之助였다(1929, 앞의 논문). 그러나 처음 짧은 글을 발표할 당시에는 C-6에 보이듯이 張楚金이 刑部侍郎 재직시에 格 편찬에 참여한 것만 확인하였고, 『翰苑』의 저자라는 것은 나중에 글을 보완하면서 알게 되었다(石田幹之助, 1957, 「張楚金の逸事と謠曲『草子洗小町』のプロット」 『日本大學文學部硏究年報』 8: 1973, 「謠曲草子洗小町の構成と張楚金の逸事」 『東亞文化史叢考』, 東洋文庫, 681~683쪽).

56 『資治通鑑』 卷203, 唐紀19, 則天武后上之中 垂拱 2년 3월.

57 大理卿之職, 掌邦國折獄詳刑之事. (『唐六典』 卷18, 大理寺·鴻臚寺) '折獄'은 소송 안건을 판결하는 것을 의미한다. 실제 唐代 사법제도에서 大理寺는 수도에서 일어난 徒罪 이상 사건을 판결하였다고 한다. 凡有犯罪者, 皆從所發州·縣推而斷之; 在京諸司, 則徒以上送大理. 杖以下當司斷之; 若金吾糾獲, 亦送大理. (『唐六典』 卷6, 尙書刑部, 刑部郎中·員外郎)

반란이 그 대표적인 사례였다. 그러나 장초금은 섭정에 반대하지 않는 정도가 아니라 오히려 측천무후의 총애 속에서 승진을 거듭할 정도로 측천무후 정권의 핵심인사 중 1명이었던 것이다.

이렇게 승승장구하던 장초금은 어이없게도 측천무후 정권 내의 충성 경쟁과 권력 다툼 속에서 희생되어 사망하게 된다. 그의 사망과 관련된 사료를 모아보면, 이하의 E와 같다.

E-1. 酷吏 周興(?~691)에게 모함을 받아 嶺南에 유배되었다가, 마침에 유배지에서 죽었다. 『翰苑』 30권, 『紳誡』 3권을 저술하여 모두 당시에 전해졌다.[58]

(『舊唐書』 卷187上, 列傳137上, 忠義上 張道源 族子楚金)

E-2. 酷吏에게 모함을 받아 嶺南에 유배되어 죽었다.[59]

(『新唐書』 卷191, 列傳116, 忠義上 張道源 族子楚金)

E-3. 天授元年(690) 8월 갑자일에 <u>유배 중인 張楚金</u>을 죽였다.[60]

(『新唐書』 卷4, 本紀4, 則天武后)

E-4. 則天武后가 국정을 전횡하자, 그만두고 國子祭酒가 되었다가, 檢校陝州刺史로 나갔다. <u>張楚金</u>·元萬頃과 모두 周興에게 무고당하여 살해당하고 그 집안에 적몰되었으며, 처자는 유배되었다.[61] (『新唐書』 卷106, 列傳31, 郭正一)

E-5. 永昌元年(689) 8월 을미일에 <u>秋官尙書 張楚金</u>, 陝州刺史 郭正一, 鳳閣侍郎 元萬頃, 洛陽令 魏元忠은 모두 죽음을 면하고 嶺南으로 유배시켰다. <u>楚金</u> 등은 모두 徐敬眞에게 유인되어 徐敬業과 함께 모의하였다고 하였다. … 이 날 어두운 구름이 사방을 가로막았는데, <u>楚金</u>을 풀어주고 나자 날씨가 개었다.[62]

(『資治通鑑』 卷204, 唐紀20, 則天武后上之下)

E-6. 나중에 周興에게 모함당하여 장차 형을 집행하려고 하자, 하늘을 우러러보며 탄식

58 爲酷吏周興所陷, 配流嶺表, 竟卒於徙所. 著翰苑三十卷·紳誡三卷, 並傳於時.

59 爲酷吏所構, 流死嶺表.

60 (天授元年八月)甲子, 殺<u>流人張楚金</u>.

61 武后專國, 罷爲國子祭酒, 出檢校陝州刺史. 與<u>張楚金</u>·元萬頃皆爲周興所誣構, 殺之, 籍入其家, 妻息流放.

62 (永昌元年八月)乙未, <u>秋官尙書張楚金</u>, 陝州刺史郭正一, 鳳閣侍郎元萬頃, 洛陽令魏元忠, 並免死流嶺南. <u>楚金</u>等皆爲敬眞所引, 云與敬業通謀. … 是日, 陰雲四塞, 旣釋<u>楚金</u>等, 天氣晴霽.

하였다. "천신과 지신이시여, 어찌 충신을 살피지 않습니까? 어떻게 무고하게 죄를 얻는가!" 이어서 눈물을 흘렸다. 市人들이 그를 위하여 흐느꼈다. 잠시 어두운 구름이 사방을 가로막았는데, 감응한 바가 있는 듯하였다. 칙서를 급히 내려서 형을 면제하자, 선포가 미처 끝나지 않았는데 하늘이 맑고 오색 구름이 무성하였다. 당시 사람들이 그 충성스럽고 정직하며 효도하고 공손함의 보답에 감동하였다.[63]

(『大唐新語』 卷6, 擧賢13, 張楚金)

E-7. 唐 則天武后 때에 <u>刑部尙書 張楚金</u>이 酷吏 周興에게 장차 형을 집행하려고 하자, 곧 우러러보며 탄식하였다. "천신과 지신이시여, 어찌 충효를 살피지 않습니까? 어떻게 무고하게 죄를 얻는가!" 이어서 몇 줄기 눈물을 흘렸다. 市人들이 모두 흐느꼈다. 잠시 어두운 구름이 사방을 가로막았는데, 감응한 바가 있는 듯하였다. 칙서를 급히 내려서 죄를 면해주었다. 선포가 미처 끝나지 않았는데 하늘과 땅이 맑고 오색 구름이 무성하였다. 당시의 여론에서는 그 충성스럽고 정직함이 이른 바라고 말하였다. 〈御史臺記에 나온다.〉[64]

(『太平廣記』 卷162, 感應2, 張楚金)

E-1・2는 장초금의 嶺南 유배와 사망만을 전할 뿐 그 시기를 명기하지 않았다. 사망시점에 대해서는 E-3에 690년 8월이라고 전하고, 유배시점은 E-4・5를 아울러 고려하면 689년 8월이다. E-6・7은 E-5와 같은 내용에 대한 다른 전승이라고 할 수 있다.[65] 흥미로운 것은 장초금의 유배 및 사망과 관련하여 E-1・4~7에 당시의 대표적 酷吏 중 1인인 周興이 거론되어 있다는 점이다. 주흥은 이 시기에 黑齒常之의 사망에도 관여한 바가 있어[66] 낯설지 않은 인물이다.

주흥이 장초금을 모함(무고)한 내용은 E-5에 전하고 있다. 즉 장초금이 郭正一・元萬頃・魏元忠 등과 함께 반란의 주모자인 徐敬業의 동생 徐敬眞에게 유인되어 반란에 연루되었다는 것이다. 서경업은 고구려와의 전쟁 등으로 유명한 이적의 아들로, 본명이

63 後爲周興搆陷, 將刑, 仰天歎曰:「皇天后土, 豈不察忠臣乎. 奈何以無辜獲罪!」因泣下. 市人爲之歔欷. 須臾陰雲四塞, 若有所感. 旋降敕免刑, 宣未訖, 天開朗, 慶雲紛郁. 時人感其忠正孝悌之報.

64 唐則天朝, <u>刑部尙書張楚金</u>爲酷吏周興搆陷, 將刑, 乃仰歎曰:「皇天后土, 豈不察忠孝乎. 奈何以無辜獲罪.」因泣下數行. 市人皆爲歔欷. 須臾, 陰雲四塞, 若有所感. 旋降敕釋罪. 宣示訖, 天地開朗, 慶雲紛料. 時議言其忠正所致也. 〈出御史臺記〉

65 E-7에 처음으로 주목한 것은 石田幹之助였다(石田幹之助, 1957, 앞의 논문: 1973, 앞의 책, 683쪽).

66 尋爲周興等誣構, 云與右鷹揚將軍趙懷節等謀反, 繫獄, 遂自縊而死. (『舊唐書』卷109, 列傳59, 黑齒常之)

이경업이지만 반란으로 처형되면서 아버지가 賜姓받았던 이씨를 회수당하고 본래의 성인 서씨로 불리게 된 인물이다. 그는 684년 강남 일대를 근거지로 측천무후의 섭정에 반대하는 반란을 일으켰다가 685년에 진압되었는데, 앞서 검토한 D-4의 사례처럼 반란의 진압 이후에도 혹리 등에 의해 무고되어 이 반란에 연루된 고위관인들이 많았다.

흥미로운 것은 B-1~3에서 검토하였듯이 장초금을 관인이 될 수 있도록 적극 추천한 인물이 이적이었다는 점이다. 이적은 측천무후가 황후로 책봉되는 과정에서 지지세력으로서 결정적 공로를 세운 바가 있다.[67] 그러한 상황에서 황후 책봉 후 30여 년이 지나 이미 이적도 사망하고 측천무후의 권력이 안정된 후에 그의 아들이 武周 건국을 위한 행보에 제동을 걸었던 것이다. 측천무후는 이미 이용가치가 없는 서경업을 가차없이 처단하는 것은 물론 그와 조금이라도 연루된 자들까지 혹리를 통해 색출하여 제거하였다. 장초금에 대한 주홍의 구체적인 모함 내용은 알 수 없지만, 서경업의 아버지인 이적과의 인연도 빌미가 되었을 가능성이 적지 않다.

본래 측천무후는 高宗 사후에 종실의 지지를 얻었다가 무주 건국에 임박하여 그들을 정권에서 배제하였을 정도로[68] 이해관계에 따라 세력을 이용하고 버리는 데에 철저하였다. 서경업과 주변인물에 대한 대응도 이러한 차원이었을 것이다. 실제로 주홍도 수공 연간에 장초금의 직속 부하인 추관시랑을 지내기도 하면서 측천무후 아래에서 혹리로서 무고를 통해 많은 옥사를 일으켰으나, 691년에 모반으로 무고되어 같은 혹리인 來俊臣에게 심문을 당한 후 유배되던 중 원한이 있는 자에게 살해당하였다.[69] 혹리의 대표격인 주홍조차도 무주 건국이 완수되어 이용가치가 떨어지자 버려진 것이다.

측천무후 시기, 특히 섭정 이후에는 이러한 무고가 빈발하였다. 결국 이러한 무고가 자주 발생한 것은 무주 건국을 위한 각종 행보에 대한 반대가 광범위하였기 때문에 반대세력을 철저히 탄압해야만 혁명에 성공할 수 있었고, 그 때문에 하위관인의 밀고(사실상 무고)를 활성화하여 반대세력을 색출한 후 혹리를 통해 소탕한 것이 아닐까 한다.[70] 이와 관련하여 서경업의 반란을 진압한 후 측천무후가 발표한 조서가 주목된다. 그 조

67 松井秀一, 1966, 앞의 논문, 10~14쪽 참조.

68 松島才次郎, 1967, 「則天武后の稱制と簒奪」『信州大學教育學部硏究論集: 人文·社會·自然科學』 19, 26쪽.

69 『舊唐書』 卷186上, 列傳136上, 酷吏上 周興; 『新唐書』 卷209, 列傳134, 酷吏 周興; 『資治通鑑』 卷203, 唐紀19, 則天皇后上之中 垂拱 2년 3월.

70 西村元佑, 1977, 「則天武后における政治の基本姿勢と科擧出身宰相の活躍」『龍谷史壇』 72, 2~4쪽.

서에서 측천무후는 자신의 전제권력에 절대복종할 것을 관료들에게 강요한 반면 정치 안정에 기여하는 유능한 자를 존중하겠다고 선언하였는데, 혹리의 공포정치를 통해 반대세력을 탄압하면서도 양리를 통해 정치를 안정시켜 민심을 수습하여 균형을 취하려고 하였다고도 볼 수 있다.[71]

결국 장초금이 측천무후의 제거대상이 된 계기를 굳이 찾자면, D-4의 사례를 들 수 있다. 무고가 빈발하던 측천무후 섭정기의 분위기 속에서 측천무후의 의도대로 무고사건을 통해 고위관인을 처벌한 것이 아니라 무고한 하위관인을 처벌하였기 때문이다. 즉 무고 분위기에 찬물을 끼얹는 행위를 한 것이다. 이로 인해 장초금에 대한 후대의 평가는 좋아졌을지 모르겠지만, 권력 강화에 혈안이 되어 있던 측천무후의 미움을 사게 되었던 것이 아닐까 한다.

게다가 689~690년은 무주 건국을 위한 작업이 한창 진행 중인 시기였다. 그러나 『주례』 식의 관제개혁(684), 明堂 건설(688), 周의 曆法 채용(689), 周의 건국(690) 등으로 이어지는 복고적 유가의 성격을 보여주는 작업들이 진행되었지만, 유가의 명분으로 행한 것들은 명칭이나 고사의 껍데기만 계승한 것에 불과하여 측천무후의 유가인식은 박약한 것이었다는 평가도 있다.[72] 이상의 여러 작업들은 周의 계승을 표방하는 것이 唐을 무너뜨리는 대의명분으로서 가장 효과적임을 궤뚫어본 바탕 위에서 이루어진 유가적 연출이었던 것이다.[73]

이러한 상황이라면 무주 건국 후에는 더이상 복고적 유가에 입각한 고위관인들이 불필요하게 되었을 가능성이 높다. 오히려 그들은 무주 건국 후 복고적 유가의 이념에서 벗어난 행위에 대해 적극적으로 간언하여 황제권 강화의 걸림돌이 될 우려가 큰 세력이었다. 그렇다면 복고적 유가사상을 표방하는 『한원』의 후서가 측천무후에게 매력적으로 전달되어 장초금이 중앙정계에 발탁되었을 가능성은 높지만, 그도 이용가치가 떨어진 이후에는 토사구팽당할 운명이었다고 할 수 있다.

사료적 근거가 부족하여 장초금이 측천무후에게 접근하기 위해 의도적으로 『한원』을 편찬하였다고 하기는 어렵더라도, 당시의 정황상 결과적으로 『한원』 번이부와 후서

71 西村元佑, 1977, 앞의 논문, 4~9쪽.

72 岸田知子, 1975, 「則天武后と三教」『待兼山論叢: 哲學篇』 8, 22~23쪽.

73 岸田知子, 1975, 위의 논문, 23쪽.

가 측천무후의 눈길을 끌었을 가능성이 높다는 점에는 주목해야 한다. 그렇다면 향후 『한원』 번이부의 내용을 분석할 때에는 측천무후 시기의 대외강경책과 복고적 유가사상을 표방하는 경향도 어느 정도 염두에 두어야 할 것이다.[74]

Ⅳ. 맺음말

지금까지 장초금과 관련된 여러 사료들을 분석하여, 『한원』 편찬까지의 생애와 중앙정계 진출 후 관인으로서 祁縣활동하는 모습을 파악한 후, 양자의 관계를 검토해 보았다. 간단히 요약하면 아래와 같다.

장초금은 병주 기현에서 유가적 윤리에 충실한 품행을 보이는 가문의 분위기 속에서 탄생하여, 17세 때 병주도독 이적에 의해 향공진사로 추천되어 과거에 합격하였고, 660년에 태원현령으로 재직하면서 복고적인 성격의 유가적 윤리에 충실하려는 목적에서 『한원』을 편찬한 것으로 추정된다.

그는 670년대에 형부시랑으로 재직하면서 676년 8월에는 토번의 침입에 대한 득실을 간언하고 율과 격식의 편찬에도 관여하였다. 680년대에는 이부시랑 · 사형경 · 추관상서와 같은 요직에 재직하였는데, 사형경 재직시기로 추정되는 686년 경에는 무고사건을 해결하기도 하였다. 이렇게 측천무후 정권에서 승승장구하던 그는 혹리 주홍이 서경업의 반란에 연루되었다고 무고한 것으로 인해 689년 8월에 유배되었다가 690년 8월에 사망하였다. 이 사망과정과 관련해서는 표면적으로는 이적과의 인연이 빌미가 된 것이었지만, 실제로는 무고사건의 해결을 통해 측천무후의 정치적 행보에 제동을 걸었던 것이 실질적 원인이었다고 추정되었다. 보다 근본적으로는 690년 무주 정권의 성립

74 이미 『한원』의 편찬이 唐 초기의 대외정책과 관련되었다는 지적이 제시된 바 있다(尹龍九, 2011, 「『翰苑』 蕃夷部의 注文構成에 대하여」 『백제문화』45). 다만 660년대의 팽창적 대외정책과 달리, 680~690년대에는 대외정책이 이전보다 상대적으로 소극적이고 수세적으로 바뀌었다. 이는 吐蕃과의 전쟁 연패(670년대), 突厥의 부흥(682), 契丹의 반란(696) 등 정세의 변화에 따른 것이기도 하지만, 반대세력 제거와 무주 건국 등 내정에 집중한 결과이기도 하다(金子修一, 2003, 「則天武后治政下の國際關係に關する覺書」 『唐代史研究』 6, 17~18쪽). 따라서 『한원』 편찬은 팽창적 대외정책 속에서 이루어졌지만, 정작 장초금이 중앙정계에서 활약하던 시기에는 그러한 대외정책이 더 이상 실시되지도 실행될 수도 없었던 것이다.

을 준비하는 과정에서 689년 경에 이용가치가 떨어진 복고적 유가 관련 관인들의 숙청 과정에 그도 희생된 것이라고 생각되었다.

결국 장초금은 『한원』의 편찬을 계기로 측천무후 정권의 핵심부에 진출하였다가 이용가치가 떨어지자 제거되었다고 볼 수 있으므로, 『한원』 중에서도 번이부를 검토할 때에는 측천무후의 대외강경책과 연관시켜서 분석할 필요가 있을 것이다. 이와 관련하여 『한원』이 주목받게 되었던 측천무후 정권의 복고적 유가사상 표방이 구체적으로 무엇인지를 향후의 과제로 남겨두면서 글을 마치고자 한다.

『翰苑』 번이부의 전거자료와 편찬태도

나유정

Ⅰ. 머리말

20세기 일본 福岡縣 太宰府天滿宮에서 발견된 『翰苑』 蕃夷部는 660년 張楚金이 찬술한 것으로 匈奴, 烏桓, 鮮卑, 夫餘, 三韓, 高麗, 新羅, 百濟, 肅愼, 倭國, 南蠻, 西南夷, 兩越·西域에 관한 내용이 서술되어 있다.[1] 일본에서 『翰苑』이 발견된 이래 일본과 중국에서 校釋書가 출간되어 『翰苑』 연구의 토대를 마련했고,[2] 최근 한국에서도 역주본이 처음 출간되면서 관련 연구의 활력을 불어넣는 계기가 되었다.[3]

지금까지 연구는 대체로 『翰苑』에서 인용한 「魏略」, 「高麗記」, 「括地志」 등 현존하지 않는 逸書에 대한 문헌적 이해를 진전시켰고, 동시에 『翰苑』 번이부의 삼한·고구려·신라·백제·왜 등 각각 편목에 대한 부분적 분석을 토대로 연구가 이루어졌다.[4] 특히 한국에서의 『翰苑』 연구는 삼한·신라조에 대한 분석이 집중되었으며,[5] 『翰苑』 고구려·신라·백제조의 내용을 인용하면서 각 국사 연구가 심화하였다.

다만 『翰苑』이라는 사서를 인용하기 앞서 저자, 저술 시기의 시대적 배경과 사회적 배경, 저술 내용, 저술의 형식, 저술의 목적 등의 내용 파악이 이루어져야 함에도 불구하고[6] 그동안의 연구에서는 『翰苑』을 전체적인 맥락에서 검토하고 찬자의 편찬 태도와

---

1 윤용구, 2011 「『翰苑』 蕃夷部의 注文構成에 대하여」, 『백제문화』 45 ; 2018 「『翰苑』의 편찬과 蕃夷部」, 『譯註翰苑』, 동북아역사재단. 구체적인 발견 경위는 위 논문 참조.

2 竹內理三, 1977 『翰苑』, 吉川弘文館 ; 湯淺幸孫, 1983 『翰苑校釈』, 国書刊行会 ; 張中澍·張建宇, 2015 『《翰苑·蕃夷部》 校譯』, 吉林文史出版社.

3 2018년 동북아역사재단에서 발행한 『譯註 翰苑』. 본고는 이 책의 역주를 바탕으로 하여 작성하였다.

4 『翰苑』과 관련한 연구사 정리는 아래 논문 참조. 윤용구, 2021 「翰苑의 편찬과 번이부」, 『백산학보』 120 ; 趙宇然·李毅夫, 2021 「중국 학계의 『翰苑』 연구」, 『백산학보』 120 ; 우에다 기헤이나리치카, 2021 「日本學界의 『翰苑』 硏究 動向과 課題」, 『백산학보』 120.

5 郭丞勳, 2006, 「翰苑新羅傳 硏究」, 『한국고대사연구』 43; 金炳坤, 2008 「翰苑撰者의 三韓傳에 대한 敍述과 理解」, 『한국사학사학보』 18; 申鉉雄, 2008, 「翰苑三韓傳과 魏略의 逸文」, 『신라문화』 32

6 이기백, 2011 『한국사학사론』, 일조각.

의도를 파악하는 연구가 활발하지 못한 측면이 있었다. 이러한 한계를 지적하며 『翰苑』에 대한 종합적인 검토가 시도되었다. 해당 연구에서는 『翰苑』의 전체적인 구성을 고려하지 않고 개별 연구에서 편목별 내용만을 인용하여 활용하다 보면 사료 이용과 해석에서 오류를 범할 수 있다는 문제가 제기되었다.[7]

이에 본 글에서는 선행 연구의 문제의식을 이어, 부족하지만 『翰苑』 번이부 전체적인 자료 인용 경향과 서술 구성에 대하여 분석하고자 한다. 나아가 찬자가 7세기 중엽 편찬 당시 정세를 고려하여 『翰苑』에 투영했을 찬술 태도와 의도를 추정해 보고자 한다.

Ⅱ. 『翰苑』 번이부의 전거자료와 인용 특징

『翰苑』 後敍에 따르면 『翰苑』은 張楚金이 唐 顯慶 5年(高宗, 660) 무렵 편찬한 것으로 이해된다. 『翰苑』은 正文과 이에 대한 注文으로 구성되어 있는데, 주문을 서술할 때 다양한 전거자료를 인용하여 서술하고 있다. 다만 주를 적었다고 하는 雍公叡에 대한 논의는 분분하다. 『翰苑』 번이부 첫 페이지와 『宋史』 藝文志에는[8] 편찬자와 부주자에 대하여 張楚金과 雍公叡로 구분하여 서술하였는데, 이때 雍公叡를 張楚金보다 한 세대 뒤의 인물인 고예로 보고, 고예가 주문을 작성한 것으로 보기도 하였다.[9] 그러나 『翰苑』 번이부의 경우에는 각 주문에 대한 기본적인 이해 없이 정문이 단독으로 작성되기는 불가능하며, 기본적으로 부주할 내용을 먼저 숙지한 뒤 이를 기반으로 정문이 서술되는 구조이기 때문에 주문의 선정과 정문의 작성 시기를 분리하기 어렵다.[10] 이에 張楚金이 정문과 주문 모두 담당하고 雍公叡는 일부 내용에 간단한 보주

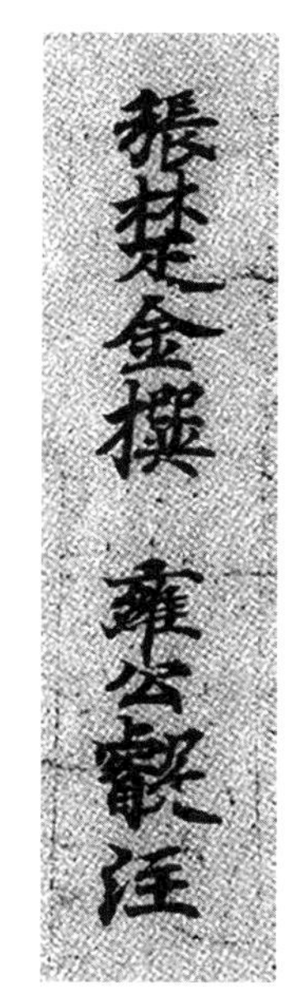

〈그림 1〉 천만궁 소재 필사본 『翰苑』

7 윤용구, 2011 앞의 논문 ; 윤용구, 2018 앞의 책.

8 雍公叡注 張楚金 翰苑 十一卷.

9 全海宗, 1991 「『魏略』과 『翰苑』」, 『第四屆中國域外漢籍國際學術會議論文集』, 聯合報文化基金會國學文獻館.

10 金炳坤, 2008 「『翰苑』 撰者의 三韓傳에 대한 敍述과 理解」, 『韓國史學史學報』 18.

를 단 것으로 이해하는 견해도 있지만,[11] 우선 張楚金과 雍公叡가 함께 주문 작성에 사용할 사서와 대략의 내용을 선정하고 이를 기반으로 張楚金이 정문을 작성하는 일이 동시에 행해졌다고 보는 것이 타당하겠다.[12] 즉 『翰苑』과 주문의 서술에 張楚金의 입장이 깊이 반영된 것으로 『翰苑』 번이부에 반영된 찬자의 태도는 張楚金의 것이라 해도 무리가 없겠다. 이에 그의 찬술 태도를 살펴보기에 앞서 각국 條目별 전거자료에 대하여 살펴보고자 한다.

『翰苑』에서 인용하고 있는 전거자료를 정리하면 〈표 1〉과 같다. 『翰苑』 전체에서 인용되는 횟수로 보면 『후한서』는 총 82번(약 43.8%), 『漢書』는 21번(약 11.2%, 『漢書』地理志는 7번으로 약 3.7%), 『魏略』은 12번(약 6.4%), 『高麗記』와 『括地志』는 11번(약 5.9%), 『三國志』는 7번(약 3.7%) 인용되고 있다.

『翰苑』에서 『후한서』의 인용 비율이 압도적으로 높고 또한 모든 조목에서 공통으로 『후한서』를 인용했다는 점이 특징적이다. 이로 보건대 『翰苑』 찬자는 『후한서』를 중심 저본으로 하여 『翰苑』을 정리한 것으로 보인다. 다만 각 조목 내에서 『후한서』를 인용하는 비중은 차이가 있다.

〈표 1〉 전거자료 인용 횟수

條目	전거자료
흉노	**後漢書(12)**[범엽후한서(2) 후한서(10)] 毛詩(2) 漢書(15) 史記(2)
오환	**後漢書(13)[범엽후한서(1) 후한서(12)]**
선비	**後漢書(8)** 司馬彪續漢書(1) 續漢書(1) 王琰宋春秋 漢名臣奏1 應劭風俗通(1) 풍속통(1)
부여	**後漢書(5)** 魚豢魏略(1) 위략1
삼한	**後漢書(6)** 魏略(4)
고려	**後漢書(2)[범엽후한서1 후한서1]** 魏收魏書(2) 魚豢魏略(1) 魏略(2) 漢書地理志(6) 高麗記(11) 十六國春秋前燕錄(2) 續漢書(1) 삼국지魏志(1) 周禮職方(1) 爾雅(1) 齊書(2)[齊書東夷傳(1) 蕭子顯齊書東夷傳(1)] 毛詩(1) 梁元帝職貢圖(1)
신라	**後漢書(1)** 栝地志(3) 宋書(1) 삼국지魏志(2) 齊書(1) 隋東藩風俗記(1)
백제	**後漢書(1)[범엽후한서1]** 東夷記(1) 삼국지魏志(2) 後魏書(1) 宋書(1) 括地志(7)
숙신	**後漢書(1)** 魏略(1) 肅愼國記(1) 肅愼記(3) 陸翽鄴中記(1) 山海經(1)

11 湯淺幸孫, 1983 앞의 책.

12 윤용구, 2011 앞의 논문.

왜국	**後漢書(3)** 魏略(2) 宋書(1) 括地志(1) 廣志(1) 漢書지리지(1) 삼국지魏志(2)
남만	**後漢書(16)[범엽후한서(1) 후한서(15)]** 楚辭招魂(1)
서남이	**後漢書(12)**
양월 서역	**後漢書(2)** 漢書 (6)
범엽의 후한서와 후한서를 같은 후한서로 셈하였다. 문헌의 괄호는 중출 횟수이다. 위 표는 윤용구, 2011 앞의 논문, 156쪽; 2018 앞의 책, 13쪽을 참고하였다.	

흉노 조부터 살펴보면 『후한서』의 인용 비율이 약 38.7%, 『한서』는 약 48.3%를 차지한다. 나머지 『시경』의 별칭인 『모시』, 『사기』는 각각 약 12.9%를 차지하고 있다. 오환 조에서는 『후한서』의 인용 비율이 100%에 달한다. 선비 조에서는 『후한서』의 인용 비율이 57.1%, 진수가 찬술한 『漢名臣奏』, 應劭이 한대의 풍속과 신앙에 대하여 찬술한 『風俗通』과 司馬彪의 『續漢書』는 각각 약 14.2%, 남조의 王琰이 찬술한 『宋春秋』는 약 7.1%를 차지하고 있다.

부여 조에서는 『후한서』의 인용 비율은 약 71.4%, 『위략』은 약 28.5%를 차지하고 있다. 삼한 조에서는 『후한서』의 인용 비율이 약 60%, 『위략』은 약 40%를 차지하고 있다. 고려 조에서는 『후한서』의 인용 비율이 약 5.8%, 『한서』 지리지 약 17.6%, 『위략』 약 8.8%, 『고려기』 32.3%, 『삼국지』 약 2.9%를 차지하고 있다. 또한 태무제가 화북을 통일한 439년까지의 기록인 『十六國春秋』 前燕錄, 5-6세기 남조의 상황을 기술한 『齊書』, 梁 元帝의 『職貢圖』 등 당대 자료와 『續漢書』, 『周禮』 職方, 『爾雅』, 『毛詩』 등의 사서 인용률은 합쳐서 약 32.3%를 차지하고 있다. 신라 조에서는 『후한서』의 인용 비율이 약 11.1%, 李泰가 唐太宗 貞觀12년(638)에 저술한 『括地志』 약 33.3%, 『삼국지』 약 22.2%를 차지하고 있다. 또한 『齊書』, 『東藩風俗記』, 『宋書』의 인용 비율이 약 33.3%를 차지하고 있다. 백제 조에서는 『후한서』의 인용 비율이 약 7.6%, 『괄지지』 약 53.8%, 『삼국지』 약 15.3%를 차지하고 있다. 또한 『東夷記』, 『後魏書』, 『宋書』 등의 인용 비율은 약 23%를 차지하고 있다.

숙신 조에서 『후한서』와 『위략』의 인용 비율이 각각 약 12.5%인 반면, 『肅愼國記』, 陸翽의 『鄴中記』, 『山海經』 등의 인용 비율은 약 75%에 달한다. 왜국 조에서는 『후한서』의 인용 비율이 약 27.2%, 『한서』 지리지와 『괄지지』 각각 약 9%, 『위략』과 『삼국지』 각각 약 18.1%를 차지한다. 『宋書』, 『廣志』 등의 인용 비율도 역시 18.1%를 차지하고 있다.

남만 조의 경우 『후한서』의 인용 비율이 약 94.1%, 서남이 조의 경우 100%에 달한다. 양월과 서역 조의 경우 전문이 전하지 않아 정확한 비율을 계산하는 것은 어렵겠지만, 현전하는 내용만으로는『후한서』약 25%,『한서』의 인용이 약 75%를 차지한다.

이에 따라『翰苑』번이부에서『후한서』의 인용 비율이 낮은 순서대로 조목을 나열해 보면, 고려(5.8%), 백제(7.6%), 신라(11.1%), 숙신(12.5%), 왜(27.2%), 흉노(38.7%), 선비(57.1%), 삼한(60%), 부여(71.4%), 남만(94.1%), 서남이(100%), 오환(100%)이다. 여기서 확인되는 대체적인 경향은 서술 당시 이미 사라지고 없는 이종족에 대해서『후한서』의 인용 비율이 높다는 점이다. 반면 동이전 특히 고구려, 백제, 신라, 왜와 같이 서술 당시 현존해 있던 국가들에 대해서는『후한서』의 인용 비율이 낮으며,『후한서』대신 7세기 전후 당대의 상황을 전하는 사료의 인용이 높은 편이다.

그렇다면『翰苑』에서『후한서』인용 비율이 의미하는 바는 무엇일까.『翰苑』서술에서는『후한서』를 중심 전거자료로 하고 다른 자료를 보충하는 과정에서『후한서』의 인용 비율이 달라진다. 이때 보충하는 전거자료는『翰苑』찬자가 당시 확인할 수 있는 자료적 한계에 따라『후한서』가 차지하는 비중이 달라질 가능성이 있다. 그러나『후한서』인용 비율이 100%에 달하는 서남이의 경우를 보면 그 가능성에 의문이 든다.『翰苑』서남이 諸國에 대한 서술을 살펴보면[13] 시조설화 · 풍습 등과 함께 漢 武帝, 光武帝 시기 현으로 재편된 상황을『후한서』에서 인용하여 서술하였다. 다만『翰苑』다른 조에서 인용하고 있는 사서 중 하나인『宋書』夷蠻傳을 살펴보면,『翰苑』에 등장하는 서남이 諸國과 다른 諸國이 5세기 중국에 표를 올리고 공물을 바치는 내용이 서술되어 있다.[14]『翰苑』찬자는『후한서』와『송서』를 모두 검토하였음에도,『송서』에 서술된 5세기 당시 달라진 서남이 지역에 대한 상황은 서술하지 않고『후한서』에서 漢代 군현이 되었던 사실만을 선택적으로 채택하여 기록하고 있다.

이렇게 볼 때 함께 고려되어야 하는 것은 숙신과 관련한 부분이다. 숙신은 당시 이미 사라진 이종족이었음에도 불구하고[15]『후한서』의 인용 비율이 낮은 편에 속한다.『翰苑』숙신조의 내용을 살펴보면 다음과 같은 특징적인 서술이 눈에 띈다.『숙신기』를

13 西南夷로 서술된 諸國은 夜郎國, 滇國, 邛都國, 莋都國, 冉駹國, 白馬國 등이 있다.

14 西南夷로 서술된 諸國은 訶羅陀國, 呵羅單國, 媻皇國, 媻達國, 闍婆婆達國, 師子國, 迦毗黎國, 蘇摩黎國, 斤陀利國, 婆黎國 등이 있다.

15『翰苑』에서는 고구려, 백제, 신라, 왜를 제외하고 서술 당시 이미 사라진 이종족에 대하여 서술하고 있다는 점은 이전 연구에서 지적되었다(윤용구, 2011 앞의 논문; 2018 앞의 책).

인용하면서 주대에 숙신은 호시와 석노를 바쳤는데 이는 선왕의 덕이 멀리까지 이른 결과임을 서술하고 있는 점, 한무제 때는 숙신이 이르지 못함을 한탄했다는 내용을 서술하고 있는 점, 숙신이 보낸 사자가 대국의 존재를 알고 4년 만에 도달하여 석노와 호시를 바쳤다고 기록하고 있는 점 그리고 중국에서 聖帝가 새로 제위에 오르면 숙신의 나무에서 가죽이 나서 옷을 해 입을 수 있다는 점을 서술하고 있다. 이러한 숙신조 서술의 공통점은 중국 聖帝의 등장과 숙신의 조공이 관련 있다는 것이다. 이러한 숙신에 대한 서술 방식은 단순히 사라진 이종족에 대한 설명을 위한 것이 아니라 숙신이 가지고 있는 '중국 중심의 국제질서'라는 상징성을 설명하는 것이라고 보인다.[16] 즉『翰苑』찬자는 숙신에 대한 상징성을 전달하기 위해 인용 사서를 목적에 따라 구성하였고, 『후한서』외에 다양한 사서를 인용하게 되면서『후한서』의 인용률이 낮아진 것이다.

이로 보건대, 인용 사서의 비율과 구성은 찬자의 목적과 의도가 반영되어 선별된 것으로 찬자가 갖는 관심도와 비례한다고 할 수 있겠다. 이 때문에 대체로 현존하는 국가에 대한『후한서』인용 비율은 낮고, 현존하지 않는 국가에 대한『후한서』의 인용 비율이 높은 추세를 보였던 것으로 생각된다.

위에서 살펴본 바에 따르면『翰苑』번이부에서는『후한서』를 중심 전거자료로 활용하고 있다고 해도 과언이 아니다. 특히 동이지역 서술에 있어서는『후한서』의 인용 비율이 낮고, 다양한 전거자료가 활용되고 있는 양상이 확인된다. 이는『翰苑』찬자가 본인의 관심에 따라 최신 자료를 인용한 결과로 파악된다. 다음 장에서 찬자의 관심이 집중적으로 투영된『翰苑』번이부 동이지역의 서술 구조를 구체적으로 살펴보면서 찬자의 편찬 의도를 파악해 보고자 한다.

Ⅲ.『翰苑』번이부 동이지역 서술 구성

『翰苑』번이부는 흉노・오환・선비・부여・삼한・고려・신라・백제・숙신・왜국・남만・서남이・양월・서강・서역의 순으로 서술하고 있다. 흉노-선비, 부여-숙신, 그리고 왜-서역의 순서는 북에서 동으로 그리고 남쪽에서 서쪽의 순서로 서술하고 있

16 권순홍, 2021「『肅愼國記』의 成書와 7세기 唐의 肅愼 소환」『선사와고대』67, 141~143쪽.

다. 그리고 가장 뒤에 '後敍'라는 항목에서 張楚金이 『翰苑』을 편찬하게 된 경위를 말하고 있다.

그렇다면 찬자의 관심이 높았던 『翰苑』 번이부 동이지역에 대하여 찬자가 어떤 서술 구조를 가지고 서술하려 했는지 살펴보자. 동이지역에 대한 서술 구조는 전반적으로 〈정치 · 사회 · 문화-중국과의 관계〉의 구성을 보인다. 크게는 시간의 순서에 따라 서술하였는데 시기성이 분명한 전거자료를 글의 구성에 맞게 배치하는 양상에서 드러난다. 특히 부여와 숙신, 왜에서 이런 구조화된 서술이 잘 나타나 있다.

〈표 2〉 부여 조의 서술 구성

부여		
분류	내용	전거자료
정치 사회 문화	시조설화	후한서
	부여의 위치정보 (현도와 장성 북쪽, 남접 구려, 동접 읍루)	위략
	특산물, 사회 모습, 벼슬이름 등	후한서
	의복, 풍속, 법도	위략
	조두 사용, 제사	후한서
	제사, 점, 장례	위략
중국과의 관계	110년 위구태 공헌, 인수, 금, 백 사여	후한서
	136년 부여왕 조공	후한서

〈표 3〉 숙신 조의 서술 구성

숙신		
분류	내용	전거자료
정치 사회 문화	읍루 위치, 풍속	후한서
	숙신 위치, 풍속	위략
	숙신의 혼인	숙신국기
	숙신 장례	숙신기

숙신		
분류	내용	전거자료
중국과의 관계	숙신 공납: 화살 -무왕과의 일화	숙신기
	숙신 공납의 끊김 -무제와의 일화	숙신기
	숙신 공납의 재개	업중기
	불함산, 나무 낙상: 중국 성제가 바뀌면 옷을 해입음	산해경

〈표 4〉 왜 조의 서술 구성

왜		
분류	내용	전거자료
정치 사회 문화	위치, 대왜왕의 치소는 야마대 위치	후한서 위지
	대방기준 가는 방법(위치), 대마국, 말로국, 이도국 설명	위략
	비미호 관련 이야기	후한서
	여왕국, 구노국 설명	위략
	5세기 왜국 왕위 계승 상황	송서
	왜국의 관등	괄지지
	이도국, 사마대국, 사마국, 파백지국, 이사국, 이사분국 등	광지
중국과의 관계	1-2세기 공납 사례	한서, 후한서
	3세기 공납사례	위지

부여의 경우를 보면 처음에 크게 두 단락으로 나누어 정치・사회・문화에 대한 사항과 중국과의 관계를 서술하고 있다. 구체적으로는 永寧 元年(110년) 위구태가 궐에 이르러 공헌하자 중국의 천자가 인수, 금, 백을 사여한 내용, 順帝 永和 元年(136년) 부여왕이 조공하러 오자 황제가 黃門鼓吹와 角抵戱를 베풀고 돌려보냈다는 내용이 서술되어 있다.

숙신에 대해서는 읍루가 옛날의 숙신이라고 서술하며 풍속과 중국과의 관계를 서술하고 있다. 앞서 살펴보았듯 중국과의 관계에 대한 서술은 숙신이 중국에 석노와 호시를 비쳤다는 내용이다.

왜 역시 크게 정치・사회・문화와 중국과의 관계 부분으로 나누어 서술되었다. 중국과의 관계를 서술한 부분을 보면, 『한서』에서 왜인이 공물을 바친 내용, 『후한서』에서

57년 왜국이 공물을 바치고 광무제가 인수를 내려준 내용, 108년 왜왕이 生口 160인을 바친 내용, 『위지』를 인용하여 239년 여왕이 생구와 수놓은 베를 바치자 조서를 내려 親衛倭王으로 삼고 인장과 자수를 주었다는 내용, 243년 왜왕이 생구를 바쳤다는 내용 등을 서술하고 있다.

즉, 찬자는 〈정치 · 사회 · 문화-중국과의 관계〉라는 서술 구조에 따라 필요한 사서를 인용하는 방식으로 『翰苑』을 서술하였고, 이때 중국과의 관계에 있어서는 조공을 바치는 모습을 강조하여 서술하였다. 다만 이러한 구성은 모든 조목에서 일률적인 것은 아니었다. 조목마다 약간의 편차가 있는데, 이는 『翰苑』 찬자의 의도가 드러나는 부분이라고 할 수 있다. 먼저 신라 조와 삼한 조는 앞서 살펴본 부여, 숙신, 왜와 비교하여 구성이 소략함을 알 수 있다.

〈표 5〉 신라 조의 서술 구성

신라		
분류	내용	전거자료
정치 사회 문화	『송서』에 등장한 신라	괄지지
	금성을 도읍, 삼한의 옛 땅 한에는 세 종족이 있다. 한의 위치와 마한은 서쪽, 진한은 마한의 동쪽.	괄지지 후한서 위지
	진한과 변진에 있었던 24국	위지
	가라역시 삼한의 종족, 가라 임나는 신라에 멸망당하였다.	제서
	왕성 김씨 계승 30대, 관등	괄지지 동번풍속기

〈표 6〉 삼한 조의 서술구성

삼한			
분류		내용	전거자료
정치 사회 문화	삼한	진한, 마한, 변진 위치 설명	위략
		마한, 진한, 변진위치, '백제는 그중 한 나라다'	후한서
	마한	진왕의 치소인 목지국 진왕에 대한 설명	위략 후한서
		마한의 복식	후한서
		마한의 생활 모습, 풍속	후한서

삼한			
분류		내용	전거자료
정치 사회 문화	마한	마한의 축제	후한서
	진한	진한의 풍속	위략
		진한의 생활 모습, 결혼, 장례	위략
		진한의 유래, 특산물, 생활모습	후한서

신라에 관한 서술을 표로 정리하면 위와 같다. 첫 번째 정문부터 다섯 번째 정문까지 신라의 도읍, 위치, 왕성, 관등 등이 서술되어 있다. 삼한 조 내용을 살펴보면, 정치문화에 관한 서술이 주를 이루는데, 구체적으로 서술하는 대상에 따라 크게 삼한과 마한 진한에 관련된 이야기로 나누어 살펴볼 수 있다.[17]

위 서술에서 특징적인 점은 중국과의 관계가 보이지 않는 점이다. 다만 다음과 같은 점이 주목된다. 신라 조 첫 번째 정문의 주문에서 『괄지지』를 인용하여 『송서』에 원가 연간에 왜가 使持節·都督·倭·百濟·新羅·任那·秦[韓]·慕韓六國諸軍事라 자칭한 것을 기록하고, 신라가 晉과 宋 사이에 존재했다고 파악하면서도 다른 사서에 신라전이 없으니 자세히는 모르겠다고 서술하고 있다. 그러나 이어 네 번째 정문에 임나에 대한 서술을 보면 『翰苑』 찬자가 왜의 자칭 기사에 문제가 있다는 것을 알고 있었던 것을 짐작해 볼 수 있다. 가라와 임나에 대해 찬자가 직접 "지금 신라의 기로에게 물으니" 기로가 "가라 임나는 옛날에 신라에게 멸망당하였다"고 하자 찬자는 왜가 아닌 "신라가 진한·변진 24국과 임나·가라·모한의 땅을 가지고 있다는 것이다"라고 결론 내렸다. 『송서』에서 보이는 왜의 자칭기사에 대한 의문을 '직접 신라의 기로에게 물어' 의문을 해소하고 있는 부분이다.[18] 이로 보건대, 『翰苑』의 찬자는 충분히 신라에 대하여 당대 전해져 오는 사실을 비롯해 중국과의 관계를 구체적으로 적을 수 있는 여건이 되었지만, 모종의 이유에 의해 소략하게 서술한 것으로 보인다.

그 이유에 대하여 추정해 보면, 우선 찬자가 신라 열전이 처음으로 실린 『梁書』를 검토하지 못했을 가능성이 있다. 『양서』는 『한원』에서 인용하고 있는 『괄지지』보다 앞서

---

17 삼한전에 대한 세부적인 연구는 金炳坤, 2008 앞의 논문 ; 申鉉雄, 2008 「『翰苑』三韓傳과 『魏略』의 逸文(1) -『翰苑』 인용문 분석과 검토」, 『신라문화』 32 참조.

18 곽승훈은 장초금이 의문을 던진 것은 신라, 임라, 모한, 가라의 네 나라라고 보았다(郭丞勳, 2006 앞의 논문, 272~273쪽).

완성된 사서인데, 『한원』의 다른 편목에서도 『양서』를 인용하고 있는 흔적을 찾을 수 없다. 대신 고려 조에 보면 『梁元帝職貢圖』를 인용하고 있는데, 장초금은 『양서』대신 이를 검토한 것으로 추정된다.[19] 다만 『翰苑』 찬자가 '직접 신라의 기로에게 물어' 『송서』에서 인용된 왜의 자칭호에 대한 찬자의 견해를 서술하고 있는 것을 보면 『양서』를 참고하지 않더라도 충분히 신라에 대해 다른 방식으로 정보를 파악할 수 있지 않았을까 하는 의문이 든다.

이에 주목되는 것이 신라 조에서 『괄지지』를 인용하여 신라의 등장, 도읍, 王姓등을 기록하고 있는 부분이다. 『괄지지』는 642년 완성된 지리지로 각 지역의 역사, 산과 강, 풍속과 물산 등이 기록되었다. 『괄지지』는 백제 조에서도 인용되어 백제의 주요 성과 주요 산, 강과 같은 지리정보뿐 아니라 제사, 혼인, 장례와 풍속 등의 내용도 기록되어 있다. 이러한 백제의 서술과 비교했을 때 『괄지지』를 인용한 신라 조에서의 서술에서 도성 외의 주요 성과 산, 강 등의 지리정보가 누락 된 점이 눈에 띈다. 이는 『괄지지』 자체에 신라에 대한 정보가 없었던 것이 이유일 수 있지만, 최치원이 지은 『法藏和尙傳』에 『한원』에 없는 '鷄龍山 岬寺 括地志所云 鷄藍山是'라는 구절이 확인되는 것으로 보아[20] 신라 도성 외 다른 지리정보도 있었음을 짐작할 수 있다. 이러한 점 역시 찬자가 신라에 대하여 더 풍부한 서술이 가능하지 않았을까 하는 의문이 드는 부분이다.

또한 고려 조에서 인용하고 있는 『양원제직공도』가 주목되는데, 『양직공도』 장경모본을 보면 斯羅國이 521년 백제를 따라 사신을 보내 표를 올리고 방물을 바친 내용이 기록되어있다.[21] 앞서 살펴본 부여, 숙신, 왜에서 중국과의 관계를 서술한 점을 주지하면 충분히 신라 조에서 역시 『양원제직공도』를 인용하여 중국과의 관계를 서술하기 충분했다고 생각된다.

이뿐만 아니라 왜조 첫 번째 정문에서 왜의 위치를 서술하고 마지막에 "영주의 동남쪽으로부터 신라를 거쳐야 그 나라에 이른다"고 서술하고 있는 것으로 보아 대략의 교통로도 파악하고 있었던 것으로 보인다. 즉 『翰苑』 찬자는 신라에 대하여 많은 정보를 적을 수 있음에도 의도적으로 신라에 대해 소략 서술했다고 보인다.

---

19 곽승훈, 2006 앞의 논문, 266~267쪽.

20 곽승훈, 2006 앞의 논문, 266쪽, 각주 14 참고.

21 『梁職貢圖』 斯羅國 "普通二年, 其王姓募名泰, 始使隨百濟, 奉表獻方物."

고구려와 백제에 관한 서술을 살펴보면 신라조의 서술이 의도적인 축소 서술임을 알 수 있다. 고구려와 백제의 경우 앞서 살펴본 조목들과 달리 지리정보와 관련된 부분이 추가로 서술되고 있는데, 먼저 고구려전의 내용을 표로 정리하면 다음과 같다.

〈표 7〉 고려 조의 서술구성

고구려			
분류		내용	전거자료
정치 사회 문화		시조설화	후한서
		위치 정보(남접조선예맥, 동접옥저, 북접부여)	위략
		고구려와 현도군	한서
		낙랑군	한서
		기자조선	한서
		조선의 습속 (8조금법 등)	한서
		고구려의 관등	고려기
		고구려의 오족(오부)	위략
		습속 : 풍속, 제사, 길흉, 뇌옥, 장례	위략
지리 정보	중국과의 관계 주요 성	남소성 : 모용황-345년	십육국춘추, 고려기
		평곽성 =건안성 : 풍홍-436년	한서, 속한서, 십육군춘추
		불내성(국내성) :관구검-246년	고려기, 한서, 위지
		불내성(국내성) : 모용황-342년	십육국춘추
		요동태수 경기- 맥인이 노략질하자 그 거수를 참하고 비석을 세움 (105년)	범엽 후한서, 고려기
		요동태수 공손도(238년)	위지
	주요 산	마다산-북, 주몽	고려기
		언골산-서북, 요충지	고려기
		의무려산-유주	주례, 이아, 속한서
		은산-서북, 안시성 동북 백여리	제서, 고려기
	주요 강	마자수-엄수, 압록수	한서, 고려기
		대요수	한서, 고려기
습속		예맥, 동옥저	고려기, 후한서
		복식	후위서, 제서, 양원제직공도, 고려기

고려 조를 살펴보면, 앞서 살펴본 조목들과는 다른 구성으로 서술되었음을 알 수 있다. 정치·사회·문화와 관련된 서술은 동일하지만, 지리정보를 구체적으로 서술하고 있다는 점이 특징적이다. 열 번째 정문부터는 5세기까지 고구려와 중국 간 관련 있는 일화를 묶어 주요 성들을 서술하고 이후에는 고구려의 주요 산과 강을 서술하고 있다.

이후 『고려기』를 인용하여 "지금 고려는 조선, 예맥, 옥저의 땅을 아우른다"고 하며 『후한서』를 인용해 소수맥의 특징과 특산물, 동옥저의 생산품, 예의 생산품 등을 서술하고 있다. 『후한서』 단계와는 달라진 고구려의 영토에 대해 『고려기』를 인용하여 설명한 것으로 보인다. 『翰苑』 찬자가 과거와는 달라진 고구려의 상황을 명확하게 인지하고 있음을 알 수 있는 부분이다.[22]

고려 조에서의 특징은 중국과의 조공책봉 관계가 생략되어 서술되지 않는 대신 지리정보가 들어간다는 점이다. 이러한 지리정보는 『고려기』를 인용하여 서술하고 있는데, 이는 진대덕이 가져온 당시 정보로 군사적 의미가 큰 내용이었다.[23] 이러한 특징은 백제 조에서 역시 마찬가지이다.

〈표 8〉 백제 조의 서술구성

<table>
<tr><th colspan="4">백제</th></tr>
<tr><th colspan="2">분류</th><th>내용</th><th>전거자료</th></tr>
<tr><td colspan="2" rowspan="4">정치
사회
문화</td><td>건거적성에 도읍, 본래 마한의 땅
한 3종 중 하나
마한에는 양피국, 구소국</td><td>동이기
후한서
위지</td></tr>
<tr><td>마한의 50 국</td><td>위지</td></tr>
<tr><td>백제의 선조 부여
진 의희 12년(416) 여전의 장군호 수여. 원가 7년(430) 여전의 작호가 여비→여경으로 이어짐
구태묘 사시제사</td><td>후위서
송서

괄지지</td></tr>
<tr><td>수 개황연간(581-600) 창 이후 즉위 양상, 대성8족, 관등, 부서, 지방제도</td><td>괄지지</td></tr>
<tr><td>지리
정보</td><td>주요 성</td><td>왕성, 부, 방, 주요산성의 병사 수와 인구수</td><td>괄지지</td></tr>
</table>

22 이런 현실감 있는 설명은 뒤에도 나오는데 마지막 정문에서는 앞서 『위략』을 인용하여 절풍에 대해 서술한 초기 모습과는 달리, 『고려기』를 비롯한 『후위서』와 『제서』 등 후대 서술된 사서를 인용하여 조선, 예맥, 옥저를 아우른 고구려의 모습에 대한 구체적이고 현실감 있는 설명을 덧붙이고 있다.

23 武田幸男, 1994 「『高麗記』と高句麗情勢」, 『(于江權兌遠教授停年紀念論叢) 民族文化의 諸問題』, 세종문화사 (최근 한국어로 번역 논문이 제출되었다. 김효진 역, 2019 「『高麗記』와 高句麗情勢」, 『중원문화연구』 27).

백제			
분류		내용	전거자료
지리정보	주요 산	오산, 계림산, 조조산, 무오산, 차나산, 산차산, 예모산	괄지지
	주요 강	웅진하	괄지지
습속		국가제사, 달력, 혼인, 장례	괄지지
		풍속: 말타기, 활쏘기, 문자, 놀이 등	괄지지

백제의 경우 고구려와 마찬가지로 정치 · 사회 · 문화와 관련된 서술은 동일하지만, 지리정보를 구체적으로 서술하고 있다는 특징이 있다. 첫 번째-네 번째 정문까지 정치 · 사회 · 문화와 관련된 서술 다음으로 다섯-일곱 번째까지 정문의 주문에서는 『괄지지』 만을 인용하여 백제의 지리정보를 서술하고 있다. 다섯 번째 정문의 주문에서는 왕성에 대한 설명과 한 部에 주둔하고 있는 병사의 수가 500인이라는 점, 方에는 병사 1,200인이 둘러싸고 있다는 점, 여러 방의 성이 있는데 병사가 많은 것은 1,000인, 적은 것은 700-800인이라는 점 등을 서술하고 있고 내부의 인구도 서술하고 있다. 여섯-일곱 번째 정문의 주문에서는 경계의 주요 산과 하천을 서술하고 있다.

백제 역시 고구려와 마찬가지로 중국과 조공 관계는 소략하게 서술하면서, 지리,군사 정보는 구체적으로 서술하고 있다. 다만 검토가 필요한 부분은 백제가 중국에 조공을 바친 사실은 생략 되었지만, 책봉호를 받은 사실은 서술되어 있다는 점이다. 구체적으로 살펴보면, 백제의 왕계가 부여로부터 이어지고 있다는 주문 속에서 장군호를 받았다고 기술하고 있다. 해당 정문의 주문에서 인용하고 있는『송서』 백제전의 내용과『翰苑』의 내용을 비교해 살펴보도록 하겠다. 義熙 12년(416), 원가 7년(430)의 내용이다.

〈표 9〉『송서』 백제전 내용과『翰苑』 내용 비교

	義熙 12년(416)	元嘉 7년(430)
翰苑	熙十二年, 以百濟王餘腆, 爲使持節 · 都督百濟諸軍事 · 鎭東將軍. 高祖踐祚, 進號鎭東大將軍.	元嘉七年, 以餘腆爵號, 授百濟王餘毗, 毗死子慶代立."
송서	義熙十二年, 以百濟王餘映爲使持節 · 都督百濟諸軍事 · 鎭東將軍 · 百濟王. 高祖踐阼, 進號鎭東大將軍.	七年, <u>百濟王餘毗復修貢職</u>, 以映爵號授之.

위 표를 보면『송서』의 내용 중에서 元嘉 7년 백제가 공물을 바쳤다는 사실이『翰

苑』에서는 생략되었다는 것을 알 수 있다. 이뿐만 아니라 『송서』 고구려전의 내용을 보면 416년부터 고구려가 표문을 올리고 말을 바쳐 고구려 왕을 使持節 · 都督營州諸軍事 · 征東將軍 · 高句麗王 · 樂浪公으로 삼았다는 내용을[24] 시작으로 後廢帝대까지도 고구려의 공물 헌상이 끊어지지 않았다는 점,[25] 고구려가 숙신씨의 호시와 석노를 헌상하는 점도[26] 기술되어 있다. 그러나 이러한 『송서』 고구려전의 내용은 『翰苑』에 반영되어 서술되지 않았다. 『송서』만 보더라도 고구려와 백제가 중국에 조공하고 책봉되었던 사실을 알 수 있음에도 『翰苑』에서 이를 명기하지 않은 것이다. 이와 같이 조공에 대한 생략된 서술은 앞서 부여, 숙신, 왜에서 공물을 바치는 행위가 강조된 서술과는 대조적인 것이라고 할 수 있다.

위에서 살펴본 바를 정리하면, 『翰苑』 찬자는 〈정치 · 사회 · 문화-중국과의 관계〉라는 기본적인 서술 구성방식을 가지고 있으면서 본인의 관심도와 의도에 따라 조항을 추가하기도 하고 생략하기도 하였다. 특히 삼국에 대하여 공납과 관련한 중국과의 관계 기사는 의도적으로 생략하고 서술하지 않았는데 이는 부여와 왜, 숙신 등과 비교해봤을 때 특징적인 서술이다. 반면 고구려 조와 백제 조에서 중국과 관련한 지리정보 등은 추가하여 서술하고 있는 점도 특징적이다. 그렇다면 『翰苑』 찬자가 고구려와 백제에 대하여 지리정보를 추가로 기술하는 동시에 중국과의 조공 관계는 생략하고 서술한 이유는 무엇이었을까. 이에 대하여 다음 장에서 구체적으로 살펴보고자 한다.

Ⅳ. 『翰苑』 편찬의 의도와 唐의 대내외적 상황

기존 연구에서는 『翰苑』 찬자가 고구려를 강조하여 서술한 배경에 대하여 당시 고구려 정복이라는 상황에 따른 것으로, 당시 동이지역에 대한 실제적인 지식습득과 제공이 중요했던 상황에 영향을 받았을 것이라고 보았다.[27] 다만 『翰苑』이 편찬되던 무렵 상

---

24 『송서』 고구려전 "高句驪王高璉, 晉安帝義熙九年, 遣長史高翼奉表獻赭白馬. 以璉爲使持節 · 都督營州諸軍事 · 征東將軍 · 高句驪王 · 樂浪公"

25 『송서』 고구려전 "太宗泰始 · 後廢帝元徽中, 貢獻不絶"

26 『송서』 고구려전 "大明三年, 又獻肅愼氏楛矢石砮"

27 윤용구, 2011 앞의 논문.

황을 보면, 武德 4년(621) 令狐德棻이 唐代 최초로 사서편찬을 건의하여 대대적인 편찬 사업이 진행된다. 이후 唐代 초기에는 '史館'을 설치하여 역사편찬을 주도하게 되는데, 이때 令狐德棻은 사서 편찬에 대하여 '현실정치의 교훈'이라는 역할을 강조하고 통치자들에게 정통성과 계승 관계를 확실하게 해 주는 장치라고 생각했다.[28] 이러한 사회적 인식을 고려할 때, 당시 독자층에 지식전달 매개체로써 관찬 사서의 입지가 컸을 것이다. 그렇다면 『翰苑』이라는 사찬 사서로 찬자가 기대했던 효과는 무엇이었을까.

『翰苑』은 660년 3월 12일 張楚金이 지었다고 전하며, 張楚金에 대해서는 兩唐書의 本傳과 『전당문』에 간단한 전기가 남아 있다. 張楚金은 정관 연간에 진사에 합격하였는데, 670년 이전까지 행적은 자세히 알려지지 않았다. 그는 고종과 무측천 대에 중앙에서 관직을 지내고 周興의 무고로 689년 嶺表로 유배되어 그해 7월 絞死되었다.[29] 그는 병주 기현 출신으로 유가적 윤리에 익숙한 가풍에서 자라났으며, 성품과 재능이 뛰어났다고 전한다. 출생 시기는 정확히 전하지 않으나 610-617년 사이로 추정되는데, 이에 따르면 張楚金이 『翰苑』을 찬술했을 660년에는 44-51세로 추정된다.[30]

張楚金이 『翰苑』을 저술한 표면적인 목적은 가장 뒷면의 후서에도 서술되어 있듯, 꿈에서 공자를 만난 것에 감응하여 저술했다는 것이다. 660년은 측천무후가 황후로 책봉된 지 5년이 지난 시점으로 복고적인 유가 사상을 강화하려는 입장이 강하게 적용되던 시대 분위기가 형성되어 있었고[31] 이런 분위기 속에서 유가적 윤리에 충실하려는 목적으로 『翰苑』을 서술한 것으로 보기도 한다.[32] 일단 『翰苑』을 편찬한 표면적 목적에는 政道의 쇠퇴와 예악의 쇠락을 가장 염려하여 유가적 윤리를 강화하려 했던 것과 관련이 있음을 알 수 있다.[33]

다만 후서에서 張楚金이 꿈에서 공자와 『춘추』를 저술한 배경에 관해 질문하고 답하는 모습이 주목된다. 張楚金이 공자에게 그 배경을 묻자 옆에서 형이 "기린이 잡힌 일에 감응하여 지으셨다"고 대답하였는데 이때 張楚金이 "기린이 잡힌 일에 감응하였다

28 김상범, 2011 「令狐德棻의 史學과 『周書』」, 『역사문화연구』 38.

29 윤용구, 2011 앞의 책, 10쪽.

30 정동준, 2021 「張楚金의 『翰苑』 편찬과 복고적 유가사상」, 『백산학보』 120, 141~143쪽.

31 임대희, 1996 「唐 高宗 統治前期의 政治와 人物」, 『金文經敎授停年退任紀念 동아시아사 연구논총』, 혜안.

32 정동준, 2021 앞의 논문, 144쪽.

33 정동준, 2021 앞의 논문, 143쪽.

는 것을 명분으로 삼았을 뿐입니다. 그 깊은 뜻이 어찌 반드시 기린이 잡힌 일에 있었겠습니까?"라고 한다. 이로 추측건대 張楚金 역시 공자의 꿈에 감응하여 『翰苑』을 찬술하였다지만 그 깊은 뜻은 따로 있을 것으로 추정할 수 있겠다. 구체적으로 생각해 보기 위해 張楚金이 『翰苑』을 찬술하였던 660년 전후의 상황을 살펴보도록 하겠다.

626년 唐太宗이 즉위한 이후 630년에는 동돌궐, 635년에는 토욕혼, 640년에는 고창국을 차례로 괴멸시켰다. 그리고 641년 진대덕을 고구려에 파견하여 고구려를 정탐하도록 하는 등 본격적으로 고구려 원정 준비를 시행하지만[34] 645년 당의 고구려 원정은 실패로 돌아가게 된다. 고구려 원정 실패 이후 북방 여러 족속이 당에 반기를 들자 646년 이를 평정하는데, 6월에는 설연타를 궤멸하고 8월에는 철륵 등 여러 부족이 투항하여 647년 1월에는 철륵지역에 도호부와 도독부를 설치하였다.[35] 이후 2월 당태종은 조정에 고구려 토벌전략을 논의하도록 지시한 뒤 12월에는 쿠차를 격파하여 안서도호부를 설치하였다. 이어 거란과 해 등이 투항하자 松漠都督府, 饒樂都督府로 편제하였다. 이는 고구려의 서북방인 거란과 해까지 동원할 여건을 다진 것이라고 보인다.[36] 648년에는 신라와 당의 군사동맹이 공고해지는 등 고구려 원정이 순탄하게 추진되는 듯했다.

그러나 649년 5월 당태종이 사망하여 고구려 원정을 중단하라는 유언을 남기면서, 이후 들어선 長孫無忌 정권이 동방에 대한 정책을 유화책으로 전환한다. 당시 여러 차례에 걸친 고구려 원정으로 각종 요역에 시달리던 백성의 반발과 돌궐, 疏勒, 朱俱波, 喝磐陀 등 당의 서북 변방에서의 반란 진압이 우선 과제로 취급되었기 때문이다. 그러다 이후 654년 장손무기 정권이 실각하고 측천무후를 중심으로 하는 허경종 정권이 성립하면서, 658년 2월 반란한 서돌궐 수령 阿史那賀魯를 사로잡아 서돌궐을 궤멸하고 崑陵都護府와 濛池都護府를 설치함으로써 조정의 장애가 될 만한 요소를 없앴다.[37] 655년 이후부터 660년 이전까지 서북지역의 전선을 안정화하면서[38] 다시 고종은 동방정책을 추진할 기반을 마련하였다.[39] 655년 3월에 당이 영주도독 정명진과 좌우위중랑

34 김영하, 2000 「고구려 내분의 국제적 배경」, 『한국사연구』 110쪽.

35 김호동, 1993 「당의 기미지배와 북방 유목민족의 대응」, 『역사학보』 137, 133~143쪽.

36 여호규, 2018 「7세기 중엽 국제정세 변동과 고구려 대외관계의 추이」, 『大丘史學』 133, 161~163쪽.

37 黃約瑟, 1997 「武則天與朝鮮半島政局」, 『黃約瑟隋唐史論集』, 中華書局.

38 김한규, 1999 『한중관계사』 I, 아르케.

39 여호규, 2020 「7세기 만주 · 한반도 전쟁과 지정학 구도의 재편」, 『역사비평』 131, 299쪽.

장 소정방을 파견하여 貴端水에서 고구려를 격파한[40] 뒤 658년 6월부터 고구려 주력군을 요동에 묶어두는 陽動作戰을 시행하는 동시에 659년 11월 백제 원정군을 편성하였다.[41] 그리고 660년 3월 고종은 백제에 대한 공격을 단행하였다.[42]

다만 659년 10월까지도 연합국이었던 신라에게도 백제 공격 계획을 알려주지 않았을 만큼 극비리로 백제 원정을 추진하였던 사실로 볼 때[43] 동방지역으로의 진출에 대한 본격적인 당 내의 사회 분위기 역시 660년 이후에 형성되었을 것으로 짐작된다. 이로 보건대, 『翰苑』 후서의 660년 3월 12일은 『翰苑』 편찬이 착수되었던 시기로 생각된다. 고종 前期에는 서쪽으로의 외교정책이 주를 이루었다면, 『翰苑』 편찬 무렵인 660년 이후에는 당의 정복 대상이 고구려 · 신라 · 백제만이 남아 있던 상황으로, 당시 당의 주된 외교정책은 삼국과의 전쟁이었다.[44]

다시 『翰苑』 번이부로 돌아가 고구려 · 백제 · 신라의 서술에서 중국과의 '조공의 예'는 서술하지 않고 있다는 점을 주목해 보자. 당은 650년대를 거치며 정복 지역에 羈縻府州를 설치하는 기미지배 정책이 일반화되었지만[45] 고구려 · 신라 · 백제는 서역 도시국가들이나 유목국가와 달리 안정된 농업 국가였기 때문에 책봉과 조공이라는 외교관계를 통하여 지속적인 동맹관계를 맺었다.[46] 이에 『翰苑』 찬자는 이미 없어지거나 혹은 관심이 덜한 지역에 대해서는 조공을 바쳤다는 사실을 강조하여 이들이 황제의 천하질서를 구성하는 존재임을 보여주고자 했다.[47] 한편 고구려 · 신라 · 백제의 경우 중국과의 조공 관계를 의도적으로 생략하여 이들 지역에서 당의 지배력이 강력하게 미쳐야 함을 은연중에 드러내고자 했다고 생각된다.[48]

---

40 『舊唐書』 권4, 고종본기 "三月, 營州都督程名振破高麗於貴端水."

41 노태돈, 2009 『삼국통일전쟁사 연구』, 서울대출판부.

42 『삼국사기』 권 5 신라본기 제5, 태종무열왕 7년 "三月, 唐高宗命左武衛大將軍蘇定方爲神丘道行軍大摠管, 金仁問爲副大摠管, 帥左驍衛將軍劉伯英等水陸十三萬, ㅁ伐百濟. 勅王爲嵎夷道行軍摠管, 何將兵, 爲之聲援." 같은 내용은 『신당서』 권3 本紀 고종 顯慶 5년 3월조, 『삼국사기』 권 28 백제본기 제6 의자왕 20년조 등에서도 확인된다.

43 여호규, 2020 앞의 논문, 299쪽.

44 방향숙, 2019 「당 태종 · 고종대 한반도 정책과 백제의 위상」, 『백제학보』 27, 58쪽.

45 여호규, 2018 앞의 논문.

46 방향숙, 2019 앞의 논문, 60쪽.

47 윤용구, 2021 앞의 논문, 108쪽.

48 윤용구는 고구려에서 중국과의 대외교섭기사가 전혀 없는 것에 대하여 660년 『翰苑』 편찬의 시점

張楚金이『翰苑』을 편찬하던 시기는 당이 백제에 대한 공격을 시작하면서 고구려 정벌을 본격적으로 진행하던 시기였다. 특히 고구려의 경우『한서』를 인용하여 현도군과 고구려의 관계, 낙랑군, 기자, 조선의 습속을 서술하고 있다. 이는 당시 고구려가 낙랑 고지를 지배하고 있었기 때문에 관련 내용을 서술한 것으로 보인다. 과거 한사군에 관한 서술은『翰苑』에서 동이지역 특히 고구려에 대한 정벌의 당위성을 강조하려는 서술이었던 것으로 생각된다.

이미 이전 연구에서도 지적되었듯, 張楚金이 번이부에서 무엇보다 강조하는 서술 대상은 동이지역 중에서도 단연 고구려였다.[49] 이는 고려 조의 분량만 보아도 짐작할 수 있는 부분이다. 고구려의 지리정보를 서술할 때 주로 인용하고 있는 사서는『고려기』이며,『翰苑』고려 조에서 인용된 비중이 가장 높다.『고려기』는『奉使高麗記』에 해당하는 것으로[50] 641년 고구려로 파견된 사절 진대덕이 기록한 보고서를 포함하여, 唐初 武德・貞觀 연간에 고구려와 관련된 복수의 봉사복명서를 묶어 편찬한 것이다.[51] 張楚金은 고구려 정벌의 당위성을 강조하는 것에서 나아가, 당 태종이 고구려 정벌에 필요한 자료를 모아서 편찬한 사서를 주로 인용함으로써 동이지역 중 특히 고구려 정벌에 대한 본인의 지지를 표현한 것으로 보인다.

반면 張楚金은 기본적으로 신라에 대하여 많은 정보를 서술하려고 하지 않았다. 이는 당시 신라가 당과 우호 관계였기 때문에 동이지역 정벌에 대한 당위성을 내비치면서도 신라는 소략하게 넘기려는 의도였던 것으로 추정해도 무리는 아니겠다.

『翰苑』의 구성에 대하여 일찌감치『兎園策府』에 주목하여 그 유사성이 지적된 바 있다.[52]『토원책부』가『翰苑』과 마찬가지로 큰 글자로 정문을 작성하고, 그 아래 注文에 근거 자료를 서술하고 있는 형식이며, 시기 역시『翰苑』과 비슷한 662년에 편찬된 것으

에서 흉노는 성공적으로 제어한 이민족을, 고구려는 현실의 제어 대상으로 여긴 결과라고 보았다(윤용구, 2021 앞의 논문, 108쪽).

49 윤용구, 2011 앞의 논문.

50 吉田光男, 1977「翰苑註所引高麗記について」,『朝鮮學報』85輯 (최근 한국어로 번역 논문이 제출되었다. 전상우 역, 2019「『翰苑』注文에 인용된『高麗記』- 필자와 작성연도를 중심으로-」,『중원문화연구』27)

51 武田幸男, 1994 앞의 논문.

52 윤용구, 2011 앞의 논문.

로 보이기 때문이다.[53] 특히 『토원책부』「征東夷」 편은 自問自答 식으로 서술되었는데 특히 답변의 말미에는 高句麗征服이 이루어져야 天下統一이 완성된다는 점을 강조하면서 고구려 정벌의 당위와 그에 대한 전폭적인 지지표명을 유도했다.[54] 이로 보건대, 『翰苑』 역시 『토원책부』와 유사한 목적으로 서술되었다고 파악된다.

정리하자면 『翰苑』 찬자가 고구려 서술을 강조했던 이유는 단순한 사실 제공의 목적을 넘어서 당시 고구려 정벌에 대한 논의가 활발해지던 시기, 당 태종의 뜻을 이어 다시 단행된 고구려 정벌을 지지하고 이에 동조하는 사회 분위기를 형성하려는 의도였다고 추정된다. 이후 張楚金의 행보를 보면, 670년 이후 正4品下인 刑部侍郎에 임명되어 중앙정계의 요직에서 활약하는 것이 확인되는데, 660년 이후 불과 10년이라는 기간 동안 9개의 위계를 뛰어올라 승진한 것이다.[55] 이러한 승진에는 장초금이 『翰苑』 편찬으로 표명한 동이지역, 특히 고구려 정벌에 대한 지지와 이에 동조하는 사회 분위기 형성이라는 공로가 인정된 것으로 보인다.

V. 맺음말

지금까지의 내용을 정리하면 다음과 같다. 『翰苑』 번이부의 찬자는 張楚金이며, 주를 달았던 것은 雍公叡라고 하지만 正文과 注文은 따로 떨어져 서술되기 불가능했던 구조였다. 이를 주지하면 정문뿐 아니라 주문을 구성하는 중심인물은 張楚金이었으며 『翰苑』 편찬에는 그의 의도가 다분히 반영되었을 것이다.

『翰苑』 번이부에서는 공통으로 모든 조목에서 『후한서』를 인용한 것으로 보아 『후한서』를 중심 전거자료로 활용하고 있다고 보인다. 다만 흉노·오환·선비를 비롯한 남만·서남이 등을 서술하는 데에는 『후한서』의 인용 비율이 월등히 높았던 반면 동이지역 서술에 있어서는 『후한서』의 인용 비율이 낮고, 다양한 전거자료가 활용되고 있는

53 관련 연구 목록은 윤용구, 2021 앞의 논문, 112쪽 각주 54 참조.

54 윤용구, 2021 앞의 논문, 112쪽.

55 정동준, 2021, 앞의 논문, 147쪽. 정동준은 이러한 승진의 계기에 대하여, 666년 泰山 封禪을 계기로 복고적 유교의례와 해외에 대한 지식을 갖춘 인재를 발탁하는 분위기 속에 張楚金의 고속 승진이 가능했다고 보았다.

양상이 확인된다. 이는 『翰苑』 찬자의 관심과 서술 의도에 따라 다양한 당대 최신 자료를 인용한 결과라고 볼 수 있겠다.

조목 별 내용도 〈정치 · 사회 · 문화-중국과의 관계〉 구조 속에서 서술하고자 하였다. 다만 그 구성은 찬자의 의도에 따라 신라에 대해서는 정보를 소략하게 서술하기도 하고, 고구려와 백제의 서술에서는 지리정보를 추가하여 서술하기도 하였다. 또한 고구려 · 신라 · 백제에 대해서 중국과의 조공의 예는 서술하지 않고 있는데 특히 고구려의 경우 과거 한사군지역이 강조되어 서술되었다. 이는 『翰苑』에서 동이지역, 특히 고구려에 대한 정벌의 당위성을 강조하는 서술로 보인다.

『翰苑』 편찬이 착수되었던 시기는 후서에서 말하는 660년 3월 12일로, 이때는 655년 장손무기 정권이 물러나고 서역을 안정시킨 당이 다시 동방으로 백제를 공격하기 시작하면서 많은 논의가 있었던 시기이다. 이러한 상황에서 張楚金은 『翰苑』을 통해 동이지역 특히 고구려에 대한 정복의 당위성을 강조하여 고구려 정벌을 지지하고 이에 동조하는 분위기를 형성하려는 의도였다고 추정된다.

제3부
『한원』과 한국고대사

翰苑 蕃夷部의 세계

『翰苑』「高麗記」에 보이는 고구려 官名의 구조와 특징

이규호

Ⅰ. 머리말

『한원』 蕃夷部 高麗條에는 당의 職方郎中 陳大德이 641년 고구려에 사신으로 다녀온 뒤[1] 찬술했다고 전하는 「高麗記」가 인용되어 있다.[2] 주로 고구려의 지리와 官名 등을 설명하는 부분에서 확인되고 있는데, 그 내용들은 고구려의 내부사정과 깊은 관련이 있는 것들이다. 이러한 내용들은 진대덕이 고구려에 다녀오면서 직접 見聞한 정보들에 해당되는 것으로 이해되는 바, 『한원』 高麗條는 당대 고구려의 사정을 전하는 자료로서 높은 사료적 가치를 지니고 있다.

『한원』 고려조에 인용된 「고려기」의 내용 가운데 현재까지 학계의 가장 많은 관심을 받은 부분은 아마 7번째 정문인 '官崇九等'일 것이다. 여기에는 당시 고구려에 설치되었던 일련의 官名들을 확인할 수 있다. 1位官이라는 大對盧를 시작으로 중앙과 지방관이 다양하게 기록되어 있고, 전반적인 서열과 제한조건 등 현전 고구려 관명 기록 중 가장 자세하다. 특히 대대로의 선임에 왕의 영향력이 미치지 못하고 때에 따라서는 무력투쟁을 일으키기도 한다는 등, 태왕권을 위시로 하여 강력한 집권력을 구현한 4~5세기의 고구려와 상반된 모습을 보여주고 있어 주목되고 있다.

「고려기」의 편찬 시점을 고려하면 해당 내용들은 7세기 중엽의 고구려 상황을 반영한 것으로 생각된다. 그런데 「고려기」에 보이는 관명들은 6세기 중엽 이후의 상황을 전하는 『주서』와 『수서』 등에도 보인다. 이를 통해 『한원』 고려기의 해당 내용이 6세기 중

---

1 『자치통감』 권196, 太宗 貞觀15년 丙子.

2 진대덕이 「고려기」를 편찬한 시점에 대해서는 吉田光男, 1977, 「『翰苑』註所引『高麗記』について」, 『朝鮮學報』 85에 의해 밝혀진 바 있다. 한편, 『한원』에 인용된 「고려기」의 원본으로 생각되는 「奉使高麗記」가 고구려에 대한 당의 첩보 보고를 종합한 것이라 파악하고, 진대덕 이외의 여러 사행들이 종합되어 기록된 것으로 이해하기도 한다(武田幸男, 1994, 「『高麗記』と高句麗政勢」, 『(于江權兌遠教授停年紀念論叢)民族文化의 諸問題』, 세종문화사).

엽 무렵에 형성된 것을 알 수 있게 해준다. 다만 각 사서들은 명칭이나 서열 등이 『한원』의 내용과 다르게 전하고 있기 때문에 상호 비교하면서 비판적으로 바라볼 필요가 있다.

기왕의 연구들 역시 이러한 부분에 주목하여 당시 고구려 관명들의 구조와 의미 등을 찾고자 하였다. 일찍이 고구려왕 책봉호의 품계와 『한원』의 고구려 관명들이 중국의 9품제에 비견되어 설명된 것을 종합하여 당시 고구려 관위제의 실상을 찾으려 한 연구가 있었다.[3] 그에 의하면 고구려왕의 책봉호가 3품 이상인 적이 없었으므로 『한원』에 보이는 고구려 관명의 比品은 실제로는 4품부터 시작하는 것으로 보아야한다고 하였다. 하지만 자국의 통치를 위해 조직된 관명들이 국제질서의 이념 속에서 설정된 책봉호의 영향을 받는다고 보기에는 해결하지 못할 문제들이 많았다.

이후의 연구들은 그러한 문제점을 인식하고, 『한원』의 比品은 실제가 아니라 찬자와 독자인 唐人의 이해를 돕기 위해 부연된 것으로 이해하고 있다. 그러한 가운데 武田幸男에 의해 『한원』 고려조의 내용을 바탕으로 6~7세기 관위제의 구조를 복원하려는 시도가 진행된 바 있다.[4] 그는 비슷한 시기 사서들의 관련 내용을 종합하여 전반적인 서열을 정리하는 한편, 고구려의 관직이 특정 관명 이상의 자격을 요구한다는 점에 주목하여 4계층 정도의 구분이 있었을 것이라 보았다. 또한 대대로의 선임과정에 있어서는 2위인 태대형의 이칭이 莫何何羅支인 것에 주목하여 막리지와 동일한 것으로 파악하고, 그들 가운데 대대로가 선출되는 것으로 이해하였다. 이러한 해석은 당시 고구려 정치사를 이해하는 데 있어서 하나의 획기가 되었다.

이후 큰 틀에서 武田幸男의 시각을 계승하면서 미진했던 부분을 보완하는 연구가 제출되었다. 기왕에 『삼국사기』의 기록을 근거로 小使者를 보입했던 것은 잘못이라 판단하는 한편, 그 존재로 인하여 4계층으로 구분했던 것 역시 『한원』에 보이는 대로 3계층으로 봄이 타당하다고 하였다.[5] 또한 고구려의 관명이 상위분화 이후 하위분화했다는 점에 주목하여 소사자는 두 개의 관명으로 나뉘었다고 보기도 하였다.[6] 근래에는 고구려 유민 묘지명에 보이는 中裏官의 존재에 주목하여 태대형과 동일한 것으로 이해

3 宮崎市定, 1959, 「三韓時代の位階制について」, 『朝鮮學報』 14.

4 武田幸男, 1989, 「高句麗 官位制の史的展開」『高句麗史と東アジア』, 岩波書店.

5 임기환, 2004, 「4~7세기 관등제의 전개와 운영」, 『고구려 정치사 연구』, 한나래.

6 여호규, 2014, 『고구려 초기 정치사 연구』, 신서원, 406-407쪽.

되었던 막리지가 태대형에서 임명된 중리계통 관직이라 파악하기도 한다.[7]

이를 통해 6~7세기 고구려 관제와 관련된 대략적인 모습은 알 수 있게 되었다고 할 수 있다. 그러나 최근 발견된 『高乙德 墓誌銘』에는 대대로의 선임과 관련하여 새로운 해석을 가능하게 할 단서들이 확인되었다. 이는 『한원』 「고려기」의 내용을 이해하는데 중요한 계기를 제공한다고 생각된다. 따라서 두 사료의 내용을 종합적으로 고려하여 당시 고구려 관제의 구조와 운영에 대한 해석에 있어서 보다 다양한 이야기를 풀어내 보고자 한다.[8]

Ⅱ. 「高麗記」 官名의 복원

먼저 『한원』에 인용된 '官崇九等'의 내용을 살필 필요가 있겠다. 「고려기」에는 당시 고구려의 官을 설명하면서 아래와 같이 서술하고 있다.

가-1. 高麗記에 이르기를 '그 나라는 官을 세움에 9등이 있다. 첫 번째는 토졸이라 하며 1품에 비한다. 옛 이름은 大對盧이며 국사를 모두 맡는다. 3년에 한 번 교대하는데, 만약 職에 걸맞는 자라면 연한에 구애받지 않는다. 교체하는 날에 혹 서로 승복하지 않으면 모두 병사를 다스려 서로 공격하여 이긴 자를 대대로로 삼는다. 그 왕은 다만 궁을 닫고 스스로 지킬 뿐 제어하지 못한다. 다음은 太大兄으로 [정]2품에 비하며 일명 莫何何羅支라고도 한다. 다음은 鬱折로 종2품에 비하며 중화의 말로 主簿이다. 다음은 太夫使者로 정3품에 비하며 또한 명칭을 謁奢라고도 한다. 다음은 皂衣頭大兄으로 종3품에 비하며 일명 中裏皂衣頭大兄인데 東夷에서 대대로 전해지는 소위 皂衣先人이다. 앞의 다섯 관으로서 기밀을 관장하고 정사를 모의하며 병사를 징발하고 관작을 뽑아준다. 다음은 大使者로 정4품에 비하며 일명 大奢이다. 다음은 大兄加로 정5품에 비하며 일명 纈支이다. 다음은 拔

7 이문기, 2000, 「고구려 막리지의 관제적 성격과 기능」, 『백산학보』 55.

8 본고에서 중점적으로 다룰 『한원』 「고려기」의 '官崇九等'에는 지방관과 관련된 내용도 이전과 다른 내용들을 전하고 있다. 그러나 기왕의 연구가 중앙관과 지방관을 나누어 진행되었고, 하나의 논문에 이것들을 모두 다루기에는 지면상의 문제도 있어, 본고에서는 제외하였다.

位使者로 종5품에 비하며 일명 儒奢이다. 다음은 上位使者로 정6품에 비하며 일명 契達奢使者, 乙奢이다. 다음은 小兄으로 정7품에 비견되며 일명 失支이다. 다음은 諸兄으로 종7품에 비하며 일명 翳屬, 伊紹, 河紹還이라 한다. 다음은 過節로 정8품에 비한다. 다음은 不節로 종8품에 비한다. 다음은 선인으로 정9품에 비하는데 일명 失元, 庶人이라 한다.[9]

위에 따르면 당시 고구려의 官으로는 대대로를 시작으로 하여 총 14개의 관명이 보이는데, 찬자의 입장에서 이해하기 쉽게 중국의 9품에 맞추어서 서술되어 있다.[10] 그런데 비록 7세기 중엽의 사정을 전하는 「고려기」의 내용이지만 실제 이러한 형태는 보다 빨리 이루어졌던 것으로 생각된다. 따라서 머리말에서 언급한 바와 같이, 6세기 중엽 이후의 중국 정사 고구려전과의 비교를 통해 원형을 복원해보겠다.

가-2. 大官으로는 大對盧가 있고 그 다음은 太大兄, 大兄, 小兄, 意俟奢, 烏拙, 太大使者, 大使者, 小使者, 褥奢, 翳屬, 仙人, 褥薩을 아울러 모두 13등이 있으며 내외의 일을 나누어 맡는다. 대대로는 곧 강약으로써 서로를 범하고 빼앗아, 스스로 그것이[대대로가] 되고 왕의 임명으로 삼지 않는다.[11]

가-3. 官으로는 太大兄, 다음은 大兄, 다음은 小兄, 다음은 對盧, 다음은 意俟奢, 다음은 烏拙, 다음은 太大使者, 다음은 大使者, 다음은 小使者, 다음은 褥奢, 다음은

9 『한원』 高麗. "高麗記曰, 其國建官有九等, 其一曰吐捽, 比一品, 舊名大對盧, 惣知國事. 三年一代, 若稱職者不拘年限. 交替之日, 或不相祗服, 皆勒兵相攻, 勝者爲之. 其王但閉宮自守, 不能制禦. 次曰太大兄, 比[正]二品, 一名莫何何羅支. 次鬱折, 比從二品, 華言主簿. 次大夫使者, 比正三品, 亦名謁奢. 次皂衣頭大兄, 比從三品, 一名中裏皂衣頭大兄, 東夷相傳, 所謂皂衣先人者也, 以前五官, 掌機密, 謀政事, 徵發兵, 選授官爵. 次大使者, 比正四品, 一名大奢. 次大兄加, 比正五品, 一名纈支. 次拔位使者, 比從五品, 一名儒奢. 次上位使者, 比正六品, 一名契達奢使者, 一名乙奢. 次小兄, 比正七品, 一名失支, 次諸兄, 比從七品, 一名翳屬, 一名伊紹, 一名河紹還. 次過節, 比正八品. 次不節, 比從八品. 次先人, 比正九品, 一名失元, 一名庶人." 표점과 교감은 동북아역사재단 편, 『譯註 翰苑』, 210-211쪽을 따랐다.

10 실제로 고구려에서 중국의 9품제와 같은 구조가 있었다기보다는 唐人의 입장에서 이해를 돕기 위해 붙였을 것이다(武田幸男, 앞의 책, 366쪽).

11 『주서』 권49, 高麗. "大官有大對盧, 次有太大兄, 大兄, 小兄, 意俟奢, 烏拙, 太大使者, 大使者, 小使者, 褥奢, 翳屬, 仙人並褥薩凡十三等, 分掌內外事焉. 其大對盧, 則以彊弱相陵奪, 而自爲之, 不由王之署置也."

翳屬, 다음은 仙人이 있으니 모두 12등이다. 또 內評外評五部褥薩이 있다.[12]

가-4. 官은 大對盧, 太大兄, 大兄, 小兄, 竟侯奢, 烏拙, 太大使者, 大使者, 小使者, 褥奢, 翳屬, 仙人이 있으니 모두 12등이며, 안팎의 일을 나누어 맡는다. 大對盧는 强弱으로써 서로를 범하고 빼앗아, 스스로 그것이[대대로가] 되고, 왕의 임명으로 삼지 않는다. 또 內評五部褥薩이 있다.[13]

가-5. 그 官으로 높은 것은[大者] 大對盧라 하고 1품에 비하며 국사를 총괄한다. 3년에 한 번 교대하는데 만약 직무에 맞는 자라면 연한을 한정하지 않는다. 교체하는 날에 혹 서로 승복하지 않으면 모두 병사를 다스려 서로 공격하여 이긴 자가 된다. 그 왕은 다만 궁을 닫고 스스로 지킬 뿐 제어하지 못한다. 다음은 太大兄이라 하는데 정2품에 비한다. 對盧 이하의 官은 총 12급이다.[14]

가-6. 官은 무릇 12급인데, 大對盧라 하는 것은 혹은 吐捽이라 한다. [다음으로] 鬱折이라 하는 것은 圖簿를 주관한다. [다음으로] 太大使者라 하며, [다음으로] 帛衣頭大兄이라 하는데 소위 帛衣라는 것은 先人이다. 국정을 장악하고 3년에 한 번 교대하는데 職을 잘하면 바꾸지 않는다. 무릇 교대일에 불복함이 있으면 서로 공격하는데, 왕은 궁을 닫고 지키다가 이긴 자를 받아들여 삼는다. 大使者, 大兄, 上位使者, 諸兄, 小使者, 過節, 先人, 古鄒大加가 있다.[15]

가-1~6을 통해 4~5세기의 상황을 전하던 『위서』에는 보이지 않던 몇 가지 변화상을 집어낼 수 있다. 첫째, 가장 높은 자리를 차지하고 있는 대대로의 등장과 선출방식이다. 대대로는 그 명칭으로 보아 『삼국지』에 보이는 대로의 분화형태인데, 이를 선출하는

12 『수서』 권81, 高麗. "官有太大兄, 次大兄, 次小兄, 次對盧, 次意侯奢, 次烏拙, 次太大使者, 次大使者, 次小使者, 次褥奢, 次翳屬, 次仙人, 凡十二等. 復有內評外評五部褥薩."

13 『북사』 권94, 高麗. "官有大對盧, 太大兄, 大兄, 小兄, 竟侯奢, 烏拙, 太大使者, 大使者, 小使者, 褥奢, 翳屬, 仙人, 凡十二等, 分掌內外事. 其大對盧, 則以强弱相陵奪, 而自爲之, 不由王署置. 復有內評五部褥薩."

14 『구당서』 권99상, 高麗. "其官大者號大對盧, 比一品, 總知國事, 三年一代, 若稱職者, 不拘年限. 交替之日, 或不相祗服, 皆勒兵相攻, 勝者爲之. 其王但閉宮自守, 不能制禦. 次曰太大兄, 比正二品. 對盧以下官, 總十二級"

15 『신당서』 권220, 高麗. "官凡十二級, 曰大對盧, 或曰吐捽, 曰鬱折, 主圖簿者, 曰太大使者, 曰帛衣頭大兄, 所謂帛衣者, 先人也. 秉國政, 三歲一易, 善職則否, 凡代日, 有不服則相攻, 王爲閉宮守, 勝者聽爲之, 曰大使者, 曰大兄, 曰上位使者, 曰諸兄, 曰小使者, 曰過節, 曰先人, 曰古鄒大加"

데 왕의 임명을 거치지 않는다고 한다. 둘째, 1위인 대대로를 필두로 5위인 위두대형에 이르는 상위 5官이 국정을 총괄하는 모습이 확인된다. 이는 대대로의 선출과 함께 왕권의 약화와 귀족권의 강화를 나타내는 주된 근거로서 거론되어 왔다. 셋째, 位頭大兄(皂衣頭大兄)과 意俟奢라는 새로운 관명의 존재이다. 관제는 당사국의 정치권력 동향과 밀접한 관계가 있으므로, 새로운 관명이 등장했다면 그 배경과 역할 등이 무엇일지 생각해 볼 필요가 있다.

일단 위의 여섯 사료를 정리하면 아래와 같다.

〈표 1〉 6~7세기 중국사서에 보이는 고구려 관명

周書[16]	隋書	舊唐書	新唐書	翰苑
大對盧	太大兄	大對盧	大對盧	吐捽(大對盧)
太大兄	大兄	太大兄	鬱折	太大兄
大兄	小兄	對盧 이하 12官	太大使者	鬱折
小兄	對盧		皁衣頭大兄	太大使者
意俟奢	意侯奢		大使者	皁衣頭大兄
烏拙	烏拙		大兄	大使者
太大使者	太大使者		上位使者	大兄加
大使者	大使者		諸兄	拔位使者
小使者	小使者		小使者	上位使者
褥奢	褥奢		過節	小兄
翳屬	翳屬		仙人	諸兄
仙人	仙人		古雛大加	過節
褥薩				不節
				先人

표에 드러나듯 각 사서간 관명의 순서나 명칭이 서로 다르다. 특히 『주서』, 『북사』, 『수서』의 경우, 형과 사자계열의 관명이 한데 모여 서술되어 있다. 서술순서가 서열의 반영이라는 보는 경우도 있으나,[17] 이는 단순히 같은 계열의 관명을 묶어서 서술한 것

16 『북사』는 『주서』와 동일하여 별도로 정리하지 않았다.

17 김철준, 1975, 「高句麗 · 新羅 官階組織의 成立過程」, 『韓國古代社會研究』, 지식산업사, 135~137쪽 ;

에 불과하다.[18] 이 가운데 실제 모습은 품계와 이칭 등이 포함된 『한원』이 가장 가까웠다고 생각된다. 같은 모습을 적은 것이라면 관명의 수나 명칭이 일치하는지 확인할 필요가 있을 것이다.

먼저 사서 간의 관명 구성을 비교해보면 전체적인 구성을 알기 어려운 『구당서』를 제외하고 『주서』~『수서』와 『한원』은 각각 位頭大兄과 意俟奢가 누락되어 있음을 알 수 있다. 각 사서가 본래 같은 형태의 구조를 서술한 것이라 할 때, 이러한 현상은 우선 기록의 누락이나 서술자의 오인 가능성을 짐작해볼 수 있다.

먼저 意俟奢에 대해 접근해보자. 실제 소지자나 취임사례는 확인되지 않는다. 그러나 使者系 관명의 이칭 어미인 奢가 붙어 있으므로 일단은 사자 계통일 가능성이 높다. 이에 『한원』 고려기와 대조하여 上位使者로 보거나,[19] 의사사의 奢를 잘못으로 여기고 6세기에 이미 존재한 것으로 확인되는 位頭大兄으로 비정하기도 한다.[20] 하지만 『주서』와 『수서』의 兄, 使者 그룹 기술은 서열 순으로 되어 있기 때문에 의사사가 위두대형을 가리킨다고 보면 형계 관명 안에서 서열이 맞지 않게 되고, 상위사자로 보더라도 사자계 관명 안에서 서열이 맞지 않게 되는 문제가 생긴다.

이를 해결하기 위해서는 두 사서의 관명 서술을 좀 더 유심히 살필 필요가 있다. 『주서』와 『수서』의 내용을 전후 자료인 『위서』 및 『한원』과 대조해보면 한 가지를 알 수 있는데, 그것은 바로 사자 계통의 관명이 통일되어 있지 않다는 것이다. 즉, 『위서』는 奢로서 일관되게 기록하고 있고,[21] 『한원』은 정식 명칭을 使者로, 이칭으로 奢를 기록하고 있다. 이러한 차이는 각 사서의 근거자료가 서로 달랐음을 의미하는 것이라 생각된다.

현재까지 알려진 바에 의하면 『위서』 고려전은 435년 북위 사신 李敖의 방문을 근거로, 『한원』에 인용된 「고려기」는 당의 職方郎中 陳大德이 641년 고구려를 방문한 뒤에 남긴 『奉使高麗記』를 근거로 하여 작성되었다. 『수서』는 裵矩가 작성한 『東藩風俗記』가 작성에 영향을 미친 것으로 알려져 있고,[22] 작성연대는 629~636년으로 『주서』와 같다.

노중국, 2003, 「삼국의 관등제」, 『강좌 한국고대사』 2, 110~111쪽.

18 武田幸男, 앞의 책, 368-369쪽.

19 武田幸男, 앞의 책, 369쪽.

20 임기환, 앞의 책, 221-223쪽.

21 『위서』 권88, 고구려. "其官名有謁奢·太奢·大兄·小兄之號."

22 이강래, 1998, 「7세기 이후 중국 사서에 나타난 韓國古代史像」, 『한국고대사연구』 14.

이러한 원전들은 각 사서의 열전을 작성하는데 밑바탕이 되었을 것이다. 그러나 관명의 경우 『위서』의 사례를 통해 알 수 있듯, 그것이 당대의 모습을 온전히 담고 있지 않기도 하고,[23] 『삼국지』와 『양서』의 경우에서 알 수 있듯 이전 사서의 내용을 거의 답습한 경우도 있다.

이러한 현상은 『주서』와 『수서』 작성 당시 자료가 혼재되었을 가능성을 짐작하게 해준다. 意俟奢, 槈奢, 翳屬 계열(異稱)과 使者, 兄 계열(本名) 자료가 있었을 가능성이다. 두 사서와 『한원』에서 각 계통별 관명의 서열이 부합하고 있는 점에서 어느 정도의 정보는 확보해 두었던 것 같다. 다만 관명 계열 안에서의 서열은 알았으되 전체적인 구성에 대해서는 명확하지 않았고, 大小로 구분되는 본명계열이 아닌 이칭계열은 잘 몰랐던 것 같다. 『주서』와 『수서』에 보이는 意俟奢와 槈奢가 『한원』에서는 찾아지지 않기 때문이다.

이 때 『한원』의 사자계 관명 가운데 拔位使者와 上位使者가 『주서』와 『수서』에는 누락되어 있음을 알 수 있다. 상위사자와 소사자를 동일한 것으로 보아도, 발위사자에 해당하는 관명은 여전히 확인되지 않는다.[24] 발위사자는 5세기 중엽 이후에 세워진 충주 고구려비에 확인되므로,[25] 6세기 중엽 당시 이미 설치되어 있었을 가능성이 높다. 그런데 『한원』 고려기에 의하면 상위사자, 제형의 이칭은 다수일 뿐 아니라, 이칭의 표현이 어색한 부분도 있다. 『주서』와 『수서』에서 이칭으로 표현되었으리라 짐작되는 관명 역시 이것들이다.

이러한 현상은 하위 관명에 대한 인식의 혼란을 짐작하게 해준다. 관명의 이칭이 음차일 가능성이 높다는 점을 감안한다면 大小로 구분된 상위 관명과 달리 그렇지 못한 하위 관명에 대해서는 혼란의 여지가 충분했을 것이다. 특히 제3자인 唐人의 시각에서는 본명과 이칭 계통의 자료를 정리하는 과정에서 순서를 알기 어려웠을 것이다. 이에 따라 이칭 계통의 자료 가운데 사자계임이 비교적 명확한 의사사와 욕사를 기계적으로 사자 계통의 처음과 끝에 넣고, 제형의 이칭인 翳屬을 이어붙임으로서 지금과 같은 형태를 갖추게 되었던 것으로 보인다.

---

23 『위서』에는 네 개의 관명만이 보일 뿐이지만 현전하는 금석문 등을 통해 4~5세기에 이보다 많은 관명이 존재했음을 알 수 있다.

24 발음상의 유사성으로 생각해본다면 『주서』 등의 槈奢가 『한원』 발위사자의 이칭인 儒奢와 비슷하다고 할 수도 있다(임기환, 앞의 책, 221쪽).

25 『충주고구려비』 "下部 拔位使者 補奴"(전면 9행)

그렇다면 남은 문제는 『주서』~『수서』에 보이는 小使者가 『한원』에는 보이지 않는 이유일 것이다. 이는 『삼국사기』 직관지[26]와 『일본서기』[27]를 활용하여 두 가지로 해석되어 왔다. 하나는 『한원』에 소사자가 누락되었을 것으로 보는 것이다. 정6품에 比하는 상위사자를 설명하면서 이칭으로 契達奢使者, 乙奢를 들고 있는데, 契達奢使者라는 이칭이 여타 사자계 관명의 이칭 표기와 맞지 않는 것에 착안한다. 즉, 상위사자의 이칭은 契達奢이고 그 뒤는 小가 누락되었기 때문에 본래는 소사자와 그 이칭인 乙奢가 들어가야 한다는 것이다.[28] 그 결과 『한원』의 해당 부분은 발위사자(儒奢, 儒相)-상위사자(契達奢, 狄相)-소사자(乙奢/乙相, 小相)의 순서였던 것으로 파악하였다.

다른 하나는 『통전』의 기록과 비교하여 소사자가 누락된 것이 아니라 원래 기술되지 않았을 것을 것으로 보고, 『한원』의 기록에서 대응되는 관명을 찾고자 하였다. 이에 契達奢使者의 使者를 衍文으로 보고, 契達奢는 상위사자의 이칭으로 파악하면서, 소사자는 발위사자로서 乙奢에 해당한다고 본다.[29] 이렇게 보면 발위사자(小使者/小相=乙奢/乙相)-상위사자(契達奢, 達相, 狄相)가 된다.

그런데 이 역시 전자는 狄相과 小相의 서열이 『일본서기』의 기재와 뒤바뀌어 있고, 후자는 乙相의 서열이 『한원』과 다르다. 다만 앞서 지적한 바와 같이 『주서』~『수서』의 관명서술에 있어서 복수의 원전이 혼재되었다고 한다면, 같은 관명이 중복되어 서술되었을 가능성이 있고, 그것이 종래의 大-小 구분에 따른 명칭이 아니라면 제3자의 입장에서는 충분히 혼동될 수 있다. 특히 『한원』의 경우 필사 과정에서 같은 내용의 반복이나 글자상의 오류가 확인되는 경우가 있다. 따라서 이칭이 음차를 기록한 것이라고 하면 意俟奢나 契達奢使者, 乙奢 등이 誤寫, 錯綜되었을 가능성은 고려할만하다고 하겠다. 제형의 이칭이 셋인 것으로 보아 하위 관명의 경우 이칭이 복수로 전해졌을 수 있고, 발위사자와 상위사자의 이칭의 대응이나 서열이 섞여 이러한 기록의 차이가 발생한 것으로 판단된다.

따라서 사자와 형계 관명이 하위분화할 때에 大小의 구분으로 진행되지 않았고, 소

26 主簿, 大相, 位頭大兄, 從大相, 小相, 狄相, 小兄, 諸兄, 先人, 自位

27 主簿, 大相, 位頭大兄, 大兄, 乙相, 達相

28 武田幸男, 앞의 책, 359~360쪽.

29 임기환, 앞의 책, 215쪽.

형과 소사자가 소형/제형, 발위사자/상위사자로 나뉘었다고 이해할 수 있다면[30] 소사자 자체는 발위사자와 상위사자로 분화했을 것으로 생각된다. 그러한 추정은 A-6의 『신당서』에서 단서를 찾을 수 있다. 비록 『한원』에 비하면 불완전한 상태지만, 사자계 관명들은 『한원』과 거의 대응되고 있다. 그 가운데 『한원』의 발위사자와 『신당서』의 소사자만이 명칭 불일치인데, 이는 사실상 소사자와 발위사자가 동일한 대상을 가리키는 것임을 알려주는 것으로 생각된다. 이러한 점에서 意俟奢는 어미의 계통으로 보아 사자계 관명인 것은 맞지만 다른 자료들과 비교해볼 때 구체적으로 어떤 것을 가리키는지는 명확하게 알기 어렵다. 다만 『위서』의 謁奢, 大奢가 『한원』의 태대사자, 대사자에 대응하고 있으므로 소사자가 분화한 발위사자, 상위사자의 이칭 중에 하나였을 것이다.

그러면 이제 남은 하나인 位頭大兄에 대해 살펴보자. 위두대형의 경우 『한원』보다 이른 『주서』~『수서』에 나타나지 않지만 유민들의 묘지명을 통해 唐 이전에 이미 등장했음을 알 수 있다.

> 가-7. 曾祖 崱은 本蕃의 3品 位頭大兄이었다. 祖父 式은 2品 莫離支였고 국정과 병마의 업무를 홀로 다스렸다. 父親 量은 3品 柵城都督 位頭大兄兼大相이었다.[31]

가-7은 高質의 묘지명으로, 그의 증조와 부친은 모두 위두대형에 임명된 적이 있음을 전한다. 고질의 생몰연대는 625~697년이므로, 세대를 역산하면 증조가 위두대형에 임명된 시기는 6세기 중반에 해당한다. 따라서 위두대형은 적어도 이 무렵 성립되어 있었다고 짐작할 수 있다. 다만 이 기록을 포함하여 현전하는 위두대형과 관련된 기록이 『한원』이나 가-7과 같은 유민 묘지명을 통해 제3자인 唐人에 의해 전해진 것임을 유의할 필요가 있다. 이들 기록은 작성 시기가 7세기 이전으로 올라가지 못하고 있으므로, 『주서』와 『수서』에서 위두대형이 보이지 않는 것과 함께 생각하면 혹 7세기 이전에 위두대형의 전신으로서 별도의 관명이 있었을 가능성도 있을지 모른다.

하지만 앞서 이야기했듯 『주서』이래 『한원』에 이르는 6~7세기 고구려 관명의 서열과

---

30 여호규, 앞의 책, 406~407쪽.

31 『高質墓誌銘』"曾祖崱, 本蕃三品位頭大兄, 祖式, 二品莫離支, 獨知國政及兵馬事. 父量, 三品柵城都督・位頭大兄兼大相."

명칭은 동일한 형태의 관제 구조를 달리 기록한 것이었다. 또한 『주서』와 『수서』가 이칭계통 관명의 혼선에서 보이듯 자체적으로 불완전한 형태를 갖추고 있는 것과 『위서』처럼 당대의 관명 가운데 일부만이 기록된 사례가 있음도 고려할 필요가 있다. 묘지명 자료의 경우 망자의 가문에서 제출한 行狀을 근거로 묘지명이 작성되었음을 감안할 때, 위두대형은 등장 당시부터 그 이름 그대로였을 가능성이 높다.

그런데 이 위두대형은 그 명칭에서부터 기존의 고구려 관명과는 이질적이다. 즉, 형계 관명이 兄을 원형으로 대형/소형으로 나뉘었다가 다시 태대형/대형, 소형/제형으로 나뉜 것에 비해 위두대형은 대소의 구분으로는 판단할 수 없을뿐더러 그 지위 또한 태대형과 대형 사이에 끼어 있는 것이다. 기왕의 논의들에서 이야기 된 바와 같이, 6세기 중엽은 고구려사에 있어서 시기를 구분하는 획기로 이해되고 있다. 따라서 위두대형의 성립은 설치목적에 있어서 별도의 논의가 필요할 텐데, 다음 장에서 구체적으로 언급한다.

마지막으로는 『한원』에 등장하는 不節과 過節의 문제이다. 兄, 使者와 같이 節로 묶인 하나의 그룹이 아닐까 생각할 수도 있지만, 실제사례도 없을 뿐만 아니라 명칭에 있어서도 연관성을 찾기 어렵다. 기왕에 지적된 바와 같이 선인 이상으로 나아가는 승진에 관한 단서가 서술되어 있었고, 이것이 오해되어 관명처럼 기재되었을 것으로 봄이[32] 타당하다 생각된다. 그러면 이와 같이 복원한 「고려기」의 내용을 통해 당시 고구려 관제가 어떻게 운영되었는지 살펴보겠다.

Ⅲ. 6~7세기 官制의 계층구조와 상위 5官

고구려사에서 6세기 중엽이 하나의 전환기가 된다는 점을 고려하면, 『한원』이 전하는 내용은 당대 고구려의 정치권력과 운영방식을 담고 있다고 생각된다. 앞서 지적한 바와 같이 위두대형이라는 새로운 관명이 등장한다는 것은 설치 당시 나름의 목적을 가지고 있었을 가능성을 짐작하게 한다.

32 武田幸男, 앞의 책, 364쪽.

나-1. 고려기에 이르기를 '그 나라는 官을 세우는데 9등을 두었다. 그 첫 번째는 吐捽로 一品에 비견되며 옛 이름은 大對盧이고 국사를 총괄한다. 3년에 한 번 교대하는데 만약 잘하는 자라면 연한에 구애받지 않는다. 교체하는 날에 혹 서로 승복하지 않으면 모두 병기를 들고 서로 공격하여 이긴 자는 (대대로가) 된다. 왕은 다만 궁을 닫고 스스로 지킬 뿐 제어하지 못한다. 다음은 太大兄으로 2품에 비견되며 일명 莫何何羅支라고 한다. 다음은 鬱折로 종2품에 비견되며 중국어로는 主簿이다. 다음은 太大使者로 정3품에 비견되고 또한 謁奢라고도 부른다. 다음은 皁衣頭大兄으로 종3품에 비견되며 일명 中裏皁衣頭大兄인데 동이에서 서로 전하는 소위 조의선인이다. 앞의 다섯 관으로써 기밀을 관장하고 정사를 모의하며 병사를 징발하고 관작을 준다…

나-1은 앞서 인용한 가-1의 일부로서 따르면 제5위인 위두대형 이상이 '기밀을 관장하고 정사를 모의하며 병사를 징발하고 관작을 遷授한다'고 하여, 당시 고구려 국정운영 전반의 중추였음을 전한다. 기존 연구들에서는 밑줄 친 부분을 통해 상위 5官 소지자가 권력을 장악했던 것으로 보았다. 여기에서는 그에 앞서 구조적인 면에서 접근하여 대대로 이하 위두대형에 비견된 중원왕조의 품계가 1~3품인 것에 주목해보았다.

〈표 2〉 唐 5省 1臺의 명칭변화와 관서장의 품계

관서명	명칭의 변화	관서장의 품계
尙書都省	中臺(662)→文昌臺(684)	尙書令(정2품), 6部尙書(정3품)
門下省	東臺(662)→鸞臺(684)	門下侍中(정3품)
中書省	西臺(662)→鳳閣(684)	中書令(정3품)
祕書省	蘭臺(662)→麟臺(684)	祕書監(종3품)
殿中省	中御府(661)→殿中省(670)	殿中監(종3품)
御史臺	憲臺(662)→左右肅政臺(684)	御史大夫(종3품)

〈표 2〉는 당의 주요관부와 그 長들의 품계를 정리한 것으로, 이들의 품계는 정2품에서 종3품에 이른다. 특히 이 가운데 상서, 중서, 문하성의 장관이 3품을 하한으로 하여 재상의 직임을 맡았던 것을 주목할 필요가 있다. 재상의 직임이 국정운영의 중추였음을 생각해본다면, 종3품에 해당하는 위두대형 이상의 관명 소지자가 고구려 국정운영

의 중추로 묘사된 것은 이들이 곧 고구려 내에서 재상과 같은 지위를 가지고 있었음을 보여주는 것이 아닐까 하는 것이다. 마침 관련 자료들은 이들의 구체적인 직무와 관련하여 힌트를 주고 있다.

〈표 3〉 고구려 상위 5관의 소관업무 및 比品

관명	취임 가능 관직	소관업무	품계
對盧	大對盧	국정총괄	1품
太大兄	莫離支	중서령, 吏部, 兵部[33]	2품
主簿	미상	문서, 호적[34]	종2품
太大使者	司府大夫, 拔古鄒加	왕실재정, 大鴻臚[35]	정3품
皂位頭大兄	大模達, 褥薩	군사, 지방관	종3품

상위 5관과 그에 관련된 직무를 위와 같이 정리하면 이들은 왕명출납, 인사, 군사, 조세, 외교 등 국정 전반에 대한 업무와 관련되어 있음이 나타난다. 특히 이들의 직임을 당의 제도에 비견한 것으로 보면 재상으로 여겨졌던 3省 뿐 아니라 상서성 예하의 6部와 9寺에 해당하는 행정관부의 역할도 포함하고 있음을 알 수 있다. 다만 당의 재상이 3省의 長官이었다고 보면, 고구려에서 그에 해당하는 것은 1위인 대대로와 2위인 태대형에 한정된다. 또한 3省 6部 9寺가 일정한 主司와 屬司 관계를 가지고 있었던 당의 경우와 달리 고구려의 상위 5관이 관여한 부서 간에는 그러한 관계를 상정하기 어렵다.

이러한 현상은 唐의 3품에 비견되었다는 점에 한정하면 정책 결정에 관여하는 자들로서 상위 5관 소지자의 존재를 인정할 수 있지만, 그들이 관장한 부서간의 조직은 唐의 그것과 다른 형태로 이루어져 있었음을 반영한다고 생각된다. 오히려 인사, 군사, 재정 등 국가운영에 필수적인 몇몇 관부들의 위상이 높았던 상황을 반영하고 있는 듯하다. 아마도 고구려만의 독자적인 관서조직의 발달을 상정해야할 것이다.

요컨대 『한원』 고려기의 찬자가 상위 5관의 지위에 대해 종3품을 하한으로 설정한

---

33 『구당서』 권199상, 고려전. "自立爲莫離支, 猶中國兵部尙書兼中書令職也" ; 『신당서』 권219, 고려전. "自爲莫離支專國, 猶唐兵部尙書·中書令職云" ; 自爲莫離支, 『자치통감』 권196, 貞觀16년 11월. "丁巳, 其官如中國吏部兼兵部尙書也"

34 『신당서』 권219, 고려전. "日鬱折, 主圖簿者"

35 『한원』 고려. "又有拔古鄒大加, 掌賓客, 比鴻臚卿, 以大夫使爲之"

것은 이들이 중앙 주요관부의 책임자였던 것을 설명하기 위함이었다. 그러므로 이들 상위 5관이 '기밀을 관장하고 정사를 모의하며 병사를 징발하고 관작을 遷授한다'는 것은 국정운영의 중추로서 주요 현안을 결정하였음을 기록한 것으로 이해된다.

한편 고구려에서도 이러한 부서 혹은 기구를 일컫는 명칭이 있었을 것으로 예상되는데, 최근 발견된 묘지명에 보이는 評臺가 주목된다.

> 나-2. 조부 岑은 건무대왕에게 中裏小兄을 받고 垧事를 주관하였다. 견책을 받음으로 인하여 垧事에서 쫓겨나 외관으로 내려갔다. 여러 자리를 옮겨 다니다가 遼府都督으로 승진하였다. 교를 받들어 對盧官에 임명되었고 예전에 의거하여 垧事를 주관하였으며 評臺의 직임에 임하였다.[36]

나-2는 최근 발견된 고구려 유민 묘지명인 『고을덕 묘지명』으로, 여기에는 評臺라는 명칭이 등장한다. 이에 대해서는 귀족평의회,[37] 국가정무 처결기관,[38] 태대형 이상의 인원이 참여하는 합좌기구,[39] 당의 尙書臺에 준하는 기구[40] 등의 의견이 제기된 바 있다. 또한 이 평대라는 명칭은 고구려 초기 국중대회 가운데 諸加評議[41]에 기원을 두고 있었으리라 짐작된다.[42]

---

36 『고을덕 묘지명』 "祖岑, 受建武太王中裏小兄, 執垧事. 緣教責, 追垧事, 降黜外官. 轉任經歷數政, 遷受遼府都督. 卽奉教, 追受對盧官, 依舊執垧事, 任評臺之職"

37 王連龍, 2021, 「唐代高乙德墓誌所見高句麗官制考」, 『文史』 134, 281쪽. 본래는 京畿지역의 정무처리 기구로 이해하였으나(2015, 「唐代高麗移民高乙德墓誌及相關問題研究」, 『吉林師範大學學報』 2015-4, 33쪽), 최근에 수정한 듯하다.

38 葛繼勇, 2015, 「신출토 入唐 고구려인 〈高乙德墓誌〉와 고구려 말기의 내정 및 외교」, 『한국고대사연구』 79.

39 여호규, 2016, 「신발견 고을덕 묘지명을 통해 본 고구려 말기의 중리제와 중앙관제」, 『백제문화』 54, 271쪽.

40 이성제, 2016, 「유민 묘지를 통해 본 고구려의 중리소형」, 『중국고중세사연구』 42, 448쪽.

41 『삼국지』 권30, 고구려. "無牢獄, 有罪諸加評議, 便殺之, 沒入妻子爲奴婢"

42 이 評臺라는 명칭이 유민 묘지명에 등장하고 있다는 점에서 보면, 본래 명칭은 따로 있되 관서명에 臺를 붙였던 唐의 상황을 고려하여 변형한 기술일 수도 있다. 동일한 실체를 가리키는 관명이 달리 표기되기도 하는 유민 묘지명의 특성상 評臺가 어느 쪽인지 단언하기는 어렵다. 그러나 국정 주요사안의 논의 및 결정이라는 측면에 주목한다면, 고구려 초기부터 이어져 온 評議의 성격이 남아 있었을 것이므로 '評'이라는 의미는 포함되었을 것이라 짐작한다.

이와 같이 평대가 국정운영과 관련된 기구로서 이해될 수 있다면, 그에 들어갈 자격은 무엇인지 궁금해진다. 앞서 국정운영의 중추로서 상위 5관을 지목하였는데, 이것과 관련되었을 가능성이 높을 것이다. 나-2에서 고을덕 조부의 관력을 보면 對盧官에 임명된 후 평대에 임하였다고 하였다. 이 대로관에 대해서는 최근 제1위관으로서 대로의 존재를 설정하고, 『한원』 등에 보이는 대대로를 3년의 임기를 가졌다는 점에 주목하여 관직으로 파악한 견해가 있다.[43] 이에 따른다면 평대의 자격으로는 1위인 대로만이 허용되었을 것으로 생각할 수도 있지만, 평대를 국정운영과 관련된 기구로 본다면 상위 5관으로 그 자격범위를 넓게 보는 것이 보다 타당할 것이다.[44]

그러한 점에서 위두대형이 6세기 중엽 등장하여 상위 5관의 하한에 위치해 있는 것은 단순히 官制상의 서열만으로 그치지는 않았던 것으로 보인다. 『한원』 고려기에는 위두대형과 관련하여 아래와 같은 내용도 전한다.

> 나-3. 그 武官은 大模達이라 하는데 衛將軍에 비견되며 일명 莫何邏繡支, 大幢主라고 하고 皁衣頭大兄 이상으로 이를 삼는다. 다음은 末若으로 中郎將에 비견되며 일명 郡頭라 하고 大兄 이상으로 삼고 천 명을 거느린다. 이하는 각각 등급이 있다.[45]

위의 내용은 고구려의 무관과 관련된 기록으로서 가장 먼저 대모달을 언급하고 있는데, 그에 임명되기 위해서는 조의두대형(위두대형)을 소지하고 있어야 했다. 묘지명 자료에 의하면 장군으로 불리는 것도 위두대형부터였다.[46] 또한 6세기 중엽 이후 지방장관 가운데 욕살 역시 위두대형이 맡는 경우가 확인된다.[47]

위와 같은 관직들이 6~7세기를 배경으로 확인되고 위두대형을 長으로 하여 설치되고 있는 점은 이러한 일련의 관계가 위두대형의 등장과 무관하지 않음을 보여주는 것

---

43 이규호, 2017, 「고구려 對盧의 성격과 역할」, 『사학연구』 127.

44 이상의 내용은 이규호, 2017, 「고구려 對盧의 성격과 역할」, 『사학연구』 127, 152-154쪽의 내용을 정리한 것이다.

45 『한원』 고려. "其武官曰大模達, 比衛將軍, 一名莫何邏繡支, 一名大幢主, 以皁衣頭大兄以上爲之. 次末若, 比中郎將, 一名郡頭, 以大兄以上爲之, 其領千人. 以下各有等級."

46 『천남생 묘지명』. "年廿三改任中裏位頭大兄, 廿四兼授將軍, 餘官如故."

47 『全唐文』. "高麗位頭大兄理大夫後部軍主高延壽, 大兄前部軍主高惠真" ; 『고자 묘지명』. "祖量, 本蕃任三品栅城都督位頭大兄兼大相"

이라 생각된다.[48] 즉, 관명을 '位頭'大兄 내지 皁衣'頭'大兄으로 삼은 것은 5세기의 大位를 계승하는 최상위층 신분의 범주를 나타내는 징표이자, 관직과 관부를 조직함에 있어 위두대형 이상을 주요관서의 長으로 구성하기 위한 목적도 가지고 있었음을 반영하는 것이다.[49]

다음으로『한원』에 의하면 위두대형의 이칭은 '中裏位頭大兄'인데, 이것은 중리에 대한 기왕의 연구에서 지적되었듯 착오였던 것으로 생각된다.[50] 그렇다면 여타 형계 관명 이칭을 참조할 때, 위두대형의 이칭 역시 '~支'로 불렸을 가능성이 높다고 생각된다. 이 때 주목되는 것이 위두대형과 같은 계층으로 묶이는 태대형의 이칭인 莫何何羅支이다. 유연이나 거란에서는 수령(長)의 칭호로서 莫何弗이 있고, '莫何'라는 용어에는 '大'의 의미가 있었다.[51] 그렇다면 같은 상위 5관에 莫何何羅支로도 불리는 태대형이 있음에서 위두대형의 이칭 역시 '莫何~支'였을 가능성이 높다. 특히 나-3에 위두대형 이상으로 삼는 대모달의 이칭이 '莫何邏繡支'였던 것으로 보아 일정 지위 이상을 지닌 집단(관서, 부대)의 長에게 '莫何'의 칭호가 부여되던 것으로 생각된다.[52]

이처럼 위두대형 이상이 하나의 특권 집단으로서 관제상 長官의 역할을 했다면, 그 아래의 관명들은 그 이하의 역할을 수행했을 것으로 판단된다. 이와 관련하여『한원』의 아래 내용들이 주목된다.

> 나-4. 또 拔古鄒加가 있는데, 賓客을 담당하며 鴻臚卿에 比하고, 大夫使者(太大使者)로 삼는다. 또 國子博士, 太學博士, 通事舍人, 典客이 있어 모두 小兄 이상으로 이를

48 위두대형의 등장을 태대형의 지위변화와 연결시키면서, 이것이 귀족연립정권의 성립과 관련된다고 본 바 있다. 본래 태대형이 맡았던 군사적 직무를 위두대형에게 넘기고 대대로 선임의 제1후보군으로서 변모했다는 것이다(임기환, 앞의 책, 234~235쪽).

49 이는 신라에서 주요관서의 숙에 대아찬 이상을 소지한 최상위 신분인 진골만이 임명되었던 점도 참고가 된다.

50 이문기, 2000, 앞의 논문, 82쪽.

51 荒川正晴, 1998,「北朝隋・唐代における「薩寶」の性格をめぐって」『東洋史苑』50・51에 의하면 唐代 소그드인들을 이끄는 자에게 주어진 관직으로서 薩寶가 있는데, 그보다 상위에는 摩訶薩寶가 있고, 大薩寶와 같은 의미이다. 따라서 摩訶는 '大'라는 의미를 가진 것으로 볼 수 있는데, 莫何와 같은 음을 달리 표기한 것으로 생각된다.

52 莫何邏繡支가 위두대형의 이칭이었을 가능성도 배제할 수 없다.

삼는다.[53]

나-5. 아버지 孚은 보장왕에게 中裏小兄을 받고 南蘇道史에 임명되었다. 大兄으로 승진하여 海谷府都督에 임명되었다. 또 太相으로 승진하여 司府大夫에 임명되고, 執垧事를 승습하였다.[54]

나-4에는 당시 고구려의 몇몇 관직들에 대한 정보를 전하면서 그에 뒤따르는 자격조건을 설명하고 있다. 이는 곧 특정 관직을 수행하는데에 특정 관명 이상을 소지해야 하는 자격 조건이 있었음을 나타낸다. 또한 나-5와 같이 지방관을 임명하는데 있어서도 같은 기준의 자격조건이 있었음을 알려준다. 당시 고구려의 도독은 褥薩이, 자사는 道使로도 불린 處閭近支가 있었는데, 이들을 임명하는데 있어 소형과 대형을 필요로 했다는 것이다. 뿐만 아니라 앞서 제시한 나-3에도 무관직으로서 위두대형 이상이 임명되는 대모달 다음으로 대형 이상을 임명하는 末若이 있었다.

이러한 점으로 보아, 당시 고구려에서 관직을 임명할 때 크게 세 층위의 자격요건이 존재했던 것으로 볼 수 있다. 위두대형, 대형, 소형이 바로 그것으로, 각 관부에 장관 이하 적어도 세 층위로 구성된 관원조직이 있었다고 볼 수 있다. 예를 들어 나-4의 拔古鄒加와 典客의 관계가 대표적일 것이다. 拔古鄒加는 鴻臚卿에 비하는 것으로서 설명되는데, 당의 홍려경은 賓客 및 凶儀를 관장하였고 屬司로는 典客과 司儀를 거느렸다.[55] 典客은 그 명칭으로 보아 당의 典客署 소속 관원을 가리키는 것으로 보이며, 당에서는 외국의 사신 접대와 관련된 직무를 수행하였다.[56] 따라서 拔古鄒加와 典客은 같은 직무를 관할하는 상하관계에 있었을 가능성이 높고, 그에 임명되는 자격 조건 역시 太大使者와 小兄으로 상하관계를 이룬다. 양자는 主司와 屬司 관계였을 가능성이 높은 것이다. 고려기를 작성한 진대덕이 당에서 온 사신이었음을 고려하면 적어도 빈객에 관한 고구려 관제는 상대적으로 잘 파악했을 것이며, 기록에 남아있는 이유도 여

53 『한원』 고려. "又有拔古鄒大加, 掌賓客, 比鴻臚卿, 以大夫使爲之. 又有國子博士 · 太學博士 · 通事舍人 · 典客, 皆以小兄以上爲之."

54 『고을덕묘지명』. "父孚受寶藏王中裏小兄, 任南蘇道使, 遷陟大兄, 任海谷府都督, 又遷受太相, 任司府大夫, 承襲執垧事."

55 『당육전』 권18, 鴻臚寺. "鴻臚卿之職, 掌賓客及凶儀之事, 領典客 · 司儀二署, 以率其官屬."

56 『당육전』 권18, 鴻臚寺. "凡朝貢 · 宴享 · 送迎預焉, 皆辨其等位而供其職事. 凡酋渠首領朝見者, 則館而以禮供之."

기에 있었을 것이다.

이처럼 당시 고구려에 빈객과 관련한 관서가 있었다면 唐의 禮部에 비견될 만한 부서였을 것이다. 그런데 예부는 교육 역시 담당하였다. 나-4의 國子博士와 太學博士는 小兄을 조건으로 하는 교수직으로 보인다. 이 관직들은 당에서도 확인되는데, 양자는 교육대상에 차이가 있었다. 전자는 문무관 3품 이상,[57] 후자는 문무관 5품 이상의 자제가 교육대상이었다.[58] 마침 가-1에 의하면 3품에는 위두대형이, 5품에는 대형이 위치하고 있어 여기에 부합한다. 앞서 지적한 대로 두 형계 관명의 관제 상 의미를 고려하면, 국자박사와 태학박사는 해당 관원들의 자제를 가르치기 위한 목적이 있었을 것이다.

이는 중앙관 뿐만 아니라 지방관에 대해서도 적용되었다. 나-5는 그러한 현상을 잘 보여준다. 여기에도 역시 중앙관에 적용되었던 대형과 소형의 기준이 적용되고 있다. 이러한 현상은 고구려가 5세기를 거치며 국가적으로 영토확장을 마무리한 이후 그에 수반하는 행정조직을 정비하였음을 시사한다. 그 과정에서 위두대형을 하한으로 하는 상위 5관이 장관층이 되어 정책결정에 관여하고, 그 예하에 대형과 소형을 하한으로 하는 관원조직이 형성되었을 것으로 보인다. 다만 이 경우는 위두대형 이상을 장관으로 하는 주요관서에 한하고, 그에 딸린 屬司나 몇몇 독립 관사의 경우 그보다 격이 떨어지는 자가 장관으로 임명되었을 가능성도 배제하기 어렵다. 그러나 이 경우에도 동일하게 대형과 소형을 기준으로 하였을 가능성이 높다.

이러한 점들로 보아, 『한원』 고려 조 인용 「고려기」의 관제기록은 단순히 관명의 서열만을 소개하고 있는 것에 그치지 않았다. 唐의 比品을 각 관명에 모두 붙이고 있는 것은 그 고하를 드러냄으로서 唐人의 이해를 돕기 위한 것뿐만 아니라, 당시 고구려의 현상을 본 찬자 진대덕이 고구려 관제의 구조적 특징을 보여주기 위한 장치로서 기록된 것이었다. 우리는 진대덕의 눈을 통해 6세기 중엽 이후 고구려 관제의 구조와 운영양상을 일부나마 파악할 수 있는 것이다.

---

57 『당육전』 권21, 國子監. "國子博士掌教文武官三品已上及國公子・孫、從二品已上曾孫之爲生者,"

58 『당육전』 권21, 國子監. "太學博士掌教文武官五品已上及郡・縣公子・孫、從三品曾孫之爲生者,"

Ⅳ. 맺음말

지금까지 『한원』 고려조에 인용된 「고려기」의 官名 관련 내용 가운데, 소사자와 위두대형을 중심으로 하여 그것이 가지는 의미에 대하여 알아보았다. 그 결과 소사자는 하위분화되어 발위사자와 상위사자가 되었지만, 제3자인 唐人의 입장에서 이칭의 혼동을 일으켰을 가능성이 높고 『주서』~『북사』에 보이는 사자계 관명의 불일치는 이를 반영한 것이라 보았다.

반면 위두대형의 경우 6세기 중엽을 시작으로 등장하여, 고구려 국정운영기구인 평대의 구성원이었을 것으로 이해하였다. 평대는 상위 5관을 구성원으로 하는 정책결정기구였다. 당시의 최고위 무관이나 지방관이 위두대형을 소지하고 있었던 점으로 보면, 주요관서의 長 역시 위두대형을 하한으로 형성되어 있었을 것이라 이해하였다.

위두대형의 등장은 단순히 새로운 관명의 설치가 아니라 기왕의 관제조직을 정비한 결과물이었다. 위두대형을 기준으로 그 이상은 장관과 같은 지위로서 정책을 결정하는 권한을 지녔고, 그 아래에 대형과 소형을 기준으로 관원체계가 마련되었을 것으로 보인다. 이 가운데 拔古鄒加와 典客, 國子博士, 太學博士를 통해 당시 고구려 관직체계 내 主司와 屬司의 존재를 짐작할 수 있었다. 이러한 면에서 『한원』 고려 조 인용 「고려기」의 官制 기록은 현상만을 나열한 것이 아닌, 찬자인 진대덕이 唐의 品階에 비하면서까지 기록한 당시 고구려 관제에 대한 이해의 결과물이었다고 할 수 있다.

이러한 점을 통해 6세기 중엽 이후 고구려 관제에 대한 복원 뿐 아니라 그에 보이는 구조적 특징까지 파악할 수 있었다. 그러나 아직 해결해야할 과제도 남아있다. 6세기 중엽 이후 위두대형의 등장과 함께 고구려 관제조직의 정비가 이루어졌다면, 그것은 종래의 조직을 변화발전시킨 것이었음은 쉽게 예상할 수 있다. 즉, 6세기 중엽 이전에도 고구려에 일정한 관직과 관사가 설치되어 있었을 것이다. 고구려에는 일찍부터 有司의 존재가 확인되고 있는바, 앞으로는 관명의 서열이나 성격 규정을 넘어 그에 수반하는 관직이나 관사의 존재도 함께 고려의 대상에 넣을 필요가 있다.

백제 5方의 성격과 설치 시점 논의

『括地志』를 바탕으로

장미애

Ⅰ. 머리말

고대사회의 성격을 이해하는 데 있어 중앙 통치 체제의 양상과 함께 지방 지배 방식에 대한 이해는 중요한 요소로써 지적되어 왔다. 고대 국가의 성장 과정에서 주변 지역으로의 영역 확대는 불가피한 것이었고, 이렇게 통합된 지역을 어떤 방식으로 지배 또는 통치했는가는 그 국가의 발달 정도를 이해할 수 있는 주요 요소였던 것이다. 이 때문에 일찍부터 연구자들은 고대 국가의 지방 지배 방식에 대해 많은 관심을 기울였으며, 이는 백제사 연구에서도 마찬가지였다. 城·村을 중심으로 한 지방 지배에서 5方과 郡-城의 통치 체제를 마련한 지방 지배 방식으로의 이행 과정은 백제 지방 지배의 계기적 변화를 살펴보기 위한 노력의 일환이었다고 할 수 있다.

이러한 백제 지방 지배 방식의 변화 과정에서 가장 완성된 형태의 지방 지배 방식을 보이는 것이 6세기 이후 나타나는 5方과 郡-城의 통치 체제이다.[1] 6세기 이후 백제의 지방 통치 체제와 관련하여서는 『周書』, 『北史』, 『隋書』, 『翰苑』 所引 『括地志』(이하 『括地志』) 등에 전하는 方·郡·城의 기록을 통해 확인할 수 있다. 그러나 이들 기록만으로는 6세기 이후 보이는 백제 지방 통치 체제의 성립 과정과 운영 방식, 각 통치 단위의 구체적 위치 등을 온전히 복원해 내기가 어렵다. 이로 인해 백제 지방 통치 체제에 대해서는 5方의 위치 및 성격, 方과 郡의 관계 등에 대한 연구자들의 견해차가 여전히 존

---

1 이에 대해서는 5方體制, 5方制, 方-郡-城制 등 다양한 용어를 사용하여 설명하고 있다. 이는 광역행정단위로서 5方의 성립 이후 方과 郡, 城이 상하 관계에 의해 운영되는 것을 기본적인 전제로 하고 있다고 할 수 있다. 方이 6세기 이후 백제의 광역 통치 단위로서 성립되었으며, 郡, 城에 대한 군사적 통제를 전제로 하고 있다는 점에서는 方과 郡, 城의 상하 관계를 어느 정도 인정할 수 있다. 그러나 方-郡-城으로 이어지는 관계가 백제 지방 통치 체제의 성격을 온전히 반영하는가에 대해서는 의문이 있다. 이는 方과 郡의 관계, 方과 小城의 관계, 郡과 城의 관계에 대한 종합적인 이해와 이 가운데 方의 성격을 어떻게 볼 것인가의 문제와 연관되어 있다고 생각한다. 이에 대해서는 본문을 통해 보다 자세한 논의를 전개하고자 한다.

재한다. 백제 지방 통치 체제의 이해를 위해서는 5方의 성격과 方과 郡의 관계에 대한 이해는 필수적이라고 할 수 있다. 특히 5方의 성격은 方과 郡의 관계를 이해하기 위한 기반이 되는 측면이 있다고 생각한다. 5方의 성격을 행정적 측면으로 이해할 것인가 군사적 측면으로 이해할 것인가에 따라 郡과의 관계를 설정하는 데 있어서도 큰 차이를 보이기 때문이다.

이에 본고에서는 기존 연구자들의 견해를 정리하는 한편, 『翰苑』 所引 『括地志』의 내용을 바탕으로 6세기 이후 백제 지방 통치 체제의 최상위 통치 기관인 方의 성격에 대해 이해하는 발판을 마련해 보고자 한다. 이를 위해 Ⅱ장에서는 『括地志』에 전하는 백제 지방제의 내용을 살펴보고 그에 대한 기존 연구자들의 견해 및 필자의 견해를 정리하고자 한다.[2] 그리고 Ⅲ장에서는 5方의 성립 시점에 대한 논의를 통해 5方의 성격을 보다 분명히 하고자 한다.

Ⅱ. 5方의 성격과 위치

백제 지방 통치 체제에 대한 가장 자세한 정보를 전하고 있는 사료는 『括地志』라고 할 수 있다. 『括地志』가 인용된 『翰苑』 蕃夷部는 660년 張楚金이 찬술한 것으로 특히 東夷지역에 대한 정보는 隋·唐代의 최신 정보에 의해 작성된 것으로 보고 있다.[3] 이에 따른다면 『括地志』를 인용하여 전하고 있는 백제의 지방 통치 체제 역시 대체로 6~7세기 대의 사실을 전하는 것으로 생각할 수 있다. 여기서는 『括地志』의 내용과 함께 백제 지방 통치 체제와 관련한 정보를 전하고 있는 중국계 사서에 대한 분석을 토대로 6세기 이후 백제 지방 통치 체제로서 5方의 성격에 대하여 살펴보고자 한다. 이를 위해 우선 기존 연구에서 이루어진 5方의 성격에 대한 논의에 대해 검토하고 『括地志』에 전하는 5方과 관련한 내용을 분석함으로써 5方의 성격에 대한 필자의 견해를 제시해 보고자 한다.

5方의 성격은 백제 후기 지방 통치 체제를 이해하는 데 있어 중요한 의미를 지니고

---

2 논의의 편의를 위해 5方의 위치, 성격 등에 대한 기존 견해는 본문에서 상세히 다루고자 한다.

3 윤용구, 2021, 「『翰苑』의 편찬과 蕃夷部」 『백산학보』 120, 109쪽.

있다. 백제 후기 지방 통치 체제는 5方制 또는 5方體制 등으로 지칭되고 있는데, 이는 方과 郡, 城이 상하 통속 관계를 가진다는 전제에서 5方을 중심으로 백제 지방 통치 체제를 명명한 것이라고 할 수 있다.[4] 즉, 5方에 백제 지방 통치 체제에서 최상위 통치 단위로서의 지위를 부여한 것으로 생각할 수 있다. 기존 연구에서는 백제 지방 통치 단위에서 5方의 지위에 대해서는 대체로 유사한 견해를 보이지만, 실제 5방의 성격에 대해서는 다소 이견이 있다.

5方의 성격에 대해서는 크게 두 가지 견해로 나뉘고 있다. 5方을 지방의 최상위 통치 단위로 보면서도 그 역할은 주로 군사적 역할에 국한되었던 것으로 보는 견해가 첫 번째이다.[5] 이는 5方에 대한 기록에서 대체로 方을 중국의 都督과 비교한 것을 주요 근거로 하고 있다. 이에 따르면 方은 최상위의 통치 단위로서 주로 군사적 측면에서 하위의 郡을 통솔하였던 것으로 보고 있다. 이러한 方의 성격으로 인해 方은 군사적 측면에서만 역할을 하였고, 군사 부문을 제외한 民政에 있어서는 하위의 통치 단위인 郡에 대해 영향을 미치지 못했을 것으로 보고 있다.

이와는 달리 5方이 실질적으로 최상위 통치 단위로서 군정과 민정을 아우르는 광역 행정 기구의 역할을 했을 것으로 보는 견해도 있다.[6] 方이 군사적 성격을 가지고 있으나 方-郡-城으로 이어지는 누층적 지방 행정의 최상위 단위로서 역할을 하였을 것으로 본 것이다.[7] 따라서 5方制는 행정·군사적 면에서 中央政府-方-郡-城으로 이어지는 명령 계통을 구축함으로써,[8] 행정 단위들의 중층적 편제를 통해 효과적인 명령 체계와

---

4 이 외에 方-郡-城體制로 지칭하기도 하는데(盧重國, 1988, 『百濟政治史硏究』, 一潮閣, 247쪽), 이는 방-군-성으로 이어지는 일원적 통치 체제의 구축을 보다 강조하는 것이라고 볼 수 있다.

5 今西龍, 1970, 『百濟史硏究』, 國書刊行會, 289쪽 ; 武田幸男, 1980, 「六世紀における朝鮮三國の國家體制」『東アジア世界における日本古代史講座4』, 學生社, 46쪽 ; 盧重國, 1988, 앞의 책, 260쪽 ; 김영심, 1997, 「百濟 地方統治體制 硏究」, 서울대학교 박사학위논문, 13~155쪽; 정동준, 2011, 「백제 5方制의 지방관 구성에 대한 시론」『한국고대사연구』 63, 279~301쪽.

6 鄭載潤, 1992, 「熊津·泗沘時代 百濟의 地方統治體制」『韓國上古史學報』 10, 522~525쪽 ; 박현숙, 1996, 「백제 泗沘時代의 지방통치체제 연구」『韓國史學報』 창간호, 高麗史學會, 311쪽 ; 박현숙, 1998, 「百濟 泗沘時代의 地方統治와 領域」『百濟의 地方統治』, 學硏文化社, 205~211쪽 ; 李鎔彬, 2001, 「百濟 5方制의 成立過程 硏究」『白山學報』 61 ; 南浩鉉, 2010, 「백제 사비기 지방통치거점의 복원을 위한 예비작업」『韓國上古史學報』 69, 128쪽.

7 박현숙, 1988, 위의 논문, 205쪽.

8 정재윤, 1992, 위의 논문, 525쪽.

방어 체계를 구축하고자 했던 것으로[9] 보았다.

方의 성격은 方의 역할과 직접적 관련이 있으며, 이는 方과 하급 행정 단위, 특히 郡과의 관계를 통해 보다 명확히 할 수 있을 것으로 생각한다. 또한 方의 위치 역시 方의 성격을 살피는 데 있어 중요한 의미를 지닌다고 생각한다. 이를 위해 우선 『括地志』를 비롯한 諸史書에 전하는 方과 관련한 내용을 검토해 보겠다.

A-① 지방[外]에는 다시 5方이 있으니, 中方은 古沙城, 東方은 得安城, 南方은 久知下城, 西方은 刀先城, 北方은 熊津城이다. … 五方에는 각각 方領 1인을 두어 達率로 임명하고, 郡에는 將 3인이 있으니 德率로 임명하였다. 方이 통솔하는 군사는 1천 2백명 이하 7백명 이상이었다. 城 내외의 백성들과 여러 小城들이 모두 나누어 예속되었다.[10]

A-② 그 都城은 居拔城으로 固麻城이라고도 부른다. 지방에는 또 5方이 있다. 中方은 古沙城, 東方은 得安城, 南方은 久知下城, 西方은 刀先城, 北方은 態津城이라 한다. … 五方에는 각각 方領 1인을 두어 達率로 임명하였으며, 方佐가 둘이었다. 方에는 10郡을 두었으며, 郡에는 將 3인이 있으니 德率로 임명하였다. 통솔하는 군사는 1천 2백명 이하 7백명 이상이었다. 城 내외의 백성[人庶]들과 여러 小城들이 모두 나누어 예속되었다.[11]

A-③ 5方에는 각기 方領 한사람씩을 두는데, 方佐가 둘이었다. 方에는 10郡이 있고 郡에는 將을 둔다.[12]

A-④ 『括地志』에 다음과 같이 전한다. "… 또 5方이 있는데, 중국의 都督과 같으며, 方은 모두 達率이 다스린다. 각 方은 郡을 다스리는데, 많은 것은 열 개 [군]에 이르고, 적은 것은 예닐곱 개[군]이다. 郡將은 모두 恩率로 삼는다. 郡縣에는 道使를

9 이용빈, 2001, 위의 논문, 121~141쪽.

10 『周書』 卷49, 列傳41 異域上 百濟. "其外更有五方, 中方曰古沙城, 東方曰得安城, 南方曰久知下城, 西方曰刀先城, 北方曰熊津城. … 五方各有方領一人, 以達率爲之, 郡將三人, 以德率爲之. 方統兵一千二百人以下, 七百人以上. 城之內外民庶及餘小城, 咸分肄焉."

11 『北史』 卷94, 列傳82 百濟. "其都曰居拔城, 亦曰固麻城. 其外更有五方, 中方曰古沙城, 東方曰得安城, 南方曰久知下城, 西方曰刀先城, 北方曰熊津城. … 五方各有方領一人, 以達率爲之, 方佐貳之. 方有十郡, 郡有將三人, 以德率爲之. 統兵一千二百人以下, 七百人以上. 城之內外人庶及餘小城, 咸分肄焉."

12 『隋書』 卷81, 列傳46 東夷 百濟. "五方各有方領一人, 方佐貳之. 方有十郡, 郡有將."

두었는데, 또한 城主라고 하였다."… 『括地志』에 다음과 같이 전한다. "백제 왕성은 방 1리 반이다. 북쪽에 면하였으며, 돌을 쌓아 만들었다. 성 아래에는 만 여가 정도가 있는데, [이곳이] 바로 5부의 거처이다. 한 부에는 병사 500인이 있다. 또한 나라 남쪽 260리에 古沙城이 있는데, 성은 방 150보이며, 이것이 中方이다. 방에는 병사 1,200인이 둘러싸고 있다. 나라 동남쪽 100리에는 得安城이 있는데, 성은 방 1리이며, 이것이 東方이다. 나라 남쪽 360리에는 卞城이 있는데, 성은 방 130보이며, 이것이 南方이다. 나라 서쪽 350리에는 力光城이 있는데 성은 방 200보이며, 이것이 西[方]이다. 나라 동북쪽 60리에는 熊津城이 있는데, 일명 固麻城이라고도[13] 한다. 성은 방 1리 반이며, 이것이 北方이다. 여러 방의 성은 모두 산의 험함에 기대어 쌓았으며, 돌로 쌓은 것도 있다. 그 [가운데] 병사는 많은 것은 1,000인, 적은 것은 700~800인이다. 성 안에 호가 많은 것은 1,000인[이고], 적은 것은 700~800인[이다]. 성 안에 호가 많은 것은 500가에 이른다. 諸城 좌우에는 또한 각각 小城이 있는데 모두 諸方이 통솔한다.…"[14]

A-①~④에서는 6세기 이후 백제의 지방 통치 체제에 대해 전하고 있다. A-①~③에서는 方과 郡에 대한 간략한 정보만을 전하는 것에 비해 A-④의 『括地志』에서는 매우 자세한 정보를 기록하고 있다.[15] 方의 위치와 규모, 方・郡・城에 파견된 지방관의 명칭과 관위, 인원, 方의 군사 규모 및 方城과 小城의 관계 등이 종합적으로 전하고 있는 것이다. 이는 백제의 지방제와 관련한 기록 가운데 가장 정리된 형태의 기록이라고 할 수

13 『周書』에서는 固麻城이 도읍이라고 하였다.

14 『翰苑』 卷30, 蕃夷部 百濟. "括地志曰… 又有五方, 若中夏之都督. 方皆達率領之. 每方管郡, 多者至十, 小者六七. 郡將皆恩率爲之. 郡縣置道使, 亦名城主.… 括地志曰, 百濟王城, 方一里半. 北面, 累石爲之. 城下, 可萬餘家, 卽五部之所也. 一部有兵五百人. 又國南二百六十里, 有古沙城, 〻方百五十步, 此其中方也. 方繞兵千二百人. 國東南百里, 有得安城, 〻方一里, 此其東方也. 國南三百六十里, 有卞城, 〻方一百三十步, 此其南方也. 國西三百五十里, 有力光城, 〻方二百步, 此其西[方]也. 國東北六十里, 有能熊津城, 一名固麻城. 〻方一里半, 此其北方也. 其諸方之城, 皆憑山險爲之, 亦有累石者. 其兵多者千人, 少者七八百人. 城中戶多者千人, 少者七八百人. 城中戶多者至五百家. 諸城左右亦各小城, 皆統諸方. 又國南海中, 有大島十五所, 皆置城邑, 有人居之."

15 이 외에 백제의 지방제와 관련하여서는 『通典』에도 전하고 있으나 그 내용이 매우 소략하고, 서술 대상 시기에 대한 특정도 어려워(정동준, 2011, 앞의 논문, 278쪽) 지방제도의 구체적 면모를 파악하는 데 의미를 지니지 못한다고 생각하여 본고에서는 제외하고 살펴보도록 하겠다.

있다. 이러한 측면에서 보았을 때 A-④의 내용을 바탕으로 A-①~③에 전하는 내용과의 비교를 통해 백제의 지방 통치 체제에 대한 이해가 가능할 것으로 생각한다.

方의 성격과 관련하여 주목되는 것은 사료를 통해 보이는 方에 대한 기술에서의 특징이다. A-①・②・④에 따르면 方의 중요한 특징 중 하나는 700~1,200명의 군사를 거느리고 있다는 점이다. 方의 군사는 方領의 직속 부대로서 상비군을 의미하는 것으로 볼 수 있다.[16] 方에 대한 설명에 있어서 군사의 숫자를 특기하는 것은 方이 가지는 군사적 역할의 중요성에 대한 의미를 보여주는 것이라고 생각한다.

方에 소속된 군사의 숫자와 함께 A-④에 보이는 중국[中夏]의 '都督'과 같다는 표현이 주목된다. 이때 유의하여야 할 점은 『括地志』에서 전하는 '중국의 都督'이 어느 시점의 都督을 지칭하는 것인가의 문제이다. 이에 대해서는 대체로 630년 대를 전후한 것으로 보이는 『括地志』의 편찬 시기를 고려할 때[17] 당 초기 또는 그 이전의 기록을 전하는 것으로 볼 수 있다. 唐代의 都督에 대해 『通典』에서는 "관할하는 都督・諸州의 城隍・兵馬・甲仗・食糧・鎭戍 등을 관장한다."[18]고 하여 都督의 주요 업무가 군사 분야에 있었음을 보여주고 있다. 이는 위진남북조의 군사적 성질을 계승한 것으로[19] 볼 수 있다는 점에서 주목된다. 적어도 『括地志』에 전하는 백제의 都督은 이러한 唐 전반기 이전 都督에 대한 이해를 바탕으로 기록되었을 가능성을 생각해 볼 수 있다. 이와 관련하여 주목되는 것이 『三國史記』와 『日本書紀』에 전하는 方領과 관련한 기록이다.

B-① (15년; 554) 겨울 12월, 百濟에서 下部杆率 汶斯干奴를 보내 上表로써 말하기를, "百濟王臣 明과 안라에 있는 諸倭臣 등, 임나의 제국의 旱岐등이 말하기를, '생각해보

---

16 김영심, 1997, 앞의 논문, 142쪽.

17 『括地志』의 정확한 편찬 시기는 알 수 없으나 638년~641년 사이에 편찬된 것으로 보는 견해가 있다(김영심, 1997, 앞의 논문, 139쪽). 한편 『括地志』의 편찬 시기에 대한 논의는 아니나 『括地志』에서 전하고 있는 내용이 『北史』 百濟傳 보다 후대, 즉 624년~630년 대 초의 사실을 전하는 것으로 보는 견해도 있다(鄭東俊, 2010, 「『翰苑』百済伝所引『括地志』の史料的性格について」 『東洋学報』 92-2(鄭東俊, 2019, 『古代東アジアにおける法制度受容の研究』, 早稲田大學出版部, 150쪽 재인용)). 이들 연구에서는 공통적으로 『括地志』에 전하는 도독과 관련한 내용은 唐 초기 내지 그 이전의 도독에 해당하는 것으로 보고 있다.

18 『通典』 卷32, 職官14, 州郡上, 都督"掌所管都督諸州城隍・兵馬・甲仗・食糧・鎮戍等."

19 샤이앤(夏炎) 著, 이규호 譯, 2014, 「唐代 都督府와 州의 關係에 대한 試論」 『동국사학』 57, 694쪽.

면 斯羅는 無道하여 천황을 두려워하지 않습니다. 이리와 같은 마음으로 바다 북쪽의 彌移居(みやけ)를 격멸코자 압니다. … 12월 9일에 斯羅를 공격하였습니다. 臣은 東方領 物部莫哥武連을 보내어 그 方의 군사를 지휘하게 해 函山城을 공격하였습니다. ….”하였다.[20]

B-② (7년;660 7월) 18일, 義慈王이 太子와 熊津方領의 군사 등을 거느리고 熊津城으로부터 와서 항복하였다.[21]

사료 B-①·②는 백제의 方領의 존재를 알 수 있는 대표적인 사례이다. B-①은 554년 관산성 전투와 관련하여 백제에서 倭에 사신을 보내 알린 내용이다. 『三國史記』 新羅本紀의 眞興王15년 조에 따르면 관산성 전투에서 신라는 佐平 4명과 백제군 29,600명의 목을 베었다고 전하고 있어[22] 이때 동원된 백제군은 3만 이상이었을 것으로 추정된다. 이 과정에서 백제 성왕은 東方領 物部莫哥武連에게 '其方軍', 즉 東方의 군사를 이끌고 函山城, 즉 관산성을 공격하도록 하고 있다.[23] 이에 따르면 方의 주요 역할에서 군사적 측면이 매우 강조되고 있음을 알 수 있다.

사료 B-②의 내용 역시 이를 뒷받침하는 것으로 생각할 수 있다. B-②에 따르면 의자왕이 태자와 함께 '熊津方領軍'을 이끌고 항복하였음이 특기되어 있다. 의자왕은 나당연합군이 사비성을 함락시키기 직전 북쪽 변경으로 도주하였다고 전하는데[24] B-②를 통해 볼 때 이때의 북쪽 변경은 北方城이었던 熊津으로 보인다. 그런데 이때 熊津方領과 관련하여 다음의 기록이 주목된다.

---

20 『日本書紀』 卷19, 欽明天皇. “(15年) 冬十二月, 百濟遣下部杆率汶斯干奴上表曰, 百濟王臣明及在安羅諸倭臣等, 任那諸國旱岐等奏, 以斯羅無道, 不畏天皇. … 以十二月九日, 遣攻斯羅. 臣先遣東方領物部莫哥武連, 領其方軍士, 攻函山城. ….”

21 『三國史記』 卷5, 新羅本紀5 太宗武烈王. “(7年 7月) 18日, 義慈率太子及熊津方領軍等, 自熊津城来降.”

22 『三國史記』 卷4, 新羅本紀4 眞興王. “(15年) 百濟王明禯與加良來攻管山城. … 於是, 諸軍乘勝, 大克之, 斬佐平四人・士卒二萬九千六百人, 匹馬無反者.”

23 이때 동원된 東方의 군사가 정확히 어느 정도였는지는 알 수 없으나 대체로 1만을 넘지 않았을 것으로 추정하는 견해가 있다(김영심, 1997, 앞의 논문, 98~100쪽).

24 『三國史記』 卷28, 百濟本紀6 義慈王. “(20年)… 莫若使唐兵入白江, 沿流而不得方舟, 羅軍升炭峴, 由徑而不得並馬. … 於是, 合兵禦熊津口, 瀕江屯兵. 定方出左涯, 乘山而陣, 與之戰, 我軍大敗. … 唐兵乘勝薄城. 王知不免嘆曰, “悔不用成忠之言, 以至於此. 遂與太子孝, 走北鄙. ….”

C- 義慈와 太子 隆이 北境으로 달아나니 定方이 나아가 그 城을 포위하였다. … 그 大將 禰植이 또한 의자를 이끌고 와서 항복하니 太子 隆과 여러 城主들이 모두 함께 정성으로 보내었다.[25]

C에 따르면 당시 熊津方領으로 추정되는 禰植이 의자왕을 사로잡아 항복한 것으로[26] 추정된다. 그런데 이때 禰植에 대해 『舊唐書』에서는 '大將'으로 표현하고 있음이 주목된다. 『舊唐書』에서 熊津方領을 '大將'으로 인식하고 있는 것으로 볼 수 있으며, 이는 方領의 주요한 역할이 군사적 측면에 있었음을 보여주는 것이 아닌가 생각한다. 方의 최고 책임자라고 할 수 있는 方領의 역할이 군사적 측면에 집중되어 있었다면, 方 역시 군사적 성격이 강한 것으로 생각할 수 있지 않을까 한다. 사료 A군에서 方城의 지리적 특징과 함께 군사의 숫자 등을 특기한 것 역시 方의 군사적 성격과 관련한 것이라고 생각할 수 있다.

이러한 方의 성격은 方의 위치를 통해서도 짐작이 가능하다. 方의 위치에 대해서는 東·西·南·北·中의 方位와 도성으로부터의 거리 등을 통해 논의가 진행되고 있다. 이를 간단한 표로 나타내면 다음과 같다.[27]

〈표 1〉 5方의 위치에 대한 諸說

方名	方城名	위치	論者
中方	古沙城	古阜	
東方	得安城	논산 은진	

25 『舊唐書』 卷83, 列傳33 蘇定方. "其王義慈及太子隆, 奔于北境, 定方進圍其城. … 其大將禰植, 又將義慈來降, 太子隆幷與諸城主, 皆同送款."

26 노중국, 2003, 『백제부흥운동사』, 일조각, 57쪽.

27 표에 제시된 방의 위치와 관련한 諸論者의 논문은 다음과 같다. 今西龍, 1970, 앞의 책, 290~293쪽 ; 李丙燾, 1977, 『國譯 三國史記』, 乙酉文化社, 426쪽 ; 千寬宇, 1979, 「馬韓諸國의 位置試論」 『東洋學』9, 210~217쪽 ; 武田幸男, 1980, 앞의 논문, 45쪽 ; 全榮來, 1988, 「百濟 地方制度와 城郭」 『百濟研究』 19 ; 박현숙, 1996, 앞의 논문, 295~301쪽 ; 김영심, 1997, 앞의 논문, 143~153쪽 ; 정재윤, 2014, 「백제의 서산 지역 진출과 운영」 『역사와 담론』 72, 397~398쪽 ; 지원구, 2018, 「百濟 西方城 位置 性格」 『百濟文化』 58, 133~143쪽 ; 김근영, 2018, 「백제 논산 지역 지배와 동방성」 『韓國古代史研究』 90, 67~78쪽 ; 최미경, 2020, 「사비시기 백제의 영산강유역 지배와 南方城」 『韓國古代史探究』 34, 485~495쪽 ; 김근영, 2021, 「백제 서방과 그 성격」 『韓國古代史研究』 103, 134~143쪽

方名	方城名	위치	論者
南方	久知下城(卞城)	전북 금구	今西龍
		전남 장성	이병도
		전남 구례	武田幸男
		남원	전영래, 김영심
		광주	박현숙
		나주	박현숙, 최미경
西方	刀先城(力光城)	서산	천관우, 김영심, 정재윤, 김근영
		대흥	천관우, 박현숙, 지원구
		나주 · 영암	전영래
北方	熊津城(일명 固麻城)	공주	

〈표 1〉에 따르면 5方 가운데 中方과 北方, 東方의 위치와 관련하여서는 이견이 없다. 이와는 달리 西方, 南方에 대해서는 일치된 의견이 나타나지 않고 있다.

5方의 위치에 대해서는 王都를 제외한 전국의 東 · 西 · 南 · 北 · 中의 중요 거점에 위치시킴으로써 전국에 대한 균형적 통제를 꾀한 것으로 보기도[28] 한다. 이와는 달리 方城의 위치가 백제 전역에 기계적으로 균등하게 분포한 것으로 볼 수는 없고 형식적 성격을 가지고 있는 것으로 보기도 한다.[29] 方의 위치는 方의 역할 및 성격과 밀접한 관련이 있을 것이므로 이를 고려하여 살펴볼 필요가 있다.

5方 가운데 위치에 대한 큰 이견이 없는 北方 熊津城과 中方 古沙城에 대해 먼저 살펴보겠다. 北方 熊津城의 경우 백제의 두 번째 도성이었던 熊津에 두어졌던 것으로 볼 수 있다. 앞서 살펴본 B · C의 사료를 통해 볼 때 北方은 泗沘都城의 북쪽에 위치하면서 도성을 방어하는 역할을 하였을 것으로 생각할 수 있다.

한편 中方 古沙城의 경우는 北方의 경우와는 다소 차이가 있는 것으로 보인다. 中方이 위치했던 것으로 보이는 古沙夫里, 즉 古阜 지역은 사비도성 시기를 기준으로 한 백제의 영역에서 보았을 때 지리적 중앙에 해당하는 곳이라고 할 수 있다.[30] 고부 지역의

28 박현숙, 1996, 앞의 논문, 301쪽 ; 김영심, 1997, 앞의 논문, 129쪽.

29 武田幸男, 1980, 앞의 논문, 45쪽.

30 박현숙, 1996, 앞의 논문, 297쪽; 1998, 앞의 논문, 182쪽.

경우 후대의 사례이기는 하지만, 고려에서 안남도호부가 설치되었던[31] 지역이기도 하였다. 고려시대 안남도호부는 대체로 후백제의 중심지였던 전주 혹은 서해안 해안선의 교통로 상에 위치하고 있었던 것으로 보인다. 이러한 예를 참고한다면 中方城이 고부지역에 설치되었던 것은 백제 영역의 중앙에 위치하면서 도성과 남부지역을 잇는 교통의 結節地 역할을 하였던 것으로 생각할 수 있다. 이는 사비도성이 백제의 전체 영역을 기준으로 할 때 다소 북쪽에 치우쳐 있는 점을 보완하기 위한 목적을 가지고 있었던 것으로 보인다. 또한 도성 남쪽의 서해안 방어선을 구축하고 관리하는 데 있어서 中方의 역할이 컸을 것이다.[32]

도성을 방어하는 데 주요 역할이 있었던 北方과 도성의 지리적 위치를 보완하는 한편, 서해안 방어선 구축에서 주요 역할을 하였을 것으로 보이는 中方의 경우를 참고한다면 東·西·南方의 역할과 그에 따른 위치 역시 이와 유사한 측면을 보였을 것으로 생각할 수 있다. 우선 東方의 경우를 살펴보자.

東方은 일반적으로 충남 論山市 恩津으로 비정되고 있다.[33] A-①·②·④에 따르면 東方의 治所城은 得安城으로 기록되고 있다. 東方城의 명칭인 得安城의 경우 『新增東國輿地勝覽』에 따르면 恩津縣은 德恩郡으로 본래 백제의 德近郡이었으나 신라 景德王대에 德殷으로 고쳤다가 고려 초에 德恩郡으로 다시 고쳐진 것으로 기록되어 있다.[34] 논산 지역은 공주·부여·익산을 동서남북으로 연결하는 지역으로서 웅진·사비 도

31 고려의 안남도호부는 다양한 지역에 설치되었다. 후백제 멸망 직후 고려 태조가 전주에 안남도호부를 두었으나 태조 23년(940)에 전주로 복원하였다. 그 이후 고려 광종 2년(951)에는 고부가 안남도호부가 되었으나 성종 14년(995)에 영암에 낭주안남도호부가 설치되었으며, 현종 9년(1018) 전주에 다시 안남대도호부가 설치되면서 고부는 현종 10년(1019)에 이름을 고부로 바꾸었다. 한편 의종 4년(1150)에 다시 지금의 부평지역에 안남도호부가 설치되기도 하였다.

32 方의 주요한 역할로서 군사적 역할이 강조된다고 볼 경우 또한 중요하게 생각할 수 있는 것이 교통로이다. 군사적 역할에 있어서 방어 기지로서 충분한 환경을 갖출 필요가 있다는 점은 재론할 여지가 없다. 이와 함께 적의 움직임에 대비하여 我軍에 빠르게 소식을 전하고 다른 한편으로는 군수물자의 수송이 편리해야 한다는 점에서 교통로의 확보는 매우 중요한 의미를 지닌다고 할 수 있다. 이러한 측면에서 東方과 中方뿐만 아니라 뒤이어 살펴볼 西方이 가지는 지리적 위치에서 교통의 편리성이 강조되었을 가능성을 생각해 볼 수 있다.

33 今西龍, 1970, 앞의 책, 290~293쪽 ; 千寬宇, 1979, 앞의 논문 210~217쪽 ; 全榮來, 1988, 앞의 논문 ; 박현숙, 1996, 앞의 논문, 295~301쪽 ; 김영심, 1997, 앞의 논문, 143~153쪽 ; 김근영, 2018, 앞의 논문, 67~78쪽.

34 『新增東國輿地勝覽』 卷18, 恩津. "德恩郡, 本百濟德近郡. 新羅景德王改德殷, 高麗初改德恩郡."

성의 방어에 중요한 위치를 차지하는 곳이었다.[35] 百濟 末 나당연합군 중 김유신이 이끄는 신라군이 탄현을 지난 직후 계백이 이끄는 백제의 5천 결사대와 결전을 벌인 곳이 黃山으로[36] 지금의 충남 논산시 연산면으로 비정되는 곳이다.[37] 이 황산에서의 결전에서 패한 직후 의자왕이 熊津江口에 병사를 모아 주둔시킨 것을 통해 볼 때 논산지역은 사비도성의 최후의 방어 거점으로서 역할을 하였을 것으로 보인다.

최근 이러한 東方의 주요 역할에 대해 신라와의 국경지대에 대한 방어와 동시에 北方의 후방으로서 역할, 중방과의 연계 등에 주목한 연구가 있다.[38] 東方의 역할을 이러한 측면에서 접근할 수 있다면, 앞서 언급한 方의 역할 및 성격과 관련하여 北方과 中方의 역할과도 연계하여 설명할 수 있기 때문이다. 北方의 역할이 도성의 방어에 집중되어 있는 점, 中方의 경우 백제의 남부 지역과의 연계 및 서해안 지역의 방어선 구축에서의 역할이 중심이 된 것으로 추정하였다. 이는 東方이 신라에 대한 방어선의 구축, 北方의 후방으로서 도성 방어와 함께 백제 남부 지역과 연계된 중방과의 연계라는 점에서 方의 군사적 성격을 잘 보여주는 것으로 생각할 수 있다.

그렇다면 西方과 남방의 경우는 어떻게 볼 수 있을까? 西方은 서산 또는 예산 대흥면 지역으로 추정되고 있다.[39] 초기에는 예산 대흥면에 위치했던 任存城이 백제 말 흑치상지가 부흥군을 모아 나당연합군에 저항했으며, 이때 흑치상지가 西部人으로 기록된 것을[40] 토대로 이 지역이 西方이 위치했던 지역으로 추정하는 경우가 있었다. 그러나 최근 『括地志』에 기록된 西方城의 규모와 한성시기부터 두각을 나타냈으며 對중국 교통로로서의 지리적 이점 등 서산 지역의 역사 지리적 특징을 기반으로 서산에 西方이 있을 가능성이 제기되었다.[41] 서산마애삼존불의 존재 등을 통해 보았을 때 서산의

35 김근영, 2018, 앞의 논문, 47쪽.

36 『三國史記』 卷28, 百濟本紀6 義慈王. “(20年)… 又聞唐羅兵已過白江・炭峴, 遣將軍階伯, 帥死士五千出黃山, 與羅兵戰, 四合皆勝之, 兵寡力屈竟敗, 堦伯死之. 於是, 合兵禦熊津口, 瀕江屯兵. ….”

37 정구복 外, 2012, 『역주 삼국사기3 주석편(상)』, 한국학중앙연구원출판부, 833쪽.

38 김근영, 2018, 앞의 논문, 67~68쪽.

39 [표1] 참고.

40 『三國史記』 卷44, 列傳4 黑齒常之. “黑齒常之, 百濟西部人. … 蘇定方平百濟, 常之以所部降, 而定方囚老王, 縱兵大掠. 常之懼, 與左右酋長十餘人遯去, 嘯合逋亡, 依任存山自固. 不旬日, 歸者三萬. 定方勒兵攻之, 不克, 遂復二百餘城.”

41 김근영, 2021, 앞의 논문, 126~145쪽. 이러한 서산 지역 중에서도 유적의 권역별 위치와 그 연계성을 고려하여 西方城의 구체적 위치를 基郡으로 파악한 견해도 있다(정재윤, 2014, 「백제의 서산 지

對중국 교통로로서의 가능성은 충분히 상정할 수 있다고 생각한다. 뿐만 아니라 서산은 보다 서쪽의 태안과 비교적 내륙까지 포괄하는 교통로의 중심적 역할을 하였던 것으로 보인다. 〈그림 1〉은 19세기 전반에 그려진 東域圖 가운데 지금의 태안반도 일대를 중심으로 한 부분을 보여주는 그림이다.[42] 이에 따르면 서산은 태안-서산-해미-덕산-예산으로 이어지는 교통로의 중심축에 있음을 알 수 있다. 즉, 태안반도로부터 예산을 거쳐 백제의 내륙지방으로 이어지는 교통로의 중심에 서산이 위치하고 있었음을 알 수 있다.[43]

이는 앞서 언급하였던 北方과 中方·東方의 경우와 유사한 측면을 보이고 있다. 서

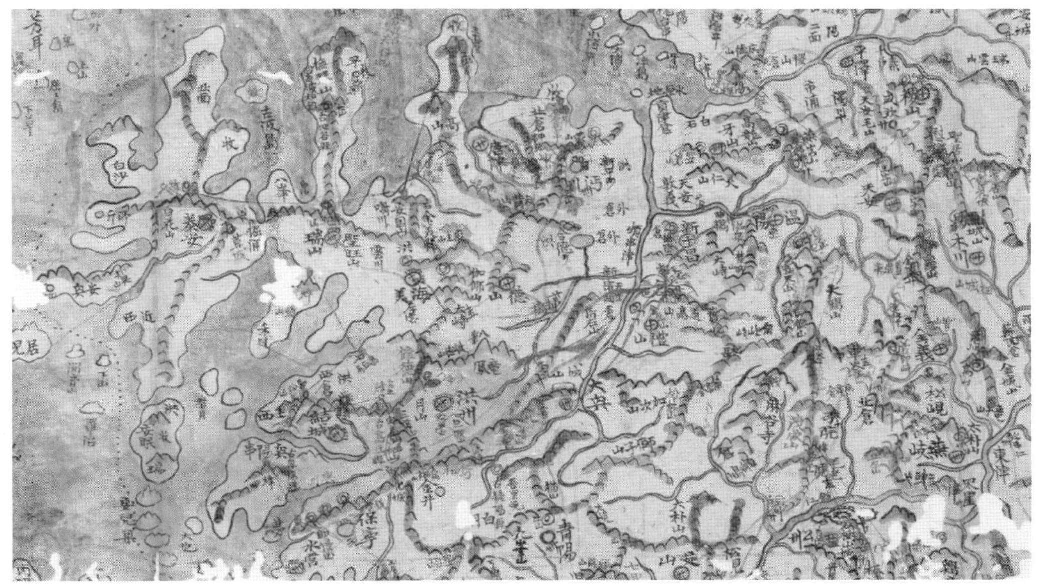

〈그림 1〉 東域圖 경기·충청도 일부

역 진출과 운영」『역사와 담론』72).

42 이미지 출처: http://kyudb.snu.ac.kr/pf01/rendererImg.do(서울대학교 규장각한국학연구원 고지도 원문) 지도에서 노란색 원으로 표기된 부분은 군현의 치소 또는 兵營·水營이 있던 곳이며, 작은 원으로 표시된 부분은 鎭堡가 있던 곳이다.

43 서산의 하천 방향은 대교천과 해미천이 합류하여 천수만으로 흘러들어가는 방향과 용장천으로 합류하여 석문방조제로 흘러가는 방향, 서산만으로 흘러가는 방향의 세 방향의 하천이 있다. 특히 이 가운데 용장천 수계 깊숙이에 위치한 서산마애삼존불은 7세기를 전후하여 축조된 것으로 보이며, 對중국 교통로에 위치하여(정재윤, 2014, 앞의 논문, 371~379쪽) 해로를 통해 중국과 교류하는 과정에서 선원 등의 안전을 빌기 위한 목적에서 세워졌던 것으로 보고 있다.

산의 경우 웅진 천도 이후 한강 유역을 통한 對중국 교통로가 기능을 상실하게 되면서 보다 더 부각되었을 것으로 보인다. 西方 역시 교통로 상에 위치함과 동시에 해안에서 내륙으로 진출하는 길목을 방어하는 역할을 하였을 것으로 볼 수 있다.[44]

지금까지 살펴본 中・北・東・西方의 위치와 역할에 대한 추정은 南方에도 적용될 수 있을 것으로 생각한다. 〈표 1〉에서 보는 것과 같이 南方은 위치에 대한 논란이 가장 많은 곳이다. 『括地志』에 기록된 도성으로부터 南方까지의 거리와 南方城의 크기 등과 함께 앞서 살펴본 각 方의 역할도 함께 고려하여 南方의 위치를 파악할 필요가 있다. 南方은 그 명칭 상 中方인 고부보다 남쪽에 위치하여야 한다. 다만, 北方보다 西方이 서북쪽에 위치했던 것을 고려한다면 남방이 반드시 中方의 정남쪽이어야 할 필요는 없다. 오히려 교통과 방어가 중심 역할이었던 측면에서 본다면 南方은 백제의 방어선 구축에 있어서 중요한 거점에 설치되었을 가능성이 크지 않을까 생각한다. 이러한 측면에서 주목되는 곳이 남원지역이다.

기존 연구에서는 남원이 『括地志』에 기록된 '國南三百六十里'에 맞지 않을 뿐만 아니라 신라와의 변경에 접한 지역이라는 이유로 인해 남원에 南方이 위치했을 가능성을 부정하기도 하였다.[45] 그러나 변경에 인접한 지역일수록 그 지역에 대한 통제가 중요하며, 특히 백제의 경우 6세기 이후 신라와의 전쟁이 격화되는 상황에 있었다는 점에서 남원을 중심으로 주변 지역과의 연계를 통한 신라에 대한 방어선 구축이 중요한 문제였을 것으로 여겨진다. 이러한 측면에서 본다면 남원에 南方이 위치하지 않았다고 보기에는 어려운 측면이 있다.

南方 이외에 다른 方의 위치 역시 南方의 위치를 논하는 데 있어서 중요한 요소가 될 것으로 생각한다. 앞서 언급하였듯 6세기 이후 신라와의 전쟁이 본격화되는 상황에서 신라와의 변경에 대한 방어를 강화할 필요성이 증대되었을 것이다. 東方이 상주-보은-옥천 방면으로 이어지는 신라와의 전투에 대비하는 방어선의 역할을 하였다면, 합

---

44 정재윤, 2014, 앞의 논문, 390~398쪽.

45 박현숙, 1996, 앞의 논문, 299쪽. 박현숙은 남원이 백제의 영역으로 기록된 것은 사비시대 이후 백제의 영향권 아래 놓였기 때문이라고 보았다. 따라 南方은 남원이 아닌 다른 지역에서 찾아야 하는데, 『括地志』에 기록된 위치 문제와 함께 영산강 유역에 잔존해 있던 마한 세력에 대한 통제 목적 등을 고려한다면 광주 또는 나주에 南方이 위치했을 가능성이 크다고 보았다(박현숙, 1998, 앞의 논문, 183~202쪽).

천-남원 방면으로 이어지는 남부 지역에서의 신라와의 전투에 대비하기 위한 방어선의 역할을 생각할 수 있다. 西方과 中方이 서해안 지역 교통로에 대한 장악과 방어선 구축의 역할을 하였다면, 東方과 南方은 백제 동부 지역의 방어선 구축에서 역할을 하였을 것으로 생각한다. 이러한 측면에서 볼 때 남원 지역에 南方이 위치하였을 가능성을 생각해 볼 수 있다.

이상의 논의를 바탕으로 사비도성과 각 방의 위치를 지도에 나타내면 다음과 같다. 〈그림 2〉에서 볼 수 있는 바와 같이 각 方은 사비도성을 중심으로 방사상의 형태로 배치되어 있음을 알 수 있다. 특히 西方-北方-東方으로 이어지는 方의 위치는 사비도성을

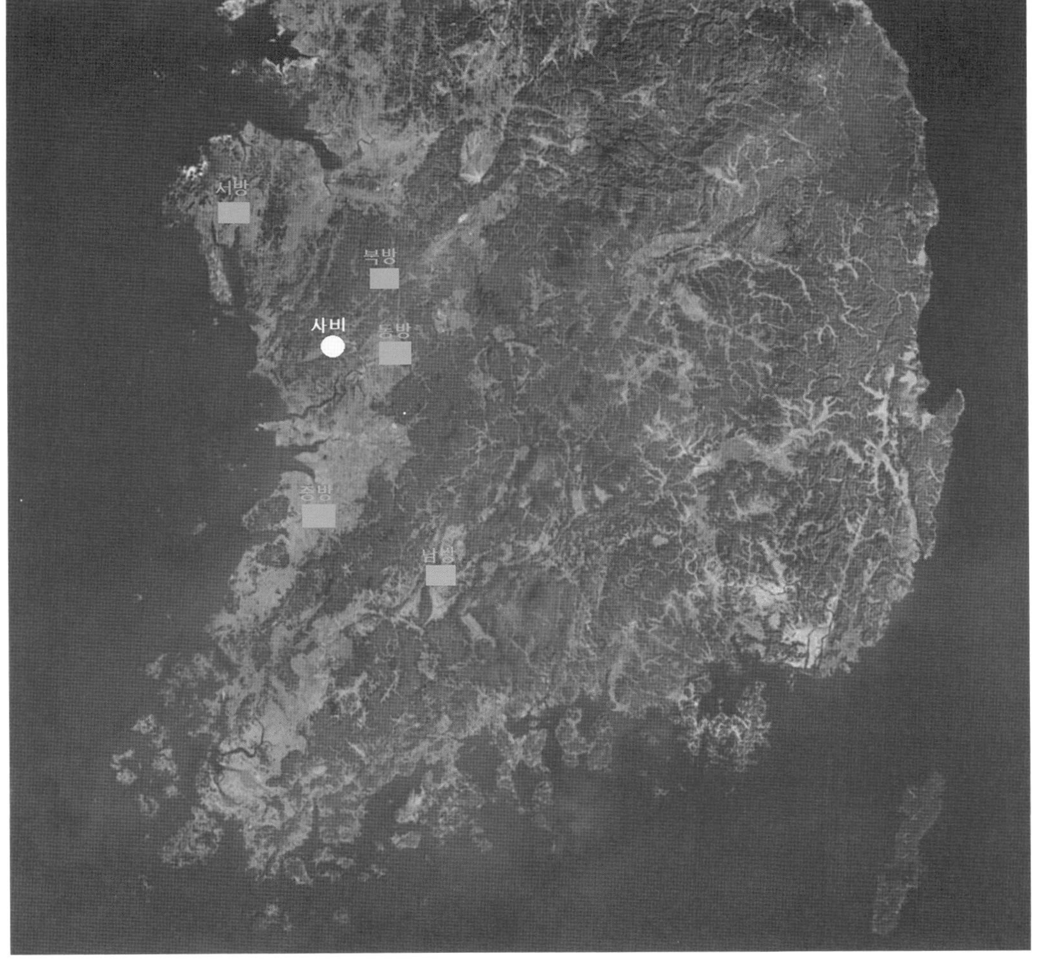

〈그림 2〉 사비도성과 五方의 위치

에워싸고 방어하는 역할을 하였을 것임을 짐작할 수 있다. 더불어 中方과 南方은 도성의 남부 지역과의 연계와 각각 서부와 동부 지역에 대한 방어의 중심지 역할을 하였을 가능성을 보여준다.

이와 같은 方의 위치와『周書』·『北史』·『括地志』등에서 方領을 都督에 비견한 점, 東方領과 熊津方領 기록에 보이는 군사 방면에서의 역할 등은 方이 가지고 있었던 軍管區的 성격을 잘 보여주는 것이라고 생각한다. 다음 장에서는 이러한 方의 성격에 유의하면서 方의 설치 시기에대해 살펴보도록 하겠다.

Ⅲ. 5方의 설치 목적과 그 시점

5方은 도성에 대한 방어와 전체 백제 영역에 대한 방어선의 구축 등을 목적으로 설치되었음을 살펴보았다. 그렇다면 이와 같은 5方의 설치가 이루어진 시기는 언제였을까?[46] 이는 方의 설치 목적과 위치 등을 통해 생각해 볼 수 있다. 우선 方의 위치를 통해 성립 시기를 유추해 보자.

앞서 언급하였듯 5方은 사비도성을 중심으로 방사선에 위치하거나 주요 군사적 요충지 또는 교통로 상에 위치하고 있다. 이와 같은 5方의 위치는 사비도성이 기준이 되었을 때 가능한 것이라고 생각한다. 즉, 사비가 도성으로서 결정된 이후 5方이 설치되었

46 5方의 설치 시기와 관련하여 5方制의 성립 시기에 대해서는 다음과 같은 견해들이 있다. 우선 5方制가 웅진에서 사비로 천도하는 시기에 이루어졌다는 견해이다. 이는 대체로『周書』에 熊津이 北方으로 나오고 있는 것을 근거로 하고 있다(노중국, 1988, 앞의 책, 247~248쪽 ; 정재윤, 1992, 앞의 논문, 521쪽). 이와는 달리 郡이 담로의 기능을 계승한다는 점을 바탕으로 5方은 담로에 의한 지역지배가 행해졌던 시기, 즉 사비로의 천도 이전 단계부터 확립되어 갔을 것으로 추정하는 견해도 있다(김영심, 1997, 앞의 논문, 129~137쪽). 웅진 시기에 5方이 성립했을 가능성에 대해 언급한 다른 연구로는 5方의 설치가 前代의 지방통체제도 상의 문제점을 극복하기 위한 것이었으며, 백제는 이미 6세기 전반경 부소산성과 나성을 축조하는 등 사비 천도를 준비하고 있었다는 점에서 웅진시기에 5方이 설치되었으며, 그 구체적 시기는 무령왕 12년(512)을 전후한 시점이라고 본 견해도 있다(이용빈, 2001, 앞의 논문, 141~152쪽). 또는 5方은 사비천도 이후 이루어진 지방 제도의 정비 과정에서 설치되었을 것으로 보는 견해와(박현숙, 1998, 앞의 논문, 176~177쪽) 6세기 전반부터 점진적 변화 과정을 거쳐 성립된 것으로『周書』-『括地志』-『舊唐書』의 기록의 차이는 이러한 변화 과정을 반영한 것으로 설명하는 견해도 있다(李根雨, 1997,「百濟의 方郡城制 관련사료에 대한 재검토」『韓國古代의 考古와 歷史』, 學研文化社, 357~359쪽).

을 것으로 보인다.[47] 그렇다면 사비지역이 도성으로 결정된 시기에 대한 논의가 먼저 이루어질 필요가 있다.

사비도성의 조성과 관련해서는 다양한 견해가 존재한다.[48] 사비도성의 조성 시기를 논하는 데 있어서 중요한 근거로 작용한 것은 부소산성의 東門址 부근에서 출토된 大通銘印刻瓦片이다. 梁의 大通 연간이 527~529년에 걸쳐 있다는 점에서 정확한 축조 연대를 알 수 없으나 대체로 웅진시기에 이미 축조가 시작되었을 것으로 보는 것에는 큰 이견이 없다. 530년 대 이전 시기에 이미 백제는 사비로의 천도를 준비하고 있었다고 할 수 있다. 그러나 사비도성의 축조가 시작된 시점이 사비로의 천도를 결정한 시점이라고 하기는 어렵다. 사비도성 축조 이전에 이미 사비로의 천도가 결정되었다고 보는 것이 보다 타당하다. 이와 관련해서 다음의 사료가 주목된다.

D-① (23년; 501) 8월에 加林城을 쌓고 衛士佐平 苩加로 하여금 그곳을 지키게 하였다.[49]

D-② (23년; 501) 겨울 10월에 왕이 사비 동쪽 벌판에서 사냥하였다.[50]

사료 D-①・②는 사비 천도의 준비와 관련하여 중요하게 인용되는 사료들이다. D-①에 기록된 加林城은 지금의 부여군 임천면에 있는 聖興山城으로 비정되고 있으며,[51] 사비를 방어하기 위해 축조된 것으로 보인다. 加林城 축조 직후 동성왕이 사비 동쪽에서 田獵을 행했다는 점은 이 시기 사비 지역에 대한 관심이 높았음을 보여주는 것이라

47 方의 설치 계획과 5方이 정연하게 갖추어진 5方制의 완연한 실시 시기는 다소 차이가 있을 수 있다. 方이 초기에 군사적 필요성에 의해 설치가 계획되었다고 하더라도 이후 현재 알려진 것과 같은 5方의 형태를 갖추기까지는 일정 기간이 필요했을 것이며, 5方制의 형태는 5方이 완연히 갖추어진 이후에 비로소 완전한 지방 통치 체제로서 기능할 수 있었을 것으로 보인다. 이에 따라 5方의 본래적 성격인 軍管區的 성격은 유지하면서도 다른 한편으로는 백제의 지방 통치 체제의 최상위 통치기관으로서 행정의 일면까지 담당하게 되었던 것으로 생각할 수 있다.

48 사비도성 축조 시기에 대한 諸견해는 沈正輔, 2000,「百濟 泗沘都城의 築造時期에 대하여」『사비도성과 백제의 성곽』, 서경문화사, 78~82쪽 참고.

49 『三國史記』卷26, 百濟本紀4 東城王. "(23年) 八月, 築加林城, 以衛士佐平苗加鎮之."

50 『三國史記』卷26, 百濟本紀4 東城王. "(23年) 冬十月, 王獵於泗沘東原."

51 이병도, 1977, 앞의 책, 401쪽.

고 할 수 있다.[52] 웅진은 방어에는 유리하지만 고립된 지역이었으며, 도성이 자리하기에는 협소한 측면이 있었다.[53] 이에 일찍부터 천도 가능성이 제기되었을 것으로 보인다. 동성왕 대에 이루어지는 다양한 田獵 행위는 천도지의 물색과도 관련이 있을 가능성이 크며, 이 과정에서 사비 지역의 지리적 이점이 주목받은 것이 아닌가 생각한다. 사비 지역의 경우 백마강과 부소산으로 둘러싸여 방어에 유리할 뿐만 아니라 강을 통해 바다로 나가는 것 또한 용이하다는 점에서 교통상 유리한 조건을 가지고 있었다. 또한 남쪽과 동쪽으로는 벌판이 있어 농업생산력도 뒷받침 되는 곳이었다.[54] 이러한 측면에서 일찍부터 사비 지역이 새로운 도성으로서 주목받은 것이 아닌가 생각한다.

천도는 도성을 옮기는 것에 그치는 것이 아니라 주축이 되는 중앙의 변화에 따라 지방의 위상과 위치도 변화를[55] 초래한다. 따라서 사비로의 천도 계획이 실행되기 시작하

---

52 동성왕은 재위기간 동안 네 차례에 걸쳐 田獵을 행하였다. 동성왕 5년(483) 웅진 북쪽, 14년(492) 우명곡, 22년(500) 우두성에서의 田獵과 D-②에 보이는 사비 동쪽에서의 전렵이 그것이다. 이 가운데 D-②의 사례를 제외하면 그 구체적 위치를 알 수 없다. 한편, 동성왕 대 이루어지는 城 축조 기사 역시 주목된다. 8년(486) 우두성, 12년(490) 사현・이산성, 20년(498) 사정성, 23년(501) 탄현의 목책이 축조되는 데, 이 가운데 탄현의 목책을 제외하면 대부분의 城이 북쪽 지역에 위치하는 것이었다. 이는 동성왕 재위 기간 중 가장 문제가 되었던 것이 고구려와의 관계였음을 반영한 결과라고 할 수 있다. 이 시기 고구려는 국경을 접하고 있던 북중국 및 몽골 고원의 국가와의 사이에 장기간에 걸친 평화를 유지하고 있었으며, 이를 바탕으로 남쪽으로의 진출에 적극성을 띠고 있었다(노태돈, 1999, 『고구려사 연구』, 사계절, 296-297쪽). 이로 인해 백제는 도성이었던 한성을 함락당하게 되고 갑작스러운 웅진 천도가 이루어졌다. 때문에 이 시기 백제의 주요 대외 현안은 고구려와의 대립에 있었을 것임은 쉽게 짐작할 수 있다. 그런데 동성왕 23년 백제는 갑작스럽게 탄현에 목책을 세워 신라의 침입에 대비하는 모습을 보인다. 동성왕 15년(493) 신라와 通婚을 하고 고구려의 공격에 대해 백제・신라 양국이 공동 대응하는 등 비교적 우호적 관계를 유지하고 있었던 상황에서 이는 매우 이례적인 현상이다. 더욱이 이후 무령왕과 성왕 대에도 주로 고구려와의 전쟁이 중심이었음을 생각한다면 이는 더욱 이해가 힘든 정황이다. 다만, 한 가지 생각해 볼 수 있는 것은 동성왕 대까지 이어지던 백제와 신라의 연대가 이후 무령왕과 성왕 대에는 거의 보이지 않는 점이다. 551년 이루어지는 한강 유역에 대한 공격에서 신라와의 연대 가능성이 보이기는 하지만 이 또한 553년 신라의 동북 변경 탈취와 新州 설치로 인해 사실상 그 의미를 상실하였다. 이와 같은 상황은 이미 동성왕 말부터 점차 백제와 신라 사이의 연대가 약화되기 시작하였으며, 백제는 고구려 외에 신라에 대한 대비도 점차 필요하게 되었음을 보여주는 것이라고 생각한다.

53 申瀅植, 1992, 『百濟史』, 이화여대출판부, 168~169쪽 ; 李基東, 1996, 『百濟史研究』, 一潮閣, 27~28쪽 ; 이용빈, 2001, 앞의 논문, 144~145쪽.

54 노중국, 2018, 『백제정치사』, 일조각, 361쪽.

55 田中俊明, 1997, 「熊津時代 百濟의 領域再編과 王・候制」『百濟의 中央과 地方』, 충남대학교 백제연구소, 254쪽.

는 시점에는 이미 지방에 대한 새로운 통치 체계 마련의 필요성이 대두되고 있었을 것으로 보인다. 동성왕 대에 천도에 대한 논의가 시작되었다는 것은 중앙과 지방의 통치 체제 재편 역시 그 논의가 시작되었을 가능성을 시사하는 것으로 볼 수 있다.[56] 다만, 동성왕 대에 이루어지는 천도 계획은 사비로의 천도를 완전히 시사한 것은 아니라는 점에서 方의 편성이 동성왕 대에 이루어졌을 가능성은 적다.

사비로의 천도가 본격적으로 추진되기 시작하는 것과 관련하여서는 앞서 언급한 大通銘 인각와와 함께 부여 羅城의 청산성에서 출토된 연화문 전돌이 주목된다. 大通銘 인각와는 공주 대통사지에서도 출토되었으며, 연화문 전돌의 경우 무령왕릉과 교촌리 2호분. 정동리 와요지 출토품과 같은 유형으로 보고 있으며, 무령왕릉 전돌의 경우 늦어도 525년에 생산되었을 것으로 추정되고 있다.[57] 무령왕릉 전돌의 생산 시기, 大通銘 인각와에 보이는 '大通' 연호의 사용 시기 등을 통해 보면 적어도 527년을 전후해서 사비로의 천도가 계획 · 실현되었을 것이라고 생각한다.[58] 이렇게 볼 수 있다면 성왕 전반기에는 사비를 중심으로 한 백제 영역에 대한 통치 체제의 재편도 함께 검토되지 않았을까 생각할 수 있다. 그리고 이 과정에서 方의 설치가 이루어졌을 가능성을 생각할 수 있다.

方의 설치가 사비 천도 이전에 계획되었다고 한다면, 이 시점에 모든 方이 설치가 계획 · 실현되었는가의 문제가 남는다. 5方을 비롯한 郡 · 城에 의한 지방 통치는 중앙에 의한 지방에 대한 일원적 지배질서의 성립을 의미한다고 할 수 있다. 이때 지방에 대

56 동성왕 대에 사비 천도가 이미 준비되기 시작하였을 가능성에 대해서는 여러 先學들에 의해 이미 지적된 바가 있다(노중국, 1988, 앞의 책, 166쪽 ; 尹武炳, 1994, 「百濟王都 泗沘城 硏究」『學術院論文集』33, 91쪽; 강종원, 2005, 「百濟 泗沘都城의 經營과 王權」『古代 都市와 王權』, 서경, 33~37쪽). 동성왕 대에 이루어진 여러 차례에 걸친 전렵과 加林城의 축조 등은 사비 천도를 위한 사전 준비적 성격을 가지고 있으며, 이는 웅진 도성이 가지고 있는 물리적 한계와 동성왕의 왕권 강화를 위한 정치적 목적이 모두 포함되어 있는 것으로 보고 있다. 필자 역시 이와 같은 선학의 견해에 대해 큰 이견이 없다.

57 노중국, 2018, 앞의 책, 364쪽.

58 遷都를 위해서는 새로운 도성지의 선정, 도성의 조영 등에 상당한 시간과 물자가 투자되었을 것이다. 때문에 사비로의 천도를 위한 준비는 동성왕 대부터 시작된 도성지에 대한 물색과 그 이후 천도를 위한 준비 과정에 상당한 시일이 소요되었을 것으로 생각한다. 특히 도성의 이동에 따른 정치 세력의 재편이 불가피하다는 측면을 생각한다면(장미애, 2015, 「백제 후기 정치 세력 연구」, 가톨릭대학교 박사학위논문, 63쪽) 도성의 이동에 따른 정치 세력간 이해관계의 조정에도 많은 시간이 걸렸을 것으로 생각할 수 있다.

한 지배는 지역적 편차에 따라 시간적 차이가 있을 수 있다.[59] 또한 方의 설치가 군사적 목적이 강하다는 것은 결국 그 필요성에 따라 시차를 두고 실시되었을 가능성이 있다고 생각한다. 그렇다면 方의 설치는 어떠한 과정을 통해서 이루어졌을 것인가가 문제가 된다.

方이 교통과 군사적 요충지에 주로 설치되었으며, 대체로 사비 천도 이전부터 이미 계획되었을 가능성을 이미 언급하였다. 동성왕~무령왕 대에는 다양한 축성 기록이 보이고 있다. 이들 중 그 위치가 추정 가능한 지역을 나타내면 〈그림 3〉과 같다.[60] 이 시기의 축성은 당시 도성이었던 웅진 방어를 1차적 목적으로 이루어진 것이라고 할 수 있다. 그러나 이때 축성된 지역들의 경우 사비 지역으로 통하는 길목으로 연결되는 경우가 많았다. 이러한 측면에서 보았을 때 方 역시 1차적으로는 도성 방어를 위한 지역들에 우선 설치되었을 가능성이 있다. 기본적으로 北方의 경우 지리적, 군사적 측면에서 熊津이 方의 설치 계획단계부터 方城의 하나로 계획되었을 가능성이 크다고 생각한다.

이와 관련하여 聖王 4년에 熊津城을 修築함과 동시에 沙井柵을 세웠다는 기록이 주

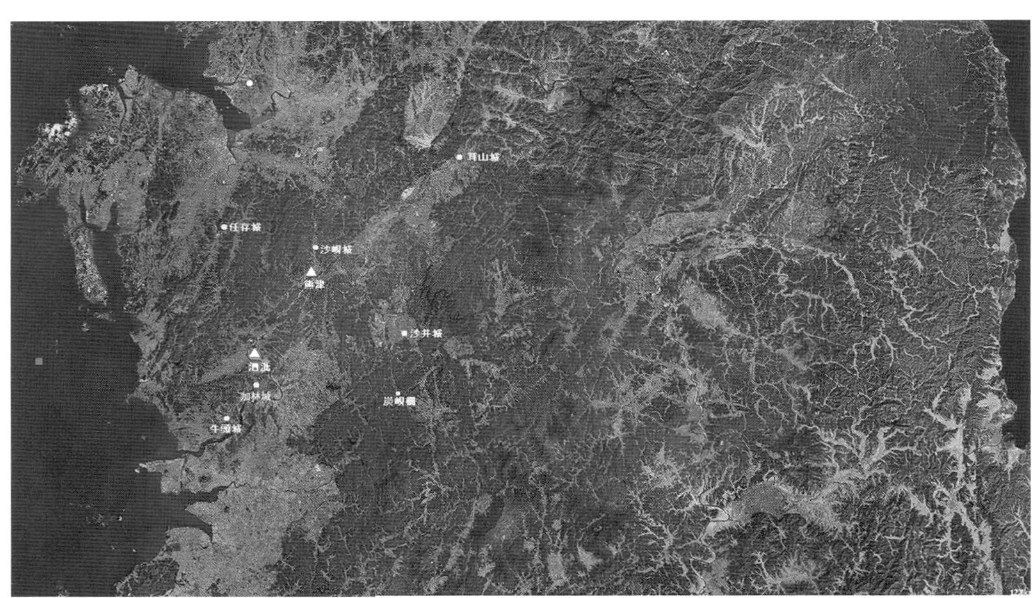

〈그림 3〉 동성왕~무령왕 대 축성지역

59 홍승우, 2009, 「百濟 律令 반포 시기와 지방 지배」『한국고대사연구』 54, 230~231쪽.

60 그림3은 장미애, 2015, 위의 논문, 61쪽의 그림을 재인용한 것이다.

목된다.[61] 아직 사비로 천도가 이루어지기 전이라는 점에서 都城에 대한 정비기사로도 이해할 수 있다. 그러나 동성왕 대 이루어지는 都城 정비 기사에서는 대체로 宮室의 重修,[62] 臨流閣[63] 등과 같이 宮에 대한 정비가 주를 이룬다. 그런데 '熊津城'을 修築한다는 것은 宮 또는 宮室의 重修와는 달리 방어 체계 구축을 위한 城의 정비라는 측면에서 이루어진 것이라고 생각할 수 있다. 더욱이 앞서 언급하였듯 이 시기를 전후하여 이미 사비로의 천도가 계획되고 있었다면, 熊津을 개편하여 北方으로 만들기 위한 준비를 하였던 것으로 볼 수 있다.

한편 沙井柵을 세웠다는 기록 역시 方의 설치에 대한 논의에서 의미를 지닌다. 앞서 동성왕 20년에 沙井城을 축조하고 扞率 毗陁로 하여금 지키게 하였다.[64] 또한 동성왕 12년에는 沙峴城과 耳山城을 쌓고 있다.[65] 이 시기 백제는 고구려와 대립하고 있었으며, 이 과정에서 對고구려 방어선의 구축을 위해 두 성을 쌓았을 가능성을 보여준다.[66] 沙井城 역시 같은 목적에서 축조되었을 가능성이 있다고 생각한다. 아산만-병천-전의-연기-대전으로 이어지는 지역은 웅진 천도 이후 전략적 요충지로서 역할을 하였다는[67] 연구를 참고한다면, 이른 시기부터 해안에서 웅진으로 이어지는 지역들에 대한 통제의 필요성이 제기되었을 것이라고 보인다. 이와 같은 과정에서 西方의 설치가 논의되었을 가능성은 크다. 이와 같은 西・北方의 설치와 함께 東方 역시 이미 사비천도 계획 단계부터 그 설치가 논의되었을 것으로 보인다.

그렇다면 中方과 南方의 설치 계획 및 설치 시점의 문제가 남는다. 中方과 南方의 경우 그 위치적 특성과 관련하여 볼 때 가야 및 신라와의 관계가 영향을 미쳤을 가능성을 생각해 볼 수 있다. 백제의 가야지역으로의 진출이 본격화되는 것은 6세기 전반부터였다.[68] 612년 임나4현, 513년 기문, 529년 대사로의 진출과 540년 대 이후 국제회의

---

61 『三國史記』 卷26, 百濟本紀4 聖王. "(4年) 冬十月, 修葺熊津城, 立沙井柵."

62 『三國史記』 卷26, 百濟本紀4 東城王. "(8年) 秋七月, 重修宮室, 築牛頭城."

63 『三國史記』 卷26, 百濟本紀4 東城王. "(22年) 春, 起臨流閣於宮東, 高五丈. 又穿池養奇禽. 諫臣抗疏, 不報, 恐有復諫者, 閉宮門."

64 『三國史記』 卷26, 百濟本紀4 東城王. "(20年) 秋七月, 築沙井城, 以扞率毗陁鎮之."

65 『三國史記』 卷26, 百濟本紀4 東城王. "(20年) 秋七月, 徵北部人年十五歲已上, 築沙峴耳山二城."

66 李蹺燮, 2016, 「古代 地方道路와 陸上交通路」『호서고고학』 35, 173쪽.

67 李蹺燮, 2016, 위의 논문, 175~180쪽.

68 백제의 가야 지역 진출과 관련한 논의는 장미애, 2020, 「6세기 백제의 가야 진출에 대하여」『한국

를 통한 가야 諸國에 대한 통제의 시도 등이 그 예라고 할 수 있다. 이 가운데 544년 백제가 가야 지역에 郡領·城主를 파견한 데 대한 가야 諸國의 반발은[69] 이 지역에 대한 백제의 직접 지배 실현이라는 측면에서 백제와 가야 諸國 사이의 갈등을 고조시키는 결과를 낳게 된다. 이 시기 백제의 진출 지역이었던 기문·대사의 위치가 대체로 남원, 하동 등으로 비정되고 있는 점은 南方의 설치 시점을 추정하는 데 있어 시사되는 바가 있다. 더욱이 6세기 중반 신라의 가야 지역 점령과 백제와 신라 사이의 관계가 적대적으로 전환되어 감에 따라 남부 경계에 대한 방어의 필요성이 더욱 커졌을 것으로 생각한다.

이와 함께 영산강 유역을 중심으로 한 백제 남부 지역에 대한 직접지배의 강화 과정에서 中方이 설치되었을 것으로 보인다. 백제의 전남 지역에 대한 직접 지배는 6세기 중엽부터 본격화했을 것으로 보인다. 그러나 이 시기까지도 영산강 유역의 토착 세력은 영산강식석실분과 같은 독특한 묘제를 지속할 만큼 일정 정도 독자성을 유지하고 있었다.[70] 이들에 대한 직접 통제를 위한 측면에서 中方의 설치가 이루어졌을 가능성이 있다고 생각한다.

이상의 논의를 통해 보았을 때 5方의 설치는 그 계획에서 설치에 이르기까지 일정 정도 시간이 필요했을 것으로 생각한다. 도성을 중심으로 北方, 西方, 東方이 설치되고, 그 이후 신라·가야와의 관계, 영산강 유역을 중심으로 한 전남 지역 세력에 대한 통제의 문제가 제기되면서 南方과 中方이 설치되었을 것으로 볼 수 있다.[71] 이와 같은 方의

고대사연구』 97 참고.

69 『日本書紀』 卷19, 欽明天皇. "(5年) 二月…後津守連 遂來過此 謂之曰 今余被遣於百濟者 將出在下韓之 百濟郡令城主…."

70 문안식·이대석, 2004, 『한국 고대의 지방사회-영산강유역의 역사와 문화를 중심으로』, 혜안, 122쪽.

71 이와 같은 方의 설치 과정을 상정할 경우 문제가 되는 부분은 '5方'이라는 方의 구성이 처음부터 계획 하에 이루어졌는가 하는 점이 있다. 현재 확인되는 5方과 관련한 기록은 모두 5개의 方의 설치된 이후의 사실을 전하는 것으로 보인다는 점에서 그 설치 시점부터 '5方'을 염두에 두고 설치한 것인지 方의 설치 과정에서 최종적으로 5方으로 정립된 것인지는 확실하게 알 수 없다. 본고에서는 처음부터 5方의 설치를 계획한 것이라기보다는 方의 설치가 완료된 시점에 5개의 方으로 정립된 것으로 보고자 한다. 이는 본고에서 논의한 바와 같이 方을 군사적 성격이 강한 지방 기구로 볼 수 있다면, 방의 설치는 군사적 거점에 이루어지면서 중방·남방의 설치 이후 최종적으로 5方으로 정립되었던 것으로 볼 수 있다. 이와 같이 5方이 완전하게 정립된 이후에 方은 군사적 목적 이외에 점차 백제 최상위 지방 통치 기구로서 행정적 역할도 겸하여 가는 형태로 변화해 갔을 가능성을 생

설치 과정은 앞서 언급하였던 것과 같이 方 설치의 기본적 목적이 군사 방면에 있었음을 보여주는 것이라고 할 수 있다.

Ⅳ. 맺음말

백제의 지방 통치 체제를 설명하는 데 있어 5方은 檐魯와 함께 가장 논쟁이 되는 것이었다. 『周書』, 『北史』, 『翰苑』 所印 『括地志』 등에 전하는 정보가 다른 백제 지방 통치 체제에 비해 많은 편이긴 하지만, 당시 지방 통치 체제의 전반을 이해하기에는 제한적인 측면이 있음을 부정할 수 없다. 본고에서는 『括地志』의 정보를 바탕으로 5方의 성격과 그 설치 시점에 대해 살펴보았다.

方의 성격과 관련하여서는 方을 都督에 비견한 기록과 方領에 대한 기록이 주로 군사적 역할에 집중되어 있음에 주목하여 軍管區로서의 성격이 강하다는 점을 서술하였다. 이러한 方의 성격은 方의 위치를 통해서도 짐작할 수 있었다. 각 方의 위치를 北方-웅진(공주), 東方-논산 은진, 西方-서산, 中方-고부, 南方-남원으로 비정하였다. 이들의 위치는 도성이었던 泗沘를 중심으로 방사상에 위치하며, 다른 한편으로는 남부 지역의 東・西 지역의 방어 및 교통로 상에 위치하여 군사적 중심지로서의 역할과 함께 북쪽에 치우친 都城의 지리적 한계를 보완하는 역할을 하였다고 추정하였다.

이러한 方의 성격에 유의하면서 3장에서는 5方의 설치 시기에 대해 알아보았다. 方의 설치는 方의 필요성에 의한 것이며, 이는 2장에서 논의한 군사적 목적에서 나타났을 가능성을 제시하였다. 따라서 우선 도성에 대한 방어를 위해 北方을 시작으로 西方과 東方이 설치되었을 것으로 보았다. 그리고 멀지 않은 시점에 南方과 中方이 설치되었을 것으로 보았다. 南方의 경우 신라・가야와의 관계가 영향을 주었을 것으로 추정하였고, 中方의 경우 영산강 유역을 중심으로 한 전남 지역에 대한 통제의 목적이 작용하였을 것으로 추정하였다.

백제의 지방 통치 체제에서 方은 최상위 통치기관이면서도 그 역할이 군사적 성격에 집중되어 있었다는 점이 특징이라고 할 수 있다. 그렇다면 方이 지방 통치에 있어서 民

각할 수 있다.

政적 측면을 전혀 가지고 있지 않았는가, 方의 군사적 측면만을 강조할 경우 지방에 대한 일원적 통제는 백제 후기까지 이루어지지 않았던 것인가 등의 의문이 제기될 수 있다. 이를 설명하기 위해서는 方과 하위 통치 단위라고 할 수 있는 郡과의 관계, 『括地志』에 기록된 小城과의 관계를 복합적으로 살펴볼 때 설명이 가능하다고 생각한다. 이에 대해서는 後考를 통해 논하고자 한다.

『한원』 신라전의 분석과 저술 목적

전상우

Ⅰ. 머리말

Ⅱ. 내용과 분석

Ⅲ. 저술 목적과 신라사 인식

Ⅳ. 맺음말

Ⅰ. 머리말

660년 편찬된 『한원』 번이부는 흉노부터 서역까지 총 15개의 편목으로 설정되어 있다. 여기에는 고구려, 백제, 신라뿐만 아니라 한국사를 구성하는 여러 정치체가 포함되어 사료의 빈곤에 허덕이는 학계의 주목을 받아 왔다. 특히 고구려전과 백제전에는 현재 망실된 『고려기』, 『괄지지』 등의 사료가 인용되어, 이들을 활용한 새로운 시각의 연구가 진행되었다.

그러나 신라전의 상황은 이들과 약간 다르다. 우선 분량 면에서 고구려전, 백제전보다 열세다. 고구려전이 23개 정문, 백제전이 9개 정문으로 구성된 데 반해 신라전은 5개 정문이 전부다. 신라전 역시 고구려전, 백제전과 마찬가지로 『괄지지』, 『수동번풍속기』와 같은 현재 망실된 사료가 인용되었으나, 그 내용은 대체로 이전 사서와 별반 다를 바 없다. 때문에 『한원』 신라전은 학계의 관심에서 멀어져 있는 실정이다.

이와 함께 『한원』 신라전의 특징적 요소로 오늘날의 신라사 이해와는 동떨어진 기술이 다수 보인다는 점을 지목하고 싶다. 당장 첫 번째 주문에서부터 신라가 진~송 사이에 세워졌고, 신라에 관한 正傳이 없다고 한 기술이 확인된다. 현재 신라는 진한 소국 중 하나인 사로국에서 출발하였고, 중국 정사 중 636년 편찬된 『양서』 신라전에 최초로 입전되었다고 이해된다. 특히 660년 무렵의 唐人 관원이라면 확인하였을 『양서』에 신라전이 없다고 한 기술은(並無正傳) 『한원』 신라전의 사료적 가치는 물론 저자의 편찬 태도, 당에 존재하였을 신라 관련 자료에 대한 의구심을 불러일으켰다.

이와 같은 『한원』 신라전의 난점에도 불구하고 한국학계에서는 『한원』 신라전을 전론으로 다룬 연구가 발표되었고,[1] 개별 주제를 다룬 논문에서도 참고 자료로 인용되었

1 郭丞勳, 2006, 「『한원(翰苑)』 신라전 연구」 『韓國古代史研究』 43.

다. 아울러 국내에 1974년『한원』의 영인본과 해제가 소개된 이후,[2] 최근에는『한원』 번이부의 역주서가 발간되어『한원』 신라전의 전반적인 내용과 분석은 성과를 거두었다고 할 수 있다.[3] 반면 일본과 중국학계에서는 일찍부터『한원』의 영인과 교정 작업이 이루어졌지만, 신라전에 대한 연구는 거의 없다시피 한 상황이다.[4]

본고는 선행 연구의 성과를 토대로『한원』 신라전의 내용을 어떻게 이해하면 좋을지 고민해보고자 한다.『한원』 신라전에 전하는 정보의 인용에 그치지 않고, 그 속에 담겨 있는 당시의 신라사 인식을 추정할 것이다. 이를 위하여『한원』 신라전의 정문과 주문의 뜻을 다시 새겨보고, 주문이 어떻게 구성되었는지를 살펴볼 계획이다. 그리고 앞서 제기된『한원』과 같은 類書의 편찬 목적에 유의하며『한원』 신라전의 저술 목적을 알아보고자 한다. 이 과정에서『한원』이 7세기 중반 唐人의 시각에서 편찬된 사서임을 염두에 두고 논지를 전개할 것이다. 본고의 논의를 통하여 선행 연구에서 약간이나마 더 나아간『한원』 신라전의 이해를 얻을 수 있기를 기대한다.[5]

2 韓國學文獻硏究所 編, 1974,『翰苑』, 亞細亞文化社.

3 동북아역사재단 한국고중세사연구소, 2018,『譯註 翰苑』, 동북아역사재단. 이보다 앞서『한원』 번이부 중 한국사를 구성하는 부여, 삼한, 고구려, 신라, 백제전 기사의 검토가 이루어진 바 있다(金鍾完, 2008,「『翰苑』의 문헌적 검토-夫餘・三韓・高句麗・新羅・百濟傳 기사의 검토-」『한중관계 2000년 동행과 공유의 역사』, 소나무).

4 일본학계의『한원』 연구 성과는 우에다 기헤이나리치카, 2021,「日本學界의『翰苑』硏究 動向과 課題 -7世紀 資料로서 活用하기 위한 試論-」『白山學報』120, 중국학계의『한원』 연구 성과는 趙宇然・李毅夫, 2021,「중국 학계의『翰苑』 연구」『白山學報』120을 참고하였다.

5 본고의 서술에 앞서『한원』의 주문 작성자에 대해 간략하게 언급하고자 한다. 현전하는『한원』 번이부의 필사본 서두에는 '張楚金撰, 雍公叡注'라고 적혀 있다. 때문에『한원』의 주문을 전적으로 옹공예가 작성하였다고 보거나, 전반적인 주문은 장초금이 짓고 일부 補注를 옹공예가 달았다고 이해하기도 한다. 그러나 현전하는『한원』 번이부에 명확히 옹공예의 주라 볼 수 있는 문장이 확인되지 않는다. 따라서 본고는 적어도『한원』 신라전만큼은 주문 전부를 장초금이 작성하였다는 전제하에 논지를 전개하고자 한다. 이에 대한 제설의 검토는 윤용구, 2021,「『翰苑』의 편찬과 蕃夷部」『白山學報』120, 103~106쪽이 참고된다.

Ⅱ. 내용과 분석

『한원』 신라전은 총 5개의 정문으로 구성되어 있다. 정문은 주문을 토대로 작성되었고, 신라의 기원을 상세히 알 수 없다는 언급을 시작으로 영역, 왕계, 관제를 기술하였다.[6] 인용된 사서는 『괄지지』 3회, 『후한서』 1회, 『삼국지』 2회, 『남제서』 1회, 『수동번풍속기』 1회로 5종이다. 이밖에 『괄지지』가 인용한 『송서』, 신라 기로의 말이 인용되었다.

번호	구분	기사
①	正文	開源拓構, 肇基金水之年.
	번역	근원을 열어 기업을 넓히니 금 · 수의 시대에 기반을 세웠다.
	注文	括地志云: "案宋書, 元嘉中, 倭王珍自稱使持節 · 都督 · 倭 · 百濟 · 新羅 · 任那 · 秦[韓] · 慕韓六國諸軍事." 此則新羅有國在晉宋之間. 且晉 · 宋 · 齊 · 梁, 並無正傳. 故其有國所由靡得詳也. 金水晉宋之也.
	번역	『괄지지』에 이르길 "『송서』를 살피니 원가 연간에(424~453) 왜왕 진이 사지절 · 도독 · 왜 · 백제 · 신라 · 임나 · 진[한] · 모한육국제군사를 자칭하였다."라고 하였다. 이는 곧 신라가 진~송의 사이에 있었다는 것이다. 그러나7 진 · 송 · 제 · 양 모두에 정전이 없다. 때문에 그 나라가 유래한 바를 상세하게 알 수 없다. 금 · 수는 진 · 송이다.

위의 사료 ①은[8] 『한원』 신라전의 첫 번째 正文과 注文이다. 『한원』의 정문은 주문의 내용을 토대로 작성되었으므로 정문의 뜻을 파악하기 위해서는 주문의 검토가 필요하다.[9] 사료 ①의 주문은 『괄지지』가 인용한 『송서』 倭傳을 토대로 내용을 전개하고 있다. 『송서』 왜전은 '元嘉中, 倭王珍自稱使持節 · 都督 · 倭 · 百濟 · 新羅 · 任那 · 秦韓 · 慕韓六國諸軍事'까지가 맞지만, 『괄지지』의 내용이 어디까지인지 분명하지 않다. 대체로 사료 ①의 『괄지지』는 '括地志云: 案宋書, 元嘉中, 倭王珍自稱使持節 · 都督 · 倭 · 百濟 · 新羅 · 任那 · 秦[韓] · 慕韓六國諸軍事. 此則新羅有國在晉宋之間. 且晉 · 宋 · 齊 · 梁, 並無正傳. 故其有國所由靡得詳也'까지로 이해하고 있다.[10]

---

6 『한원』 신라전의 기재 순서를 건국과 기원(첫 번째, 두 번째 정문), 영역(세 번째, 네 번째 정문), 성장의 계기와 관제(다섯 번째 정문)으로 보기도 한다(윤용구, 2021, 앞의 논문, 107쪽).

7 일반적으로 '且'는 '또한'이란 의미로 이해되지만, 역접의 뜻도 포함하므로 문맥상 '그러나'로 해석하였다(檀國大學校 東洋學硏究所, 1999, 『漢韓大辭典』 1, 檀國大學校 出版部, 408쪽).

8 『한원』 신라전의 판독과 교감은 동북아역사재단 한국고중세사연구소, 2018, 『譯註 翰苑』, 동북아역사재단의 것을 따랐다.

9 윤용구, 2021, 앞의 논문, 105쪽.

10 金鍾完, 2008, 「『翰苑』의 문헌적 검토-夫餘 · 三韓 · 高句麗 · 新羅 · 百濟傳 기사의 검토-」, 『한중

『괄지지』는 당 정관 16년(642)에 완성되었지만, 남송 때부터 산일되었다. 이후 청의 孫星衍을 비롯한 몇몇 학자들이 여러 사서에 흩어진 『괄지지』의 문장을 모아 輯本을 편찬하여 현재에 이르고 있다.[11] 지금 볼 수 있는 『괄지지』는 여러 사서에 전하는 逸文과 『괄지지』 집본인 것이다. 이에 따르면 『괄지지』의 문장 구조는 본문과 그에 딸린 주문으로 구성되어 있다. 또한 주문은 사서의 제목과 기사로 구성되었으며, 찬자의 견해는 확인되지 않는다.[12] 이러한 『괄지지』의 구성을 고려하면 사료 ①의 『괄지지』 문장은 '括地志云: 案宋書, 元嘉中, 倭王珍自稱使持節·都督·倭·百濟·新羅·任那·秦[韓]·慕韓六國諸軍事'까지이며,[13] 이는 『괄지지』 본문이 아닌 주문에 해당한다고 판단된다. 아울러 『괄지지』가 인용한 『송서』의 문장을 제외한 나머지를 『한원』 찬자의 自注로 볼 수 있다.

사료 ①의 '金水晉宋之也'도 흥미로운 부분이다. 앞서 언급한 바와 같이 『한원』의 정문이 주문을 토대로 작성되었으므로 해당 서술은 큰 문제가 없어 보인다. 그런데 『괄지지』의 구절을 '金水晉宋之也'까지로 보고, 金水를 신라왕의 성명으로 추정한 견해가 있어 주목된다.[14] 『통전』, 『수동번풍속기』, 『북사』, 『수서』에 신라왕의 姓을 金이라 하였으므로 金水는 신라왕의 성명이라는 것이다. 이에 따라 '金水晉宋之也'에 在와 間을 보입하여 '金水在晉宋之間也'로 이해해야 한다고 주장하였다. 在와 間의 보입은 金水가 인명일 경우, '金水晉宋之也'의 해석이 불명확해지는 것에 대한 조치로 보인다. 아울러 일본 京都大學 文學部 中國哲學史科에 硏修員으로 있던 한국인 金智勇 박사가 金水는 신라 奈忽王이[15] 아니겠냐는 말을 하였다는 내용도 덧붙였다.

그러나 선행 연구에서 이미 지적한 바와 같이 金水는 각각 晉과 宋을 오행으로 빗댄

관계 2000년 동행과 공유의 역사』, 소나무, 342~344쪽; 동북아역사재단 한국고중세사연구소 편, 2018, 앞의 책, 244~245쪽.

11 『괄지지』에 대한 검토는 정동준, 2013, 「『한원(翰苑)』 백제전(百濟傳) 인용 『괄지지(括地志)』의 사료적 성격」『동아시아 속의 백제 정치제도』, 일지사가 참고된다.

12 예시를 들면 다음과 같다. 『괄지지집교』 권4, 동이 "高驪治平壤城, 本漢樂浪郡王儉城, 卽古朝鮮也.〈史記秦始皇本紀: 「地東至海暨朝鮮」, 正義引, 又史記朝鮮列傳: 「朝鮮王滿者」, 正義引, 又玉海卷十朝鮮引.〉"

13 郭丞勳, 2006, 「『한원(翰苑)』 신라전 연구」『韓國古代史硏究』 43, 254쪽.

14 湯淺幸孫, 1983, 『翰苑校釋』, 國書刊行會, 94쪽 및 198쪽.

15 奈勿王의 오기로 보인다.

것으로 봄이 타당하다고 생각한다.[16] 여러 사서 중 신라왕의 이름을 水라 기록한 것이 없고, 『통전』에서 진은 금덕, 송은 수덕이라 한 기록이 확인되기 때문이다.[17] 아울러 뜻이 충분히 통하는 상황에서 굳이 在와 間을 보입할 필요는 없다고 판단된다.

번호	구분	기사
②	正文	托壤疏疆, 創趾卞[18]辰之域.
	번역	땅을 기탁받아 강토를 열었고, 변진의 구역에 터전이 시작되었다.
	注文	括地志曰: "新羅治金城, 本三韓之故地." 范曄後漢書曰: "韓有三種." 魏志曰: "韓在帶方之南, 東西以海爲限, 南與倭接, 方可四千里. 馬韓在西, 辰韓在馬韓之東. 其耆老傳言: '古之亡人, 避秦役[來適]韓國, 韓割東界地與之.'" 今案, 新羅·百濟共有三韓之地, 百濟在[西], 即馬韓之地, 新羅在東, 即辰韓·卞辰之地也.
	번역	『괄지지』에 이르길 "신라는 금성에 치소를 두었는데, 본래 삼한의 옛 땅이었다."라고 하였다. 범엽의 『후한서』에 이르길 "한에는 세 종족이 있다."라고 하였다. 『위지』에 이르길 "한은 대방의 남쪽에 있는데, 동서는 바다로 가로막혔고 남쪽은 왜와 접했으며 사방은 대략 4,000리이다. 마한은 서쪽에 있으며 진한은 마한의 동쪽에 있다. 그 기로 사이에 전하는 말로는 '옛 도망한 사람들이 진의 노역을 피해 한국으로 [오니] 한이 동쪽 경계의 땅을 나눠 주었다.'라고 하였다." 지금 살펴보니 신라·백제는 모두 삼한의 땅에 있는데, 백제는 [서쪽]에 있으니 곧 마한의 지역이고, 신라는 동쪽에 있으니 곧 진한·변진의 지역이다.

기왕의 연구에서는 사료 ②의 정문을 '영토를 넓히고 변진의 영역에 터전을 개창하였다'로 번역하였다.[19] 그런데 현재의 이해에 따르면, 신라는 변진이 아니라 진한 소국 중 하나인 사로국에서 기원하였다. 『한원』 신라전의 서술과 현재의 이해 간에 괴리가 발생한 것이다. 이러한 간극은 사료 ②의 주문에 인용된 『삼국지』와 『후한서』 한전의 진한

16 郭丞勳, 2006, 앞의 논문, 264~265쪽; 金鍾完, 2008, 앞의 책, 344쪽; 동북아역사재단 한국고중세사연구소 편, 2018, 앞의 책, 245쪽.

17 『통전』 권55, 예15, 연혁15, 길례14 "晉金德. (중략) 東晉並同西晉. 宋水德, 亦如魏晉故事."

18 『한원』 내에서 변진의 표기가 다르게 나타난다. 『한원』 한전은 弁辰, 『한원』 신라전은 卞辰으로 기술한 것이다. 이밖에 『삼국사기』 혁거세거서간 19년, 38년조, 『후한서』 광무제기의 장회태자 이현의 주석, 「이타인묘지명」 등에는 卞辰이라 표기되었다(전덕재, 2018, 『三國史記 본기의 원전과 편찬』, 주류성, 55~59쪽). 卞이 弁과 통용되며(檀國大學校 東洋學硏究所, 1999, 『漢韓大辭典』 2, 檀國大學校 出版部, 952쪽), 弁(卞)은 차자표기라는 지적(박대재, 2019, 「변진사회의 분화와 구야국의 성장」 『韓國古代史硏究』 94, 92쪽)을 고려하면 단순한 표기 차이로 볼 수 있다. 『한원』이라는 같은 사서 내에서 동일 자료를 인용하였음에도 弁辰과 卞辰이라는 표기의 차이가 발생하였다는 점은 흥미롭다. 『한원』 저술 당시 弁辰과 卞辰이 혼용되고 있었으므로, 두 표기가 실상은 같은 정치체라는 것을 보여주려는 찬자의 의도가 아닌지 모르겠다.

19 기왕의 연구처럼 사료 ②의 정문을 번역하면 신라는 진한이 아닌 변진의 영역에 건국된 것이 된다. 이는 『구당서』 및 『신당서』 신라전의 신라 변한 출자 기록과 연결되는데, 두 사서의 서술 근거를 『한원』 신라전에서 찾기도 한다(郭丞勳, 2006, 앞의 논문, 281~282쪽).

과 변진의 잡거 기록을[20] 인지한 장초금의 오류로 이해되어 왔다.[21] 앞서 언급하였듯이 『한원』 정문은 주문을 토대로 작성되었다. 그런데 사료 ②의 주문에는 신라가 영토를 넓혔다거나, 변진의 영역에 기틀을 열었다는 내용이 없다. 마한은 서쪽, 진한은 동쪽에 있고, 진한이 한으로부터 동쪽 영토를 나눠 받았다는 문구가 확인될 뿐이다.

사료 ②의 주문에 인용된 『후한서』 한전에는 마한은 서쪽, 진한은 동쪽, 변진은 진한의 남쪽에 있다고 하였다.[22] 장초금은 이에 따라 한을 동서로 나누어 동쪽에 해당하는 진한과 변진을 하나의 권역으로 묶었다. 또한 『한원』 백제전의 첫 번째 정문은 백제가 마한 소국의 하나였음에도 백제가 마한을 다스렸다고 하였다.[23] 이를 고려하면 『한원』의 찬자는 삼한 중 서쪽에 있는 마한은 백제가, 동쪽에 있는 진한과 변진은 신라가 통치한 것으로 이해하였다고 볼 수 있다. 즉, 장초금은 진한과 변진을 구분하지 않고, 모두 신라가 다스렸다는 결론을 내린 것인데, 이때 신라가 다스린 진한과 변진은 정치체가 아닌 지역을 가리킨다고 추정된다. 다만, 장초금이 주문에서 진한과 변진을 신라의 기원으로 언급하지 않았으므로 신라는 진한, 변진과 별개의 세력이라고 이해한 듯하다.[24] 물론 이는 현재의 이해와 다르지만, 唐代에 장초금이 나름의 고증을 통해 얻어낸 결론으로 받아들일 필요가 있다.

위와 같은 사료 ② 주문의 전후 사정에 따라 사료 ②의 정문을 약간 다르게 해석하고자 한다. 먼저 '托壤疏疆'은 한이 동쪽 경계의 땅을 나눠주어 진한이 형성되었다는 문장에 의거하여 '[신라의 지역인 진한은] 땅을 기탁받아 강토를 열었고'로, '創趾卞辰之域'은 신라가 진한, 변진의 땅을 모두 다스렸다는 문장에 의거하여 '[신라의 지역인 변진은] 변진의 구역에 터전이 시작되었다'로 번역함이 어떨까 한다. 이렇게 해석할 경우, 사료 ②의 변진은 그 기원에 대해 별다른 언급이 없게 된다. 이는 진한과 달리 변진의 기원이 『삼국지』, 『후한서』 등에 기록되지 않은 까닭으로 추정된다.

---

20 『삼국지』 위서30, 오환선비동이열전30, 한 "弁辰與辰韓雜居, 亦有城郭. 衣服居處與辰韓同."; 『후한서』 권85, 東夷列傳75, 韓 "弁辰與辰韓雜居, 城郭衣服皆同, 言語風俗有異."

21 郭丞勳, 2006, 앞의 논문, 269쪽; 동북아역사재단 한국고중세사연구소 편, 2018, 앞의 책, 245쪽.

22 『후한서』 권85, 東夷列傳75, 韓 "馬韓在西, 有五十四國, 其北與樂浪, 南與倭接. 辰韓在東, 十有二國, 其北與濊貊接. 弁辰在辰韓之南, 亦十有二國, 其南亦與倭接."

23 『한원』 백제전 "國鎭馬韓, 地苞狗素."

24 이에 대해서는 후술할 예정이다.

번호	구분	기사
③	正文	國苞資路.
	번역	나라는 자, 로를 포괄하였다.
	注文	魏志曰: "辰韓亦名秦韓. 始有六國, 稍分十二國. 卞辰亦十二國. 有巳私國 · 卞辰於離陳國 · 卞辰樓塗國 · 勤耆國 · 難離於陳國 · 卞辰古資於陳國 · 卞辰古淳是國 · 冉爰國 · 卞辰半路國 · 卞辰樂奴國 · 軍於國 · 卞辰於焉邪馬國 · 如湛國 · 卞辰甘露尸路國 · 州鮮國 · 馬[延國] · 卞辰狗邪國 · 卞辰走漕馬國 · 卞辰安邪國 · 卞辰續盧國 · 優由國. 卞辰[辰]韓合二十四國. 大國四五千家, 小國六七百家之."
	번역	『위지』에 이르길 "진한(辰韓)은 진한(秦韓)으로도 불렀다. 처음에는 6국이 있었는데, 점차 12국으로 나뉘었다. 변진 또한 12국이다. 사사국 · 변진미리진국 · 변진루도국 · 근기국 · 난리미진국 · 변진고자미진국 · 변진고순시국 · 염원국 · 변진반로국 · 변진악노국 · 군미국 · 변진미언사마국 · 여담국 · 변진감로시로국 · 주선국 · 마[연국] · 변진구사국 · 변진주조마국 · 변진안사국 · 변진속로국 · 우유국이 있다. 변진과 [진]한을 합하면 24국이다. 대국은 4~5,000가, 소국은 6~700가이다."라고 하였다.

사료 ③은 진한과 변진의 소국과 그 규모를 서술하고 있다. 먼저, 주문에서는 『삼국지』 한전을 인용하여 진한과 변진의 소국을 열거하였다. 그런데 사료 ③에 인용된 『삼국지』 한전의 진한, 변진 소국의 수가 본래 『삼국지』 한전의 것과 다르다. 『삼국지』 한전에는 '已柢國 · 不斯國 · 弁辰彌離彌凍國 · 弁辰接塗國 · 勤耆國 · 難彌離彌凍國 · 弁辰古資彌凍國 · 弁辰古淳是國 · 冉奚國 · 弁辰半路國 · 弁樂奴國 · 軍彌國 · 弁軍彌國 · 弁辰彌烏邪馬國 · 如湛國 · 弁辰甘路國 · 戶路國 · 州鮮國 · 馬延國 · 弁辰狗邪國 · 弁辰走漕馬國 · 弁辰安邪國 · 弁辰瀆盧國 · 斯盧國 · 優由國.'의 25국이 기록되었으나,[25] 『한원』 신라전 인용 『삼국지』 한전에는 '巳私國 · 卞辰於離陳國 · 卞辰樓塗國 · 勤耆國 · 難離於陳國 · 卞辰古資於陳國 · 卞辰古淳是國 · 冉爰國 · 卞辰半路國 · 卞辰樂奴國 · 軍於國 · 卞辰於焉邪馬國 · 如湛國 · 卞辰甘露尸路國 · 州鮮國 · 馬[延國] · 卞辰狗邪國 · 卞辰走漕馬國 · 卞辰安邪國 · 卞辰續盧國 · 優由國.'의 21국만이 보인다. 『한원』 신라전 인용 『삼국지』 한전에 不斯國, 弁軍彌國, 斯盧國이 탈락하였고, 弁辰甘路國과 戶路國이 卞辰甘露尸路國으로 합쳐졌다. 현전하는 『한원』 번이부는 필사본이다. 때문에 弁辰甘路國과 戶路國이었어야 할 국명이 卞辰甘露尸路國으로 잘못 기록되는 경우가 발생하였다. 이를 고려하면 不斯國, 弁軍彌國, 斯盧國 역시 필사 과정에서의 누락일 가능성이 높지만, 신라의 전신인 斯盧國이 탈락하였다는 점이 눈길을 끈다. 그러나 『한원』 번이부에 사로국에 대한 언급이 없고, 『한원』 백제전 인용 『삼국지』의 마한 소국에 伯濟國이 포함된 것으

25 『삼국지』 한전의 진한과 변진의 소국은 모두 26국이지만, 馬延國이 두 번 등장한다. 중복된 것으로 보이므로 한 번만 계산하였다.

로 보아 필사 과정에서의 누락으로 판단된다.

사료 ③은 사료 ②와 마찬가지로 정문의 뜻을 새기기 어렵다. '國苞資路'의 '資'와 '路'가 각각 卞辰古資於陳國의 資, 卞辰甘路國의 路를 가리킨다고 보는 견해가 제기된 이래,[26] 후속 연구에서도 해당 견해가 수용되고 있다. 다음에 살필 사료 ④의 정문인 '地惣任那'가 사료 ③의 정문과 대구를 이룬다는 지적을 고려하면,[27] 선행 연구와 같이 '나라는 資, 路를 포괄하였다'로 번역함이 타당하다고 생각한다.

그런데 사료 ③에 보이는 진한과 변한 21개의 소국명에서 '資' 혹은 '路'가 포함된 국가는 각각 1개, 3개이다. 21개국 중 1개, 3개에 해당하는 국가명을 정문에 기술하였다고 보기는 어렵다. 또한 『한원』 신라전을 비롯한 다른 사서에는 '資' 혹은 '路'가 포함된 국가가 소국 중에서 우위를 점하였다는 기술도 발견되지 않는다. 현재로서는 장초금이 왜 일부에 지나지 않는 '資' 혹은 '路'가 포함된 국가를 정문에 내세웠는지 알기 어렵다. 다만 資는 문벌, 명망, 관직,[28] 路는 권위, 권세의 의미를 포함하므로,[29] '資'와 '路' 모두 여러 소국을 장악한 진한(신라)을 수식하는 표현으로 사용될 수 있다. 그럴 경우, 사료 ③의 정문은 '그 나라는 문벌과 권세를 겸병하였다'로 해석할 여지가 존재한다.

그러나 사료 ③과 ④의 정문이 대구를 이룬다는 지적을 염두에 둘 필요가 있다. 사료 ④ 정문의 세 번째, 네 번째 글자가 '任那'라는 고유명사이므로, 대구를 이루는 사료 ③ 정문의 세 번째, 네 번째 글자 역시 고유명사로 보는 편이 타당해 보인다. 아울러 『한원』 백제전의 두 번째 정문 역시 일부에 지나지 않는 楚山(塗卑離國)과 桑水(國)을 내세우고 있다는 점도 상기할 필요가 있다.[30] 따라서 사료 ③의 정문은 선행 연구와 같이 '나라는 資, 路를 포괄하였다'로 번역하고자 한다.

26 湯淺幸孫, 1983, 앞의 책, 97쪽; 張中澍 · 張建宇 校譯, 2015, 『《翰苑 · 蕃夷部》 校譯』, 吉林文史出版社, 160~161쪽. 후자의 교역본에서는 卞辰甘路國 외에 戶路國도 '路'의 범주에 포함된다고 보았다.

27 湯淺幸孫, 1983, 앞의 책, 97쪽.

28 檀國大學校 東洋學研究所, 2008, 『漢韓大辭典』 13, 檀國大學校 出版部, 149쪽.

29 檀國大學校 東洋學研究所, 2008, 위의 책, 469쪽.

30 『한원』 백제전 "陵楚山而廓宇, 帶桑水跣疆."

번호	구분	기사
④	正文	地惣[31]任那.
	번역	땅은 임나를 장악하였다.
	注文	齊書云: "加羅國, 三韓種也." 今訊新羅耆老云: "加羅 · 任那, 昔爲新羅所滅. 其故[地]今並在國南七八百里." 此新羅有辰韓 · 卞辰二十四國及任那 · 加羅 · 慕韓之地也.
	번역	『남제서』에 이르길 "가라국은 삼한의 종족이다."라고 하였다. 지금[32] 신라의 기로들에게 물으니 대답하길 "가라 · 임나는 예전에 신라에 의해 멸망되었다. 그 옛 [땅]은 지금 모두 나라의 남쪽 7~800리에 있다."라고 하였다. 이처럼 신라에는 진한 · 변진 24국 및 임나 · 가라 · 모한의 지역이 있다.

사료 ④는 신라의 영토에 가라, 임나의 땅이 포함되었다고 서술한다. 주문에는 『남제서』와 신라 기로의 말을 인용하였는데, 『남제서』 가라전에는 '加羅國, 三韓種也.'까지만 기록되어 있다. 신라 기로의 말은 『남제서』에서 존재하지 않은 것이다.[33] 『한원』 번이부에서 기로의 전언은 삼한전, 신라전, 서남이전에 보이는데, 모두 『후한서』나 『삼국지』가 그들의 말을 인용한 형태이다. 사서에 기반하지 않은 기로의 전언은 사료 ④가 유일하다.

후술하겠지만, 사료 ①에서 장초금은 신라의 기원을 '올바르게 적은 책이 없다고(並無正傳)' 언급하였다. 신라의 기원을 상세히 전하는 사서가 없다고 여긴 것이다. 이에 장초금은 자료를 보완하기 위해 직접 당에 있던 신라인에게 관련 내용을 물어보거나,[34] 당시 통용되던 내용을 수집하였던 것으로 추정된다. 그 결과, '今訊新羅耆老云: 加羅 · 任那, 昔爲新羅所滅. 其故今並在國南七八百里'의 정보를 습득하였고, 사료 ④에 수록한 것이다. 이밖에 '此新羅' 이하는 사료 ④ 주문의 사료를 토대로 한 장초금의 自注로 보인다.

31 惣은 摠과, 摠은 總과 통한다(檀國大學校 東洋學硏究所, 2002, 『漢韓大辭典』 5, 檀國大學校 出版部, 611쪽; 檀國大學校 東洋學硏究所, 2003, 『漢韓大辭典』 6, 檀國大學校 出版部, 64쪽).

32 장초금이 『한원』 신라전을 편찬하였을 당시 혹은 7세기 중반을 가리킨다고 생각한다.

33 신라 기로의 말은 남제 사신의 전언으로 얻어졌으며, 『남제서』 가라전의 일문일지도 모른다고 추정하는 견해가 있다(湯淺幸孫, 1983, 앞의 책, 98쪽).

34 內藤虎次郞, 1970, 「舊鈔本翰苑に就きて」 『內藤湖南全集』 7, 筑摩書房, 124쪽; 郭丞勳, 2006, 앞의 논문, 272쪽 각주 43번. 이밖에 신라 기로의 말부터 문장 끝까지를 장초금의 自注일 것으로만 언급한 경우도 있다(金鍾完, 2008, 앞의 책, 346쪽). 한편 耆老를 단순히 노인으로 해석할 수 있지만, 나이가 많고 지위가 높은 관리 혹은 명사를 가리킨다는 용례를 고려하면(檀國大學校 東洋學硏究所, 2007, 『漢韓大辭典』 11, 檀國大學校 出版部, 228쪽), 장초금이 신라 관인에게서 얻은 정보일 가능성도 존재한다.

번호	구분	기사
⑤	正文	擁叛卒以稱强, 承附金而得姓.
	번역	이반한 병졸을 모아 강성해졌고, 부용한 김씨가 이어져 자손이 두어졌다(得姓).
	注文	括地志曰: “新羅王姓金氏, 其先所出未之詳也.” 隋東藩風俗記云: “金姓相承三十餘代. 其先附庸於百濟. 征高驪, 驪人不堪役, 相率歸之, 遂致强盛. 其官有十七等. 一曰伊伐干, 二曰伊尺干, 三曰迊干, 四曰波珍干, 五曰大阿干, 六曰阿干, 七曰乙吉干, 八曰沙咄干, 九曰級伐干, [十]曰大奈厤, 十一曰奈[厤], 十二曰大舍, 十三曰小舍, 十四[曰]吉士, 十五曰大烏, 十六曰小烏, 十七曰造位之.”
	번역	『괄지지』에 이르길 “신라왕의 성은 김씨인데, 그 선조의 출신은 미상이다.”라고 하였다. 『수동번풍속기』에 이르길 “김씨 성이 30여 대를 계승하였다. 그 선조는 백제에 부용했는데, 고려를 치자 고려인이 역을 감당하지 못하고 연이어 귀부하니 마침내 강성해졌다. 그 관에는 17등급이 있다. 첫 번째는 이벌간, 두 번째는 이척간, 세 번째는 잡간, 네 번째는 파진간, 다섯 번째는 대아간, 여섯 번째는 아간, 일곱 번째는 을길간, 여덟 번째는 사돌간, 아홉 번째는 급벌간, [열] 번째는 대나마, 열한 번째는 나[마], 열두 번째는 대사, 열세 번째는 소사, 열네 번째[는] 길사, 열다섯 번째는 대오, 열여섯 번째는 소오, 열일곱 번째는 조위이다.”라고 하였다.

사료 ⑤는 『한원』 신라전의 마지막 정문과 주문으로, 현재 신라왕의 성씨가 어떻게 유래하였는지 알려준다. 주문은 『괄지지』와 수대에 편찬된 『수동번풍속기』를[35] 인용하여 작성되었다.[36] 사료 ①과 마찬가지로 『괄지지』는 신라왕의 출신을 알지 못한다고 하였는데, 『수동번풍속기』의 구절을 인용하여 신라왕의 대략적인 행적을 기술하였다. 앞선 사료 ①~④에서 신라라는 국가의 기원을 고증하였다면, 사료 ⑤의 『수동번풍속기』를 통해 신라왕의 출신과 관을 통한 지배층의 서열을 확인한 것이다. 결국 『한원』 신라전은 5개의 정문과 주문을 토대로 신라라는 국가의 기원, 국가의 중심인 왕과 지배층의 출신 및 양태를 고증하여 신라의 역사를 대략적으로 살폈다고 볼 수 있다.

Ⅲ. 저술 목적과 신라사 인식

그렇다면 장초금은 왜 신라전을 『한원』 번이부의 하나로 배치하였을까? 『한원』 고려전, 백제전에 비하면 신라전은 유독 장초금의 自注가 다수 확인된다. 이는 『한원』 신라전이 고려전, 백제전과 달리 별도의 立傳 목적이 있었음을 보여준다고 생각한다.

현전하는 『한원』은 번이부만이 필사본으로 존재한다. 그러나 『秘府略』 권864 百穀部와 권868 布帛部에도 장초금의 『한원』이 인용되어 『한원』의 다양한 구성을 확인할 수

35 수동번 『풍속기』로 보기도 한다(王碩, 2016, 『《翰苑》 硏究』, 東北師範大學 博士學位論文, 96쪽).

36 『수동번풍속기』는 현전하지 않는 사료이며, 『수서』 경적지에도 확인되지 않는다.

있다. 이러한『한원』의 다양한 구성은『藝文類聚』와 같은 類書의 체제와 유사하다.[37] 그렇다면 類書의 체제를 갖춘『한원』은 어떠한 의도에서 찬술되었을지 궁금하다.

선행 연구에 따르면,『한원』은 對句를 처음 학습하는 童蒙을 위한 모범 例文集으로 편찬되었다고 한다. 구체적으로는 장초금 일족의 童蒙이 사용하는 교과서로 만들어졌을 가능성을 제시하였다.『한원』이 편찬될 시기는 변려문이 유행하여 童蒙이 이를 연습하여 구사할 필요가 있었는데,『한원』은 이를 학습하기에 적절한 교재였다는 것이다. 나아가『한원』번이부는 당으로 빈번하게 사신을 파견하였던 주변국을 설명하기 위한 현실적인 목적으로 세워졌다고 하였다. 즉,『한원』은 변려문의 구사를 위한 교재이며, 번이부는 당과 교류하였던 주변국을 변려문을 통해 설명하였다는 것이다.[38]

반면『한원』의 敍文은 童蒙에 대한 배려가 없으므로 그 편찬 목적은 교재로서의 활용에만 있지 않다고 보기도 한다.『한원』번이부와 비슷한 형식의『兎園策府』征東夷編이(662년 편찬) 고구려 원정의 정당성을 자문자답하고 관련 문헌을 주기하여 고구려 정벌을 지지하였다는 점과 장초금이 고구려 원정을 주도한 李勣의 추천으로 임관하였음을 고려하면,『한원』번이부 역시 고구려 정벌의 지지를 표명한 글일 가능성을 제시하였다.[39] 나아가 고구려를 포함한 당의 동방정책과 어떠한 연관성이 있다고 추정하기도 한다.[40]

이처럼『한원』의 저술 목적은 대체로 변려문의 교육을 위한 교재라는 점에서 견해가 합치되는 듯하다. 아울러『한원』과 같은 類書는[41] 고문헌을 집록하고 내용에 따라 분류

---

37 윤용구, 2021, 앞의 논문, 101~102쪽.

38 湯淺幸孫, 1983, 앞의 책, ⅴ쪽. 다만『한원』번이부에는 당과 치열하게 주도권을 다투었던 돌궐, 고창국, 토욕혼, 토번 등의 서방 국가들이 보이지 않는다.『한원』번이부가 단순히 주변국 설명을 위해 세워졌다고 이해하기 어려운 면이다.

39 윤용구, 2021 앞의 논문, 111~113쪽.『한원』고구려전이 고구려 정벌의 당위성을 주장하기 위해 편찬되었을 가능성도 존재하지만, 실상『한원』고구려전에는『한원』신라전과 달리 장초금의 사견이 담긴 自注가 거의 보이지 않고, 정문과 주문의 내용 역시 정벌의 당위성 주장과는 거리가 멀다는 문제가 있다.

40 金炳坤, 2008,「『翰苑』撰者의 三韓傳에 대한 敍述과 理解」『韓國史學史學報』18, 29~30쪽.

41 『신당서』권59, 지49, 예문3 "張楚金翰苑七卷. (중략) 右類書類十七家, 二十四部, 七千二百八十八卷."『한원』의 총 권 수는 7권, 11권 30권으로 사서마다 다르다.『한원』의 총 권 수를 전하는 가장 빠른 사서인『日本國見在書目錄』과『구당서』장초금전의 기록을 고려하여 대체로 30권으로 이해하고 있다(內藤虎次郎, 앞의 책, 120쪽).

하여 검색과 例證을 제공하는 책이며,[42] 유서의 私撰 목적은 과거 준비와 응용, 시문의 작성에 있다고 한 연구 성과도 주목된다.[43]

실제로 『한원』 신라전의 정문은 변려문으로 구성되었다. 5개의 정문 중 첫 번째, 두 번째 정문은 4・6, 세 번째, 네 번째 정문은 4・4, 다섯 번째 정문은 6・6의 글자로 대구를 이룬다. 이러한 양상은 신라전에만 한정되지 않는다. 『한원』 삼한전을 보면 첫 번째~세 번째 정문은 4・4, 4~9번째 정문은 4・6, 열 번째 정문은 6・6의 글자로 대구를 이룬다.[44] 그리고 정문은 주문의 내용을 토대로 작성되었다. 유서의 편찬 목적이 과거 준비와 응용, 시문의 작성에 있다는 연구 성과와 『한원』 번이부 정문의 구성 방식을 고려하면, 『한원』은 변려문의 학습 교재로 편찬되었다고 추정할 수 있다.

『한원』이 변려문 학습을 위한 교재로 작성되었다는 점은 다른 곳에서도 확인된다. 먼저 『한원』 신라전의 사료 ①이 주목된다. 사료 ①의 주문은 신라의 유래가 상세하지 않음을 서술하였는데, '金水晉宋之也'란 문장으로 마무리된다. '金水晉宋之也'란 문장은 주문의 전반적인 내용인 신라의 유래와는 동떨어져 있다. 사료 ①의 정문은 '開源拓構, 肇基金水之年'이다. 정문의 말미에 주문의 마지막 문장에 해당하는 '金水'가 포함되었다. 『한원』의 정문과 주문의 관계를 고려하면, '金水晉宋之也'는 정문의 '金水之年'을 설명하기 위해 만들어졌다고 할 수 있다. '金水晉宋之也'는 사료 ①의 변려문(정문)에 '金水之年'이 들어가는 이유를 설명하기 위한 장치로써 주문에 삽입된 것이다. 이는 『한원』이 童蒙의 변려문 학습을 위해 편찬되었다는 것과 연결된다. 만약 『한원』이 童蒙의 변려문 학습을 위한 교재가 아니었다면, 식자층에서 상식으로 통용되던 음양오행과 정권 교체의 관계를 굳이 설명할 필요가 없었을 것이다.

사료 ①의 '金水晉宋之也'와 같이 정문의 변려문을 설명하기 위한 주문은 『한원』 숙신전에서도 발견할 수 있다. 『한원』 숙신전의 다섯 번째 주문은 '誦, 成王名之(송은 성왕의 이름이다)'로 끝난다. '誦, 成王名之' 앞의 주문에는 성왕의 이름이 나오지 않는데, 정문은 '周業斯隆, 姬誦銘其入賀(주의 왕업이 바야흐로 융성하였으니, 희송은 숙신이 입조하여 하례한 것을

---

42 조국장・왕장공・강경백 지음, 이동백 옮김, 2015, 『문사공구서개론』, 한국고전번역원, 28쪽.

43 劉葉秋 지음, 金長煥 옮김, 2005, 『中國類書概說』, 學古房, 22쪽 및 49쪽.

44 『한원』 삼한전의 일곱 번째 정문은 '矜容表也麗, 扁首之俗仍存'인데, 5・6의 대구를 이룬다. 다만 '也'가 정문에서 가지는 의미가 불명확하여 이를 衍字로 볼 여지가 있다(湯淺幸孫, 1983, 앞의 책, 62쪽). 본고도 이에 따라 '也'를 衍字로 간주한다.

새겼다)'로 구성되었다. 앞서 제시한 사료 ①과 마찬가지로 '誦, 成王名之'는 주문에는 없던 '姬誦'이 정문에 들어간 이유를 설명하기 위한 장치인 것이다.[45]

이처럼 『한원』의 편찬 목적 중 하나는 童蒙의 변려문 학습에 있다고 할 수 있다. 그런데 『한원』 신라전은 고구려, 백제와 달리 긴 문장으로 이루어진 장초금의 自注가 다수 확인된다. 『한원』 고구려전에도 열 번째 정문에 '即此城也', 열한 번째 정문에 '續漢書郡國志不改', 열두 번째 정문에 '本漢不而縣也' 등과 같은 自注가 보이지만, 앞 문장에 대한 간단한 보충 설명에 그친다. 『한원』 백제전에는 自注로 추정되는 문장이 확인되지 않는다. 그런데 신라전에 이르러서는 첫 번째, 두 번째, 네 번째 주문에서 긴 문장의 自注가 보인다.

〈표 1〉『한원』 신라전에 보이는 장초금의 自注

사료	구분	기사
①	원문	此則新羅有國在晋宋之間. 且晋 · 宋 · 齊 · 梁, 並無正傳. 故其有國所由靡得詳也. 金水晋宋之也.
	번역	이는 곧 신라가 진~송의 사이에 있었다는 것이다. 그러나 진 · 송 · 제 · 양 모두에 정전이 없다. 때문에 그 나라가 유래한 바를 상세하게 알 수 없다. 금 · 수는 진 · 송이다.
②	원문	今案, 新羅 · 百濟共有三韓之地, 百濟在[西], 即馬韓之地, 新羅在東, 即辰韓 · 卞辰之地也.
	번역	지금 살펴보니 신라 · 백제는 모두 삼한의 땅에 있는데, 백제는 [서쪽]에 있으니 곧 마한의 지역이고, 신라는 동쪽에 있으니 곧 진한 · 변진의 지역이다.
④	원문	此新羅有辰韓 · 卞辰二十四國及任那 · 加羅 · 慕韓之地也.
	번역	이처럼 신라에는 진한 · 변진 24국 및 임나 · 가라 · 모한의 지역이 있다.

위의 표는 『한원』 신라전에 보이는 장초금의 自注이다. 『한원』 고구려전의 自注는 기록에 대한 사서 간 교차 검증, 위치 확인 등의 간단한 보충 설명이다. 반면 『한원』 신라전에는 '此', '今案'을 사용한 自注가 길게 서술되어 있다. 이 自注는 주문에 제시된 사료의 뒤에 배치되었는데, 해당 사료에 대한 찬자의 생각, 논증, 결론을 내용으로 한다. 그렇다면 『한원』 신라전에 유달리 많은 自注가 달린 이유는 무엇일까?

이와 관련하여 사료 ①의 '且晋 · 宋 · 齊 · 梁, 並無正傳', 진 · 송 · 제 · 양 모두에 正傳

45 『한원』 숙신전의 다섯 번째 주문(誦, 成王名之)과 여섯 번째 주문(徹, 武帝名)은 장초금이 아니라 雍公叡의 補注로 보기도 한다(湯淺幸孫, 1983, 앞의 책, iv-v쪽). 湯淺幸孫이 분류한 옹공예 注, 장초금 自注는 尹龍九, 2011, 「『翰苑』 蕃夷部의 注文構成에 대하여」 『百濟文化』 45, 162~163쪽 표1, 표2가 참고된다.

이 없다는 기술이 주목된다. 진・송・제・양의 사서에 신라의 열전이 없다는(正傳) 것이다. 여기서 말하는 진・송・제・양의 사서란 『진서』, 『송서』, 『남제서』, 『양서』를 가리킨다. 그러나 신라는 『한원』보다 먼저 완성된 『양서』와 『수서』에 立傳되어 관련 기록을 확인할 수 있다. 장초금의 주문과 사서 편찬 간의 역사적 사실이 일치하지 않는 것이다. 때문에 선행 연구에서는 이 문제를 장초금이 『양서』를 미처 보지 못한 결과로 보거나,[46] 『한원』 번이부가 각 나라의 사적을 주요 최신 사서 위주로 정리한 점을 토대로 장초금이 『양서』를 주의 깊게 살피지 못하였다고 이해하였다.[47]

『한원』은 당 현경 5년(660)에 완성되었으며,[48] 『양서』는 당 정관 10년(636)에 奏上되었다.[49] 『양서』가 『한원』보다 44년 먼저 편찬된 것이다. 『한원』의 찬자 장초금은 626~633년 從8品으로 관직 생활을 시작하여 660년 太原縣令, 670년대 刑部侍郎, 680년대 吏部侍郎까지 오른 인물이다.[50] 『양서』의 편찬 연대와 장초금의 관력을 고려하면 그가 『한원』 신라전을 편찬한 시기에 『양서』를 열람하지 못하였다고 보기 어렵다. 『한원』 번이부에 『양서』보다 늦게 완성된 『괄지지』가 인용된다는 점도 이를 뒷받침한다. 이 문제를 해결하기 위해서는 새로운 해석이 필요하다. 사료 ①의 '並無正傳'은 '열전이 없다'기보다는 '올바른 전승, 사서가 없다'로 해석하는 편이 타당하지 않을까 한다.[51]

위의 해석에 따라 사료 ①을 보면, 장초금은 신라의 유래에 관한 '올바른 전승, 사서가 없다'고 이해한 것이 된다. 주지하다시피 636년 간행된 『양서』와 『수서』에는 신라전이 입전되었다.

A. 신라는 그 선조가 본래 진한의 종족이다(『양서』 신라전).[52]

---

46 金鍾完, 2008, 앞의 책, 343쪽.

47 郭丞勳, 2006, 앞의 논문, 266~267쪽.

48 윤용구, 2021, 앞의 논문, 92쪽.

49 『구당서』 권3, 본기3, 태종하 "十年春正月壬子, 尚書左僕射房玄齡侍中魏徵上梁陳齊周隋五代史, 詔藏於秘閣."

50 장초금의 생애와 관력에 대해서는 정동준, 2021, 「張楚金의 『翰苑』 편찬과 복고적 유가사상」 『白山學報』 120이 참고된다.

51 우선 사전에서 正傳은 바른 傳記, 本傳이란 뜻이 있다(檀國大學校 東洋學研究所, 2004, 앞의 책, 803쪽). 또한 『大學衍義』 卷11 중 眞德秀의 說인 '以其關乎聖學之正傳・君道之大體'의 正傳은 '올바른 전승'으로 해석된다(동양고전종합DB).

52 『양서』 권54, 열전48, 제이, 신라 "新羅者, 其先本辰韓種也."

B. 신라국은 고려의 동남쪽에 있으며, 한대 낙랑의 땅에 자리 잡았는데 사라라고도 부른다. 위의 장수 관구검이 고려를 토벌하여 깨뜨리자 [고려는] 옥저로 달아났다. 그 후에 고국으로 돌아갔으나, 남은 자들이 마침내 신라를 세웠다(『수서』 신라전).[53]

위에 제시한 사료는 신라의 기원에 관한 『양서』, 『수서』 신라전의 기록이다. 『양서』는 신라의 기원을 진한이라 하였고, 『수서』는 관구검에 패해 옥저로 쫓겨갔다가 고국으로 돌아가지 않고 잔류한 고구려인이 신라를 세웠다고 하였다. 장초금은 636년 간행된 『양서』와 『수서』의 신라전에 신라의 기원이 언급되어 있음에도 타당하지 않다고 여긴 것이다. 그렇다면 장초금이 이전 사서에 신라의 기원을 올바르게 기술한 사서가 없다고 여긴 이유는 무엇일까?

먼저 『양서』에 따르면 신라는 진한에서 비롯되었다. 사료 ③에는 진한과 변진의 24개 소국이 나열되어 있다. 그런데 이 소국에는 신라가 보이지 않는다. 아무래도 장초금은 진한과 변진의 24개 소국에 신라가 포함되지 않아서 이들이 신라의 기원이 될 수 없다고 여긴 듯하다. '신라'라는 명확한 국명이 보이지 않으므로 진한 및 변진을 신라의 기원으로 연결시키지 않은 것이다.[54] 반면 『수서』에는 고구려인이 신라를 세웠다고 하였다. 장초금이 『한원』 신라전의 서두에 제시한 『괄지지』의 기록과 배치된다. 그는 최신 사서였던 『괄지지』를 적극 활용하여 『한원』 신라전을 작성하였는데, 『괄지지』의 사료적 가치를 높게 판단한 결과로 보인다.

이처럼 장초금은 신라라는 국가의 기원이 이전 사서에 보이지 않기 때문에 '並無正傳', '올바른 전승, 사서가 없다'고 언급한 것이다.[55] 장초금은 이에 그치지 않고 전대의

53 『수서』 권81, 열전46, 동이, 신라 "新羅國, 在高麗東南, 居漢時樂浪之地, 或稱斯羅. 魏將毌丘儉討高麗, 破之, 奔沃沮. 其後復歸故國, 留者遂爲新羅焉."

54 『한원』 백제전은 백제와 마한의 연관성을 언급하였고, 신라전 역시 백제전과 마찬가지의 서술을 채택하였으므로 장초금이 마한과 백제, 진한 및 변진과 신라의 연계성을 인지하고 있었을 것이라는 견해가 있다(金炳坤, 2008, 앞의 논문, 28~29쪽). 여기서 말하는 연계성은 史的 계통으로 이해된다. 본고는 장초금이 신라의 기원을 진한 및 변진과 연결시키지 않았고, 양자의 연계성은 위치 혹은 영역의 측면에서 인정하였다고 본다.

55 장초금은 신라의 기원을 올바르게 언급하지 않은 사서로 『진서』, 『송서』, 『남제서』, 『양서』의 남조계 사서만을 언급하였다. 그 이유는 명확히 알 수 없지만, 『陳書』는 외국전이 없고 『수서』와 그 원전인 『수동번풍속기』에 신라왕의 기원이 간략하게나마 언급되어 그 대상에서 제외된 듯하다. 아울러 남조계 사서인 『송서』에 신라가 언급되었지만, 다른 남조계 사서는 『송서』를 계승하여 신라를 언급하

사서를 확인하며 신라의 기원을 추적하였다. 그런데 사료 ②~⑤에는 신라의 기원이 명확히 어떻다고 언급되지 않았다. 사료 ②의 自注는 '백제는 [서쪽]에 있으니 곧 마한의 지역이고, 신라는 동쪽에 있으니 곧 진한·변진의 지역이다'고 하였다.[56] 기원이 아니라 위치 혹은 영역을 설명하고 있다. 사료 ④의 自注 역시 '이처럼 신라에는 진한·변진 24국 및 임나·가라·모한의 지역이 있다'고 하여 신라의 영역을 논하였다. 사료 ②, ④의 自注에는 신라의 기원이 언급되지 않은 것이다.

『한원』 고구려전, 백제전은 모두 그 기원에 대해 기술하고 있다. 신라전 역시 그 기원을 다루었을 것으로 보인다. 그러나 앞서 확인하였듯이 自注에는 신라의 기원이 언급되지 않았다. 남은 사료 ①의 自注를 주목할 필요가 있다. 사료 ①의 주문 첫 번째 문장은 『송서』 왜전의 기록을 인용하며 시작되었고, 自注는 이를 받아 '이는 곧 신라가 진~송의 사이에 있었다는 것이다'라고 하였다. 신라가 『송서』에 처음 보이며, 송대에 세워졌다는 뜻으로 여겨진다. 그런데 장초금은 『송서』를 인용하였음에도 신라의 건국 시점을 진~송으로 유추하였다.[57] 신라가 『송서』에 처음 보이므로 건국 시점을 송으로 잡은 것은 이해가 되지만, 진까지로 범위를 넓힌 까닭은 의문이다. 장초금이 신라의 건국 시점을 진~송 사이라 한 원인은 『진서』 韓傳의 존재 때문으로 추정된다. 『위략』, 『삼국지』, 『후한서』에는 모두 한전이 입전되었다. 나아가 648년 완성된 『진서』에도 한전이 확인된다. 이러한 사서의 입전 양성과 『송서』에 신라가 확인된다는 점으로 보아, 장초금은 신라가 한전이 마지막으로 기록된 『진서』의 진과 신라가 확인되는 『송서』의 송 사이에 세워졌다고 이해한 듯하다. 이는 사료 ②~⑤에 보이지 않는 신라의 기원에 관한 부분일 것이며, 이밖의 내용은 후대 사서의 한계로 더 상세하게 기록하지 못하였다고 추정된다. 즉, 장초금은 신라의 기원은 알 수 없으나 진~송 사이에 건국되었고, 진한과 변진은 신라가 다스리는 지역에 포함된다고 이해하였다는 것이다. 이는 장초금이 진한과 변진을 신라의 기원으로 생각하지 않는다는 또 다른 이유로 여겨진다.

지 않은 점을 지적하였을 가능성도 상정된다. 이에 관해서는 추후 상세한 검토가 필요하다.

56 사료 ②의 '今案' 이하와 사료 ④의 '此新羅' 이하의 문장을 신라 측 전승에 따라 작성된 것으로 보는 견해가 있다(윤용구, 2020, 「중국사서로 본 弁辰과 慕韓- 傳存文獻의 시대적 변용을 중심으로 -」 『韓國古代史硏究』 99, 26쪽). 그러나 이는 앞의 주문과 정문을 설명하는 장초금의 自注로 봄이 타당하지 않을까 한다(동북아역사재단 한국고중세사연구소, 2018, 앞의 책, 247쪽 및 249쪽).

57 신라가 진 혹은 늦어도 송대에 건국되었다고 본 이유는 『송서』가 없던 나라를 갖다 붙이지 않았을 것이라는 판단에 따랐기 때문으로 보기도 한다(郭丞勳, 2006, 앞의 논문, 265쪽).

한편 『한원』의 찬자는 『송서』를 직접 인용하지 않고 『괄지지』에 인용된 『송서』를 채록하였다. 당시 『송서』가 산일되지 않았음에도 『괄지지』에 인용된 『송서』를 주문에 사용한 것은 의아스럽다. 『한원』 신라전의 주문은 최근에 편찬된 순서대로 인용 사료가 배치되었다. 이러한 사료 배치는 해당 국가에 대한 최근까지의 정보가 어떠한지 밝히고, 사료를 거슬러 올라가면서 그에 대한 나름의 고증을 하거나 문제를 해결하기 위함으로 보인다. 그런데 사료 ①의 『괄지지』는 본문이 아니라 주문에 해당한다. 『괄지지』의 주문을 인용한 이유는 『괄지지』 신라전의 본문에 신라의 기원에 대한 특기할만한 부분이 없었기 때문으로 추정된다. 이에 장초금은 『괄지지』라는 최신 사서에서도 신라의 등장은 『송서』의 기록이 최초임을 보여준 뒤, 제반 사서의 상황을 고려하여 나름의 고증을 진행한 것 같다.

결국 사료 ①의 自注는 장초금이 신라의 기원을 추적하는 일종의 고증 과정이었다고 할 수 있다. 그렇다면 사료 ②, ④의 自注는 무엇을 의도하였을까? 이는 『양서』 신라전의 신라 진한 출자 기록에 대한 대답으로 추정된다. 사료 ②의 自注는 진한과 변진을 신라의 위치를 설명하는 데 활용하였다. 나아가 사료 ④의 自注는 신라에 진한·변진 24국 및 임나·가라·모한의 지역이 있다고 하였다. 이를 종합하면 장초금은 신라의 영역에 진한·변진 24국 및 임나·가라·모한이 포함되었으며,[58] 진한과 변진은 신라의 기원과 관련이 없음을 지적한 것이라 할 수 있다. 아울러 『한원』 고구려전, 백제전에 보이는 각국의 강역을 설명하려는 의도도 포함되었을 것이다.

위와 같은 추정에 큰 문제가 없다면, 『한원』 신라전은 장초금이 부족한 신라 관련 사료를 극복하며 작성된 일종의 논문이라 할 수 있다. 이는 앞서 언급한 『한원』과 같은 類書의 편찬 목적과도 상통한다. 『한원』 신라전을 통해 사료가 부족한 상황에서 이를 어떻게 과거 준비와 시문 및 변려문의 작성에 활용할 수 있는지 모범답안을 제시한 것이다. 따라서 『한원』 신라전의 내용은 현재의 신라사 이해와 동떨어진 면이 다수 보일지라도, 약 1,400년 전의 唐人 관료가 제반 사서를 검토하여 내린 나름의 신라사 이해로 받아들일 필요가 있다.

58 『한원』 신라전의 주문에는 사료 ①의 『괄지지』 인용 『송서』를 제외하고 모한에 대한 언급이 확인되지 않는다. 이는 『송서』에 보이는 왜왕의 칭호에 신라 다음에 위치한 임나와 진한이 신라의 영역으로 고증되어 자연히 모한도 그러하였을 것으로 본 결과로 추정된다.

IV. 맺음말

이상을 통해 『한원』 신라전의 내용과 저술 목적에 대해 분석하였다. 『한원』 신라전이 가진 차별점은 세 번에 걸쳐 등장하는 장초금의 自注다. 이 自注는 고구려전과 달리 보충 설명에만 그치지 않았고, 그의 신라사 인식과 사료의 고증 방식을 드러내는 장치였다.

세 개의 自注 중 첫 번째가 주목된다. 첫 번째 自注는 '此則新羅有國在晉宋之間. 且晉・宋・齊・梁, 並無正傳. 故其有國所由靡得詳也. 金水晉宋之也.'로, 장초금의 신라사 인식을 보여준다. 그는 신라와 사로국을 연결시키지 않았다. 신라는 진한과 변진에서 기원하지 않았고 그 지역을 다스릴 뿐이라고 이해하였다. 진한과 변진의 24개 소국에 신라가 포함되지 않아서 이들이 신라의 기원이 될 수 없다고 여긴 듯하다. 따라서 장초금은 신라의 기원을 삼한과 연결시킨 『양서』 신라전의 기록은 옳지 않다고 생각하였고, 이를 '並無正傳'이란 문구로 표현하였다. 나아가 신라의 기원을 제대로 적은 사서가 없어 그 건국 시점만을 유추하였는데, 韓傳이 마지막으로 기록된 『진서』의 진과 신라가 확인되는 『송서』의 송 사이에 건국되었다고 보았다. 이는 장초금이 진한과 변진을 신라의 기원으로 생각하지 않는다는 또 다른 이유로 판단된다.

『한원』과 같은 類書는 고문헌을 집록하고 내용에 따라 분류하여 검색과 例證을 제공하는 책이며, 유서의 私撰 목적은 과거 준비와 응용, 시문의 작성에 있다고 이해된다. 이를 고려하면 『한원』 신라전은 장초금의 사료 고증 방법과 이를 변려문으로 작성하는 방법을 보여주는 하나의 모범답안으로 추정할 수 있다. 환언하면 7세기 중반 唐人의 시각에서 작성된 역사 인식인 것이다. 이러한 장초금의 신라사 인식은 현재의 이해와 상당한 차이를 보인다. 그러나 이를 단순한 오류 내지는 무관심으로 치부하는 것은 곤란하다. 『한원』 신라전의 서술은 약 1,400년 전의 唐人 관료가 제반 사서를 검토하여 내린 나름의 신라사 이해이자 사료의 고증 방식과 변려문 작성의 모범답안을 제시하여 類書의 편찬 목적을 이행한 결과물로 받아들일 필요가 있다.

제4부
7세기 동아시아와 『한원』

翰苑 蕃夷部의 세계

『한원』 注 所引 『괄지지』의 백제 佚文 연구

7세기 동아시아의 문헌지식

童嶺 / 임동민 譯

Ⅰ. 唐代 동아시아 세계의 내적 연관

정관 19년(645) 정월 27일, 당 제국의 최고 외교가 王玄策이 인도 王舍城(라즈기르, Rajgir)에 도착하여, 耆闍崛山(한문 문헌의 靈鷲山)에 올라 "바라건대 대당 황제께서 해와 달과 더불어 길이 빛나기를"이라고 말하고,[1] 그곳에 비석을 세웠다. 또한, 정관 19년 정월, 장안 서남 30리의 昆明池 물가에 수천~수만의 장안 軍民이 인도에서 구법하고 귀국하는 고승 현장을 성대히 환영하였다.

우리의 시선을 남아시아에서 동아시아로 돌려보자. 今西龍의 遺著 『朝鮮史の栞』에는 아래와 같이 나온다.

> 당 제국의 이상은 제국 바깥의 소국을 번속국으로 삼고 자신은 종주국으로 책봉해주는 상위에 오르는 것이다. 각국은 종주국의 통일 아래에 화평하게 공존하고 인민은 안심하고 생활하였다. 따라서 고구려, 백제, 신라 삼국의 전쟁을 묵인할 수 없었다.[2]

고구려, 백제, 신라 삼국의 쟁투를 제지하기 위해, 또 진정으로 '대당황제'에서 세계 제국의 '天可汗'에 도달하기 위하여, 당 태종은 이해(645) 정월에 『征遼命太子監國詔』를 발포하고, 이적을 요동도행군대총관으로 임명하여 그해 2월부터 제1차 고구려 원정이라는 숙명의 전쟁을 개시하였다. 이 1차 원정은 Victor Xiong의 *Heavenly Khan: A*

---

1 * 번역자 주 : 본 글은 「『翰苑』注所引『括地志』百濟佚文硏究——公元七世纪的東亞文献知识」의 한국어 번역이다. 원문의 고유명사는 한문 혹은 영어 원문으로 표시하였고, 직접 인용자료는 일부를 제외하고 원문을 그대로 전재하면서 문장부호 등 일부 수정만 가하였다.
釋道世撰, 周叔迦, 蘇晉仁校注, 2003, 『法苑珠林校注』, 中華書局, 卷29 『感通第21』. 王玄策事又可參 : 塚本善隆, 1992, 『世界の歷史4 : 唐とインド』, 中公文庫, 417~418쪽.

2 今西龍遺著, 1988, 『朝鮮史の栞』, 國書刊行會, 120~121쪽.

Biography of Emperor Tang Taizong (Li Shimin) 라는 책에서 이세민의 '최후 일전'이라고 하였다.[3] 布目潮渢, 栗原益男의 『隋唐帝國』에서는 "고구려 원정의 개시와 大化改新이 동시에 시행된 것은 의미심장하다."라고 하였다.[4] 같은 정관 19년(645) 6월, 당 제국 동쪽의 倭國에서 中大兄皇子, 中臣鎌足(藤原鎌足) 등이 唐 歸國者와 연합하여 蘇我氏를 타도하였기 때문이다. 황극여황이 효덕천황에게 양위하고, 일본사에서 저명한 '大化改新' 정책의 서막이 열렸다. 이는 일본이 정식으로 당 율령제를 도입한 것이다.

요란했던 '天可汗' 시대에 잠시 서아시아 세계를 놔두고, 단지 동북아시아의 고대(中古) 세계만 보더라도, 불과 1년 만에(645년) 여러 국가와 민족이 서로 연결되어 있음을 알 수 있다. 榮新江 선생은 7세기 동아시아는 '戰火硝煙', 8세기 동아시아는 '彬彬有禮'라고 정확히 지적하였다.[5] 21세기 학자들의 입장에서 수당시대 동아시아가 '戰火硝煙'에서 '彬彬有禮'에 이르기까지 고대(中古) 지식인의 사상, 학술, 문화를 돌이켜 보고자 했을 때, 이러한 보이지 않는 요소들의 매개체(서적)는 오늘날에 이르러 다수가 이미 '佚籍'이 되었다.

주지하듯이, 수당사와 동아시아사의 진전은 새로운 방법(새로운 이론)과 새로운 사료(산일된 문헌을 포함)라는 두 가지 길에 기초하고 있다.

먼저, 전자와 관련하여, 서양 학자들이 비교적 뛰어났는데, 예를 들면 고대(中古) 중국과 내륙 아시아 세계를 연계하여 고찰하는 시각이다. 최근에는 Nicola Di Cosmo 등이 편집한 *Empires and Exchanges in Eurasian Late Antiquity: Rome, China, Iran, and the Steppe, ca. 250-750* 가 있는데,[6] 로마, 페르시아, 수당 중국과 당시 돌궐, 소그드 등 북아시아 유목민족을 연계한 논문집으로 시각이 참신하다.

새로운 이론 외에 새로운 문헌과 사료는 의심의 여지 없이 새로 출토된 묘지명이 수당시대 동아시아의 새로운 사료 대부분을 차지하고 있다.

---

3 Victor Cunrui Xiong(熊存瑞), 2014, *Heavenly Khan: A Biography of Emperor Tang Taizong (Li Shimin)*, New York:Airiti Press, p191. 但是中譯本卻將"最後一戰"(Last War)誤譯成"暮年歲月"; 熊存瑞著, 毛蕾等譯, 2018, 『天可汗:唐太宗李世民』, 華文出版社, 205쪽.

4 布目潮渢, 栗原益男, 1997, 『隋唐帝國』, 講談社學術文庫, 103쪽.

5 榮新江, 2015, 「八世紀的東亞外交形勢與日中遣唐使交流」, 『絲綢之路與東西文化交流』, 北京大學出版社, 135쪽

6 Nicola Di Cosmo & Michael Maas, 2018, *Empires and Exchanges in Eurasian Late Antiquity: Rome, China, Iran, and the Steppe, ca. 250-750*, Cambridge university press.

2018년 이성시의 새로운 저서 『투쟁의 장으로서의 고대사 : 동아시아의 행방』의 「출토 문자자료와 경계」는 모두 3장으로 구성되었는데, 「광개토왕비」를 중심으로 새롭게 진행된 석각 연구이다.[7] 사실 최근 수당 동아시아사와 관련하여, 위로는 제왕, 아래로는 명장까지 많은 새로운 문헌이 출토되었다. 예를 들면, 수 양제와 蕭 皇后의 묘는 2013년 출토되었고, 필자는 2014년 양주의 고고학 현장을 찾아 고찰하였는데, 『隋煬帝墓志』 상의 '隨'자는 본문에서 논하는 『翰苑』 주에 인용된 '隨'자와 관련이 있다.

수당 동아시아 비석 사료를 돌이켜보면, 일찍이 중화민국 연간에 李根源의 『曲石精廬藏唐墓誌』에는 동아시아사의 묘지 2점이 수록되었는데, 하나는 연개소문의 아들 『천남생묘지』로서, 이른바 '唐志第一'[8]이고, 다른 하나는 백제의 항복한 장군 『흑치상지묘지』이다. 章太炎 선생 발문에는 아래와 같이 나온다.

> 黑齒常之, 本百濟人. 歸唐, 至左武衛將軍, 封燕國公. 爲周興構死. 唐書有傳. 此志敘事, 與史相應. 前數歲, 洛陽新出『+泉男生墓志』. 逾五六年, 而此志繼之. 二人皆樂浪名將. 地不愛寶, 先後獻瑞, 豈三韓王氣未盡, 猶有楚人三戶之望耶?民國廿一年九月章炳麟識.[9]

장태염 선생의 제자 중에는 국립 중앙대학, 금릉대학에서 가르친 사람도 많다. 2017년 5월 20일, 남경대학의 '520' 개교기념일에 도서관에서 열린 '楮墨留眞—남경대학 소장 金石拓片展'에는 민국 연간에 표구한 『천남생묘지』도 있는데, 금릉대학 중국문화연구소 수장품이거나 John C. Ferguson의 구장품일 것이다.

隋唐 2京 등지에서 새로 출토된 백제, 고구려인 묘지에 관해서는 배근홍 교수의 『唐代高麗百濟移民研究』, 『石刻墓志與唐代東亞交流研究』의 두 책의 연구가 대표적이다.[10]

隋唐 묘지와 비교하면, 새로운 사료로서 해외 소장 한적의 옛 필사본인 '佚籍'도 대체 불가능한 귀중한 가치가 있다. 六朝, 隋唐 동아시아 문명권의 교류 연구에서 현재 학계

---

7 李成市, 2018, 『闘争の場としての古代史 : 東アジア史のゆくえ』, 岩波書店.

8 李希泌編, 1986, 『曲石精廬藏唐墓誌』, 齊魯書社, 105쪽.

9 『曲石精廬藏唐墓誌』, 95쪽.

10 拜根興, 2012, 『唐代高麗百濟移民研究 : 以西安洛陽出土墓誌爲中心』, 中國社會科學出版社 ; 2016, 『石刻墓誌與唐代東亞交流研究』, 科學出版社 ; 입당한 삼한의 번장 연구에 관해서는 다음이 참고된다. 李基天, 2018, 「唐代高句麗・百濟系蕃將の待遇及び生存戰略」『多民族社會の軍事統治 : 出土史料が語る中國古代』, 京都大學學術出版會, 327~379쪽.

에서 많이 인용되는 것은 도쿄대학 西島定生의 '네 가지 요소' 학설인데, ① 한자, ② 유교, ③ 율령제, ④ 불교이다.[11] 학계에서 西島定生 학설의 인정 여부는 차치하더라도, 이 네 가지 요소 중에는 1개의 공통 인자가 도출되는데, 네 가지 요소 모두 '漢籍'을 통해 전파된다는 것이다.

중국 고대(中古)의 '佚籍'과 관련하여, 필자의 『六朝隋唐漢籍舊鈔本研究』에 몇 가지 안건에 대한 연구가 있다.[12] 그중에 본문에서 다룰 '佚籍'『翰苑』의 기본 문헌 정황에 대해서는 위 책의 제9장 「唐鈔本〈翰苑〉殘卷考正」(이하 「考正」)에서 이미 초보적인 서술을 하였으니,[13] 참고하기 바란다.

Ⅱ. 隋唐 동아시아의 새로운 사료로서『翰苑』

宮崎市定의 『大唐帝國 : 中國の中世』에서는 "唐代 문화의 본질은 귀족문화이다."라고(唐代문화를) 명확히 지적하였다.[14] 천하를 통일한 당 태종의 '貞觀之治' 시기는 중국에서 귀족제가 가장 번성한 시기였다. "제국의 출현은 무엇보다 먼저 제국을 탄생시키고, 아울러 통치계층의 단결을 진전시킨다."[15]

---

11 西嶋定生著, 李成市編, 2000, 『古代東アジア世界と日本』, 岩波書店, 5쪽(原載 : 西嶋定生, 1983, 『中國古代國家と東アジア世界』, 東京大學出版會) ; 이성시는 이 책 후반부에 "解說" 중에서 다음과 같이 말하였다. "니시지마 선생은 '동아시아' 고유의 문화권에 주목하였다. 이 문화권은 중국 문화를 중심으로 하는 한 문화권이다. 구체적으로 말하면, 한자를 매개로 한 유교, 한역불교 및 율령 등 중국에서 기원한 문화의 수용 지역이다."(같은 책, 266쪽).

12 童嶺, 2017, 『六朝隋唐漢籍舊鈔本研究』, 中華書局 ; 이 책은 2009년 필자의 박사학위논문 『日藏六朝隋唐漢籍舊鈔本綜合研究』를 기초로 수정한 것이다.

13 童嶺, 2012, 「唐鈔本〈翰苑〉殘卷考正」, 『國際漢學研究通訊』第五期, 北京大學出版社, 153~186쪽 ; 이 글은 또 『六朝隋唐漢籍舊鈔本研究』 一書 第九章에 수록되었다.

14 宮崎市定, 1988, 『大唐帝國 : 中國の中世』, 中公文庫, 356쪽.; 교토 학파의 중요한 연구자 谷川道雄 『隋唐帝國をどう考えるか』에서 다음과 같이 말하였다. "수당의 군주가 비록 남북조 이래의 문벌계급을 억압하였지만, 본질적인 억압에 도달하지 못하였다."(2017, 『谷川道雄中國史論集 · 下』, 汲古書院, 5쪽).

15 朴漢濟, 2015, 『大唐帝國及其遺産 : 胡漢統合與多民族國家的形成』(대당제국과 그 유산), 韓國世昌出版社 ; 또한 다음이 참고된다. 朴漢濟著 · 馮立君譯, 2018, 「"胡漢之分"的復活與大唐帝國的衰亡」『周秦漢唐文化研究 · 第十輯』, 三秦出版社, 160쪽.

2013년 11월 15일 일본 교토대학 부속 도서관의 초청을 받아, 'Reconsider T'ang Empire's Manuscript Culture and East Asia'라는 제목의 보고를 하였다.[16] 해당 보고서에서는 역외(일본, 한반도 등) 소장 중국 中古의 漢籍 舊鈔本과 그것의 문헌적 가치와 역사적 가치가 백 년 전의 돈황 鈔本에 못지않으며, 양자는 동쪽과 서쪽에서 빛을 발하고 있다고 언급하였다. 이러한 점은 중국 대륙, 특히 최근에 들어와 점차 학계의 높은 관심을 받고 있다.

佚籍과 隋唐 동아시아사의 연구에 관하여, 필자는 2017년 12월 일본 교토대학 인문과학연구소 『동방학보』 92호에 「貞觀年間唐帝國的東亞情報・知識與佚籍——舊鈔本〈翰苑〉注引〈高麗記〉研究」[17]라는 논문을 발표하였다.(해당 논문의 초고는 2016년 11월 고려대학교 한자한문연구소와 南京大學 域外漢籍研究所가 서울에서 공동 주최한 '제3회 동아시아 한적 교류 국제학술회의'에서 발표하였고, 2017년 3월 北京大學 文研院에 訪學시에 또 수정본을 제출하여 토론했었다.)

필자의 「考正」[18]의 조사에 의하면, 舊鈔本『翰苑』 1권은 원래 일본 福岡縣 筑紫郡 男爵 西高辻信雄에게 소장되어 있었고, 현재는 같은 현 太宰府市(*원본 : 同郡太宰府町) 太宰府天滿宮에 소장되어 있다. 대체로 헤이안 시대의 것으로 여겨지는 이 舊鈔本 잔권은 昭和 6년(1931) 12월 일본 정부로부터 '국보'로 지정되었다.[19]

2019년 3월, 필자는 靜永健, 林曉光 교수의 초청으로 규슈대학을 방문하여, 太宰府天滿宮, 후쿠오카시박물관 등을 답사하였다. 박물관 안에서 『翰苑』 鈔本의 영문 안내에 "Sentences edited at Tang age", 일본어로는 "唐代に作られた模範文例集"라고 되어 있었다. 필자는 '翰苑'의 영문, 일문 번역에 모두 약간의 문제가 있다고 생각한다.

요컨대, 먼저 근대 문헌에 수록된『翰苑』의 연구 상황을 간략히 서술해보자.

1922년(大正 11년) 『京都帝國大學文學部景印舊鈔本』 제1집에는 3종의 舊鈔本이 함께 수록되어 있는데, 목차는 아래와 같다.

---

16 이 보고는 교토대학 KUASU 차세대 프로젝트 "多元的な視野のなかの漢籍文化史"의 공개 강연의 일부분이다.

17 童嶺, 2017, 「貞觀年間唐帝國的東亞情報・知識與佚籍——舊鈔本〈翰苑〉注引〈高麗記〉研究」, 『東方學報』92, 33~59쪽.

18 『六朝隋唐漢籍舊鈔本研究』 第九章, 303~311쪽.

19 山田孝雄, 1934, 『國寶典籍目錄』, 『典籍說稿』, 西東書房, 369쪽 ; 童嶺, 2011, 「扶桑留珎 : 日藏六朝隋唐漢籍舊鈔本佚存初考」(附錄兩種), 『國際漢學研究通訊』第二期, 中華書局, 110쪽. 이 글은 또 童嶺 『六朝隋唐漢籍舊鈔本研究』 一書 第三章에 수록되었다.

『毛詩唐風殘卷・毛詩秦風正義殘卷』 1922년 影印(京都帝國大學文學部景印舊鈔本 : 第1集第1種)

『翰苑』 殘1卷 存卷30 (張楚金撰 ; 雍公叡注) 1922년 影印(京都帝國大學文學部景印舊鈔本 : 第1集第2種)

『王勃集』 殘2卷 原存卷29至30 1922 影印(京都帝國大學文學部景印舊鈔本 : 第1集第3種)

위에 열거한 교토대학 영인본『한원』의 正文은 楷書가 많고, 드문드문 필적이 연결되는 현상이 있다. 각 면마다 正文이 약 7행인데, 매 행의 자수는 약 15~17 사이이고, 각 페이지마다 연한 먹으로 경계선이 있다. 注文은 雙行의 小注로서, 매 행의 자수는 약 22, 23개이다. 모두 42페이지, 83면이다. 正文 영인 제1페이지에 아래의 내용이 들어가 있다.

翰苑卷第□ 張楚金撰 雍公叡注

蕃夷部

匈奴	烏桓	鮮卑	夫餘
三韓	高麗	新羅	百濟
肅愼	倭國	南蠻	西南夷
兩越	西羌	西城[20]	後敘

蕃夷

이 잔권의 '蕃夷部'에는 흉노 등 15개 중원 왕조 주변의 소수민족 부락, 정권 혹은 국가가 기록되었고, 가장 뒤에 '後敘'가 붙어있다.

최근 반세기 동안, 일본 학자의 두 종류의 교정본이 비교적 중요한데, 竹內理三 校訂, 解說 『翰苑』[21]과 湯淺幸孫 校釋 『翰苑校釋』[22]이 그것이다.

중국의 제1차 舊鈔本 『翰苑』 출판은 1930년대 저명한 역사가 金毓黻이 편찬한 『遼海叢書』[23]에 수록되었는데, 그중에 第8函(集)이 『翰苑』이다. 1968년 대만 廣文書局에서 일찍이 교토대학 영인본을 영인 출판하였다. 그 후 吉林文史出版社에서 『〈翰苑・藩夷部〉

20 案 : 應爲"域"字, 傳寫之誤也.

21 竹內理三校訂・解說, 1977, 『翰苑』, 吉川弘文館.

22 湯淺幸孫校釋, 1983, 『翰苑校釋』, 國書刊行會.

23 金毓黻輯, 1934~1936, 『遼海叢書』十集, 遼海書社鉛印, 南京大學圖書館古籍部藏本.

校釋』을 출판하였다.[24] 臧克和 主編『日藏唐代漢字鈔本字形表』에도『翰苑』의 영인본이 붙어있다.[25]

이상에서는 책을 다루었고, 해외 학계에서도『翰苑』관련한 단편 논문이 나왔다.[26]

이 외에『翰苑』을 이용하여 일찍부터 연구를 진행한 한국 고대사 연구자로는 일본 滿鮮史의 기치를 내걸었던 池內宏의『滿鮮史硏究』계열의 저작과 今西龍의『百濟史硏究』외에 內藤湖南[27], 宮崎市定[28], 末松保和[29]와 한국 학자로는 鄭東俊[30], 李弘稙[31], 金哲俊[32]과 盧泰敦의 저작인『고구려사연구』[33] 등이 있다. 2019년 정동준은『古代東アジアにおける法制度受容の硏究』라는 책에서 "『括地志』가『北史』백제전에 비해 624~630년의 정세를 잘 반영하고 있다."라고 거듭 밝혔다.[34]

한국에서는『翰苑』에 대한 문헌학 정리로서 가장 중요한 연구로서, 2018년 12월 '한원연구회' 출판『譯註 翰苑』이 있다.

중국에서는『翰苑』에 관한 논문이 많지 않고, 다만 趙望秦의『唐文學家張楚金考』[35] 등 소수의 글이 있다. 그 중『翰苑』인용『高麗記』에 대한 연구는 姜維公, 高福順 등이 주가 된다.[36]

---

24 張中澍・張建宇校釋, 2015,『〈翰苑・藩夷部〉校釋』, 吉林文史出版社.

25 臧克和主編, 2016,『日藏唐代漢字鈔本字形表』, 華東師範大學出版社.

26 佐藤進, 1976,「類書〈翰苑〉の注末助字」,『富山大學文理學部文學科紀要』1976-4 : 吉田光男, 1977,「〈翰苑〉註所引〈高麗記〉について――特に筆者と作成年次」,『朝鮮學報』85, 1~30쪽 : 大谷光男, 1998,「女王卑彌呼の金印をめぐって:〈翰苑〉倭國伝から推測した」,『二松學舍大學論集東洋學硏究所集刊』28, 91~105쪽.

27 內藤湖南, 1970,「近獲の二三史料 (六) ――三墓誌にでたる」,『內藤湖南全集』第七卷『讀史叢錄』, 筑摩書房.

28 宮崎市定, 1976,「三韓時代の位階制について」,『アジア論考・中』, 朝日新聞社.

29 末松保和, 1954,「新羅の軍號'幢'について」,『新羅史の諸問題』, 東洋文庫 ; 1965,「朝鮮三國・高麗の軍事組織」,『靑丘史草・第一』, 自家版)

30 鄭東俊, 2010,「〈翰苑〉百濟傳所引の〈括地志〉の史料的性格について」,『東洋學報』92.

31 李弘稙, 1971,「淵蓋蘇文에 대한 若干의 存疑」,『韓國古代史의 硏究』, 新丘文化社.

32 金哲俊, 1956,「高句麗 新羅의 官階組織의 成立過程」,『李丙燾博士華甲紀念論叢』, 一潮閣.

33 盧泰敦著・張成澤譯, 2007,『高句麗史硏究』, 台灣學生書局.

34 鄭東俊, 2019,『古代東アジアにおける法制度受容の硏究』, 早稻田大學出版部, 95쪽.

35 趙望秦, 2001,「唐文學家張楚金考」,『文學遺產』2001-5, 122~125쪽).; 이 글은 日藏『翰苑』에 대해서 전혀 알지 못하고, 겨우『遼海叢書』排印本을 이용하였다.

36 姜維公・姜維東, 1998,「〈高麗記〉成書時間及作者考」,『古籍整理硏究學刊』1998-2 ; 姜維公, 1998,「〈高麗記〉校勘記」,『長春師院學報』1998-4 ; 1999,「〈高麗記〉的史料價値」,『古籍整理硏究學刊』1999-2

필자는 문헌학 각도에서 『翰苑』을 고증한 「考正」 외에, 위에 열거한 「貞觀年間唐帝國的東亞情報知識與佚籍——舊鈔本〈翰苑〉注引〈高麗記〉研究」 한 편을 썼는데, 후자의 몇 가지 결론을 전체적으로 인용하면 아래와 같다.

> 『高麗記』는 陳大德을 대표로 하는 初唐 지식인들이 찬술한 고구려 종합 서적이다. 『高麗記』의 저자와 관련하여, 비록 陳大德이 대표로 되어있으나, 池內宏, 吉田光男 등 학자들의 견해처럼 陳大德 1인이 완성한 것이 아니고 여러 자료를 모아 놓은 성격의 정보서로 인식된다. 『高麗記』의 成書 시점에 관하여, 池內宏가 인식하는 50년 범위는 너무 넓고, 吉田光男가 인식하는 정관 15년은 너무 좁다. 필자는 고증을 거쳐, 정관 연간을 주로 하여 상한선은 무덕 연간(심지어는 부분적으로 隋代를 포함)이라고 생각한다.
>
> 사실상, 이 『高麗記』는 隋代(심지어 더 이른 시점)부터 初唐까지 자료를 모은 총체성 문헌이다. 당 제국으로서는 고구려에 대한 그들의 비교적 완전한 정보와 지식을 체현하였다.
>
> 정관 19년 당 태종의 고구려 정벌과 당 고종의 고구려 멸망에 대한 여러 역사적 사실들을 『高麗記』의 佚文과 함께 대조적으로 읽어보면, 이러한 佚籍의 실제 성질이 이미 지리서를 초월하여 당 제국의 동아시아 정보서라는 깨달음을 더할 수 있다. 동시에, 이러한 例證의 양상은 고립적인 것이 아니다. 중국 고대(中古) 역사에서 남북조시대부터 북송대까지 모두 交聘記 혹은 圖經類의 서적이 있었는데, 정보서의 역할을 하였다.[37]

해당 논문의 말미에 필자는 아래와 같이 말했다.

> 舊鈔本 『翰苑』 殘卷이 머금고 있는 隋唐 동아시아사에 대한 중요한 정보는 하나의 논문으로 해결될 수 없다. 예컨대 '백제조'에 인용된 『括地志』 등의 심도 있는 탐구가 향후 연구 과제이다.[38]

; 2007, 「〈高麗記〉的發現・輯佚與考證」, 『東北史地』2007-5 ; 高福順・高文輝, 1998, 「陳大德與〈奉使高麗記〉」, 『長春師院學報』1998-3 ; 高福順, 1999, 「簡論〈高麗記〉佚文在地理學上的貢獻」, 『通化師範學院學報』1999-6 ; 2000, 「簡論〈高麗記〉佚文在地名學上的貢獻」, 『東疆學刊』2000-1 등.

37 「貞觀年間唐帝國的東亞情報・知識與佚籍——舊鈔本〈翰苑〉注引〈高麗記〉研究」, 58쪽.

38 「貞觀年間唐帝國的東亞情報・知識與佚籍——舊鈔本〈翰苑〉注引〈高麗記〉研究」, 58~59쪽.

따라서 본문은 '백제-『括地志』'에 대한 연구이며, '고구려-『高麗記』'에 대한 『동방학보』의 논문과 자매편으로 긴밀히 연결되었다고 말할 수 있고, 독자들이 상호 참고하기를 바란다.

Ⅲ. 宮內廳 書陵部와 『翰苑』에 인용된 두 종류의 『括地志』

일본 초기 유학자 林泰輔의 『朝鮮通史』에 아래와 같이 나온다.

> 百濟高句麗僅八 九年間 皆爲唐所滅而爲郡縣矣 獨新羅之國勢益盛 固由於地勢之便宜 與國力之充實 然武烈王文武王尤長於外交之才略 巧爲操縱 亦與有力焉 自是以後 新羅益趨於發展之途矣[39]

林泰輔는 일본 초기 '滿鮮史'에 대해 힘써 연구한 학자이다. 그가 언급한 '地勢'라는 요소는 사실 본문에서 분석한 『括地志』의 키워드인 '地'라는 지리적 정보와 긴밀히 연관되어 있다.

케임브리지대학 Joseph Needham의 『중국의 과학과 문명』「地學」에서 이르길, "현존하는 가장 오래된 地理總志인 814년 李吉甫의 『元和郡縣圖志』는 이미 唐代 말기에 가까웠다."라고 하였다.[40] 오늘날 '현존'하여 볼 수 있는 『元和郡縣圖志』는 이미 9세기 초의 작품이나, 당 제국 초기인 7세기 전반에 이미 충분히 중요한 '佚籍' 地志가 있었다. 張國淦의 『中國古方志考』의 '總志' 부분에 唐人을 기록한 제1부에는 『貞觀郡國志』 10권, 제2부에는 『括地志』 550권과 『序略』 5권이 있다.[41] 다만 『貞觀郡國志』는 현재 전부 산일되었기에, 아직 佚文이 남아있어서 연구가 가능한 『括地志』와는 다르다.

唐代 지리학은 六朝 후기의 발전을 계승하여 상당히 발달하였다. 이러한 중에 정관 연간에 成書된 중요한 地志는 이세민의 넷째 아들 魏王 李泰가 주편한 지리서 『括地

39 林泰輔著, 陳清泉譯, 1978, 『朝鮮通史』, 台灣商務印書館, 20쪽.

40 李約瑟原著, 柯林・羅南改編, 上海交通大學科學史系譯, 2002, 『中華科學文明史・第二卷』, 上海人民出版社, 269쪽.

41 張國淦, 1962, 『中國古方志考』, 中華書局.

志』 550권, 『序略』 5권이다.

『舊唐書』 본전에는 이태를 '好士愛文學'이라 하였고, 『玉海』에는 이태를 '善屬文'이라 하였다.[42] 정관 10년(636) 이태가 위왕으로 책봉될 때, 이세민은 특히 위왕부에 문학관 설치를 허락하였다. 2년 후, 즉 정관 12년, 司馬 蘇勗의 건의로 『括地志』를 편찬하도록 주청하였다. 『唐大詔令集』 권40에 인용된 『魏王泰上括地志賜物詔』[43]에 따르면, 著作郎 蕭德言, 秘書郎 顧胤, 記室參軍 蔣亞卿, 功曹參軍 謝偃의 협조를 거쳐, 5년이 지난 정관 16년 정월에 편찬을 완료하여 주상되었다. 특히 주필 蕭德言은 南蘭陵(지금의 강소성 진강시) 사람으로 비교적 전형적인 '南朝詞臣北朝客'이었다.(劉禹錫 『江令宅』 語)

이태의 『括地志序略』에서 언급한 '정관 13년 大簿'에 따르면, 雄才大略의 이세민은 정관 원년, 隋代와 高祖 시대의 행정구획 정리를 진행하였는데, 전국 358州府, 1,551縣이었다. 이듬해인 정관 14년(640), 당 태종이 고창을 평정한 이후, 다시 2州 6縣이 증가되었다.

『括地志』는 『漢書』 地理志와 顧野王 『輿地志』의 특징을 흡수하여 하나의 지명, 州縣 계통의 새로운 지리서 체재를 창조하였으며, 나중에 성립된 『元和郡縣志』, 『太平寰宇記』의 효시가 되었다. 中唐부터 晩唐, 北宋代의 저작에 이르기까지, 모두 『括地志』의 인용을 볼 수 있다. 대체로 이 책은 南宋代 망실된 것으로 추정된다. 宋代 類書에는 종종 당 張守節 『史記正義』가 대량으로 인용된다. 영인본 瀧川資言 『唐張守節史記正義佚存』 手稿[44]에는 『括地志』를 만난 곳마다 모두 그 우측에 붉은 圈을 표시했다.

청 이후, 잇따라 학자들의 輯佚이 진행되었는데, 비교적 중요한 것은 孫星衍 『岱南閣叢書』 輯本으로 『括地志』를 8권으로 나누어 輯錄(비교적 이용하기 쉬운 것은 '叢書集成初編'本이다.[45])한 것과 王謨의 『漢唐地理書鈔』가 있다. 후자는 그 책에 『魏王泰括地志』를 덧붙이고 상하권으로 나누어 輯錄했다.[46]

그리고 黃奭 『漢學堂叢書』, 曹元忠 『南菁札記』 등에서 輯佚되었다. 요컨대, 청 유학자의 성취 중에는 孫星衍이 으뜸이다.

---

42 『中國古方志考』, 75쪽.

43 宋敏求編, 2008, 『唐大詔令集』卷40 『魏王泰上括地志賜物詔』, 中華書局, 189쪽.

44 瀧川資言著, 小澤賢二錄文, 袁傳璋點校, 2019, 『唐張守節史記正義佚存』, 中華書局.

45 孫星衍輯, 1991, 『括地志』, 中華書局 "叢書集成初編".

46 王謨, 1961, 『漢唐地理書鈔』, 中華書局, 224~266쪽.

현재 輯本으로 비교적 중요한 것은 두 종류인데, 台灣 王恢 『括地志新輯』(台北:世界書局, 1974), 大陸 賀次君 『括地志輯校』(北京:中華書局, 1980)이다.[47]

王恢의 『括地志新輯敘』에는 중요한 문제를 지적하였는데, "『括地志』는 『史記』에 주석을 달기 위해 작성된 것만은 아니고, 經史의 지명을 고증한 것이 가장 상세하고 정확하다. 張氏가 채택하여 사서에 주를 달면서 삭제, 분류할 수밖에 없었다."라고 하였다.[48]

賀次君本은 王恢本보다 상세하지만, 양자의 작업 저본은 모두 孫星衍 輯本이었고, 해외의 문헌까지 섭렵하지 못하였다. 학계에서 이미 학술논문을 간행하였고, 또한 전통 典籍인 『一切經音義』, 『玉海』 중에서 輯佚한 것이 있는데, 합쳐서 약 10개 조목이 된다.[49] 劉緯毅 등의 『漢唐地理總志鉤沉』은 賀次君 외에 『類編長安志』, 『大清一統志』 등에서 11개 조목을 보충하였다.[50]

최근의 영인본은 2017년 河北大學出版社 '燕趙文庫'이다. 이 문고에서는 『冀州圖經』, 『郎蔚之隋州郡圖經』, 『括地志』 등 3부의 책을 영인 출판하고,[51] 그중에 앞의 두 권은 『漢唐地理書鈔』를 저본으로 하고, 『括地志』는 叢書集成과 같은 저본인 『岱南閣叢書』를 활용하였다.

『括地志』에 관한 해외 漢籍으로 중요한 문헌은 두 종류가 있는데, 모두 일본에 소장되어 있어, 王恢, 賀次君 등이 발견 및 이용하지 못하였다. 하나는 宮內廳 書陵部에 소장된 『管見記』 권6의 종이 뒷면에 쓰인 『括地志』이고, 다른 하나는 舊鈔本 『翰苑』의 '신라', '백제', '왜국' 3개 조목의 注에 인용된 『括地志』이다. 후자는 아래에서 상술하겠다. 먼저 첫 번째로 宮內廳 소장본을 약술하겠다.

이 殘卷은 일본 학자 山崎誠의 「宮內廳書陵部藏〈管見記〉卷六紙背〈括地志〉殘卷について」에서 처음 발견되어 錄文이 진행되었다.[52] 중국 학자로는 이 宮內廳 殘卷에 대해 최

47 對孫, 王, 賀三種輯佚工作的評價, 請參: 劉安志, 2014, 『關於〈括地志〉輯校的若干問題』, 『新史料與中古文史論稿』, 上海古籍出版社, 362~381쪽.

48 王恢編輯, 1974, 『括地志新輯』, 世界書局, 1쪽.

49 如: 華林甫, 1991, 『〈括地志〉輯校』, 『文獻』1991-1 ; 華林甫, 2009, 「〈括地志〉輯本二題」, 『漢唐盛世的歷史解讀: 漢唐盛世學術研討會論文集』, 中國人民大學出版社, 112~119쪽 ; 尤德艷, 2006, 「〈括地志〉佚文補輯」, 『文獻』2006-4.

50 劉緯毅, 鄭梅玲, 劉鷹輯校, 2016, 『漢唐地理總志鉤沉 · 上册』, 國家圖書館出版社, 313~315쪽.

51 2017, 『冀州圖經 · 郎蔚之隋州郡圖經 · 括地志』, 河北大學出版社. (번역자 주 : 崔廣社, 袁苗萌 編著)

52 山崎誠, 1993, 「宮內廳書陵部藏〈管見記〉卷六紙背〈括地志〉殘卷について—付翻刻」, 『中世學問史の基

초로 연구를 진행한 것은 南京大學 金程宇 교수인데, 그의 「東京大學史料編纂所藏〈括地志〉殘卷跋」은 宮內廳 『括地志』 殘卷에 대한 중국에서의 최신 소개이며, 아울러 영인본을 첨부하였다.[53] 宮內廳本 『括地志』 殘卷은 주로 권 123 '河南部 兗州'이며 해당 佚文과 唐代 역사와 관계가 비교적 커서 본문에서는 논술하지 않는다.

그러나 隋唐 동아시아사와 밀접한 해외 漢籍이 있다면, 두 번째 『翰苑』 注에 인용된 『括地志』를 응당 다루어야 한다.

앞서 언급한 필자의 「考正」에 따르면, 舊鈔本 『翰苑』 殘卷의 문헌학 정보에서 가장 중요한 하나는 이 舊鈔本 자체에서 나온다. 이러한 『翰苑』 舊鈔本 殘卷의 첫 페이지, 첫 竪行의 題에는 "翰苑卷第□ 張楚金撰 雍公叡注"라는 12자가 나오는데, 결락된 1글자는 內藤湖南이 大正 11년(1922)에 고증한 바, 마땅히 '卅'이 된다.[54]

또 『翰苑』 自敘에 아래와 같이 나온다.

余以大唐顯慶五年三月十二日癸丑 晝寢于并州太原縣之廉平里焉[55]

생각건대, 大唐 顯慶 5년(660), 백제 멸망과 같은 해라는 점이 중요하다. 이에 근거하면, 『翰苑』의 최초 형태(雍公叡 注를 포함하지 않는)는 당 고종 시대에 成書된 것임을 알 수 있다.

『翰苑』의 저자 張楚金과 관련하여, 五代 後晋 劉昫 등이 찬술한 『舊唐書』 권137 「忠義傳・張道源」 아래에 族子인 「張楚金傳」이 붙어있다. 본전에는 "『翰苑』 30권, 『紳誡』 3권을 지었고, 당시에 모두 전해지고 있었다.라고 나온다.[56]

底と展開』, 和泉書院, 215~229쪽.

53 金程宇, 2006, 「東京大學史料編纂所藏〈括地志〉殘卷跋」, 『域外漢籍研究集刊・第二輯』, 中華書局, 493~523쪽 : 비교적 가까운 연구로는 다음이 있다. 郭濤, 2019, 「從宮內廳書陵部藏"殘卷"管窺〈括地志〉的原貌及相關問題」, 『中國歷史地理論叢』2019-2.

54 內藤湖南, 1922, 「翰苑卷第卅跋」, 『京都帝國大學文學部景印舊鈔本』第一集, 京都帝國大學文學部(影印本) ; 생각하자면, 이후 일본 연구자들 중에는 이 발문을 內藤湖南의 "解說"이라고 칭하였다. 內藤湖南의 저서는 다음이 있다. 內藤湖南, 1970, 「舊鈔本翰苑に就きて」, 『內藤湖南全集』第七卷『研幾小錄』, 筑摩書房, 119~125쪽).

55 『翰苑校釋』, 348쪽.

56 劉昫等撰, 1975, 『舊唐書』卷一百八十七上, 中華書局, 487쪽.

『翰苑』의 주석자 雍公叡는 사료에서 고찰할 수 없는데, 目錄學에 따라 보면, 雍公叡의 출현은『宋志』 이후 비로소 기록에 나타나고,『崇文總目』 등의 책에 모두 기록되지 않았으니, 宋代에 처음 기록된 것으로 당 후기나 오대, 혹은 북송대 사람의 가능성을 배제할 수 없다. 雍公叡의 생애는 중화민국 이후 학자들(內藤湖南 등 일본 학자를 포함)도 考訂할 방법이 없다. 필자의「考正」은 雍公叡에 대해 몇 가지 초보적인 연구를 했는데 여기서는 불필요한 것으로 서술하지 않겠다.「考正」의 내용 중에 필자는『翰苑』殘卷 注에 인용된 책의 四部出典을 상세히 정리하여 하나의 표로 열거하였는데, 여기서 인용하면 아래와 같다.

經部:『毛詩』2,『周禮職方』1,『爾雅』1

史部:『漢書』20,『史記』1,『史記天官書』1, 范曄『後漢書』5,『後漢書』77, 司馬彪『續漢書』1, 王琰『宋春秋』1,『續漢書』2,『漢名臣奏』1, 魚豢『魏略』2,『魏略』10, 魏收『後魏書』1,『漢書地理志』8,『高麗記』12,『十六國春秋前燕錄』2,『十六國春秋』1,『魏志』6,『齊書東夷傳』1, 魏收『後魏書東夷傳』1, 蕭子顯『齊書東夷傳』1,『梁元帝職貢圖』1,『括地志』11,『齊書』1,『隋東藩風俗記』1,『東夷傳』1, 范曄『後漢書東夷傳』1,『後魏書』1,『宋書』2,『肅愼國記』1,『肅愼記』3, 陸翽『鄴中記』1,『山海經』1,『廣志』1

子部: 應劭『風俗通』1,『風俗通』1

集部:『楚詞』1[57]

위 표에서 서명 뒤의 아라비아 숫자는 필자가 통계한『翰苑』注에 인용된 책의 횟수를 가리킨다. 간단히 말하면, 舊鈔本『翰苑』의 殘卷 注는 그중에 史部出典이 거의 30여 종이고, 經部出典의 10배 이상의 典籍을 인용하고 있다. 의심의 여지없이 '史部'는『翰苑』注 인용 문장의 出典으로 최다인 部이고, 經, 子, 集 3부를 합쳐도 史部의 10분의 1에 미치지 못한다.

「考正」의 정리에 따르면, 30여 종의 史部典籍 중에 출현 횟수로 절대량 5위 안에 드는 것을 분별하면 다음과 같다.

57 『六朝隋唐漢籍舊鈔本研究』第九章, 320~321쪽.

A,『後漢書』, 共77則

B,『漢書』, 共20則

C,『高麗記』, 共12則

D,『括地志』, 共11則

E,『魏略』10則[58]

이러한 典籍은 상당한 경향성이 있는데, 예컨대 3위에 오른『高麗記』와 4위『括地志』는『翰苑』의 '고려', '신라', '백제' 3 조목의 주석에 집중 출현하는 책들이다.

『高麗記』의 12개 佚文이『翰苑』의 '고려' 조목 주석에 전부 출현한 것과 달리,『괄지지』는 다음과 같이 나누어 출현하였다.

"新羅"條 : 3則

"百濟"條 : 7則

"倭國"條 : 1則

後文의 상세한 검토를 위하여 아래 1절에서는 이 11개『括地志』佚文을 새롭게 標點, 考訂한다. 이용한『翰苑』저본은 湯淺幸孫『翰苑校釋』인데, 자구가 깨끗하지 않아 版圖와 관련될 때에는『京都帝國大學文學部景印舊鈔本』을 사용하였다. 왜냐하면, 후자가『翰苑』의 원래 척도에 따라 83면으로 영인되어 비교적 사실적인 모습으로 舊鈔本의 원형을 복원하였기 때문이다.

IV.『翰苑』에 인용된『括地志』佚文 고증

唐代 四六文의 발전 맥락에서 보면,『翰苑』正文은 駢儷體文學의 여러 특징을 구비했음이 분명하다. 正文은 唐代 文學史(특히 駢文史)를 이해하는 데에 특히 중요하고,『翰苑』의 註釋 문자는 中古 사상사, 학술사, 특히 수당제국과 동아시아 고대사를 고찰하는

58 『六朝隋唐漢籍舊鈔本研究』第九章, 327쪽.

데에 매우 유용한 사료이다. 이러한 舊鈔本 殘卷의 正文은 1句 아래에 모두 상세한 雙行의 小註가 배열되어 있고, 이것은 『翰苑』 舊鈔本 正文 외에 가장 사람들의 관심을 끌 수 있는 문헌이 된다.

현재 『翰苑』 注에 인용된 『括地志』의 11개 佚文은(출현 순서대로 K1, K2, K3로 표시하였다) 각각 아래와 같이 고증하였는데, 구별하기 위하여 『翰苑』 원문은 짙은 색 글씨, 『括地志』 및 기타 注釋의 인용서들은 모두 줄을 나누어 덧붙였다. 네모 안의 글자는 의문이 있어 고찰해야 할 글자이다.

먼저 신라의 3개 조목이다.

新羅

開源祏構 肇基金水之年

K1 括地志云 案宋書 元嘉中 倭王弥自稱使持節都督倭百濟新羅任那秦慕韓六國諸軍事 此則新羅有國 在晉宋之間 且晉宋齊梁普普並無正傳 故其有國所由 靡得詳也 金水 晉宋之也

생각건대, 이 『翰苑』 正文에서 '拓'이 잘못 필사되어 '祏'이 되었다. 注文에서는 『括地志』가 먼저 『宋書』를 인용하였는데, 현존본 『宋書』 권97에 이르길 "讚死 弟珍立 遣使貢獻 自稱使持節都督倭百濟新羅任那秦韓慕韓六國諸軍事"라고 나온다.[59] 이를 고려하면, 『括地志』 중에 왜왕 '弥'는 마땅히 '珍'이다.(아마도 '弥'자는 원래 '珎'자를 필사하였을 것이다.) '秦'자의 뒤에는 '韓'자가 누락되었다. '此則' 두 글자 뒤의 문구는 신라가 중국 전적에 처음 출현한 시간을 고증하였고, '普普' 두 글자는 아마도 필사 오류인 것 같다.

마지막의 '金水 晉宋之也'는 湯淺幸孫의 판독에서 두 글자를 보완하여 '金水 在晉宋之間也'라고 하였는데, 湯淺幸孫가 한국 金智勇에게 부탁하여 조사한 바에 따르면 '金水'를 신라 제17대왕 奈忽王(356~402)으로 지적하였다.[60] '金水'가 晉·宋의 시기에 재위한 신라왕의 漢文名을 가리킨다. 동시에 五德終始說에 근거하면, 晉은 金行이고, 劉宋은 水行이니, 湯淺幸孫의 補字를 따르지 않아도 '金水 晉宋之也'(金=晉, 水=宋)라는 말은 이치

59 沈約, 1974, 『宋書』卷九十七 蠻夷傳, 中華書局, 2394~2395쪽.

60 『翰苑校釋』, 94쪽.

에 맞는다.

宅壤疏疆 創趾弁辰之域

K2 括地志曰 新羅治金城 本三韓之敫地 范曄後漢書曰 韓有三種 魏志曰 韓在帶方之南 東西以海爲限 南與倭接 方可四千里 馬韓在西 辰韓在馬韓之東 其耆老傳言 古之亡人避秦役韓國 韓割其東界地與之 今案 新羅百濟共有三韓之地 百濟在西 即馬韓之地 新羅在東 即辰韓弁辰之地也

이 조의 『翰苑』 正文을 고찰해보면, '宅'자는 湯淺幸孫의 교정에서 '托'이 되었는데, 앞의 구절과 같이 '開源拓構'의 '拓'에 호응시키기 위함이지만, 기실 이러한 이해는 심히 무리가 따른다. 필자는 '宅'자를 보류하고, '宅壤'도 통할 수 있다고 본다. 본조 『括地志』의 '新羅治金城 本三韓之敫地'를 고찰하면 '敫地'는 의미가 통하지 않는데, 만약 형태가 유사한 '韍地'로 바꾸더라도 통하지 않으니, 아마도 편방이 위의 '三韓'의 '韓'의 좌편방에 이끌려 잘못 필사된 것으로 생각되므로 이에 따라 '故地'로 교감하는 것이 타당하다.

이 구문은 『括地志』 외에 『후한서』 동이전과 『삼국지』 동이전을 인용했는데, 뒤의 두 가지 문헌과 今本은 약간 차이가 있으나 이를 장황히 서술하지 않는다. '今案' 두 글자 뒤의 문구는 湯淺幸孫은 張楚金 본인의 문자라고 잘못 알았지만,[61] 사실 이것은 주석자 雍公叡가 지은 것이다. '新羅在東' 문구에 근거하면 '百濟在' 뒤에 '西'가 누락되었음을 알 수 있다.

擁叛卒以稱強 永附金而爲姓

K3 括地志曰 新羅王姓金氏 其先所出未之詳也 隨東藩風俗記云 金姓相承卅餘代 其先附庸於百濟高驪 高驪人不堪役 相率歸之 遂致強盛 其官有十七等 一曰伊代于 二曰伊尺于 三曰迎千西 四曰波珎千 五曰大阿于 六曰何于 七曰乙吉于 八曰沙咄于 九曰級伏于 十曰大奈痲 十一曰奈 十二曰大舍 十三曰小舍 十四曰告土 十五曰大烏 十六曰小烏 十七曰造位之

61 『翰苑校釋』, 96쪽.

본조의 『括地志』, 『隋東藩風俗志』 두 가지 佚文 중 후자는 湯淺幸孫의 검토에 따르면 『太平寰宇記』 권174에서 나온 것이다. 지금 『太平寰宇記』를 재검토해보니 권174는 '四夷第三'으로 제1조가 '신라'이고, 인용된 『隋東藩風俗記』는 '隨'가 아니고 '隋'이다. 본문의 제1절에서 언급한 2013년 발견된 수 양제 묘지의 '隨故煬帝墓誌',[62] 2018년 새로 출간된 『洛陽流散唐代墓誌彙編續集』에 수록된 『隨故參軍宮府君墓志銘』, 『大隨故齊郡通守南陽張府君墓誌』,[63] 2018년 새로 출간된 『西南大學新藏墓誌集釋』에 기록된 『李慈同墓誌』 "曾祖元儉 隨太原郡守", 『陸景澄墓誌』 "曾祖立素 隨通事舍人"[64] 등은 모두 '隨'로 썼다. 이는 『翰苑』 鈔本 계통이 古籍의 刊本 계통보다 이른 시기임을 다른 각도에서 고증하는 것이다. 『翰苑』은 "其先附庸於百濟高麗"라는 문장을 인용하면서 뒤에 重文符號를 붙였는데, 문장을 기록할 때에 '高麗' 두 글자가 중복되어 있었기 때문이다. 신라가 백제의 고구려 정벌에 부용했던 일은 『梁書』 신라전에도 보인다.

위의 K1에서 K3에 이르는 총 3개의 『括地志』 佚文은 비록 『翰苑』 신라 조의 주석 아래에 붙어있으나, 거의 백제와 관련되어 있고 주석자의 '今案'도 역시 백제와 관련되어 있다는 하나의 중요한 경향을 발견할 수 있다.

아래에서 계속하여 K4에서 K10에 이르는 7개 조의 『翰苑』 백제 조 아래의 『括地志』 佚文을 고찰하여, 백제사와 연계성을 더욱 긴밀히 높여보도록 하겠다.

○百濟

奉仇台之祠 纂夫餘之曹

後魏書曰 百濟國 其先出自夫餘 又百濟王上表於魏曰 臣與高句驪源出夫餘 宋書曰 晉義熙十二年 以百濟王餘腆爲使持節都督百濟諸郡事鎭東將軍 高祖踐祚 進号鎭東大將軍 元嘉七年 以餘映爵號 授百濟王餘毗 毗死 子慶代立 K4 括地志曰 百濟城立其祖仇台廟 四時祠之也

본조의 『翰苑』 正文에서 湯淺幸孫가 '曹'자를 '冑'로 바꾼 것은[65] 타당하지 않다. 『周

62 張學鋒 教授는 隨・隋 두 글자에 대해 정밀히 고증하였는데, 다음이 참고된다(張學鋒, 2014, 「揚州曹莊隋煬帝墓札記」, 『皇帝・單于・士人: 中古中國與周邊世界』, 中西書局, 22~24쪽).

63 毛陽光主編, 2018, 『洛陽流散唐代墓誌彙編續集』, 國家圖書館出版社, 2~3쪽, 146~147쪽.

64 毛遠明整理, 2018, 『西南大學新藏墓誌集釋』, 鳳凰出版社, 270~271쪽, 296~297쪽.

65 『翰苑校釋』, 101쪽.

書』 백제전에는 "百濟者 其先蓋馬韓之屬國 夫餘之別總 有仇台者 始國於帶方"이라고 하였다.[66] 令狐德棻의 '別種'의 사고를 살펴본다면, 차라리 '曹'(段玉裁 『說文解字注』 "曹猶類也")라고 하는 편이 '胄'보다 낫기 때문에, 湯淺幸孫의 이 글자는 고치지 않아도 된다. 『翰苑』에서 비교적 드물게 보이는 '一條三引'(『括地志』, 『(後)魏書』, 『宋書』)의 주석 정황은 주석자가 본 조목의 정보를 중시하였다는 것을 다른 각도에서 보여준다. 본 조에서 인용한 『宋書』 백제전의 '進號'의 '號'는 『翰苑』 舊鈔本에는 원래 '号'로 되어있었다. 隋唐 시기 『翰苑』과 같은 鈔本만이 아니라 정식문서에서도 '号'를 많이 사용하였다. 예를 들어 顏眞卿 『千福寺多寶塔碑』에 이르길 "有禪師法号楚金"라고 하여 '号'를 쓰고 '號'를 쓰지 않았다. 2019년 도쿄박물관 "顏眞卿 : 王羲之を超えた名筆" 특별전의 이 비에 대한 해설에는 "筆法規正 整齊緊密"이라고 하였다.[67] 鈔本의 속자인 '号'를 '號'로 고칠 수 없음을 알 수 있다. 또 백제왕의 이름이 현존본 『宋書』에서는 '餘映'으로 나오지만 『翰苑』 舊鈔本에서는 '䀆' 으로 나온다. 『廣韻』에는 "䀆 音腆 明也"라고 하였고, 『通典』 권185에는 "百濟王餘腆"으로 나오는데, 모두 형태가 유사한 글자이다.

八族殊胤 五部分司

K5 括地志曰 隨開皇中 其王名餘昌 昌死 子餘宣立 子死 餘璋立 其國有沙氏・燕氏・劦氏・解氏・眞氏・國氏・木氏・首氏 此八族 其大姓也 其官有十六等 左平五人第一等 達率卅人第二等 恩率以下無員第三 德率第四 打率第五 奈率第六 六等以上冠飾銀花 將德第七 紫帶 施德第八 皂帶 固德第九 赤帶 季德第十 青帶 對德第十一 以下皆黃帶 文督第十二 武督第十三 以下皆白帶 佑軍第十四 振武第十五 剋虞第十六 又其內官有前內部・穀部・內部・掠部・功德部・藥部・木部・法部・後宮部 又有將長 外官有司軍部・司從部・司空部・司寇部・點口部・客部・外舍部・綢部・日官部 凡此眾官 各有宰 官長在任皆三年一代 王所都城內 又爲五都 皆建率領之 又城中五巷 士庶居焉 又有五方 若中夏之都督 方皆建率領之 每方管郡 多者至十 小者六七 郡將皆恩率爲之 郡縣置道使 亦城名主

66 令狐德棻等撰, 1971, 『周書』卷四十九『異域上・百濟傳』, 中華書局, 886쪽.

67 東京國立博物館, 每日新聞社編, 2019, 『顏眞卿 : 王羲之を超えた名筆』, 每日新聞社, 307쪽.

K5는 『翰苑』이 인용한 11개 『括地志』 중에 수량으로 최다, 정보량으로 최대인 조목이다. 백제 部族, 官制의 중요 개념인 '八族'과 '五部'를 다루었는데, 이와 유사한 기록은 『北史』, 『周書』, 『隋書』의 3부 正史의 백제전이나 『太平寰宇記』와 『通典』에 보인다. 우선 기록상으로 史源이 비교적 오래된 『北使』 등을 간략히 교감하였다.

첫 번째 구문인 "隨開皇中"의 '隨'자는 K3에서 고증하여 장황하게 서술하지 않는다. "其王名昌" 구문은 『北史』 백제전 등에 근거하여 그 성명을 '餘昌'으로 보완하였다. 여창은 武平 원년(570) 북제 後主에게 '使持節 侍中 車騎大將軍 帶方郡公 百濟王'으로 책봉받았다. 수가 진을 평정한 후, 여창은 한반도로 표류한 수 전선 1척을 귀국시켜 수 문제의 표창을 받았다.[68] "昌死" 구문 뒤에 原鈔本 『括地志』는 "子餘宣子死餘璋立"라고 하였는데, 문장의 뜻이 난해하다. 응당 '立'자를 보입하고 문장의 순서를 조정하여 "子餘宣立 死 子餘璋立"으로 한다.

학문적 고찰에 따르면, 『括地志』 백제왕계의 기술은 대대로 전해지는 典籍과 맞지 않는다. 우선, 『括地志』는 백제왕 계보를 "餘昌(威德王)"→"子・餘宣(法王)"→"子・餘璋(武王)"으로 기술하였다. 그런데 『三國史記』 권27 백제본기 제5에 따르면, 威德王 餘昌은 재위 45년에 죽은 뒤, 동생 惠王 餘季가 즉위하였고,(재위 2년) 2년 뒤에 비로소 餘季의 아들 餘宣이 즉위하였다. 다시 말하자면, 餘宣이 餘昌의 아들이 아니라는 것이다.(조카이다.) 만약 『括地志』와 『三國史記』의 다른 기술을 融通하려면, K5의 "子餘宣"의 '子'를 조카로 이해해야 한다.(『禮記』 檀弓 "兄弟之子猶子也")

다음으로, K5 『括地志』의 "其國" 구문부터 백제 관제 "十六等"까지 『北使』 백제전의 '十六品'을 서술하였는데, 현전하는 李延壽의 기술을 인용하면 아래와 같다.

> 官有十六品 左平五人 一品 達率三十人 二品 恩率 三品 德率 四品 杅率 五品 奈率 六品 已上冠飾銀華 將德 七品 紫帶 施德 八品 皂帶 固德 九品 赤帶 季德 十品 青帶 對德 十一品 文督 十二品 皆黃帶 武督 十三品 佐軍 十四品 振武 十五品 剋虞 十六品 皆白帶 自恩率以下 官無常員 各有部司 分掌眾務 內官有前內部・穀內部・內掠部・外掠部・馬部・刀部・功德部・藥部・木部・法陪・後宮部 外官有司軍部・司徒部・司空部・司寇部・點口

68 이 사건의 경위는 다음이 참고된다(童嶺, 2013, 「東亞中古文化景觀 : 百濟」, 『禮樂』創刊號, 金城出版社).

部・客部・外舍部・綢部・日官部・市部 長吏三年一交代[69]

“國中八姓”에 대한『北史』의 기록은 다음과 같다.

國中大姓有八[70]族 沙氏・燕氏・劦氏・解氏・眞氏・國氏・木氏・苗氏[71]

이에 근거하여 K5『括地志』를 교감하면,『括地志』에는 단지 ‘七姓’이 있는데, ‘眞氏’와 ‘木氏’ 사이에 ‘國氏’가 누락된 것일 것이다. 이 외에『北史』백제전에 ‘苗氏’로 나오는데,『隋書』백제전에 ‘苩氏’로 나오고,[72]『括地志』에 ‘首氏’로 나온다.『古今韻會擧要』를 살펴보면, “苩 姓也 百濟有苩氏”라고 나온다. 세 종의 典籍 기록이 각각 같지 않은데,『수서』가 맞을 것이며, K5 鈔本은 艸頭 아래의 “白”을 “自”로 잘못 베꼈을 가능성이 비교적 크다.

그 뒤의 “十六等”(鈔本에서 “十”자 누락)은『北史』와『隋書』백제전과 대조해보면 약간의 누락된 글자와 잘못된 글자를 찾을 수 있다. 예를 들어, 左平은『三國史記』,『唐會要』등에 “佐平”으로 나오지만『括地志』나『北史』등에는 모두 單人旁이 없고, 또 2007년 공개된 백제의『禰寔進墓誌銘』에도[73] “父左平思善 并蕃官正一品” 구문이 있는데, 역시 “左平”으로 나온다.

제5등은 K5에 “打率”로 나오지만,『북사』등에는 “杆率”로 나오고 있는데, 당시 중국의 사관이 음을 기록한 글자를 자세히 살피지 못했다. 또 K5에 “佑軍第十四”는『北史』등에 “佐軍 十四品”으로 나온다. 또 K5의 “穀部”는『北史』에 “穀內部”로 나오는데, 中華書局點校本『北史』교감기에는 “穀內部 周書作穀部肉部 按疑此脫部字 肉訛爲內”로 나온다.[74] K5의 “掠部”는『北史』등에 “內掠部, 外掠部”의 兩部로 나뉘어 나오는데, 또 K5의 뒤에 또 “馬部, 刀部”의 2부가 누락되었다. “法”자 뒤에 역시 “部”자가 누락되었다. 또 K5의 “司從部”는『北史』등에 “司徒部”로 나오는데, “從”과 “徒”의 두 글자는 역시 형태가

69 李延壽, 1974,『北史』卷九十四 百濟傳, 中華書局, 3119쪽.

70 『北史』에는 이곳에 “八”자가 탈루되었다.

71 『北史』卷九十四 百濟傳, 3120쪽.

72 魏徵・令狐德棻撰, 1973,『隋書』卷八十一 百濟傳, 中華書局, 1818쪽.

73 董延壽・趙振華, 2007,「洛陽, 魯山, 西安出土的唐代百濟人墓誌探索」,『東北史地』2007-2, 8쪽.

74 『北史』卷九十四 校勘記, 3141쪽.

유사하여 잘못 쓴 것으로, 마땅히 "徒"로 고쳐야 한다.

관제 뒤에 K5는 또 백제사에서 상당히 중요한 '五部(都)', '五方' 문제를 기술하고 있다. 뒤에서 다시 논술을 펼치겠으나, 오직 문자상으로『北史』와 또 부분적인 차이가 있는데, 예를 들어 두 군데의 "皆建率領之"에서 두 "建"은 응당 "達"자의 誤寫에 해당한다. K5 가장 마지막의 "亦城名主"("城"자는 鈔本에서 "豎心旁"이다.) 구문은 湯淺幸孫가 "亦名城主"로 고쳤다.[75]

아래 K6『括地志』佚文의 글자 수는 K5에 버금간다.

西據安城 南鄰巨海

K6 括地志曰 百濟王城 方一里半 北面累石爲之 城水可方餘家 即五部之所也 一部有兵五百人 又國南二百六十里 有古沙城 城方百五十里步 此其中方也 方繞兵千二百人 國東南百里 有得安城 城方一里 此其東方也 國南三百六十里 有卞城 城方一百卅步 此其南方也 國西三百五十里 有力光城 城方二百步 此其西也 國東北六十里 有能津城 一名固麻城 城方一里半 此其北方也 其諸方之城 皆憑山險爲之 亦有累石者 其兵多者千人 少者七八百人 城中戶多者千人 少者七八百人 城中戶多者至五百家 諸城左右亦各小城 皆統諸方 又國南海中 有大島十五所 皆置城邑 有人居之

이『翰苑』正文 "城"자와 K6의 첫 번째 구문인 "百濟王城"의 "城"은 K5의 가장 마지막 구문인 "亦城名主"의 "城"과 마찬가지로, 鈔本에 豎心旁으로 되어있으므로, 唐 鈔本의 통례임을 알 수 있고, 아래에서 장황하게 서술하지 않는다. "城水可方餘家"는 湯淺幸孫가『周書』백제전에 근거하여 "水"를 "下"로 고쳤고, "方"을 "萬"으로 고쳤다.[76] 현존본『周書』를 확인하면, 원래 구문은 "都下有萬家 分爲五部"인데,[77] 令狐德棻의 "都下"는 틀림없지만, K6 鈔本 "城水"의 "城"은 명확히 "都"가 아니고, 또 "水"자를 자세히 살펴보면, 사실 "外"자의 틀린 필사가 되므로, 마땅히 "城水"는 "城外"가 된다.[78] 또 K6 "即五部之所

---

75 『翰苑校釋』, 102쪽.

76 『翰苑校釋』, 103쪽.

77 『周書』卷四十九 百濟傳, 886쪽.

78 혹 어떤 전문가는 "水"를 "下"로 여기는데, 필자는 교토대학 原鈔本 影印件의 이 글자를 자세히 검토한 결과, "下"로 잘못 썼을 가능성이 비교적 적고, 서예사 등에 따라 다각도로 볼 때, 필자는 어

也"는 鈔本에 오류가 없지만, 湯淺幸孫는 "居" 자를 더하여 "即五部之所居也"로 보았는데, 약간 군더더기라는 생각이 든다. 또 "有古沙城 城方百五十里步"은 鈔本의 특수성으로 인하여, 이 거리 기록에 "里"와 "步"가 동시에 출현하였는데, 古沙城 한 곳에서 "里步"가 합쳐져 기록되었다. 또 "熊"과 "能"은 古字가 상호 통하는데, "能津"은 곧 "熊津"이다.

위에서 열거한 K5에서 이미 "王所都城內 又爲五部" 언급하였는데, 여기 K6에서 다시 "五部" 사료를 언급하여 그 중요성을 볼 수 있다. 今西龍의 名文 「百濟五方五部考」에서는 內藤湖南으로부터 『翰苑』의 존재를 알게 되었으므로 『括地志』에서 특히 K6 조목을 연구의 중요 사료로 인용하였다.[79]

『北史』 백제전에서는 백제 도성에 관하여 또 아래와 같은 기록이 있다.

> 百濟其都曰居拔城 亦曰固麻城 其外更有五方 中方曰古沙城 東方曰得安城 南方曰久知下城 西方曰刀先城 北方曰熊津城[80]

K6 『括地志』와 『北史』 등 北朝 隋唐 正史를 종합하면, 백제 도성의 五方에 대하여 약간 문자의 차이가 있는데, 예를 들어 K6 "力光城"은 『北史』 등에 "刀先城", K6 "下城"은 『北史』 등에 "久知下城"으로 나온다.

요컨대, 필자는 백제 五方 五部를 대략적으로 아래 도면에 표현하였다.

위의 도면에서 『括地志』와 『北史』, 『周書』의 명칭이 다를 경우, 원칙적으로 『括地志』를 기준으로 삼았다.(唐 鈔本 특성의 하나는 古本의 보존이 刻本 계통보다 낫다는 점이다.) 백제는 양무제 大同 4년(538), 도성을 웅진성에서 사비성으로 천도하였다. 『北史』에서 "居拔城"의 "拔"은 今西龍의 고증에 따르면 "伐"과 음이 유사한 자이며, "居拔"은 곧 "大城"의 의미가 된다.[81] 이 외에 五方과 도성의 거리에 관한 『括地志』의 정보는 北朝 隋唐 正史에서 전부 失載되었다. 舊鈔本 佚籍 『翰苑』의 중요성을 볼 수 있다.

아래에 계속하여 『括地志』 K7을 고찰해보자.

전히 "外" 자가 타당하다고 생각한다.

79 今西龍, 1970, 「百濟五方五部考」, 『百濟史研究』, 國書刊行會.

80 『北史』卷九十四 百濟傳, 3118쪽.

81 「百濟五方五部考」, 『百濟史研究』, 287쪽.

雞山東峙 貫四序以同華

K7 括地志曰 烏山在國北界 大山也 草木鳥獸 与中夏同 又國東有鷄藍山 山南又有祖粗山 又國南界有霧五山 其山草木 冬夏常榮 又有且那山 在國西界 又有山且山·禮母山 並石在國南之也

이 K7 조목의 佚文에서, "鳥山"은 마땅히 "雞山"으로 고쳐야 할 것이다. 早期 中古의 한반도와 왜국에서는 "鳥"와 "雞" 두 글자의 발음이 유사하여 鈔本에서 기록의 차이를 야기했을 것이다. 또 湯淺幸孫는 "並石[山]在國南之也"라고 하여 의미에 따라 "山" 자를 보충하였다.[82] 또 鈔本에는 "与"로 되어있고, "與"로 되어있지 않다.

아래에 계속하여 『괄지지』 K8을 고찰해보자.

熊水西流 侶百川而齊騖

K8 枯也志曰 熊津阿源出國東界 西南流 經國北百里 又西流入海 廣處三百步 其水至清 又有基汶河 在國陳 出其國 源出其國南山 東南流入大海 其中水族与中夏同

이곳에서 『翰苑』 正文의 "熊水", K8 "熊津"의 "熊"은 모두 K6과는 달리 "能"이라 하지 않았다. 오직 『括地志』의 서명이 『枯也志』로 잘못 쓰여있다. 또 "河" 자는 "阿" 자의 오류이다. 필자의 錄文과 湯淺幸孫의 차이점은 "基汶河"의 위치에 관한 것인데, 湯淺幸孫는 "又有基汶河在國 (源出其國)源出其國南山"이라고 하였다.[83] 필자는 湯淺幸孫가 먼저 "陳"을 "源"으로 잘못 읽어서, "源出其國"의 네 글자가 연달아 두 군데에 쓰이는 오류가 나타났다고 생각한다. 교토대학 문학부 영인 舊鈔本을 조사하면, "陳"과 "源"의 두 글자는 명확히 같지 않다. "陳" 자는 "東" 자의 誤鈔이다. 지리학적으로 볼 때, 基汶河가 "在國東"한다는 것과 "源出其國南山"한다는 것은 모순되지 않으며, 이것은 하천의 흐르는 형세를 이야기한 것이다. 또한 가장 마지막의 한 구문은 K7과도 같은데, 鈔本에는 "与"으로 나오고, "與"로 나오지 않는다.

아래에 계속하여 『괄지지』 K9를 고찰해보자.

---

82 『翰苑校釋』, 104쪽.

83 『翰苑校釋』, 104쪽.

因四仲而昭敬 隨六甲以標年

K9 括地志曰 百濟四仲之月 祭天及五帝之神 冬夏用鼓角奏歌舞 春秋奏歌而已 解陰陽五行用宋元嘉曆 其紀年無別号 但數六甲爲次第 亦解毉療・蓍龜・占相・婚姻之礼 畧同於華 喪父母及夫 皆制服三年 餘親 葬訖即徐 其葬亦有置屍於山中者 亦有埋殯之

본 조목은 백제의 역법을 서술하고 있다. 역시『北史』,『周書』,『隋書』 등의 백제전에 서로 확인되는데, 鈔本의 문자를 조사하면, "號" 자는 "号", "醫" 자는 "毉", "禮" 자는 "礼"로 나온다.

그중에 "毉"는『翰苑』 고려조 "珣玕挺耀 授色重巒"의 주에서 인용한 "有毉無閭之珣玗琪焉"이라는 기록에 나타난다. "醫"와 "毉"의 두 글자에 관하여, 현재 사용되는 "醫" 자는 실제로 六朝(주요하게는 北魏 이후) 隋唐의 시기에 모양이 변한 것이다. 羅振鋆, 羅振玉『增訂碑別字』에서는 漢唐 시기 "醫" 자의 이체자 7종을 열거했고,[84] 후에 秦公이 편집한『碑別字新編』에서 9종으로 늘었으며,[85] 羅振玉『碑別字拾遺』에서 또 두 사례가 늘었다.[86] 淸 유학자 邢澍의『金石文字辨異』에서 인용한『干祿字書』에서는 "醫"는 俗字이고, "毉"은 正字라고 하였다.[87]

현존본『周書』 백제전에 "亦解醫藥"[88],『隋書』 백제전에 "亦知醫藥"이라고 나온다.[89] 모두 "毉"라고 쓰지 않았는데, 한 글자로부터 중국 中古 문자를 보존한『翰苑』 舊鈔本의 진귀함을 엿볼 수 있다.

또 K9의 "訖即徐"의 "徐"는 마땅히 "除" 자가 되는데, 형태가 유사하여 생긴 오류이다.

아래에 계속하여『괄지지』K10을 고찰해보자.

---

84 羅氏는 이 8종 "醫"가 각각 다른 곳에서 비롯된다고 하였다. "一漢楊淮碑 二魏元萇振興溫泉頌 三魏義橋石象碑 四魏宮一品張安姬墓誌 五隋□世琛墓誌 六唐張懷文墓誌 七唐劉遵禮墓誌銘" 羅振鋆・羅振玉, 1957,『增訂碑別字』, 文字改革出版社, 56쪽.

85 秦公比羅振玉多出的兩種是"唐韓寶才墓誌 明夏叔度墓誌". 秦公輯, 1985,『碑別字新編』, 文物出版社, 419쪽. 又及 : 筆者檢馬向欣, 1995,『六朝別字記新編』未見出例, 書目文獻出版社.

86 兩例爲"一唐龍游縣尉索義弘墓誌 二唐定州刺史爾朱義琛墓誌", 說見羅振玉,『碑別字拾遺』, 書載氏著, 羅繼祖主編, 2010,『羅振玉學術論著集』第二集下, 上海古籍出版社, 996쪽.

87 邢澍著・時建國校釋, 2000,『金石文字辨異校釋』, 甘肅人民出版社, 66쪽.

88 『周書』卷四十九 百濟傳, 887쪽.

89 『隋書』卷八十一 百濟傳, 1818쪽.

文吏兼能 碁射雙美.

K10 括地志曰 百濟俗 尚騎射 有文字 能吏事 以兩手據地爲敬 有僧尼 無道士 甚多寺塔 其戲有投壺・圍碁・樗蒲・厄雙反・弄珠等雜戲也

K10의 문자는 湯淺幸孫의 고증에 따르면, 『册府元龜』 권959 외신부의 문자와 서로 유사하다.[90] 본 조목의 문자는 『北史』 백제전의 "有鼓角箜篌箏竽篪笛之樂 投壺樗蒲弄珠握槊等雜戲"[91]와 유사한데, K10 『括地志』의 "厄雙反" 세 글자는 난해하여 湯淺幸孫는 "그 의미를 모르겠다."라고 하였다. 필자의 추측에 따르면, "厄雙反"은 "蒲" 자에 대한 反切注音이다. 그런데 段玉裁의 『說文解字注』에 "從艸水甫聲 薄胡切"이라고 나와서 "厄雙反"과 서로 거리가 멀다. 아마도 注音의 필사 과정에서 脫誤가 있을 수 있고, 동시에 小注가 注釋 正文에 혼입되었을 수도 있다.

이상에서 K4에서 K10에 이르는 7개의 『翰苑』 백제조 『括地志』 佚文의 문자를 대체로 고찰하였다. 마지막 조목으로 『翰苑』 왜국조의 『括地志』 佚文을 보면 아래와 같다.

○倭國

因禮義而標秩 即智信以命官.

K11 括地志曰 倭國 其官有十二等 一曰麻卑兜吉寐 華言大德 二曰小德 三曰大仁 四曰小仁 五曰六義 六曰小義 七曰大礼 八曰小礼 九曰大智 十曰小智 十一曰大信 十二曰小信

이 조목의 문자는 『隋書』 왜국전을 참고할 수 있다.[92] "六義"는 마땅히 "大義"로 고치고, "礼"는 K9과 마찬가지로 "禮"로 고쳐야 한다.

만약 위에서 고증한 11개 『括地志』 佚文의 초보적인 유형분석을 한다면 아래의 표로 열거할 수 있다.

---

90 『翰苑校釋』, 106쪽.

91 『北史』卷九十四 百濟傳, 3119쪽.

92 『隋書』卷八十一 倭國傳, 1826쪽.

序號	『括地志』條目	涉及信息	涉及國家 · 政權	互見史料	備註
K1	新羅	官爵 · 五德終始	倭國 · 新羅 · 百濟等	沈約『宋書 · 蠻夷傳』	晉 · 宋 · 齊諸正史無『新羅傳』
K2	新羅	總體地理方位	新羅 · 三韓 · (百濟)	『後漢書』 · 『三國志』之『東夷傳』	『翰苑』注釋者用“今案”形式提及百濟
K3	新羅	王族所出	新羅	『舊唐書 · 新羅傳』	
K4	百濟	地理 · 祭祀	百濟	『隋書 · 百濟傳』	
K5	百濟	隋代百濟君王傳遞 · 國中大姓 · 官爵 · 官制(任期等) · 兵制	百濟	『北史』 · 『周書』 · 『隋書』等『百濟傳』及『通典』	時間屬於隋唐的“當代史” 互見史料亦多在唐代.
K6	百濟	百濟都城地理 · 周邊防守形勢 · 兵力等	百濟	『周書 · 百濟傳』	『括地志』詳于傳世正史
K7	百濟	百濟國界四周之山形地理	百濟	無	
K8	百濟	百濟國內重要水文地理	百濟 · (唐)	無	與中國作比較
K9	百濟	祭祀 · 曆法 · 禮制(喪禮) · 占卜	百濟 · (唐)	『北史』 · 『周書』 · 『隋書』之『百濟傳』	
K10	百濟	百濟風俗 · 騎射 · 雜戲等	百濟	『北史』 · 『隋書』之『百濟傳』	
K11	倭國	官制	倭國	『隋書 · 倭國傳』	

위의 표에서 알 수 있듯이, 11개『括地志』佚文에서 백제와 직접 관계없는 것은 2개 조목(K3은 신라왕족에 대해 다루고 있으나, 신라 왕족과 백제 정벌의 밀접한 상관관계가 있고, K11은 백제 멸망 후 출병과 당 제국이 교전하는 왜국 관제를 다루고 있어서 '간접관계'라고 할 수 있다.)에 불과하다. 나머지 9개는 어떤 조목에 속하는지와 관계없이 모두 다른 각도에서 백제의 官制, 祭祀, 王族, 地理, 兵力, 山川 등과 상당히 중요한 관련이 있다. 이는 이러한 佚文이 중대한 역사적 배경이 있을 것이라는 점을 의심의 여지 없이 우리에게 제시하고 있다.

V.『括地志』佚文 중에 체현된 백제 전쟁

岑仲勉의『括地志序略新詮』에 이르길, “讀古書而不得闕解 疑之誠是也 顧吾人未致其疑 先須求其所可是 求之不得 方伸我見 庶不至妄詆前人”라고 하였다.[93] 岑仲勉은『翰苑』을 볼 기회가 없었지만, 불완전한『括地志』佚文에 대한 태도는 마땅히 “우선 교정할 수 있는 것을 탐구(先須求其所可是)”해야 하는 것이다. 필자는 輯佚文字에 대해 교감한

93 岑仲勉, 1990,「括地志序略新詮」,『岑仲勉史學論文集』, 中華書局, 561쪽.

후, 본 절에서 "비로소 나의 견해를 진술하는 것으로(方伸我見)" 백제 전쟁과 『翰苑』 인용 『括地志』의 관계를 이야기해보겠다.

Arthur F. Wright 교수는 The Sui Dynasty 라는 책에서 隋代가 前代와의 연속성을 가지고 이 "遺產"을 당 왕조에 전해주었다고 지적하였다.[94] 수의 "遺產"을 가장 잘 체현한 것은 당 태종이다. 수당사연구 전문가인 布目潮渢은 『隋唐帝國』에서 아래와 같이 지적하였다.

> 일반적으로, "隋唐世界帝國"이라는 표현법은 단지 정치적 관계만이 아니라 문화적 관계까지 고찰해야 한다.[95]

어떻게 "문화적 관계까지 고찰"할 수 있을까? 방식은 의심의 여지 없이 다양하다.

수당제국의 주변 세계를 간단히 말하면, 이러한 국가, 민족은 주로 동북아시아와 한반도의 고구려, 신라, 백제, 발해를 포함하고, 북방과 서북방의 突厥(東突厥, 西突厥), 回鶻, 서남방의 吐蕃, 남방의 南詔國이 된다. 당연히 서역의 여러 나라도 포함된다. 일반적으로 말해서, 620년부터 750년까지 1세기 이상 동안, 당 제국은 자신의 국력에 기반하여 대외정략에 충분한 주도권을 갖고 있었다. 이러한 주도권은 다양한 방면에서 비롯되는데, 하나의 중요한 방면은 唐代 지식인이 동, 남, 서, 북 '四夷'의 정보를 정밀하게 파악하고 있었다는 점이다.

필자는 「貞觀年間唐帝國的東亞情報・知識與佚籍——舊鈔本〈翰苑〉注引〈高麗記〉研究」라는 논문을 통해, "정관 19년, 당 태종이 제1차 고구려 정벌에 나섰다. 『高麗記』의 겨우 남은 10여 개의 佚文은 전쟁과 긴밀하게 얽혀있어, 이 책의 실제 성격이 지리서를 넘어서 당 제국의 동아시아 정보서라는 점을 깨닫게 해주었다."라고 지적하였다.[96] 이러한 맥락에서 나아가면, 『괄지지』의 백제에 관한 佚文도 唐代 백제정벌계획과 밀접한 관계가 있다.

수당제국 동북부의 한반도 문제에 대해 筆者의 『炎鳳朔龍記』에서 ①수 문제, ②수

---

94 Arthur F.Wright, 1978, *The Sui Dynasty, the Unification of China, A.D. 581~617*, Alfred A. Knopf. 이 책의 10장 "隋的遺產"을 참고하라.

95 『隋唐帝國』, 106쪽.

96 「貞觀年間唐帝國的東亞情報・知識與佚籍——舊鈔本〈翰苑〉注引〈高麗記〉研究」, 398쪽.

양제, ③당 태종, ④당 고종+측천무후를 "마치 이어달리기 선수 네 명과 같다."라고 보았다.[97] 4번 주자는 비로소 백제와 고구려를 평정하는데 성공하여, 신라가 한반도를 통일하여 당을 종주국으로 받들게끔 하였다.

4명의 '선수'가 직면한 동방의 문제는 시종일관 서북방의 문제와 맞닿아 있었다. 백제의 최종 평정도 역시 예외는 아니다. 수당의 서북방의 문제에 대해서는 Jonathan Karam Skaff의 *Sui-Tang China and Its Turko-Mongol Neighbors*에서 제시된 The China Inner Aisa Frontier World History 이론을 참고할 수 있다.[98]

『신당서』 서돌궐전에 따르면, 당 고종 顯慶 2년(657), 당 조정은 소정방을 시켜 서돌궐 沙鉢羅可汗(阿史那賀魯)을 토벌하게 하고, 石國(Shash)에 있는 邪羅斯川[99] 부근까지 추격하여 그들을 포로로 잡아 장안으로 압송하여 昭陵에 헌상하였다. 당 제국은 伊犁河 유역에 "崑陵都護府"와 "濛池都護府"를 설치하고, 그 후에 소정방을 安撫大使로 삼아 서돌궐의 나머지 반란을 제압하는 데 다시 성공하였다. 또한『舊唐書』소정방전에 이른바 "총령의 서쪽이 모두 평정되었다.(葱嶺以西悉定)"라고 말한 것이기도 하다.[100]

한국 학자 노태돈의『삼국통일전쟁사』에서는 또한 아래와 같이 말하였다.

> 백제의 운명을 결정할 전쟁 계획은 마련되었지만, 언제 활시위를 당길지를 확정하기에는 한 가지 조건이 더 남아 있었다. 그것은 대백제 공격군의 주력이 당군의 활동을 제약할 수 있는 타 방면의 위협 요소의 해결이다.[101]

서돌궐 阿史那賀魯의 포획은 당 제국의 서방의 압력을 급격히 줄게 하였고, 주요 장수와 주력부대를 다시 동방으로 조정할 수 있게 해주었다. 부친인 당 태종이 연속하여

---

97 『炎鳳朔龍記——大唐帝國與東亞的中世』, 51쪽.

98 Jonathan Karam Skaff, 2012, 『隋唐帝國和它的突厥蒙古系邻居 : 文化 · 權力與關係580~800』(2012, *Sui-Tang China and Its Turko-Mongol Neighbors*, Oxford University Press).

99 邪羅斯川의 위치에 관해서는 다음이 참고된다. 内藤みどり, 1988, 『西突厥史の研究』, 早稻田大學出版社, 236~243쪽.

100 内藤みどり는 다음과 같이 말하였다. "당의 지배는 서역 諸國으로 하여금 오랫동안 이어진 서돌궐과의 관계에 종지부를 찍게 하였고, 하나의 새로운 체계에 편입시켰다." 『西突厥史の研究』, 270쪽.

101 盧泰敦著 · 橋本繁譯, 2012, 『古代朝鮮三國統一戰爭史』, 岩波書店, 123쪽.(번역자 주 : 노태돈, 2008. 『삼국통일전쟁사』, 서울대학교출판부, 147쪽의 한국어 원문을 활용함)

고구려를 정벌한 것과 달리, 당 고종 시대에는 한반도에 대한 전략이 "고려를 멸망하고자 한다면 먼저 백제를 멸망시킨다."로 조정되었다.(『舊唐書』 유인궤전의 말) 즉 백제를 선공하고 다시 남북수륙 합동으로 고구려를 공격한다는 것이다. Woodbridge Bingham 교수의 연구에 따르면, 백제는 隋代의 개시부터 중국에 대해 일종의 "謹愼的友誼(cautious friendliness)"를 유지하였다.[102] 이렇게 양쪽을 관망하는 태도를 취한 것은 당연히 일편단심 당을 향하는 신라와는 비교가 되지 않았다.

백제를 현혹하기 위해 당 제국은 여전히 일부 병력을 고구려에 보내 공격하였다.[103] 한편, 당 고종 顯慶 5년(660) 정월, 당 제국은 서돌궐 반란의 평정에 큰 공을 세운 左武衛大將軍 蘇定方을 神丘馬韓等十四道大總管으로 삼아 13만 병사를 거느리고 백제를 향해 출발하도록 하였다. 신라 연합군 5만은 김춘추(무열왕)와 김유신 등이 이끌었다. 연합군의 君王에 대한 정보는 『括地志』 K1-K3에서 각기 다른 정도로 기술하고 있는데, 특히 K3에 이르길, "新羅王姓金氏 其先所出未之詳也"라고 하였다. 즉, 당 조정은 신라 왕족 출생의 高貴 여부에 대해 관심을 두지 않은 것은 아니지만, 신라가 당 조정에 대해 실제로 충정을 다했는지 여부에 더욱 관심을 두었다.

소정방은 먼저 온 신라 태자 김법민에게 아래와 같이 말하였다.

> 吾欲以七月十日至百濟 南與大王兵會 屠破義慈都城[104]

660년 7월 10일을 기한으로 백제 도성에서 병사를 만나게 하자는 약정을 하였고, 이후 연합군의 내부 모순이 촉발되었다. 고대 동아시아의 시간에는 干支年月, 年號紀年 등 여러 종류가 있어서, 역법의 통일 여부는 두 나라에 관련될 때 흔히 문제가 생겼는데, 하물며 이번은 당 제국과 고구려, 백제, 신라 4국에 관계되는 전쟁이었다.

따라서 당군은 신라군과 병사를 만나게 하는 시간 약정을 하고 사전에 상대방의 역법을 이해해야만 하였다. 『三國史記』에는 신라 진덕여왕 재위 3년에 정식으로 당의 正

---

102 Woodbridge Bingham, 1941, *The Founding of the T'ang Dynasty: The Fall of Sui and the Rise of T'ang*, Waverly Press, p37.

103 『炎鳳朔龍記——大唐帝國與東亞的中世』, 88쪽.

104 金富軾, 1979, 『三國史記』卷第五 新羅本紀第五, 景仁文化社, 59쪽.

朔을 받들어 당 고종의 永徽 연호를 사용하였다고 기록되었다.[105] 적군의 역법(백제의 시간)은 당군이 시급히 알아야 하는 대목이다. 『括地志』 K9에서는 아래와 같이 말하였다.

百濟四仲之月 祭天及五帝之神 冬夏用皷角奏歌舞 春秋奏歌而已 解陰陽五行 用宋元嘉曆 其紀年無別号 但數六甲爲次第

즉, 백제가 아직 六朝 시기 남방 劉宋의 「元嘉曆」을 사용하였고, 紀年은 "但數六甲爲次第"하였다는 것이다. 따라서 당군이 신라군과 병사가 만나기로 한 시간을 약정해야 비로소 역법상의 오해가 생기지 않는다. 다만, 실제로는 자신의 行軍 수준[106]과 백제의 저항 정도가 달랐으므로, 신라군은 7월 9일 황산벌을 향해 발진하고 약속한 10일보다 하루 늦은, 11일에 비로소 병사가 만나기로 한 지점에 도달하였다. 대총관 소정방은 신라군 督軍 金文穎을 참수하여 효시하려 하니, 김유신이 격렬히 저항하면서 심지어 아래와 같이 말하였다.

大將軍不見黃山之役 將以後期爲罪 吾不能無罪而受辱 必先與唐軍決戰 然後破百濟[107]

백제를 격파하기 전의 당과 신라 연합군 내부의 이러한 충돌은 단지 『三國史記』에만 보이고 두 『唐書』에는 보이지 않는다. 특히 김유신의 말은 隋唐 동아시아 사료와 완전히 대조적인데, 그는 백제 평정 이전에 당 조정에 대해 충분히 공손하였으나 홀연히 그 동맹군의 상급자인 소정방에 대하여 이렇게 말하였으니, 아마도 후세 신라 史臣이 본국 영웅을 과대포장한 말이 아닐까 싶다. 그러나 이러한 '시간'과 관련된 사건은 백제를 멸망시키고 고구려를 평정한 이후 당과 신라 사이에서 한반도 국부 충돌이 일어나는 복선이 된다. 어쨌든, 백제를 멸망시켜야 한다는 大局을 바라보기 위해서 소정방은 잠시 "乃釋文穎之罪"하였다.[108]

---

105 『三國史記』卷第五 新羅本紀第五, 56~57쪽.

106 당 제국의 행군 수준이 당시 유라시아 대륙에서 최고 수준이었음은 다음이 참고된다(孫繼民, 1995, 『唐代行軍制度研究』, 文津出版社).

107 『三國史記』卷第五 新羅本紀第五, 60쪽.

108 『三國史記』卷第五 新羅本紀第五, 60쪽.

그 외에, 당과 신라 연합군이 최후에 백제 도성을 공멸시킨 시간에 대해 양『唐書』의 高宗紀와『大唐平百濟國碑銘』[109]에서는 모두 "八月庚辰"으로 기록하였는데,『三國史記』와『日本書紀』는 "七月"로 기록하였으니, 역법 문제의 복잡성을 엿볼 수 있다.[110]

위에서 열거한 김유신의 이야기 중의 "黃山之役"은 백제의 명장 계백이 5천의 결사대를 이끌고 황산(지금의 충청남도 연산)에서 신라 5만 군대와 대전을 벌여 비록 4전 4승하였으나 최종전에서 중과부적으로 실패하고 자신도 죽음에 이른 전투를 지칭한다. 필자는 2013년 여름 臺灣大學 人文社會高等研究院(高研院)에서 客座하던 당시에『蘭陵王・破陣樂・花郎道』를 보고하는 강연에서 전투 중에 신라가 비록 병사가 많았지만, 승기를 잡은 결정요인은 官昌, 盤屈 등 "花郎"이 죽음을 무릅쓰고 적진으로 돌격한 것이라고 특히 언급하였다.[111]

백제의 경우, 主將 계백의 관직이 "達率"이었는데,『括地志』K5에 보이는 "左平五人第一等 達率卅人第二等"이라는 문구를 앞에서 이미 고증하였다.『北史』의 같은 기사에 "等"이 "品"으로 나오는데, 아마도 九品中正制의 수당시대 사람의 이해를 돕기 위한 것일 것이다. 계백이 출전하기 전에, 이미 필사의 마음으로 처자식을 죽이고 출정하였기에, "忠常", "常永" 등이 비록 "佐平"[112]이었지만 계백의 관할에 들어갔다. 이것은 백제에서 국가위기 때의 임시제도로서, 제2등이 제1등을 통할하는 非常制였을 것이다. 常制는 마땅히『括地志』의 나열된 것과 같아야 한다. K5에서 다음과 같이 말하였다.

> 王所都城內 又爲五都 皆建率領之 又城中五巷 士庶居焉 又有五方 若中夏之都督 方皆建率領之

즉, 백제의 "達率"은 중국 六朝隋唐 시기의 "都督"과 유사한 성질을 가진 것으로, 임시

---

109 비명의 고증은 다음이 참고된다. 葛城末治, 1978,『朝鮮金石考』, 亞細亞文化社, 153~158쪽.

110 백제 멸망시점의 차이에 관해서는 다음이 참고된다(拜根興, 2003,『七世紀中葉唐與新羅關係研究』, 中國社會科學出版社(第二章第一節『戰爭發生的時間問題鉤沉』, 43~53쪽).

111 童嶺, 2014,「蘭陵王・破陣樂・花郎道——隋唐樂舞與新羅・日本的交流」,『臺灣大學人文社會高等研究院院訊』第九卷第一期, 1~10쪽.

112 참고할 한국논문은 다음과 같다. 이문기, 1998,「사비시대 백제의 군사조직과 그 운용」,『百濟研究』28(일본어 번역본『古代朝鮮三國統一戰爭史』, 264쪽). 이 글의 인식은 당시 백제군이 3영으로 나뉘어 계백 등이 각 1영을 관할하여 협동작전을 펼쳤다는 것이다.

적 군사 관할구가 존재하고, 통령하는 범주가 정상 시기의 상대적 高位官制를 초과할 수 있다는 것이다.

"失期"한 신라군에 비해, 소정방이 이끄는 당군 주력은 백제와의 전쟁에서 海戰을 주로 하였다. 오늘날 볼 수 있는 『括地志』 佚文의 K8 조목은 바로 백제 河流와 海水에 관한 기술이다.

> K8 枯也志曰 熊津阿源出國東界 西南流 經國北百里 又西流入海 廣處三百步 其水至清 又有基汶河 在國陳 出其國 源出其國南山 東南流入大海 其中水族与中夏同

이 글은 熊津河(江), 基汶河 등 두 강물의 위치와 흐름에 대해 상세히 설명하였고, 특히 標註로 "入海口"의 방위를 나타냈다. 실제로 소정방의 원정 수군은 산동 등주를 출발하여 백제 백강구를 건넌 뒤에 그해 7월 9일 상륙하는 데 성공하였다. 바로 『括地志』가 언급한 熊津河 부근에서 백제 주력과 최후의 연속 작전을 전개하여 대승을 거두었는데, 한국 사료인 『三國史記』에는 다음과 같이 나온다.

> (百濟) 於是合兵禦熊津口 瀕江屯兵 定方出左涯 乘山而陣 與之戰 我軍大敗 王師乘潮 舳艫銜尾進 皷而譟進 定方將步騎 直趨眞都城 一舍止 我軍悉衆拒之 又敗 死者萬餘人 唐兵乘勝薄城[113]

상술한 사료에 따르면 당군이 백강에서 나온 뒤에 곧 熊津河口에서 백제군과 대결을 전개하였음을 알 수 있다. 당군이 승리한 이유는 소정방의 책략과 군사들의 용맹함 때문이지만, 그 외에 사전에 수집한 상세한 정보를 소홀히 할 수 없다. 반대로 백제 將官은 수전에 앞서 이르길, "唐兵遠涉溟海 不習水者 在船必困"라고 하였는데,[114] 백제의 군사정보가 부족했다는 점을 충분히 알 수 있고, 승패가 일찍이 정해졌음을 알 수 있다.

당 제국의 수군에 관해서는 서양학자 David A. Graff의 *The Eurasian Way of*

---

113 『三國史記』卷第二十八 百濟本紀第六, 277쪽 ; 또 다음이 참고된다. 池內宏, 1960, 「白江及び炭峴について」, 『滿鮮史研究 · 上世第2册』, 吉川弘文館, 213~236쪽.

114 『三國史記』卷第二十八 百濟本紀第六, 276쪽.

War: Military practice in Seventh-century China[115]가 유라시아 대륙의 시야에서 비잔틴 제국과 수당제국의 군사를 고찰하였는데, 당 제국의 수군이 대부분 일시적 성격이고, 비잔틴 제국은 수군을 생명선으로 바라보았다.[116] 다만, 필자는 이러한 견해에 쉽게 찬동할 수 없는데, 적어도 백제 정벌에서 수군이 일시적이 아니라 결정적이고 장기적인 계획이 있었다. 『括地志』를 포함한 地志 등의 典籍은 당 제국 육군과 수군의 중요한 정보서였다.

7월 12일, 당 제국의 주력과 신라 연합군은 백제 사비성 아래에서 만났다. 도성의 지리 정보에 대해서는 앞서 열거한 『괄지지』 K6에 다음과 같이 말하였다.

> 百濟王城 方一里半 北面累石爲之 城水可方餘家 即五部之所也 一部有兵五百人

이 글에는 사비성의 城防, 兵力, 民力에 대한 다방면의 고찰이 포함되어 있다. 특히 백제사에서 하나의 중요한 개념인 "五部"를 설명하고 있다. 지난 절에서 필자가 제작한 도면에 따르면, 당군은 백제 도성 사방의 방어 위치, 거리 등 정보를 손바닥 안에 있는 것처럼 알고 있었다. 소정방은 도성 포위작전에서 연합군을 지휘하여 所夫里의 들판에 포진시켰다.

정관 3년(629), 젊은 소정방이 定襄道行軍大總管 李靖을 따라 동돌궐 頡利可汗을 격파하였을 때, 騎兵先鋒官을 맡았기 때문에, 李靖 陣法의 진수를 전수하여 성곽 포위 등의 전술도 손바닥 안에 있는 것처럼 알고 있었다. 따라서 백제 의자왕은 도성을 포위한 대군을 목격한 후, 겨우 하루 만에 도성 사비성을 버리고 밤에 옛 수도 웅진성으로 후퇴하였다. 사비성에 남아 지키던 태자 부여융은 나와서 항복하니, 7월 13일이었다. 중화민국 연간에 羅振玉이 간행한 『唐代海東藩閥志存』에는 항복하여 입당한 백제왕자 『扶余隆墓誌』가 수록되었다.(原石은 현재 開封博物館에 소장하고 있고, 錄文은 『唐代墓誌彙編』에도 실려있다.)[117]

---

115 David A. Graff, 2016, *The Eurasian Way of War: Military practice in Seventh-century China and Byzantium*, Routledge.

116 *The Eurasian Way of War: Military practice in Seventh-century China and Byzantium*, pp28~29.

117 周紹良主編, 1992, 『唐代墓誌彙編』, 上海古籍出版社, 702쪽.

앞의 절에서 이미 고증하였듯이, K6『括地志』는 백제 五方, 五部에 대해『北史』등 정사의 기록보다 상세하고, 그중에 의자왕이 태자를 데리고 옛 도성 "웅진성"으로 도망하는 것에 대한 기술은 五方 중에서 특히 상세하다.

國東北六十里 有能津城 一名固+麻城 城方一里半 此其北方也 其諸方之城 皆憑山險爲之 亦有累石者 其兵多者千人 少者七八百人 城中戶多者千人 少者七八百人 城中戶多者至五百家 諸城左右亦各小城 皆統諸方

다시 말하면, 백제 의자왕이 도망쳐 들어간 성의 크기, 거리, 지리, 병력, 民力 등의 정보를 당 군사가 먼저 충분히 알고 있었다는 것이다.

비록 단순한 수비의 의미로 고찰한다면, 웅진성의 위치는 북방 산간에 있어서 수비 형세가 사비성보다 우수하다. 다만, 눈앞에서 대세가 이미 기울자, 의자왕은 며칠을 버티다가 역시 7월 18일 나와서 항복하였다. 백제 의자왕 항복의 구체적 경위에 관해서는『舊唐書』소정방전에 이르기를, "其大將禰植 又將義慈來降"라고 하였다. 主將의 1차적인 귀순이라고 말할 수 있는데,『三國史記』의 기록은 의자왕이 주체적으로 나와서 항복하였다고 전한다. 禰植은 웅진성의 一方의 大將으로, 당에 항복하기 전 관직은 K5『括地志』에 언급된 "左(佐)平"이었다. 2010년 西安市 文物保護研究所 张全民 研究員이 공개한 西安 長安區 M15 무덤의 발굴 정황에 따르면, 백제인『唐禰素士墓誌銘』이 출토되었는데,[118] 禰氏 일가가 남북조 초기부터 한반도에 임시로 살던 中原 瑯琊郡의 世家라는 것이 고증되었다. 따라서 禰植이 소정방의 도성 포위 시에 백제왕을 협박하여 나와서 항복하고 故國으로 회귀하였을 가능성이 극히 높다.[119]

당군이 한반도에 상륙하여 백제국왕을 포로로 잡기까지 겨우 9일밖에 걸리지 않았는데, 불가사의하다고 이를 수밖에 없다. "百濟悉平 分其地爲六州 俘義慈及隆泰等獻于

---

118 張全民, 2012,「新出唐百濟移民禰氏家族墓誌考略」,『唐史論叢』14, 陝西師範大學出版社, 52~68쪽.

119 고려대학교 개최 '제6회 동아시아 한적교류 국제학술회의'의 이동훈 교수 토론에 따르면, 예씨 조상이 중국 남북조 사람이 아니라 백제사람일 가능성이 있다고 지적하였다. 필자의 초보적 인식으로는, 묘지 중에 "拓跋以勁騎南侵 宋公以強兵北伐", "海內崩離 賢達違邦而遠逝" 등의 문장이 곧 예씨 조상이 중국 남북조에서 해동으로 유입되었다는 것을 명확히 증명하지 못하더라도, 예씨 일족이 동진과 남조의 문화를 흠모하였음은 설명할 수 있다고 생각한다. 중국과 한반도 사료의 상세한 對讀을 결합하여 진일보한 심도 있는 연구가 필요하다.

東都"라고 하였는데, 이것은 소정방 본인의 "前後滅三國 皆生擒其主"라고 하는 개인 일생의 최고봉인 순간이었다.(『舊唐書』권83 소정방전)

의자왕의 무덤은 현재까지 발견되지 않았지만, 앞 절의 고증에서 "左平" 두 글자를 서술하면서 2007년 董延壽, 趙振華 두 선생이 백제의 항복한 장군 『禰寔進墓誌銘』의 정보를 공개하였다고 하였다. 학계에서는 禰寔進의 신분에 대한 논란이 있다.[120] 2008년 한국방송공사(KBS)에서 제작한 "KBS 역사추적 - 의자왕 항복의 충격 보고서! 예식진 묘지명"[121]은 南京大學 韓語系 徐黎明 선생의 도움으로 동영상 파일을 받았는데, 해당 동영상 중에는 한국측 진행자가 특별히 묘지의 "占風異域 就日長安" 8개 글자를 스크린에 넣으면서 百濟 君臣의 심리상태를 표현하려 하였다.

이로써 한반도 "삼국시대"는 끝나고 "통일신라" 시대의 서막이 올랐다. 대당제국은 장차 백제고지를 다섯 개의 都督府로 나누었는데, 熊津, 馬韓, 東明, 金漣, 德安이었다. 郎將 劉仁願을 백제 고도에 주둔시키고, 王文度는 熊津都督을 맡았다.[122] 그 후에 백제 유민들의 저항이 이어졌지만, 한반도의 역사는 새로운 장으로 진입하였다. 1945년부터 1993년까지 백제고지에서 잇달아 출토된 '大唐'명 기와는 당 제국 당시 동아시아에서의 영향력을 보여준다.[123]

요컨대, 본 절의 초보적 연구를 통해 『括地志』 11개 佚文이 혹은 직접, 혹은 간접적으로 7세기 "삼국시대" 최후의 백제 전쟁과 상당히 긴밀하게 얽혀있음을 알 수 있었다.

당 태종과 당 고종의 양 시기, 백제와 고구려를 정벌한 사료, 특히 고종대 최후의 백제, 고구려 멸망시 당군의 행군 노선과 전쟁 경위에 대한 것은 전해지는 古籍이 매우 적고, 두 가지 『唐書』에서도 모두 상세하지 않다. 따라서 『括地志』, 『高麗記』 등과 같은

---

120 拜根興 先生은 禰寔進을 『舊唐書』 蘇定方傳의 "禰植"으로 본다(拜根興, 『唐代高麗百濟移民研究 : 以西安洛陽出土墓誌爲中心』, 203쪽).

121 한국방송공사 (韓國中央放送KBS) 專題 "歷史追蹤", 2008年12月18日放送. "降服義慈王的衝擊——祢寔進墓志銘" (번역자 주 : "KBS 역사추적 - 의자왕 항복의 충격 보고서! 예식진 묘지명")

122 백제 고지의 기미주 연구에 관해서는 다음이 참고된다(譚其驤, 2015, 「唐代羈縻州述論」, 『譚其驤全集 · 第二卷』, 人民出版社, 93쪽 ; 礪波護 · 武田幸男, 1997, 『隋唐帝國と古代朝鮮』, 中央公論社(13章 「新羅の統一と隋 · 唐帝國」, 374~380쪽).

123 龜田修一, 2004, 「扶餘大唐銘軒丸瓦語的」, 『古代文化』 56卷11號 ; 朴淳發, 2015, 「通過考古材料看唐熊靜都督府所在」, 『唐代江南社會國際學術研討會暨中國唐史學會第十一屆年會第二次會議論文集』, 江蘇人民出版社.

수당 동아시아사의 佚籍은 마땅히 높이 중시되어야 한다.

Ⅵ. 맺음말 : 唐代 地志의 다면성

唐代는 地志學이 충분히 발달한 시대로서, 계승의 관점에서 말하자면 漢魏六朝 地志의 장점과 사료를 계승하였다.[124] 孫星衍의 『括地志序』에 이르길, "其書稱述經傳 山川城冢 皆本古說 載六朝時地理書甚多 以此長於元和郡縣圖志 而在其先"[125]라고 하여, 발전(啟後)의 관점에서 보면, 『괄지지』로 대표되는 唐代 地志類 서적은 宋元 이후 지방지 등의 기본 체례와 법식의 기원이 되었다.

六朝 후기부터 隋代의 地志 발전 맥락과 관련하여 『隋書』 經籍志 권2에 아래와 같이 나온다.

> 齊時 陸澄聚一百六十家之說 依其前後遠近 編而爲部 謂之地理書 任昉又增陸澄之書八十四家 謂之地記 陳時 顧野王抄撰衆家之言 作輿地志 隋大業中 普詔天下諸郡 條其風俗物產地圖 上于尚書 故隋代有諸郡物產土俗記一百五十一卷 區宇圖志一百二十九卷 諸州圖經集一百卷 其餘記注甚衆 今任陸二家所記之內而又別行者 各錄在其書之上 自餘次之於下 以備地理之記焉[126]

辛德勇은 『唐代的地理學』 내용에서, 唐代 地理總志를 3개 유형으로 나눴는데, 첫 번째 유형은 『括地志』, 두 번째 유형은 『貞元十道志』, 세 번째 유형은 『元和郡縣圖志』이다. 깊이 생각해볼 내용은 첫 번째 유형인데, 신덕용은 "唐代에 이 첫 번째 유형의 지리총지에 속하는 것은 아마도 이것 한 부뿐이었는데, 후대로 갈수록 아무도 이러한 종류의

---

124 '계승' 외에 당인의 육조 地志에 대한 비평에 관해서는 다음이 참고된다(胡寶國, 2003, 『漢唐間史學的發展』 商務印書館, 174~181쪽).; 倉修良은 地記가 兩漢魏晉南北朝에 성행한 것이 문벌대족을 위한 것이고, 圖經은 중앙집권의 산물이라고 보았다(倉修良, 2005, 「從敦煌圖經殘卷看隋唐五代圖經發展」, 『倉修良探方志』, 華東師範大學出版社, 105~137쪽).

125 『括地志』叢書集成初編本 1쪽.

126 『隋書』卷三十三 經籍志二 988쪽.

형식을 모방하지 않았다."라고 하였다.[127] 신덕용은 이러한 현상을 지적하면서, 다만 함께 그 원인을 분석하지는 않았다. 이렇게 된 이유는 손성연 집본을 바탕으로 한 『括地志輯校』 한 책만으로 위왕 이태가 편집할 때 (책의 내용이) 제국의 국경선을 넘어서게 된 의도를 완전히 볼 수 없기 때문이었다.

상술한 필자의 고증을 통해, '佚籍'의 관점에서 『括地志』를 보면, 전통 지리학 범주 외에 『高麗記』 등 '佚籍'과 같이 부분적으로 정보서의 기능을 충당했음을 알 수 있다. 六朝 이전에는 드물게 있던 '다면성'의 성격이 충분히 구비된 것이다.

隋唐 연간의 地志를 고찰하면, 예를 들어 『隋區宇圖志』, 『隋諸州圖經集』(『한원』 주에 그 佚文이 있다.), 『唐貞觀十三年大簿』, 『十道四藩志』 『開元三年十道圖』 등은 지금까지 대부분 전모가 남아있지 않다. 『隋書』 經籍志에는 "『諸蕃風俗記』 二卷"이 기록되어 있다. 이외에 『太平寰宇記』 권71 "河北道燕州"조에 『隋北蕃風俗記』가 인용되었다. 앞에 열거한 K3 『括地志』 인용 『隋東蕃風俗記』와 마찬가지로, '풍속' 외에 지리정보 등 다방면의 성질을 갖고 있었다.

唐代의 다면성 있는 地志의 저자가 모두 당 제국 경내의 사람일 필요는 없다. 예를 들어, 1905년 프랑스의 폴 펠리오가 돈황석굴에서 발견한 'P3532'라는 편명의 저명한 필사본 『慧超往五天竺國傳』의 저자는 8세기 초에 활약한 唐代의 신라승 혜초였다. 인도 각지와 중앙아시아를 순례하고 책 안에 각지의 寺廟, 風俗人情 외에도 오천축의 군사에 대해 상세히 기재하고 있는데, 예를 들어 각국의 전투 코끼리의 수량, 병력 등등이 있다. 또한 돌궐, 서역 각국의 군사 요충지에 대한 서술도 있다.[128] 『대당서역기』와 마찬가지로 '다면성'의 地志이다.

상술한 Joseph Needham의 『중국의 과학과 문명』 「地學」에 또한 이르길, "製圖學은 唐代까지 엄청난 발전이 있었다. 당 왕조 초기, 국토가 대대적으로 확장되어, 중앙아시아 지도의 제작이 촉진되었다."라고 하였다.[129] 최초 형태의 『括地志』에 지도를 붙여 전해졌는지 현재로서는 결론을 내릴 수 없다. 다만 Joseph Needham의 관점을 보충하자면, 당 초기, 즉 7세기, 중앙아시아 지도뿐만 아니라 동아시아, 북아시아 지도에 관

127 辛德勇, 2005, 「唐代的地理學」, 『歷史的空間與空間的歷史』, 北京師範大學出版社, 279쪽.

128 慧超著, 張毅箋釋, 2000, 『往五天竺國傳箋釋』, 中華書局.

129 『中華科學文明史 · 第二卷』, 285쪽.

해서도 모두『括地志』,『高麗記』등 이러한 다면성 지지의 양상과 맞추어 대량 생산되었다는 것이다.

이 글의 마지막으로, 현존『括地志』가 왜 백제 조목을 失載시켰는지에 대해 하나의 학문적인 추측을 하고자 한다.

본문에서 고증한 11개의 일문 외에, 손성연의『括地志』輯本 8권 마지막 조에는 '外蕃'이 있다. 王恢의『括地志新輯』은 '伊州'의 뒤에 '四裔'의 한 조목을 두고 '백제국' 佚文 하나를 수록하였고, 賀次君의『括地志』輯本은 '建州'의 한 조목 뒤에 '서역', '북적', '동이'의 세 조목을 두었다. 여기서 본질적으로 왕회, 하차군은 손성연과 구별되지 않지만, 손성연이 비교적 두루뭉술하게 했던 '外蕃'을 다시 새롭게 배열하였다. 그중에 '백제'에 관련한 사료는 단 한 가지뿐인데, 抄錄하면 아래와 같다.

> 百濟國西南渤海中 有大島十五所 皆邑落[130] 有人居 屬百濟
> (『史記』夏本紀 "島夷卉服"『正義』引)[131]

이 1개의 조목은『史記正義』에 인용된『括地志』의 조목인데,『翰苑』에 인용된 11개 조목의『括地志』佚文과 같은 사료에서 유래한 것이다. 그런데 중국 전통 전적에서 佚文을 輯本할 때, 백제 등 '外蕃'의 수량은 왜 대단히 적은 것일까?『括地志』가 어떻게 원본의 '다면성'에서 오늘날 보이는 輯本(손성연, 왕회, 하차군)의 상태로 바뀌었을까?

『括地志』편찬의 본질적 지도사상은『括地志序略』에 이른바 '정관 13년 大簿'로서, 당 제국의 10道, 358州와 여러 주의 41개 도독부에 대한 체계적인 정리를 시도하였다. 시작부터 말 그대로 세계제국 성질의 '天可汗'이 갖춘 四夷와 四方에 대한 태도는 동서남북이 같은 양상이 아니다. 특히 고구려와 백제에 대해 다룬 것은 졸저『炎鳳朔龍記』에서 일찍이 이르길, "요컨대, 고대 한 무제시기 조선 사군의 旣定版圖를 회복하는 것은 수 문제, 수 양제, 당 태종, 당 고종, 측천무후까지 계승되는 신념이었다."라고 하였다.[132] 이 때문에, "본래 한사군의 땅"이라는 부친의 속마음을 엿본 이태와 그의 문사집

---

130 "皆邑落"은 孫星衍輯本에 "皆置邑"으로 나온다.『括地志』叢書集成初編本, 240쪽 ; 王恢輯本에는 "皆置邑落"으로 나온다.『括地志新輯』, 175쪽.

131 『括地志輯校』, 252쪽.

132 『炎鳳朔龍記』第三章 天可汗 51쪽.

단은 『括地志』의 '資料長編'을 미리 만들 때 아마도 고구려, 백제의 지리 정보를 자료 수집 범위에 포함시켰을 것이다.

아래에서는 唐代 地志와 안동도호부, 웅진도독부 등의 관계에 대해 분석한다.

『新唐書』 地理志에 수백 개의 羈縻府州를 '정관 10道'에 분류한 범례에 따라,[133] 필자는 두 가지 『唐書』의 원초사료와 譚其驤 『唐代羈縻州述論』, 劉統 『唐代羈縻府州研究』[134] 등의 저작을 참고로 하여, 북아시아 및 동아시아 사적과 밀접한 관련이 있는 '關內道'와 '河北道'의 사례를 추출하여 초보적으로 아래의 표로 제작하였다.

貞觀十道	所轄都督府, 都護府	孫星衍『括地志』輯本有無記錄	備註
關內道	定襄都督府	"朔州 · 善陽/定襄縣"等條	貞觀四年 (630) 設置
	雲中都督府	"勝州 · 榆林縣"等條	唐高宗麟德元年 (664) 改爲 : 單于大督護府
	單于督護府	同"定襄都督府"與"單于都督府"	『新唐書 · 地理志』無單于督護府 時尚未立此府
	安北都護府	無	
河北道	營州都督府	『序略』有"昌州"等條 爲契丹十七州之一	
	安東都護府	僅有"外蕃"一則	熊津都督府系於其下 ; 『翰苑』有『括地志』佚文
	雞林都督府	僅有"外蕃"一則	『翰苑』有『括地志』佚文

위의 표에서 알 수 있듯이, 북아시아와 동아시아의 '地志'에 관해서 『括地志』에 수록되지 않은 것은 '안북도호부'이고, 다만 1개 수록된 것은 '안동도호부'와 '계림도독부'이다. '안북도호부'에 관하여, 먼저 『括地志』가 어째서 안북도호부 지지를 수록하지 않았는지 고찰하면, 당 제국이 실제로 통치한 시간이 비교적 짧았기 때문이다. 담기양이 이르길, "막북의 여러 부주는 瀚海都護府(후에 안북으로 개칭)에 예속되었고, 막남의 여러 부주는 雲中都護府(후에 單于로 개칭)에 예속되었다."라고 하였고, 또 이르길, "정관 연간과 고종 초기에 대막남북에 돌궐철륵부락 내의 기미부주를 설치하였는데, 돌궐이 복국에 이른 후에 곧 혹은 옮기고 혹은 폐지되어 옛 땅에서 다시 존재할 수 없었다."라고

133 『新志』의 연구에 관해서는 다음이 참고된다. 趙庶洋, 2015, 『〈新唐書 · 地理志〉研究』, 鳳凰出版社.

134 劉統, 1998, 『唐代羈縻府州研究』, 西北大學出版社.

하였다.[135] 따라서 『括地志』 후기의 成書 및 流傳 시점에 수록되지 않았다.

백제의 정황은 정관 연간에 당 제국의 기미주 계통으로 편입되지 않았고, 고종 연간 백제의 멸망 이후 웅진도독부가 두어졌다가, 백제 유민의 저항과 신라의 방해로 약 5년 후에 철수하지 않을 수 없었다.[136] 이로 인하여 『括地志』에 '백제'에 관한 장편 자료가 존재한다면, 정식 책으로 만들어져 수정된 후에 반드시 배제되어 불용되었을 것이다. 실제로 현존 『新唐書』 지리지의 백제기미주 조목은 단독으로 나타나지 않고 다만 '高麗降戶州'의 아래에 있다.

다시 계림도독부를 보면, 곧 하나의 '명의' 상 도독부이고, 이로 인하여 『括地志』의 정식 成書(혹은 수정본 - 『括地志』 成書 이후 대량으로 필사되었는데, 唐代에 계속 하나의 '정본'의 형태를 유지하고 있다고 말하기는 어렵다.) 과정에서 이에 대한 서술이 대량으로 존재할 수 없었다. 마찬가지로 신라에 관한 장편 자료도 당 고종 중후기에 정식 사용된 『括地志』에 배제되어 불용되었을 것이다.

그러나 『括地志』 백제~신라의 佚文은 당시의 백제 정벌 작전 중에 혹시 중요한 정보 참고서로 활용되었을 수도 있다. 시간이 흐른 뒤, 고종과 측천무후 이후, 발해와 거란이 마침내 점차 흥기하여 동아시아 반도에 대한 당 제국의 실질적인 개입은 점차 무력해졌다. 따라서 이러한 사료들은 시기를 놓친 물건이 되어 '佚籍'이 되었는데, 佚籍의 잔편 중에는 7세기 중엽 전쟁에 휩싸인 한반도의 지리풍속이 은연중에 기재되어 사람들에게 여운을 남긴다.

마지막으로 唐代 地志의 다면성에 관해 한 가지 더 강조하고 싶은 것은 비록 그것이 군사적으로 상당히 중요한 가치를 지녔더라도 특별히 군사적으로 작성된 것이 아니라는 점이다. '다면성'이라는 성격은 후대 연구자들이 다양한 연구분야로 진입하게 해주었다.

---

135 『唐代羈縻州述論』 93~94쪽.

136 백제 멸망 이후의 연구에 대해서는 다음이 참고된다. 森公章, 1998, 『"白村江"以後 : 國家危機と東アジア外交』, 講談社.

『한원』 부여전과 7~12세기 類書의 부여 관계 기사 검토

이승호

Ⅰ. 머리말

그동안 문헌에 기초한 부여사 연구는 『三國志』 東夷傳 夫餘條(이하 『삼국지』 부여전)와 『後漢書』 東夷列傳 夫餘國條(이하 『후한서』 부여전) 및 『晉書』 四夷列傳 夫餘國條(이하 『진서』 부여전)에 의지하여 진행되어 왔다. 이들 문헌은 상호 유사한 정보를 공유하면서도 각각 고유의 자료를 싣고 있다. 『삼국지』 부여전은 3세기 당대의 상황을 비롯하여 부여 사회에 대한 가장 풍부한 정보를 전하고 있어 부여사 연구의 기초자료로 활용되고 있으며, 『후한서』 부여전은 이러한 『삼국지』 부여전의 정보를 바탕으로 하면서도 『삼국지』에서는 확인할 수 없는 부여와 後漢의 교섭 기사를 풍부하게 싣고 있다.[1] 또 『진서』 부여전은 마찬가지로 『삼국지』 부여전의 정보를 축약 · 서술하면서도 西晉代 부여와의 교섭 기사 및 285년 慕容鮮卑의 부여 침공과 그 이후 부여가 처한 상황에 대한 귀중한 정보를 전하고 있다. 그리고 이상에서 거론한 문헌들은 이미 여러 선행 연구를 통해 면밀한 검토와 분석이 이루어진 바 있다.[2]

한편, 『三國史記』 高句麗本紀 초기 기사에 보이는 對부여 관계 기사나 『三國遺事』의 북부여 · 동부여 관련 설화도 국가 성립 시기 고구려와 부여의 관계를 이해하는 데에 많은 정보를 전하고 있으며, 이밖에 『資治通鑑』에는 346년 前燕의 침공을 받아 부여가

---

1 물론 『後漢書』 夫餘國條에서 확인되는 많은 기사가 실상은 『三國志』 夫餘條와 일치하고 있으며, 『後漢書』 東夷列傳에 대한 사료적 신뢰성 문제도 지적되고 있는 만큼(전해종, 1980, 『東夷傳의 文獻的 研究』, 일조각, 106~113쪽), 부여 사회에 대한 기초 연구는 주로 『三國志』를 통해 이루어지고 있다.

2 『三國志』 · 『後漢書』 · 『晉書』 夫餘傳의 문헌적 연구는 전해종, 1980, 『東夷傳의 文獻的 研究』, 일조각 ; 국사편찬위원회 편, 1990, 『中國正史 朝鮮傳 譯註』 1 ; 윤용구, 1998, 「3세기 이전 中國史書에 나타난 韓國古代史像」 『한국고대사연구』 14 ; 기수연, 2004, 「後漢書 東夷列傳 '夫餘國傳' 분석」 『문화사학』 21 ; 윤용구, 2008, 「『삼국지』 부여전의 문헌적 검토」 『부여사와 그 주변』, 동북아역사재단 ; 여호규, 2013, 「『삼국지』 동이전 부여전과 고구려전의 비교 검토」 『삼국지 동이전의 세계』, 성균관대학교 출판부를 참조.

붕괴하기까지의 전후 사정과 그 이후 餘蔚을 비롯한 중원 사회로 이주한 부여인들의 동향을 단편적으로나마 알 수 있게 한다. 그리고 이들 문헌 또한 부여사 연구 과정에서 이미 자주 활용되어 왔던 자료들이다.

그러나 여기서 검토할『翰苑』蕃夷部 夫餘條(이하『한원』부여전)를 비롯하여『通典』,『太平寰宇記』,『太平御覽』,『册府元龜』,『通志』등 이른바 '類書'로 분류되는 문헌 속에 기재된 부여 관계 기사는 그동안 정밀하게 분석되거나 적극적으로 활용되지 못하였던 것 같다. 이에 본고에서는『한원』부여전을 비롯하여『통전』,『태평환우기』,『태평어람』,『책부원구』,『통지』등의 문헌에 기재된 부여 관계 기사에 대해 검토해보고자 한다. 이들은 이미 부여가 망하고 한참 뒤에 편찬된 것들인 만큼 부여에 대한 새로운 정보를 기대하기는 어렵지만, 현전하는『삼국지』및『후한서』부여전의 난해한 자구를 비교·검토하거나 지금은 원문을 확인할 수 없는『魏略』逸文의 부여 관계 기사를 탐색하는 과정에서는 매우 유용한 자료로서 활용될 수 있다고 본다.

이에 본고에서는『한원』부여전의 정문과 주문 내용을 검토하고 이와 함께 唐代 이후 이른바 '類書'로 분류되는 중국 문헌에 서술된 부여 관련 기사를 검토할 생각이다. 특히『한원』부여전의 주문에 실린 기사를 原出典 기사와 대조·검토함으로써 부여전 기사의 사료적 특징을 확인하고, 이와 함께『진서』부여전과『통전』,『태평환우기』,『태평어람』,『책부원구』,『통지』등 후대 문헌의 부여 관련 기사를 살펴봄으로써 唐·宋代 夫餘觀의 일면을 관찰할 것이다.

Ⅱ.『한원』부여전 기사 검토

먼저 검토에 앞서『한원』부여전의 간단한 정보를 정리하면, 부여전은 총 7개의 정문과 주문으로 구성되어 있다.『한원』에 기재된 다른 諸國의 기사에 비하면 상당히 소략한 편인데, 이는『한원』찬술 당시 이미 부여가 멸망한 지 160여 년이 지난 시점인 만큼 전하는 기록이 풍부하지 않았고 찬자의 관심 또한 상대적으로 부족하였기 때문으로 생각된다. 반면에『한원』찬술 당시(660)까지도 온존하였던 고구려의 경우 전체 정문

과 주문이 23개나 될 정도로 큰 비중으로 작성되어 있다.[3]

즉 『한원』 번이부에서 각 나라별 서술 분량이 찬자의 인식과 관심을 드러내는 지표라고 할 수 있다면, 그러한 점에서 부여의 경우는 다른 국가에 비해 상대적으로 정보나 인식의 깊이가 빈약함을 알 수 있다. 하지만 그럼에도 불구하고 『한원』 번이부가 중국 역사상 주변 모든 나라의 역사를 기술한 것이 아님을 고려한다면, 부여가 멸망 이후로도 오랫동안 중원의 지식인들에게 기억되고 있었음을 주목할 필요는 있겠다. 한편, 『한원』 부여전에서도 주요 정보를 담고 있는 주문의 경우 모두 『위략』과 『후한서』 부여전의 기록을 인용하여 작성되었다. 그리고 여기에 인용된 『위략』 逸文 또한 대체로 현전하는 『삼국지』 부여전에서 확인 가능한 정보들이다.

아래에서는 『한원』 부여전의 각 기사를 출전이 된 원전 기사와 비교하여, 자구나 내용 상에 차이가 나타나는지 확인해보도록 한다.[4]

〈첫 번째 정문과 주문〉

氣降淸旻, 入橐離而結孕, 祥流穢地, 躍滯水以開疆

後漢書曰: "夫餘國, 本穢地也. 初, 北夷橐離國王出行, 其侍兒於後姙身. 王還, 欲殺之. 侍兒曰: '前見天上有氣, 大如鷄子. 來降我, 故有[身].' 王囚之, 後遂生男. 王令置於豕[牢], [豕]以口氣噓之, 不死. 復徙馬蘭, 馬亦如之. 王以爲神, 乃聽母收養, 名曰東明. 東明長而善射. 王忌其猛, 復欲殺之. 東明奔走, 南至掩淲水. 以弓擊水, 魚 · 鼈皆聚水上, 東明乘之得渡. 因至夫餘而王之焉."

---

3 『翰苑』 蕃夷部에는 匈奴 · 烏桓 · 鮮卑 · 夫餘 · 三韓 · 高驪 · 新羅 · 百濟 · 肅愼 · 倭國 · 南蠻 · 西南夷 · 兩越 · 西羌 · 西域 순으로 諸國의 기사가 실려 있다. 그런데 여기서 高驪 · 新羅 · 百濟 · 倭國 4국을 제외하면 『翰苑』이 편찬되던 660년 시점에서 모두 사라진 세력들이다. 그리고 이들 중에서도 匈奴와 高麗의 분량이 많다. 이와 관련하여 『翰苑』 蕃夷部에는 當代의 과제였던 고구려 정복과 그에 대한 실제적 지식이 요구되던 唐 내부의 현실 상황이 반영된 것이라는 의견이 있다(윤용구, 2011, 「『翰苑』 蕃夷部의 注文構成에 대하여」 『백제문화』 45, 158~159쪽 ; 2018, 「『翰苑』의 편찬과 蕃夷部」 『譯註 翰苑』, 동북아역사재단, 14~15쪽).

4 이 글에 전재된 『翰苑』의 원문 및 교감과 해석은 모두 동북아역사재단 한국고중세사연구소 편, 2018, 『譯註 翰苑』, 동북아역사재단을 따랐다.

〈『後漢書』 東夷列傳 夫餘條〉

夫餘國, 在玄菟北千里. 南與高句驪, 東與挹婁, 西與鮮卑接, 北有弱水. 地方二千里, 本濊地也. 初, 北夷索離國王出行, 其侍兒於後娠身, 王還, 欲殺之. 侍兒曰: "前見天上有氣, 大如雞子, 來降我, 因以有身." 王囚之, 後遂生男. 王令置於豕牢, 豕以口氣噓之, 不死. 復徙於馬蘭, 馬亦如之. 王以爲神, 乃聽母收養, 名曰, 東明. 東明長而善射, 王忌其猛, 復欲殺之. 東明奔走, 南至掩淲水, 以弓擊水, 魚鼈皆聚浮水上, 東明乘之得度, 因至夫餘而王之焉.

첫 번째 정문은 부여의 시조신화인 동명신화에 대한 내용으로 "기운이 맑은 하늘에서 내려오니, 탁리국에 들어가 잉태하였고, 상서로움이 穢의 땅에서 흘러나오니, 엄제수를 뛰어넘어 나라를 개창했다[氣降淸旻, 入櫜離而結孕, 祥流穢地, 躍渧水以開疆]."라고 적고 있다. 주문에서는 이에 대한 전거로서 『후한서』 부여전의 건국신화 기사를 전재하고 있다.

주문 서두의 "夫餘國, 本穢地也." 부분은 『후한서』의 "夫餘國, 在玄菟北千里. 南與高句驪, 東與挹婁, 西與鮮卑接, 北有弱水. 地方二千里, 本濊地也." 구절에서 지리 정보 관련 구절만 삭제하고 인용한 것으로 보이며, 이를 제외하면 이하 내용에서 자구 상에 차이는 크게 나타나지 않는다. 다만, 『한원』 해당 주문에서는 "掩渧水"라고 쓴 부분이 『후한서』에서는 "掩淲水"라고 되어 있어 표기 상에 차이가 있다.[5]

〈두 번째 정문과 주문〉

南接[句]驪, 東鄰肅愼.

魚豢魏略曰: "夫餘國在玄菟長城北, 去玄菟千餘里. 南棱句驪, 東棱挹婁, 卽肅愼國者也."

〈『三國志』 東夷傳 夫餘條〉

夫餘在長城之北, 去玄菟千里, 南與高句麗, 東與挹婁, 西與鮮卑接, 北有弱水, 方可二千里.

---

5 사실 櫜離國에서 도망쳐 나온 동명(혹은 주몽)이 건넜다는 강의 이름은 사서마다 조금씩 다른 표기로 나타나는데, 신화를 채록한 가장 이른 기록이라 할 수 있는 『論衡』에서는 '掩淲水', 『三國志』 東夷傳 夫餘條 所引 『魏略』 逸文에서는 '施掩水', 『梁書』 諸夷列傳 高句麗條 및 『北史』 列傳 百濟條에서는 '淹滯水', 『隋書』 東夷列傳 高麗條에서는 '淹水'로 쓰고 있다. 한편, 『三國史記』에서는 '淹淲水', 『三國遺事』에서는 '淹水', 「廣開土王碑文」에서는 '奄利大水' 등으로 전한다. 『한원』의 '掩渧水'라는 표기는 『後漢書』의 '掩淲水'보다는 『梁書』나 『北史』의 '淹滯水'와 자형이 가깝다.

두 번째 정문은 "남쪽으로 고구려와 인접했고, 동쪽으로 숙신과 인접했다[南接句驪, 東鄰肅愼]."라고 하여 부여가 고구려 및 숙신과 이웃하였음을 적고 있으며, 주문에서는 이에 대한 전거로 『위략』의 기사를 인용하고 있다. 물론 현재 『위략』의 원문을 확인할 수 없는 상황에서 이 구문이 『위략』 원문과 어디까지 일치하는지 확인할 수는 없다.

다만, 많은 부분 『위략』의 기술에 바탕하여 작성되었을 것으로 보이는 『삼국지』 부여전의 기술과는 차이가 보여 원문 구절에 대한 상당한 생략이나 변개가 있었을 것으로 보인다. 특히 "東棱挹婁" 뒤에 이어지는 "卽肅愼國者也."라는 부분은 『위략』의 기술이라기보다는 『한원』 주문 찬자의 서술일 가능성이 크다.[6] 물론 『三國志』 東夷傳 挹婁條에서도 "其弓長四尺, 力如弩, 矢用楛, 長尺八寸, 靑石爲鏃, 古之肅愼氏之國也."라고 하여 이미 3세기 무렵부터 挹婁를 肅愼과 연결시키는 시각은 존재하였으나, 唐初에 『肅愼國記』를 바탕으로 편찬되었다고 추정되는[7] 『晉書』 肅愼傳이나 唐代 肅愼에 대한 인식을 고려할 때, 이는 『한원』 주문 찬자의 서술일 가능성이 크다고 생각한다.[8]

〈세 번째 정문과 주문〉

四加在列, 五穀盈疇. 赤玉可珍, 黑貂斯貴

後漢書曰: "夫餘, 於東夷之域, 最爲平敞, 土宜五穀. 出名馬・赤玉・貂・豽, 大珠如酸棗. 以員柵爲城. 有宮室・倉庫・牢獄. 其人麁大, 强勇而謹厚, 不爲寇抄. 以弓・矢・刀・矛爲兵. 以六畜名官, 有馬加・牛加・狗加・猪加. 其邑落皆屬諸加." 魏略曰: "衣尙白, 衣錦繡文罽, 白黑貂爲裘. 譯人傳辭, 皆跪, 手據地. 其殺人者死, 沒入其家, 盜一者, 責十二. 男女婬,

---

6 『翰苑』 蕃夷部의 정문과 주문이 張楚金에 의해 같은 시기에 작성된 것인지, 아니면 張楚金은 정문만 쓰고 주문은 뒤 시기 雍公叡에 의해 붙여진 것인지 의견이 분분하다. 다만, 필자는 『翰苑』 蕃夷部의 정문과 주문은 동시에 작성된 것일 가능성이 크다고 본다. 이와 관련하여서는 윤용구, 2011, 「『翰苑』 蕃夷部의 注文構成에 대하여」 『백제문화』 45, 160~161쪽 ; 2018, 「『翰苑』의 편찬과 蕃夷部」 『譯註 翰苑』, 동북아역사재단, 16~18쪽의 논의를 참조 바람. 한편, 『翰苑』의 정문과 주문은 張楚金에 의해 동시에 작성된 것이고, 雍公叡가 붙였다던 주석은 蕃夷部에는 보이지 않으나 현전하지 않는 나머지 29권에는 존재했을 것으로 보는 의견도 있다(김병곤, 2008, 「『翰苑』 撰者의 三韓傳에 대한 敍述과 理解」 『한국사학사학보』 18, 8~9쪽).

7 小宮秀陵, 2015, 「古代朝鮮半島の国名を付した「国記」について」 『동서인문학』 50, 105쪽.

8 "卽肅愼國者也"를 『魏略』 인용문으로 보기도 하지만(전해종, 1980, 『東夷傳의 文獻的 硏究』, 일조각, 72쪽), 『魏略』 인용문을 "卽肅愼國者也"의 앞까지로 판단하고, 이를 張楚金의 주로 구분하기도 한다(湯淺幸孫, 1983, 『翰苑校釈』, 國書刊行會, 54쪽).

婦妬, 宜殺之."

〈『後漢書』 東夷列傳 夫餘條〉

於東夷之域, 最爲平敞, 土宜五穀. 出名馬・赤玉・貂豽, 大珠如酸棗. 以員柵爲城, 有宮室・倉庫・牢獄. 其人麤大, 彊勇而謹厚, 不爲寇鈔. 以弓・矢・刀・矛爲兵. 以六畜名官, 有馬加・牛加・狗加, 其邑落皆主屬諸加.

〈『三國志』 東夷傳 夫餘條〉

在國衣尙白, 白布大袂, 袍 袴, 履革鞜. 出國則尙繒繡錦罽, 大人加狐・狸・狖・白黑貂之裘, 以金銀飾帽. 譯人傳辭, 皆跪, 手據地竊語. 用刑嚴急, 殺人者死, 沒其家人爲奴婢. 竊盜一責十二. 男女淫, 婦人妬, 皆殺之.

세 번째 정문은 "사가가 관위에 있고, 오곡이 밭에 가득하다. 적옥이 보배이고, 흑초가 귀중하다[四加在列, 五穀盈疇. 赤玉可珍, 黑貂斯貴]."라고 하여 부여의 官과 산물에 대해 적고 있다. 그리고 주문에서는 『후한서』 부여전 기사를 바탕으로 부여의 자연환경과 특산물, 나라의 주요 시설과 국인들의 특징, 지배층의 존재 양태를 서술하고, 또 『위략』의 기사에 근거하여 의복의 특징과 통역할 때의 자세, 형벌 등을 기술하였다.

주문의 『후한서』 부여전 인용 구절은 대체로 원문과 큰 차이를 보이지 않는다. 다만 부여의 특산물 관련 기술에서 "豽"(『후한서』)을 "豿"(『한원』)로 쓰고 있으며, 부여의 六畜官을 나열한 기술에서 『후한서』에는 없는 "豬加"가 보인다. 전자야 오사일 가능성이 크다 생각되지만, 후자의 경우 『후한서』에 없는 "豬加"가 보인다는 점에서 현전하는 『후한서』의 六畜官 나열 기사에 일부 누락이 있었음을 추측케 한다.[9]

한편, 『위략』 逸文을 인용하여 부여인의 의복 특징과 통역할 때의 자세, 형벌 등을 기술한 부분은 역시 원문과 얼마나 유사한지 확인할 방법은 없으나, 해당 정보는 『삼국지』 부여전의 관련 기술에서도 대체로 확인이 가능하다. 이로 보아 『삼국지』 부여전의

9 다만, 뒤에서 검토할 『太平御覽』 夫餘條에서는 『後漢書』의 해당 기사를 직접 인용하면서도 부여 六畜官에 대해 "馬加・牛加・狗加"만 적고 있어 현전하는 『후한서』의 정보와 일치한다. 이로 보아 『翰苑』의 찬자가 『後漢書』를 인용하면서도 六畜官에 대한 정보 만큼은 『三國志』 등 다른 사서를 참고하여 "馬加・牛加・狗加"에 "豬加"가 빠졌다고 보아 이를 추가한 것일 가능성도 있다.

기사 중 직접적으로 『위략』 인용 표기를 하지 않은 기사들 가운데서도 상당 부분 『위략』의 기록에 근거하여 작성된 기사가 많았음을 알 수 있다.

〈네 번째 정문과 주문〉

樂崇近皷, 舞詠之趣方遙

後漢書曰: "夫餘, 食用俎豆. 會同, 拜爵洗爵, 揖讓升降. 以臘月祭天, 大會. 連日飮酒歌舞, 名曰近皷. 是時斷刑獄, 解囚徒也."

〈『後漢書』 東夷列傳 夫餘條〉

食飮用俎豆. 會同, 拜爵洗爵, 揖讓升降. 以臘月祭天, 大會. 連日飮食歌舞, 名曰迎鼓. 是時斷刑獄, 解囚徒.

네 번째 정문은 "근고[영고]를 즐기고 받드니, 춤과 노래의 풍취가 모두 아름답고[樂崇近皷, 舞詠之趣方遙]"라고 하여 부여의 제천행사 迎鼓에 대해 기술하고 있다. 그리고 주문에서는 『후한서』 부여전 기사를 인용하여 부여에서 회동할 때의 예절과 臘月에 거행되는 迎鼓에 대해 설명하고 있다. 주문과 『후한서』의 해당 원문을 비교해 보면, "食用俎豆"를 『후한서』에서 "食飮用俎豆"라고 쓴 것을 제외하면, 모든 구문이 일치한다. 다만, "迎鼓"를 『한원』 주문에서는 "近皷"라고 쓰고 있는데, 이는 전사 과정에서 발생한 오기로 보인다.

〈다섯 번째 정문과 주문〉

兆叶占蹄, 吉凶之旨斯見.

魏略曰: "夫餘俗, 有軍事, 殺牛祭天, 以牛蹄占[吉]凶, 合者吉. 死者, 以生人殉葬. 居喪去珮, 大體與中國相髣髴也. 行人無晝夜好歌吟, 音聲不絶也."

〈『三國志』 東夷傳 夫餘條〉

<u>行道晝夜無老幼皆歌, 通日聲不絶. 有軍事亦祭天, 殺牛觀蹄以占吉凶, 蹄解者爲凶, 合者爲吉.</u> 有敵, 諸加自戰, 下戶俱擔糧飮食之. <u>其死, 夏月皆用冰. 殺人徇葬, 多者百數.</u> 厚葬, 有槨無棺. 魏略曰: "其俗停喪五月, 以久爲榮. 其祭亡者, 有生有熟. 喪主不欲速而他人彊之, 常

諍引以此爲節. 其居喪, 男女皆純白, 婦人着布面衣, 去環珮, 大體與中國相倣佛也."

〈『後漢書』 東夷列傳 夫餘條〉

有軍事亦祭天, 殺牛以蹏占其吉凶. 行人無晝夜好歌吟, 音聲不絶. … 死則有槨無棺. 殺人殉葬, 多者以百數.

다섯 번째 정문은 "발굽으로 점치고 마음을 합하니, 길흉의 뜻이 모두 드러났다[兆叶占蹄, 吉凶之旨斯見]."라고 하여 부여의 牛蹄占 풍습에 대해 기술하였다. 주문에서는 『위략』의 기사를 인용하여 祭天 시에 소를 죽여 牛蹄占을 보고 吉凶을 점치는 부여의 풍습을 소개하는 한편, 殉葬 등 부여의 장례 풍습과 노래하기를 즐겼던 부여인들의 모습을 전하고 있다. 인용된 『위략』의 내용은 대체로 『삼국지』 부여전에서 확인 가능한 정보이다.

다만, 부여의 장례 풍습을 설명하는 대목에서는 『한원』 해당 구절에 인용된 『위략』 기사와 『삼국지』 부여전에 인용된 『위략』의 기사 간에 큰 차이를 보이고 있다. 즉 『한원』에서는 "居喪去珮, 大體與中國相髣髴也"라고 한 대목에 대해 『삼국지』 부여전의 『위략』 인용 구절은 "其居喪, 男女皆純白, 婦人着布面衣, 去環珮, 大體與中國相倣佛也."라고 하여 보다 많은 정보를 담고 있다. 『한원』 주문의 찬자가 사서의 기사를 인용하면서 때때로 본인의 판단 하에 구문을 생략·축약하기도 했음을 알 수 있는 대목이다.

한편, 마지막의 "行人無晝夜好歌吟, 音聲不絶也"라는 구문은 『삼국지』 부여전의 "行道晝夜無老幼皆歌, 通日聲不絶"과는 다소 표현의 차이가 보이며, 이보다도 『후한서』 부여전의 "行人無晝夜好歌吟, 音聲不絶" 구절과 일치하고 있다. 따라서 『후한서』의 해당 구절은 『위략』을 참고한 것일 가능성이 크다고 본다.

〈여섯 번째 정문과 주문〉

占風入貢, 增印綬之榮

後漢書曰: "永寧元年, 夫餘, 乃[遣]嗣子尉仇台, 詣闕貢獻. 天子賜尉仇台印綬·金·帛等也.

〈『後漢書』 東夷列傳 夫餘條〉

永寧元年, 乃遣嗣子尉仇台, 詣闕貢獻, 天子賜尉仇台印綬·金·綵.

여섯 번째 정문은 “형세를 점쳐 입공하니, 인수의 영예를 더하였고[占風入貢, 增印綬之榮]”라고 하여 後漢 永寧 원년(110)에 부여왕의 嗣子 尉仇台가 後漢에 조공한 일을 적고 있다. 『한원』 주문의 해당 구절은 『후한서』 부여전의 기사를 거의 그대로 전재하고 있는데, 後漢 황제가 위구태에게 내린 물품 관련 부분만 『한원』 주문에서는 “印綬・金・帛等”라고 하였던 반면, 현전하는 『후한서』에서는 “印綬・金・綵”라고 적고 있어 차이를 보이고 있다.

〈일곱 번째 정문과 주문〉

沐化來朝, 預歌鍾之會.

後漢書曰: “順帝永和元年, 夫餘王來朝京師. 帝作黃門鼓吹・角抵戱以遣也.”

〈『後漢書』 東夷列傳 夫餘條〉

順帝永和元年, 其王來朝京師, 帝作黃門鼓吹・角抵戱以遣之.

마지막으로 일곱 번째 정문은 “덕화를 입어 내조하니, 노래와 악기소리가 울리는 조회에 참여하였다[沐化來朝, 預歌鍾之會].”라고 하여 後漢 永和 원년(136)에 부여왕이 後漢 洛陽에 직접 와서 조공한 일을 적고 있다. 마찬가지로 『한원』 주문의 해당 구절은 『후한서』 부여전의 기사를 거의 그대로 전재하고 있다.

앞서 여섯 번째 기사와 일곱 번째 기사는 『후한서』 부여전에서도 서로 연속되는 기사로 2세기 초 부여와 後漢의 외교적 관계를 상징하는 기록이다. 부여는 이미 建武 25년(49) 後漢에 처음 사신을 보내 조공하고 관계를 구축하였으며, 그 뒤로도 해마다 사신이 통했다고 한다.[10] 그러나 이후 後漢 安帝 永初 5년(111)에 夫餘王이 직접 군대를 거느리고 樂浪을 공격하여 관리와 백성을 살상하는 사건이 벌어지면서 양국의 관계가 틀어지게 되는데,[11] 위의 여섯 번째 주문의 永寧 원년 조공기사는 이러한 충돌 이후로 전개된 부여와 후한의 첫 교섭 기록이라 할 수 있다.

---

10 『後漢書』 卷85, 東夷列傳75, 夫餘國條, “建武中, 東夷諸國皆來獻見. 二十五年, 夫餘王遣使奉貢, 光武厚荅報之, 於是使命歲通.”

11 『後漢書』 卷85, 東夷列傳75, 夫餘國條, “至安帝永初五年, 夫餘王始將步騎七八千人寇鈔樂浪, 殺傷吏民, 後復歸附.”

이로 보아 부여와 중원왕조의 여러 외교 관계 기사 중에서도 『한원』 찬자가 특히 이 두 번의 교섭 기사를 주목한 이유는 중원왕조와 대체로 원만한 관계를 유지하였던 부여에 대한 인식이 작용한 것으로 보인다. 즉 위에서 제시한 두 번의 조공 기록은 111년에 두 나라가 충돌한 뒤 다시 관계를 회복한 상징적 사건이자, 이때까지 東夷 지역에서 오직 부여만이 직접 왕 혹은 그 후계자가 洛陽에 와서 조공하였던 사실에 의미를 두고 주목했던 것으로 생각된다.

『한원』 주문에 수록된 諸國의 기사는 보통 정문을 통해 제시된 현학적 문구에 대한 주석으로서 역할을 하기 때문에, 해당 국가 역사의 顚末을 모두 설명하는 식으로 기사가 전재되어 있지는 않다. 그러나 한편으로는 『한원』 고려전의 경우 정문과 주문을 통해 公孫度의 공세, 毌丘儉・王頎의 침공, 慕容鮮卑의 침공 등의 사실을 담아내고 있지만, 부여전의 경우 역사적으로 부여와 後漢의 몇 차례 충돌이 있었음에도 불구하고 관련 내용은 담고 있지 않으며, 특히 부여에게 결정적인 타격을 주었던 285년 慕容鮮卑의 침공, 346년 前燕의 침공 등도 언급하지 않았다. 『한원』이 찬술되기 10여 년 전에 성립한 『晉書』의 부여전에는 285년 慕容鮮卑의 침공에 나라가 일시 붕괴하고 그 뒤로도 慕容鮮卑의 공세에 부여가 큰 어려움을 겪었음을 전하고 있는데, 이러한 사실도 반영되어 있지 않다. 이런 점들은 부여에 대한 당시 중원 지식사회의 우호적 시선을 감지할 수 있는 대목이라 생각한다. 즉 옛 부여의 역사에서 중원 국가에 대한 '모범적인 藩國'으로서의 모습을 찾고 기억하고자 했던 것이다.

Ⅲ. 唐代 이후 문헌의 부여 관계 기사 검토

여기서는 唐代와 그 이후로 찬술된 문헌의 부여 관계 기사에 대해 검토해보도록 한다. 먼저 살펴볼 것은 『진서』 부여전이다. 이미 많은 연구자에 의해 검토되고 활용된 사료이지만, 그럼에도 불구하고 『삼국지』 부여전이나 『후한서』 부여전에 비해 상대적으로 정밀한 검토가 이루어지지는 않았다. 뒤이어 검토될 여러 類書에 앞서 먼저 『진서』 부여전 기사에 대한 검토를 통해 唐 초기 부여에 대한 인식을 먼저 확인해볼 필요가 있다.

〈『晉書』 卷97, 列傳 67, 四夷 東夷 夫餘國〉(648)

A: 夫餘國在玄菟北千餘里, 南接鮮卑, 北有弱水, 地方二千里. 戶八萬, 有城邑宮室, 地宜五穀. 其人强勇, 會同揖讓之儀有似中國. 其出使, 乃衣錦罽, 以金銀飾腰. 其法, 殺人者死, 沒入其家. 盜者一責十二. 男女淫, 婦人妬, 皆殺之. 若有軍事, 殺牛祭天, 以其蹄占吉凶, 蹄解者爲凶, 合者爲吉. 死者以生人殉葬, 有椁無棺. 其居喪, 男女皆衣純白, 婦人著布面衣, 去玉佩. 出善馬及貂豽·美珠, 珠大如酸棗. 其國殷富, 自先世以來, 未嘗被破. 其王印文稱, 穢王之印. 國中有古穢城, 本穢之城也.

B: 武帝時, 頻來朝貢, 至太康六年, 爲慕容廆所襲破, 其王依慮自殺, 子弟走保沃沮. 帝爲下詔曰: "夫餘王世守忠孝, 爲惡虜所滅, 甚愍念之. 若其遺類足以復國者, 當爲之方計, 使得存立." 有司奏護東夷校尉鮮于嬰不救夫餘, 失於機略. 詔免嬰, 以何龕代之. 明年, 夫餘後王依羅遣詣龕, 求率見人還復舊國, 仍請援. 龕上列, 遣督郵賈沈以兵送之. 廆又要之於路, 沈與戰, 大敗之, 廆衆退, 羅得復國. 爾後每爲廆掠其種人, 賣於中國. 帝愍之, 又發詔以官物贖還, 下司·冀二州, 禁市夫餘之口.

잘 알려져 있듯이 위의 『진서』 부여전은 크게 두 부분으로 구분되는데, 기사 전반부의 서술(A)은 대체로 『삼국지』 부여전의 기사를 축약하여 전재한 것으로 보인다. 이후 西晉代 상황을 전하는 부분(B), 즉 "武帝時"로 시작되는 구절부터는 西晉代 양국의 교섭과 부여를 둘러싼 정세를 서술하고 있다. 그런데 『삼국지』 부여전의 기사를 토대로 작성되었을 것으로 보이는 전반부(A)에서도 그 서두의 "夫餘國在玄菟北千餘里, 南接鮮卑, 北有弱水, 地方二千里, 戶八萬."이라는 지리·환경 기사는 東晉代의 인식이 개입된 구절로 판단된다. 이를 『삼국지』 부여전의 "夫餘在長城之北, 去玄菟千里, 南與高句麗, 東與挹婁, 西與鮮卑接, 北有弱水. 方可二千里, 戶八萬." 혹은 『후한서』 부여전의 "夫餘國, 在玄菟北千里. 南與高句驪, 東與挹婁, 西與鮮卑接, 北有弱水. 地方二千里." 기사와 대조해보면, 2~3세기 무렵 吉林市를 중심으로 번성하였던 부여의 위치에 대한 기술에서는 동쪽으로 挹婁, 서쪽으로 鮮卑, 남쪽으로 高句麗와 경계를 맞대고 있으며 그 북쪽에는 弱水가 있었다고 전한다. 반면 그 뒤 시기 상황을 전하는 『晉書』의 기술에서는 부여 북쪽에 弱水가 있다는 부분만 일치할 뿐, 부여의 주변 세력으로는 남쪽으로 고구려가 아닌 [慕容]鮮卑와 접한다는 언급만 보인다.

즉 『진서』 부여전에서는 그 남쪽에 고구려가 아닌 선비가 위치해 있고, 또 당시 부여의 동쪽과 서쪽에 위치한 세력에 대한 정보는 전혀 보이지 않는다. 물론 당시 부여의 서쪽으로부터 남쪽에 이르는 지역은 모두 선비 혹은 모용선비의 세력권이었음을 고려할 때, 이미 부여가 남쪽으로 선비와 접해 있다는 기술이 있으므로 서술상 서쪽 경계와 관련하여서는 언급을 생략한 것으로 볼 수도 있다. 하지만 부여의 동쪽에 대한 기술이 없다는 점에는 좀 더 의문을 가져볼 필요가 있는데, 이것이 단순한 기록 상의 누락이라 생각되지는 않기 때문이다. 만약 『진서』 부여전의 해당 기사가 고구려로부터 길림시 일대를 빼앗기고 "西徙近燕"[12]한 이후 부여의 상황이 반영된 기록이라면, 부여의 동쪽은 당연 고구려가 위치하여야 할 것이다. 하지만 이미 지적된 바 있듯이 『晉書』 四夷列傳에는 고구려전이 빠져 있고 여타 조공기사마저 기재되어 있지 않다. 『晉書』 편찬 당시인 唐太宗 시대에 당과 고구려가 대립하던 국제적 상황이 고구려 관련 서술에 영향을 미친 것이다.[13]

그렇다면 당시 부여의 주변 세력에 대한 기술에서 고구려의 존재가 누락된 것도 『晉書』 四夷列傳의 사료적 특성에 기인한 것일 가능성이 크다. 즉 당시 부여의 동쪽에는 고구려가 위치해 있었지만, 『晉書』 四夷列傳 편찬 시 고구려 관련 기사에 대한 의도적 누락에 의해 부여의 동쪽 지역에 대한 정보가 기재되지 않았던 것이다.[14] 이를 통해 『晉書』 四夷列傳에 서술된 부여의 위치는 길림시 일대를 고구려로부터 빼앗기고 "西徙近燕"한 이후의 상황을 반영하는 기록임을 알 수 있다.[15]

다음으로 살펴볼 자료는 『통전』의 부여 기사이다. 『통전』은 食貨·選擧·職官·禮·樂·兵刑·州郡·邊防 등 모두 8개 부분으로 구성되어 있으며, 중국의 역대

---

12 『資治通鑑』 卷97, 晉紀 19, 永和 2年 正月條, "(永和二年) 春正月 …(中略)… 初 夫餘居于鹿山, 爲百濟所侵, 部落衰散, 西徙近燕, 以不設備. 燕王皝遣世子儁帥慕容軍慕容恪慕輿根三將軍, 萬七千騎襲夫餘. 儁居中指授. 軍事皆以任恪. 遂拔夫餘, 虜其王玄及部落五萬餘口而還. 皝以玄爲鎭軍將軍, 妻以女." 여기서 부여를 침략하여 "西徙近燕"을 강제한 '百濟'는 고구려의 오기로 이해된다(이승호, 2020, 「부여의 쇠퇴·멸망 과정과 王室 일족의 동향」 『동국사학』 68, 127~130쪽).

13 윤용구, 1998, 「3세기 이전 中國史書에 나타난 韓國古代史像」 『한국고대사연구』 14, 154~156쪽.

14 『晉書』 四夷列傳의 肅愼氏 열전에서 肅愼의 위치를 서술하는 대목에서도 그 서쪽 혹은 서남쪽에 위치하였을 고구려의 존재는 찾아지지 않는다. 『晉書』 卷97, 列傳 67, 四夷 東夷 肅愼氏, "肅愼氏一名挹婁, 在不咸山北, 去夫餘可六十日行. 東濱大海, 西接寇漫汗國, 北極弱水." 역시 여기서도 『晉書』의 찬자가 高句麗의 존재를 의도적으로 누락시켰음을 추측할 수 있다.

15 이상 『진서』 부여전과 관련된 논의는 이승호, 2020, 「부여의 쇠퇴·멸망 과정과 王室 일족의 동향」 『동국사학』 68, 131~132쪽의 내용을 바탕으로 다시 정리한 것이다.

典章制度를 정리하여 기록한 최초의 통사이자 政書體 역사서술의 시초로서 평가받는 사서이다.[16] 『通典』 夫餘國條는 부여의 건국신화부터 내부의 정치·사회상과 대외관계까지 포괄적으로 담고 있다. 각 구문을 살펴본 결과, 대체로 그 내용은 『삼국지』 부여전의 기록을 바탕으로 하되, 대외관계 기사만큼은 『후한서』 부여전과 『진서』 부여전을 참고하여 작성한 것으로 판단된다.

〈『通典』[17] 卷185, 邊防 1, 東夷 1, 夫餘國〉 (801)

夫餘國. 後漢通焉. 初, 北夷橐離國王〈按後漢魏二史皆云, 夫餘國在高句麗北. 又案, 後魏及隋史, 高句麗在夫餘國南. 而隋史云百濟出於夫餘, 夫餘出於高句麗國王子東明之後也. 又謂橐離國卽高麗國, 乃夫餘國當在句麗之南矣. 若詳考諸家所說, 疑橐離在夫餘之北, 別是一國. 然未詳孰是.〉 有子曰東明, 長而善射, 王忌其猛而欲殺之. 東明奔走, 南渡掩水, 因至夫餘而王之. (A)順帝永和初, 其王始來朝. 帝作黃門鼓吹·角抵戲以遣之. 夫餘本屬玄菟, 至漢末公孫度雄張海東, 威服外夷, 其王始死, 子尉仇台立, 更屬遼東. 時句麗鮮卑强, 度以夫餘在二虜之間, 妻以宗女. 至孫位居嗣立. 正始中, 幽州刺史毌丘儉將兵討句麗, 遣玄菟太守王頎〈音其〉詣夫餘. 位居遣大加郊迎, 供軍糧. 自後漢時夫餘王葬用玉匣, 常先以付玄菟郡, 王死則迎取以葬. 及公孫淵伏誅, 玄菟庫猶得玉匣一具. 晉時夫餘庫有玉璧珪瓚, 數代之物, 傳以爲寶, 耆老言, 先代之所賜也. 其印文言, 濊王之印. 國有故城, 名濊城, 蓋本濊貊之地. 其國在長城之北, 去玄菟千里, 南與高句麗, 東與挹婁, 西與鮮卑接. 北有弱水. 地可方二千里. 有戶八萬. 土宜五穀, 不生五果. 有宮室·倉庫·牢獄. 多山陵廣澤. 其人性强勇謹厚, 不寇抄. 以六畜名官, 有馬加·牛加·猪加·狗加·犬使·犬使者·使者, 邑落有豪民, 名下戶皆爲奴僕. 諸加別主四出道, 大者數千家, 小者數百家. 會同拜爵, 揖讓升降, 有似中國. 以臘月祭天. 譯人傳辭, 皆跪手據地竊語. 用刑嚴急, 殺人者死, 沒其家人爲奴婢. 竊盜一責十二. 男女淫, 婦人妒, 皆殺之. 兄死妻嫂, 與北狄同俗. 出名馬·赤玉·貂豽, 美珠大者如酸棗. 以弓矢刀矛爲兵, 家家自有鎧仗. 作城柵皆圓, 有似牢獄. 行人無晝夜好歌吟, 通日聲不絶. 有軍事亦祭天, 殺牛觀蹄, 以占吉凶, 蹄解者爲凶, 合者爲吉. 有敵, 諸加自戰, 下戶但擔糧食〈音嗣〉之.

16 古國抗 지음, 오상훈·이개석·조병한 옮김, 1998, 『중국사학사』 下, 풀빛, 9~22쪽.

17 본문에 제시한 『通典』 원문은 中華書局에서 출판한 『通典 校點本』 5(中華書局, 1988)의 4997~4998쪽에서 발췌한 것이다.

其死, 夏月皆用冰. 殺人殉葬, 多者百數. 厚葬, 有棺無槨. 〈其居喪, 男女皆純白, 婦人著布面衣, 去環珮, 大體與中國髣髴.〉 至太康六年, 爲慕容廆所襲破. 〈廆, 呼罪反.〉 其王依慮自殺, 子弟走保沃沮. 武帝以何龕爲護東夷校尉. 明年, 夫餘後王依羅遣使詣龕, 求率見人還復舊國. 龕遣督郵賈沈以兵送之. 爾後每爲廆掠其種人, 賣於中國, 帝又以官物贖還, 禁市夫餘之口. 自後無聞.

위의 『통전』 부여국조 기사 중에 주목되는 부분은 밑줄 친 (A) 부분이다. 즉 後漢 順帝 永和 연간 초에 내조하였다는 부여왕 '始'라는 인명과[順帝永和初, 其王始來朝. 帝作黃門鼓吹・角抵戲以遣之] '位居'가 '尉仇台'의 손자라는 인식[其王始死, 子尉仇台立, 更屬遼東. 時句麗鮮卑强, 度以夫餘在二虜之間, 妻以宗女. 至孫位居嗣立]은 모든 문헌을 통해 『통전』 부여국조에서 처음 확인되는 정보이다.[18]

먼저 여기서 "始"는 뒤에 이어지는 "其王始死, 子尉仇台立, 更屬遼東."이라는 구절을 통해 알 수 있듯 곧 당시 부여왕의 이름으로 볼 수 있다. 그런데 『후한서』 부여전에서 이에 대응하는 기사는 "順帝永和元年, 其王來朝京師, 帝作黃門鼓吹・角抵戲以遣之."라는 기사인데, 여기서는 부여왕의 인명인 '始'가 보이지 않는다. 즉 順帝 永和 원년(136)에 내조하여 왔다는 부여왕의 이름 '始'는 적어도 현전하는 문헌에서는 이 『통전』에서 처음 확인되는 정보라 할 수 있다. 그리고 이는 뒤에서 살펴볼 『태평환우기』의 부여 기사에도 그대로 이어진다.

그렇다면 부여왕 '始'에 대한 정보는 어디로부터 온 것일까. 이것에 대한 실마리는 일단 『후한서』 부여전에서 찾을 수 있다. 『후한서』와 『통전』의 해당 기사를 대조해보도록 하자.

사료 (가) : 『후한서』 부여전

①建武中, 東夷諸國皆來獻見. 二十五年, 夫餘王遣使奉貢, 光武厚荅報之, 於是使命歲通. ②至安帝永初五年, 夫餘王始將步騎七八千人寇鈔樂浪, 殺傷吏民, 後復歸附. ③永寧元年, 乃

18 물론 杜佑가 『通典』을 찬술할 당시 唐 초에 전하던 다양한 典志류와 類書를 참고하였을 것으로 보여(신승하, 2000, 『중국사학사』, 고려대학교 출판부, 144~145쪽), 이와 같은 인식이 『通典』으로부터 처음 비롯하였다고 단언하기는 어렵다.

遣嗣子尉仇台詣闕貢獻, 天子賜尉仇台印綬金綵. ④順帝永和元年, 其王來朝京師, 帝作黃門鼓吹・角抵戲以遣之. ⑤桓帝延熹四年, 遣使朝賀貢獻. ⑥永康元年, 王夫台將二萬餘人寇玄菟, 玄菟太守公孫域擊破之, 斬首千餘級. ⑦至靈帝熹平三年, 復奉章貢獻. 夫餘本屬玄菟, 獻帝時, 其王求屬遼東云.

사료 (나) : 『通典』 夫餘國條

Ⓐ順帝永和初, 其王始來朝. 帝作黃門鼓吹・角抵戲以遣之. Ⓑ夫餘本屬玄菟, 至漢末公孫度雄張海東, 威服外夷, Ⓒ其王始死, 子尉仇台立, 更屬遼東.

위의 사료 (가)-② 기사를 보면, 이는 보통 "安帝 永初 5년에 이르러 夫餘王이 '처음으로[始]' 步騎 7~8천인을 거느리고 樂浪을 노략질하고, 관리와 백성을 살상하였는데, 후에 다시 歸附하였다."로 풀이하곤 한다.[19] 그런데 『통전』의 찬자는 『후한서』 부여전을 참고하면서 사료 (가)-②의 "始"를 '처음으로'라고 풀지 않고 인명으로 보았기 때문에 사료 (나)-Ⓐ와 같은 기술이 나오게 되었던 것이라 생각된다. 또한 뒤에 이어지는 사료 (나)-Ⓒ의 "其王始死, 子尉仇台立, 更屬遼東."라는 구절도 이 같은 인식 속에서 기술된 것으로 생각된다. 즉 『통전』의 찬자는 사료 (가)-③의 "嗣子 尉仇台"를 부여왕 始의 적자로 보고, 또 『삼국지』 부여전에는 公孫度이 세력을 떨치는 2세기 말 시점이 되면 사료 상에 부여왕 尉仇台가 보이니[20] 자연 이때에는 始가 죽고 尉仇台가 왕위에 올랐을 것으로 본 것이다. 물론 이것은 『통전』 찬자의 오해에서 기인한 오류라고 보아야 한다. 120년 무렵 활동한 (가)-③의 "嗣子 尉仇台"와 公孫度이 세력을 떨치는 2세기 말의 부여왕 尉仇台 사이에는 사료 (가)-⑥에서 보듯 永康 원년(167)에 활동한 부여왕 '夫台'가 있다. 따라서 (가)-③의 "嗣子 尉仇台"와 2세기 말의 부여왕 尉仇台는 동일 인물이라고 보기 어렵다. 이와 관련하여 120년 무렵 활동한 尉仇台[21]와 2세기 말의 부여왕 尉仇台가 서로

19 국사편찬위원회 편, 1990, 『中國正史 朝鮮傳 譯註』 1, 127쪽. 이와 함께 같은 책 133쪽의 16번 주석에서는 '始'를 부여 왕의 인명으로 본 千寬宇의 견해(千寬宇, 1982, 『人物로 본 韓國古代史』, 正音文化社, 85쪽)를 소개하였다.

20 『三國志』 卷30, 書魏 30, 東夷傳 夫餘條, "夫餘本屬玄菟. 漢末, 公孫度雄張海東, 威服外夷, 夫餘王尉仇台更屬遼東. 時句麗・鮮卑彊, 度以夫餘在二虜之間, 妻以宗女. 尉仇台死, 簡位居立, 無適子, 有孽子麻余. 位居死, 諸加共立麻余."

21 이때의 尉仇台는 121년 고구려가 後漢 玄菟郡을 침공하자 後漢의 편에 서서 고구려군을 격파하기

이름이 같은 것이 이상하다고 보아 앞 시기의 嗣子 尉仇台는 본래 인명이 '仇台'였을 것으로 보는 의견도 있다.[22]

다음으로 『통전』에서 나타나는 '位居'가 '尉仇台'의 손자라는 언급이 나타난 구절[其王始死, 子尉仇台立, 更屬遼東. 時句麗鮮卑强, 度以夫餘在二虜之間, 妻以宗女. 至孫位居嗣立]에 대해 살펴보도록 하자. 이러한 인식은 뒤에서 살펴볼 『태평환우기』 부여 기사에서도 그대로 이어지며, 『태평어람』의 "正始中, 幽州刺史毌丘儉討句麗, 遣玄菟太守王頎, 詣夫餘王位居遣大加郊迎, 供軍粮."이란 구절이나 『통지』의 "尉仇台死, 王位居立. 位居死, 王麻餘立."이라는 구절에서도 알 수 있듯이 후대 문헌에서 位居를 왕으로 인식하게 된 시작점이라 할 수 있다. 그런데 사실 이러한 정보는 앞서 편찬된 『삼국지』나 『후한서』에서는 찾아보기 어렵다. 이와 관련하여서는 아래의 『삼국지』 기록을 통해 대조해볼 수 있다.

사료 (다) : 『삼국지』 부여전

①夫餘本屬玄菟. 漢末, 公孫度雄張海東, 威服外夷, 夫餘王尉仇台更屬遼東. 時句麗・鮮卑彊, 度以夫餘在二虜之間, 妻以宗女. ②尉仇台死, 簡位居立. 無適子, 有蘖子麻余. 位居死, 諸加共立麻余. ③牛加兄子名位居, 爲大使, 輕財善施, 國人附之. 歲歲遣使詣京都貢獻. ④正始中, 幽州刺史毌丘儉討句麗, 遣玄菟太守王頎詣夫餘, 位居遣大加郊迎, 供軍糧. 季父牛加有二心, 位居殺季父父子, 籍沒財物, 遣使簿斂送官. ⑤舊夫餘俗, 水旱不調, 五穀不熟, 輒歸咎於王, 或言當易, 或言當殺. ⑥麻余死, 其子依慮年六歲, 立以爲王.

사료 (라) : 『通典』 夫餘國條

Ⓐ其王始死, 子尉仇台立, 更屬遼東. Ⓑ時句麗鮮卑强, 度以夫餘在二虜之間, 妻以宗女. 至孫位居嗣立. Ⓒ正始中, 幽州刺史毌丘儉將兵討句麗, 遣玄菟太守王頎詣夫餘. 位居遣大加郊迎, 供軍糧.

도 하였다. 『後漢書』 東夷列傳, 高句麗條, "建光 元年(121)秋, 宮遂率馬韓濊貊數千騎圍玄菟, 夫餘王遣子尉仇台將二萬餘人, 與州郡幷力討破之, 斬首五百餘級."

22 이병도, 1985, 『한국고대사연구(수정판)』, 박영사 219쪽.

위의 사료 (다)-① 구절은 公孫度이 요동에서 세력을 떨치던 2세기 말에 부여가 遼東의 공손씨와 관계를 맺게 된 상황을 전하는데, 이것은 "獻帝時, 其王求屬遼東云"이라고 하여 後漢 獻帝 시대(189~220) 부여가 遼東에 속하였다고 전하는 『후한서』 부여전의 (가)-⑦ 기사와 시간적으로 이어지는 기사임을 알 수 있다. 즉 사료 (다)는 연대기적으로 사료 (가)와 연결되어 양자는 1세기 무렵부터 3세기까지 부여의 대외관계를 보여주고 있다. 이러한 점을 염두에 두고 사료 (다)를 보면, 公孫度이 요동에서 세력을 떨쳤던 2세기 말부터 3세기 중반까지 부여의 왕위 계승은 尉仇台 → 簡位居 → 麻余 → 依慮로 이어짐을 알 수 있다. 특히 "尉仇台死, 簡位居立"이라고 하여 사료 (라)-Ⓑ의 "至孫位居嗣立", 즉 尉仇台의 '孫'으로서 位居가 왕위에 올랐다는 기사와 큰 차이를 보인다.

『삼국지』 부여전에서는 尉仇台를 이어 즉위한 인물을 簡位居로 전하며, 또 그 뒤를 이어 簡位居의 蘖子였던 麻余가 즉위하였다고 전한다. 그리고 麻余의 시대에 다시 牛加兄의 아들로서 이름이 位居인 자가 大使직을 수행하며 正始 연간에는 玄菟太守 王頎에게 군량을 제공하였던 사실을 적고 있다. 그러나 사료 (라)에서는 尉仇台를 이어 즉위한 자는 簡位居가 아닌 尉仇台의 孫이었던 位居이며, 그가 正始 연간에 玄菟太守 王頎에게 군량을 제공하였다고 전하고 있는 것이다. 이처럼 位居를 왕으로 인식하는 것은 전술하였듯이 『태평어람』의 "正始中, 幽州刺史毌丘儉討句麗, 遣玄菟太守王頎, 詣夫餘王位居遣大加郊迎, 供軍粮."이란 구절이나 『통지』의 "尉仇台死, <u>王位居立</u>. 位居死, 王麻餘立."에서 보듯 후대 문헌에서도 계속된다. 이에 『태평어람』에서 "王位居遣大加郊迎, 供軍粮"이라고 한 대목에 주목하여, 당시 位居가 麻余의 왕위를 찬탈하였을 것으로 추정한 견해도 제기된 바 있다.[23]

그렇다면 『통전』 찬자의 이와 같은 인식은 어디에서 비롯한 것일까. 이를 알기 위해 다시 사료 (다)-② "尉仇台死, 簡位居立. 無適子, 有蘖子麻余. 位居死, 諸加共立麻余." 구절을 보면, 여기서 『통전』 찬자는 "簡"을 "가려 뽑다[簡擇]"라는 동사로 풀이했던 것이 아닌가 한다. 즉 "簡位居"를 하나의 인명으로 보지 않고, "尉仇台가 죽자 位居를 뽑아 [왕으로] 세웠다. [位居는] 適子가 없고 蘖子 麻余가 있었다. 位居가 죽자, 諸加가 함께 麻余를 [왕으로] 세웠다."고 풀이한 것이다. 언뜻 보아 이러한 『통전』 찬자의 해석은 상당히 타당한 것일지 모른다. '簡位居'의 '簡'을 성씨로 보기도 애매한 점이 앞서 사료 (가)와

23 박대재, 2008, 「夫餘의 왕권과 왕위계승」『한국사학보』 33, 25~26쪽.

(다)에서 보듯 『후한서』나 『삼국지』 부여 기사 전반에 걸쳐 부여왕의 인명이 성씨와 이름으로 구분되는 경우는 보이지 않고, 또 사료 (다)-②의 기사에서 '簡位居' 뒤에 동일인의 인명을 다시 '位居'로 적고 있는 점 등으로 보아 '位居'만 인명으로 볼 여지도 있는 것이다. 『삼국지』 부여전을 해석함에 있어 그동안 이 부분을 간과했던 것이 아닌가 한다.

다만, 그렇다고 『통전』의 찬자가 인식한 것처럼 尉仇台를 이어 즉위한 (簡)位居를 그 뒤의 正始 연간에 玄菟太守 王頎에게 군량을 공급하였다는 大使 位居와 동일시하기는 어려워 보인다. 다시 사료 (다)를 보면, (다)-②에서 尉仇台가 죽자 (簡)位居가 즉위하고 (簡)位居가 죽자 그 蘖子 麻余가 즉위했음을 전한다. 그리고 大使 位居에 대한 설명은 그에 이어서 (다)-③에서부터 시작된다. 즉 적어도 『삼국지』 부여전 기술 상에서는 玄菟太守 王頎에게 군량을 제공하였다는 大使 位居는 (簡)位居 사후 즉위한 麻余王 시대의 인물인 것이다. 따라서 『통전』 찬자의 인식 대로 尉仇台 사후 즉위한 (簡)位居와 玄菟太守 王頎에게 군량을 제공하였다는 大使 位居를 동일 인물로 보기는 어렵다.

그렇다면 『통전』의 찬자는 왜 (簡)位居를 大使 位居와 동인 인물로 파악하고 그가 玄菟太守 王頎에게 군량을 제공하였다고까지 본 것일까. 단순한 오해에서 비롯한 것일까. 여기서 한 가지 생각해볼 점은 현전하는 『삼국지』 판본의 불완전성이다. 이미 선행연구를 통해 현행본 『삼국지』 부여전에는 『위략』을 재편집하는 과정에서 그리고 후대 裴松之가 부주하는 과정에서 발생한 많은 혼동과 혼란이 개재되어 있음이 지적된 바 있다. 특히 『위략』의 해당 기록을 상당 부분 누락시키고 기사 순서를 변개하면서 본래 문장의 구성과 전후 문맥이 지니는 의미가 훼손된 경우가 많았을 것으로 추정되며, 여기에 裴松之의 부주가 더해지면서 주문과 본문이 혼용된 경우도 나타났다고 한다.[24]

이러한 점을 염두에 두고 다시 위의 사료 (다)를 보면, 사료 (다)-③과 ④의 구절은 어쩌면 본래 尉仇台 사후 즉위한 (簡)位居에 대한 부주였을 가능성도 생각해볼 필요가 있다. 또 이 가설 상의 부주의 위치도 본래 『삼국지』 부여전의 원본이 되었던 『위략』에서는 사료 (다)-②의 "尉仇台死, 簡位居立." 다음에 위치하였던 것일 가능성도 있겠다. 즉 이는 『위략』의 기사를 바탕으로 『삼국지』 부여전을 찬술하는 과정에서 기사 순서가 변개되고 여기에 裴松之의 부주가 본문으로 뒤바뀌면서 발생한 오류일지도 모른다는 것이다. 이러한 가정 하에 다시 사료 (다)의 해당 부분을 조정해보면 아래와 같다.

---

24 윤용구, 2008, 「『삼국지』 부여전의 문헌적 검토」 『부여사와 그 주변』, 동북아역사재단, 33~41쪽.

사료 (마) : 『삼국지』 부여전의 기사 조정 案

①夫餘本屬玄菟. 漢末, 公孫度雄張海東, 威服外夷, 夫餘王尉仇台更屬遼東. 時句麗・鮮卑彊, 度以夫餘在二虜之間, 妻以宗女. ②尉仇台死, 簡位居立. [牛加兄子名位居, 爲大使, 輕財善施, 國人附之. 歲歲遣使詣京都貢獻. 正始中, 幽州刺史毌丘儉討句麗, 遣玄菟太守王頎詣夫餘, 位居遣大加郊迎, 供軍糧. 季父牛加有二心, 位居殺季父父子, 籍沒財物, 遣使簿斂送官.] 無適子, 有孽子麻余. 位居死, 諸加共立麻余. ③舊夫餘俗, 水旱不調, 五穀不熟, 輒歸咎於王, 或言當易, 或言當殺. ④麻余死, 其子依慮年六歲, 立以爲王.

만약 위와 같은 조정이 가능하다면, 『통전』의 찬자는 사료 (마)-②의 “尉仇台死, 簡位居立” 구절에서 “簡”을 “가려 뽑다[簡擇]”라는 동사로 풀이하여 “尉仇台가 죽자 位居를 뽑아 [왕으로] 세웠다.”로 읽었다고 추측해볼 수 있다. 그런 다음 위의 밑줄 친 부분, 즉 “牛加兄子名位居 … 遣使簿斂送官”까지를 부주로 보면 자연스레 (位居는) “適子가 없었고 孽子 麻余가 있었다. 位居가 죽자, 諸加가 麻余를 共立하였다[無適子, 有孽子麻余. 位居死, 諸加共立麻余].”는 문장으로 이어져 문맥을 이해하기가 한결 쉬워진다. 물론 이처럼 순전히 추정만으로 현전하는 『삼국지』 판본의 문장 순서를 강제로 조정하는 것은 신중할 필요가 있다. 현재는 산실된 『위략』 원문에 대한 검증이 불가능한 상황에서 추정 이상의 결론을 얻기 어렵기 때문이다.

또 한 가지 짚어두고 싶은 것은 본고에서 검토하는 여러 類書 가운데 『위략』에 대한 인용이 확인되는 기록은 660년 찬술된 『한원』 부여전뿐이며, 그 이후로 찬술된 여러 類書에서는 『위략』의 기록을 직접 인용한 사례가 보이지 않는다는 점이다. 바꾸어 말하면 9세기 이후로 찬술된 『통전』·『태평환우기』·『태평어람』·『책부원구』·『통지』 등에 보이는 부여 관계 기사의 경우 일단은 모두 현전하는 『후한서』·『삼국지』·『진서』의 부여 기사를 기초로 작성된 것으로 보아야 한다. 그럼에도 불구하고 『한원』 이후로 찬술된 후대 類書에서는 ‘大使 位居’를 尉仇台의 손자로서 왕위에 오른 인물로 기술하고 있어 『삼국지』 부여전과는 큰 차이를 보이고 있다면, 결국 이것은 『통전』 부여국조에서 비롯한 오해가 확산된 결과일 가능성이 크지 않을까 생각한다.

다음으로 살펴볼 자료는 『태평환우기』의 부여 기사이다. 『태평환우기』는 北宋代 樂史(930-1007)가 찬술한 지리서로 宋의 통일 후 판도를 州縣 별로 해설하는 한편, 영역 바

같에 위치한 夷域에 대한 정보도 아울러 각 지역의 연혁·戶數·山川湖沼·橋梁·寺觀·고적과 풍속·성씨·인물·藝文·土產 등의 항목을 자세히 기술하고 있다. 이러한 구성은 종래의 지리서 體裁를 크게 확대·개편한 것으로 후대 지리 편찬에도 큰 영향을 주었다고 평가된다.[25] 그리고 이러한 평가에 걸맞게 『太平寰宇記』 夫餘國條는 건국신화로부터 太康 연간에 이르는 역사를 서술한 뒤, 이어서 '四至'를 통해 사방 경계를 기술하고 그 다음 '風俗物產'을 통해 내부의 사회상과 풍속기사 등을 자세히 서술하고 있다. 하지만 각 구문을 살펴본 결과, 대체로 그 내용은 『통전』 부여국조의 기사와 대부분 일치하고 있음이 확인된다.

〈『太平寰宇記』[26] 卷174, 四夷 3, 東夷 3, 夫餘國〉(980)

(A)夫餘國, 後漢通焉. 初, 北夷索離國〈索, 一作槖〉王有子曰東明, 長而善射, 王忌其猛, 而欲殺之. 東明奔走, 南[東]27渡掩滮水, 因至夫餘而王之. 順帝永和初, 其王始來朝, 帝作黃門鼓吹·角抵戲以遣之. 夫餘本屬玄菟, 至漢末公孫度雄張海東, 感服外夷, 其王始死, 子尉仇台立, 更屬遼東. 時句麗·鮮卑强. 度以夫餘在二虜之間, 妻以宗女. 至孫位居嗣立. 魏正始中, 毌丘儉討句麗, 因遣玄菟太守王頎詣夫餘, 位居遣使郊迎, 供軍糧. 自後漢時, 夫餘王葬用玉匣, 常先付玄菟郡庫, 王死卽迎取以葬. 及平公孫淵, 玄菟庫猶得玉匣一具, 晉時, 夫餘庫有玉璧圭瓚, 數代之物, 傳以爲寶, 耆老言先代之所賜也. 其印文稱濊王之印. 國中有故城名濊城, 蓋本濊貊之地. (B)太康六年, 爲慕容廆〈音呼罪切〉所襲破, 其王依慮自殺, 子弟走保沃沮. 武帝以何龕爲護東夷校尉. 明年, 夫餘後王依羅遣使詣龕, 求還舊國. 龕遣督郵賈沈以兵送之. 爾後每爲廆掠其種人, 賣于中國. 帝又以官物贖還, 禁市夫餘之口. 自後無聞.

四至. 其國在長城北, 去玄菟千里, 南鄰高句麗, 東與挹婁, 西與鮮卑接. 北有弱水, 地方可二千里. 按後漢魏二史皆云, 夫餘國在高句麗北, 又按後魏及隋書, 高句麗在夫餘南, 而隋書云百濟出于夫餘, 夫餘出于高句麗國王子東明之後, 又謂槖離乃夫餘, 在高麗之南. 若詳考諸家所說, 疑槖離在夫餘之北, 别是一國. 未詳孰是.

---

25 神田信夫·山根幸夫 編, 1989, 『中國史籍解題辭典』, 燎原書店, 235쪽.

26 본문에 제시한 『太平寰宇記』 원문은 中華書局에서 출판한 『太平寰宇記 校點本』 8(中華書局, 2007)의 3332~3333쪽에서 발췌한 것이다.

27 본문에서 인용한 中華書局 校點本에서는 "南"으로 쓰고 있지만, 판본에 따라서는 이를 "東"으로 표기하는 경우도 확인된다.

風俗物產. 其國有戶八萬. 土宜五穀, 無五果. 有宮室・倉庫・牢獄. 多山陵廣澤. 其人性强勇謹厚, 不寇抄. 以六畜名官, 有馬加・牛加・猪加・犬加, 邑落有豪人, 名下戶皆爲奴僕. 諸加別主四出, 道大者數千家, 小者數百家. 會同拜爵, 揖讓升降, 有似中國. 以臘月祭天. 譯人傳辭, 皆跪手據地竊語. 用刑嚴急, 殺人者死, 沒其家人爲奴婢, 盜一責十二. 男女淫, 婦人妬, 皆殺之. 兄死妻嫂, 與北狄同俗. 以弓矢刀矛爲兵, 家家自有鎧仗. 作城柵皆圓, 有似牢獄. 行人無晝夜好歌吟, 通日聲不絶. 有軍事亦祭天, 殺牛觀蹄, 以占吉凶, 蹄解者爲凶, 合者爲吉. 有敵, 諸加自戰, 下戶但擔糧食〈音嗣〉之. 其死, 夏月皆用氷. 殺人殉葬, 多者數百. 厚葬. 有槨無棺. 其居喪, 男女皆純白, 婦人著布面衣, 去環珮, 大體與中國髣髴焉.

먼저 위의 (A) 부분은 두어 곳에서 한두 글자 다른 부분만 빼면 『통전』의 해당 구절을 그대로 전재하였다고 보아도 무방할 정도다. 따라서 자연스레 『태평환우기』의 부여 기사는 '始'라는 부여왕의 인명과 '始'의 아들로서 '尉仇台'가 즉위하였다는 부분, 그리고 漢末에 尉仇台의 孫으로서 位居가 왕으로 즉위하였다는 부분 등에서 『통전』의 해당 구절과 서술이 모두 일치하고 있다. 뿐만 아니라 (B) 부분도 『통전』 부여국조의 마지막 부분을 거의 그대로 전재하고 있다. 또 '四至'나 '風俗物產' 부분도 마찬가지로 『후한서』나 『삼국지』 부여전을 참고한 것이 아니라 『통전』 부여국조의 관련 구절을 전재하여 작성하였던 것으로 보인다.

즉 『태평환우기』 부여국조는 『통전』 부여국조에 바탕을 두고 있으며 다만 기사의 순서를 약간 조정하고 관련 정보에 따라 구분지어 서술한 것에 불과하다. 다만, 그럼에도 불구하고 눈길이 가는 부분이 있는데, 바로 "東明奔走, 南[東]渡掩淲水" 구절이다. 현전하는 『태평환우기』 影印本에서는 "東明奔走, 東渡掩淲水"라고 하여 櫜離國에서 도망친 東明이 '남쪽'이 아닌 '동쪽'으로 이동하여 '掩淲水'를 건넜다고 전하는 판본이 확인된다. 아마도 본문에서 인용한 中華書局 校點本은 이를 오류라고 보아 "東"을 "南"으로 수정한 것으로 보인다. 만약 그렇다면 이는 이전 기록들과 명백히 차이를 보이는 대목이라 할 수 있다. 주지하듯이 여러 문헌에서는 동명이 櫜離國을 벗어나 남쪽으로 이동하여 부여를 건국하였다고 전하고 있으므로 "東明奔走, 東渡掩淲水"라고 쓴 『태평환우기』의 기술은 오류가 확실한 것으로 판단되지만, 이것이 단순한 오기인지, 아니면 전승 과정에서 발생한 오사인지 알 수는 없다.

다음으로 살펴볼 문헌은 『太平御覽』 四夷部 夫餘條이다. 『태평어람』은 잘 알려진 대로 北宋代 李昉 등이 찬술한 대표적인 類書로 그 인용서만 해도 1690종에 이른다고 한다.[28] 그러나 夫餘條의 경우는 『후한서』·『삼국지』·『진서』 부여전만을 인용하여 기술하고 있는데, 각각의 출전을 "曰" 형태로 직접 인용하고 있어 해당 기사의 출전을 비교하기 쉽게 되어 있다.

〈『太平御覽』[29] 卷781, 四夷部 2, 東夷 2, 夫餘〉(983)

後漢書曰, 夫餘國. 在玄菟北千里, 南與高句麗, 東與挹婁, 西與鮮卑接, 北有弱水, 地方二千里, 本濊地也. 初北夷槖離國王出行, 其侍兒於後姙身. 正遂欲殺之, 侍兒曰, 前見天上有氣, [大如](원문은 如大)雞子, 來降我, 因以有身. 王囚之, 後遂生男. 王令置於豕牢, 豕以口氣噓之, 不死. 復徙於馬欄, 馬亦如之, [王](보입)以爲神. 乃聽母收養, 名曰東明. 東明長而善射, 王忌其猛, 欲殺之. 東明奔走, 南至掩〈音斯〉水, 以弓擊水, 魚鼈皆聚浮水上, 東明乘之得度, 因至夫餘, 而王之焉. 於東夷之域, [最](原文은 㝡)爲平敞, 土宜五穀, 出名馬. 赤玉·貂豽, 大珠如酸棗. 以員柵爲城, 有宮室·倉庫·牢獄. 其人麤大强勇而謹厚, 不爲寇鈔, 以弓矛爲兵. 以六畜名官, 有馬加·牛加·狗加, 其邑落皆主屬諸加. 食飮用俎豆, 會同拜爵洗爵, 揖讓升降. 以臘月祭天, 大會連日, 飮食歌舞, 名曰迎鼓. 是時, 斷刑獄, 解囚徒. 有軍事, 亦祭天, 殺牛, 以蹏占其吉凶. 行人無晝夜好歌吟, 音聲不絶. 其俗, 用刑嚴急, 被誅者皆沒其家人, 爲奴婢. 盜一責十二, 男女淫皆殺之, 尤惡如婦, 旣殺, 復尸於山上. 兄死妻嫂. 死則有槨無棺, 殺人殉葬, 多者以百數. 其王葬用玉匣. 漢朝常預以玉匣付玄菟郡, 王死則迎取以葬焉. 建武二十五年, 夫餘王遣使奉貢, 光武厚報荅之. 於是, 使命歲通. 至安帝永初五年, 夫餘王始將步騎七八千人, 寇鈔樂浪, 殺傷吏人, 後復歸附. 永寧元年, 乃遣嗣子尉仇台, 詣闕貢獻, 天子賜尉仇台印綬金綵. 順帝永和元年, 其王來朝京師, 帝作黃門鼓吹角抵戲以遣之. 桓帝時, 亦朝貢. 獻帝時, 永屬遼東云.

魏志曰, 夫餘本屬玄菟. 其俗, 有敵, 諸加自戰, 下戶俱擔糧飮食之. 其死, 夏月皆用氷, 有槨無棺, (A)停喪五月, 以久爲榮. 其居喪, 男女皆純白. 婦人着布面衣, 去環珮, 大體與中國相類. (B)漢末, 公孫度雄張海東, 威服東夷, 夫餘王尉仇台更屬遼東. 時句麗·鮮卑强, 度以夫

28 神田信夫·山根幸夫 編, 1989,『中國史籍解題辭典』, 燎原書店, 235쪽.

29 본문에 제시한『太平御覽』원문은 中華書局에서 影印 출판한『太平御覽 影印本』4冊(中華書局, 1960)의 3460~3461쪽에서 발췌한 것이다.

餘在[二](原文은 三)虜之間, 妻以宗女. 正始中, 幽州刺史毌丘儉討句麗, 遣玄菟太守王頎詣夫餘, 王位居遣大加郊迎, 供軍粮. 舊夫餘俗, 水旱不調, 五穀不熟, 輒歸咎於王, 或言當易, 或言當殺. 其印文言濊王之印, 國有故城名濊城, 盖本濊貊之地, 而夫餘王其中. 自謂亡人, 抑有以也.

晉書曰, 夫餘國. 至太康六年, 爲慕容廆所襲破, 其依慮自殺, 子弟走保沃沮. 武帝以何龕爲護東夷校尉. 明年, 夫餘後王依羅, 遣使詣龕, 求率見人還復舊國, 遣督郵賈沈以送之. 尒後每爲廆掠其種人, 賣於中國. 帝又以官物贖還, 禁市夫餘之口, 自後無聞.

※대괄호 [ ] 안의 글자는 필자가 수정 혹은 보입한 것임.
글자를 수정한 경우는 괄호 ( ) 안에 原文을 표기함.

『태평어람』 부여조에서 『후한서』 부여전 인용 구절은 해당 원문을 거의 그대로 전재하는 식으로 기술하였다. 그리고 이어서 『삼국지』 부여전 후반부 기사를 『후한서』 기사와 중복되지 않은 정보 위주로 인용하였는데, 『후한서』 인용 구절과 달리 기사를 모두 전재하기 보다는 부분 부분 중요하다고 판단되는 구절을 중심으로 취사선택하여 옮겨 적었다. 또 위의 밑줄 친 (A) 부분은 『삼국지』 부여전에서 분명 "魏略曰"로 시작되는 구절에 해당하는데, 여기서는 『위략』 인용 구절에 대한 별다른 언급 없이 『삼국지』 기사를 인용한 것처럼 쓰고 있다.

또한 전술한 대로 『태평어람』 부여조 기사는 『삼국지』 부여전의 해당 기사를 모두 전재하지 않고 부분 부분 필요한 정보 위주로 찬자가 취사선택하여 옮겨놓았는데, 그와 함께 특히 눈길을 끄는 부분은 『태평어람』에 현전하는 『삼국지』 부여전 기사와 다른 정보가 개입되면서 『삼국지』 부여전과는 다른 역사상을 전달하고 있다는 점이다. 이를 보다 면밀히 파악하기 위해 위의 밑줄 친 (B) 부분만 현전하는 『삼국지』 부여전 기술과 비교해 보면 아래와 같다.

No	『三國志』夫餘傳	『太平御覽』夫餘條
①	漢末, 公孫度雄張海東, 威服外夷, 夫餘王尉仇台更屬遼東. 時句麗 · 鮮卑彊, 度以夫餘在二虜之間, 妻以宗女.	漢末, 公孫度雄張海東, 威服東夷, 夫餘王尉仇台更屬遼東. 時句麗 · 鮮卑强, 度以夫餘在[二](原文은 三)虜之間, 妻以宗女.
②	尉仇台死, 簡位居立. 無適子, 有孽糵子麻余. 位居死, 諸加共立麻余. 牛加兄子名位居, 爲大使, 輕財善施, 國人附之, 歲歲遣使詣京都貢獻.	
③	正始中, 幽州刺史毌丘儉討句麗, 遣玄菟太守王頎詣夫餘, 位居遣大加郊迎, 供軍糧.	正始中, 幽州刺史毌丘儉討句麗, 遣玄菟太守王頎詣夫餘, 王位居遣大加郊迎, 供軍粮.

No	『三國志』夫餘傳	『太平御覽』夫餘條
④	季父牛加有二心, 位居殺季父父子, 籍沒財物, 遣使簿斂送官.	
⑤	舊夫餘俗, 水旱不調, 五穀不熟, 輒歸咎於王, 或言當易, 或言當殺.	舊夫餘俗, 水旱不調, 五穀不熟, 輒歸咎於王, 或言當易, 或言當殺.
⑥	麻余死, 其子依慮年六歲, 立以爲王. 漢時, 夫餘王葬用玉匣, 常豫以付玄菟郡, 王死則迎取以葬. 公孫淵伏誅, 玄菟庫猶有玉匣一具. 今夫餘庫有玉璧 · 珪 · 瓚數代之物, 傳世以爲寶, 耆老言先代之所賜也. 魏略曰, "其國殷富, 自先世以來, 未嘗破壞."	
⑦	其印文言濊王之印, 國有故城名濊城, 蓋本濊貊之地, 而夫餘王其中, 自謂亡人, 抑有似也.	其印文言濊王之印, 國有故城名濊城, 蓋本濊貊之地, 而夫餘王其中. 自謂亡人, 抑有以也.

위의 표를 보면, 『삼국지』 부여전의 ②번 · ④번 · ⑥번 기사는 『태평어람』 찬자가 취하지 않았음을 알 수 있다. 그러나 『삼국지』 기사를 인용한 ① · ③ · ⑤ · ⑦번 기사의 경우는 거의 자구 그대로 옮겨왔음을 알 수 있다. 즉 『삼국지』를 참고하되, 찬자의 판단 하에 기사를 취사선택하여 인용한 것이다. 여기서 찬자가 취하지 않은 『삼국지』의 구절을 살펴보면, ②번 기사는 尉仇台로부터 麻余로 이어지는 왕위 계승과 大使 位居에 대한 서술 부분이며, ④번 기사는 大使 位居에 대한 서술로서 位居가 二心을 품은 그의 季父 牛加 부자를 죽이고 재물을 적몰한 사건을 전하는 대목이다. 반면, ③번 기사에서처럼 『삼국지』 구절을 인용하면서도 位居에 대해 "王位居"라고 쓰고 있어 당시 그가 '大使'의 지위에 있었다는 『삼국지』 기술과는 다른 정보를 전하고 있다.

이로 보아 『태평어람』 찬자는 3세기 무렵 '位居'라는 인물에 대해 현전하는 『삼국지』 부여전이 전하는 것과는 다른 정보를 접했을 가능성이 크다. 이것이 앞서 필자가 제시한 〈『삼국지』 부여전의 기사 조정 案〉[사료 (마)]과 같은 것일지, 아니면 뒤에 찬술된 『통전』과 『태평환우기』 부여국조 기사에 바탕을 둔 정보일지는 확신하기 어렵다. 만약 전자의 가능성이 상정된다면 우리는 현전하는 『삼국지』 부여전에 대한 자구 이동을 심각하게 고민할 수밖에 없게 된다. 반면, 후자의 경우라면 『태평어람』 찬자는 『삼국지』 부여전을 바탕으로 하면서도 『통전』과 『태평환우기』 부여국조 기사를 함께 참고하였다고 볼 수 있다. 즉 『태평어람』 찬자가 『삼국지』 부여전의 기사를 바탕으로 3세기 당시 부여의 상황을 서술하면서도 유독 '位居'에 대한 정보에서만큼은 '大使 位居'의 사적을 전하는 『삼국지』 부여전 대신 후대 찬술된 類書라 할 수 있는 『통전』과 『태평환우기』 부여국조에 전하는 "(尉仇台로부터) 至孫位居嗣立"한 부여왕 位居에 대한 정보를 신뢰한 것이 된다. 현재로서는 이 이상 문제에 접근할 방법은 없는 관계로, 일단 여기서는 두 가능성을 모두 제시해두는 것으로 한다.

다음으로 살펴볼 문헌은『冊府元龜』外臣部 土風 夫餘國條이다.『책부원구』부여국조 기사는 부여의 土風, 즉 사회상 및 풍속에 관한 내용을 싣고 있는데, 검토 결과 이 기사는『삼국지』부여전의 관련 기사를 그대로 전재한 것으로 보인다. '土風'과 관련한 서술인 만큼 부여 왕실이나 대외관계에 대한 정보는 찾아보기 어렵다.

〈『冊府元龜』[30] 卷959, 外臣部 4, 土風 1, 東夷 夫餘國〉(1013)

東夷夫餘國. 其民土著, 有宮室倉庫牢獄, 多山陵廣澤. 於東夷之域, 最平敞. 土地宜五穀, 不生五果. 其人麤大, 性强勇謹厚, 不寇鈔. 食飮皆用俎豆, 會同拜爵洗爵, 揖讓升降. 以殷正月祭天, 國中大會, 連日飮食歌舞, 名曰迎鼓. 於是時, 斷刑獄, 解囚徒. 在國衣尙白, 白布大袂, 袍袴履革[鞜](원문은). 出國則尙繒繡錦罽, 大人加狐狸・狖白・黑貂之裘, 以金銀飾帽. 譯人傳辭, 皆跪手, 據地竊語. 用刑嚴急, 殺人者死沒, 其家人爲奴婢, 竊盜一責十二. 男女淫, 婦人妬, 皆殺之. 尤憎妬, 已殺, 尸之國南山上, 至腐爛, 女家欲得, 輸牛馬乃與之. 兄死妻嫂, 與匈奴同俗. 其國善養牲. 出名馬・赤玉・貂狖・美珠, 珠大者如酸棗. 以弓矢刀矛爲兵, 家家自有鎧仗. 國之耆老自說, 古之亡人. 作城柵, 皆員, 有似牢獄. 行道, 晝夜無老幼皆歌, 通日聲不絶. 有軍事, 亦祭天殺牛, 觀蹄以占吉凶, 蹄解者爲凶, 合者爲吉. 有敵, 諸加〈加官號也〉自戰, 下戶俱擔糧飮食人. 其死, 夏月皆用氷, 殺人徇葬, 多者百餘, 厚葬, 有槨無棺. 其俗停喪五月, 以久爲榮. 其祭亡者, 有生有熟, 喪主不欲速, 而他人彊之, 嘗諍引以此爲節. 其居喪, 男女皆純白, 婦人著布面衣, 去環佩, 大體與中國皆倣彿也. 水旱不調, 五穀不熟, 輒歸咎於王, 或言當易. 漢時夫餘王葬用玉匣, 嘗豫以付玄菟郡, 王死則迎取以葬. 公孫淵伏誅, 玄菟庫猶有玉匣一具, 今夫餘庫, 〈今魏時也〉有玉璧珪瓚, 數代之物, 傳世以爲寶, 耆老言先代之所賜也. 其國殷富, 自先世以來, 未嘗破壞也. 其印文言濊王之印, 國有故城名濊城, 盖本濊貊之地. 而夫餘王其中, 自謂亡人, 抑有似也.

다음으로 살펴볼 문헌은『통지』에 실린 부여 기사이다.『통지』는 帝紀・后妃傳・年譜・略・世家・宗室傳・列傳・載記・四夷傳 등 모두 9개 부분으로 구성되어 있으며, 그중 부여조는 四夷傳에 기재되어 있다. 앞서 검토한 杜佑의『통전』, 馬端臨의『文獻通

---

30 본문에 제시한『冊府元龜』원문은 中華書局에서 影印 출판한『冊府元龜 影印本』12冊(中華書局, 1960)의 11280~11281쪽에서 발췌한 것이다.

考』와 함께 이른바 '3통'이라 불리기도 하지만, 『통지』의 체제만 놓고 보면 政書類로 분류되기 보다는 사회 각 방면의 역사적 사실을 전체적으로 기술한 기전체 통사에 가깝다는 평가를 받고 있다.[31] 『通志』 四夷傳 夫餘條를 살펴보면 역시 앞서 다른 문헌과 마찬가지로 『삼국지』 기술에 주로 의존하고 있으며, 이밖에 後漢 시기 및 西晉代 부여의 대외관계 기사는 『후한서』와 『진서』의 정보를 참고한 것으로 보인다.

〈『通志』[32] 卷194, 四夷傳 1, 東夷 夫餘〉 (1161)

夫餘後漢通焉. 國在玄菟北千里. 南與高句麗, 東與挹婁, 西與鮮卑接, 北有弱水, 地方二千里. 初北夷索離國王出行, 〈索或作槖, 音度洛反〉 其侍兒於後姙身. 王還欲殺之, 侍兒曰, 前見天上有氣, 大如雞子來降我, 因以有身. 王囚之, 後遂生男. 令置於豕牢, 豕以口氣噓之, 不死. 複徙於馬闌, 〈闌即欄也〉 馬亦如之. 王以爲神, 乃聽母收養, 名曰東明. 東明長而善射, 王忌其猛, 複欲殺之. 東明奔走, 南至淹淲水, 〈今高麗中有蓋斯水疑此水是也〉 以弓擊水, 魚鱉皆聚浮水上, 東明乘之得度, 因至夫餘而王之. 夫餘地多山陵廣澤, 於東夷之域最爲平敞. 其民土著, 當漢魏時有戶八萬. 土地宜五穀, 不生五果. 其人麤大, 性強勇謹厚不寇鈔. 王以圓柵爲城, 有宮室倉庫牢獄. 官名以六畜稱之, 有馬加・牛加・豬加・狗加・犬使・犬使者・使者. 邑落有豪民, 名下戶, 皆爲奴僕. 諸加別主四出道, 大者主數千家, 小者數百家. 食飲皆用俎豆, 會同拜爵洗爵, 揖讓升降. 以臘月祭天, 國中大會, 連日飲食歌舞, 名曰迎鼓. 於是時, 斷刑獄, 解囚徒. 在國衣尚白, 白布大袂袍袴履革踏. 出國則尚繒繡錦罽, 大人加狐狸狖白黑貂之裘, 以金銀飾帽. 譯人傳辭, 皆跪手據地竊語. 用刑嚴急, 殺人者死, 沒其家人爲奴婢, 竊盜一責十二. 男女淫婦人妬皆殺之, 尤憎妬婦, 既殺複尸之國南山上, 至腐爛, 女家欲得, 輸牛馬乃與之. 兄死妻嫂, 與匈奴同俗. 其國善養牲. 出名馬赤玉貂狖美珠, 珠大者如酸棗. 以弓矢刀矛爲兵, 家家自有鎧仗. 行道晝夜, 無老幼皆歌, 通日聲不絕. 有軍事, 亦祭天殺牛, 觀蹄以占吉凶, 蹄解者爲凶, 合者爲吉. 有敵諸加自戰, 下戶俱擔糧飲食之. 其死夏月皆用冰, 殺人徇葬, 多者至百數, 厚葬, 有槨無棺. 〈其居喪, 男女皆純白, 婦人著布面衣, 去環佩, 大抵與中國同也〉 其王葬則用玉匣, 漢朝常豫以玉匣付玄菟郡, 王死則迎取以葬焉. 〈公孫淵誅後, 玄菟庫

31 古國抗 지음, 오상훈・이개석・조병한 옮김, 1998, 『중국사학사』 下, 풀빛, 165쪽.

32 본문에 제시한 『通志』 원문은 中華書局에서 影印 출판한 『通志 影印本』 3冊(中華書局, 1990)의 志 3111쪽에서 발췌한 것이다.

猶有玉匣一具, 魏晉時夫餘庫, 有玉璧珪瓚數代之物, 傳世以爲寶. 又有印文言濊王之印, 國有故城名濊城, 蓋本濊地, 故世藏其印也.〉建武二十五年, 夫餘王遣使奉貢, 光武厚答報之, 於是使命歲通. 安帝永初五年, 夫餘王始將步騎七八千人, 寇鈔樂浪殺傷吏氏, 後複歸附. 永寧元年, 乃遣嗣子尉仇台詣闕貢獻, 天子賜尉仇台印綬金彩. 順帝永和初, 其王來朝京師, 帝作黃門鼓吹角抵戲以遣之. 桓帝延熹四年, 遣使朝獻. 永康元年, 王夫台將二萬餘人, 寇玄菟, 玄菟太守公孫域, 擊破之斬首千餘級. 靈帝熹平三年, 複奉章貢獻. 夫餘本屬玄菟, 漢末公孫度雄張海東, 威服外夷, 王尉仇台求屬遼東. 時高句麗鮮卑盛疆, 度以夫餘在二虜之間, 以宗女妻尉仇台, 冀得其力. (A)尉仇台死, 王位居立. 位居死, 王麻餘立. 魏世歲歲朝貢, 麻餘死, 子依慮立. 時年六歲, (B)晉武帝時, 頻獻方物. 太康六年, 爲慕容廆所襲破, 依慮自殺, 子弟走保沃沮. 武帝詔求, 其後爲之複國. 且以護東夷校尉鮮于嬰, 不救夫餘, 使至敗亾, 詔免嬰, 官以何龕代之. 明年夫餘王依羅遣使詣龕, 求率見人, 還複舊國, 仍請援. 龕上列, 遣督郵賈沈, 以兵送之. 廆又要之於路, 沈與戰大破之, 廆眾退, 依羅得複國. 自後頻爲廆掠其種人, 賣於中國, 帝愍之, 又發詔以官物贖還, 下司冀二司, 禁市夫餘之口. 自後無聞.

그런데 『통지』 부여조 기사에서 한 가지 특징적인 것은 2~3세기 부여 왕계에 대한 정보이다. 위의 밑줄 친 (A) 구절을 보면 "尉仇台死, 王位居立. 位居死, 王麻餘立."이라고 되어 있어, 현전하는 『삼국지』 부여전의 기술이 아닌 『통전』과 『태평환우기』 등 후대 類書의 왕계 인식을 따르고 있다. 이 또한 앞서 필자가 제시한 〈『삼국지』 부여전의 기사 조정 案〉[사료 (마)]에서 비롯한 것인지, 아니면 『통전』과 『태평환우기』 부여국조 인식에 근거한 기술인지 확신하기 어렵다. 물론 『통지』 부여조가 반드시 『삼국지』와 『후한서』 기사에만 근거하여 작성한 것으로 단정할 수는 없다. 오히려 후대 편찬된 『통전』과 『태평환우기』, 『태평어람』 등 類書의 기술을 참고하여 작성된 것일 가능성도 있다. 다만, 西晉代 부여의 상황을 전하는 위의 (B) 부분은 앞서의 다른 어떤 類書들보다도 내용이 자세하여 찬자가 직접 『진서』 부여전을 보고 축약 서술한 것으로 보인다. 이로 보아 그 앞의 기사들 또한 『삼국지』와 『후한서』 부여전을 보고 쓴 것일 가능성이 크다고 생각한다.

Ⅳ. 맺음말

이상으로 『한원』 부여전을 비롯하여 『진서』 부여전, 『통전』 부여국조, 『태평환우기』 부여국조, 『태평어람』 부여조, 『책부원구』 부여국조, 『통지』 부여조 등 唐代 이후로 찬술된 문헌에 실려 있는 부여 관계 기사에 대해 살펴보았다. 지금까지 부여사 연구는 『삼국지』 및 『후한서』 부여전을 중심으로 검토되어 왔다. 그러나 唐代 이후 찬술된 여러 類書에 실려 있는 부여 관계 기사에 대해서는 그동안 정밀한 검토가 이루어지지 못하였던 것 같다. 이러한 문제의식 속에서 본고는 唐代 이후 찬술된 문헌 속 부여 관계 기사에 대해 간략하게나마 검토한 것이다. 본문의 논의를 통해 확보한 몇 가지 논점을 정리하는 것으로 맺음말을 대신하고자 한다.

첫째, 唐・宋代 여러 문헌에 실려 있는 부여 관계 기사는 대부분 『삼국지』와 『후한서』 및 『진서』 부여전의 정보에 바탕하고 있다. 특히 지금은 유실된 『위략』의 기술을 직접 인용한 경우는 검토한 문헌 중에서 『한원』 부여전이 유일한 것으로 보인다. 물론 위에서 검토한 다른 類書에서도 『위략』에서 비롯하였을 것으로 보이는 기술이 보이기는 하지만, 모두 현전하는 『삼국지』 혹은 『후한서』 부여전에서 확인 가능한 구절들이며, 모두 『삼국지』 부여전에서 직접 인용한 것이거나, 혹은 『위략』 기술을 인용하였다는 별도의 언급 없이 적혀있는 경우가 대부분이었다. 즉 『한원』 부여전을 제외하면 唐・宋代 문헌 중에 부여 관계 기사는 대체로 『삼국지』 및 『후한서』 부여전을 바탕으로 기술되었던 것으로 볼 수 있다.

둘째, 그럼에도 불구하고 唐・宋代 문헌의 부여 관계 기사는 현전하는 『후한서』 및 『삼국지』 부여전에서 전하는 정보와 중요한 차이를 보이는 대목이 있다. 바로 2~3세기 부여 왕계와 관련한 정보인데, 『후한서』 부여전에 보이는 부여왕 '夫台'에 대한 정보를 후대 類書에서는 좀처럼 찾기 어렵다는 점이나, 2~3세기 부여 왕계에 대해 尉仇台-位居-麻餘로 기술하면서 『삼국지』 부여전의 인식과 차이를 보이는 점은 현전하는 『후한서』 및 『삼국지』 부여전의 관련 기사들을 다시 곱씹게 만든다. 특히 『삼국지』 부여전 기사에서 그동안 하나의 인명으로 간주해 온 "簡位居"에 대한 해석 문제와 부여 麻餘王 시대에 '大使 位居'로 등장하는 인물에 대해 후대 類書에서는 그를 尉仇台의 孫으로서 麻餘 이전에 왕위에 있었던 인물로 보는 시각 등은 이 시기 부여 왕계에 대해 새로운 해석을 가능케 할 수도 있을 것으로 판단된다.

수 · 당대의 삼한 인식 변화와 『翰苑』의 편목 설정

이준성

Ⅰ. 머리말

장초금은 『한원』의 後敍를 통해 '꿈에서 將聖(孔子)과 神交를 나누고 깨어난 후 그에 감응하여' 글을 지었다고 밝히고 있다. 그러나 그것만으로 편찬 목적을 충분히 이해하기는 어렵다. 1917년 일본에서 『한원』「蕃夷部」가 재발견된 이후에는 정문이 4·4, 4·6 등 騈儷體라는 점에 착안하여 對句를 학습할 수 있는 모범 예문집이라는 측면에서 편찬 목적을 파악하였으며,[1] 최근에는 이에 더하여 장초금의 행적에 주목하면서 당 제국의 동방정책[2] 혹은 고구려를 포함한 동이지역에 대한 실제적인 지식을 제공할 목적[3]이 있었다고 보기도 한다.

『한원』이 어떤 목적을 위해 편찬된 것인지에 대해서는 여전히 명확한 답을 찾기 어려운 상황이지만, 『한원』의 편목 구성을 살펴보면 여타 지역에 비해 東夷 지역에 대한 관심이 높다는 점은 확실해 보인다. 『한원』「번이부」는 匈奴·烏桓·鮮卑·夫餘·三韓·高驪·新羅·百濟·肅愼·倭國·南蠻·西南夷·兩越·西羌·西域 순으로 서술되었다. 이 중 찬술 시점인 660년 경에 존재하였던 정치체는 高驪·新羅·百濟·倭國 등 동이 지역에 위치하고 있는 4개국 뿐이다. 동이 지역과 관련하여서는 이에 더하여 부여, 삼한 등 이미 존재하고 있지 않은 정치체들을 아울러 서술하고 있다.[4] 반면 동이 지역 이외의 지역을 살펴보면 우선 隋·唐代 들어서서 자주 교섭하게 된 突厥·契丹·薛延陀·靺鞨 등이 포함되어 있지 않았다는 점이 눈에 띄는데, 해당 지역에서는 이미 사

1 湯淺幸孫, 1983, 『翰苑 校釋』, 國書刊行會

2 김병곤, 2008, 「『翰苑』 撰者의 三韓傳에 대한 敍述과 理解」 『한국사학사연구』 18, 30쪽.; 정동준, 2021, 「張楚金의 『翰苑』 편찬과 복고적 유가사상」 『백산학보』 120.

3 윤용구, 2011, 「『翰苑』 蕃夷部의 注文構成에 대하여」 『백제문화』 45, 161쪽.

4 句文의 분량에서도 東夷 지역은 전체 165句 중 70句를 차지하고 있다. 특히 그 중에서도 高驪를 매우 중시하였던 것으로 판단된다.(윤용구, 2011, 앞의 논문, 157쪽.)

라진 異民族만이 서술 대상이 되고 있다.[5]

한편, 동이지역의 부여·삼한·고려·신라·백제 등 5개 편목 사이에는 『한원』의 정문과 주문 서술을 통해 부여→고(구)려, 삼한→신라 및 백제의 계승관계가 설정되어 있다. 편찬 당시 동이 지역에 존재하고 있던 국가(高驪·新羅·百濟)에 대한 관심의 범위가 그 역사적 계승에까지 닿아있었던 것이다. 본고에서는 부여·삼한·고려·신라·백제 등 5개 편목 중 특히 삼한 편목의 설정 이유와 구성상의 특징을 살핀다. 삼한의 경우 여타 국가와 비교하였을 때 7세기 이후 기존과 확연하게 변화된 인식이 점차 확산되고 있었다는 점에서 주목되기 때문이다. 당시 변화되고 있던 삼한에 대한 인식이 어떻게 반영되었는지에 유념하고자 한다.

Ⅱ. 수·당대 삼한 인식 변화

三韓은 기원전 2세기에서 기원후 3세기경까지 한반도 중남부지역에 있던 馬韓·辰韓·弁韓(弁辰) 등 세 정치집단을 말한다.[6] 『삼국지』 동이전에 의하면 삼한이 있던 시기 한반도 서북지역에는 樂浪郡·帶方郡 등 중국의 군현이, 동북지역에는 東濊·沃沮와 같은 정치집단들이 있었고, 한반도 북쪽과 요동 지역에 걸쳐 高句麗가 존재하였다.[7] 이러한 인식은 중국인들에게 2~3세기부터 남북조시기까지 일반적으로 통용되던 것이었다. 그런데, 한반도 중·남부 지역에 존재하던 정치체 혹은 종족으로서의 삼한에 대한 인식은 이미 隋代에 들어와 변하기 시작했고 唐代에는 변화된 인식이 보편화되었다.[8] 아래 〈표 1〉은 삼한의 다양한 인식 사례를 보여준다.

---

5 윤용구, 2021, 「『翰苑』의 편찬과 蕃夷部」 『백산학보』 120

6 현재까지 알려진 바에 의하면, 삼한이라는 용어는 서기 240년 전후 편찬되었을 것으로 추정되는 謝承(182~254)의 『後漢書』에서 가장 먼저 등장한다. 이후 魚豢이 편찬한 『위략』에도 삼한이라는 용어가 사용되었다. 다만, 사승의 『후한서』와 어환의 『위략』은 모두 逸文으로만 내용의 일부를 파악할 수 있다.(坂田隆, 1989, 「三韓に關する一考察」 『東アジアの古代文化』 59, 19쪽.; 박대재, 2005, 「삼한의 기원에 대한 사료적 검토」 『한국학보』 119, 17쪽.; 박대재, 2009, 「謝承Œ"ø q7œ˚에 대한 예비적 고찰」 『한국고대사연구』 55, 52~57쪽.)

7 이현혜, 1997, 「삼한의 정치와 사회」 『한국사』 4, 국사편찬위원회.

8 노태돈, 1982, 「삼한에 대한 인식의 변화」 『한국사연구』 38.

〈표 1〉 '삼한'의 지칭 대상 변화

① 삼국=삼한	
『魏書』 72	適回駕於青丘 訪古人以首陽兮 亦問道於鶇鳩 睹三韓之累累兮
『隋書』 76	其辭日 維大業八年 … 六師薄伐 三韓肅清 龔行天罰 赫赫明明
『舊唐書』 199	海東三國 開基日久 竝列疆界 地實犬牙 近代已來 遂構嫌隙 戰爭交起 略無寧歲 遂令三韓之氓命懸刀俎
『文苑英華』 624	三韓左衽 夷於郡縣 六狄解辮 願爲臣妾(「爲從叔鴻臚少卿論旱請掩骼埋胔表」)
『文苑英華』 694	三韓雜種 十角渠魁 勿使咫尺天眼 處於交戟之外 虔思宗廟之重 允副黎元之心(「諫蕃官仗內射生疏」)
『文館飼林』 664	朕仍親遼碣 撫彼黎庶 謀其凶逆 布以威恩 當使三韓之域 五郡之境 因此蕩定 永得晏然
『全唐詩』 224	方丈三韓外 崑崙萬國西 建標天地闊 詣絶古今迷(「奉贈太常張卿二十韻」)

② 고구려=삼한	
『漢書』 1 細注	師古日 貉在東北方 三韓之屬 皆貉類也
『文苑英華』 920	十九年 太宗揚鑾暫撫 清海俗於三韓 駐蹕聊麾 駭天聲於六漢(「唐維州刺史安侯神道碑」)
『盈川集』 6	於是克清疋馬 橫行三韓 由其殄滅 疇庸賞最我有力焉(「後周明威將軍梁公神道碑」)
『盈川集』 8	太宗文皇帝 操斗極把鈞陳 因百姓之心 問三韓之罪(「唐右將軍魏哲神道碑」)
『盈川集』 9	申命六事之人 以問三韓之罪 制日 出師遼左卿可爲北道主人(「李懷州墓誌銘」)
『唐大詔令集』 130	建十州之旗 各復於桑梓 反三韓之士 不易於農肆(「降高麗頒示天下詔」)
『唐大詔令集』 62	功宣六豹 氣壓三韓 折衝之效 有聞瓜牙之任(「冊劉伯英左監門衛大將軍文」)
王君愕墓誌	既而三韓放命 六師薄伐 蟻徒雲會 際日域以傾巢
曹諒墓誌	值隋世道消 鳥夷憑甸 龍旂爰擧 問罪三韓 既拔垂城
杜絳碑	申祕算于遐川 三韓之酋載惕 朝嘉其美 錫以崇章
王道智墓誌	既而天子按劍 親事遼陽 三韓方梗 六軍不振
仵欽墓誌	景操高列 威策駭於三韓 神王肅清 聲教霑於七澤
魏哲神道碑	問三韓之罪 勝殘去殺 上憑宗廟之威 禁暴戢姦
李勣墓誌	再戰而傾十角 一擧而滅三韓 諒稟神謀 寔寄英勇
馬寶△墓誌	洎以三韓肆虐 恃玄菟以蜂飛 九種挺妖 阻黃龍而蝟聚
邊眞墓誌	往以三韓作逆 九種不賓 轂月騎以長驅 指霜戈而獨遠
張玄景墓誌	展茂績於三韓 効奇功於九種 遂乃勳降都尉 名亞輕車
王令德墓誌	既而△麾萬里 杖劍三韓 顧胡塵△未息 甲第著營
姬溫墓誌	三韓蟻聚 驚濤阻於白狼 九種鴟張 凝氛晦於玄菟
閻莊墓誌	屬三韓阻化 王嶮稽誅 六軍問罪 皇輿徙蹕
爾朱義琛墓誌	復以三韓尙梗 邊隅有事 供軍機要 事資良牧
張琮墓誌	其年雄心憤發 募討三韓 設六奇以摧峰 陳萬騎而克敵

② 고구려=삼한	
李他仁墓誌	大唐挺埴萬寓 弔伐三韓 采翡掇犀 頓綱八條之國
董力墓誌	上應天子之心 化沾九種 下御折衝之望 風被三韓
泉男生墓誌	五部三韓 並爲臣妾 … 反禍成福 類箕子之疇庸 … 詔曰 … 特進行右衛大將軍上柱國卞國公泉男生 五部酋豪 三韓英傑
安附國神道碑	太宗揚鑾蹔撫 淸海俗於三韓 駐蹕聊麾 駭天聲於六漢
張和墓誌	便九種强梁 蟻結靑丘之域 三韓叛 鴟張紫塞之△
李懷州墓誌	衛滿東亡 界朝鮮而爲役屬 … 申命六事之人 以問三韓之罪
張成墓誌	九種以之冰銷 三韓於焉雹散 … 鯷壑波淸 返歸牛於桃野
龐德威墓誌	往以三韓未附 鯷壑驚波 九種猶迷 鼈津駭浪
元師奬墓誌	肅鹽澤而靜葱山 截三韓而澄九種 頻邀必勝 累構殊勳
安範墓誌	以龍朔年中 攘袂三韓 揚彨九種 蒙授上騎都尉
董師墓誌	三韓霧起 孫泉竊號 據邽壑而挺妖 衛滿稱尊 怙鯨波而起祲
高玄墓誌	君諱玄 字貴主 遼東三韓人也 … 父廉 唐朝贈泉州司馬 並三韓貴族 積代簪纓 九種名賢
梁待賓新道碑	九種於是克淸 匹馬橫行 三韓由其殄滅
王思訥墓誌	往者三韓作梗 九種挺妖 君卽杖劍狼川 橫戈鯷壑 朝鮮之靜 君有力焉
連簡墓誌	屬三韓舊壤 九種遺黎 恃玄菟以稽誅 控滄波以作梗
牛高墓誌	負戈擎羽 勇擊參韓 投募從征 翦俘獻捷 蒙授上柱國
張素墓誌	屬三韓作梗 憑凌鯷海之隅 九種孤恩 旅拒狼河之外 君乃負霜戈而報國 直下朝鮮 帶月羽以從軍
高慈墓誌	公諱慈 字智捷 朝鮮人也 … 況乎地縕三韓 人承八敎
泉獻誠墓誌	曾祖大祚 本國任莫離支捉兵馬 氣壓三韓 聲雄五部
張仁楚墓誌	肅愼歸降 坐滅三韓之俗 於是授公上柱國 甄賞明焉
豆盧望碑	屬三韓負固 五奴反逆 方命渡△之師 允藉樓舡之勢

③ 백제=삼한	
『文苑英華』416	沙吒忠義 三韓舊族 九種名家 夙奉戎麾 遂參文衛(「封右武威衛將軍沙吒忠義郕國公制」)
『文苑英華』971	百濟遺黎 託懸巢而斬氣 三韓別種 附危幕而遊魂(「常州刺史平原郡開國公行狀」)
禰軍墓誌	靈文逸文 高前芳於七子 汗馬雄武 擅後異於三韓
扶餘隆墓誌	公幼彰奇表 夙挺瓌姿 氣蓋三韓 名馳兩貊 孝以成性 愼以立身
難元慶墓誌	氣蓋千古 譽重三韓 子孫孝養 恭惟色難

④ 신라=삼한	
『錢仲文集』5	萬里三韓國 行人滿目愁 辭天使星遠 臨水澗霜秋(「送陸侍御使新羅」)
淸河縣君金氏夫人墓誌	其先三韓之貴胤 考太僕卿 贈兗州都督
趙氏夫人墓誌	鍔嘗忝國命 與大夫同赴三韓 備聞夫人善德 託以敍述

위 〈표 1〉을 살펴보면, 먼저 '① 삼국=삼한'에서 제시한 사례를 통해 대략 7세기에 들어서면서 삼한의 의미가 한반도 중·남부지역을 넘어서 요동 및 한반도를 아울러 포함하는 지역 혹은 종족 명칭으로 확대된 것을 알 수 있다.[9] 마한, 진한, 변한(변진)을 각각 고구려, 신라, 백제와 대비시켜 삼국을 동일역사체로 혹은 동일정치체로 간주하는 삼한=삼국 의식이 생겨난 것이다. 또한 같은 시기 삼한은 고구려만을 지칭하는 경우가 매우 많았으며, 간혹 백제 혹은 신라만을 단독으로 지칭하는 사례도 확인된다. 이러한 변화는 꽤 광범위한 것이어서, 당시의 시문집이나 조정의 공식 조서, 묘지명 등 금석문에 이르기까지 다양하게 나타난다.[10] 아울러 수·당대 들어 중국에서 먼저 변하기 시작한 삼한의 의미는 이후 주변으로 확대되어 동아시아 전반에 걸쳐 다양하게 변용되었다.

사실 오늘날 우리가 인식하고 있는 마한→백제, 진한→신라, 변한→가야로 연결된다는 삼한관은 한백겸 때에 와서야 재정리된 것이다.[11] 그 이전 삼국시대부터 조선전기까지는 삼한의 존재 시기나 위치 비정 및 삼국으로의 계승 관계 등에 대한 이해가 일정치 않았으며, 소위 삼한=삼국설에 입각한 논의가 되풀이되어왔다.[12] 『후한서』, 『삼국지』 한전 등 상대적으로 이른 시기의 사서들에서 비교적 정확하게 계승관계가 서술되어 있음에도 불구하고 후대에 혼란이 생기게 되었다는 점은 의아한 부분이다. 그 원인에 대해서 삼국을 문화적, 사회적 측면에서 동일한 성격의 국가들로 이해한 결과 '삼한'으로 통칭했던 것으로 파악하기도 하고,[13] 삼국 전체가 소멸된 중국의 군현이라는 인식 하에서 그 臣屬의 정당성을 확보하려는 의도로 보기도 한다.[14]

그런데 앞서 살펴본 〈표 1〉에 등장하는 기록들의 시기를 분석해보면, 삼한에 대한 인식이 변화하기 시작하는 초기에는 고구려의 별칭으로서 먼저 등장하고 있다. 대략

---

9 위의 [표-1]은 張福有·趙振華, 2006, 「洛陽, 西安出土北魏與唐高句麗人墓志及泉氏墓志」『高句麗史新研究』, 延邊大學出版社.; 조영광, 2008, 「7세기 중국인들의 對高句麗 '三韓'호칭에 대하여」『백산학보』 81.; 전진국, 2016, 「三韓의 용례와 그 인식」『한국사연구』 173.; 권덕영, 2016, 「고대 동아시아의 삼한-삼국 계승의식의 정립 과정」『역사와경계』 99 등에 기초하여 작성하였다. 각각의 사례에 대한 의미 분석은 해당 논문 참조.

10 조영광, 2008, 앞의 논문.; 권덕영, 2016, 앞의 논문, 44~48쪽.

11 정구복, 1978, 「한백겸의 동국지리지에 대한 일고」『전북사학』 2.

12 이현혜, 1997, 앞의 논문, 261쪽.

13 盧泰敦, 1982, 앞의 논문, 132~133쪽.

14 李成珪, 2004, 「中國 古文獻에 나타난 東北觀」『동북아시아 선사 및 고대사 연구의 방향』, 학연문화사, 38~40쪽.

645년「王君愕墓誌」로부터 시작하여 721년 사이, 그 중에서도 670년대부터 690년대 사이에 제작된 묘지에서 고구려를 삼한으로 지칭하는 사례가 집중되어 있다. 백제의 경우는 678년에서 734년 사이, 신라에 대해서는 780년과 834년에 지칭 사례가 등장하고 있어 고구려에 비해 상대적으로 늦다.[15] 이와 같이 시기를 구분하여 파악해보면 원래 삼한과의 관련성이 가장 떨어지는 고구려가 가장 먼저, 그리고 가장 빈번하게 '삼한'으로 빈번히 지칭되었다는 점은 매우 주목된다.[16] 고구려가 삼한으로 지칭되던 이유에 대해서는 과거 삼한과 교류하던 낙랑군 및 대방군을 고구려가 장악한 후 이어서 남쪽으로 영토를 더욱 확장한 상황에서 기인하는 것으로 파악한다.[17] 특히 고구려=삼한의 인식이 반영된 唐代 墓誌에서는 한반도 삼국이 과거 중국 영토였다는 연고 의식이 강하게 표출되고 있으며, 이러한 인식은 당 태종이 '고구려는 원래 四郡의 땅이고, 요동은 예전에 중국 땅이었다'라는 말로 고구려 침공의 당위성을 찾았음에서도 단적으로 확인할 수 있다.[18]

이러한 흐름을 종합해보면,『한원』이 편찬된 660년 전후 당에서는 삼국, 그 중에서도 고구려를 삼한으로 지칭하는 것이 꽤 보편화되어 있던 상황이었다고 판단된다. 특히 고구려를 삼한으로 표현한 당대 묘지명의 찬자가 대부분 당의 관리들이었다는 점을 상기해보면, 그러한 표현은 당 조정의 방침이나 인식을 어느 정도 반영하고 있었다고 보는 것이 자연스럽다.[19] 즉 당대 관료 및 지식인층에서는 고구려 등 이민족 사회를 당의 일원적 세계질서 아래 구축하면서 과거 번성했던 漢代의 역사를 삼국에 대입하려는 경향이 있었다. 그렇다면『한원』 편찬 당시 태원현령으로 재직하였고, 이후 刑部侍郎과 吏部侍郎 등을 역임하였던 장초금 역시 이러한 당시 관료들과 지식인들의 인식을 공유하고 있었을 가능성이 충분하다.[20] 그러한 영향 하에서『한원』은 동이 지역 중심

15 권덕영, 2014,「唐 墓誌의 고대 한반도 삼국 명칭에 대한 검토」『한국고대사연구』75, 133쪽

16 전진국, 2017,「삼한의 실체와 인식에 대한 연구」, 한국학중앙연구원 박사학위논문, 246쪽.

17 조영광, 2008, 앞의 논문, 142~146쪽. 이에 더하여 고구려가 차츰 남쪽으로 진출하면서 마한과 연결될 수 있는 여지가 만들어졌고, 고구려가 스스로 마한 계승 의식을 가지게 되었다고 보기도 한다.(趙法鍾, 1998,「高句麗의 馬韓繼承 認識論에 대한 檢討」『한국사연구』102.)

18『資治通鑑』권196, 태종 정관 15년 ;『삼국사기』권20, 영류왕 24년 ;『삼국사기』권21, 보장왕 3년 10월.

19 최진열, 2009,「唐人들이 인정한 고구려인의 正體性」『동북아역사논총』24, 226~227쪽.

20 정동준은 장초금의 생애와 중앙정계 진출 후 관인으로서의 활동을 살피면서, 장초금이 '유가적 윤

의 편목 구성을 보였으며, 삼한 편목이 설정된 요인 중에는 이러한 측면이 포함되었을 것으로 이해할 수 있다. 이하에서는 이상의 흐름을 염두에 두고, '역사적 삼한'과 '현실적 삼한' 사이에서 『한원』 찬자가 실제 삼한 편목을 어떻게 구성하였고, 그 내용상에는 어떠한 특징이 있는지 살피도록 하겠다.

Ⅲ. 『한원』 삼한 편목의 구성과 특징

1. 삼한 편목의 정문 · 주문 구성

『한원』은 卷字本 형태로 제작되었는데, 각 편목별로 명칭을 내세운 이후 正文은 큰 글씨의 騈儷體로 구성하였고 주문은 雙行으로 여러 전거자료를 활용하여 작성하였다.[21] 정문과 주문의 관계를 살펴보면 대체로 찬자가 주문의 내용을 먼저 선정한 후에 그 내용을 염두에 두면서 정문을 작성하였다고 보는 것이 자연스럽다. 주문 없이 정문만으로는 구체적인 맥락을 파악하기 어렵기 때문이다. 그렇기 때문에 주문의 선정과 정문의 작성이 찬자인 장초금에 의해 이뤄졌고, 이후 옹공예에 의해 일부 주문 내용이 추가로 기재된 것으로 보아야 할 것이다.[22]

삼한 편목은 총 10개의 정문과 주문으로 구성되어 있다. 주문에는 『후한서』가 7회, 『위략』이 4회 인용되어 있다(3번 주문에는 『후한서』와 『위략』 모두 인용). 장초금은 『후한서』의 내용을 기본으로 삼아 삼한 편목의 틀을 잡았고, 일부 내용에서 『위략』을 『후한서』에 우선하여 인용하면서 정문과 주문을 구성하였던 것으로 파악할 수 있다. 먼저 삼한 편목에서 다루고 있는 소재를 파악하기 위해 10개의 정문을 발췌하여 제시하면 다음 〈표 2〉와 같다.

리에 충실한 품행을 보이는 가문의 분위기 속에서 탄생'하였고, 『한편』 편찬 의도 역시 '복고적인 성격의 유가적 윤리에 충실'하려는 목적이라고 추정하였다.(정동준, 2021, 앞의 논문, 144쪽)

21 『한원』의 서지와 관련한 자세한 내용은 박준형, 2021, 「『翰苑』 卷子本의 書誌와 筆寫의 諸問題」 『백산학보』 120 참고.

22 윤용구, 2011, 앞의 논문.

〈표 2〉『한원』 삼한 편목의 정문 구성

연번	분류	정문	해석
1	지리적 위치①	境連鯷壑[23], 地接鼇波[24].	경계는 제학에 연접했고, 땅은 오파와 연접했다.
2	지리적 위치②	南届[25]倭人, 北[26]隣穢貊.	남쪽으로 왜인에 이르렀고, 북쪽으로 예맥과 이웃했다.
3	정치적 상황	職[27]標[28]臣智, 都號目支.	관직은 臣智가 가장 높으며, 도읍은 目支라 하였다.
4	민족지적 풍습① -재물관과 장식	飾重綴珠, 不珍金罽之美,	장식으로는 꿴 구슬을 중히 여겼고, 금계의 아름다움을 진귀하게 여기지 않았으며,
5	민족지적 풍습② -농경과 주거 생활 및 예절	居崇仰戶, 詎資城郭之華.	거처는 높은 [곳에 있는] 문을 숭상했고, 성곽의 화려함을 취하지 않았다.
6	민족지적 풍습③ -노동풍습	尙勇標[29]能, 貫脊之風猶扇,	용감함을 숭상하여 능력을 드러냈고, 등가죽을 꿰는 풍속이 여전히 성행하였고,
7	민족지적 풍습④ -치장풍습	矜容表也[30]麗, 扁首之俗仍存.	용모를 자랑하며 화려함을 나타냈고, 머리를 납작하게 하는 풍속이 여전히 남아 있었다.
8	민족지적 풍습⑤ -신앙의례	鈴鼓[31]旣懸, 用展接神之禮,	방울과 북을[32] 매달았으니, 신과 접하는 예를 펼친 것이고,
9	민족지적 풍습⑥ -장송의례	鳥羽攸設, 方盡送往之儀.	새의 깃털을 갖추었으니, 죽은 자를 보내는 예를 다한 것이다.
10	민족지적 풍습⑦ -생활풍속	居城識秦人之風, 髡髮驗州胡之俗.	성에 거주하는 것은 진나라 사람의 풍속을 아는 것이며, 머리 깎는 것은 주호의 풍속을 징험한 것이다.

삼한 편목은 지리적 위치(1~2), 정치적 상황(3), 민족지적 풍습(4~10)의 순으로 구성되었다. 민족지적 풍습이 전체 10개 정문 중 7개를 차지할 정도로 다수이며, 세부적으로

23 鯷壑은 東鯷人이 거주하는 海中의 섬으로 지금의 절강성 앞바다 舟山群島로 비정하기도 하지만 구체적인 위치는 확인하기 어렵다. 「천남산 묘지명」, 「이타인묘지명」에서도 해당 지명이 확인된다.

24 鼇波는 큰 파도(巨浪)라는 뜻이 있으나 여기에서는 특정 지역을 가리키는 듯하다. 그러나 구체적으로 어느 지역을 지칭하는지는 비정하기 어렵다.

25 탕천본은 「届」로 교감했다는 표기를 남겼으나 본래 판독한 글자는 알 수 없다.

26 원문 「壯」. 죽내본 · 탕천본 · 길림본 「北」으로 교감. 주문의 내용 등을 참고해볼 때 北의 오기로 보이므로 「北」으로 교감.

27 원문 「軄」. 죽내본 · 탕천본 · 길림본 「職」으로 교감. 일반적으로 통용되는 「職」으로 교감.

28 원문 「摽」. 죽내본 「標」로 판독. 탕천본 · 길림본 「標」로 교감. 의미상 「標」로 교감.

29 원문 「摽」. 죽내본 「標」로 판독. 탕천본 · 길림본 「標」으로 교감.

30 원문 「也」. 죽내본은 원문대로, 탕천본 · 길림본은 「也」를 생략하였다. 4*6 형태의 정문 구성을 생각하면 「也」를 연자로 볼 수도 있으나 찬자의 의도나 생각을 파악할 수 없으므로 원문의 형태를 유지하고자 한다.

31 원문 「鼓」. 길림본 「皷」로 판독 후 「鼓」로 교감.

32 鈴鼓는 나무로 만든 일종의 타악기이다. 한쪽 면에는 짐승의 가죽을 입히고, 주위에 두루 작은 방울을 달아 만든다.

는 생활 풍습과 장식, 신앙, 장송 등을 망라하고 있다. 삼한 편목의 서술이 민족지적 풍습에 집중되어 있는 것은 정문을 작성하기 위해 참고한 주문의 구성이 『후한서』 위주라는 점을 감안해볼 때 어느 정도 예견할 수 있는 것이다. 아래 사료를 참고하면, 실제 『한원』의 삼한 편목 서술은 대체로 『후한서』의 구성 및 내용 면에서 큰 차이가 없다는 점을 확인할 수 있다.

[사료 1] 『後漢書』 인용 부분

⦿ [주문 2] 韓有三種 : 一曰馬韓 二曰辰韓 三曰弁辰. 馬韓在西 有五十四國 其北與樂浪南與倭接. 辰韓在東 十有二國 其北與濊貊接. 弁辰在辰韓之南 亦十有二國 其南亦與倭接. 凡七十八國 伯濟是其一國焉. [주문 3] 大者萬餘戶 小者數千家 各在山海閒 地合方四千餘里 東西以海爲限 皆古之辰國也. 馬韓最大 共立其種爲辰王 都目支國 盡王三韓之地. 其諸國王先皆是馬韓種人焉.

⦿ [주문 5] 馬韓人知田蠶 作緜布. 出大栗如梨. 有長尾雞 尾長五尺. 邑落雜居 亦無城郭. 作土室 形如冢 開戶在上. 不知跪拜. 無長幼男女之別. [주문 4] 不貴金寶錦罽 不知騎乘牛馬 唯重瓔珠 以綴衣爲飾 及縣頸垂耳. 大率皆魁頭露紒 布袍草履. [주문 6] **其**人壯勇 少年有築室作力者 輒以繩貫脊皮 縋以大木 嚾呼爲健. [주문 8] 常以五月田竟祭鬼神 晝夜酒會 羣聚歌舞 舞輒數十人相隨蹋地爲節. 十月農功畢 亦復如之. 諸國邑各以一人主祭天神 號爲天君. 又立蘇塗 建大木以縣鈴鼓 事鬼神. ***其南界近倭 亦有文身者.***

⦿ [주문 10] 辰韓 耆老自言秦之亡人 避苦役 適韓國 馬韓割東界地與之. 其名國爲邦 弓爲弧 賊爲寇 行酒爲行觴 相呼爲徒 有似秦語 故或名之爲秦韓. 有城柵屋室. 諸小別邑 各有渠帥 大者名臣智 次有儉側 次有樊秖 次有殺奚 次有邑借. 土地肥美 宜五穀. 知蠶桑, 作縑布. 乘駕牛馬. 嫁娶以禮. 行者讓路. 國出鐵, 濊倭馬韓並從市之. 凡諸(貨)[貿]易 皆以鐵爲貨. ***俗憙歌舞飮酒鼓瑟. 兒生欲令其頭扁 皆押之以石.***

⦿ 弁辰與辰韓雜居 城郭衣服皆同 言語風俗有異. 其人形皆長大 美髮 衣服絜淸. 而刑法嚴峻. ***其國近倭 故頗有文身者.***

⦿ ***初 朝鮮王準爲衛滿所破 乃將其餘衆數千人走入海 攻馬韓 破之 自立爲韓王. 準後滅絶 馬韓人復自立爲辰王. 建武二十年 韓人廉斯人蘇馬諟等詣樂浪貢獻. 光武封蘇馬諟爲漢廉斯邑君 使屬樂浪郡 四時朝謁. 靈帝末 韓濊並盛 郡縣不能制 百姓苦亂 多流亡入韓者.***

◉ 馬韓之西, 海島上有州胡國. 其人短小 髡頭 衣韋衣 有上無下. 好養牛豕. 乘船往來貨市韓中.

오히려『후한서』내용 중 주문 내용으로 인용되지 않은 부분이 주목된다.『후한서』내용 중『한원』주문에 활용되지 않은 부분은 '문신 풍습', '가무 및 음주에 대한 풍속', '편두 관련 풍습' 등 풍속 관련 내용과 '朝鮮王 準의 마한 공격', '韓 廉斯人 蘇馬諟의 낙랑군 귀속', '靈帝末 韓과 濊의 강성과 그에 따른 군현민의 유입' 등 대외관계 관련 내용이다. 이 중 풍습 관련 내용은 대체로『위략』의 내용을 채택하면서 중복되는 내용이 누락된 형태이지만, 대외관계 부분은 그와 관련 없이 생략된 것으로 볼 수 있다. 생략된 부분은 대체로 10번 주문으로 인용된 내용 중 일부이다. 10번 정문은 '居城識秦人之風, 髡髮驗州胡之俗'으로 대체로 생활풍속을 전하는 와중에 주호국 관련 내용을 포함하고 있다. 주호국 관련 기사는『후한서』한전의 가장 마지막 부분에 기술되어 있는데 이 때문에 위 사료에서 보는 바와 같이 결과적으로 10번 주문에 인용된 부분들 중간에 대외관계 부분만 제외된 형태가 된 것이다.

그런데 고구려 및 신라, 백제 편목에서는 중국과의 대외관계 기사가 주문으로 인용되고 있다는 점을 상기해보면 삼한 편목에서 대외관계 기사를 제외한 것은 편찬자의 의도가 반영되었다고 보는 것이 자연스럽다. 아울러 정치적 상황에 대해서 '職標臣智, 都號目支'라 하여 하나의 정문만을 할애하고 있는 점을 통해서도 7세기 현재 존재하고 있지 않던 삼한에 대해서는 찬자가 정치 및 외교 관계에 상대적으로 적은 관심을 두었다는 점을 확인할 수 있다.

한편,『한원』삼한 편목에서는『삼국지』한전을 전혀 인용하고 있지 않다는 점 역시 주목된다. 오히려 신라 편목에서『삼국지』한전을 인용하여 삼한의 위치와 秦役을 피해 내려왔다는 진한 耆老들의 이야기, 진한이 본래 6국이었으나 12국으로 나누어졌다는 내용과 변・진한 국가들의 이름이 나열하였고, 백제 편목에서도 마한에는 성곽이 없다는 내용, 마한 국가들의 이름 및 州胡國 관련 내용 등이 언급되었다. 신라와 백제 편목에『삼국지』한전이 인용되어 있다는 사실을 통해『한원』찬자가『후한서』와『삼국지』의 한전 기록을 모두 검토하였고, 그 결과『삼국지』의 기록을 삼한 편목에서 배제했다

는 점을 확인할 수 있다.[33]

삼한 편목에서 『삼국지』를 활용하지 않은 이유에 대해서는 장초금이 한전의 경우 『후한서』가 『삼국지』보다 분량이 적으면서도 오히려 내용은 더욱 정제되어 있었다고 판단한 것으로 파악해왔다.[34] 사실 『후한서』 한전과 『삼국지』 한전 중 국내학계에서는 후자의 사료적 가치를 더 높이 평가하는 경향이 강하다. 이는 『후한서』와 비교하여 『삼국지』가 상대적으로 일찍 편찬되었을 뿐 아니라, 전자가 후자를 축약하는 형태로 개편한 결과물로 이해했기 때문이다.[35] 하지만 『후한서』 찬자는 『삼국지』 한전 기록의 체재를 전폭적으로 변형하는 방식으로 정리했고, 그로 인해 『후한서』 한조는 『삼국지』에 비해 체계적이고 상호 모순되는 부분을 줄일 수 있었다.[36] 장초금의 입장에서 보면, 삼한에 대해서는 정치적 사안이나 대외관계 관련 내용보다는 대부분 민족지적 서술을 선택하여 정문을 작성하고자 하였기 때문에, 단락이 불분명하고 주체가 명확하지 않아 판독에 따라 내용이 달라지는 『삼국지』 한전보다 『후한서』의 내용이 활용하기 용이했을 것이다.[37]

〈표 3〉『한원』 소인 『위략』의 일문 및 그와 연관된 『삼국지』 기사

	『한원』	『삼국지』
1번 주문	魏略曰 韓在帶方南 東西以海爲限 地方四千里 一日馬韓 二日辰韓 三日弁辰 辰韓古之辰國也 馬韓在其西 其人土著 種稻 知作綿布 鯷壑東鯷人居海中州 鼇波俱海也有也	韓在帶方之南 東西以海爲限 南與倭接 方可四千里 有三種 一日馬韓 二日辰韓 三日弁韓 辰韓者 古之辰國也 馬韓在西 其民土著 種植 知蠶桑 作緜布
3번 주문	魏略曰 三韓各有長師 其置官 大者名巨智 次日邑借 凡有小國五十六 惣十餘万戶 辰王治目支國 (目)支國置官 赤多日臣智	各有長帥 大者自名爲臣智 其次爲邑借 散在山海間 無城郭 … 凡五十餘國 大國萬餘家 小國數千家 總十餘萬戶 辰王治月支國 臣智或加優呼臣雲遣支報安邪踧支濆臣離兒不例拘邪秦支廉之號 其官有魏率善邑君歸義侯中郎將都尉伯長

33 김남중, 2018, 「『魏略』 韓傳의 특징과 『三國志』·『三國史記』와의 관계」『한국고대사탐구』 28, 139쪽

34 김병곤, 앞의 논문, 26쪽

35 고병익, 1966, 「中國歷代正史의 外國列傳 -朝鮮傳을 중심으로-」『大同文化硏究』 2.; 전해종, 1980, 「兩書 東夷傳의 比較考察과 後漢書 東夷傳의 檢討」『東夷傳의 文獻的 研究; 魏略·三國志·後漢書 東夷關係 記事의 檢討』, 일조각.

36 신현웅, 2002, 「『後漢書』 韓傳 記錄의 解釋」『신라문화』 20, 354~355쪽

37 박대재, 2002, 「『三國志』 韓傳의 辰王에 대한 재인식」『한국고대사연구』 26, 36쪽

	『한원』	『삼국지』
7번 주문	魏略曰 辰韓俗喜歌舞彈瑟 瑟形似筑 兒生 欲其頭扁 便以名押其頭 今辰韓人皆扁頭 亦文身 施竈皆在戶西 其續盧國与倭界梭 其人形皆大 衣服潔淨也	俗喜歌舞飮酒 有瑟 其形似筑 彈之亦有音曲 兒生 便以石壓其頭 欲其褊 今辰韓人皆褊頭 男女近倭 亦文身 … 施竈皆在戶西 其瀆盧國與倭接界 十二國亦有王 其人形皆大 衣服潔淸 長髮 亦作廣幅細布
9번 주문	魏略曰 辰韓人常用馬韓人作主 代代相承 其地宜五穀 若作縑布 服牛乘馬 其俗嫁娶 男女有別 以大鳥羽送死 其意欲使死者飛颺	其十二國屬辰王 辰王常用馬韓人作之 世世相繼 辰王不得自立爲王 土地肥美 宜種五穀及稻 曉蠶桑 作縑布 乘駕牛馬 嫁娶禮俗 男女有別 以大鳥羽送死 其意欲使死者飛揚

의도적으로 『삼국지』를 제외하는 대신 삼한 편목에서는 네 군데에 걸쳐 『위략』의 기사를 인용하였다. 위의 〈표 3〉은 『한원』 소인 『위략』의 일문 및 그와 연관된 내용을 담고 있는 『삼국지』의 기사이다. 현재 『위략』 일문은 몇몇 형태로 전하는데 가장 잘 알려져 있는 것은 역시 배송지가 『삼국지』에 註釋을 붙이면서 인용한 것이다. 그런데 『한원』 소인 『위략』의 경우 배송지 주에 보이는 『위략』 이외의 내용도 전하고 있다.[38] 『한원』에 인용된 『위략』 기사의 특징은 진한의 풍습에 비해 마한의 풍습이 거의 다뤄지지 않았다는 점이다. 1번 주문에 기록된 삼한의 위치, 3번 주문에서 삼한의 군장 호칭 및 인구 규모 정도가 삼한에 대한 공통의 기사이고, 나머지는 모두 진한 위주의 기록이라 할 수 있다. 그것은 마한과 진한의 풍습 기사를 모두 풍부하게 담고 있는 『삼국지』와 큰 차이를 보인다.

그런데, 삼한 편목에 인용된 『위략』과 『후한서』의 인식상 차이 역시 상당히 크다. 특히 진국 및 진왕에 대한 부분에서 그 차이가 두드러진다.[39] 1번 주문에서 『위략』은 '辰韓古之辰國也'라 하여 진국을 진한과만 연결해서 이야기하고 있는 반면 3번 주문에서 『후한서』는 '皆古之辰國也'이라 하여 삼한을 모두 진국과 연결시켰다. 또한 3번 주문에서 『위략』은 辰王이 目支國을 다스린다는 내용만 전하고 辰王이 삼한 전체에서 어떤 영향력을 가지고 있었는지에 대해서는 서술하고 있지 않다. 반면 『후한서』에서는 마한이 共立하여 그 種으로 진왕을 세웠으며, 진왕은 목지국에 도읍하고 삼한 전체의 왕이 되

38 다만, 『한원』의 필사 과정에 대한 신뢰성 문제는 남아있다. 즉, 『한원』에 인용된 『위략』이 원형이 담겨 있는 것인가 하는 점은 여전히 실증하기 어려운 것이다. 아울러 『위략』은 그 외에 『藝文類聚』, 『北堂書鈔』, 『初學記』, 『太平御覽』 등 여러 사서에 일문으로 전한다.

39 진국 및 진왕에 대한 한국학계의 논의는 문창로, 2003, 「『三國志』 韓傳의 '辰王'에 대한 理解方向」 『韓國學論叢』 26.; 문창로, 2017, 「『삼국지』 韓傳의 '三韓' 인식」 『동북아역사논총』 55.; 김남중, 2018, 「『魏略』 韓傳의 특징과 『三國志』·『三國史記』와의 관계」 『한국고대사탐구』 28 등 참고.

었다고 기술하고 있다. 『위략』을 먼저 인용한 후 『후한서』를 통해 보충하고 있는 형태인데, 앞서 인용한 『위략』의 기사를 언급하지 않았더라도 『후한서』의 기록만을 통해서도 해당 내용을 모두 설명할 수 있었던 것이다.[40] 이상을 통해 『한원』 찬자는 삼한 편목을 작성하면서 『위략』을 가장 중시하였고, 『후한서』를 통해 그 내용을 보충하는 방식으로 내용을 구성하였음이 확인된다.

2. 삼한의 역사 계승에 보이는 특징

『한원』의 삼한 인식과 관련하여 주목되는 것 중 하나는 백제, 신라 편목에서 그 역사적 계승 관계를 거론하면서 삼한에 대한 내용을 포함하고 있다는 것이다. 아래는 고(구)려, 신라, 백제 편목에서 그 출자를 명시한 정문과 주문 내용이다.

[사료 2] 『한원』의 동이지역 역사계승 인식

1) 고(구)려

1번 정문 : 靈河演貺 照日晷以含胎 伏鼈摛祥 叩骨城而闢壤

1번 주문 : 魏牧魏後漢書曰, "高句驪者, 出於夫餘, 自言先祖朱蒙, 朱蒙母河伯女. 夫餘王閉於室中, 爲日所照, 引身避之, 日影又逐. 旣而有孕, 生一卵, 大如五升. 夫餘王棄之與犬食, 犬不食. 棄之與豕, 〻又不食. 棄之於路, 牛馬避之. 又棄之於野, 鳥以毛茹之. 夫餘王剖之, 不能破, 遂還其母. 其母以物裹之, 置於暖處. 有一男破殼而出. 其長也, 字之曰朱蒙, 其俗言朱蒙者善射也. …(후략)"

2) 신라

2번 정문 : 宅壤疏彊, 創趾卞辰之域.

2번 주문 : 括地志曰, "新羅治金城, 本三韓之故地." 范曄, 後漢書曰: "韓有三種." 魏志曰: "韓在帶方之南, 東西以海爲限, 南與倭接, 方可四千里. 馬韓在西, 辰韓在馬韓之東. 其耆老傳言, 古之亡人, 避秦役[來適]韓國, 韓割東界地與之." 今案, 新羅百濟共有三韓之地, 百濟在[西], 即馬韓之地, 新羅在東, 即辰韓・卞辰之地也.

40 김남중, 2018, 앞의 논문, 135~136쪽.

3) 백제

1번 정문 : 國鎭馬韓地, 苞狗素

1번 주문 : 東夷記曰, "百濟治建居狄城, 本馬韓之地." 范曄後漢書東夷傳曰: "韓有三種, 凡七十八國, 百濟是其爲." 魏志曰: "馬韓有羊皮國, 狗素有也."

먼저 고구려에 대해서는 '주몽신화'를 인용하며 부여에서 출자했다는 사실을 언급하였다. 주지하다시피 '주몽신화'는 중국 정사에서 『위서』 이래 채택되었는데 『한원』에서는 위수의 『후한서』를 인용하며 그 내용을 자세하게 전하고 있다. 앞서 Ⅱ장에서 언급하였던 삼한=고구려라는 인식이 현실에서 통용되고 있던 상황이었지만, 그와 별개로 고구려의 부여 출자를 기록하고 있는 것이다. 다음으로 신라의 경우 『괄지지』와 『후한서』를 언급한 후 今案으로 '新羅在東, 即辰韓·卞辰之地也'라 하여 辰韓·卞辰과의 연관성을 상정하였고, 정문에서는 변진의 영역에서 나라를 세운 것으로 봤다. 마지막으로 백제에 대해서는 『동이기』와 『후한서』, 『삼국지』를 차례대로 간략하게 인용하면서 마한과의 연관성을 언급하였다. 이 중 신라가 변진에서 기원한다는 인식은 장초금의 오류인데, 이에 대해서는 『삼국지』 한전에서 "弁辰韓合二十四國"의 "弁辰韓"을 弁辰 즉 弁韓에 대한 사항으로 여겨, 그 24국 중 하나인 斯盧國을 변한의 나라로 파악하면서 발생된 것이라고 보기도 하고,[41] 『括地志』, 『隋東蕃風俗記』, 『高麗記』 등 편찬 당시의 최신 자료를 전거로 들면서 이전 자료에 대해 주의 깊게 살피지 않은 것이 아닌가 추정하기도 한다.[42]

『한원』에 보이는 삼한과 삼국의 계승 관계는 일부 오류가 있기는 하지만, 대체로 오늘날의 인식과 크게 차이가 없다.[43] 하지만, 『한원』이 편찬되던 7세기 당시 삼한과 삼국 사이의 계승 관계에 대한 이해가 그리 단순했던 것만은 아니다. 삼한=삼국, 삼한=고구려 라는 당대 변화되던 인식 이외에도 장초금이 『한원』을 편찬하는 과정에서 검토하고 참고했을법한 중국 정사류의 인식은 아래 〈표 4〉에서 보는 바와 같이 다양한 양상을

41 那珂通世, 1895, 「朝鮮古史考 -三韓考-」『史學雜誌』 6-6, 42쪽 ; 金貞培, 1968, 「三韓位置에 對한 從來說과 文化性格의 檢討」『사학연구』 20 ; 金貞培, 2000, 『韓國 古代史와 考古學』, 신서원, 276쪽.

42 곽승훈, 2006, 「『한원(翰苑)』 신라전 연구」『한국고대사연구』 43

43 삼한-삼국의 계승관계 인식에 대해서는 박대재, 2017, 「삼한시기 논쟁의 맥락과 접점」『한국고대사연구』 87 참조.

보이고 있다.

〈표 4〉 중국 정사류의 동이전 구성과 출자관계

서명	편찬시기	동이전 구성	출자 관계
史記	B.C. 91년	(古朝鮮)	
漢書	1세기말~ 2세기초	朝鮮	
後漢書	432년	夫餘 挹婁 高句驪 東沃沮 濊 **韓** 倭	고구려 : 夫餘別種
三國志	3세기말	烏丸 鮮卑 夫餘 高句麗 東沃沮 挹婁 濊 **韓** 倭	고구려 : 夫餘別種
晉書	646년	夫餘國 **馬韓** **辰韓** 肅愼氏 倭人 裨離	
宋書	488년	高句驪國 百濟國 倭國 等	고구려 : 언급없음(東夷高句國, 今治漢之遼東郡.) 백제 : 언급없음
南齊書	6세기 초	高麗國 (百濟國) 加羅國 倭國	고구려 : 언급없음 백제 : 언급없음 加羅 : 三韓
梁書	636년	高句驪 百濟 新羅 倭	고구려 : 北夷 櫜離 백제 : 삼한국(마한) 신라 : 辰韓種
陳書	×	×	×
魏書	554년	高句麗 百濟國 勿吉國	고구려 : 부여 백제 : 부여
北齊書	×	×	×
周書	636년	高句麗 百濟	고구려 : 부여 백제 : 馬韓之屬國, 夫餘之別種.(구태)
南史	659년	高句麗 百濟 新羅 倭國	고구려 : 『北史』에 기록 백제 : 삼한국 신라 : 『北史』에 기록
北史	659년	高句麗 百濟 新羅 勿吉 流求 倭	고구려 : 부여 백제 : 馬韓, 索離國 신라 : 辰韓
隋書	656년	高麗 百濟 新羅 靺鞨 流求國 倭國	고구려 : 부여 백제 : 고구려 신라 : 옥저로 쫓겨간 고구려 유민 중 남아있던 자들

『사기』에서 『수서』에 이르기까지 중국 정사에서 다루고 있는 동이전의 구성을 살펴보면, 서로의 계승 관계에 대해 대체로 『남제서』이래 관심을 두고 있는데 고구려에 대해서는 부여에서 출자한 것으로 보고 있지만 『양서』에서는 '其先出自東明, 東明本北夷櫜離王之子'라 하여 고리국을 언급하였다. 백제에 대해서는 사례가 더욱 다양한데, 『양서』에서는 삼한 중 마한과 출자를 연결했지만, 『위서』에서는 부여와 연결하였고, 『주서』에서는 '馬韓之屬國, 夫餘之別種'라 하여 마한과 부여를 모두 언급하였다. 이 외에도 『북

사』에서는 '馬韓之屬也, 出自索離國'라 하였고, 『수서』에서는 '百濟之先, 出自高麗國'라 하여 고구려에서 출자한 것으로 보았다. 다음으로 신라의 출자에 대해서는 『양서』, 『남사』, 『북사』 등에서는 辰韓으로 표기한 반면, 『수서』에서는 '옥저로 쫓겨간 고구려 유민 중 남아있던 자들'이 신라를 세웠다고 하며 '그 나라의 왕은 본래 百濟 사람인데, 바다로 도망쳐 신라로 들어갔고 마침내 그 나라의 왕이 되었다'고 기록하였다. 아울러 『남제서』에서는 加羅國傳을 편성하여 그 출자를 삼한과 연결하였다. 언급한 정사류들이 대체로 6세기 중반에서 7세기 중후반 사이에 편찬된 것이라는 점을 고려해보면 삼국의 출자에 대해 이처럼 다양한 사례가 언급되고 있다는 점은 특징적이다.

한편, 편목의 구성 측면에서도 『한원』은 여타 정사류와 차이가 있다. 정사류의 외국전에는 당연히 해당 사서의 해당시기에 존재하고 있던 주변지역의 국가를 편목으로 설정하기 때문에 이를 통해 동이 제국의 변화상을 확인할 수 있다. '부여전'의 경우 『후한서』이래 『진서』까지 편성되었고, 그 이후로는 더 이상 편성되지 않는다. 『후한서』와 『삼국지』에서 부여전은 고구려전과 병존하고 있으며, 양서에 모두 고구려가 '부여별종'으로 표기되어 있다. '한전'의 경우는 『후한서』와 『삼국지』에 마한, 진한, 변진(변한) 관련 내용이 수록되었고, 『진서』에는 마한전과 진한전이 별도로 편성되었다. 다만 부여전과 고구려전이 『후한서』와 『삼국지』에서 병존하고 있던 것과 다르게 한전(삼한전)과 백제전 혹은 신라전이 함께 편성된 경우는 없다. 『송서』에는 백제전이, 『남제서』에는 백제전과 가라전, 『양서』에는 백제전과 신라전이 편성되었고 이후에는 약간의 출입이 있지만 대체로 백제전과 신라전이 수록되었다.[44]

이상과 같이 중국 정사류의 동이전 편성과 출자관계를 살펴보았을 때, 『한원』의 편목구성과 출자 관계 파악이 7세기 당시의 상황에서 보편적인 것이라고 말할 수는 없다. 아울러 『한원』의 편목 구성은 100년 정도 후에 편찬되는 『통전』에 朝鮮, 濊[音穢], 馬韓, 辰韓, 弁辰, 百濟, 新羅, 倭, 夫餘, 高句麗, 東沃沮 등이 모두 망라되어 있는 것과도

---

44 이와 관련하여 신라 편목의 1번 주문에서는 『괄지지』를 인용하여 "『진서』, 『송서』, 『남제서』, 『양서』에는 모두 正傳이 없다. 그러므로 그 나라가 있게 된 연유를 상세하게 얻을 수 없다"라고 하였는데, 이는 사실 『양서』에 신라전이 편성되어 있는 것을 장초금이 확인하지 않고 『괄지지』의 내용을 인용한 것이라 할 수 있다. 신라라는 국호로 열전이 편성된 것은 『양서』가 처음이라는 점에서 위의 신라 1번 주문의 내용은 장초금의 집필 스타일을 추적할 수 있는 실마리가 된다. 즉, 장초금은 모든 책을 다 망라하기보다는 편목별로 중심되는 사서를 설정한 후 이를 토대로 삼아 주요 사항을 정리하는 방식으로 서술을 진행했음을 유추해볼 수 있다.(곽승훈, 2006, 앞의 논문, 266~267쪽.)

비교된다. 『통전』에 朝鮮을 비롯하여 동옥저, 예 등이 포함된 것은 그만큼 동이 지역에 대한 종합적 이해의 수준이 높아졌음을 의미하는 것이다. 이는 역으로 생각하면 『한원』의 편찬 단계에서는 오랜 기간 지속되어 온 이민족의 지배에서 벗어나 漢의 계승을 통한 中華 재건을 표방하면서 삼국에 대한 관심과 인식 역시 '군현의 회복'으로 수렴되었던 상황[45]을 반영하는 것으로 판단할 수 있다. 오랜 기간 전쟁이 수행되는 가운데 四夷에 대한 관심이 증대되던 과정 속에서 장초금은 당시 편찬된 여러 역사서들을 꼼꼼하게 살피며 비교 분석하고 정리하기보다는 앞선 시기의 사서들과 최신의 정보를 적절히 활용하여 내용을 채워나갔다고 볼 수 있다.[46]

Ⅳ. 맺음말

7세기 이후 '삼한'이라는 용어는 그 의미가 확대되었다. 한반도 중·남부지역에 한정되었던 기존 인식의 범위를 넘어서 요동 및 한반도를 아울러 포함하는 지역이나 종족을 의미하게 되었다. 이러한 변화는 당시의 시문집이나 조정의 공식 조서, 묘지명 등 금석문에 이르기까지 확인되는 것으로 꽤 광범위한 것이라 할 수 있다.

660년 경 편찬된 『한원』의 편찬 과정에서도 '역사적 삼한'과 '현실적 삼한' 인식은 서로 혼재될 가능성이 있었다. 뿐만 아니라 중국 정사류 등 장초금이 참고할 수 있는 범위의 사서들이 보이는 동이 국가들의 출자관계 역시 일정한 것은 아니었다. 이러한 상황에서 장초금은 삼한 편목을 총 10개의 정문과 주문으로 구성하면서, 주문에서는 『후한서』를 7회, 『위략』을 4회 인용하였다. 특기할만한 것은 『삼국지』 한전을 전혀 인용하고 있지 않다는 점이었다. 이들 주문의 인용 방식을 분석해보면 『한원』 찬자는 삼한 편목을 작성하면서 『위략』을 가장 중시하였고, 『후한서』를 통해 그 내용을 보충하는 방식을 사용했음을 확인할 수 있다. 또한 소재 면에서도 정치적 사안이나 대외관계 관련

45 朴漢濟, 1993, 「7세기 隋唐 兩朝의 韓半島進出 經緯에 대한 一考」 『동양사학연구』 43.; 김선민, 1995, 「당태종의 대외팽창책」 『동아시아의 인간상』, 혜안.; 김선민, 2003, 「隋 煬帝의 軍制改革과 高句麗遠征」 『동방학지』 119.; 정순모, 2012, 「隋唐시기 高句麗 遠征과 儀禮」 『역사와담론』 62, 3쪽.; 여호규, 2020, 「7세기 만주·한반도 전쟁과 지정학 구도의 재편」 『역사비평』 131.

46 곽승훈, 2006, 앞의 논문, 279~280쪽.

내용보다는 대부분 민족지적 서술에 집중하고 있었다. 즉,『한원』 찬자는 변화되던 '삼한'의 인식에 대해 면밀하게 분석하고 대응하는 대신 상대적으로 내용 파악이 용이한 사서를 중심으로 삼한 편목을 구성하고 있었다. 그것은 漢의 계승을 통한 中華 재건을 표방하던 수 · 당대 대외인식을 반영하는 것인 동시에, 아직 동이 지역에 대한 종합적 이해에 이르지 못하던 상황을 반영해주는 것이다.

『고려풍속』과 『고려기』
수·당의 고구려 탐방과 7세기 동아시아

이정빈

Ⅰ. 머리말

『翰苑』 등에 인용된 『高麗記』(이하 『고려기』)는 7세기 고구려의 역사를 이해하는 데 필수적인 사료의 하나이다. 『고려기』는 『구·신당서』 경적지·예문지에 보이는 『奉使高麗記』(1권)와 같은 책으로,[1] 641년 고구려를 탐방한 唐使 陳大德의 復命書에 기초하였다고 파악되는데,[2] 『통전』 고구려조 및 『구·신당서』 고려전의 주된 전거자료 중 하나였다.[3] 그런 만큼 사료적 가치가 높이 평가된다. 『고려기』는 역사만 아니라 문물과 지리도 담고 있었는데, 특히 지리는 저술의 목적이 7세기 중반 당의 고구려 정책과 밀접하였음을 말해준다.[4] 『고려기』를 인용한 『한원』은 660년 무렵의 저술이었는데,[5] 이 책에서 『고려기』를 중시한 이유도 그 때문이었다.[6]

『고려기』가 7세기 중반 당의 고구려 정책을 반영한 저술이었다고 하면, 그 특징은 무

---

1 『구당서』 권46, 지26 경적上 ; 『신당서』 권58, 지48 예문2.

2 吉田光男, 1977, 「『翰苑』註所引「高麗記」について-特に筆者と作成年次-」 『朝鮮學報』 85, 朝鮮學會 ; 전상우 譯, 2019, 「『한원』에 인용된 『高麗記』」 『중원문화연구』 27, 충북대학교 중원문화연구소, 210~219쪽 ; 高福順·姜維公·戚暢, 2003, 『高麗記研究』, 吉林文士出版社(조복현 外 번역, 동북아역사재단 내부자료 번역-15, 38~73쪽, 이하 번역서 인용).

3 吉田光男·전상우 譯, 2019, 앞의 논문, 194~199쪽.

4 武田幸男, 1994, 「『高麗記』と高句麗情勢」 『于江權兌遠教授定年紀念論叢 民族文化의 諸問題』, 江權兌遠教授定年紀念論叢 刊行委員會 ; 김효진 譯, 2019, 「『高麗記』와 高句麗 情勢」 『중원문화연구』 27, 충북대학교 중원문화연구소, 245~250쪽 ; 方香淑, 2008, 「7세기 중엽 唐 太宗의 對高句麗戰 전략 수립 과정」 『中國古中世史研究』 19, 314~318쪽 ; 童嶺, 2017, 「貞觀年間唐帝國的東亞情報·知識與逸籍」 『東方學報』 92, 京都大學人文科學研究所, 48~51쪽.

5 윤용구, 2011, 「『翰苑』 蕃夷部의 注文構成에 대하여」 『百濟文化』 45, 공주대학교 백제문화연소 ; 2021, 「『翰苑』의 편찬과 蕃夷部」 『白山學報』 120, 103~106쪽.

6 윤용구, 2005, 「隋唐의 對外政策과 高句麗 遠征—裵矩의 '郡縣回復論'을 중심으로—」 『북방사논총』 5, 66~68쪽 ; 2018, 「『翰苑』의 편찬과 蕃夷部」, 동북아역사재단 한국고중세사연구소 편, 『역주 한원』, 동북아역사재단, 14쪽(이하 『한원』 원문은 역주서의 교감에서 인용).

엇이었을까. 이러한 의문을 해소하기 위해서는 비교 검토가 효과적이다. 이와 관련하여 주목되는 것이 배구(547~627)가 저술한 隋代의 『고려풍속』(1권)이다.[7] 『고려풍속』 역시 고구려 탐방 결과였다. 수 · 당의 고구려 정책에서 배구 · 진대덕의 활동과 역할도 유사하였다.[8] 그런데 『고려풍속』은 『구 · 신당서』 경적지 · 예문지에 서명만 전한다.[9] 그러므로 일찍부터 『고려풍속』과 『고려기』를 비교의 대상으로 주목하였지만, 본격적인 검토는 진행하지 못하였다.

그럼에도 불구하고 배구의 활동과 『서역도기』와 같은 저술을 보다 자세히 살펴보면, 『고려풍속』 저술의 배경은 어느 정도 짐작해 볼 수 있다. 또한 『수서』 고려전과 각종 風俗記 그리고 『고려기』와 『구 · 신당서』 등의 사서를 비교해 보면, 내용의 윤곽도 헤아려 볼 수 있다. 이렇듯 『고려풍속』의 저술 배경과 내용을 가늠해 볼 수 있다면, 『고려기』에 대한 이해도 보완할 수 있다. 그렇다고 한다면 대략적이나마 『고려풍속』과 『고려기』의 공통점과 아울러 차이점도 생각해 볼 수 있을 것이다. 그리고 7세기 동아시아사 속에서 양서의 역사적 의미를 생각해 볼 수 있을 것으로 기대한다.

Ⅱ. 전쟁을 목적으로 한 兩書의 저술

현재 『고려풍속』은 서명만 전한다고 했다. 다만 다음의 사료를 보면, 저술의 목적과 시점을 짐작해 볼 수 있다.

> A-1. [배구는] 이부시랑으로 관직을 옮겼는데, 직무를 잘 수행한다고 이름이 알려졌다. 양제가 즉위하고 東都[낙양]를 건설하였는데 배구는 府省 수축을 맡아 90일 만에 끝마쳤다. 이때 서역의 諸蕃 중에서 張掖에 와서 중국과 교역하는 자가 많았다. 황

---

7 武田幸男 · 김효진 譯, 2019, 앞의 논문, 238~239쪽 ; 李康來, 1998, 「7세기 이후 중국 사서에 나타난 韓國古代史像—통일기 신라를 중심으로—」 『韓國古代史研究』 14, 218~219쪽.

8 武田幸男 · 김효진 譯, 2019, 앞의 논문, 239쪽.

9 『구당서』 권46, 지26 경적上 ; 『신당서』 권58, 지48 예문2. 『고려사』 권10, 세가10 선종 8년(1091) 6월 병오(18일)를 보면 송에서 고려에 요청한 도서의 목록이 나오는데, 그 중에 『高麗風俗記』(1권)가 보인다. 이를 배구의 『고려풍속』과 같은 책이 아닐까 추정하기도 하였다(童嶺, 2017, 앞의 논문, 57쪽).

제가 배구에게 명하여 그 일을 관장하도록 하였다. ㉠ 배구는 황제가 먼 나라를 경략하는 데 힘쓰고 있는 것을 알았다. ㉡ [이에] 諸商 중에서 胡에서 온 자가 있으면, 배구가 그 나라의 풍속과 산천의 險易를 말하도록 권유하여 『西域圖記』 3권을 찬술하였다. 입조하여 이를 상주하였다. 그 서문은 다음과 같다. (중략: 사료 A-2 참조) 황제가 크게 기뻐하며 물품 500단을 하사하였다. 매일 배구를 인견하고 어좌에 오게 하여 친히 서방의 일을 물었다. 배구는 胡中에 여러 보물이 많은데 吐谷渾은 쉽게 병탄할 수 있다고 역설하였다. ㉢ 황제가 이로 말미암아 [서역을] 선망하여 향후 서역과 통하고 四夷를 경략하는 일을 모두 그[배구]에게 위임하였다. 민부시랑으로 관직을 옮겼는데, 일을 맡아보기 전에 황문시랑으로 옮겼다.

(『수서』 권67, 열전32 배구)

A-2. [『서역도기』 서문] 황상께서는 천명을 받아 만물을 양육하셨는데 華夷를 구분하지 않으셨고, 온 땅의 백성은 교화를 바라지 않음이 없었습니다. 바람이 불어오는 곳에서 태양이 떨어지는 곳까지 직공이 모두 통하여 멀다고 하여 오지 않은 곳이 없었습니다. 신은 이미 [서역을] 위무하고 받아들이기 위해 關市를 맡았습니다. [이에] ㉠ 전적을 깊이 탐구하였고, ㉡ 胡人을 탐방·취재하였으며, ㉢ 만약 의문이 있으면 여러 사람의 의견을 상세히 검토하였습니다. Ⓐ 그 本國의 복식과 용모를 비교하여 왕에서 서인까지 용모와 태도를 각각 드러냈습니다. 그림으로 모사하여 『서역도기』 모두 3권을 완성하였으니, 모두 44국입니다. Ⓑ 아울러 地圖를 별도로 제작하여 그 나라의 要害를 깊이 연구하였습니다. 西頃山[지금의 감숙성 서남]에서 北海[카스피해]의 남쪽까지 종횡으로 이어진 곳이 무려 2만 리입니다. ㉮ 부유한 거상이 두루 돌아다는 곳을 살폈으므로, 諸國의 사정에 모두 알지 않음이 없었습니다. ㉯ 또한 멀리 떨어진 지역은 끝내 탐방하여 알기가 어려웠는데, 아무런 근거도 없이 꾸밀 수 없었기 때문에 공백으로 남겼습니다. 전한에서 후한까지 서역을 갖고 쓴 전기에서는 민이 수십 호에 불과한데 국왕을 칭하기도 하여 단지 이름만 있을 뿐이고 그 실상과 어긋나기도 하였습니다. 지금의 편찬[『서역도기』]에서 [기술한 서역의 제번은] 모두 천 호를 넘고, 서쪽 세상 끝까지 매우 유익하며, 진기한 물산이 많이 담겨 있습니다. 그 산속에 사는 족속은 국명이 없고 부락이 작아 싣지 않은 것도 많습니다. (중략) 황상의 마음은 덕이 깊고 넓으시어 은택이 온 천하에 미치셨고, 복속시키고 위무하시어 평안히 살도록 힘써 보살피셨습니다. 그러

므로 ⓐ 皇華에서 사신을 보내면 군대를 움직이지 않고서도 諸蕃이 먼저 순종할 것으로, 토욕혼과 돌궐은 멸망시킬 수 있습니다. ⓑ 융적과 중화를 통일하는 것은 아마도 이와 같은 방책에 있지 않겠습니까. 기록이 없다면, [황상의] 위엄과 덕화의 원대함을 표현할 수 없을 것입니다. (『수서』 권67, 열전32 배구)

위 사료는 배구의 『西域圖記』 저술과 관련한 내용을 담고 있다. 현재 『서역도기』 역시 본문은 남아 있지 않지만, 배구의 傳記에서 저술의 배경과 아울러 서문이 전한다. 이를 각각 사료 A-1과 사료 A-2로 구분하였다.

수 양제(재위: 604~618)의 즉위 이후 장액에서는 서역의 제번과 교역이 활발하였다고 하였다. 배구는 교역 업무를 관장하였는데, 『서역도기』는 이때 저술하였다고 한다. 사료 A-1-㉠에 보이듯 양제가 먼 나라를 경략한 뜻에 부응하고자 하였다는 것이다. 실제 『서역도기』를 헌상받은 양제는 배구를 한층 신임하였고, 그의 온갖 진언과 상서가 자신의 구상이자 계획이었다고 하였다.[10] 복심과 같이 여긴 셈이다. 그리고 사료 A-1-㉢처럼 배구에게 서역만 아니라 四夷 경략을 맡겼다고 하였다. 『서역도기』는 교역의 증가란 현실을 배경으로, 사이 경략이란 미래를 목적으로 하였는데, 양제의 대외정책 구상을 부축하고 있었던 것이다.

보다 구체적인 논의를 위해 사료 A-1-㉡을 살펴보자. 배구는 서역에서 온 諸商을 탐문하였고, 그 나라의 풍속과 산천의 險易를 진술받았다고 하였다. 이와 관련하여 『서역도기』의 서문 즉 사료 A-2의 Ⓐ가 참고된다. 이를 보면 『서역도기』의 내용이 소개되어 있는데, 본국의 복식과 용모를 그림으로 모사하였다고 하였다. 물론 그림만 담겨져 있지는 않았을 것이다. 圖記란 서명처럼 기록을 동반하였다고 짐작된다.[11] 이와 같은 그림과 기록이 서역의 제상에게 진술받은 각국의 풍속에 해당하였을 것이다.

배구가 진술받은 산천의 험이가 주목된다. 이와 관련하여 사료 A-2-Ⓑ가 주목된다. 배구는 『서역도기』와 함께 별도로 지도를 제작하였다고 하였다. 『서역도기』의 부록이었다고 할 수 있는데, 배구는 지도를 통해 각국의 要害를 깊이 연구하였다고 하였다. 『서

---

10 『수서』 권67, 열전32 배구.

11 『梁職貢圖』와 유사한 체재가 상정된다. 다만 각국의 사신만 아니라 국왕에서 서인까지 여러 계층의 인물을 구분·망라하였다는 점에서 차이점도 고려된다.

역도기』에 부록된 지도는 군사적 요충지를 표현·연구한 것이다. 산천의 험이란 군사활동을 위한 지리정보였던 셈이다. 이와 같이 보건대 『서역도기』를 통하여 추구된 배구와 양제의 사이 경략이란 결국 군사활동, 다시 말해 팽창적인 대외전쟁을 염두에 둔 것으로 이해할 수 있다.

실제 배구는 『서역도기』를 저술한 다음 양제에게 서역에 여러 보물이 많은데 토곡혼은 쉽게 병탄할 수 있다고 역설하였다. 토욕혼 공격계획안과 실행 가능성을 보고한 것이다. 이와 관련하여 608년 7월 당의 토욕혼 공격이 참고된다.[12] 이때 배구는 철륵에 誘說하여 토욕혼을 공격하게 하였다. 이로써 토욕혼을 제압하고 그 지역을 차지할 수 있었는데, 사료 A-2-ⓐ에서 제시된 방책처럼 교섭을 통해 주변의 나라를 통해 토욕혼을 멸망시키고자 한 것이다.

이처럼 『서역도기』는 팽창적인 대외전쟁을 목적으로 저술되었고, 이를 위해 군사활동에 필요한 지리정보를 중시하였다. 전쟁 목적의 군사정보 보고서로서 기능하였던 것이다. 『고려풍속』도 이와 유사한 저술이었다고 짐작된다. 『서역도기』처럼 복식과 용모 등의 풍속을 담고 있었을 뿐만 아니라 지리를 주된 내용의 일부로 서술하였다고 생각된다. 이는 『구·신당서』 경적지·예문지에서 『고려풍속』이 『서역도기』와 함께 史部 地理에 분류되어 있다는 사실로 미루어 보아도 충분히 짐작할 수 있다.[13] 이와 관련하여 隋代에 저술된 각종 風俗記도 참고된다.

『隋東藩風俗記』와 『隋北蕃風俗記』가 대표적이다.[14] 두 책은 서명에서 짐작할 수 있듯이 隋代의 저술이었다고 할 수 있는데, 『수서』 경적지를 보면 『北荒風俗記』(2권)·『諸蕃風俗記』(2권)·『突厥所出風俗事』(1권)·『諸蕃國記』(17권) 등의 서명도 보인다.[15] 역시 史部 地理로 분류되었다. 『수동번풍속기』와 『수북번풍속기』도 그와 같은 성격의 저술이었을 것이다. 그런데 『수동번풍속기』와 『수북번풍속기』의 일문은 풍속·지리가 아니라 국제관계 및 국제정세에 관한 것이었다. 다만 배구의 토욕혼 공격에서 드러나듯 국제관계와 국제정세 또한 대외정책 내지 전쟁과 무관치 않았다. 넓은 의미에서 전쟁 목적의 군

12 『자치통감』 권181, 수기5 대업 4년(608) 추7월.

13 『구당서』 권46, 지26 경적上 ; 『신당서』 권58, 지48 예문2. 『서역도기』는 『수서』 권33, 지28 經籍2에도 "隋西域圖三卷〈裴矩撰〉"으로 나오는데, 역시 지리서로 분류되었다

14 『한원』 권30, 번이부 신라 ; 『태평환우기』 권71, 河北道 燕州.

15 『수서』 권33, 지28 경적2.

사정보에 속하였다. 『고려풍속』도 그처럼 국제관계 및 국제정세를 비롯해서 전쟁 목적의 군사정보를 폭넓게 수록하였다고 추정된다. 그러면 『고려풍속』은 언제 저술되었을까. 저술의 시점이 궁금하다.

『고려풍속』의 서명은 『구·신당서』 경적지·예문지에 보인다고 하였는데, 『수서』 경적지에서는 찾아볼 수 없다. 후대의 저술이었을까. 『수서』의 紀傳은 629년부터 편찬되어 636년에 완성되었고, 志는 『五代史志』(편찬기간: 641~656)를 후대에 보충한 것이었는데, 경적지의 경우 서적의 水運 문제 등으로 불완전한 점이 있었다.[16] 『수동번풍속기』와 『수북번풍속기』 역시 『수서』 경적지 등에 서명이 보이지 않지만,[17] 『수동번풍속기』의 내용은 『수서』 신라전에서 살필 수 있다. 그러므로 『수서』 경적지에 보이지 않는다고 해서 후대의 저술이었다고 단정할 수는 없다. 배구의 저술로 나오는 만큼 그의 저술이었다고 생각된다. 배구는 627년 80세를 일기로 사망하였다.[18] 『고려풍속』 저술의 하한 시점일 것이다.

배구는 『서역도기』의 저술 이후 사이 경략을 맡았다고 하였다. 『고려풍속』은 사이 경략의 담당자로서 저술하였던 것으로 보인다. 동도 축조와 그의 관력(민부시랑—황문시랑)을 고려하면, 『서역도기』의 저술 시점은 606년에서 607년 상반기로 추정된다.[19] 따라서 『고려풍속』 저술의 상한 시점은 607년 전후로 볼 수 있다. 이와 관련하여 607년 8월 양제의 동돌궐 순행이 주목된다. 후술하듯이 이 순행에서 배구는 고구려의 동돌궐 교섭 시도를 두고, 나름의 견해를 피력하였다. 고구려 지역의 역사를 통해 신속의 당위성과

---

16 金光一, 2001, 「『隋書』「經籍志」는 어떻게 만들어졌는가」『중국문학』 56, 한국중국어문학회 참조.

17 이정빈, 2018, 『고구려-수 전쟁-변경 요서에서 시작된 동아시아 大戰-』, 주류성, 73쪽에서는 『수북번풍속기』가 『수서』 경적지의 『제번풍속기』를 가리킨다고 하였다. 이보다 먼저 高福順·姜維公·戚暢, 2003, 앞의 책, 41쪽에서도 같은 책으로 단언하였다. 반면 内藤虎次郎, 1970, 「舊鈔本翰苑に就きて」『内藤湖南全集』 7, 筑摩書房, 124쪽 ; 李基東, 1978, 「新羅 太祖 成漢의 問題와 興德王陵碑의 發見」『大丘史學』 15·16, 34쪽에서는 별개의 단행본이었다고 하였는데, 『제번풍속기』의 저술 시점은 논의하지 않았다. 李康來, 1998, 앞의 논문, 214~215쪽의 경우 『제번풍속기』가 隋代의 저술이었다고 하였다. 그런데 『구·신당서』 경적지·예문지의 史部 地理類와 달리 『수서』 경적지의 사부 지리류의 서명은 대체로 시기 순이었고(興膳宏·川合康三, 1995, 『隋書經籍志詳攷』, 汲古書院, 36쪽), 『제번풍속기』는 『북황풍속기』와 함께 남북조 시기의 서명 중에 보인다. 따라서 『제번풍속기』·『북황풍속기』는 남북조 시기의 저술이었고, 『수동번풍속기』·『수북번풍속기』와 별개의 저술이었을 가능성이 높다고 생각한다.

18 『구당서』 권100, 열전25 배구.

19 이정빈, 2018, 앞의 책, 150~151쪽.

공격의 필요성을 역설했던 것이다.

이와 같은 배구의 발언은 그가 고구려의 역사를 어느 정도 파악하고 있었음을 보여준다. 배구는 이때 이미 고구려에 대한 조사와 연구를 개시하였다고 여겨진다.[20] 그리고 그가 양제의 복심이었음을 고려하면, 『고려풍속』은 612년 수의 고구려 공격을 예비하여 저술되었을 가능성이 높다. 『서역도기』를 저술하였을 때처럼 고구려 공격계획안과 실행 가능성을 타진하지 않았을까 한다. 그렇다고 한다면 『고려풍속』은 607~612년 사이에 고구려 공격을 목적으로 저술되었다고 추측해 볼 수 있다.

이상과 같이 배구의 『고려풍속』은 그의 저술인 『서역도기』 그리고 隋代의 각종 풍속기와 더불어 지리서로 분류되었는데, 풍속만 아니라 지리를 비롯한 군사정보가 담겨져 있었다고 이해된다. 그리고 이러한 군사정보는 612년 수의 고구려 공격을 예비한 것으로, 전쟁 목적의 저술이었다고 파악된다. 그러면 『고려기』의 경우 어떠하였을까. 다음으로 『고려기』에 대해 살펴보자.

이번에는 저술 시점부터 짚어두자. 『고려기』는 『구 · 신당서』 경적지 · 예문지에 보이는 『봉사고려기』와 같은 책이었고, 641년 진대덕의 사행 복명서에 기초하였다고 하였다. 『고려기』는 641년의 사정을 담고 있으며, 사행 직후 저술되었을 것으로 생각된다. 이미 널리 인정되듯 진대덕이 주된 저자였다고 보아 좋을 것이다. 그러면 이제 저술의 목적을 살펴보자. 다음의 사료가 주목된다.

B-1. 정관 15년(641) 가을 7월. ㉠ 황상이 職方郎中 陳大德을 보내 고려[이하 고구려]에 사신으로 보냈다〈職方은 天下의 地圖와 城隍 · 鎭戍 · 烽候의 제도[數]를 관장하였고, 그 제후국의 원근과 四夷의 귀화를 판별하였다. 무릇 五方의 구역과 도읍의 치폐, 강역의 쟁송은 [직방낭중이] 제시하여 시정하였다〉. ㉡ 8월 기해(10일)에 [진대덕이] 고구려에서 귀환하였다. 진대덕은 처음부터 그 경내에 들어가서 산천 · 풍속을 알고자 하였다. 도착한 성읍마다 그 나라의 지방관에게 비단을 주면서 말하였다. "나는 평소부터 山水를 애호하였는데, 이 지역에 명승지가 있으면 내가 그를

20 李康來 1998, 앞의 논문, 218~219쪽. 이 논문에서는 612~614년 고구려—수 전쟁의 종군경험을 바탕으로 저술되었다고 추정하였다. 다만 607년 배구의 奏狀이 저술의 중요한 계기가 되었다고 하였다.

관람하고 싶소." 지방관이 기뻐하며 그를 인도하여 유람하였으니, 가지 않은 곳이 없었다. (『자치통감』 권196, 당기12)

B-2. 당의 진대덕이 직방낭중이 되었다. ㉠ 정관 15년(641)에 진대덕이 고구려에 사신으로 갔다. 처음부터 그 경내에 들어가서 그 國俗을 엿보고자 하였다. 매번 도착한 성읍마다 번번이 그 지방관[官守]에게 비단을 주었으니, 기뻐하지 않은 자가 없었다. 진대덕은 이에 말하였다. "내 성품이 산수를 애호하여 [관람할 생각을] 잊을 수가 없소. 이곳 어떤 곳에 산수의 명승지가 있으면 내가 때때로 가서 유람하고 싶소." 그 國人이 이를 믿고 아름다운 산수를 지나치게 되면, 번번이 인도하여 관람하게 하였다. (중략) ㉡ 진대덕이 평양에 도착하기까지 50리를 남기고, 남녀가 도로의 양측에서 구경하였는데, [모여든 사람이] 마치 담장과 같았고, [행렬이] 그 나라의 도성까지 이어졌다. 드디어 그 나라의 왕과 상견하였는데, 이때 군대를 성대히 펼쳐 보였다. 아마도 중국을 두려워하여 자신이 강하다고 [과시하였던] 모양이다. (『책부원귀』 권657, 奉使部6 機變)

위 사료는 641년 7~8월 진대덕의 고구려 사행에 관한 것이다. 진대덕은 고구려에 입경하였을 때부터 산천·풍속을 탐지하고자 하였다고 한다. 사행로상의 성읍마다 지리를 파악하였다고 하였다. 사료 B-2-㉡에서 평양 50리 지점에서부터 고구려의 백성이 도로의 양측을 가득 채웠다고 한 데서 짐작할 수 있듯이, 그의 사행로는 국경에서 평양으로 이어진 교통로였다. 이미 널리 알려진 大路였겠지만, 진대덕은 교통로와 교통로상의 성읍만 아니라 주변의 명승지까지 관람하였다고 하였다. 이를 통해 교통로와 주변의 주요 산천 및 지리 또한 파악하였을 것이다. 탐문을 통해 보다 폭넓은 지리정보도 수집하였다고 보인다.

『구·신당서』 경적지·예문지에 보이는 『봉사고려기』(1권) 역시 사부 지리류로 분류되었다. 실제 이미 지적된 것처럼 『고려기』에 보이는 주요 지명과 교통로는 645년 및 이후 당의 공격로와 밀접하였다.[21] 『고려기』를 통해 수집된 지리·군사정보가 전쟁에 활용된 일면이었다. 여기서 640년 12월 고구려의 태자 환권의 사행에 진대덕이 영접한 사실이

21 武田幸男·김효진 譯, 2009, 앞의 논문, 245~250쪽 ; 方香淑, 2008, 앞의 논문, 315~317쪽.

주목된다.[22] 『신당서』 고려전의 서술처럼 641년 7~8월의 사행은 고구려 환권의 사행에 대한 답방이었다.[23] 고구려 사신의 영접과 답방을 모두 진대덕이 담당하였던 것이다.

진대덕은 직방낭중이었다고 하였다. 직방낭중은 정5품상의 관직으로 상서성 소속 職方司의 장관이었다. 주요 직무는 사료 B-1-㉠에 제시된 『자치통감』 胡三省의 주에도 설명되어 있는데,[24] 그 중의 하나가 四夷의 귀화에 대한 것이었다. 따라서 진대덕의 고구려 교섭이 직방낭중의 직무와 무관하였다고 할 수만은 없다. 그런데 외국 사신의 영접은 본래 鴻臚卿(종3품)의 직무였다.[25] 외국 사신으로부터 산천과 풍토 등의 정보를 수집하는 업무 역시 홍려경이 맡았고, 630년 이후 책봉사 또한 홍려경의 직무에 속하였다.[26]

직방낭중은 사이의 귀화만 아니라 "天下의 地圖와 城隍·鎭戍·烽候의 제도를 관장"하였다. 홍려경이 수집한 외국의 산천·풍토 역시 직방낭중이 취합하였고 이를 지도로 제작해서 보고하였다. 변경과 외국의 지리·군사정보 담당자였던 것이다. 이와 같은 직방낭중의 주요 직무로 보건대, 진대덕이 환권 영접과 답방을 맡은 데는 당 태종(재위: 626~649)의 의도가 작용하였다고 짐작된다. 다시 말해 일찍부터 당 태종은 진대덕에게 고구려에 대한 지리·군사정보 수집을 주문하였다고 생각한다. 이로 미루어 보아 『고려기』의 저술 역시 당 태종의 의도에 따른 것으로, 후술하듯 이미 고구려 공격을 염두에 두고 있었던 것으로 추정된다.

이상과 같이 『고려풍속』과 『고려기』는 『서역도기』를 비롯한 수·당대의 여러 풍속기처럼 지리를 비롯한 군사정보가 담겨져 있었고, 그를 제공하는 데 저술의 목적이 있었다. 그리고 이는 고구려 공격이란 수 양제와 당 태종의 의중에 부응하기 위한 것이었다.

---

22 『책부원귀』 권974, 外臣部19 褒異1. "[貞觀] 十四年(640) 十二月 乙卯(23일) 高麗長子桓權來朝 遣職方郎中陳大德 迎勞於柳城" 환권은 『구·신당서』 고려 등에 太子로 나온다. 『삼국사기』 권20, 고구려본기8 영류왕 23년(640)에서는 세자로 표현했다. 한편 『삼국사기』에서는 환권의 사행이 640년 봄2월이었다고 하였다. 『삼국사기』의 서술은 『신당서』를 전재한 것으로 생각되는데, 봄2월이란 시점은 『자치통감』 권195 당기11 정관 14년(640) 2월 정축(10일)에 보이는 고구려 자제의 국학 입학 요청 기사에서 가져온 것으로 짐작된다. 환권의 사행은 640년 12월 23일이었을 가능성이 높다고 생각한다.

23 『신당서』 권220, 열전145 동이 고려.

24 『구당서』 권43, 지23 직관2 ; 『당육전』 권5, 상서병부 직방낭중 역시 참조.

25 『당육전』 권18, 홍려시.

26 『당육전』 권18, 홍려시 ; 『당회요』 권100, 雜錄.

Ⅲ. 漢代 지향의 역사 인식과 전쟁 명분

『고려풍속』과 『고려기』에서 고구려의 역사는 어떻게 인식하였을까. 먼저 『고려기』의 다음과 같은 서술이 주목된다.

> C-1. 『고려기』에 다음과 같이 전한다. "平郭城은 지금 建安城이라고 이름한다. 나라 서쪽에 있다."〈본래 漢代의 平郭縣이었다.〉 (『한원』 권30, 번이부 고려)
>
> C-2. 『고려기』에 다음과 같이 전한다. "不耐城은 지금 國內城이라고 이름한다. 나라 동북쪽 600리에 있다."〈본래 漢代의 不而縣이었다.〉 (『한원』 권30, 번이부 고려)
>
> C-3. 『고려기』를 보면 다음과 같이 전한다. "故城의 남문에 비석이 있는데, 오래도록 [땅속에] 묻혀 있었다가 [지금] 땅에서 몇 척 나와 있는데, 바로 耿夔의 비석이다." (『한원』 권30, 번이부 고려)
>
> C-4. 『고려기』에 다음과 같이 전한다. "지금 고[구]려국은 朝鮮·穢貊·沃沮 지역을 모두 영유하고 있다." (『한원』 권30, 번이부 고려)
>
> C-5. 『고려기』를 보면 다음과 같이 전한다. "[지금의 고구려를] 나누어 보면, 漢代의 낙랑군·현도군 지역이다. 이후 [낙랑군·현도군은] 後漢代에서 [曹]魏代까지 公孫氏가 차지하였다가 [公孫]淵代(재위: 228~238)에 없어졌고, 西晉 永嘉(307~312)[의 난 이후에] 다시 고구려에 편입되었다. 그 나라의 不耐·屯有·帶方·安市·平郭·安平·居文·龍城은 모두 漢代 二郡의 屬縣이었는데, 나뉘어 조선·예맥·옥저의 땅이 되었다고 한 것이 이것이다." (『태평환우기』 권173, 四夷2 東夷2 高句驪國)

위 사료는 『고려기』의 지리 관련 서술 중 일부이다. 먼저 사료 C-1과 C-2 중에서 『고려기』의 원문부터 생각해 보자. 두 사료는 『한원』에 인용되어 있다. 『한원』은 정문과 주문으로 구성되어 있는데, 『고려기』는 주문에 인용되었다. 주문에서는 대부분 현전 문헌을 인용하였지만, 『한서』·『후한서』·『삼국지』 및 『숙신국기』·『십육국춘추』 등의 몇몇 구절은 현전 문헌 및 일문에 보이지 않는다. 그 중의 일부는 7세기의 시점에서 보충 설명한 것이다.[27] 그러므로 그와 같은 구절 중에서 다수는 주문 찬자의 自注였다고 이

27 다음이 대표적이다. 『한원』 권30, 번이부 신라. "魏志曰 韓在帶方之南 東西以海爲限 南與倭接 方可

해된다.[28] 사료의 C-1 · 2의 밑줄 친 "본래 漢代의 ○○현이었다."고 한 사실은 어떠할까.

불내성 · 국내성이 今名이었다면, 평곽성 · 건안성은 舊名으로, 漢代의 縣名은 本名이었다고 할 수 있다. 여기서 구명과 본명은 동일하였다. 이로 미루어 보아 본명은 『고려기』의 서술이 아니었을 것으로 짐작된다. 『고려기』에서 구명과 본명을 중복하여 서술하였을 가능성은 낮다고 여겨지기 때문이다. 본명은 구명을 보충 설명하기 위한 것으로, 주문 찬자의 自注였다고 생각된다. 그러고 보면 사료 C-1 · 2에서 『고려기』의 원문은 번역문의 큰따옴표 안과 같다고 할 수 있다.

『고려기』 원문에서 구명을 중심으로 금명과 위치를 서술한 점이 흥미롭다. 이때의 구명이 고구려에서 사용되었는지의 여부는 알 수 없다. 다만 『고려기』 편찬 당시에는 사용하지 않고 있었다고 할 수 있다. 당에서 역시 구명 즉 漢代와 縣名은 익숙하지 않았다고 여겨진다. 隋代에 이미 漢代 지리에 능통한 관인은 드문 형편이었다.[29] 그럼에도 불구하고 『고려기』에서 굳이 구명을 기준으로 한 까닭은 무엇일까. 사료 C-3~5의 참고된다. 사료 C-3~5에서 『고려기』의 원문은 번역문의 큰따옴표 안으로, 『한원』 찬자의 주문은 포함되지 않았다고 판단한다.

먼저 사료 C-4를 보자. 현재의 고구려 지역이 "조선 · 예맥 · 옥저"를 포괄하였다고 하였는데, 비슷한 내용이 사료 C-5에도 보인다. 사료 C-5는 『태평환우기』에 인용된 『고려기』의 일문이다. 『통전』에도 유사한 내용이 전하고 있어서 비교되는데,[30] 사료 C-5에 인용된 『고려기』의 일문은 사료 C-4보다 자세하다. 사료 C-4는 사료 C-5에 인용된 『고려

四千里 (中略) 今案 新羅 · 百濟 共有三韓之地 百濟在[西] 卽馬韓之地 新羅在東 卽辰韓 · 卞辰之地也" 이와 같은 관점에서 다음도 주의된다. 『한원』 권30, 번이부 고려. "高驪記云 馬訾水 高驪一名淹水 今名鴨淥水 (中略)〈今案 其水闊三百步 在平壤城西北四百五十里也 刀 小船也〉"

28 金鍾完, 2008, 「『翰苑』의 문헌적 검토—夫餘 · 三韓 · 高句麗 · 新羅 · 百濟傳 기사의 검토—」, 서강대학교 동양사학연구실, 『한중관계 2000년-동행과 공유의 역사-』, 소나무, 302~303쪽, 318~319쪽, 326쪽, 328~330쪽, 337쪽, 344쪽에서 선행 연구를 아울러 상세히 검토하였다. 다만 몇몇 구절은 異本, 후대의 주석서, 또는 미상의 자료를 참고하였을 수 있다(金鍾完, 2008, 앞의 논문, 318~319쪽, 334~335쪽, 339쪽 참조).

29 『수서』 권77, 열전42 최색 참조.

30 『통전』 권186, 邊防2 東夷下 고구려. 다만 문장에 약간의 차이가 있고, 居文 · 龍城이 居就 · 文城으로 나온다는 점에서 다르다. 『한서』(권28하, 지리지8하)를 참고해 보면, 『통전』의 서술이 원문에 가깝다고 여겨지는데, 諸縣이 낙랑군과 요동군의 속현이었다고 한 점에서 현전하지 않는 『후한서』의 異本을 참고하였을 가능성이 고려된다.

기』에서 비롯하였을 수 있다.

사료 C-5가 주목된다. 사료 C-5에서는 고구려 지역을 낙랑군과 현도군으로 양분하였고, 불내와 평곽 등 고구려의 여러 지명이 漢代의 낙랑군과 현도군의 縣名이었다고 하였다. 이를 보면 사료 C-1 · 2의 구명 역시 漢代의 縣名이었다고 생각할 수 있다. 『고려기』에서는 漢代의 縣名을 기준으로 하였던 것이다. 또한 사료 C-5에서는 낙랑군 · 현도군 지역이 나뉘어 조선 · 예맥 · 옥저의 땅이 되었다고 하였는데, 『후한서』와 『삼국지』에서 이곳은 두 군이 관할하며 복속과 이탈을 반복하였다.[31] 漢代를 기준으로 고구려의 지리와 역사를 설명한 셈이다.

이와 관련하여 사료 C-3이 주목된다. 『고려기』 찬자는 경기의 古碑에 관심을 표명하였는데, 경기는 후한대의 요동태수였다. 그는 105년 고구려가 요동군의 경계 또는 6縣을 침략하자 그를 공격해 격파하였다고 한다.[32] 漢代에 경기가 고구려를 제압한 역사적 사실을 중시하였던 것이다. 이에 대한 『한원』의 정문은 중원왕조의 고구려 공격과 功勳에 관한 것으로, "파묻힌 비석이 아직도 남아 있으니, 경기는 요동성에서 美名을 드날렸고(淪碑尙在 耿夔播美於遼城)"라고 하였다. 『고려기』 찬자가 경기를 주목한 이유도 마찬가지였다고 보인다.

이처럼 『고려기』 찬자는 漢代를 기준으로 고구려의 지리와 역사를 설명하였고, 漢代에 고구려를 제압한 역사적 사실을 중시하였다. 漢代 지향의 역사 인식이었던 셈이다.[33] 다음의 사료가 참고된다.

D-1. [진]대덕이 귀환하여 상주하니 황제가 기뻐하였다. [진]대덕이 다시 말하였다. "[고

31 『후한서』 권85, 동이열전75 동옥저 · 예 ; 『삼국지』 권30, 위서30 오환 · 선비 · 동이전30 동이 동옥저 · 예. 다만 『후한서』와 『삼국지』에서 조선은 의미의 차이가 있을 수 있어 주의된다. 『후한서』 예의 "本皆朝鮮之地也"에서 조선은 고조선(箕子朝鮮)으로, 『삼국지』 예의 "濊南與辰韓 北與高句麗 · 沃沮接 東窮大海 今朝鮮之東皆其地也"에서 조선은 낙랑군으로 여길 수 있기 때문이다.

32 『후한서』 권4, 帝紀4 元興 元年(105)의 춘정월 및 추9월 ; 『후한서』 권19, 열전9 경기 ; 『후한서』 권85, 동이열전75 고구려.

33 『한원』 번이부도 唐代만 아니라 흉노와 부여 등 漢代의 諸國을 포함하였다는 점이 특징적인데(윤용구, 2005, 앞의 논문, 67쪽), 『類書』의 형태이기 때문일 수도 있지만(金炳坤, 2008, 「『翰苑』 撰者의 三韓傳에 대한 敍述과 理解」 『韓國史學史學報』 18, 27쪽), 漢代 지향의 역사 인식을 공유하였기 때문이 아닐까 한다.

구려는] 高昌이 멸망하였다는 소식을 듣고, 그 大對盧가 세 차례 [사신의] 객관에 왔는데, 더욱 예의를 갖추었습니다." 황제가 말하였다. "고구려의 땅은 단지 [漢代의] 四郡에 불과하오. 우리가 병졸 수만 명을 징발하여 요동을 공격하면, 諸城은 반드시 [요동을] 구원하고자 할 것이오. [이때] 우리는 수군을 데리고 東萊에서 바다에 배를 타고 평양으로 간다면, 반드시 쉽게 [이길 것이니], 천하는 태평해 질 것이오. [그러나 나는] 백성을 수고롭게 하고 싶지 않을 따름이오.

(『신당서』 권220, 열전145 동이 고려)

D-2. 정관 15년(641) 8월 기해(10일). [진]대덕이 황상에게 말하였다. "그 나라는 고창이 멸망하였다는 소식을 듣고, 크게 두려워하여 객관에서 부지런히 안부를 묻는 것이 평소보다 더 많았습니다." 황상이 말하였다. "고구려는 본래 사군의 지역일 따름이오〈漢 武帝가 臨屯·眞番·樂浪·玄菟의 四郡을 설치하였는데, 고구려에서 그 지역을 차지하고 있었다.〉. 내 병졸 수만 명을 징발하여 요동을 공격하면, 저들은 반드시 국력을 기울여 그를 구원하고자 할 것이오. [이때] 따로 수군을 보내 동래에서 바닷길로 가서 평양으로 가도록 하고, 수군과 육군을 합세하면, 그[고구려]를 차지하는 것이 어렵지 않소. 다만 山東[태항산맥 동쪽]의 州縣이 피폐해져서 아직 회복되지 못하였으니, 내 그들을 수고롭게 하지 않으려 할 따름이오."〈이와 같은 황제의 말로 보건대, 이미 고구려를 차지할 마음이 있었다고 생각된다.〉

(『자치통감』 권196, 당기13)

D-3. 당 태종 정관 15년(641) 8월에 직방낭중 진대덕이 고구려에 사신으로 갔다가 돌아왔다. 황제에게 말하였다. "그 나라[고구려]는 高昌의 멸망 소식을 듣고, 매우 두려워하고 있습니다. 大德封盧[대대로]가 객관에 세 차례 찾아와 안부를 묻고, 다서 차례 예의를 갖추어 접대하니, 평소보다 더욱 많았습니다." 태종이 말하였다. "고구려 지역은 본래 [한대의] 四郡이오. 병졸 수만 명을 징발해 遼東의 諸城을 공격하면 그 나라의 精兵은 반드시 [요동의 諸城을] 구원하고자 올 것이오. [이때] 다시 수군을 보내 동래에서 바다를 가로질러 평양으로 가도록 하고, 수군과 육군이 합세하면, 이는 반드시 [고구려를] 어렵지 않게 차지할 길이오. 다만 關東[함곡관 동쪽] 諸州의 戶口가 아직 회복되지 않았고, 짐의 마음이 포용해 교화하는 데 있으니, 내 수고롭게 하지 않을 따름이오. (『책부원귀』 권142, 제왕부142 弭兵)

위 사료는 진대덕이 귀국한 이후 당 태종에게 고구려 사행의 결과를 보고한 내용을 담고 있다. 사료 D-1~3의 내용은 대동소이하지만, 문맥을 이해하는 데 상호보완적인 면이 있으므로 모두 제시하였다.

귀국 직후 진대덕은 당이 고창을 공격해 멸망시킨 소식을 듣고 고구려 측에서 매우 긴장하였고, 이에 융숭히 대접하였다고 하였다. 고구려가 당 중심의 국제질서에 순응하는 태도를 보인다고 보고한 것이다. 진대덕의 보고를 청취한 당 태종은 아직 고구려를 공격할 생각은 없다고 밝혔다. 山東 혹은 關東 지역이 여전히 회복되지 못하였다는 것이 중요한 이유의 하나였다. 그런데 이와 같은 당 태종의 발언은 고구려의 태도와 무관히 자국의 사정이 나아진다면, 공격할 수 있다는 뜻이기도 했다. 당 태종은 고구려 공격계획을 설명하고, 실현 가능성이 높다고 전망하였다. 그러므로 사료 D-2에서 호삼성은 당 태종이 이때부터 이미 고구려 공격을 구상하였다고 파악하지 않았을까 한다.

본고에서 역시 당 태종이 진대덕을 고구려에 사신으로 보내기 전부터 공격을 구상하였다고 하였다. 따라서 호삼성의 파악은 충분히 수긍할 수 있다고 본다. 이와 관련하여 당 태종이 고구려 지역을 두고, 漢의 四郡에 불과하다고 설명한 사실이 주목된다. 이러한 당 태종의 설명은 고구려의 영역과 국력이 강대하지 않으므로 공격이 용이하다는 뜻이었다. 그리고 한편으로 고구려 지역을 漢 왕조의 失地로 간주한 면모도 드러낸다.

당은 왕조를 개창하였을 때부터 중원왕조의 正統을 자처했고,[34] 다수의 역사서술에서 드러나듯 漢·唐을 대응시키며 漢代를 이상정치의 구현기로서 중시하였다.[35] 국가 제사에서 한은 당의 정치적 조상이었고, 당은 한의 계승자였다.[36] 그러므로 고구려 지역이 漢의 실지였다고 보면, 당 왕조의 故土로 간주하였다고 할 수 있다. 고구려 지역

---

34 예컨대 『자치통감』 권185, 당기1 무덕 원년(618) 5월 갑자(15일)에서 "唐王卽皇帝位于太極殿 (中略) 推五運爲土德 色尙黃"이라고 한 것은 漢代 이후의 五德終始說에 입각한 것으로, 火德을 내세운 수 왕조를 계승하고 역대 왕조의 정통을 이어받았음을 표방한 것이었다. 김일권, 1999, 「天文正統論으로서의 漢唐代 五德受命論과 三統思想 연구」 『韓國思想史學』 12, 343~350쪽 ; 李成珪, 2005, 「中華帝國의 팽창과 축소-그 이념과 실제-」 『歷史學報』 186, 88쪽 ; 하워드 J. 웨슬러 지음, 임대희 옮김, 2005, 『비단같고 주옥같은 정치-의례와 상징으로 본 唐代 정치사』, 고즈윈, 58~60쪽 참조.

35 데이비드 맥멀런, 김선민 역, 1999, 「8세기 중엽의 역사·문학 이론」, 아서 라이트·데니스 트위체트 엮음, 위진수당사학회 옮김, 『唐代史의 조명』, 아르케, 442~443쪽.

36 하워드 J. 웨슬러 지음, 임대희 옮김, 2005, 앞의 책, 302~303쪽.

이 漢의 四郡에 불과하다는 설명은 공격의 정치적 명분이기도 하였다.

『고려기』는 고구려 공격이란 당 태종의 의중에 부응하기 위하여 저술되었다고 하였다. 『고려기』에서 漢代를 기준으로 하여 고구려의 지리와 역사를 설명하였던 것도 당 태종의 의중이 반영된 것으로 생각된다. 『고려기』에서는 漢代 지향의 역사 인식을 제시함으로써 당 태종이 구상한 고구려 공격의 명분에 적극적으로 호응하였던 것이다. 이미 지적된 것처럼 그보다 앞서 漢代 지향의 역사 인식을 표명한 이는 배구였다.[37]

625년 당 고조(재위: 618~626)는 群臣에게 고구려의 稱臣이 명실상부하지 않는다고 하고, 이러한 자신의 생각을 詔述하라고 하였는데, 이때 배구는 溫彦博과 함께 반대의 견해를 피력하였다. 요동 지역, 즉 고구려의 영역은 箕子의 나라이자 漢代의 현도군에 불과하다고 하였다.[38] 만약 고구려와 당의 禮가 대등하다면, 四夷가 漢을 경시할 것이라고 하였다. 정통의 중원왕조로서 漢과 당을 동일시하면서 그와 고구려·四夷의 관계가 변화할 수 없다고 역설한 것이다. 이와 관련하여 다음의 사료가 참고된다.

E-1. ㉠ [裴矩는] 황제가 塞北에 巡幸한 것을 따라갔다. [황제가] 啓民[가한]의 여장에 행차하였는데, 이때 고구려가 사신을 보내 [황제가 행차하기에] 앞서 돌궐과 통교하고 있었다. ㉡ 계민[가한]은 감히 [고구려의 사신을] 숨기지 못하고 그를 데려가 황제를 알현하도록 하였다. 배구가 이로 인해 奏狀하였다. "고구려의 지역은 본래 孤竹國입니다. 周代에 그 지역을 箕子에게 봉하였는데, 漢代에 나누어 3郡으로 삼았고, 晉氏 또한 요동을 통괄하였습니다. [그러나] 지금 [고구려는] 신하로서의 도리를 지키지 않는 데 이르러 별도로 外域이 되었습니다. 그러므로 선제[文帝]께서 우려하시고 그를 정벌하고자 한 것이 오래되었습니다. 다만 楊諒이 불초하여 군사를 내었지만, 공이 없었습니다. [이제] 폐하[양제]의 치세를 맞았으니, 어찌 [고구려를]

---

37 李成珪, 1992, 「中國諸國의 分裂과 統一—後漢解體 이후 隋·唐의 形成過程을 중심으로—」, 閔賢九 外, 『歷史上의 分裂과 再統一(上)』, 一潮閣, 199~201쪽 ; 윤용구, 2005, 앞의 논문, 52~53쪽 ; 김수진, 2008, 「隋 唐의 高句麗 失地論과 그 배경—對高句麗戰 명분의 한 측면—」 『韓國史論』 54, 서울대학교 국사학과, 84~86쪽 참조.

38 『당회요』 권95, 고구려 무덕 8년(625) 3월 11일조 및 『구당서』 권61, 열전11 온언박 ; 『구당서』 권199상, 열전149上 동이 고려 ; 『통전』 권186, 邊防2 東夷下 고구려 ; 『책부원귀』 권990, 外臣部35 備禦3 당고조 무덕 8년(625) 5월 기유(16일). 단어와 문장의 차이가 보이고, 『당회요』와 『책부원귀』의 월일이 다른데, 내용은 대동소이하다.

다스리지 않겠으며, 이 冠帶의 지경이 그대로 蠻貊의 고장이 되도록 하시겠습니까? 지금 그[고구려] 사자는 돌궐에서 [황제를] 조알하고 계민[가한]이 合國從化하는 것을 직접 목격하였으니, 반드시 皇靈이 멀리 통하는 것을 두려워하고, 이후에 복종하면 먼저 망할까 우려하고 있을 것입니다. 입조하도록 위협하면 마땅히 올 것입니다." 황제가 말하였다. "어떻게 그렇게 하는가?" 배구가 말하였다. "청컨대 그 사신을 대면하고 조서를 내려, 본국으로 방환하도록 하고, 그 왕에게 가서 말하도록 하기를, '지금 속히 조알하라, 그렇지 않으면 마땅히 돌궐을 이끌고, 곧장 주살할 것이다'고 하십시오." 황제가 [배구의 말을] 받아들였다. 高元(영양왕)이 명을 따르지 않자 비로소 征遼의 계책을 세웠다. (『수서』 권67, 열전32 배구)

E-2. ㉠ 황제가 몸소 雲內[縣](지금의 중국 山西省 大東)을 순행하고 金河(지금의 중국 內蒙古自治區 南黑河)를 거슬러 올라가 동쪽으로 가서, 북쪽의 계민[가한] 거처에 행차하였다. 계민[가한]이 술잔을 올리며 [양제의] 장수를 축원하였는데, 매우 공손하게 무릎을 꿇고 땅에 엎드렸다. 황제가 크게 기뻐하며 시를 지어 읊었다. "鹿塞[鷄鹿塞, 지금의 陝西省 橫山]에 커다란 깃발이 휘날리고, 龍庭에 비취색 황제의 수레가 돌고 있구나. 氈帳이 바람을 따라 움직이고, 穹廬가 태양을 향해 열려 있네. 呼韓이 머리를 조아리며 찾아오니, 屠耆가 뒤따라 찾아왔네. 변발한 오랑캐가 양고기를 바치고, 가죽 臂衣를 입은 오랑캐가 술잔을 바치네. 어찌 漢의 天子가 공허하게 單于臺에 올랐다고 할 수 있겠는가." 황제가 계민[가한]과 [안의]공주에게 금 옹기 각 1개와 의복 · 이불 · 비단을 주고 特勤 이하에게도 각기 차등 있게 [물자를] 주었다. ㉡ 이보다 먼저 고구려가 私通하여 계민[가한]의 처소에 사신을 보냈다. 계민[가한]은 誠心으로 [수]나라를 받들어 감히 境外의 교섭을 숨기지 못하였다. ㉢ 이날에 [계민가한은] 고구려의 사자를 데리고 [황제를] 알현하였다. [황제는] 牛弘에게 칙령을 宣旨하며 다음과 같이 말하였다. "짐은 계민[가한]이 성심으로 나라를 받든다고 여겼기 때문에 친히 그 처소에 이르렀다. 내년에는 涿郡에 갈 것이다. 네가 돌아가는 날 고구려왕에게 말해 다음을 알도록 하라. 마땅히 일찍 와서 조현하되 스스로 의심하여 두려워하지 말 것이며 存育의 예는 마땅히 계민[가한]과 같이 할 것인데, 만약 조알하지 않는다면 반드시 계민[가한]을 데리고 그 땅[고구려]에 순행할 것이다." [고구려의] 사자가 매우 두려워하였다 (『수서』 권84, 열전49 북적 돌궐)

위 사료는 『수서』 607년 8월 9일을 전후한 수 양제의 동돌궐 순행에 관한 것이다. 사료의 시간적인 순서는 E-1-㉠ · E-2-㉡(고구려의 동돌궐 교섭), E-2-㉠(수의 동돌궐 계민가한 내방) 및 E-1-㉡ · E-2-㉢(수의 고구려 사신 접견)이었다고 할 수 있는데, E-2-㉠ 및 E-1-㉡ · E-2-㉢은 607년 8월 9일의 사실이었다.[39]

사료 E-1-㉠과 E-2-㉡에 보이듯 이 무렵 고구려는 사신을 파견하여 동돌궐과 교섭하고 있었는데, 동돌궐은 고구려의 교섭 사실을 수에 공개하였다. 고구려의 사신을 데리고 가서 양제에게 알현하게 한 것이다. 이때 배구의 奏狀이 주목된다. 배구는 고구려 지역이 商周代의 孤竹國이었고, 箕子의 封地이자 漢代의 三郡이었으며, 晉代까지 신속되어 있었다고 하였다. 역대 중원왕조의 고토였다고 한 것이다. 그가 온언박과 함께 당 고조에게 고구려 稱臣의 당위를 역설한 바와 다르지 않았다. 당 고조대 배구가 표명한 漢代 지향의 역사 인식은 수 양제대부터 이어진 것이었다. 수 양제는 배구의 주장에 입각해서 고구려에 입조를 요구하였다. 漢代를 중심으로 한 역사 인식이 고구려 정책의 명분으로 작용하고 있었던 것이다.

이와 관련하여 사료 E-1-㉠이 주목된다. 계민가한은 양제를 맞이하여 매우 순종적인 태도를 보였고, 이에 양제는 매우 만족하였다고 한다. 이에 시를 지었다고 하였는데, 양제는 시에서 수와 동돌궐의 관계를 漢과 흉노의 관계에 비유하였다. 특히 자신을 漢 武帝(재위: 기원전 141~87)에 견주었다. 漢 武帝는 기원전 110년에 변경을 순행하고, 長城 밖으로 나아가 單于臺(현재 중국 內蒙古自治區 固陽)에 올랐다.[40] 양제는 자신의 북방 정책이 한 무제와 비교하여 부족함이 없다고 자부하였던 셈이다.

배구의 고구려 정책은 이와 같은 분위기 속에서 도출된 것으로, 漢代 지향의 역사 인식은 양제와 같았다. 양제 역시 漢代, 특히 武帝를 비교의 대상으로 삼으며 고구려를 郡縣으로 삼았던 역사를 상기하였던 것이다. 이와 같은 사정은 胡三省이 지적하였듯 612년 수의 고구려 공격에서 행군로 명칭에 漢代 군현의 舊名이 다수 채택된 사실로 미루어 보아도 충분히 짐작할 수 있다.[41] 또한 양제는 612년 전쟁에서 요동성을 포위한

39 『수서』 권3, 제기3 양제上 대업 3년(607) 8월 을유(9일) ; 『자치통감』 권180, 수기4 대업 3년(607) 8월 을유(9일).

40 『한서』 권6, 무제기6 원봉 원년(기원전 110) 겨울 10월.

41 『자치통감』 권181, 수기5 대업 8년(612) 정월 임오(2일)에서 "帝指授諸軍所出之道 多用漢縣舊名"라고 하였다.

이후 고구려 지역에 군현을 설치하도록 지시하였는데,[42] 역시 漢代의 구명이 다수 채택되었을 것으로 여겨진다는 점도 그의 방증이 된다.[43] 이와 같이 이해하고 보면, 『고려풍속』 또한 『고려기』처럼 漢代 지향의 역사 인식을 담고 있었을 것으로 추정된다. 즉 漢代를 기준으로 하여 각종 지명을 설명하였고, 역사적 사건을 소개하였다고 생각한다.

이상과 같이 『고려풍속』을 저술한 배구와 수 양제, 『고려기』의 내용과 당 태종을 통해 보건대, 두 책은 漢代의 영역과 대외정책을 염두에 두고, 고구려의 지리와 역사를 설명하였다. 漢에서 이미 고구려 지역을 郡縣으로 삼았으므로, 수·당의 고구려 공격은 역사적 당위를 갖는다고 한 것이다. 漢代 지향의 역사 인식과 이를 통한 전쟁 명분 만들기였다. 두 책의 공통점이었다. 그러면 두 책은 어떠한 점에서 차이가 있었을까.

Ⅳ. 정보 확대의 추이와 그 역사적 의미

현재 『고려풍속』의 내용과 관련하여 먼저 다음의 사료가 주목된다.

F-1. ㉠ 그 나라는 동서 2천 리이고 남북 천여 리이다. ㉡ 평양성에 도읍하였는데, 장안성이라고도 한다. [평양성은] 동서 6리로, 산세를 따라 휘어감아 쌓았고, 남쪽으로 패수[현재의 대동강]에 닿는다. ㉢ 또한 국내성·한성이 있는데, 모두 그 나라의 도회지이다. 그 나라 안에서는 [이를] 三京이라고 부른다.

(『수서』 권81, 열전46 고려)

F-2. 관으로는 태대형이 있고, 다음으로 대형·소형·대로·의후사·오졸·태대사자·대사자·소사자·욕사·예속·선인이 있다. 모두 12등급이다. 또한 內評外評五部 褥薩이 있다. (『수서』 권81, 열전46 고려)

『수서』 고려전에 보이는 지리·관제 관련 기사이다. 『수서』 고려전은 크게 세 단락으

42 『자치통감』 권181, 수기5 대업 8년(612) 3월 계사(14일) ; 『책부원귀』 권83, 제왕부83 赦宥2.

43 612년 설치된 군현의 명칭 중 요서군·요동군이 확인된다(『수서』 권81, 열전46 동이 고려 ; 『자치통감』 권181, 수기5 대업 8년(612) 7월 ; 『태평환우기』 권69, 河北道 幽州 幽都縣). 郡縣 명칭을 제의한 것은 崔賾이었는데, 그는 漢代의 지리에 해박하였다고 한다(『수서』 권77, 열전42 최색).

로 구분해 볼 수 있다. ㉠ 건국신화와 왕계, ㉡ 지리·관제 및 습속, ㉢ 고구려-수 관계이다. 이 중에서 ㉠은 『위서』 고구려전을 축약·정리한 것으로 단지 隋代까지의 왕계를 추가했지만,[44] ㉡·㉢에서 前史와 비교해 새로운 사실을 다수 담았다. 위 사료는 ㉡의 일부이다.

먼저 사료 F-1을 보면 다시 세 문장(㉠~㉢)으로 구분해 볼 수 있는데, ㉠은 『위서』 고구려전과 같다. ㉡과 ㉢은 『주서』 고려전과 유사한데, 평양성의 형세와 三京 명칭 등이 추가되어 있다.[45] 그러나 『주서』 고려전과 비교해 평양성의 운용 및 지방제도 관련 사실이 생략되기도 하였다. 사료 F-2 역시 『주서』와 비교된다. 관등의 명칭과 순서에 유사점이 많은데, 대대로와 욕살에 대한 서술에서 차이가 보인다.[46] 욕살은 관등과 구분해서 서술하였지만, 대대로에 대한 설명은 빠져 있다. 『주서』와 비교해 공통점이 많고 차이점은 적은 편으로 차이점이 곧 최신의 보완된 정보였다고 단정하기 어렵다.[47]

다만 『수서』 신라전은 『동번풍속기』와 같은 隋代의 자료를 활용하기도 하였다.[48] 『수서』 고려전 역시 고구려-수 관계 기사에서 알 수 있듯이 『고려기』 등 隋代에 축적된 자료를 참고하였다. 물론 반드시 『고려풍속』에만 기초하였다고 할 수는 없다. 최색의 『東征記』를 비롯한 隋代의 여러 자료를 포함하였다고 보인다.[49] 다만 隋代에 편찬된 여러 자료의 기본적인 편찬 태도는 『고려풍속』과 유사하였다고 보인다. 그러므로 사료 F-1·2는 『고려풍속』과 공통점이 적지 않을 것으로, 대략적이나마 『고려풍속』의 내용을 짐작케 한다. 그러면 이제 사료 F-1·2와 『고려기』를 비교해 보자.

『고려기』에 소개된 고구려의 관제가 사료 F-1·2보다 훨씬 상세하고, 7세기 중반의 사정을 반영하고 있다는 것은 재론의 필요가 없을 것이다. 지리 중에서 특히 다음이

---

44 朴性鳳, 1981, 『東夷傳高句麗關係記事의 整理』, 慶熙大學校 韓國傳統文化研究所, 72~73쪽.

45 朴性鳳, 1981, 앞의 책, 74쪽.

46 朴性鳳, 1981, 앞의 책, 75~76쪽.

47 『주서』와 『수서』는 동시기에 편찬되었다. 이러한 사정을 감안해 보면, 『주서』와 『수서』의 고려전은 일부 자료를 공유하였을 가능성이 있다. 다만 일부 서로 다른 자료를 활용하고 찬자에 따라 동일한 자료나마 가감하기도 하였다고 생각된다. 이와 같이 생각하고 보면, 사료 F-1·2는 『주서』와 같이, 대체로 6세기 중반~7세기 초반의 사실에 기초하였다고 생각된다. 모두 隋代의 사실이었다고 보기 어려운 것이다. 『고려풍속』의 내용이었다고 단정할 수 없음은 물론이다.

48 李康來, 1998, 앞의 논문, 215~216쪽 ; 郭丞勳, 2005, 「『翰苑』 신라전 연구」 『韓國古代史研究』 43, 279쪽.

49 『수서』 권77, 열전42 최색.

주목된다.

G-1. 『고려기』에 다음과 같이 전한다. "㉠ 馬多山은 나라 북쪽에 있다. 고구려에서 이 산이 가장 높으니, [골짜기] 30리 사이에서 오직 한필의 말이 통할 수 있고, 구름과 안개가 피어올라 종일토록 개이지 않는다. 그 [산] 속에서 人參·白附子·防風·細辛이 많이 생산된다. 산 속에 남북으로 도로가 있고, 도로의 동쪽에 절벽이 있는데, 그 높이가 몇 길이다. [절벽] 아래쪽에 석실이 있는데, 천 명을 수용할 수 있다. 석실 안에 두 개의 굴이 있는데, 깊이를 헤아릴 수 없다. ㉡ 夷人의 長老가 전해 오길 '고구려의 선조 주몽이 부여에서 이곳에 왔을 때, 본래 말이 없었다. 길을 가다가 이곳에 도착해서 문득 말떼가 굴 안에서 나오는 것을 보았다. [말의] 체격이 작지만 준마였다. 이 때문에 [이곳을] 마다산이라고 이름하였다. 子有 (이하 闕文)" (『한원』 권30, 번이부 고려)

G-2. 『고려기』에 다음과 같이 전한다. "烏骨山은 나라 서북쪽에 있다. 夷言으로 屋山이라고 한다. 평양의 서북쪽 700리에 동서로 두 개의 산봉우리가 있는데, 절벽이 천 길 높이로 서 있다. 산기슭에서 정상까지 모두 蒼石이다. 멀리서 바라보면 가파른 바위산은 모습이 마치 荊門·三峽(현재 중국 湖北城 서북쪽 소재)과 유사하다. 그 정상에 다른 초목은 없고 단지 青松이 자라는데, 줄기를 구름 바깥으로 늘어뜨리고 있다. 고구려는 남북 골짜기 입구에 벽을 쌓아서 성으로 삼는다. 이곳이 夷藩의 요충지[樞要之所]이다." (『한원』 권30, 번이부 고려)

G-3. 『고려기』에 다음과 같이 전한다. "馬訾水는 고구려에서 淹水라고도 하는데, 지금 鴨淥水라고 이름한다. 그 나라에서 전해 오길 水源이 동북쪽 靺鞨國의 白山이라고 한다. 물빛이 오리의 머리색과 유사하였으므로, 민간에서 압록수라고 이름하였다. 요동[성]에서 500리 떨어져 있으며, 國內城의 남쪽을 경유한다. 다시 서쪽으로 강 하나와 합류하는데, 곧 鹽難[水]이다. 두 강이 합류하여 서남쪽으로 安平城에 이르러 바다로 들어간다. 고구려에서 이 강이 가장 크고 물결이 맑은데, 경유하는 곳마다 나루터를 두고 모두 큰 배를 모았다. 그 나라에서는 이에 의지하니 천혜의 요새로 여긴다. 지금 살펴보니, 그 강의 폭은 300보인데 평양성 서북쪽 450리에 있다."〈刀는 작은 배이다. 『毛詩』에서 "하수가 넓다고 누가 말했던가. 조각배조차 띄울 수 없네."라고 하였다.〉 (『한원』 권30, 번이부 고려)

G-4. 『고려기』에 다음과 같이 전한다. "그 강[대요수]의 폭은 100여 보이고, 잔잔하게 흐르며 맑고 깊다. 또한 물굽이 · 연못 · 지류가 많고, 양안에 수양버들이 자라고 있으며, 가옥을 숨기고 병마를 감출만하다. 양쪽 강변이 아득히 펼쳐져 있는데, 遼澤이라고 통칭한다. [요택에] 잔풀과 갈대, 온갖 짐승이 많이 산다. 아침저녁으로 안개가 드리웠다가 금방 걷히곤 하는데, 모양이 마치 성루 · 성첩과 유사하니, 『漢書』에서 이른바 蜃氣樓가 이것이다. (『한원』 권30, 번이부 고려)

사료 G-1~4는 마다산 · 오골산 · 마자수 · 대요수에 관한 것이다. 각각 지금의 백두산 · 봉황산 · 압록강 · 요하로 파악된다.

우선 사료 G-2 · 3에서 오골산과 마자수가 고구려의 요충지였다고 한 사실이 주목된다. 사료 G-4에서는 대요수 양안에 병마를 감출 수 있다고 하였다. 매복이 가능한 곳으로 설명한 것이다. 사료 G-1에서도 마다산의 석실에 천 명을 수용할 수 있다고 하였다. 역시 매복이 가능한 곳으로 설명한 셈이다. 진대덕은 국경에서 평양으로 이어진 교통로상의 주요 山水와 지리를 파악하였다고 하였는데, 사료 G-1~4가 바로 그 성과로, 군사적 요충지를 제시하였던 것이다.[50]

이처럼 사료 G-1~4는 사료 F-1과 비교해 매우 상세하다. 주요 군사적 요충지의 형세와 특징을 생동감 있게 묘사하였을 뿐만 아니라 일대의 교통로와 평양까지의 거리 등 구체적인 지리정보를 담았다. 당의 고구려 공격이 추진될 경우 기초적인 군사정보로서 실용적이었다. 『고려풍속』과 『고려기』는 모두 고구려 공격을 예비한 저술이었다고 하지만, 『고려기』는 『고려풍속』보다 한층 확대된 정보와 지식을 담고 있었던 것이다. 7세기 정보와 지식이 증대한 추이를 보여준다.

이와 같은 변화는 어디서 비롯되었을까. 먼저 저술의 기초가 된 자료와 그의 수집 방식이 고려된다. 진대덕은 고구려를 직접 탐방하였다. 사료 G-1-ⓛ에서 살필 수 있듯이 夷人의 長老를 통해 청취한 傳說까지 채록하였다. 견문의 폭이 넓었다. 이와 비교해 배구는 고구려를 직접 방문하지 않았다. 『서역도기』의 경우 사료 A-2의 ㉠ · ㉡ · ㉢에 나오듯 문헌 연구를 기본으로 하였고, 胡人을 탐방 · 취재하였으며, 다수의 견해를 참고하였다. 사료 A-2의 ㉮ · ㉯를 통해 짐작할 수 있듯 배구가 탐방한 胡人이란 수에 온 상

50 武田幸男 · 김효진 譯, 2019, 앞의 논문, 236~238쪽.

인으로, 간접적인 정보와 지식이었다. 『고려풍속』 역시 前代의 문헌을 기본으로 하고, 수에 내방한 고구려의 사신 또는 고구려에 사행을 다녀온 수의 사신으로부터 정보와 지식을 얻었다고 생각된다. 간접적인 탐방 자료였다.

이와 같은 탐방 자료와 수집 방식의 차이는 고구려 공격에 대한 수·당의 태도와 무관치 않다고 보인다. 배구는 사료 A-2의 ⓐ·ⓑ에 나오듯 서역에 대한 수의 직접적인 군사 공격보다 국제관계를 통한 신속을 추구했다. 토욕혼 공격에서 철륵을 동원하였듯 수의 직접적인 군사 공격을 우선시하지 않았다. 물론 수 양제는 612년 고구려 공격에 대규모의 군대를 동원하였고, 이를 위한 제반 시설과 물자 비축에 상당히 노력한 편이었다. 다만 그 역시 직접적인 군사 공격에 큰 비중을 두고 있었다고 보기 어렵다.

수 양제는 612년 4월 요하를 도하하는 데 성공하자 곧장 개선을 운운하며 대사면 조서를 반포하였고,[51] 전투를 자제하고 諸城의 투항을 우선하도록 하였다.[52] 그리고 자신은 臨海頓으로 휴양을 떠났다.[53] 개전 직후부터 승리를 과신하였던 것이다. 요동성 공격에 앞서 서돌궐과 고창의 국왕을 데려다 참관하도록 하였듯,[54] 단기간에 고구려가 투항할 것으로 전망하였다. 우중문·우문술 등의 평양성 직공 역시 단조로운 전술이었다고 평가된다.[55] 고구려의 방어체계를 치밀히 분석하고 실전에 대비하였다고 보기 어렵다. 612년 수의 고구려 공격이 실패한 주요 이유의 하나였다. 그와 비교해 당 태종은 고구려 공격을 위한 계획의 수립에 한층 면밀한 모습이었다.

H-1. 정관 18년(644) ㉠ 가을 7월 신묘(20일)에 조칙을 내려 將作大監 閻立德 등에게 洪注·饒注·江州 3州에 가서 선박 4백 척을 건조해 군량을 적재하게 하였다. ㉡ 갑오(23일)에 조서를 내려 營州都督 張儉 등을 보내 幽州·營州 두 도독의 군사와 거란·해·거란을 이끌고 먼저 요동[고구려]을 공격해 그 형세를 관찰하게 하였다. ㉢ 太常卿 韋挺을 饋運使로 삼고, 民部侍郞 崔仁師에게 그를 보좌하게 하였고, 河

51 『자치통감』 권181, 수기5 대업 8년(612) 4월 계사(14일) ; 『책부원귀』 권83, 제왕부83 赦宥2 대업 8년(612) 4월 병신.

52 『자치통감』 권181, 수기5 대업 8년(612) 5월 임오(4일).

53 『수서』 권4, 제기4 대업 8년(612) 3월 을미(16일) ; 『수서』 권76, 열전41 우작.

54 『자치통감』 권181, 수기5 대업 8년(612) 4월 계사(14일).

55 余昊奎, 1999, 「高句麗 後期의 軍事防禦體系와 軍事作戰」 『韓國軍事史硏究』 3, 國防軍史硏究所, 56~57쪽.

北의 諸州는 모두 위정의 節度를 받도록 하며 [위정에게] 便宜從事를 허락하였다. ㉣ 또한 太僕少卿 蕭銳에게 명하여 河南 諸州의 군량을 운송해 바다로 들어가게 하였다. (『자치통감』 권197, 당기13)

H-2. 태종이 장차 요동[고구려]를 정벌하고자 張儉을 보내 蕃兵을 이끌고 먼저 가서 침략하도록 하였다. 장검의 군대가 遼西에 도착하였는데, 遼水가 범람하여 오래도록 건너지 못하였다. 태종은 [장검이 고구려를] 두려워하여 나약한 모습을 보인다고 여기고 불러 돌아오도록 하였다. 장검은 낙양으로 가서 조알하고 [태종을] 대면해서 [고구려 공격의] 利害를 진술하였으니, 이에 水草의 好惡과 山川의 險易를 말하였다. 태종이 매우 기뻐하며, 행군총관을 제수하고 겸하여 諸蕃의 기병을 지휘하도록 하여 六軍의 선봉으로 삼았다. (『구당서』 권83, 열전33 장검)

H-3. 정관 19년(645)에 장차 [태종이] 요동[고구려]에서 전쟁하려고 할 때 인재를 뽑아 군량을 운송하도록 하고자 하였는데, 周叉가 상주하여 韋挺의 재능이 粗使를 감당할 만한다고 하여 태종이 이를 따랐다. 위정은 부친이 수의 영주총관으로 있으며 「經略高麗遺文」을 남겼는데, 이로 인해 이를 상주하니 태종이 매우 기뻐하며 위정에게 말하였다. "幽州 이북 요수까지는 2천여 리인데 州縣이 없어 군대를 움직일 때 물자와 군량을 취급할 곳이 없다. 경이 마땅히 이를 맡을 관리가 되어 단지 군사물자를 얻는 데 부족함이 없도록 한다면 공이 적다고 할 수 없을 것이다."

(『구당서』 권77, 열전27 위정)

위 사료는 643~644년[56] 7월 당 태종의 고구려 공격 준비를 전하고 있다. 먼저 사료 H-1에 각종 조치가 보이는데(㉠~㉣), 먼저 ㉡ · ㉢이 주목된다. 이는 사료 H-2와 사료 H-3을 통해 보다 자세히 살필 수 있다.

사료 H-1-㉡과 사료 H-2는 영주도독 장검의 군사활동을 전하고 있다.[57] 당 태종은 644년 4월부터 고구려 공격을 추진하였는데,[58] 장검에게는 본격적인 공격에 앞서서 고구려의 형세를 관찰하도록 지시하였다. 蕃兵을 이끌었다고 하였는데, 구체적으로 유

56 643년부터 추진된 사실이었다고 생각된다. 『책부원귀』 권498, 邦計部16 漕運 참조.

57 다음의 사료도 참고된다. 『책부원귀』 권985, 외신부30 征討4 정관 18년(644) 7월 ; 『책부원귀』 권991, 외신부36 備禦4 정관 18년(644) 6월 ; 『전당문』 권7, 太宗皇帝 命張儉等征高麗詔.

58 『신당서』 권2, 본기2 정관 18(644) 4월 ; 『자치통감』 권197, 당기13 정관 18년(644) 4월.

주 · 영주도독부와 거란 · 해 · 말갈 등의 군사였다. 이 일대의 지리에 익숙한 군대를 파견해 일종의 탐색전 내지 전초전을 전개하고자 하였던 것이다. 그러나 장검은 요하의 범람으로 고구려 영역에 진입하지 못한 채 귀환하였다. 당 태종은 장검이 고구려를 두려워하여 나약한 모습을 보인다고 여겼다고 하였다. 문책이 예상되었다. 하지만 장검이 "水草의 好惡과 山川의 險易"를 진술하자 매우 기뻐하며 선봉으로 삼았다고 하였다.

장검은 이보다 앞서 영주도독으로 재직하며 거란 · 말갈 · 해 · 습 등 요서지역의 제 종족의 신뢰를 얻었고, 고구려의 공격을 성공적으로 방어하였다.[59] 고구려 방면의 정보 역시 수집하였다. 642년 11월 연개소문의 정변과 집권을 상주한 것도 장검이었다.[60] 645년 고구려 공격에서 요하를 건너기에 앞서 연개소문이 요동성에 출전하리란 첩보를 얻기도 하였다.[61] 이로 미루어 보아 장검이 보고한 "水草의 好惡과 山川의 險易"란 비단 요하 서쪽의 식생이나 지리만은 아니었다고 짐작된다. 장검은 일찍부터 수집한 첩보 · 정보를 총괄하여 제반 군사정보를 보고하였다고 생각된다. 당 태종은 장검의 직접적인 군사활동에 못지않게 군사정보를 중시하였던 것이다.

사료 H-1-ⓒ과 사료 H-3은 韋挺을 궤운사로 임명한 사실을 전한다. 이때 위정이 당 태종에게 「經略高麗遺文」을 상주한 사실이 주목된다. 현재 「경략고려유문」의 내용은 전하지 않는다. 다만 제목으로 미루어 보아 고구려 공격을 위한 조언을 담고 있다고 추정된다. 이를 저술한 위정의 부친 韋冲은 隋代의 영주총관이었다. 위충은 595년에서 603년까지 영주총관으로 재직하였다.[62] 598년 수의 고구려 공격이 추진되었을 때, 영주총관이었던 것이다.

598년 수는 고구려를 공격하고자 전국의 병력[육군]과 물자를 영주[柳城]에 집결하였는데, 군수보급의 문제 등으로 실패하였다. 영주총관 위충은 고구려 공격에 군수보급의 문제가 중요한 난관이었음을 직접 경험하였을 것이다. 당 태종 역시 위정을 군수보급의 책임자로 임명하며 "幽州 이북 遼水까지는 2천여 리인데 州縣이 없어 군대를 움직일 때 물자와 군량을 취급할 곳이 없다"고 하였다. 이를 보면, 「경략고려유문」은 598년 수의 고구려 공격이 실패한 이유를 군수보급의 문제에서 찾고, 그 대안을 제시하였

59 『신당서』 권111, 열전36 장검.

60 『자치통감』 권196, 당기12 정관 16(642) 11월 정사(5일).

61 『구당서』 권83, 열전33 장검.

62 『수서』 권2, 제기2 고조下 인수 3년(603) 9월 갑자(25일) ; 『수서』 권47, 열전12 위예 · 위충.

을 가능성이 높다.

이처럼 당 태종은 고구려 공격을 위해 군사정보의 수집과 아울러 군수보급의 문제를 중시하였다. 이를 위해 교통과 지리정보에 깊은 관심을 두고 있었다. 수의 공격이 실패하였던 경험이 있었기에 고구려 지역에서 전개될 전투에 면밀히 주의하였던 것이다. 『고려기』 역시 이와 같은 관심 속에서 저술되었다고 할 수 있다. 『고려기』에서 정보와 지식이 확대된 배경이었다. 그러면 『고려풍속』에서 『고려기』까지, 수 · 당의 고구려 탐방에서 정보 · 지식의 확대는 어떠한 역사적 의미를 가질까.

여러 측면에서 생각이 가능하겠지만, 본고에서는 교통의 발달에 주목해 보고자 한다.[63] 남북조 시기까지 중원 지역에서 고구려까지 통하는 교통로는 遼西走廊이 유일하다시피 했는데, 요하 하류의 광범위한 遼澤은 왕래를 제한하였다.[64] 더욱이 요서 일대에서 漢族의 거주 범위는 제한적이었고, 유목 · 수렵사회의 제종족이 폭넓게 거주했다. 이 때문에 중원 왕조의 입장에서 요서와 그 동방은 종종 絶域, 즉 격리 · 소외된 공간으로 인식되었다. 비록 총관부 · 도독부와 鎭 · 戍 등의 군사기지가 설치 · 운용되었다고 하지만, 수 · 당 초기 즉 7세기 중반까지 요서 지역은 郡縣 단위의 행정적인 통치범위와 구분되었다. 사료 H-3에서 당 태종이 발언처럼 행정적인 통치범위의 北界는 幽州, 지금의 北京 일대를 넘어서기 어려운 모습이었다.

물론 612년 고구려-수 전쟁에서 수에서 대군을 동원하여 공격에 나설 수 있었던 데는 육상 · 수상 교통로 및 해상 교통로의 정비가 뒷받침되었다. 그러나 당 태종의 발언처럼 7세기 중반까지 교통 사정이 획기적으로 진전되지는 못하였다. 가령 612년 전쟁을 위해 鹿車夫 60여 만을 징발해 米穀을 운송했을 때는, 餱糧 즉 운송에 소요된 식량에도 충분하지 못했다고 했다.[65] 그런 만큼 부작용이 상당했다. 교통로 정비와 군수 보급을 위한 인력과 물자의 동원은 전국적인 民亂 폭발의 주된 이유 중 하나로, 결국 수 왕조를 몰락시켰다. 선박이 대량으로 건조된 山東 내지 關東 지역에서 대홍수가 발생한 사실이나, 전염병이 발생하고 民生苦가 가중되어 민란이 시작된 사실도 이와 무관

63 이하의 서술은 이정빈, 2019, 「고구려와 수 · 당의 전쟁, 무엇을 바꾸었나?」 『역사비평』 126을 보완 · 정리한 것이다.

64 권오중, 『요동왕국과 동아시아』, 영남대학교 출판부, 2012, 24~32쪽.

65 『자치통감』 권181, 수기5 대업 7년(612) 12월.

치 않았다.[66]

그럼에도 불구하고 7세기를 통해 전쟁과 관련한 육상교통로와 해상교통로는 점차 개선되었다. 사료 H-1-㉠에 보이듯 당 태종은 洪注·饒注·江州에서 선박 4백 척을 건조하게 했다. 목재 채취의 부담을 분산시킨 것으로, 각지 선박 건조는 수상교통의 발달과 무관치 않았다. 사료 H-1-㉣에서는 蕭銳에게 河南 諸州의 군량을 해상교통로로 수송하도록 했는데, 이를 위해 지금의 廟島群島-요동반도로 이어진 해상교통로상에 古大人城이란 군수보급기지를 중시하였다.[67]

7세기의 전쟁은 교역과 상호작용하며 교통의 발달을 촉구했고, 아울러 지리정보의 확대를 가져왔다. 예컨대 『신당서』·『무경총요』에 인용된 賈耽(730~805)의 『古今郡國縣道四夷述』·『皇華四達記』를 보면, 8세기 무렵 중원 지역에서 동북아시아 지역으로 통하는 육상·해상의 교통노선이 잘 남아 있다. 「營州入安東道」, 즉 요서에서 요동으로 통하는 요서 횡단로가 육상교통로를 대표한다면,[68] 「登州海行入高麗渤海道」는 고대인성이 소재한 묘도군도-요동의 해상교통로로서,[69] 수·당의 고구려 공격로였다.

가탐의 저술은 史牒의 탐구를 통해 이루어졌다.[70] 가탐이 참고한 사첩에는 배구의 『고려풍속』 진대덕의 『고려기』처럼 전쟁을 준비하며 수집된 기초자료가 포함되어 있었을 것이다. 7~8세기 교통의 발달은 고구려와 수·당의 전쟁과 이를 전후해 축적된 지리정보와 무관치 않았다. 전쟁이 교통의 발달을 추동한 일면이었다. 물론 戰後의 정치사회적 동요 및 사회경제적 파탄으로 교통의 발달이 지속적이었다고 할 수는 없다. 다만 보다 장기적인 추이에서 볼 때, 7세기 전쟁은 동아시아-동북아시아 교통 발달의 촉진제와 같았다고 생각한다.

7세기 전쟁이 추동한 교통의 발달은 이후 동아시아 여러 나라의 문물 교류와 국가체제 정비에 중요한 바탕이 되었다. 한층 발달된 교통을 통해 서로의 문물을 더 신속히 수용하고 보다 폭넓고 깊이 있게 이해했으며, 각지의 현실에 적합하도록 변용해 나

---

66 『수서』 권24, 지19 식화 및 『자치통감』 권181, 수기5 대업 6년(611) 12월. 보다 자세한 내용은 이정빈, 2021, 「고구려-수 전쟁과 전염병」 『韓國古代史硏究』 102 참조.

67 『책부원귀』 권498, 邦計部16 漕運.

68 李成制, 2017, 「高句麗와 遼西橫斷路—遼河 沿邊 교통로와 관리기구」 『韓國史硏究』 178 참조.

69 『신당서』 권43下, 지33下 지리 河北道 登州.

70 『구당서』 권138, 열전88 가탐 ; 『신당서』 권166, 열전91 가탐.

갔다. 『고려풍속』과 『고려기』의 역사적 의미는 이와 같은 7세기 동아시아사의 전개과정 속에서 찾을 수 있지 않을까 한다.

V. 맺음말

『고려풍속』과 『고려기』는 『서역도기』를 비롯한 수·당대의 풍속기처럼 지리를 비롯한 군사정보가 담겨져 있었고, 그를 제공하는 데 저술의 목적이 있었다. 특히 『고려풍속』과 『고려기』는 각각 양제와 태종의 고구려 공격이란 수·당 황제의 의중에 부응하기 위한 저술이었다. 두 책은 漢代의 영역과 대외정책을 염두에 두고, 고구려의 지리와 역사를 설명하였다. 漢代에 郡縣이었던 고구려에 대한 공격이 역사적 당위를 갖는다고 한 것이다. 漢代 지향의 역사 인식과 이를 통한 전쟁 명분 만들기였다. 두 책의 공통점이었다.

『수서』 고려전과 비교해 짐작하였듯 『고려기』는 『고려풍속』보다 한층 확대된 정보와 지식을 담고 있었다. 『고려풍속』이 간접적인 탐방 자료에 기초하였다면, 『고려기』는 직접적인 탐방 자료로서 견문의 폭도 넓었다. 이와 같은 차이는 수·당이 추진한 고구려 공격과 밀접하였다. 수가 고구려 지역에서 전개될 실전을 경시하였다면, 당은 그로 인한 실패를 경계하였기에 교통과 지리정보 수집에 더욱 진력하였던 것이다. 두 책의 차이점이자 7세기 정보와 지식이 증대한 추이를 보여준다. 7세기 전쟁이 추동한 지리정보 및 지식의 발달이었다.

7세기 지리정보와 지식은 교통의 발달을 추동하였고, 교통의 발달은 동아시아 여러 나라의 문물 교류와 국가체제 정비에 중요한 바탕이었다. 동아시아의 관점에서 『고려풍속』과 『고려기』의 의미를 부여하자면, 이와 같은 역사적 맥락이 주목된다.

『肅愼國記』의 成書와 7세기 唐의 肅愼 소환

권순홍

Ⅰ. 머리말

기록에 전하는 肅愼은 크게 둘로 구분된다. 先秦문헌에서부터 등장하는 이른바 古肅愼/前期肅愼과 3세기 중반에 재등장하는 肅愼/後期肅愼이다.[1] 양자는 시간뿐만 아니라 공간적으로도 구분되는데, 전자의 경우, 주로 周의 북방에 있었다고 전하는 반면,[2] 후자의 경우 3세기 중반에 부여의 동북쪽에 있었다고 전하는 挹婁로 비정된다.[3] 공헌품이 楛矢와 石砮였다는 점이 비정의 주요한 근거였는데,[4] 양자를 동일한 실체로 보기는 어려웠다.[5]

그러나 7세기에 편찬된 『翰苑』 肅愼傳과 『晉書』 肅愼氏傳에서는 마치 양자의 실체가 같은 것처럼 기술하고 있다. 이 글은 이러한 오류가 무지에 따른 단순한 착각인지, 시대적 배경을 갖는 의도적 착종인지에 대한 의문에서 출발한다.

이를 해결하기 위해서는 『肅愼國記』에 대한 이해가 필수적이다. 『한원』 숙신전의 주문에는 다섯 가지 자료가 인용되었는데, 그 중 가장 큰 비중을 차지하는 것이 『숙신국기』이고, 1922년 일본에서 『한원』 번이부의 필사본이 발견된 이래, 『진서』 숙신씨전은 『숙신국기』를 전재한 것으로 이해되어 왔기 때문이다.[6]

---

1 韓圭哲, 1988, 「肅愼·挹婁硏究」 『白山學報』 35, 白山學會.

2 "方五千里, 至于荒服. 南撫交阯北發, 西戎析枝渠廋氐羌, 北山戎發息愼, 東長鳥夷, 四海之內咸戴帝舜之功." (『史記』 卷1, 五帝本紀1: 1963, 『史記』 第一册, 中華書局, 43쪽)

3 "挹婁, 古肅愼之國也. 在夫餘東北千餘里." (『後漢書』 卷85, 列傳75, 東夷: 1965, 『後漢書』 第十册, 中華書局, 2812쪽)

4 池內宏, 1930, 「肅愼考」 『滿鮮地理歷史硏究報告』 13, 東京帝國大學文科大學: 1951, 『滿鮮史硏究』 上世 第一册, 吉川弘文館, 399~400쪽.

5 池內宏, 1951, 앞의 책, 414쪽. 한편, 선진시기의 숙신과 읍루-물길-말갈을 동일한 실체로 이해하기도 한다. 이에 관해서는 王禹浪·王俊錚, 2015, 「我國肅愼硏究槪述」 『哈爾濱學院學報』 2015-7, 哈爾濱學院, 1~13쪽 참조.

6 池內宏, 1951, 앞의 책, 419쪽.

먼저, 『숙신국기』 텍스트에 대한 분석을 바탕으로 그 성서시기를 검토하고, 이어서 『숙신국기』와 『진서』 숙신씨전의 관계를 설정함으로써, 7세기에 작성된 숙신 관련 자료들에 대한 이해를 제고하고자 한다. 그리고 이를 통해서 앞서 제기했던 의문에 대해 나름의 답을 찾겠다.

Ⅱ. 『肅愼國記』의 성서시기

『肅愼國記』의 성서시기에 관한 해석은 크게 둘로 나뉜다. 하나는 西晉代로 보는 견해[7]이고, 다른 하나는 唐代로 보는 견해[8]이다. 이 중 전자의 경우, 두 가지 근거 위에서 있다. 하나는 『翰苑』 肅愼傳의 주문에 인용된 '魏略曰' 부분이 '肅愼國記曰'의 잘못이라는 판단이다.[9] '위략왈' 부분의 내용이 『숙신국기』를 전재한 것으로 보이는 『晉書』 肅愼氏傳의 내용과 일치한다는 것이 근거였다. 여기에 더하여, 『숙신국기』를 전재한 것으로 보이는 『진서』 숙신씨전과 '숙신국기왈'의 오기인 '위략왈' 부분에 공히 보이는 冠漫行國/寇漫汗國의 267년 西晉 조공 기사[10]와 262년 숙신의 曹魏 조공 기사[11]를 토대로, 『숙신국기』를 사신견문록 즉, 曹魏의 相國 司馬昭(211~265)가 본인의 威德을 선전하기 위해

7 池內宏, 1951, 앞의 책; 전대준, 1991, 「《숙신국기》에 대하여」 『력사과학』 1991-1, 사회과학출판사.

8 고미야 히데타카, 2015, 「한국 고대국가의 「국기(國記)」에 대하여-편찬과 그 배경을 중심으로-」 『동서인문학』 50, 계명대학교 인문과학연구소.

9 內藤湖南, 1922, 「影印本翰苑跋」 『京都帝國大學文學部景印唐鈔本』 1, 京都帝國大學文學部: 1922, 「舊鈔本翰苑に就きて」 『支那學』 2-8, 京都帝國大學文科大學: 1970, 『內藤湖南全集』 7, 筑麻書房, 124쪽.

10 內藤湖南과 池內宏는 『晉書』 卷97, 列傳67, 四夷, 裨離等十國의 "裨離國在肅愼西北 馬行可二百日 領戶二萬 養雲國去裨離馬行又五十日 領戶二萬 寇莫汗國去養雲國又百日行 領戶五萬餘 一羣國去莫汗又百五十日 計去肅愼五萬餘里 其風俗土壤並未詳 泰始三年(267) 各遣小部獻其方物"이라는 기사의 寇莫汗國을 冠漫行國/寇漫汗國과 같은 실체로 보고, 267년에 방물을 바친 小部 중 寇莫汗國도 포함되었을 것으로 추정하였다(內藤湖南, 1970, 앞의 책, 124쪽; 池內宏, 1951, 앞의 책, 412~413쪽). 다만, 이러한 추정을 인정하더라도, '위략왈'이 '숙신국기왈'의 오기라는 주장이 뒷받침되는 것은 아니다.

11 "[景元]三年 … 夏四月 遼東郡言肅愼國遣使重譯入貢 獻其國弓三十張 長三尺五寸 楛矢長一尺八寸 石砮三百枚 皮骨鐵雜鎧二十領 貂皮四百枚" (『三國志』 卷4, 魏書4, 三少帝紀: 1959, 『三國志』 第一冊, 中華書局, 149쪽)

숙신/挹婁에 파견했던 사신의 견문록으로 해석한 것이었다.[12] 다른 하나는 『한원』 숙신전의 주문에 『숙신국기』와 함께 『鄴中記』가 인용되었다는 사실이다. 東晉代 기록인 『업중기』가 인용된 것은 『숙신국기』와 기술범위가 겹치지 않았기 때문이라는 해석이었다. 단, 『한원』 텍스트에 대한 분석을 결여한, 정황에 따른 가설과 추정일 뿐이었다.

먼저, '위략왈'의 正誤 문제이다. 『翰苑』 肅愼傳의 주문에는 『後漢書』·『魏略』·『肅愼國記』·『鄴中記』·『山海經』 등 총 다섯 개의 저작이 인용되었다. 그 중 '위략왈' 부분은 일찍이 '숙신국기왈'의 잘못으로 판단된 이래,[13] 오래도록 통설로 이해되어 왔다. 해당부분이 『숙신국기』를 전재한 것처럼 보이는 『晉書』 肅愼氏傳의 기술과 거의 일치하기 때문이다.

아래의 〈표1〉에서 알 수 있듯이, 『태평어람』 소인 『숙신국기』의 경우는 '위략왈' 부분보다 분량도 많고 중복되지 않는 부분이 있어, 전거가 같지 않았을 가능성이 높다.[14] 즉, '위략왈'이 '숙신국기왈'의 오류라는 주장은 해당부분과 『진서』 숙신씨전의 기술내용이 거의 같다는 사실이 유일한 근거이다. 그리고 이 근거는 다시, 『진서』 숙신씨전이 『숙신국기』를 전재했을 것이라는 가설 위에 위태롭게 서 있다. 단, 이 가설이 성립하기 위해서는 『숙신국기』가 『진서』보다 앞서 편찬되었다는 사실이 확정되어야 한다. 그런데 위 주장에서 이는 도리어 '위략왈'이 '숙신국기왈'의 오류라는 앞의 주장에 의해 뒷받침된다. 일종의 순환논리인 셈이다. 이 중 어느 하나의 오류만 밝혀져도 전부 성립할 수 없다는 맹점도 있다. 결국, 위 논리의 고리 중 하나인 『진서』 숙신씨전이 『숙신국기』를 전재했을 것이라는 가설에 대한 검토가 '위략왈' 정오 문제의 실마리일 수 있다.

> 가) 숙신씨는 읍루라는 이름도 있다. (a)<u>不咸山 북쪽에 있으며,</u> (b)<u>夫餘에서 60일 정도 가야하는 거리에 있다. 동쪽으로 큰 바다에 잇닿아 있고, 서쪽으로 寇漫汗國에 접하며, 북쪽으로 弱水에 이른다. 그 땅의 면적은 수천 리이다. 깊은 산 외진 골짜기에 사는데,</u> (c)<u>그 길이 험하고 가로막혀서, 수레와 말이 오가지 못한다.</u> (d)<u>여름이면 나무 위에 집을 짓고 살고, 겨울이면 굴에서 산다. 부자가 대를 이어 군장이 된다.</u>

12 池内宏, 1951, 앞의 책, 418쪽.

13 内藤湖南, 1970, 앞의 책, 124쪽.

14 고미야 히데타카, 2015, 앞의 글, 105쪽.

문자가 없어서, 말로 약속한다. (e)말이 있지만 타지 않고, 다만 재산으로 여길 뿐이다. 소와 양은 없고, 대개 돼지를 키워, 그 고기를 먹고 그 가죽은 입으며, (f)[돼지] 털을 길쌈하여 직물을 만든다. (g)[숙신에는] 雒常이라는 이름의 나무가 있는데, 만약 중국에서 聖君이 즉위하면 곧 그 나무에서 옷을 지을 수 있는 껍질이 난다. 우물과 부뚜막이 없고, 질그릇 솥을 만들어 네댓 되 정도의 [음식을] 담아 먹는다. 앉을 때면 두 다리를 뻗고 앉는데, (h)발에 고기를 끼고 그것을 먹는다. 언 고기를 얻으면, 그 위에 앉아서 녹인다. [그] 땅에서는 소금과 철이 나지 않아, 나무를 태워 재를 만들고, 물에 적셔 즙을 내어서 그것을 먹는다.

(『晉書』 卷97, 列傳67, 四夷 肅愼氏)[15]

나) 『위략』에 다음과 같이 전한다. 「숙신씨는 (b)그 땅이 부여국에서 북쪽으로 10일 가면 있는데, 동쪽으로는 큰 바다에 잇닿아 있고, 서쪽으로는 冠漫行國에 접하며, 북쪽으로는 약수에 이른다. 그 땅의 면적은 수천 리이고, 깊은 산 외진 골짜기에 산다. (d)여름이면 나무 위에 집을 짓고 살고, 겨울에는 굴에서 산다. 부자가 대를 이어 군장이 된다. 문자가 없어서, 말로 약속한다. (f)돼지 털을 길쌈하여 직물을 만든다. (h)발에 고기를 끼고 그것을 먹는다. 언 고기를 얻으면, 그 위에 앉아서 녹인다. [그] 땅에 소금과 철이 나지 않아, 나무를 태워 재를 만들고, 물에 적셔 즙을 내어서 먹는다.」

(『翰苑』 蕃夷部, 肅愼, 北窮弱水 南界沃沮)[16]

	가) : 『晉書』 肅愼氏	나) : 『翰苑』 所引 『魏略』
(a)	挹婁 在不咸山北	-
(b)	去夫餘可六十日行 東濱大海 西接寇漫汗國 北極弱水 其土界廣袤數千里 居深山窮谷	其地在夫餘國北十日行 東濱大海 西接冠漫行國 北極弱水 其土界廣袤數千里 居深山窮谷

15 "肅愼氏, 一名挹婁. 在不咸山北, 去夫餘可六十日行. 東濱大海, 西接寇漫汗國, 北極弱水. 其土界廣袤數千里. 居深山窮谷, 其路險阻, 車馬不通. 夏則巢居, 冬則穴處. 父子世爲君長. 無文墨, 以言語爲約. 有馬不乘, 但以爲財產而已. 無牛羊, 多畜猪, 食其肉, 衣其皮, 績毛以爲布. 有樹名雒常, 若中國有聖帝代立, 則其木生皮可衣. 無井竈, 作瓦鬲, 受四五升以食. 坐則箕踞, 以足挾肉而啖之. 得凍肉, 坐其上令暖. 土無鹽鐵, 燒木作灰, 灌取汁而食之." (1974, 『晉書』 第八册, 中華書局, 2534~2535쪽)

16 "魏略曰: 「肅愼氏, 其地在夫餘國北十日行, 東濱大海, 西接冠漫行國, 北極弱水. 其土界廣袤數千里, 居深山窮谷. 夏則巢居, 冬則穴處. 父子代爲君長. 無文墨, 以言語爲約束. 績豬毛以爲布. [以足]挾[肉]而噉之. 得凍肉, 坐其上令暖. 地土無鹽鐵, 燒木作灰, 灌取汁食.」" (동북아역사재단 한국고중세사연구소, 2018, 『譯註 翰苑』, 동북아역사재단, 282~283쪽)

	가) : 『晉書』 肅愼氏	나) : 『翰苑』 所引 『魏略』
(c)	其路險阻 車馬不通	-
(d)	夏則巢居 冬則穴處 父子世爲君長 無文墨 以言語爲約	夏則巢居 冬則穴處 父子代爲君長 無文墨 以言語爲約束
(e)	有馬不乘 但以爲財産而已 無牛羊 多畜猪 食其肉 衣其皮	-
(f)	績毛以爲布	績豬毛以爲布
(g)	有樹名雒常 若中國有聖帝代立 則其木生皮可衣 無井竈 作瓦鬲 受四五升以食 坐則箕踞	-
(h)	以足挾肉而啖之 得凍肉 坐其上令暖 土無鹽鐵 燒木作灰 灌取汁而食之	[以足]挾[肉]而噉之 得凍肉 坐其上令暖 地土無鹽鐵 燒木作灰 灌取汁食

가)는 『진서』 숙신씨전 중 일부이고, 나)는 『한원』 숙신전 주문에 인용된 『위략』의 내용이다. (a)~(c)는 숙신의 지리 정보를 전하고, (d)는 주거 및 권력 형태와 문자생활, (e)~(f)는 가축 정보, (g)~(h)는 의생활과 식생활를 전한다.

양자가 비슷한 내용을 전하지만, 가)의 (a) · (c) · (e) · (g)의 내용은 나)에 전하지 않는다. 이 중 숙신이 '불함산 북쪽에 있다'는 (a)는 나)에 없는, 새로운 정보이고, '수레와 말이 오가지 못할 정도로 길이 험하다'는 (c)는 (b)에 이은, 숙신의 지리적 경관에 대한 보다 자세한 정보이다. 또 가축에 대한 정보 중 (e)와 의생활과 식생활에 관한 정보 중 (g)는 나)에 없는, 새로운 정보에 더하여, 각각 (f) · (h)로 이어지는, 보다 자세한 정보를 전한다. 즉, 가)는 나)에 비해, 새로운 정보뿐만 아니라, 같은 내용이더라도 더 자세한 정보를 담고 있다. 정보의 多少와 詳略을 기준으로 한다면, 가)가 나)의 전거는 될 수 있지만, 그 반대는 불가능하다. 만약 나)의 '위략왈'이 '숙신국기왈'의 오류라고 하더라도, 『숙신국기』만을 전거로 『진서』를 작성하기는 불가능하다. 결국 가)가 나)를 전재한 것일 수 없다면, 나)의 『위략』을 『숙신국기』의 오류로 볼 이유도 없다.[17]

17 한편, 나)의 '위략'이 '숙신국기'의 오기가 아니라면, 두 가지 차이가 주목된다. 첫째, 『위략』은 숙신으로, 비슷한 시기의 『삼국지』는 읍루로 표기했다는 점이다. 후술한대로 3세기 중반의 曹魏는 읍루를 숙신의 후예로 비정했으므로, 양자의 표기 차이가 발생한 이유를 규명할 필요가 있다. 둘째, 기술방식과 내용에 있어서 나)와 『삼국지』 읍루전이 다르다는 점이다. 대체로 『삼국지』가 『위략』을 참고했다는 점을 고려하면, 이 차이는 두드러진다. 특히, 나)-(f)는 『삼국지』 읍루전뿐만 아니라, 『위서』 물길전, 『수서』 말갈전 등에도 없는 내용인데, 『한원』에 인용된 『고려기』의 말갈 풍속 관련 기록과 『진서』 숙신씨전에 전한다는 점이 주목된다(김락기, 2013, 『고구려의 東北方 境域과 勿吉 靺鞨』, 경인문화사, 32~33쪽). 『고려기』는 642년, 陳大德의 고구려 사행 경험을 토대로 했다는 점에서 나)의 '위략'은 여전히 오기일 가능성이 남는다. 다만, 여기서는 비록 오기이더라도, 그 자리에 『숙신국

다음, 『숙신국기』와 『업중기』의 기술범위의 관계에 대한 문제이다. 『업중기』는 현재 전하지 않지만, 『隋書』 經籍志에 따르면, 東晉의 國子助敎를 지냈던 陸翽가 저술한 책으로,[18] 後趙 石虎(재위 334~349)의 事蹟을 기록하였다고 한다. 『숙신국기』의 성서시기를 서진대로 보는 입장의 해석은 『한원』 주문에 동진대의 기록인 『업중기』가 인용되었다는 것이 『숙신국기』의 기술 범위가 동진대를 포함하지 않았다는 것을 암시한다는 추정이었다.[19] 단, 『업중기』의 내용 가운데, 『숙신국기』에 전하지 않는 내용이 있다면, 成書의 선후나 기술 범위와 무관하게 인용될 수 있다는 점은 간과하기 어렵다.[20]

예컨대, 『한원』 高麗傳과 倭國傳 등의 주문에는 기술 범위가 겹치는 『魏略』과 『三國志』 「魏志」가 동시에 인용되었는데, 이를 통해 찬자가 내용의 詳略에 따라 취사선택했다는 사실을 알 수 있다. 물론 원칙이 없지 않았다. 『위략』과 「위지」를 동시에 인용할 경우, 앞서 편찬된 『위략』을 주로 인용하되, 『위략』 보다 자세하거나 『위략』에는 없는 내용이 「위지」에 있다면, 「위지」를 인용함으로써 내용을 보완하였다. 고려전에서 「위지」를 인용한 내용은 毌丘儉의 고구려침공과 公孫氏의 요동세거에 관한 것으로, 각각 「위지」의 관구검열전과 公孫度열전의 내용이었다. 자료의 성격 상 『위략』에는 관구검과 공손도의 열전이 실려 있었을 가능성이 낮기 때문에, 『위략』에 없는 내용을 「위지」를 통해 보완한 것으로 볼 수 있다.

또 왜국전에서는 帶方을 기준으로 하는 지리 정보를 전하면서 「위지」를 인용했는데, 뒤 이은 『위략』 인용문에는 단지 대방에서 왜국에 이르는 교통로만 기술되었던 반면, 앞의 「위지」 인용문에는 대방 기준 왜국의 방향, 왜국의 지리적 경관 및 규모 등이 기술되어 있다. 특히, 『위략』의 인용 내용이 『삼국지』 「위지」 왜전에도 똑같이 전하고 있다는 점에서 『위략』을 주로 인용하면서, 부족한 부분을 「위지」로 보완하는 인용원칙을 다시 한 번 확인할 수 있다. 즉, 『업중기』가 인용되었다는 사실만으로 『숙신국기』의 기술 범위가 『업중기』와 겹치지 않았다고 단정하기는 어렵다.

특히, 『한원』 숙신전에서 『업중기』를 인용한 내용은 숙신이 후조에 사신을 보낸 내용

기』가 들어가야 한다는 당위성에 문제를 제기하는 것에서 그친다.

18 "鄴中記二卷〈晉國子助敎陸翽撰〉" (『隋書』 卷33, 志28, 經籍2: 1973, 『隋書』 第四册, 中華書局, 983쪽)

19 池内宏, 1951, 앞의 책, 408쪽.

20 고미야 히데타카, 2015, 앞의 글, 110쪽.

으로, 『진서』 숙신씨전에도 같은 내용이 전하지만, 『업중기』의 기록이 조금 더 자세하다는 점이 주목된다. 『진서』 숙신씨전은 『숙신국기』를 전재한 것처럼 보이므로, 『업중기』와 『진서』 숙신씨전을 비교해 볼 필요가 있다.

다) 육홰의 『업중기』에 다음과 같이 전한다. 「(a)숙신은 鄴의 동북쪽에 있고, 업에서 5만 리 떨어져 있다. (b)[숙신이] 보낸 사자가 4년 만에 비로소 도달하여, (c)石砮와 楛矢를 바쳤다. (d)[석호가] 사자에게 무슨 이유로 여기에 왔냐고 물었다. 답하길, "소와 말이 서남쪽을 향해 잔 지 3년이 되었습니다. 곧 대국이 그곳에 있음을 알고, 오게 되었을 뿐입니다."라고 하였다. (e)[숙신은] 항상 이것을 [대국에 갈] 징후로 여겼다.」

(『翰苑』 蕃夷部, 肅愼, 馬首知歸 明大邦之可謁)[21]

라) (a)[동진] 成帝(재위 326~342) 때에 이르러 石季龍(石虎, 재위 334~349)과 통하여 공헌하였는데, (b)[사신이] 4년 만에 비로소 도달하였다. (d)[석]계룡이 그에게 물었다. 답하길, "매번 소와 말이 서남쪽을 향해 자는 것을 본 지 3년이 되었습니다. 이에 대국이 그곳에 있음을 알고, 오게 되었습니다."라고 하였다.

(『晉書』 卷97, 列傳67, 四夷 肅愼氏)[22]

다)는 『한원』에 인용된 『업중기』이고, 라)는 『진서』 숙신씨전 중 다)와 같은 내용을 전하는 부분이다. 그 중, 다)-(a)는 숙신의 지리 정보에 관한 내용인데, 후조의 도성, 업을 기준으로 서술하고 있어, 『진서』에 기록될만한 내용이 아니다. 또, 라)-(a)는 후조와 통교했다는 사실 자체를 전하는 冒頭에 해당하므로, 추가 정보를 담고 있지 않다. 한편, 같은 내용을 담고 있는 (b) 이하의 문장에서는 다)의 정보가 조금 더 상세하다는 사실을 알 수 있다. (b)의 경우, 다)와 라) 간에 글자 차이는 있지만, 유의미한 정보의 차이는 없다. 반면, 다)의 (c)는 라)에 없는 정보이다. 또 (d)의 경우, 다)에는 라)에 전하지 않는, 구체적인 질문의 내용[何緣來此]이 전한다. 『업중기』와 『진서』의 전거 간 관계를 판

21 "陸翽鄴中記曰: 「肅愼在鄴之東北, 去鄴五萬里. 遣使四年乃達, 獻石砮楛矢. 問使者[何]緣來此. 答云: '牛馬西南向眠三年. 則知有大國所在, 故來耳.」 恒以此爲候也." (동북아역사재단 한국고중세사연구소, 2018, 앞의 책, 288쪽)

22 "至成帝時, 通貢於石季龍, 四年方達. 季龍問之. 答曰: 「每候牛馬向西南眠者, 三年矣. 是知有大國所在, 故來.」 云." (1974, 『晉書』 第八册, 中華書局, 2535쪽)

단하긴 어렵지만, 만약 다)-(e)[恒以此爲候也]와 라)-(d)의 '每候'가 착종된 결과일 가능성이 있더라도,[23] 다)-(c)는 『업중기』에만 전하는 정보이고, 다)-(d)의 『업중기』가 라)-(d)의 『진서』보다 조금 더 상세한 정보를 담고 있다. 즉, 만약 라)의 내용이 『숙신국기』에 전하고 있었더라도, 『업중기』의 내용이 보다 자세하므로, 『업중기』를 인용하여 보완했을 가능성이 있다.

이상을 통해서 『숙신국기』의 성서시기를 西晉代로 보는 두 가지 근거를 모두 반박하였다. 요컨대, 『한원』 숙신전의 '위략왈' 부분은 '숙신국기왈'의 오류라고 단정 지을 수 없었고, 『업중기』의 인용은 『숙신국기』의 기술범위를 한정할 수 없을 뿐만 아니라, 『숙신국기』 성서시기 하한을 규정할 수도 없었다. 물론 그렇더라도, 현재 『숙신국기』의 내용을 전하는 『한원』과 『태평어람』의 인용문에 서진 이후의 사실을 전하는 기술이 전혀 없으므로, 『숙신국기』의 성서시기를 서진대 이후로 판단할 만한 확증은 없다.

다만, 『숙신국기』의 성서시기와 관련해서는 『숙신국기』라는 서명이 처음 등장하는 시점을 주목할 필요가 있다. 656년에 완성된 『隋書』 經籍志에는 보이지 않던 『숙신국기』가 660년경 편찬된 『한원』을 시작으로,[24] 李賢(655~684)의 『後漢書注』, 張守節의 『史記正義』(736), 李昉의 『太平御覽』(983) 등 唐代 이후의 저작에서 인용되거나 언급되었기 때문이다. 또, 『숙신국기』와 기술내용이 거의 같은 『晉書』 역시 648년에 성서되었으므로, 『숙신국기』 성서의 하한은 唐代일 가능성이 있다는 추정[25] 역시 가능하다.

Ⅲ. 『晉書』 肅愼氏傳과 『肅愼國記』의 관계

기왕에 『진서』 숙신씨전은 『숙신국기』를 참고 · 전재한 것으로 이해되어 왔다.[26] 이러한 이해에는 『숙신국기』가 648년에 成書된 『진서』보다 먼저 편찬되었다는 판단이 선행

23 동북아역사재단 한국고중세사연구소, 2018, 앞의 책, 289쪽.

24 『한원』의 주문을 宋代人 雍公叡가 작성했다고 보기도 하지만(全海宗, 2000, 『동아시아사의 비교와 교류』, 지식산업사, 369~376쪽), 주문이 없는 정문의 작성은 불가능했으므로, 주문 역시 정문 작성과 동시에, 즉 660년경 이루어졌을 것으로 보인다(尹龍九, 2011, 「『翰苑』 蕃夷部의 注文構成에 대하여」 『百濟文化』 45, 공주대학교 백제문화연구소, 161쪽).

25 고미야 히데타카, 2015, 앞의 글, 109~110쪽.

26 池內宏, 1951, 앞의 책, 419쪽.

한다. 그러나 앞서 지적한대로, 『숙신국기』의 성서시기를 서진대로 볼 수 없다면, 『진서』 숙신씨전과 『숙신국기』의 관계는 재설정될 필요가 있다. 특히, 『숙신국기』라는 서명의 첫 등장이 660년경 성서된 『한원』의 주문이라면, 양자의 선후 관계는 기왕의 이해와 다를 수 있다. 이를 검토하기 위해서 우선 『진서』와 『숙신국기』에 대한 자세한 비교·분석이 필요하다.

먼저, 『한원』에 인용된 『숙신국기』와 『태평어람』에 인용된 『숙신국기』를 비교하여, 『숙신국기』라는 텍스트를 이해할 필요가 있다.

〈표 1〉『翰苑』所引『肅愼國記』와『太平御覽』所引『肅愼國記』비교

	『翰苑』所引『肅愼國記』: A	『太平御覽』所引『肅愼國記』: B
I	-	肅愼氏 其地在夫餘國北可六十日行 東濱大海 夏則巢居 冬則穴處 父子世爲君長 無文墨 以言語爲約 其畜有馬猪牛羊 不知乘馬 以爲財産而已 猪放山谷中 食其肉 坐其皮 績猪毛以爲布 無井竈 人作瓦鬲 四五升以食 坐則箕踞 足袂肉而啖之 得凍肉 坐其上令軟 土地無鹽 燒木作灰 灌取汁食之 俗皆編髮 以布作襜 徑尺餘 以蔽前
II	肅愼俗 嫁娶之法 男以毛羽插女頭 女和則持歸 然後置禮娉 婦貞而女婬 貴壯而賤老 寡居終身不嫁 性凶悍 以無憂哀相尙也	嫁娶之法 男以毛羽插女頭 女和則持歸 然後致禮娉之 婦貞而女淫 貴壯賤老 寡居終身不嫁 性凶悍 以無憂喪相尙
III	肅愼俗 父母死 男子不哭泣 有泣者謂之不壯 死卽日便葬於野 以繩繫於椁頭 出土[上]以酒灌 繩腐而止 無四時祭祀之也	父母死 男子不哭 哭者謂之不壯 相盜 贓物無多少 盡誅殺之 雖野處而不相犯 死者卽日便葬於野 交木作小槨 殺猪積槨上 富室數百 貧者數十 以爲死者之粮 以土覆之 以繩繫於槨頭 出土上以酒灌酹 纔繩腐而止 無時祭祀也
IV	-	其檀弓三尺五寸 括矢長尺有咫 石砮皮骨甲 石山在國東北 取之必先祈神 石利入鐵
V	昔武王克商 通道九夷百蠻 使各以其[方]賄來貢 使無忘職業 於是肅愼貢楛矢·石砮 其長尺有咫 先王欲昭其令德之致遠也 以示後人 使永監焉 故銘其括曰 肅[愼]氏之貢矢 王又以賜陳胡公 成王時復入賀 王使榮伯作賄肅愼之命也	-
VI	漢武帝時 肅愼不至 策詔慷慨 恨不能致之也	-

위의 〈표1〉은 『한원』 소인 『숙신국기』(A)와 『태평어람』 소인 『숙신국기』(B)를 비교한 것으로, '음영' 부분은 두 기록에 공히 전하는 내용이다. '음영' 부분에 글자의 차이가 없지 않지만, 유의미한 것은 아니다. 주목할 것은 크게 세 가지이다.

첫째는 Ⅲ의 차이로, A보다 B의 정보가 더 자세하다는 점이다. 그 원인을 『한원』 주문의 찬자가 『숙신국기』의 내용을 편집했기 때문이라고 해석할 수도 있지만, 『한원』의 正文을 고려하면 재고의 여지가 있다. 해당 부분의 정문은 "灌繩知止, 送終之禮攸陳."

으로, "끈에 [술을] 부어 그칠 줄 알았으니, 송종의 예가 여기에 펼쳐졌다."고 해석된다. 따라서 A-Ⅲ에는 숙신의 장례 문화에 나름대로의 예법이 있었다는 내용이 있어야 한다. 이로써 두 가지 의문이 발생하는데, 하나는 '만약 『한원』 주문의 찬자가 『숙신국기』의 내용을 편집했다면, 첫 문장인 "父母死, 男子不哭泣, 有泣者謂之不壯."이 포함될 이유가 과연 있었을까'라는 의문이다. 다른 하나는 '만약 주문 찬자가 B-Ⅲ의 내용을 봤다면, 과연 "交木作小槨, 殺猪積槨上. 富室數百, 貧者數十. 以爲死者之粮."과 같은 장례 문화에 관한 자세한 정보를 제외할 이유가 있었을까'라는 의문이다. 특히, 장례 문화에 대한 정보 기술 가운데 B-Ⅲ의 「酹」자가 A-Ⅲ에 보이지 않는다는 점을 유의할 필요가 있다. '酹'는 '땅에 술을 붓거나 뿌려 제사 지낸다'는 뜻으로,[27] 정문을 뒷받침할 수 있는 중요한 정보일 수 있기 때문이다. 즉, 『한원』 주문 찬자가 B-Ⅲ을 A-Ⅲ처럼 편집했다는 해석보다는, A-Ⅲ 자체가 『한원』 주문 작성 당시의 원전거와 같았다고 이해하는 것이 정합적이다. 바꿔 말해, Ⅲ의 차이를 통해서 『한원』과 『태평어람』이 인용한 『숙신국기』가 똑같은 텍스트가 아닐 가능성을 상정할 수 있다. 『한원』의 주문과 정문이 동시에 이루어졌다는 점을 고려하면,[28] 660년경에 존재했던 『숙신국기』(A)와 983년경 『숙신국기』(B)의 차이일 수도 있다.

둘째는 A-Ⅰ·Ⅳ의 부재이다. B-Ⅰ은 앞서 인용된 『위략』의 인용문과 유사한 정보를 담고 있고, B-Ⅳ는 『후한서』 인용문 가운데 비슷한 내용이 있긴 하지만, 『위략』과 『후한서』에는 전하지 않는 정보가 B-Ⅰ·Ⅳ에 많음에도 불구하고, 『한원』에서는 인용되지 않았다. 이 역시도 A와 B, 두 텍스트가 달랐을 가능성을 암시함과 동시에 B가 더 풍부한 정보를 담고 있다는 사실을 다시 한 번 보여준다.

셋째는 B-Ⅴ·Ⅵ의 부재이다. A-Ⅴ의 내용은 『태평어람』 숙신전에서 『숙신국기』에 앞서 인용된 『尙書』의 내용과 중복되므로, 생략했을 가능성이 있다. 반면, A-Ⅵ의 내용은 『태평어람』 숙신전에는 전하지 않는 정보임에도 불구하고, 『태평어람』에서는 인용되지 않았다. 단, 『숙신국기』에 앞서 인용된 『태평어람』 소인 『후한서』에서 '自漢興以後, 臣屬夫餘.'라고 기술했으므로, 같은 시기의 내용을 전하는 Ⅵ를 생략했을 수 있다.

결국, A와 B의 차이는 『한원』 주문의 찬자가 편집한 결과가 아니라, A와 B 텍스트

---

27 "酹, 餟祭也." (『說文解字』 酉部); "酹, 餟祭也. 以酒祭地也." (『玉篇』 酉部)

28 尹龍九, 2011, 앞의 글, 161쪽.

자체의 차이일 가능성을 지적하고 싶다. 다음은 『숙신국기』와 『진서』 숙신씨전의 내용을 비교하여, 양자의 관계를 검토할 차례이다.

〈표 2〉『肅愼國記』와 『晉書』 肅愼氏傳 비교

	『肅愼國記』 : A(vi~vii) + B(i ~ v)=C	『晉書』 肅愼氏傳 : D
i	肅愼氏 其地在夫餘國北可六十日行 東濱大海 夏則巢居 冬則穴處 父子世爲君長 無文墨 以言語爲約 其畜有馬猪牛羊 不知乘馬 以爲財産而已 猪放山谷中 食其肉 坐其皮 績猪毛以爲布 無井竈 人作瓦鬲 四五升以食 坐則箕踞 足袂肉而啖之 得凍肉 坐其上令軟 土地無鹽 燒木作灰 灌取汁食之 俗皆編髮 以布作褡 徑尺餘 以蔽前 嫁娶之法 男以毛羽插女頭 女和則持歸 然後致禮娉之 婦貞而女淫 貴壯賤老 寡居終身不嫁	肅愼氏 一名挹婁 在不咸山北 去夫餘可六十日行 東濱大海 西接寇漫汗國 北極弱水 其土界廣袤數千里 居深山窮谷 其路險阻 車馬不通 夏則巢居 冬則穴處 父子世爲君長 無文墨 以言語爲約 有馬不乘 但以爲財産而已 無牛羊 多畜猪 食其肉 衣其皮 績毛以爲布 有樹名雒常 若中國有聖帝代立 則其木生皮可衣 無井竈 作瓦鬲 受四五升以食 坐則箕踞 以足挾肉而啖之 得凍肉 坐其上令暖 土無鹽鐵 燒木作灰 灌取汁而食之 俗皆編髮 以布作襜 徑尺餘 以蔽前後 將嫁娶 男以毛羽插女頭 女和則持歸 然後致禮聘之 婦貞而女淫 貴壯而賤老
ii	아래에 있음(iv)	死者其日卽葬之於野 交木作小槨 殺豬積其上 以爲死者之糧
iii	性凶悍 以無憂喪相尙 父母死 男子不哭 哭者謂之不壯 相盜 贓物無多少 盡誅殺之 雖野處而不相犯	性凶悍 以無憂哀相尙 父母死 男子不哭泣 哭者謂之不壯 相盜竊 無多少皆殺之 故雖野處而不相犯
iv	死者卽日便葬於野 交木作小槨 殺猪積槨上 富室數百 貧者數十 以爲死者之粮 以土覆之 以繩繫於槨頭 出土上以酒灌酹 纔繩腐而止 無時祭祀也	위에 있음(ii)
v	其檀弓三尺五寸 括矢長尺有咫 石砮皮骨申 石山在國東北 取之必先祈神 石利入鐵	有石砮 · 皮骨之甲 · 檀弓三尺五寸 · 楛矢長尺有咫 其國東北有山出石 其利入鐵 將取之 必先祈神
vi	昔武王克商 通道九夷百蠻 使各以其[方]賄來貢 使無忘職業 於是肅愼貢楛矢 · 石砮 其長尺有咫 先王欲昭其令德之致遠也 以示後人 使永監焉 故銘其括曰 肅[愼]氏之貢矢 王又以賜陳胡公 成王時復入賀 王使榮伯作賄肅愼之命也	周武王時 獻其楛矢 · 石砮 逮于周公輔成王 復遣使入賀
vii	漢武帝時 肅愼不至 策詔慷慨 恨不能致之也	爾後千餘年 雖秦漢之盛 莫之致也
viii	–	及文帝作相 魏景元 來貢楛矢 · 石砮 · 弓甲 · 貂皮之屬 魏帝詔歸于相府 賜其王褥雞 · 錦罽 · 緜帛 至武帝大康初 復來貢獻 元帝中興 又詣江左貢其石砮 至成帝時 通貢於石季龍 四年方達 季龍問之 答日 每候牛馬向西南眠者 三年矣 是知有大國所在 故來

위의 〈표2〉는 『숙신국기』(C)와 『진서』 숙신씨전(D)을 비교한 것으로, C의 경우, i~v 부분은 『태평어람』 소인 『숙신국기』(B)이고, 그 이하는 『한원』 소인 『숙신국기』(A)이다. '음영' 부분은 두 기록에 공히 전하는 내용이고, '밑줄 친' 부분은 내용은 같지만, 기술 방식이 다른 부분이다. '음영' 부분에도 글자의 차이가 없지 않지만, 유의미한 것은 아니다. 주목할 것은 크게 다섯 가지이다.

첫째는 C에만 전하는 내용이다. C-i의 돼지를 '산골짜기에 방목'한다는 양돈 방식과 '과부는 종신토록 재가하지 않는다'는 내용이 D에는 전하지 않는다. iv에서는 장례 문화를 전하는데, C와 D에 공히 돼지를 죽여 곽 위에 쌓아둔다고 기술되어 있지만, '부자들은 수백 마리를, 빈자들은 수십 마리를' 쌓는다는 내용이 D에는 없다. 또 C-iv의 '술을 붓는 제사'에 관한 내용과 '四時 제사가 없다'는 내용 역시 D에는 전하지 않는다.

둘째는 D에만 전하는 내용이다. D-i의 불함산 북쪽에 숙신이 위치한다는 내용은 C에 없고, 숙신의 서쪽·북쪽 경계와 전체 규모, 지리적 경관에 대한 묘사 역시 C에 전하지 않는다. 또, 雒常에 관한 정보도 C에는 없다. 한편, C-i에서는 그 땅에서 소금만 나지 않는다고 전하는 반면, D-i에서는 소금과 함께 철도 나지 않는다고 전한다. D-viii의 서진대 이후 숙신의 조공에 관한 기록 역시 C에는 전하지 않는다.

단, 이들은 대부분 『한원』에 인용된 『위략』과 『산해경』(곽박의 주석 포함) 등에 전하는 내용이므로, 『진서』 숙신씨전이 작성될 당시에 『위략』과 『산해경』 등이 참고되었을 가능성을 보여준다. 반면에 D-i에서 '그 나라의 길이 험하고 막혀서, 수레와 말이 오가지 못한다[其路險阻, 車馬不通.]'는 기술과 소금과 함께 '철도 나지 않는다'는 정보는 오직 D에만 전하고, 앞선 숙신 관련 기록에서는 보이지 않는 정보이다. 이를 통해 『진서』 숙신씨전의 전거로서, 현재 전하지 않는 제3의 자료(E)의 존재를 짐작할 수 있다.

셋째는 C와 D가 상반되는 내용이다. C-i에서는 숙신의 가축에 소와 양이 있다고 기술한 반면, D-i에서는 소와 양이 없다고 전한다. 앞서 지적한대로, 제3의 자료(E)가 존재한다면, D-i의 '소와 양이 없다'는 정보는 E에 의존했을 개연성이 있다. 오히려, 소·양의 유무와 같이 상반되는 내용이 제3의 자료(E)의 존재 가능성을 뒷받침한다고도 볼 수 있다.

넷째는 C와 D가 같은 내용을 전하면서도 기술방식에 차이가 있는 부분이다. v~vii 부분으로, v에서는 숙신의 특산품에 관한 정보를 기술하는데, 특산품의 나열 순서와 정보 서술의 순서가 각기 다르다. vi에서는 周代의 숙신관계 기록을 전하는데, C-vi에서는 周 武王 때 숙신의 조공에 대해 자세히 설명한 반면, D-vi에서는 간략히 서술하였고, C-vi에는 周 成王 때 '賄肅愼之命'의 유래를 전하지만, D-vi에는 전하지 않는다. vii에는 漢代의 관계 기사인데, C-vii에는 시기를 특정하여 한 무제 때 숙신이 조공하지 않아 황제가 개탄했다는 내용을 전하지만, D-vii에는 진한대 숙신이 조공하지 않았다는 간단한 기록만 전한다.

다섯째는 기재순서의 차이이다. 숙신의 장례 문화를 C에서는 숙신 사람들의 기질과 형법에 관한 정보 다음(iv)에 기재한 반면, D에서는 그 앞(ii)에 기재하였다.

C 혹은 D에만 전하는 내용이 있다는 것은 전사 과정에서 찬자의 판단에 따라 정보를 편집했기 때문일 수 있다. 그러나 상반되는 내용이 있고, 기재순서와 기술방식이 다른 이유는 서로 다른 전거를 활용했기 때문일 가능성이 높다. 바꿔 말해, 『진서』 숙신씨전이 현전하는 『숙신국기』를 전재했을 것이라는 기왕의 추정은 성립하기 어렵다. 양자의 선후를 확인할 수도 없을 뿐만 아니라, 똑같은 전거를 인용하지 않았을 가능성도 높기 때문이다. 제3의 자료의 존재도 짐작된다.

요컨대, 『한원』 소인 『숙신국기』(A)와 『태평어람』 소인 『숙신국기』(B), 『진서』 숙신씨전(D)을 비교·분석한 결과, 세 가지 사실을 도출할 수 있었다. 첫째, A와 B는 똑같은 텍스트가 아니다. 성서시기를 고려했을 때, B는 A의 개정판일 수 있다. 둘째, D는 현전하는 『숙신국기』(A·B)를 전재한 결과가 아니다. 셋째, 唐代 이후 적어도 세 가지 버전의 '숙신기'[①『한원』 소인 『숙신국기』(A), ②『진서』 숙신씨전의 전거(E), ③『태평어람』 소인 『숙신국기』(B)]가 존재하거나 작성되었다. 이와 관련하여 아래의 사료들도 참고된다.

마) 훗날 [조]조가 烏桓을 토벌[하려]하자, 또 [孔融이] 그를 조롱하며 다음과 같이 말하였다. "대장군이 원정[하려]하니, 해외가 조용해졌습니다. 옛날에 숙신이 楛矢를 바치지 않았고,〈(중략) 『숙신국기』에 다음과 같이 전한다. 「숙신씨는 그 땅이 부여국 북쪽에 있고, 동쪽으로는 대해에 접한다.」 (중략)〉 丁零이 蘇武의 소와 양을 훔쳤으니, [이것들도] 아울러 살피시지요." (『後漢書注』, 卷70, 鄭孔荀列傳60, 孔融)[29]

바) 매가 陳의 뜰에 모여서 죽어 있었다. 楛矢가 그들을 관통해 있었고, [화살촉은] 石砮였으며, 화살 길이는 1척 8촌이었다. 陳湣公이 사자를 시켜 仲尼에게 물었다. 仲尼가 다음과 같이 답하였다. "매는 멀리서 오고, 이것은 숙신의 화살입니다. 〈『숙신국기』에 다음과 같이 전한다. 「숙신은 그 땅이 부여국의 동북쪽 60일 거리에 있다. 그 나라의 활은 4척이고, 힘센 쇠뇌를 쏘면 400보를 [나간다].」 지금의 靺鞨國이 이 화살을 가지고 있다.〉 (하략)" (『史記正義』 卷47, 孔子世家17)[30]

29 "後操討烏桓, 又嘲之曰: 「大將軍遠征, 蕭條海外. 昔肅愼不貢楛矢,〈…肅愼國記曰: 「肅愼氏, 其地在夫餘國北, 東濱大海.…」〉 丁零盜蘇武牛羊, 可幷案也.」" (1965, 『後漢書』 第八册, 中華書局, 2272쪽)

30 "有隼集于陳廷而死. 楛矢貫之, 石砮, 矢長尺有咫. 陳湣公使使問仲尼. 仲尼曰: 「隼來遠矣, 此肅愼之矢也.」〈肅愼國記云: 「肅愼, 其地在夫餘國東北, [可]六十日行. 其弓四尺, 強勁弩射四百步.」 今之靺鞨國方有此矢.〉" (1959, 『史記』 第六册, 中華書局, 1922~1923쪽) 중화서국표점본에서는 마지막 「今之靺

마)는 조조가 오환 원정을 계획하자, 간 김에 숙신과 정령까지 복속시키고 오라며 孔融(153~208)이 조조의 오환 원정을 비꼰 내용으로, 밑줄 친 부분은 '옛날에 숙신이 楛矢를 바치지 않았다'는 내용에 달린 李賢의 주석 중 일부이다. 바)는 陳湣公이 楛矢와 石砮에 맞아 죽은 매를 보고 공자에게 묻자, 공자가 그것은 '숙신의 화살'이라고 답하는 내용으로, 밑줄 친 부분은 '숙신의 화살'에 달린 張守節의 주석이다. 양자 공히 숙신의 호시와 석노가 등장하는 부분에서 『숙신국기』를 활용하여 숙신에 대해 부연 설명했다는 점이 주목된다. 『후한서』의 경우, 마) 이외에도 挹婁列傳에서 '읍루는 일명 古肅愼國'이라는 서술이 있지만, 『숙신국기』를 활용한 부연설명 주석은 없었다. 또 『사기』의 경우, 바) 이외에 五帝本紀와 司馬相如列傳에 숙신이 한 차례씩 등장하지만,[31] 『숙신국기』는 인용되지 않았다. 다시 말해서 李賢과 張守節은 오직 숙신의 호시와 석노에 관한 내용에서만 『숙신국기』를 인용했던 셈이다. 이를 바꿔 말하면, 李賢과 張守節이 숙신에 관해 가장 중요하게 여겼던 정보, 그래서 설명을 덧붙여야 했던 정보는 숙신의 공물로서 호시와 석노였다.

한편, 그럼에도 불구하고, 마)와 바)를 통해 알 수 있듯이, 李賢과 張守節의 인용문에 호시와 석노에 관한 정보가 없다는 점은 간과하기 어렵다. 위의 〈표 1〉에서 알 수 있듯이, 『한원』 주문에 인용된 『숙신국기』에는 분명 숙신의 호시와 석노, 그리고 '肅愼之貢矢'에 관한 자세한 정보가 있음에도 불구하고, 李賢과 張守節의 인용문에 이 내용이 없다는 사실을 통해, 이들이 인용한 『숙신국기』가 『한원』 주문에 인용된 『숙신국기』(A)와는 다른 버전일 가능성이 제기될 수 있다. 만약 이러한 가설을 인정한다면, 唐代 이후 최소한 세 가지 버전[『한원』 소인, 『후한서주』/『사기정의』 소인, 『태평어람』 소인]의 『숙신

鞨國方有此矢」까지 『숙신국기』의 문장으로 파악하였다. 만약 이렇게 본다면, 『숙신국기』의 성서시기는 중국기록에서 말갈국이 처음 확인되는 583년(『北齊書』 卷7, 帝紀7, 武成, 河淸二年 是歲) 이후로 볼 수 있게 되지만, 「今之靺鞨國方有此矢」의 「此矢」는 『사기』 본문의 「此肅愼之矢」를 가리키므로, 「今」 이하는 장수절의 문장으로 보아야 한다.

31 "南撫交阯 · 北發, 西戎 · 析枝 · 渠廋 · 氐 · 羌, 北山戎 · 發 · 息愼, 東長 · 鳥夷, 四海之內咸戴帝舜之功" (『史記』 卷1, 五帝本紀1 : 1959, 『史記』 第一册, 中華書局, 43쪽), "烏有先生曰: 「… 且齊東陼巨海, 南有琅邪, 觀乎成山, 射乎之罘, 浮勃澥, 游孟諸, 邪與肅愼爲鄰, 右以湯谷爲界 秋田乎青丘, 傍偟乎海外, 呑若雲夢者八九, 其於胸中曾不蔕芥. …」" (『史記』 卷117, 司馬相如列傳57: 1959, 『史記』 第九册, 中華書局, 3014~3015쪽) 『사기』 오제본기에는 息愼으로 나오지만, 南朝 宋代 주석서인 『사기집해』에 "鄭玄曰: 「息愼, 或謂之肅愼, 東北夷.」"라는 주석이 붙어 있어, 張守節 역시 식신이 곧 숙신이라는 사실을 알았을 가능성이 높다.

국기』가 존재했던 셈이다. 여기에 더해, 앞서 검토한대로, 『진서』 숙신씨전의 전거까지 감안하면, 총 네 가지의 '숙신기'가 존재했다고 보아도 좋다.

Ⅳ. 7세기 唐의 肅愼 소환

앞서 검토한대로, 『숙신국기』의 성서시기를 서진대로 볼 수 없을 뿐만 아니라, 『진서』 숙신씨전이 『숙신국기』를 전재한 것이 아니라면, 『숙신국기』의 성서시기를 판단할 만한 근거는 『숙신국기』라는 서명의 등장시점 외에는 없다. 이미 지적한대로, 656년의 『隋書』 經籍志에는 나오지 않았던 『숙신국기』의 서명이 660년경의 『한원』에 처음 등장한 이래, 그 직후에 작성된 것으로 추정되는 李賢(655~684)의 『後漢書注』와 736년의 『史記正義』 등 7세기 후반에서 8세기 전반에 집중적으로 나온다는 사실을 통해 『숙신국기』의 성서시기를 唐代로 추정하기도 한다.[32] 특히, 기왕의 正史 열전에서는 편목으로 편성되지 않았던 숙신이 648년에 성서된 『진서』에서 비로소 편목으로 편성되고, 660년경 성서된 『한원』의 편목도 차지했다는 점이 주목된다. 결국, 네 가지 버전의 '숙신기'의 존재와 '숙신' 편목이 포함된 正史・類書의 목차구성은 7세기에 집중적으로 나타난 현상이었다. 그 배경과 관련해서는 아래의 사료가 참고된다.

> 무릇 광활한 하늘의 德은 萬類가 힘써 일으키는 것이고, 광대한 땅의 儀는 九區가 고르게 떠받치는 것이다. 伏羲氏와 軒轅氏를 통해 옛 왕통을 헤아리니, 하늘을 이어 만물을 다스리는 것이고, 炎帝와 太昊에게 옛 임금에 대해 물으니, 땅을 바로잡아 강역을 새기는 것이다. 冠帶를 착용하여 諸華를 판별하였고, 要服과 荒服을 경계지어 변방을 구별하였으니, 中外를 구분하는 것은 그 유래가 오래되었다.
>
> (『晉書』 卷97, 列傳67, 四夷)[33]

---

32 고미야 히데타카, 2015, 앞의 글, 109~110쪽.

33 "夫恢恢乾德, 萬類之所資始, 蕩蕩坤儀, 九區之所均載. 考羲軒於往統, 肇承天而理物, 訊炎昊於前辟, 爰制地而疏疆. 襲冠帶以辨諸華, 限要荒以殊遐裔, 區分中外, 其來尙矣." (1974, 『晉書』 第八册, 中華書局, 2531쪽)

위의 기록은 『진서』 四夷列傳의 서문으로, 숙신씨전을 사이열전의 편목으로 구성했던 이유가 설명되어 있다. 630년 동돌궐, 635년 토욕혼, 640년 고창 등을 격파한 唐은 당을 중심으로 하는 동아시아 국제질서를 재편해 나가고 있었고, 648년에 성서된 『진서』 사이열전의 서문에는 이러한 당 중심의 국제질서 재편의 의지가 반영되었다. 위의 '광대한 땅의 儀는 九區가 고르게 떠받친다'는 서술에서 九區는 곧 九州로서, 흔히 중국의 영토만을 가리키지만, 중국과 중국 밖의 여덟 주를 더한 아홉 주를 가리키기도 한다.[34] 위 문장의 경우, 九區가 '고르게(均)' 떠받친다는 표현을 통해, 후자의 의미로 사용되었을 가능성이 있다. 즉, 중국과 그 바깥이 고르게 질서 잡혀야 한다는 의미로 해석된다. 또, '땅을 바로잡아 강역을 새기는 것이 임금'의 역할이라는 서술은 그러한 질서를 수립하는 것이 중국 황제의 역할이라는 뜻으로 짐작된다. '要服과 荒服을 경계지어 변방을 구별'한다는 서술과 이로써 '中外를 구분'한다는 서술은 질서의 구체적인 형태를 말한다. 즉, 중국과 그 바깥을 구분하고, 그 바깥이 중국에 복속하고 숭상하는 것이 당이 재편하려고 하는 당 중심의 국제질서인 셈이다.

서진대에 이미 사라진 匈奴와 肅愼이 『진서』 북적 열전에 입전되었던 반면, 고구려는 누락되었던 이유와 수당대 빈번히 교섭하던 高昌, 突厥, 契丹, 薛延陀, 靺鞨 등이 『한원』 번이부에 없는 대신, 이미 사라진 흉노, 오환, 선비, 부여, 삼한, 숙신 등이 입전되었고, 특히 흉노가 번이부의 가장 앞자리를 차지한 까닭도 여기에 있다.

이러한 당의 국제질서 구상에서 숙신의 의미는 남다를 수 있다. 周代 이래로 숙신이 바친 호시와 석노는 중국에 聖天子가 출현하면, 주변의 이종족이 그 덕을 사모하여 조공해온다는 중국 독자의 유교적, 덕치주의적 세계관을 상징하는 지표였기 때문이다.[35] 마)에서 孔融이 조조에게 했던, '숙신이 호시를 바치지 않은 것도 살피시라'는 조롱은 後漢代에도 '숙신의 호시'가 외국의 중국 복속을 뜻하는 지표로, 다시 말해 중국 중심의 국제질서를 보여주는 상징으로서 표상되었다는 사실을 보여준다. 曹魏가 挹婁를 숙신으로 비정했던 이유 역시, 그 직접 근거는 읍루가 長尺의 호시와 석노를 공헌했다는 사실이었지만, 그 배경에는 周代 이래 중국인들의 숙신 인식이 작동했던 것으로 이해

34 "以爲儒者所謂中國者, 於天下乃八十一分居其一分耳. 中國名曰赤縣神州. 赤縣神州內自有九州, 禹之序九州是也, 不得爲州數. 中國外如赤縣神州者九, 乃所謂九州也." (『史記』 卷74, 孟子荀卿列傳14: 1959, 『史記』 第七册, 中華書局, 2344쪽)

35 武田幸男, 1989, 「「朝貢」關係の基本性格」 『高句麗史と東アジア』, 岩波書店, 119쪽.

된다.[36] 단, 7세기 당의 숙신 '소환'은 이와는 조금 달랐다.

앞서 언급한대로, 7세기 이전에 숙신에 대한 언급이 없지는 않았다. 3세기에 조위가 읍루를 숙신으로 비정한 이래, 중국 정사에서는 숙신-읍루-물길-말갈의 계통성을 인정하면서 읍루, 물길 등을 숙신의 후예로 이해해 왔다. 따라서 기왕의 숙신에 대한 언급은 읍루, 물길 등의 편목에서 '古肅愼之國', '舊肅愼國' 등으로 부연하던 방식이었다. 다만, 아래의 사료는 읍루의 별칭으로서가 아닌, 숙신이라는 실체로서 등장했다는 점에서 주목된다.

> [大明 3년(459)] 11월 己巳일에 고[구]려국이 사신을 보내 方物을 바쳤다. 숙신국이 重譯을 통해 호시와 석노를 바쳤다. (『宋書』 卷6, 本紀6, 孝武帝)[37]

위의 사료는 숙신이 劉宋에게 공헌한 사실을 전한다. 특히, 숙신의 공헌이 고구려의 重譯을 통했다는 점에 유의할 필요가 있다. 열전에는 공헌의 주체가 고구려로 표현됨으로써,[38] 숙신의 공헌이 고구려의 도움 혹은 고구려에 의한 것이었음을 알 수 있다. 이에 관해서는 숙신과 그들의 공헌품인 호시와 석노가 중원왕조에서 어떤 의미를 갖는지 알고 있던 고구려의 의도가 반영된 것으로 보는 해석이 주목된다.[39] 〈광개토왕비문〉을 통해 알 수 있듯이, 5세기 고구려는 목단강 유역에 거주하던 읍루를 숙신으로 지칭하면서, 숙신의 공헌을 황제의 덕화를 드높이는 상징으로 여겼던 조위 이래의 숙신 비정과 숙신에 대한 인식을 그대로 공유하고 있었다.[40]

단, 드러난 결과는 조금 달랐다. 조위는 숙신을 읍루의 전신으로 비정하는 것에 그쳤고, 그래서 숙신 앞에 '古' 혹은 '舊'가 붙을 수밖에 없었지만, 고구려는 숙신 앞에 '古', '舊'를 붙이는 대신, 읍루를 지웠다. 결국, 조위 이래 7세기 이전까지 중국에서는 숙

---

36 여호규, 2009, 「〈廣開土王陵碑〉에 나타난 高句麗 天下의 공간범위와 주변 族屬에 대한 인식」『역사문화연구』 32, 한국외대 역사문화연구소, 23~24쪽.

37 "十一月己巳, 高麗國遣使獻方物. 肅愼國重譯獻楛矢石砮." (1974, 『宋書』 第一册, 中華書局, 125쪽)

38 "[高句驪國] 大明三年, 又獻肅愼氏楛矢石砮." (宋書』 卷97, 列傳57, 夷蠻: 1974, 『宋書』 第八册, 中華書局, 2393쪽)

39 김락기, 2013, 앞의 책, 24~27쪽.

40 여호규, 2017, 「고구려와 중국왕조의 만주지역에 대한 공간인식」『한국고대사연구』 88, 한국고대사학회, 193~195쪽.

신-읍루-물길-말갈의 계통을 상정하면서, 읍루, 물길 등을 부연하기 위해 숙신을 언급했던 반면, 고구려에서는 읍루를 숙신으로 지칭하며 숙신의 상징성을 전유했던 셈이다.

이 점에서 7세기 당의 숙신 소환은 고구려의 숙신 전유와 닮았다. 숙신을 읍루, 물길 등의 전신으로 규정했던 『후한서』, 『위서』, 『수서』 등과 달리, 7세기의 『진서』와 『한원』은 도리어 읍루, 물길 등을 숙신의 이칭으로 도치시켰기 때문이다.

요컨대, 『진서』가 숙신을 소환하여 사이열전의 편목으로 배치하고, 또 7세기에 여러 버전의 '숙신기'가 존재했던 배경에는 당 중심의 국제질서 재편이라는 당면한 현실 정치가 있었다. 당은 그 역사적 근거로서, 중국 중심의 국제질서를 상징하는 숙신과 '숙신의 공물'을 소환했던 것이다. 만약 이러한 당의 의도와 전략이 실재했다면, 『숙신국기』의 성서시기가 당대였을 가능성도 제고될 수 있다. 다만, 『숙신국기』 이전의 전거가 존재했을 가능성도 여전히 남아 있다. 5세기 이래로 고구려는 읍루를 숙신으로 지칭하며 숙신의 호시와 석노를 중원 왕조에 바치고 있었고, 『북제서』에 드러나듯, 중원왕조는 고구려가 전유한 숙신의 존재를 인정하기도 했기 때문이다.[41]

41 "[天保 5년(554)] 秋七月戊子, 肅愼遣使朝貢." (『北齊書』 卷4, 帝紀4, 文宣: 1972, 『北齊書』 第一册, 中華書局, 58쪽) 이와 관련해서는 남북조시기 이래 지속적으로 편찬되었던 '외국풍속기'들이 주목된다. 기왕에는 『수서』 경적지에 나오는 『諸蕃風俗記』와, 『太平寰宇記』에 인용된 『隋北蕃風俗記』를 동일한 책으로 보기도 했지만(姜維公, 1998, 「高麗記成書時間與作者考」 『古籍整理硏究學刊』 1998-2, 東北師範大學古籍整理硏究所), 『수서』 경적지 사부 지리류의 서명이 대체로 시기 순이었다는 분석을 따르면(興膳宏 · 川合康三, 1995, 『隋書經籍志詳攷』, 汲古書院, 36쪽), 남북조시기의 저술 목록 가운데 있는 『제번풍속기』와 『북황풍속기』는 남북조시기의 저술로, 『태평환우기』 · 『수서』 등에 인용된 『수동번풍속기』와 『수북번풍속기』는 서명대로 수대의 저술로 파악된다(이정빈, 2021, 「『고려풍속』과 『고려기』-수 · 당의 고구려 탐방과 7세기 동아시아-」 『先史와 古代』 67, 韓國古代學會, 62~63쪽). 이를 통해서 남북조시기 이래 당대에 이르기까지 여러 종류와 버전의 '외국풍속기'들이 편찬되었다는 사실을 알 수 있다. 결국, 7세기에 존재했던 여러 버전의 『숙신국기』 혹은 그 전거였을 '숙신기' 역시 남북조시기 이래의 '외국풍속기' 편찬의 일환이자 결과였을 수 있다.

V. 맺음말

이상을 통해서 『숙신국기』에 관한 두 가지 쟁점을 검토하였고, 이를 바탕으로 처음 제기했던, 고숙신과 숙신을 구별하지 않았던 『한원』 숙신전과 『진서』 숙신씨전의 오류가 무지의 소산인지, 의도적 착종인지에 관한 의문에 대해 답하였다.

우선, 『숙신국기』의 성서시기에 관해서는 기왕에 제기되었던 서진대설을 비판하였다. 또, 『진서』 숙신씨전이 『숙신국기』를 전재한 것이라는 기왕의 추정을 반박하였다. 이 과정에서 당대에 여러 버전의 '숙신기'가 존재했다는 사실을 확인하였다. 『숙신국기』의 구체적인 성서시기를 판단하기에는 여전히 근거가 부족하지만, 7세기에 집중된 '숙신기'의 등장과 정사・유서의 '숙신' 편목 배치 등이 주목되었다.

이와 같은 7세기 당의 숙신 소환의 배경에는 중국 중심으로 국제질서를 재편하려는 의도가 숨어 있었다. 남북조라는 분열의 역사를 통과한 수당은 과거의 영광을 상기시킴으로써, 중국 중심 국제질서의 정당성을 확보할 필요가 있었다. 周代 이래 숙신의 공물로서 호시와 석노는 중국 왕조의 전성기를 상징하는 지표였고, 고숙신과 숙신은 엄밀히 구분될 필요 없이, 중국 중심 국제질서의 표상으로서 소환되었다.

부 록

翰苑 蕃夷部의 세계

참고문헌

『翰苑』, 1922, 「京都帝國大學文學部景印唐鈔本」 第1集, 京都大學文學部, 국립중앙도서관 古 200.1

『翰苑』, 1933, 「藤田亮策藏 抄寫本」, 국립중앙도서관, 古.2205.28

『翰苑』, 1934, 「遼海叢書」(8集上) 排印本, 大連, 遼海叢書編印社

『翰苑』, 1945, 「朝鮮學術院藏 油印本」, 국립중앙도서관 古.2209.15

『翰苑』, 1974, 「太宰府天滿宮一千七十五年記念影印本」, 太宰府天滿宮文化研究所

『翰苑』, 1977, 「竹內理三 校訂 · 解說本」, 太宰府天滿宮文化研究所

『翰苑校釋』, 1983, 「湯淺幸孫 校釋本」, 東京, 國書刊行會

『《翰苑 · 蕃夷部》校譯』, 2015, 張中澍 · 張建宇 校譯, 長春, 吉林文史出版社

『譯註 翰苑』, 2018, 東北亞歷史財團

국문 저서

강종원, 2005, 「百濟 泗沘都城의 經營과 王權」『古代 都市와 王權』, 서경

古國抗 지음, 오상훈 · 이개석 · 조병한 옮김, 1998, 『중국사학사』下, 풀빛

국사편찬위원회 편, 1990, 『中國正史 朝鮮傳 譯註』1

권오중, 2012, 『요동왕국과 동아시아』, 영남대학교 출판부

김락기, 2013, 『고구려의 東北方 境域과 勿吉 靺鞨』, 경인문화사

김선민, 1995, 「당태종의 대외팽창책」『동아시아의 인간상』, 혜안

金貞培, 2000, 『韓國 古代史와 考古學』, 신서원

김철준, 1975, 「高句麗 · 新羅 官階組織의 成立過程」『韓國古代社會研究』, 지식산업사

김한규, 1999, 『한중관계사』I, 아르케

盧重國, 1988, 『百濟政治史研究』, 一潮閣

盧重國, 2003, 『백제부흥운동사』, 일조각

노중국, 2003, 「삼국의 관등제」『강좌 한국고대사』2, 가락국사적개발연구원

盧重國, 2018,『백제정치사』, 일조각

노태돈, 1999,『고구려사 연구』, 사계절

노태돈, 2009,『삼국통일전쟁사 연구』, 서울대학교 출판부

劉葉秋 지음, 金長煥 옮김, 2005,『中國類書概說』, 學古房

문안식·이대석, 2004,『한국 고대의 지방사회-영산강유역의 역사와 문화를 중심으로』, 혜안

閔賢九 外, 1992,『歷史上의 分裂과 再統一(上)』, 一潮閣

朴性鳳, 1981,『東夷傳高句麗關係記事의 整理』, 慶熙大學校 韓國傳統文化硏究所

박현숙, 1998,「百濟 泗沘時代의 地方統治와 領域」『百濟의 地方統治』, 學硏文化社

신승하, 2000,『중국사학사』, 고려대학교 출판부

申瀅植, 1992,『百濟史』, 이화여대출판부

沈正輔, 2000,「百濟 泗沘都城의 築造時期에 대하여」『사비도성과 백제의 성곽』, 서경문화사

아서 라이트·데니스 트위체트 엮음, 위진수당사학회 옮김, 1999,『唐代史의 조명』, 아르케

여호규, 2013,「『삼국지』 동이전 부여전과 고구려전의 비교 검토」『삼국지 동이전의 세계』, 성균관대학교 출판부

여호규, 2014,『고구려 초기 정치사 연구』, 신서원

柳元迪, 1989,「唐 前期의 支配層-舊貴族과 官僚基盤의 擴大-」『講座中國史 Ⅱ-門閥社會와 胡·漢의 世界-』, 지식산업사

윤용구, 2008,「『삼국지』부여전의 문헌적 검토」『부여사와 그 주변』, 동북아역사재단

윤용구, 2018,「『翰苑』의 편찬과 蕃夷部」『譯註 翰苑』, 동북아역사재단

李根雨, 1997,「百濟의 方郡城制 관련사료에 대한 재검토」『韓國 古代의 考古와 歷史』, 學硏文化社

李基東, 1996,『百濟史硏究』, 一潮閣

이기백, 2011,『한국사학사론』, 일조각

李丙燾, 1977,『國譯 三國史記』, 乙酉文化社

이병도, 1985,『韓國古代史硏究(수정판)』, 博英社

李成珪, 2004,「中國 古文獻에 나타난 東北觀」『동북아시아 선사 및 고대사 연구의 방향』, 학연문화사

이정빈, 2018,『고구려-수 전쟁-변경 요서에서 시작된 동아시아 大戰-』, 주류성

이현혜, 1997,「삼한의 정치와 사회」『한국사』 4, 국사편찬위원회

임기환, 2004,「4~7세기 관등제의 전개와 운영」『고구려 정치사 연구』, 한나래

任昌淳, 1974,「翰苑解題」『翰苑』, 亞細亞文化社 影印本

전덕재, 2018,『三國史記 본기의 원전과 편찬』, 주류성

田中俊明, 1997,「熊津時代 百濟의 領域再編과 王·候制」『百濟의 中央과 地方』, 충남대학교 백제연구소

全海宗, 1980,『東夷傳의 文獻的 硏究』, 일조각

全海宗, 2000,『동아시아사의 비교와 교류』, 지식산업사

정구복 外, 2012,『역주 삼국사기3 주석편(상)』, 한국학중앙연구원출판부

정동준, 2013,「『한원(翰苑)』백제전(百濟傳) 인용『괄지지(括地志)』의 사료적 성격」『동아시아 속의 백제 정치제도』, 일지사

조국장·왕장공·강경백 지음, 이동백 옮김, 2015,『문사공구서개론』, 한국고전번역원

千寬宇, 1982,『人物로 본 韓國古代史』, 正音文化社

하워드 J. 웨슬러 지음, 임대희 옮김, 2005,『비단같고 주옥같은 정치-의례와 상징으로 본 唐代 정치사』, 고즈윈

중문 저서

姜維東·姜維公·高福順, 2014,『《高麗記》整理與研究』, 吉林文史出版社

高福順·姜維公·戚暢, 2003,『《高麗記》研究』, 吉林文史出版社

金毓黻 輯, 1935,『遼海叢書』第八集 翰苑殘 一卷, 遼海書社

金毓黻, 1993,『靜晤室日記』第5册, 遼瀋書社

童嶺, 2017,『六朝隋唐漢籍舊鈔本研究』, 中華書局

劉安志, 2014,「關於〈括地志〉輯校的若干問題」『新史料與中古文史論稿』, 上海古籍出版社

孫星衍 輯, 1991,『括地志』, 中華書局

王恢編輯, 1974,『括地志新輯』, 世界書局

臧克和·海村惟一, 2016,『日藏唐代漢字抄本字形表』, 華東師範大學出版社

張福有·趙振華, 2006,「洛陽, 西安出土北魏與唐高句麗人墓志及泉氏墓志」『高句麗史新研究』, 延邊大學出版社

일문 저서

江原正昭, 1970,「前近代国家機構と社会形態」, 旗田巍編,『朝鮮史入門』, 太平出版社

関晃, 1973,「大化前後の大夫について」『大和王権・論集日本歴史』1, 有精堂

橋本增吉, 1956,「翰苑所載本文の批判」『改訂增補 東洋史上より見たる日本上古史研究』, 東洋文庫

宮本救, 1969,「冠位十二階と皇親」『律令国家と貴族社会 正』, 吉川弘文館

今西龍, 1934,「己汶伴跛考」『朝鮮古史の研究』, 近澤書店

今西龍, 1970,『百濟史研究』, 國書刊行會

內藤湖南, 1922,「近獲の二三史料」『読史論叢』, 弘文堂

內藤湖南, 1922,「影印本翰苑跋」『翰苑』, 京都帝國大學文學部景印唐鈔本 第1集

內藤湖南, 1970,『內藤湖南全集』7, 筑麻書房

内田吟風, 1975,「後漢書南匈奴伝訳注」『北アジア史研究』, 同朋舎

黛弘道, 1973,「冠位十二階考」『大和王権・論集 日本歴史1』, 有精堂

末松保和, 1995,「新羅幢亭考」『末松保和著作集2 新羅史の諸問題』, 吉川弘文館

末松保和, 1996,「百済故地に置かれた唐の州県について」『末松保和著作集3 高句麗と朝鮮古代史』, 吉川弘文館

末松保和, 1996,「太平御覧に引かれた倭国に関する魏志の文について」『末松保和著作集4 日本上代史管見』, 吉川弘文館

木村誠, 2004,「百済史料としての七支刀銘文」『古代朝鮮の国家と社会』, 吉川弘文館

武田幸男, 1980,「六世紀における朝鮮三國の國家體制」『東アジア世界における日本古代史講座』4, 學生社

武田幸男, 1989,『高句麗史と東アジア』, 岩波書店

山崎誠, 1993,「宮內廳書陵部藏〈管見記〉巻六紙背〈括地志〉殘巻について—付翻刻」『中世學問史の基底と展開』, 和泉書院

山尾幸久, 1974,「朝鮮三国の軍区組織—コホリのミヤケ研究序説」『古代朝鮮と日本』, 龍渓書舎

山尾幸久, 1975,「中国資料の倭人」『講座日本歴史』, 岩波書店

三品彰英, 1970,『邪馬台国研究総覧』, 創元社

上田正昭, 1959,「邪馬台国問題の再検討」『日本古代国家成立史の研究』, 青木書店

小島憲之, 1973,「平安朝述作物の或る場合—「類書」の利用をめぐって」『国風暗黒時代の文学』

(上), 塙書房
神田信夫・山根幸夫 編, 1989,『中國史籍解題辭典』, 燎原書店
尹龍九, 2014,「「梁職貢図」流伝と模本」『梁職貢図と東部ユーラシア』, 勉誠出版
李成市, 1998,「『梁書』高句麗伝と東明王伝説」『古代東アジアの民族と国家』, 岩波書店
李成市, 2014,「「梁職貢図」高句麗・百済・新羅の題記について」『梁職貢図と東部ユーラシア』, 勉誠出版
赤羽目匡由, 2014,「新出「梁職貢図」題記逸文の朝鮮関係記事二, 三をめぐって」『梁職貢図と東部ユーラシア』, 勉誠出版
前田直典, 1971,「応神天皇朝といふ時代―ヤマト(大倭)国形成の研究」『論集日本文化の起源2 - 日本史』, 平凡社
鄭東俊, 2019,『古代東アジアにおける法制度受容の研究』, 早稲田大學出版部
佐伯有清, 1971,『研究史 邪馬台国』, 吉川弘文館
池内宏, 1951,「粛慎考」『満鮮史研究』上世篇, 吉川弘文館
志水正司, 1973,「倭の五王に関する基礎的考察」『論集 日本歴史1 大和王権』, 有精堂
志田不動麿, 1940,『東洋史上の日本』, 四海書房
村山正雄, 1974,「百済の大姓八族について」『古代の朝鮮』, 学生社
和田清・石原道博 共編譯, 1951,『魏志倭人伝・後漢書倭伝・宋書倭国伝・隋書倭国伝』, 岩波書店
興膳宏・川合康三, 1995,『隋書經籍志詳攷』, 汲古書院

국문 논문

葛繼勇, 2015, 「신출토 入唐 고구려인 〈高乙德墓誌〉와 고구려 말기의 내정 및 외교」『한국고대사연구』 79

고미야 히데타카, 2015, 「한국 고대국가의 「국기(國記)」에 대하여-편찬과 그 배경을 중심으로-」『동서인문학』 50

고병익, 1966, 「中國歷代正史의 外國列傳 -朝鮮傳을 중심으로-」『大同文化硏究』 2

郭丞勳, 2006, 「翰苑新羅傳 硏究」『韓國古代史硏究』 43

권덕영, 2014, 「唐 墓誌의 고대 한반도 삼국 명칭에 대한 검토」『한국고대사연구』 75

권덕영, 2016, 「고대 동아시아의 삼한-삼국 계승의식의 정립 과정」『역사와경계』 99

권순홍, 2021, 「『肅愼國記』의 成書와 7세기 唐의 肅愼 소환」『선사와고대』 67

기수연, 2004, 「後漢書 東夷列傳 '夫餘國傳' 분석」『문화사학』 21

吉田光男, 1977, 「翰苑註所引高麗記について」『朝鮮學報』 85(전상우 譯, 2019 「《한원》 注文에 인용된 〈高麗記〉」『중원문화연구』 27)

金光一, 2001, 「『隋書』「經籍志」는 어떻게 만들어졌는가」『중국문학』 56

김근영, 2018, 「백제 논산 지역 지배와 동방성」『韓國古代史硏究』 90

김근영, 2021, 「백제 서방과 그 성격」『韓國古代史硏究』 103

김남중, 2018, 「『魏略』韓傳의 특징과 『三國志』·『三國史記』와의 관계」『한국고대사탐구』 28

金炳坤, 2008 「『翰苑』撰者의 三韓傳에 대한 敍述과 理解」『韓國史學史學報』 18

김상범, 2011, 「令狐德棻의 史學과 『周書』」『역사문화연구』 38

김선민, 2003, 「隋 煬帝의 軍制改革과 高句麗遠征」『동방학지』 119

김수진, 2008, 「隋 唐의 高句麗 失地論과 그 배경—對高句麗戰 명분의 한 측면—」『韓國史論』 54, 서울대학교 국사학과

김영심, 1997, 「百濟 地方統治體制 硏究」, 서울대학교 박사학위논문

김영하, 2000, 「고구려 내분의 국제적 배경」『한국사연구』 110

김일권, 1999, 「天文正統論으로서의 漢唐代 五德受命論과 三統思想 연구」『韓國思想史學』 12

金貞培, 1968, 「三韓位置에 對한 從來說과 文化性格의 檢討」『사학연구』 20

金鍾完, 2008, 「《翰苑》의 문헌적 검토-夫餘·三韓·高句麗·新羅·百濟傳 기사의 검토」『한중관계 2000년-全海宗先生九旬紀念 韓中關係史論叢』, 소나무

김호동, 1993「당의 기미지배와 북방 유목민족의 대응」『역사학보』 137
南浩鉉, 2010, 「백제 사비기 지방통치거점의 복원을 위한 예비작업」『韓國上古史學報』 6
盧泰敦, 1982, 「三韓에 대한 認識의 變遷」『韓國史硏究』 38
武田幸男, 1994, 「《高麗記》と高句麗攻勢」『于江權兌遠教授停年紀念論叢:民族文化의 諸問題』, 세종문화사(김효진 譯, 2019, 「《高麗記》와 高句麗攻勢」『중원문화연구』 27)
박대재, 2002, 「『三國志』韓傳의 辰王에 대한 재인식」『한국고대사연구』 26
박대재, 2005, 「삼한의 기원에 대한 사료적 검토」『한국학보』 119
박대재, 2008, 「夫餘의 왕권과 왕위계승」『한국사학보』 33
박대재, 2009, 「謝承 後漢書 東夷列傳에 대한 예비적 고찰」『한국고대사연구』 55
박대재, 2017, 「삼한시기 논쟁의 맥락과 접점」『한국고대사연구』 87
박대재, 2019, 「변진사회의 분화와 구야국의 성장」『韓國古代史硏究』 94
박준형, 2021, 「『翰苑』 卷子本의 書誌와 筆寫의 諸問題」『백산학보』 120
박준형·서영교, 2014, 「『仁和寺御室御物實錄』의 書誌와 내용」『목간과 문자』 13
朴漢濟, 1993, 「7세기 隋唐 兩朝의 韓半島進出 經緯에 대한 一考」『동양사학연구』 43
박현숙, 1996, 「백제 泗沘時代의 지방통치체제 연구」『韓國史學報』 창간호
방향숙, 2008, 「7세기 중엽 唐 太宗의 對高句麗戰 전략 수립과정」『中國古中世史硏究』 19
방향숙, 2019, 「당 태종·고종대 한반도 정책과 백제의 위상」『백제학보』 27
신현웅, 2002, 「『後漢書』 韓傳 記錄의 解釋」『신라문화』 20
신현웅, 2008, 「翰苑三韓傳과 魏略의 逸文」『新羅文化』 32
여호규, 1999, 「高句麗 後期의 軍事防禦體系와 軍事作戰」『韓國軍事史硏究』 3
여호규, 2009, 「〈廣開土王陵碑〉에 나타난 高句麗 天下의 공간범위와 주변 族屬에 대한 인식」『역사문화연구』 32
여호규, 2016, 「신발견 고을덕 묘지명을 통해 본 고구려 말기의 중리제와 중앙관제」『백제문화』 54
여호규, 2017, 「고구려와 중국왕조의 만주지역에 대한 공간인식」『한국고대사연구』 88
여호규, 2018, 「7세기 중엽 국제정세 변동과 고구려 대외관계의 추이」『大丘史學』 133
여호규, 2020, 「7세기 만주·한반도 전쟁과 지정학 구도의 재편」『역사비평』 131
우에다 기헤이나리치카, 2021, 「日本學界의 『翰苑』研究 動向과 課題」『백산학보』 120
尹武炳, 1994, 「百濟王都 泗沘城 硏究」『學術院論文集』 33
윤용구, 1998, 「3세기 이전 中國史書에 나타난 韓國古代史像」『한국고대사연구』 14

윤용구, 2005,「隋唐의 對外政策과 高句麗 遠征—裴矩의 '郡縣回復論'을 중심으로—」『북방사논총』5
윤용구, 2011,「『翰苑』蕃夷部의 注文構成에 대하여」『백제문화』45
윤용구, 2020,「중국사서로 본 弁辰과 慕韓 - 傳存文獻의 시대적 변용을 중심으로 -」『韓國古代史研究』99
윤용구, 2021,「『翰苑』의 편찬과 蕃夷部」『백산학보』120
이강래, 1998,「7세기 이후 중국 사서에 나타난 韓國古代史像」『한국고대사연구』14
이규호, 2017,「고구려 對盧의 성격과 역할」『사학연구』127
李基東, 1978,「新羅 太祖 成漢의 問題와 興德王陵碑의 發見」『大丘史學』15 · 16
이문기, 2000,「고구려 막리지의 관제적 성격과 기능」『백산학보』55
이문기, 2003,「고구려 중리제의 구조와 그 변화」『대구사학』71
李燮, 2016,「古代 地方道路와 陸上交通路」『호서고고학』35
李成珪, 2005,「中華帝國의 팽창과 축소-그 이념과 실제-」『歷史學報』186
이성제, 2016,「유민 묘지를 통해 본 고구려의 중리소형」『중국고중세사연구』42
이성제, 2017,「高句麗와 遼西橫斷路—遼河 沿邊 교통로와 관리기구」『韓國史研究』178
이승호, 2020,「부여의 쇠퇴 · 멸망 과정과 王室 일족의 동향」『동국사학』68
李鎔彬, 2001,「百濟 5方制의 成立過程 研究」『白山學報』61
이정빈, 2019,「고구려와 수 · 당의 전쟁, 무엇을 바꾸었나?」『역사비평』126
이정빈, 2021,「『고려풍속』과『고려기』-수 · 당의 고구려 탐방과 7세기 동아시아-」『先史와 古代』67
이정빈, 2021,「고구려-수 전쟁과 전염병」『韓國古代史研究』102
이종봉, 2016,「韓 · 中 · 日 古代時期 度量衡制 比較 研究」『지역과 역사』38
李販燮, 2016,「古代 地方道路와 陸上交通路」『호서고고학』35
임대희, 1996,「唐 高宗 統治前期의 政治와 人物」『金文經敎授停年退任紀念 동아시아사 연구논총』, 혜안
장미애, 2015,「백제 후기 정치 세력 연구」, 가톨릭대학교 박사학위논문
장미애, 2020,「6세기 백제의 가야 진출에 대하여」『한국고대사연구』97
전대준, 1991,「《숙신국기》에 대하여」『력사과학』1991-1, 사회과학출판사
全榮來, 1988,「百濟 地方制度와 城郭」『百濟研究』19
전진국, 2016,「三韓의 용례와 그 인식」『한국사연구』173
전진국, 2017,「삼한의 실체와 인식에 대한 연구」, 한국학중앙연구원 박사학위논문

全海宗, 1983, 「《魏略》과 《典略》」『歷史學報』 99 · 100合
全海宗, 1991, 「魏略과 翰苑」『第四届中國域外漢籍國際學術會議論文集』 聯合報文化基金會國學文獻館
정구복, 1978, 「한백겸의 동국지리지에 대한 일고」『전북사학』 2
정동준, 2011, 「백제 5方制의 지방관 구성에 대한 시론」『한국고대사연구』 63
정동준, 2021, 「張楚金의 『翰苑』편찬과 복고적 유가사상」『백산학보』 120
정순모, 2012, 「隋唐시기 高句麗 遠征과 儀禮」『역사와담론』 62
鄭載潤, 1992, 「熊津 · 泗沘時代 百濟의 地方統治體制」『韓國上古史學報』 10
鄭載潤, 2014, 「백제의 서산 지역 진출과 운영」『역사와 담론』 72
趙法鍾, 1998, 「高句麗의 馬韓繼承 認識論에 대한 檢討」『한국사연구』 102
조영광, 2008, 「7세기 중국인들의 對高句麗 '三韓'호칭에 대하여」『백산학보』 81
趙宇然 · 李毅夫, 2021, 「중국 학계의 『翰苑』연구」『白山學報』 120
지원구, 2018, 「百濟 西方城 位置 性格」『百濟文化』 58
千寬宇, 1979, 「馬韓諸國의 位置試論」『東洋學』 9
최미경, 2020, 「사비시기 백제의 영산강유역 지배와 南方城」『韓國古代史探究』 34
최진열, 2009, 「唐人들이 인정한 고구려인의 正體性」『동북아역사논총』 24
夏炎, 2008, 「試論唐代都督府與州的關系」『中國史研究』 2008-2(이규호 譯, 2014, 「唐代 都督府와 州의 關係에 대한 試論」『동국사학』 57)
河元洙, 2006, 「隋 · 唐初 進士科에 관한 記錄의 再檢討-進士科의 起源과 관련하여-」『中國史研究』 44
河元洙, 2010, 「唐代 進士科의 登場과 그 變遷-科擧制度의 歷史的 意義 再考-」『사림』 36
河元洙, 2017, 「『文獻通考』에 실린 '唐登科記總目'의 사료적 가치」『中國古中世史研究』 44
河元洙, 2018, 「唐前期 進士科와 明經科 급제자의 성격 분석 一例-科擧制度의 定着 과정 解明을 위한 試論-」『中國古中世史研究』 50
韓圭哲, 1988, 「肅愼 · 挹婁研究」『白山學報』 35
홍승우, 2009, 「百濟 律令 반포 시기와 지방 지배」『한국고대사연구』 54

중문 논문

姜維公, 1998,「高麗記成書時間與作者考」『古籍整理研究學刊』1998-2

姜維公・姜維東, 1998,「《高麗記》校勘記」『長春師院學報』1998-4

姜維公・姜維東, 1998,「《高麗記》成書時間及作者考」『古籍整理研究學刊』1998-2

姜維公・姜維東, 1999,「《高麗記》的史料價值」『古籍整理研究學刊』1999-2

姜維公・姜維東, 2000,「《高麗記》一則軼文的補訂」『通化師範學院學報』2000-3

姜維公・姜維東, 2007,「《高麗記》的發現, 輯佚與考證」『東北史地』2007-5

顧明學, 張中澍, 1986,「一份更爲可靠的高句麗史料—關於〈翰苑・蕃夷部〉注引〈高麗記〉佚文」『學術研究叢刊』1986-5

高福順・高文輝, 1998,「陳大德與《奉使高麗記》」『長春師院學報』1998-3

高福順・高文輝, 1999,「簡論《高麗記》佚文在地理學上的貢獻」『通化師範學院學報』1999-6(『東疆學刊』2000-1)

高福順・高文輝, 2004,「《高麗記》所記平壤城考」『長春師範學院學報』2004-8

高福順・高文輝, 2008,「《高麗記》所記高句麗中央官位研究」『北方文物』2008-4

童嶺, 2010,「舊鈔本古類書《秘府略》殘卷中所見《東觀漢記》佚文輯考」『古典文獻研究』13

童嶺, 2011,「扶桑留珎：日藏六朝隋唐漢籍舊鈔本佚存初考」『國際漢學研究通訊』2

童嶺, 2012,「唐抄本《翰苑》殘卷考正」『國際漢學研究通迅』5

童嶺, 2017,「貞觀年間唐帝國的東亞情報, 知識與佚籍-舊鈔本《翰苑》注引〈高麗記〉研究」『東方學報』92

嵐義人, 2010,「翰苑補考」『古事記年報』52

林榮貴, 1991,「翰苑」『中國邊疆史地研究』1991-2

付百臣, 2014,「高句麗政治制度史研究的參考資料」『溥儀研究』2014-1

吳企明, 1995,「唐代同名異人考」『吳中學刊』1995-2

王萬青, 1989,「炳靈寺石窟摩崖碑刻題記考釋」『敦煌學輯刊』1989-1

王碩, 2015,「《翰苑》作者张楚金著述, 生平辨疑」『古籍整理研究学刊』2015-6

王碩, 2016,「《翰苑》研究」, 東北師範大學 博士學位論文

王連龍, 2015,「唐代高麗移民高乙德墓誌及相關問題研究」『吉林師範大學學報』2015-4

王連龍, 2021,「唐代高乙德墓誌所見高句麗官制考」『文史』134

王禹浪・王俊錚, 2015,「我國肅愼研究概述」『哈爾濱學院學報』2015-7

王仲殊, 2006,「《三國志・魏書・東夷(倭人)傳》中的“景初二年”爲“景初三年”之誤」『考古』2006-4
尤德艶, 2006,「〈括地志〉佚文補輯」『文獻』2006-4
李爽, 2015,「陳大德出使高句麗與《奉使高麗記》」『東北史地』2015-2
鄭春穎, 2009,「高句麗“鄣日”考」『蘭台世界』2009-15
華林甫, 1991,「〈括地志〉輯校」『文獻』1991-1
華林甫, 2009,「〈括地志〉輯本二題」『漢唐盛世的歷史解讀：漢唐盛世學術研討會論文集』, 中國人民大學出版社

일문 논문

榎一雄, 1963,「梁職貢図について」『東方学』26
榎一雄, 1983,「連載 第三会:《魏志》倭人伝とその周辺」『季刊邪馬臺國』17
江畑武, 1993,「翰苑所引の魏略粛愼記事と魚豢の卒年」『阪南論集』(人文・自然科学編) 28-4
古代東アジア史ゼミナール, 2015,「祢素士墓誌訳註」『史滴』37
宮崎市定, 1959,「三韓時代の位階制について」『朝鮮学報』14
金子修一, 2003,「則天武后治政下の國際關係に關する覺書」『唐代史研究』6
那珂通世, 1895,「朝鮮古史考 -三韓考-」『史學雜誌』6-6
內藤湖南, 1922,「舊本翰苑に就きて」『支那學』2-8
大谷光男, 1998,「女王卑弥呼の金印をめぐって-『翰苑』倭国伝から推測した」『二松学舎大学東洋学研究所集刊』28
笠井倭人, 1964,「欽明朝における百済の対倭外交」『日本書紀研究』1
飯田瑞穂, 1975,「「秘府略」の錯謬について」『中央大学文学部紀要』76
飯田瑞穂, 1975,「「秘府略」に関する考察」『中央大学九十周年記念論文集』, 中央大学
白鳥庫吉, 1969,「卑弥呼問題の解決」『白鳥庫吉全集(日本上代史研究 上)』1, 岩波書店；初出 1948,『オリエンタリカ』1
森鹿三, 1965,「〈香字抄〉と所引の〈翰苑〉について」『生活文化研究』13
三浦敏弘, 1977,「新刊紹介 竹内理三 校訂・解説《翰苑》」『史聚』5・6合
三品彰英, 1951,「高句麗王都考—三国史記高句麗本紀の原典批判を中心として」『朝鮮学報』1
三品彰英, 1953,「魏志倭人伝の読み方」『大谷史学』2

三品彰英, 1954,「高句麗の五族について」『朝鮮学報』6

西村元佑, 1977,「則天武后における政治の基本姿勢と科擧出身宰相の活躍」『龍谷史壇』72

石田幹之助, 1929,「『草子洗小町』のプロットに就いて」『民俗學』1-3

石田幹之助, 1957,「謠曲草子洗小町の構想と張楚金の逸事」『日本大學文學部研究年報』8

松島才次郎, 1967,「則天武后の稱制と簒奪」『信州大學教育學部研究論集: 人文・社會・自然科學』19

松井秀一, 1966,「則天武后の擁立をめぐって」『北大史學』11

矢沢利彦, 1954,「高句麗の五部について」『埼玉大学紀要』人文社会科学編 3

神鷹德治, 1993,「『翰苑』関係文献目録」『中国文化論叢』2

新田信夫, 1960,「古鈔本翰苑について」『駿台史學』10

岸田知子, 1975,「則天武后と三教」『待兼山論叢: 哲學篇』8

奥村郁三, 1979,「翰苑-竹内理三博士の校訂について」『関西大学法学論集』28-4~6

越田賢一郎, 1972,「高句麗社会の変遷」『史苑』33-1

鄭東俊, 2010,「『翰苑』百済伝所引の『括地志』の史料的性格について」『東洋学報』92-2

佐藤進, 1976,「類書〈翰苑〉の注末助字」『富山大學文理學部文學科紀要』1976-4

曽野寿彦, 1955,「新羅の十七等の官位成立の年代についての一考察」『古代研究(東京大学教養学部人文科学紀要5)』2

池内宏, 1930,「肅愼考」『滿洲地理歷史研究報告』13

村上正雄, 1984,「書評 : 翰苑校釋」『朝鮮學報』111

湯淺幸孫, 1978,「國寶 翰苑について」『京都大學文學部研究紀要』18

坂田隆, 1989,「三韓に關する一考察」『東アジアの古代文化』59

和田英松, 1917,「翰苑に見えたる官位十二階の稱號」『史學雜志』28-8

荒川正晴, 1998,「北朝隋・唐代における「薩寶」の性格をめぐって」『東洋史苑』50・51

서울대학교 규장각한국학연구원 고지도 원문(http://kyudb.snu.ac.kr/pf01/rendererImg.do)

찾아보기

ㄴ

ㄷ

ㅁ

ㅂ

ㅅ

ㅇ

ㅈ

ㅊ

ㅌ

ㅍ

ㅎ

『한원』 번이부 원문

□ 제목 : 國寶『翰苑』(卷第三十)-太宰府天滿宮壹千七十五年大祭記念-

□ 발행 : 太宰府天滿宮

□ 발행일 : 1974년 10월

□ 대표자 : 太宰府天滿宮宮司/太宰府天滿宮文化研究所長 西高辻信貞

太宰府天滿宮에서는 1974년 10월 '學問의 神'으로 칭송되는 祭神 菅原道眞(845~903)의 1075년 大祭를 기념하여 소장하고 있던 國寶『翰苑』(卷第30)을 원본과 같은 형태의 卷子本으로 복제·발행하였다. 여기에 수록된 『한원』 원본 이미지는 이 복제본(박준형 해군사관학교 교수 제공)을 스캔한 것이다.

翰苑卷第　張楚金撰　雍公叡注

蕃夷部

匈奴　烏桓　鮮卑　夫餘

三韓　高麗　新羅　百濟

肅愼　倭國　南蠻　西南夷

兩越　西羌　西域　後叙

翰苑卷第　　張楚金撰　雍公叡注

蕃夷部

匈奴　烏桓　鮮卑　夫餘
三韓　高麗　新羅　百濟
肅慎　倭國　南蠻　西南夷
兩越　西羌　西城　後敘

蕃夷

匈奴

周稱玁狁焦獲致三捷之功 毛詩序文王之時西有昆夷之患北有玁狁之難以天子之命ヒ將率遣戍役玁狁之故不故遑啓居玁狁之故戎車既駕四牡業ヒ豈敢定於一日三捷往去將率之志往至所伐之地則庶乎一日之中三有勝功謂侵也戰也又曰玁狁匪茹整居焦穫侵鎬及方往去焦穫周地接玁狁者言玁狁之東侵乃自郊焦穫處周之地也

漢曰匈奴平城表七重之暈 漢書曰匈奴其先夏后氏之苗裔也曰淳維唐虞以上有山戎獫狁葷粥居于北邊隨草畜牧而轉移 史記天官書曰昴曰旄頭胡星也高祖平城之圍月暈參畢七重時出率七日不食之者也

涇陽盡晦爲獯胡塵 毛詩曰周宣王時獫狁熾侵鎬及方至於涇陽元戎十乘以先啓行薄伐獫狁至于太原 周幽王時居涇渭之間胡塵盡晦也

甘泉夜明由通烽燧 漢書曰單臣單于立四歲匈奴復絶和親大入上郡雲中谷三万騎所殺略甚衆於是漢使三將軍ヒ屯北地代屯句注趙屯飛狐口緣邊亦各堅守以備胡又置三將軍ヒ長安西細柳渭北棘門霸上以備胡ヒ騎入代句注邊烽火通於甘泉長安數月夜皆明漢兵至邊匈奴亦去遠塞漢兵亦罷

百金成列李牧勳於鴈門 史記曰李牧爲趙邊將常居代鴈門備匈奴便宜置吏市租皆輸莫府爲士卒費日擊牛饗士謹烽火多間諜匈奴入盗即急入保不与戰數歲不亡失時皆以爲怯趙王怒使人代將歲餘戰不利多亡失乃復遣李牧如舊數歲乃選百金之士五萬大破匈奴 漢書云選百金之十ヒ万注云良真百金之也

二部分驅耿譚馳聲於塵塞 范曄後漢書曰南單于復上求滅北庭於是遣左谷蠡王等將右右部八千騎出雞鹿塞中郎將耿譚遣從事將護之至涿耶山乃留輜重分爲二部各引輕兵兩道襲之左部北過西海至河雲北右部從匈河水西繞天山南渡甘微河ヒ二軍俱會夜圍北單于ヒ大驚率精兵千餘人合戰單于被創墮馬復上將輕騎數十遁走僅而免脫得其玉璽獲閼氏及男女五人耿譚以新降者多上增從事十二人也

連題上望帶十角以飛名須ヽ

豪宗參四姓而標稱 范曄後漢書曰匈奴俗歲有三龍祠常以正月五月九月上代日祭天神南單于既內附兼祠漢帝因會諸部議國事走馬及駱駝爲樂其大臣貴者左賢王次左谷蠡王謂之四角次左右日逐王次左右溫禺鞮王次左右漸將王是爲六角皆單于子弟當爲單于者也異姓大臣左右骨都侯次左右尸逐骨都侯其餘日逐且渠當戶

王謂之西角次左右曰逐王次左右溫禺鞮王次左右斷將
王是爲六角皆單于子弟當爲單于者也異姓大臣左
右骨都侯次左右尸逐骨都侯其餘曰逐日渠當戶謂
官號各以權勢優劣部衆多少爲高下次第焉單于
姓虛連題異姓有呼衍氏須卜氏丘林氏蘭氏四姓爲國
中名族常與單于婚姻呼衍氏爲左蘭氏須卜氏
爲右主理獄聽訟當史輕重口
曰單于無文書簿領焉之也 和親結好事籍
劉敬之謀 漢書曰高祖時匈奴冒頓兵彊控弦卅
万騎數苦北邊帝問敬〻曰天下初定
士卒罷於兵革未可以武服也陛下誠能以適長
公主妻單于爲閼氏使辯士風諭以礼節冒頓在
固爲子壻死外孫爲單于豈聞外孫與大父亢礼哉
可毋戰以漸臣也帝欲遣長公主呂氏泣諫乃止而使
家人子爲公主妻單于使 倫塞勸農本資朝
敬結和親約爲兄弟也
錯之策 漢書曰文帝時匈奴數冠邊太家令朝錯
上兵事三章又言守邊備塞勸農力本
當代急務二事曰夫胡貉之地積陰之處木皮三寸
氷厚六尺食肉而飮酪其人密理而能寒故人非有
城郭土宅之居如飛鳥走獸於廣美草甘水則止
草盡水竭則移此胡人之生業而中國之所以離南畝
也今使胡轉牧行獵於塞親附之歡班固議曰漢興
以來曠代歷年兵纏夷狄尤事匈奴綏御之方其塗
不一或脩文以和之或用武以征之或卑下而就之或臣
服而致之雖屈申無常所因時異然未有拒絶棄不
與交接者也臣愚以爲宜依故事復遣使者虜使再
來然後一往既明中國主存忠信且曉朝礼義有常
豈同逆詐亦猜孤其善意乎絶之未知其利通之
未聞其害設使北虜稍彊能爲風塵方復求爲交
通將何
所及 戰車臨塞驗九伐之逾疆 後漢書曰光武廿五年遣
左賢王莫將兵万餘人擊北單于弟薁鞬生獲之

通將何
所及 戰車臨塞驗九伐之逾疆 後漢書曰光武廿五年遣
左賢王莫將兵万餘人擊北單于弟薁鞬生獲之
又破北單于帳下并得其衆万餘人馬七千餘匹牛
羊十万頭北單于震怖却地千里初帝造戰車可駕
數牛上作樓櫓置於塞上以拒匈奴時人見者或相謂
曰讖言漢九代當却北狄千里豈
謂此也及是果祐焉也 文馬伏闕知五侯
之慕化 後漢書曰光武廿六年詔乃聽南單于
入居雲中遣使上書獻駱駝二頭文馬十匹
夏南單于所獲北虜薁鞬左賢王將其衆及南部
部五骨都侯合三万餘人叛歸去北庭三百餘里六立
薁鞬左賢王爲單于月餘日更相攻擊五骨都侯
皆死左賢王遂自斂諸骨都侯子各擁兵自守云云也
西河置部骨都之陣猶屯 後漢書曰南單于
既居西河亦列亦
列置諸部王助爲將使戈韓氏骨都侯屯北地右
賢王屯朔方當于骨都侯屯五原呼衍骨都侯屯雲
中郎氏骨都侯屯定襄左南將軍屯鴈門栗籍
骨都侯屯代郡皆領部衆爲郡縣偵羅耳目北單
于惶恐頗還所略漢人以示善意鈔兵每到南部
下還過亭候輒曰自擊亡虜薁鞬日逐耳非敢
犯漢 朔方刊隊溫禺之氣氛自解 後漢書曰明
之也 帝永平十六
年乃大發緣邊兵諸將四道出塞北征匈奴南單于
遣左賢王信隨太僕祭彤及吳棠出朔高方闕攻皋林
溫禺犢王於涿邪山虜
聞漢兵來悉度去之者也 逢侯縱暴取敗於滿夷
後漢書曰永元六年諸新降胡遂相驚動十五部廿餘
万人皆反叛脅立前單于屯屠何子右薁鞬日逐王逢
侯爲單于遂殺略吏人燔燒郵亭廬帳將車重向朔
方欲度漢北於是烏桓校尉任尚率鮮卑大都護蘇
拔廆烏桓大人勿柯八十騎要逢侯於滿夷谷復大破
之前後凡所斬七千餘級逢侯使率衆出塞也

方欲褒漢北於是烏桓校尉任尚率鮮卑太都護燕
發鹿烏桓大人勿柯八十騎要逢侯於滿夷谷復大破
之前後凡斬萬七十餘級在侯使率衆出塞也
薁鞬抗衡迯西於美稷 後漢書曰伊陵尸逐就
單于居車兒建和元
年五永壽元年匈奴左右薁鞬臺耆且渠伯德等
復叛寇鈔美稷安定屬都尉張奐擊破降之也
栢城有倚社崇之効克宣 後漢書曰中郎將杜
宗渡遼將軍朱徽等
上言南單于安國疏遠故胡右部降者謀共迫脅安國起
兵背叛請為之微倚帝從之於是崇徽遂發兵其庭安
國夜聞漢軍至大驚棄帳而去因舉兵及將誅右谷蠡
王師子師子知乃悉將廬落入曼栢城安國追到城下
閉門不得社崇等遣吏曉罪和之安國不聽城既不下
乃引兵屯五原崇徽因發諸郡騎追赴之急安
國舅骨都侯喜為等慮并被誅乃格殺安國也 **涿耶**
懷疑龐奮之功彼着 後漢書永元年以雁門太
龐奮行度遼將運逢侯
於塞外分為二部自領右部屯涿耶山下左部屯朔方
西北相去數百八年冬左部胡自相疑叛還入朔方塞
龐奮迎受慰納之其勝兵四千人弱
小萬餘口悉降以分處北邊也 **句龍傳首方申**
馬寔之威 後漢書永和五年句龍吾斯等立句龍
王車紐為單于東引烏桓牧羌戎及諸
胡等數万人功破京兆虎牙營殺上郡尉及軍司馬遂寇
掠并涼幽冀四州中郎將馬寔募刺句龍吾斯送首洛
陽建康元年進擊餘黨斬首千二百級匈奴烏桓十七
萬餘口皆詣寔降車重牛羊不可勝數
單于既足始驗韓琮之策 後漢曰書永初三年
夏漢人韓琮隨南單
于侍子入朝既還說單于云關東水潦人皆餓死盡
可擊也單于信其言遂起兵反叛攻中郎將耿种於
美稷遣車騎將軍何熙副中郎將龐雄西城校尉梁
瑾度遼太守耿夔等擊破之單子見諸軍並進大

可擊也單于信其言遂起兵反叛攻中郎將耿种於
美稷遣車騎將軍何熙副中郎將龐雄西城校尉梁
慬度遼東太守耿夔等擊破之單子見諸軍並進大
恐怖顧讓韓琮曰汝言漢人死盡今是何等人也乃遣使
乞降許之單于脫帽徒跣對龐等拜陳道死罪於是赦
之加故乃還所抄漢人男女及羌所
略轉賣入匈奴中者合餘人 **攣鞮承統寔**
標廣大之名 漢書曰自淳維以至頭曼十有餘
歲時大時小別散分離尚矣其代傳
不可而次然至冒頓而匈奴最彊大盡從北夷而南與
諸夏為敵國其代姓官號可得而記單于姓攣鞮氏
其國稱之曰撐犁孤塗單于匈奴為撐犁謂子孤塗單
于者廣大之貌也言其象天單于然也置左右賢王
左右谷蠡左蠡將左右大都尉
左右大當戶左右骨都侯也 **屠耆繼體允屬**
漢書曰匈奴謂賢曰屠耆故當以太子為
賢良之寄 左屠耆王自左右賢以下至當戶大者万
餘騎小者數千凡廿四長立號曰萬騎其大臣皆代官
呼衍氏蘭氏其後有須卜氏此三姓其貴種也諸左
王將居東方直上谷以東接穢貊朝鮮右王將居西方直
上郡以西接氐羌而單于庭直代雲中各分地逐水草
移徙而左右谷蠡最為大國左右骨都侯輔政諸廿四
長亦各自置千長百長什長裨小王相都尉當戶且渠之
屬也 **繞林課校龍城之敬逾深** 漢書曰匈奴以歲正
月諸長小會單于庭祠五月大會龍城祭其先天鬼
神秋馬肥大會蹛林課校人畜計經去秋社八月中皆
會祭處又曰蹛者繞也言繞林木而祭也其法拔刃尺
者死坐盜者沒入其家有辠小者軋大者死獄久者不
滿十日一國之囚不過數人而單于朝出營拜日之始生夕
拜日其坐長左而北向日上代已其送死有棺槨金銀衣
裳而無封樹喪服也 **候月稱兵烏集之機無爽** 漢書曰匈
奴舉事常
隨月盛壯以攻戰月虧則退兵其攻戰斬首虜賜一卮酒
而所得鹵獲因以予之得人以為奴婢故其戰人人自為

樹食服也[illegible]利兵[illegible]奴擧事常
隨月盛衰以攻戰月虧則退兵其攻戰斬首虜賜一卮酒
而所得鹵獲因以予之得人以爲奴婢故其戰人人自爲
趨利善爲誘兵以包敵故其逐利如鳥之集其困敗則
瓦解雲散矣戰而扶擧死者盡得死者家財也
驍騾疊躍結蟻衆於白登 漢書曰漢初高帝悉兵多步兵
卅萬北逐匈奴高帝先至平城步兵未盡到冒頓縱
精兵卅万餘騎圍高帝於白登七日白登在平城
東南去平城餘里漢兵中外不得相救餉匈奴騎其西
方盡白東方盡駹北方盡驪南方盡騂馬駹青馬驪梁
黑也高帝迺使使間厚遺閼氏閼氏迺謂冒頓曰兩主
不相困今得漢地單于終非能居之也且漢亦有神單
于察之冒頓迺開圍一角於是高皇帝令士皆
持滿傳矢外鄕從解圍直出得与大軍合也 金貝駢
漢書曰文帝時單于奉書請
羅叶蕃情於新遑 獻橐他一騎二駕二駟皇帝
即不欲匈奴近塞則且詔丈人遠舍使者至即遣之六
月中來至新遑之地書至漢議擊与和親孰便公卿皆
曰和親便乃遺書云云服繡袷綺衣繡袷長襦錦袷一
踈一黃金飾具帶一黃金犀毗一繡十匹錦廿匹赤綈綠
繒各卅匹
遺單也
眩雷爲儌陸梁之迹巳褰 漢書曰烏維
單于立而武
帝始出巡狩親至朔方勒兵十八萬騎以見武節是
時漢東拔穢貉朝鮮以爲郡而西置酒泉郡以隔絶胡
与羌通之路又西通月氏大夏以公主妻烏孫王以分匈
奴西方之援又北益廣田至眩雷爲塞而匈奴終不敢以
爲言
也
浚稽且登款附之誠允著 漢書曰漢使
貳師將軍西
伐大宛而令因杅將軍築受降城其冬匈奴大雨雪畜
多飢寒死兒單于年少新立好殺伐國中多不安左大
都尉欲殺單于使人間漢曰我欲殺單于降漢漢遠漢
即來兵近我我即發初漢聞此言故築受降城猶以
[illegible]

[illegible]
都尉欲殺單于使人間漢曰我欲殺單于降漢漢遠漢
即來兵近我我即發初漢聞此言故築受降城猶以
爲遠其明年春漢使浞野侯破奴將二万
騎出朔方北二千餘里期至後稽山而還也 侯應十
策利害之旨攸陳 漢書曰元帝時甘延壽等誅郅
支單于呼韓邪單于且喜且
懼上書願請見又願保塞上谷以西至燉煌傳之無窮
請罷邊備塞吏卒以休天子人人下有司議議者皆以
爲便郎中侯應以爲不可許上問狀應曰邊長老言匈
奴失陰山之後過之未嘗不哭也如罷備塞卒戍亦示夷狄
之大利不可一也今聖德廣被天覆匈奴匈奴得蒙全活之
恩稽首來臣夫夷狄之情困則卑順彊則驕逆天性然也前
已罷外城省亭隧今裁足以候望通烽火而已者安不忘
危不可復罷二世中國有禮義之教刑罰誅之過人猶尚犯
楚又況單于能必其衆不犯約哉三世自中國中尚建關
梁以制諸侯所以絶臣下之覬覦也設塞徼置屯戍非
獨匈奴而已亦爲諸屬國降人本故匈奴之恐其思舊逃
亡四世近西羌保塞与漢人交通吏人貪利侵盜其畜
妻子以此怨恨起而背畔代代不絶今罷乘塞則生嫚易分
爭之漸五世往者從軍多沒不還者子孫貧困一旦亡出從其親
戚六世又邊人奴婢愁苦欲亡者多曰聞匈奴中樂無奈
候望急何然時有亡出塞者七也盜賊桀黠羣輩犯法如其窘
急亡走北出則不可制八世起塞以來百有餘年非皆以土垣
也或因山巖石木柴僵落谿谷水門稍稍平之卒徒築治功費
久遠不可勝計臣恐議者不深慮其終始欲以一切省繇役
十年之外百歲之內卒有他變鄣塞破壞亭隧滅絶當
更發屯繕治累代之功不可卒復九世如罷戍卒省候望單
于自以保塞守御必深德漢請求無已小失其意則不可
測開夷狄之隙虧中國之固十世非所以永持至安威制百
蠻之長策也對奏天子有詔勿議罷邊塞事使車騎將
軍口諭單
于云云也
嚴尤五難得失之機斯在 漢書曰王莽
募伍發卅萬

軍口論單于云之也**嚴尤五難得失之機斯在**漢書曰王莽募伍蕟卅萬
齎三百日粮同時一道並出窮追匈奴將嚴尤諫曰今天
下遣陽九之阨比年飢饉西北邊尤甚蕟卅萬衆具三百
日糧東擾海代南取江淮然後乃備計其道理一年尚未
集合兵先至者聚居暴露師老械弊勢不可用此一難也邊
既空虛不能奉軍糧內調郡國不相及屬此二難也計一人三
百日食用糒十八斛非牛力不勝牛又當自齎食加斛重矣胡
地沙鹵多乏水草以往事揆之軍出未滿百日牛必物故且盡
餘糧尚多人不能負此三難也胡地秋冬甚寒春夏甚風
多齎鬴鍑薪炭重不可勝食糒飲水以歷四時師有疾病
之憂是故前代伐胡不過百日非不欲久勢不能此四難也輜
重自隨則輕銳者少不得疾行虜徐遁逃走不能及幸而
逢虜又累輜重如遇險阻銜尾相隨虜要遮前後危殆不
測此五難也大用人力功不可必立臣伏憂之今既發兵宜
縱先至者令臣尤等深入霆擊且以創艾胡虜莽不聽尤言天下
騷動
也

烏桓

崇基厥樹跡遠系施於彊胡餘類尚南劉
雄名於桓嶠范曄漢書曰烏桓者本東胡漢初匈奴冒頓滅其國餘類保烏桓山因以為号焉初
東胡彊盛輕冒頓從索閼氏寶馬匈奴皆與之而不為備冒頓破滅之**穹廬寢息資**
拜日以訓恭後漢書曰烏桓俗善騎射弋獵禽獸為事隨水草放牧居無常處以穹廬為舍開向
日皆東拜日食肉飲酪以毛毳為衣貴少而賤老其性悍
塞怒則殺父兄而終不害其母以母有族類父兄無相仇報
故**邑落徵科因刻木而昭信**後漢書曰烏桓俗其有勇健能理決闘訟者
也
推為大人無業相繼邑落各有小師數百千落自為一部大
人有所名呼則刻木為信雖無字而部衆不敢違犯氏姓
無常以大人健者名字為姓大人
以下各自畜牧產不相搖役之也**刺建戍繡爰示女功**

人有所名呼則刻木為信雖無字而部衆不敢違犯氏姓
無常以大人健者名字為姓大人
以下各自畜牧產不相搖役之也**刺建戍繡爰示女功**
鍛鐵為五用標男伎後漢書曰烏桓俗計謀從用婦人戰鬪之事乃自決之
父子男女相對踞蹲以髡頭為輕便婦人至嫁乃養髮分
為髻著句決飾以金碧猶中國有幗步搖也婦人能刺建
作文繡織縷氈男子能作弓
矢鞌假金鐵為兵器也**饋馬牛以交二族**後漢書曰
烏桓俗其嫁娶則先略女通情或半歲百然後送牛馬羊
畜以為娉幣壻隨妻還家無尊卑旦旦拜之而不拜其
父母為妻僕役一二年間妻家乃厚遣送
女居處財物一皆為辦其俗妻後母報寡嫂也**觀鳥獸而**
別四時後漢書曰烏桓土地宜穄及東牆東牆似蓬草實如穄子至十月而熟見鳥獸孕乳以別四
時節耕種用布穀鳴為候之也**猴茂向山假備馳而示謹**後漢書曰
烏桓在上谷塞外白山者最為強富又曰其約法違大人
言者罪至死若相賊殺者令部落自相報相報不止詣大人
告之聽出馬牛羊以贖死其自殺父兄則無罪若亡叛為大人
所捕者邑落不得受之迭逐於雍狂之地沙漠之中其土多
蝮蛇在丁令西南烏孫東北**魂遊赤嶺資護犬以攘耶**後漢書曰
烏桓俗貴兵死斂屍以棺有哭泣之哀至葬則歌舞
相送肥養一犬以綵繩帚并取乘馬衣物燒而送之言以
屬累犬使護死者神靈歸赤山赤山在遼東北數千里
如中國人死者魂神歸岱山也敬鬼神祠天地日月星辰山
川及大人有健名者祠用牛羊畢皆燒之**建武之中郝旦詣闕**後漢書曰建武廿五年
遼西烏桓大人郝旦等九百廿二人率衆向化詣闕朝貢
獻奴婢牛馬及弓虎豹貂皮是時四夷朝賀駱驛而至
天子乃大會勞饗賜以珍寶烏桓或願留宿衛於是封
其渠帥為侯王君長者八十一人皆居塞內布於緣邊諸郡

歐奴婢牛馬及弓武貂皮是時四夷朝賀駱驛而至
天子乃大會勞饗賜以珍寳烏桓或願留宿衛於是封
其渠帥為侯王君長者八十一人皆居塞内布於緣邊諸郡
令招來種人給其衣
食遂為漢偵候也 永初之際無何歐誠 後漢書曰永初三年
秋鴈門烏桓率衆王無何与鮮卑大人丘倫等冠五原与
太子戰於九原高渠谷漢兵大敗殺郡長吏乃遣車騎将
軍何熙度遼将軍梁慬等擊大破之無何乞降鮮卑走還
塞外是後烏桓稍親附拜其大人戎末廆為漢都尉也
耿曄申威翻致蘭池之窘 後漢書曰順帝時烏桓冠雲中遮截道上商賈
車牛千餘兩度遼将軍耿曄率二千餘人追擊不利又戰
於沙南斬首五百級烏桓遂圍曄於蘭池城於是發積
射士千度遼營千人配
上郡屯以烏桓乃退也 劉虞購募遂摧居力之
謀 後漢書曰靈帝初烏桓大人上谷有難樓者衆
九千餘落遼西有丘力居者衆五千餘落皆自稱王
又遼東有蘇僕延衆千餘落自稱峭王右北平烏延衆八
百餘落自稱汗魯王悉勇健而多計策中平四年前中
山太守張純叛入丘力居衆中自号彌天安定王遂為諸
郡烏桓元帥冠掠青徐幽冀四州五年以劉虞為幽州牧
虞購募斬純首
北州乃定者也 魏武揚旌先梟蹋頓孫康枝
蔚還斬樓班 後漢書曰獻帝初平中丘力居死子樓班年少從子蹋頓有武略代立總攝
三郡衆皆從其号令後難樓蘇僕延率其部衆奉樓班
為單于蹋頓為王時袁紹兼南敗奔蹋頓為冀吏人奔烏桓
者十万餘戶建安十二年魏武自征烏桓大破蹋頓於柳城斬
之首虜廿餘万人袁尚与樓班烏延等皆走遼東遼東太
守公孫康並斬送之其餘還
万餘衆落悉徙居中國云也

鮮卑

依山構緒樓泒東胡之源 司馬彪續漢書曰鮮卑者亦東胡之支也

依山構緒樓泒東胡之源 司馬彪續漢書曰鮮卑者亦東胡之支也
別依鮮卑山故因号為
其言語習俗与烏桓同也 附塞踈枝嗣德左賢之
曽 王珠宗春秋曰赫連昌鮮卑別種本
匈奴左賢王後也祖衛辰仕塞表 地隣遼碣
境接燉煌 續漢書曰鮮卑其地東接遼水西當西
域自為匈奴冒頓所破遠竄遼東塞外与
烏桓相接未嘗通中國光武時南北單于更相攻伐匈奴損
耗而鮮卑遂盛自燉煌酒泉以東邑落大人皆詣遼東受
賜
容 方貴角端裘珍鼲貂 後漢曰鮮卑地禽獸異於中國者有野馬原羊角端
牛以角為弓俗謂之角端弓也又有貂納
鼲子皮毛柔蠕故天下以為名裘之也 結歡饒㳅
素尚髠之姿 後漢書曰鮮卑与烏桓同唯婚姻先髠
頭以季春月大會於饒樂水
上飲宴畢然後配合者也 背役長城仍傳赭衣之
俗 漢名臣奏曰鮮卑者秦始皇遣蒙恬築長城徒亡
出塞始皇為人鮮者少也卑者陋也言其種衆少陋也
後稍昌熾東西有餘里今其人皆髠頭
衣赭亡是陣此為徒人狀也 鳥飛冠掠猶歸
建武之仁 應劭風俗通曰鮮卑數為邊害来如飛鳥去
如絶弦國家以為憂後漢書云光武建武卅
年鮮卑大人於仇賁滿頭等率種人詣闕朝
賀慕義内屬帝封於仇賁為王滿頭為侯也 蟻聚會
殘尚感永平之化 風俗通曰應奉以為應奉以為秦始皇遣蒙恬築長城徒亡出
依鮮卑山後遂繁息因以為号起自遼東西至燉煌万餘里
亜熾蛾聚天性忿鷙易報以惡無蘿落之居君長之師
後漢書曰明帝永平元年鮮卑大人皆来歸附並詣遼東
受容賜青徐二州給錢歲二億七千萬為常明章二代保
塞
無作道納誠款而牧切 後漢書曰建武廿一年鮮卑与匈奴入遼東

受客賜青徐二州給錢歲二億七千萬爲常明章二代保
塞

祭肜作鎮納誠欵而收功 後漢書曰建武廿一年 鮮卑與匈奴入遼東
遼東太守祭肜擊破之斬獲殆盡由是震怖及單于附
漢北虜孤弱廿五年鮮卑始通驛使其後都護偏何等
詣祭肜求自効功因令擊北匈奴左伊育訾部斬首二
千餘級其後偏何連歲出兵擊北虜輒持首級詣遼
東也

張顒臨邊達直言而致敗 後漢書言延平元年鮮 卑復寇漁陽漁陽太守
張顒率數百人出塞追之兵馬掾嚴授諫曰前道險阻賊
勢難量宜結營先令輕騎偵視之顒意甚銳怒欲斬授
因復進兵遇虜伏發士卒悉走唯授力戰身被十創手殺
人而死顒中流矢主簿衛福功曹徐咸皆自投赴顒俱歿殞

永初之纂二部醜類猶述 後漢書曰安帝永初中鮮 卑大人燕荔陽詣闕朝
賀劉大后賜燕荔陽王印綬赤車驂駕令止烏桓校尉所
治甯城下通胡市因築南北兩部質館鮮卑邑落百廿
部各遣入質是後或降或叛與匈奴烏桓更相攻擊後遼
東鮮卑圍無慮縣州縣合兵固保清野鮮卑無所得復攻
扶黎營殺長吏之

建光之分兩路重圍僅解 後漢書曰建光 元年鮮卑大人烏
倫其至鞬復叛寇居庸雲中太守成嚴之擊兵敗鮮卑
於是圍烏桓校尉徐常於馬城度遼將軍耿夔與幽州刺史
龐參發廣陽漁陽涿郡甲卒分爲兩道救之

慶隆吞雹
常夜得潛出與夔等并力並進攻賊圍解

方循彈巔之儀 後漢書曰桓帝時鮮卑檀石槐者其 父投鹿侯初從匈奴軍三年其妻在
家生子投鹿侯歸怪欲殺之妻言嘗晝行聞雷震仰天視而
雹入其口因吞之遂妊身十月而產此子必有奇異且宜長
視投鹿侯不聽遂棄之妻私語家令收養焉名檀石槐年
十四五勇健有智略異部大人抄取其外家牛羊檀石槐
騎單追擊所向無前悉還得所亡者由是部落畏服乃施

十四五勇健有智略異部大人抄取其外家牛羊檀石槐
騎單追擊所向無前悉還得所亡者由是部落畏服乃施
法禁平曲直無敢犯者遂推以爲大人檀石槐乃立庭於彈
汗山歠仇水上去高柳北三百餘里兵馬甚盛東西部大人
皆歸焉因鈔緣邊北拒丁零東却夫餘西擊烏孫盡據匈
奴故地東西四千里網南北七千餘里網羅山川水澤鹽池也

續表觀魚自頓秦池之網 後漢書曰光和元年鮮 卑寇酒泉緣邊莫不被
毒種衆日多田畜射獵不足給食檀石槐乃自徇行見烏侯
秦水廣從數百里停不流其中有魚不能得之聞倭人善網
捕於是擊倭國得千餘家徙置秦水上令捕魚以助糧食光
和中檀石槐死孫騫曼年少兄子魁
頭立騫曼長大與魁頭爭國衆遂離散也

夫餘

氣降清旻入橐離而結孕釋流纖地躍淲水以開
疆 後漢書曰夫餘國本穢地也初北夷橐離國王出行其 侍兒於後妊身王還欲煞之侍兒曰前見天上有氣大如
雞子来降我故有王因之後遂生男令王置於豕牢以口氣
噓之不死復徙馬蘭馬亦如之王以爲神乃聽母收養名曰
東明東明長而善射王忌其猛復欲煞之東明奔走南至淹
淲水以弓擊水魚鼈皆聚水上東明乘之得渡因至夫餘而
王之焉子

南接驪東隣肅愼 魚豢魏略曰夫餘國在玄 菟長城北去玄菟千餘里南
接句驪東接挹婁 即肅愼國者也

四加在列五穀盈疇赤玉可珍黑
貂斯貴 後漢書曰夫餘於東夷之域最爲平敞土宜 五穀出名馬赤玉貂豽大珠如酸棗以員柵
爲城有宮室倉庫牢獄其人麤大彊勇而謹厚不爲冠抄以
弓矢刀矛爲兵以六畜名官有馬加牛加狗加猪加其邑落
皆主屬諸加魏略曰衣尚白[illegible]

耕地有宮室倉庫牢獄其人麤大彊勇謹厚不寇抄
弓矢刀矛爲兵以六畜名官有馬加牛加狗加猪加其邑落
皆属諸加魏略曰衣尚白衣錦繡文罽白黑貂爲裘譯人傳辭
皆跪手據地其竊者人死沒入其家盜一者責十二男女淫婦
妬皆殺之 樂崇近穀舞詠之趣方遙 後漢書曰夫餘食用俎豆會同拜爵洗
爵揖讓外降以臘月祭天大會連日飲
酒歌舞名曰近皷是時斷刑獄解囚徒也 兆叶占蹄吉凶
之首斯見 魏略曰夫餘俗有軍事殺牛祭天以牛蹄占凶台者吉死者以生人殉葬居喪去珮大體與中
國相髣髴也行人無晝夜好歌吟音聲不絶也 占風入貢增印綬之榮
後漢書曰永寧元年夫餘乃嗣子尉仇台
諸闕貢獻天子賜尉仇台印綬金帛等也 沐化來朝穎
歌鍾之會 後漢書曰順帝永和元年夫餘王來朝京師帝作黃門鼓吹角抵戲以遣也

三韓

境連鯷壑地接鼇波 魏略曰韓在帶方南東西以海爲限地方四千里一曰馬
韓二曰辰韓三曰弁辰辰韓古之辰國也馬韓在其西其人土
著種稻知作綿布鯷壑東鯷人居海中州鼇波俱海也有也
南屆倭人北鄰穢貊 後漢書曰韓有三種馬韓在西有五十四國其北與樂浪南與
倭接辰韓在東十有二國其北與穢貊接弁辰在辰韓
之南亦十有二國其南亦與倭接凡七十八國伯濟是其一
國焉之也 職標臣智都号月支 魏略曰三韓各有長帥其置官大者名臣智次曰
邑借凡有小國五十六總十餘万戶辰王治月支國置官
亦多曰臣智後漢書云大者万餘戶小者數千家各在山
海間古之辰國也馬韓大共立其種爲辰王治月支國盡
王三韓之地其諸國王先皆是馬韓種人焉
飾重綴珠不珍金罽之美 後漢書曰馬韓人不貴金寶錦罽不知

飾重綴珠不珍金罽之美 後漢書曰馬韓人不貴金寶錦罽不知
騎乘牛馬唯重瓔珠以綴衣爲飾及懸
頸垂耳大率皆魁頭露紒布袍草履也 居崇仰戶詎
資城郭之華 後漢書曰馬韓人知田蠶作綿布出大栗如梨有長尾雞尾長五尺邑落雜居亦無
城郭作室形如冢開戶在上
不知跪拜無長幼男女之別 尚勇標能貫脊之風猶屑
後漢書曰馬韓人壯勇少年有築室作力者輒以繩貫
脊皮縋以大木嚾呼爲健不以爲痛也
紟容表也 顔扁首之俗仍存 魏略曰辰韓俗喜歌舞彈瑟〻形似
筑兒生欲其頭扁便以石押其頭令辰韓人皆扁頭亦文身
施竈皆在戶西其續盧國與倭界接其人形皆大衣服潔
淨也 鈴鼓既懸用展接神之禮 後漢書曰馬韓人常以五月田竟祭鬼神晝夜
酒會郡聚歌舞〻輒數十人相隨蹋地爲節十月農功畢
亦復如之諸國邑各以一人祭天神号爲天君又立蘇塗
建大木以懸鈴鼓事鬼神蘇
塗之義有似於西方浮屠之 鳥羽彼設方盡送往之儀
魏略曰辰韓人常用馬韓人作主代〻相承其地宜五穀若
作縑布服牛乘馬其俗嫁娶男女有別以大鳥羽送死其
意欲使死者飛颺 居城識秦人之風兇髮驗州胡之俗 後漢
書曰辰韓耆老自言秦之亡人避苦役適韓國馬韓割東界
地與之其名國爲邦弓爲弧賊爲寇行酒爲行觴相呼爲徒有
似秦語故或謂之爲秦韓有城柵屋室諸小別邑各有渠
帥大者名臣智次有儉側次有樊秖次有殺奚次有邑借土地
肥美宜五穀知蠶桑作縑布乘駕牛馬嫁娶以禮行者讓路
國出鐵濊倭馬韓並從市之諸貨易皆以鐵爲貨弁辰與辰
韓雜居城郭衣服皆同言語風俗有異其人形皆長大美髮
衣服潔淨而刑嚴峻馬韓之西海島上有州胡國其人短小髡
頭衣有上無下好養牛豕

韓雜居城郭衣服皆同言語風俗有異其人形皆長大美髮
衣服潔淨而形巖峻馬韓之西海島上有州胡國其人短小兒
頭衣有上無下好養牛豕
乘船往來貨市韓中也

高驪

璽河演覣照日晷以含胎伏鼈旃祥叩骨城而開壤 魏收魏後漢書曰高句驪者出於夫餘自言先
祖朱〻蒙〻母河伯女夫餘王閉於室中爲日所照
引身避之日影又逐既而有孕生一卵大如五升夫餘王弃
之与犬〻不食弃之与豕〻又不食弃之於路牛馬避之
又弃之於野鳥以毛茹之夫餘王剖之不能破遂還其母其
母以物裹之置於暖處有一男破殼而出其長也字之曰朱
蒙其俗言朱蒙者善射也夫餘國人以朱蒙非人所將生有
異志請除之王不聽命之養馬朱蒙私試知有善惡駿者減
食使瘦駑者善養令肥夫餘王以肥者自乘以瘦者給朱蒙
後狩于田以朱蒙善射限之一矢朱蒙雖一矢殪獸甚多
多夫餘之臣又謀煞之母陰知以告朱蒙〻与烏引烏違等二
人弃夫餘東南走中道遇有大水欲濟無梁夫餘人追之甚
甚急朱蒙告水曰我是日子河伯外孫今日逃走追兵垂及如
何得濟於是魚鼈並浮爲之成橋朱蒙得度魚鼈乃解
追騎不得渡朱蒙至述水遇見三人其一人着麻衣一人着
納衣一人着水藻衣与朱蒙至紇升骨城遂居焉號曰
高句驪因以爲氏焉 **境連穢貊地接扶餘** 魚豢魏略曰高句驪國在遼東千里南
接朝鮮穢貊東接沃沮北接夫餘也 **帶玄菟以開疆** 漢書地理志曰玄菟郡武帝元封四
年開屬幽州應邵注云故真番胡鮮國也領高句驪上殷
台西蓋馬三縣治高句驪後漢以遼東之高顯候城遼陽
三縣來屬也 **栝黏蟬而命邑** 漢書地志曰樂浪郡武帝元封三年開莽曰樂鮮屬幽州
邵注云朝鮮國武王封箕子於朝鮮謂邯俱水含資黏蟬
遂成增地帶方駟望海冥列口長岑屯有昭明鏤方提奚渾
彌吞列東暆不而蠶台華驪
仁随万物自俞九種之

遂成增地帶方駟望海冥列口長岑屯有昭明鏤方提奚渾
彌吞列東暆不而蠶台華驪
邪頭昧前莫夫租廿五縣治朝鮮也 **仁随万物自俞九種之**
風 漢書地志曰長駟望封箕子縣也後書曰王制云東方曰夷〻者抵也言仁而好生萬物抵地而出故天性柔順易
以道御至有君子不死之國焉夷有九種曰畎夷于方夷黃夷赤
夷風夷陽夷故孔子欲居九夷也漢初燕人衛滿避地朝鮮
因王其國百有餘歳之 **俗異三方猶祖八條之教** 漢書地理志曰朝鮮穢貊句
驪夷殷道衰箕子去之朝鮮教其人以禮義田蠶織作樂
浪朝鮮人犯禁八條相煞以當時償殺相傷者以穀償相盜
者男役入爲其家奴女爲婢欲自贖者人五十万雖免爲庶
人猶羞之嫁娶無所讎是以其人終不相盜無門戶之閉然
天性和順異於三方之外故孔子悼道不說捋於海欲九夷有心之 **官崇九等** 高麗記曰其國建官
有九等其一曰吐捽比一品舊名大對盧惣知國事三年一
代若稱職者不拘年限交替之日或不相祗服皆勒兵相攻
勝者爲之其王但閉宮自守不能制御次曰太大兄比二品一
名莫何〻羅支次鬱折比從二品華言主簿次大夫使者比
正三品亦名謁奢次皂衣頭大兄比從三品一名中裏皂衣
頭大兄東夷相傳所謂皂衣先人者也以前五官掌機密謀政
事徵發兵選授官爵次大使者比正四品一名大奢次大兄加
比正五品一名纈支次拔位使者比從五品一名儒奢次上位使
者比正六品一名契達奢使者一名乙耆次小兄比正七品一名
失支次諸兄比從七品一名翳屬一名伊紹一名河紹還次過
節比正八品次不節比從八品次先人比正九品一名失元一名
庶人又有拔古鄒加掌賓客比鴻臚卿以大夫使爲之又有
國子博士大學士舍人通事典客皆以小兄以上爲之又其諸
大城置傉薩比都督諸城置處閭匹刺史亦謂之道使道使
治所名之曰備諸小城置可邏達比長史又城置婁肖比縣令
其武官曰大模達比衛將軍一名莫何邏繡支一名大幢主以
皂衣頭大兄以上爲之次末若比中郎將一名郡 **部貴五**

皂衣頭大兄以上為之次未若汜中郎將一名郡
頭以大兄以上為之其領千人以下各有等級
部貴五
宗 魏略曰其國大有五族有消奴部順准奴部樓桂樓部
為土徵駱桂樓部代之五部皆貴人之族也一人內部即
後漢書桂婁部一名黃部一名黃部二曰北部即絕奴部即
絕奴部即名後部一名黑部三曰東部即順奴部一名在部一名
上部一名青部四曰南部即灌奴部一名前部一名赤部五曰西部
即消奴部也一名右部其北部如魏內部姓高即王族世
高麗稱無姓者皆內部也又內部雖為王宗列在東部之下
其國從事以東為首故東部居上
饗帝列東盟之祠延神宗隧穴之醮 魏略曰高麗俗
好歌舞其人自喜跪拜以十月會祭祭天名曰東盟有
軍事亦各祭天殺牛觀蹄以占吉凶大加主簿頭著幘無後
小加著折風形如弁隧穴神於國東水上祭之無牢獄
有罪則會諸加平議便殺之沒妻子為奴婢其俗淫佚
相奔誘其死葬
有槨無棺之
南蘇表式驗客恪之先鳴 南蘇城在國西
北十六國春秋前燕錄曰慕容皝十二年遣度遼將運
慕容恪攻高驪南蘇剋之置戍而還即此城
也高驪記云城在新城北七十里山上也
平郭開墟
紀馮弘之失策 高麗記曰平郭城今名建安城在
國西本漢平郭縣也漢書地理志曰
屬遼東郡有鐵官鹽官續漢書郡國志不改十六國春
秋曰北燕馮和大興六年為魏所破遂奔句驪處和于平郭
即此城
王傾遂北銘勲不耐之城 高麗記曰不耐城今名國內城在國
之也
東北六百七十里本漢不而縣也漢書地志不而縣屬樂
浪郡東部都尉宿後漢省魏志曰正始中毋丘儉征
高句驪遂東馬懸車以登丸都屠句驪所都斬獲首
虜以千數六年復征之王宮遂奔買溝儉遣玄菟太守
王頎追之過沃沮千有餘里至肅慎南界刻石

虜以千數六年復征之王宮遂奔買溝儉遣玄菟太守
王頎追之過沃沮千有餘里至肅慎南界刻石
紀功刊丸都之山銘不耐之城
燕晃長驅表績丸都之墟 十六國春秋曰前燕錄曰燕王慕
容晃九年晃伐句驪乘勝長驅遂
入丸都句驪王劉單馬奔竄晃乃掘其父墓載其尸并母
妻珍寶掠男女五万餘口焚其宮室毀丸都而歸乃不耐[illegible]
論碑尚在耿夔播美於遼城 范曄後漢書曰耿
夔遷遼東太守元
年貊人寇郡界夔追擊斬其師渠案高驪記云故城南
門有碑年久淪沒出土數尺即耿夔碑之者也
冠石存公孫創基於延里 魏志曰公孫度遼東
襄平人董卓時為遼
東太守初平中襄平延里社生大石長丈餘下有三小石為
之足或謂度曰此漢宣帝冠石之祥明當土地乃分遼東郡
為遼西中遼郡置太守越海收東萊諸縣置營州刺史
自立為遼東侯平州牧立漢二祖廟承制設壇墠於襄平
城南郊祀天地太祖袁度為奮威將軍永寧鄉侯度曰我
土遼東何永寧也度死至孫淵以景初元年自立為燕王
置百官二年遣司馬宣王厄累破遂進運造城下為圍塹
起土山脩櫓為發石連弩射城中淵窘急糧盡相食死者
甚多淵遂突圍東南走急擊
之斬其父子遼東悉平也
馬巘崖洞穴以霏雲
高驪記曰馬多山在國北高驪之中此山最大卅里間唯通
乙馬雲霧歊蒸終日不霽其中多生人參白附子防風
細辛山中有南北路路東有石壁其高數仞下有石室可
容千人室中有二穴莫測深淺夷人長老相傳云高驪先
祖朱蒙從夫餘至此初未有馬行至此山忽見群馬
出穴中形小向駿因号馬多山也 子有
焉骨巉巖二峯而切漢 高驪記云焉骨山在國西
北夷言屋山在平壤西北七百
里東西二嶺壁立千仞自足至頂皆是蒼石遠望巉巖

里東西二嶺壁立千仞自足至頂皆是蒼石遠望巉巖
狀類荊門三峽其上無別草木唯生青松擢幹雲表高
驪於南北陜口築斷為城此即夷藩樞要之所也
珣玗琪耀揆色重巒 周礼職方曰東北曰幽州其山鎮醫無閭尒雅曰東北之美
者有醫無閭之珣玗琪焉郭璞注云醫無閭山名今在
遼東續漢書曰遼東無慮縣有醫無閭山也
銀礫滲輝凝鮮疊崿 齊書東夷傳曰銀山在國西北高驪採以為貨高驪
記云銀山在安市東北百餘里
有數百家採之以供國用也 波騰碧澂鶩天除以
浮刀 後漢書曰地理志曰玄菟郡西蓋馬縣馬訾水西北入鹽難水西南至西安平入海過郡行二千
一百里應劭云馬訾水西入鹽澤高驪記云馬訾水高驪
一名淹水今名鴨淥水其國相傳云水源出東北靺鞨國白
水色似鴨頭故俗名鴨淥水去遼東五百里經國內城南又西
与一水合即鹽難也二水合流西南至安平城入海高驪之
中此水最大波瀾清澈所經津濟皆貯大船其國恃此以
為天塹今案其水闊三百步在平壤城西北四百五十里也
刀小舩也舩色詩曰
誰何廣曾不容刀也 浪棲黃川藹樓雉而籠箭 漢書
地理志曰遼東郡望平縣大遼水其水發源西南流合契
丹國黃水又西南經遼東城西八十里又南入海闊百餘步
高驪記云其水闊百餘步平流清深又多灣潭枝派兩岸
生長柳家容可藏兵馬兩畔彌總名遼澤多生細草萑蒲
毛群羽族朝夕相霧須臾卷斂
狀若樓雉即漢書所謂蜃氣是 歐弥文豹器重良弓
高驪記曰今高國兼有朝鮮穢貊沃沮之地也後漢書曰高
句驪多大山深谷人隨而為居句驪一名貊有種依小水而
居名曰小水貊出弓所謂貊弓是也東沃沮土地肥美皆

句驪多大山深谷人隨而為居句驪一名貊有種依小水而
居名曰小水貊出弓所謂貊弓是也東沃沮土地肥美皆
山阿海宜五穀若種因織出檀弓又多文豹有菓下馬又
有馬甚小登山傾險不疲以
栗米和水飲之便得經日也 佩刀礪而見等威金羽
以明貴賤 魏牧後魏書東夷傳曰高驪頭著折風其形如弁傍插鳥羽貴賤有差立則反拱蕭子顯齊
書東夷傳曰高驪俗服窮袴冠折風一謂之幘知讀五經使
人在京師中書郎王融戲曰服之不衷身之災也頭上定是
何物答曰此即古弁之遺象也其俗拜曳一脚受命跪名
走以為恭梁元帝職貢圖云高驪婦人衣白而男子衣結
錦飾以金銀貴者冠幘而後以金銀為鹿耳加之幘上賤者
冠折風穿耳以金鐶上衣白衫下白長袴要有銀帶左佩礪
而右佩五子刀足履豆禮鞜高驪記云其人亦造錦紫地
纈文者為上次有五色錦次有雲布錦又造白疊布青
布而尤佳又造鄣曰華言接籬其
毛即靺鞨豬髮也 新羅
開源祐構肇基金水之年 括地志云案宋書元嘉中倭王弥自稱使
持節都督倭百濟新羅任那秦韓慕韓六國諸軍事此則新
羅有國在晉宋之間且晉宋齊梁普書並無正傳故其有國
所由靡得詳也
金水晉宋之也 宅壤跡疆劍趾卞辰之域 括地志曰新羅治
金城本三韓之故地范曄後漢書曰韓有三種魏志曰韓
在帶方之南東西以海為限南与倭接方可四千里馬韓在
西辰韓在馬韓之東其耆老傳言古之亡人避秦役韓國
韓割東界地与之今案新羅百濟共有三韓之地百濟在
即馬韓之地新羅在東
即辰韓卞辰之地也 國邑資路 魏志曰辰韓亦名秦韓始有六國稍
分十二國卞辰亦十二國有已柢國卞辰彌離陳國卞辰
樓逢國勤耆國難離彌陳國卞辰古資彌陳國卞辰古
淳是國冉奚國卞辰半路國卞辰樂奴國軍彌國卞辰彌

多十二國卞辰亦十二國有巳柢國卞辰彌離彌凍國卞辰
接塗國勤耆國難離弥凍國卞辰古資弥凍國卞辰古
淳是國冉奚國卞辰半路國卞辰樂奴國軍弥國卞辰弥
烏邪馬國如湛國卞辰甘露戶路國州鮮國馬卞辰狗邪國
卞辰走漕馬國卞辰安邪國卞辰瀆盧國優由國卞辰韓
合廿四國大國四五千家家小國六七百家之
地惣任那 齊書云加羅國三韓種也今訊新羅耆老
云加羅任那昔爲新羅所滅其故今並在國南
七八百里此新羅有辰韓卞辰廿
四國及任那加羅慕韓之地也 **擁叛卒以稱强秉附金**
括地志曰新羅王姓金氏其先所出未之詳也隨
而得姓 東藩風俗記云金姓相承卅餘代其先附庸於百
濟伍高驪之人不堪役相率歸之遂致强盛其官有七十等一曰
伊伐干二百伊尺干三曰迊干西四曰波弥干五曰大阿干六
曰阿干七曰乙吉干八曰沙咄干九曰級伐干曰大奈麻十
一曰奈十二曰大舍十三曰小舍十四吉士十五日大烏十六
日小烏十七
日造位之

百濟

國鎮馬韓地苞狗素 東夷記曰百濟伯建居狄
城本馬韓之地也范曄後漢書
東夷傳曰韓有三種凡七十八國百濟是其
爲魏志曰馬韓有卑皮國狗素 有也 **陵楚山而廓**
宇帶桑水疏疆 魏志曰馬韓在西散在山海間無城
郭有爰襄國牟襄水國桑水國
小石索國大石索國優休牟涿國臣濆沽國伯濟國速盧
不斷國日華國古誕者國古離國怒藍國月支國資離牟
盧國素謂乾國古爰國莫盧國卑離國古卑離國臣釁國支
侵支狗盧國卑弥國監奚卑離古蒲致利鞠國兒林國駟盧國
内卑離感奚國萬盧國辟卑離國臼斯烏旦國一離國不
弥國捷盧國牟盧離國臣蘇塗國莫盧國古臘國臨素

内卑離感奚國萬盧國辟卑離國臼斯烏旦國一離國不
弥國捷盧國牟盧離國臣蘇塗國莫盧國古臘國臨素
半國臣雲新國如来卑離國楚山塗卑離一國難國狗奚國
不雲國不斯濆邪奚國爰池馬國楚離國凡五十餘國大國万餘
家小馬數千家又
島上有州朝國也
奉仇台之祠纂夫餘之曹 後魏書曰
百濟國其先出自夫餘又百濟王上表於魏曰臣与高驪
源出扶餘宋書曰晉義熙十二年以百濟王餘映爲使特
節督都百濟諸軍事鎮東將軍高祖踐祚進号鎮東大
將軍大嘉七年以餘映爵号授百濟王餘毗毗死子慶代
立括地志曰百濟城立其 **八族殊胤五部分司** 括地志曰
祖仇台廟四時祠之也
隋開皇中其王名昌昌死子餘宣子死餘璋立其國 有
沙氏燕氏劦氏解氏真氏木氏首氏此八族其大姓也其官
有六等左平五人第一等達率卅人第二恩率以下無負第
三德率第四打率第五奈率第六六等以上冠飾銀花將
德第七紫帶施德第八皂帶固德第九赤帶季德第十青
帶對德第十一以下皆黃帶文督第十二武督第十三以下皆
白帶佐軍第十四振武第十五尅虞第十六又其内官有前
内部穀部内部椋部功德部藥部木部法後宮部又有將
長外官有司軍部司從部司空部司寇部點口部客部外
舍部綢部日官部凡此衆官各有宰官長在任皆三年一代
王所都城内又爲五都皆達率領之又城中五巷士庶居焉
有五方若中夏之都督方皆達率領之每方管郡多者至十
小者六七郡將皆恩率爲之郡
縣置道使亦城名　主 **西據安城南隣巨海** 括地
志曰百濟王城方一里半北面累石爲之城水可方餘家即
五部之所也一部有兵五百人又國南二百六十里有古沙
城城方百五十里步此其中方也方統兵千二百人國東南
百里有得安城城方一里此其東方也國南三百六十里有卞

城之方百五十里步此其中方也方統兵千二百人國東南
百里有得安城之方一里此其東方也國南三百六十里有卞
城之方一百卅步此其南方也國西三百五十里有力光城之
方二百步此其西也國東北六十里有熊津城一名固麻城
之方一里半此其北方也其諸方之城皆憑山險為之亦有累
石者其兵多者千人少者七八百人城中戶多者千人少者七
八百人城中戶多者至五百家諸城左右亦各小城皆統諸
方又國南海中有大島十五所皆置城邑有人居之

鷄山東峙貫四席以同華 括地志曰鷄山在國北界大山也草木鳥獸与中夏同
又國東有鷄藍山又南又有祖粗山又國南界有霧五山
其山草木冬夏常榮又有且那山在國西界又有山且
山禮母山並石在國南之也

熊水西流侶百川百瀝鶩 括地志曰熊津河源出國東界
西南流經國北百里又西流入海廣處三百步其水至清又
有基汶河在國源出其國源出其國南山東南流入大海
其中水族与中夏同

因四仲而昭敬隨六甲以標年 括地志曰百濟四仲之月
祭天及五帝之神冬夏用鼓角奏歌舞春秋奏歌而已
解陰陽五行用宋元嘉曆其紀年無別号但數六甲為次
第亦解醫藥蓍龜占相婚姻之禮略於華喪父母及夫皆
制服三年餘親葬訖即除其葬亦有置屍於山中者亦
有埋殯之

文吏兼能碁射雙美 括地志曰百濟俗尚騎射有文字能吏事以兩手
據地為敬有僧尼無道士甚多寺塔其獻有投
壺圍碁樗蒲厄雙叉弄珠等雜戲也

肅愼

彎弧縱毒帶臣砮以偷安禦吹塗膏穴處巖

而自逸 後漢書曰挹婁古肅愼之國也在夫餘東北千餘

彎弧縱毒帶臣砮以偷安禦吹塗膏穴處巖

而自逸 後漢書曰挹婁古肅愼之國也在夫餘東北千餘
里濱大海種衆雖少而多勇力處山險又善
射發能入人目弓長四尺力如弩矢用楛長一尺八寸青石為
鏃鏃皆施毒中人即死便乘船好寇盜鄰國畏患而卒不能
服東夷飲食類皆用俎豆唯挹婁獨無法俗最無綱紀
人形似夫餘而言語各異有五穀麻布出赤玉好貂無君長
其邑落各有大人處於林之間土氣極寒無城郭衣山禁
居好養豬食其肉衣其皮冬月以膏塗身以拒風寒夏則裸
袒以尺布蔽其前後穴以深為貴大家至接九梯之也

北窮弱水南界沃沮 魏略曰肅
愼氏其地在夫餘國北十日行東濱大海西接寇漫汗國北
極弱水其土界廣數千里居深山窮谷夏則巢居冬則
穴處父子代為君長無文墨以言語為約束續貂毛以為布挾
而弊之得陳內坐 其止合膞地土無鹽鐵燒木作灰灌取
汁食

楉羽申交婚姻之首爰通 肅愼國記曰肅愼俗嫁娶之法男以毛羽插女頭
女和則持歸然後置禮娉婦貞而女淫貴壯而賤老寡居終
身不嫁性凶悍以無憂哀相向也

灌紼知止送終之禮攸陳 肅愼記曰肅愼俗父母死男子不哭泣有泣
者謂之不壯死即日便葬於野以繩繫於椁頭出土以酒
灌繩腐而止無四時祭祀之也

周業斯隆矩誦銘其入賀 肅愼記曰昔武王克商通道九夷百蠻使各以
其賄來貢使無忘職業於是肅愼貢楛矢石砮其長尺
有咫先王欲昭其令德之致遠也以示後人使永監焉故
銘其栝曰肅氏之貢矢王又以賜陳胡公成王時復入賀
王使榮伯作賄肅愼之命也 誦成王名之

漢風尚阻劉徹罷其未通 肅愼記曰漢武帝時肅愼不至策詔慷

王使榮伯作賄肅愼之命也誦成王名之
漢風尚阻劉徹罷其來通 肅愼記曰漢武帝時肅愼不至策詔慷
慨根不能致之 馬首知歸明大邦之可謁 陸機郤中記曰肅愼
也徹武帝名
在鄰之東北去鄰五万里遣使四年乃達獻石砮楛矢問使
者緣來此荅六牛馬西南向眠三年則知有大國所在故
來耳恒以 雒常入用驗聖道之逾隆 山海經曰日不咸山有肅愼
此爲備也
國肅愼國在白人北有樹名曰雒常先人代帝於此取衣穰
司其俗無衣服中國有聖帝代立則此木生皮也可衣也

倭國

憑山負海鎭馬臺以建都 後漢書曰倭在朝東南大海中依山島居凡百餘
國自武帝滅朝鮮使譯通漢於者卅餘國稱王其大倭王
治邪臺樂浪郡徼去其國万二千里甚地大較在會稽
東与珠崖儋耳相近魏志曰倭人在帶方東南炎間
倭地絕在海中洲島之山或絕或連周旋可五千餘里
四面俱抵海自營州
東南經新羅至其國也 分職命官統女王而列部 魏略曰從
帶方至倭循海岸水行歷韓國到拘耶韓國七十餘里始
度一海千餘里至對馬國其大官曰卑狗副曰卑奴無良
田南北布糴南度海至一支國置官至對同地方三百里
又度海千餘里至末盧國人善捕魚能浮沒水取之東南
五百里到伊都國戶万餘置曰爾支副
曰洩溪觚柄渠觚其國王皆屬王女也 卑彌妖惑翻叶群情
臺與幼齒方諧衆望 後漢書曰安帝永初元年有倭面上國王帥升至桓靈之間倭國大
亂更相攻伐歷年無主有一女子名曰卑彌呼死更立男王國中
不服更相誅殺復立卑彌呼宗女臺與年十三爲王國中遂定

亂更相攻伐歷年無主有一女子名曰卑彌呼死更立男王國中
不服更相誅殺復立卑彌呼宗女臺與年十三爲王國中遂定
其國官有伊支馬次曰彌馬升
次曰彌馬獲支次曰奴佳鞮之也 文身點面猶稱太伯之苗
魏略曰女王之南又有狗奴國女男子爲王其官曰拘右智卑狗
不屬女王也自帶方至女國万二千餘里其俗男子皆點面
文聞其舊語自謂太伯之後昔夏后小康之子封於會稽斷
髮文身以避蛟龍之害今 阿輩雞彌自表天兒之稱 宋
倭人亦文身以厭水害也
宋書曰永初中倭國有王曰讚至元嘉中讚死弟珍立自稱
使持節都督安東大將軍倭國王順帝時遣使上表云自昔
祢東征毛人五十五國西服衆夷六渡平海北九十五國今案
其王姓阿每國号爲阿輩雞彌華言天兒也父子相傳王有宮
女六七百人王長子号哥
彌多弗利華言太子 因禮義而標秩即智信以命官
括地志曰倭國其官有十二等一曰麻卑兜吉寐華言大德
二曰小德三曰大仁四曰小仁五曰義六曰小義七曰大禮
八曰小禮九曰大智十曰小
智十一曰大信十二曰小信 邪屆伊都傍連斯馬 廣志曰倭國東
南陸行五百里到伊都國又南至邪馬嘉國百女國以北其
戶數道里可得略載次斯馬國次巴百支國次伊邪國安
倭西南海行一日有伊邪分國無布帛以草爲衣盖伊邪
國也 中元之際紫綬之榮 漢書地志曰夫餘樂浪海中有倭人分爲百餘國以歲時
獻見後漢書光武中元二年倭國奉貢朝賀使人自稱大夫光
武賜以印綬安帝初元年 景初之辰恭文錦之獻
倭王師升等獻生口百六十
魏志曰景初三年倭女王遣大夫難升米利等獻男生口四
人女生六人班布二疋二尺詔以爲新魏倭王假金印紫綬正
始四年倭王復遣大夫伊聲
耆掖邪狗等人上獻生口也

始四年倭王復遣大夫伊聲
耆掖邪狗等八人上獻生口也

南蠻

大戎纖畢克展槃瓠之功帝女降嬪仍搆
蠻方之緒 范曄後漢書曰昔高辛氏有犬戎之寇帝患其侵暴而征伐之不尅乃訪募天下有
能得犬戎将吴将軍頭者購黄金千溢邑万家又妻以少女時
帝有畜狗其毛五采名曰槃瓠下令之後槃瓠遂銜人
頭造闕下群臣怪而診之乃吴将軍首也帝大喜而計槃
瓠不可妻之以女又無封爵之道議欲有報而未知所
宜女聞之以為帝皇下令不可違信因請行帝不得已乃
以女配槃瓠槃瓠得女負而走入南山石室中所處險
絶人跡不至於是女解去衣裳為僕豎之結著獨力之
衣帝悲思之遣使尋求輙遇風雨震晦使者不得進
經三年生子十二人六男六女槃瓠死後因自相夫妻織績木
皮染以草實好五色衣服製裁皆有尾形其母後歸以狀白
帝於是使迎致諸子衣裳班蘭語言侏離好入山壑不樂平
曠帝順其意賜以名山廣澤其後滋蔓号曰蠻夷

獺冠表飾精夫之号斯傳 後漢書曰蠻外癡内黠安土重舊以先父
有故母帝之女田作賈販無關梁符傳租税之賦有邑
君長皆賜印綬冠用獺皮名渠帥曰精夫相呼為姎徒
今長沙武陵蠻是也

賨布申誠武陵之部爰置 後漢書曰吴起相悼王南并蠻
越遂有洞庭蒼梧秦昭王使白起伐楚略取蠻夷始置黔中
郡漢興改為武陵歲令大人輸布一疋小口二丈是謂賨
布雖時寇盜而不是為患也

武威鞠猴阻危徵以三軀 後漢書曰光武

郡漢興改

布雖時寇盜而不是為患也 武威鞠猴阻危徵以三軀 後漢書曰光武
陵與武陵蠻夷特盛建武廿三年精夫相單程等據其險
隘大寇郡縣遣武威将軍劉尚發南郡長沙武陵兵萬
餘人乘船泝沅水入武谿擊之尚輕敵入險山深水疾舟船
不得上蠻知尚粮少入遠又不曉道徑遂屯聚守險尚
食盡引還蠻緣路徼戰尚軍大敗也

伏波臨武因炎雲而致命 後漢書曰
建武廿四年相單程等下攻臨沅明年遣伏波将軍馬援
中郎将劉匡馬武等将兵至臨沅擊破之單程等飢困
乞降會援卒謁者宗均聽
悉受降為置吏司郡蠻遂平

詹山振拒尚銜應奉之恩 後漢書曰桓帝時武陵蠻詹山等四千餘人反拘執縣令屯結深山永興元年太守應奉以恩信招誘
皆散降散

象林趍翹猬感祝良之惠 後漢書順帝時日南象林徼外蠻夷區憐
等數千人燒城寺殺長吏因李固議拜祝良九真太守張
喬為交阯刺史喬至開下慰誘並皆降散良到九真單
車入賊中設方略招以威信降首數万
人皆為良築起府寺由是領外復平也

彫題列徼傍帶
甘人之鄉 後漢書曰禮記稱南方曰蠻彫題交阯其俗男女同川而浴故交阯其西有噉人之國生首子輙解而
食之謂之宜弟味旨則以遺其君君喜而賞其父取妻美則讓
其兄今烏滸人是也楚辭招魂曰彼皆甘人魂往必適也

交阯開邊前瞻獻雉之國 後漢書曰交阯之南有越裳國周公居攝六年
制礼作樂天下和平越裳以三象重譯而獻白雉曰
道路悠遠山川阻深音使不通故重譯而朝成王以歸
周公公曰德不加焉則君子不饗其質政不施焉則
君子不臣其人吾何以獲此賜也其使請曰吾受命
吾國之黄耇曰久矣天之無烈風雷雨意者中國有聖人乎

周公上曰德不加[illegible]
君子不臣其達吾何以獲此賜也其使請曰吾受命
吾國之黃耇曰久矣天之無烈風雷雨意者中國有聖人乎
有則盍往朝之周公乃歸之於王稱先王之神致以薦宗廟

玄犀齊祉通譯元始之年 後漢書曰王莽輔政元始二
年日南之南黃支國來
獻犀牛凡交阯所統雖置郡縣而言語各異重譯乃通人如
禽獸長幼無別項髻徒跣以布貫頭而著之後頗徙中國
罪人使雜居其間乃稍
知言語漸見禮化也

白菟初祥懷仁建武之歲 後漢
書曰光武中興錫光為交阯任延守九真於是教其耕稼制為
冠履初設媒娉始知姻娶建立學校導之禮義建武十二年
九真徼外蠻張游率種人慕化內屬
封為歸漢里君明年南越徼蠻夷獻白菟也

徵側叛換合浦

申馬援之功 後漢書曰建武十六年交阯女子徵側及其妹
徵貳反徵則者麊泠縣雒將之女朱鳶
人詩索妻雄勇交阯太守蘇定以法繩之側忿故反於是
九真日南合浦蠻里皆應之凡略六十五城自立為王交阯史
刺及諸太守僅得自守十八年乃遣伏波將軍馬援樓船
將軍段志發長沙桂陽零陵蒼梧兵萬餘人討之明年
月援破阯斬側徵貳等餘皆降散進擊九真賊都陽等破
降之徙其渠帥三百餘口於零陵也

朱達憑凌日南著負方之績 後漢書曰桓帝永
壽三年居風貪暴
無度縣人朱達等及蠻夷相聚攻殺縣令進攻九真
七擾日南衆轉強盛延熹三年詔拜夏方為交阯刺史
威惠素著日南宿賊聞之二萬餘
人相率詣方降方開恩詔誘之也

土舟既騖周興巴氏
之宋 後漢書曰巴郡南郡蠻本有五姓巴氏樊氏瞫氏相
氏鄭氏皆出於武落鐘離山其山有赤黑二穴巴氏之子生
於赤穴四姓之子皆生黑穴未有君長俱事鬼神乃共擲劍
於石穴約能中者奉以為君巴氏子務相乃獨中之衆

氏鄭氏皆出於武落鐘離山其有山赤黑二穴巴氏之子生
於赤穴四姓之子皆生黑穴未有君長俱事鬼神乃共擲劍
於石穴約能中者奉以為君巴氏子務相乃獨中之衆
皆歎又令各乘土船約其浮者當以為君餘姓悉沉
唯務相獨浮因共立之是為廩君也

鹽神
且託庭啓夷城之祚 後漢書曰廩君乃乘土船從夷
水下至鹽水有神女謂廩君曰
此地廣大魚鹽所出願留共居廩君不許鹽神暮輒來宿
旦即化為虫與諸虫群飛掩蔽日光天地晦冥積十餘日
廩君伺其便因射殺之天乃開明廩君於是君乎夷城四姓皆
臣之廩君死魂魄為白虎巴氏以虎飲人血遂以人祠焉
及秦惠王并巴中以巴氏為蠻夷君長世尚秦女其民爵比
不更有罪
得以爵除

登樓騁伎方呈白虎之功刻石銘勳爰
表黃龍之誓 後漢書曰板楯蠻夷者秦昭襄王有一白
虎常從群虎數遊秦蜀巴漢之境傷害千
餘人昭王乃重募國中有能殺虎者賞邑萬家金百鎰時
有巴郡閬中夷人能作白竹之弩乃登樓射殺白虎昭王嘉
之而以夷人不欲加封乃刻石盟要復夷人頃田不租十妻不
筭傷人者論殺人得以錢贖死盟曰秦犯夷輸黃龍一雙夷
犯秦輸清酒一鍾夷人安之至高祖為漢王發夷人還伐
三秦秦地既定乃遣還巴中復其渠帥羅朴督鄂度夕龔七姓不
輸租賦餘戶乃歲入賨錢口卌代号為板楯蠻夷之也

西南夷

夜郎啓構爰契浮竹之靈 後漢書曰西南夷者皆
在蜀郡徼外有夜郎
國東接交阯西滇國滇國北有邛都國各立君長其人皆
椎髻左衽邑聚而居能耕田其外有布嶲昆明諸落西
極同師東北至葉榆地方數千里無君長辮髮隨畜遷

椎髻左衽邑聚而居能耕田其外有布嶲昆明諸落西
極同師東北至葉榆地方數千里無君長辮髮隨畜遷
徙無常自布嶲東北有莋都國莋都國東北有冉駹
國或土著或隨畜遷徙自冉駹東北有白馬國氐種也此三
國亦有君長夜郎者初有女子浣於遯水有三節大竹
浮入足間其中有號聲剖竹視之得一男兒歸而養之乃
長有才武自立為夜郎侯以竹為姓武帝元鼎六年西南
夷為牂牁郡夜郎侯迎降天 **哀牢剖基寔符沉木**
子賜其王印綬後遂殺之
之胤 後漢書曰哀牢夷者其先布〻婦人名沙壹居于
牢山嘗捕魚水中觸沉木有若感因懷十月產子
男十人後沉木化為龍出水上沙壹忽聞龍語曰若為我
生十子今悉何在九子見龍驚走獨子不能去背龍因
舐之其母鳥語背為九謂坐為隆因名子曰九隆及後
長大諸兄以九隆能為父所舐而黠遂共推以為三
三蠻並建既酣饗於牂牁 後漢書曰夜郎發耐王
家據或以竹王非血氣
所生甚重之求為立後牂牁太守吳霸以文子乃封其三
子為侯死配食父夜郎縣有竹王三郎神也初楚頃襄
王時遣將莊豪從沅水伐夜郎軍至且蘭椓船於岸而
步戰既滅夜郎以且蘭有椓船牂柯處處乃改其名為
牂
柯 **十子分曹竟馳誠於越嶲** 後漢書曰牢山下有
一夫一婦復生十子女
哀牢夷九隆兄弟一人皆取以為妻後漸相滋長種人皆
刻畫其身象龍文衣皆著尾九隆死代〻相繼乃分
置小王往〻邑居散在谿谷絕域荒外山川阻深生人以來
未當交通中國武廿三年其王賢栗遣兵擊附塞夷
鹿茤人弱為所禽獲於是震雷疾雨南風飄起水為逆
流翻涌二百餘里哀牢之眾溺死者數千人賢栗復
遣其六王將万餘人攻鹿茤鹿茤王與戰殺其六王哀牢

流翻涌二百餘里哀牢之眾溺死者數千人賢栗復
遣其六王將万餘人攻鹿茤鹿茤王與戰殺其六王哀牢
耆老共埋六王夜虎復出其尸而食之餘眾驚怖引去
賢栗乃惶恐謂其耆老曰我曹之寇自古有之今攻
鹿茤輒被天誅中國其有聖帝乎天祐助之何其明
也賢栗遂率種人詣越嶲太守鄭
鴻降求內屬光武封賢栗等為君長 **莊豪之將楚卒**
遂王滇池 後漢書曰滇王者莊豪之後也初楚頃襄王
時遣將莊豪從沅水代夜郎滅之因留王
滇池元封二年武帝之以其地為益州郡割牂柯越嶲各
數縣配之後之數年復并昆明池皆以屬之此郡有池
周迴二百餘里水源深廣而更淺狹有似倒流故謂之滇池
河王平敞多出鸚鵡孔雀有鹽池田漁之饒金銀畜產之
富
也 **長貴之戕技根乃居印澤** 後漢書曰邛都夷者
武帝所開以為邛都
縣無幾而地陷為汙澤因名為邛池南人以為邛河後復
反叛元鼎六年漢兵自越嶲水伐之以為越嶲郡其土地平
原有稻田蜻縣同禺山有碧雞金馬光景時〻出見俗多
遊蕩而喜謳歌略與牂柯相類豪帥放縱難得制御王
莽時郡守枚根調邛人長貴以為軍候更始二年
貴率種人攻殺枚根自為邛穀王領太守事光
武封長貴為邛穀王後 **仇池没部喰和**
又授越嶲太守印綬之也
仇池没部喰和於元鼎之年 後漢書曰白馬五
者武帝元鼎六年
開分廣漢西部合以為武都郡土地險阻有麻田出名
馬牛羊漆蜜五人勇戇抵冒貪貨死利居於仇池一名
仇池地方百頃四面斗絕數為邊寇冉駹夷者武帝所開
元鼎六年以為汶山郡至地節三年夷人以立郡賦
重帝乃省并蜀郡為北部都尉其山有六夷七羌九
氐各有部落其王侯頗知書而法俗嚴重婦人黨

元鼎六年以爲汶山郡
重帝乃省并蜀郡爲北部都尉其山有六夷七羌九
氐各有部落其留王侯頗知書而法俗嚴重婦人黨
母妻死則燒其尸土
氣多寒夏猶冰凍也 **槃木白狼慕化於永平之際**
後漢書曰莋都夷者武帝所開以爲莋都縣其人皆耿
黠左衽言語多好譬類居處略與汶山夷同土長年神
藥仙人山圖所居焉元鼎六年以爲沈黎郡至天漢四年
并蜀爲西部置兩部都尉一治旄牛主徼外夷一治青衣主
漢人永平中平益州刺史梁國朱輔好立功名州數歲宣
示漢德威懷遠夷自汶山西以前代所不至正朔所不加
白狼槃木唐菆等百有餘國戶百卅
餘萬口六百萬以上舉種奉貢也 **懷仁動詠覃**
帝澤於夷都 後漢書曰益州刺史朱輔上疏稱莋都夷慕化義作詩三章一曰大漢是治與
天合意吏譯平端不從我來聞風向化所見異多賜
繒布甘美酒食傳樂肉飛屈申悉備蠻夷貧薄無所
報嗣願主長壽子孫昌熾二曰蠻夷所處日入之部慕
義向化歸日出主聖德恩深與人富厚冬多霜夏多和
雨寒溫時適部人多有涉危歷險不遠萬里去俗歸德
心歸慈母三曰荒服之外土地墝埆食肉衣皮不見鹽
穀吏譯傳風大漢安樂攜負歸仁觸冒險陝高山岐峻
緣崖磻石木薄發家百宿到洛父子同賜懷抱匹帛傳
告種人長願巨䲶 **沐德興謠漸皇猷於倉水** 後漢書曰明帝永平
十二年置哀牢博南二縣割益州郡西部都尉所領
六縣合爲永昌郡始通博南山度蘭倉水行者苦之
歌曰漢德廣開不賓度博南越蘭津度蘭倉爲他人哀牢
人皆穿鼻儋耳其渠帥自謂王者耳皆下肩三寸凡人則
至肩而已土地沃美
宜五穀蠶桑也 **楊竦高績託像於丹青**

至肩而已土地沃美
宜五穀蠶桑也 **楊竦高績託像於丹青**
後漢書曰安帝永昌益州夷皆叛乃遣從事蜀郡楊竦
將兵至楪榆擊之賊盛未敢進先以詔書告示重其
購賞乃進與封離等戰大破之斬首三萬餘級獲生財
四千餘萬以賞軍士封離等惶怖斬其同謀渠帥詣竦乞
降竦厚加慰納其餘卅六種皆來納降竦因奏長吏奸
猾侵犯蠻夷者九十人州中論功未及上會竦病瘡
卒益州刺史張喬深痛惜之刻石勒銘圖畫像焉
張翕深仁表靈於祠宇 後漢書曰張翕爲巴郡太守政化清平得夷
人和在任十七年卒夷人愛慕如喪父母蘇祁叟二百餘
人齎牛羊送喪至翕本安漢起墳祭祀詔書嘉美爲立祠堂云云

兩越

南浦開基趙他擁其遙緒 漢書曰南越王趙他真定人秦并天下略
定楊越置桂林南海象郡秦末南海尉任囂病且死召
龍川令趙佗語聞陳勝等作亂豪桀叛秦相立南海僻遠
恐盜兵侵此吾欲興兵絕新道自備待諸侯變會病且甚
故召公告之即被佗書行南海尉事囂死佗即移檄告橫浦
陽山湟谿關曰盜兵且至急絕道聚兵自守秦誅他郡擊
并桂林象郡自立南越武王高帝已定天下遣陸賈立
他爲南越王與剖符
通使之和輯百越爲邊寇也 **東甌闢壤句踐跡其隆源**
漢書曰閩越王無諸及越東海王搖其先皆越王句踐
之後也姓騶氏秦并天下廢爲君長以其地爲閩中郡
及諸侯叛秦無諸及搖率越歸番陽令吳芮從諸侯
滅秦楚項籍無諸搖帥越人佐漢之復立無諸爲閩
越王閩中故地搖爲東海 **繇子馳聲胥擬之名斯著**

滅秦幷項籍無諸揑師越人佐漢〻復立無諸爲閩
越王閩中故地揺爲東海
王都東甌也
陸子馳軒脩擬之名斯替
漢書曰高右時有司請禁南越關市鐵器趙他及自
尊號爲南武帝發兵攻長沙東西万餘里乃乘黃屋左
纛稱制与中倖文帝初乃爲他親冢在直定置守邑
占其從昆弟尊官厚賜寵之乃名陸賈爲太中大夫使賜
他乃書他乃頓
首謝願之也
賉人入歡表安息遐通
漢書曰安息
國王番兜城
去長安一万一千六百里北与康居東与烏弋山離西与條
支接武帝始遣使至安息王令將ヒ二万騎迎於東界
東界去王都千里行比至過數十城人相屬因發使隨漢
使者來觀漢地以大鳥及犂靬眩人獻於天子天子
大說
也
嫓降烏孫泣對獮褱之俗
漢書曰烏孫國
大昆彌赤谷城
去長安八千九百里与匈奴西北与康居西与大宛南与
城郭諸國接本塞地也武帝令張騫齎金幣往賜元封
中以仲都王建女細君爲公主以妻烏孫乘輿服御物昆
莫年老語言不通公主悲愁自爲作歌曰吾家嫁我于天
一万遠託異國于烏孫王穹廬爲室子氈爲牆以肉爲食
子酪爲漿居常土思子心內傷願爲黃鵠子歸故鄉
夢傳天竺欣覩金色之容
後漢書曰天竺國一名身
毒在月氏東南至西數千
里俗与月氏同脩浮屠道不殺伐遂以俗從月氏高附國以
西南至磐起國皆身毒之地身毒別城有數百城置數百
國數十國置王雖各小異而居以身毒爲名士出牟象瑇瑁
金銀銅鐵鉛錫西与大秦通明帝夢見人長大項有光明以問
群臣或曰西方有神名曰佛不形長丈六尺而黃金色帝
於是遣使天竺問佛道法遂於中國圖畫形象焉楚王英
始信其術中國內
此有奉道者
綏撫有方龜茲以之入賀
漢書
曰龜

始信其術中國內
此有奉道者
綏撫有方龜茲以之入賀
漢書
曰龜
茲國王治延城去城長安七千四百八十里元康元年龜茲
王來朝賀王及夫人印綬夫人號稱公主賜以車騎旗鼓歌
吹數十人綺繡雜繒琦珍凡數千万留且一年厚贈送之
後數來朝賀樂漢衣服制度歸其治宮室作徼道
周衛出入傳呼撞鍾鼓如漢家儀外國胡人皆曰驢馬龜
茲王所謂贏也王死其子承德自漢外孫成哀時往來尤
數漢遇之亦
甚親密也
柘攜以禮疏勒於是來王
後漢書曰疏
勒去洛陽万
三百里順帝時王臣磐使奉獻帝拜臣磐爲漢大都尉
兄子臣勳爲守國司馬五年臣磐遣侍子与大宛莎車使俱
詣闕貢獻陽嘉二年臣
磐復獻師子封牛等

敘曰余以大唐顯慶五年三月十二日癸丑
晝寢于并州太原縣之廣平里焉夢先聖
孔丘被服坐於堂皇之上余伏於座前
而問之曰夫子胡爲而制春秋乎余見越
石在側曰夫子感麟而作耳余對曰夫子徒
以感麟爲名耳其深旨何必在麟耶子
曰然乎時政道陵夷禮樂交喪故因時事
襃善貶過以示一王之法豈專在於麟乎
余又問論語云浴乎沂風乎舞雩詠而歸

余又問論語去浴乎沂風乎舞雩詠而歸
敢問何謂也子曰亦各言其志也余又問曰
人之生也有夭壽乎子曰尒謂古之聖今之
愚爲壽乎爲夭乎對曰古今一死也孰知
其夭壽子曰然夫不死不生者自絶去任
在生死之域則彭祖与殤子亦無以異也余
又問曰夫子周人也奚爲尚也存乎夫子顰
然而嘆曰非尒所及也余又問曰夫子聖者
也亦有居止之所乎乃指東牖下曰吾居是
矣余顧東牖前有玄縿朱裏床上似鋪緋
褥有二侍者立於前言終而寤懼焉而興
然而歎曰昔夫子大聖也尚稱曰吾衰也
久矣不復夢見周公余小何子知焉而神交
於將聖感而有述遂著是書焉

久矣不復夢見周公余小何子知焉而神交
於將聖感而有述遂著是書焉

한원연구회 활동

한원연구회 강독회(2016년 6월 25일), 숙명여자대학교

한원연구회 강독회를 마치고(2017년 5월 27일), 정동교회 앞

한원연구회 중국 산서성 답사(2018년 4월 19일~4월 24일), 祁縣古城

『역주 한원』 출판기념회(2019년 3월 2일), 서울시 종로구 진아춘

『한원』 국제학술회의 (2020년 12월 28일), 청주 나무호텔 & Zoom

학술지 수록 정보

필자	제목	학술지(발간연도)	수정 · 보완
윤용구	『翰苑』의 편찬과 蕃夷部	『백산학보』 120(2021)	일부 개고
박준형	『翰苑』 卷子本의 書誌와 筆寫의 諸問題	『백산학보』 120(2021)	일부 개고
정동준	張楚金의 『翰苑』 편찬과 복고적 유가사상	『백산학보』 120(2021)	일부 개고
趙宇然	중국 학계의 『翰苑』연구	『백산학보』 120(2021)	전재
植田喜兵成智	日本學界의 『翰苑』 研究 動向과 課題	『백산학보』 120(2021)	전재
나유정	『翰苑』 번이부의 전거자료와 편찬태도	『규장각』 59(2021)	전재
이규호	『翰苑』「高麗記」에 보이는 고구려 官名의 구조와 특징	『규장각』 59(2021)	전재
전상우	『한원』 신라전의 분석과 저술 목적	『규장각』 59(2021)	일부 개고
장미애	백제 5方의 성격과 설치 시점 논의	『중원문화연구』 29(2021)	일부 개고
이승호	『翰苑』 夫餘傳과 7~12세기 類書의 夫餘關係記事 검토	『선사와 고대』 67(2021)	전재
이준성	수 · 당대의 삼한 인식 변화와 『翰苑』의 편목 설정	『선사와 고대』 67(2021)	전재
이정빈	『고려풍속』과 『고려기』	『선사와 고대』 67(2021)	전재
童嶺 · 임동민(譯)	『翰苑』 注 所引 『括地志』의 百濟 佚文 研究	『선사와 고대』 67(2021)	전재
권순홍	『肅愼國記』의 成書와 7세기 唐의 肅愼 소환	『선사와 고대』 67(2021)	전재

※이상의 논문은 서울대학교 규장각한국학연구원의 2020년도 '21세기 신규장각 자료구축사업-한국학 학술대회 지원'을 통해 개최된 '국외 한국학 자료와 7세기 동아시아-日本 소재 唐代類書, 『翰苑』 번이부의 종합적 검토-' 학술대회(한원연구회, 2021.12.28., 청주 나무호텔)에서 발표된 것으로, 발표문을 수정 · 보완한 것임.

필자소개

윤용구(尹龍九, 경북대학교 교수)

「《삼국지》와 《후한서》 韓傳의 '辰王' 이해」, 『역사와 담론』 92, 2019

「중국사서로 본 弁辰과 慕韓」, 『한국고대사연구』 99, 2020

「평양 출토 竹簡 《論語》의 계통과 성격」, 『목간과 문자』 27, 2021

박준형(朴峻亨, 해군사관학교 박물관장 · 교수)

「고조선의 대외관계사 연구를 위한 새로운 모색 -조공책봉관계를 중심으로-」, 『한국고대사연구』 95, 2019

「《大同類聚方》을 통해 본 신라 海部와 강치」, 『한국고대사탐구』 37, 2021

「해방 직후 간도에서 발행된 《우리國史》의 체재와 한국사 인식 -桂奉瑀의 《最新東國史》에서 《우리國史》로-」, 『역사교육』 159, 2021

정동준(鄭東俊, 성균관대학교 초빙교수)

「《翰苑》百済伝所引の《括地志》の史料的性格について」, 『東洋学報』 92-2, 2010

『동아시아 속의 백제 정치제도』, 일지사, 2013

『古代東アジアにおける法制度受容の研究』, 早稲田大学出版部, 2019

조우연(趙宇然, 중국 延邊大學 교수)

『天帝之子 -고구려의 왕권전승과 국가제사-』, 민속원, 2019

「《三國史記》 高句麗本紀에 보이는 修辭的 표현과 사료 구성」, 『한국고대사탐구』 32, 2019

「忠州高句麗碑研究新成果」, 『通化師範學院學報』 2021-01, 2021

우에다 키헤이나리치카(植田喜兵成智, 일본 學習院大學 객원연구원)

「'內臣之番'으로서의 百濟·高句麗遺民 -武周시기부터 玄宗 開元期에 이르기까지 유민 양상과 그 변화-」, 『고구려발해연구』 64, 2019

『高句麗·渤海史の射程』, 汲古書院, 2022(공저)

『新羅·唐関係と百済·高句麗遺民 : 古代東アジア国際関係の変化と再編』, 山川出版社, 2022

나유정(羅有晶, 한국외국어대학교 박사과정)

「《三國志》 東夷傳에 나타난 대민지배방식과 民·下戶의 성격」, 『한국고대사연구』 90, 2018

「고구려 후기의 부세체계와 유인(遊人)의 성격」, 『역사와 현실』 117, 2020

이규호(李圭鎬, 한국국학진흥원 전임연구원)

「고구려 對盧의 성격과 역할」, 『사학연구』 127, 2017

『동북아 정세와 고구려 역사문화』, 동북아역사재단, 2020(공저)

「梁에 전해진 고구려 정보와 梁職貢圖 張庚模本」, 『해양유산』 3, 2021

전상우(全相禹, 단국대학교 박사과정)

「6세기 후반 高句麗의 대외정책 변화와 新羅 阿旦城 공격」, 『한국고대사연구』 89, 2018

「《梁書》 諸夷傳의 기초적 분석」, 『목간과 문자』 22, 2019

「《양서》 고구려전의 원전(原典)과 편찬 방식」, 『동북아역사논총』 68, 2020

장미애(張美愛, 가톨릭대학교 강사)

「4~6세기 백제에서의 중국계 이주민의 정착과 활동」, 『역사와 현실』 117, 2020

「백제 미륵사지 서탑 출토 사리봉안기의 정치적 성격」, 『목간과 문자』 25, 2020

「6~7세기 백제의 對倭 교섭에서 使臣의 파견과 역할」, 『역사학연구』 82, 2021

이승호(李丞鎬, 동국대학교 연구교수)

「부여의 국가구조와 四出道」, 『한국고대사연구』 96, 2019

「고구려의 稱元法과 年號 운용」, 『사학연구』 138, 2020

『물품으로 본 고대 동유라시아 세계』, 경인문화사, 2022(공저)

이준성(李峻誠, 국사편찬위원회 편사연구사)

「고구려 초기 읍락의 성격과 '部'의 성립 -'本有五族'의 의미를 중심으로-」, 『한국사연구』 190, 2020

「고구려 초기 정치세력의 분포와 계루부의 등장 -천도·왕실교체에 대한 재검토를 겸하여-」, 『한국고대사연구』 99, 2020

「7세기 초·중반 당-삼국 사이의 '會盟' 추진과 그 함의」, 『역사학보』 249, 2021

이정빈(李廷斌, 충북대학교 교수)

『고구려-수 전쟁 -변경 요서에서 시작된 동아시아 大戰-』, 주류성, 2018

『한중관계사상의 교역과 교통로』, 주류성, 2019(공저)

『고구려 중기의 정치와 사회』, 동북아역사재단, 2020(공저)

통링(童嶺, 중국 南京大學 교수)

『六朝隋唐漢籍舊鈔本研究』, 中華書局, 2017

「貞觀年間唐帝國的東亞情報、知識與佚籍 -舊鈔本〈翰苑〉注引〈高麗記〉研究-」, 『東方學報』 92, 2017

「開皇神光與大業沸騰 -道宣《集神州三寶感通錄》的隋代書寫-」, 『社会科學戰線』 2022-02, 2022

임동민(林東敏, 안양시청 학예연구사)

「《晉書》 馬韓 교섭기사의 주체와 경로」, 『한국고대사연구』 89, 2018

「백제와 송의 교섭 배경과 항로」, 『역사와 현실』 117, 2020

「고대 황해 교섭·교류 항로와 경기만」, 『백제학보』 38, 2021

권순홍(權純弘, 대구대학교 연구교수)

「고구려 도성 경관의 형성과 지배 권력의 추이」, 『한국고대사연구』 95, 2019

「동아시아 複都制와 多京制의 구분」, 『중국고중세사연구』 54, 2019

『고구려의 기원과 성립』, 동북아역사재단, 2020(공저)

『翰苑』 蕃夷部의 세계

2022년 6월 30일 초판 1쇄 발행

엮은이 한원연구회
펴낸이 권혁재
편 집 권이지

인 쇄 성광인쇄
펴낸곳 학연문화사
등 록 1988년 2월 26일 제2-501호
주 소 서울시 금천구 가산디지털1로 16 가산2차SKV1AP타워 1415호

전 화 02-6223-2301
팩 스 02-6223-2303
E-mail hak7891@chol.com

ISBN 978-89-5508-457-3 03910

KB155020

3판

임상영양학

3판

임상영양학

초판 발행 2014년 9월 1일 | **2판 발행** 2019년 3월 2일 | **3판 발행** 2024년 3월 4일

지은이 임경숙 · 허계영 · 김숙희 · 김형숙 · 박경애 · 심재은
펴낸이 류원식
펴낸곳 교문사

편집팀장 성혜진 | **책임진행** 윤지희 | **디자인 · 본문편집** 신나리 · 김도희

주소 10881, 경기도 파주시 문발로 116
대표전화 031-955-6111 | **팩스** 031-955-0955
홈페이지 www.gyomoon.com | **이메일** genie@gyomoon.com
등록번호 1968.10.28. 제406-2006-000035호

ISBN 978-89-363-2545-9 (93590)
정가 29,000원

CLINICAL NUTRITION

3판

임상영양학

임경숙 · 허계영 · 김숙희
김형숙 · 박경애 · 심재은 지음

교문사

3판 머리말

이 책은 2014년에 처음 출간된 후 2019년에 개정되었고, 약 5년 동안 임상영양학의 변화와 발달된 내용을 반영하여 2024년 3판으로 개정하게 되었다. 임상영양학은 질병의 예방, 관리, 치료에 관한 영양관리 방법을 연구하는 학문 분야이다. 사람은 누구나 평생 건강하기를 소망하지만, 대부분 질병을 경험하게 된다. 여러 연구를 통해 식생활이 질병의 예방과 치료에 중요한 요인임이 밝혀져 영양사를 비롯한 보건의료전문인뿐만 아니라 일반인들도 식사관리에 관심이 많다. 특히 우리나라의 주요 사망원인이 되는 암, 심장질환, 뇌혈관질환, 당뇨병, 고혈압, 간질환 등 만성질환의 관리를 위해서는 평소에 영양관리가 매우 중요하다. 병원에 입원한 환자의 적절한 영양관리가 필수적이고, 일상생활을 하는 환자의 관리와 위험군의 질병 예방을 위해서는 가정과 집단급식소에서의 임상영양관리도 필요한 상황이지만 아직까지 미흡한 점이 많다. 또한, 노인 인구가 급증하고 있어 사회복지시설급식관리지원센터 등에서도 임상영양관리의 요구도가 높아지고 있다. 이에 분자영양학 분야의 발전으로 가까운 장래에 개인 맞춤영양관리 시대가 도래할 것으로 기대된다. 따라서 임상영양학에 대한 필요성은 앞으로 더 상승할 것으로 예상된다.

본 책은 영양사 국가시험 응시에 필요한 임상영양학 교과목의 내용을 충실히 담으면서도 한 학기 수업 내용으로 적절한 분량으로 만들고자 노력하였다. 또한, 병원에서 필요한 임상영양학적 정보와 사례연구를 제시하여 문제해결능력을 향상시킬 수 있도록 했다. 따라서 영양사 국가시험을 준비하는 식품영양학과 학생뿐만 아니라, 간호학, 보건학, 조리학, 체육학, 가정학 등 관련 학문을 공부하는 학생에게도 유용한 내용이 될 것이다.

저자들은 앞으로도 이해하기 쉽고 바른 정보를 담은 좋은 책을 만들기 위해 노력할 것이다. 이 책의 발간과 개정을 위해 도와주신 (주)교문사에 깊이 감사드린다.

2024년 2월

저자 일동

초판 머리말

세계적으로 평균수명이 증가하여 노인 인구가 급증하고 있으며, 특히 우리나라는 전 세계 유례가 없을 정도로 급속하게 노령화가 진행되어 건강과 삶의 질에 대한 관심이 매우 높아지고 있다. 또한 보건의료 기술의 발달과 함께 질병 발생 양상이 감염성 질환에서 암, 당뇨병, 심뇌혈관계 질환, 관절염 등 만성질환으로 바뀌게 되었다. 이에 따라 질환의 예방과 치료에 영양의 역할이 강조되고 있고 바른 식생활의 중요성이 강하게 대두되고 있다.

바람직한 식생활과 체계화된 영양관리를 통해 질병 발병과 치료과정에 도움을 주는 임상영양치료에 대한 이해와 기술 습득이 다양한 분야에서 요구되고 있다. 특히, 국민영양관리법에 의해 임상영양사 제도가 확립되었고 의료기관뿐만 아니라 노인요양시설, 보건소, 사회복지시설 등에서의 전문적인 임상영양 전문가의 활약이 기대되고 있는 실정이다.

본 책은 임상영양관리의 기본 기술 및 병원식과 영양지원에 대한 기본 내용을 정리하였으며, 각종 질환에 대한 병리, 위험요인, 치료 및 영양관리의 핵심 내용을 이해하기 쉽도록 구성하였다. 또한 영양사 국가면허 응시에 필요한 임상영양학 교과목의 교과내용을 모두 담고자 하였다. 그리고 종합병원에서의 임상영양 현장 경험이 풍부한 필자가 임상에서 흔히 마주치게 되는 임상영양학적 문제 해결을 위한 충실하고 다양한 정보를 함께 제시하였다. 따라서 영양사 국가시험을 준비하는 식품영양학과 학생뿐만 아니라, 간호학, 보건학, 조리학, 체육학, 가정학 등 관련 학문을 공부하는 학생에게도 유용한 내용을 담아내었다.

본 책을 준비하면서 저자들이 수많은 시간을 함께 하였고 회의와 검토를 반복하면서 좀 더 이해하기 쉽고 바른 정보를 담은 공부하기 좋은 책을 만들기 위해 노력하였으며, 앞으로도 더욱 좋은 책을 만들 수 있도록 최선을 다하겠다. 오랜 기간 이 책의 발간을 위해 도와주신 ㈜교문사에 깊이 감사드린다.

2014년 8월

저자 일동

차례

CHAPTER 1
임상영양관리의 이해

CHAPTER 2
병원식, 영양지원, 약물과 영양

CHAPTER 3

소화기계 질환

CHAPTER 4

간, 담도계, 췌장질환

CHAPTER 5
당뇨병

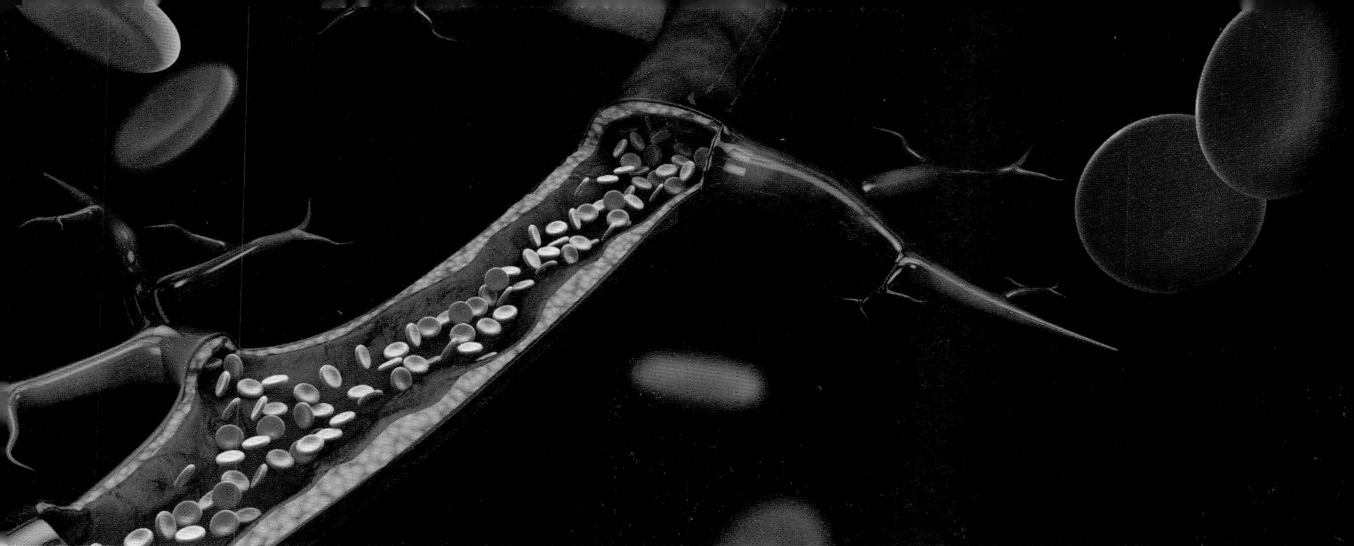

CHAPTER 6
심혈관 질환

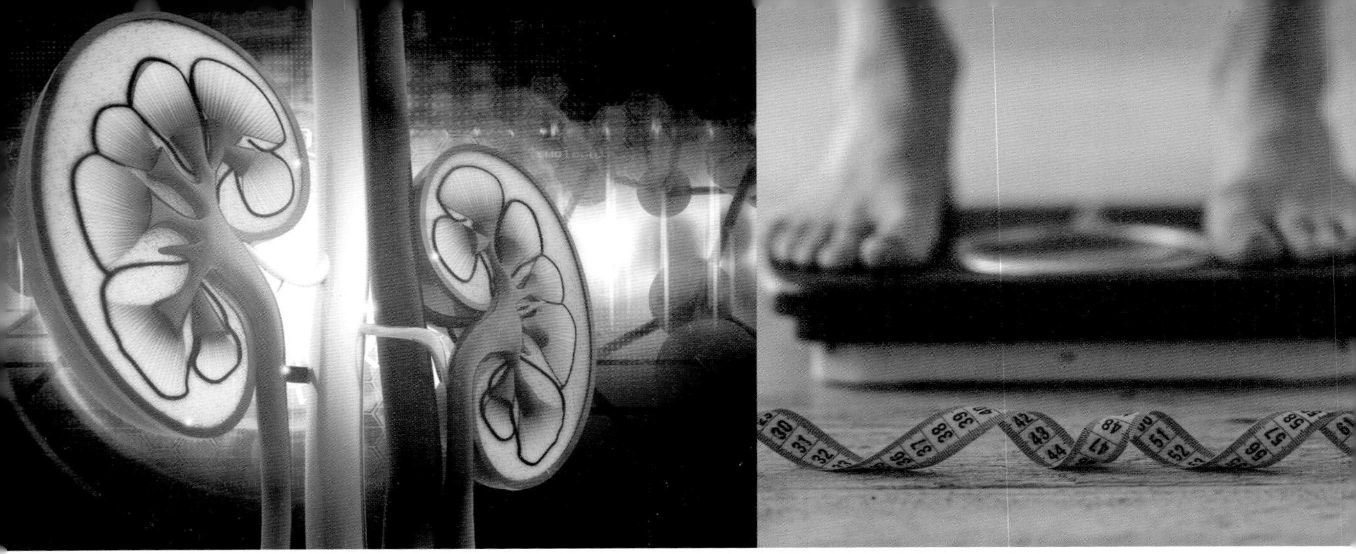

CHAPTER 7
신장질환

CHAPTER 8
비만과 식사장애

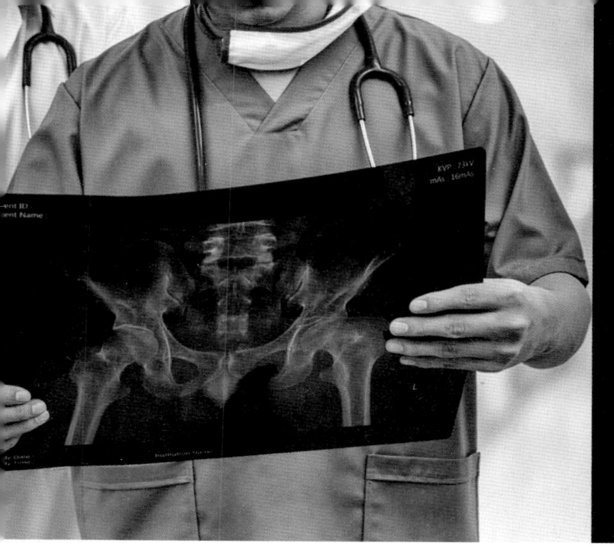

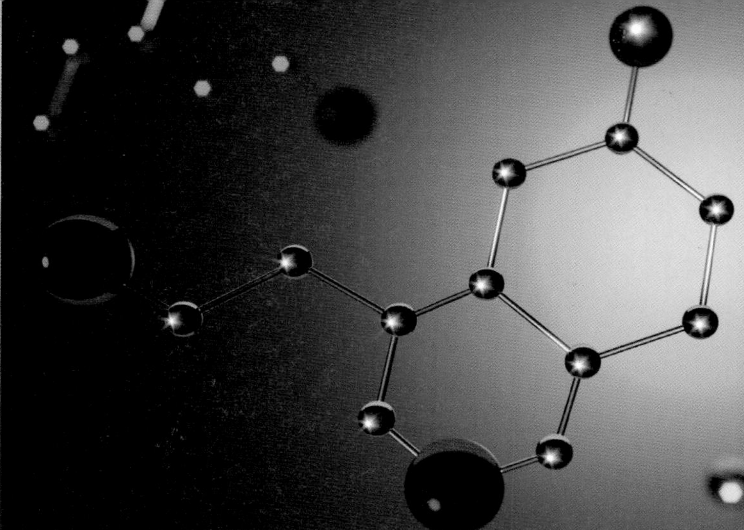

CHAPTER 9

골관절 질환 및 치아 건강

CHAPTER 10

면역질환

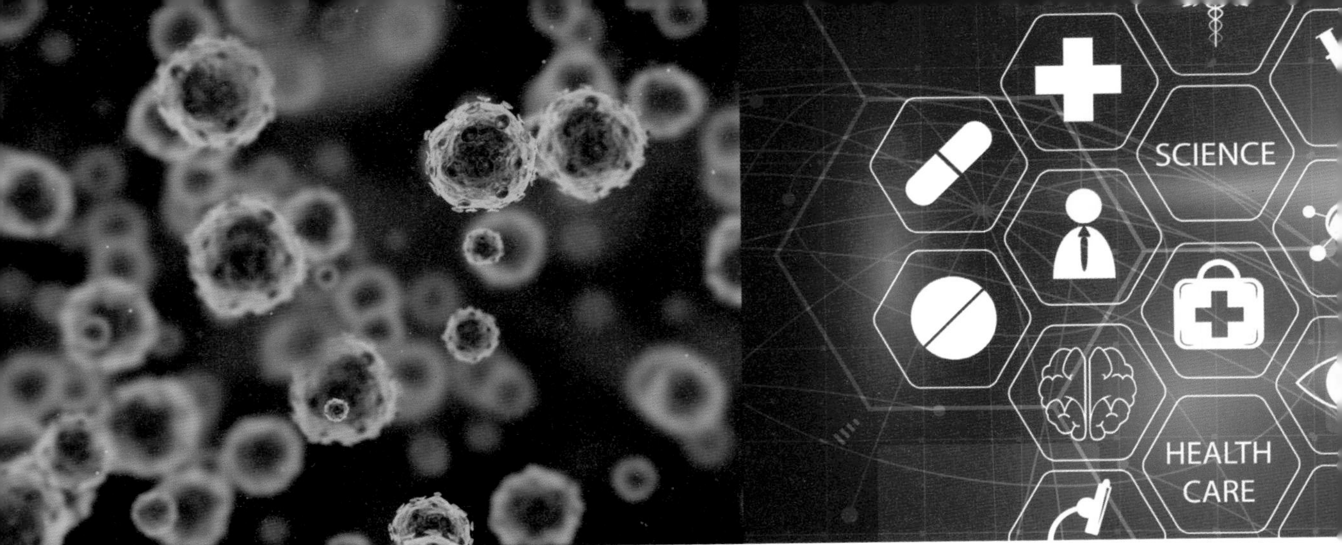

CHAPTER 11
암

CHAPTER 12
기타 질환

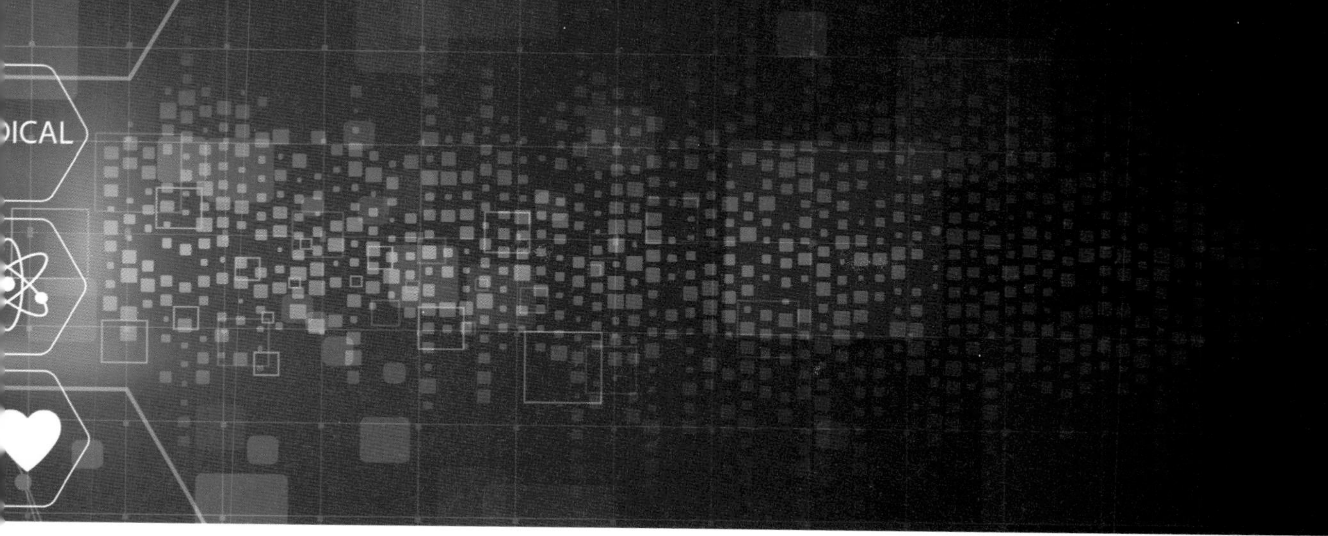
ICAL

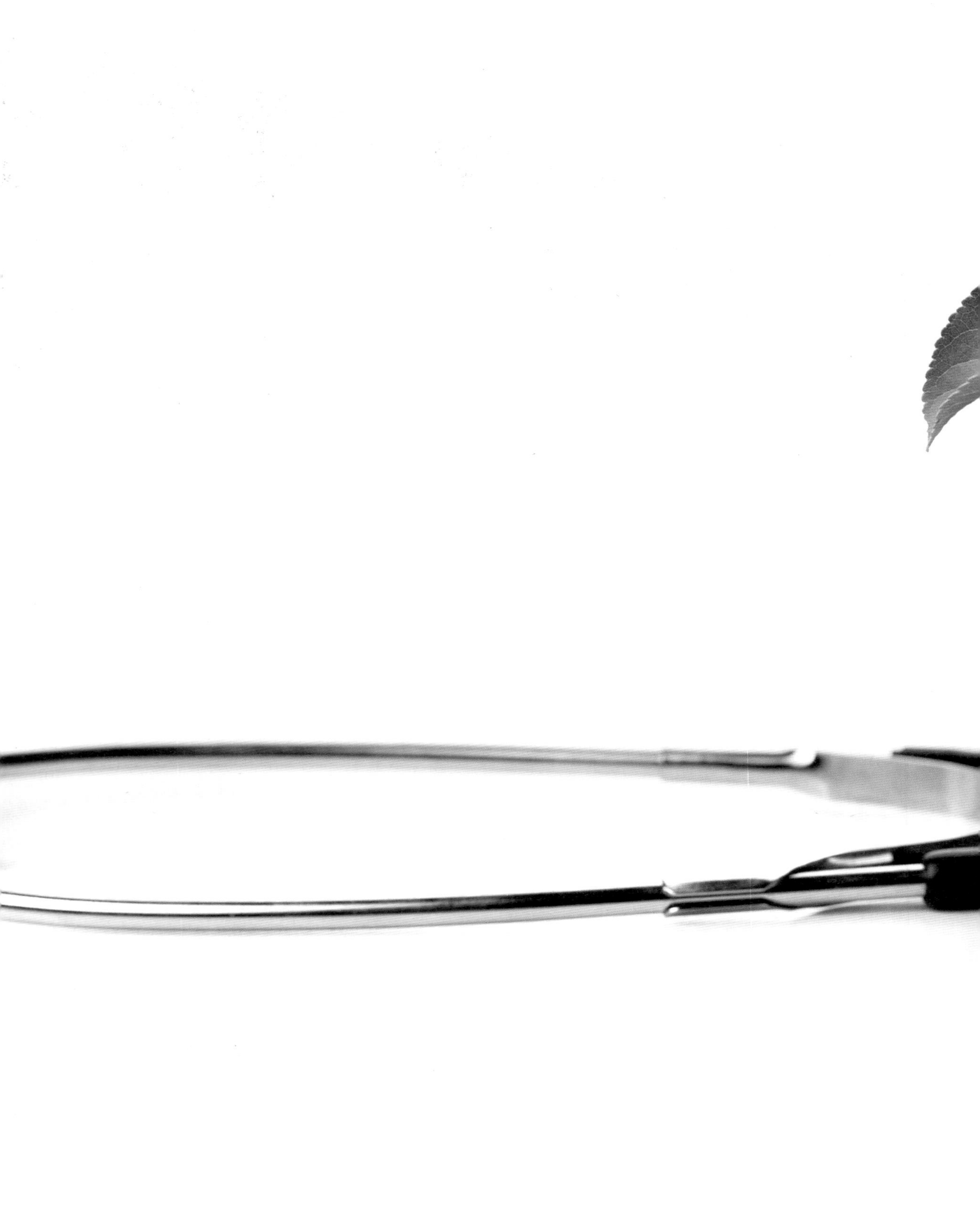

CHAPTER 1

임상영양관리의 이해

1. 임상영양학의 의의
2. 영양관리과정

CLINICAL
NUTRITION

CHAPTER 1
임상영양관리의 이해

용어 정리

영양판정(nutrition assessment)
환자의 영양상태 및 영양요구량 측정을 위한 정보수집 단계

임상영양사(clinical dietitian)
영양문제가 있거나 잠재적 위험요인을 지닌 개인 및 집단을 대상으로 임상영양치료를 수행하는 전문인

임상영양학(clinical nutrition)
질병의 영양관리 방법에 관하여 연구하는 학문

영양관리과정(Nutrition Care Process)
임상영양관리 업무를 영양판정, 영양진단, 영양중재, 영양모니터링 및 평가의 4단계로 표준화한 것

1. 임상영양학의 의의

1) 임상영양학

- 임상영양학은 질병의 예방, 관리, 치료에 관한 영양관리 방법을 연구하는 학문 분야이다.
- 임상영양학을 이해하기 위해서는 생리학, 생화학, 병리학, 영양학을 기반으로 하는 신체의 구조와 생리적 기능, 질환의 증상과 진단, 질병 치료 방법(식사, 약물, 운동 및 수술 등)에 대한 지식이 필요하다.

2) 임상영양사의 역할과 업무

- 임상영양사는 영양문제가 있거나 잠재적 위험요인을 지닌 개인 및 집단을 대상으로 질병 치료와 예방을 위하여 임상영양치료를 수행하는 전문인으로 정의된다.
- 국민영양관리법에서는 임상영양사의 업무를 〈표 1-1〉과 같이 규정하고 있다.

표 1-1　임상영양사의 업무

국민영양관리법에 따른 임상영양사(이하 "임상영양사"라 한다)는 질병의 예방과 관리를 위하여 질병별로 전문화된 다음 각 호의 업무를 수행한다. 1. 영양문제 수집 · 분석 및 영양요구량 산정 등의 영양판정 2. 영양상담 및 교육 3. 영양관리 상태 점검을 위한 영양모니터링 및 평가 4. 영양불량 상태 개선을 위한 영양관리 5. 임상영양 자문 및 연구 6. 그 밖에 임상영양과 관련된 업무

2. 영양관리과정(Nutrition Care Process)

- 영양상태가 불량하면 합병증, 감염, 사망률, 재원일수가 증가하고, 의료비도 상승한다.
- 따라서 영양상태가 불량한 환자를 조기에 선별하고, 적절한 영양치료를 수행하여 환자의 회복을 돕는 것이 중요하다.
- 병원에 입원한 환자의 20~60%가 영양불량으로 보고되고 있다.
- 미국 영양사협회는 임상영양관리업무를 표준화한 영양관리과정 모형을 4단계로 소개하였다(그림 1-1).
- 모든 과정은 의무기록으로 저장되어야 한다.

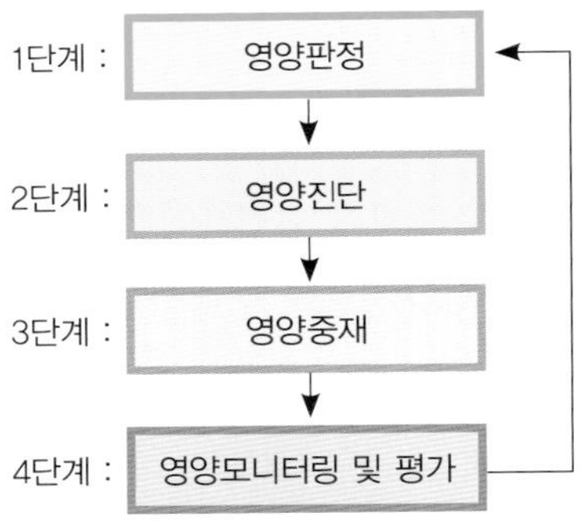

그림 1-1 환자의 영양관리과정

1) 영양판정

- 영양판정은 영양 관련 문제, 원인, 의의를 알아내는 데 필요한 자료를 수집하고 해석하는 과정이다.
- 영양판정 자료로부터 영양문제를 밝혀내고 영양진단을 결정한다.
- 영양판정에서 영양과 관련된 영양지표를 수집하고 이를 근거가 있는 객관적 표준치와 비교·분석한다.
- 영양지표로는 환자 과거력, 신체계측, 생화학적 자료 및 의학적 검사와 처치, 영양 관련 신체검사 자료, 식품/영양소 관련 식사력 등이 있다(표 1-2).

표 1-2 영양판정에 필요한 내용

구분	내용
환자 과거력	• 개인력(성별, 나이 등) • 의료/건강/가족력 • 사회력
신체계측	• 키 • 체중, 체중 변화 • 체질량지수 • 성장률/백분위수
생화학적 자료 및 의학적 검사와 처치	• 생화학적 자료(전해질, 혈당, 지질, 알부민 등) • 의학적 검사 : 위 배출 속도, 안정 시 대사율 등
영양 관련 신체검사 자료	• 부종, 근육과 지방 소모 • 상처 치유 지연 • 활력증후
식품/영양소 관련 식사력	• 현재 식사 상태, 영양교육경험 여부 • 식품과 영양소 섭취 • 약물과 영양소 상호작용 • 지식/신념/태도 • 식품과 영양 관련 자원 이용에 영향을 주는 요인 • 영양적 측면에서 삶의 질

2) 영양진단

- 영양진단은 주로 임상영양사가 독자적으로 해결할 수 있는 문제이어야 한다. 즉, 영양중재를 통해 이를 해결하거나 징후/증상을 개선시킬 수 있어야 한다.
- 문제(problem), 원인(etiology), 징후/증상(sign and symptom)에 해당하는 내용을 간략한 용어로 제시한다.

3) 영양중재

- 확인된 영양문제를 해결하기 위한 행위로 개인, 집단, 지역사회를 대상으로 한다.
- 영양과 관련된 행동, 환경적 조건 또는 영양건강 측면을 변화시키려는 의도를 가진다.
- 영양중재계획은 영양진단의 문제를 중심으로 환자와 함께 목표를 설정하여, 영양처방 및 영양중재 내용을 결정한다.

- 식품/영양소 제공 영역, 영양교육 영역, 영양상담 영역, 다분야 협의 영역 등 4가지 영역으로 구분된다.

4) 영양 모니터링 및 평가

- 환자의 상태가 개선되었는지 또는 영양중재의 목표에 달성했는지를 평가하는 단계이다.
- 영양중재계획 시 예상되는 영양중재 결과가 정의되어 있어야 하며, 영양모니터링 및 평가할 자료들이 결정되어 있어야 한다.

요점정리
SUMMARY

임상영양학
질병의 예방, 관리, 치료에 관한 영양관리 방법을 연구하는 학문

임상영양사 업무
영양판정, 영양상담 및 교육, 영양모니터링 및 평가, 영양관리, 임상영양 자문 및 연구 등

영양관리과정
임상영양관리 업무를 4단계(영양판정, 영양진단, 영양중재, 영양 모니터링 및 평가)로 표준화

표 1-3 영양관리과정(NCP) 서식 예시

<table>
<tr><th colspan="2">영양판정</th></tr>
<tr><td colspan="2">ID 1234567 　　이름 가나다 　　성별 M/56</td></tr>
<tr><td>환자 과거력</td><td>• 주진단 및 주증상 : 이상지질혈증
• 과거력 : 최근 진단
• 약물처방 : 없음
• 기타 특이사항 : 심혈관질환 가족력(+)</td></tr>
<tr><td>신체계측</td><td>• 키 172cm 　• 체중 82kg 　• IBW 65.1kg
• PIBW 126% 　• BMI 27.7kg/m²</td></tr>
<tr><td>생화학적 자료, 의학적 검사와 처치</td><td>• LDL-콜레스테롤 : 150mg/dL 　• 총 콜레스테롤 : 250mg/dL 　• 중성지방 : 250mg/dL</td></tr>
<tr><td>영양 관련 신체 검사 자료</td><td>• 소화기 관련 증상 : 없음
• 활력 증후 : 혈압 140/80
• 기타 :</td></tr>
<tr><td>식품/영양소와 관련된 식사력</td><td>• 식사 처방 및 식사 관련 경험 및 환경 :
• 수분 및 수분/음료 섭취 : 소고기 등 육류 섭취, 초콜릿, 케이크 등 디저트류 섭취 과다/일반우유 섭취
• 에너지 및 영양소 섭취량
에너지 3,200kcal, C : P : F ratio = 4 : 3 : 3
단백질 240g, 당질 320g, 지방 105g
• 지식/신념/태도 :
• 약물과 약용 식물 보충제, 생리활성물질 : 없음
• 알코올 섭취 및 흡연 : 주 3회 / 1pack/day
• 신체적 활동 및 기능 : 운동을 거의 하지 않음</td></tr>
<tr><td>영양필요량</td><td>• 에너지 2,155kcal(기준체중, 산출근거) 조정체중 73kg, 활동계수 1.4
• 단백질 108g(기준체중, 산출근거) 에너지의 20%</td></tr>
</table>

<table>
<tr><th colspan="3">영양진단</th></tr>
<tr><td>문제</td><td>원인</td><td>징후/증상</td></tr>
<tr><td>포화지방 섭취 과다</td><td>육류, 일반우유 매일 다량 섭취</td><td>고콜레스테롤 혈증</td></tr>
<tr><td>비만</td><td>에너지 과다 섭취 및 신체활동 부족</td><td>BMI 27.7</td></tr>
</table>

영양중재			
영양처방	에너지 섭취 2,200kcal, 포화지방 섭취 총에너지의 7% 이하, 매일 30분씩 유산소운동		
영양중재	□ 식품/영양소 제공 ☑ 영양교육 ☑ 영양상담 □ 다분야 협의		
	영양진단	중재내용	목표/기대효과
	포화지방 섭취 과다	저지방 유제품, 생선, 두부 권장, 육류 지방 제거	LDL-콜레스테롤 130mg
	비만	에너지 섭취 줄이기, 신체 활동 늘리기	체중 감소 1kg/주
제공 교육자료	고콜레스테롤 혈증 식사요법		
추후관리 일정	4주 후		

영양 모니터링 및 평가		
모니터링 목표	결과(목표 달성의 장애 요인)	목표 달성 여부
LDL-콜레스테롤 130mg/dL 이하	LDL-콜레스테롤 128mg/dL	☑ 목표 달성 □ 목표 일부 달성 □ 상태 불변 □ 부정적 결과 도출
체중 4kg 감소	체중 2kg 감소(식사요법은 실천했으나 운동을 하지 않음)	□ 목표 달성 ☑ 목표 일부 달성 □ 상태 불변 □ 부정적 결과 도출

MEMO

CHAPTER 2
병원식, 영양지원, 약물과 영양

1. 병원식의 종류
2. 영양집중 지원
3. 약물과 영양

CHAPTER 2
병원식, 영양지원, 약물과 영양

용어 정리

장관영양(enteral nutrition)
위장관을 이용한 모든 유형의 영양공급

위루관(gastrostomy tube)
위에 인공적인 구멍을 외과적으로 만들어 관을 삽입하는 방법

공장루관(jejunostomy tube)
공장 위치에 수술 또는 비수술적으로 절개하여 외부에서 직접 관을 삽입하는 방법

정맥영양(parenteral nutrition)
정맥으로 영양액을 공급하는 방법으로 중심 정맥과 말초 정맥을 사용하는 두 가지 방법이 있음

제약학(pharmaceutics)
다양한 제형이 약물의 대사 및 효과에 미치는 영향에 대한 연구분야

약동학(pharmacokinetics)
약물의 흡수, 분포, 대사 및 배설에 관한 학문

약역학(pharmacodynamics)
생체 내에서 일어나는 약물의 작용과 기전에 대한 연구분야

모노아민산화효소억제제(monoamine oxidase inhibitors)
모노아민의 산화적 탈아민 반응을 억제하는 효소로 우울증과 파킨슨병의 치료에 사용되는 약물 등이 포함됨

티라민(tyramine)
티로신의 탈탄산 생성물로 에피네프린이나 노르에피네프린과 구조는 유사하나 작용은 약함

1. 병원식의 종류

- 병원에서 제공되는 식사는 일반적인 환자식, 치료식, 장관영양과 정맥영양으로 나눌 수 있다.
- 일반적인 환자식에는 상식 또는 밥식이라 불리는 일반식과 연식, 유동식이 포함된다.
- 치료식은 질병의 상태에 따라 영양소 공급을 변경하는 식사로 종합병원에서 제공되는 치료식의 종류는 수십 종에 달한다.
- 구강으로 충분한 영양 섭취가 어려운 환자의 경우 장관영양이나 정맥영양을 고려할 수 있다.

1) 일반적인 환자식

(1) 일반식

- 일반식(normal diet)은 특별히 영양소의 제한이나 변경이 필요하지 않은 환자에게 제공되는 식사이다.
- 주식이 밥으로 제공되므로 밥식 또는 상식이라고도 한다.
- 적절한 영양공급으로 환자의 영양상태를 유지하기 위해 한국인 영양섭취기준에서 권장되는 균형식을 제공한다.
- 근래 외국인 환자가 많아지면서 서양식, 아랍식, 몽골식 등 외국인을 위한 식사를 제공하는 병원이 증가하고 있다.

(2) 연식

- 죽식이라고도 불리는 연식(soft diet)은 유동식에서 일반식으로 진행하는 과정에서 이행식이 필요할 경우, 소화기능이 저하되어 있을 경우, 구강과 식도에 장애가 있을 경우 등에 처방되는 식사이다.
- 소화되기 쉽도록 부드럽게 조리한 식사로, 식이섬유 및 강한 향신료는 제외하고 결체조직이 적은 식품으로 구성된 식사이다(표 2-1).
- 주식이 죽이면 영양밀도가 낮아, 식사만으로 충분한 영양소를 공급하기 어려워 간식

표 2-1 연식 허용식품과 제한식품

식품군	허용식품	제한식품
곡류군	죽, 카스테라, 감자, 고구마	잡곡이 많이 들어간 죽
채소군	부드럽게 익힌 채소와 채소즙	모든 생채소(부드러운 상추 제외), 줄기나 껍질, 식이섬유가 많은 채소(토란대, 우엉, 고사리, 더덕 등)
과일군	통조림 과일, 익힌 과일, 바나나, 주스	생과일, 말린 과일
어육류군	살코기, 다진 고기, 생선, 두부, 달걀 등	기름기 많은 육류나 생선, 말린 콩류
우유군	우유, 요구르트, 요플레 등	견과류나 과일이 든 아이스크림
지방군	소량의 기름, 버터, 마가린, 크림	튀김과 같은 다량의 기름
기타	소량의 양념류, 맑은 고기국물, 크림수프, 맑은 된장국	고춧가루, 고추장 등의 강한 향신료

을 추가로 제공하거나, 장기간 연식을 섭취해야 하는 경우 영양지원을 고려해야 한다.

(3) 유동식

- 미음 형태로 제공되는 유동식은 수술이나 금식 후 일시적으로 소화기능이 떨어졌을 때 제공되는 식사로 맑은 유동식과 전유동식으로 나뉜다.
- 에너지를 비롯한 대부분의 영양소가 부족하므로 2~3일 정도의 단기간 급식에만 사용되어야 한다.
- 유동식의 형태로 장기간의 급식이 필요한 경우 영양지원의 장관영양을 고려해야 한다.

① 맑은 유동식

수술이 끝난 후 장내 가스가 나오기 시작하거나 위장이 소량의 고형, 반고형 음식도 부담을 느끼는 경우 수분 공급을 목적으로 물이나 보리차 등이 포함된 음식을 제공한다(표 2-2).

② 전유동식

- 고형식을 씹거나, 삼키거나, 소화하기 어려운 환자에게 구강으로 액상음식을 제공하는 것을 목적으로 한다.
- 맑은 유동식과 연식의 중간 단계이다.
- 전유동식에 사용 가능한 음식은 〈표 2-2〉를 참고한다.

표 2-2 유동식에 제공 가능한 음식

구분	맑은 유동식에 제공 가능한 음식	전유동식에 제공 가능한 음식
국	기름기 없는 맑은 장국	건더기가 없거나 건더기를 분쇄한 국, 크림수프
음료	물, 얼음, 보리차, 옥수수차, 커피 · 홍차 · 녹차	커피 · 홍차 · 녹차, 탄산음료, 과즙음료, 인삼차
곡류	묽은 조미음, 묽은 쌀미음	쌀미음, 조미음, 잣미음
채소	없음	삶아서 으깬 순한 맛의 채소
과일	주스(넥타, 토마토, 프룬 제외)	주스, 삶거나 거른 것
후식	젤라틴, 과일 주스 얼린 것	커스터드, 푸딩, 셔벗
유제품	없음	우유, 바닐라 아이스크림, 과육과 견과류가 없는 요구르트
당류	설탕, 딱딱한 사탕, 꿀	설탕, 꿀, 물엿, 시럽
기타	소금	소금, 맛이 연한 조미료

2) 치료식

- 치료식은 환자의 질병을 치료하거나 증상 완화를 위하여, 또는 검사를 위해 제공되는 식사를 말한다.
- 해당 질환의 식사 원칙과 개인의 질병 상태를 고려하여 당뇨식, 간질환식, 신장질환식 등 다양한 식사가 환자에게 제공된다. 질환별 환자식에 관한 상세한 내용은 각 장에서 학습한다.

요점정리
SUMMARY

병원식

일반적인 환자식

- 일반식 : 특별한 영양소의 제한이나 변경이 필요하지 않은 환자에게 제공되는 밥식
- 연식 : 죽식, 유동식에서 일반식으로의 이행식, 소화기능이 저하되어 있을 때, 구강과 식도에 장애가 있을 때 제공
- 유동식 : 미음, 수술이나 금식 후 일시적으로 소화기능이 떨어졌을 때 제공되는 식사로 맑은 유동식과 전유동식으로 나뉨

치료식

환자의 질병 상태를 치료하거나 증상 완화를 위하여 제공되는 식사

2. 영양집중 지원

- 영양집중 지원이란 구강으로 충분한 영양 섭취가 어려운 환자에게 영양상태 회복 및 질병 치료를 목적으로 경구, 장관 혹은 정맥을 이용하여 영양소의 전부 혹은 일부를 제공하는 것을 말하며, 장관영양과 정맥영양이 있다.
- 환자의 영양상태를 개선하여 사망률을 감소시키고, 의료비를 절감하며, 삶의 질을 향상시키는 것을 목적으로 한다.
- 영양집중 지원은 의사, 약사, 간호사, 영양사 등이 함께 영양집중지원팀을 구성하여 시행했을 때 합병증 발생을 줄이고 의료비를 절감 수 있다.
- 부적절한 영양지원은 감염, 수분 및 전해질 불균형, 부적절한 혈당 조절, 산-염기 불균형 등의 잠재적 위험을 가지고 있으므로 모니터링이 필요하다.

1) 장관영양

- 장관영양이란 의학적 치료를 목적으로 특정 영양액을 이용하여 입으로뿐 아니라 비위장, 비장관 혹은 경피적 경로로의 적극적인 영양공급을 하는 위장관을 이용한 모든 유형의 영양집중 지원을 의미한다.
- 장관영양은 정맥영양에 비해 감염으로 인한 합병증 발생이 적고 의료비 부담이 적어 영양집중 지원 시 우선적으로 고려되어야 한다.
- 장점막 사용으로 인해 정상적인 장관 기능의 유지가 가능하여 단백질 합성 및 상처 회복 촉진, 패혈증 발생 감소 등 면역학적·생리적 장점을 얻을 수도 있다.
- 장관영양의 적용 대상과 금기 대상은 〈표 2-3〉과 같다.

(1) 장관영양의 공급 경로

- 장관영양의 공급 경로는 장관급식의 기간과 급식 공급관의 위치를 고려하여 선택한다(그림 2-1, 그림 2-2).
- 공급 예상 기간이 짧은 경우 관의 삽입이 비교적 쉽고 위험하지 않으나 관의 막힘이나 이탈 위험이 높은 비위관, 비십이지장관 또는 비공장관 방법을 선택하게 된다.

표 2-3 장관영양 적용 대상과 금기 대상

적용 대상	금기 대상
위장관 기능은 정상이나 경구섭취가 요구량에 비하여 불충분한 질환의 경우 • 대사 항진 - 주요 외과적 수술 후 - 패혈증, 외상, 화상, 장기이식, 후천성면역결핍증 등 • 신경계 질환 - 뇌혈관 질환, 연하곤란, 두부의 외상 등 • 위장관 질환 - 짧은 창자 증후군 : 남아 있는 장 부위의 흡수력이 충분할 경우, 공장이 최소 150cm이고 회맹판이 완전할 경우 등 - 위장관 누공 시 배출량이 적은 경우(500mL/day 이하) - 염증성 장질환, 췌장염, 식도염 • 종양성 질환 - 화학요법, 방사선 요법 - 신생물(장과 신생물과의 거리가 멀어 흡수능력이 충분할 경우) • 신경성 질환 - 신경성 식욕부진, 심한 우울증 • 장기부전 - 호흡기계 부전, 신부전, 심인성 악액질 - 중추신경계 부전(혼수상태), 간부전 - 다발성 장기부전	**위장관 기능이 충분치 않거나 상당기간 장의 휴식이 필요한 경우** • 짧은 창자 증후군 • 위장관의 기계적 폐색, 장기간의 장폐색 • 위장관 출혈이 심한 경우, 설사가 심한 경우 • 매우 심한 구토 시 • 위장관 누공의 배출량이 많은 경우(500mL/day 이상) **다음과 같은 질환으로 장관영양의 문제점이 장점보다 많은 경우** • 말기 질환, 의식이 거의 없는 경우 • 예후의 향상을 기대하기 어려운 경우 • 장관영양의 효과가 불확실하거나 단기적일 경우 • 장관영양으로 인한 문제가 심각하거나 환자의 관심사항과 대치될 경우 등

- 급식관의 장기간 사용이 예상되는 경우에는 수술 등 다소 복잡하고 위험한 방법인 위루관이나 공장루관이 선택된다.

(2) 장관영양액

① 장관영양액의 구성 영양소

- **수분과 칼로리 농도** 장관영양액은 1kcal/mL의 농도로 대개 75~85%의 수분을 함유한다. 수분 제한이 요구되는 경우에는 2kcal/mL의 농축 영양액을 사용한다.
- **단백질** 단백질 함량은 6~25%까지 다양하므로 환자의 상태에 따라 선택할 수 있다. 단백질 급원은 양질의 단백질인 우유, 쇠고기, 대두류에서 추출한 카제인, 분리대

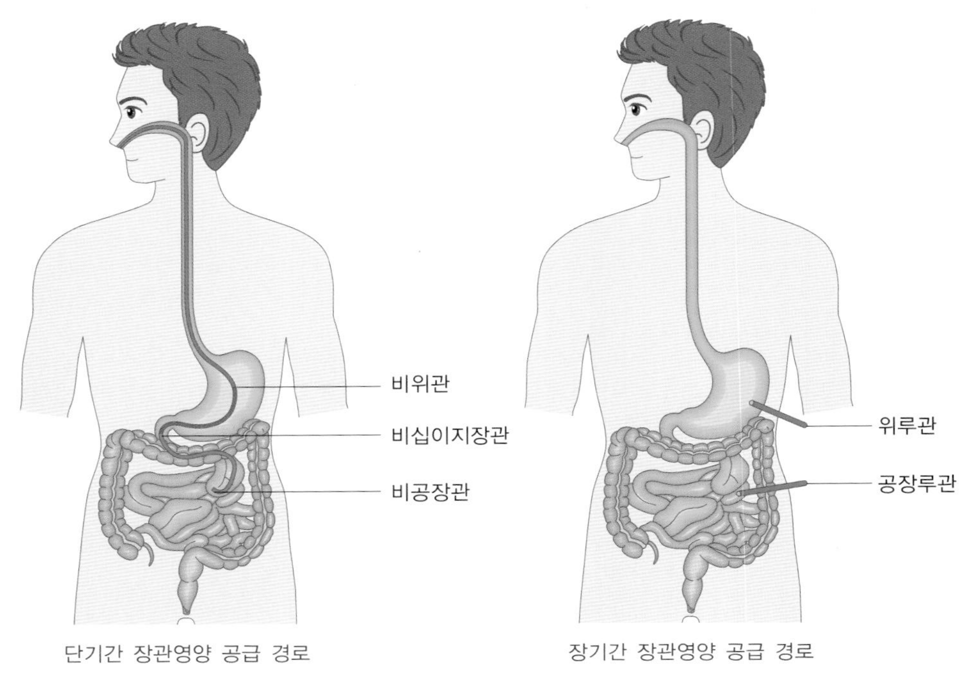

그림 2-1 급식관 경로

두단백, 농축유청단백 등이 사용되고, 조건부 필수아미노산인 글루타민, 아르기닌 등이 첨가되어 특수 장관영양액을 만든다. 환자의 소화력에 따라 원형 단백질 대신 펩티드나 유리 아미노산이 포함된 것을 이용하기도 한다.

- **당질** 당질은 40~80%를 차지하는데 주로 다당류, 올리고당류, 이당류, 단당류가 혼합된 형태로 함유되어 있다. 대부분의 장관영양액은 유당을 함유하고 있지 않아 유당불내증이 있는 환자도 사용할 수 있다.
- **식이섬유** 식이섬유의 함량은 0~22g/L이다. 식이섬유는 수분 제한이 요구되거나 위장관 지연이 있는 환자에게 합병증을 유발할 가능성이 있으므로 사용 시 위장관 이상 증상에 대한 모니터링이 필요하다.
- **지방** 표준 장관영양액의 15~35%가 지방으로 구성되어 있으나 환자 상태에 따라 5~55%까지 다양한 제품이 판매되고 있다. 지방은 옥수수유, 카놀라유, 해바라기유, 홍화유와 같은 식물성 기름이 사용되며, 필수지방산을 공급하고 맛을 좋게 해준

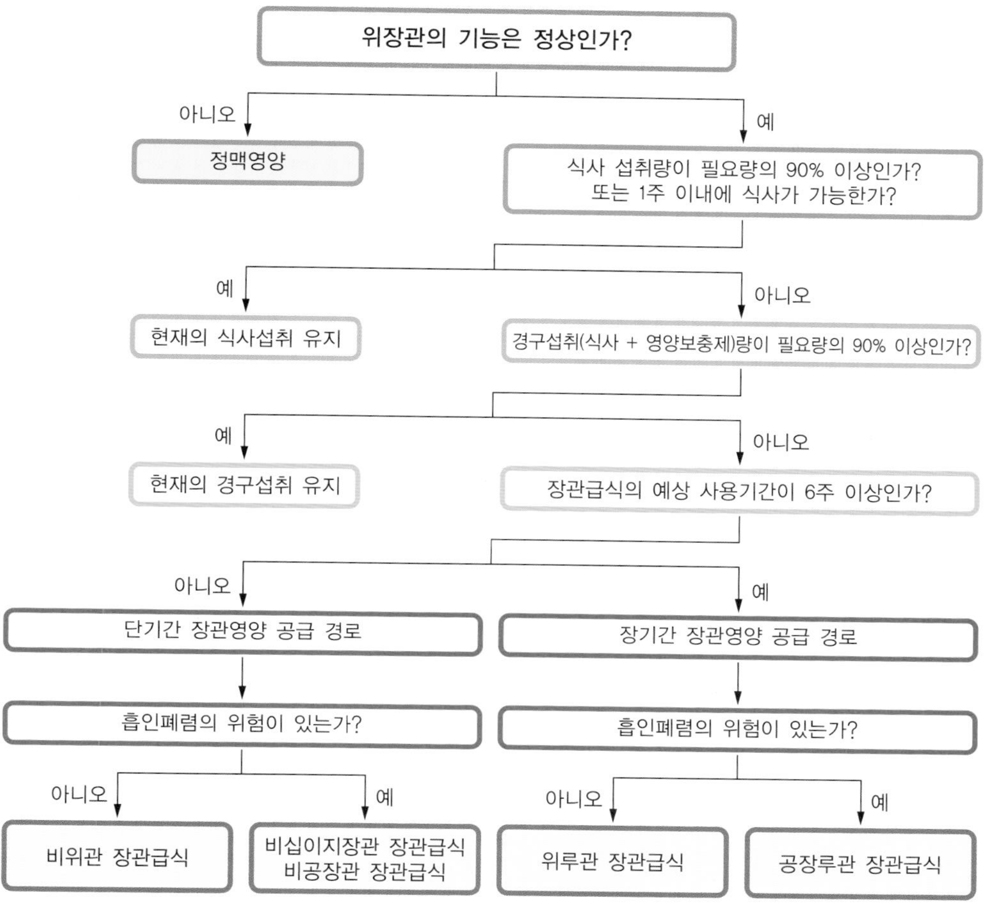

그림 2-2 장관영양의 주입 경로 선택 흐름도

다. 중간사슬중성지방은 탄소 수가 6~12개로 구성되어 있어, 소화 · 흡수 시 췌장 효소와 담즙산을 필요로 하지 않아 흡수 불량 환자에게 사용될 수 있다.

- **비타민 및 무기질** 장관영양액을 충분량 공급 시 대부분의 비타민과 무기질은 한국인 영양섭취기준을 충족시킬 수 있다.
- **영양 강화제** 한 가지 혹은 몇 가지 영양소가 함유된 제품으로 기존의 상업용 제제에 추가하여 개인별 영양소 요구량에 맞추도록 사용하는 제제이다. 지방 강화제, 당질 강화제, 단백질 강화제, 아미노산 강화제, 미량영양소 강화제 등이 있다.

표 2-4 장관영양액의 종류

종류	적용 가능한 환자	삼투압 (mOsm/kg H_2O)	농도 (kcal/mL)
표준	특정한 대사적 장애를 보이지 않는 모든 환자	300	1.0
농축	수분제한이 요구되는 환자(예 심장, 신장, 간질환 등)	400~700	1.5~2.0
고단백	단백질 손실이 큰 질병 상태(예 화상, 누공 등) 과대사로 인해 단백질 요구량이 증가된 질병(예 외상, 패혈증 등)	400	1.0
가수분해	영양소 흡수 장애, 장기간 구강으로 음식을 섭취하지 않은 극심한 영양불량 및 짧은 창자 증후군 환자	760	1.0
당뇨병	당뇨병이 있거나 스트레스로 인해 혈당 조절에 문제가 있는 환자, 식이섬유 8~20g/1,000kcal 함유	300	1.0
간질환	간질환 환자의 암모니아 형성을 최소화하기 위해 단백질 함량을 낮춤	300	1.2~1.5
신장질환	전해질 및 무기질 농도가 낮으며, 단백질 함량이 낮거나 중정도의 충분한 에너지 공급을 위해 지방 함량은 높은 편	900	2

② 장관영양액의 종류

- 시판되고 있는 장관영양액의 종류는 〈표 2-4〉와 같다.
- 환자의 상태에 따라 장관영양액을 선택한다.

③ 주입 방법

- 적절한 장관급식 주입 방법은 환자의 수응도를 최대화시켜 효과적인 영양집중 지원이 가능하게 한다.
- 지속적 주입, 간헐적 주입, 볼루스 주입, 주기적 주입 방법의 적용 가능 환자와 장단점을 〈표 2-5〉에 정리하였다.

④ 모니터링

장관급식이 진행되는 동안 환자 상태에 대해 모니터링이 이루어져야 한다.

- **위장관 적응도 평가** 장관영양액 주입 후 복부 불편감, 오심, 구토, 팽만감, 통증 등이 있는지를 알아보고, 대변도 점검한다.
- **체중** 아침 급식 전, 수분 섭취 전 최소한의 의복을 입은 채 주 1~2회 측정한다.

• 신체계측 및 생화학적 검사 체중, 배설량, 혈당, 전해질 농도 등은 장관급식 시행 초기부터 적절한 간격으로 모니터링이 필요하다.

표 2-5 장관영양액의 주입 방법에 따른 적용 대상과 장단점

주입 방법	지속적 주입	간헐적 주입	볼루스 주입	주기적 주입
방법	• 중력이나 펌프를 이용하여 20~24시간 동안 천천히 주입	• 1일 4~6시간 간격, 200~300mL, 30~60분간 주입	• 주사기 압력을 이용하여 짧은 시간(5분 내외) 동안 주입	• 밤 시간의 8~20시간 동안 펌프를 사용하여 빠른 속도로 주입
장점	• 흡인의 위험과 위 잔여물 최소화 • 혈당 상승과 같은 대사적 합병증의 위험 최소화	• 주입시간 이외에는 자유로움	• 주입이 용이함 • 저렴함 • 단시간(15분 미만)의 주입	• 이동이 자유로움 • 정상식이로의 전환에 유리함
단점	• 행동의 제약 • 20~24시간에 걸친 주입 • 퇴원 후 가정에서 사용 시 비용 증가	• 흡인과 위장관 부적응의 위험 증가 • 주입 속도의 증가에 따른 위장관의 부적응 초래 가능		• 8~16시간의 짧은 시간 동안 주입하므로 주입 속도나 에너지 및 단백질 농도의 증가 필요 • 주입 속도 증가에 따른 위장관의 부적응 초래 가능
적용	• 장관급식 초기 • 중환자 • 소장으로의 주입 • 간헐적 주입에 부적응 시	• 중환자가 아닌 일반 환자 • 가정에서의 장관급식 • 회복기 환자		

요점정리

SUMMARY

장관영양이란?

의학적 치료를 목적으로 특정 영양액을 이용하여 입, 비위장, 비장관, 경피적 경로로 적극적인 영양 공급을 하는 영양집중 지원

장관영양

정맥영양에 비해 감염 합병증 발생이 적고 의료비 부담이 적어 영양집중 지원 시 우선적으로 고려되어야 함

- 적용 대상 : 위장관 기능은 정상이나 경구섭취가 요구량에 비하여 불충분한 질환의 경우
- 금기 대상 : 위장관 기능이 충분하지 않거나 상당 기간 장의 휴식이 필요한 경우

장관급식 공급 경로

비위관, 비십이지장관, 비공장관, 위루관, 공장루관

장관영양액의 구성 영양소

- 칼로리 농도 : 1kcal/mL, 수분 제한의 경우 2kcal/mL
- 단백질 : 6~25% 환자의 상태에 따라 선택, 당질 : 40~80%, 지방 : 15~35%, 비타민과 무기질 : 한국인 영양섭취기준 충족

장관영양액의 종류

일반, 농축, 고단백, 가수분해, 혈당 조절, 간질환, 신장질환 장관영양액 등

장관급식 주입 방법

지속적 주입, 간헐적 주입, 볼루스 주입, 주기적 주입

장관급식 환자의 모니터링

위장관 적응도, 위잔여량, 신체계측 및 생화학적 검사 등으로 환자의 상태를 주기적으로 점검

2) 정맥영양

- 정맥영양이란 구강 혹은 장관영양을 통해 충분량의 영양소를 섭취하지 못하는 경우 영양소를 직접 정맥으로 공급하는 것이다.
- 위장관의 기능이 정상인지, 이용 가능한 방법이 무엇인지 충분히 평가 후 장관영양이 불가능한 경우에만 정맥영양을 시작한다.

(1) 정맥영양의 공급 경로

- 정맥영양은 중심정맥과 말초정맥을 사용하는 두 가지 방법이 있다.
- 경로의 선택은 에너지요구량, 치료 예상기간, 현재의 영양상태, 수분 요구량, 정맥의 상태 등을 고려하여 결정한다. 중심정맥영양(그림 2-3)은 말초혈관에 비해 관리가 용이하지만, 전문인에 의해 시술되어야 하고 비용이 비싸다.
- 말초정맥영양은 시술이 용이하고 합병증 발병이 다소 적은 반면, 오랜 기간의 유지가 어렵고 영양소 공급량에 제한이 있다(표 2-6).

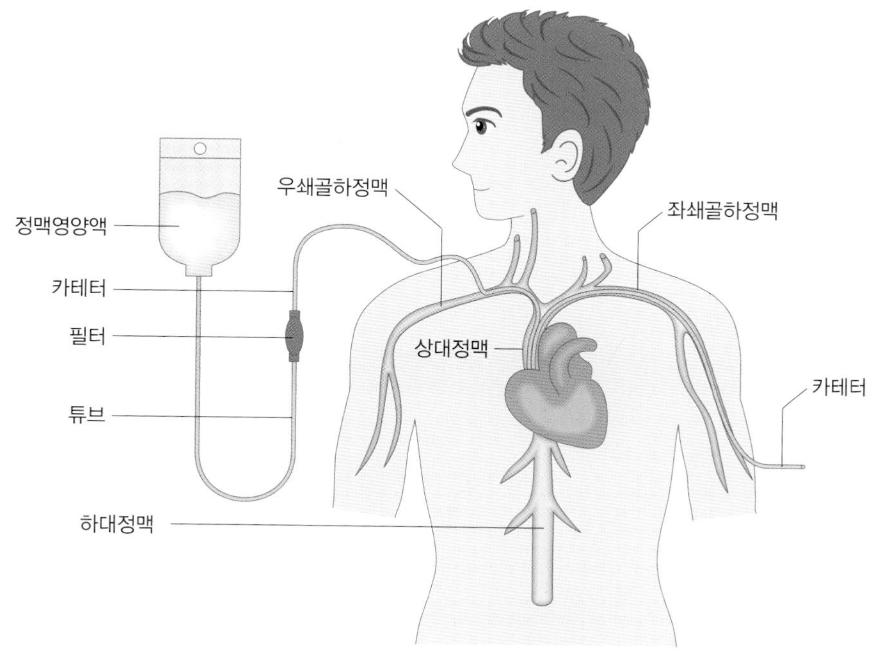

그림 2-3 중심정맥영양의 경로

표 2-6 중심정맥영양과 말초정맥영양 비교

구분	중심정맥영양	말초정맥영양
예상 기간	2주 이상	7~8일 이하
용액 삼투압	>900mOsm/L	<900mOsm/L
적용 대상	• 과대사로 에너지 요구량이 높은 경우 • 적은 양으로 많은 에너지를 공급해야 하는 경우 • 수분제한이 필요한 경우	• 에너지 요구량이 많지 않은 경우 • 장관영양이 가능하나 섭취가 부족한 경우 • 말초혈관 상태가 양호한 경우
금기사항	패혈증 등 감염위험이 높은 경우	과다수분을 견디지 못할 경우

(2) 정맥영양 구성 성분

① 다량 영양소

- 정맥영양액 내에서 탄수화물은 덱스트로스, 단백질은 아미노산, 지방은 지방 유화액의 형태로 존재한다.
- 환자에게 투여되는 다량 영양소의 양은 환자의 임상 및 영양상태, 치료의 종류 및 기간, 영양 요구량 등에 따라 달라진다(표 2-7).
- 아미노산 용액의 농도는 3~20%가 일반적이며, 그중 40~50%가 필수아미노산, 50~60%가 비필수아미노산으로 구성되어 있다. 질병에 따라 아미노산 구성을 조절한 제제를 사용하기도 한다. 간질환 제제의 경우 곁가지 아미노산(발린, 류신, 이소류신) 함량이 높고 방향족 아미노산(페닐알라닌, 티로신, 트립토판) 함량은 낮게 구성되어 있으며, 신장질환 제제의 경우 필수아미노산 함량이 높다. 면역기능 강화를 위한 목적으로 글루타민, 아

표 2-7 중심정맥영양 성인을 위한 영양요구량

구분	중환자*	안정 상태의 환자*
에너지(kcal/kg 체중/day)	25~30	20~30**
단백질(g/kg 체중/day)	1.5~2	0.8~1.0
당질(mg/kg 체중/min)	<4	<7
지방(g/kg 체중/min)	1	1
수분(mL/kg 체중/day)	적절한 영양소를 공급하기 위해 요구되는 최소 수준	30~40***

* 체중은 건조 체중을 기준으로 한다. 비만인 경우 이상 체중 또는 조정 체중을 기준으로 사용한다.
** 활동량과 비만도에 따라 차이를 둔다.
*** 수분 손실이 지속되는 경우 고려되어야 한다.

르기닌 함유량을 높인 제제도 사용되고 있다.

② 전해질

- 세포 내외의 전해질 및 산염기 균형을 유지하고 전해질 결핍을 보충하기 위해 전해질 보충이 필요하다.
- 일반적으로 정맥영양을 공급받는 환자들은 체조직 동화를 위해 칼륨, 마그네슘, 인 등의 필요량이 증가한다.
- 신장기능이 정상인 성인의 전해질 필요량은 〈표 2-8〉과 같다.
- 장관 누공, 다량의 장루 배출, 지속적인 구토 및 설사 등으로 전해질 손실이 있을 경우에는 추가 공급이 필요하다.

표 2-8 정맥영양의 전해질 1일 권장 기준(신장기능이 정상인 성인)

전해질	1일 권장 기준	전해질	1일 권장 기준
나트륨(mEq/kg)	1～2	칼슘(mEq/kg)	10～15
칼륨(mEq/kg)	1～2	마그네슘(mEq/kg)	8～20
염소	산염기 평형 유지에 필요한 정도	인(mmol)	20～40

표 2-9 정맥영양 환자의 비타민 및 미량 영양소 권장량(성인)

종류	1일 권장량	종류	1일 권장량
비타민 A(mg RE)	990	비타민 B_6(mg)	6
비타민 D(μg)	5	비타민 B_{12}(μg)	5
비타민 E(IU)	10	판토텐산(mg)	15
비타민 K(μg)	150	비오틴(μg)	60
비타민 C(mg)	200	크롬(μg)	10～15
엽산(μg)	600	구리(mg)	0.3～0.5
니아신(mg)	40	망간(μg)	60～100
리보플라빈(mg)	3.6	아연(mg)	2.5～5.0
티아민(mg)	6	셀레늄(μg)	20～60

③ 비타민 및 미량 영양소

- 비타민과 미량 영양소는 매일 정맥영양액에 첨가되어야 한다(표 2-9).
- 정맥으로 공급하는 비타민 및 미량 영양소는 장관영양으로 공급하는 양보다 많은데, 이는 영양불량인 중환자에 있어서 이들 영양소의 필요량이 증가하는 경향이 있기 때문이다.
- 정맥으로 공급하는 복합 비타민제제에는 비타민 K, 비타민 B_{12}가 포함되어 있지 않으므로 장기간 정맥영양을 공급하는 경우에는 이들 영양소를 별도로 공급해야 한다.

(3) 모니터링

- 정맥영양의 합병증을 조기에 발견하기 위해서는 정기적이며 규칙적인 모니터링이 필수적이다.
- 혈액검사로 혈당, 전해질, 요소질소, 크레아티닌, 마그네슘, 인, 칼슘, 간기능 검사, 전체 혈구 계산, 프로트롬빈 시간, 중성지방 등을 주기적으로 조사한다.

요점정리
SUMMARY

정맥영양
구강 혹은 장관영양을 통해 충분량의 영양소를 섭취하지 못하는 경우 영양소를 직접 정맥으로 공급하는 방법

정맥영양의 공급 경로
중심 정맥과 말초 정맥 중 선택함. 에너지 요구량, 치료 예상기간, 현재의 영양상태, 수분 요구량, 정맥의 상태 등을 고려하여 결정

정맥영양액의 구성 성분
- 탄수화물, 단백질, 지방은 덱스트로스, 아미노산, 지방유화액으로 제공, 질병에 따라 아마노산 구성을 조절한 제제 사용
- 비타민과 무기질은 정맥영양 환자의 1일 권장량에 준하여 제공

정맥영양 환자의 모니터링
혈액 검사로 혈당, 전해질, 요소질소, 크레아티닌, 마그네슘, 인, 칼슘, 간기능 검사, 전체혈구 계산, 프롬트롬빈 시간, 중성지방 등의 수준을 주기적으로 점검함

3. 약물과 영양

- 약물 복용은 식욕을 변화시켜 식사 섭취량에 영향을 줄 수 있고, 영양소의 소화, 흡수, 대사, 배설에 변화를 가져오기도 한다.
- 환자의 영양상태와 섭취한 식품에 따라 약효가 달라지기도 한다.
- 영양사는 환자가 복용하는 약물과 영양소의 상호작용을 이해하여, 환자가 회복에 도움이 되는 식사를 섭취할 수 있도록 해야 한다.

1) 약물 작용의 일반적 원리

약물은 식품 이외의 화학물질로 질병의 진단, 예방, 치료에 이용되는 것을 의미한다.

(1) 약물 작용 기전

약물 작용은 약물이 투입되는 제약 단계, 약물이 흡수, 분포, 대사, 배설되는 약동학 단계, 신체에 대한 약물의 작용이 나타나는 약역학 단계의 3단계로 요약된다(그림 2-4).

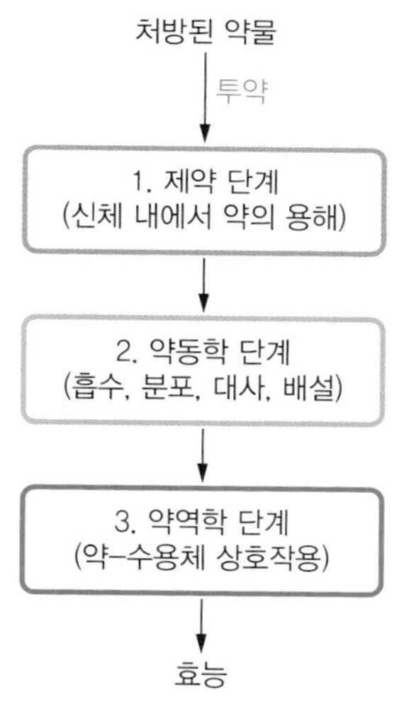

그림 2-4 약물 작용의 단계

① 제약 단계

- 경구로 투여되는 약물의 제형에 따라 흡수 속도가 다르다.
- 일반적으로 액체 형태가 이미 용해된 상태이므로 고체 제형에 비해 흡수가 빠르다. 흡수 속도는 액체>현탁액>파우더>캡슐>알약>피막알약>장용해상약의 순이다.

② 약동학 단계

약동학은 약물이 체내 투여된 순간부터 몸에서 빠져나갈 때까지 일어나는 현상에 관한 학문으로, 약물의 흡수, 분포, 대사 및 배설의 4가지 과정으로 구성되어 있다.

- 흡수　약물분자의 크기가 작을수록, 지용성이 큰 약물일수록, 비이온화 경향이 클수록 흡수율이 높다. 산성 약물은 주로 위에서, 염기성 약물은 장에서 흡수가 잘 이루

어진다.

- **분포** 다양한 경로로 흡수된 약물은 문맥을 거쳐 간으로 이동된다. 약물은 혈장 단백질(주로 알부민)과 결합된 상태로 존재하면서 서서히 약물을 방출하고 약물의 혈중 농도를 유지시켜 유효작용을 일어나게 한다.
- **대사** 생체 내 변화라고도 하는데, 약물이 생화학적으로 변화되어 대사체가 되는 과정이다. 대사가 일어나는 주요 장기는 간이며 골격근, 신장, 폐, 혈장 및 장점막 등에서도 대사가 일어난다.
- **배설** 약물 이동의 마지막 단계로, 체내로부터 약물을 제거하는 과정이며 주로 신장을 통해 배설된다.

③ 약역학 단계

약역학은 생체 내에서 일어나는 약물의 작용과 기전에 대한 연구이다. 약물은 수용체, 효소, 비선택 상호작용과 같은 방법으로 작용을 나타낸다.

- **수용체** 세포의 표면 또는 내부에 위치한 반응부위라고 정의할 수 있다. 대부분의 경우, 수용체는 세포막에 존재하는 단백질 구조이다. 수용체에 결합하는 약물은 수용체와의 상호작용을 통해 생리적 반응을 일으키거나 차단시킨다(그림 2-5).
- **효소** 세포 내에서 일어나는 거의 모든 생화학반응에 촉매작용을 하는 물질이다. 약

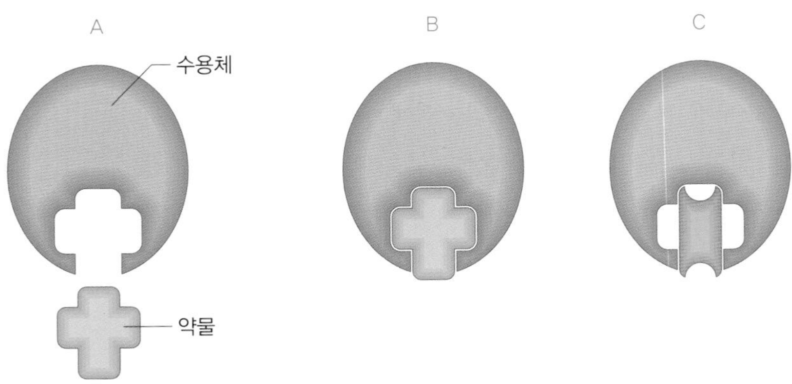

그림 2-5 약물-수용체 복합체

A : 열쇠와 자물쇠의 관계와 유사한 수용체와 약물의 화학적 결합이다.
B : 구조적으로 일치하여 약물이 반응이 나타난다. 이때 약물을 작용제라고 한다.
C : 수용체와 결합하지만 반응을 나타내지 않는 약물로 길항제라고 한다.

물은 특정 효소의 작용을 억제 또는 증강시켜 생리반응을 변화시킨다. 스타틴계(statins) 약물은 HMG CoA 환원효소 억제제로 콜레스테롤 합성을 저해한다.

• **비선택적 상호작용** 약물이 수용체 또는 효소와 상호작용하지 않고, 대사작용과 같은 다양한 세포 내 과정과 세포막을 표적으로 한다. 일부 항암제와 항생제들이 이러한 작용 기전을 가진다.

2) 약과 영양의 상호작용

- 영양사는 환자에게 약물과 식사 간의 상호작용에 관하여 설명할 의무가 있다. 약물과 식사의 상호작용이 의료비를 상승시키거나 환자에게 심각하고 치명적인 합병증을 초래할 수도 있기 때문이다.
- 약물과 식사의 상호작용은 크게 4범주로 나눌 수 있다.

① 약물이 식사 섭취량을 변화시킬 수 있다. 식욕을 저하시키거나, 음식 섭취를 힘들고 불편하게 하는 합병증을 초래하기도 한다. 반대로, 약물에 의해 식욕이 증진되어 체중이 증가되는 경우도 있다.

② 약물이 영양소의 흡수, 대사, 배설을 변화시킨다.

③ 영양소나 식품의 성분에 의해 약물의 흡수, 대사, 배설이 변화된다.

④ 약물과 음식의 성분 상호작용이 독이 될 수도 있다.

(1) 약물이 영양소에 미치는 영향

① 약물이 음식 섭취량에 미치는 영향

• 약물 복용으로 음식 섭취가 어렵거나 불쾌해질 수 있다. 약물에 의해 식욕이 억제되거나 메스꺼움, 구토, 구강 건조, 입맛의 변화, 구강이나 위장관에 염증으로 유발될 수 있기 때문이다.

• 복부불편감, 변비, 설사, 졸음 등의 약물 부작용도 식사 섭취를 방해한다.

• 약물에 의해 장기간 식사 섭취량이 감소된 경우, 식사 섭취 개선을 위한 방안을 고려해야 한다. 예를 들어, 메스꺼움과 구토가 심한 경우 이를 개선하는 항구토제, 구토 방지제의 사용이 고려될 수 있다.

• 식사 섭취량을 변화시킬 수 있는 약물들을 아래 〈표 2-10〉에 정리하였다.

② 약물이 영양소 흡수에 미치는 영향

위장관 기능 불량이나 장 점막에 손상을 초래하는 약물은 영양소 흡수를 방해한다. 그 외 약물이 영양소 흡수를 방해하는 기전은 아래와 같다(표 2-11).

• 약물-영양소 결합　위장관에서 영양소와 약물이 결합하여 영양소 흡수가 방해된다. 예를 들어, 고지혈증 치료제로 사용되는 담즙산 결합 약물은 지용성 비타민과 결합하고, 일부 항생제는 칼슘, 철, 마그네슘, 아연 등과 결합하여 흡수를 억제한다.
• 위 산도 변화　제산제의 흡수가 감소한다.
• 약물의 영양소 흡수 직접 억제　항생제 중 트리메토프림(trimethoprim)과 피리메타민(pyrimethamine)은 장에서 흡수될 때 엽산과 경쟁한다. 이처럼 약물이 영양소의 장내 대사나 점막 세포로의 이동을 방해하여 영양소 흡수를 지연시키기도 한다.

표 2-10　식사 섭취량을 변화시키는 약물들

약물 작용	약물	약의 효능
식욕 억제, 음식의 맛이나 냄새 인지 방해	암페타민(amphetamine)	주의력 결핍 과잉행동장애 치료제
식욕 상승	코르티코스테로이드(corticosteroid)	항염증제
메스꺼움이나 구토 유발	시스플라틴(cisplatin)	항암제
구강 기능 방해	카르바마제핀(carbamazepine)	항경련제
입안에 상처나 염증 유발	메토트렉세이트(methotrexate)	항암제

표 2-11　약물이 영양소 흡수에 미치는 영향

약물 작용	약물	약의 효능	해당 약물의 구체적 상호작용의 예
소화기관의 산도 변화	알루미늄 히드록시드(aluminium hydroxide)	제산제	철과 엽산 흡수 방해 등
점막 세포 손상	시스플라틴(cisplatin)	항암제	무기질 등 영양소 흡수 방해
영양소와 결합	콜레스티라민(cholestyramine)	담즙산 결합제	지용성 비타민과 결합
영양소 흡수 직접 억제	트라이메토프림(trimethoprim), 피리메타민(pyrimethamine)	항생제	엽산과 흡수 경쟁

표 2-12 혈당에 영향을 미치는 약물

구분	효능	약물명
저혈당 유발 가능 약물	부정맥 치료약	디소피라미드(disopyramide)
	정신병치료제	페노티아진(phenothiazine)
	항원충제	펜타미딘 아이세티오네이트(pentamidine isethionate)
	말라리아 예방약	퀴닌(quinine)
	술	에탄올(ethanol)
혈당 상승 유발 가능 약물	항균제	암프레나비어(amprenavir) 넬피나비어 메실레이트(nelfinavir mesylate) 리토나비어(ritonavir) 사카나비르(saquinavir)
	이뇨제	푸로세미드(furosemide) 히드로클로로티아지드(hydrochlorothiazide) 인다파마이드(indapamide)
	호르몬제	코르티코스테로이드(corticosteroid) 다나졸(danazol)
	에스트로겐 또는 에스트로겐/프로제스테론	메드록시프로제스테론(medroxyprogesterone) 메게스테롤 아세테이트(megestrol acetate) 난드롤론 데카노에이트(nandrolone decanoate) 옥트레오타이드 아세테이드(octreotide acetate)
	경구 피임제	옥산드롤론(oxandrolone) 옥시메톨론(oxymetholone)

③ 약물이 영양소 대사에 미치는 영향

- 약물과 영양소는 대사에 필요한 효소가 비슷하여 약물은 영양소 대사에 필요한 효소의 활성을 증진시키거나 억제한다.
- 항경련제 페노바르비탈(phenobarbital)을 복용한 경우 엽산, 비타민 D, 비타민 K 대사에 필요한 효소의 농도가 증가하여 이들 영양소의 대사가 촉진되므로, 비타민의 보충이 필요하다.
- 항염증제로 사용되는 코르티코스테로이드(corticosteroid)는 호르몬으로 음(-)의 질소 평형을 유도하고 혈액 내의 중성지방과 콜레스테롤 농도 및 혈당을 상승시킨다.
- 정신병 치료제로 사용하는 페노티아진(phenothiazine)은 혈당은 저하시키나, 혈중 중성지방과 콜레스테롤 농도는 상승시킨다.
- 단백질소화효소저해제로 사용되는 사카나비어(saquinavir), 리토나비어(ritonavir), 암프

레나비어(amprenavir)와 인디나비어(indinavir)는 중성지방, 콜레스테롤, 혈당 농도를 상승시킨다.

- 혈당에 영향을 미치는 약물들은 〈표 2-12〉에 정리되어 있다.

④ 약물이 영양소 배설에 미치는 영향

- 약물에 의해 소변 생산량이 증가하면, 신장에서 영양소 재흡수가 감소되므로 영양소 손실이 발생할 수 있다. 일부 이뇨제의 경우 칼슘, 칼륨, 마그네슘, 티아민의 손실을 증가시키므로 결핍증 예방을 위해 영양소 보충제의 사용을 고려할 수 있다.
- 항결핵제로 사용되는 이소니아지드(isoniazid)는 비타민 B_6와 구조가 비슷하여, 복용 중 비타민 B_6 배설이 증가한다. 따라서 결핍증을 예방하기 위해 이소니아지드와 비타민 B_6 보충제를 함께 복용한다.

(2) 식사가 약물에 미치는 영향

처방전을 통해 환자에게 약물이 처방될 때는 약을 식전, 식후 혹은 식사와 함께 등 식사와 어떠한 간격을 두고 복용해야 할지 기재하는데, 이는 식사가 약의 효능에 미치는 영향이 크기 때문이다. 식사 섭취에 따라 약효가 증진되거나 저하된다(표 2-13).

① 식사가 약물의 흡수에 미치는 영향

- 위 배출 속도　식사와 함께 약물을 복용하면 약물의 흡수가 지연된다. 위 배출이 지연되어 약물의 흡수 속도가 저하되면, 높은 농도에서 약효가 나타나는 약물(예 수면제)의 경우 효과가 제대로 발휘되지 못할 수도 있다.

표 2-13　식사가 약물 흡수에 미치는 영향

식사가 미치는 영향	약물	약의 효능	해당 약물의 구체적 상호작용의 예
위산분비 자극	케토코나졸 (ketoconazole)	항진균제	식사와 함께 복용했을 때 산 분비의 증가로 약물의 흡수 증진
위 배출 시간 변화	아스피린 (aspirin)	항응고제	음식과 함께 약물을 복용했을 때 장에서 약물의 흡수 지연
약물과 결합	테트라사이클린 (tetracycline)	항생제	칼슘과 결합하여 칼슘과 약물의 흡수 모두 감소

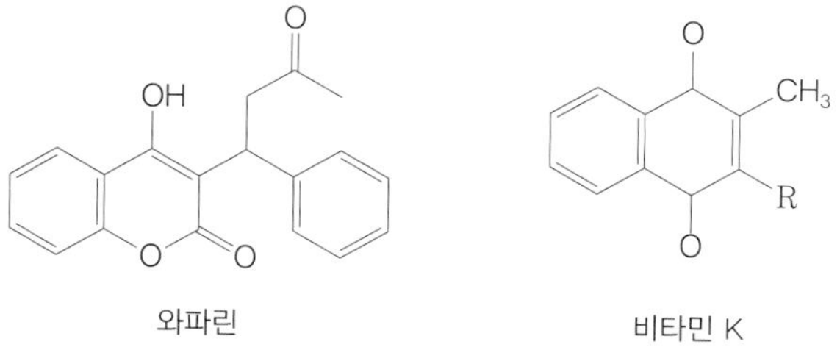

그림 2-6 와파린과 비타민 K의 구조

- **위 산도** 약물에 따라 산성일 때 흡수율이 높아지는 것이 있고, 알칼리성일 때 높은 것이 있다. 예를 들어 위의 산도가 저하되면 케토코나졸(ketoconazole : 항진균제)의 흡수는 저하되나 디곡신(digoxin : 심부전 치료제), 알렌드로네이트(alendronate : 골다공증 치료제) 같은 약물은 흡수가 증가된다.
- **식품 성분과 약물의 상호작용** 식품 성분이 약물과 결합하여 약물 흡수를 방해하기도 한다. 식품의 피틴산과 디곡신, 식이섬유와 항우울제, 무기질과 항생제 간에 결합이 생겨 약물 흡수가 저하될 수 있다.

② 식사가 약물의 대사에 미치는 영향

- 식품 성분이 약물의 대사에 필요한 효소의 활성도를 변화시킬 수 있다. 자몽의 성분은 여러 약물의 대사에 필요한 효소를 억제하여, 약물의 혈액 내 농도가 높아져 생리적 효과가 강력해지기도 한다.
- 혈액 응고 억제제 와파린(warfarin)은 비타민 K를 활성화시키는 효소를 억제하여 혈전 형성을 막는 효과가 있다(그림 2-6). 따라서 와파린 처방량은 음식으로 섭취하는 비타민 K의 양에 의존적이므로 와파린을 복용 중인 환자는 매일 비슷한 양의 비타민 K를 섭취하도록 권고된다. 비타민 K의 주요 식품 공급원은 녹색잎 채소이다.

③ 식사가 약물의 배설에 미치는 영향

- 약물의 배설이 방해되면 독성이 발생할 수 있고, 반대로 배설량이 지나치게 많으면 약효가 감소될 수 있다. 식품 성분 중에는 신장의 재흡수율을 변화시켜 약물 배설에 영향을 미치는 것도 있다.
- 기분 안정제 리튬(lithium)은 신장에서 나트륨의 재흡수량과 비슷하게 재흡수된다. 고나

트륨 식사를 하면 소변으로 나트륨 배설량이 증가되어 리튬 배설량도 증가된다.

• 부정맥 치료제 퀴니딘(quinidine)은 소변이 산성일 때 더 많은 양이 배설된다. 따라서 소변을 알칼리성으로 만드는 식품은 퀴니딘의 배설을 감소시켜, 약물의 혈액 농도를 상승시킬 수 있다.

(3) 독성을 유발하는 약물과 식품의 상호작용

- 식품 성분과 약물의 상호작용에 의해 독성을 발생하거나 약물 부작용이 증가할 수 있다.
- 모노아민산화효소억제제(monoamine oxidase inhibitors)와 식품의 티라민(tyramine)이 결합하면 치명적인 결과가 초래될 수 있다. 모노아민산화효소억제제는 우울증과 파킨슨병(Parkinson's disease) 등의 치료에 사용되는데 티라민, 에피네프린, 노르에피네프린을 불활성화시키는 효소의 작용을 막는다. 모노아민산화효소억

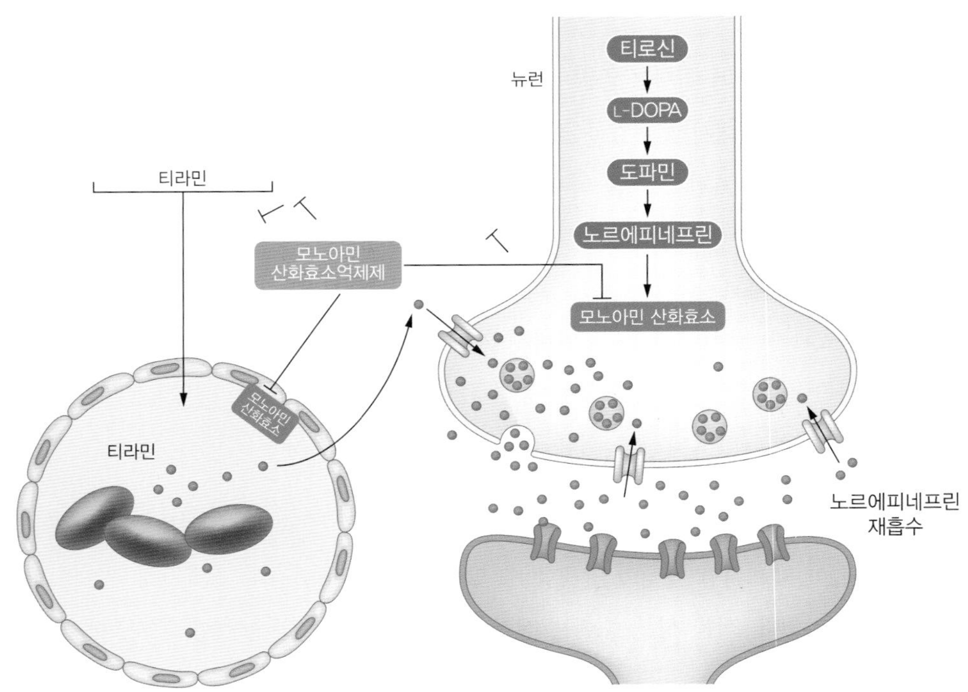

그림 2-7 티라민과 모노아민산화효소억제제의 상호작용

제제와 함께 과량의 티라민을 섭취하면, 혈액 내의 티라민 농도가 상승하면서, 저장되어 있던 노르에피네프린이 갑작스럽게 방출될 수 있다(그림 2-7). 노르에피네프린의 농도가 급등하면 심한 두통, 심장 박동 증가, 혈압 상승으로 위험에 처할 수도 있다. 따라서 모노아민산화효소억제제를 복용하는 환자는 티라민이 많은 식품(표 2-14) 섭취를 제한한다.

표 2-14 티라민 함량이 높은 식품

숙성된 치즈 소금에 절이거나 숙성된 육류 맥주 발효된 채소(예 김치, 사우어크라프트) 젓갈	버섯 두류 제품(예 두부, 간장, 미소, 템페) 포도주 이스트 추출물

요점정리
SUMMARY

약물의 작용 3단계

① 제약 단계(약물 투입) → ② 약동학 단계(약물의 흡수, 분포, 대사, 배설) → ③ 약역학 단계(신체에 대한 약물의 작용)

약과 영양의 상호작용 4범주

① 약물에 의한 식사 섭취량 변화

약물에 의해 식욕 억제 또는 상승, 음식의 맛이나 냄새 인지 방해, 메스꺼움, 구토, 구강 기능 방해, 입안에 상처나 염증 유발

② 약물에 의한 영양소의 흡수, 대사, 배설 변화

- 흡수 : 약물과 영양소 결합, 위 산도 변화, 약물의 영양소 흡수 직접 억제
- 대사 : 영양소 대사에 필요한 효소의 활성을 증진 또는 억제시킴
- 배설 : 소변량 증가로 영양소 재흡수 감소, 영양소와 구조가 비슷한 약물 복용의 경우 영양소 배설 증가, 항결핵제 이소니아지드 복용 중 비타민 B_6 배설 증가

③ 영양소나 식품 성분에 의한 약물의 흡수, 대사, 배설의 변화

- 흡수 : 식사 섭취로 위산 분비가 자극되고, 약물의 위 배출이 지연되며, 식품 성분이 약물과 결합하여 약물 흡수 변화
- 대사 : 식품성분이 약물 대사에 필요한 효소 활성도 변화
- 배설 : 식품 성분 중 신장의 재흡수율을 변화시켜 약물 배설에 영향

④ 약물과 음식의 상호작용에 의한 독성 유발

모노아민산화효소억제제를 복용 중 티라민 함량이 높은 식품을 섭취하면 위험

CHAPTER 3

소화기계 질환

1. 소화기계의 구조와 기능
2. 구강 및 식도 질환
3. 위질환
4. 장질환

CHAPTER 3
소화기계 질환

용어 정리

구강건조증(xerostomia)
입안이 건조해지면서 점막이 갈라지거나 함몰되는 증세. 구취와 만성 작열감을 동반

급성위염(acute gastritis)
위 점막조직에 갑작스럽게 나타나는 염증성 질환

덤핑증후군(dumping syndrome)
위를 부분적 혹은 전체적으로 절제한 환자에게 식후 나타나는 복합적인 증상. 식후에 일어나는 오심·구토·현기증·발한·빈맥·탈력감·메스꺼움·심계항진 등 일련의 혈관 운동장애에 의한 증세를 말함

만성위염(chronic gastritis)
만성적으로 진행되고 있는 위 점막조직의 염증성 질환으로 미란성 위염(erosive gastritis : 과산성 위염)과 위축성 위염(atrophic gastritis : 저산성 위염)이 있음

베리아트릭수술(bariatric surgery)
고도 비만 및 관련 합병증을 치료하기 위해 위의 크기를 줄이거나, 위에서 소장으로 우회로를 만드는 각종 수술법

상부식도괄약근(upper esophageal sphincter)
구강과 식도 연결부위에 위치. 음식물이 식도에서 구강으로 역류하는 것을 방지

식도열공헤르니아(hiatal hernia)
횡경막의 식도가 통과하는 구멍인 식도열공이 느슨해지거나 커짐에 따라, 그 틈에 위의 일부가 흉강 안으로 미끄러져 들어간 상태

역류성 식도염(reflux esophagitis)
위의 내용물 또는 위산이 식도로 역류하여 발생하는 식도의 염증

연하곤란증(dysphagia)
음식이 식도 내에서 내려가다가 지체되거나 중간에 걸려서 더 이상 내려가지 않아 음식을 원활히 섭취할 수 없는 질환

위궤양(gastric ulcer)
위장 점막이 염증에 의해 부분적으로 손상되어 표면에 있는 점막층보다 깊이 패이면서 점막근층 이상으로 손상이 진행된 상태

유문괄약근(pyloric sphincter)
위와 소장의 연결부위에 위치. 음식물이 소장에서 위로 역류하는 것을 방지

하부식도괄약근(lower esophageal sphincter)
식도와 위의 연결부위에 위치. 음식물이 위에서 식도로 역류하는 것을 방지

과민성 대장증후군(irritable bowel syndrome)
식사나 가벼운 스트레스에 과민반응하여 장운동이 비정상적으로 항진되는 경우로서, 복통, 복부팽만감과 같은 불쾌한 소화기 증상이 반복되며 설사 혹은 변비 등의 배변장애 증상을 가져오는 만성적인 질환

게실질환(diverticular disease)
대장벽이 바깥쪽으로 동그랗게 꽈리 모양으로 튀어나오는 질환

궤양성 대장염(ulcerative colitis)
주로 염증이 항문에 인접한 직장에서 시작되어 점차 안쪽으로 진행되는 만성 염증성 장질환으로, 염증이 연속적으로 나타나는 특징

글루텐과민성 장질환(gluten-sensitive enteropathy)
밀이나 호밀 등에 들어 있는 글루텐의 단백질 성분인 글리아딘이 소장의 점막을 손상시켜서 흡수장애를 일으키는 만성질환

짧은 창자 증후군(short bowel syndrome)
소장 절제로 인해 소장이 짧아져 영양소의 소화·흡수 기능이 저하됨으로써 나타나는 흡수불량증후군

유당불내증(lactose intolerance)
소장의 유당분해효소 결핍으로 소화되지 못한 유당이 대장으로 내려가 발효되면서 가스가 차고 수분 흡수가 덜 되어 대장의 연동운동이 자극되면서 설사, 복통 등의 증상을 일으키는 질환

저잔사식(low residue diet)
식이섬유 함량이 중 정도 또는 그 이상인 식품과 식이섬유 함량은 적지만 대변의 용적을 늘리는 식품을 제한하는 식사

지방변(steatorrhea)
장의 지방 흡수에 문제가 있어 변에 20% 이상의 지방이 섞여 나오는 질환

크론병(Crohn's disease)
입에서 항문까지 소화관 전체에 걸쳐 어느 부위에서든지 발생할 수 있는 만성 염증성 장질환으로 염증이 비연속적으로 나타나는 특징

1. 소화기계의 구조와 기능

1) 구강의 구조와 기능

- 치아는 소화의 첫 단계인 저작작용이 일어나는 곳이다.
- 구강의 타액 분비량은 1일 1,500mL 정도이며, 타액은 이하선, 악하선, 설하선에서 분비된다. 구강의 이하선(귀밑샘)에서는 맑은 타액(장액)을 분비하고(25%), 설하선(혀밑샘)은 끈적끈적한 타액(점액)을 분비하며(5%), 악하선(턱밑샘)은 혼합액을 분비한다(70%).
- 타액은 pH 5.4~6.1의 약산성이다. 소화효소(아밀라아제)를 포함하여 전분을 맥아당과 덱스트린으로 분해하며, 라이소자임에 의한 살균작용도 한다. 또한 수분, 전해질이 풍부해 음식물을 부드럽게 적셔 쉽게 식도로 내려갈 수 있도록 해주고, 미뢰(맛봉오리)를 자극하여 맛을 전달하는 역할도 한다(표 3-1).

2) 식도의 구조와 기능

- 식도는 인두와 위를 연결하는 25~30cm의 관으로서, 음식물이 들어오면 수축과 이완작용, 즉 연동작용(peristalsis)에 의해 음식물을 위로 내려보낸다. 식도의 양 끝에는 상부식도괄약근과 하부식도괄약근이 각각 위치하고 있다. 이 괄약근들은 평소에는 닫혀 있으며, 음식물이 입에서 식도를 통해 위에 이르는 과정에서 거꾸로 역류하지 못하게 한다.
- 식도는 음식물이 지나가는 통로 역할을 하며, 소화 · 흡수 기능이 없다. 그렇지만 점막이 촉촉해야 하므로 식도에도 분비선이 있다.

표 3-1 타액의 주요 성분과 기능

주요 성분	기능
물, 전해질	미뢰 자극, 음식물을 부드럽게 적심
점질액	부드럽게 삼킴
아밀라아제	전분 소화
라이소자임	살균작용

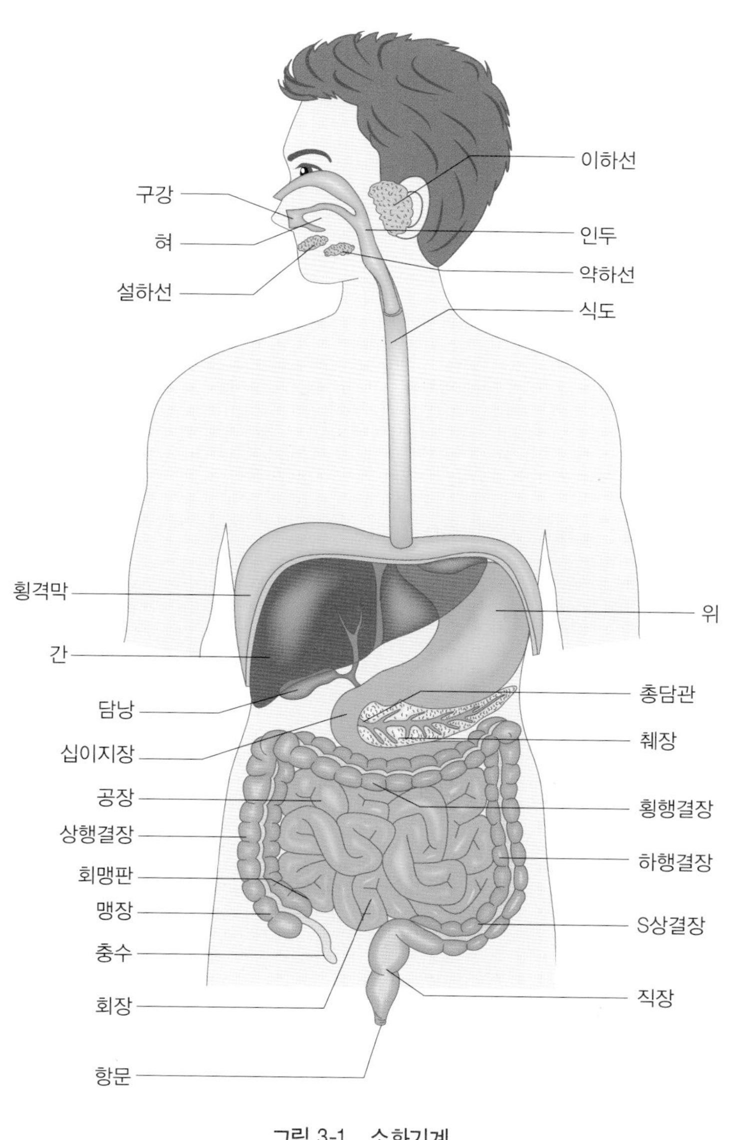

그림 3-1 소화기계

3) 위의 구조와 기능

- 위는 식도와 십이지장 사이에 위치하며, 우리 몸의 왼쪽 위편의 복부에 위치한다. 위의 가장 윗부분은 횡격막 아래에 위치하며 위의 뒤쪽으로는 췌장이 있다. 사람의 위는 최대 2~3L 용적만큼 늘어날 수 있다. 반면, 신생아의 위는 최대 30mL의 용적을 가진다. 식도와의 경계선을 분문(cardia), 십이지장 경계선을 유문(pylorus)이라고 한다(그림 3-2). 유문괄약근은 위 내용물이 십이지장으로 이동하는 속도를 조절하고, 십이지장 내용물이 거꾸로 위로 역류하는 것을 막아준다.

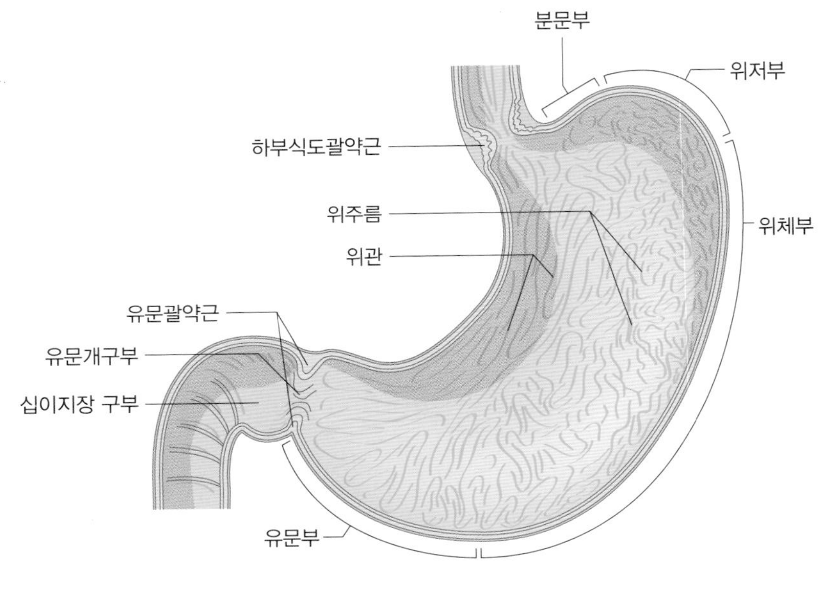

그림 3-2 위의 구조

- 위는 속이 빈 주머니 형태로서 음식물을 잠시 동안 저장하고 위산을 이용한 살균작용, 펩신을 통한 단백질 분해작용을 한다. 음식물은 위에서 최소 40분~수시간 동안 체류한다.
- 위 점막에서 분비되는 위액의 주요 성분과 그 기능은 〈표 3-2〉에 정리하였다.

표 3-2 위액의 주요 성분과 기능

위액 분비장소	주요 성분	기능
점액세포	점액	윤활작용, 산으로부터 위벽 보호
주세포	펩시노겐	단백질 소화(펩신으로 활성화)
벽세포	위산(염산)	살균작용, 펩시노겐 활성화, 단백질 변성(소화 도움)
	내적인자(IF)	비타민 B_{12} 안정화(흡수 도움)
G세포	가스트린, 점액	염산 및 펩시노겐 분비 촉진, 위장 운동 촉진

- 위액의 분비와 위 운동의 조절은 자율 신경계와 다양한 소화관의 호르몬이 관여한다. 위에 분포하는 자율신경 중 부교감신경은 위 운동과 분비를 자극하는 역할을 하고, 교감신경은 이와 반대로 억제작용을 나타내게 된다.
- 위장관 운동에 관련된 호르몬의 작용은 〈표 3-3〉에 요약하였다.

표 3-3 위장관 운동에 관련된 호르몬

호르몬	분비장소	기능
가스트린(gastrin)	위	염산 및 펩시노겐 분비 촉진, 위 운동 촉진
콜레시스토키닌(CCK)	소장	위 연동작용 억제, 췌장액 분비 촉진, 담낭 수축
세크레틴(secretin)	십이지장	위 연동작용 억제, 췌장액 중탄산염 분비 촉진, 십이지장 운동 감소, 간 담즙 분비 촉진
위억제펩티드(GIP)	소장	위산 및 펩시노겐 분비 억제, 위장 운동 억제
엔테로글루카곤(enteroglucagon)	소장	위산 분비 및 위장 운동 억제

표 3-4 위산 분비에 영향을 미치는 요인

자극요인	억제요인
• 가스트린 • 히스타민 • 단백질 • 커피, 알코올, 칼슘 • 미주신경 자극	• 위산이나 십이지장의 산도가 높을 때(소마토스테틴이나 세크레틴 분비) • 십이지장에 지방 성분이 있을 때(GIP, CCK) • 고혈당

요점정리
SUMMARY

타액

- 이하선, 악하선, 설하선에서 분비
- 탄수화물 소화작용(아밀라아제), 살균작용, 음식물을 부드럽게 하는 역할 및 맛을 전달하는 역할

식도

- 연동작용(peristalsis)에 의해 음식물을 위로 내려보냄
- 상부식도괄약근과 하부식도괄약근은 음식물이 입에서 식도를 통해 위에 이르는 과정에서 거꾸로 역류하지 못하게 함

위

- 음식물 일시 저장 장소
- 위산을 이용한 살균작용
- 펩신을 통한 단백질 분해작용
- 위점막에서는 염산, 펩시노겐(염산에 의해 펩신으로 활성화), 가스트린, 점액 등이 분비

4) 소장의 구조와 기능

- 소장은 소화기관 중 가장 긴 부분으로 평균 길이가 6m, 지름이 약 2.5cm이고 유문괄약근으로부터 회맹장판막에 이르는 구불구불한 관이다. 소장은 십이지장(0.5m), 공장(2~3m), 회장(3~4m)의 세 부분으로 이루어져 있다(그림 3-1).
- 영양소 흡수는 대부분 소장 상부에서 일어나고 소장 끝으로 갈수록 감소한다. 소장은 길이가 길어 흡수면적이 크고 소장벽의 돌림주름, 융모 및 미세융모는 소장 표면적을 증가시켜 소화와 흡수를 증가시킨다(그림 3-3).
- 소화는 간, 췌장 및 소장 자체에 의해 분비되는 소화액의 도움으로 완성된다. 대부분의 소화과정은 십이지장과 공장의 상부에서 완성되고 흡수는 대부분 공장 중부에서 일어난다. 위에서 산성의 유미죽이 십이지장에 들어오면, 췌장의 중탄산염이 분비되어 산성의 유미죽을 중화시켜, 소장과 췌장의 효소가 중성 pH에서 좀 더 효율적으로 작용하게 한다.

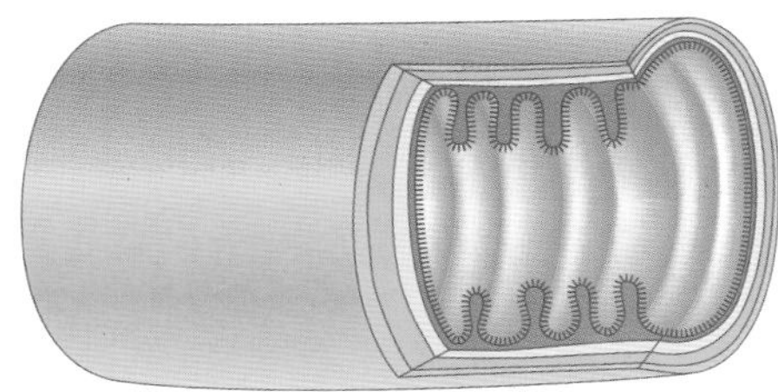

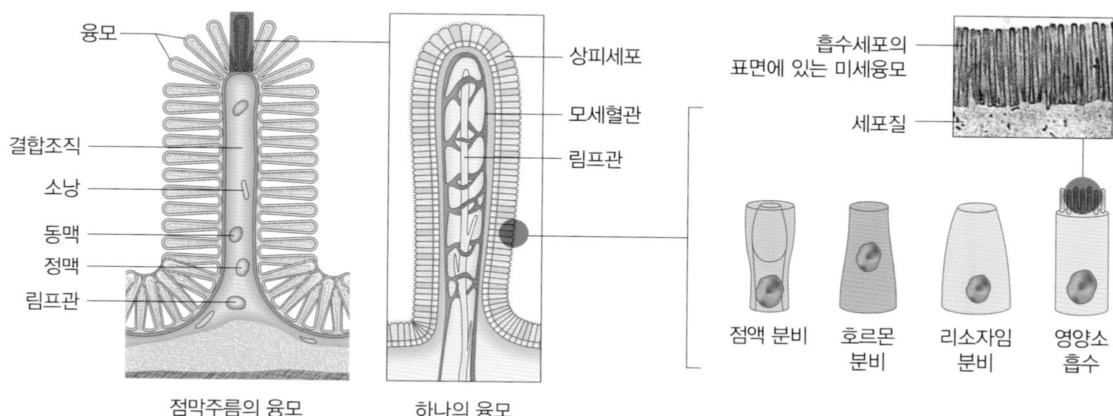

그림 3-3 소장 내막과 융모의 구조

- 부분적으로 소화된 지방과 단백질 식품은 호르몬 분비를 자극하여 효소를 분비하고 위장관 운동과 만복감에 영향을 준다(표 3-3).
- 담즙은 간에서 합성되고, 담즙산염은 담낭에 저장되어 농축되고 지방이 많은 식품을 섭취하면 지질을 유화시켜 소화와 흡수를 촉진하며, 췌장과 소장은 소화효소를 분비하여 소장에서의 소화과정을 돕는다(표 3-5).
- 영양소 각각의 흡수부위는 〈그림 3-4〉에 나타나 있다.
- 포도당과 갈락토오스는 능동수송에 의해, 과당은 촉진확산에 의해, 아미노산은 능동, 수동수송에 의해, 무기질은 대부분 능동수송에 의해 소장점막에서 흡수된다.
- 지방소화산물인 지방산과 글리세롤 및 지용성 비타민은 확산에 의해 소장융모의 림프관에서 흡수된다.
- 수용성 비타민은 확산에 의해 소장융모의 모세혈관으로 빠르게 흡수되며, 대부분의 비타민은 소장 상부에서 흡수되지만 비타민 B_{12}는 회장에서 흡수된다.

표 3-5 소화효소

분비기관	효소	기질	생성물	비고
췌장	리파아제	지방(담즙산염 존재)	모노글리세리드, 지방산	-
	콜레스테롤에스터라아제	콜레스테롤	콜레스테롤, 지방산	-
	α-아밀라아제	전분, 덱스트린	덱스트린, 말토오스	-
	트립신	단백질, 폴리펩티드	펩티드, 다이펩티드	불활성 형태인 트립시노겐이 엔테로키나아제와 트립신에 의해 트립신으로 활성화
	카이모트립신	단백질, 펩티드	펩티드, 다이펩티드	불활성 형태인 카이모트립시노겐이 트립신에 의해 카이모트립신으로 활성화
	카르복시펩티다아제	폴리펩티드	아미노산	불활성 형태인 프로카르복시펩티다아제가 트립신에 의해 카르복시펩티다아제로 활성화
	엘라스타아제	섬유상단백질	펩티드, 아미노산	불활성 형태인 프로엘라스타아제가 트립신에 의해 엘라스타아제로 활성화
	아미노펩티다아제	폴리펩티드	아미노산	-
	다이펩티다아제	폴리펩티드	아미노산	-
	리보뉴클라아제, 디옥시리보뉴클라아제	리보핵산, 디옥시리보핵산	모노뉴클레오티드	-
소장	엔테로키나아제	트립시노겐	트립신으로 활성화	-
	슈크라아제	서당	포도당, 과당	-
	α-덱스트리나아제 (이소말타아제)	덱스트린 (이소말토오스)	포도당	-
	말타아제	맥아당	포도당	-
	락타아제	유당	포도당, 갈락토오스	-
	뉴클레오티다아제	핵산	뉴클레오시드, 인산	-
	뉴클레오시다아제	뉴클레오시드	퓨린, 피리미딘, 오탄당인산	-

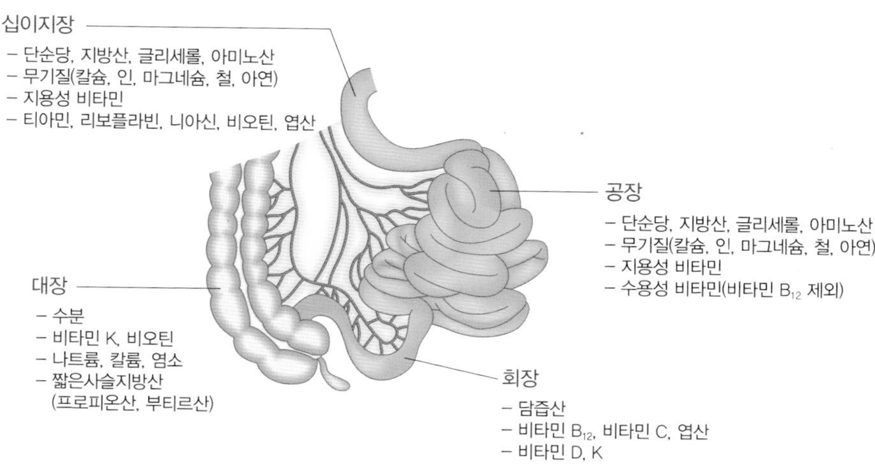

그림 3-4 영양소의 흡수부위

5) 대장의 구조와 기능

- 대장은 약 1.5m 길이로 맹장, 결장(상행, 횡행, 하행, S상결장), 직장으로 구성되어 있으며 회맹판(소장 끝부분과 맹장이 만나는 부위)으로부터 항문까지이다(그림 3-1).
- 대장은 소화되지 않은 음식물 찌꺼기로부터 물을 흡수하고 남은 찌꺼기를 대변으로 배설하는 역할을 한다(그림 3-5).
- 대장은 남아 있는 물과 염, 그리고 대장 박테리아 작용에 의해 합성된 비타민(예 비타민 K, B_{12} 및 리보플라빈)의 흡수 장소이다.
- 결장에서 박테리아 작용으로 소화되지 않은 탄수화물은 가스(예 수소, 이산화탄소, 질소, 메탄)와 유기산(예 아세트산, 프로피온산, 부티르산, 젖산)을 생성한다. 또한 박테리아 작용으로 단백질은 암모니아, 인돌, 아민, 페놀화합물(예 인돌아세트산, 티라민, 히스타민, 크레졸)과 같은 독성물질을 생성한다. 몇몇 가스와 유기산은 대변의 특징적인 냄새를 형성한다.
- 대변은 일반적으로 75%가 물이고 25%가 고형물질이지만 비율은 매우 다양하다. 고형물질의 1/3은 죽은 박테리아이고, 20~40%는 무기물질과 지방, 약 2~3%는 단백질이며, 나머지는 소화되지 않은 식이섬유, 탈락한 장점막 상피세포, 담즙과 같은 소화액 성분이다.

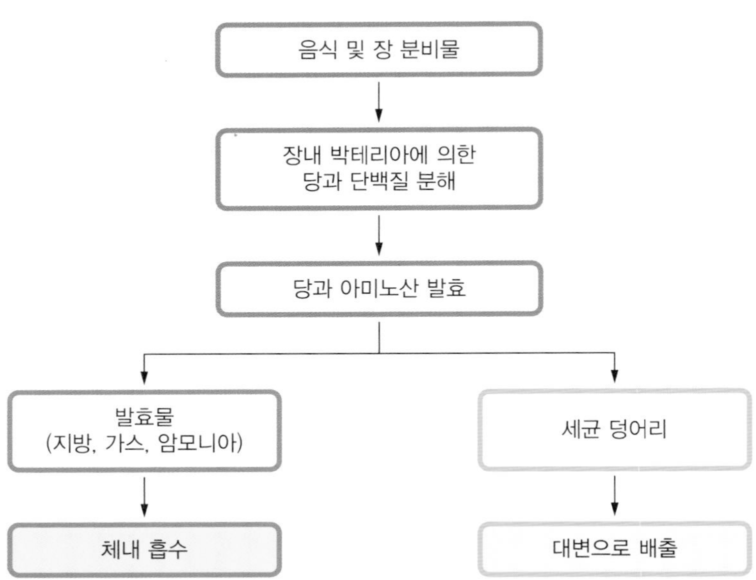

그림 3-5 대장의 흡수와 분비

표 3-6 소장과 대장의 주요 기능

조직	주요 기능	그 외 기능/기타
소장	• 물리적인 소화와 추진 : 소장의 평활근에 의한 분절운동이 계속적으로 내용물을 소화액과 섞이게 하고 음식을 관을 따라 회맹장 판막을 통해 느린 속도로 이동시키기 때문에 (연동운동) 소화 · 흡수에 충분 • 화학적 소화 : 췌장액 효소와 소장융모효소에 의한 완전한 소화 • 흡수 : 탄수화물, 단백질, 지방 및 핵산 소화 분해산물, 비타민, 전해질 및 물이 능동과 수동기전에 의해 흡수	• 소장은 소화와 흡수를 위해 잘 변형(예 돌림주름, 융모, 미세융모) • 장선에 의해 생성되는 알칼리 점액과 중탄산염이 풍부한 췌액은 산성 유미죽을 중화하고 효소활성에 적당한 환경을 제공 • 간에 의해 생성되는 담즙은 지방을 유화시켜 지방 흡수와 지방산, 모노글리세리드, 콜레스테롤, 인지질 및 지용성 비타민 흡수 증가 • 담낭은 답즙을 저장하고 농축시키고 호르몬 신호에 의해 소장으로 분비
대장	• 화학적 소화 : 몇몇 남아 있는 음식 찌꺼기들이 장내 박테리아에 의해 소화, 비타민 K와 B 복합체 합성 • 흡수 : 대부분의 남아 있는 물과 전해질(대부분 나트륨) 및 박테리아에 의해 합성된 비타민 흡수 • 추진 : 연동운동, 팽기운동, 집단운동에 의해 직장 쪽으로 대변 이동 • 배변 : 직장팽만에 의한 반사	• 배변이 일어날 때까지 일시적으로 찌꺼기를 저장하고 농축 • 결장배상세포에 의해 많은 점액이 생성되기 때문에 결장을 통해 대변 통과 용이

소장의 운동

소장운동은 위에서 내려온 유미즙을 췌장, 담즙, 장액과 혼합시키고, 장점막과 접촉시키면서 대장 쪽으로 운반한다.

① **분절운동** : 장관에 1~2.6cm 정도 간격의 윤상근의 수축에 의해 생기는 주기적인 조임으로 소장 내용물과 소화액을 잘 혼합하는 운동

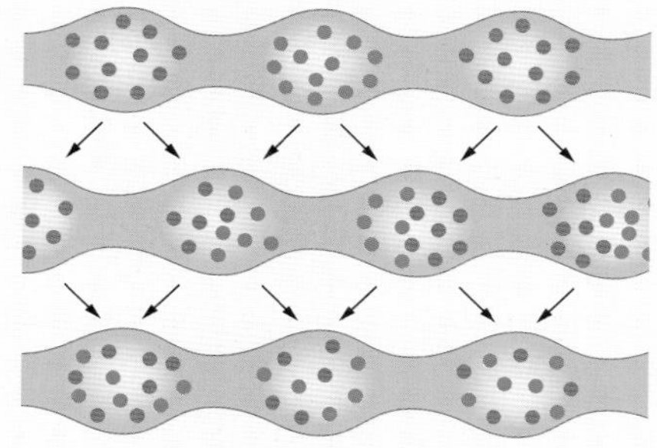

② **연동운동** : 소장의 평활근이 자극되면 자극받은 곳의 상부는 수축하고 하부는 이완하면서 유미즙이 다음 단계로 이동되도록 율동적이고 연속적으로 일어나는 운동

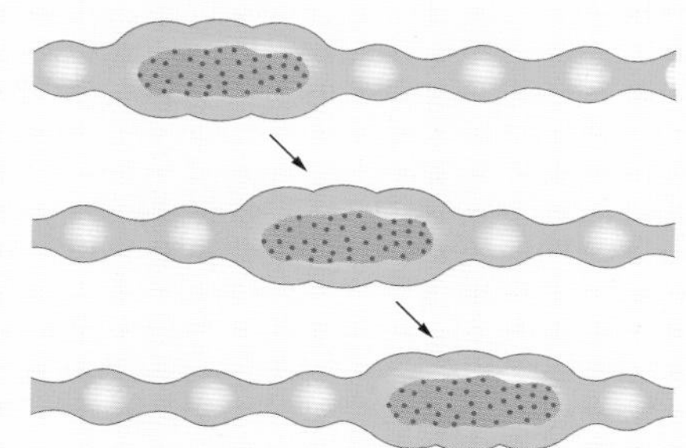

대장의 운동

대장운동은 대장 윤상근과 종주근의 복합작용을 통해 일어나고, 이 복합작용은 대장의 여러 신경조직의 상호 관계에 의해 조절되며, 장 내용물을 항문까지 운반한다.

① **팽기수축** : 맹장과 상행결장에서 종주근이 수축 시 대장의 길이가 짧아지면서 그 부위의 윤상근이 함께 수축하면 수축하지 않은 다른 쪽이 팽기를 형성하는 운동으로 결장 내용물의 혼합을 도와주는 역할

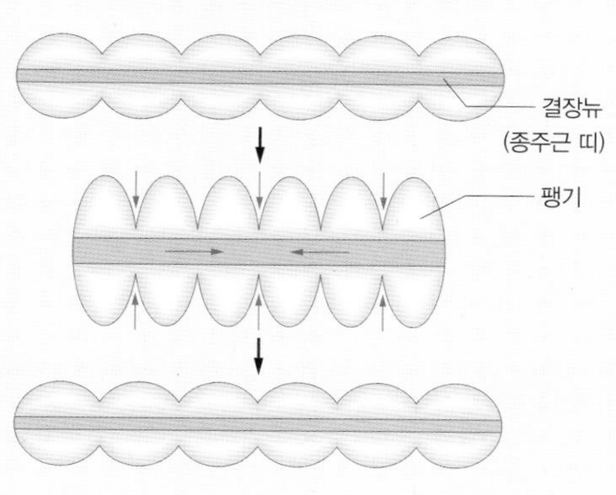

② **집단운동** : 보통 식후에 일어나며 위대장반사에 의해 대장의 윤상근과 종주근이 동시에 강력히 수축하여 대장의 내용물을 S상결장과 직장으로 일시에 내려보내는 운동

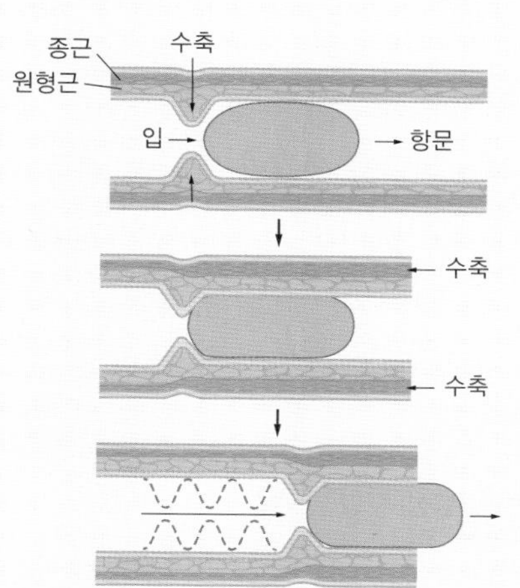

2. 구강 및 식도 질환

1) 구강건조증

(1) 병리

- 구강건조증(xerostomia)은 입안이 건조해지면서 점막이 갈라지거나 함몰되는 증세를 말한다. 건강한 성인은 하루에 1,000~1,500mL 정도의 타액이 분비되고, 음식물을 씹는 도중에 주로 분비되며, 잘 때나 안정을 취할 때는 소량만이 분비된다.
- 타액 분비가 감소되면 미각과 언어능력에 영향을 미치며, 식사량도 영향을 받는다. 또한 캔디다 등의 구강 내 염증, 치아 우식증, 잇몸질환을 유발하며, 구취와 만성 작열감을 동반하는 등 환자의 삶의 질을 저하시키게 되므로 적절한 치료와 관리가 필요하다.

(2) 원인 및 위험요인

구강건조증은 65세 이상 인구에서 30% 정도가 나타날 정도로 흔한 것으로 알려져 있다. 타액선에 문제가 있는 1차적 구강건조증과, 타액선은 정상이지만 타액분비가 안 되는 2차적 구강건조증이 있다(표 3-7). 노년층의 침샘 기능 이상은 주로 전신질환, 약물 또는 두경부의 방사선 치료 때문으로 알려져 있다.

(3) 증상 및 합병증

- 구강건조증이 생기면 입안이 건조해져 구강점막이 갈라지거나 함몰이 생기고 심할 경우엔 입술이 벗겨지고 입 가장자리가 갈라지며 통증이 심하다.

표 3-7 구강건조증

분류	타액선	관련 질환
1차적(원발성) 구강건조증	타액선 문제	타액선 종양, 감염, 방사선 치료(두경부암 치료 등)
2차적(속발성) 구강건조증	타액선과 관련 없음	약물 부작용, 비타민 결핍증, 빈혈, 당뇨병

- 타액이 잘 분비되지 않으면 자정작용이 부족해 충치가 발생하기 쉽고, 구강 점막 감염 및 치주염 발생도 증가할 뿐 아니라 입안에 곰팡이가 발생할 수 있다.

구강건조증에서 흔히 관찰되는 임상 증상

- 혀의 건조감
- 입술 끝이 갈라짐
- 혀의 홍반
- 타액선 부종
- 치아 우식증
- 교합 이상
- 구내염
- 구강 캔디다증
- 아프타성 구강 궤양 등

(4) 진단

구강건조증의 진단은 증상의 심한 정도와 동반 증상으로 평가하며, 이와 함께 관련 질환과 복용 중인 약물을 알아본다.

(5) 영양관리 및 기타 치료

구강건조증의 영양관리 목적은 환자의 증상을 경감시키고 구강 점막의 습기를 유지하는 것이다.

- 맵거나 건조한 음식은 피하는 것이 좋으며, 다량의 물을 마시기보다는 조금씩 자주 입을 적시는 것이 좋다.
- 식사 중에 물을 마시는 것은 연하작용을 도와주고 미각을 개선시킬 수 있어 권장된다.
- 무설탕 껌이나 신맛의 음식, 과일 및 채소 등을 섭취하여 타액 분비를 자극시킨다.
- 우유는 여러 영양소와 점도를 가지고 있어 건조한 조직의 보습과 윤활작용을 도와준다. 구강 내 산성 물질을 중화하고 치아 법랑질의 탈무기질화를 방지한다.
- 카페인음료, 가당음료, 술, 담배는 타액 분비를 더욱 감소시키므로 삼간다.
- 구강 위생을 위해 칫솔질을 자주 하고, 방부제가 섞인 구강 세척제로 자주 헹구도록 한다.
- 수면 시 가습기를 사용한다.

2) 연하곤란증

(1) 병리

- 정상적으로는 음식을 삼키거나 물을 마실 때 아무런 감각이나 저항 없이 입에서부터 위장까지 쉽게 통과한다. 그러나 음식이 지나가는 감각이 느껴지거나, 혹은 음식이 식도 내에서 내려가다가 지체되거나 중간에 걸려서 더 이상 내려가지 않아 음식을 원활히 섭취할 수 없는 것을 연하곤란증(dysphagia)이라고 한다.
- 먹을 때는 아무런 지장이 없지만 평상시에 인두에 무엇인가 걸려 있는 듯한 이물감 혹은 음식을 먹고 난 후 음식이 위장에 그대로 머물러 있는 듯한 상복부 불편감 등의 증상과는 구별해야 한다.

표 3-8 연하곤란증의 주요 원인

구인두성 연하곤란증(음식을 삼키기 어려움)	
신경계	뇌졸중
	머리 손상
	파킨슨병
신체적 문제	인두낭 증후군(pharyngeal pouch syndrome)
	갑상선종
정신적	인두종괴감(globus hystericus)
감염	편도염
식도성 연하곤란증(음식물이 위까지 내려가지 않음)	
신경계	식도이완불능증(achalasia)
	다발성 경화증(multiple sclerosis)
	미만성 식도경련(diffuse oesophageal spasm)
근육계	피부경화증(scleroderma)
	근육긴장성 이영양증(dystrophia myotonica)
신체적 문제	협착(stricture) : 식도암, 식도염
	식도게실증
	대동맥류(aortic aneurysm)
	수술 후
감염	식도 칸디다감염증(candida)

(2) 원인 및 위험요인

- 연하곤란증은 뇌졸중, 파킨스씨병 등 신경계 질환 또는 중증근무력증 등 근육질환으로 인해 인두로부터 식도를 거쳐 위 분문부(입구 부위)에 이르기까지 음식을 삼키기 어려운 운동성 장애가 있거나(구인두성 연하곤란증 : oropharyngeal dysphagia), 식도수술, 식도염, 협착 등으로 식도가 좁아져 음식물이 위까지 내려가지 않을 때(식도성 연하곤란증 : esophageal dysphagia) 발생한다(표 3-8).
- 노인계층에서 많이 나타나며, 연하반사가 역으로 일어날 때에도 발생한다.

(3) 증상 및 합병증

- 음식을 삼키기 어렵고, 삼키는 도중이나 삼킨 후 기침, 사레, 코로 역류하는 증상이 나타나며 호흡장애, 언어장애, 쉰 목소리 등도 나타난다.
- 흡인 증상에 의해 기도 폐색, 질식 등이 나타날 수 있으며, 폐렴 발생 위험도 높아진다. 또한 음식 섭취의 두려움에 의해 섭취량이 감소하면서 영양불량, 체중 감소 등이 발생한다. 수분이 많은 음식을 기피하게 되어 탈수 위험도 높아지게 된다.

(4) 영양관리

- 환자를 주의 깊게 관찰하여, 삼키는 능력에 따라 적절한 식사를 제공하여야 한다.
- 경구섭취가 불가능하거나 위험한 경우에는 상태가 호전될 때까지 장관영양을 공급한다.
- 장관영양에서 경구섭취로 전환되는 경우에는 경구섭취량이 총 에너지 섭취량의 50% 이상이 될 때까지 장관영양을 병행한다.
- 연하곤란식은 식품의 질감, 농도, 점도, 균질성을 조절하여 제공한다. 밀도가 일정한 음식을 제공한다. 부드럽고 수분도 적당히 있는 식품이 좋으며, 단단하거나 끈적하게 달라붙는 식품, 그리고 쉽게 가루로 부서지는 식품은 피하는 것이 좋다. 또한 삼키기 쉬운 조리법을 활용한다. 식품을 갈거나 으깨거나 삶는 조리법을 활용하고, 부드럽게 조리한 연식, 퓌레식 등이 좋다.
- 환자의 연하능력에 따라 연하보조식의 단계를 결정한다.

- 1단계 : 연식 1단계(곱게 갈은 음식)
- 2단계 : 연식 2단계(곱게 다진 음식)
- 3단계 : 상식(부드러운 음식)

- 환자의 적응도에 따라 연하보조 1, 2, 3단계를 거쳐 정상적인 식사로 복귀할 수 있도록 한다(표 3-9).
- 묽은 액체는 흡인의 위험이 많기 때문에 삼가며, 환자의 적응도에 따라 되도록 걸쭉한 액체를 섭취하여 탈수를 예방하도록 한다. 젤라틴이나 점도증진제 등을 사용하여 국물을 걸쭉하게 만든다. 그러나 식도부 협착 등의 문제를 보이는 환자에게서는 오히려 낮은 점도의 음식물이 연하에 도움이 될 수도 있다.
- 식사 섭취가 충분치 않을 경우 소량씩 자주(1일 5~6회 정도) 섭취하도록 한다.

연하곤란증의 영양관리 목표
- 흡인(silent aspiration) 예방 : 사레가 들리지 않도록 안전하게 섭취
- 영양결핍증 예방 : 부적절한 식사 섭취에 의한 체중 감소, 탈수, 영양소 부족 예방
- 정상체중 유지
- 탈수 방지

표 3-9 연하곤란증 관리 단계

1단계 : 연식	2단계 : 연식	3단계 : 상식
• 덩어리 없이 곱게 갈아서 부드럽고 걸죽한 상태 • 묽은 국물 대신 되직한 점성이 있는 국물 제공	• 곱게 갈거나 다져서 부드럽고 걸죽한 상태 • 소량의 묽은 국물 허용	• 질감이 부드러운 음식 • 단단하거나 점성이 높은 음식 제외
• 죽류, 달걀찜, 으깬 감자, 연두부, 사과소스	• 부드러운 덩어리가 있는 죽류(예 호박죽), 스크램블 에그, 바나나	• 흰밥, 애호박나물, 흰살생선전, 잘 익은 멜론

3) 역류성 식도염

(1) 병리

- 위의 내용물 또는 위산이 식도로 역류하여 발생하는 식도의 염증을 역류성 식도염(reflux esophagitis)이라고 한다.

- 식도의 상피조직은 음식 자극에 대해서는 저항적이지만, 산에는 민감하다. 따라서 식도의 하부식도괄약근의 긴장이 완화되면 산성의 위내용물이 식도로 역류하여 식도염이 발생한다. 그 외 복부의 압력 증가, 임신, 위배출 지연, 위의 체적 증가, 알코올, 흡연, 비만, 중추신경억제제 복용 등도 식도염의 원인으로 고려되고 있다.
- 임상적으로 40세 이상 성인에서 가장 흔하지만, 영아와 소아에서도 관찰된다.

(2) 원인 및 위험요인

- 하부식도괄약근 기능부전
- 위장 내부압 증가
- 복부 압력 증가(예 비만, 임신 등)
- 식도열공헤르니아

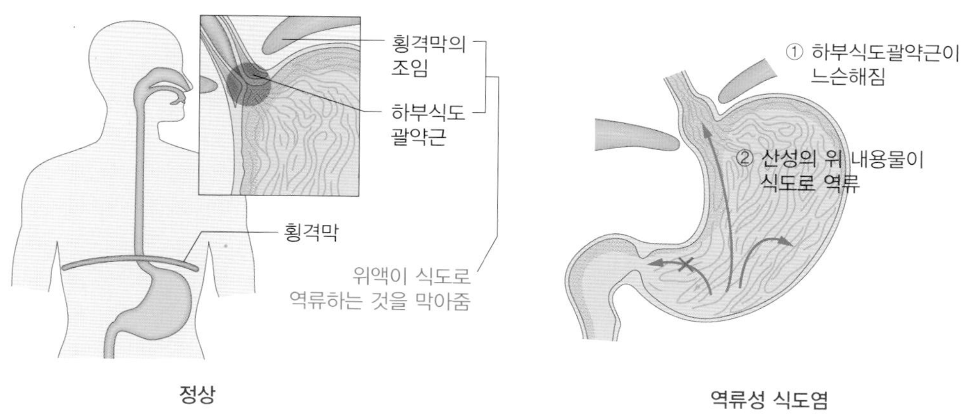

그림 3-6 역류성 식도염의 발생

표 3-10 역류성 식도염 위험요인

하부식도괄약근 압력을 감소시켜 역류 증가	역류증상 악화 요인
• 알코올, 흡연 • 카페인, 초콜릿, 박하류 • 고지방식, 양파 • 약물(예 항콜린제제, 칼슘채널차단제, 메페리딘, 다이아제팜, 테오필린 등) • 프로게스테론	• 비만, 과식, 임신 • 식사 후 바로 눕는 습관 • 허리나 배를 누르는 의복 착용 • 복수, 위배출 지연

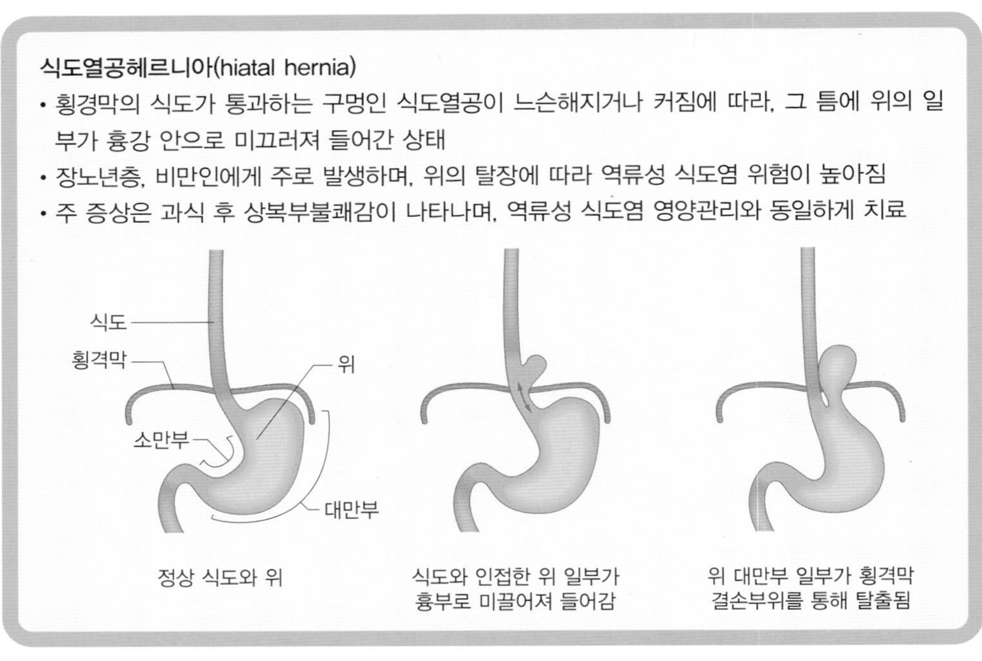

식도열공헤르니아(hiatal hernia)

- 횡경막의 식도가 통과하는 구멍인 식도열공이 느슨해지거나 커짐에 따라, 그 틈에 위의 일부가 흉강 안으로 미끄러져 들어간 상태
- 장노년층, 비만인에게 주로 발생하며, 위의 탈장에 따라 역류성 식도염 위험이 높아짐
- 주 증상은 과식 후 상복부불쾌감이 나타나며, 역류성 식도염 영양관리와 동일하게 치료

정상 식도와 위

식도와 인접한 위 일부가 흉부로 미끌어져 들어감

위 대만부 일부가 횡격막 결손부위를 통해 탈출됨

(3) 증상 및 합병증

- 위산이 식도로 역류함으로써 가슴 쓰림, 가슴 답답함, 속쓰림, 신트림, 목에 이물질이 걸린듯한 느낌, 목 쓰림, 목소리의 변화, 가슴 통증 등이 발생한다.
- 합병증으로 식도궤양, 토혈, 혈변, 식도협착, 바레트 식도 등이 있다.

바레트 식도

- 하부식도 조직의 편평상피세포가 원주상피세포로 대체되어 장점막화된 병변
- 하부식도의 위산 역류에 의한 합병증으로 발생하며, 전암성(precancerous) 병변으로도 작용해 2~5%가 선암종으로 이행되므로, 역류성 식도염은 적극적으로 치료해야 함

(4) 영양관리

- 기름진 음식, 과식, 취침 직전의 음식 섭취, 카페인음료, 탄산음료 등은 질병을 악화시킬 수 있으므로 피한다.

- 비만, 흡연, 음주 등도 역류성 식도염의 위험인자로서 증상이 악화될 수 있으므로 피하도록 한다.
- 약물치료는 위산분비 억제제를 사용한다. 식도염이 수십 년 이상 만성적으로 지속되는 경우 식도암의 위험이 높아질 수 있다.

표 3-11 역류성 식도염의 식사 관리

- 소량 식사를 자주 섭취한다.
- 늦은 밤 음식 섭취를 제한한다.
- 식사 후 몸을 구부리거나 뛰거나 눕는 것을 피한다.
- 과체중이나 비만인 경우, 체중을 감량한다.
- 카페인음료와 알코올을 제한한다.
- 자극성이 강한 음식, 통증을 유발하는 음식을 피한다.

요점정리
SUMMARY

구강건조증(xerostomia)

- 타액분비 감소에 의해 입안이 건조해지면서 점막이 갈라지거나 함몰되는 증세
- 미각, 언어능력, 식사량에 영향
- 증상 : 구강 내 염증, 치아 우식증, 잇몸질환, 구취, 만성 작열감 등의 증상이 있음
- 영양관리 : 입을 물로 자주 적시고, 식사 중에도 물을 마심, 맵거나 건조한 음식, 카페인음료, 가당음료는 피해야 함

연하곤란증(dysphagia)

- 식도의 기계적인 협착이나 신경계 질환, 근육질환에 의한 운동성 장애에 의해 발생
- 증상 : 기침, 사레, 호흡장애, 언어장애, 쉰 목소리, 영양불량, 체중 감소, 탈수 위험 등
- 영양관리 : 연하능력에 따라 부드러운 연식 형태의 연하보조식을 제공하며, 소량씩 자주 식사해야 함

역류성 식도염(reflux esophagitis)

- 원인 : 하부식도괄약근의 긴장 완화, 복부의 압력 증가, 임신, 위배출 지연, 위의 체적 증가, 알코올, 흡연, 비만, 중추신경억제제 복용 등
- 증상 : 가슴 통증, 신트림, 목에 이물질이 걸린듯한 느낌, 목 쓰림, 목소리 변화
- 영양관리 : 소량 식사, 카페인음료, 알코올, 자극성이 강한 음식, 통증 유발 음식은 금지
- 기타 : 증상 완화를 위해 식사 후 몸을 구부리거나 뛰거나 눕는 것을 피하고, 비만인 경우, 체중을 감량해야 함

3. 위질환

1) 급성위염

(1) 병리

- 위 점막조직에 갑작스럽게 나타나는 일시적인 염증성 질환을 급성위염(acute gastritis)이라고 한다.
- 위의 내부는 pH 1에 가까운 매우 강산성을 띠며 이는 잠재적으로 위점막에 손상을 미칠 수 있다. 이에 위점막에서는 점액을 분비하여 얇은 막 형태로 점막층을 만들고 중탄산염을 분비하여 중화시키는 등 점막 보호기전을 가지고 있다. 이러한 보호기전 중 일부가 무너지면서 위염이 발생한다.

(2) 원인

- 급성위염은 직접적으로 위벽을 손상시키는 과도한 음주, 폭식, 상한 음식 섭취, 뜨겁거나 찬 음식 섭취에 의해 발생되기도 하며 진통제, 소염제, 아스피린 등의 약물 복용, 헬리코박터균 감염 등에 의해 나타난다.
- 암 환자의 경우 방사선요법, 화학요법으로 인해 위 점막층 재생이 억제되어 위염이 발생하기도 하며, 고산지대에서는 저산소증에 따른 위산분비 과다로 인해 발생하기도 한다.

(3) 증상

- 상복부 통증, 구역질, 구토, 위 팽만감, 식욕부진, 속쓰림, 피로, 설사, 발열 등이 나타난다.
- 심한 환자에서는 궤양, 출혈, 토혈, 혈변 등이 나타나기도 한다.

(4) 영양관리

- 통증이 심한 경우 1~2일 금식한다. 금식을 할 때에도 수분 공급을 자주 한다.

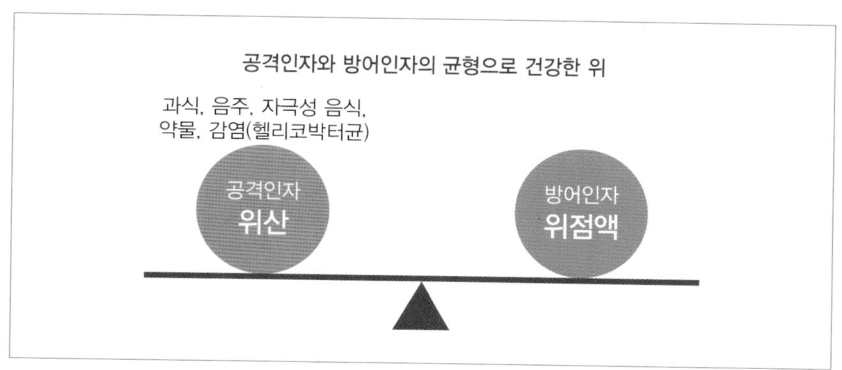

위염의 발생기전

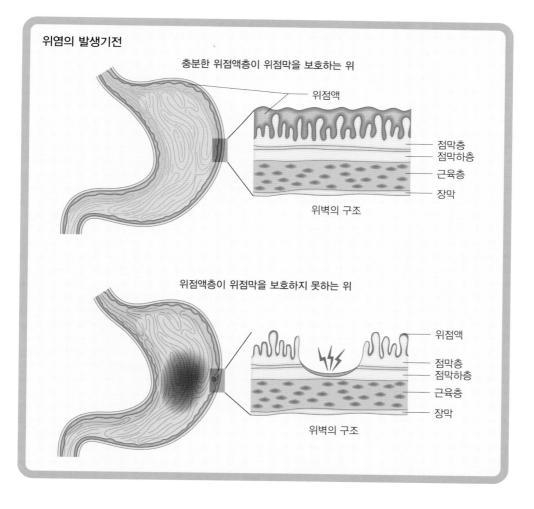

충분한 위점액층이 위점막을 보호하는 위

위점액
점막층
점막하층
근육층
장막

위벽의 구조

위점액층이 위점막을 보호하지 못하는 위

위점액
점막층
점막하층
근육층
장막

위벽의 구조

- 통증이 가라앉으면 유동식을 실시한다. 쌀미음이나 우유, 육수 등을 제공하며 증상이 호전됨에 따라 농도를 높여 점차 일반식으로 진행한다.
- 위산분비를 자극하는 식품을 피한다.
- 염증 조직 재생을 위해 단백질 공급은 필요하지만 위산분비를 자극할 수 있으므로 과다하지 않도록 한다.

급성위염 영양관리 목표
- 위점막 염증 자극 최소화
- 염증조직 재생
- 통증 완화

2) 만성위염

(1) 병리

- 만성위염(chronic gastritis)은 청장년기에 주로 나타나는 미란성 위염(erosive gastritis : 과산성 위염)과 노인계층에서 흔히 발생하는 위축성 위염(atrophic gastritis : 저산성위염)이 있다. 만성위염은 급성위염에서 이행되는 경우도 있으며, 만성형으로 처음부터 진행되는 경우도 있다.
- 만성위염의 가장 일반적인 원인은 헬리코박터균 감염에 의한 위염(helicobacter pylori gastritis)으로 만성위염 환자의 90% 정도를 차지한다. 헬리코박터균에 감염되면 위 중탄산염 운반자가 억제되어 위점막층의 손상 감수성이 증가되고 염증이 진행된다. 일반적으로 위산이 많이 분비되는 전정부 위염으로 나타난다. 십이지장궤양이 증가되기도 하며, 위염이 위체부, 위저부로 진행되기도 한다.
- 위축성 위염은 환자의 10% 이하에서 나타나며 자가면역위염으로서, 헬리코박터균 감염이 없는 환자에서 나타난다.

(2) 원인

- 만성위염의 대표적 원인으로는 헬리코박터균 감염, 약물, 흡연, 만성적인 알코올 섭

취, 불규칙한 식사 습관에 의한 담즙 역류, 위절제술 등을 들 수 있다.

- 그 외 방사선 상해, 만성 담즙역류 등이 있으며, 드물게는 크론병, 아밀로이드증, 이식편대숙주병(동종 조혈모세포 이식 환자의 합병증) 등의 전신질환에 의해서도 발병될 수 있다.

(3) 증상

- 만성위염의 증상은 개인차가 대단히 크며, 전혀 증상을 느끼지 못하는 사람부터 증상을 심하게 겪는 사람까지 매우 다양하다.
- 일반 증상으로는 구역질, 상복부 통증, 속쓰림, 소화불량, 심와부(명치) 통증, 복부

헬리코박터균(*Helicobacter pylori*)

- 길이 2~7μm의 나선형 혹은 곡선형의 G(-) 간균
- '우레아제'라는 효소를 만들어 위 점막에 있는 극미량의 요소를 분해, 알칼리성의 암모니아를 만들면서 주변을 중화시키고, 위 점막 상피세포를 손상시킨다.
- 주로 사람을 통해 전파되며, 우리나라의 경우 60~70%의 인구층이 감염되어 있다.
- 위산분비 증가에 따라 위염, 위궤양이 발생할 수 있으며, 위암 위험을 증가시키기도 한다.
- 만성위염, 위궤양 및 십이지장궤양을 가진 대부분의 사람들의 위 생검시료에서 발견된다.

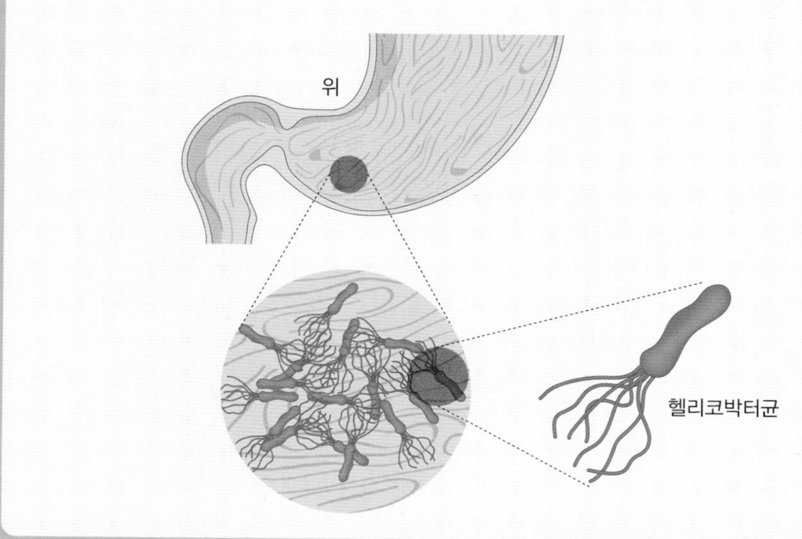

팽만감, 식욕부진, 트림 등이 있으며, 때로 구토를 동반하기는 하지만 토혈은 흔하지 않다.

(4) 진단

- 위내시경검사가 가장 좋은 위염 진단 방법이다.
- 우리나라는 전 세계에서 헬리코박터균 보균율도 높고, 위암의 발생률도 가장 높은 지역이므로, 만 40세 이상에서는 위내시경검사를 통한 진단을 받는 것이 좋다.
- 위염을 분류하고, 원인에 대한 감별이 꼭 필요한 경우에는 조직검사를 병행하여 염증의 정도와 원인에 대해 진단한다.
- 만성위염의 경우, 정기적인 위내시경검사를 통해 위염의 정도가 변하는지 추적검사를 해야 한다. 이는 만성위염의 일부에서 위암의 발생률이 높아지기 때문이다.

(5) 영양관리 및 치료

- 만성위염의 경우에는 염장식품, 불에 구운 생선이나 고기, 신선하지 않은 오래된 음식 등이 위암의 발생률을 높일 수 있으므로 피하는 것이 좋다. 대신 신선한 채소, 물에 삶은 고기, 신선하게 보관된 음식을 섭취한다.
- 미란성 위염(과산성 위염)은 위점막을 자극하고 위산분비를 증가시키는 음식을 제한한다. 연식을 기준으로 하고, 매운 음식, 너무 뜨겁거나 찬 음식, 카페인음료, 탄산음료, 과일주스, 알코올, 식초, 커피, 담배 등은 위염 증상을 악화시키므로 제한한다.
- 위축성 위염(저산성 위염)은 위액분비선이 위축되고 손실되어 위액분비가 안 되다 보니 단백질 소화가 지장을 받게 된다. 신선한 채소 위주의 식사를 지키도록 한다.
- 위산 억제제, 위장 점막 보호제가 주로 투여된다.
- 아스피린이나 진통제에 의해 심한 출혈성의 병리적 증상이 있었던 경우에는 헬리코박터균 치료를 적극적으로 권하고 있다.
- 음주, 흡연, 진통 소염제 남용 등은 피하도록 한다.

요점정리
SUMMARY

급성위염(acute gastritis)

- 위 점막조직에 갑작스럽게 나타나는 일시적인 염증성 질환
- 원인 : 과도한 음주, 폭식, 상한 음식 섭취, 약물 복용, 헬리코박터균 감염
- 증상 : 상복부 통증, 구역질, 구토, 위 팽만감, 식욕부진, 속쓰림, 피로, 설사, 발열
- 영양관리 : 통증이 심한 경우 1~2일 정도 금식하고, 그 후 통증이 가라앉으면 유동식을 실시하여 증상이 호전됨에 따라 점차 일반식으로 진행, 위산분비를 자극하는 식품을 피함

만성위염(chronic gastritis)

- 미란성 위염(과산성위염)과 위축성 위염(저산성위염)으로 나뉨
- 원인 : 헬리코박터균 감염, 약물, 흡연, 만성적인 알코올 섭취, 불규칙한 식사 습관에 의한 담즙 역류, 위절제술 등
- 증상 : 구역질, 상복부 통증, 속쓰림, 소화불량, 심와부(명치) 통증, 복부 팽만감, 식욕부진, 트림, 구토 등
- 미란성 위염(과산성 위염)은 위점막을 자극하고 위산분비를 증가시키는 음식을 제한, 연식을 기준으로 하고 매운 음식, 너무 뜨겁거나 찬 음식, 카페인음료, 탄산음료, 과일주스, 알코올, 식초, 커피, 담배 등은 위염 증상을 악화시키므로 제한함
- 위축성 위염(저산성 위염)은 위액분비선이 위축되고 손실되어 위액분비가 안 되어 단백질 소화가 지장을 받게 됨

3) 소화성 궤양

(1) 병리

- 위나 십이지장 점막이 염증에 의해 부분적으로 손상되어 가장 표면에 있는 점막층보다 깊이 패이면서 점막근층 이상으로 손상이 진행된 상태를 위궤양(gastric ulcer) 또는 십이지장궤양(duodenal ulcer)이라고 한다.
- 위와 십이지장 점막은 위산, 각종 소화효소, 담즙, 복용한 약물, 알코올 등의 세포를 손상시키는 공격인자에 노출되기 쉽다. 하지만 점막세포에서는 뮤신 형태의 점액과 중탄산염 등을 분비해 얇은 막을 만들어서, 공격인자에 대해 여러 단계로 방어를 하는데, 이러한 공격인자와 방어인자의 균형이 깨질 때 위와 십이지장의 점막이 손상되어 궤양을 일으키게 된다.

(2) 원인 및 위험요인

- 소화성 궤양의 원인으로는 헬리코박터균의 감염, 진통제 복용, 흡연 등이 대표적이며, 이 중 헬리코박터균의 감염이 가장 흔한 원인이다.
- 위궤양의 70%, 십이지장궤양의 92%가 헬리코박터균 감염에 의한다. 헬리코박터균에 감염되면 위 중탄산염 운반자가 억제되어 위점막층의 손상 감수성이 증가되어 염증이 진행된다.
- 위산분비가 많아져서 궤양이 발생하는 십이지장궤양과는 다르게, 위궤양에서는 위산분비가 증가하지 않아도 궤양이 발생한다. 즉, 위산분비(공격인자)가 증가하는 것보다는 위장 점막의 병적인 변화에 의한 방어인자 감소가 위궤양 발생에 더 중요한 역할을 한다고 알려져 있다.
- 위장에서 십이지장으로 음식이 넘어가는 유문부위의 압력이 증가되어 위산을 포함한 위 내용물의 배출이 늦어지는 것도 소화성 궤양 발병의 한 요인이다.
- 정신적 스트레스가 지속되는 경우, 뇌하수체에서의 부신피질자극호르몬(ACTH)과 부신피질호르몬의 분비가 촉진되면서 위산분비가 증가되어, 소화성 궤양 발생과 악화의 원인이 되기도 한다.

소화성 궤양이 잘 나타나는 부위

- 식도와 위의 경계부위
- 위각, 전정부
- 십이지장 구부

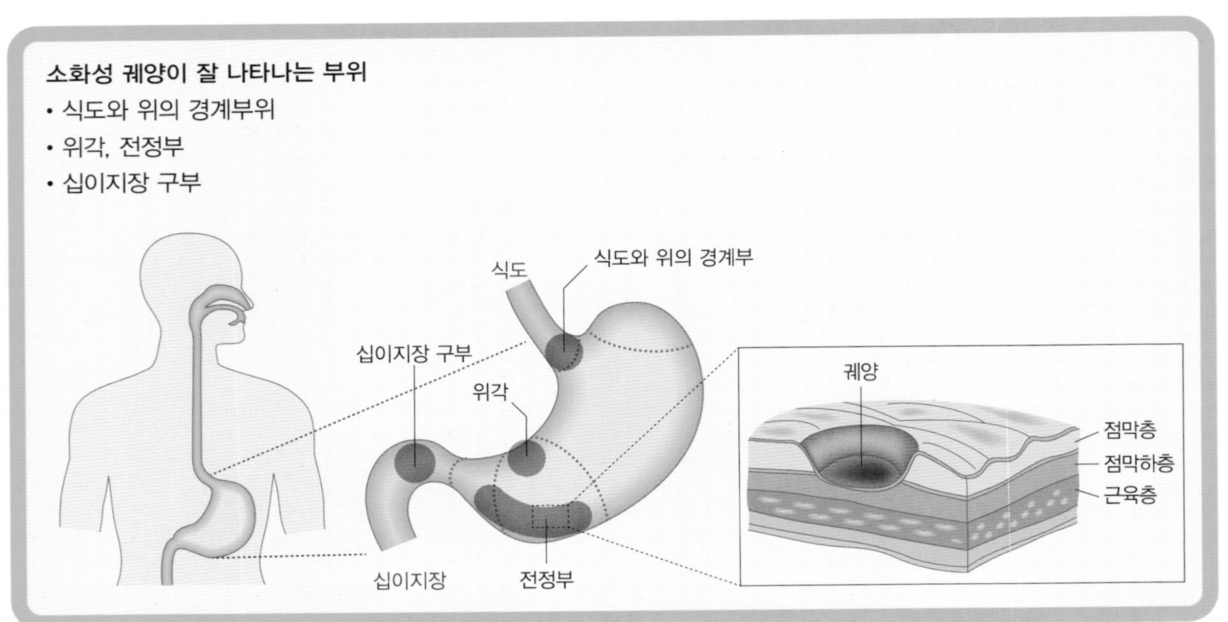

- 진통제(해열제, 소염제)는 약물이 위장 점막에 직접 닿아서 자극을 일으키거나 또는 위장 점막 세포층의 재생과 기능을 조절하는 프로스타글란딘(prostaglandin)의 생성 과정이 진통제에 의해 차단되기 때문에 위장 점막이 손상되어 궤양을 유발시킨다.
- 흡연은 위장 점막세포의 재생과 점막 아래 조직의 혈액순환 장애를 가져와 궤양을 발생시킨다.

(3) 증상 및 합병증

- 소화성 궤양은 복통이나 심와부(명치) 통증이 나타나며 식욕부진, 메스꺼움, 구토, 체중 감소, 가슴통증 등이 증상이 나타난다. 또한 장출혈, 토혈, 흑색변, 빈혈 등이 나타날 수 있다. 만성적인 유문부 궤양과 십이지장 궤양은 장폐색이 나타나 구토, 체한 증상 등이 지속될 수 있다. 궤양 천공(장이 뚫림)이 생기면 급성 복통으로 나타나기도 한다.
- 소화성 궤양과 연관된 합병증으로는 출혈, 천공, 위출구 폐쇄 등이 있다. 궤양으로 인한 출혈은 60세 이후에 잘 발생하며 흡연자, 진통제를 복용하는 사람들에게서 더 흔히 나타난다. 소화성 궤양이 치료되지 않은 경우에는 궤양이 점막을 뚫어서 장천공이 생기기도 하며, 유문부에 재발성 궤양이 있는 경우에는 부종과 염증으로 인해 위장에서 음식이 빠져나가지 못하는 위출구 폐색이 나타나기도 한다.

표 3-12 소화성 궤양의 합병증

출혈	• 환자의 15~20%에서 발생, 가장 빈번한 합병증 • 궤양의 첫 번째 소인 • 궤양으로 인한 사망의 25%를 차지
천공	• 환자의 15% 이상에서 발생 • 궤양으로 인한 사망의 2/3를 차지
폐쇄	• 부분 만성궤양에서 부종, 혹은 병터의 속발성으로 나타남 • 약 2% 환자에서 발생 • 대부분 유문관 궤양과 연관 • 십이지장궤양을 동반할 수 있음 • 경련성 복통 유발

(4) 진단

- 소화성 궤양은 위장조영술검사나 상부위장관 내시경검사를 통해 진단하게 된다. 소화성 궤양이 있는 경우 악성종양과 관련된 궤양인지를 감별해야 하므로, 위장조영술보다는 조직검사가 가능한 위내시경검사가 바람직하다. 이때 위궤양의 원인인자인 헬리코박터균의 감염 유무를 검사하도록 한다.
- 소화성 궤양은 치료 후에도 위내시경검사를 통해 궤양이 완전히 치유되었는지 확인해야 하며, 헬리코박터균의 치료 여부도 확인하여야 한다.

위장조영술검사
- 발포제와 조영제가 섞여 있는 약을 먹은 후 생체 바깥에서 방사선을 찍어 상부위장관(식도, 위장, 십이지장)의 표면에 조영제가 묻어 있는 양상을 확인하는 검사법
- 상부위장관 내시경 검사에 비해 고통이 적음
- 8시간 이상 금식 후 시행함

(5) 치료 및 예방

- 약물치료에는 위산분비 억제제(제산제, 양성자펌프 억제제 등) 또는 궤양의 치유를 돕는 점막 보호인자(예 수크랄페이트 등) 등의 약물이 사용되며, 4~8주간 복용한다.
- 소화성 궤양의 재발을 방지하기 위해서는 헬리코박터균에 대한 치료를 병행해야 한다. 이를 위해 두 종 이상의 항생제와 위산 억제제를 포함하여 1~2주간 복용한다. 헬리코박터균에 대한 치료를 하지 않는 경우에는 50~60%에서 재발하는 것으로 알려져 있다. 적절한 치료가 이루어진 경우에는 대개 4~8주 정도면 궤양이 치유된다. 따라서 헬리코박터균에 대한 치료를 시행한 경우에는 치료가 끝나고 4~6주 후에 검사를 통해 완전히 치유되었는지 확인한다.
- 한편 출혈이나 위출구폐색, 장천공 등의 합병증에 대해서는 내시경적 치료뿐만 아니라 수술까지 필요한 경우가 많다.

(6) 영양관리

- 소화되기 쉬운 부드러운 식품을 선택한다. 위궤양에서는 특별히 피해야 하거나 적극 섭취해야 하는 음식은 별로 없지만, 영양균형을 갖춘 식사를 통해 궤양 치료에 필요한 영양공급을 원활히 하고, 적절한 식사량과 규칙적인 식사시간을 지켜 위산분비에 따른 위점막 자극을 피하도록 하는 것이 매우 중요하다. 늦은 저녁 식사는 위산분비를 촉진하므로 피한다.
- 위산분비를 증가시키고 위 점막조직을 직접적으로 자극하는 후추, 커피, 카페인 함유식품(예 초콜릿, 콜라 등), 알코올은 제한한다.
- 단백질은 위산분비를 촉진시키지만, 궤양 부위의 치유를 위해서는 적절한 단백질 섭취가 필요하다. 부드러운 흰살 생선, 살코기, 두부 등이 적당하다.
- 지방은 위산분비를 억제하므로 적당량을 섭취한다. 특히 DHA, EPA 등의 n-3 지방산은 프로스타글란딘 생성을 통해 위점막보호에 도움을 줄 수 있다.
- 식이섬유는 위산 중화 역할을 하며 위장관 통과 속도를 늦추어 위산분비를 낮추는데 도움이 되므로 충분히 섭취한다. 특히 제산제 복용에 따라 변비 위험이 높은 경우 충분히 섭취하여 변비를 예방하도록 한다.
- 우유는 일시적으로 위산을 중화해 증상을 완화시키는듯 하지만, 단백질과 칼슘이 다량 함유되어 있어서 오히려 위산분비량을 증가시킨다. 따라서 다량의 우유 섭취는 제한한다.
- 과일주스나 채소주스는 위점막을 크게 자극하지는 않는다. 그러나 구연산(시트르산)이 많이 함유된 오렌지주스는 역류증상을 유발시킬 수 있으며 속쓰림이 가중될 수 있으므로 피한다.
- 출혈이 있는 경우에는 지혈이 잘 되었는지 확인하기 위해 2~3일간 금식한다.
- 위산분비를 촉진시키는 관절염약이나 진통제를 복용할 경우 점막 보호제를 함께 복용한다.
- 위점막을 직접적으로 손상시키는 불필요한 약물 복용도 피하며, 금연도 필수이다.
- 잦은 식사는 위를 자극하여 오히려 위액분비를 증가시킬 수 있다.

표 3-13 소화성 궤양의 영양관리

구분	허용식품	제한식품
곡류	백미, 죽, 흰빵, 카스테라, 감자, 비스킷	현미, 통밀, 잡곡, 라면, 말린 콩, 견과류, 팝콘, 고구마
국 및 수프류	맑은 된장국, 크림수프	진한 고기국, 매운 국이나 찌개, 토마토수프
어육류	기름기가 적은 육류, 생선, 달걀, 닭고기	고추, 후추 등 자극적인 향신료가 첨가된 조리된 육류, 훈제육, 절인 생선, 젓갈류
채소류	저섬유 채소(예 당근, 시금치, 가지, 애호박, 오이 등), 조리 채소	향미 채소(예 파, 마늘, 양파, 고추, 샐러리), 식이섬유가 과다한 채소, 매운 김치
과일류	통조림, 조미한 것, 시지 않은 것, 과일주스	신맛이 강한 과일, 건조 과일, 고식이섬유 과일(예 파인애플, 감 등)
우유	저지방우유, 두유, 바닐라아이스크림	초코우유, 호두아이스크림
당 및 후식류	꿀, 물엿, 젤리	잼, 견과류가 들어 있는 과자
음료	차, 허브차	커피, 코코아, 홍차, 콜라
기타	간장, 된장, 소금, 마가린, 설탕, 식용유	고추, 후추, 겨자, 카레, 파, 마늘

표 3-14 위궤양과 십이지장궤양 비교

구분	위궤양	십이지장궤양
호발연령	• 60대	• 50대
증상	• 명치, 윗배, 배꼽 주위가 쓰린 통증 • 위부팽만감 • 가슴이 쓰리고 아픔	• 쓰리고 찌르는 통증 • 구역질, 구토 • 체중 감소
위배출 시간	• 증가(지연)	• 감소(빠름)
통증시간	• 식후 1~2시간 이내	• 주로 공복에 나타나거나 심해짐 • 새벽시간
식욕	• 저하	• 증가
출혈	• 토혈	• 혈변
진단	• 위내시경검사나 상부 위장관조영술	
합병증	• 위벽이 뚫리는 천공(윗배가 심하게 아프고 단단해짐) • 폐색(음식이 소장으로 내려가지 못해 음식을 먹을 때마다 토하게 됨)	

요점정리
SUMMARY

소화성 궤양(peptic ulcer)

- 증상 : 위장 점막이 염증에 의해 부분적으로 손상되어 점막층보다 깊이 패이면서 점막근층 이상으로 손상이 진행된 상태
- 원인 : 헬리코박터균의 감염, 진통제 복용, 흡연 등이 대표적이고, 이 중 헬리코박터균의 감염이 가장 흔한 원인
- 영양관리
  - 위산분비를 증가시키고 위 점막조직을 직접적으로 자극하는 후추, 커피, 카페인 함유식품(초콜릿, 콜라 등), 알코올은 제한함
  - 단백질, 지방, 식이섬유는 적당히 섭취함
  - 다량의 우유 섭취와 오렌지주스는 제한함

4) 위 수술

(1) 개요

- 위의 일부 또는 전부를 절제하는 수술(gastrectomy)은 절제하는 부위에 따라서 유문측 위절제술, 분문측 위절제술이 있다. 위를 전부 절제하는 것은 위전적출술이라고 한다. 소화성 궤양질환에서 약물치료의 효과가 없거나, 혹은 천공, 출혈, 위 출구 폐색 등의 합병증이 나타났을 때, 혹은 위암 등의 치료를 위해 시행된다. 위체부나 분문부에 암이 있을 경우는 흔히 전체적제술을 행한다.
- 수술 후 장애로는 현기증 · 불쾌감 · 심계항진 · 발한 · 권태감 등 일련의 불쾌증세(덤핑증후군)가 나타나는 경우도 있는데, 발생빈도는 약 2% 정도이다. 위를 절제한 후에 나타나는 영양문제는 〈표 3-15〉에 요약하였다.

(2) 영양관리

- 수술 후 유동식부터 시작하여 고형식으로 이행을 단계적으로 실시하여 덤핑증후군

을 예방한다.

- 위절제 수술 후 2~3개월간은 고단백질이고 소화가 잘되는 식사를 1일 5~6회로 나누어 섭취한다. 수술 상처 치료와 회복을 돕는다.
- 소화가 잘 안 되는 질인 음식이나 죽순·버섯 등은 되도록이면 피하도록 한다.
- 지나친 식사제한은 수술 후 영양장애를 일으킨다.
- 위를 전체 절제했을 경우 흔히 빈혈이 생긴다. 비타민 B_{12}의 정상적인 흡수에 필요한 내적 인자가 없기 때문이다. 또한 위산의 감소, 흡수 부족, 섭취 부족에 의해 철 결핍 우려도 높다. 따라서 이 경우에는 비타민 B_{12}, 엽산제제, 철보충제 등을 섭취한다.
- 칼슘 흡수가 저해되어 골다공증 위험이 증가하므로 위 수술 후, 칼슘과 비타민 D 보충제를 권한다.

덤핑증후군(dumping syndrome)

- 식후 위 내용물이 소화과정을 거치지 않고 곧바로 장으로 이동하여 발생하는 증상이며, 위절제증후군(postgastrectomy syndrome)이라고도 함
- 음식물은 위에서 유미즙으로 부드러운 죽 형태로 된 후, 조금씩 십이지장으로 내려가 활발히 소화작용을 받음. 그러나 위절제로 인해 위장 크기가 작아지고 위액분비량과 연동작용이 감소되면 음식물이 위에서 유미즙으로 되지 못하고 덩어리째 십이지장으로 넘어가게 되며 이를 덤핑이라고 함
- 조기 덤핑증후군(식사 후 약 30분~1시간 사이에 발생)과 후기 덤핑증후군(식후 90분~3시간 사이에 발생)이 있음
- 증상 : 어지러움, 빈맥, 오심, 구토, 발한, 탈력감, 메스꺼움, 심계항진 등
- 식후 5~60분 경과 : 주로 복부팽만, 복통, 오심, 구토, 빈맥, 어지러움, 발한 등이 나타남
- 식후 90분~3시간 : 식은땀, 떨리고, 빙빙 도는듯한 느낌, 빈맥, 정신이 혼미해지는 증상이 나타나는데 이는 탄수화물이 많은 식사가 소장으로 들어와서 갑자기 혈당을 높이고 인슐린 분비가 많아지기 때문에 나타나는 저혈당 증상임
- 수술환자의 5~40%에서 발생함
- 탄수화물 섭취량을 1일 100~200g으로 줄이고, 회복되더라도 총 에너지섭취량의 60% 이내로 제한함
- 단백질은 손상된 위점막 재생에 필수적이므로 총 에너지섭취량의 20% 수준으로 충분히 섭취함
- 저혈당증이 나타날 때 적당한 당분의 섭취, 포도당 주사, 진정제나 자율신경차단제의 투약이 효과적임

표 3-15 위절제술 후 나타나는 영양문제

영양문제	원인
체중 감소	• 위절제술 후 평균 10% 정도 체중 감소 • 섭취량 감소에 의함
골질환	• 위산 부족으로 칼슘이 충분히 이온화되지 못하여 소장에서의 흡수율이 낮아짐 • 유당불내증이 나타난 경우, 우유 및 유제품 섭취량 감소 • 칼슘의 흡수장소인 십이지장을 우회한 경우 • 장 통과속도가 빨라지면서 흡수 시간 감소
구리 결핍	• 위산 부족으로 구리가 충분히 이온화되지 못하여 흡수율이 낮아짐 • 구리의 주요 흡수장소인 십이지장 우회한 경우
빈혈	• 위절제술 후 가장 흔한 영양문제 • 철 부족 : 주요 흡수장소인 십이지장 우회 위산분비 부족으로 흡수 감소 • 비타민 B_{12} 결핍 : 위벽에서의 내적인자 분비 부족에 의한 흡수 감소

베리아트릭수술(bariatric surgery)

• 고도 비만 및 관련 합병증을 치료하기 위해 위의 크기를 제한하거나 위에서 소장으로 우회로를 만드는 각종 수술법이다.
  - 위 조절 밴드술(adjustable gastric banding) : 1~2시간
  - 위소매모양 절제술(sleeve gastrectomy) : 1시간 이상
  - 루와이 위우회술(Roux-en-Y gastric bypass) : 2~3시간
• 수술 후에는 위의 용적이 작아지므로 부드러운 음식을 소량씩 섭취한다.

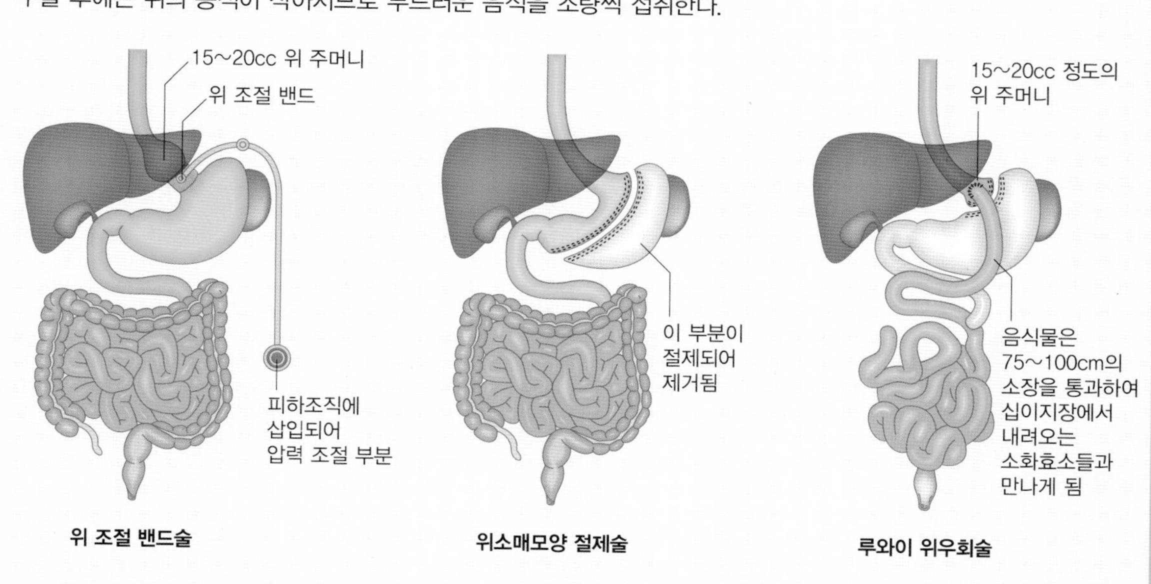

- 대부분 수술 직후 유당불내증인 경우가 많으므로 유제품은 제한한다.
- 물이나 음료는 고형식을 섭취하고 30분 이상 경과하였을 때 마시도록 한다.

> **요점정리**
> SUMMARY
>
> **위 수술**
> - 위의 일부 또는 전부를 절제하는 수술(gastrectomy)을 한 경우 덤핑증후군(현기증 · 불쾌감 · 심계항진 · 발한 · 권태감 등 일련의 불쾌증세) 발생을 주의해야 함
> - 위절제술 후 체중 감소, 골질환, 구리 결핍, 철과 비타민 B_{12} 결핍에 의한 빈혈 등 다양한 영양문제 위험이 높아짐
> - 위 수술 후 유동식부터 시작하여 고형식으로 이행을 단계적으로 실시하여 덤핑증후군을 예방해야 함
> - 위절제술 후 소화가 잘되는 고단백식을 실시하고, 1일 5~6회로 나누어 섭취함
> - 철 및 칼슘 결핍 우려가 높으므로 비타민 B_{12}, 엽산제제, 철보충제 등을 섭취함

4. 장질환

1) 설사

- 설사(diarrhea)는 수분이 많은 대변을 빈번하게 배설하는 것이 특징이며, 배변 횟수가 하루 4회 이상이거나 하루 250g 이상의 묽은 변이 나올 때를 말한다.
- 음식물의 소화 감소, 액체와 영양소의 흡수 부족 또는 위장관으로 액체 분비 증가 등이 일어날 때, 장의 내용물이 소장을 통해 지나치게 빠르게 통과되어 설사가 일어난다.
- 성인이 설사를 2~3주 이상 지속하면 만성 설사, 그 이하를 급성 설사라고 정의한다.

(1) 원인

설사의 원인으로는 염증성 질환, 곰팡이나 박테리아 및 바이러스 감염, 약제, 설탕의 과

잉섭취, 장 점막 흡수표면적의 부족 또는 손상 및 영양불량이 있다.

(2) 증상

- 심하거나 지속적인 설사는 탈수와 전해질 불균형(특히 나트륨과 칼륨의 손실)을 초래할 수 있다.
- 만성적인 경우 체중 감소와 영양불량이 나타나게 된다.
- 열, 극심한 복통, 소화불량 및 출혈과 같은 증상을 동반할 수 있다.

(3) 종류

설사는 원인에 따라 삼투성 설사, 분비성 설사 및 삼출성 설사로 분류할 수 있다.

① 삼투성 설사

- 삼투성 설사는 삼투활성물질이 장관에 존재하거나 흡수가 잘되지 않을 때, 이러한 물질들이 대변으로 수분 함량을 증가시켜 일어나게 된다.
- 원인으로는 잘 소화되지 않는 당류(솔비톨, 만니톨, 과당)의 과잉섭취, 마그네슘이나 인산 함유 하제의 섭취, 덤핑증후군 및 유당분해효소의 결손이 있다.

② 분비성 설사

- 분비성 설사는 장내 상피세포에 의해 전해질과 수분의 분비가 활성화되어 장 세포에 의해 재흡수될 수 있는 양을 초과할 때 일어난다.
- 주로 박테리아 외독소, 바이러스 및 장내 호르몬 분비 증가 등이 원인이다.
- 삼투압성 설사와는 달리 금식이 분비형 설사를 경감시키지 않는다.

③ 삼출성 설사

- 삼출성 설사는 대부분 점막 손상과 관련되어 일어나는데 점액, 체액, 혈액과 혈장 단백질을 장관 내로 흘려보내 전해질과 수분이 축적되고, 프로스타글란딘과 시토카인이 방출된다.
- 크론병, 궤사성 대장염 및 방사선 대장염 등과 관련된다.

(4) 치료 및 영양관리

- 설사의 영양관리는 저잔사, 저지방 및 유당제거식이 바람직하다.
- 손실된 수분과 전해질을 보충하기 위해서 수분과 전해질을 공급한다.
- 적당한 양의 프로바이오틱스(probiotics) 보충이 설사를 조절하거나 치료하는 데 도움을 줄 수 있다.

잔사(residue)
소화되지 않은 음식물(특히 식이섬유), 장관의 세포찌꺼기, 장관 내 박테리아 등

저잔사식(low residue diet)
- 식이섬유 함량이 중 정도 또는 그 이상인 식품과 식이섬유 함량은 적지만 대변의 용적을 늘리는 식품을 제한하는 식사
- 우유나 육류의 결체조직과 같은 식품은 식이섬유 함량은 낮으나 변의 용적을 증가시키므로 저잔사식에서 제한함

프로바이오틱스
- 섭취하여 장에 도달했을 때에 장내 환경에 유익한 작용을 하여 건강에 좋은 효과를 주는 살아 있는 균
- 현재까지 알려진 대부분의 프로바이오틱스는 유산균임
- 프로바이오틱스로 인정받기 위해서는 위산과 담즙산에서 살아남아 소장까지 도달하여 장에서 증식하고 정착하여야 하며, 장관 내에서 유용한 효과를 나타내어야 하고 독성이 없으며 비병원성이어야 함

① 국내 건강기능식품에 프로바이오틱스로 사용할 수 있는 균주

구분	종류
Lactobacillus	*L. acidophilus, L. casei, L. gasseri,* *L. delbrueckiissp bulgaricus,* *L. helveticus, L. fermentum, L. paracasei, L. plantarum,* *L. reuteri, L. rhamnosus, L. salivarius*
Lactococcus	*Lc. lactis*
Enterococcus	*E. faecium, E. faecalis*
Streptococcus	*S. thermophilus*
Bifidobacterium	*B. bifidum, B. breve, B. longum, B. animalis* ssp. *lactis*

② 프로바이오틱스의 기능

- 유당불내증 개선
- 콜레스테롤 수치 감소
- 면역기능 개선(감염예방)
- 스트레스로 인한 유해한 세균의 성장 방지
- 장의 치료 및 항생제 역할
- 결장암 예방
- 혈압 감소
- 무기물의 흡수 개선
- 과민성 대장증후군과 결장염 개선

▪ 설사를 악화시키는 식품은 〈표 3-16〉에 나타나 있다.

▪ 장의 감염 치료에 처방되는 항생제는 결장 내 삼투활성물질(탄수화물과 아미노산)을 가스와 짧은사슬지방산으로 전환시키는 박테리아의 수를 크게 감소시켜 삼투활성물질이 축적되어 전해질과 물의 흡수가 감소된다.

표 3-16 설사를 악화시키는 식품

피해야 하는 식품	이유
고식이섬유 식품	결장 내 찌꺼기 증가
소화되지 않는 탄수화물 식품	삼투성 설사 악화
과당, 설탕이나 당알코올을 포함하는 식품	삼투성 설사 악화
우유 및 유제품(유당불내증이 있는 경우)	삼투성 설사 악화
지방	설사 악화
가스-생성 식품	장 팽창과 복부 불편감
카페인 함유 식품	장 운동 촉진

2) 변비

▪ 변비(constipation)는 서구사회에서 가장 흔한 장질환 중 하나로, 유병률은 5~25% 정도이다.

▪ 변비는 배변이 정상적으로 이루어지지 않는 증상으로, 대변이 오랫동안 장관 내에 머물러 수분이 감소해서 변이 굳고 건조하며 배변의 횟수와 변의 양이 감소되어 복부 불편감과 장운동이 드물게 일어나는 질환을 말한다. 따라서 2~3일에 1회밖에 배변이 없어도 대변의 굳기가 보통이며 배변에 곤란을 느끼지 않을 때에는 변비라고

하지 않는다. 반면, 매일 소량의 배변이 있어도 단단하며, 배변 시 노력과 고통을 동반, 복부팽만, 두통, 불안 등의 불쾌감을 동반하는 것은 변비이다.

- 정상적인 분변량은 하루에 약 100~200g이고 정상적인 빈도는 주 3회 이상~하루 3회 이하이며, 정상적인 소화관 통과시간은 18~48시간이다.
- 변비가 만성화되면 치질, 게실증 및 맹장염이 발생할 수 있다.
- 변비의 원인은 다양하지만 전신적 · 신경계적 · 의학적 원인과 위장관계 원인에 의해 발생한다(표 3-17).
- 만성변비는 일상 생활습관에서 기인하는 경우가 많은데 이러한 만성변비에는 이완성 변비, 경련성 변비, 직장형 변비가 있다. 이완성 변비는 전체적으로 장 운동이 떨어져 있는 변비이고, 경련성 변비는 장 운동이 항진되어 있지만 변을 밀어내지 못하는 변비이며, 직장형 변비는 장 운동은 정상적이지만 직장 항문에 걸려서 배변을 하지 못하는 변비이다(그림 3-7).

표 3-17 변비의 원인

전신적/신경적/의학적 요인	위장관계 원인
• 섭취량 부족(식이섬유, 수분 부족) • 운동 부족 • 나쁜 배변 습관 : 배변을 참는 습관 • 약물 부작용 • 신경계 질환 • 대사 및 내분비 이상 질환 • 임신	• 암(직장암) • 상부 위장관 질환 • 대장질환 : 결장 무력증, 대장 출구폐색(직장의 협착) • 대장의 길이가 길고 꼬불꼬불하게 엉켜 있는 경우 • 과민성 대장증후군 • 치열, 치질 • 하제 남용

(1) 이완성 변비

- 이완성 변비는 대장기능이 이완되어 변을 항문 쪽으로 밀어내지 못해 내용물의 이동이 느려지고 그 때문에 변의 수분이 적어져 배변반사를 둔하게 하여 대장 속에 담고 있는 상태를 말한다.
- 배변을 참음으로써 발생하는 경우가 많고 젊은 여성에게 많다.

① 원인

- 이완성 변비는 직장의 예민성이 부족하기 때문에 발생하며, 여러 가지 원인이 있다.
- 식이섬유가 부족한 식사, 무리한 다이어트, 운동 부족, 노화로 인한 대장의 운동 기능 저하, 변의를 느꼈을 때 참는 습관, 약물(예 아편 함유 진통제, 알루미늄 함유 제산제, 삼환계 항우울제, 항경련제, 칼슘 길항제 및 철, 칼슘 보충제 등)의 과다 복용, 신경계 질환(예 파킨슨병, 척수손상, 다발성 경화증 등), 대사 및 내분비 이상 질환(예 갑상선기능부진증, 요독증, 고칼슘혈증 및 당뇨 등) 및 임신에 의해 이완성 변비가 발생한다.

② 증상

변비가 심해지면 복부의 팽만감과 압박감을 느끼며 두통, 식욕감퇴, 구역질, 피로감, 불면 및 불쾌감 등이 나타난다.

③ 치료 및 영양관리

- 이완성 변비를 치료하기 위해 올바른 배변 훈련, 기계적·화학적 자극을 주는 음식의 섭취 및 규칙적인 운동을 권장한다.
- 규칙적인 배변 습관을 기르도록 하며, 매일 아침에 배변하도록 노력한다.
- 변비 치료를 위한 영양관리 중 가장 중요한 것은 고식이섬유식이다.
  - 식이섬유는 만성적인 배설액, 미생물 양, 변 중량, 장 통과 횟수 및 속도를 증가시켜 대변을 부드럽게 하고 장을 통과하기 쉽게 한다.
  - 식이섬유는 전곡, 과일, 채소, 콩, 종실류, 견과류에 가장 많이 함유되어 있다. 이러한 식품에는 영양소와 건강에 유익한 피토케미칼(phytochemical)이 많이 함유되

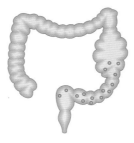

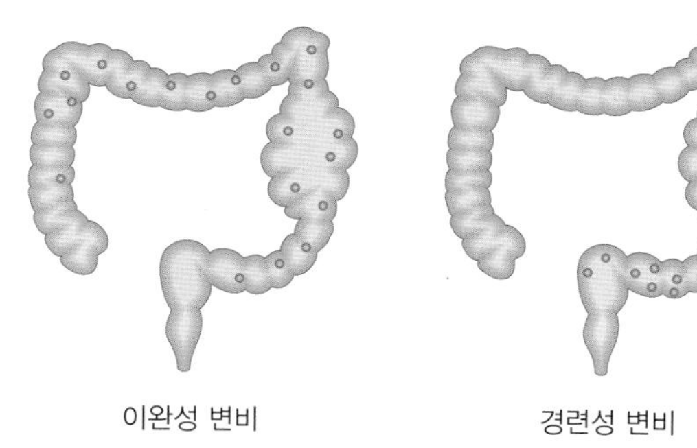

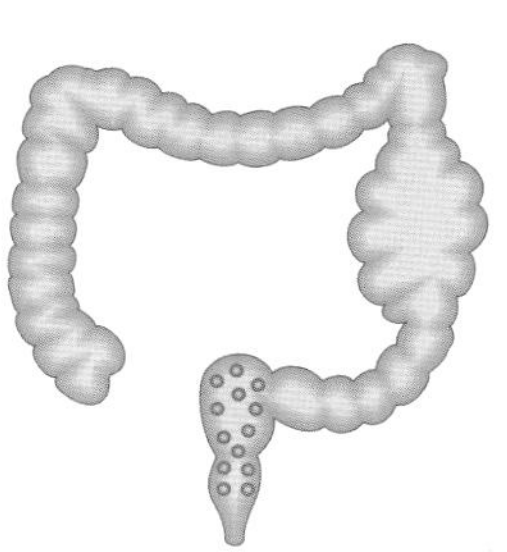

그림 3-7 만성변비의 종류

어 있고, 프로바이오틱스가 결장 내 균총을 바람직하게 유지하는 데 도움이 된다.

- 고식이섬유식은 하루에 25g 이상(25~38g)의 식이섬유를 제공하는 것이며, 50g 이상의 섭취로 인해 복부팽만감이나 과량의 방귀가 나올 수 있으므로 50g 이상의 과량은 권장하지 않는다.

• 하루에 1.5~2L 이상의 물을 마시는 것이 변비 예방에 좋은데, 식이섬유는 대장에서 물을 흡수함으로써 대변 부피를 증가시키기 때문이다.
• 신체 운동은 장의 연동운동을 촉진시켜 변비를 예방할 수 있다.
• 커피와 녹차는 변비에 좋지 않다.
• 약제로는 하제 등이 쓰이며, 필요시에는 관장을 해야 한다.

피토케미칼(phytochemical)
영양소 이외에 생리활성을 나타내는 식물화학물질로 퀘세틴, 카테킨, 이소플라본, 설포라펜, 알릴화합물, 리모넨, 인돌, 리그난, 사포닌 등이 있음

(2) 경련성 변비

▪ 경련성 변비는 과민성 대장증후군의 하나로 대장이 흥분되어 경련을 일으켜 변이 앞으로 나가지 못해 발생하는 변비를 말한다.
▪ 이완성 변비와는 반대로 경련성 변비는 장의 불규칙한 수축으로 인해 장의 신경말단이 지나치게 수축함으로써 일어난다. 대장의 연동운동 항진과 장벽의 수축으로 작은 덩어리 또는 연필 정도 굵기의 막대 형태의 변으로 된다. 가끔 장점액의 분비에 의하여 점액이 굳어진 것을 배출한다.

① 원인

• 경련성 변비는 정신적·심리적 요인이 많이 관여하며 자율신경 장애로 장운동이 비정상적으로 항진하는 경우가 많다.
• 대장, 특히 하부결장의 이상 긴장항진으로 신경과민, 장기간의 스트레스와 긴장, 생활환경의 변화, 또는 위십이지장궤양, 담석증, 담낭염, 만성췌장염 및 만성충수염 등이 원인이다.

② 증상

가스가 차고 경련이 일어나며, 변비와 설사가 번갈아 생기고 반복되며 두통, 구토, 불면증을 비롯하여, 정신적 불안이나 사고력 감퇴가 일어나는 경우도 있다.

③ 치료 및 영양관리

- 이완성 변비와는 반대로 경련성 변비의 영양관리는 식이섬유 섭취를 제한하는 저식이섬유식이 바람직하다.
- 부드럽고 자극성이 없으며 소화가 잘되는 음식을 섭취하는 것이 좋다.
- 자극성이 강한 조미료와 향신료를 제한하고 커피, 콜라, 홍차, 녹차 등은 피한다.
- 약제로는 장의 긴장을 게거하기 위해 부교감신경차단제가 사용된다.

요점정리
SUMMARY

설사

- 수분이 많은 대변을 빈번하게 배설하는 것이 특징이며, 배변 횟수가 하루 4회 이상이거나 하루 250g 이상의 묽은 변이 나올 때
- 원인 : 염증성 질환, 곰팡이나 박테리아 및 바이러스 감염, 약제, 설탕의 과잉섭취, 장 점막 흡수표면적의 부족 또는 손상 및 영양불량
- 증상 : 심하거나 지속되는 설사는 탈수와 전해질 불균형(특히 나트륨과 칼륨의 손실) 초래, 만성적인 경우 체중 감소와 영양불량
- 영양관리 : 저잔사, 저지방, 유당제거식

변비

- 배변이 정상적으로 이루어지지 않는 증상으로, 대변이 오랫동안 장관 내에 머물러 수분이 감소해서 변이 굳고 건조하며 배변의 횟수와 변의 양이 감소되어 복부불편감과 장운동이 드물게 일어나는 질환
- 이완성 변비
  - 대장기능이 이완되어 변을 항문 쪽으로 밀어내지 못해 내용물의 이동이 느려지고 변의 수분이 적어져 배변반사를 둔하게 하여 대장 속에 담고 있는 상태
  - 원인 : 직장의 예민성이 부족하기 때문에 생기며, 식이섬유가 부족한 식사, 무리한 다이어트, 운동 부족, 노화로 인한 대장의 운동 기능 저하, 변의를 느꼈을 때 참는 습관, 약물의 과다 복용, 신경계 질환, 대사 및 내분비 이상 질환 및 임신

- 증상 : 변비가 심해지면 복부의 팽만감과 압박감, 두통, 식욕감퇴, 구역질, 피로감, 불면 및 불쾌감을 느낌
- 영양관리 : 고식이섬유식(하루 25g 이상의 식이섬유) 섭취, 수분(하루 1.5~2L 이상) 섭취, 자극성 식품 섭취, 지방 섭취, 신체 운동

• 경련성 변비
  - 과민성 대장증후군의 하나로, 대장이 흥분되어 경련을 일으켜 변이 앞으로 나가지 못해 발생
  - 원인 : 정신적 · 심리적 요인이 많이 관여, 대장, 특히 하부결장의 이상 긴장항진으로, 신경과민, 장기간의 스트레스와 긴장, 생활환경의 변화, 또는 위십이지장궤양, 담석증, 담낭염, 만성췌장염 및 만성충수염 등
  - 증상 : 가스가 차고 경련이 일어나며, 변비와 설사가 번갈아 발생
  - 영양관리 : 저식이섬유, 저잔사식 섭취, 자극성 식품 제한

3) 장염

장염(gastroenteritis)은 자극성 물질, 독소, 병원체 또는 알려지지 않은 요인에 의해 발생하는 장관, 특히 소장의 염증성 질환이다.

(1) 급성장염

급성장염은 장점막의 급성염증으로, 바이러스, 세균, 기생충 감염, 약제, 독소 등의 원인으로 위와 장에 염증이 발생되어 2주 미만의 설사를 동반한다.

① 원인

• 원인은 급성위염과 비슷하며, 폭음 · 폭식, 복부의 냉각, 부적당한 음식물이나 음료수, 대장균과 바이러스의 감염, 기생충 감염, 수은, 비소 함유 약제 등이다.
• 알레르기성 원인이나 전신성 질환(예 요독증과 암 등)의 한 증세로서 나타날 수 있다.

② 증상

• 증상은 설사와 복통이 주가 되고, 복부 불쾌감, 오심, 구토 외에 중증일 때는 발열이 있다.
  - 설사는 하루에 1~10회에 이르고, 대장이 침해되었을 때는 설사 증세가 심하다.

변은 죽 또는 액체 형태로 황색 혹은 녹색을 띠고, 거품과 점액이 섞여 있는 경우가 많으며 악취가 난다.

- 복통은 복부의 중앙 또는 복부 전체에서 일어나고, 지속성의 둔통에서 간헐성의 급경련통까지 다양하다.

③ 치료 및 영양관리

- 급성장염의 영양관리는 장관의 안정을 위해 1~2일 동안 절식하고 수분만 공급한다. 그 후 미음이나 지방분이 적은 수프 등의 유동식을 섭취하며 차차 죽 등의 연식, 일반식으로 이행한다.
- 우유는 증세에 따라 설사를 유발하기도 하므로 처음 2~3일간은 피하며 며칠 경과 후 미음에 섞어 먹는 것이 좋다.
- 지방, 생과일과 생채소, 탄산음료, 알코올, 고추·후추 등의 향신료 및 자극성 음식은 금하며 지나치게 찬 음식이나 뜨거운 음식 또한 피하는 것이 좋다.
- 약제로는 원인이 세균성이면 항생물질과 술파제(sulfa drug)를 쓰고, 복통에는 아트로핀(atropine, 부교감신경차단제) 등을 쓴다.
- 설사가 심하면 지사제를 투여하고, 탈수가 심하면 정맥으로 수액을 공급해야 한다.

(2) 만성장염

일반적으로 원인이 뚜렷하지 않고 비교적 장기간에 걸친 설사 또는 변통 이상을 주요 증상으로 하는 증후군이다.

① 원인

원인은 급성장염으로부터 이행되거나 위의 무산증, 췌장 기능 저하, 알코올 남용, 과민반응, 흡수장애, 염증성 장질환으로, 2주 이상 설사가 지속된다.

② 증상

- 급성장염에 비해 증세는 가볍지만, 치료하기 어려운 장의 염증으로 배변 이상과 복통이 지속되는 것이 주된 증상이다.
- 경증일 때 증상은 설사뿐이지만, 중등증이나 중증일 때는 복부의 불쾌감, 팽만감, 복통 등

의 증상이 있다.

- 경과가 길면 영양저하와 전신쇠약에 빠지고 빈혈이 되기도 한다.
- 변은 발효성 · 부패성이고, 점액이 섞인다.
- 만성소장염은 설사, 복통, 소화 · 흡수장애를 주요 증상으로 하고, 만성대장염은 설사, 복통, 복부팽만감 등을 주요 증상으로 한다.

③ 치료 및 영양관리

- 치료는 원인이 확실한 경우는 원인의 치료부터 한다.
- 영양관리가 중요하며, 소화와 흡수가 잘되는 식품을 택하고 조리법에도 주의한다.
- 만성장염은 설사가 주된 증상이므로 저식이섬유식을 기본으로 소화가 잘되고 자극성이 적은 음식을 섭취하도록 하며, 병의 치료 기간이 긴 만큼 영양이 풍부한 식품을 선택하도록 한다.
- 탄수화물이나 양질의 단백질이 좋고, 식이섬유가 많은 식품과 다량의 지방은 제한하되 유화지방인 우유, 달걀, 버터 등은 지방의 공급원으로서 바람직하다.
- 약제로는 지사제, 신경 안정제, 소화효소제 및 항생제를 중심으로 증세에 따라 투여한다.

4) 글루텐 과민성 장질환

글루텐 과민성 장질환(gluten-sensitive enterophathy, celiac disease)은 섭취한 글루텐으로 인해 세포매개성 과민반응이 일어나는 면역질환이다.

(1) 원인

- 글루텐은 밀, 호밀, 보리에 있는 특정 펩티드 부분이며, 특히 글루텐의 알코올 용해성 부분인 프롤라민(prolamine)이 글루텐 과민성 장질환에 해롭다. 밀의 글리아딘(gliadin), 보리의 호데인(hordein), 호밀의 세카린(secalin), 귀리의 아비딘(avidin)이 문제를 일으키는 펩티드이다.
- 치료하지 않으면 지나친 면역 염증반응으로 장점막을 손상시켜 신경펩티드 분비에 변화가 일어나므로 소화 · 흡수 기능이 감소한다.

- 융모 상피세포의 손상으로 락타아제 감소증(hypolactasia)을 일으킬 수 있다.
- 융모가 위축되고 편평하게 되어 미량영양소(칼슘, 철, 엽산, 지용성 비타민, 비타민 B_{12})와 다량영양소 흡수에 장애가 생긴다.

(2) 증상

- 증상으로는 설사, 지방변, 고장과 같은 위장관 불편감이 있다. 장점막 손상으로 인해 락타아제 결핍이 일어나기 때문에 우유 및 유제품은 위장관 불편감을 악화시킬 수 있다.
- 영양소 흡수불량 때문에 어린이들에서 성장부진, 저체중, 근육소모와 빈혈이, 성인들에서 빈혈, 골질환, 신경학적 증상 및 불임문제가 나타날 수 있다.
- 몇몇 글루텐 과민성 환자는 위장관 증상은 없지만 글루텐에 반응하여 심각한 발진을 일으키는데 이것을 포진성 피부염(dermatitis herpetiformis)이라고 한다.

고장(flatulence)
병적으로 위나 장에 가스가 지나치게 많이 있는 상태로 속이 부글거림

포진성 피부염(dermatitis herpetiformis)
고리 모양의 물집이 줄지어 생기는 피부염으로, 무리를 이루고 있고 대칭적인 홍반성, 구진성, 소수포성, 습진성, 수포성 등의 병소를 특징으로 하는 만성피부염

(3) 영양관리

- 식사요법은 글루텐 제한식을 유지하는 것이다. 가능하다면 식이에서 프롤라민의 급원이 되는 밀(글리아딘), 호밀(세카린), 보리(호르데인)를 제거한다.
- 균형식을 하고 치료 초기에는 철, 엽산, 지용성 비타민의 정맥영양과 열량보충으로 중간사슬중성지방(MCT)이 유용하다.
- 유당불내증인 경우 우유를 섭취하지 않는 것이 좋다.

글루텐 제한식의 영양관리

- 글루텐이 포함된 밀, 호밀, 귀리, 메밀, 보리, 맥아 및 그 제품의 섭취 제한
- 상업용 시판제품을 이용할 때 식품성분표를 자세히 보고 곡류, 유화제, 전분, 안정제, 향료, 맥아, 밀 맥아, 밀가루, 조, 가수분해한 채소단백질 및 위에 언급한 곡식이 함유되어 있는 경우 제한
- 흡수장애와 이에 따른 체중 감소를 보완하기 위해 고에너지, 고단백질식 권장
- 유당불내증이 있는 경우 지방과 함께 우유 및 유제품 제한(적절한 칼슘 보충 필요)
- 설탕에 대한 불내증이 있는 경우 설탕 제한
- 빈혈이 있는 경우 철, 엽산, 비타민 B_{12} 등의 보충 필요

5) 유당불내증

- 유당불내증(lactose intolerance)은 유당분해효소인 락타아제가 결핍되어 소화되지 않은 유당이 소장에서 삼투현상에 의해 수분을 끌어들임으로써 더부룩함(bloating), 고장 및 경련을 일으키고 대장을 통과하면서 설사를 유발하는 질환으로 탄수화물 불내증의 가장 흔한 형태이며 전 연령에 영향을 미친다.
- 전 세계 성인의 70%, 특히 흑인, 아시아인, 남아메리카인은 락타아제 결손이며, 이는 어린시절 이후 락타아제가 감소한 것을 의미한다.

(1) 원인

- 유당 흡수불량과 유당불내증은 유당을 분해하는 효소인 락타아제 결손으로 발생한다.
- 2차적인 유당불내증은 소장 감염, 염증성 질환, HIV 또는 영양불량에 의해 발생할 수 있다.

(2) 증상 및 기전

- 상부 소장에서 갈락토오스와 포도당으로 가수분해되지 않은 유당은 결장으로 가서 박테리아에 의해 발효하여 짧은사슬지방산(유기산)과 가스(이산화탄소, 수소가스)가 된다. 짧은사슬지방산과 가스들은 쉽게 흡수되기 때문에 소량의 섭취는 거의 영향을 주지 않는다.

- 보통 우유(240mL)에 함유되어 있는 12g 이상의 과량의 유당 섭취는 정상적인 과정에 의해 처리될 수 있는 양보다 많게 되어, 흡수되지 않은 서당과 함께 유당은 삼투 활성이 있어 대변의 수분 증가와 장내 박테리아에 의한 빠른 발효로 인해 더부룩함, 고장, 경련 등의 증상이 나타나며 설사도 일으킨다(그림 3-8).

(3) 치료 및 영양관리

- 영양관리는 유당 함유 식품의 섭취를 제한하는 것이다.
- 숙성치즈와 같은 고체 또는 반고체 유제품은 액체 유제품보다 위 비우기가 느리기 때문에 섭취할 수 있다.
- 요구르트는 장에서 유당 소화를 촉진시키는 β-갈락토시다아제(β-galactosidase)가 있기 때문에 섭취할 수 있다.

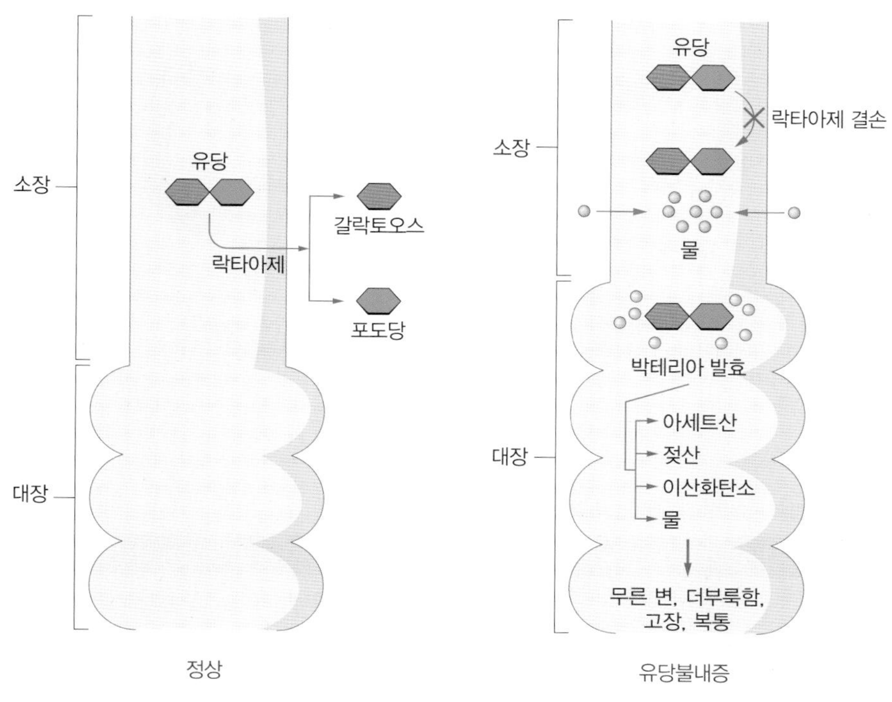

그림 3-8 유당불내증의 증상을 일으키는 기전

6) 염증성 장질환

- 염증성 장질환(inflammatory bowel disease)은 위장관에 비정상적인 면역반응으로 일어나는 만성 염증질환으로, 원인과 염증이 생기는 부위에 따라 크론병(Crohn's disease)과 궤양성 대장염(ulcerative colitis)으로 나눌 수 있다(그림 3-9, 표 3-18).
- 유전적 · 환경적 요인이 이 질환에 기여하며 정확한 원인은 알려져 있지 않다.
- 염증성 장질환의 주요 증상으로는 복통, 설사, 장출혈, 단백질 손실 및 발열 등이 있다.
- 이러한 만성적 질환이 지속되거나 치료되지 않으면 영양불량이 나타난다(표 3-19).

(1) 크론병

① 특징

- 크론병은 입에서 항문까지 전 소화관을 거쳐 발생할 수 있다. 대부분(50~60%)은 회장 말단과 결장이 결합되어 나타나고 15~25%가 소장 또는 결장에서만 일어난다.

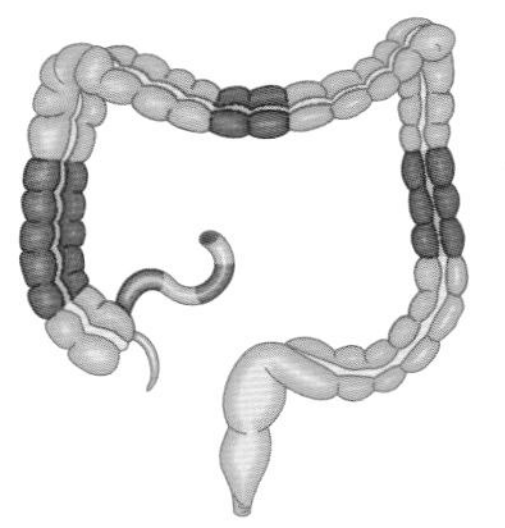
크론병
(염증이 비연속적으로 나타남)

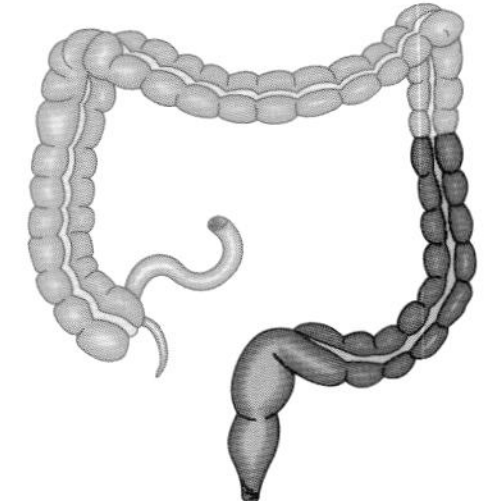
궤양성 대장염
(염증이 연속적으로 나타남)

그림 3-9 염증성 장질환

표 3-18 크론병과 궤양성 대장염의 비교

구분	크론병	궤양성 대장염
발생부위	• 입에서 항문까지 전 소화관 • 회장말단이나 결장에 생기는 경우가 많음	• 결장에만 일어남, 직장에서 시작
염증형태	• 비연속적으로 염증이 나타남	• 연속적으로 염증이 나타남
발생연령	• 10~20세에 많이 발병	• 15~30세에 많이 발병
결장암 위험성	• 증가	• 크게 증가

표 3-19 염증성 장질환의 영양불량 요인

영양불량 요인	원인
영양소 섭취의 감소	• 식욕부진, 메스꺼움, 구토, 복부통증, 설사, 제한적인 식사
흡수불량	• 흡수 표면의 감소 • 과다한 박테리아의 성장 • 담즙산염 감소
장 손실의 증가	• 단백질 손실 장질환 • 전해질, 무기질, 미량원소의 손실(누관) • 위장관 출혈
약물 영양소의 상호작용	• 코르티코스테로이드(cirticosteroids) : 칼슘과 단백질 감소 • 설파살라진(sulfasalazine) : 엽산 흡수 저해 • 콜레스티라민(cholestyramine) : 지방, 지용성 비타민 흡수 저해
영양소 요구량의 증가	• 패혈증, 발열, 누관 • 세포 대사회전율 증가 • 체저장량의 고갈 • 성장률 회복 • 스테로이드 치료 : 이화속도 증가

• 크론병에서 염증은 비연속적으로 나타난다.

② 증상

• 가장 특징적인 증상은 복통, 설사 및 장출혈로 영양불량, 빈혈 및 거식증이다.
  - 영양불량은 조직손상, 음식 섭취 감소, 외과적 소장절제에 의한 영양소 흡수감소와 손실로 나타난다.
  - 회장이 절제되면 담즙이 고갈되어 지방, 지용성 비타민, 칼슘, 마그네슘의 흡수불량이 된다. 또한 회장은 비타민 B_{12}의 흡수장소이므로 비타민 B_{12} 결핍이 나타난다.
  - 빈혈은 출혈과 적혈구 생성에 관여하는 영양소의 흡수불량과 대사불량으로 나타난다.
  - 거식증은 복부불편감과 염증과정 동안 생성되는 시토카인 때문에 나타난다.

• 염증, 궤양, 농양, 치루가 생기기 쉬워 섬유증, 점막하조직 비대, 상처 등이 생겨 장관이 좁아지고 국소화된 협착 장관 내막의 부분적인 또는 완전한 폐색 등이 나타날 수 있다.

③ 치료 및 영양관리

- 장의 협착을 치료하거나 약물치료가 되지 않는 부분을 제거하기 위해 수술이 필요하다. 크론병의 50~70%가 수술을 하는데, 장의 대절제로 인해 수분과 영양소의 흡수불량이 일어난다.
- 광범위한 절제를 한 경우에 짧은 창자 증후군이 나타나며 적당한 수분과 영양소를 유지하기 위해 정맥영양이 필요하다.
- 질병 악화기간 동안 대변 무게를 최소화하고 흡수불량 증상을 감소시키는 저식이섬유, 저지방식이 권장된다.
- 고에너지, 고단백질 식사는 영양불량을 치료하고 상처를 회복하는 데 처방되며 단백질 필요량은 단백질 권장섭취량의 50% 이상이다.
- 수분 보충은 에너지 섭취를 증가시키고 체중을 증가시키는 데 도움이 될 수 있다.
- 칼슘, 철, 마그네슘, 아연, 엽산, 비타민 B_{12}, 비타민 D의 영양 결핍 위험이 높기 때문에 비타민과 무기질 보충이 필요하다.
- 질병 회복기간 동안 합병증이 없다면 식이제한은 필요하지 않다.
- 크론병의 증상과 합병증의 관리에 대한 요약은 〈표 3-20〉과 같다.

표 3-20 크론병의 증상과 합병증의 관리

증상 또는 합병증	가능한 식사조절
성장부진, 체중 감소 또는 근육소모	고에너지, 고단백질식, 액체 영양보충제, 성분장관영양
거식증	적은 양으로 여러 번 식사, 액체 영양보충제 5~7일 이상이면 성분장관영양
흡수불량	고에너지식, 영양소 보충
지방변	지방 제한, 중간사슬중성지방, 영양소 보충
설사	수분과 전해질 보충, 영양소 보충
유당불내증	유당 함유 식품 제한
영양 결핍	영양밀도 높은 식사, 영양소 보충
누공	저식이섬유식
심각한 장폐색, 질병의 심각한 악화	완전정맥영양

(2) 궤양성 대장염

① 특징

- 궤양성 대장염은 결장에만 일어나며 항상 직장에서 시작되어 염증이 연속적으로 나타나는 것이 특징이다.
- 궤양성 대장염은 15~30세에 가장 흔히 발생하며 그 다음으로 50~60세에 많이 일어난다.
- 조직 손상과 궤양이 점막과 점막하조직에서 발생하기 때문에 대변에 혈액과 점액이 나타난다.
- 궤양성 대장염이 오래 지속되면 결장암의 위험성이 증가한다.

② 증상

- 직장출혈이나 혈성 설사가 주된 증상이다.
- 합병증으로는 경증인 경우 체중 감소, 열 등이 나타나며 중증인 경우에는 빈혈, 탈수, 전해질 불균형이 나타날 수 있다.

③ 치료 및 영양관리

- 영양관리는 수분과 전해질 균형을 회복하고 단백질과 혈액 손실로 인한 결핍을 교정하는 것이다.
- 1일 6회 이상의 식사로 장에 자극을 줄이면서 영양소 흡수를 최대로 한다.
- 고단백질(1.5~2.5g/kg 체중)과 고에너지(35~45kcal/kg 체중)식으로 염증을 치료하고 영양상태를 개선하며 수분과 전해질을 충분히 섭취하여 설사로 인한 탈수와 전해질 손실을 예방한다.
- 저식이섬유식은 대변 부피를 최소화함으로써 염증을 줄일 수 있다.
- 결장 기능이 심각하게 손상되었다면 수분과 전해질은 정맥영양으로 공급해야 한다.

요점정리
SUMMARY

장염

- 자극성 물질, 독소, 병원체 또는 알려지지 않은 요인에 의해 생기는 장관, 특히 소장의 염증성 질환
- 급성장염
  - 장점막의 급성염증으로, 바이러스, 세균, 기생충에 의한 감염, 약제, 독소 등의 원인으로 위와 장에 염증이 발생되어 2주 미만의 설사를 동반
  - 원인 : 급성위염과 비슷, 폭음, 폭식, 복부의 냉각, 부적당한 음식물이나 음료수, 대장균과 바이러스의 감염, 기생충 감염, 수은, 비소 등 함유 약제 등
  - 증상 : 설사, 복통
  - 영양관리 : 초기 수분, 전해질 공급, 저잔사, 저지방 음식 공급, 기계적 · 화학적 자극성 음식 제한
- 만성장염
  - 일반적으로 원인이 뚜렷하지 않고 비교적 장기간에 걸친 설사 또는 변통 이상을 주요 증상으로 하는 증후군
  - 원인 : 급성장염으로부터 이행되거나 위의 무산증, 췌장 기능 저하, 알코올 남용, 과민반응, 흡수장애, 염증성 장질환 등
  - 증상 : 배변 이상과 복통 지속, 만성소장염은 설사, 복통, 소화 · 흡수장애가 주요 증상, 만성대장염은 설사, 복통, 복부팽만감 등이 주요 증상
  - 영양관리 : 저식이섬유식, 저자극성 음식 공급, 지방 제한, 유화지방 이용, 당분 함량이 높은 탄수화물 식품 제한

글루텐 과민성 장질환

- 섭취한 글루텐으로 인해 세포매개성 과민반응이 일어나는 면역질환
- 원인 : 밀의 글리아딘, 보리의 호데인, 호밀의 세카린, 귀리의 아비딘이 글루텐 과민성 장질환 문제를 일으키는 펩티드
- 증상 : 설사, 지방변, 고장과 같은 위장관 불편감
- 영양관리 : 글루텐 제한식, 식이에서 프롤라민의 급원이 되는 밀(글리아딘), 호밀(세카린), 보리(호르데인) 제한

유당불내증

- 유당분해 효소인 락타아제가 결핍되어 소화되지 않은 유당이 소장에서 삼투현상에 의해 수분을 끌어들임으로써 더부룩함, 고장 및 경련을 일으키고 대장을 통과하면서 설사를 유발하는 질환
- 영양관리 : 우유와 크림 및 그 제품, 치즈, 크림소스, 크림수프와 같이 유당이 많이 함유된 식품 제한

염증성 장질환

- 위장관에 비정상적인 면역반응으로 일어나는 만성 염증질환
- 크론병
  - 입에서 항문까지 전 소화관을 거쳐 발생할 수 있는 만성 염증성 장질환으로 염증이 비연속적으로 나타나는 특징
  - 증상 : 복통, 설사, 장출혈, 영양불량, 빈혈 및 거식증
  - 영양관리 : 저식이섬유, 저지방식 권장, 고에너지, 고단백질식 권장, 수분 보충, 칼슘, 철, 마그네슘, 아연, 엽산, 비타민 B_{12}, 비타민 D 보충
- 궤양성 대장염
  - 주로 염증이 항문에 인접한 직장에서 시작되어 점차 안쪽으로 진행되는 만성 염증성 장질환으로, 염증이 연속적으로 나타나는 특징
  - 증상 : 직장출혈이나 혈성 설사
  - 영양관리 : 1일 6회 이상의 잦은 식사, 고단백질과 고에너지식, 충분한 수분과 전해질 섭취, 저식이섬유식 권장

7) 소장절제와 짧은 창자 증후군

- 짧은 창자 증후군(short-bowel syndrome)은 소장의 큰 절제로 수분과 영양소 흡수불량으로 인한 설사, 체중 감소, 영양불량과 관련된다.
- 40~60%의 절제는 절제부위와 다른 요소에 따라 심각한 결과를 가져올 수 있다.
- 회장말단의 절제는 짧은 창자 증후군의 위험률에 가장 큰 영향을 미친다.
- 결장절제 자체는 짧은 창자 증후군을 일으키지 않지만, 소장말단 절제나 결장절제 후 탈수와 전해질 장애, 흡수불량의 위험이 증가한다.

(1) 원인

- 성인에게 장절제의 주요한 원인은 크론병, 방사성 장염, 장간막 경색, 암 및 장축염전증이다.
- 소아에서 짧은 창자 증후군의 대부분은 위장관의 선천성 기형, 폐쇄증, 신생아 괴사성 장염이다.

장축염전증(volvulus)
소화관의 일부가 장간막을 축으로 회전하거나 주변 섬유화에 의한 유착으로 꼬인 상태로 극심한 통증과 복부팽만이 나타남

신생아 괴사성 장염(necrotizing enterocolitis)
신생아의 소장이나 대장에 생기는 괴사성 장염으로 결장부위에 많이 생기는 괴사로 장세포가 죽어가는 염증이 나타남

(2) 증상

- 짧은 창자 증후군으로 인해 다량영양소, 미량영양소, 수분의 흡수불량과 전해질 불균형이 나타나고 어린이에서 나타나는 증상은 설사, 지방변, 탈수, 체중 감소와 성장 부진이 있다.
- 다른 증상으로는 위분비과다, 수산신결석, 콜레스테롤담석증, 드물게 젖산산증이 있다(표 3-21).

표 3-21 영양소 흡수와 장절제술 후 영양문제

구분	흡수되는 영양소	장절제술 후 영양문제
십이지장/공장	• 단순당 • 비타민 • 아미노산 • 무기질 • 지방 • 수분	• 십이지장 절제 시 Ca과 Fe 흡수불량 • 회장 보존 시 영향 최소
회장	• 담즙산 • 비타민 B_{12} • 수분	• 단백질 흡수불량 • 지방 흡수불량 • 지용성 비타민과 비타민 B_{12} 흡수불량 • Ca, Zn, Mg 흡수불량 • 수분 손실 • 설사, 지방변
대장	• 수분 • 전해질 • 짧은사슬지방산	• 수분 손실 • 전해질 손실 • 설사

(3) 소장절제의 종류

① 공장절제술

- 공장절제술(jejunal resections) 후, 적응기간이 지나면 회장이 공장의 기능을 수행할 수 있다. 회장의 움직임은 상대적으로 느리고 회장과 결장에서 분비되는 호르몬은 위 비우기와 분비를 느리게 한다.
- 공장절제술 후 정상보다 소장 통과시간이 짧고 흡수면적이 작기 때문에 미량영양소, 과량의 설탕(특히 유당)과 지방 흡수 기능이 감소한다.

② 회장절제술

- 회장(특히 회장 말단)의 큰 절제(회장절제술, ileal resections)는 주요 영양적 · 의학적 합병증을 일으킨다.
- 회장 말단은 비타민 B_{12} 내적인자 복합체와 담즙산염의 유일한 흡수부위이고 상당한 양의 수분을 흡수한다.
- 회장이 담즙산염을 흡수하여 장간순환을 할 수 없다면 충분한 담즙산염 풀(pool)이나 지방을 유화하는 기능을 유지할 수 없다. 위와 췌장의 리파아제는 중성지방을 지방산과 모노글리세리드로 소화할 수 있지만 담즙산염에 의해 미셀이 충분히 형성되지 않으면 지방의 흡수는 불충분하다. 따라서 지방과 지용성 비타민 A, D, E, K의 흡수불량이 일어난다.
- 흡수가 안 된 지방산은 칼슘, 아연, 마그네슘과 같은 2가 양이온과 결합하여 이러한 무기질의 흡수불량이 일어난다.
- 회장절제술 후 탈수와 소변 농축이 흔하므로 수산 결석 형성의 위험률이 증가하고 담즙에서 담즙산, 인지질, 콜레스테롤의 비율이 변하기 때문에 콜레스테롤 담석이 좀 더 자주 생길 수 있다.

(4) 치료 및 영양관리

장절제를 크게 한 환자는 초기에 영양상태를 유지하고 회복하기 위해 수분과 전해질 및 영양소는 중심정맥영양(TPN)으로 공급되어야 한다.

① 공장절제와 온전한 회장과 결장을 가진 환자

- 공장절제와 온전한 회장과 결장을 가진 환자는 비교적 빨리 정상식이로 적응한다.
- 탄수화물, 지방, 단백질의 정상적인 균형식을 제공한다.
- 유당과 과량의 농축된 사탕과 카페인을 피한다.
- 적은 양으로 6회의 잦은 식사가 더부룩함, 복통과 설사의 위험을 낮추는 데 도움이 된다.
- 영양소 필요량을 충족시키기 위해 복합비타민과 무기질 보충이 필요하다.

② 회장절제 환자

- 회장절제 환자는 정맥영양에서 장관영양으로 전환하는 데 시간과 인내가 필요하다.
- 영양소 손실 때문에 비타민 B_{12}, 지용성 비타민, 칼슘, 아연과 마그네슘 보충이 필요하다.
- 칼슘 흡수가 잘되지 않아 신결석이 발생할 수 있으므로 저수산식을 권장한다.
- 식이지방을 제한하고 에너지 보충으로 중간사슬중성지방이 첨가되며 지용성 영양소의 운반체 역할을 한다.

8) 지방변

- 지방변(steatorrhea)은 지방의 소화와 흡수에 관련된 조직의 외과적 절제로 인해 일어난다.
- 정상적으로 섭취한 지방의 90～98%가 흡수되지만 지방변의 경우 변에 남아 있는 지방은 20% 이상이다.

(1) 원인

지방변의 원인으로는 간질환 또는 담도폐쇄로 인한 부적절한 담즙분비, 맹계제증후군(blind loop syndrome), 췌장기능부전증, 회장원위부 질환(크론병 또는 위장관 염증)으로 인한 담즙산염의 부적절한 흡수, 지방 재에스테르화 감소 및 카일로미크론의 형성과 수송 감소(무베타지단백혈증과 장림프관확장증)가 있다.

> **맹계제증후군(blind loop syndrome)**
> 소화관의 수술 후, 내용물이 머물러 있는 소장 부위에 세균이 많아져 소화 · 흡수장애나 빈혈을 일으키는 증후군
>
> **무베타지단백혈증(abetalipoproteinemia)**
> 미세소체 중성지방 운반단백질의 이상으로 혈중 저밀도지단백의 주요 단백질 성분인 아포B가 결손되어 장에서 지방 및 지용성 비타민의 흡수에 장애를 유발하는 상염색체 열성 유전질환
>
> **장림프관확장증(intestinal lymphagiectasia)**
> 원인 미상의 림프계의 장애로 림프관의 확장과 파열로 인해 림프 내의 단백질, 지방, 림프구가 장 내 또는 복막으로 빠져나감으로써 지방 흡수의 장애와 단백질 소실성 장병증을 초래하는 질환

(2) 치료 및 영양관리

- 지방변으로 인해 만성적인 체중 감소가 일어나므로 단백질과 복합탄수화물 섭취를 늘려 에너지 섭취를 증가하는 것이 필요하다.
- 중간사슬중성지방은 담즙산 없이도 흡수가 쉽게 되기 때문에 식이에 이용될 수 있다.
- 지방변으로 인해 비타민, 특히 지용성 비타민 결핍과 칼슘, 아연, 마그네슘과 같은 무기질 결핍의 위험이 증가하므로 이러한 영양소의 보충이 필요하다.

9) 과민성 대장증후군

- 과민성 대장증후군(irritable bowel syndrome)은 일종의 소화관 기능 이상으로, 장운동 변화, 위장관의 민감성 증가 및 내외 자극에 대한 장기의 반응성 증가로 인해 발생한다. 조직 손상이나 염증, 면역학적 관련성은 없으면서 만성적 · 반복적으로 복통, 변비 또는 설사 등의 증상이 반복되는 것을 말한다.
- 모든 소화기 질환 중 가장 흔한 것으로(전체 인구의 15~30%), 이 증상들은 청소년기와 40대에 처음으로 나타나며 여성이 남성보다 더 흔하다.

(1) 원인

- 과민성 대장증후군은 식사의 화학조성과 양 및 위장관호르몬 스트레스에 과민반응

하여 발생한다.

- 과민성 대장증후군을 악화시키는 요인은 과량의 하제와 약물, 항생제, 카페인, 이전의 위장관 질환, 규칙적인 수면과 휴식의 부족 및 수분 섭취 부족 등이다.

(2) 증상

- 3가지 주된 증상인 설사, 변비, 복부통증 중 하나를 나타내지만 위장통증들이 결합된 형태의 증상들이 나타난다.
- 가장 흔한 증상은 배변습관(설사와 변비)의 변화, 복부통증(먹음으로써 악화되고 배변에 의해 없어짐), 더부룩함, 불완전한 배변감, 항문통증 및 대변의 점액 등이 있다.

(3) 치료 및 영양관리

- 과민성 대장증후군의 치료는 식사선택과 패턴, 스트레스 관리 및 행동요법을 포함한다.
- 적절한 영양소를 섭취하기 위해 과민성 대장증후군에 영향을 주지 않는 식사를 권장한다.
- 식사량을 조금씩 자주 하는 것이 많이 먹을 때보다는 증상을 완화시킨다.
- 증상을 악화시킬 수 있는 과량의 식이섬유, 지방 식품, 카페인, 유당, 과당, 솔비톨과 같은 당류가 많은 식사와 알코올 및 가스 생성 식품은 줄인다.
- 적절한 수분 공급이 권장된다.
- 환자의 증세에 따른 과민성 대장증후군의 영양관리는 〈표 3-22〉에 나타나 있다.

표 3-22 환자의 증세에 따른 과민성 대장증후군의 영양관리

증상	영양관리
변비	• 고식이섬유식(25g/day 또는 14g/1,000kcal) • 수분 증가(3mL/kg 체중)
설사	• 수용성 식이섬유 보충 • 식품불내증 유발식품(예 유당, 글루텐) 제거 • 식이섬유, 특히 불용성과 저항성 전분 감소
고장/복부 팽만감	• 일반적인 위장 자극제(예 불용성 식이섬유, 커피, 향신료, 알코올, 솔비톨/과당) 제한 • 유당불내증 유발식품 제거 • 가스-형성 식품(예 콩류, 양배추, 사과, 양파, 셀러리, 맥아) 제한 • 불용성 식이섬유와 저항성 전분 감소

10) 게실질환

- 게실(diverticulum)은 내부에 공간이 있는 장기(예 위나 소장, 대장 또는 담낭, 방광 등)의 바깥쪽으로 돌출된 비정상적인 작은 주머니로, 게실질환(diverticular disease)은 위장관 중에서도 특히 대장에 많이 나타나는데, 대장벽이 바깥쪽으로 동그랗게 꽈리 모양으로 튀어나오는 질환이다.
- 게실증은 결장벽에 주머니와 같은 탈장(게실)이 여러 개 있을 때이고, 이 튀어나온 주머니 안으로 변과 같은 오염물질이 들어가서 염증을 일으키는 것을 게실염이라고 한다.

(1) 원인

- 게실이 발생하는 원인은 잘 알려져 있지 않다. 대장벽의 특정 부위가 선천적으로 약한 경우 대장 안의 압력이 증가하면 이 부위가 바깥으로 튀어나오게 되고, 이로 인해 게실이 생기는 것으로 추측하고 있지만 확실하지는 않다.
- 게실은 식사 습관, 변비, 운동 부족 등과 관련이 있다.
  - 식이섬유가 적은 식사를 할 경우 대변의 양이 줄어들고, 그 결과 대장이 더 큰 압력으로 대변을 밀어내야 하므로 장점막이 더 잘 튀어 나오게 된다. 게실이 S상결장이나 하행결장에 잘 생기는 것도 이 부분이 대장에서 가장 좁은 부위이므로 상대적으로 가장 높은 압력이 걸리기 때문이다.
  - 운동 부족은 위장관 내용물을 좀 더 느리게 이동시키기 때문에 게실질환이 좀 더 쉽게 발병할 수 있다.

(2) 증상

- 게실증은 장기간의 변비와 결장압력의 증가로 발생하여 증상은 거의 없다.
- 게실질환의 합병증으로 게실염이 있으며, 게실 주위의 염증이나 감염으로 인해 발생하고 10~25%의 게실질환 환자에게서 발생한다.
- 염증이 주변조직으로 퍼지면 탈장이 생길 수 있다.
- 게실염의 증상은 끊임없는 복부통증, 열, 변비, 설사, 거식증, 구역질 및 구토이다.

(3) 치료 및 영양관리

- 게실염의 경우 항생제 치료가 필요하다.
- 증세가 심할 경우 수분을 정맥으로 공급하며 식사가 가능하면 염증과 출혈이 가라앉을 때까지 맑은 유동식에서 시작하여 저식이섬유식을 권장한다.
- 회복 후에는 고식이섬유식이 권장된다. 고식이섬유식은 부드럽고 많은 분변이 좀 더 빠르게 통과하며 배변으로 인한 부담이 덜 되어 결장 내 압력을 낮추어 증세를 경감시켜 주므로 고식이섬유식과 함께 적절한 수분 섭취를 권장한다.
- 고지방식 후 결장 평활근 수축을 강화할 수 있으므로 저지방식을 권장한다.
- 신체운동은 변비와 게실질환에 도움이 된다.

요점정리
SUMMARY

짧은 창자 증후군

- 소장절제로 인해 소장이 짧아져 영양소의 소화 · 흡수 기능이 저하됨으로써 나타나는 흡수불량증후군
- 공장절제술
  - 특징 : 공장절제술 후 정상보다 소장 통과시간이 짧고 흡수면적이 작기 때문에 미량영양소, 과량의 설탕(특히 유당)과 지방 흡수 기능 감소
  - 영양관리 : 균형식 제공, 과량의 농축된 사탕이나 카페인 제한, 적은 양의 잦은 식사 제공, 복합비타민과 무기질 보충
- 회장절제술
  - 특징 : 지방과 지용성 비타민 A, D, E, K의 흡수불량, 칼슘, 아연, 마그네슘과 같은 2가 양이온 흡수불량, 결석 형성의 위험률 증가, 콜레스테롤 담석 증가
  - 영양관리 : 영양소 보충 필요, 신결석 예방(저수산식), 지방 제한, 중간사슬중성지방 제공

지방변

- 장의 지방 흡수에 문제가 있어 변에 20% 이상의 지방이 섞여 나오는 질환
- 원인 : 부적절한 담즙 분비, 맹계제증후군, 췌장기능부전증, 담즙산염의 부적절한 흡수, 지방 재에스테르화 감소 및 카일로미크론의 형성과 수송 감소
- 영양관리 : 저지방식, 에너지 증가(단백질, 복합 탄수화물 증가), 중간사슬중성지방 제공

과민성 대장증후군

- 장운동 변화, 위장관의 민감성 증가 및 내외 자극에 대한 장기의 반응성 증가로 인해 발생하는 경우로서 만성적 · 반복적으로 복통, 변비 또는 설사 등의 증상이 반복되는 질환

• 원인 : 식사의 화학조성과 양, 위장관호르몬 스트레스, 과량의 하제와 약물, 항생제, 카페인, 이전의 위장관 질환, 수면과 휴식의 부족 및 수분 섭취의 부족
• 증상 : 3가지 주된 증상인 설사, 변비, 복부통증
• 영양관리 : 식사량을 조금씩 자주 하는 것, 과량의 식이섬유, 지방 식품, 카페인, 유당, 과당, 솔비톨과 같은 당류가 많은 식사와 알코올 및 가스 생성 식품 제한, 적절한 수분 공급

게실질환

• 대장벽이 바깥쪽으로 동그랗게 꽈리 모양으로 튀어나오는 질환
• 원인 : 식이섬유가 적은 식사, 변비, 운동 부족 등
• 영양관리 : 고식이섬유식, 적절한 수분 섭취, 저지방식 권장

사례연구 1

35세의 증권회사에 근무하는 K 씨가 식후 발생하는 가슴통증을 호소하며 내원하였다. 증상은 6개월 전부터 시작되었으며, 통증은 음주, 과식하거나 누워 있을 때 더욱 심해졌고, 조깅할 때에는 증상이 없었다. 음식이나 물을 삼키는 데에는 아무 이상이 없었다. 상부 위장관 내시경검사와 식도산도검사를 통해 역류성 식도염으로 진단되었다. K 씨는 신장 170cm, 체중 82kg의 체격이며, 평소 음주를 즐기며, 커피를 하루 8잔 이상 마시는 커피마니아이다.

1. K 씨가 개선해야 할 생활습관양식은 무엇인지 설명하시오.
2. K 씨에게 필요한 영양관리는 무엇인지 설명하시오.

사례연구 2

45세의 트럭 운전사인 L 씨가 수년 전부터 시작된 상복부 불쾌감을 호소하며 내원하였다. 주된 증상은 식후 더부룩한 증상이었고, 간헐적으로 속쓰림과 통증이 동반되었으며, 이러한 증상은 지난 수년간 완화와 악화를 반복하였다. 오심, 구토, 체중 감소는 없었으며, 배변은 정상이었다. 내원 당시 활력 징후는 정상이었고, 결막은 창백하지 않았으며 공막에 황달은 관찰되지 않았다. 복부는 부드럽고 편평했으며, 장음은 정상이었고, 종괴는 만져지지 않았으며, 압통 및 반발통은 없었다.

상부위장관 내시경에서 만성위염의 소견이 관찰되었고, 조직검사에서는 헬리코박터균 감염이 관찰되었다. 복부 초음파에서는 특이 소견이 없었다.

1. 환자에게 필요한 생활습관양식은 무엇인지 설명하시오.
2. L 씨에게 필요한 영양관리는 무엇인지 설명하시오.

사례연구 3

38세의 식품회사에 근무하는 P 씨가 2시간 전 갑자기 심해진 복통으로 내원하였다. 약 1년 전부터 공복 시에 속쓰림 증상이 있었으며, 식사 후 90분 내지 3시간경에 특히 심하였다. 이때 다시 음식을 먹거나 제산제를 복용하면 증상이 가벼워진다고 한다. 새벽녘에 속쓰림이 심하여 잠에서 깬 적도 있었다. 내원 1개월 전에는 짜장면 색깔의 변을 3차례 본 뒤 어지러운 적도 있었으나 과로한 탓으로 돌리고 특별한 치료를 받은 적은 없었다.

신체 검진 결과, 환자는 가능한 한 움직이려고 하지 않았고 결막이 다소 창백하였으며 복부는 경직되어 있고 장음은 감소하였다. 복부 전반에 걸쳐서 압통과 반발통이 관찰되었다. 위장내시경검사와 상부위장관조영술검사를 통해 P 씨는 소화성 궤양으로 진단되었다.

1. 2시간 전 갑자기 심해진 복통의 원인은 무엇인지 설명하시오.
2. 짜장면 색깔의 변이 나왔던 원인은 무엇인지 설명하시오.
3. 환자에게 필요한 생활습관양식은 무엇인지 설명하시오.
4. P 씨에게 필요한 영양관리는 무엇인지 설명하시오.

사례연구 4

25세 남자 대학생인 C 군은 술을 좋아하며 몇 년 전부터 위염이 있었다. 초기 위염이 발생하기 전에도 평소 결식, 과식, 야식 등의 식습관이 있어 소화불량 증상이 자주 있었고, 소화제 복용을 습관적으로 하였다. 위염이 발생한 뒤로는 속쓰림, 통증이 심해 제산제/진통제를 복용했으나 증상 호전이 잘되지 않아 약을 복용하는 횟수만 늘었다. 시험기간에는 커피를 자주 마셨고, 스트레스를 받아 담배를 많이 피웠으며, 4학년이 되면서 취업준비로 인한 스트레스를 많이 받아 가끔씩 과음도 하였다. 시험이 끝난 후 명치 부근에 통증이 심해져 병원을 방문하여 소화불량증상/명치 통증을 상담하였다가 추가적으로 내시경검사/위장조영술을 받아 십이지장에 궤양이 여러 군데 발생한 것을 확인하면서 십이지장궤양을 진단받았다.

1. C 군의 생활습관과 식습관에서 이 질병을 악화시키는 요인은 무엇인지 설명하시오.
2. C 군에게 추천할 수 있는 영양관리는 무엇인지 설명하시오.

사례연구 5

H 양은 35세 여성으로 은행에 근무하는 직장인이다. 최근 스트레스를 많이 받고 업무량도 많아 식사를 불규칙하게 하였더니 변비와 설사가 번갈아 나타나고 복부에 통증을 느끼는 증상이 더욱 심해져 치료와 식이요법에 대한 상담을 받고자 병원을 방문하였다. 자세한 병력 청취와 검사를 시행한 후 의사는 과민성 대장증후군으로 진단하였다. 의사는 변의 양을 늘려주는 약을 처방하였고, 한 주간의 식습관을 토대로 영양사에게 식이상담을 의뢰하였다. 스트레스를 많이 받고 업무량이 많아 일상적으로 커피를 5잔 이상 마셨으며 아침 식사는 주로 거르고 점심과 저녁은 기름진 음식으로 과식을 하였고 과일과 채소 및 우유는 거의 섭취하지 않았다.

1. H 양의 과민성 대장증후군 증상에서 스트레스는 어떠한 역할을 하는지 설명하시오.
2. H 양의 식습관에서 이 질병을 악화시키는 요인은 무엇인지 설명하시오.
3. H 양에게 추천할 수 있는 식사요법은 무엇인지 설명하시오.

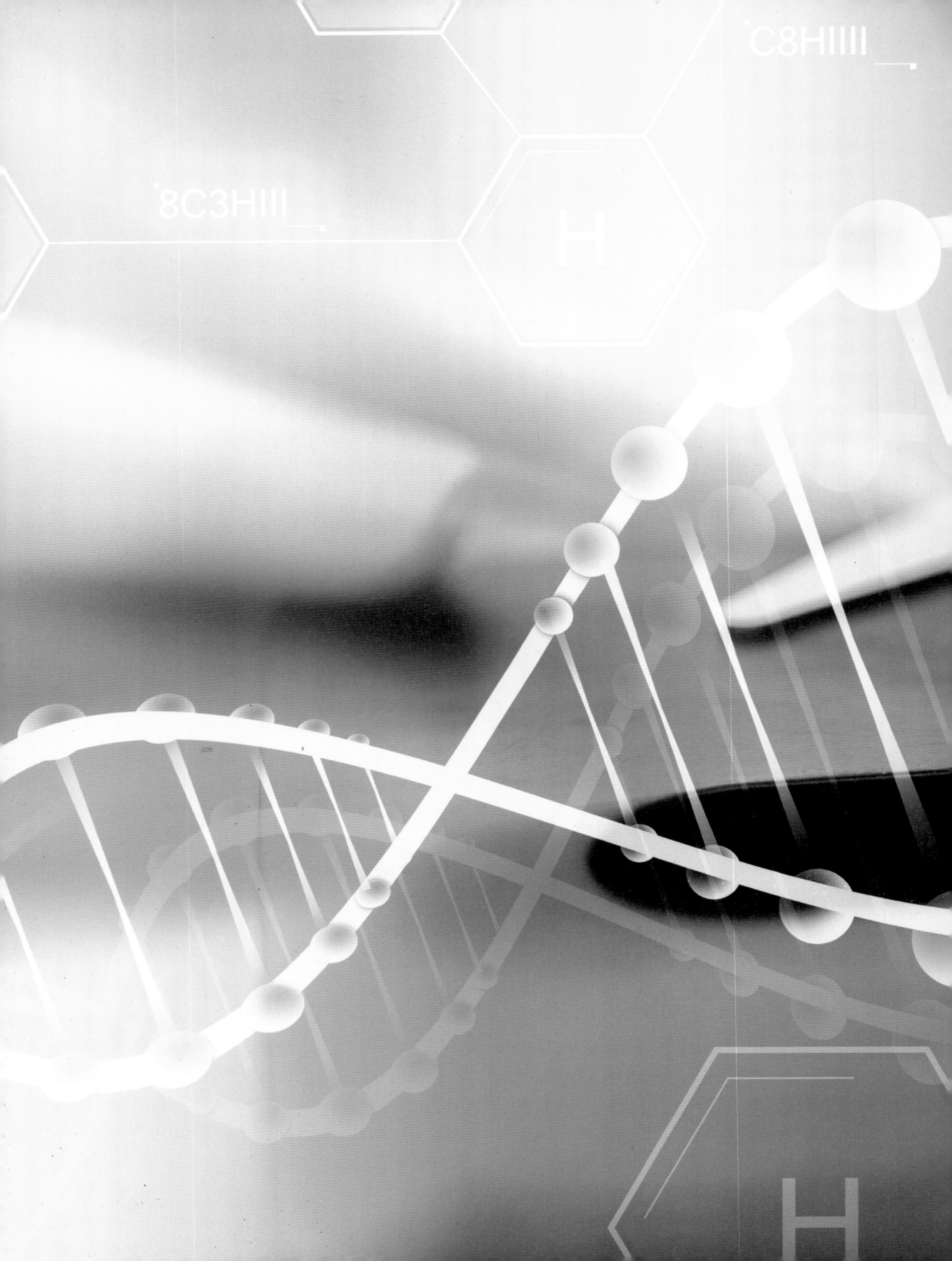
C8HIIII
8C3HIIII
H
H

CHAPTER 4

간, 담도계, 췌장질환

CHAPTER 4
간, 담도계, 췌장질환

용어 정리

장간순환(enterohepatic circulation)
지방의 소화를 위해서 장으로 분비된 담즙의 대부분이 회장 말단부에서 재흡수되어 간으로 들어가 담즙 생산에 재활용되는 체계

간염(hepatitis)
간염 바이러스나 기타 독성 물질에 의해 간에 염증이 생긴 질환

지방간(fatty liver)
과음, 비만, 영양불량 등의 원인으로 지방이 간 무게의 5% 이상 축적된 병적인 상태

비알코올성 지방간염(Nonalcoholic Steatohepatitis, NASH)
간세포의 괴사와 염증이 동반된 지방간염

알코올성 간질환(Alcoholic Liver Disease, ALD)
알코올 중독으로 인해 발생한 간질환

간경변증(liver cirrhosis)
간 조직이 파괴되고 섬유화되며 위축되고 딱딱해져 간 기능이 저하되는 질환

문맥 고혈압(portal hypertension)
간경변증에서 간으로 혈액이 유입되지 못해 문맥 혈압이 증가된 상태

위식도 정맥류(gastroesophageal varix)
간경변증으로 문맥에 쌓인 혈액이 위나 식도 정맥으로 밀려 혈관을 팽창시킨 상태

간성 뇌증(Hepatic Encephalopathy, HE)
간경변증이나 간부전 등으로 간 기능이 심하게 저하되었을 때 발생하는 중추신경계 합병증으로 성격 변화, 기억력 상실, 경련, 혼수 등의 의식장애가 나타남

급성 간부전(Acute Liver Failure, ALF)
간질환이 없던 상황에서 갑자기 간 기능이 심하게 저하된 상태

담석증(cholelithiasis)
담낭이나 담도에 콜레스테롤 결석이나 빌리루빈(bilirubin) 결석이 형성된 상태

췌장염(pancreatitis)
췌액 내 존재하는 소화효소가 췌장 조직을 자가소화하여 췌장에 염증이 생긴 상태

1. 간질환

1) 간의 특성 및 구조

- 간은 인체 내에서 가장 큰 장기로서, 체중의 약 3%를 차지한다. 간은 횡격막 바로 아래, 오른쪽 상복부, 늑골 뒤에 위치하고 있으며 복막으로 덮여 있다. 간은 좌엽과 우엽으로 구분되는데 그중 우엽이 3/4을 차지한다.
- 간 조직으로 들어가는 혈액의 70～80%는 문맥(portal vein)을 통하여 유입되는데, 문맥혈에는 소화관에서 흡수된 영양소와 적혈구에서 분리된 혈색소가 실려 있다. 나머지 20～30%의 혈액은 간동맥을 통하여 유입되는데 여기에는 산소가 풍부하게 들어 있다. 이처럼 간문맥과 간동맥을 통해 간으로 유입된 혈액은 간 조직 속에 있는 모세혈관망인 시누소이드(sinusoid)를 통과한 후 간정맥으로 나와 심장으로 되돌아가 전신으로 보내진다.
- 간 조직의 기본 단위는 간소엽이다. 간소엽은 직경 1mm, 길이 1.5～2mm의 다각형 모양으로, 간에는 약 60만 개의 간소엽이 존재한다. 1개의 간소엽에는 50만 개의 간세포가 있으므로, 전체 간세포 수는 약 3천억 개 정도가 된다.

2) 간의 기능

- **영양소 가공, 변형** : 소화·흡수된 영양소는 간에서 가공되어 다른 조직으로 이동한다.
- **해독작용** : 각종 유해물질, 약물, 알코올, 암모니아 등을 해독한다.
- **담즙 생산** : 담즙산과 색소, 빌리루빈 등으로 담즙을 만든다.
- **영양소 저장 및 재분배** : 철, 구리, 엽산, 글리코겐 등을 저장한다.
- 출혈 시 혈액 응고에 필요한 물질을 생산한다.

간질환이 발생하면 〈표 4-1〉과 같은 대사상의 문제들이 유발된다.

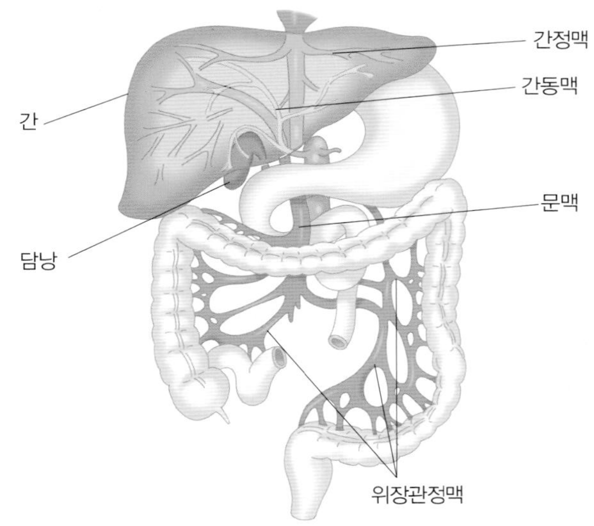

그림 4-1 간, 담도계의 구조

표 4-1 간질환에서 나타나는 대사이상

대사이상의 종류	내용
탄수화물 대사	• 급성 간염, 알코올성 간질환 시 : 글리코겐 저장량 감소, 당신생 저하, 저혈당증 • 간경변증 시 : 말초 조직에서의 인슐린 저항성, 10~37%가 당뇨병으로 진행
단백질 대사	• 혈청 단백질 중 알부민 합성 저하 → 저알부민혈증 • 혈청 단백질 중 글로불린 합성 증가 → 알부민/글로불린 감소 • 요소 합성 저하 → 혈중 암모니아 상승 • 간경변증 시 : 단백질 분해 증가 → 내장과 근육의 조직 단백질 소모
지방 대사	• 지방산 산화 감소, 지방 합성 증가, 간에서 지방 방출하는 지단백 합성 저하 • 5% 이상의 지방이 간에 축적 → 지방간
비타민과 무기질 대사	• 비타민 및 무기질의 저장고 고갈 → 비타민 및 무기질 결핍증 • 비타민 K 작용 감소 → 프로트롬빈 생성 저하 → 출혈
담즙 생산	• 혈중 빌리루빈의 간 내 유입 및 대사 저하 → 지방의 소화·흡수 저해, 황달
스테로이드 대사	• 에스트로겐 분해 저하 → 유방 비대 등 여성화 증상 • 알도스테론 분해 저하 → 고혈압, 저칼륨혈증, 알칼리혈증 등

- 간질환이 의심되는 증상으로는 황달, 피부 가려움증, 복통, 부종과 복수, 진한 소변색, 연한 대변색, 만성 피로, 메스꺼움, 식욕부진 등이 있다.
- 간 기능 검사 항목은 〈표 4-2〉에 제시되어 있다.

표 4-2 간 기능 검사 항목

검사 항목	정상 범위	간질환 시 변화	임상적 의의
AST(GOT)(U/L)	40 이하	↑	• 간세포 손상에 의해 증가됨 • 심장과 근육 손상 시에도 증가되므로 비특이적
ALT(GPT)(U/L)	40 이하	↑↑	• 간세포 손상 시 혈청에 300 이상으로 증가됨 • 간 손상에 대해 민감성이 높은 지표인 AST보다 특이적
ALP(U/L)	30~120	↑	• 간질환, 담도폐쇄로 활성이 증가됨 • 뼈질환, 성장에 의해 증가될 수 있어 특이성은 떨어짐
알부민(g/dL)	3.5~5.2	↓	• 간질환에서 단백질 합성 감소에 의해 감소됨
총 빌리루빈(mg)	0.3~1.2	↑	• 빌리루빈의 과잉 생산, 간의 담즙 생성·배설장애에 의해 증가됨
암모니아(μg/dL)	25~79	↑	• 간경변증, 간질환에서 암모니아의 요소 전환 감소로 증가됨
프로트롬빈 시간(초)	12.5~14.7	↑	• 간질환에서 혈액응고인자의 합성 감소로 증가됨

3) 지방간

(1) 병리

- 지방간(fatty liver)은 간 조직 안에 지방이 축적된 상태이다. 정상적으로는 간 무게의 3~5%가 중성지방이나, 그 이상으로 중성지방이 간에 축적될 때 지방간이라 진단한다.
- 정상적으로, 간의 중성지방은 지단백(VLDL)으로 가공되어 혈류로 방출되나, 간 기능 이상으로 인하여 간세포의 미토콘드리아 내에서 지방산 합성이 증가되거나 지방산 산화가 감소될 때 지방간이 발생한다. 치료하지 않고 방치하면 지방간염으로 악화될 수 있다.

(2) 원인 및 위험요인

- **과음** : 과량의 알코올을 섭취할 경우, 간에서 지방산이 과다하게 합성되면서 간에 중성지방이 축적된다. 알코올은 간으로 운반되어 알코올 탈수효소에 의해 아세트알데히드로 전환되어 미토콘드리아 막을 손상시켜 알코올성 간질환을 유발한다.
- **과식 및 비만** : 과량의 열량과 탄수화물을 섭취할 경우, 간에서 지방산 합성이 증가되어 간에 중성지방이 과다하게 축적된다. 술을 안 마시는 사람도 비만에 의해 지방간이 발생할 수 있으며, 치료하지 않고 장기간 방치하면 간경변증으로까지 발전될 수도

있다.

- **이상지질혈증** : 고중성지방혈증이나 고콜레스테롤혈증 역시 지방간을 유발한다.
- **당뇨병** : 당뇨병이 있을 때, 체세포의 포도당 부족 현상에 대한 반응으로, 지방 조직의 지방이 간으로 다량 이동되고 간에서 지방산 산화가 감소되면서 간에 중성지방이 축적된다.
- **영양불량** : 항지방간 인자인 메티오닌, 콜린, 레시틴 및 비타민 E가 부족할 때, 단백질 부족으로 인한 아포단백질 및 지단백 합성이 저하될 때, 그리고 간에서의 중성지방 방출이 감소될 때 간에 중성지방이 축적된다. 영양공급 재개 시 대부분 회복된다.
- **독성 물질** : 약물이나 독성 물질(예 사염화탄소, DDT 등)에 노출된 후 지방간이 나타날 수 있다.
- **위장관의 미사용** : 위장관 우회술 후나 장기간의 완전정맥영양(TPN) 등 위장관을 오랜 기간 사용하지 않을 경우, 지방간이 발생할 수 있다.
- **기타 질환** : 빈혈, 폐결핵, 뇌하수체전엽기능항진증 등도 지방간을 일으킬 수 있다.

(3) 증상 및 합병증

지방간은 대부분 증상이 없으나 피로감, 전신권태감, 식욕부진, 체중 감소, 상복부 통증과 같은 증상이 나타나기도 한다. 특히 과잉 영양으로 인한 지방의 급속한 축적 시, 심한 통증이 유발될 수 있다. 만약 지방간이 약물에 의해 발생했거나 특정 대사이상과 연관되어 있다면 간 손상이나 간부전으로 빠르게 진행될 수도 있다.

(4) 진단

- **혈액 검사** : 지방간이 발생하면 흔히 혈중 간 효소 수치가 정상 범위를 벗어난다. 혈액 검사로 ALT와 AST 및 중성지방, 콜레스테롤, 혈당 수치의 상승 여부를 관찰한다.
- **CT, MRI 및 초음파 검사** : 지방의 과잉 축적으로 인하여 커진 간의 염증을 관찰할 수 있다.

(5) 영양관리

- **기아나 영양 불량이 원인일 경우** : 영양불량을 개선하기 위하여 고에너지(35~40kcal/kg 체중/day), 고단백(1.0~1.5g/kg 체중/day) 식사를 공급한다. 특히 항지방간 인자인 메티오닌, 콜린, 레시틴 등 필수 아미노산이 풍부한 동물성 단백질 식품의 공급량을 증가시킨다.
- **이상지질혈증이 원인일 경우** : 포화지방산 및 콜레스테롤을 제한하고, 생활습관 개선과 약물치료 등을 통하여 이상지질혈증을 개선한다. 지방은 총 에너지의 20~25% 범위로 공급한다.
- **비만이나 당뇨병이 원인일 경우** : 원래 체중의 10%만 감량해도 상당한 치료 효과가 있으나, 급속한 체중 감량은 오히려 간질환을 악화시킬 수 있으므로 주의한다. 탄수화물을 총 에너지의 60% 이내로 제한하여 과다한 중성지방 합성을 억제한다. 특히 단순당은 제한한다.
- **알코올이 원인일 경우** : 금주와 함께 균형된 영양 공급을 하면 4~8주 후부터 간에 축적되었던 지방이 점차 사라진다.

요점정리
SUMMARY

지방간

- 지방이 간 무게의 5% 이상 축적된 상태
- 원인 : 과음, 비만, 이상지질혈증, 당뇨병, 영양불량, 독성 물질, 위장관의 미사용, 기타 질환 등
- 증상 : 무증상, 피로감, 전신권태감, 식욕부진, 체중 감소, 상복부 통증 등
- 진단 : 혈액 검사, CT, MRI 및 초음파 검사 등
- 영양관리 : 원인(과음, 비만, 이상지질혈증, 당뇨병, 영양불량) 제거 및 적절한 영양관리

4) 간염

급성 간염(acute hepatitis)은 간염 바이러스나 기타 원인에 의해 발생하고, 대개 3~4개월 내에 회복된다. 만약 간세포의 염증이나 괴사가 6개월 이상 지속될 때에는 만성 간염으로 진단한다.

(1) 원인 및 위험요인

- **간염 바이러스** : 간염 바이러스는 A, B, C, D, E형으로 분류한다(표 4-3).
- **기타 원인** : 과음, 특정 약물(예 항생제, 경구혈당강하제, 항결핵제, 신경안정제, 남성 호르몬 등), 독성 물질(예 사염화탄소, DDT, 독초 등), 미생물(예 매독균, 곰팡이, 아메바 등), 자가면역질환

(2) 바이러스성 간염의 종류별 특징

① A형 간염

A형 간염(Hepatitis A Virus, HAV)은 대변-구강 통로를 통하여 발병하며 전염성이 매우 강하다. 오염된 음용수를 마셨을 때, 혹은 오염된 물에서 자란 갑각류를 덜 익혀 먹었을 때 발병하며 겨울부터 봄 사이에 주로 유행한다. 백신이 있어 예방 접종이 가능하다. 잠복기는 2~3주로 대개 3개월 이내에 회복되며 만성 간염으로 발전되지 않고 영구적 간 손상을 유발하지도 않는다. A형 간염 환자의 5%에서 황달이 발생한다.

② B형 간염

우리나라에서 가장 흔한 형태인 B형 간염(Hepatitis B Virus, HBV)은 혈액이나 성적 접촉을 통하여 감염되는데, 혈액 감염 통로에는 모체-신생아의 수직 감염, 오염된 주사바늘, 침, 부황, 면도기, 귀걸이 시술, 문신, 치과기구, 수혈 등이 있다. 백신이 있어 예방 접종이 가능하다. B형 간염은 1년 내내 발생하며, 잠복기는 6~8주이고, 환자의 약 90%가 회복되나 10% 정도는 만성 간염으로 진행되고, 그중 일부는 간경변증, 간암으로까지 발전되기도 한다.

③ C형 간염

C형 간염(Hepatitis C Virus, HCV)은 주로 혈액이나 타액, 눈물 접촉 등으로 감염되나, 소수는 성적 접촉을 통하여 감염되기도 한다. 최근 우리나라 젊은 층에서 발생률이 증가하고 있다. 잠복기는 6~12주이고, 환자의 15~30%가 회복되나, 나머지는 만성 간염으로 진행된다. 만성 간염으로 진행된 환자 중 일부는 간경변증이나 간암으로도 발전될 수 있다. 현재로서는 예방 백신이 없다.

④ D형 간염

D형 간염(Hepatitis D Virus, HDV) 바이러스는 인체 내에서 B형 간염 바이러스에 의존적으로 존재한다. 즉 B형 간염과 동시에 감염되거나 B형 간염 바이러스 보균 상태에서 발병된다. 대부분이 만성 간염으로 진행된다.

⑤ E형 간염

E형 간염(Hepatitis E Virus, HEV) 환자의 대변으로 오염된 식수로 인한 경구 감염이 주 경로이다. 아시아, 아프리카, 멕시코 등 저개발국의 비위생적인 환경에서 흔히 발생한다. E형 간염은 주로 6주 내에 회복되고 만성 간염으로 진행되는 경우는 거의 없다.

표 4-3 바이러스성 간염의 종류별 특징

종류	주요 발생 연령	주 감염 경로	만성 진행률(%)	예방 접종
A형	청소년기	대변-구강	0%	유
B형	전 연령	혈액, 성적 접촉	• 성인 : 10% 미만 • 영아 : 90% 이상	유
C형	전 연령	혈액, 타액, 눈물 접촉, 성적 접촉(소수)	70~85%	무
D형	전 연령	B형 간염 바이러스에 의존적	대부분	무
E형	청소년기	대변-구강	0%	무

(3) 증상 및 합병증

- 급성 간염의 증상은 〈표 4-4〉와 같다.
- 만성 간염은 경증인 경우 증상이 없을 수도 있으나, 대개는 전신 권태감, 식욕부진, 체중 감소 등의 증상이 있다.

표 4-4 급성 간염의 단계별 증상

단계	주요 증상
초기	환자의 25%에서 발열, 관절염, 발진, 혈관부종 등 발생
황달 전기	1~2주간 지속, 권태감, 피로감, 근육통, 식욕부진, 메스꺼움, 구토, 미각 이상(dysguesia), 후각 이상(dysosmia) 등 발생
황달기	4~6주간 지속, 눈의 흰자 및 피부의 황달, 체중 감소, 진한 갈색 소변, 황달 전기의 증상은 거의 사라짐
회복기	거의 모든 증상들이 사라짐

(4) 진단

- **혈액 검사** : 혈중 ALT와 AST가 상승된다.
- **CT, MRI 및 초음파 검사** : 간비대 유무를 확인한다.
- **조직 검사** : 만성 간염의 경우 활동형과 비활동형 간염을 구분하는데 활동형은 간경변증으로 진행될 가능성이 높다.

(5) 영양관리

① 급성 간염

- **에너지** 35~45kcal/kg 체중/day 정도의 충분한 에너지를 공급하여 간 조직의 단백질이 에너지로 소모되는 것을 방지한다. 단, 비만도에 따라 에너지 공급량이 조정될 수 있다.
- **탄수화물** 350~400g/day 정도로 충분히 공급함으로써 간의 글리코겐 저장량을 증가시키도록 한다.

- 단백질 염증으로 파괴된 간세포 복구를 위해 1.5~2.0g/kg 체중/day로 충분히 공급하되 살코기, 저지방 생선, 저지방 유제품, 달걀흰자 등 필수아미노산이 풍부한 저지방 동물성 단백질 식품 위주로 공급한다.
- 지방 간염 초기에 메스꺼움, 구토 또는 황달이 있을 경우 지방을 제한하다가 황달이 사라지면 지방 양을 어느 정도 증가시킴으로써 필수지방산, 지용성 비타민 및 에너지를 보충한다. 단, 담즙의 생성 및 분비에 장애가 있을 수 있으므로 유제품, 버터, 치즈, 난황 등 유화지방으로 공급한다.
- 비타민 B군 비타민(B_1, B_2, 니아신 등)은 에너지 대사에 필요하고, 비타민 C는 간세포 재생을 위한 콜라겐 합성에 필요하다. 또한 간 손상으로 지용성 비타민의 저장량과 활성도가 저하되므로 모든 종류의 비타민을 권장량의 2배 정도 충분히 공급한다.
- 무기질 아연과 칼륨을 보충한다.
- 수분 탈수 방지를 위해 충분한 수분을 공급한다.
- 무자극식 자극성 있는 음식은 간세포의 염증을 자극할 수 있으므로 제한한다.
- 알코올 최소 6개월은 금주함으로써 알코올의 독성으로부터 간세포를 보호한다.

② 만성 간염

- 에너지 만성 간염은 식욕 부진이나 소화·흡수 불량이 경미한 편이므로 정상 체중을 유지하는 정도로 에너지를 공급한다.
- 단백질 간세포 재생과 간기능 개선을 위하여 양질의 단백질 식품으로 1.0~1.5g/kg 체중/day 정도를 공급한다.
- 비타민 신선한 채소, 과일 및 종합 비타민제를 공급하여 부족하지 않도록 주의한다.
- 무기질 복수나 부종이 있을 경우, 나트륨을 2,000mg/day 이하로 제한한다.

(6) 기타 치료법

- **절대 안정** : 황달이 사라지고 간 기능 검사 수치가 정상화될 때까지, 약 한 달간 세면, 식사, 용변 이외의 활동을 금지하고 절대 안정을 취한다.
- **간염 악화 물질 사용 금지** : 간염의 원인이었거나 간염을 악화시키는 물질의 사용을 금지한다. 특히 알코올과 처방된 것 이외의 약물은 공급을 중단한다.

▪ **약물요법** : A형 간염은 대개 약물을 사용하지 않으나, B형이나 C형 간염은 항바이러스제(lami-vudine, ribavarin)를 사용하여 바이러스 증식을 막기도 한다. 바이러스성 간염이 아닐 경우에는 소염제와 면역억제제를 사용하기도 한다.

요점정리
SUMMARY

급성 간염과 만성 간염

구분	급성 간염	만성 간염
정의	• 간세포에 염증이 생긴 상태 • 3~4개월 내 회복	• 급성 간염이 치료되지 않고 6개월 이상 지속 • 염증과 괴사 발생
원인	• 간염 바이러스(A, B, C, D), 과음, 약물, 독성 물질, 미생물, 자가면역질환	• 간염 바이러스(B, C, D), 과음, 약물, 자가면역질환 등
증상	• 피로감, 발열, 근육통, 피부 발적, 메스꺼움, 식욕부진, 복부팽만감, 우측 상복부 통증, 지방변증, 설사, 황달	• 무증상, 전신권태감, 식욕부진, 체중 감소 등 • 중증인 경우 간경변증 동반
진단	• 혈액 검사, CT, MRI 및 초음파 검사	• 혈액 검사 및 조직 검사
영양관리	• 충분한 에너지, 탄수화물, 단백질, 비타민 및 무기질 공급 • 황달 시 지방 제한 • 자극적 음식이나 알코올 금지	• 표준체중 유지를 위한 에너지, 충분한 단백질과 비타민 공급 • 복수나 부종 시 나트륨 제한

5) 간경변증

(1) 병리

간경변증(liver cirrhosis)은 만성 간질환의 마지막 단계로서, 건강한 간 조직이 섬유성 결체조직으로 대체되어 흉터가 남는 비가역적 상태이다. 간경변증이 지속되면 흉터 범위가 점차 확대되고 간 표면에 결절 상태의 융기가 생겨 처음에는 간이 커지지만, 나중에는 간 조직이 위축되고 점차 딱딱해져 혈류가 제대로 공급되지 않게 된다. 간경변증은 간 기능 장애와 간부전(liver failure)으로 발전될 수 있다.

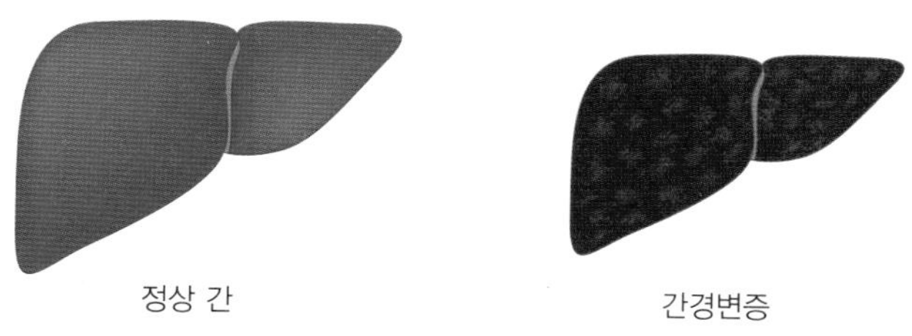

그림 4-2 정상 간과 간경변증 간

(2) 원인 및 위험요인

- **B형과 C형 간염** : 우리나라 간경변증의 제1원인(26%)을 차지한다. 하지만 어떤 종류의 만성 간염이든 치료하지 않고 방치할 경우 모두 간경변증으로 진행될 수 있다.
- **만성 알코올 중독** : 간경변증의 제2원인으로서, 알코올성 간질환의 10~20%가 간경변증(표 4-5)으로 발전된다.
- **담관 폐색** : 담관 폐색(bile duct blockage)이 발생하여 간 조직 내에 담즙이 정체되면 담즙산의 독성이 간 조직을 손상시켜 담즙성 간경변증(biliary cirrhosis)이 발생된다.
- **약물 또는 독성 물질** : 고단위 비타민 A 보충제를 장기 투여하거나 독성 물질을 섭취하였을 때 간경변증이 발생할 수 있다.
- **선천성 대사이상** : 혈색 침착병(간에 과다한 철 축적), 윌슨씨병(간에 과다한 구리 축적), 글리코겐 저장증(간에 과다한 글리코겐 축적)
- **영양불량** : 영양불량은 간경변증의 원인이자 결과이다.

표 4-5 알코올성 간질환의 진행 단계

진행 단계	특징 및 증상
1단계 (알코올성 지방간)	• 알코올 중독 환자의 80% 이상에서 발생 • 금주 시 회복 가능
2단계 (알코올성 지방간염)	• 알코올 중독 환자의 약 30%에서 발생 • 발열, 메스꺼움, 식욕부진, 피로, 무력감, 빈혈, 체중 감소, 간종대, 황달, 구토 등 • 금주 시 일부 회복 가능
3단계 (알코올성 간경변증)	• 전체 환자의 약 10~15%에서 발생 • 심한 영양불량 : 영양 공급량 부족, 영양소 흡수불량, 간에서의 영양소 저장 능력 저하 등이 원인 • 회복 불가능

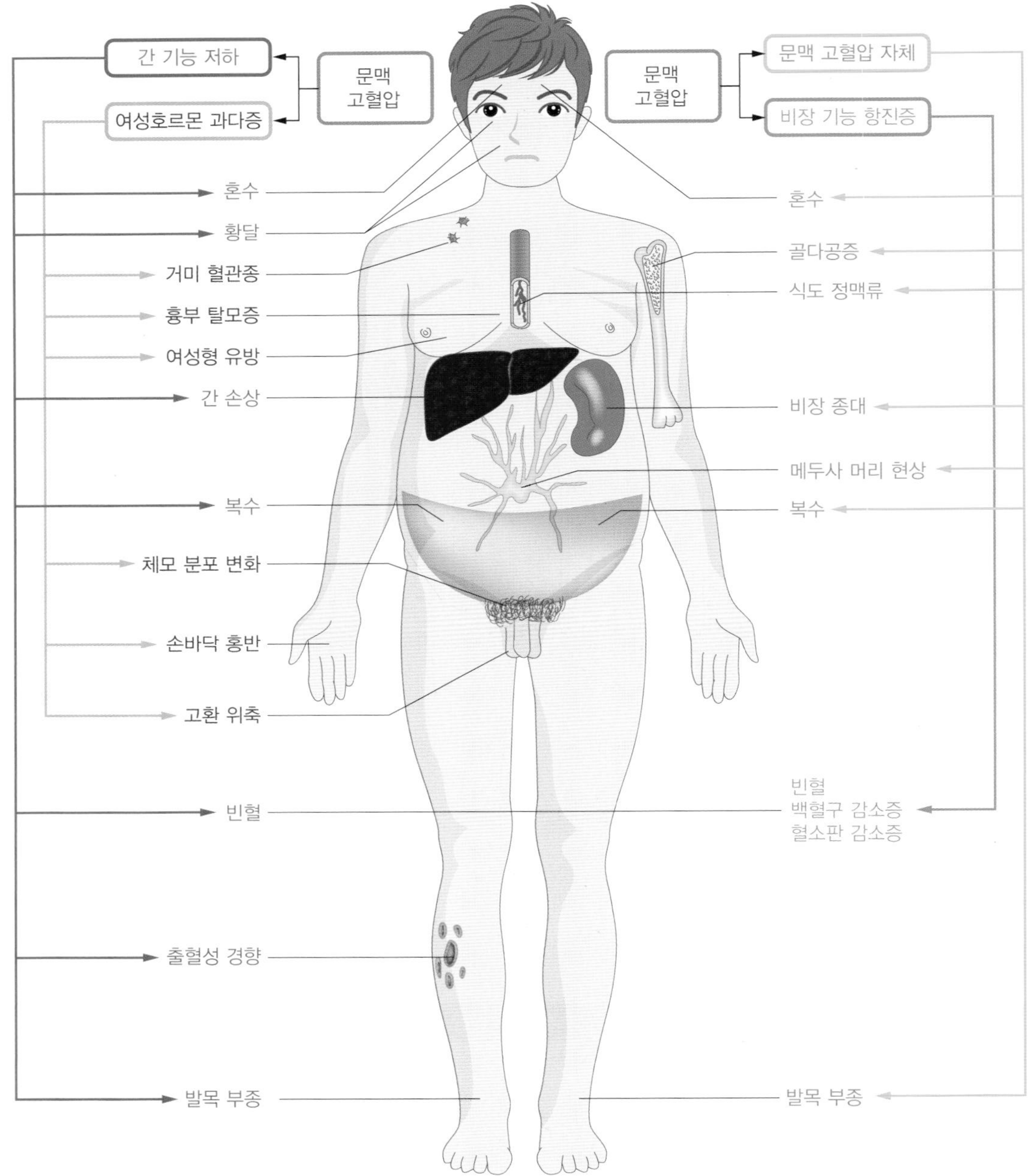

그림 4-3 간경변증의 증상 및 합병증

- **기타 질환** : 비알코올성 지방간염, 심부전으로 인한 순환장애, 자가면역성 간염 등이 있다.

(3) 증상 및 합병증

① 증상

- 무증상 초기에는 40%의 환자가 증상이 없다.
- 소화기계 증상 메스꺼움, 구토, 식욕부진 및 소화불량 등이 나타난다.
- 피로감, 무기력감 간 기능 저하로 간에서 피로 물질을 제거하지 못하여 발생한다.
- 황달 혈중 빌리루빈이 간으로 유입되지 못할 때 혹은 담즙 정체 시에 피부와 눈의 흰자에 황달이 나타난다. 소변색도 진해진다.
- 잦은 출혈과 멍(bruise) 간에서의 프로트롬빈 합성이 저하되면서 혈액 응고 시간이 지연되어 출혈이 잦아지거나 쉽게 멍이 들게 된다.
- 지방변증(steatorrhea) 간에서 콜레스테롤 합성이 저하되면서 담즙 생성과 분비에 장애가 발생하면 지방의 소화·흡수가 저하되어 대변에 지방이 섞여 나오는 지방변증이 발생한다.
- 복수(ascites) 및 복막염 간 조직이 딱딱해져 간으로 혈액이 유입되지 못한 채 문맥에 쌓여 혈중 수분이 복강으로 유출, 복수가 발생한다. 또한 간에서 알부민의 합성이 저하되어 저알부민혈증이 발생하면, 혈액의 삼투압이 저하되면서 혈중 수분이 복강으로 유출됨으로써 복수가 더 악화된다. 만약 복수에 세균이 감염되면 복막염이 발생한다.
- 부종(edema) 저알부민혈증으로 혈중 수분이 복강으로 유출되어 혈액량이 감소되면 신세뇨관에서 나트륨과 수분 재흡수가 촉진되어 말초 부종이 발생한다.
- 거미 혈관종(vascular spider) 간으로 혈액이 잘 유입되지 못하면서 체표부 정맥에 혈액이 쌓이면서 그와 연결된 모세혈관이 확장되어 거미 모양과 비슷해진다.
- 남성의 여성화, 여성의 남성화 간에서 폐기되지 못한 성 호르몬이 축적되면서 남성에게는 여성형 유방증, 여성에게는 다모증(多毛症)이 발생한다.

② 합병증

• 영양불량과 빈혈　간에서의 담즙산 생산이 감소하면서 필수지방산 및 지용성 비타민의 흡수에 장애가 생겨 영양불량과 빈혈이 발생한다. 간에서의 알부민 합성도 감소된다.

• 감염성 질환　면역력 저하로 인하여 감염에 쉽게 걸린다.

• 문맥 고혈압 및 위식도 정맥류　간 조직이 딱딱해져 간으로 혈류가 유입되지 못함으로써 간 문맥에 혈액이 정체, 문맥 고혈압이 발생한다. 문맥에 쌓인 혈액은 위나 식도 정맥으로 밀려 혈관을 팽창시키면서 정맥류를 유발한다.

• 간성 뇌증(Hepatic Encephalopathy, HE)　간에서 단백질 합성이 저하됨에 따라 근육 단백질이 분해되면서 근육 단백질의 주성분인 방향족 아미노산이 증가되어 혈중 아미노산 비율이 변화하게 된다. 즉, 곁가지 아미노산 : 방향족 아미노산의 비율이 감소된다. 또한 간의 요소 회로(urea cycle)에 이상이 생기면서 암모니아를 요소(urea)로 전환시키지 못하여 혈중 암모니아 수치가 증가, 방향족 아미노산과 함께 뇌로 유입되면서 간성 뇌증이 유발된다. 간성 뇌증의 증상은 〈표 4-6〉과 같다.

• 간암　간경변증은 간암 발생 위험성을 높인다.

• 당뇨병　간경변증은 인슐린 저항성과 내당능 장애(Impaired Glucose Tolerance, IGT)를 유발, 당뇨병을 일으킬 수 있다.

(4) 진단

■ **신체 검진, 복부 초음파 검사, 복부 컴퓨터 단층촬영**(Computed Tomography, CT) : 복수 또는 하지 부종, 비장 비대 등을 검사한다.

표 4-6　간성 뇌증의 증상들

초기	중기	후기	말기
• 주의력 결핍 • 초조감, 우울증 • 성격 변화 • 판단력 저하 • 집중력 저하 • 신체 조종력 저하 • 떨림	• 기억력 저하 • 졸림 • 말이 어눌해짐 • 갑작스럽고 급한 움직임 • 방향감각 저하 • 수면장애	• 구취 • 정신 혼미 • 기억상실 • 근육 경직 • 비정상적 반사작용 • 폭력성 증가 • 정신 착란	• 혼수

- **상부위장관 내시경 검사** : 식도정맥류 유무를 검사한다.
- **혈액 검사** : 간세포 파괴로 AST나 ALT 등, 혈중 간 효소 수치가 상승된다.

(5) 영양관리

① 에너지

- 에너지 섭취가 부족할 경우, 체조직이 분해되면서 방향족 아미노산의 혈중 농도가 증가되어 간성 뇌증이 촉발될 수 있으므로 에너지를 충분히 공급해야 한다.
- 에너지 요구량은 30∼35kcal/kg 체중/day 혹은 기초 에너지 소비량[Basal Energy Expenditure, BEE×(1.05∼1.55)]으로 산정한다.
- 복수가 있을 때에는 포만감 때문에 충분한 식사가 어려우므로 소량씩 자주(4∼6회/day) 공급한다.
- 감염, 패혈증 등 심한 스트레스가 있을 때에는 40kcal/kg 체중/day로 에너지 공급량을 더 증가시킨다.
- 위장장애, 식욕부진 등으로 구강 공급이 어려운 경우에는 장관영양이나 정맥영양을 시행한다.

② 탄수화물

- 충분한 탄수화물(최소 300g/day, 총 에너지의 60∼65% 이상)을 공급하여 간 내 글리코겐 저장량을 늘리고, 단백질도 절약하여 간조직 재생에 도움을 주도록 한다.

표 4-7 간경변증 환자의 급성 대사적 스트레스 발생 시 에너지 요구량 계산법

1단계 Harris-Benedict 공식으로 BEE* 계산	• 여성 BEE=655.1+[9.563×체중**(kg)]+[1.85×키(cm)]-[4.676×나이(years)] • 남성 BEE=66.5+[13.75×체중**(kg)]+[5.003×키(cm)]-[6.775×나이(years)]
2단계 BEE에 스트레스 지수를 곱함	• 복막염(peritonitis) : 1.05∼1.25 • 중증의 염증 : 1.3∼1.55
비만(BMI>30)인 경우 체중 조정 방법	• 조정 체중=이상체중+0.25×(실제 체중-이상체중)

* BEE : Basal Energy Expenditure(기초에너지소모량)

** 복수가 있는 경우, 복수 이전의 건체중(dry weight)이나 이상체중을 기준으로 에너지 요구량을 산출한다.

- 아침에 간의 글리코겐 저장량이 쉽게 고갈되므로 야간에 탄수화물 간식을 제공하여 에너지 부족으로 인한 단백질 이화를 방지하도록 한다.
- 내당능 장애나 당뇨병이 있는 경우 약물이나 인슐린 주사로 혈당을 조절하면서 탄수화물을 충분히 공급하되 고식이섬유 식품들과 혈당지수가 낮은 식품으로 소량씩 여러 번에 나누어 공급한다.

③ 단백질

- 단백질 제한이 단백질-에너지 영양불량과 소모증(wasting)의 위험을 증가시키고, 치명적인 생리적 기능 손실 및 간 기능 저하를 촉진시킬 뿐 아니라, 체조직 분해로 인한 방향족 아미노산 농도 증가로 간성 뇌증 발생 역시 촉진하기 때문에 충분량의 단백질을 공급하는 것이 권장된다.
- 단백질은 1.2~1.5g/kg 건조체중(또는 이상체중)/day, 혹은 총 에너지의 15% 수준으로 공급한다.
- 만약 알코올성 간염, 심한 복수, 감염 등의 스트레스가 있는 경우나 영양불량에서 회복되는 시기에는 1.5g/kg 건체중/day 정도로 공급량을 증가시킨다.
- 이소루신, 루신, 발린 등의 곁가지 아미노산(BCAA) 함량이 높은 우유, 콩, 두부 등을 주로 공급한다.
- 페닐알라닌, 티로신, 트립토판 등의 방향족 아미노산(AAA) 함량이 높은 육류, 내장류(간 등), 어패류 등은 제한한다.
- 혈중 암모니아 수치를 높이는 치즈, 닭고기, 가공육, 땅콩 버터, 감자, 양파 등은 제한한다.
- 곁가지 아미노산(BCAA) 함량이 높은 경구 영양보충액을 공급한다.

④ 지방

- 지방은 체조직의 이화를 방지하는 밀도 높은 에너지와 감소된 필수지방산을 보충해 주므로 총 에너지의 25~30% 정도로 충분히 공급한다.
- 지방변증이나 황달이 있는 경우에는 20g/day 이하 수준에서 소화와 흡수가 용이한 유화지방이나 중간사슬중성지방(Medium Chain Triglyceride, MCT)의 형태로 공급한다. 단, 중간사슬중성지방에는 필수지방산이 포함되어 있지 않으므로 필수지방

산의 공급을 위하여 총 지방량의 10%는 긴사슬중성지방(Long Chain Triglyceride, LCT)으로 공급하는 것이 좋다.

- 지방 제한 시, 탄수화물로 부족분을 채움으로써 에너지가 부족하지 않도록 주의한다.

⑤ 비타민과 무기질

간경변증뿐 아니라, 그 합병증이나 알코올 중독 등에 의해서도 비타민과 무기질 결핍이 매우 흔하게 발생하므로 모든 환자에게 비타민과 무기질 보충제를 공급한다.

- 수용성 비타민　비타민 B_1, B_2, B_6, 니아신, 엽산의 보충이 필요하다. 특히 식사 섭취량이 적을 때에는 권장량의 2~3배로 보충하는 것이 좋다.
- 지용성 비타민　지방변증이 있는 경우 지용성 비타민을 수용성 형태로 공급한다. 비타민 A의 보충은 미각장애를 개선함으로써 식사 섭취량과 영양상태를 증진시킬 수 있다. 단, 알코올성 간질환이 동반된 경우에는 비타민 A가 간에 독성을 일으킬 수 있으므로 주의한다.
- 무기질　복수나 부종이 있는 경우, 나트륨을 400~1,000mg/day 이하로 제한한다. 칼슘, 철, 마그네슘, 아연 등의 보충이 필요하며, 칼륨 손실형 이뇨제를 사용할 경우에는 칼륨의 보충이 권장된다. 골연화증이 있는 환자에게는 칼슘(비타민 D와 함께)을 보충한다.

⑥ 알코올

철저히 제한한다.

⑦ 간성 뇌증의 영양관리

- 단백질　최근 연구들은 저단백식이 오히려 영양불량만 악화시킬 뿐, 별 유익이 없음을 보고하고 있다. 그러므로 중증의 간성 뇌증이 아니라면, 단백질 제한은 더 이상 권장되지 않는다. 곁가지 아미노산/방향족 아미노산 비율이 높은 간성 뇌증 전용 완전정맥영양(TPN) 용액이나 경구 영양보충액을 공급한다.
- 지방　중간사슬중성지방이 혈류-뇌 장벽을 통과하여 간성 뇌증을 일으키는 것으로 알려져 있기 때문에 중간사슬중성지방 사용이 금지된다.
- 비타민　비타민 B군 및 A, E, K 등이 결핍되기 쉬우므로 보충한다.

- **무기질** 간에서의 아연 저장량이 감소되면서 암모니아 처리가 더 어려워질 뿐 아니라, 간의 섬유화도 촉진되므로 아연 보충이 필요하다.

(6) 기타 치료법

- **약물요법** : 간경변증의 원인에 따라 페그인터페론(peginterferon)이나 항바이러스제 등의 약물을 사용한다. 간성 뇌증의 경우 암모니아 배설을 촉진하는 락툴로오스와 장내 세균의 암모니아 생성을 억제하는 항생제를 사용한다.
- **수술요법** : 필요한 경우, 간 이식수술을 시행한다.

요점정리
SUMMARY

간경변증

- 정의 : 만성 간질환의 마지막 단계로서, 건강한 간 조직이 섬유성 결체조직으로 대체되어 흉터가 남는 비가역적 상태
- 원인 : B형이나 C형 간염, 만성 알코올 중독, 담관 폐색, 약물 또는 독성 물질, 선천성 대사이상, 영양불량, 기타 질환 등
- 증상 : 무증상, 식욕부진, 메스꺼움, 구토, 위염, 췌장염, 소화불량, 흡수불량, 피로감, 황달, 잦은 출혈과 멍, 지방변증, 복수, 부종, 거미 혈관종, 남성의 여성화, 여성의 남성화 등
- 합병증 : 영양불량(단백질-에너지 영양불량), 빈혈, 감염, 문맥 고혈압 및 위식도 정맥류, 간성 뇌증, 간암, 당뇨병
- 영양관리 : 영양지원 등을 통하여 충분한 영양(에너지, 탄수화물, 단백질, 지방, 비타민 – B_1, B_2, B_6, B_{12}, 니아신, 엽산, 지용성 비타민, 무기질 – 칼슘, 철, 마그네슘, 아연 등) 공급, 복수나 부종 시 나트륨 제한, 금주
- 기타 치료법 : 약물요법, 수술요법

6) 급성 간부전

급성 간부전(Acute Liver Failure, ALF)은 기존에 간질환이 없던 상황에서 갑자기 간 기능이 심하게 저하된 상태로서, 치료하지 않을 경우 수일 내에 사망할 수 있는 심각한 질환이다.

(1) 치료 원칙

급성 간부전 치료 시, 가장 큰 관건은 대사 및 생체 기능의 안정과 뇌부종의 치료이다. 그러므로 뇌부종을 방지하기 위하여 환자의 대사적 상태를 면밀히 관찰해야 한다. 특히 영양소의 과적(overload)이 일어나지 않도록 〈표 4-8〉에 제시된 항목들의 혈장 농도를 주의 깊게 관찰해야 한다.

표 4-8 간부전 환자의 각 영양소별 목표 혈장 농도

영양소	목표 혈장 농도
포도당(glucose)	90~140mg/dL
젖산(lactic acid)	<5.0mmol/L
중성지방(TG)	4~5mmol/L
암모니아	<100mmol/L

(2) 원인 및 위험요인

- **B형 간염** : HBV 바이러스가 원인이다.
- **약물** : 아세트아미노펜(acetaminophen), 한약이나 생약제제 등의 과다 복용이 문제이다.
- **원인 불명** : 급성 간부전의 20~40%는 원인을 알 수 없다.

(3) 영양관리

급성 간부전 환자에게 충분한 영양 공급은 영양지원(장관영양이나 정맥영양)으로 도달 가능하다. 장관영양을 할 경우에는 비공장 장관영양(nasojejunal tube feeding)이 권장된다.

① 에너지 : 급성 간부전 환자에게는 다른 중환자와 마찬가지로 혈당을 정상 범위로 조절하는 범위 내에서 충분한 에너지를 공급한다.

② 탄수화물 : 감염과 뇌부종은 급성 간부전의 예후를 결정짓는 2대 인자이다. 이처럼 중요한 기관의 기능이 저하되어 있는 상황에서 혈당을 더욱더 철저히 조절하되, 저혈당증과 기타 합병증 예방을 위해 충분한 포도당(2~3g/kg 체중/day)을 공급한다. 필요한 경우 인슐린도 같이 주입한다.

③ 단백질 : 곁가지 아미노산(BCAA) 함량이 높은 아미노산 용액을 0.8~1.2g/kg 체중/day 정도로 공급하여 체내 단백질 합성을 유도하도록 한다. 그러나 고암모니아혈증이 악화될 우려가 있거나, 뇌부종이나 간성혼수의 위험이 있을 때에는 혈중 암모니아 수치에 따라 아미노산 공급량을 결정한다.

④ 지방 : 임상 현장에서는 포도당과 함께 지방(0.8~1.2g/kg 체중/day)을 동시에 공급하는데, 지방의 공급은 인슐린 저항성이 있는 경우 특히 더 도움이 된다. 단, 혈장 중성지방 수치를 4~5mmol/L 이하로 유지하도록 한다.

⑤ 비타민과 무기질 : 결핍증이 발생되기 쉬우므로 충분히 공급한다.

7) 간 이식수술

- 간 이식(liver transplantation)이 필요한 가장 흔한 간질환은 만성 C형 간염과 알코올성 간질환으로 인한 간부전증과 간암이다.
- 간 이식수술 후 5년 생존율은 70~75%이지만, 복수나 간성 뇌증 등의 합병증이 있거나 수술 전 심장호흡계 기능이 심하게 저하되어 있는 간경변증 환자들은 간 이식수술 후 생존율이 매우 낮다.

(1) 영양관리

간 이식 수술 후 12~24시간 이내에 적절한 영양 공급을 시작하면 합병증 발생률 및 사망률을 줄일 수 있다.

① 에너지 : 간 이식 수술 직후 에너지 요구량은 휴식기 에너지 소모량[(Resting Energy Expenditure, REE)×1.3]이면 충분하다. 간 이식 수술을 받은 많은 환자들에게서 수술 후 첫 해에 근육량은 감소되는 반면, 지방량은 증가하는 근육감소형 비만과 대사증후군이 발생하여 다시 찾은 건강이 위험에 처할 수 있다. 그러므로 표준체중 유지를 위한 적절한 에너지를 공급하도록 한다.

② 탄수화물 : 수술 직후, 인슐린 저항성과 관련된 고혈당증이 종종 발생한다. 이런 경우에는 인슐린 주사량을 증가시켜도 포도당 대사가 정상화되지 않기 때문에 포도당 공급량을 제한할 수밖에 없다.

③ 단백질 : 수술 후 4주 까지는 음의 질소 평형 상태가 지속되므로, 1.0~1.5g/kg 체중/day로 충분량을 공급한다. 대개 간 이식 후에는 곁가지 아미노산 함량이 높은 아미노산 용액을 사용할 필요가 없다. 소변 내 요소질소량(Urinary Urea Nitrogen, UUN)을 근거로 단백질 요구량을 산정한다.

④ 지방 : n-6 지방산 함량이 낮은 중간사슬중성지방(MCT)/긴사슬중성지방(LCT) 유화액을 공급할 때 간 기능 개선에 도움이 된다.

⑤ 무기질 : 종종 수술 전부터 존재하던 저나트륨혈증과 면역억제제로 인하여 발생하는 저마그네슘혈증을 교정하기 위하여 나트륨과 마그네슘의 보충이 필요할 수 있다. 간 우엽을 기증한 장기 기증자에게 간혹 저인산혈증이 발생하므로 인을 보충한다.

⑥ 저균식 : 수술 직후에는 면역억제제를 사용하기 때문에 감염의 위험이 매우 높으므로 다음 사항들을 준수한다.

- 음식을 준비하기 전에 손을 깨끗이 씻는다.
- 어육류 등 부패하기 쉬운 식품은 냉장 보관한다.
- 냉동 식품은 냉장고나 전자레인지를 이용하여 해동한다.
- 익히지 않고 먹는 식품은 충분히 씻는다.
- 조리된 음식을 자외선 소독고에 소독한 후 바로 공급한다.
- 남은 음식은 즉시 포장하여 냉장 보관한다.

(2) 약물요법

① 면역억제제 : 이식 받은 간에 대한 거부반응을 억제하기 위하여 면역억제제를 사용

한다. 그러나 메스꺼움, 구토, 설사, 복통, 구강 통증, 식욕 저하 및 이미각증, 고혈당증, 수분과 전해질 불균형, 고혈압, 이상지질혈증, 단백질 이화, 골다공증 등의 부작용이 있다.

② 항생제 및 항바이러스제 : 간 이식수술 후 가장 큰 사망 원인은 감염이다. 그래서 통상적으로 항생제와 항바이러스제가 처방된다.

요점정리
SUMMARY

급성 간부전
- 정의 : 기존에 간질환이 없던 상황에서 갑자기 간 기능이 심하게 저하된 상태
- 원인 : B형 간염 바이러스, 약물, 20~40%는 원인 불명
- 합병증 : 대사이상, 뇌부종
- 영양관리 : 영양소 과적이 일어나지 않도록 영양소별 혈장 농도를 면밀히 관찰하면서 영양지원을 통하여 충분한 영양(에너지, 포도당, 아미노산, 지방산, 비타민 및 무기질) 공급

간 이식수술
- 정의 : 간부전 환자에게 장기 기증자의 간 조직을 이식하는 수술
- 원인 : 만성 C형 간염과 알코올성 간질환으로 인한 간부전, 간암 등
- 영양관리 : 비만 및 고혈당증 방지를 위한 적당량의 에너지와 포도당 공급, 충분한 단백질 공급, n-6 지방산 함량이 낮은 중간사슬중성지방/긴사슬중성지방 유화액으로 지방 공급, 필요시 나트륨과 마그네슘 보충, 저균식
- 기타 치료법 : 약물요법

2. 담도계 질환

- 담도계 구조
  - 담낭과 담관으로 이루어져 있다. 담낭은 간의 우측 하부에 위치하고 있으며, 담관은 담즙의 분비 통로이다.

- 담관과 총간관(common hepatic duct)을 합하여 총담관(common bile duct)이라 하며, 총담관은 췌관과 만나 십이지장으로 이어진다(그림 4-4).

▪ 담낭의 기능

- 간에서 생성된 연황색의 담즙을 받아들여 담낭벽에서 담즙의 수분을 흡수하여 4시간에 10배로 농축, 흑녹색의 담즙으로 변화시킨 후 저장한다. 담낭에서 분비하는 담즙의 양은 하루 600～800mL이다.
- 우리가 섭취한 지방이 십이지장까지 내려가 십이지장 벽과 접촉을 하게 되면, 콜레시스토키닌(cholecystokinin)이 분비되면서 담낭을 수축, 담즙을 십이지장으로 분비시킨다.

▪ 담즙의 기능

- 담즙은 지방의 유화제 역할을 하는 담즙산과 레시틴, 그리고 빌리루빈, 콜레스테롤, 뮤신 및 Na, K, Cl, 중탄산염(HCO_3^-) 등의 염류와 수분 등으로 구성되어 있다.
- 담즙은 긴사슬중성지방을 유화시켜 교질 입자(micelle)를 형성함으로써 지방의 소화와 흡수를 돕는다. 또한 지용성 비타민의 흡수를 촉진하고, 소장 운동을 촉진하며, 배변을 돕는 하제 역할도 하고, 위장에서 내려온 강산성 유미즙(chyme)

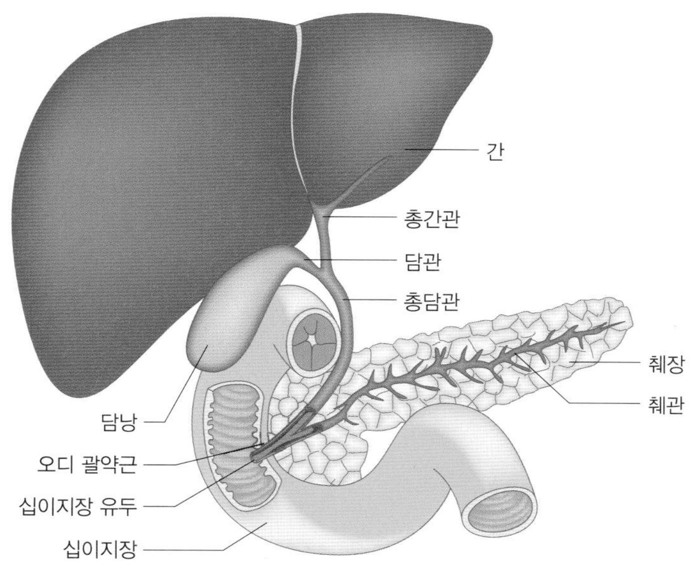

그림 4-4 담도계의 구조

을 중화시키고, 장내 세균 발효를 억제하기도 한다.

- 사용하고 남은 담즙의 대부분은 회장 말단부에서 흡수되어 문맥을 통하여 간으로 다시 들어가 담즙 생산에 재활용되며, 이 과정을 장간순환(enterohepatic circulation)이라 한다.
- 장간순환에 들어가지 못한 담즙은 대변으로 배설되며, 이 배설량만큼 간에서 담즙을 새로 생산하여 인체는 담즙의 총량을 일정하게 유지한다.

1) 담석증

(1) 병리

- 담석증(gallstone disease, cholelithiasis)이란 담낭이나 담관 내에 담석이 존재하는 상태를 말한다. 간에서 담즙을 분비하는 통로가 폐색되거나, 담즙의 콜레스테롤 농도가 증가되거나, 또는 담낭의 운동성이 저하되는 경우 담석이 잘 형성된다.
- 담석의 크기는 콩알만큼 작은 것부터 탁구공만큼 큰 것까지 다양하다. 담석은 크게 콜레스테롤 담석과 빌리루빈 담석, 두 가지로 분류된다.

① 콜레스테롤 담석

담즙의 콜레스테롤이 침전되어 작은 결정을 형성하여 담석으로 변한다. 콜레스테롤 담

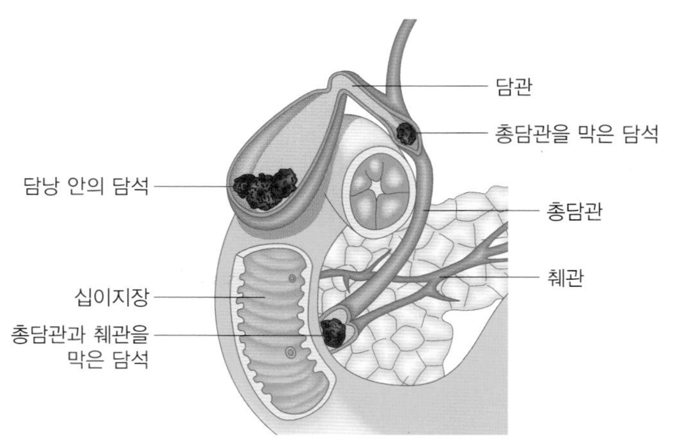

그림 4-5 담석의 발생 위치

석은 백색 또는 담황색이며 재질이 단단하고 구미인에게 많이 발생한다.

② 빌리루빈 담석

- 주로 아시아인에게 많이 발생한다. 세균 감염에 의해 담즙으로부터 빌리루빈이 침전되어 빌리루빈의 칼슘염을 형성, 담석으로 변한다. 적혈구가 파괴되면서 빌리루빈이 과다하게 축적되어 담석이 발생하기도 한다.
- 빌리루빈 담석은 부드럽고 쉽게 깨지지만 탄산칼슘과 결합되면 단단해진다. 색깔은 갈색 또는 검은색이나 담낭염이 동반되면 녹색으로 변한다.

(2) 원인 및 위험요인

① 인종 : 담석증의 강력한 위험요인이다. 미 중서부의 피마 인디언들(pima indians)은 특별히 담석 발생률이 높아 성인 여성의 70%가 담석증에 걸린다. 그 밖에 스칸디나비아인, 칠레인, 그리고 북미주의 인디언들의 담석증 발생률이 높다.

② 연령 : 담석증 발생률은 40대 이후에 증가한다.

③ 여성 : 가임기 여성은 담석증 발생률이 남성의 3배에 달한다. 에스트로겐이 담즙으로의 콜레스테롤 분비를 증가시킴으로써 콜레스테롤 결정을 많이 만들기 때문이다.

④ 임신 : 임신기에 혈청 내 프로게스테론 수치가 상승되면서 담낭의 운동성이 저하되고, 에스트로겐 수치도 상승되기 때문에 콜레스테롤 농축이 촉진되면서 담석증 발생이 증가한다.

⑤ 비만 : 비만인 경우, 간에서 콜레스테롤 합성이 증가되어 담석 형성의 위험이 증가된다.

⑥ 담낭염 : 담낭염이 생기면 담낭벽에서 수분 대신 담즙산을 흡수함으로써 담즙산 농도가 낮아져 콜레스테롤을 교질 입자(micelle)로 만들지 못해 콜레스테롤 결석이 생기기 쉬워진다.

⑦ 지방과 콜레스테롤의 과다 섭취

⑧ 완전정맥영양 : 장기간의 완전정맥영양(Total Perenteral Nutrition, TPN)은 보통 담낭의 운동성을 저하시키고 담즙의 농도를 높인다. 그 결과, 담낭이 수축해도 담즙이 쉽게 배출되지 못하여 담석 형성이 촉진된다.

⑨ 기타 질환 : 고중성지방혈증, 인슐린 저항성 및 당뇨병, 용혈성 빈혈, 담도 감염, 췌장

염, 겸상 적혈구 빈혈(sickle-cell anemia), 저체중, 지방과 단백질 결핍도 담석 형성 위험을 증가시킨다.

> **담석증의 4대 위험요인(4F)**
> 여성(Female), 비만(Fatness), 임신(Fertility), 40대(Forty)

(3) 증상 및 합병증

① 무증상 : 담석증의 약 80%는 증상이 없다.

② 통증 및 황달 : 담석이 담관을 막으면 통증이 발생한다. 통증은 발작적이고 극심하며 수분~수시간 동안 지속된다. 담석의 위치에 따라 통증 및 황달 유무가 결정되는데, 담석이 담낭 안에 있으면 통증과 황달 둘 다 없지만, 담관에 있으면 황달이 없이 통증만 있고, 총담관에 있으면 통증과 황달이 동시에 있다.

③ 간 손상 : 담석이 총담관을 막는 경우, 간에서 담즙 배출이 안 되어 간이 손상된다.

④ 담낭염 : 담석이 담관을 막은 경우, 담낭에서 담즙 배출이 안 되어 담낭염이 발생한다. 담낭염은 담낭 천공, 복막염 등으로 발전될 수 있다.

⑤ 세균성 담관염 : 담석은 총담관에 세균 감염으로 세균성 담관염(bacterial cholangitis)을 일으키기도 하는데, 이때엔 극심한 통증, 패혈증, 40℃를 넘는 고열 등 응급 상황이 발생한다.

⑥ 췌장염 : 담석이 췌관(pancreatic duct)을 막으면 췌장염(pancreatitis)을 일으킬 수 있다.

(4) 진단

X-선 검사, 담도 조영술, 초음파 검사 등으로 진단한다.

(5) 영양관리

- 담석증 시 영양관리의 목표는 담낭 내의 담석이 담관이나 총담관으로 이동하는 것을 방지하면서 추가적인 담석 형성을 억제하는 데 있다.

- 급성 발작 혹은 통증 시에는 금식하면서 정맥영양을 실시한다. 대부분은 1~4일 내에 통증이 가라 앉는데, 통증이 멈추면 곧 전유동식(full liquid diet)으로 시작하여 연식, 일반식으로 단계별 식사를 공급한다.

① 에너지 : 과량의 에너지 공급은 담즙 분비를 촉진하여 증상을 악화시키므로 에너지 섭취량을 제한한다. 금식 후 첫 식사는 전유동식으로 700~800kcal/day를, 그 후 연식으로 1,200~1,300kcal/day를, 그 다음에는 일반식으로 표준체중을 유지할 정도의 에너지를 공급한다.

② 탄수화물 : 저지방식으로 부족된 에너지량을 탄수화물로 공급한다.

③ 단백질 : 아미노산이 콜레시스토키닌의 분비를 촉진시키므로 30~40g/day 정도로 제한한다. 생물가가 높고 지방과 콜레스테롤이 적은 단백질 식품으로 공급한다.

④ 지방 : 지방은 담즙 분비를 자극하므로 급성기에는 무지방식을 공급하다가 회복기에 접어들면 저지방식(지방 30g/day 이하)을 공급하되, 주로 불포화지방산이나 유화지방, 중간사슬중성지방 등으로 공급한다. 포화지방산이나 콜레스테롤은 담석 생성을 촉진하므로 제한한다.

⑤ 비타민 : 지방의 제한으로 인해 부족되기 쉬운 지용성 비타민을 보충한다.

⑥ 무기질 : 탄산칼슘 결석일 때에는 칼슘의 공급을 제한한다.

⑦ 식이섬유 : 식이섬유는 담즙산의 배설을 촉진하고 혈중 콜레스테롤 수치를 저하시킴으로써 콜레스테롤 담석 형성을 억제하므로 충분히 공급한다.

(6) 기타 치료법

① 수술요법 : 통증이 지속되거나 재발성 담석증일 경우에는 담낭 절제술(cholecystectomy)을 시행한다. 담낭 절제 후엔 담낭 대신 총담관에 담즙을 모아두는 방식으로 인체가 적응한다.

② 약물요법 : 일시적 통증을 보이는 사람들에게는 주로 약물요법을 시행한다. 우르소디올(ursodiol)이나 담즙산을 경구로 투여하여 간에서의 콜레스테롤 생산을 억제함으로써 담석 내 콜레스테롤 결정이 녹도록 유도한다. 통증을 억제하기 위하여 진통제를 사용하기도 한다.

③ 충격파 쇄석술 : 충격파 쇄석술(shock-wave lithotripsy)은 고진폭 충격파를 이용하여 장으로 빠져나올 수 있을 만큼, 혹은 약물로 녹일 수 있을 만큼 작은 크기로 담석을 파쇄하는 방법이다.

④ 편안한 의복 착용 : 상복부를 압박하는 의복(예 코르셋 등)은 담즙 정체를 유발하므로 피한다.

⑤ 운동요법 : 변비는 발작을 유발할 수 있으므로 규칙적인 운동으로 변비를 예방한다.

2) 담낭염

담낭염(cholecystitis)은 담낭에 염증, 팽창 및 화농 등이 발생한 질환이다.

(1) 원인

세균 감염, 담즙 성분의 이상, 췌액의 역류, 담석증 등이 원인이 되어 담낭염이 발생한다.

(2) 증상

통증, 고열, 황달, 구토, 복부팽만감, 식욕부진, 변비 혹은 설사 등이 나타난다.

(3) 영양관리

① 무자극식 : 염증 세포에의 자극을 최소화하기 위하여 소화되기 쉬운 질감의 식품을 담백하게 조리하여 공급한다.

② 규칙적 식사 : 정해진 시각에 적당량씩 규칙적으로 식사하고 과식을 피한다.

③ 단백질 : 담낭의 염증 세포 회복을 위해 단백질을 충분히 공급한다.

④ 지방 : 담낭염 환자들에게 식후 불편감을 유발하는 지방과 담석 형성을 촉진하는 콜레스테롤을 되도록 제한한다.

⑤ 식이섬유 : 90%의 담낭염에서 담석증이 발생한다. 그러므로 담석증의 예방과 치료를 위하여 식이섬유 공급량을 늘리도록 한다. 단, 고식이섬유 식품이 염증 세포를 자극할 수 있으므로, 부드러우면서도 식이섬유가 많은 식품인 깨죽, 현미죽, 찌꺼기를 거르지 않은 과일즙이나 채소즙, 딸기나 키위 등 부드러우면서도 식이섬유가 많

은 과일 등으로 공급한다.

⑥ 알코올 : 알코올은 되도록 금한다.

> **요점정리**
> SUMMARY
>
> **담석증**
> - 정의 : 담낭이나 담관 내에 담석이 존재하는 상태
> - 원인 및 위험요인 : 인종, 연령(40대), 여성, 임신, 비만, 담낭염, 지방과 콜레스테롤의 과다 섭취, 완전정맥영양, 기타 질환 등
> - 증상 및 합병증 : 무증상, 통증, 황달, 간 손상, 담낭염, 세균성 담관염 등
> - 진단 : X-선 검사, 담도 조영술, 초음파 검사 등
> - 영양관리 : 급성 발작 혹은 통증 시엔 금식하면서 정맥영양 실시, 그 후 단계별 식사(에너지, 단백질, 지방 및 칼슘 제한, 적당량의 탄수화물 공급, 지용성 비타민 보충, 식이섬유 증량)
> - 기타 치료법 : 수술요법, 약물요법, 충격파 쇄석술, 상복부 압박 의복 착용 금지, 운동요법 등
>
> **담낭염**
> - 정의 : 담낭에 염증, 팽창 및 화농 등이 발생한 상태
> - 원인 : 세균 감염, 담즙 성분의 이상, 췌액의 역류, 담석증 등
> - 증상 : 통증, 고열, 황달, 구토, 복부팽만감, 식욕부진, 변비 혹은 설사
> - 영양관리 : 무자극식, 규칙적 식사, 충분한 단백질과 식이섬유 공급, 지방 제한, 금주

3. 췌장질환

- 췌장(pancreas)은 너비가 약 15cm이고 무게는 약 70g이며, 왼쪽 상복부, 위장의 뒤쪽, 십이지장과 비장 사이에 위치해 있다. 췌장에서 나온 췌관은 총담관과 합류되어 십이지장으로 연결된다.
- 췌장은 효소를 분비하는 외분비 기능과 호르몬을 분비하는 내분비 기능을 모두 가지고 있는 유일한 장기이다.
  - 외분비 기능 : 췌장의 98%를 차지하는 외분비 세포에서 췌액을 생산하여 췌관을 통해 십이지장으로 분비한다. 췌액은 무색의 점성을 가진 액체로서 분비량은 1일

700~1,000mL이며, pH 8.5이다. 췌액에는 3대 영양소(탄수화물, 단백질, 지방)의 소화 효소가 모두 들어 있다.

- 내분비 기능 : 인슐린, 글루카곤 및 소마토스타틴을 생산, 분비하여 혈당을 조절한다.

1) 급성 췌장염

급성 췌장염(acute pancreatitis)은 사망률이 10~25%로 비교적 위험한 질환이다. 그러나 췌장염 환자 중 약 80%가 경증이어서, 정맥영양을 시행하면서 통증 치료를 시행하면 대부분 회복이 가능하다.

(1) 병리

췌장에서 생산되는 소화 효소들은 원래 불활성형 형태로 췌장에 저장되나, 이 소화 효소들이 췌장 내에서 활성화되어 췌장 조직을 자가소화하면 급성 췌장염이 발생한다.

(2) 원인 및 위험요인

- **만성 알코올 중독** : 급성 췌장염의 가장 흔한 원인이다.
- **담석증** : 췌관과 총담관이 만나는 부위에 담석이 위치할 때, 십이지장으로 분비되지 못한 담즙이 췌액과 함께 췌장으로 역류되어 췌장을 자가소화하여 췌장염을 일으킨다.
- **고지방식** : 고지방식을 장기간 계속 섭취할 경우, 췌장이 지속적으로 자극되면서 효소 분비량이 증가, 췌장 내에서 트립시노겐이 트립신으로 활성화되어 췌장 세포를 손상시킨다.
- **기타** : 소화성 궤양, 이상지질혈증, 고칼슘혈증, 약물 부작용 등도 췌장염의 원인이 된다.
- **원인 불명** : 급성 췌장염 환자의 20~25%는 뚜렷한 위험인자 없이 발병한다.

(3) 증상 및 합병증

급성 췌장염은 패혈증과 비슷한 스트레스 상태로서, 대사과다증(hypermetabolism)과 과다이화작용(hypercatabolism)이 발생한다.

① 증상

- **상복부 통증 및 복부 팽대** 주로 음주, 과식, 고지방식 섭취 후 2시간 이내에 발생한다.
- 메스꺼움, 구토, 안면창백, 현기증, 발열, 혈압 저하 등이 있다.

② 합병증

- **전신성 염증 반응 증후군** 췌장염 환자의 20%에서 장의 국소빈혈(ischemia)과 장벽 기능상실이 일어나는 전신성 염증 반응 증후군(Systemic Inflammatory Response Syndrome, SIRS)이 발생하는데, 이 경우 중증 췌장염으로 진단한다. 전신성 염증 반응 증후군은 다기관 기능부전(Multiple Organ Failure, MOF)으로 이환되기 쉬울 뿐더러 사망률도 10~30%로 높은 편이다.
- **췌장 조직의 괴사** 급성 췌장염 환자의 20%에서 질병 2주차에 장에서 이동한 세균에 췌장이 감염, 췌장 조직의 괴사가 발생한다. 진통제(모르핀)가 세균 이동을 일으킬 수 있다.
- **인슐린 저항성** 급성 췌장염 시, 코티졸과 카테콜라민의 분비량이 증가되면서 포도당 신생이 증가되는 반면, 포도당 산화는 감소되어 인슐린 저항성이 나타난다.
- **단백질 영양불량** 급성 췌장염 시, 요소 생성과 질소 배설이 증가되면서 체내 아미노산이 고갈된다.
- **이상지질혈증** 지방의 분해와 산화가 증가되는 반면, 혈액에서의 지방 제거는 감소되어 이상지질혈증(dyslipidemia), 특히 고중성지방혈증(hypertriglyceridemia)이 나타난다.
- **지방변증** 지방의 흡수 불량으로 인하여 지방변증이 발생한다.
- **저칼슘혈증** 췌액의 리파아제가 췌장으로부터 유출되어 주변의 지방 조직을 분해하면서 생긴 유리 지방산이 칼슘과 결합하여 염을 형성함으로써 저칼슘혈증이 발생한다. 저칼슘혈증은 고혈압, 핍뇨, 호흡곤란, 출혈, 쇼크, 사망 등으로 이어질 수 있다.

(4) 진단

- **혈액 검사** : 급성 췌장염 시에는 췌액이 십이지장으로 분비되지 못하고 역류되어 혈액으로 유입되므로 혈중 아밀라아제나 리파아제 농도가 상승된다.

- **세크레틴 자극 검사** : 세크레틴으로 췌액 분비능을 측정하여 췌장의 기능 정도를 검사한다.
- **분변 검사** : 일정량의 지방을 공급한 후, 흡수된 지방량을 측정하여 췌장의 외분비 기능 정도를 검사한다.
- **경구 포도당 부하 검사** : 일정량의 포도당을 공급한 후, 혈당을 검사함으로써 인슐린을 분비하는 췌장의 내분비 기능을 측정한다.

(5) 영양관리

영양관리의 목적은 일단 췌액의 분비를 억제하는 데에 있다. 모든 식품이 췌액 분비를 촉진하므로 발병 후 2~3일간은 금식한다. 금식기 동안 정맥으로 수분과 전해질을 주사한다.

① 영양지원

모든 급성 췌장염 환자가 영양지원(nutrition support)이 필요한 것은 아니지만 전신성 염증 반응 증후군과 같이 중증인 경우에는 반드시 영양지원을 시행해야 한다. 영양지원은 대사적 요구를 만족시키고, 소모증을 예방하며, 염증 반응을 조절하고, 장벽 기능을 보호하고, 세균의 위치 이동을 방지하는 데 도움이 된다.

② 단계별 식사

경증의 췌장염일 경우, 80%의 환자는 7일 이내에 식사가 가능하다. 증상이 호전됨에 따라 맑은 유동식, 연식, 일반식 등으로 단계별 식사를 공급한다.

- 에너지　췌장 기능 저하로 인한 흡수 불량을 상쇄시키기 위하여 충분한 에너지를 공급하되, 췌장에 부담을 최소로 주기 위하여 1일 5~6회에 걸쳐 소량씩 공급한다.
- 탄수화물　소화되기 쉬운 탄수화물 식품으로 공급한다.
- 단백질　아미노산이 췌액의 분비를 자극하므로 초기에는 단백질 공급을 제한해야 하나, 회복기에 접어들면 췌장 세포의 재생을 위하여 단백질 공급량을 점차 증가시킨다. 단, 지방이 적은 단백질 식품으로 공급한다.
- 지방　지방은 췌액 분비를 자극하므로 발병 초기에 지방을 제한하고 회복기에도 소량

씩만 증량한다. 췌액이 아닌 장액 내 리파아제로도 쉽게 소화되는 유화지방이나 중간사슬중성지방이 권장된다. 또한 필수지방산 공급을 위하여 식물성 유지류도 공급한다.

- 비타민 지방을 제한함에 따라 부족되기 쉬운 지용성 비타민의 보충제를 공급한다.
- 무자극식 알코올, 커피, 탄산음료, 향신료, 식이섬유 등 췌장의 염증 세포를 자극하는 물질은 제한한다.

(6) 기타 치료법

- **괴사조직의 제거** : 조영 증강 CT(contrast-enhanced computed tomography)로 관찰하면서 괴사조직을 배출시키는 동시에, 항생제를 투여하여 괴사조직을 제거한다.
- **약물요법** : 진통제, 항생제 및 항효소제를 사용한다. 인슐린 저항성이 있을 경우 인슐린을 주사한다.

2) 만성 췌장염

(1) 병리

만성 췌장염(chronic pancreatitis)은 손상된 췌장 세포 수가 증가하고 췌장에 지방 침체가 일어나면서 건강한 조직이 결체조직으로 교체되어 췌장의 내분비 및 외분비 기능이 저하된 상태이다.

(2) 원인 및 위험요인

- **급성 췌장염** : 급성 췌장염이 회복되지 않고 재발할 때 발병할 수 있다.
- **알코올** : 만성 알코올 중독 시, 췌관과 십이지장이 만나는 부위의 괄약근에 경련이 일어나 췌액이 췌장으로 역류되어 췌장 세포가 자가소화되면서 만성 췌장염이 발생한다. 또한 급성 췌장염이 회복된 후, 알코올 섭취로 췌장염이 재발, 만성 췌장염으로 발전될 수 있다.
- **기타 질환** : 담낭염, 담석증, 십이지장염, 간염, 당뇨병 등도 만성 췌장염의 원인이 될 수 있다.

(3) 증상

좌측 상복부와 허리 부위의 통증, 구토, 설사 및 식욕부진 등의 증상이 나타난다.

(4) 합병증

① 영양불량

만성 췌장염 환자의 90% 이상이 저영양상태이다. 특히 알코올 중독으로 인한 간질환이 동반되었을 때에 영양불량과 체중 감소가 더 악화된다. 만성 췌장염 환자의 영양불량은 염증의 재발을 통한 심각한 췌장 손상과 췌장암 발생의 위험성을 증가시킨다.

- 단백질-에너지 영양불량
- 항산화제 결핍증 비타민 A, E, 셀레늄, 글루타티온(glutathione), 카로티노이드(carotenoids : β-carotene, xanthine, β-cryptoxanthine, lycopene)의 농도가 저하되어 있는 경우가 많다.
- 비타민 B_{12} 결핍증 췌장에서 트립신을 충분히 분비하지 못함으로 인해 비타민 B_{12}의 흡수율이 저하되어 비타민 B_{12} 결핍증이 생긴다.

② 당뇨병

만성 췌장염 환자의 40~90%에서 내당능 장애가 발생하며, 20~30%의 환자가 인슐린 주사를 필요로 하는 당뇨병으로 발전한다. 만성 알코올 중독 시, 당뇨병 발생률이 더 높다.

③ 지방 소화불량증

췌장 기능 저하로 지방 소화 효소의 분비량이 줄어들어 발생한다.

④ 췌장 복수

췌관이 파열되었거나 췌장의 가성낭포가 복강으로 누출되었을 때 췌장 복수(pancreatic ascites)가 발생한다.

(5) 진단

혈액 내 췌장 효소 농도 검사를 통하여 진단한다. 췌장염의 초기에는 혈청 아밀라아제, 리파아제 농도가 증가되나, 말기에는 파괴된 췌장 세포가 많아지면서 이들 효소의 농도가 오히려 감소한다.

(6) 영양관리

- **에너지** : 만성 췌장염 환자의 49~65%가 과대사 상태이다. 과대사는 소모증을 일으킬 수 있으므로 충분한 에너지를 공급한다.
- **탄수화물** : 인슐린 분비능력이 감소하여 내당능 장애나 당뇨병이 발생할 경우, 당뇨병의 임상영양치료 원칙에 준하여 탄수화물을 공급한다.
- **단백질** : 손상된 췌장 조직의 회복을 위하여 표준 권장량보다 약간 높은 1.0~1.5g/kg 체중/day 수준에서 지방이 적은 단백질 식품으로 공급한다.
- **지방** : 지방은 췌액 분비의 강한 자극 요소이자, 복통의 악화 요인이므로 30~40g/day로 제한한다. 중간사슬중성지방이나 유화지방으로 공급하여 지방변증을 예방한다.
- **비타민** : 트립신 분비 부족으로 인해 흡수율이 저하된 비타민 B_{12}와 저지방식으로 인해 부족되기 쉬운 지용성 비타민 보충제를 공급한다.
- **알코올** : 만성 음주자의 경우 사망률과 이환율이 매우 높기 때문에 금주를 원칙으로 한다.

(7) 약물요법

- **췌액 효소** : 리파아제나 트립신 등 췌장 효소를 투여하여 지방과 단백질의 흡수를 개선, 이상체중을 회복, 유지하도록 돕는다. 만성 췌장염이 5~6년 이상 지속되는 경우에는 췌장의 소화 효소 분비 능력이 거의 사라지므로 췌장 효소를 경구 투여한다.
- **중탄산염** : 췌액 내 중탄산염(HCO_3^-) 분비량이 감소하므로 이를 보충하여 췌액 효소들이 활동할 수 있는 최적의 pH를 유지한다.

요점정리
SUMMARY

급성 췌장염

- 정의 : 췌액 내 소화효소들이 췌장 내에서 활성화되면서 췌장 조직을 자가소화하여 염증을 일으킨 상태
- 원인 : 담석증, 만성 알코올 중독, 고지방식, 소화성 궤양, 이상지질혈증, 고칼슘뇨증, 수술 후 트라우마, 약물 부작용 등
- 합병증 : 전신성 염증 반응 증후군, 췌장 조직의 괴사, 인슐린 저항성, 단백질 영양불량, 이상지질혈증, 지방변증, 저칼슘혈증 등
- 영양관리 : 영양지원 후 단계별 식사(충분한 에너지, 탄수화물, 지용성 비타민 공급, 초기 단백질 제한 후 점차 증량, 지방 제한-유화지방으로 공급, 무자극식)

만성 췌장염

- 정의 : 손상된 췌장 세포 수가 증가하고 췌장에 지방 침체가 일어나면서 건강한 조직이 결체조직으로 교체되어 췌장의 내분비 및 외분비 기능이 저하된 상태
- 원인 : 급성 췌장염, 알코올, 담낭염, 담석증, 십이지장염, 간염, 당뇨병 등
- 합병증 : 영양불량, 당뇨병, 지방 소화불량증, 췌장 복수 등
- 영양관리 : 충분한 에너지, 단백질 공급, 적당량의 탄수화물 공급, 지방 제한-유화지방으로 공급, 비타민 B_{12}와 지용성 비타민 보충제 공급

사례연구

L 씨는 47세 남자로 건설회사 현장 감독이다. 최근 식욕부진, 메스꺼움, 구토, 소화불량 및 피로감을 주 증상으로 내원하여 검사를 받았는데 진단명은 알코올성 지방간염이었다. L 씨는 20대 중반에 B형 간염을 앓은 적이 있고 현재는 비활동성 B형 간염이 있는 상태이다. 평소 술자리가 잦아 과음을 많이 하는 편이다. 음주 횟수는 4~5회/주, 1회 음주량은 소주 1병 정도이다. 식사 식간은 대개 불규칙하여 아침은 거의 먹지 않고, 점심은 회사 식당에서 먹으며, 저녁은 주로 회식 자리에서 식사한다.

L 씨의 검사 결과는 다음과 같다.

• 신장 : 171cm	• 체중 : 57kg
• 혈압 : 122/79mmHg	• 공복 혈당 : 87mg/dL
• ALP : 129U/L	• AST : 53U/L
• ALT : 43U/L	• GGT : 38U/L
• 총 빌리루빈 : 2.6mg/dL	• Albumin : 2.8g/dL

1. L 씨의 표준체중 비율을 구하고 1일 필요 에너지를 산정하시오.
2. L 씨의 간 기능 검사 결과를 해석하시오.
3. L 씨의 단백질과 지방 필요량을 산정하시오.
4. L 씨에게 보충이 필요한 비타민과 무기질 종류를 파악하고 보충계획을 세우시오.
5. L 씨의 음주 습관 및 식습관의 문제점을 지적하고 개선책을 계획하시오.

쉬어가기

간염 10문 10답

1

간염 환자는 격리 수용해야 하는가?

B형이나 C형 간염 환자와 같이 생활하는 것은 위험하지 않다. 악수, 포옹 등 가벼운 접촉도 간염 바이러스를 전염시키지 않는다. 그러나 만성보균자의 경우에는 혈액, 정액, 월경혈, 모유 등 인체의 모든 분비물을 통해서 타인에게 전염시킬 가능성이 있으므로 침, 주사기, 면도날, 손톱깎이 등을 개별 사용하도록 주의해야 한다.

2

임신부의 B형 간염이 어떻게 신생아에게 전염되는가?

출산 과정에서 엄마의 혈액이 아기의 몸 속으로 들어감으로써 아기에게도 B형 간염이 전염될 수 있다.

3

B형 간염이 있는 엄마는 아기에게 모유 수유를 할 수 있는가?

할 수 있다. 단, 아기가 태어난 후 12시간 이내에 먼저 H-BIG라는 주사와 B형 간염 주사를 접종해야 한다. 수유 시에는 아기가 젖꼭지를 깨물면서 피가 나는 일이 없도록 주의해야 한다. 만약 젖꼭지에서 피가 난다면 상처가 아물 때까지 수유를 멈춘다. 또 상처가 아물기까지 모유 생산이 멈추지 않도록 계속 젖을 짜내는 게 좋다. 이때 짜낸 젖을 아기에게 주어서는 안되고 버려야 한다.

4

C형 간염 보균자인 임신부의 아기도 전염될 수 있는가?

엄마가 C형 간염 보균자인 경우, 아기에게 전염되는 경우는 약 10% 미만이다. 또한 C형 간염 보균자인 엄마가 모유 수유를 통하여 아기에게 전염시킬 가능성도 비교적 낮으므로 아기에게 모유 수유를 해도 된다.

5

B형 간염이 있는 엄마의 아기는 어떻게 간염을 예방할 수 있는가?

아기에게 B형 간염 예방 접종을 3회 모두 시키고, H-BIG라는 주사도 접종한다. 그 일정은 다음과 같다.

① 출생 시 : B형 간염 예방 접종(1차)과 H-BIG 접종
② 생후 1~2개월 : B형 간염 예방 접종(2차)
③ 생후 6개월 : B형 간염 예방 접종(3차)

3차 접종까지 다 마친 후, 몇 개월이 지나면 아기의 혈액을 검사하여 아기에게 간염 바이러스가 있는지, 아니면 항체가 생겼는지 알아본다. 만약 아기에게 위의 접종들을 시키지 않는다면 아기는 B형 간염에 걸릴 위험성이 매우 높으며 결국 심각한 간질환이 생길 수도 있다.

6

A형 간염과 B형 간염 백신은 얼마나 오랫동안 우리 몸을 지켜줄 수 있는가?

A형 간염은 2회 접종으로, B형 간염은 3회 접종으로 평생 안전하다. 현재로서는 그 밖의 추가 접종이 필요치 않은 것으로 알려져 있다.

7 B형 간염 보균자란?

혈액 검사상 B형 간염 바이러스(항원)는 양성이나, 간 기능 검사 수치는 정상인 경우를 말한다. 즉 간염 바이러스가 몸 안에 있지만 간염을 일으키지는 않은 경우 간염 보균자라고 한다. B형 간염 바이러스 감염자 중 5~10%가 보균자인 것으로 알려져 있는데, B형 간염 바이러스가 체내에 침입했을 당시 바이러스의 수가 적었거나, 간염을 가볍게 앓았을 경우, 혹은 나이가 어렸거나, 면역기능이 저하된 경우 보균자가 되기 쉽다.

8 간염 보균자의 생활 수칙은?

① 음주를 삼간다 : 알코올은 간에서 해독되기 때문에 간염 보균자가 과음을 하면 간에 부담이 되어 자칫 간염, 간경변증으로 진행될 수 있다.

② 약물 남용을 피한다 : 약물 역시 간에서 분해가 되기 때문에 약물(한약 포함)을 남용하면 간에 부담을 주어 만성 간질환이 유발될 수 있다.

③ 과로를 피한다 : 충분한 휴식과 수면으로 피로물질이 간에 쌓이지 않도록 함으로써 간의 부담을 덜어준다.

④ 정기적인 검사를 받는다 : 간염 보균자 중 일부는 만성 간염으로 진행될 수 있으므로 6개월마다 정기 검진을 받는다.

⑤ 가족들도 간염 예방 접종을 받는다

9 B형이나 C형 간염 환자의 식기는 소독해야 하는가?

함께 식사를 하거나 술잔을 돌리는 등 일상적인 생활로는 B형이나 C형 간염이 전염되지 않는다. 그러므로 식기를 따로 소독할 필요가 없다.

10 음식을 날 걸로 먹으면 간염에 걸리기 쉬운가?

그렇다. A형 간염은 오염된 물에서 양식된 어패류를 통해 감염될 수 있으므로 A형 간염이 유행하는 시기(겨울~봄)에는 가급적 생식을 피하고 익혀 먹는 게 좋다. 다행히 A형 간염 바이러스는 85℃에서 1분간 끓이면 사멸한다. 간염 유행시기에는 A형 간염 환자의 식기를 열탕 소독하는 것이 좋다.

CHAPTER 5

당뇨병

1. 진단
2. 분류 및 특성
3. 합병증
4. 영양관리
5. 치료 및 관리

CHAPTER 5
당뇨병

용어 정리

당뇨병(diabetes mellitus)
인슐린 작용의 저하로 고혈당증이 주 증상으로 나타나는 대사 질환

인슐린(insulin)
췌장의 랑게르한스섬 β-세포에서 분비되는 혈당을 저하시키는 호르몬

다갈증(polydipsia)
고혈당증 시 다뇨증으로 인한 탈수가 원인이 되어 나타나는 과도한 갈증

다뇨증(polyuria)
고혈당증으로 인해 소변으로 포도당이 배설되면서 나타나는 소변량 증가 현상

당뇨병 전 단계(prediabetics)
혈당이 정상보다는 높으나 당뇨병보다는 낮은 당뇨병 발현 전 시기

인슐린 저항성(Insulin Resistance, IR)
근육, 지방, 간세포에서 인슐린에 대한 민감성이 저하되는 현상

당뇨성 케톤산혈증(diabetic ketoacidosis)
인슐린 부족으로 포도당이 조직에서 이용되지 못하여 지방이 대신 산화되면서 케톤산이 과잉 생산되어 혈액이 산성화되는 현상

당화의 최종 산물(Advanced Glycation End Products, AGEs)
고혈당증 시 혈중 포도당이 단백질과 반응하여 생성된 화합물로서 세포와 혈관에 축적되면서 조직을 손상시킴

당화혈색소(HbA1c)
장기간의 혈당 농도를 파악하는 데 도움이 되는 포도당과 헤모글로빈의 결합물

혈당부하(Glycemic Load, GL)
식품의 혈당지수에 탄수화물 함량을 곱한 값

혈당지수(Glycemic Index, GI)
포도당의 혈당지수를 100이라고 정한 후, 그에 준하여 다른 음식들의 상대적인 혈당 상승폭을 표시한 것

1. 진단

1) 혈당 검사

공복 또는 무작위로 혈장 포도당 농도를 검사하여 당뇨병을 진단한다. 당뇨병의 다른 증상이 있는 경우, 당뇨병 확진에 더 도움이 된다. 〈표 5-1〉은 당뇨병 진단에 사용되는 혈당 검사의 기준치이다.

2) 당화혈색소

당화혈색소(glycated hemoglobin, HbA1c)란 헤모글로빈과 포도당의 결합물이다. 혈중 포도당이 적혈구로 자유롭게 들어가 헤모글로빈 분자와 결합하기 때문에, 당화혈색소 수치는 혈당 수치에 비례한다. 정상 당화혈색소는 총 헤모글로빈의 6%이며 6.5% 이상일 때 당뇨병으로 진단한다. 당화혈색소 검사는 지난 2~3개월간의 혈당 조절 정도를 파악하는 데 도움이 된다.

3) C-펩타이드 검사

비활성형인 프로인슐린(proinsulin)이 활성형인 인슐린으로 전환될 때, 인슐린 1분자당, C-펩타이드(C-peptide) 1분자가 분리된다. 그러므로 혈중 C-펩타이드의 양을 검사하면 인슐린 분비량을 추정할 수 있다. 1형과 2형 당뇨병을 구별하는 데 사용된다.

4) 인슐린 자가항체 검사

소아나 청소년의 1형 당뇨병을 진단하는 초기 검사이다. 인슐린 자가항체가 검출될 경우, 췌장의 β-세포가 파괴되고 있다고 볼 수 있다. 인슐린 치료 전에 실시해야 정확하다.

5) 프락토자민 검사

프락토자민(fructosamine) 검사는 1~3주간의 평균 혈당 농도를 추정할 수 있는 검사

표 5-1 당뇨병의 진단 기준

1) 8시간 이상 공복 후 혈장 포도당 126mg/dL 이상 또는
2) 75g 경구 포도당 부하 2시간 후 혈장 포도당 200mg/dL 이상 또는
3) 당화혈색소 6.5% 이상 또는
4) 당뇨병의 전형적인 증상(다뇨, 다음, 설명되지 않는 체중 감소)이 있으면서 무작위 혈장 포도당 200mg/dL 이상
* 1)~3) 중 하나에 해당하는 경우 서로 다른 날 검사를 반복해야 하지만, 동시에 시행한 검사들에서 두 가지 이상을 만족한다면 바로 확진할 수 있다.

표 5-2 당뇨병 전 단계 진단 기준

1) 공복 혈당 장애 : 8시간 이상 공복 후 혈장 포도당 100~125mg/dL
2) 내당능 장애 : 75g 경구 포도당 부하 2시간 후 혈장 포도당 140~199mg/dL
3) 당화혈색소 5.7~6.4%

이다. 신장질환이나 간질환이 있는 경우에는 부정확하므로 권장되지 않는다.

6) 소변 검사

소변으로 요당이나 케톤체가 배출되는지 검사한다. 1형 당뇨병 환자의 혈당이 300mg/dL 이상인 경우 반드시 시행한다. 단, 비타민 C 보충제의 복용으로 소변에 비타민 C의 양이 많아지면 검사 결과에 오류가 있을 수 있다.

2. 분류 및 특성

당뇨병의 종류로는 1형 당뇨병, 2형 당뇨병, 그리고 임신성 당뇨병과 기타 당뇨병을 들 수 있다.

1) 1형 당뇨병

1형(Type 1 Diabetes) 혹은 인슐린 의존형 당뇨병(Insulin-dependent Diabetes Mellitus, IDDM)은 전체 당뇨병의 5~10%를 차지한다. 보통 소아기나 청소년기에 발생하며, 건강했던 어린이에게 갑자기 심한 증상이 나타나는 경우가 많다.

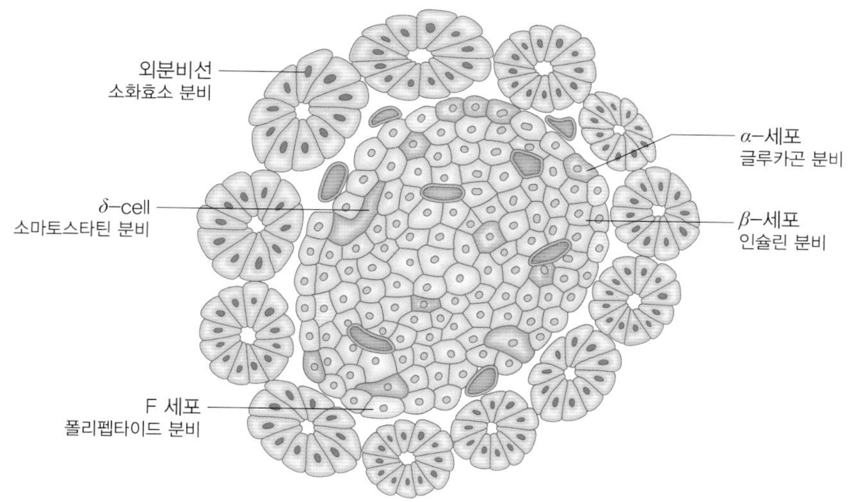

그림 5-1 췌장 랑게르한스섬(Islets of Langerhans)에서의 각종 호르몬 및 효소 분비

(1) 병리

- 당뇨병은 인슐린 대사에 이상이 생겨 혈당이 상승되는 질환이다. 인슐린은 원래 췌장 랑게르한스섬(Islets of Langerhans)의 β-세포에서 생산·분비되어 식사에서 유래된 혈중 포도당을 근육이나 지방 세포로 흡수시키는 호르몬이다.
- 인슐린의 길항 호르몬인 글루카곤(glucagon)은 췌장의 α-세포에서 생산·분비되며, 간에서 글리코겐을 분해하여 포도당을 생성하도록 촉진하는 호르몬이다. 한편, 췌장의 δ-세포에서는 소마토스타틴(somatostatin)이 분비되는데, 이는 인슐린과 글루카곤의 분비량을 조절함으로써 혈당 농도를 일정하게 유지하는 호르몬이다.
- 1형 당뇨병은 주로 췌장의 β-세포가 자가면역적으로 파괴되어 발생한다. 1형 당뇨병이 진단될 때쯤이면 췌장의 β-세포가 이미 75% 이상 파괴된 상태이며, 약 5년이 경과하면 인슐린 분비가 거의 없어 생존을 위해 인슐린 주사를 필요로 하게 된다. 이때 글루카곤 농도는 오히려 증가되어 있는 경우가 많다.

(2) 원인 및 위험요인

1형 당뇨병은 자기의 췌장에 자가면역 기전이 작동, 췌장을 스스로 파괴함으로써 발생되며, 1형 당뇨병이 있는 사람들은 다른 자가면역질환이 발생할 위험도 높다. 자가면역을 일으키는 유발 인자는 아직 확실히 규명되지 않았지만, 유전적 요인과 환경적 요인 모두 관여하는 것으로 여겨진다.

(3) 증상

1형 당뇨병은 대개 다뇨증, 다갈증, 다식증 및 체중 감소 등의 증상이 2~8주간 지속된 후 발견된다.

- **다뇨증(polyuria)** : 혈장 포도당 농도가 180mg/dL 이상이 되면 신장이 포도당을 흡수할 수 있는 한계를 넘어서, 일부 포도당이 소변으로 나오게 된다.
- **다갈증(polydipsia)** : 다뇨증으로 인한 탈수로 다갈증이 나타난다.
- **다식증(polyphagia) 및 체중 감소** : 체 조직에 영양소가 고갈되어 체중 감소가 나타나고 공복감을 자주 느껴 다식증이 나타난다.
- **아세톤 냄새** : 케톤산증(ketoacidosis)으로 호흡 시 아세톤 냄새가 난다.
- **무력감, 메스꺼움, 구토 등** : 역시 케톤산증으로 인해 나타나는 증상들이다.
- **만성 피로** : 에너지 대사 변화, 탈수 등으로 만성적인 피로감이 느껴진다.
- **시야가 흐려짐** : 눈 조직이 고삼투압성 액체에 노출되어 발생한다.
- **잦은 감염** : 고혈당증, 혈액 순환 장애, 면역 기능 저하가 원인이 되어 감염에 자주 걸린다.

2) 2형 당뇨병

2형 당뇨병은 전체 당뇨병의 90~95%로서 가장 흔한 유형의 당뇨병이다. 보통 40세 이상에서 발병하며, 인슐린 비의존형 당뇨병(non-insulin-dependent diabetes)이라고도 불린다.

(1) 병리

- 2형 당뇨병은 1형 당뇨병과는 달리, 췌장의 인슐린 생산 능력이 어느 정도 남아 있다. 정상체중인 건강한 성인의 기초 인슐린 생산량이 약 20~30단위(unit)/day인 데

비해 마른 체형의 2형 당뇨병 환자는 14단위/day 정도로 감소되어 있다.

- 2형 당뇨병이 발현되기 전에 대개 '인슐린 저항성(insulin resistance)'이 선행되는데, 이는 근육, 지방, 간세포에서 인슐린에 대한 민감성이 감소하는 현상이다. 인슐린 저항성이 생기면, 췌장에서는 이를 상쇄하기 위해 더 많은 양(무려 4배)의 인슐린을 분비하여 혈당을 정상으로 유지하려 애쓴다. 그러나 췌장의 β-세포가 이처럼 초생리적 수준의 인슐린을 장기간 분비하다가 결국 탈진되면 인슐린 분비장애를 거쳐 당뇨병이 발생된다.
- 내당능 장애(Impaired Glucose Tolerance, IGT)와 공복 혈당 장애(impaired fasting glucose)는 2형 당뇨병의 선행인자들이다.

(2) 원인 및 위험요인

2형 당뇨병은 유전적 요인과 환경적 요인의 상호작용으로 발생한다.

① 유전적 요인

2형 당뇨병은 1형 당뇨병에 비해 유전적 경향이 더 강하다. 부모 중 1명이 당뇨병일 경우 발병률이 5% 정도이나, 양쪽 부모 모두 당뇨병일 경우에는 발병률이 50% 이상이다. 인종도 강력한 위험인자인데, 미국 인디언, 남미 및 멕시코계 미국인, 미국 흑인, 아시아계 미국인, 태평양 섬 주민 등 특정 인종에게서 발생률이 더 높다.

② 환경적 요인

다음과 같은 촉발 인자들이 인슐린 저항성을 일으켜, 2형 당뇨병 발생에 주요 역할을 한다.

- **비만(특히 복부 비만)** 현재 2형 당뇨병이 전 세계적으로 급속히 증가하는 추세인데, 이는 전 세계적 '유행병(epidemic)'이라고도 볼 수 있는 비만 때문이다. 특히 저개발 국가에서 비만으로 인해 발생하는 당뇨병이 많다. 비만은 2형 당뇨병의 위험을 50~100배나 증가시킨다.

  비만은 당뇨병의 원인이자 결과이다. 비만이 당뇨병을 일으키기도 하지만, 인슐린 저항성이 비만을 일으키기도 하기 때문이다. 복부 비만, 이상지질혈증(dyslipidemia)

및 고혈압이 주증상인 대사증후군(metabolic syndrome)에서도 종종 인슐린 저항성이 나타나는데, 이는 곧 2형 당뇨병으로 이어진다.

- 운동 부족　운동 부족은 체중 증가 및 비만을 유발하고 인슐린 수용체의 수를 감소시켜 2형 당뇨병의 발생에 기여한다.
- 노화　2형 당뇨병의 유병률은 연령 증가와 함께 증가한다.
- 출생 시 저체중　태아기 때 췌장이 충분히 발육되지 못한 저체중아가 나이가 들어 자신의 췌장 기능에 비해 상대적으로 과다한 영양을 섭취하면 당뇨병에 걸리기가 더 쉽다.
- 정신적 스트레스　스트레스는 부신수질호르몬 분비를 촉진하여 혈당을 높인다.
- 내분비계 이상　췌장, 뇌하수체, 갑상샘, 부신 등 내분비계의 이상으로 인슐린이나 글루카곤 분비에 문제가 생기면 당뇨병이 생길 수 있다.
- 약물 부작용　부신피질호르몬제, 이뇨제, 경구 피임약, 소염 진통제 등을 장기간 사용할 경우 당뇨병이 발병되거나 악화된다.

표 5-3　2형 당뇨병의 위험인자

구분	내용
과체중	체질량지수 23kg/m^2 이상
유전	직계가족(부모, 형제자매)에게 당뇨병이 있는 경우
과거력	공복 혈당 장애나 내당능 장애, 임신성 당뇨병이나 4kg 이상의 거대아 출산의 과거력
고혈압	140/90mm Hg 이상 또는 약제 복용
이상지질혈증	HDL 콜레스테롤 35mg/dL 미만 혹은 중성지방 250mg/dL 이상
인슐린저항성	다낭성 난소증후군, 흑색극세포증 등
심혈관질환	뇌졸중, 관상동맥질환 등
약물	당류코르티코이드, 비정형 항정신성 약물 등

자료 : 대한당뇨병학회(2015). 당뇨병 진료지침.

표 5-4 1형 및 2형 당뇨병의 특징

구분	1형 당뇨병	2형 당뇨병
전체 당뇨병 환자 중 비율	• 5~10%	• 90~95%
발생 연령	• 30세 이전	• 40세 이후
발병 요인	• 자가면역질환, 바이러스 감염, 유전적 요인	• 비만, 노화, 운동 부족, 유전적 요인
발병 당시 체중	• 정상 또는 저체중	• 일반적으로 과체중 또는 비만 (20%는 정상체중)
주요 문제점	• 췌장 β-세포의 파괴로 인슐린 분비량의 절대적 부족	• 인슐린 저항성, 인슐린 분비량의 상대적 부족
인슐린 분비	• 전혀 혹은 거의 없음	• 가변적 : 정상, 증가 혹은 저하
인슐린 주사의 필요성	• 항상 필요함	• 때때로 필요함(20~30%)
다른 명칭	• 소아형 당뇨병 (juvenile-onset diabetes) • 인슐린 의존형 당뇨병 (insulin-dependent diabetes) • 케톤증에 취약한 당뇨병 (ketosis-prone diabetes)	• 성인형 당뇨병 (adult-onset diabetes) • 인슐린 비의존형 당뇨병 (non insulin-dependent diabetes) • 케톤증에 안정적인 당뇨병 (ketosis-resistant diabetes)

(3) 증상

2형 당뇨병의 증상은 종종 고혈당의 정도와 관련되어 있다.

- **무증상** : 고혈당의 정도가 심하지 않을 경우 뚜렷한 증상이 나타나지 않을 수도 있다. 그래서 많은 경우 당뇨병이 있는 줄 모르고 지낸다.
- **다뇨증, 다갈증, 다식증, 체중 감소, 만성 피로 등** : 케톤산증을 제외하고는 1형 당뇨병과 증상이 비슷하다. 물론 2형 당뇨병에서도 케톤산증이 나타날 수는 있지만 소량의 인슐린이라도 케톤체 생산을 방해하기 때문에 발생률은 매우 낮다. 그러나 고혈당증으로 인한 다뇨증, 다갈증, 다식증, 체중 감소, 만성 피로 등은 2형 당뇨병에서 흔히 볼 수 있는 증상들이다.

3) 임신성 당뇨병

임신 중 발생한 당뇨병을 임신성 당뇨병 또는 3형 당뇨병이라고 하는데 그 발생률은 임신 여성 중 7% 내외이다. 임신기 당뇨병의 90%가 임신성 당뇨병이고, 나머지 10%는 임신 전에 이미 1형 당뇨병이나 2형 당뇨병이 있던 경우에 해당된다.

(1) 병리

- 임신성 당뇨병은 주로 임신 2/3분기에 나타나 인슐린 민감성이 80% 이상 감소하는 시기인 3/3분기까지 계속된다. 특히 3/3분기에는 인슐린 길항 호르몬들의 작용으로 인슐린 요구량이 급상승되면서 고혈당증이 더 악화한다.
- 당뇨병이 있던 여성이 임신을 하면 임신 기간 동안 당뇨병이 더 악화될 수 있다. 임신 전부터 당뇨병이 있는 경우, 태아의 주요 기관이 형성되는 임신 초기에 혈당 조절이 잘 안 되어, 기형아 출산율이 3~8배로 증가한다. 그러나 임신 전에 혈당을 엄격히 관리한 경우, 기형아 출산 위험도 크게 감소한다.

(2) 원인 및 위험요인

- 당뇨병의 가족력
- 임신성 당뇨병의 과거력
- 산과적 문제(기형아 혹은 4kg 이상의 거대아 출산 및 사산)의 과거력
- 비만

(3) 진단

- 보통 임신 24~28주에 경구 포도당 부하 검사를 시행한다. 진단 기준은 〈표 5-5〉와 같다. 경미한 고혈당증이라도 태아 발달에 좋지 않은 영향을 끼칠 수 있고 임신 중 다른 합병증을 일으킬 수 있기 때문에 임신성 당뇨병의 위험 요인이 있을 경우 임신 전, 혹은 임신 직후에 당뇨병 검사를 받는 게 권장된다.
- 당화혈색소(HbA1c) 검사는 임신성 당뇨병 진단에는 적합하지 않다. 임신 중에는 혈액 생성이 증가하고 적혈구의 반감기가 짧아져 검사치가 정확하지 않기 때문이다.

표 5-5 임신성 당뇨병의 진단 기준

1. 첫 번째 산전방문 검사 시 다음 중 하나 이상을 만족하면 기왕의 당뇨병이 있는 것으로 진단한다. 1) 공복 혈당 ≥ 126mg/dL 2) 임의 혈당 ≥ 200mg/dL 3) 당화혈색소 ≥ 6.5%
2. 임신 24~28주 사이에 시행한 2시간 75g 경구 포도당 부하 검사 결과 다음 중 하나 이상을 만족하는 경우 임신성 당뇨병으로 진단한다. 1) 공복 혈당 ≥ 92mg/dL 2) 포도당 부하 1시간 후 혈당 ≥ 180mg/dL 3) 포도당 부하 2시간 후 혈당 ≥ 153mg/dL
3. 기존의 2단계 접근법으로 100g 경구 포도당 부하 검사를 시행한 경우, 다음 기준 중 두 가지 이상을 만족하면 임신성 당뇨병 진단을 고려한다. 1) 공복 혈당 ≥ 95mg/dL 2) 포도당 부하 1시간 후 혈당 ≥ 180mg/dL 3) 포도당 부하 2시간 후 혈당 ≥ 155mg/dL 4) 포도당 부하 3시간 후 혈당 ≥ 140mg/dL

자료 : 대한당뇨병학회(2015).

요점정리

SUMMARY

- 1형 당뇨병 : 췌장의 β-세포가 자가면역적으로 파괴되어 인슐린 분비가 거의 이루어지지 않는 질환
- 2형 당뇨병 : 췌장의 인슐린 생산 능력이 정상보다 감소되어 고혈당증이 나타나는 질환으로 대개 내당능 장애나 공복 혈당 장애가 선행됨. 위험요인으로는 유전, 비만, 운동 부족, 노화, 출생 시 저체중, 정신적 스트레스, 내분비 이상, 약물 부작용 등이 있음
- 임신형 당뇨병 : 임신 시 호르몬 변화로 인하여, 인슐린 저항성과 인슐린 요구량이 증진되어 발생한 당뇨병. 원인으로는 당뇨병의 가족력, 임신성 당뇨병의 과거력, 산과적 문제(기형아 혹은 4kg 이상의 거대아 출산 및 사산)의 과거력, 비만 등이 있음
- 당뇨병의 증상 : 다뇨증, 다갈증, 다식증, 케톤산증(호흡 시 아세톤 냄새, 무력감, 메스꺼움, 구토), 만성 피로, 시야의 흐려짐 등
- 당뇨병의 검사 : 혈액을 통해 혈당, C-펩타이드, 당화혈색소를 검사하여 진단하며, 2형 당뇨병의 경우는 프락토자민 검사를 시행하기도 함. 소변을 통해서는 요당 및 케톤체를 검사함. 임신성 당뇨병은 임신 24~28주에 경구 포도당 부하 검사로 진단함

3. 합병증

1) 급성 합병증

(1) 당뇨성 케톤산증

- 당뇨성 케톤산증(diabetic ketoacidosis)은 1형 당뇨병의 주요 합병증으로 20~25%가 케톤산증으로 발견되며 사망으로 이어지는 심각한 합병증이다. 극도의 인슐린 부족으로 조직에서 포도당을 사용할 수 없게 되면, 지방산 중 일부는 케톤체로 전환된다. 이때 혈당 농도는 보통 250mg/dL 이상이며, 심한 경우에는 1,000mg/dL 이상일 수도 있다.
- 당뇨성 케톤산증은 인슐린 주사를 걸렀을 때, 혈당을 제대로 관리하지 않았을 때, 종양이나 감염에 걸렸을 때, 과음했을 때, 생리적 또는 정신적 스트레스가 있을 때에 주로 발생한다.
- 케톤산증은 케톤뇨증과 호흡이 깊고 빨라지는 증상이 동반된다. 또한 다뇨증과 수분 손실로 인하여 혈액량 감소, 혈압 저하 및 전해질 손실이 발생하면 피로감, 무력감, 메스꺼움, 구토 등이 나타나고, 혼수로 이어질 수도 있다. 혼수 상태가 24시간 이상 지속되면 치명적인 뇌 손상이나 사망으로 발전될 수 있으므로 케톤산증 발생 시에는 환자를 즉시 입원시켜 정맥으로 수분과 전해질 및 인슐린을 주사해야 한다.

> **케톤체(아세토아세트산, β-하이드록시부티르산, 아세톤)**
> 극도의 인슐린 부족으로 조직에서 포도당을 사용할 수 없게 될 때 지방 조직 내의 중성지방이 분해되면서 과다한 양의 지방산이 혈류로 방출됨. 지방산은 다시 β-산화 과정을 거쳐 케톤체로 전환됨.

(2) 저혈당증

- 저혈당증(hypoglycemia)은 혈당이 70mg/dL 이하인 상태를 말한다. 정상적인 경우에는 며칠간 단식을 해도 혈당이 50mg/dL 이하로 잘 떨어지지 않는다. 그러나 인슐린 주사를 맞는 1형 당뇨병 환자에게 가장 흔히 나타나는 합병증이 바로 저혈당

증이며, 환자의 3~4%가 저혈당증으로 인해 사망한다.

- 인슐린의 과다 사용, 지나친 운동, 금식 혹은 식사 시간의 지연, 식사량 부족, 알코올의 단독 섭취(식품 없이), 신장기능장애 등이 저혈당증의 원인이 된다.
- 저혈당증이 발생하면 공복감, 무력감, 발한, 떨림, 심계항진, 말의 어눌해짐, 시야의 흐려짐, 두통, 의식 혼미 등의 증상이 나타난다.
- 환자가 의식을 잃으면 적절한 대처가 어렵기 때문에 매우 위험하다. 혈당이 50mg/dL 이하로 떨어지고 지속 시간이 길어지면 영구적 뇌 손상이나 사망으로 이어질 수도 있다.

저혈당증의 예방 및 응급처치

- 저혈당증은 포도당이나 기타 당분을 즉시 섭취함으로써 회복될 수 있음. 물론 설탕이나 과당보다는 순수한 포도당을 섭취할 때 효과가 더 빠르며, 혈당이 51~70mg/dL일 경우에는 15g의 단순당(주스나 탄산음료 1/2컵 또는 사탕 3~4개)을, 혈당이 50mg/dL 미만일 경우에는 30g을 섭취하면 보통 10분 내에 증상이 개선됨. 증상이 빨리 회복되지 않는다고 조급하게 과다한 당분을 섭취하면 고혈당이 발생할 위험이 있으므로 조심해야 함. 그러나 15분이 지난 후에도 회복되지 않으면 단순당 15g을 다시 한번 섭취하거나 의사의 처방을 받아 포도당 수액을 정맥으로 주사해야 함
- 의식을 잃은 경우에는 포도당과 글루카곤을 정맥으로 주사함. 경구로 음식물을 억지로 투여하면 흡인(aspiration)이 발생하여 위험함
- 인슐린 주사를 맞는 환자들은 항상 포도당 정제나 사탕류를 휴대하도록 교육해야 함. 심한 저혈당증의 위험 요소가 있는 환자라면 글루카곤 주사 용품을 늘 휴대하는 것도 권장됨

그림 5-2 저혈당증의 증상

(3) 아침 고혈당증

아침 고혈당증(fasting hyperglycemia)은 다음과 같은 경우에 나타난다.

- 인슐린 분비량의 부족으로 특히 야간에 인슐린의 작용이 약화된다.
- 새벽에 성장 호르몬이 분비되면서 혈당이 상승되어 인슐린 작용이 상쇄된다.
- 야간 저혈당증에 대한 호르몬 반응으로 '반등 고혈당증(rebound hyperglycemia)'이 초래되어 나타나는 증상으로 소모기 효과(somogy effect)라고도 한다.

아침 고혈당증을 예방하기 위해서는 취침 전에 주사하는 인슐린의 종류나 용량을 조정한다.

2) 만성 합병증

고혈당 상태가 장기간 지속되면 조직이 손상된다. 혈중 포도당이 단백질과 반응하여 생성된 당화의 최종 산물이 세포와 혈관에 축적되면서 조직을 손상시키는 것이다. 과다한 포도당은 또한 솔비톨 생산을 촉진하여 세포 손상을 일으키기도 한다.

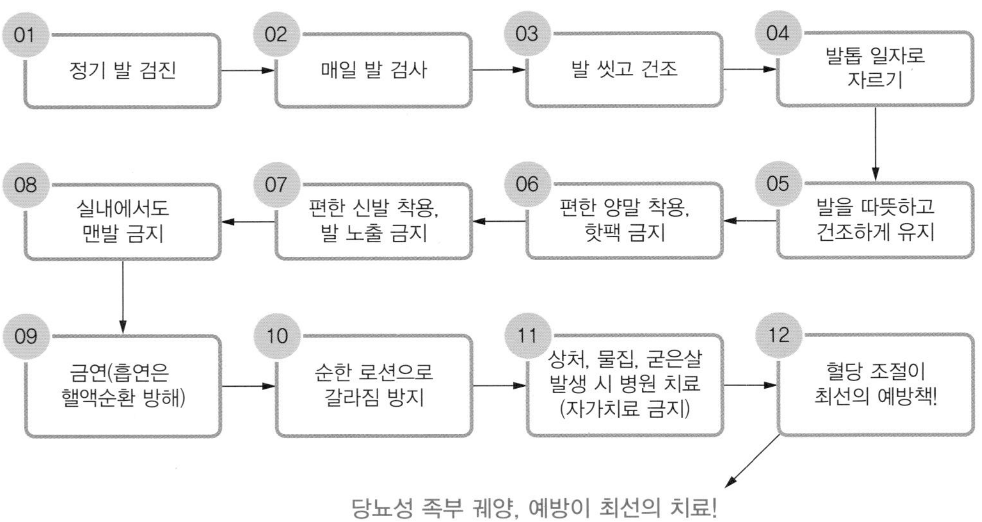

그림 5-3 당뇨병 환자의 발 관리 12조항

자료 : www.sterishoe.com

(1) 대혈관 합병증

- **심혈관 질환** : 당뇨병 환자의 75%가 관상동맥 심질환 등 심혈관 질환으로 사망한다. 또한 당뇨병 환자가 당뇨병이 없는 성인에 비해 심혈관 질환으로 사망할 확률은 2~4배나 높다.
- **당뇨성 족부 궤양** : 팔다리 동맥에 혈액순환이 잘 되지 않아 보행 시 통증으로 인해 절뚝거리거나, 족부 궤양이 발생할 수 있다. 방치할 경우, 괴저가 발생하여 족부 절단을 하기도 하며, 이는 당뇨병 환자에게서 발생하는 장애의 주요 원인이 된다.

(2) 미세혈관 합병증

- **당뇨성 망막증**(diabetic retinopathy) : 망막 조직의 주변에 포도당이 많아지면, 포도당으로부터 생성된 솔비톨과 과당이 축적되면서 시야가 흐려지는 망막증이 발생하며, 이러한 망막 손상이 시력저하, 실명 등으로 이어지기도 한다. 이는 철저한 혈당 관리로 발생 위험을 낮출 수 있다.
- **당뇨성 신증**(diabetic nephropathy) : 장기간의 고혈당 상태가 신장의 미세 혈관인 사구체에 병변을 일으켜 당뇨성 신증이 발생된다. 혈당관리가 제대로 이루어지지 않을 경우 투석을 요하는 말기 신부전으로까지 진행된다.

(3) 당뇨성 신경증

당뇨성 신경증(diabetic neuropathy)은 당뇨병 합병증 중 가장 흔한 질환이다. 장기간의 고혈당증으로 솔비톨, 당화단백질 등이 신경뿐 아니라, 신경에 혈액을 공급하는 미세혈관까지 손상시킨 결과, 손발 통증, 화끈거림, 감각 마비, 따끔거림 등의 증상이 나타난다.

표 5-6 당뇨병 환자의 혈당 조절 목표

당화혈색소	공복 혈당	식후 혈당
< 6.5%[1)]	80~130mg/dL[2)]	< 180mg/dL[2)]

주 1) 1형 당뇨병 환자의 경우 혈당조절 목표를 당화혈색소 7.0% 미만으로 한다. 초기 당뇨병이면서 동반된 합병증이 없고, 저혈당 발생 위험이 낮은 경우에는 당화혈색소 목표를 더 낮출 수 있다.
2) 중증 저혈당, 짧은 기대여명, 진행된 미세혈관 및 대혈관합병증, 75세 이상 노인에서는 저혈당 발생 위험을 고려하여 혈당조절 목표를 개별화할 수 있다.

자료 : 대한당뇨병학회(2015). 당뇨병 진료지침.

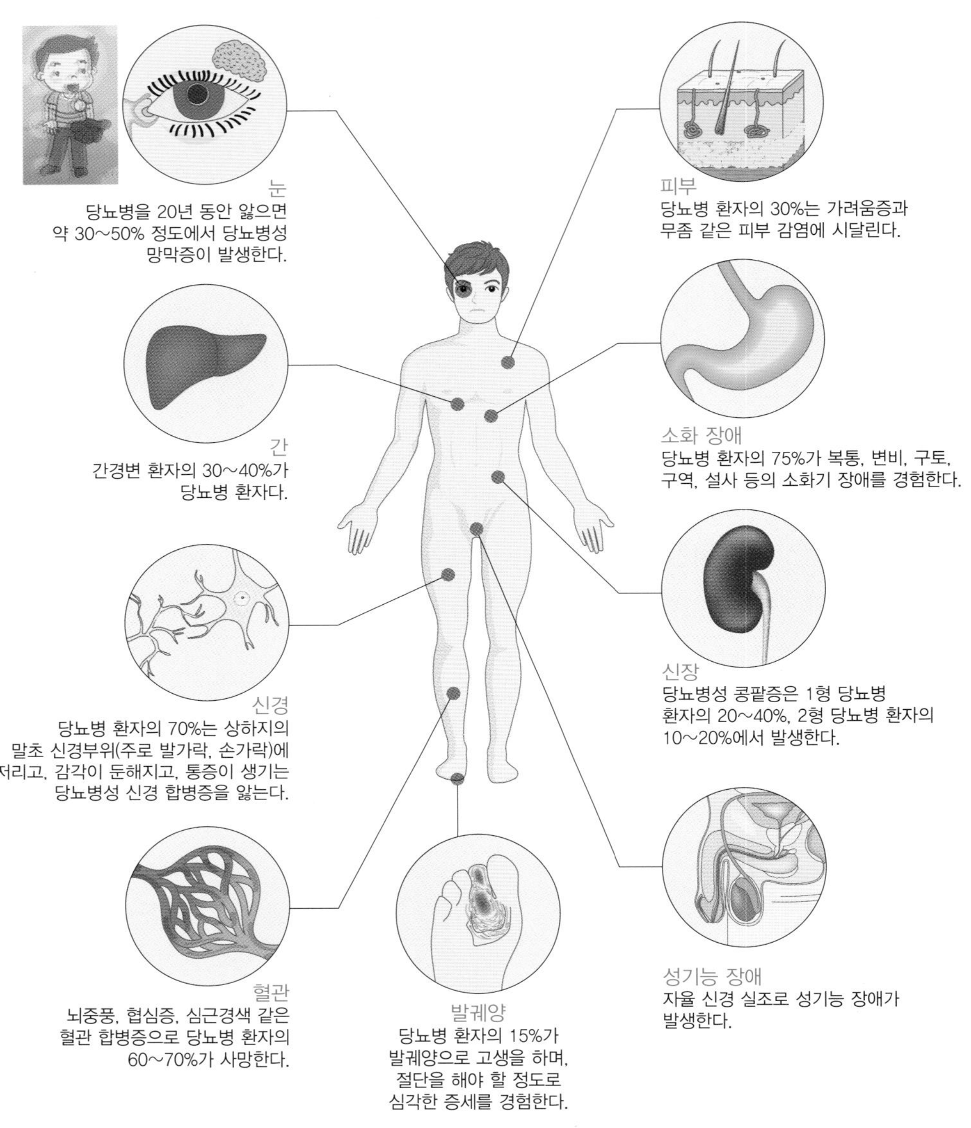

눈
당뇨병을 20년 동안 앓으면
약 30~50% 정도에서 당뇨병성
망막증이 발생한다.
피부
당뇨병 환자의 30%는 가려움증과
무좀 같은 피부 감염에 시달린다.
간
간경변 환자의 30~40%가
당뇨병 환자다.
소화 장애
당뇨병 환자의 75%가 복통, 변비, 구토,
구역, 설사 등의 소화기 장애를 경험한다.
신경
당뇨병 환자의 70%는 상하지의
말초 신경부위(주로 발가락, 손가락)에
저리고, 감각이 둔해지고, 통증이 생기는
당뇨병성 신경 합병증을 앓는다.
신장
당뇨병성 콩팥증은 1형 당뇨병
환자의 20~40%, 2형 당뇨병 환자의
10~20%에서 발생한다.
혈관
뇌중풍, 협심증, 심근경색 같은
혈관 합병증으로 당뇨병 환자의
60~70%가 사망한다.
발궤양
당뇨병 환자의 15%가
발궤양으로 고생을 하며,
절단을 해야 할 정도로
심각한 증세를 경험한다.
성기능 장애
자율 신경 실조로 성기능 장애가
발생한다.

그림 5-4 당뇨병의 합병증

고삼투압성 고혈당 상태

- 케톤산증이 없이 발생하는 극심한 고혈당증으로 50세 이상의 2형 당뇨병 환자에게 많이 발생함. 혈당치가 600mg/dL 이상으로 상승되며 때로는 2,000mg/dL 이상으로 오를 때도 있음
- 수분 손실, 혈액량 감소, 무기질 불균형이나 혈장 삼투압 상승에 의한 반사작용 이상, 운동기능 이상, 언어능력 저하 및 발작 등 신경계 이상을 일으켜 뇌졸중으로 오인되기도 하며, 환자의 10% 정도는 혼수에 빠짐
- 고삼투압성 고혈당 상태는 노인들에게 나타나는 첫 번째 당뇨병 증상일 수 있으며 감염, 췌장염, 심근경색, 신장질환, 화상, 약물치료 등에 의해 인슐린 작용 및 분비에 이상이 생기거나, 인슐린의 길항 호르몬이 과다 분비될 때 촉발될 수 있음. 노화, 질병, 진정제 복용, 혹은 활동 불능 상태로 인해 환자가 갈증을 감지하지 못하거나 수분 손실에 적절히 대처하지 못할 때 발생할 수도 있음
- 치료 : 인슐린과 칼륨이 포함된 전해질 용액을 정맥으로 주사하여 고혈당증과 탈수를 개선해야 함. 증상이 사라지기까지는 보통 3~5일이 소요됨

3) 임신성 당뇨병의 합병증

임신성 당뇨병(Gestational Diabetes Mellitus, GDM)은 다음과 같은 문제로 산모나 태아 모두에게 위험하다.

- **임신 합병증** : 임신성 고혈압, 양수과다 등이 있다.
- **자연 유산 및 사산을 유발**
- **기형아 또는 미숙아 출산**
- **거대아(macrosomia, 출생 시 체중 4,000g 이상) 출산** : 태아가 모체의 고혈당에 노출되어 거대아가 될 확률이 높다. 거대아는 분만 시 어려움이 더 크고, 출산 외상(birth trauma)이나 제왕절개의 위험도 더 높다.
- **신생아 대사이상** : 당뇨병이 있는 임신부에게서 태어난 신생아는 신생아 호흡곤란 증후군(infantile respiratory distress syndrome)이나 황달, 저칼슘혈증, 다혈구증 등 대사이상이 나타날 위험이 더 높다.
- **신생아 저혈당증** : 모체의 혈당은 태반을 통과하지만, 인슐린은 태반을 통과하지 않기 때문에 태아는 고혈당증에 대한 반응으로 인슐린을 과다 분비한다. 그러나 출산과 더불어 모체로부터 포도당 공급이 중단되면서 저혈당증이 발생할 수 있다.

- **산모의 2형 당뇨병** : 임신성 당뇨병이 있던 여성 중 20~25%가 5~10년 이내에 2형 당뇨병이 발생할 위험이 있다.
- **아기의 비만과 2형 당뇨병** : 임신성 당뇨병 산모에게서 태어난 아기는 성인이 된 후 비만이나 2형 당뇨병에 걸릴 가능성이 더 높다.

요점정리
SUMMARY

- 당뇨병의 합병증으로는 잦은 감염, 대혈관 합병증(심혈관 질환, 당뇨성 족부 궤양), 미세혈관 합병증(당뇨성 망막증, 당뇨성 신증), 당뇨성 신경증 등이 있음
- 임신성 당뇨병은 임신성 고혈압, 양수 과다, 자연 유산 및 사산, 기형아, 미숙아 및 거대아 출산, 신생아 대사이상, 신생아 저혈당증, 산모의 2형 당뇨병, 아기의 성장 후 비만과 2형 당뇨병 등을 유발할 수 있음

4. 영양관리

- 혈당을 철저히 관리하면 합병증의 발생을 예방하거나 지연시킬 수 있다. 이를 위해서는 당뇨병의 3대 치료법인 식사요법, 운동요법, 그리고 약물요법이 적절한 조화를 이루어야 한다. 그중에서도 특히 식사요법은 당뇨병 관리의 근간이 된다. 당뇨병만큼 식사가 강력하고도 잠재적인 약물 역할을 하는 병도 없기 때문이다.
- 혈당뿐 아니라 혈중 지질 및 체중, 합병증의 관리도 영양관리의 범위에 포함된다. 당뇨병의 식사 지침은 일반인에게 적용되는 건강식에 기초한다. 그러나 당뇨식에서 특별한 점은 제때에 식사를 해야 한다는 것이다. 혈당 수치가 양호한 환자라도, 섭취 시각이나 식품의 배분 방식이 변경될 때 저혈당증이나 고혈당증이 유발될 수 있기 때문인데, 이는 건강한 사람에게서는 나타나지 않는 점이다.
- 당뇨병의 식사 지침 대부분은 1형과 2형 당뇨병에 공통적으로 적용된다. 한 가지 중요한 차이점은 1형 당뇨병인 경우, 인슐린 처방에 맞게 식사 계획을 세워야 한다는

것이다. 당뇨병의 영양관리 계획 시, 환자의 성장 단계, 생활습관, 개인적 기호도, 합병증의 발생 여부에 따라 개별화된 식사 계획을 세우기 위하여 가능한 전략들을 총동원하도록 한다.

1) 식품교환표

- 식품교환표(food exchange list)는 탄수화물뿐만 아니라, 단백질과 지방 및 에너지양까지 맞추어 섭취하도록 설계되어 있다. 식품교환표에는 식품을 식품군별로 분류한 후, 1교환단위별 에너지와 3대 영양소의 함량을 각각 표시한다.

표 5-7 식품교환표의 식품군별 영양소 함량

식품군		에너지(kcal)	탄수화물(g)	단백질(g)	지방(g)
곡류군		100	23	2	–
어육류군	저지방	50	–	8	2
	중지방	75	–	8	5
	고지방	100	–	8	8
채소군		20	3	2	–
지방군		45	–	–	5
우유군	일반 우유	125	10	6	7
	저지방 우유*	80	10	6	2
과일군		50	12	–	–

* 저지방 우유를 선택할 경우, 지방군(견과류) 1교환단위를 더 섭취할 수 있다.
자료 : 대한당뇨병학회.

표 5-8 처방 에너지별 식품교환표의 교환단위 수

처방 에너지(kcal)	곡류군	어육류군		채소군	지방군	우유군	과일군
		저지방	중지방				
1,400	7	1	3	6	3	1	1
1,600	8	2	3	7	4	1	1
1,800	8	2	3	7	4	2	2
2,000	10	2	3	7	4	2	2

* 6가지 식품군은 곡류군, 어육류군, 채소군, 지방군, 우유군, 과일군이며 균형 잡힌 식사가 되기 위해서는 6가지 식품군을 골고루 섭취해야 한다. 또한 한 끼의 식사량에 맞도록 3번 식사로 나누어 준다.
자료 : 식품교환표 대한영양사협회, 2010. 당뇨병 식품교환표 활용지침 제3판, 2010.

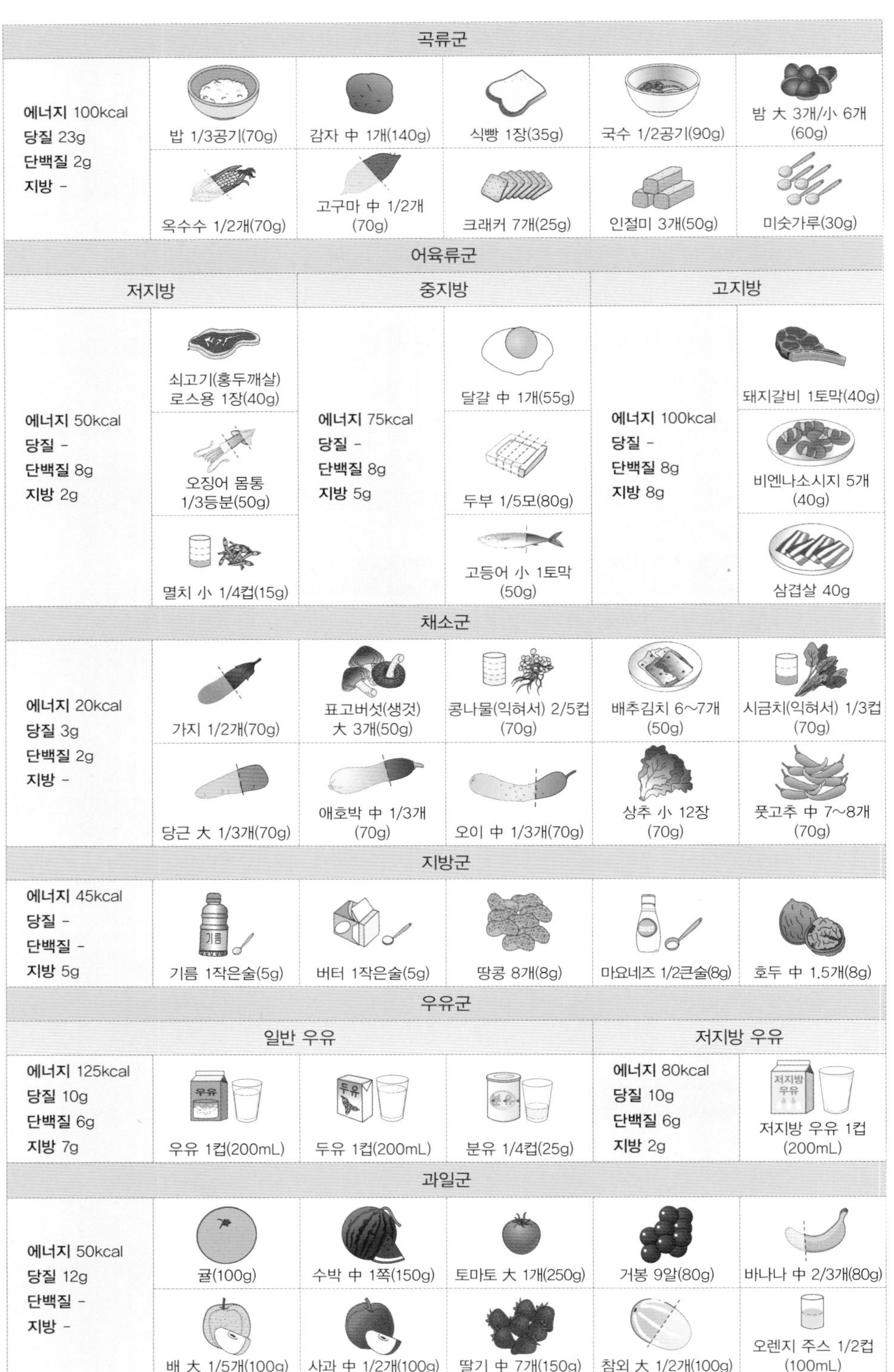

그림 5-5 식품교환표

자료 : 대한당뇨병학회.

표 5-9 식품교환표에 의한 식사 구성의 예 - 처방 에너지 1,800kcal 기준

식품교환군		교환단위 수	식사별 배분				
			아침	간식	점심	간식	저녁
곡류군		8	2		3		3
어육류군	저지방	2	1		1		
	중지방	3			1		2
채소군		7	2		3		2
지방군		4	1		1.5		1.5
우유군		2		1		1	
과일군		2		1		1	

- 같은 식품군 내에서 같은 교환단위 수만큼 교환하여 섭취할 수 있다. 예를 들어 같은 곡류군에 속하는 밥 대신 식빵으로 섭취하되, 같은 교환단위 수인 밥 1/3공기와 식빵 1장을 교환하여 섭취할 수 있는 것이다.

2) 혈당지수 및 혈당부하

- 혈당지수(Glycemic Index, GI)는 식품 섭취 후 혈당의 상승폭을 측정한 수치이다. 당질 50g을 함유한 표준식품(포도당 또는 흰빵)을 섭취한 후 2시간 동안의 혈당반응 곡선의 면적을 '100'으로 기준하여 당질 50g을 함유한 다른 식품과 비교한 수치이다.
- 혈당지수는 식품의 단순당 함량보다는 식품의 지방 함량, 식이섬유 함량 및 종류,

표 5-10 상용 식품들의 혈당지수

종류	식품(혈당지수)
곡류	콘플레이크(119), 흰빵(100), 옥수수(87), 쌀밥(83), 삶은 감자(81), 호밀 흑빵(78), 스파게티(66), 보리(31)
과일류	건포도(93), 바나나(79), 수박(72), 오렌지(66), 포도(62), 사과(53), 체리(32)
채소류	당근(133), 호박(75), 호박 고구마(74)
콩류	완두콩(74), 땅콩(19), 대두(15)
유제품	요구르트(52), 아이스크림(52), 우유(49)
당류	포도당(100), 꿀(87), 설탕(86), 초콜릿(60)

표 5-11 식품들의 혈당부하

식품	혈당지수(GI)	1인 양	탄수화물 함량(g)	혈당부하
바닐라 아이스크림	54	50g	9	3
딸기	57	120g	3	1
오렌지	69	120g	11	5
통밀빵	73	30g	13	7
오렌지주스	81	250mL	26	15
코카콜라	90	250mL	26	16
베이글	103	70g	35	25
도넛	108	47g	23	17
당근	131	80g	6	5

아밀로오즈/아밀로펙틴의 비율 및 식품의 가공 여부가 더 큰 영향을 끼친다. 예를 들어 파스타나 빵과 같이 혈당지수가 높은 식품이라도 수용성 식이섬유가 풍부한 식품과 함께 섭취한다면 혈당과 인슐린 농도의 급속한 상승을 제어할 수 있다. 또한 위장을 비우는 속도가 낮은 고지방 식품을 같이 섭취해도 혈당지수가 저하될 수 있다.

- 혈당지수가 70 이상인 경우에는 당지수가 높은 식품, 55 미만인 경우에는 낮은 당지수 식품으로 본다.
- 혈당부하(Glycemic Load, GL)는 식품의 혈당지수에 1인 분량의 탄수화물 함량을 곱한 후 100으로 나눈 값으로서, 혈당지수보다 혈당 반응을 더 잘 예측해 준다.

3) 영양소별 고려사항

(1) 에너지

① 1형 당뇨병

- 1형 당뇨병 환자들은 대부분 소아나 청소년이어서 성장 발달을 위한 충분한 에너지가 필요하다. 그러므로 에너지 공급량이 적당한지 평가하기 위해서는 체중 증가와 성장 양상을 지속적으로 관찰해야 한다.
- 인슐린 치료의 부작용으로 체중이 과도하게 증가할 수도 있다. 인슐린이 식욕을 증진시키고 대사율을 감소시키기 때문이다. 또한 인슐린 치료로 요당이 사라지면서 잉여

에너지가 발생하는 것도 체중 증가에 기여한다. 과다한 체중 증가는 혈중 지질과 혈압에 악영향을 끼쳐 혈당 조절의 이점을 상쇄시키므로 에너지 공급량 조절 시 주의해야 한다.

② 2형 당뇨병

- 과다한 체지방은 인슐린 저항성을 악화시킨다. 그래서 과체중이거나 비만인 2형 당뇨병 환자들은 우선 체중 감량이 권장된다. 당뇨병 발병 초기, 인슐린 분비량이 감소하기 전에 체중을 감량하면 더 효과적이다. 복부 비만인 경우 특히 체중 감량의 효과가 매우 커서 혈당, 혈중 지질, 혈압이 개선되고, 심혈관 질환의 위험이 감소될 뿐 아니라, 약물 용량도 줄이거나 아예 약물 사용을 중단할 수도 있다.
- 2형 당뇨병 환자라고 해서 모두 다 과체중이거나 비만인 것은 아님에 유의해야 한다. 노인 환자나 요양시설에서 장기간 생활하는 환자들은 저체중인 경우가 많아 체중을 오히려 증가시켜야 한다. 당뇨병 환자가 저체중인 경우, 질병 유병률과 사망률이 더 높기 때문이다.

당뇨병 소아의 1일 필요 에너지 산출법 3가지

① 아래 표와 같이 나이와 체중을 기준으로 산출함

소아의 1일 에너지 필요량

나이		체중 1kg당 에너지 필요량(kcal)
3세 이하		100
4~6세		90
7~10세		70
11~14세	남	55
	여	47
15~18세	남	45
	여	40

* 활동량이나 기타 요인에 의하여 조정될 수 있다.

② 트리스만법을 이용하여 산출함

1일 에너지 필요량(kcal)=1,000+(나이×100)

③ 당뇨병이 없는 보통 어린이의 영양 권장량을 기준으로 산출함

표 5-12 성인의 1일 에너지 필요량

1일 운동 또는 육체 활동 시간	1일 에너지 필요량(kcal)
30분 미만	표준체중×25~30
30~120분	표준체중×30~35
120분 이상	표준체중×35~40

* 표준체중(kg) = 남성 : 키(m)^2×22, 여성 : 키(m)^2×21

** 체중 감량이 필요한 경우, 위의 에너지 필요량에서 500kcal를 제한다.

(2) 탄수화물

- 식후 혈당치를 결정하는 가장 중요한 인자는 탄수화물 섭취량이다. 즉, 섭취한 탄수화물의 종류보다 탄수화물 섭취량이 혈당치에 더 큰 영향을 끼친다.
- 고식이섬유 식품인 전곡류가 고도로 가공된 전분 식품보다 혈당을 덜 상승시키고 유당, 설탕, 과당 등 단순당이 식후 혈당을 급속히 상승시킨다.

당뇨병과 대체 감미료

① 영양성 감미료

콘시럽, 꿀, 당밀, 그리고 과일주스 농축액 등 에너지를 내는 영양성 감미료는 당뇨병의 관리나 예방에 있어서 설탕에 비해 특별히 더 나은 점이 없는 것으로 나타났다.

최근 〈뉴욕타임즈〉에서는 현대 식품 산업에서 감미료로 널리 쓰이는 고과당 콘시럽이 대사적으로 큰 악영향을 끼친다는 내용을 게재하여 화제를 모았다. 고과당 콘시럽은 비교적 값이 저렴한 감미료로서, 놀랄 만큼 많은 종류의 식품에, 놀랄 만큼 많은 양이 사용되고 있다. 또한 고과당 콘시럽으로 만든 가당 음료가 비만을 일으킨다는 보고도 많다.

- 설탕 : 기존에는 설탕이 혈당 조절에 악영향을 끼치는 것으로 간주되어 왔으나, 최근 혈당에 대한 영향 면에서 설탕이 다른 탄수화물과 크게 다르지 않음이 밝혀졌다. 그러므로 탄수화물 권장량의 범위 안에서 어느 정도는 설탕 섭취가 가능하다고 할 수 있다. 하지만 일반인을 위한 식사 지침에서도 설탕 함량이 높은 식품이나 음료는 되도록 자제한다.
- 과당 : 과당은 대사 시 인슐린을 필요로 하지 않으나, 만복감을 주는 데에는 불리하다. 또 과당은 식후 혈당을 비교적 소폭 상승시키나, 혈중 LDL 콜레스테롤과 중성지방 수치를 증가시킨다. 결론적으로 당뇨병 환자가 설탕 대신 과당을 섭취한다고 더 유익한 것은 아니다. 그렇다고 채소나 과일 등 자연식품에 들어 있는 과당까지 피할 필요는 없다.

② 비영양성 감미료

한편, 아스파탐, 수크랄로스, 사카린 등 비영양성 감미료는 에너지를 거의 내지 않기 때문에 혈당을 올리지 않는다. 그러한 감미료들은 혈당 조절에 도움이 될 수 있고, 체중 감량에도 도움이 될 수 있으나, 아직 확실한 증거는 불충분하다.

- 아스파탐 : 아미노산 화합물로서 미국에서는 이퀄(Equal)이나 뉴트라스위트(Nutrasweet), 한국에서는 그린스위트라는 상품명으로 판매되고 있다. 아스파탐은 설탕에 비해 약 200배의 당도를 가지고 있다. 아스파탐은 약간의 에너지를 가지고 있지만, 강력한 당도로 인해 소량만 사용해도 단맛을 내기 때문에 섭취 시, 에너지는 무시해도 될 정도이다. 아스파탐은 열에 불안정하기 때문에 가열 요리에는 사용하지 않는 것이 좋다.
- 수크랄로즈 : 설탕에 염소를 첨가하여 만든 화합물로서 스플렌다(Splenda)라는 상품명으로 판매되고 있다. 1인 양에 5kcal 미만일 경우, '무에너지로 표시할 수 있다는 FDA 규정에 의거, 무에너지 감미료로 판매되지만, 실제로는 1컵에 96kcal, 1작은스푼에 2kcal의 에너지를 낸다. 수크랄로즈는 설탕에 비해 1,000배의 당도를 갖고 있기 때문에, 상품으로 판매될 때에는 덱스트로즈나 말토덱스트린을 섞어 부피감을 주어 사용하기 편리하도록 했다.
- 당알코올 : 솔비톨이나 말티톨과 같은 당알코올은 포도당, 과당, 설탕보다 혈당지수가 낮다. 그러나 당알코올 사용이 장기 혈당 관리에 유익하다는 증거는 많지 않다. 체중 감량 시, 인공 감미료를 사용하는 것이 정말 장기적인 효과가 있는지 아직 확실히 밝혀지지 않았다. 왜냐하면 인공 감미료를 사용하는 경우, 다른 식품을 추가로 섭취하는 경우가 많기 때문이다. 또한 인공 감미료가 설탕에 비해 많게는 1,000배의 당도를 내는 만큼, 습관적으로 사용할 경우 단맛에 대한 기대치를 높임으로써, 결과적으로 과다한 설탕이나 고과당 콘시럽 사용을 유도할 수 있음에 주의해야 한다.

- 고탄수화물식, 특히 식이섬유 함량이 낮고 혈당부하가 높은 가공된 탄수화물 식품은 고중성지방혈증(hypertriglyceridemia)을 유발하여 인슐린 저항성을 악화시킨다. 일반적으로 탄수화물은 총 에너지의 55% 이하로 공급하는 것이 권장되며, 최소 130g/day 이상은 공급해야 한다.

(3) 단백질

건강한 성인을 위한 단백질 권장량인 1.0~1.2g/kg 체중/day가 당뇨병 환자에게도 동일하게 적용된다. 최근 고단백식(일명 황제 다이어트)이 대중적 인기를 끌고 있는데, 건강한 사람에게도 이점이 있다는 증거가 불충분하고, 특히 당뇨병 환자에게는 해로울 수 있다. 총 에너지의 25% 이상의 단백질 섭취는 당뇨성 신증을 일으킬 수 있기 때문이다.

(4) 지방

지방은 총 에너지의 25~30%으로 공급하되, 포화지방산과 트랜스지방산은 총 에너지의 10% 이내(가능하다면 5% 이내)로, 콜레스테롤은 300mg/day 이하로 제한하는 것이 좋다. 하지만 만약 LDL 콜레스테롤 수치가 높다면 포화지방산은 총 에너지의 7% 이하로, 콜레스테롤은 200mg/day 이하로 더 줄여야 한다. 다가불포화지방산 섭취 시 n-6 : n-3의 비율은 4~10 : 1로 유지하고 단일불포화지방산은 혈당 조절과 인슐린 대사에 좋은 효과가 있으므로 충분히 공급한다.

(5) 비타민과 무기질

당뇨병 환자의 미량 영양소 권장량은 일반인과 같다. 현재 일반인의 종합 비타민/무기질 보충제 사용에 대해서 논쟁이 되고 있으나, 당뇨병 환자에게는 유익한 것으로 간주된다.

- **칼슘** : 특히 노인 환자들은 골다공증 예방을 위해 칼슘 보충제가 권장된다.
- **크롬** : 크롬은 인슐린의 보조인자로서 골격근에서 인슐린 수용체의 발현을 자극한다. 크롬 피콜리네이트의 형태로 1일 2회, 400㎍ 보충제 섭취는 확실히 안전하며 잠재적인 유익이 있을 것으로 간주된다.
- **마그네슘** : 요당 배출 시, 마그네슘도 함께 유실되기 때문에 당뇨병 환자들의 혈중 마그네슘 농도는 대개 저하되어 있다. 그러므로 마그네슘 보충이 유익하다.

(6) 식이섬유

식이섬유는 위장을 비우는 속도를 늦춤으로써 포만감을 주어 체중 조절에도 도움이 되고 식전, 식후 중성지방 수치도 저하시킨다. 특히 구아검이나 펙틴 등 수용성 식이섬유는 당뇨병 환자들의 혈당과 혈중 지질 수치 조절에 도움이 된다. 수용성 식이섬유의 급원은 오트밀, 사과, 보리, 산딸기류, 콩류 등이다. 육류 대신 콩을 섭취할 때 포화지방산의 섭취량까지 줄일 수 있다는 일거양득의 효과가 있다.

(7) 알코올

- 일반인과 마찬가지로 당뇨병 환자도 적당량의 알코올 섭취가 심혈관 질환의 위험을 줄여주는 것으로 알려져 있다. 하루 음주 허용량은 여성의 경우 1잔(알코올 15g 함유), 남성의 경우 2잔 정도이다. 단, 알코올에서 섭취되는 에너지는 정규적으로 처방

된 식사와는 별도로 계산되어야 하며, 알코올을 식사 대신 섭취해서는 안 된다.

- 인슐린 주사를 맞거나 인슐린 생산을 증진시키는 약물을 섭취하는 경우, 알코올이 간의 포도당신생을 방해함으로써 심한 저혈당증을 유발할 수 있기 때문에 매우 조심해야 한다. 또한 저혈당증 예방을 위하여 반드시 식품과 함께 알코올을 섭취하도록 한다.
- 과다한 알코올 섭취는 고혈당증과 고중성지방혈증을 일으킬 수 있으므로 주의해야 한다. 더욱이, 2형 당뇨병 환자들 중 많은 사람들이 과체중이므로 음주 시 알코올과 안주로부터 섭취되는 에너지도 좋지 않은 영향을 준다. 술포닐우레아(sulfonylurea)계 경구 혈당강하제를 복용하는 환자들은 음주 시 저혈당증, 안면 홍조, 빈맥, 메스꺼움 등이 발생할 수 있으므로 금주하는 게 좋다.

4) 합병증에 따른 영양관리

(1) 망막증

망막증 관리는 혈당과 혈압 조절이 가장 중요하다. 망막증으로 인한 눈의 손상과 백내장은 자유 래디컬의 산화와 관련되어 있는데, 최근 이 산화작용을 방지하기 위해 항산화제인 카로티노이드를 주입하는 방법이 제시되고 있다.

(2) 신증

당뇨성 신증 시, 저단백 식사(0.6~0.8g/kg 체중/day)가 유용하다. 알코올 섭취는 엄격히 금지된다. 투석 전후의 영양관리는 신장질환의 원칙을 따른다.

(3) 신경증

일반적 당뇨식 이외에 특별한 영양관리 방법은 없다. 철저한 혈당 조절만이 신경증 발생을 예방, 지연시켜 줄 수 있다. 알코올 섭취는 엄격히 금지된다.

(4) 감염

- 혈당이 높으면 감염에 걸릴 가능성이 훨씬 증가한다. 흔한 감염 증세로는 피부 감염

(예 종기, 농양 등), 요로 감염(특히 요당이 있는 경우), 폐렴 등이 있다. 급성 감염이 식욕을 감소시켜 혈당을 낮추는 경향이 있으나, 반대로 감염이 인슐린 저항성을 증가시켜 혈당을 상승시키기도 하므로 혈당 검사를 더 자주 시행하여 인슐린 용량을 조절해야 한다.

- 감염으로 인해 케톤산증이 발생한 경우에는 입원 치료로 식사량과 인슐린 용량을 적절히 조절한다. 철저한 혈당 조절로 감염 역시 예방할 수 있다.

5) 임신성 당뇨병의 영양관리

임신부의 식습관이나 혈당 검사 결과를 통하여 개인별 식사 계획을 한다. 임신성 당뇨병 시 목표 혈당치는 〈표 5-13〉과 같다.

표 5-13 임신성 당뇨병 시의 목표 혈당치

혈당 검사 시간	목표 혈당치(mg/dL)
공복 시	≤ 95
식후 1시간	≤ 140
식후 2시간	≤ 120

다음 사항 외에는 일반 당뇨병과 영양관리 원칙이 같다.

① 규칙적인 식사와 간식 : 임신 시 더 자주 발생되는 저혈당증을 예방하여 태아에게 지속적으로 포도당을 공급하기 위해 규칙적인 식사와 간식이 권장된다. 특히 야간 저혈당증이나 케톤산증을 예방하기 위해 야간 간식이 필요하다.

② 약물 요법에 따른 식사 조정 : 임신기 동안에는 인슐린의 용량도 조정되어야 하며, 그에 맞추어 식사 계획 역시 조정되어야 한다.

③ 영양소별 고려사항

- 에너지 임신성 당뇨병 환자 대부분이 과체중이거나 비만이기 때문에 에너지 공급량을 조절해야 한다. 태아의 성장에 충분하면서도 케톤산증의 발생 없이, 혈당 조절이 잘 되도록 하는 수준의, 적절한 에너지 제한(총 요구량에서 30% 감량)이 필요하다. 임신 기간 동안 비만도의 수준에 따라 총 8~12kg 정도의 체중이 증가되도록 조절한다.
- 탄수화물 식후 혈당 조절을 위하여 탄수화물을 총 에너지의 50% 내외로 제한한다.

특히 아침에 탄수화물을 섭취하면 혈당 조절이 더 잘 안 되므로, 아침 식사의 탄수화물은 15~30g으로 제한하는 것이 좋다. 나머지 탄수화물은 여러 번의 식사와 간식으로 적절히 배분하되, 야식도 포함시켜 야간 저혈당증 및 케톤산증을 방지하도록 한다.

- **단백질** 임신 2/3분기부터 1.1g/kg 표준체중/day 수준으로 25g/day의 단백질을 추가 공급한다.
- **지방** 임신부의 체중이나 혈중 지질 농도에 따라 공급량을 조정한다. 이상지질혈증이 있는 경우 포화지방산 및 트랜스지방산, 콜레스테롤을 제한한다.
- **비타민 및 무기질**
  - 엽산 : 태아의 신경관손상증(neural tube defect)을 예방하기 위하여 임신계획이나 가능성이 있는 여성과 임신부에게는 엽산을 400μg/day 보충 공급한다.
  - 철 : 임신 1/3분기에는 식품으로 철 공급량을 10% 증가시키고, 2/3분기부터는 보충제로 30mg/day 공급한다.

요점정리
SUMMARY

- 식품교환표 : 1교환단위별 에너지와 3대 영양소의 양을 각각 정해진 식품군 내에서 같은 교환단위 수만큼 교환하여 공급
- 혈당지수법 : 포도당의 혈당지수(100)에 준하여 다른 음식들의 상대적인 혈당 상승폭을 나타낸 혈당지수가 낮은 음식 위주로 공급
- 혈당부하법 : 식품의 혈당지수에 1인 분량의 탄수화물 함량을 곱한 후 100으로 나눈 값인 혈당부하가 낮은 음식 위주로 공급
- 당뇨병의 영양관리
  - 성장 발달을 위한 충분한 에너지
  - 탄수화물 총량 제한(복합 당질 위주로 공급, 단순당 제한)
  - 적당량의 단백질, n-6 : n-3 지방산의 비율을 4~10 : 1로 유지, 단일불포화지방산 증량
  - 포화지방산과 콜레스테롤 제한
  - 종합 비타민/무기질 보충
  - 식이섬유 보충
  - 알코올 제한

5. 치료 및 관리

1) 약물요법

2형 당뇨병은 식사요법과 운동요법으로 우선 치료하는 게 보통이나, 대부분의 환자들이 결국에는 경구 혈당강하제를 복용하거나 인슐린 주사를 맞게 된다. 하지만 약물치료를 받더라도 식사요법이나 운동요법은 계속해야 한다.

(1) 경구 혈당강하제

경구 혈당강하제(oral antidiabetic agents)는 다음의 4가지 기전에 의해 고혈당증을 개선한다.

- 췌장의 인슐린 분비 기능 개선
- 조직에서의 포도당 사용 증진
- 간에서의 포도당 생산 감소
- 장에서의 포도당 흡수 지연

(2) 인슐린 요법

- 1형 당뇨병 환자들은 생존을 위해 인슐린 주사가 꼭 필요하다. 그러나 발병 초기에 췌장의 β-세포 기능이 일시적으로 개선되는 시기인 '밀월기(honeymoon phase)'

표 5-14 경구 혈당강하제의 종류별 특징

작용 특성	약품 종류	상품명	부작용
췌장의 인슐린 분비 기능 개선	Sulfonylureas	Chlorpropamide Tolbutamide Glyburide Glipizide	• 저혈당증 • 체중 증가 • 메스꺼움, 구토, 설사, 위경련 등 위장관 부작용
	Meglitinides	Repaglinide Nateglinide	
간에서의 포도당 생산 감소	Biguanides	Metformin	• 식욕부진, 이미각 증세, 메스꺼움, 구토, 설사, 위경련 등 위장관 부작용
조직에서의 포도당 사용 증진	Thiazolidinediones	Pioglitazone Rosiglitazone	• 수분 축적, 부종, 체중 증가, 빈혈
장에서의 포도당 흡수 지연	A-glucosidase inhibitors	Acarbose Miglitol	• 메스꺼움, 설사, 경련성 복통 등 위장관 부작용

가 수주 내지 수개월간 지속되는데, 이때에는 인슐린을 과잉 사용하지 않도록 주의해야 한다. 밀월기가 끝나면 다시 증상이 원상 복귀된다. 현재 다양한 종류의 인슐린이 개발되어 최선의 혈당 조절을 위해 적절히 혼합 사용할 수 있다.

- 2형 당뇨병 시에도 인슐린 분비능력이 점차 고갈되면서 결국 환자의 30% 정도가 인슐린 주사를 맞게 된다. 어떤 환자들은 인슐린과 경구 혈당강하제를 병행 사용하기도 한다.

인슐린

① 종류

인슐린은 활동 개시 시간, 최대 활동 시간, 효과 지속 시간 등에 따라 분류되며 식사 및 운동 시간 등, 생활 습관에 따라 단독으로, 혹은 조합해서 사용할 수 있다. 보통 중간형이나 장기형은 기본적인 인슐린 요구량을 충족시키기 위하여 주사하고, 초속효성이나 속효성은 식후 혈당 조절을 위하여 식전에 주사한다.

인슐린의 종류 및 특징

종류	상품명	활동 개시 시간	최대 활동 시간	효과 지속 시간
초속효성 (rapid-acting)	Lispro Aspart	15분	30분~2시간	3~5시간
속효성 (short-acting)	Regular	30분	2~4시간	5~8시간
중간형 (intermediate-acting)	Lente NPH	1~3시간	5~10시간	18~24시간
장기형 (long-acting)	Glargine Ultralente	2~4시간 4~6시간	꾸준한 효과 8~12시간	24시간 30시간 이상
혼합형 (insulin mixtures)	NPH/regular(7:3) NPH/regular(5:5)	30~60분 30~60분	혼합 비율에 따라 달라짐	10~16시간 10~16시간

② 용량

초기 인슐린 주사 용량은 체중을 기준으로 산정한다. 정상체중 범위인 경우, 0.3~0.5단위/kg 체중/day가 권장되나, 환자의 혈당 수준에 따라 조정 가능하다.

③ 주사 방법

이상적인 인슐린 요법은 자연적인 인슐린 분비 양상과 최대로 비슷하게 모방하는 것이다. 정상적으로는, 식간과 야간에는 인슐린이 소량씩 분비되고, 식후에는 대량 분비된다. 인슐린은 단백질이기 때문에, 경구 섭취할 경우, 소화되어 버리므로, 반드시 피하주사해야 한다. 환자나 보호자가 직접 주사할 수 있도록 훈련한다.

- 고정 주사법(basal bolus) : 가장 많이 사용하는 주사법으로서, 매번 주사할 수도 있고 주사기의 바늘 부분을 피부에 며칠씩 꼽아놓고 반복 사용할 수도 있다. 대개 장기형 또는 중간형 인슐린과 속효성 인슐린을 조합해서 아침과 저녁 식사 20~30분 전에 주사하나, 많은 양의 식사를 하기 전에 속효성 인슐린 용량을 증량하는 식으로 응용할 수도 있다.

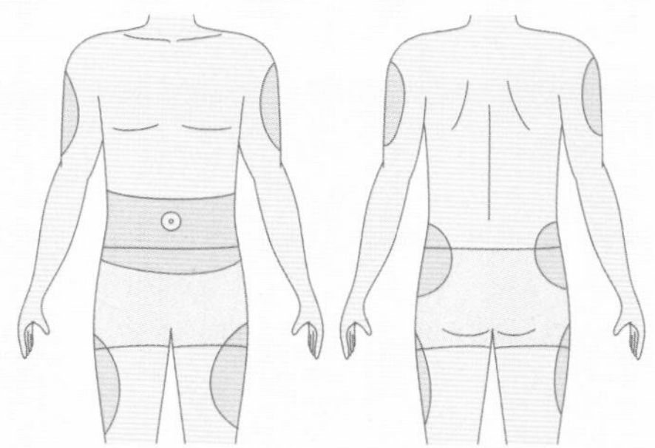

인슐린 주사 부위

- 팔 바깥쪽
- 복부
- 엉덩이 위쪽
- 허벅지

인슐린 주사 부위

자료 : www.pennmedicine.org

- 인슐린 펌프 주사법 : 인슐린 펌프는 가늘고 유연한 관을 피부에 삽입하여 평상시 소량의 인슐린이 지속적으로 주입되다가 식후에 대량의 인슐린이 주입되도록 프로그램화한 컴퓨터 장치이다. 펌프는 옷 속 혹은 허리띠나 주머니에 부착하여 늘 휴대한다. 인슐린 펌프의 주된 장점은 매일매일 달라지는 식사 및 신체활동 양상에 따라 인슐린 주사를 유동적으로 조절할 수 있다는 점이다. 그러나 펌프가 고가이고, 사용법을 익히는 데 훈련이 필요하며, 피부염이 발생할 수 있다는 단점도 있다.

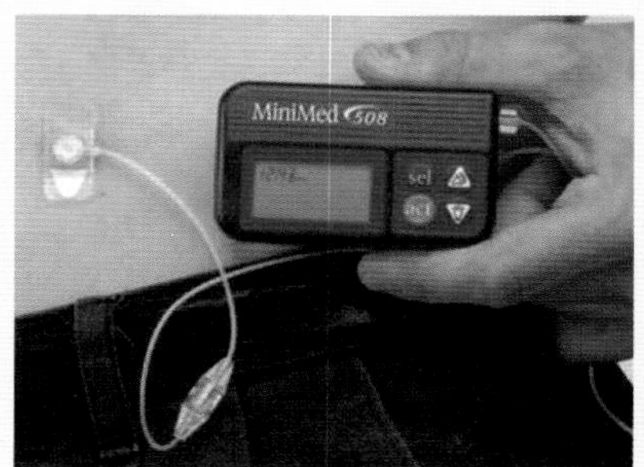

인슐린 펌프

자료 : www.topnews.in

2) 운동요법

- 운동은 혈당, 혈압 및 혈중 지질 농도를 개선하여 전반적 건강 상태를 증진시킨다. 보통 유산소성 운동과 근력 운동을 병행하되, 처음에는 경도 내지 중등도의 운동 강

도로 시작하는 것이 권장된다. 비활동적인 비만 환자는 처음에 편안한 속도로 단시간 걷기부터 시작한다. 탈수는 혈당과 심혈관 기능에 좋지 않은 영향을 끼치므로 운동 전이나 도중에 물을 충분히 마신다.

- 1형 당뇨병 환자는 운동 중 저혈당증을 방지하기 위하여 식사 및 인슐린 양을 주의 깊게 조절해야 한다. 운동을 수행하기 전, 먼저 혈당치를 정상 범위로 유지하고, 운동의 강도나 지속 시간에 맞추고 운동 전 혈당치가 100mg/dL 이하인 경우 추가로 탄수화물을 섭취하거나 인슐린 용량을 줄이는 주의가 필요하다. 보통 중등 강도의 운동 시에는 운동 1시간마다 탄수화물 1교환단위(탄수화물 15g)를, 심한 운동 시에는 탄수화물 2교환단위를 추가로 섭취하는 게 권장된다. 식후에 운동을 할 경우에는 운동 후에 탄수화물을 추가로 섭취하는 것이 좋다.
- 45~60분 이상 장시간 운동을 할 경우에는 저혈당증을 예방하기 위하여 인슐린 주사량을 줄이는 게 필요할 수도 있는데, 특히 심한 강도의 운동을 장시간 할 경우에는 인슐린 용량을 30~50%까지 감량하기도 한다.
- 운동 전 혈당이 250mg/dL 이상으로 높을 때에는 운동으로 오히려 혈당, 유리지방산 및 케톤체가 더 상승될 수 있으므로 주의하며, 300mg/dL 이상일 때는 운동하지 말아야 한다.
- 심혈관계, 눈, 신장, 족부, 신경계 합병증이 있다면 운동으로 증상이 더 악화될 수 있으므로 전문의의 운동 처방을 따른다. 예를 들어 망막증이 있는 사람은 역도나 장력 운동을 피해야 하는데, 이러한 운동이 혈압을 상승시켜 눈 조직을 손상시킬 수 있기 때문이다. 신증이 있는 경우에는 격렬한 운동을 피하고, 말초 신경증이 있다면 달리기나 계단 오르기와 같은 반복적 체중부하 운동을 피해야 한다. 또한 운동 시 공기층이나 탄성이 있는 신발이나 양말을 착용함으로써 족부 궤양이 발생하지 않도록 주의한다.

3) 수술요법

1형 당뇨병 환자에게 췌장 이식 수술을 시행하면 인슐린 치료가 더 이상 필요치 않으며 일상 생활이 보다 융통성 있게 되고, 삶의 질이 증진될 수 있다. 그러나 이식을 받은 환자들은 조직 거부 반응의 위험이 높기 때문에 평생토록 면역 억제제 치료를 받아야 한다.

4) 일반적 관리

(1) 자가혈당 검사

- '자가혈당측정기'로 혈당 검사를 자주 시행하면 식사 및 운동, 스트레스 등에 따라 혈당이 어떻게 반응하는지 스스로 점검할 수 있어 장기적인 혈당 조절에 큰 도움이 된다.
- 1형 당뇨병인 경우, 1일 3회 이상 혈당 검사를 하는 것이 권장된다. 2형 당뇨병인 경우에는 혈당 검사 횟수가 개인적인 필요에 따라 달라질 수 있다.
- 자가혈당 검사에 사용되는 모세혈관의 혈당은 병원에서 검사하는 정맥혈 혈당보다 약 15% 정도 높게 나온다는 사실에 유의해야 한다.

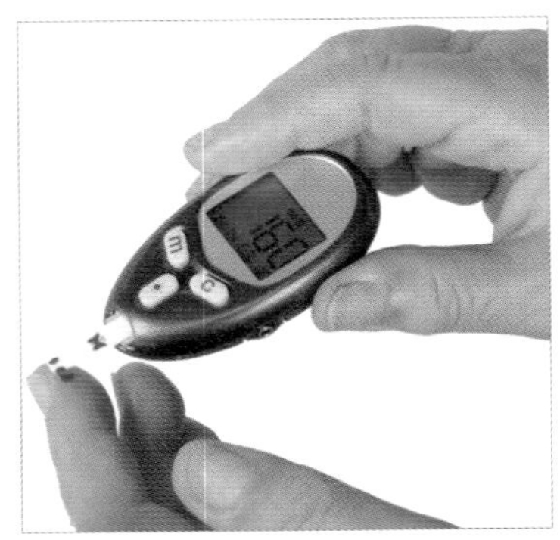

그림 5-6 자가혈당측정기
자료 : www.totalhealth.co.uk

(2) 당화혈색소 검사

- 정상 당화혈색소는 총 헤모글로빈의 6% 이하이며, 당뇨병일 경우에는 목표 당화혈색소 수치를 7% 이하로 잡는다.
- 혈당이 비교적 안정적으로 조절되는 경우에는 6개월에 1회, 조절이 잘 안 되거나 치료방법이 변경된 경우에는 3개월에 1회 정도 당화혈색소 검사를 실시한다.

(3) 합병증 검사

- 당뇨병 환자는 장기 합병증의 발생 여부에 늘 관심을 가져야 한다. 성인 환자의 경우, 혈압은 매 진료 시마다, 혈중 지질은 1년에 한 번씩 검사하는 게 권장된다.
- 정기적으로 신증, 망막증, 신경증, 족부 병변 등의 징후를 꾸준히 살펴보는 것도 중요하다.

(4) 혈중 지질 검사

당뇨병 환자는 총 콜레스테롤, LDL 콜레스테롤, HDL 콜레스테롤, 중성지방 등을 매년 검사하되, 이상이 있을 때에는 더 자주 검사한다. 당뇨병 환자의 혈중 지질 농도 목표 수준은 다음과 같다.

표 5-15 당뇨병 환자의 혈중 지질 농도 목표 수준

(단위 : mg/dL)

검사 항목	목표 수준
총 콜레스테롤	<200
LDL 콜레스테롤	<70
HDL 콜레스테롤	남성 : >40, 여성 : >50
중성지방	<150

5) 임신성 당뇨병의 관리

임신 초기(임신 1/3분기)의 철저한 혈당 조절은 기형아 출산과 자연 유산의 위험을 상당히 감소시킨다. 그러므로 기존의 당뇨병 환자는 임신 전부터 주의 깊은 혈당 관리가 필요하다.

- **자가혈당측정 및 기타 검사** : 자가혈당측정을 자주 시행하고, 고혈압이나 단백뇨 등 임신중독증 여부를 정기적으로 검사한다.
- **운동요법** : 혈당 조절을 위하여 규칙적인 유산소성 운동이 권장된다.
- **약물요법** : 임신성 당뇨병 환자 중 인슐린 주사가 필요한 경우는 약 20~25%이다. 특히 공복 혈당치는 정상이지만, 식후 혈당치가 높을 경우 인슐린 치료가 권장된다. 임신부에게 경구 혈당강하제는 일반적으로 처방되지 않는다.
- **신생아 저혈당증의 예방 및 치료** : 신생아의 저혈당증 예방을 위하여 출산 직후부터 아기의 혈당을 정기적으로 검사하면서 포도당을 주사하되 12시간 동안 혈당이 안정적인 경우 중단한다. 신생아에게 가능한 한 빨리 모유 수유를 시행하는 것도 좋은 방법이다.
- **분만 후 검사** : 임신성 당뇨병 환자는 분만 후 6주경에 내당능 검사로 당뇨병 발생 여부를 검사해야 한다. 검사 결과가 정상일 경우, 매 3년마다 지속적으로 검사한다.

사례연구

K 씨는 48세 여자로 학원 강사이다. 최근 갑자기 체중이 5kg 감소하고, 소변량도 많아졌으며, 갈증을 심하게 느껴 내분비 내과를 내원하여 검사를 받은 결과 2형 당뇨병으로 진단받았다.

K 씨의 아버지는 60대 초에 중풍으로 돌아가셨고, 어머니는 40대부터 당뇨병이 있어 현재까지 30여 년간 경구 혈당강하제를 복용 중이다.

K 씨는 밤늦게까지 학원 수업이 있어 생활이 불규칙한 편이며, 식사를 제 시간에 못한 채 식사 시간을 넘겨 공복감이 심해지면 그때서야 폭식을 하는 경우가 많다. 늘 시간에 쫓기기 때문에 인스턴트 식품이나 패스트푸드를 자주 먹는다. 단 음식을 좋아해서 가당 커피나 탄산음료를 하루 3~4잔씩 꼭 마신다. 음주나 흡연은 하지 않는다. 운동은 따로 하지 않고, 다만 출퇴근 시 지하철을 이용하기 때문에 하루 30분 정도 걷는 게 전부이다. 의사는 K 씨에게 경구 혈당강하제(metformin)를 처방하였다.

K 씨의 검사 결과는 다음과 같다.

- 신장 : 161cm
- 체중 : 66kg(평소 체중 71kg)
- 허리 둘레 : 87cm
- 혈압 : 130/90mmHg
- 공복 혈당 : 144mg/dL
- 식후 2시간 혈당 : 248mg/dL
- HgbA1c : 8.5%
- 혈장 총 콜레스테롤 : 245mg/dL
- LDL 콜레스테롤 : 222mg/dL
- HDL 콜레스테롤 : 25mg/dL
- 중성지방 : 210mg/dL

1. K 씨의 비만도를 구하고 복부 비만 유무를 판정하시오.
2. K 씨의 지난 2~3개월 간의 혈당 수준을 평가하고 목표 혈당치를 설정하시오.
3. K 씨의 이상지질혈증 양상을 판정하시오.
4. K 씨의 식습관의 주된 문제점을 지적하고 영양관리 계획을 세우시오.
5. K 씨의 운동습관의 주된 문제점을 지적하고 운동 계획을 세우시오.

MEMO

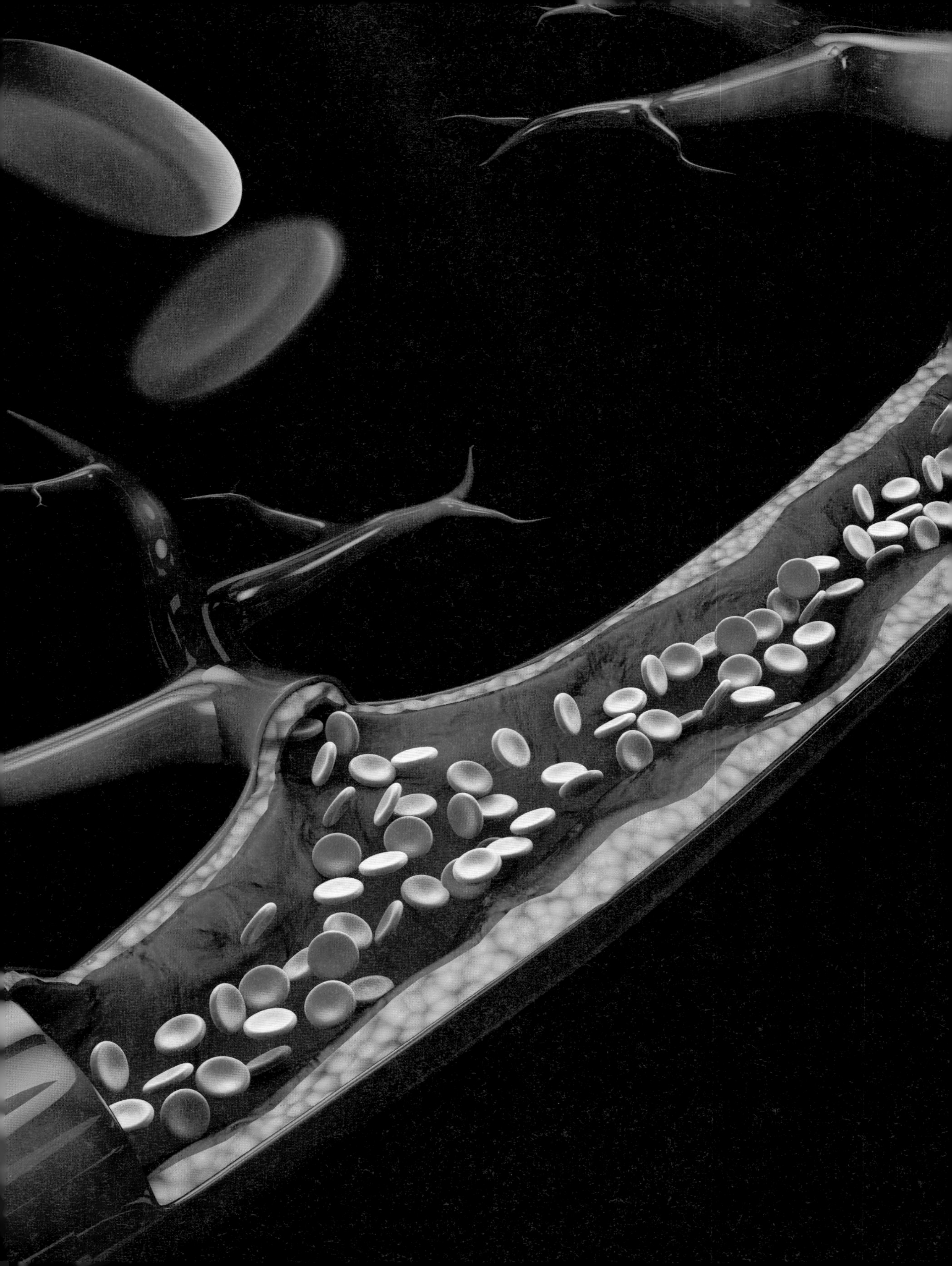

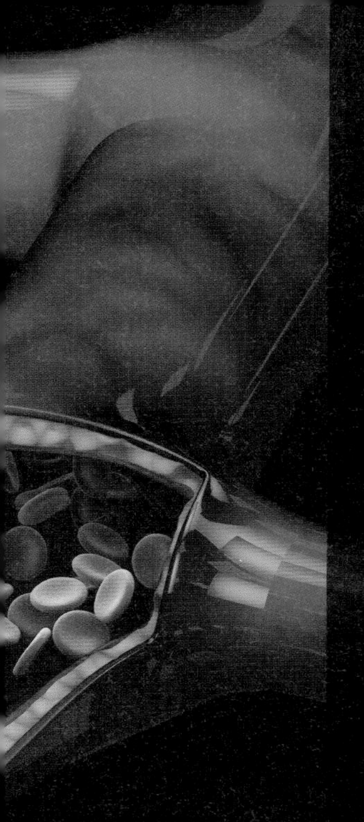

CHAPTER 6

심혈관 질환

1. 심혈관계의 구조와 기능
2. 고혈압
3. 이상지질혈증
4. 동맥경화증
5. 허혈성 심질환
6. 울혈성 심부전
7. 뇌졸중
8. 저혈압

CLINICAL
NUTRITION

CHAPTER 6
심혈관 질환

용어 정리

레닌-안지오텐신-알도스테론(renin-angiotensin-aldosterone)계
신장의 레닌 분비에 의해 나트륨과 수분량 조절을 통하여 혈압을 조절하는 체계

본태성 고혈압(essential hypertension)
원인을 알 수 없는 고혈압

이상지질혈증(dyslipidemia)
혈중 지질(중성지방이나 콜레스테롤) 또는 지단백(LDL 및 HDL 콜레스테롤 등)이 정상 범위를 벗어난 상태

죽상경화증(atherosclerosis)
플라크로 인해 동맥 벽이 두꺼워지고 딱딱해진 상태

관상동맥질환(coronary artery disease)
심장 근육에 혈액을 공급하는 혈관인 관상동맥이 좁아져 심장에 산소 공급이 원활치 못해 발생하는 심장질환, 협심증과 심근경색이 있음

색전(embolus)
세포 표면에서 떨어져 나와 혈류를 타고 이동하는 혈전(피떡)

울혈성 심부전(Congestive Heart Failure, CHF)
심장의 박출력이 저하되어 심장에 혈액이 고이는 질환

협심증(angina pectoris)
심장에 산소 공급이 일시적으로 중단되어 흉통이 발생하는 질환

심근경색(Myocardial Infarction, MI)
관상동맥으로의 산소 공급이 차단되어 심장 근육이 괴사된 상태

뇌졸중(Cerebrovascular Accident, CVA)
뇌혈관이 막히거나 터져 뇌 손상이 발생하여 언어, 감각, 운동 장애 등이 동반되는 질환

1. 심혈관계의 구조와 기능

- 심혈관계는 심장과 혈관계를 총칭하는 말이다. 심장은 흉곽 속, 좌우 폐 사이에 위치하고, 크기는 주먹만하며, 무게는 250~300g이다. 심장은 두 개의 심방과 두 개의 심실로 구성되어 있다(그림 6-1).
- 심장에서 나가는 혈관은 동맥(artery), 심장으로 들어오는 혈관은 정맥(vein), 그리고 동맥과 정맥 사이는 모세혈관(capillary)으로 연결되어 있다.
- 심방과 심실 사이와 심실과 동맥 사이에 존재하는 판막은 혈액이 한 방향으로만 흐르도록 혈액의 역류를 막는 역할을 한다.
- 혈액은 뇌 15%, 심장 5%, 간과 위장 30%, 신장 20%, 나머지 기관들에 30% 정도로 배당되며, 운동 시에는 변화될 수 있다.
- 혈액순환은 체순환과 폐순환으로 나눌 수 있다.
  - 체순환은 대순환이라고도 하며 심장의 좌심실에서 대동맥으로 나간 혈액이 전신에 혈액을 공급한 다음 대정맥을 통해 우심방으로 돌아오는 순환이다.
  - 폐순환은 소순환이라고도 하며 심장의 혈액이 우심방에서 우심실로 가서, 폐동맥을 따라 모세혈관으로 흘러 폐정맥을 통하여 좌심방으로 들어가는 순환이다(그림 6-2).

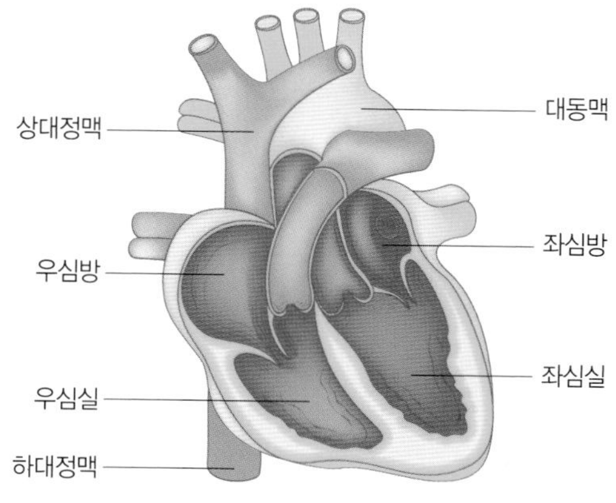

그림 6-1 심장의 구조

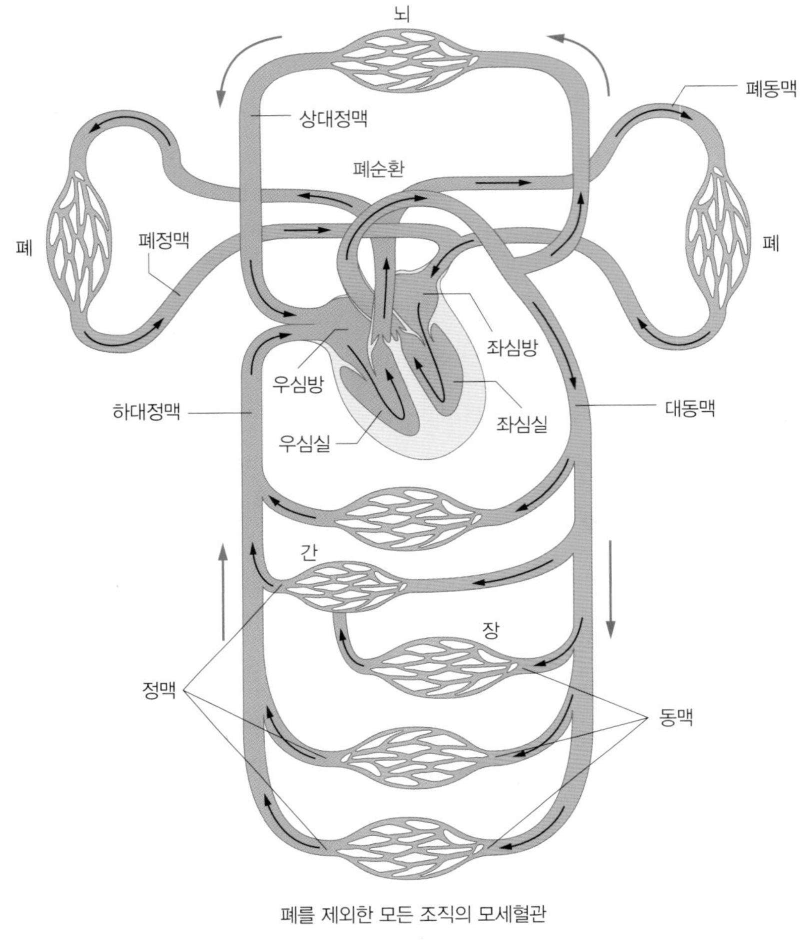

그림 6-2 체순환과 폐순환

2. 고혈압

1) 병리

- 혈압이란 혈관(동맥)벽에 미치는 혈액의 압력이며, 고혈압(hypertension)은 정상보다 지속적으로 혈압이 높아져 있는 상태를 말한다.

- 우리나라의 고혈압 유병률은 약 30% 정도로 비교적 높지만, 환자의 1/3 정도가 본인이 고혈압이 있다는 사실조차 모르고 있으며, 외국에 비해 젊은 연령층의 유병률이 높은 편이다. 고혈압은 완치되지 않고 조절만 될 뿐이므로 평생 치료를 계속해야 한다.

2) 혈압의 조절기전

인체에서 혈압은 아주 미묘하고도 복잡한 기전을 통하여 세밀하게 조절된다.

(1) 물리적 요인

심박출량이 증가하거나 혈관 저항이 커지면 혈압은 높아진다.

(2) 신경성 요인

혈압은 자율신경계의 교감신경과 부교감신경의 작용에 의해 조절된다. 혈압이 떨어지면 척수에 있는 심혈관 중추에 적은 신호를 보내어 심혈관계로 가는 교감신경 활성을 증가시키고 부교감신경 활성을 감소시킴으로써 혈관을 수축시키고 심박출량을 증가시켜 혈압은 높아진다.

(3) 체액성 요인

- 혈압의 조절의 체액성 요인을 레닌-안지오텐신-알도스테론(renin-angiotensin-aldosterone)계라 한다(그림 6-3).
- 혈압이 떨어지면 신장에서 레닌이 분비되어 안지오텐시노겐을 안지오텐신 I으로 활성화시킨다. 안지오텐신 전환효소는 안지오텐신 I을 안지오텐신 II로 전환시킨다. 안지오텐신 II는 신체의 가장 강력한 혈관수축제로 혈압을 상승시킨다.
- 알도스테론 분비를 촉진하여 신장에서 나트륨과 수분의 재흡수를 증가시켜 혈액 부피를 증가시킴으로써 혈압을 상승시킨다.

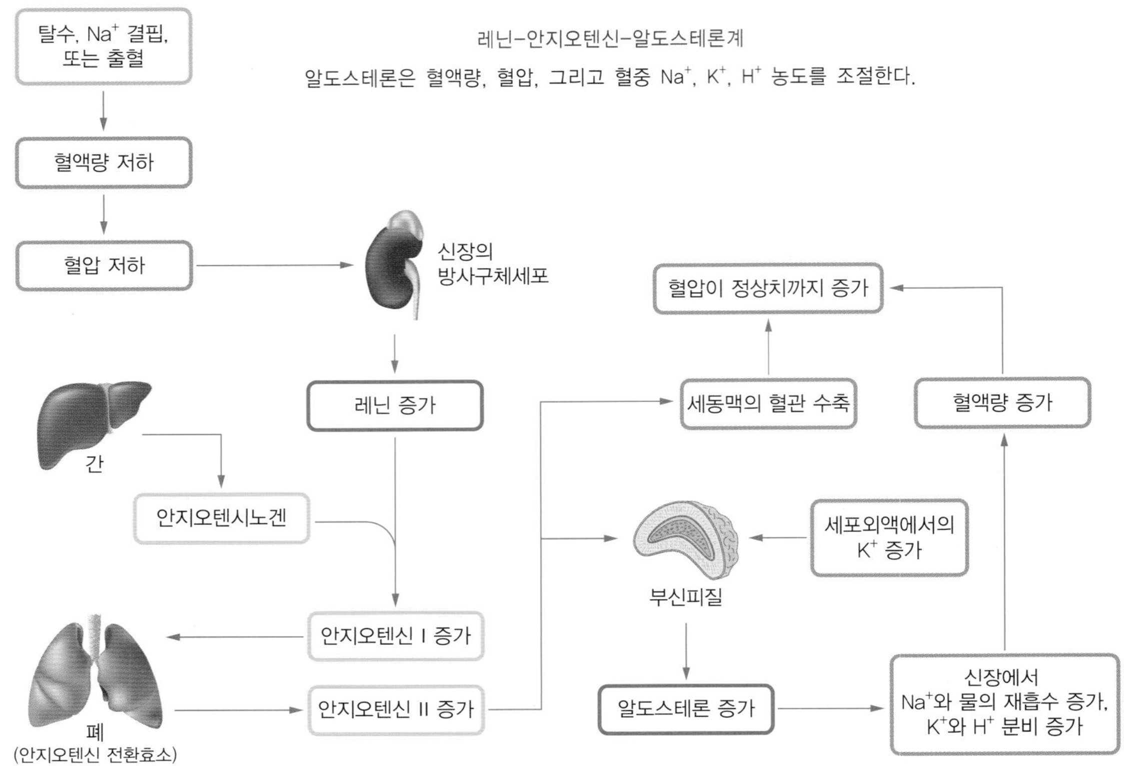

그림 6-3 레닌-안지오텐신-알도스테론계

3) 원인 및 위험요인

- 원인을 알 수 없는 고혈압이 전체의 90%나 되는데, 이를 1차성 고혈압(primary hypertension) 혹은 본태성 고혈압(essential hypertension)이라 한다.
- 다른 기관의 질병으로 인해 발생하는 고혈압을 2차성 고혈압(secondary hypertension)이라 한다.

(1) 1차성 고혈압의 위험요인들

- **유전** : 부모 모두 고혈압이면 자녀의 약 80%가, 한쪽 부모만 고혈압이면 자녀의 약 25~40%에게서 고혈압이 발생한다.

- **남성** : 여성보다는 남성에게서 고혈압 유병률이 약간 더 높다.
- **노화** : 연령이 증가할수록 고혈압의 위험은 더 커진다. 남성은 55세 이상, 여성은 65세 이상에서 많이 발생한다.
- **비만** : 체중이 많이 나갈수록 더 많은 혈액량이 필요하고, 그에 따라 심장과 혈관에 부담이 커지면서 혈압이 상승된다.
- **운동 부족** : 운동을 거의 하지 않는 사람은 규칙적으로 운동하는 사람에 비해 고혈압 발생률이 50% 정도 더 높다.
- **식사** : 전반적인 식습관 개선이 혈압 조절에 효과적이라는 명확한 근거들이 있다.
  - 나트륨 : 하루에 200~300mg의 나트륨을 더 섭취할 경우, 이완기 혈압은 3~6mmHg 상승한다. 나트륨이 혈관 내에 수분을 보유함으로써 혈액의 부피를 늘려 혈압을 상승시키는 것이다.
  - 알코올 : 알코올 45g/day 이상을 섭취하는 과음 시, 교감신경이 흥분되어 부신피질호르몬인 알도스테론 분비를 통한 나트륨과 수분의 재흡수가 촉진되고 혈관 확장 물질인 산화질소(Nitric Oxide, NO)의 작용이 저하되어 혈압이 상승된다.

고혈압 환자에게 술은 어느 선까지 허용될까?
- 고혈압 환자들에게 허용되는 알코올량은 보통 체구의 남성은 30g, 여성이나 작은 체구의 남성은 15g임
- 술의 종류별 알코올 15g의 양은 다음과 같음
  맥주 360mL, 포도주 150mL, 위스키(80도) 45mL, 청주 90mL, 막걸리 300mL, 소주 45mL, 와인쿨러 360mL

- **흡연** : 흡연 시 부신수질로부터 카테콜아민의 분비가 촉진되어 혈압이 상승된다. 흡연 시 발생하는 일산화탄소로 인해 혈중 산소량이 감소되면, 그 보완책으로 혈류량이 증가되어 고혈압이 촉진된다. 또한 니코틴 등 유해 물질이 혈관을 손상시키고 동맥경화증을 촉진하여 고혈압을 유발한다.
- **감정적 요인** : 긴장, 불안 등의 감정과 정신적 스트레스는 교감신경을 흥분시켜 부신수질의 카테콜아민과 신사구체의 레닌 분비량을 증진시켜 혈압을 상승시킨다.

카테콜아민(catecholamine)
교감신경자극전달물질로 부신수질-교감신경계기능을 고찰하는 중요한 지표. 에피테프린, 노르에피네프린, 도파민이 있음

(2) 2차성 고혈압을 일으키는 질환들

- **신장질환** : 2차성 고혈압의 80%가 신장질환으로 인하여 발생한다.
- **이상지질혈증 및 동맥경화증** : 혈액의 점도가 높아지고 혈관 내경이 좁아지면서 혈압이 상승된다.
- **대사증후군** : 비만, 특히 복부 비만은 대사증후군을 일으키는데, 그 주요 증상이 고혈압이다. 비만한 경우 인슐린 민감도가 떨어져 그 보상책으로 인슐린 분비량이 증가되는데, 인슐린은 나트륨과 수분을 보유하는 성질이 있어 혈압을 상승시키기 때문이다.
- **내분비 질환** : 쿠싱증후군(Cushing's syndrome), 부신수질기능항진증(hyperadrenalism), 알도스테론증(aldosteronism), 크롬 친화성 세포종(pheochromocytoma), 갑상샘 및 부갑상샘 항진증 등 내분비 질환은 혈압조절 기전에 영향을 주어 고혈압을 일으킨다.

쿠싱증후군
당질 코르티코이드의 생성을 자극하는 부신피질자극호르몬이 과도하게 많이 분비되거나 부신피질자극호르몬과 상관없이 부신에서 당질 코르티코이드를 너무 많이 생산하는 경우, 또는 치료를 위해 오랫동안 당질 코르티코이드를 복용한 경우 등의 원인으로 인해 부신피질에서 당질 코르티코이드가 만성적으로 과다하게 분비되어 일어나는 질환

부신수질기능항진증
카테콜아민이 다량으로 분비되는 질환을 말하나, 대부분은 부신의 크롬 친화성 세포종에 의한 것임

알도스테론증
부신피질호르몬의 하나인 알도스테론이 과잉분비되어 일어나는 내분비 질환

크롬 친화성 세포종
주로 부신수질에 발생하는 종양으로 에피네프린과 노르에피네프린 등을 분비하여 심한 발작적 고혈압을 일으키는 종양

- **임신중독증** : 임신중독증은 약 10%의 임신부에게 나타나고, 대개 임신 20주 이후에 발생하여 급격히 진행되며, 주 증상은 고혈압이다.
- **약물 부작용** : 경구 피임약이나 스테로이드 제제의 부작용으로 고혈압이 발생한다.

4) 증상

고혈압은 보통 증상이 없지만, 두통이나 현기증, 후두골 아래 맥박이 강하게 느껴지는 증상, 코피 등이 나타날 수도 있다.

5) 결과 및 합병증

- **동맥경화증 등 각종 심혈관 질환** : 동맥의 높은 압력이 동맥벽에 상처를 내어 동맥경화증과 관상동맥질환 진행의 첫 단계가 된다. 수축기/이완기 혈압이 정상보다 20/10mmHg 상승될 때마다 심혈관 질환의 위험이 2배로 증가한다.

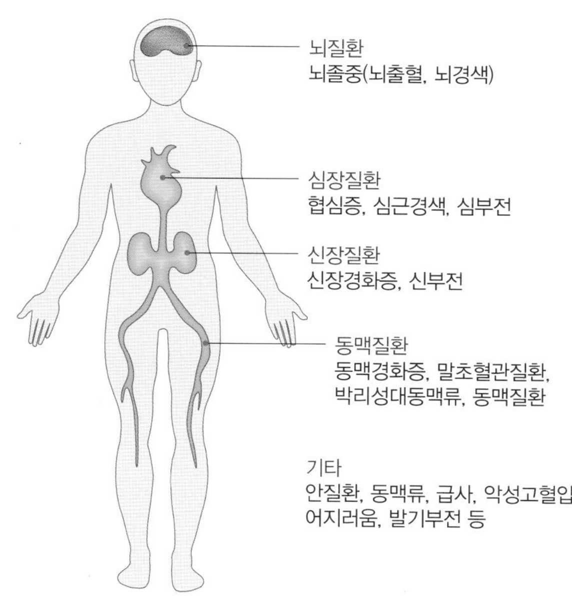

그림 6-4 고혈압의 합병증

- **심부전**(heart failure) : 고혈압으로 좌심실이 지속적으로 압박, 확대, 약화되면 심부전이 발생한다.
- **뇌혈관 질환** : 혈압과 뇌졸중 발생률은 거의 정비례 관계이다.
- **신장질환** : 신장 혈관에 고혈압으로 인한 동맥경화증이 발생하면 신부전으로 발전될 수 있다.

6) 진단

혈압은 수축기 혈압(최고 혈압 : Systolic Blood Pressure, SBP)과 이완기 혈압(최저 혈압 : Diastolic Blood Pressure, DBP)으로 표시한다. 50세 이후에는 수축기 혈압이 심혈관 질환의 중요한 위험 요인이므로 더 주의 깊게 관찰한다. 〈표 6-1〉은 고혈압의 진단 기준이고, 〈표 6-2〉는 고혈압 치료의 목표 혈압이다.

7) 영양관리

고혈압 치료에 있어서 식습관 개선은 필수 요소이다. 특히 1단계 고혈압 환자 중 40%는 식습관 및 생활습관 개선만으로도 치료가 가능할 만큼 그 효과가 크다.

- **에너지** : 고혈압 환자가 과체중이거나 비만일 경우, 체중을 감량하면 혈압뿐 아니라, 혈압강하제의 복용량도 상당 수준 감소시킬 수 있다. 그러나 너무 급속한 체중 감량

표 6-1 고혈압의 진단 기준

혈압 분류		수축기 혈압(mmHg)		이완기 혈압(mmHg)
정상혈압		<120	그리고	<80
주의혈압		120~129	그리고	<80
고혈압 전 단계		130~139	또는	80~89
고혈압	1기	140~159	또는	90~99
	2기	≥160	또는	≥100
수축기 단독 고혈압		≥140	그리고	<90

자료 : 대한고혈압학회(2018). 2018 대한고혈압학회 진료지침.

표 6-2 고혈압 치료의 목표 혈압

상황	수축기 혈압(mmHg)	이완기 혈압(mmHg)
합병증이 없는 고혈압	<140	<90
노인 고혈압	<140	<90
당뇨병		
심혈관질환 없음*	<140	<85
심혈관질환 있음*	<130	<80
고위험군**	≤130	≤80
심혈관질환*	≤130	≤80
뇌졸중	<140	<90
만성 콩팥병		
알부민뇨 없음	<140	<90
알부민뇨 동반됨***	<130	<80

* 50세 이상의 관상동맥질환, 말초혈관질환, 대동맥질환, 심부전, 좌심실비대
** 고위험군 노인은 노인 고혈압 기준을 따름
*** 미세알부민뇨 포함
자료 : 대한고혈압학회(2018). 2018 대한고혈압학회 진료지침.

은 무력감, 호흡곤란 등의 부작용을 일으킬 수 있으므로 1주일에 0.5~1.0kg 정도의 속도로 서서히 감량하는 것이 좋다.

- **탄수화물** : 탄수화물은 총 에너지의 60~65%로 공급한다. 단순당은 혈중 중성지방 수치를 상승시켜 고혈압과 동맥경화증을 악화시키므로 제한하는 대신, 식이섬유와 피토케미칼(phytochemicals) 및 비타민, 무기질이 풍부한 현미, 잡곡, 통밀 등 복합 탄수화물 식품 위주로 공급한다.
- **단백질** : 단백질은 1.0~1.5g/kg 체중/day, 총 에너지의 15~20%의 수준에서 양질의 저지방 고단백 식품(예 난백, 저지방 유제품, 저지방 육류, 생선 등)으로 공급한다.
- **지방** : 지방은 총 에너지의 20~25%로 공급한다. N-3 지방산은 혈관 확장 물질인 프로스타글란딘 합성을 촉진하여 혈압을 낮추어 주므로 n-6 : n-3의 비율을 4~10 : 1로 유지한다. 또한 카놀라유나 올리브유, 견과류 등에 풍부한 단일불포화 지방산의 공급량을 늘리는 대신, 동물성 유지류와 야자유에 많이 함유되어 있는 포화지방이나 경화유 등의 트랜스지방산은 되도록 제한한다.
- **비타민** : 비타민 A, C, E와 같은 항산화 비타민은 혈관 내막의 기능을 개선시켜 고혈

압의 치료 및 동맥경화증 예방에 도움이 된다. 또한 비타민 B_6는 교감신경에, 비타민 D는 칼슘 항상성에 영향을 끼쳐 혈압에 긍정적 영향을 미친다.

- 무기질
  - 나트륨 : 고혈압 환자의 경우, 섭취 에너지 1kcal당 1.2mg의 나트륨 섭취가 권장된다.
  - 칼륨 : 칼륨은 혈압을 효과적으로 저하시킨다. 하지만 칼륨 섭취량 못지 않게 Na/K 섭취 비율을 1 이하로 유지하는 것도 혈압 강하에 효과적이다. 한편 고혈압 약제로 쓰이는 대부분의 이뇨제는 칼륨까지 배설하여 저칼륨혈증을 유발하기 쉬우므로 칼륨을 식품이나 보충제로 충분히 공급하는 것이 좋다.
  - 칼슘 : 식사 내 칼슘 양이 많으면 혈압이 저하된다는 보고들이 있다.
  - 마그네슘 : 마그네슘은 레닌-안지오텐신-알도스테론계에 영향을 끼쳐 혈관 수축을 억제함으로써 혈압을 강하시킨다. 마그네슘 함량이 높은 식사는 대개 칼륨 함량도 높다.
- 식이섬유 : 수용성 식이섬유는 체내 나트륨과 콜레스테롤을 흡착, 배설함으로써 혈압을 강하시키고 동맥경화증과 뇌경색을 예방하며 혈압강하제의 용량도 감소시킨다.
- 수분 : 신부전이 없는 한 저염식을 하면서 굳이 수분 제한까지 할 필요는 없다.
- 카페인 : 카페인은 혈관에 압력을 가하는 삼투성 물질이어서 단기적으로 혈압을 소폭 상승시킨다. 고혈압 환자들은 카페인을 제한하는 것이 좋다.

DASH식

DASH(Dietary Approached to Stop Hypertension)식은 고혈압 치료를 위해 1990년대에 개발된 식사법으로서 고혈압 환자들에게 식이섬유, 칼륨, 마그네슘, 칼슘 등이 많이 함유되어 있는 과일, 채소, 저지방 유제품, 전곡류, 가금류, 생선, 견과류 등을 풍부하게 섭취하도록 권장함. 반면 붉은색 육류, 당류, 가당 음료, 포화 지방, 콜레스테롤 등은 제한함. 고혈압 환자들에게 DASH식을 8주간 시행한 결과, 수축기 혈압이 11.4mmHg 감소되었으며 DASH식을 저염식과 병행할 경우 그 효과가 훨씬 더 컸음

8) 기타 치료법

식습관과 함께 생활습관을 개선할 때, 고혈압 치료에 상승 효과가 발생한다. 특히 고혈압 전 단계인 경우, 식습관이나 생활습관 개선만으로도 회복이 가능하다.

(1) 생활습관 개선요법

- **운동요법** : 운동부하 심전도 검사를 시행하여 운동 수행이 가능하다는 진단을 받은 경우, 유산소성 운동을 거의 매일, 1일 30분 이상 꾸준히 실시한다.
- **금연** : 흡연이 심혈관 질환에 미치는 악영향은 매우 크므로 고혈압을 비롯한 모든 심혈관 질환자들은 반드시 금연해야 한다.

(2) 약물요법

- 일반적으로 고혈압 약물은 2~3가지가 함께 처방된다. 몇 가지 약물을 조합해서 사용할 경우, 용량도 줄이고 부작용도 최소화할 수 있기 때문이다. 고혈압 약제로는 이뇨제와 ACE-억제제, β-차단제, 칼슘통로 차단제(calcium channel blocker) 등을 들 수 있다.
- 약물요법에만 의존하기보다는 식습관 및 생활습관을 개선함으로써 혈압을 더 효과적으로 강하시키고 약물 사용량도 줄이도록 한다.

표 6-3 식습관 및 생활습관 개선을 통한 혈압 강하 효과

항목	특별 사항	이완기 혈압의 평균 강하 정도
체중 감량	• 정상체중을 유지할 것(BMI 18.5~24.9)	5~20mmHg/10kg
DASH 식사 계획	• 과일, 채소, 저지방 유제품이 풍부한 식사 섭취로 포화지방과 총 지방 섭취량 감량	8~14mmHg
식사 내 나트륨 감량	• Na ≤ 2.4g 또는 NaCl ≤ 6g	2~8mmHg
유산소성 신체 활동 (예 빠르게 걷기)	• 1일 30분 이상, 거의 매일	4~9mmHg
적당량의 알코올 섭취	• 보통 체구의 남성 : 하루 알코올 30g 이하 • 여성 또는 체중이 적은 남성 : 하루 알코올 15g 이하	2~4mmHg

* 알코올 15g 함유 기준 : 맥주 360mL, 포도주 150mL, 80도 위스키 45mL
자료 : National Heart, Lung, And Blood Institute.

요점정리
SUMMARY

고혈압

- 정의 : 혈압이 정상보다 지속적으로 높아져 있는 상태
- 위험요인 : 유전, 남성, 노화, 비만, 운동 부족, 나트륨, 알코올, 흡연, 감정적 요인 등
- 원인 질환 : 신장질환, 이상지질혈증 및 동맥경화증, 대사증후군, 내분비 질환, 임신중독증, 약물 부작용 등
- 증상 : 무증상, 두통, 현기증, 후두골 아래 강한 맥박, 비강 출혈 등
- 합병증 : 각종 심혈관 질환(예 심부전, 동맥류, 동맥경화증 등), 뇌혈관 질환, 신장질환 등
- 진단 : 혈압 측정 결과 140/90mmHg 이상
- 영양관리 : 표준체중 유지를 위한 에너지 공급, 적당량의 탄수화물과 단백질 공급, n-3 지방산과 단일불포화지방산 증량, 포화지방과 트랜스지방산 제한, 비타민 A, C, E, B_6, D 보충, 나트륨 제한, 칼륨, 칼슘, 마그네슘, 식이섬유 증량, 카페인 및 과다한 알코올 제한
- 기타 치료법 : 생활습관 개선요법(운동요법 및 금연), 약물요법

3. 이상지질혈증

- 이상지질혈증(dyslipidemia)은 혈중 지질 농도에 이상이 생긴 상태로서, 동맥경화증이나 관상동맥질환을 일으키는 주요 원인이 된다.
- 이전에는 혈중 콜레스테롤이나 중성지방 농도가 상승된 상태를 일컬어 고지혈증(hyperlipidemia)이라고 하였으나, 최근에는 고밀도 지단백(HDL)의 농도 저하도 심혈관 질환의 위험요인으로 간주되기에 이상지질혈증이라는 용어를 더 많이 사용한다.

1) 병리

- 혈액 내에 존재하는 두 가지 주요 지방 성분은 콜레스테롤과 중성지방이다. 혈액의 주성분이 수분이기 때문에 이들 지방 성분이 혈액 내에 녹아 있을 수가 없어, 아포단백질(apoprotein)이라는 특수 단백질에 쌓여 지단백(lipoprotein)을 형성, 친수성을 갖게 된다.

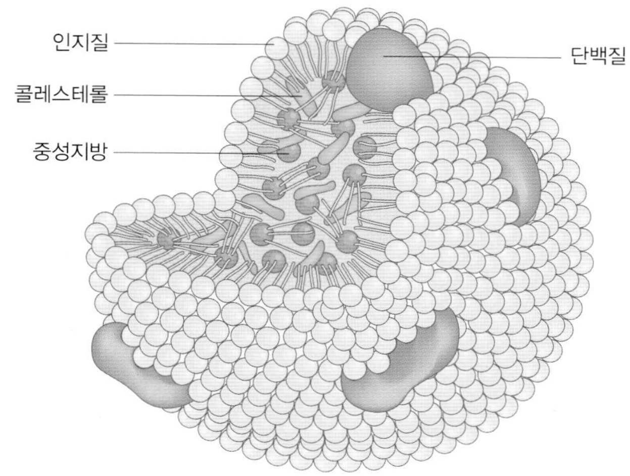

그림 6-5 지단백의 구조

▪ 지단백은 그 구성 성분에 따라 크게 카일로마이크론(chylomicron), 초저밀도지단백(Very Low Density Lipoprotein, VLDL), 저밀도지단백(Low Density Lipoprotein, LDL), 중밀도지단백(Intermediate Density Lipoprotein, IDL), 고밀도지단백(High Density Lipoprotein, HDL)의 5가지로 분류되는데(표 6-4) 지질 함량이 높을수록 밀도가 낮아진다. 이들 지단백의 농도가 정상 범위를 벗어난 상태를 이상지질혈증이라 한다.

표 6-4 5가지 지단백의 구성 성분 및 작용

지단백	구성 비율(%)				주요 아포단백질	합성 장소 및 공급원	작용
	중성지방	콜레스테롤	인지질	단백질			
카일로마이크론	80~95	2~5	3~6	1~2	B_{48}, E, C-II	장	식사 내 중성지방과 콜레스테롤 운반
VLDL	50~65	10~40	12~18	5~10	B_{100}, E, C-II	간	체내에서 합성된 중성지방과 콜레스테롤 운반
IDL	35	33	19~22	15	B_{100}, E	VLDL	LDL의 전구체
LDL	10	45	22~26	22~26	B_{100}	VLDL, IDL	콜레스테롤 운반
HDL	1~5	20	25~40	36~55	A-I, A-II	간, 장, CM, VLDL	콜레스테롤 역운반

* VLDL : Very Low Density Lipoproteins, IDL : Intermediate Density Lipoproteins, LDL : Low Density Lipoproteins, HDL : High Density Lipoproteins, CM : Chylomicrons

표 6-5 이상지질혈증의 분류 기준(세계보건기구)

종류	증가된 지단백	지질 농도의 변화 양상		간편 분류	유도 조건	원인	영양관리
		콜레스테롤	중성지방				
I	카일로 마이크론	↑	↑↑	고중성지방 혈증	고지방식	지단백분해효소 결핍	긴사슬중성지방, 알코올 제한
IIa	LDL	↑↑	-	고콜레스테롤혈증	고콜레스테롤식 고포화지방식	LDL 수용체 이상 LDL 합성 항진	비만이면 에너지 제한, 포화지방 제한, 콜레스테롤 제한, 식물성 식이섬유 권장
IIb	LDL, VLDL	↑↑	↑↑	복합형	고콜레스테롤식 고지방식	LDL 수용체 이상 VLDL, LDL 합성 항진	비만이면 에너지 제한, 탄수화물(단순당), 지방, 알코올 제한
III	IDL	↑↑	↑↑	복합형	고지방식 고탄수화물식	아포단백질 E 이상으로 간에서의 IDL 결합 저하	에너지 제한, 탄수화물(단순당), 지방, 알코올 제한
IV	VLDL	(↑)	↑↑	고중성지방 혈증	고지방식 고탄수화물식	아포단백질 E 이상으로 간에서의 IDL 합성 저하	에너지 제한, 탄수화물(단순당), 알코올 제한
V	카일로 마이크론, VLDL	↑↑	↑↑↑	고중성지방 혈증	고지방식 고탄수화물식	VLDL 합성 항진 카일로마이크론, VLDL 처리 저하	지방 제한, 에너지, 단순당, 알코올 제한

2) 분류

이상지질혈증은 〈표 6-5〉와 같이 6가지로 분류한다.

3) 원인 및 위험요인

이상지질혈증은 유전적 이상과 단순당 등 탄수화물, 포화지방 및 알코올의 과다 섭취의 식습관과 운동 부족의 환경적 요인 및 당뇨병, 갑상샘 기능저하증, 신증후군, 비만 등의 질병이 원인이 되어 발생한다.

4) 결과 및 합병증

동맥경화증, 지방간, 피부에의 지방 침착, 담석증(콜레스테롤 결석), 급성 췌장염 등의 합병증이 유발될 수 있다.

5) 진단

- 혈청 지질의 정상 농도는 〈표 6-6〉과 같다. 이 중 한 가지 이상의 지단백 농도에 이상이 생기면 이상지질혈증이라고 진단한다.
- 20세 이상의 성인은 공복 후에 혈청 지질(총 콜레스테롤, 중성지방, HDL 콜레스테롤, LDL 콜레스테롤) 농도 검사를 적어도 5년에 1회 이상 측정하는 것이 권장된다.

6) 영양관리

- **I형(고카일로마이크론혈증)** : 저지방식을 할 경우, 카일로마이크론의 합성이 억제되어 증상이 급속히 개선된다. 특히 카일로마이크론의 원료가 되는 긴사슬중성지방을 20g/day 이하로 제한하면서 중간사슬중성지방 위주로 공급한다. 알코올은 금지한다.
- **IIa형(고LDL혈증)** : LDL의 주성분인 콜레스테롤을 200mg/day 이하로 제한하고, 콜레스테롤의 원료가 되는 포화지방 역시 제한한다. 불포화지방산 : 포화지방 비율을 1~2 : 1로 유지한다. 또한 식이섬유를 30g/day 이상 공급하여 장에서의 콜레스테

표 6-6 혈중 지질 농도 및 기타 심혈관 질환 위험요인의 진단 기준

(단위 : mg/dL)

구분	적정	정상	경계	위험
총 콜레스테롤	<200	-	200~239	≥240
LDL 콜레스테롤*	<100[a]	100~129	130~159	≥160[b]
HDL 콜레스테롤	≥60	-	<40	-
중성지방	<150	-	150~199	≥200[c]
BMI**	18.5~22.9	23~24.9	≥25	-
혈압 (수축기/이완기, mmHg)	<120/<80	120~139/ 80~89[d]	≥140/≥90[e]	-

* LDL 콜레스테롤 : LDL 콜레스테롤의 농도는 최근 직접 측정법이 많이 이용되나, 부득이한 경우, 중성지방의 농도가 400mg/dL 이하인 경우에 한하여 프리드발트(Friedwald) 공식으로 계산할 수도 있다. LDL 콜레스테롤 = 총 콜레스테롤 − [(HDL 콜레스테롤) + (중성지방 × 0.2)]

** BMI : 대한비만학회 기준

[a] 고위험군인 경우에는 <70mg/dL가 바람직하다.

[b] ≥ 190mg/dL은 매우 위험한 수준이다.

[c] ≥ 500mg/dL은 매우 위험한 수준이다.

[d] 이 수준은 '고혈압 전 단계(prehypertension)' 라고도 한다.

[e] 이 수준은 '고혈압 1단계(stage 1 hypertension)' 라고도 하며, ≥ 160/≥ 100은 '고혈압 2단계(stage 2 hypertension)' 로서 의학적 치료가 필요하다.

자료 : 한국지질·동맥경화학회(2018).

롤 흡수율을 저하시키도록 한다. LDL 산화 억제 효과가 있는 단일불포화지방산을 견과류나 카놀라유로 공급한다.

- **IIb형(고LDL, VLDL혈증)과 III형(고IDL혈증)** : 중성지방의 원료가 되는 탄수화물(특히 단순당)을 총 에너지의 40~50% 수준으로 제한한다. 알코올 역시 중성지방의 원료가 되므로 제한한다. 에너지는 표준체중을 유지하는 수준으로 공급한다. 그 외에는 IIa형과 같다.
- **IV형(고VLDL혈증)** : VLDL의 주 원료인 중성지방의 재료가 되는 탄수화물(특히 단순당)을 총 에너지의 40~50% 수준으로 제한한다. 에너지는 표준체중을 유지하는 수준으로 공급하며, 콜레스테롤은 300mg/day 이하로 제한한다. 불포화지방산 : 포화지방산 비율을 1~2 : 1로 유지한다. 알코올은 금지한다.
- **V형(고카일로마이크론, VLDL혈증)** : 카일로마이크론의 합성을 억제하기 위하여 저지방식을 공급한다. 그 외에는 IV형과 같다.

7) 기타 치료법

- **생활습관 개선요법** : 운동을 통하여 체중을 적절히 관리하면서 금연을 할 경우, 경증의 이상지질혈증의 치료가 가능하고, 중증인 경우 약물요법의 효과를 극대화시킬 수 있다.
- **약물요법** : 임상 영양치료와 생활습관 개선요법을 6개월간 시행하여도 별 효과가 없을 때, 대개 약물이 처방된다(표 6-7). 이 경우에도 식습관과 생활습관 개선이 여전히 필요하다.

표 6-7 이상지질혈증 치료 약제의 종류 및 효과

약제 종류	주요 기능
레진(resins)	소장에서의 콜레스테롤과 담즙 흡수 감소
니아신(niacin, nicotinic acid)	중성지방 수치 감소, HDL 수치 증가
피브레이트(fibrates)	중성지방 수치 감소, HDL 수치 증가
스타틴(statins)	간에서의 콜레스테롤 합성 감소

요점정리
SUMMARY

이상지질혈증

- 정의 : 혈중 지질 농도에 이상이 생긴 상태, 동맥경화증이나 관상동맥질환의 주요 원인
- 위험요인 : 유전, 질병(예 당뇨병, 갑상샘 기능저하증, 신증후군, 비만 등), 식습관(예 단순당 등 탄수화물, 포화지방 및 알코올의 과다 섭취), 운동 부족 등
- 합병증 : 동맥경화증, 지방간, 피부에의 지방 침착, 담석증(콜레스테롤 결석), 급성 췌장염 등
- 진단 : 혈액 검사
- 영양관리 : 표준체중 유지를 위한 에너지 공급, 단순당 제한, 적당량의 복합당질 식품 및 단백질 공급, 포화지방과 트랜스지방산 및 콜레스테롤 제한, n-3 지방산이나 단일불포화지방산 증량, 항산화 비타민과 무기질 보충, 식이섬유 증량, 과다한 알코올 제한
- 기타 치료법 : 생활습관 개선요법(운동요법 및 금연), 약물요법

4. 동맥경화증

동맥경화증(arteriosclerosis)은 동맥의 탄력성이 감소되고 내강이 좁아지며 혈관벽이 두꺼워져 말 그대로 동맥이 딱딱해지는 증상으로서, 심혈관계에 심각한 합병증을 일으킬 수 있다.

1) 병리

- 동맥벽은 내막(intima), 중막(media), 그리고 외막(adventitia)의 3층 구조로 되어 있다.
- 내막은 단순히 물리적 경계선 역할만 하는 게 아니라, 산화질소와 같은 혈관 확장 물질을 분비함으로써 혈관의 항상성을 유지한다는 면에서 매우 중요하다.
- 내막에 플라크(plaque)가 침착되어 내막의 이러한 기능들이 상실되면 동맥경화증이 발생한다.

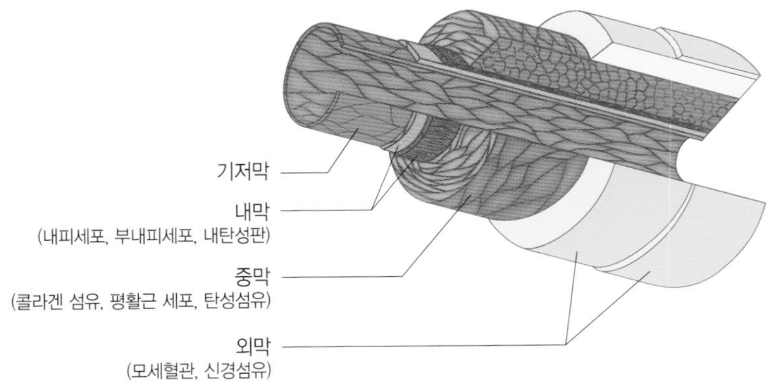

그림 6-6 동맥벽의 구조

동맥경화증의 원흉, 플라크의 형성 단계

죽상경화증의 진행 과정

① 혈류의 충격으로 동맥벽에 작은 상처 발생 → 백혈구 출동
② 백혈구가 혈액 내의 과다한 LDL 콜레스테롤을 삼킴 → 거품 세포(foam cells) 형성
③ 거품 세포들이 동맥벽에 진을 침 → 지방 띠(fatty streak) 형성
④ 지방 띠에 지방물질, 평활근 세포, 결체조직, 세포 부스러기 등이 들러붙음 → 플라크 형성
⑤ 플라크가 터짐 → 혈전(피떡, thrombus) 형성 → 혈액 순환 방해
⑥ 혈전의 일부가 떨어져 나가 색전(embolus) 형성 → 관상동맥이나 뇌혈관을 막아 협심증, 심근경색, 중풍 등을 일으킴

2) 원인 및 위험요인

(1) 염증과 감염

플라크는 맨 처음 동맥벽에 생긴 상처에 대한 염증 반응으로 생긴다. 그러므로 염증이나 감염이 발생한 경우 플라크 생성이 촉진된다.

(2) 흡연

- 흡연은 동맥경화증의 매우 큰 위험 요인이다. 담배의 연기 성분이 혈관 세포를 손상

시키고, 혈관의 수축을 유도하며, 심박수와 혈압을 증가시킬 뿐 아니라, 동맥벽에의 산화적 스트레스(oxidative stress)를 증가시키고 플라크와 혈전 생성을 촉진한다.

- 간접 흡연 역시 비슷한 효과를 낸다.

(3) 비만

- 10%의 체중 감량만으로도 심혈관 질환의 위험성을 상당히 줄일 수 있으며 특히 복부 비만 환자들의 체중 감량이 심혈관 건강에 효과가 매우 크다. 우리나라에서는 허리둘레가 남성 90cm(35인치), 여성 85cm(33인치) 이상일 때 복부 비만으로 판정한다.
- 복부 비만이 동맥경화증에 악영향을 끼치는 기전은 다음과 같다.
  - 혈전 경향(thrombotic tendency) 촉진 : 복부 비만은 피브리노겐(fibrinogen) 등 혈액응고 인자의 수치와 혈액 점성을 증가시키고, 혈소판을 활성화시켜 혈전 경향을 촉진한다.
  - 대사증후군의 유발 : 복부 비만은 대사증후군 발생의 주요 위험인자이다. 대사증후군은 내당능 장애, 고혈압, 이상지질혈증이 한꺼번에 나타나는 질환으로, 심혈관 질환의 매우 강력한 위험인자이다.

(4) 이상지질혈증

LDL 콜레스테롤과 VLDL의 혈중 농도가 높아지면서 산화될 경우, 플라크 생성 및 혈관 수축, 혈액 응고가 촉진되고 HDL 콜레스테롤의 정상적 보호작용이 방해를 받아 동맥경화증이 촉진된다.

(5) 당뇨병

만성적 고혈당증이 있는 경우, 혈전 생성과 혈관 손상이 증가되어 동맥경화증이 발생한다.

(6) 노화

나이가 들면서 동맥경화증의 여러 위험인자들이 늘어나기도 하지만, 동맥 세포 자체도 퇴화된다. 남성은 45세, 여성은 55세(혹은 폐경기)를 기점으로 동맥경화증 발생률이 높아진다.

(7) 식사요인

- **포화지방** : 포화지방은 혈중 콜레스테롤 수치에 영향을 끼치는 가장 강력한 인자로, 총 에너지에 대한 포화지방의 섭취 비율이 1% 증가될 때, LDL 콜레스테롤 수치가 2% 증가한다. 포화지방은 총 열량의 7% 이내로 제한하도록 한다.
- **트랜스지방산** : 총 에너지에 대한 트랜스지방산의 섭취 비율이 2% 상승될 때마다 동맥경화증 발생률이 거의 2배로 증가한다. 트랜스지방산은 같은 양의 포화지방보다 심혈관 질환의 위험성이 훨씬 크다.

3) 합병증

- **관상동맥질환** : 관상동맥에 동맥경화증이 생기면 협심증이나 심근경색 같은 관상동맥질환(coronary heart disease)이 발생한다.
- **뇌졸중** : 뇌혈관에 동맥경화증이 발생하면 뇌조직에 혈액 공급이 중단되어 뇌졸중(stroke)이 발생한다.
- **말초혈관 질환** : 말초혈관에 동맥경화증이 발생하여 다리로 가는 혈류에 영향을 미치면, 보행 시 피로감과 통증, 마비 증상이 발생한다.
- **신혈관 질환** : 신장 동맥에 동맥경화증이 발생하면 신장 조직으로 가는 혈류가 차단되어 신장 허혈성 고혈압이나 급성 신부전이 발생한다.
- **동맥류** : 플라크가 혈관벽을 약화시키면 혈관이 풍선처럼 부풀어오르는 동맥류(aneurysm)가 발생한다.

4) 영양관리

(1) 에너지

체중을 줄이면 혈중 중성지방 농도가 저하되고 HDL 농도가 상승되어 혈압이 강하되고 인슐린 저항성이 개선된다. 비만인의 체중 감량은 동맥경화증의 예방 및 치료의 핵심 요소이다. 그러므로 표준체중을 유지할 수 있는 수준으로 에너지를 공급한다.

(2) 탄수화물

탄수화물은 총 에너지의 50~60% 수준으로 공급한다.

(3) 단백질

단백질은 총 에너지의 15~20% 혹은 1.0~1.5g/kg 체중/day 수준으로 공급한다. 포화지방이나 콜레스테롤 함량이 낮은 콩, 두부, 생선, 탈지 우유나 탈지 유제품 및 살코기 등으로 공급한다.

(4) 지방

- **총 지방 섭취량** : 지방은 총 에너지의 25~35% 수준으로 공급한다.
- **N-6 지방산** : 포화지방을 n-6 지방산으로 대체할 경우 LDL 수치가 감소되나 HDL의 수치도 약간 감소될 뿐 아니라 지단백의 산화도 촉진되는 경향이 있다. 그러므로 n-6 지방산은 총 에너지의 10% 이하로 제한한다.
- **N-3 지방산** : n-3 지방산은 혈청 중성지방 수치와 혈압을 낮추고, 염증 및 혈전 생성을 억제하며, 심박동을 안정시켜 주고, 관상동맥 폐색으로 인한 치명적 부정맥 및 심장병으로 인한 돌연사를 예방하는 심장 보호 효과를 가지고 있어 섭취량 부족이 오히려 심혈관 질환의 위험 요인으로 간주될 정도이다. N-3 지방산인 EPA(eicosapentaenoic acid)나 DHA(docosahexaenoic acid)를 1g/day 섭취하도록 권장한다. 비율(n-6 : n-3)은 4~10 : 1 이하로 유지한다.
- **단일불포화지방산(MUFA)** : MUFA는 혈청 콜레스테롤 수치에는 별 영향을 끼치지 않지만, LDL 수치를 낮추고, LDL의 산화를 억제시킬 뿐 아니라, HDL 수치를 높이며, 혈액응고인자의 활성을 감소시키는 효과가 있으므로 총 에너지의 10% 수준으로 공급한다.
- **포화지방** : 포화지방 중 특히 미리스트산($C_{14:0}$)과 팔미트산($C_{16:0}$)은 혈청 LDL 수치

를 상승시키고 동맥경화증을 유발하는 게 입증되었다. 포화지방은 총 에너지섭취량의 7% 혹은 5% 이하로 공급한다.

- **트랜스지방산** : 트랜스지방산의 권장량은 총 에너지섭취량의 1% 이하지만, 섭취하지 않는 것이 더 좋다.
- **콜레스테롤** : 한국인의 콜레스테롤의 권장량은 1일 300mg 이하이다. 대부분의 심혈관 질환 예방지침들은 포화지방과 콜레스테롤 섭취를 둘 다 낮추라고 제안하여 콜레스테롤-포화지방 지수(Cholesterol-Saturated fat Index, CSI)가 개발되었다.

CSI = 식품 100g당 콜레스테롤 함량(mg) x 0.05 + 식품 100g당 포화지방 함량(g)

참고로 달걀의 CSI는 식품 100g당 26.9, 오징어의 CSI는 11.5이다.

(5) 비타민, 무기질, 항산화 영양소 및 기타

- **비타민 B군** : 비타민 B_6와 비타민 B_{12} 및 엽산은 혈관 내막을 손상시키고 혈소판의 응집을 일으키는 물질인 호모시스테인(homocysteine)을 시스테인이나 메티오닌으로 전환시켜 동맥경화를 막는다.
- **비타민 C** : 혈관 확장 물질인 산화질소 생성을 촉진하기 때문에 관상동맥질환이나 뇌졸중 발생률을 낮추어 준다.
- **비타민 D** : 비타민 D의 부족은 심혈관 질환의 위험과 사망률을 증가시킨다.
- **비타민 E** : LDL의 산화를 바로 억제할 수 있기 때문에 항산화 영양소 중 심혈관 질환 예방 효과가 가장 뛰어나다.
- **플라보노이드** : 혈소판 응집을 억제하고, HDL 수치를 향상시키며, LDL 수치를 저하시킬 뿐 아니라 혈압을 강하시킨다. 포도 껍질, 견과류, 녹차, 다크 초콜릿에 많이 함유되어 있다.
- **나트륨/칼륨 비율** : 나트륨은 하루 2,000mg 이하로 제한하며, Na/K 섭취 비율을 1 이하로 유지한다.
- **칼슘** : 포화지방의 흡수를 방해하여 혈압과 혈중 중성지방 수치를 낮추고, 혈소판 응집을 감소시킨다.

- **마그네슘** : 혈관 상태를 조절함으로써 고혈압과 부정맥(arrhythmia)을 감소시키므로 식품을 통해 마그네슘을 섭취하는 것이 좋다.
- **철** : 체내에서 산화촉진제 역할을 하여 심혈관 질환을 악화시킬 수 있다. 철 보충제가 꼭 필요한 의학적 증상이 있지 않는 한, 보충제는 굳이 복용하지 않는 게 좋다.
- **식이섬유** : 인슐린 민감성 개선, 혈액 응고 수준 개선, 혈중 지질 수치 개선, 산화 및 내피세포의 기능 개선, 간에서의 콜레스테롤 합성 감소 효과가 있다. 동맥경화증 예방 및 치료를 위한 식이섬유 권장 섭취량은 30g/day 이상이다.
- **식물성 스테롤(plant sterols)** : 장에서 콜레스테롤과 담즙의 흡수를 억제하는 효과가 있으며 시토시테롤, 캠피스테롤, 에르고스테롤 등이 있다.
- **알코올** : 소량의 알코올 섭취는 심장 보호효과가 있고 특히 적포도주에는 항산화제인 카테킨(catechin), 퀘세틴(quercetin), 레스베라트롤(resveratrol) 등의 폴리페놀(polyphenol)이 함유되어 있어 다른 술보다 심장 보호효과가 뛰어나다. 그러나 1일 30g 이상의 알코올 섭취는 오히려 혈압과 혈중 중성지방 수치 및 혈전 경향을 상승시키므로 술을 안 마시던 사람이 심혈관 질환을 예방하려는 목적으로 음주를 시작할 필요는 없다.

5) 기타 치료법

(1) 생활습관 개선요법

- 일반적으로 약물치료에 앞서서 식습관 및 생활습관 개선요법을 최소 3개월간 시행한다. 꾸준히 실천할 경우, 6주 안에 상당한 효과가 나타난다.
- **운동요법** : 이상지질혈증에 준하여 시행한다.
- **금연** : 흡연이 심혈관 질환의 위험을 크게 증대시키나, 다행히 금연 직후부터 심혈관 질환 위험도가 감소되기 시작하여, 3~4년 후엔 흡연으로 인한 손상을 거의 회복시킬 수 있다.

(2) 약물요법

영양관리와 생활습관 개선요법만으로 LDL 콜레스테롤 수치가 목표 수준에 도달하지 못할 경우, 약물요법을 병행한다. 동맥경화증의 약물요법은 이상지질혈증에 준하여 시행한다.

요점정리
SUMMARY

동맥경화증

- 정의 : 동맥의 탄력성이 감소되고 내강이 좁아지면서 혈관벽이 두꺼워진 상태
- 위험요인 : 염증, 감염, 흡연, 비만, 이상지질혈증, 당뇨병, 노화, 식사요인(포화지방 및 트랜스지방산의 과다 섭취) 등
- 합병증 : 관상동맥질환, 뇌졸중, 말초혈관 질환, 신혈관 질환, 동맥류 등
- 영양관리 : 표준체중 유지를 위한 에너지 공급, 단순당 제한, 적당량의 복합당질 식품 및 단백질 공급, n-6 : n-3의 비율을 4~10 : 1로 유지, 단일불포화지방산 증가, 포화지방산과 트랜스지방산 및 콜레스테롤 제한, 항산화 영양소와 식물화학물질 및 식이섬유 증량, 과다한 알코올 제한
- 기타 치료법 : 생활습관 개선요법(운동요법 및 금연), 약물요법

5. 허혈성 심질환

허혈성 심질환(Ischemic Heart Disease, IHD)은 심장 근육에 혈액 공급이 안 되는 허혈(ischemia) 상태가 특징인 질환으로서, 심장 근육에 산소 공급이 차단되어 심근 기능에 장애가 생기는 관상동맥질환(Coronary Heart Disease, CHD)을 총칭한다. 관상동맥질환은 전 세계 사망 원인 1위를 차지했다.

1) 병리

- 관상동맥은 심장 근육에 산소와 영양소를 공급하는 혈관이다. 동맥경화증으로 인해 혈전이 관상동맥을 막아 혈류가 차단되면 심장 근육에 허혈과 손상이 일어난다.
- 허혈성 심질환은 일시적인 증상을 보이는 협심증(angina pectoris)과 지속적인 증

상을 보이는 심근경색(myocardial infarction)으로 나눌 수 있다.

- 관상동맥질환은 여성들이 남성들보다 10년 정도 늦게, 심근경색이나 돌연사와 같은 심각한 합병증은 여성들이 남성들보다 20년 정도 늦게 발생한다.

2) 원인 및 위험요인

- **흡연** : 우리나라 사람들의 경우 흡연이 허혈성 심질환의 가장 큰 위험요인이다.
- **노화** : 우리나라 사람들의 경우 남성은 40세, 여성은 60세 이후 발병률이 급격히 증가한다.
- **남성** : 남성이 여성보다 2~3배 많이 발생한다.
- **가족력** : 가족 중 남성 55세 이하, 여성 65세 이하의 나이에 발생한 심장 질환의 가족력이 있을 경우 발병률이 더 높다.
- **이상지질혈증** : 높은 혈장 LDL 콜레스테롤과 중성지방 농도는 동맥경화증과 관상동맥 질환의 주된 위험요인이고, 반대로 높은 혈장 HDL 콜레스테롤은 동맥경화증의 예방 인자이다.
- **기타** : 고혈압, 당뇨병, 운동 부족, 정신적 스트레스나 흥분, 낮은 기온, 과로, 수면부족, 과음, 폭식 등도 모두 허혈성 심질환의 위험요인이다.

3) 증상

(1) 협심증

- 처음에는 흉골 아래, 가슴이 저리고 답답한 느낌이 들다가 점차 통증이 왼쪽 어깨, 팔, 등, 턱, 상복부까지 퍼지면서, 흉골 뒤쪽의 압박감, 쥐어짜거나 터지는 듯한 통증, 답답함, 둔통으로 발전하여 불안감과 호흡곤란까지 발생할 수 있다. 이러한 증상들은 주로 운동이나 노동을 할 때, 혹은 흡연 시 발생한다.
- 협심증의 통증은 대개 1~5분간 지속되고, 길어야 10~15분 안에 사라진다.
- 때로는 통증 없이 메스꺼움, 소화불량, 현기증, 발한, 호흡곤란, 피로감, 심계항진, 실신 등의 증상이 나타날 수도 있다.

협심증

협심증은 관상동맥경화증 환자가 과다한 운동이나 노동을 하여 심장 근육에 산소 필요량이 증가될 때, 산소가 일시적으로 부족하여 발생하는 심장발작이다.

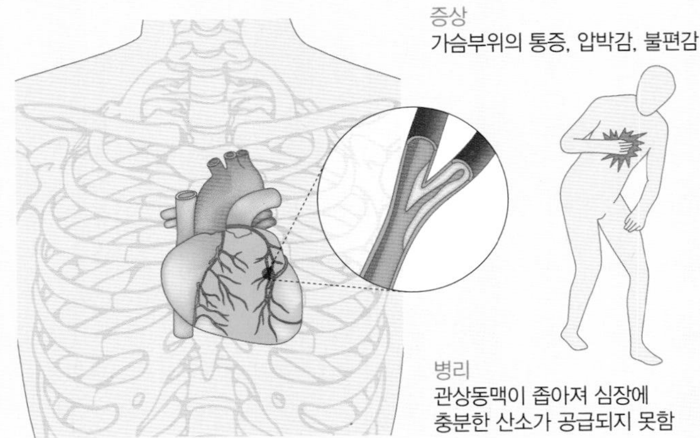

증상
가슴부위의 통증, 압박감, 불편감
병리
관상동맥이 좁아져 심장에
충분한 산소가 공급되지 못함

협심증의 병리와 증상

심근경색

심근경색이란 관상동맥의 일부가 막혀 그 아래 부위에 혈액 공급이 중단되면서 심장발작과 심장정지가 초래되는 질환이다. 심근경색 발생 후 10%의 환자가 1시간 이내에 심장마비로 사망하기 때문에 빠른 응급조치가 필요하다.

심근경색 환자의 사망률은 25% 정도이고, 특히 심장발작을 1회 이상 경험한 사람들의 1년 내 사망률은 47%로 매우 높다.

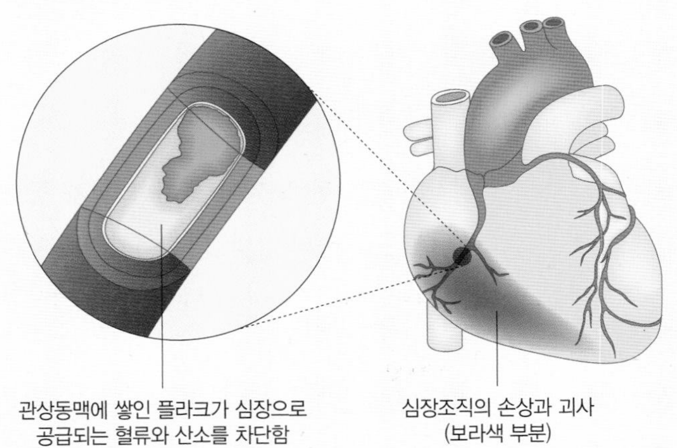

심근경색의 병리

(2) 심근경색

- 흉부, 흉골 하부, 상복부 등에 지속적으로 극심한 통증이 나타난다. 협심증보다 통증이 더 심하고 더 오래(30분 이상) 지속된다. 그러나 15~20%의 환자에게는 통증이 나타나지 않는다.
- 그 외에도 메스꺼움, 구토, 부정맥, 혈압저하, 현기증, 안면 창백, 무기력감, 수족 냉증, 식은땀, 심계항진, 쇼크, 의식장애 등의 증상이 있을 수 있다.

4) 진단

흉부 X-선, 심전도(electrocardiogram, ECG), 컴퓨터 단층 촬영(CT), 심장 초음파, 관상동맥 조영술 및 심근 핵의학 검사와 혈액(혈중 심근 효소나 단백질 농도) 검사 등으로 진단한다.

5) 영양관리

허혈성 심질환의 영양관리 목표는 심장에 안정과 휴식을 줌으로써 심장 기능을 회복시키고, 주원인 질환인 동맥경화증을 치료하는 데 있다.

(1) 심장발작 직후

- 발작 직후에는 통증, 호흡곤란, 불안감 및 피로감으로 인하여 식사하기가 어렵다. 발작 후 6~24시간의 금식 기간이 끝나면, 2~3일간 유동식으로 500~800kcal/day를 공급하다가 회복 정도에 따라 연식으로 전환하여 약 2개월간 1,200~1,500kcal/day 혹은 25~30kcal/kg 체중/day를 공급한다.
- 식사 자체가 심장에 부담을 주기 때문에 에너지를 제한한다.
- 심장에 부담을 최소로 주기 위하여 소량씩 자주, 상온으로, 부드러운 질감의 식품을 공급한다.

(2) 재활기

심장발작 후 2개월이 경과하여 일상 활동이 가능해지면, 일반식을 공급한다. 협심증 환자도 재활기에 준하여 영양관리를 시행한다.

- **무자극식** : 너무 뜨겁거나 찬 음식, 매운 음식, 딱딱한 음식 등 심장에 조금이라도 자극이 되는 음식은 피한다.
- **에너지** : 비만이나 과체중이라면 지속적인 에너지 제한을 통해 이상체중까지 감량한다.
- **탄수화물** : 단순당은 되도록 제한하고 식이섬유가 풍부한 복합당질 식품으로 공급한다. 단, 거칠고 딱딱한 질감의 음식이 심장에 부담을 줄 수 있으므로 갈거나 다지는 방법으로 부드럽게 조리한다.
- **단백질** : 심장 세포의 회복을 위해 충분히 공급한다. 1.2~1.5g/kg 체중/day를 공급하되, 그중 45~50%는 생물가가 높은 단백질 식품으로 공급한다.
- **지방** : 포화지방과 콜레스테롤은 되도록 제한하되, 불포화지방산, 특히 단일불포화지방산과 n-3 지방산을 충분히 공급한다.
- **비타민** : 에너지 공급량이 1,200kcal/day 이하일 때에는 종합 비타민제를 공급한다. 특히 항산화 작용이 있는 비타민 A, C, E를 충분히 공급한다.
- **나트륨** : 2,000mg/day로 제한할 경우 수분 축적 경감에 도움이 된다. 그러나 혈압이 정상이고, 수일간 심부전 증상이 나타나지 않는다면 공급량을 조금 늘려도 무방하다.
- **카페인** : 심장 박동을 증가시켜 심장에 부담을 줄 수 있으므로 발작 후 수일간은 완전히 제한하고, 그 후에도 되도록 제한한다.
- **알코올** : 심장에 부담을 줄 수 있으므로 되도록 제한한다.

6) 기타 치료법

- 심근경색은 발생 후 1~2시간 이내에 사망할 수 있기 때문에 흉통이 발생하면 즉시 병원으로 이송해야 한다.
- 1시간 이내에 치료하면 50%가 치료 가능하나, 6시간이 경과한 후에는 심근에 괴사가 일어나 치료가 불가능하다.

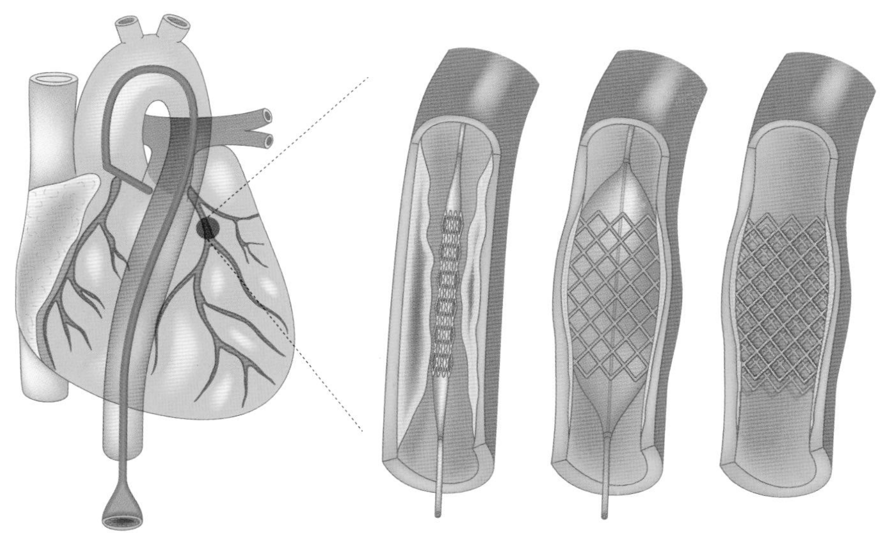

그림 6-7 혈관 성형술-풍선 카테터 삽입술 및 스텐트 삽입술

(1) 약물요법

질산염 제제, β-차단제, 칼슘 길항제, 혈전 용해제, 항응고제(heparin) 등이 사용된다.

(2) 수술요법

- **혈관 성형술** : 좁아지거나 막혀 있는 관상동맥에 풍선 카테터(catheter)나 스텐트(stent) 같은 기구를 삽입하여 혈관을 확장시키는 수술법이다.
- **죽상종 제거술** : 관상동맥에 생긴 죽상종을 칼날이나 다이아몬드 구슬로 제거한다.
- **관상동맥 우회로 조형술** : 폐색된 관상동맥의 위아래 부위를 하지 정맥 일부로 대체, 우회로를 만들어 준다.

(3) 생활습관 개선요법

- 심장발작 직후에는 수일간 조용한 환경에서 안정을 취하면서, 불안과 스트레스를 유발하는 어떤 활동도 피하도록 한다.
- 병원에서 시행되고 있는 심장 재활 프로그램에서는 수개월간 운동요법, 금연, 영양관리, 스트레스 관리, 그리고 약물요법 등에 대해 교육한다.

▪ 심장 재활 프로그램에 참여하는 것이 어려운 경우에는 집에서라도 운동요법과 식습관 및 생활습관 개선을 위한 노력을 지속적으로 수행한다.

요점정리
SUMMARY

허혈성 심질환

- 정의 : 심장 근육에 산소 공급이 차단되어 심근 기능에 장애가 생기는 관상동맥질환(협심증과 심근경색)
- 원인 및 위험요인 : 노화, 남성, 가족력, 이상지질혈증, 고혈압, 당뇨병, 흡연, 운동 부족, 정신적 스트레스나 흥분, 낮은 기온, 과로, 수면부족, 과음, 폭식 등
- 증상 : 흉통, 메스꺼움, 구토, 소화불량, 현기증, 발한, 호흡곤란, 피로감, 부정맥, 혈압저하, 안면창백, 수족 냉증, 심계항진, 쇼크, 의식장애 등
- 진단 : 흉부 X-선, 심전도, CT, 초음파, 관상동맥 조영술, 심근 핵의학 검사, 혈액 검사 등
- 영양관리 : 발작 직후 금식, 그 이후 단계별 식사(심장 부담 최소화 및 표준체중 유지 위한 에너지 제한, 단순당 제한, 적당량의 복합당질 및 단백질 공급, n-6 : n-3의 비율을 4~10 : 1로 유지, 단일불포화지방산 증량, 포화지방산과 트랜스지방산 및 콜레스테롤 제한, 항산화 비타민과 무기질 보충, 나트륨 제한, 과다한 알코올 제한
- 기타 치료법 : 생활습관 개선요법(운동요법, 금연 및 스트레스 관리), 약물요법, 수술요법

6. 울혈성 심부전

울혈성 심부전(congestive heart failure)은 심장이 점차 약해지다가 결국에는 기능을 완전히 상실하게 되는 말기 심장질환이다.

1) 병리

▪ 울혈성 심부전은 고혈압과 관상동맥질환 등으로 인하여 심장 근육에 과다한 업무량이 부과되면서 심장의 크기가 확대되고 박동이 빨라지며 강해지다가, 과중한 업무에 지친 심장 근육이 점차 기능을 상실, 끝내 혈액을 박출하지 못하게 되는 상태이다.

- 심실이 수축력을 잃으면 심장으로 혈액을 들여보내는 정맥이나 그와 연결된 조직에 혈액이 축적되는 울혈 상태가 나타난다. 울혈성 심부전 자체가 또다시 심장에 큰 부담을 준다.

2) 원인 및 위험요인

(1) 급성 심부전

- **심박출량의 감소** : 외상으로 인한 출혈, 대동맥류 파열, 소화관 출혈 등으로 심박출량이 감소하여 유발된다.
- **심근 수축력의 저하** : 심근경색, 부정맥 등으로 심근의 수축력이 저하되어 유발된다.

(2) 만성 심부전

- **흡연** : 흡연은 모든 심혈관계 질환의 강력한 위험요인이다.
- **기저 질환** : 이상지질혈증(LDL 콜레스테롤 수치 상승), 고혈압, 당뇨병, 허혈성 심질환, 심근비대, 심장판막증, 만성 폐쇄성 폐질환(Chronic Obstructive Pulmonary Disease, COPD) 등이 원인이 되어 발생한다.
- **노화** : 65세 이상 노인들의 6~10%, 80세 이상 노인들의 20%에서 발생한다.
- **나트륨** : 과다한 나트륨 섭취 시 고혈압이 유발되어 심장에 부담을 준다.
- **정신적 스트레스** : 노르에피네프린의 분비를 통해 심장에 부담을 준다.

울혈성 심부전의 4대 위험요인
흡연, LDL 콜레스테롤 수치 상승, 고혈압, 당뇨병

3) 증상 및 합병증

(1) 혈압 저하

혈압이 떨어지면서 호흡곤란, 피로감, 식은땀, 피부 냉감, 안면 창백, 빈맥, 구토 등의 증상이 나타난다.

(2) 좌우 심부전의 증상들

심장의 어느 쪽 부위에 부전(failure)이 생겼는지에 따라 심부전의 증상이 달라진다.

- 좌심부전
  - 좌측 심장은 폐에서 혈액을 받아들여 말초조직으로 혈액을 내보내기 때문에 좌심부전이 발생하면 폐로 혈액이 역류되면서 폐부종과 극도의 숨가쁨(특히 눕거나 움직일 때), 급성 호흡부전이 발생할 수도 있다.
  - 말초조직에 혈액 공급이 이루어지지 않아 사지무력감, 피로감, 활동제한, 운동불능, 추위 불내증 등이 나타나고, 간이나 신장에 혈액 공급이 되지 않아 간과 신장의 기능 장애가 발생한다.
- 우심부전
  - 우측 심장은 말초 조직으로부터 혈액을 받아들여 폐로 혈액을 내보내기 때문에 우측 심장의 박동이 약해지면 혈액이 말초 조직과 복부의 기관들로 역류되어 복부 팽창, 흉통, 간종대 및 소화·흡수장애가 발생하는데 특히 식후에 불편감과 통증이 더 심해진다.
  - 다리 및 발목, 발 등 말초조직에 부종이 생긴다.

(3) 심장 악액질

- 말기 심부전 환자들은 종종 식욕부진과 영양소 흡수 감소로 인해 체중 감소 및 조직소모가 발생하여 심한 영양불량 상태가 되는데, 이러한 증상을 심장 악액질(cardiac cachexia)이라 한다.
- 심장 악액질은 말기 심부전 환자의 30%에게서 발생하고 예후도 좋지 않다.
- 심장 악액질의 발생 기전은 다음과 같다.
  - 식욕부진 : 중추신경계의 이상, 약물 부작용으로 인한 메스꺼움 및 구토, 소화불량, 간정맥과 비정맥의 울혈로 인한 조기 만복감 등으로 식욕이 저하된다.
  - 흡수 불량 : 장벽에 부종이 발생하여 소화된 음식물, 비타민, 기타 미량 영양소들의 흡수 능력이 저하된다. 이뇨제의 사용으로 수용성 비타민과 칼륨 손실 역시 증가한다.

- 이화 상태의 지속 : 휴식기 대사율이 증가되고, 이화 상태가 지속된다. 이러한 영양불량 상태가 또다시 심장 기능을 손상시키는 악순환이 계속된다.

4) 영양관리

울혈성 심부전 시 영양관리의 목표는 심장의 부담을 최소화하며, 심장 근육의 수축력을 증강시키고, 부종을 제거하는 데 있다.

(1) 영양지원

경구 영양보충액이나 영양지원(장관영양 혹은 정맥영양)으로 환자의 영양상태를 개선한다. 영양지원 시, 영양 공급 기준은 영양불량이 있는 다른 만성 질환과 같다.

(2) 에너지

- 비만이거나 과체중일 경우에는 체중 감량으로 심장의 부담을 줄인다. 심부전이 중증일 때 역시 식사 자체가 심장에 부담을 줄 수 있기 때문에 에너지 섭취량을 제한하는 것이 좋다.
- 비만이거나 중증의 심부전일 경우, 800~1,000kcal/day로 에너지를 제한하다가 회복 정도에 따라 1,600~1,800kcal/day 혹은 20~30kcal/kg 체중/day의 수준으로 공급한다.
- 심장 악액질이나 저체중이 있다면 에너지를 충분히 공급하여 표준체중으로 회복시킨다.
- 과식은 횡격막을 압박하여 호흡곤란을 일으킬 수 있으므로 영양 밀도가 높은 음식을 소량씩 자주 공급하는 것이 좋다.

(3) 단백질

- 위장 및 간의 울혈 및 기능 장애로 인하여 단백질 흡수가 저하되고 체단백이 이화되므로 충분한 단백질이 필요하다.
- 1.2~1.5g/kg 체중/day로 공급하되, 중증일 경우에는 1.0g/kg 체중/day로 약간 감량한다.
- 지방이 적고 부드러운 양질의 단백질 식품으로 공급한다.

(4) 지방

- 지방은 총 에너지의 20% 수준으로 공급한다.
- 포화지방산은 제한하고, n-3 지방산과 단일불포화지방산은 충분히 공급한다. P : M : S = 1 : 1 : 1로, n-6 : n-3 = 4~10 : 1로 유지한다.

(5) 비타민과 무기질

1,200kcal/day 이하의 에너지를 공급할 경우, 종합 비타민제의 보충이 필요하다.

- **비타민 B_1** : 심장 기능 향상과 각기병의 예방을 위해 보충제를 공급한다.
- **나트륨** : 울혈 및 부종 치료를 위해 2,000mg/day로 제한하되, 체액의 저류가 심한 경우에는 500~1,000mg/day 이하로 제한한다. 심부전 환자 대부분이 나트륨의 과다 섭취로 재입원하므로 퇴원 후에도 엄격하게 제한하도록 교육한다.
- **칼륨** : 이뇨제 사용 시, 칼륨이 손실될 수 있으므로 충분히 공급한다.
- **마그네슘** : 이뇨제 사용 시, 마그네슘도 손실되어 심박 조절 장애를 일으킬 수 있다. 이때에는 정맥으로 마그네슘을 공급하여 심실 부정맥을 치료해야 한다.
- **아연** : 아연은 항산화제로서 동맥경화증과 울혈성 심부전 예방에 도움이 된다. 이뇨제 사용 시, 아연도 손실될 수 있으므로 보충한다.

(6) 수분

체액의 저류를 개선하기 위하여 1,500~2,000mL/day 이하로 수분을 제한한다. 환자의 갈증 해소를 위하여 얼음 조각을 입에 물고 있거나 입을 자주 헹구는 방법을 사용한다.

(7) 식이섬유

이뇨제 사용과 운동 제한으로 인해 변비가 생기기 쉬우므로 식이섬유를 충분히 공급한다. 단, 거친 질감의 식품이나 장내 가스를 생성하는 향이 강한 채소는 심장에 부담을 줄 수 있으므로 제한한다.

(8) 알코올

알코올은 말초혈관을 확장시키고 심박수를 증가시켜 심장에 부담을 줄 뿐 아니라, 혈압 및 혈중 지질에도 해로운 영향을 끼치므로 금지한다.

(9) 무자극식

심장에 자극을 줄 수 있는 카페인, 매운 음식, 너무 차거나 뜨거운 음식 등을 제한하는 대신 소화가 용이한 유동식이나 연식의 형태로 맛이 담백한 음식을 공급한다.

5) 기타 치료법

- 울혈성 심부전은 거듭 입원하는 만성 퇴행성 질환으로 근본적인 치료 방법이 없다.
- 의학적 치료의 주요 목적은 환자의 삶의 질을 증진시키고, 질병의 진행을 최대로 늦추는 것이다.
  - 운동요법 : 환자를 운동 프로그램에 참여시켜 신체적 장애를 예방하고 지구력을 증진시켜 삶의 질을 높이도록 돕는다.
  - 약물요법 : 이뇨제, ACE 억제제, β-차단제, 그리고 강심제 등을 사용한다. 심부전 증상이 사라진 후에도 재발을 막기 위해 약물 복용을 계속해야 하는 경우가 많으므로 환자가 임의로 약물 복용을 중단하지 않도록 교육한다.
  - 수술요법 : 중증 심부전 환자에게 심장 이식 수술을 시행하기도 한다.

요점정리
SUMMARY

울혈성 심부전

- 정의 : 심실이 수축력을 잃어 정맥이나 인근 조직에 울혈이 나타나는 말기 심장 질환
- 원인 및 위험요인 : 흡연, 이상지질혈증(LDL 콜레스테롤 수치 상승), 고혈압, 당뇨병, 외상으로 인한 출혈, 대동맥류 파열, 소화관 출혈, 허혈성 심질환, 심근비대, 심장판막증, 만성 폐쇄성 폐질환, 노화, 나트륨의 과다 섭취, 정신적 스트레스 등
- 증상 및 합병증 : 호흡곤란, 피로감, 식은땀, 피부 냉감, 안면 창백, 빈맥, 구토, 폐부종으로 인한 급성 호흡부전, 소화·흡수장애, 말초조직의 부종, 심장 악액질 등
- 진단 : 흉부 X-선, 심전도, CT, 초음파, 관상동맥 조영술, 심근 핵의학 검사, 혈액 검사 등
- 영양관리 : 영양지원, 심장 부담 최소화 및 표준체중 유지를 위한 에너지 제한, 심장 악액질 시 충분한 에너지 공급, 적당량의 복합당질 식품 및 단백질 공급, n-6 : n-3의 비율을 4~10 : 1로 유지, 단일불포화지방산 증량, 포화지방산과 트랜스지방산 및 콜레스테롤 제한, 항산화 비타민과 무기질(칼륨, 마그네슘, 아연) 보충, 나트륨 및 수분 제한, 식이섬유 증량, 알코올 제한, 무자극식
- 기타 치료법 : 운동요법, 정신과 치료, 약물요법, 수술요법

7. 뇌졸중

중풍이라고도 불리는 뇌졸중(cerebrovascular accident, CVA, stroke)은 선진국의 사망 및 신경성 장애의 주요 원인이 되는 질환이다.

1) 병리

- 뇌졸중은 허혈성 뇌졸중(ischemic stroke, 뇌경색)과 출혈성 뇌졸중(hemorrhagic stroke, 뇌출혈)으로 분류한다.
- 허혈성 뇌졸중은 죽상경화성 플라크가 파열되어 생긴 혈전이나 색전이 뇌혈관을 막아 발생한다.
- 출혈성 뇌졸중은 동맥경화증과 고혈압으로 인해 약해진 혈관이 터지면서 발생한다.

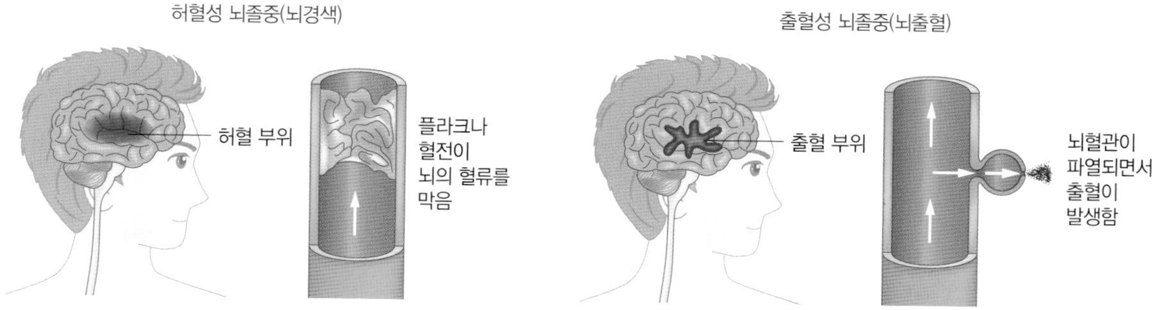

허혈성 뇌졸중(뇌경색)

허혈 부위

플라크나 혈전이 뇌의 혈류를 막음

출혈성 뇌졸중(뇌출혈)

출혈 부위

뇌혈관이 파열되면서 출혈이 발생함

그림 6-8 허혈성 뇌졸중과 출혈성 뇌졸중

2) 원인 및 위험요인

- **고혈압** : 뇌졸중의 최대 위험요인으로, 뇌졸중의 80% 이상이 고혈압으로 인해 발생한다.
- **흡연** : 고혈압 환자가 흡연을 할 경우, 비흡연자에 비해 뇌졸중 발병률은 1.5～3배로 높다.
- **노화** : 연령 증가와 함께 뇌졸중 발병률이 증가한다.
- **이상지질혈증** : 총 콜레스테롤 수치와 허혈성 뇌졸중으로 인한 사망률은 정 상관관계를 보인다. 반면, HDL 콜레스테롤 수치가 낮아도 허혈성 뇌졸중의 발생률이 높아진다.
- **심장질환** : 뇌졸중의 약 25%는 심장의 색전증으로 인한 것이며, 허혈성 심장질환을 예방하면 뇌졸중도 예방된다.
- **당뇨병** : 2형 당뇨병이 있으면 뇌졸중 발생 위험이 훨씬 더 높아진다.
- **선천성 동맥류** : 동맥류가 파열되면서 뇌졸중이 발생할 수 있다.
- 식사요인
  - N-3 지방산 : 혈전색전증과 동맥경화증을 감소시켜 뇌졸중의 위험을 낮추어 주나, 과량 섭취 시에는 혈소판 기능을 방해하여 오히려 출혈성 뇌졸중을 야기시킨다.
  - 알코올 : 포도주 등 알코올을 소량씩(약 15～30g/day) 섭취하면 뇌혈관 질환 예방에 도움이 된다. 그러나 과음은 출혈성 뇌졸중의 위험을 오히려 증가시킨다.
- **기타** : 그 밖의 위험인자로는 비만, 경구 피임약 복용, 혈장 호모시스테인 수치 상승, 운동 부족, 과로, 정신적 요인(분노), 배변, 냉온욕, 코카인, 가족력 등을 들 수 있다.

3) 증상 및 합병증

손상된 뇌 부위에 따라 증상이나 후유증이 달라지는데, 심한 두통, 메스꺼움, 구토, 의식 장애, 운동 장애, 언어 장애, 연하곤란, 고열, 대소변 실금, 안면 마비, 반신 마비 등이 나타날 수 있다.

4) 영양관리

뇌졸중 환자의 영양관리 목표는 영양상태를 양호하게 유지하고 뇌졸중의 재발을 예방하는 데 있다. 뇌졸중 환자의 단백질-에너지 영양불량은 사망 등 좋지 않은 결과의 예측인자가 된다. 제지방 체중을 증가시키면 예후가 좋아진다.

- **영양지원** : 뇌졸중 발작 직후에는 탈수가 오기 쉬우므로 정맥으로 수분을 공급한다. 메스꺼움이나 구토가 사라지는 대로 유동식부터 단계별 식사를 공급한다. 의식 장애가 있을 경우에는 회복될 때까지 장관영양을 시행한다.
- **연하곤란식** : 연하곤란증이 나타나면 연하곤란식을 적용, 기도로의 흡인(사레)을 방지하기 위하여 음식의 점도를 조절하고, 식사하는 동안 상체 직립 자세를 유지한다.
- **에너지** : 과체중이나 비만인 경우에는 1일 에너지 필요량에서 500~1,000kcal를 줄여서 공급하고, 영양불량인 경우에는 표준체중으로 회복시키기 위하여 에너지 공급량을 증가시킨다.
- **지방** : 총 에너지의 20~25%로 적정 수준을 유지하되, 되도록 불포화지방산으로 공급하고 포화지방산과 트랜스지방산을 총 에너지의 10% 이내로 제한한다. n-3 지방산이 뇌졸중 예방에 효과적이나 과량 섭취 시 출혈성 뇌졸중의 위험이 증가하므로 보충제는 권장되지 않는다.
- **비타민** : 항산화 비타민, 비타민 B군과 엽산은 뇌졸중 예방에 도움이 된다. 허혈성 뇌졸중의 위험군에서 비타민 B_{12}의 결핍이 비교적 흔하므로 보충제를 공급한다. 혈중 비타민 D의 수치가 낮아질 때, 뇌졸중 위험이 증가되므로 잦은 일광욕을 통하여 체내 비타민 D의 합성을 촉진시키도록 한다.
- **무기질** : 뇌졸중의 재발을 막기 위하여 혈압 조절에 총력을 기울여야 한다. 그러므로

나트륨을 제한하고 혈압 강하 효과가 있는 칼륨, 마그네슘, 칼슘은 충분히 공급한다.

- **식이섬유** : 변비는 뇌졸중 발작과 재발에 좋지 않은 영향을 끼치므로, 변비 예방을 위하여 30g/day 이상의 식이섬유를 공급한다. 식이섬유는 혈중 콜레스테롤 농도 저하에도 도움이 된다.
- **피토케미칼** : 과일과 채소, 홍차 등의 식물화학성분이 뇌졸중의 위험을 줄인다는 연구 결과들이 지속적으로 보고되고 있다.
- **알코올** : 적당량의 알코올(15~30g/day)은 혈압 강하 및 동맥경화증 예방에 도움이 되나 그 이상의 섭취는 뇌졸중의 위험을 증가시키므로 절대 삼가야 한다.

5) 생활습관 개선요법

생활습관 개선을 통해 80%의 뇌졸중이 예방 가능하다는 보고가 있다.

- **운동요법** : 운동은 혈압, 혈중 지질과 혈당, 체중을 개선시켜 뇌졸중과 그 후유증을 예방한다.
- **금연** : 흡연은 고혈압과 동맥경화증을 악화시켜 뇌졸중의 위험을 높이므로 반드시 금연한다.

6) 기타 치료법

뇌졸중 발생 후, '황금 시간(golden time)'이라 불리는 3시간 이내에 응급 처치를 하여 추가적인 뇌 손상을 방지하는 것이 중요하다.

- **약물요법** : 혈액 응고를 예방하는 아스피린, 항혈소판 약물, 항응고제(보통 와파린) 등을 사용한다. 고혈압이나 이상지질혈증이 있는 경우에는 그에 따른 약물요법을 시행한다.
- **수술요법** : 경동맥 내막절제술로 좁아진 혈관 부위를 확장하거나 혈종제거술 또는 뇌실천자술로 뇌압을 조절함으로써 신경학적 장애를 개선한다.

요점정리
SUMMARY

뇌졸중

- 정의 : 죽상경화성 플라크가 파열되어 생긴 혈전이나, 색전이 뇌혈관을 막거나 파열시켜 발생된 뇌신경 질환
- 원인 및 위험요인 : 노화, 고혈압, 이상지질혈증, 심장질환, 당뇨병, 동맥류, 흡연, 식사요인(n-3 지방산 및 알코올의 과다 섭취), 비만, 경구 피임약 복용, 혈장 호모시스테인 수치 상승, 운동 부족, 과로, 정신적 요인(분노), 배변, 냉온욕, 가족력 등
- 증상 및 합병증 : 심한 두통, 메스꺼움, 구토, 의식 장애, 운동 장애, 언어 장애, 연하곤란, 고열, 대소변 실금, 안면 마비, 반신 마비 등
- 영양관리 : 영양지원 및 연하곤란식, 심장 부담 최소화 및 표준체중 유지 위한 에너지 제한, 적당량의 복합당질 식품 및 단백질 공급, n-6 : n-3의 비율을 4~10 : 1로 유지, 단일불포화지방산 증량, 포화지방산과 트랜스지방산 및 콜레스테롤 제한, 비타민(B군과 엽산, D)과 무기질(칼륨, 마그네슘, 칼슘)보충, 나트륨 및 수분 제한, 피토케미칼 및 식이섬유 증량, 과다한 알코올 제한
- 기타 치료법 : 생활습관 개선요법(운동요법 및 금연), 약물요법, 수술요법

8. 저혈압

저혈압(hypotension)은 혈압이 정상 이하로 저하되어 있는 상태인데, 만성화되면 신체가 적응하여 별 다른 이상 증후 없이 생활하기도 한다.

1) 병리

- 혈압을 저하시키는 요인은 크게 세 가지로, 심박출량의 감소, 말초 혈관 저항의 감소 및 총 순환 혈액량의 감소를 들 수 있다.
- 저혈압은 누웠다가 일어서거나, 장시간 서있을 때에 증상이 심해질 수 있는데, 그 이유는 혈액이 중력에 의해 하체로 쏠리면서 주요 기관들인 뇌, 심장, 골격 및 기타 장기에 혈류량이 감소하기 때문이다.

2) 원인 및 위험요인

- **본태성 저혈압** : 뚜렷한 원인이 없이 발생하는 저혈압이다.
- **각종 질환** : 심근경색, 울혈성 심부전, 폐결핵, 급성 뇌출혈, 암, 빈혈, 영양불량, 내분비 질환(애디슨병), 당뇨병, 고인슐린혈증 등이 저혈압을 유발한다.
- **외상 및 중독** : 외상으로 인한 출혈, 화상, 화학물질이나 약물 중독이 저혈압을 일으킨다.
- **기타** : 유전, 기온, 운동 등이 저혈압을 유발하기도 한다.

> **애디슨병(Addison's disease)**
> 부신피질에서 생산되는 스테로이드 호르몬인 코르티솔과 알도스테론 생산에 이상이 생겨 발생하는 질환

3) 증상

무기력감, 권태감, 피로감, 현기증, 두통, 어깨 통증, 불면증, 수족 냉증(저혈압으로 혈액이 말초 조직까지 운반되지 않기 때문), 예민, 이명(귀울림), 심계항진, 흉부 압박감, 소화불량, 식욕부진, 체중 감소, 변비 등과 같은 증상이 있다. 때로는 별 증상이 없는 경우도 있다.

4) 진단

수축기 혈압이 100mmHg 이하, 이완기 혈압이 60mmHg 이하인 경우 저혈압으로 진단한다.

5) 영양관리

- **충분한 영양 공급** : 충분한 에너지와 단백질 및 비타민, 수분이 함유된 균형식을 규칙적으로 공급한다.
- **소화 · 흡수가 용이한 질감** : 위장 질환이나 신경증을 동반한 환자가 많으므로 소화 ·

흡수가 잘되는 음식을 공급한다.

- **나트륨 보충** : 땀을 많이 흘렸을 경우, 적당량의 염분을 보충하여 혈압을 유지하도록 한다.
- **알코올** : 식전에 포도주 한 잔을 마시면 혈압을 올리는 데 도움이 될 수도 있다.

6) 기타 치료법

저체온증에 빠지지 않도록 체조나 마사지를 자주 시행한다.

요점정리
SUMMARY

저혈압

- 정의 : 혈압이 정상 이하로 저하되어 있는 상태
- 원인 및 위험요인 : 원인 불명, 심근경색, 울혈성 심부전, 폐결핵, 급성 뇌출혈, 암, 빈혈, 영양불량, 내분비 질환, 당뇨병, 고인슐린혈증, 외상 및 중독, 유전, 기온, 운동 등
- 증상 및 합병증 : 무증상, 무기력감, 권태감, 피로감, 현기증, 두통, 어깨 통증, 불면증, 수족 냉증, 예민, 이명, 심계항진, 흉부 압박감, 소화불량, 식욕부진, 체중 감소, 변비 등
- 진단 : 혈압 측정 결과 수축기/이완기 혈압이 100/60mmHg 이하
- 영양관리 : 충분한 에너지와 단백질 및 비타민, 수분이 함유된 균형식을 규칙적으로 공급, 소화 · 흡수가 용이한 질감, 필요시 적당량의 나트륨 및 알코올 공급
- 기타 치료법 : 체조나 마사지 등으로 저체온증 예방

사례연구

P 씨는 46세 남자로 컴퓨터 회사의 영업 사원이다. 업무에 대한 스트레스가 많은 편이며, 5년 전에 고혈압 판정을 받고 고혈압 약을 계속 복용해왔다.

P 씨의 아버지는 심근경색으로 돌아가셨고, 형제들도 모두 혈압이 높은 편이다. P 씨는 평소에 과음, 과식을 자주 하며, 보통 하루 한두 끼는 외식을 한다. 외식 시에는 삼겹살이나 갈비 등 기름진 고기를 즐겨 먹는다. 집에서 식사를 할 때에는 장아찌나 젓갈 등 밑반찬과 쌀밥 위주로 먹는다. 자가용으로 출퇴근하며 운동은 1주일에 1회, 1시간 정도 축구를 한다. 흡연량은 하루 1.5갑이다.

P 씨는 최근 건강검진에서 심혈관 질환 위험 경고를 받았다. P 씨의 검진 결과는 다음과 같다.

- 신장 : 175cm
- 체중 : 83kg
- 허리둘레 : 98cm
- 혈압 : 150/92mmHg
- 공복 혈당 : 123mg/dL
- 혈장 총 콜레스테롤 : 278mg/dL
- LDL 콜레스테롤 : 239mg/dL
- HDL 콜레스테롤 : 27mg/dL
- 중성지방 : 170mg/dL

1. P 씨의 비만도를 구하고 복부 비만 유무를 판정하시오.
2. P 씨의 이상지질혈증 양상을 판정하시오.
3. P 씨의 식습관의 주된 문제점을 지적하고 영양관리 계획을 세우시오.

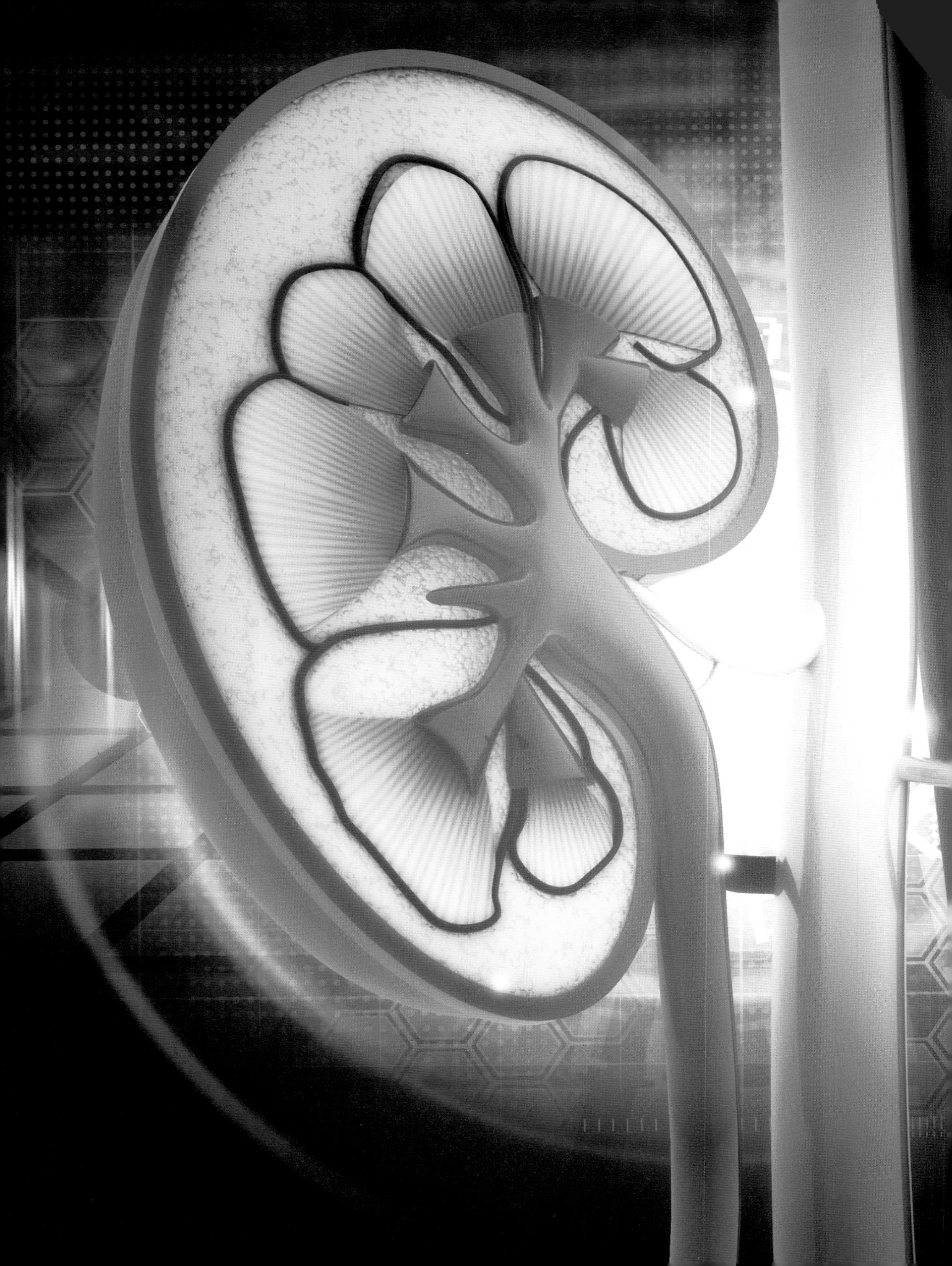

CHAPTER 7
신장질환

1. 신장의 구조와 기능
2. 질환별 증상 및 영양관리

CLINICAL
NUTRITION

CHAPTER 7
신장질환

용어 정리

급성 신손상(Acute Kidney Injury, AKI)
수시간 혹은 수주 내 신장기능의 급속한 손상 발생

네프론(nephron)
신장의 기능적 단위, 보우만 주머니, 사구체, 세뇨관으로 구성

당뇨병성 신장질환(Diabetic Kidney Disease, DKD)
당뇨병의 합병증으로 신장질환을 동반

만성 콩팥병(Chronic Kidney Disease, CKD)
신장기능이 점진적이고 비가역적으로 저하되는 질환

말기 신부전(End-Stage Renal Failure, ESRF)
만성 콩팥병을 구분하는 5단계 중 마지막 단계로, 저하된 신장기능을 대신하는 신대체요법 필요

사구체 여과율(Glomerular Filtration Rate, GFR)
신장에서 여과액을 만드는 속도

신성골이영양증(renal osteodystrophy)
만성 콩팥병 환자에게서 흔히 나타나는 골 손실 증상

신결석(kidney stone)
요관 내에 형성되는 결성정 물질

신증후군(nephrotic syndrome)
사구체의 심각한 손상으로 인해 소변으로 상당량의 단백질 손실을 가져오는 신장장애

요독증(uremia)
신장기능이 손상되어 질소함유화합물과 다른 여러 노폐물이 혈중에 축적된 상태

투석(dialysis)
신장기능을 대신해 과잉의 수분과 노폐물을 혈액으로부터 제거

1. 신장의 구조와 기능

1) 신장의 구조와 소변의 생성

- 신장의 기능적 단위는 네프론(nephron)으로, 신소체와 세뇨관으로 구성되어 있다(그림 7-1).
- 모세혈관이 공 모양의 실타래 같은 모양을 한 사구체와 사구체를 둘러싸고 있는 보우만 주머니는 체와 같은 역할을 한다. 이곳을 통과하면서 혈구세포와 대부분의 혈장 단백질은 혈액 내에 남고 수분과 작은 용질들만 여과되어 네프론 시스템의 세뇨관으로 보낸다.
- 여과액은 세뇨관을 통과하면서 일부는 다시 흡수되어 세뇨관 주변의 모세혈관을 통해 혈액으로 돌아가고 그 과정 중에 여과액의 조성은 계속 변화하게 된다. 마지막으로 남은 여과액은 여러 네프론이 연결되어 있는 집합관으로 들어가고 수분이 재흡수된 후 소변이 만들어진다. 소변은 수뇨관을 통해 방광에 일시 저장된다.

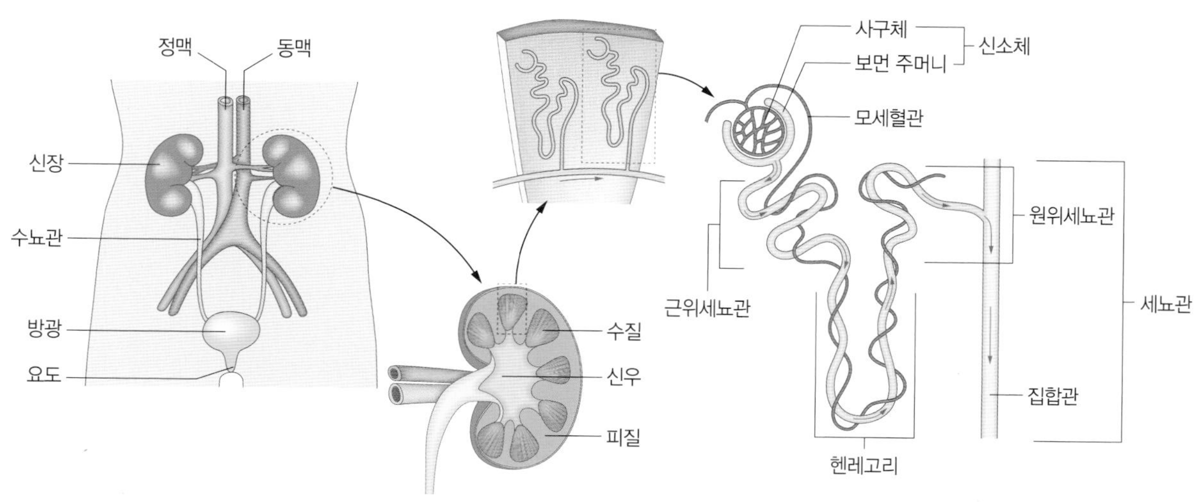

그림 7-1 신장의 구조

2) 신장의 기능

(1) 배설 기능

- 신장에서는 혈액을 걸러 요소와 크레아티닌과 같은 대사산물과 약물 및 독성물질을 소변으로 배설한다. 신장이 여과액을 만드는 속도를 사구체 여과율(Glomerular Filtration Rate, GFR)이라 하는데 신장의 기능을 반영한다. 정상적인 경우 사구체 여과율은 125mL/min 정도인데 연령과 성별에 따라 차이가 있다.
- 혈장제거율은 대사물의 혈장 농도에 따라 체내에서 제거되는 속도를 말하며, 주로 간이나 신장의 대사 및 배설 능력과 관련이 있다. 신장기능의 감소 여부와 그 정도를 평가하기 위해 신장의 사구체 여과율을 측정할 때 크레아티닌 제거율을 이용한다. 혈청 크레아티닌 수준, 연령, 성별, 종족, 신체크기를 이용한 방정식으로 추정할 수 있다.
- 그 밖에 신장의 기능을 나타내는 지표로 소변으로 배설되는 단백질 수준 및 크레아

표 7-1 신장기능에 따른 주요 혈액지표의 변화

성분	혈중 정상 범위	신장질환에 따른 변화	기타 변화요인
총단백	6.0~8.2g/dL	• 신증후군 시 감소	• 영양불량 시 감소 • 백혈병 및 감염성 질환 시 증가
알부민	3.5~5.0mg/dL	• 신증후군 시 감소	• 영양불량 및 간질환 시 감소
크레아티닌	0.7~1.5mg/dL	• 급만성 신부전 시 증가	• 심근경색 및 근육 손상 시 증가 • 체내 근육량 감소 시 감소
혈중요소질소 (BUN)	4~21mg/dL	• 신장기능 저하 시 증가 • 잦은 투석은 감소 초래	• 질 낮은 단백질 섭취 및 체내 이화작용으로 인한 증가 • 단백질 섭취 부족, 체액손실 및 흡수불량 시 감소
나트륨	136~145mmol/L	• 신장염으로 인한 감소	• 탈수 및 과다 수분 섭취로 인한 증감
칼륨	3.5~5.5mmol/L	• 신부전 시 증가	• 조직 손상 및 소화관 출혈로 증가 • 흡수불량 및 체액 손실로 인한 감소
인	2.5~4.7mg/dL	• 신부전 시 증가	• 비타민 D 섭취 수준, 부갑상샘 기능 및 골질환에 따른 증감
칼슘	8.5~10.5mg/dL	• 인 수치 증가 시 감소	• 비타민 D 섭취 수준, 부갑상샘 기능 및 골질환에 따른 증감
이산화탄소	23~30mmol/L	• 신장기능 저하 시 감소 (대사성 산증)	• 대사적 염기증/산증에 따른 증감

티닌 대비 알부민 비율, 혈중요소질소(Blood Urea Nitrogen, BUN) 등이 있다(표 7-1).

(2) 수분, 전해질 및 산염기 평형 조절

- 혈액을 거르고 소변을 형성하는 과정에서 세포외액의 부피와 삼투압, 전해질 농도, 산염기 평형을 조절하게 된다. 신장은 체내 수분평형이 교란되었을 때 몇 시간 안에 정상적인 상태로 회복시킬 수 있다. 신장의 조절 기능과 관련된 인자는 〈표 7-2〉와 같다.
- 부신피질호르몬인 알도스테론은 신장이 나트륨과 수분의 재흡수를 증가시키도록 유도한다.
- 뇌하수체 후엽에서 분비되는 항이뇨호르몬(바소프레신)은 신장의 원위세뇨관과 집합관에 작용하여 수분의 재분수를 촉진함으로써 소변의 양을 감소시킨다. 결과적으로 체액의 수분량 조절을 통해 삼투압 조절에 관여한다.

(3) 혈압 조절

- 신장은 효소 레닌을 분비하여 혈압을 조절한다. 레닌은 혈장 단백질인 안지오텐시노겐으로부터 안지오텐신 I이 형성되는 것을 촉매한다. 폐 등에서 안지오텐신 I은 안지오텐신 II로 전환된다.
  - 안지오텐신 II는 강력한 혈관수축제의 역할을 함으로써 세동맥을 좁혀서 혈압을 증가시킨다.
  - 안지오텐신 II는 알도스테론 분비도 자극하는데, 이는 나트륨과 수분의 재흡수를 증가시켜 혈장 부피가 증가함으로써 혈압이 상승하게 된다.

표 7-2 신장의 조절기능과 관련 인자

기능	관련 인자
수분 평형	항이뇨호르몬
전해질 조절	알도스테론
혈압 조절	레닌, 안지오텐신, 알도스테론, 항이뇨호르몬
조혈작용	에리트로포이에틴
칼슘 평형 유지	$1,25(OH)_2D_3$

- 항이뇨 호르몬은 수분 재흡수 외에도 모세혈관을 수축하여 혈압을 높이는 기능을 한다.

(4) 조혈작용

신장은 호르몬 에리트로포이에틴을 생성한다. 이 호르몬은 골수에서 적혈구가 생성되도록 자극한다.

(5) 칼슘 평형 유지

신장은 비타민 D를 활성형 1,25$(OH)_2D_3$로 전환시킨다. 이를 통해 칼슘 평형을 조절하고 뼈조직을 유지하는 데 중심적인 역할을 한다.

요점정리
SUMMARY

신장은 네프론을 통해 혈액을 거르고 노폐물을 배설하는 기능을 수행함. 이 밖에도 신장은 수분, 전해질, 산염기 평형, 혈압을 조절하고, 칼슘 평형 유지 및 조혈작용 등의 기능을 수행함

2. 질환별 증상 및 영양관리

- 신장질환은 신장의 배설기능과 그 밖의 조절기능을 손상시킨다.
- 영양관리의 목적은 단백질, 수분, 나트륨, 칼륨, 인 섭취를 조절하여 신장기능 저하로 인한 변화를 교정하고, 신장기능의 저하속도를 늦추는 것이다. 또한, 영양관리는 신장질환 환자에서 흔히 나타나는 단백질-에너지 영양불량(Protein-Energy Malnutrtion, PEM)과 심장혈관질환을 예방하고 조절하는 데 중요한 역할을 한다.
- 신장질환은 신장기능이 손상되는 원인과 그로 인해 나타나는 증상 및 진행과정 등

표 7-3 신장질환의 종류

종류	특징
신증후군	• 사구체 손상으로 인해 투과성이 증가되어 상당량의 단백질이 배설되는 신장장애 • 성인의 경우 소변으로 1일 3.5g 이상의 단백질이 배설될 경우 신증후군으로 진단 • 부종, 감염, 이상지질혈증, 혈액응고장애 발생
급성 신손상	• 단시간에 신장기능의 급속한 손상 발생 • 발생원인은 신전성(신장 내 혈류의 급작스런 감소 유발), 신성(신장조직 손상), 신후성(뇨관 폐쇄로 소변 배출 차단) 요인으로 분류 • 신장기능 감소로 혈액과 소변 성분이 변화하여 부종, 요독증, 호르몬 불균형, 전해질 및 산염기 불균형 등이 나타남
만성 콩팥병	• 신장기능의 점진적이고 비가역적인 저하 발생 • 당뇨병, 고혈압, 만성사구체신염 등이 주요 원인 • 전해질과 호르몬 수준 변화로 고혈압, 골 손실, 조혈기능 이상, 산증이 나타나며 요독증, 단백질-에너지 영양불량이 발생
신결석	• 소변 성분의 결정화 • 수산칼슘염과 인산칼슘염의 혼합형이 주된 원인

에 따라 분류한다(표 7-3). 신장의 기능저하가 점진적으로 진행되어 말기 신부전(End-Stage Renal Failure, ESRF) 상태에 이르면 투석(dialysis)이나 신장이식과 같이 저하된 신장기능을 대신하는 신대체요법(renal replacement therapy)이 필요하다.

1) 신증후군

신증후군(nephrotic syndrome)은 특별한 질환을 일컫는다기보다는 사구체의 심각한 손상으로 소변으로 상당량의 단백질 손실이 나타나는 신장장애를 뜻하는 용어이다.

(1) 원인

사구체 장애, 당뇨병성 신장질환(diabetic kidney disease), 면역성 유전질환, 감염, 약물복용에 의한 손상, 일부 암에 의해 신증후군이 발현될 수 있다.

(2) 증상

- 신증후군 발생 시 소변으로 손실되는 단백질은 하루 3.5g 이상으로 평균 8g 정도 된다.

- 간은 손실을 보충하기 위해 여러 종류 단백질의 합성을 증가시키는데, 생성되는 단백질 간의 불균형이 초래되기도 한다. 이에 따라 체내에는 단백질 손실과 불균형으로 인한 여러 증상이 나타나며, 심한 경우 신부전에 이른다(그림 7-2).

① 부종

- 알부민은 혈장 단백질 중 가장 많은 양을 차지하며 소변으로 손실되는 양도 가장 많다. 신증후군 시 저알부민혈증으로 인해 체액이 혈장에서 세포간액으로 이동함으로써 부종이 나타난다.
- 신증후군 상태의 신장은 정상적인 상태보다 더 많은 양의 나트륨을 재흡수하여 신체에 나트륨과 수분이 보유되도록 한다. 이러한 나트륨 배설의 손상도 부종을 발생시키는 데 기여한다.

② 혈중 지질과 응고 이상

- 신증후군이 발생할 때 종종 LDL 및 VLDL 상승된다.
- 혈액응고의 위험 또한 상승되는데 혈액응고를 방지하는 단백질이 소변으로 손실되고 혈액응고에 유리한 단백질 수준이 높아지기 때문이다. 혈액응고 이상은 심정맥 혈전증 및 이와 유사한 질환의 위험을 증가시킨다. 임상연구결과 신증후군은 동맥경화를 가속화하고 심장질환 및 뇌졸중의 위험을 급속히 증가시키는 것으로 나타났다.

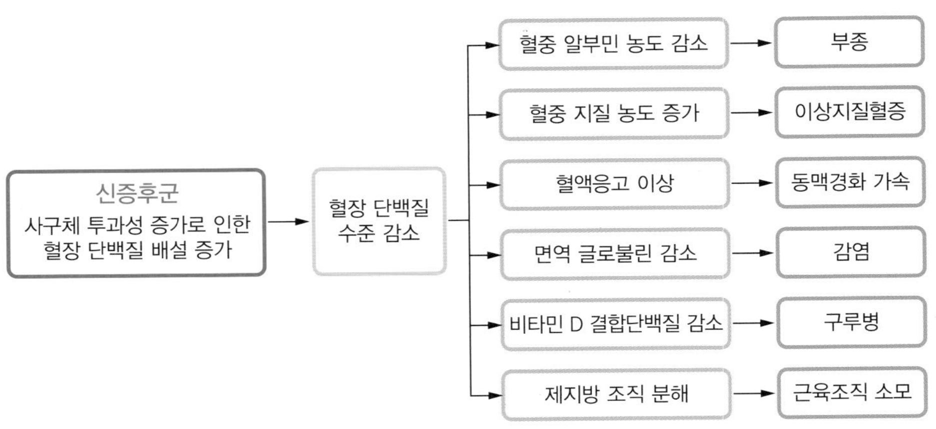

그림 7-2 신증후군에서 단백질 손질에 따른 영향

③ 기타

- 단백질-에너지 영양불량과 단백뇨의 지속으로 근육조직 소모가 발생하는 일이 빈번하다.
- 소변으로 손실되는 단백질 중 면역글로불린, 비타민 D 결합단백질이 있다.
  - 면역글로불린의 고갈은 감염에 대한 감수성을 증가시킨다.
  - 비타민 D 결합단백질의 손실은 비타민 D와 칼슘 수준을 낮추어 어린이의 구루병 위험을 증가시킨다.

(3) 치료 및 영양관리

- 신증후군의 의학적 처치에는 단백뇨를 발생시킨 기저질환의 진단과 관리가 포함된다. 치료를 위해 처방되는 약품은 이뇨제, 단백질 손실 감소를 위한 ACE 억제제, 지질저하제, 항응고제, 소염제, 면역억제제가 있다.
- 영양치료를 통해 단백질-에너지 영양불량 방지, 이상지질혈증의 교정, 부종의 해소를 기대할 수 있다. 영양관리 내용은 다음과 같다(표 7-4).

① 에너지

적정 수준의 에너지 섭취(35kcal/kg/day)는 체중을 유지하고 단백질을 절약한다. 체중 감소나 감염이 있다면 추가적인 에너지 섭취가 권장된다.

표 7-4 신증후군 영양치료

영양소	내용
에너지	• 에너지 35kcal/kg 표준체중 • 체중 유지 및 단백질 손실 방지
단백질	• 단백질 0.8~1.0g/kg 표준체중 • 유제품, 두류, 어육류 등 양질의 단백질로 섭취
지질	• 총 에너지의 7% 이내로 포화지방 섭취 제한 • 콜레스테롤은 1일 200mg 이하로 제한
비타민 및 무기질	• 나트륨 1,000~2,000mg/day 제한 • 이뇨제로 인한 칼륨 손실 시 칼륨 함량이 높은 식품 선택 • 하루 1,000~1,500mg 정도의 칼슘 필요 • 비타민 무기질 복합제제의 섭취 권장. 특히 구루병과 골 손실 예방을 위해 비타민 D 보충제 권장

② 단백질

- 단백질과 에너지 필요량을 충족시켜주면 근육의 손실을 최소화하는 데 도움이 되지만 고단백 식사는 권장하지 않는다. 고단백식사는 소변으로의 단백질 손실을 악화시키고 신장에 더 큰 손상을 줄 수 있기 때문이다.
- 단백질 섭취는 0.8～1.0g/kg 표준체중/day 정도로 낮추고, 섭취하는 단백질의 반 이상은 유제품, 어육류, 난류, 두류 단백질과 같은 양질의 단백질이어야 한다.

③ 지질

- 상승된 LDL 및 VLDL 수준을 통제하기 위해 포화지방, 트랜스지방, 콜레스테롤 및 정제 당류의 함량이 낮은 식사가 좋다.
- 총 에너지의 7% 이내로 포화지방의 섭취를 제한하고, 트랜스지방이 함유된 식품은 피하도록 하며, 하루 200mg 이내로 콜레스테롤 섭취를 제한해야 한다.
- 식사만으로 혈중 지질 수준을 조절하기는 어렵기 때문에 지질강하제가 함께 처방된다. 경우에 따라 신증후군의 원인병증의 치료만으로 혈중 지질 수준의 이상이 교정되기도 한다.

④ 비타민과 무기질

- 미량영양소의 결핍을 방지하기 위해 보충제로 비타민·무기질 복합제제의 섭취를 권장하기도 한다. 특히 비타민 B_6, 비타민 B_{12}, 엽산, 철, 구리, 아연 등의 결핍위험이 높다.
- 신증후군 환자는 하루 1,000～1,500mg 정도의 칼슘이 필요하고 골 손실과 구루병 예방을 위해 비타민 D 보충제를 섭취하는 것이 좋다.
- 나트륨 섭취를 통제하면 부종의 치료에 도움이 되므로 보통 나트륨 섭취는 하루 1,000～2,000mg 정도로 제한한다.
- 부종으로 인해 이뇨제가 처방되어 칼륨이 손실된다면 칼륨이 풍부한 식품을 선택할 수 있도록 해야 한다.

> ACE 억제제
> 안지오텐신 전환효소(angiotensin converting enzyme) 억제제로 고혈압 치료에 사용됨

2) 급성 신손상

신장기능이 손상되면 소변 배설량이 감소하고 질소노폐물들이 혈액 내에 축적되며, 신장에 의해 조절되는 여러 기능이 저하된다. 급성 신손상(Acute Kidney Injury, AKI)은 수시간 내지는 수일 안에 신장기능이 급속히 손상되는 경우인데, 손상의 정도는 다양하다. 즉각적인 처치를 받으면 대개는 원상회복된다.

(1) 원인

다른 여러 신체장애가 급성 신손상을 일으킬 수 있는데 중증 질환, 패혈증, 상해를 입은 후에 종종 신장손상이 나타난다. 입원환자의 5%, 집중치료실 환자의 30%가량은 급성 신손상을 나타내기도 한다. 진단과 처치를 위해서 그 원인을 신전, 신내, 신후로 구분한다(표 7-5).

(2) 증상

신장기능이 감소하여 혈중 전해질, 산, 질소노폐물 수준을 조절할 수 없게 되어 혈액과 소변의 성분에 변화가 생긴다.

① 수분 및 전해질 불균형

- 급성 신손상 환자의 반 정도는 소변량이 감소하여 핍뇨증이나 무뇨증을 나타낸다. 수분과 전해질 배설 감소는 체내 나트륨 보유를 증가시키고 혈액 중 칼륨, 인, 마그

표 7-5 급성 신손상의 원인

구분	원인
신전 요인 (신장 내 급격한 혈류 감소)	• 심부전, 혈액손실 등
신내 요인 (신장조직 손상)	• 감염, 독극물, 신장의 직접적인 외상 • 허혈성 세뇨관 괴사 • 약물에 의한 독성 • 혈관 장애 • 급성 사구체신염
신후 요인(소변 배설 차단)	• 뇨관 폐쇄를 유발하는 여러 요인

네슘 수준을 높인다.

- 혈중 칼륨 수준 상승에 따른 칼륨 불균형은 심박에 영향을 미쳐 심부전을 초래할 수 있다.
- 혈청 인 수준의 증가는 부갑상샘 호르몬이 과잉 분비되도록 하여 골격의 칼슘이 손실되게 한다.
- 나트륨의 체내 보유와 소변 배설 감소로 인해 급성 신손상 시 일반적으로 부종 증상이 나타나며, 얼굴, 손, 발, 발목이 부을 수 있다.

> **핍뇨증과 무뇨증**
> 핍뇨증(oliguria)은 1일 소변량이 400mL 미만인 경우이며, 무뇨증(anuria)은 소변이 전혀 배설되지 않는 상태. 급성 신손상, 만성 콩팥병, 요로폐쇄 등에 의해 나타나며 신속한 원인감별과 치료를 통해 치명적인 손상을 방지할 수 있음

② 요독증

신장기능이 손상되어 질소함유화합물과 다른 여러 노폐물이 혈중에 축적될 수 있는데, 이런 상태를 흔히 요독증(uremia)이라 한다.

(3) 치료

급성 신손상의 치료를 통해 수분 및 전해질 평형을 회복하고 유동성 노폐물이 혈액 내 동축되는 것을 최소화하도록 한다.

① 이뇨기 수분과 전해질 보충

- 핍뇨 환자 중에는 신장 손상으로부터 회복이 시작되면서 이뇨기가 시작되는 경우가 있는데 이때 하루 3L 정도로 많은 양의 소변을 배설한다.
- 이 단계에서 세뇨관은 최소한의 기능만을 가지고 있기 때문에 전해질의 재흡수가 충분하게 이루어지지 못할 수 있어 수분과 전해질 손실이 우려된다. 이뇨기를 동반하는 회복 시 세뇨관의 기능손상이 있다면 수분과 전해질 보충이 필요하지는 않은지 세밀한 모니터링이 필요하다.

② 약물치료

- 처방되는 약물은 병증의 원인과 합병증에 따라 다르다.
  - 이뇨제 : 푸로세미드(Lasix), 수분 배설을 통한 부종의 치료를 위해 이용
  - 칼륨교환수지 : 경구복용하면 소화관 내의 칼륨이온이 수지에 부착된 후 대변을 통해 제거됨으로써 고칼륨혈증 교정
  - 인슐린 : 인슐린이 세포 밖의 칼륨을 일시적으로 세포 내로 이동시켜 고칼륨혈증 교정. 인슐린 처방 시 저혈당 방지를 위해 포도당을 함께 공급
  - 면역억제제 : 염증 치료
  - 중탄산 : 산증 치료. 경구복용하거나 경정맥 투여
- 신장기능의 손상으로 인한 소변 배설 제한을 고려하여 복용량을 줄일 필요가 있다. 반대로 투석 치료를 하는 경우에는 약물의 손실이 증가하므로 복용량을 증가시킬 필요가 있다. 일부 항생제와 비스테로이드계 항염증제 등 신독성을 가지는 약물은 신장기증이 향상될 때까지 피한다.

③ 투석

- 투석(dialysis)은 신대체요법의 하나로 투석기가 신장기능을 대신해 과잉의 수분과 노폐물을 혈액으로부터 제거한다.
- 약물치료를 통해 부종, 산증, 요독증, 고칼륨혈증의 조절이 충분하지 않을 때 혈액투석(hemodialysis)을 시행한다.
- 중환자에게서 급성 신손상이 동반된 경우에는 혈압과 맥박이 불안전하고 다발성 장기부전이 발생하는 경우가 많아 간헐적으로 시행하는 혈액투석보다는 낮은 속도로 24시간 연속하여 시행하는 지속적 신대체요법(Continuous Renal Replacement Therapy, CRRT)이 선호된다.

(4) 영양관리

① 에너지

- 그 효과는 차이가 많지만 급성 신손상은 과대사증 및 근육조직 소모와 연관이 있는 이화상태이다. 따라서, 충분한 에너지와 단백질을 섭취하여 근육량을 보존하도록

해야 한다.

- 체중에 따라 30~35kcal/kg 표준체중의 에너지를 공급하는 것이 보통이나, 중환자의 경우 이보다 적은 수준을 공급한다. 체중변화를 모니터링하여 적절한 에너지 섭취가 이루어지도록 한다(표 7-6).

② 단백질

- 단백질은 질소원으로 신장의 부담을 증가시키나 가능한 질소 평형이 이루어지고 추가적인 손실이 일어나지 않도록 충분한 양을 공급해야 한다. 단백질의 권장 수준은 신장기능 정도, 이화작용의 수준, 투석 여부에 따라 다르다.
- 투석을 하지 않는 환자는 단백질 섭취 수준을 0.8~1.0g/kg 표준체중/day로 제한해야 한다.
- 1.0~1.5g/kg 표준체중/day 정도로 높은 수준의 섭취는 신장기능이 증진되거나 투석치료를 받을 때 가능하다.
- 이화 상태나 패혈증 상태의 환자는 높은 수준의 단백질 필요량을 요하나 이런 경우 질소부하를 해소하기 위해 투석치료가 필요하다.

③ 수분

- 체중의 변동, 혈압, 맥박, 피부나 점막의 상태를 모니터링하여 체내 수분 상태를 평가할 수 있다.
- 혈청 나트륨 수준도 체내 수분 상태를 반영한다. 나트륨 수준이 낮다면 과다 수분섭취를, 높다면 불충분한 섭취를 의미한다.
- 탈수 혹은 과다 수분 상태에서 수분평형 회복 후 소변량에 피부, 호흡, 발한을 통해 손실되는 수분 500mL 정도를 더하여 수분필요량을 추정한다.
  - 발열, 구토, 설사증상이 있는 경우에는 추가 수분이 필요하다.
  - 투석치료를 받는 경우는 상대적으로 수분 섭취가 자유롭다.

④ 무기질

- 무기질을 적절한 수준으로 섭취하기 위해 혈청 전해질 수준을 면밀히 모니터링해야 한다. 검사 결과와 임상적 진단에 따라 칼륨, 인, 나트륨 제한이 요구되기도 한다.

표 7-6　급성 신손상의 치료 및 영양관리

영양소	내용
약물치료	• 염증 시 면역억제제, 부종 시 이뇨제 처방 • 고칼륨혈증 환자는 칼륨교환수지를 이용하여 칼륨이온 부착 후 대변을 통해 제거되도록 함 • 산증이 있는 경우 중탄산 경구복용, 정맥 투여
에너지	• 30~35kcal/kg 표준체중, 중환자의 경우 20~30kcal/kg 표준체중 • 체중변화를 모니터링하여 적절한 에너지 섭취가 이루어지도록 함
단백질	• 0.8~1.0g/kg 표준체중 단, 신부전 시 0.6~0.8g/kg 표준체중, 투석 시 1.0~1.5/kg 표준체중
수분	• 체액량 정확히 측정하여 체액 부족이 발생하지 않도록 함 • 수분 섭취량은 1일 소변 배설량+500mL로 제한(단, 이뇨기에 충분한 수분 섭취 필요)
무기질	• 나트륨 2,000~3,000mg, 칼륨 혈청 농도 < 5mEq 유지, 인 정상 혈중 농도 유지

- 투석 중인 환자는 좀 더 자유로운 섭취가 가능하다.
- 회복단계에서 이뇨현상이 나타나는 핍뇨 환자는 소변으로의 손실을 만회하기 위해 무기질 보충이 필요하다.

3) 만성 콩팥병

급성 신손상의 경우 신장기능이 갑작스럽게 급격히 감소하는 것과 달리 만성 콩팥병(Chronic Kidney Disease, CKD)은 점진적이고 비가역적인 신장기능의 저하가 일어나는 특성이 있다. 만성 콩팥병의 진단 기준은 〈표 7-7〉과 같다.

표 7-7　만성 콩팥병의 진단

진단
• 사구체 여과율과 상관없이 신장 손상(영상판독을 통한 구조적 이상 진단이나 혈액 및 소변검사를 통한 기능적 이상 진단)이 3개월 넘게 지속될 때 • 신장손상 여부와 상관없이 사구체 여과율이 60mL/min/1.73m^2 미만인 상태로 3개월 넘게 지속될 때
*** 당뇨병성 신장질환(diabetic kidney disease)** 당뇨병 환자에서 다음과 같은 단백뇨 증상이 나타나면 당뇨병으로 인해 만성 콩팥병으로 발전할 수 있다. • 1형 당뇨병으로 진단받은 지 10년 이상 또는 당뇨성 망막병증이 있는 상태에서 수시뇨나 24시간 소변의 알부민/크레아티닌 비율이 30~300mg/g인 미세단백뇨 증상을 보이는 경우 • 알부민/크레아티닌 비율이 300mg/g을 넘는 단백뇨 증상을 보이는 경우

자료 : NKF KDOQI guidelines, http://www.kidney.org/professionals/KDOQI/guidelines_commentaries.cfm

(1) 원인

- 만성 콩팥병은 당뇨병, 고혈압과 같은 질환에 의해 2차적으로 발생하는 것이 일반적이다.
- 그 밖에 다른 원인으로는 신장의 염증성, 면역성, 유전 질환들이 있다.

(2) 증상

- 만성 콩팥병은 신장기능에 따라 5단계로 분류한다(표 7-8).
- 신장은 기능적으로 충분한 예비능력을 가지고 있기 때문에 신장질환이 진행되는 동안에도 수년간 아무 증상이 나타나지 않는다. 만성 콩팥병의 초기, 기능을 유지하고 있는 네프론이 기능을 상실한 다른 네프론의 기능을 추가로 수행하기 위해 비대해짐으로써 손상을 보완한다.
- 과부하된 네프론이 계속 손상되면서 나중에는 신장기능이 정상적으로 수행될 수 없는 수준에 이르게 된다. 여러 가지 이유로 신장기능이 손상되어 사구체 여과율이 $15mL/min/1.73m^2$ 미만으로 저하되면 말기 신부전으로 진단한다. 이 단계에서는 신대체요법을 받지 않고는 생존할 수 없다.
- 신부전의 주요 합병증은 〈표 7-9〉와 같다.

① 전해질과 호르몬 수준 변화

- 전해질 불균형은 사구체 여과율이 극단적으로 낮을 때(5mL/min 미만), 호르몬의 적응이 불충분할 때, 수분과 전해질 섭취가 지극히 제한적이거나 과잉일 때 나타날

표 7-8 신장기능의 저하 정도에 따른 만성 콩팥병의 분류

만성 콩팥병 단계	신장손상의 특성	사구체 여과율 ($mL/min/1.73m^2$)
1	사구체 여과율이 정상 또는 증가한 상태에서 신장손상	≥90
2	경미한 사구체 여과율 감소를 동반한 신장손상	60~89
3a	경미한 정도에서 중정도의 사구체 여과율 감소를 동반한 신장손상	45~59
3b	중정도에서 심한 정동의 사구체 여과율 감소를 동반한 신장손상	30~44
4	과도한 사구체 여과율 감소	15~29
5	신부전	<15(or 투석)

표 7-9 신부전의 주요 합병증

초기 합병증	후기 합병증	
고혈압	가려움증	빈혈
과다 혈액응고	구역, 구토	신성골이영양증
단백뇨, 혈뇨	단백질-에너지 영양불량	심혈관 질환
두통	대사성 산증	전해질 불균형
식욕부진	말단 신경장애	정신 손상
운동불내증	면역 저하	출혈
피로	부종	호르몬 이상

수 있다. 사구체 여과율이 감소해도 남아 있는 네프론의 작용이 증가하여 보통은 전해질 배출이 충분히 유지된다. 따라서 만성 콩팥병 3, 4기까지는 수분과 전해질 불균형이 나타나지 않을 수 있다.

- 호르몬들도 변화에 적응하여 전해질 수준의 조절에 도움이 되지만 이는 또 다른 문제를 일으킬 수 있다.
  - 알도스테론의 분비가 증가하여 혈청 칼륨이 증가하는 것을 방지하지만 수분과잉과 고혈압을 일으킬 수 있다.
  - 부갑상샘 호르몬의 분비가 증가하여 혈청 인의 증가를 방지하지만 그에 따른 골 손실과 신성골이영양증(renal osteodystrophy)을 발생시킬 수 있다. 신성골이영양증은 신장질환 환자에게서 흔히 발생하는 문제이다.
- 신장은 산염기 평형의 유지에도 역할을 하기 때문에 만성 콩팥병에서는 흔히 산증(acidosis)이 나타난다. 대개는 경증이지만 산증은 신성 골질환을 악화시키는데, 단백질과 인산 같은 골을 형성하는 화합물이 혈중의 산을 완충하기 위해 분비되기 때문이다.

② 요독증후군

요독증(uremia)은 대개 만성 신부전 말기에 발생하며 사구체 여과율은 15mL/min 미만으로 떨어진다. 요독증으로 인해 발생하는 많은 증상과 합병증을 총칭하여 요독증후군(uremic syndrome)으로 부르며 임상적인 효과는 〈그림 7-3〉과 같다.

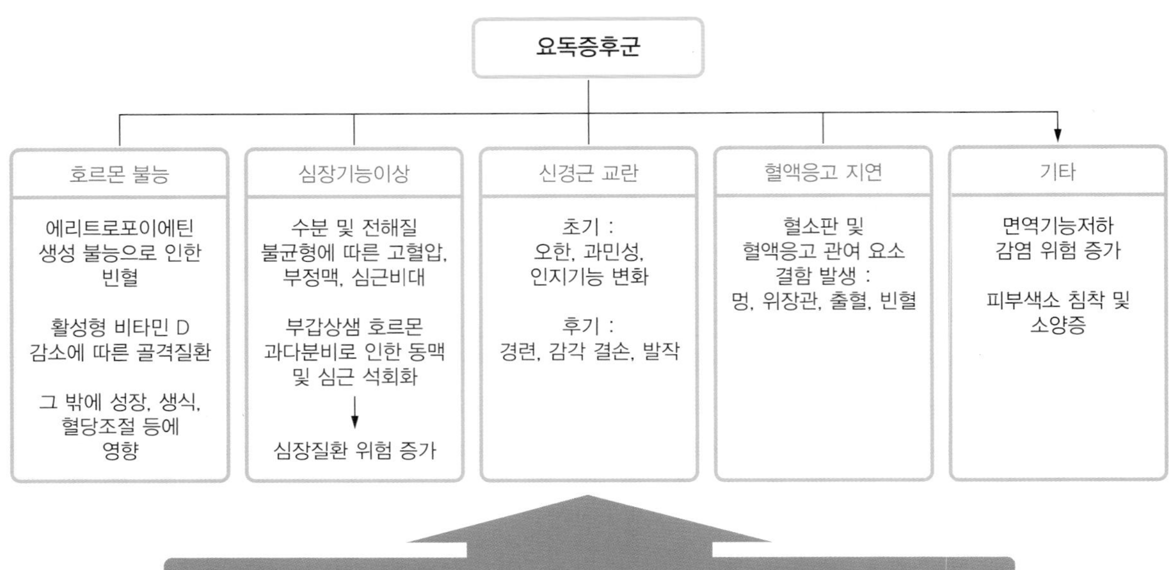

그림 7-3 요독증후군

③ 단백질-에너지 영양불량

식욕부진으로 인해 신장질환 환자의 식품 섭취가 불량해지기 때문에 만성 콩팥병 환자에서는 단백질-에너지 영양불량과 근육조직 소모가 빈번히 나타난다. 신장질환 환자의 식욕부진은 호르몬 장애, 오심, 구토, 식이제한, 요독증, 약물치료로 인해 나타날 수 있다. 구토, 설사, 위장관 출혈, 투석 등으로 인한 영양소의 손실도 영양불량을 일으키는 원인이 된다. 또한, 만성 콩팥병을 일으키는 질환의 대부분은 단백질 손실을 가져오는 이화 상태를 유발하는 것이어서 만성 콩팥병에는 근육조직의 소모가 동반된다.

(3) 치료

치료의 목적은 질병의 진행을 늦추고, 증상을 예방하고 완화하는 데 있다. 신장질환이 마지막 단계에 이르면 생존을 위해 투석이나 신장이식과 같은 신대체요법이 필요하다.

① 약물치료

약물치료를 통해 만성 콩팥병에 따른 합병증을 조절한다.

- **고혈압** 질병의 진행을 늦추고 심장혈관계 질환의 가능성을 낮추는 게 중요하기 때문에 혈압강하제가 일반적으로 처방된다. ACE 저해제와 같은 혈압강하제는 단백뇨를 감소시킬 수 있고 신장이 더 손상되는 것을 방지하는 데 쓰인다.
- **빈혈** 에리트로포이에틴을 주사하거나 정맥 투여하여 치료한다.
- **전해질 및 산 염기 불균형** 인결합제를 식품과 함께 섭취하도록 하여 혈중 인 수준을 감소시키도록 하며, 중탄산나트륨은 산증의 회복에 이용된다.
- **골질환** 활성비타민 D의 보충은 혈청의 칼슘 농도를 높이고 부갑상샘 호르몬의 분비를 감소시키는 데 좋다.
- **이상지질혈증** 콜레스테롤 저하제를 통해 혈중 지질 수준을 정상화한다.

② 투석

- 투석(dialysis)은 신장기능을 대신해 과잉의 수분과 노폐물을 혈액으로부터 제거하는 것이다(그림 7-4).
- 투석액에는 체내에서 제거해야 하는 노폐물의 농도가 체내보다 낮아 노폐물이 투석액 쪽으로 확산되어 제거되고, 높은 농도의 포도당이나 전분을 함유하고 있어 삼투현상에 의해 체내의 수분이 제거될 수 있도록 구성된다.
- 혈액투석과 복막투석의 특성은 〈표 7-10〉에 제시하였다.
  - 혈액투석(hemodialysis)은 혈액이 반투과성 막이 있는 인공신장기를 통해 순환한다. 인공신장기에는 투석액이 담겨 있고 반투과성 막을 통해 혈액의 수분과 노폐물이 투석액 쪽으로 선택적으로 제거된 후 깨끗해진 혈액이 몸속으로 되돌아간다.
  - 복막투석(peritoneal dialysis)을 할 때는 투석액을 환자의 복강에 주입하여 혈액이 복막에 의해 여과되도록 한다. 수 시간 경과 후 투석액을 배출하여 필요 이상의 수분과 노폐물이 제거되도록 한다.

③ 신장이식

- 말기 신장질환에서 투석대신 선호되는 치료방법이다.
- 이식 후 조직거부를 방지하기 위해 고용량의 면역억제제를 처방한다.
  - 면역억제제는 구역질, 구토, 설사, 당불내증, 혈중 지질 수준의 변화, 수분 보유, 고혈압, 감염 위험을 증가시켜 영양상태에 영향을 미친다.

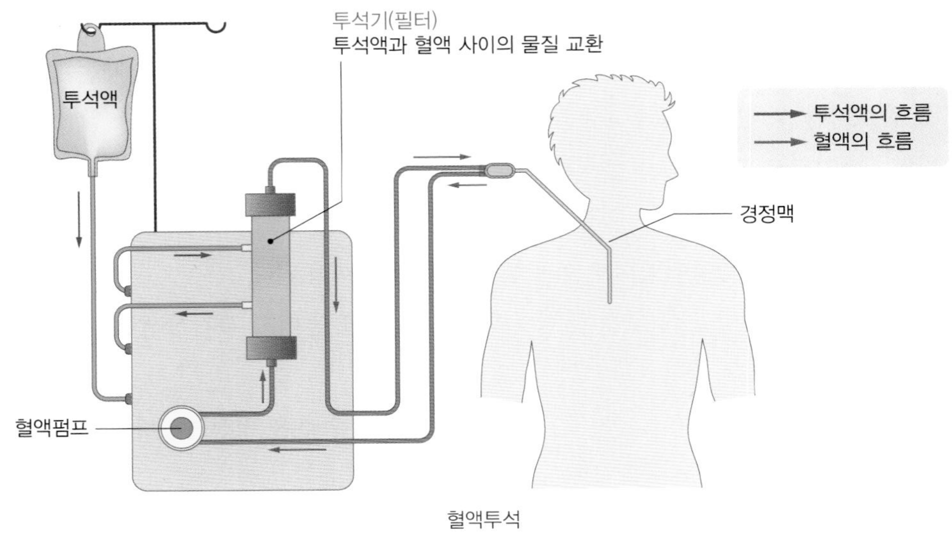

혈액투석

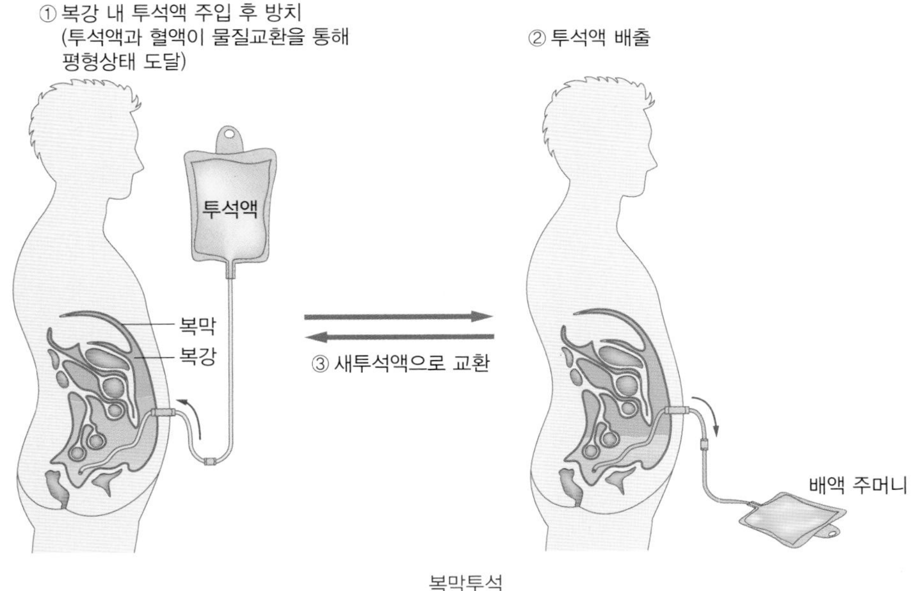

복막투석

그림 7-4 혈액투석과 복막투석

- 면역억제제로 인해 식중독의 위험이 증가하기 때문에 환자와 보호자에게 안전한 식품 섭취에 대해 교육하도록 한다.

표 7-10 혈액투석과 복막투석의 비교

구분	혈액투석	복막투석
수술(통로)	• 투석을 시작하기 전에, 팔에 혈관 장치인 동정맥루를 만들어야 함 • 동정맥루가 준비되지 않은 상태에서 응급으로 혈액투석을 하려면 목이나 어깨의 정맥에 플라스틱관을 삽입	• '복막투석 도관'이라고 하는 가는 관을 복강 내에 삽입하는 수술을 함 • 이 도관은 영구적으로 복강 내에 남아 있음
방법	• 인근 혈액투석실에서 보통 일주일에 3회, 회당 4~5시간 동안 시행	• 집이나 회사에서 투석액을 교환 • 대부분의 환자들은 하루에 3~4회, 6~8시간마다 교환함 • 새로운 투석액을 복강 내에 주입 • 약 6시간 후에 투석액을 빼고 새 투석액으로 교환(이 교환과정은 30~40분 정도 소요됨)
장점	• 병원에서 의료진이 치료 • 자기 관리가 어려운 노인이나 거동이 불편한 사람에게 가능 • 주 2~4회 치료 • 동정맥루로 투석을 하는 환자는 통목욕이 가능	• 주사바늘에 찔리는 불안감이 없음 • 한 달에 1회만 병원 방문 • 혈액투석에 비해 신체적 부담이 적고 혈압조절이 잘 됨 • 식사제한이 적음 • 교환 장소만 허락되면 일과 여행이 자유로움
단점	• 주 2~3회 정도 투석실에 와야 하므로 수업이나 직장생활에 지장이 있음 • 식이나 수분의 제한이 심함 • 빈혈이 좀 더 잘 발생 • 쌓였던 노폐물을 단시간에 빼내므로 피로나 허약감을 느낄 수 있음	• 하루 4회, 청결한 환경에서 투석액을 갈아주어야 하는 점이 번거로움 • 복막염이 생길 수 있음 • 복막투석 도관이 몸에 달려 있어 불편 • 간단한 샤워만 가능하며 통목욕은 불가능

* 동정맥루 : 지속적인 혈액투석이 필요한 만성 콩팥병 환자의 경우 수술을 통해 인접한 동맥과 정맥을 연결하는 시술을 말한다. 이를 통해 정맥혈관이 굵어져 주삿바늘 삽입이 용이하다.
자료 : 국가건강정보포털.

(4) 영양관리

- 환자의 식사는 질병의 진행, 합병증 발생, 혈청의 질소노폐물과 전해질 수준에 크게 영향을 미친다. 질환의 진행단계와 환자의 생화학적 지표 상태에 따라 단백질, 수분, 나트륨, 칼륨, 인 등을 제한해야 하고 이에 따라 식품 선택에 영향을 미치게 된다.
- 질병의 진행에 따라 영양소 섭취도 조정되어야 한다. 신장질환 1~4단계에는 투석 전 지침이 적용되며, 5단계에 이르면 혈액투석이나 복막투석이 필요하여 이를 고려한 영양치료가 요구된다(표 7-11).
- 환자마다 필요량이 다르기 때문에 현장에서는 면밀한 영양상태 평가 결과에 근거하

여 치료한다. 적절한 영양관리는 단백질-에너지 영양불량과 체중손실을 방지하는 데 도움이 된다.

- 신장질환의 임상영양치료는 식사에 제한이 많기 때문에 환자의 수용도가 문제가 되는 경우가 많다. 신장질환 치료식을 잘 준수하는 것은 신장질환의 치료과정 중 가장 어려운 일이며, 식사제한이 많아지게 되면 치료식의 준수를 높이기 위해 환자와의 심도 있는 상담이 필요할 수 있다.

① 에너지

- 에너지 섭취는 환자들이 건강체중을 유지하고 근육조직 소모를 방지할 수 있도록 충분해야 한다. 음식과 음료는 에너지 밀도가 높은 것을 섭취하도록 권장한다. 영양불량인 환자는 체중을 유지하기 위해 경구보충제나 장관영양이 필요할 수도 있다.
- 복막투석에 이용되는 투석액에는 삼투현상에 의해 혈액으로부터 복강으로 수분을 이동시키기 위해 포도당이 포함되어 있다. 이때 이용된 포도당 중 60%는 흡수되는데 일일 800kcal가량 되므로 에너지 섭취량 추정 시 고려되어야 한다. 복막투석이 장기간 지속될 때 체중 증가의 문제가 있을 수 있다.

표 7-11 만성 콩팥병의 치료단계별 영양관리

영양소	투석 전	혈액투석 시	복막투석 시
에너지 (kcal/kg 체중)	25~35 단, 복막투석 시 투석액의 용질 흡수에 따른 에너지 고려		
단백질 (g/kg 체중)	3~5단계 : 0.55~0.6 (50% 이상 질 높은 단백질로 섭취)	1.0~1.2 (50% 이상 질 높은 단백질로 섭취)	1.0~1.2 (50% 이상 질 높은 단백질로 섭취)
지방	정상적인 혈액의 지질 농도 유지가 가능한 수준		
수분(mL/일)	뇨량이 정상적인 경우 제한하지 않음	뇨량 + 1,000	뇨량 + 1,000 (부종이 있으면 1~3L/일 섭취 제한)
나트륨(mg/일)	2,300 미만		2,000~4,000
칼륨(mg/일)	고칼륨혈증이 나타나지 않으면 제한하지 않음	혈중 농도에 따라 2,000~3,000	혈중 농도에 따라 3,000~4,000
칼슘(mg/일)	800~1,000	식사 + 약물 ≤ 2,000	식사 + 약물 ≤ 2,000
인(mg/일)	혈액 내 인 농도를 정상으로 유지하도록 식사 조절	혈중 농도나 부갑상샘 호르몬 수준 증가 시 800~1,000	

② 단백질

- 질소 대사물을 줄이기 위해 대개 저단백질식이 처방된다. 또한 저단백질식은 인의 함량이 낮아 고인산혈증과 연관된 위험을 감소시키는 효과도 있다. 단백질 함량이 낮은 빵, 파스타 및 기타 곡류제품이 개발되어 신장질환 환자들이 단백질을 증가시키지 않고 에너지 섭취를 증진시킬 수 있다(그림 7-5).
  - 만성 콩팥병 3단계 이후에는 0.55~0.6g/kg 체중/day의 단백질을 섭취하도록 권장한다. 섭취한 단백질의 50%는 양질의 단백질급원(예 달걀, 유제품, 육류, 가금류, 생선류, 두류)으로 섭취하여 적정량의 필수아미노산을 섭취할 수 있도록 한다.
  - 투석이 시작되면 투석을 통해 질소노폐물이 제거되고 아미노산의 손실도 발생하기 때문에 단백질 제한은 완화된다.
- 근육조직의 소모와 순응도에 문제가 있어 때로 단백질 섭취를 어느 정도 허용하기도 한다. 단백질-에너지 영양불량에서 근육조직의 소모를 방지하고 필요량을 충족시키기 위해 충분한 단백질이 포함된 식사가 제공될 필요가 있다.

③ 지질

- 상승된 혈중 지질 수준을 통제하고 심장병의 위험을 감소시키기 위해 만성 콩팥병 환자들은 포화지방, 트랜스 지방, 콜레스테롤 섭취에 제한이 있다.
- 간혹 에너지 섭취 증가를 위해 고지방식품 섭취를 장려하기도 하지만 이런 경우 불포화지방 함유 식품을 선택해야 한다. 견과류나 종실류, 식물성 유지류로 만든 샐러드 드레싱, 마요네즈, 아보카도, 대두 제품 등이 좋다.

단백질의 함량을 1/10로 줄인 기능성 즉석밥이 개발되어 단백질 섭취 제한이 있는 환자의 식사에 이용할 수 있게 되었다.

그림 7-5 저단백 곡류제품

④ 나트륨과 수분

- 식사에 대한 권고는 총 소변량, 체중과 혈압의 변화, 혈청 나트륨 수준에 준한다.
  - 체중과 혈압이 증가하였다면 나트륨과 수분이 체내에 보유되었음을 나타낸다. 반대로, 감소하였다면 수분의 손실을 의미한다.
  - 신장질환 환자의 대부분은 나트륨을 보유하는 경향이 있어 나트륨의 제한은 증상 완화에 도움이 된다.
  - 수분은 소변량이 감소되지 않는 한 제한하지 않는다. 탈수도 수분과잉도 없는 경우에 일일 수분 섭취는 일일 소변량과 일치해야 한다.
- 투석을 시작하면 나트륨과 수분 섭취를 제한하여 수분으로 인한 체중 증가는 1kg 정도로 통제하고 다음 날 투석을 통해 제거한다.

⑤ 칼륨

- 투석이 시작되면 대부분의 신장질환 환자는 일상적인 수준의 칼륨섭취량을 처리할 능력이 있다. 칼륨의 제한은 혈중 칼륨 수준이 증가한 경우에만 필요하다.
  - 혈액투석을 받는 경우에는 칼륨 제한이 필수적이나 복막투석일 경우에는 칼륨 섭취가 자유로운 편이다. 섭취 권장량은 혈청 칼륨 수준, 신장기능, 치료약물, 투석의 종류에 따라 다르다.
- 당뇨병성 신장질환이 있는 사람은 고칼륨혈증의 가능성이 높고 질병의 초기 단계에서도 식사 중 칼륨을 제한해야 할 수 있다.

표 7-12 칼륨 수준에 따른 식품 선택

식품군	허용	주의
곡류	흰 쌀밥, 식빵, 당면, 백설기	검정쌀, 차조, 팥 등 잡곡, 감자, 고구마, 토란, 옥수수, 밤
채소류	당근, 김, 깻잎, 표고버섯, 배추, 양파, 양배추, 가지, 무, 콩나물, 숙주, 오이, 피망, 달래, 냉이, 더덕	양송이, 고춧잎, 아욱, 근대, 머위, 물미역, 미나리, 부추, 쑥, 쑥갓, 시금치, 죽순, 취, 단호박, 늙은 호박
과일류	금귤, 단감, 사과, 자두, 파인애플, 포도	곶감, 멜론, 바나나, 앵두, 참외, 천도복숭아, 키위, 토마토
기타	사이다, 식혜, 사탕	생선류, 우유 및 유제품, 건조식품, 녹즙, 은행 등의 견과류, 초콜릿, 당밀, 버터, 밀기울 등

- 칼륨을 손실시키는 이뇨제를 이용하는 경우에는 칼륨 보충이 필요할 수도 있다.
- 모든 신선식품은 칼륨을 함유하고 있으나 일부 과일과 채소는 특히 함량이 높아 환자에 따라서 제한이 필요할 수 있다. 과일과 채소 외에도 건조 두류, 생선류, 우유 및 유제품, 당밀, 견과류, 견과류, 버터, 밀기울 등은 칼륨 함량이 높다. 소금대체제나 저나트륨소금의 경우 염화칼륨을 함유하는 것이 있다.

⑥ 칼슘, 인, 비타민 D

- 칼슘과 인의 섭취 수준은 골격질환을 방지하기 위해 신장질환 초기 단계에서부터 조정이 필요하다.
  - 혈청 칼슘 수준을 모니터하여 칼슘과 비타민 D를 동시에 보충할 경우 나타날 수 있는 고칼슘혈증을 방지한다.
  - 식사로 인한 인 섭취는 혈청 수준에 따라 제한을 결정한다.
  - 비타민 D 보충은 신장질환 환자의 치료에 있어서 기본적인 처방이나 처방량은 혈청 칼슘, 인, 부갑상샘 호르몬의 수준에 따라 다르다.
- 투석치료가 시작된 후 단백질 섭취량이 전보다 자유로워지므로 인 섭취량의 통제를 위해 식사와 함께 섭취하는 인결합제의 복용이 필수적이다.

⑦ 철

- 철 결핍은 혈액투석을 하는 환자에게서 흔히 발생한다. 이는 에리트로포이에틴 수준의 감소, 위장관 출혈, 철흡수 감소, 투석으로 인한 혈액 손실 등에 따른 문제일 수 있다.
- 철을 에리트로포이에틴과 함께 정맥 투여하는 것이 경구복용하는 것보다 효과적이다.

⑧ 기타 비타민

- 투석치료 환자에게는 충분한 양의 엽산(0.8~1.0mg)과 비타민 B_6(5~10mg) 및 권장 섭취량 수준의 수용성 비타민을 제공한다.
- 비타민 C의 보충은 하루 100mg 이내로 제한해야 한다. 지나친 섭취는 신결석 위험요인을 가진 환자에게 바람직하지 않다.
- 신장기능이 악화됨에 따라 비타민 A 수준이 증가하는 경향을 나타내므로 비타민 A의 보충은 권장하지 않는다.

⑨ 영양집중 지원

- 식품 섭취가 부족한 환자에 대해서는 영양지원이 필요하다.
  - 만성 콩팥병 환자용 장관영양액은 일반적으로 사용하는 조성보다 에너지밀도가 높고 단백질과 전해질 농도가 낮다.
  - 투석 중 정맥영양은 혈액투석과 정맥주입을 병합한 방법으로 투석치료를 받는 환자가 영양보충을 위해 선택할 수 있다. 이러한 방법의 이점은 정맥영양을 위해 주입된 수분이 투석을 통해 즉시 제거될 수 있다는 점이다.

⑩ 신장이식 후의 영양치료

- 스트레스와 약물치료로 인해 체내 대사가 이화 상태이기 때문에 수술 후 에너지와 단백질 필요량이 증가된다.
- 회복기에 접어들면 에너지와 영양소는 일반인과 비슷한 수준으로 처방한다. 건강체중을 유지하고 심장혈관계 질환의 위험을 감소시키는 식사를 하도록 한다.
- 면역억제 치료에 따라 식중독 예방을 위한 식품안전성 수칙을 준수해야 한다.
- 신장이식 후 약물치료에 따른 영향으로 전해질 불균형과 수분 보유가 나타날 수 있기 때문에 이식 후 나트륨, 칼륨, 인, 수분 섭취가 자유로워져도 혈청 전해질 수준은 계속 모니터해야 한다.

표 7-13 만성 콩팥병 영양관리를 위한 식품 활용방안

영양관리	활용방안
양질의 단백질로 최소한 섭취	• 식물성 단백질보다 동물성 단백질을 섭취하는 것이 노폐물 배설을 줄일 수 있다.
충분한 에너지 섭취	• 사탕, 꿀 등의 단순당을 적절히 활용한다. • 식욕 감소로 인한 섭취 부족 시 과자, 빵 등의 간식을 섭취한다.
염분 섭취 제한	• 나트륨은 부종과 혈압상승의 원인이 되므로 레몬, 식초, 설탕, 향신료 등으로 조미하여 소금, 간장, 된장 등의 사용을 줄인다. • 소금 함량이 높은 염장 어육류, 김치류 등을 피한다. • 모두 조금씩 싱겁게 하기보다는 여러 반찬 중 한두 가지에만 간을 하는 것이 먹기에 좋다.
칼륨 섭취 조절	• 칼륨 함량이 많은 식품은 피하거나 얇게 저민 후 물에 담근 후 헹궈서 냉동 보관하고 필요시 조금씩 사용할 수도 있다.

- 면역억제제로 스테로이드계 약물이 이용될 경우 소변으로 칼슘의 배설이 증가하기 때문에 칼숨보충제가 필요하다.
- 약물치료로 인해 고혈당이 유발된다면 정제당과 당분함량이 높은 음식을 제한하며 환자에 따라서는 경구 혈당강하제나 인슐린 처방이 필요할 수도 있다.

4) 신결석

신결석(kidney stone)은 요관 내에 형성되는 결정성 물질이다. 신결석은 결석을 형성하는 성분이 소변에 농축되어 결정이 형성되고 크기가 자라면서 발생한다. 신결석의 70%는 수산칼슘으로 형성된 것이며, 간혹 인산칼슘, 요산, 시스틴, 인산암모늄 마그네슘 등으로 형성되는 경우도 있다. 신결석의 형성을 증가시키는 요인은 다음과 같다.

- **탈수 및 소변량 감소** : 소변 중의 무기질 및 여러 화합물의 결정 형성을 증가시킨다.
- **폐쇄** : 소변의 흐름을 차단하여 염의 침전을 조장한다.
- **소변의 산도** : 소변 성분의 용해에 영향을 미친다. 결석의 종류에 따라 산성에서 잘 형성되는 것(요산결석)이 있고, 염기성에서 잘 형성되는 것(인산칼슘결석)이 있다.
- **대사 요인** : 결정의 성장을 촉진하거나 저해하는 화합물의 생성에 영향을 미친다.
- **신장질환** : 조직의 석회화와 인산의 축적 간에 연관이 있다.

결석이 형성되어도 대개 증상이 나타나지 않지만 이 결정이 요관을 통과하면서 심한 통증을 유발할 수도 있고 요관을 막을 수도 있다. 결석은 재발되는 경향이 있지만 식사 및 약물 처방으로 방지될 수 있다. 〈표 7-14〉에는 신결석의 종류에 따른 식사요법을 제시하였다.

표 7-14 신결석의 식사요법

종류	내용
칼슘 결석	• 칼슘은 600~800mg 섭취 • 단백질은 0.8~1.0g/kg 체중 섭취 • 나트륨 함량은 하루 3,450mg을 초과하지 않도록 권장 • 수산칼슘결석 : 수산의 섭취를 줄이고 비타민 C 보충제를 삼감 • 인산칼슘결석 : 저인식사 및 인결합수지 사용
요산 결석	• 퓨린 제한식 • 통풍 등 퓨린 대사이상 환자는 육류, 전곡, 두류 섭취량을 감소시키도록 주의
시스틴 결석	• 저단백 식사 • 하루 4L 이상 수분 섭취와 알칼리성 식사요법 병행으로 소변 pH 7.5 유지

요점정리

SUMMARY

신증후군은 신장 사구체의 손상으로 단백질 손실을 초래하는 상태. 이 밖에 신전, 신내, 신후 요인에 의한 급성 신손상과 여러 가지 원인으로 인한 만성적인 기능 저하가 나타날 수 있음. 신장질환에서는 노폐물과 전해질이 혈액 내 축적되는 수준과 그에 따른 증상을 모니터링하고 영양상태를 평가하여 영양관리 계획을 수립함

사례연구

K 씨는 72세 남성으로 관상동맥폐색증 진단 후 관리를 받던 중에 발이 붓는 증상이 있어 신장내과에 진료를 의뢰하여 만성 콩팥병을 진단받았다. 혈압조절약, 고지혈증 치료제, 통풍치료제, 혈관확장제, 이뇨제, 항혈소판제제 등을 처방받아 치료 중에 있으며 현재 부종 증상은 나타나지 않고 있다. 임상검사 결과와 식사력 및 이에 따른 처방은 다음과 같다.

구분	검사 결과	
신체계측	• 신장 : 165cm	• 체중 : 78kg
생화학적 검사	• 총 단백질 : 7.8g/dL • 헤모글로빈 : 10.0g/dL • HDL/LDL : 35/54mg/dL • BUN : 30.7mg/dL • P : 6.9mg/dL	• 알부민 : 4.8g/dL • 총 콜레스테롤 : 130mg/dL • 중성지방 : 148mg/dL • Ca : 7.6mg/dL • Na/K/Cl/CO_2 : 142/5.4/105/21mmol/L
식사력	• 아침 : 우유, 시리얼, 양배추, 햄, 샐러드 • 점심과 저녁 : 잡곡밥, 찌개, 김치 1회 섭취량 이상, 고기 또는 생선 1회 섭취량 이상, 두부, 2~3가지 채소반찬 • 간식 : 과일을 수시로 섭취, 떡, 과자 등 체력 회복을 위해 잘 먹어야 한다는 생각이 있어 매끼 단백질 식품을 충분히 섭취하려 했음. 신장기능이 감소되었다고 진단받아 먹는 양을 많이 감소해야 한다고 생각하고 걱정하고 있음	
	영양소 섭취량 평가 결과 • 에너지 2,000kcal(탄수화물 : 단백질 : 지방 = 64 : 14 : 22) • 단백질 68g, 당질 320g, 지방 50g, 염분 15g	

1. BMI를 계산하여 체중 상태를 평가하고 평가 결과에 따라 적절한 에너지 필요량과 단백질 필요량을 계산하시오. 필요량 계산 시 한국영양학회에서 제안하는 이중표시수분방법에 의거한 에너지 필요량 산출공식을 적용하며, 이상체중은 BMI 22를 기준으로 산출하시오.
2. K 씨의 식사 섭취 문제점을 진단하고 임상검사 결과를 고려하여 중재방안을 수립하시오.
3. K 씨의 철영양상태를 나타내는 지표를 해석하여 관련된 병태에 대해 설명하시오.

22 23 25 26 27 30 31 32 36 37 38 39 40 42 43 44

CHAPTER 8

비만과 식사장애

CHAPTER 8
비만과 식사장애

용어 정리

비만(obesity)
체내에 지방조직(adipose tissue)이 과다하게 축적되어 있는 상태

쿠싱증후군(Cushing's syndrome)
뇌하수체 선종, 부신 과증식, 부신 종양, 이소성 부신피질 자극호르몬 분비증 등의 여러 원인에 의해 만성적으로 혈중 코티솔 농도가 과다해지는 내분비 장애

다낭성 난소증후군(Polycystic Ovary Syndrome, PCOS)
난소에 많은 미성숙난자가 있고 무배란, 남성호르몬 과다증을 동반하는 질환

대사증후군(metabolic syndrome)
만성질환의 위험인자를 복합적으로 가지고 있는 상태로 복부 비만, 고중성지방혈증, 고HDL혈증, 고혈압, 고혈당 중 3개 이상에 해당할 경우 진단함

신경성 식욕부진증(anorexia nervosa)
환자가 먹는 것을 스스로 제한하고 체중이 이상적인 체중보다 적어도 15% 이상 적게 나가는 식사장애로, 왜곡된 신체상(body image)으로 인하여 체중을 줄이고자 음식 섭취를 극도로 제한하는 질병

신경성 폭식증(bulimia nervosa)
고에너지 음식을 빠른 속도로 많은 양을 먹은 후 체중 증가가 두려워 의도적으로 구토하거나, 하제나 이뇨제 복용으로 배설하는 것

폭식장애(binge eating disorder, 대식증)
구토 없이 다량의 음식을 빨리 먹는 식사장애

최대산소소모량(VO_2max)
운동 중 산소를 운반하고 사용할 수 있는 최대능력, 보통 자전거 에르고미터나 트레드밀에서 측정. 준비운동 후 점차로 운동 강도를 올려가면서 산소소모량을 측정하며 더 이상 증가되지 않는 시점의 산소소모량으로, 수축 중인 근육에서 산소를 운반하는 시스템의 최대한계치를 말함

체질량지수[(Body Mass Index, BMI) = 체중 ÷ 신장^2]
체중(kg)을 신장(m)^{2}으로 나누어 계산한 값

갈색지방조직(Brown Adipose Tissue, BAT)
추울 때 열을 발생하여 에너지를 소비함

위소매모양 절제술(sleeve gastrectomy)
위의 한쪽을 절단하여 위를 가늘고 긴 원통형으로 성형하는 방법

단식(total fasting)
수분만 섭취하고 음식을 전혀 섭취하지 않는 체중 감량법

황제 다이어트
탄수화물 식품을 제한하고 어육류는 마음껏 먹으며 체중을 감량하는 방법

1. 비만

1) 정의

- 비만은 제지방성분(lean body mass)에 비해 지방 조직(adipose tissue)이 과도하게 축적된 상태를 말한다. 비만 'obesity'의 어원인 ab(over)와 edere(to eat)에서 볼 수 있듯이 음식을 필요 이상으로 많이 섭취하면, 에너지 섭취와 에너지 소비 사이에 균형이 깨져 소모되지 않은 섭취에너지 부분이 지방으로 전환되어 피하조직과 복강 등에 축적된다. 적절한 지방조직은 에너지 저장원으로 총 저장에너지의 85%를 차지하며, 외부에 대한 방어 및 단열제로서 역할을 하지만 그 이상 축적되면 대사 장애를 초래한다.
- 일반적으로 표준체중의 10~20%를 초과할 때는 과체중(overweight), 20% 이상 초과할 경우에는 비만이라고 하며, 체지방량으로는 남성 25%, 여성의 경우 30% 이상일 때 비만이라고 한다. 과체중은 비만과는 달리 단순히 체중이 정상보다 많은 상태일 수도 있고, 정상체중이어도 체지방 비율이 높으면 비만이라고 할 수 있다.
- 체질량지수는 체중(kg)을 신장(m)의 제곱으로 나눈 값으로, 체지방량과 상관관계가 높아 가장 널리 사용되는 비만판정기준이다.
- 운동선수들은 지방이 적고, 근육이 많아 과체중에 해당하여도 비만이 아닌 경우가 많고, 체중이 정상 범위 안에 있어도 체지방률이 높아 이상지질혈증, 당뇨병 등의 비만 관련 질병들의 위험이 높은 마른 비만인 경우도 있다. 〈그림 8-1〉의 정상인은 체

신장 : 175cm
체중 : 80kg
근육량 : 62kg
무기질 : 4kg
지방 : 12kg
체지방률 : 15%
체질량지수 : 26

정상(근육발달 과체중)

신장 : 175cm
체중 : 80kg
근육량 : 55.1kg
무기질 : 3.9kg
지방 : 21kg
체지방률 : 26%
체질량지수 : 26

비만

신장 : 175cm
체중 : 64kg
근육량 : 39kg
무기질 : 3.5kg
지방 : 21.5kg
체지방률 : 34%
체질량지수 : 21

마른 비만

그림 8-1 정상(근육발달 과체중), 비만, 마른 비만

질량지수(kg/m^2)가 26이지만 체지방률은 15%로 낮아 비만이 아니므로 단순히 키에 비해 체중이 많은 과체중이며, 가운데는 왼쪽과 같은 키와 체중이지만, 체질량지수도 비만범위이고, 체지방률도 26%로 남성의 비만 범위에 들어가므로 비만에 해당한다. 마른 비만인의 체질량지수는 21로 정상 범위이나, 체지방률이 34%로 비만에 해당한다.

2) 원인

- 비만은 원인에 따라 1차성과 2차성 비만으로 분류된다. 1차성 비만은 에너지섭취량과 소비량의 불균형으로 체중과 체지방이 증가된 상태이다.
- 1차성 비만은 식습관, 생활습관, 연령, 인종, 사회·경제적 요소, 유전, 신경내분비 변화, 장내 미생물 등의 다양한 위험요인이 복합적으로 관여하여 한 가지 원인만으로는 설명이 어렵다.
- 2차성 비만은 유전질환, 선천성 질환, 신경내분비계 질환, 정신질환, 약물 때문에 발생할 수 있다.

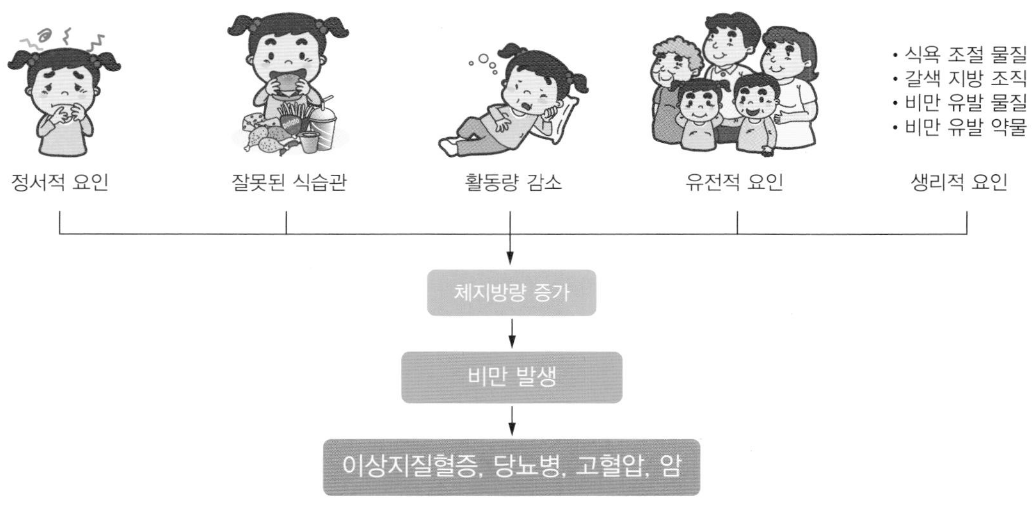

그림 8-2 비만의 원인

(1) 2차성 비만의 원인

① 유전요인

유전요인에 의해 특정 사람에게서만 에너지 불균형이 일어나기도 한다. 비만 유전자가 발견되기도 하였고, 유전요인은 비만 자체를 일으킨다기보다는 비만이 될 수 있는 민감성을 결정하며, 유전요인은 식품 섭취량, 활동량, 대사과정에 광범위하게 영향을 미친다.

② 에너지 섭취의 과잉

비만은 장기간의 잘못된 식습관 및 생활습관이 누적되어 일어나는 것이다. 섭식중추의 장애, 높은 고정점, 인슐린 과잉분배, 사회 · 경제적 요인, 생활습관, 스트레스 등이 에너지 섭취 과잉의 원인이다(표 8-1).

표 8-1 에너지 섭취 과잉의 요인

분류	과잉 요인
섭식 중추의 장애	• 시상하부에 있는 섭식중추가 지나치게 자극되어 끝없는 공복감에 시달림 • 만복감을 느끼게 해주는 포만중추가 잘 자극되지 않아 계속 공복감을 느낌 • 지나치게 빠른 식사 : 포만감을 느끼기도 전에 많은 양을 먹게 됨
높은 고정점	• 비만인들은 높게 결정된 체중에 대한 고정점을 유지하고자 함 • 우리 몸은 체중 고정점을 유지하려는 성질이 있는데 체중을 5% 빼면 기초대사량이 15%나 줄어들고 식욕은 증가되어 옛날 체중으로 되돌아가려 함 • 체중에 대한 고정점은 유전성이 강하나 운동이나 식사에 의해 저하될 수 있으므로 영원히 고정되는 것은 아님
인슐린 과잉 분비	• 비만이 되면 인슐린에 대한 저항이 높아져 더 많은 인슐린이 생성됨 • 과잉 분비된 인슐린이 공복중추를 자극하면 공복감을 심하게 느끼게 되어 과식하게 됨 • 과잉 분비된 인슐린은 섭취한 에너지를 지방으로 더욱 효과적으로 축적하여 고도 비만의 원인이 됨
사회 · 경제적 요인, 생활습관	• 고지방, 고칼로리 음식을 손쉽게 얻을 수 있음 • TV 시청, 독서, 컴퓨터하는 시간 동안의 무의식적인 섭취 • 과다한 식품광고와 빈번한 외식 • 주변에 흔한 편의점과 패스트푸드 레스토랑, 고깃집, 분식집의 증가 • 비만인들의 경우 배고픔보다는 음식의 맛, 모양, 냄새 등의 외부적 요인과 다른 사람들의 먹는 행위에 의해 자극되어 음식 섭취
스트레스	• 지루하거나 불안, 외로움, 신경과민 등의 스트레스로부터 벗어나고 싶어서 식품에 의존, 달래는 수단과 쾌락의 도구로 음식을 사용 • 밤에 집중적으로 많이 먹는 야식증후군은 스트레스에 의한 것이라고 할 수 있음. 밤에 먹는 식사는 인슐린 분비를 더욱 증대시켜 지방합성을 촉진

표 8-2 에너지 소비 저하의 원인

분류	원인
기초대사량의 저하	• 나이가 들어감에 따라 체지방이 증가하고 근육이 감소, 여성의 폐경 • 잦은 다이어트, 저에너지식사, 단식 • 키가 작은 사람(신체 표면이 적음) • 하루에 2끼 식사하면서 많이 먹으면 식사 사이의 공복시간이 길어져 에너지 절약 장치가 가동됨 • 갑상샘 호르몬의 부족 • 인슐린기능 저하로 인한 인슐린 과다생성으로 몸이 지방을 잘 축적하는 체질이 됨
활동 에너지량 저하	• 에스컬레이터, 자동차, 원터치식의 기계작동, 리모컨의 등을 사용하여 점점 육체적인 활동이 저하됨. 특히 TV 시청 시간은 비만도와 관계가 있음 • 일부 비만인들은 극도로 비활동적임
식품 이용을 위한 에너지 저하	• 식품 이용을 위한 에너지는 단백질이 가장 높고 탄수화물, 지방순으로 낮음 • 식품 이용을 위한 에너지는 아침에 높고 저녁에는 낮기 때문에 저녁에 먹으면 그만큼 여분의 에너지가 저장됨 • 식품 이용을 위한 에너지 발생은 갈색지방세포에서 일어나는데, 비만인은 갈색지방세포 수가 적음

③ 에너지 소비의 저하

나이가 들어가거나 근육이 감소되면서 기초대사량이 줄어들고, 활동에너지량이 저하되면서 에너지 소비가 저하된다.

④ 짝풀림 단백질의 부족

- 적응을 위한 에너지 소모량인 적응 대사량(adaptive thermogenesis)은 큰 환경변화에 적응하는 데 요구되는 에너지이다. 특히 추운 환경에 노출되거나 지나친 과식을 했을 때 또는 상처 및 기타 스트레스 상황에서 갈색지방조직에 의한 열 발생 기전과 관련이 있다.
- 백색지방조직과 달리 갈색지방조직은 짝풀림 단백질(uncoupling protein)을 가지고 있어 지방의 산화과정에서 생성된 에너지가 ATP 생성에 쓰이지 못하고 열로 생산되어 체온 유지에 쓰이거나 발산되어 없어진다.
- 신생아나 추운 지역에 사는 사람에게는 체온 유지를 위해 열 생산이 필수적이다. 갈색지방조직에서 발견되는 짝풀림 단백질은 다른 조직에서도 발견되며, 기초대사율에 영향을 주고 비만을 억제하는 것으로 알려져 있다. 갈색지방조직은 체중의 약 1% 정도를 차지하며 비만인은 갈색지방세포 수가 적다.

발열작용과 식사유도성 열생산
갈색지방세포는 식후에 몸을 따뜻하게 하는 식사유도성 열생산(thermogenesis and thermogenic effect of food) 작용이 있으며, 추울 때에 열을 생산하여 체온을 유지함. 갈색지방세포의 기능이 감소되면 열로 손실되는 에너지가 적기 때문에 과잉 에너지가 축적되어 비만이 발생하기 쉬움. 그러나 정상 성인에게서 갈색지방세포는 전체 지방세포의 1% 이하이므로 사람에게서 갈색지방세포의 기능 이상이 비만에 미치는 영향은 불분명함

⑤ 체중의 장 · 단기적 조절의 실패

- 단기적인 체중조절 음식이 위와 소장근육의 점막에 접촉하게 되면 이것이 장내 펩티드의 분비를 자극하며 이러한 장내 펩티드는 즉시 포만감을 느끼도록 한다. 대표적인 장내 펩티드인 콜레시스토키닌(cholescystokinin, CCK)은 단기적인 포만 조절 신호로 작용한다.
- 장기적인 체중조절 신경펩티드 Y(neuropeptide Y, NPY)는 장기적인 공복의 신호로, 렙틴은 포만 신호로 작용한다. NPY는 시상하부에서 합성되는 호르몬으로 이것을 뇌에 반복적으로 주입하면 과식을 하게 되고 체중이 증가하여 비만이 된다. 렙틴은 지방조직에서 합성되어 혈액으로 방출되는 폴리펩티드인데 시상하부에 호르몬처럼 작용하여 식욕을 억제하고 에너지 소비(활동량 또는 기초 대사량)를 높인다. 동물들에게 장기적으로 렙틴을 투여하면 식이섭취가 감소하면서 체중이 저하된다.

(2) 2차성 비만의 원인

- 쿠싱증후군은 뇌하수체의 기능 이상으로 부신피질자극호르몬이 과잉 분비되면서 코티솔 등의 스트레스 호르몬의 과잉 분비가 원인이다.
- 스테로이드제의 과잉 복용도 체지방의 재분배를 일으켜 주로 중심성 비만을 유발한다. 다낭성 난소증후군은 난소가 남성 호르몬인 안드로겐을 과다하게 분비하면서 난소에 물혹이 차는 증상으로 비만, 무배란성 불임, 다모증, 월경불순을 동반한다. 항우울제(아미트립틸린)의 복용은 체중증가를 유발하고, 에스트로겐은 부종을 유발한다.

3) 구분과 분류

비만은 원인, 발생시기, 지방조직 형태, 체지방 분포, 지방위치에 따라 구분할 수 있다.

표 8-3 비만의 분류

구분 방법	분류	
원인	단순 비만	증후성 비만
	• 과식과 신체활동 부족에 의해 발생하며, 비만한 사람의 약 95%가 이에 해당	• 유전, 내분비 질환, 시상하부성 질환, 대사 질환 등의 원인 질환에 의해 발생
발생시기	소아비만(지방세포 증식형)	성인비만(지방세포 비대형)
	• 어린 나이(생후 1년간 혹은 4~11세)에 과잉 에너지 공급으로 발생 • 지방세포의 수와 크기가 모두 증가하는 지방세포증식형 비만이며, 성인비만으로 연결됨 • 지방세포의 수는 잘 줄어들지 않아 치료가 어렵고 재발하기 쉬움	• 성인기 이후 기초 대사량과 활동량 감소로 발생 • 과량의 에너지 섭취로 지방세포의 크기가 증가하는 지방세포비대형 비만 • 비교적 체중 감량이 쉽고 재발 위험성이 적음
체지방 분포 및 질병 위험도	남성형 비만	여성형 비만
	• 복부 비만, 중심성 비만, 상체형 비만, 사과형 비만 • 심장병, 뇌졸중, 당뇨, 고혈압, 암과 같은 만성질병 위험도 증가 • 복부에 있는 지방은 크고 대사적으로 왕성하여 운동이나 다이어트로 감량이 비교적 쉬움	• 둔부 비만, 하체형 비만, 말초형 비만, 서양배형 비만 • 대사증후군 위험도가 적음 • 하체의 지방세포는 활동성이 낮아 감량이 어려움, 다이어트를 반복하면 나중에 복부비만이 될 가능성이 높아짐
지방의 위치	내장지방형 비만	피하지방형 비만
	• 복강의 내장 주변에 지방이 저장 • 성인병 위험 증가	• 복벽에 일정한 두께로 지방이 저장

4) 진단 방법

(1) 체격지수를 이용한 판정

① 이상체중비 혹은 상대체중

이상체중비(Percent of Ideal Body Weight, PIBW)는 실제 체중에서 표준체중으로 나눈 값에 100을 곱한 값이다.

$$이상체중비 = \frac{실제체중}{표준체중} \times 100$$

브로카법에 의한 표준체중

신장이 160cm 이상일 경우, [신장(cm)-100]×0.9

150cm 이상 160cm 미만인 경우, [신장(cm)-150]×0.5+50

150cm 미만인 경우, 식 신장(cm)-100

체질량지수법에 의한 표준체중

- 남성 : 표준체중(kg)=키$(m)^2$×22
- 여성 : 표준체중(kg)=키$(m)^2$×21

표 8-4 이상체중비의 비만판정법

범위(%)	판정
90 >	체중 미달
90≤ ~ <110	정상
110≤ ~ <120	과체중
120≤ ~ <140	경도 비만
140≤ ~ <160	중등도 비만
≥160	고도 비만

② 체질량지수

체질량지수(Body Mass Index, BMI)는 신장과 체중을 이용하여 간단하게 비만을 판정할 수 있는 방법으로 체중(kg)을 신장(m)의 제곱으로 나눈 값이다.

$$체질량지수 = \frac{체중(kg)}{신장(m)^2}$$

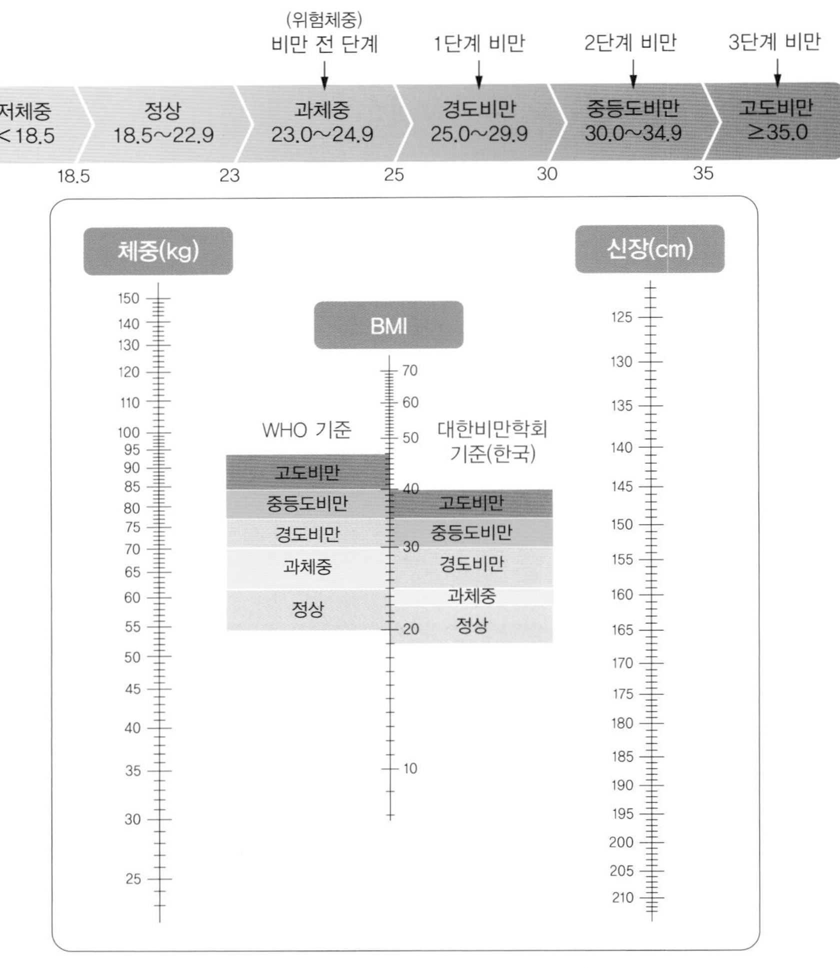

본인의 신장과 체중에 점을 찍고 이으면 체질량지수(BMI)를 알 수 있다.

그림 8-3 체질량지수

소아청소년 비만

만 2세 이상의 소아청소년 비만 진단에는 소아청소년 성장도표를 기준으로 연령별 · 성별 체질량지수 백분위수를 사용함. 체질량지수 85 백분위수 이상은 비만 전 단계(과체중)로 판정하고, 체질량지수 95 백분위수 이상은 비만으로 판정함

자료 : 대한비만학회 비만 진료지침 2022.

③ 허리둘레와 허리-엉덩이둘레비

- 허리둘레는 복부 비만 판정에 사용되고, 전체적으로 비만이 아니더라도 체중과 무관하게 비만과 관련된 합병증의 위험인자 판정에 쓰이고 있다. 1인치는 2.54cm여서 남성 90cm(35인치) 이상, 여성 85cm(33인치) 이상을 복부 비만으로 판정한다. 허리둘레는 배꼽 위 가장 가는 부분의 둘레를 측정하지만 배가 많이 나온 경우에는 배꼽 둘레를 측정하고, 엉덩이둘레는 엉덩이의 가장 많이 나온 부위의 둘레를 측정한다.
- 엉덩이둘레(H)에 대한 허리둘레(W)의 비율(Waist-Hip Ratio, WHR)은 그 한계치가 연령이 많아짐에 따라 증가하는데 남성은 0.8～0.9, 여성은 0.7～0.75의 범위가 정상이며, 남성 0.95 이상, 여성 0.85 이상이면 복부 비만이라고 판정한다. 최근 허리와 엉덩이둘레 비율보다 허리둘레 그 자체가 내장지방 축적형의 복부 비만(내장형 비만)과 관계있음이 보고되었다.

(2) 체지방비율을 이용한 판정

① 생체전기저항측정법

- 생체전기저항측정법(bioelectrical impedance analysis)은 지방조직은 체지방조직에 비해 전기가 잘 통하지 않아 전기저항이 많이 발생한다는 원리를 이용한 방법이다.
- 생체전기저항측정기에 미세한 전류를 흘려준 다음 되돌아오는 저항을 측정하고, 전기저항값과 성별, 신장, 체중을 사용하여 회귀방정식으로 체수분량, 체지방, 제지방을 구한다.

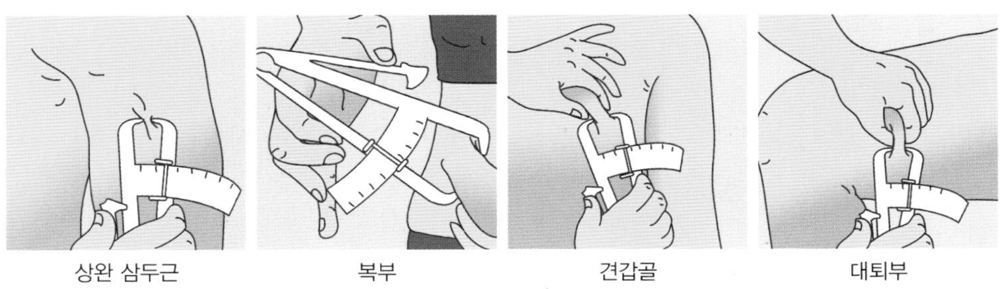

그림 8-4 피부두겹두께에 의한 체지방 측정(캘리퍼)

② 피부두겹두께

- 피부두겹두께(skinfold thickness)에 의한 체지방 측정은 우리 몸에 존재하는 지방의 50% 이상이 피하에 있다는 원리를 이용한다.
- 인체부위 중 상완 삼두근, 복부, 견갑골, 대퇴부를 측정하여 피부두께의 합으로 체밀도를 구한 후 수중체밀도법과 같은 공식으로 체지방비율을 계산하거나 단순히 피부두겹두께의 백분위수로 비만을 판정한다.

5) 관련 질환

(1) 비만인의 질병위험도

WHO에서 발표한 비만인의 질병에 대한 상대적인 위험도는 〈표 8-5〉와 같다.

표 8-5 비만인의 질병위험도

매우 증가(3배 이상)	중등도 증가(2~3배)	약간 증가(1~2배)
• 2형 당뇨병 • 담낭 질환 • 이상지단백혈증 • 인슐린 저항증 • 무호흡증 • 호흡곤란증	• 관상동맥질환 • 고혈압 • 골관절염 • 고요산혈증과 통풍	• 암(유방암, 자궁내막암, 대장암) • 생식호르몬 이상 • 다낭성 난소증후군 • 수정능 손상 • 요통 • 마취에 대한 위험도 • 태아 기형(모성 비만)

자료 : 대한영양사협회(2022). 임상영양관리지침서 제4판.

(2) 비만 관련 질환

① 대사증후군

- 대사증후군은 당뇨병과 심혈관계 질환을 예측할 수 있으며, 심혈관 질환으로 인한 이환율과 사망률을 증가시킨다.
- 대사증후군(metabolic syndrome)은 만성질환의 위험인자를 복합적으로 가지고 있는 상태를 말하며, 복부 비만, 고중성지방혈증, 저 HDL 콜레스테롤혈증, 고혈압, 고혈당 중 3개 이상에 해당할 경우에 진단한다. 대사증후군은 심장병 발병 위험이 2배, 당뇨병 발병위험이 5배 높으며, 이러한 질병으로 인한 사망률도 높아진다.

표 8-6 대사증후군 진단 기준

위험 인자	세부 내용
복부 비만	허리둘레 남성 90cm, 여성 85cm 이상
높은 혈중 중성지방	150mg/dL 이상(또는 고지혈증약 복용)
저 HDL 콜레스테롤혈증	남성 40mg/dL, 여성 50mg/dL 미만(또는 고지혈증약 복용)
높은 혈압	130/85mmHg 이상(또는 혈압약 복용)
높은 혈당	공복 혈당 100mmHg 이상(또는 당뇨약 복용)

② 심혈관 및 뇌혈관 질환

비만은 관상동맥질환의 발병 위험을 높이는 독립적인 위험인자이기 때문에 체중을 감소시키면 고혈압과 고콜레스테롤혈증을 낮추는 효과가 있다. 당뇨병, 고혈압, 고지혈증을 동반한 비만인은 관상동맥심질환에 의한 사망률의 위험도가 더 높다. 비만인은 뇌졸중으로 인한 사망률도 증가한다.

③ 당뇨병

당뇨병 유병률은 정상체중보다 과체중인 경우에 더 많으며, 2형 당뇨병의 발병과 비만은 밀접한 관계가 있다. 특히 복부 비만인 경우에는 인슐린 저항성을 초래하여 2형 당뇨병의 발병 위험도가 더 높아진다.

④ 여성 관련 질환

비만은 다낭성 난소증후군, 불임, 자연유산, 월경주기 이상 등의 여성 관련 질환 유병률을 높인다. 복부 비만은 특히 월경 이상과 불임의 주요 위험요인이며, 폐경 후 여성은 호르몬 대체요법에 의하여 복부 비만이 예방될 수 있지만, 오히려 호르몬 대체요법으로 인하여 체중이 증가되는 경우도 있다.

⑤ 호흡기계 질환

복부 비만인은 누웠을 때 상기도가 좁아지므로 폐쇄성 수면 무호흡증을 일으키며, 비만할수록 마취에 대한 위험도가 증가하여 수술 중이나 수술 직후 부정맥으로 인한 무호흡증으로 치명적일 수 있다.

⑥ 골 관절염, 통풍

비만은 보행 중 충격을 흡수하는 효과를 감소시켜 척추에 부담을 주며, 체중 부하 관절인 무릎, 고관절[골반(엉덩이뼈)과 대퇴부(넙다리뼈) 사이의 관절], 손목에도 골관절염을 유발한다. 특히 복부 비만은 고요산혈증에 의한 통풍 발생 위험을 높인다.

⑦ 암

비만과 관련된 암의 발생 부위는 남성은 대장과 직장에 많이 나타나고, 여성은 담낭계, 유방, 자궁경부, 자궁내막, 난소 부위에 많이 나타난다.

⑧ 소화기계 질환 및 간질환

비만인은 말초조직의 지방이 간으로 이동하여 중성지방이 간에 과다하게 축적되어 지방간이 발생되기도 한다. 담낭질환은 비만인에게 흔한 소화기질환이다. 비만이 진행됨에 따라 담즙으로 분비되는 콜레스테롤의 증가로 담석을 유발하기도 한다.

⑨ 정신사회적 문제

비만인은 자신의 외모에 대하여 만족감을 느끼지 못하고 대인관계에 자신감이 없으며 불안이나 우울증을 나타내기도 한다.

⑩ 소아와 청소년의 비만 문제

소아비만은 당대사장애, 인슐린 저항성의 발생률을 높이며, 청소년비만은 2형 당뇨병, 고혈압, 이상지질혈증, 지방간, 위장관장애, 폐쇄성 수면무호흡증, 다낭성 난소증후군과 같은 만성질환의 유병률을 증가시킬 수 있다. 비만한 소아는 성인이 되어도 비만할 가능성이 크다.

6) 영양관리

비만환자의 치료목표는 개인의 건강상태에 맞게 의사와 환자가 함께 정하는 것이 좋다. 치료 전 체중의 5~10%를 6개월 이내에 감량하는 것을 체중 감량의 1차 목표로 정한다.

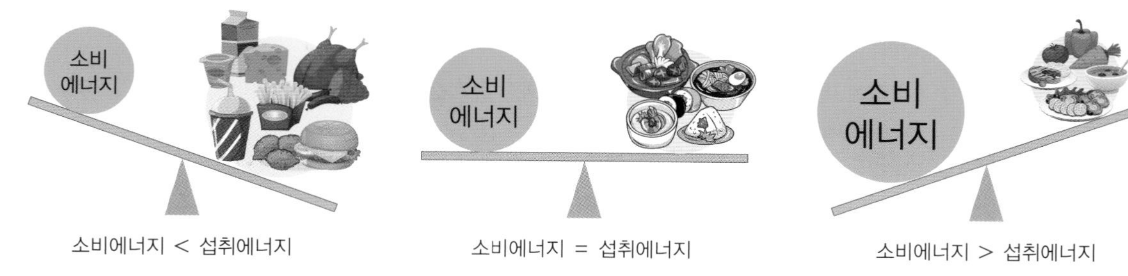

그림 8-5 섭취에너지와 소비에너지

(1) 에너지 제한

- 에너지 섭취량이 소비량보다 많을 경우 비만을 유발하고 고혈압, 심장질환, 당뇨병 등 만성질환의 위험이 증가하며, 반대로 에너지 섭취량보다 소비량이 많을 때는 체지방이 감소되어 체중 조절에 도움이 된다. 따라서 적절한 운동과 건강한 식습관을 통해 섭취에너지와 소비에너지의 균형을 유지하는 것이 중요하다.
- 일반적으로는 가벼운 활동인 경우 체중 kg당 25~30kcal, 중 정도의 활동은 체중 kg당 30~35kcal를 소모하게 된다. 0.5kg의 지방은 원래 4,500kcal에 해당하나 체지방조직의 단백질, 무기질, 수분을 감안할 때 약 3,500kcal에 해당한다.
- 적당한 체중 감소는 1달에 2kg 혹은 일주일에 0.5kg 정도이며, 일주일에 0.5kg 체중을 감량할 때는 하루 500kcal씩 필요 에너지에서 감하면 된다. 적정한 체중 감량은 1달에 최대 4kg까지도 할 수 있으나, 그 이상의 극단적인 에너지 제한식에 의한 체중 감량은 유지하기가 힘들고 부작용이 많이 발생하게 된다(표 8-7).
- 체지방 연소를 유도하면서 체단백질의 손실을 최소화하고 기초에너지 대사율 저하를 최대한 막기 위해서는 1년 동안 체중의 10~15%를 줄이는 것이 권장된다.

표 8-7 활동도에 따른 에너지 요구량

생활 활동 강도	직종	체중당 필요 에너지(kcal/kg)
가벼운 활동	일반사무직, 관리직, 기술자, 어린 자녀가 없는 주부	25~30
중등도 활동	제조업, 가공업, 서비스업, 판매직, 어린 자녀가 있는 주부	30~35
강한 활동	농업, 어업, 건설 작업원	35~40
아주 강한 활동	농번기의 농사, 임업, 운동선수	40~

167cm, 76kg, 48세, 사무직인 여성의 에너지 섭취량 처방의 사례

① 1주일에 0.5kg 감량을 목표할 때 현재 체중 유지를 위해 소모되는 에너지에서 매일 500kcal를 감한 에너지를 처방함

- 중등도 활동을 할 경우 현재 체중 유지를 위한 에너지 필요량
  76×30(중등도 활동)=2,280kcal
  감하고 싶은 에너지(1주일에 0.5kg) : 2,280-500=1,780kcal≒1,700kcal로 시작함
- 가벼운 활동을 할 경우 현재 체중 유지를 위한 에너지 필요량
  76×25(가벼운 활동)=1,900kcal, 1,900-500=1,400kcal로 시작함

② 목표 체중을 정하여 그 체중에 필요한 에너지를 처방함

- 목표 체중을 체질량지수법으로 구하는 법
  목표 체중(kg)=목표 BMI×신장(m)²으로, 건강한 BMI 범위는 18.5~22.9이므로 키 167cm인 여성의 목표 BMI가 20이라면 목표 체중은 20×(1.67)²=55.8≒56kg
- 중등도 활동할 경우 목표 체중 유지에 필요한 에너지 : 56×30=1,680≒1,700kcal
- 가벼운 활동할 경우 목표 체중 유지에 필요한 에너지 : 56×25=1,400≒1,300kcal

③ 목표 체중을 단계별로 구하는 법

만약에 첫 3개월에 현재 체중의 10%를, 다음 6개월에 10%를 감한다면,
첫 3개월간의 1차 목표 체중 : 76×0.9=68.4≒68kg

- 중등도 활동할 경우 1차 목표 체중 유지에 필요한 에너지 : 68×30=2,040≒2,000kcal
- 가벼운 활동할 경우 1차 목표 체중 유지에 필요한 에너지 : 68×25=1,700kcal

이후 6개월간의 2차 목표 체중 : 68×0.9=61.2≒61kg

- 중등도 활동할 경우 2차 목표 체중 유지에 필요한 에너지 : 61×30=1,830≒1,800kcal
- 가벼운 활동할 경우 2차 목표 체중 유지에 필요한 에너지 : 61×25=1,525≒1,500kcal

기초대사량 구하기

① 헤리스-베네딕트식에 의한 방법(체중, 키, 나이를 고려한 방법)

남성 : 66.4+(13.7×체중)+(5×키)-(6.8×나이)
여성 : 655+(9.6×체중)+(1.8×키)-(4.7×나이)
체중 : kg 키 : cm 나이 : years
예 167cm, 76kg, 48세 여성 : 655+(9.6×76)+(1.8×167)-(4.7×48)=1,459.6≒1,500kcal

② 간단한 방법(체중만 고려한 방법)

남성 : 1.0×체중(kg)×24
여성 : 0.9×체중(kg)×24
예 167cm, 76kg, 48세 여성 : 0.9×76×24=1,641≒1,600kcal

표 8-8 에너지를 낮추는 요령

고에너지 식품을 저에너지 식품으로 대체	• 육류 : 지방 함량이 적은 살코기 부위를 선택 • 달걀 : 노른자보다 흰자를 많이 사용
지방 사용을 줄이는 조리법을 이용	• 육류 : 기름을 많이 사용하는 튀김이나 전보다는 구이나 삶는 조리법을 이용 • 채소 : 볶음보다는 삶거나 데치는 방법으로 나물을 조리
에너지가 적은 식품을 선택	• 채소는 에너지가 비교적 적고, 식이섬유가 풍부하므로 자유롭게 이용 • 샐러드는 에너지가 높은 마요네즈보다는 생과일, 식초 등을 이용한 저에너지 드레싱을 이용
식품 자체의 지방을 줄임	• 닭껍질은 제거하고, 고기의 기름을 떼어내서 사용 • 고기는 끓는 물에 살짝 데쳐 기름기를 빼고 조리 • 통조림을 사용할 때는 기름을 완전히 제거
식욕을 자극하는 조리법은 피함	• 조미료 사용을 줄이고 대체조미료를 활용 • 간은 싱겁게 하고 진한 양념은 피함

표 8-9 식사종류별 특성

구분	특성
저열량식	• 에너지 섭취를 500~1,000kcal 정도 감량하며, 영양적으로 적절한 일상적 식사 가능 • 1주일에 0.5~1.0kg 정도의 체중 감량 효과를 기대할 수 있고, 열량 섭취 제한 효과는 6개월에 최대에 이르며, 이후에는 이보다 감량효과가 낮아짐
초저열량식	• 1일 800kcal 이하로 극심한 에너지 섭취 제한 • 단기간 빠른 속도로 체중 감량이 가능하나 장기적으로는 저열량식과 유의적인 차이가 없음 • 심각한 의학적 문제가 발생될 수 있으므로 의학적 감시가 필요하며, 장기적인 생활습관 개선을 위한 중재가 동반되어야 함
초저탄수화물식	• 총에너지의 30%, 1일 130g 미만으로 탄수화물 섭취를 제한(초기에는 50g 미만 혹은 총에너지의 10% 미만으로 제한하다가 점차 증량) • 대조식에 비해 초기 체중 감량 효과는 크나, 장기적으로는 효과가 없거나 미미함 • 혈청 중성지방 수치 개선 효과가 있으나, LDL-콜레스테롤 수치 상승 등 심혈관계 위험을 높일 수 있음
저탄수화물식	• 일반적으로 총에너지의 40~45% 수준으로 탄수화물 섭취를 제한 • 대조식에 비해 초기 체중 감량효과는 크나, 장기적으로는 효과가 없거나 미미함 • 혈청 중성지방 수치 개선에 효과적이지만, 탄수화물 제한 정도가 크면 LDL-콜레스테롤 수치에 좋지 않은 영향을 미칠 수 있음
고단백식	• 일반적으로 총에너지의 25~30% 수준으로 단백질 섭취 • 탄수화물 과다 섭취 방지, 에너지 제한에 따른 체단백 손실 방지, 적절한 단백질 영양상태 유지에 도움이 됨 • 대조식에 비해 체중 감량/유지에 효과적이기는 하지만, 그 정도가 크지 않음

간헐적 단식/
시간제한다이어트
	• 지속적으로 에너지 섭취를 제한하는 대신, 식사제한을 하는 시기를 정하여 식사조절
	  - 간헐적 단식 : 에너지 섭취 제한을 하는 날과 그렇지 않은 날을 설정
	  - 시간제한다이어트 : 하루 중 음식물 섭취를 하는 시간대를 설정
	• 지속적인 에너지 제한방법에 비해 체중 감량 정도에 유의적인 차이가 없거나, 있어도 정도가 크지 않음
	• 장기간 비만 식사치료의 한 방법으로 포함시키기에는 근거가 제한적임

자료 : 대한비만학회 비만 진료지침 2022.

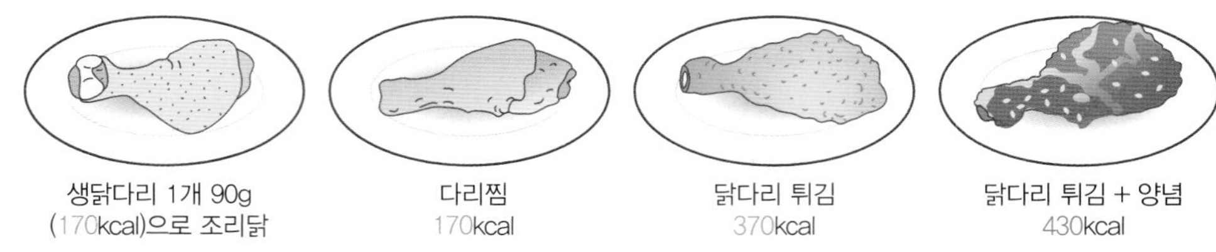

그림 8-6 닭다리의 조리방법별 에너지 비교

(2) 알코올과 단순당 제한

- 다이어트 시에는 에너지 섭취는 줄어들면서 단백질, 비타민, 무기질 같은 영양소 공급은 충분히 이루어져야 하므로 오히려 영양밀도가 높은 질 좋은 식사를 해야 한다.
- 알코올이나 설탕이 많은 식품을 먹게 되면 에너지는 높고 영양소는 비어 있어 전체적으로 부실한 식사가 되기 쉽다. 알코올은 지방처럼 작용하며 간에 지방으로 축적되면서 지방의 산화를 방해하게 된다.
- 단순당의 경우 인슐린 반응을 유도해서 지방합성을 촉진한다. 단순당 대신에 인공감미료 같은 아스파탐이나 사카린 같은 것을 쓸 수는 있으나 이러한 인공감미료들이 장기적으로 체중을 저하시켰다는 명확한 보고는 없다.

(3) 끼니별 식사배분 조절

- 식사간격은 2시간 30분~3시간을 넘지 않는 것이 기초대사량 저하를 막는 데 도움이 된다. 공복시간이 오래 지속되면 기초대사량이 저하되기 때문이다. 하루에 3끼의 식사와 2끼의 간식을 먹는 것이 좋으며 식사는 400~500kcal, 간식은 100kcal 이하로 하는 것이 중요하다. 자주 조금씩 먹되 양을 정해서 먹고 정해진 시간에 먹으면 체지방의 저장을 돕는 인슐린의 분비를 최소화하고 배고픔에서 상당히 벗어날 수 있으며 먹으며 안 된다는 강박관념에서도 벗어날 수 있다.
- 저녁은 6시 이전에 먹고 아침, 점심, 저녁의 비율은 3 : 2 : 1로 하는 것이 좋다. 아침에는 식사 후에 기초대사율이 촉진되어 에너지 소모를 도와주나, 저녁에는 기초대사율이 저하되고 활동에너지도 저하되어 특히 10시 이후에 섭취한 음식은 체내에 더욱 잘 저장된다.

7) 유행하는 다이어트 방법의 종류 및 문제점

(1) 케토제닉 다이어트(황제 다이어트)

- 고단백 · 고지방 · 저당질식(영양불균형 저에너지식의 일종)으로서 육류를 주로 섭취하는 방법이다. 저당질식사가 특징인데 당질이 부족하면 에너지원을 주로 지질에 의존하게 되므로 구연산(TCA) 회로가 원활히 진행되지 못하여 불완전 연소물인 케톤체가 과잉 생성된다. 혈중 케톤체의 농도가 높아지므로 식욕이 상실되어 에너지 섭취량이 감소된다.
- 케톤체를 배설하기 위해 이뇨작용이 활발하여 초기에는 체중 감소가 크지만 케톤증으로 위험하고, 또한 고단백, 고지방으로 구성된 고콜레스테롤식이므로 고콜레스테롤혈증을 유발하며 멀미, 저혈압 등 여러 가지 부작용을 초래한다.

(2) 원 푸드 다이어트(one food diet)

원 푸드 다이어트는 사과, 포도, 요구르트, 건빵, 감자, 벌꿀, 감식초 등 한 가지 식품만을 먹으면서 체중을 감량하는 방법이다. 모든 영양소를 고루 갖춘 식품은 없기 때문에 한 종류의 식품만 섭취하면 균형 잡힌 영양공급이 불가능하다.

8) 운동치료

- 체중 감소를 위한 식사조절을 할 때 운동을 함께하면 체지방 소모가 더 많으면서 근육은 많이 줄어들지 않아 기초대사량 저하를 막을 수 있어 요요현상이 적게 일어난다.
- 운동치료 전 심혈관, 대사성, 신장질환의 증상이 있거나, 증상이 없더라도 심혈관, 대사성, 신장질환이 있으면서 규칙적인 운동을 하고 있지 않은 경우에는 의사 상담 후에 운동을 시작하고, 그 외에는 의학적 허가 없이 저 · 중강도부터 운동을 시행할 것을 권고한다.
- 효과적인 체중 감량을 위해서는 운동 외에 식사치료를 병행할 것을 권고한다.

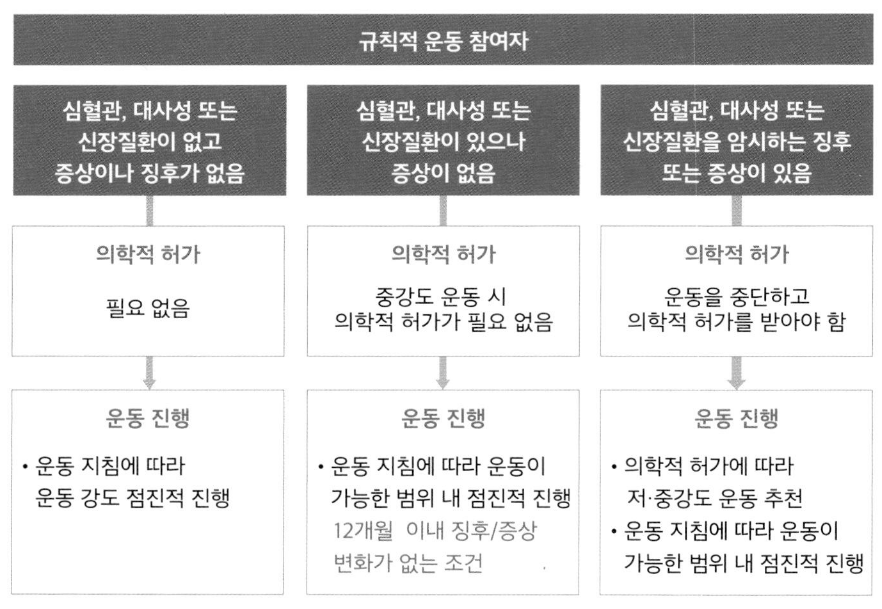

그림 8-7 규칙적인 운동을 하는 경우 운동 전 검사 알고리즘
자료 : 대한비만학회 비만 진료지침 2022.

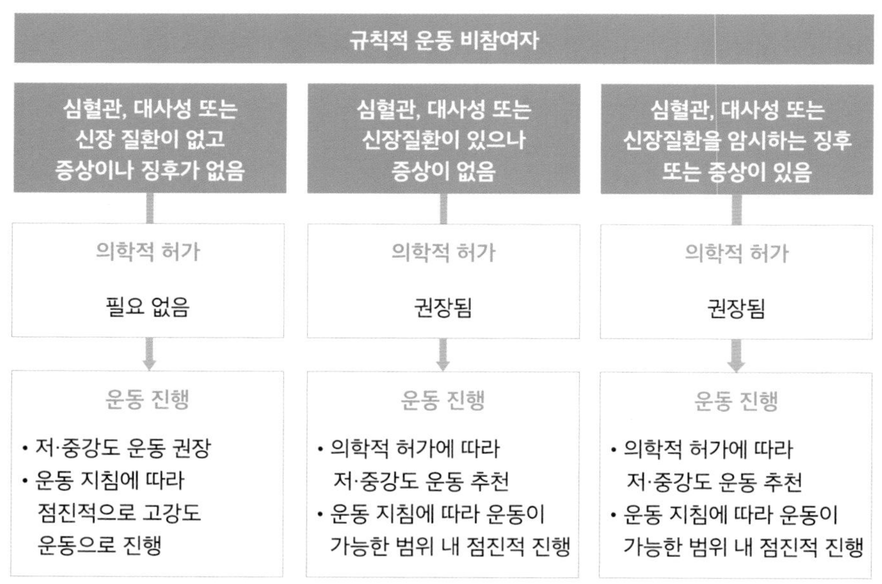

그림 8-8 규칙적인 운동을 하지 않은 경우 운동 전 검사 알고리즘
자료 : 대한비만학회 비만 진료지침 2022.

(1) 유산소운동과 근력운동

유산소운동은 호흡 수를 증가시켜 체지방을 연소시킬 수 있을 정도로 충분한 시간이 지속되는 운동이다. 근력운동으로 근육량 감소를 줄여야 기초대사량 감소를 막을 수 있다. 체중 감량에는 유산소운동이 주가 되어야 하고 근력운동을 함께해야 한다. 근력운동은 하루에 20~30분간 이틀에 한 번씩 일주일에 3번 실시하며, 근력운동 후에는 충분한 휴식기간이 있어야 근육이 회복된다.

표 8-10 유산소운동과 근력운동과의 비교

구분	유산소운동	근력운동
정의	• 호흡 수 증가로 산소흡입량을 충분히 하여 체내 지방을 연소시킬 수 있도록 충분한 시간 동안 행해지는 운동	• 호흡 수가 증가하지 않으면서 중력만을 사용하여 근육에 평상시보다 큰 자극을 주는 운동
종류	• 팔 근육 사용 : 수영, 노젓기 • 다리 근육 사용 : 달리기, 걷기, 하이킹, 계단 오르기, 인라인 스케이트 타기, 자전거 타기 • 팔과 다리 근육 모두 사용 : 줄넘기, 크로스컨트리, 스키	• 역기운동, 덤벨운동, 팔굽혀펴기, 윗몸일으키기, 요가, 필라테스
생리적 효과	• 에너지 소비량 증가 • 고정점을 낮춤 • 식욕을 낮춤 • 기초대사량 상승 • 스트레스, 우울증 완화 • HDL 콜레스테롤 증가 • 인슐린 민감성 개선	• 기초대사량 상승 • 제지방량(근육량) 증가 • HDL 콜레스테롤 증가 • 인슐린 민감성 개선
건강효과	• 심장기능 향상 • 혈관기능 향상 • 폐기능 향상	• 근육 크기 증가 • 운동 크기 증가 • 근력 증가 • 골밀도 증가
주의사항	• 지나친 맥박상승 시에 고혈압 주의(250~300mmHg에 달함) • 협심증이 있는 경우 지나친 강도 시에 악화 우려	• 낙상과 상해 예방 • 순간적인 혈압상승 때문에(300mmHg) 고혈압, 심장병인 사람은 피함 • 사춘기 이전 어린이는 성장판에 손상 우려
에너지 사용량	• 7~10kcal/분	• 유산소운동의 1/3~1/4

표 8-11 유산소운동의 선택 시 고려사항

구분	내용
강도	• 운동의 강도가 높아질수록 단위시간당 에너지 소모량이 증가하나 지속시간이 짧아짐 • 체중조절을 위한 바람직한 운동의 강도는 최대산소소모량의 60~80%를 소모하는 운동 혹은 최대맥박 수의 70~90%를 나타내는 운동, 운동부하검사를 통해 최대산소소모량을 측정해야 함
지속 시간	• 지속시간은 20~60분 정도가 바람직하며 지방이 운동 에너지로 충분히 쓰이려면 적어도 20분 이상을 지속해야 함. 이때 20분은 스트레칭, 준비운동, 마무리 운동시간을 제외한 주 운동시간임 • 체중 감량을 위해서는 저강도의 장시간 운동이 효과적이므로 체중 감량이 주 목적이라면 하루에 50분 이상을 해주는 것이 좋음
운동의 빈도	• 대사 상태의 호전만을 위해서라면 일주일 3~4회가 적절하나 체중 감소를 위해서라면 일주일에 5~6회 이상이 적절
즐거움	• 좋아하지 않는 운동은 오래 계속하기가 힘듦. 조깅이나 달리기를 좋아하지 않으면 팔을 크게 흔들며 걷기, 골프(카트 사용), 수영, 자전거 타기, 테니스, 라켓볼 등으로 대체할 수 있음. 정원일, 세차, 집안 청소 같은 것도 에너지 소비에 도움이 됨
실용성	• 운동은 날씨, 시설, 비용에 영향을 많이 받음. 걷기, 조깅, 달리기는 이런 면에서 가장 실용성이 높은 운동임. 수영, 테니스, 라켓볼은 시설이 필요함. 테니스, 핸드볼 등은 실내 운동장이 없으면 날씨에 영향을 많이 받으며 골프는 비용이 많이 듦 • 실내 자전거, 런닝머신 등의 실내운동기구는 TV 시청이나 독서 같은 다른 활동을 병행할 수 있음
융통성	• 한 가지 운동을 계속하는 것보다는 1주일에 3일은 달리기, 2일은 자전거 타기, 2일은 수영과 같이 교차운동이 바람직함 • 하루 중에서도 달리기 30분, 자전거 타기 30분 등으로 몇 가지 다른 운동을 조합하는 것이 덜 지루하여 오래 할 수 있음 • 운동하다 다쳤을 때는 쉬는 것보다는 수영이나 실내자전거 타기와 같은 체중부담이 없는 신체활동 수행 권장

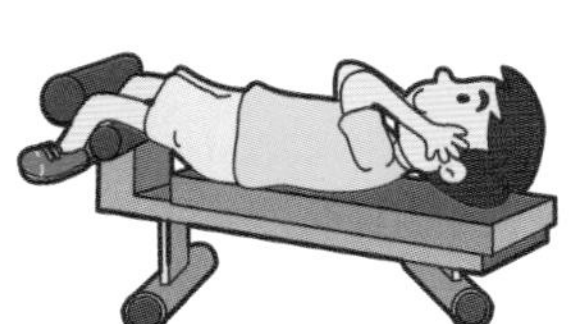

그림 8-9 근력운동 방법

(2) 운동의 강도와 지속시간

- 운동의 중요한 두 가지 요소는 강도와 지속시간이다. 모든 운동에서 이 두 가지 요소는 반비례한다. 강도를 높이면 지속시간이 짧아지고 강도를 낮게 하면 지속시간이 길어진다.
- 체중 감소를 위한 적정 운동 강도는 최대산소소모량의 60~80%를 소모하는 중 정도 운동을 적어도 20분을 지속해야 한다. 운동 강도에 따라 산소가 쓰이는 정도와 우선 소모되는 영양소가 다르기 때문이다.
- 최대산소소모량의 약 50% 정도 되는 저강도 운동에서는 산소를 소비하여 지방을 에너지원으로 사용하는 정도가 높다. 운동의 강도가 강해질수록 근력운동이 되고 탄수화물을 주 에너지원으로 사용한다. 운동 강도를 최대산소소모량의 60~80%로 하는 중정도 운동은 지방으로 쓰이는 에너지 비율은 30% 정도로 저강도운동에 비해 낮으나 전체적으로 소비하는 에너지가 높으므로 체중 감량을 위한 유산소운동 시에는 최대산소소모량의 60~80%의 강도를 권한다.
- 체중 감소와 체지방 감량을 원하나 현재 체중 때문에 강도 높은 운동을 20분 이상 지속하기가 힘들 때는 최대산소소모량의 50~60%의 저강도운동을 60분 이상 실시하는 것이 오히려 더 효과적일 때도 있다. 지방조직의 감소를 위해서는 최소한 2개월은 운동을 해야 한다.

표 8-12 운동 강도에 따른 주 에너지원

구분	저강도 운동 (최대산소소모량 50%)	중강도 운동 (최대산소소모량 60~80%)	고강도 운동 (최대산소소모량 80% 이상)
주 에너지원	지방조직에서 분해되어 나온 혈중 지방산, 근육 내 중성지방	근육 내 글리코겐, 혈당	근육 내 글리코겐
피로	천천히 옴	중정도	빨리 옴

운동효과

- 건강체중 유지에 도움을 줌
- 기초대사량을 높여줌
- 체지방량을 감소시키고 근육량을 증가시킴
- 스트레스 해소 및 정신건강에 도움이 됨
- 고지혈증, 당뇨병, 비만 등 만성질환의 발생을 감소시킴

그림 8-10 100kcal를 소모하는 운동(66kg 남성, 56kg 여성)

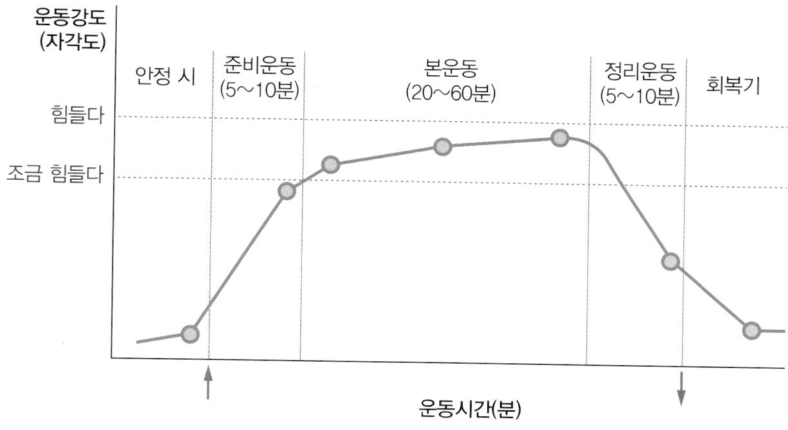

그림 8-11 유산소운동 시간별 운동강도

9) 행동치료

- 행동치료(behavior modification)란 원래 심리치료에서 쓰던 방법으로 1차적 목표는 체중뿐만 아니라 활동과 식습관을 변화시키는 것이다. 비만을 후천적으로 배운 행동장애로 생각하고 비만을 가져오는 좋지 않는 행동을 구체적으로 파악한 후, 그 행동을 수정한다. 비만인 사람은 일반적으로 식사속도가 빠르고, 식사횟수가 적으며, 한 번에 과식을 하거나 야식과 군것질을 많이 하는 경향이 있다. 따라서 비만인은 식습관을 수정하여 에너지 섭취를 줄이고 에너지 소비는 늘리도록 해야 한다.
- 효과적인 체중 감량을 위해 훈련된 치료자가 대면행동치료를 6개월 이상 시행하고, 감량된 체중의 효과적 유지를 위해 훈련된 치료자가 행동치료를 1년 이상 시행하는 것을 권한다.

평형효과(plateau effect)

- 체중을 감소시킬 때 일정기간 동안 체중변화가 없이 같은 체중을 유지하는 평형체중에 도달하여 체중 감소가 더 이상 일어나지 않는 것. 활동량을 늘리거나 식품 섭취를 변화시키지 않으면 체중은 평형상태를 계속 유지하며 더 이상 체중이 감소되지 않는 상태
- 총 에너지 섭취가 감소하면 지방조직을 지지하고 있는 근육이 손실되고, 기초대사량이 2주 이내에 15%까지 감소
- 총 에너지 섭취가 감소하면 식품의 열생산작용도 감소
- 체중이 감소하면 활동 에너지 소비도 줄어들게 됨

표 8-13 7~10% 체중 감량을 위한 포괄적 생활습관 중재의 주요 요소

요소	체중 감량	감량된 체중 유지
기간 빈도 방식	• 20~26주간 매주 직접 대면 혹은 전화 • 인터넷/이메일은 체중 감량 효과 적음 • 그룹 또는 개인 대상	• 2주에 1번 52주 이상 • 월 1회도 충분할 수 있음 • 그룹 또는 개인 대상
식사 처방	• 저칼로리 식사 - 113kg 미만 : 1,200~1,500kcal - 113kg 이상 : 1,500~1,800kcal • 대표적 다량영양소 구성 - 지방 ≤ 30%(포화지방 < 7%) - 단백질 15~25%, 나머지는 탄수화물 • 개인별 필요성과 취향에 따른 식단 구성	• 감량된 체중을 유지하기 위해 낮은 칼로리 식사 섭취 • 체중 감량을 위한 대표적 다량영양소 구성과 유사
신체활동 처방	• 중·고강도 유산소 신체활동(예 빠르게 걷기) • 주 180분 시행 • 근력운동도 바람직함	• 중·고강도 유산소 신체활동(예 빠르게 걷기) • 주 200~300분 시행 • 근력운동도 바람직함
행동치료 처방	• 일기 : 음식섭취와 신체활동을 매일 점검 • 매주 체중 점검 • 당뇨병 예방 프로그램과 같은 행동변화를 위한 구조화된 교육과정 • 치료자에 의한 규칙적인 피드백	• 일기 : 음식섭취와 신체활동을 간헐적 또는 매일 점검 • 주 2회~매일 체중 점검 • 재발 방지 및 개별화된 문제 해결 등 행동변화를 위한 교육과정 • 치료자에 의한 주기적인 피드백

자료 : 대한비만학회 비만 진료지침 2022.

표 8-14 식사일기 작성요령

- 그날 먹은 음식의 이름과 양은 식사 외 간식, 야식, 음료 등도 모두 먹은 즉시 기록한다.
- 식사시간, 장소, 음식명, 재료명, 양은 자세하게 기록하되, 섭취한 음식의 양은 공기, 몇 숟가락 등과 같은 단위 또는 비유를 통해 가능한 정확하게 기록한다.
- 매 식사 후에는 식후 배부른 정도를 1, 2, 3으로 표시한다.
(1 : 배부르지 않았음, 2 : 적당히 배부름, 3 : 매우 배부름)
- 본인의 식사일기에 대한 평가 시간을 갖는다.

식사일기의 예

시간	장소	음식/음료, 양	상황	목적	동반 행동	배고픔 정도	기분	개선점
오후 11시	집	소보로빵 1개, 우유 1잔	이른 저녁 식사 후 배고픔	허기 채움	노래 듣기	3	우울함	규칙적 시간에 적정량의 저녁식사 시간 후 간식 체험

배고픈 정도를 1, 2, 3으로 표시(1 : 배고프지 않았음, 2 : 약간 배고팠음, 3 : 매우 배고팠음)

10) 약물 및 수술에 의한 치료

(1) 약물치료

- 비만의 기본적인 치료법은 식사치료, 운동치료, 행동치료이다. 이러한 비약물치료가 효과가 없는 경우에는 약물치료가 쓰일 수 있다. 약물치료가 효과가 있으려면 식사와 운동, 행동치료와 병행하여야 하며 단독으로 실시할 경우에는 효과가 적다. 또한, 안정성 및 투약 중지 후의 체중 재증가 등의 문제가 발생할 수 있으므로, 약물 사용에 따른 이점과 문제점을 깊게 평가한 후 결정할 것을 권장하고 있다.
- 비만 치료제 유지 용량 투여 3개월 내에 5% 이상 체중 감량이 없다면 약제를 변경하거나 중단할 것을 권고한다.
- 약물치료가 필요한 경우는 체질량지수(BMI)가 25kg/m^2 이상인 경우, 체질량지수가 23kg/m^2 이상이면서 고혈압, 당뇨, 고지혈증과 같은 비만 관련 질환을 동반하고 있는 경우, 6개월간의 식사 및 운동치료 후에도 체중 변화가 없는 경우이다. 식품의약품안전처에서 허가받은 비만치료약물 중에서 항비만약제는 올리스타트[Orlistat(상품명 : 제니칼, Xenical)], 날트렉손/부프로피온[Naltrexone ER/bupropion(상품명 : 콘트라브, Contrave)], 리라글루티드[Liraglutide(상품명 : 삭센다, Saxenda)], 펜터민/토피라메이트[Pentermine/topiramate ER(상품명 : 큐시미아, qucymia)], 펜터민(Phentermine), 펜디메트라진(Phendimetrazine), 마진돌(Mazindol) 등이 있다. 제니칼(Xenical, 성분명 올리스타트)은 지방분해효소억제제로 지방 흡수를 차단하는 체중 감량 약물이며, 리라글루티드는 인슐린 분비를 촉진하여 성인 2형 당뇨병 환자의 혈당 수치를 낮추는 데 사용되거나, 중추신경계에 식욕억제제로 작용해 비만환자의 체중을 줄이기 위해 사용된다. 펜터민은 식욕억제제의 성분이다.
- GLP-1(glucagon-like peptide-1)은 글루카곤 유사체로 글루카곤 분비를 억제시키며, 췌장에 작용하고, 인슐린 분비를 증가시켜 혈당을 저하시킨다. 또한 위장관 운동을 느리게 하고, 포만감을 상대적으로 오래 유지시켜 체중 감소 효과가 있다.
- 우리나라에서는 식욕억제제 약물을 모두 항정신성 식욕억제제로 분류하고 있다. 다만, 의사의 판단에 따라 조금 더 복용할 수도 있으나 3개월을 넘길 경우 심각한 부작용(예 폐동맥고혈압, 심장질환 등)이 발생할 수 있다. 식욕억제제들은 중추신경계

에 작용하는 약물로 장기간 사용에 대한 임상연구결과가 없고 장기간 사용 시 약물 의존도나 남용이 많아 단기간만 사용된다.

- 현재 비만환자가 1개월 사용 후 체중 감소가 있고, 부작용이 없다면 1년에 12주 이상을 넘지 않게 사용할 수 있는데, 이들 약제의 흔한 부작용으로 입 마름, 변비, 불면, 빈맥, 고혈압 등이 있다. 건강기능식품으로 허가받은 살빼는 약의 성분은 공액리놀레산(CLA)과 가르시니아 캄보지아 추출물 등이 있다.

체중 감량을 위한 생리활성물질

① 공액리놀레산

반추동물이 섭취하는 리놀레산으로부터 미생물에 의하여 합성되는 중간대사산물로서 육류와 유제품에 주로 존재하며, 식물성 유지에는 육류나 유제품에 비해 훨씬 낮은 농도로 존재함. 상업적으로 판매되는 공액리놀레산(Conjugated Linoleic Acid, CLA)은 리놀레산을 화학적으로 변형하여 합성한 것이며, 기능성이 확인된 인체적용시험에서의 섭취량을 고려하여, 공액리놀레산은 일일 1.4~4.2g이 기능성 섭취량임

② 가르시니아 캄보지아 추출물

체내에서 여분의 지방은 시트르산 분해효소에 의해 지방산과 아세틸 CoA로 전환된 후 체지방이 됨. 가르시니아 캄보지아(Garcinia Cambogia) 추출 성분인 수산화 시트르산(Hydroxy Citric Acid, HCA)은 이 시트르산 분해효소와 결합하여 지방분해효소인 리파아제의 분해 작용을 못하게 하여 체지방 합성을 억제함

표 8-15 소아청소년 비만에서 약물치료

성분명	작용기전	적응증	치료 시 고려사항
올리스타트	췌장 및 위의 리파아제 억제	12세 이상의 비만환자	복부팽만감, 지방변, 비타민/미네랄 결핍
펜터민	카테콜아민 분비	16세 이상의 비만환자에서 단기간 사용	심박수, 혈압의 증가, 입 마름, 불면증, 변비, 불안감
리라글루티드	GLP-1 길항제	12세 이상의 비만환자	복통, 오심/구토, 설사, 저혈당의 위험
펜터민/토피라메이트	카테콜아민 분비(펜터민)와 GABA 활성화와 글루타메이트 비활성화(토피라메이트)	12세 이상의 비만환자 (미국 FDA 승인/2022년 11월 기준 국내 미승인)	기분의 변화(우울, 자살사고 등이 있는 경우 투약 중단) 및 수면장애, 성장속도가 느려질 수 있으므로 성장에 대한 평가가 필요함, 심박수의 증가, 급성 근시 및 2차성 폐쇄각 녹내장, 인지장애, 대사성산증, 신장기능저하

자료 : 대한비만학회 비만 진료지침 2022.

표 8-16 동반 질환에 따른 항비만약제의 선택

동반 질환		항비만약제			
		올리스타트	날트렉손/부프로피온	리라글루티드	펜터민/토피라메이트
2형 당뇨병					
고혈압			혈압, 맥박 관찰 조절되지 않는 고혈압의 경우 금기	맥박 관찰	맥박 관찰
관상동맥 질환			혈압, 맥박 관찰		
만성 콩팥병	경증(60~89mL/min)				
	중등도(30~59mL/min)		8mg/90mg bid/day 초과하지 않음		7.5mg/46mg/day 초과하지 않음
	중증(30mL/min 미만)	요로결석(oxalate) 주의	8mg/90mg bid/day 초과하지 않음 말기 신장애 권고되지 않음		7.5mg/46mg/day 초과하지 않음 말기 신장애 권고되지 않음
간기능 장애	경도~중등도 (Child-Pugh 5~9)	담석 주의	8mg/90mg/day 초과하지 않음	담석 주의	7.5mg/46mg/day 초과하지 않음
	중증(Child-Pugh 9 초과)				
폐쇄성 수면무호흡					15mg/92mg/day 사용
우울증					7.5mg/46mg/day 초과하지 않음
녹내장					
췌장염					

사용 가능　주의 사용　권고되지 않거나 사용 금기　근거 부족

자료 : 대한비만학회 비만 진료지침 2022.

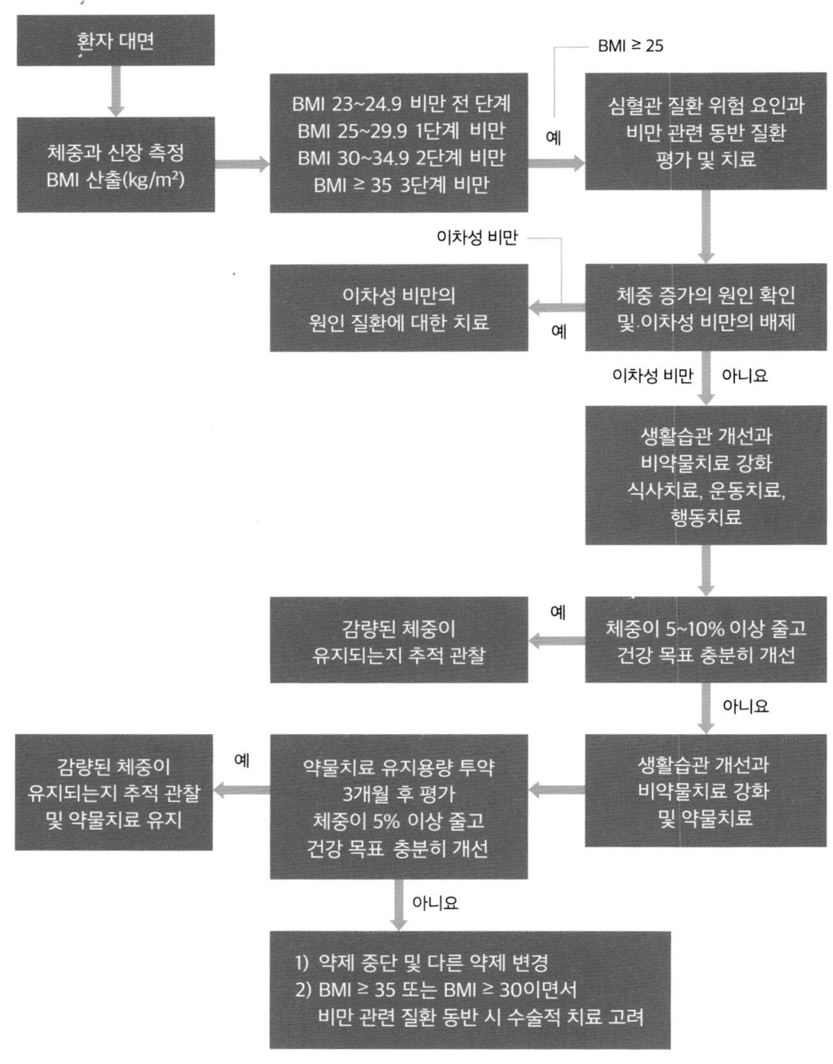

그림 8-12 비만환자의 치료 알고리즘

자료 : 대한비만학회 비만 진료지침 2022.

(2) 수술치료

- 체질량지수 35kg/m^2 이상인 고도비만 환자이거나 체질량지수 30kg/m^2 이상이면서 비만 동반 질환을 가지고 있는 환자가 비수술적 치료(예 운동치료, 식이요법 및 각종 약물치료)로 체중 감량에 실패한 경우 비만대사수술을 고려한다.

- 체질량지수 27.5kg/m^2 이상이면서 비수술적 치료로 혈당이 적절히 조절되지 않는 2형 당뇨병의 경우 비만대사수술을 고려한다.
- 수술 전 수술의 안전성을 평가하기 위한 진단학적인 검사와 함께 과거 병력 및 정신사회적인 병력 청취, 신체검사를 시행하는 것을 권고한다.
- 비만대사수술 전 영양상태에 대한 적절한 평가를 고려한다.
- 비만대사수술 최소 6주 전에 금연을 권고한다.
- 위소매절제술, 루와이위우회술, 조절형위밴드술 및 담췌우회술/십이지장전환술과 같이 효과와 안전성이 입증된 표준 술식 중에 환자 상태에 맞게 선택할 것을 권고한다.
- 비만대사수술을 받은 모든 환자에게 일정에 맞춘 다학제적 추적 관리를 시행할 것을 권고한다.
- 비만대사수술 후에는 수술 방법에 따라 미량영양소 보충 및 정기적인 추적검사를 권고한다.

표 8-17 비만대사수술의 종류 및 비교

구분	조절형위밴드술 (Adjustable gastric banding)	위소매절제술 (Sleeve gastrectomy)	루와이위우회술 (Roux-en-Y gastric bypass)	담췌우회술/십이지장전환술 (Biliopancreatic diversion/Duodenal switch)
모식도				
수술 역사	30여 년	10~15년	50여 년	20여 년
수술 방법	조절형 밴드를 거치하여 15~20mL 용적의 작은 위주머니를 형성	위를 수직 방향을 따라 약 80% 절제하여 위 용적을 감소시킴	약 30mL 용적의 작은 위주머니를 형성하고 잔여 위와 상부 소장 일부를 우회함	위소매절제술 후 유문을 보존한 상태에서 십이지장-회장을 문합하여 공장 전체와 상부 회장을 우회함
체중 감량 기전	식사 제한	식사 제한	식사 제한 + 일부 흡수 제한 유도	식사 제한 + 흡수 제한

(계속)

구분	조절형위밴드술 (Adjustable gastric banding)	위소매절제술 (Sleeve gastrectomy)	루와이위우회술 (Roux-en-Y gastric bypass)	담췌우회술/십이지장전환술 (Biliopancreatic diversion/Duodenal switch)
가역성	완전 가역적	비가역적	부분적으로 가역적	부분적으로 가역적
체중 감량 효과	(중장기 초과체중 감소율, %EWL*)			
	2년 : 50% 10년 : 40%	2년 : 60% 10년 : 50~55%**	2년 : 70% 10년 : 60%	2년 : 70~80% 10년 : 70%
장단점 및 합병증	체내 삽입한 이물질로 인한 장기 합병증 발생이 상대적으로 빈번하여, 최근 시행 빈도가 급감하는 추세 (10년 내 30~40%가 밴드 제거 혹은 교정 수술 필요)	수술 후 위식도역류질환 발생 혹은 악화 가능. 장기 추적 시 체중 재증가 발생 빈도가 상대적으로 높음	우회된 위에 대한 정기적 내시경 검진이 어려움. 덤핑증후군, 변연부 궤양의 발생 위험이 있음. 미량영양소 결핍이 발생할 수 있어 주기적인 검사 및 적절한 보충이 필요함	단백질 및 미량영양소 결핍의 발생이 빈번하여 평생 결핍 가능한 영양소의 보충 섭취가 필요함

* Percentage of excess weight loss = 체질량지수 25kg/m² 기준으로 초과된 체중의 감소율

** 10년 이상 장기 추적 데이터가 아직 충분하지 않은 상태임

자료 : 대한비만학회 비만 진료지침 2022.

2. 식사장애

식사장애(eating disorder)는 체중, 체형과 식사행동들에서 이상을 보이는 것이다. 대부분의 섭식장애 환자들은 체중과 체형에 대해 지나치게 집착하며, 살찌는 것을 병적으로 두려워하고, 체중과 체형이 자신의 평가에 크게 영향을 미친다고 생각한다.

1) 신경성 식욕부진증

- 신경성 식욕부진증(anorexia nervosa)은 대표적인 섭식장애 중 하나로, 생명을 위협할 정도의 심한 식사제한으로 자신을 쇠약하게 하며, 극단적으로 체중을 감소시키는 정신과적 질환이다.
- 체중을 줄이려는 지속적인 행동, 체중 감소, 음식과 체중과 관련된 부적절한 집착,

음식을 다루는 기이한 행동, 체중이 증가하는 것에 대한 강한 두려움, 그리고 무월경 등이 주요 특징이다.

(1) 원인

생물학적 원인으로 시상하부-뇌하수체 축의 이상이나 뇌의 구조적 기능적 이상 등이 보고되었고, 사회적 요인으로는 운동과 날씬함에 대한 사회적 이슈와 관련 있으며, 심리학적 · 정신 역동학적 요인으로는 어머니로부터의 심리적 독립 등이 원인으로 제기되고 있다.

(2) 증상 및 진단

- 증상은 일반적으로 10~30세 사이에 시작되고, 체중 증가와 비만에 대한 강한 두려움이 존재하며 치료에 무관심하거나 저항한다. 체중 감소와 연관된 부적절한 식이 행동을 가족들이나 주변사람들이 알지 못하는 경우가 많고 다른 사람들과 식사하는 것을 꺼려 한다. 체중 감소가 심각한 경우 저체온증, 무월경, 부종, 그리고 저혈압 등의 다양한 내과적 문제가 발생한다. 현재 체중이 원래 체중의 25% 이상 감소된 상태이거나 키와 나이에 대한 체중의 85% 미만 혹은 체질량지수 17.5 미만이면 신경성 식욕부진증으로 진단한다.
- 성장기 전에 신경성 식욕부진증이 생기면 정상적인 성장이 잘 이루어지지 않고, 우울증과 음식 섭취에 대한 강박행동을 보이며, 영양불량으로 이어진다. 치료를 통해 체중이 증가된 후에도 우울증 개선 여부를 재평가해야 한다.

(3) 영양관리

우선 기초대사량을 유지할 수 있는 체중을 회복하도록 식사량을 증가시켜야 하며, 문제의 원인을 찾도록 정신과 치료를 동반해야 한다. 개인 및 가족 치료가 동시에 이루어지는 것이 효과적이다. 일반적으로 자신의 키에 의해 예상되는 몸무게에 20% 이하인 경우나 기타 내과적 문제가 심각한 경우 입원을 늦추어서는 안 된다.

2) 신경성 폭식증

신경성 폭식증(bulimia nervosa)은 일종의 식사혼돈현상으로 살찌는 것에 대한 두려움 때문에 폭식 후 구토, 설사, 심한 운동 등의 제거행동을 반복하는 증상을 말한다. 약 2시간 이내의 단시간에 보통 사람들이 먹을 수 있는 양보다 명백히 많은 양을 먹으며, 음식 섭취에 대해 통제력을 잃는다. 또한 체중 증가를 막기 위해 음식물을 토해내거나 설사약, 이뇨제를 남용하거나, 과도한 운동을 하기도 하고, 자신의 체중과 체형에 대하여 과도하게 집착하는 증상이 반복적으로 나타난다.

(1) 원인

생물학적 원인으로, 음식을 먹을 때 포만감을 느끼게 해주는 신경전달물질인 세로토닌과 관련된 문제가 있거나, 다행감을 느끼게 해주는 엔도르핀과 관련된 문제가 있을 때 폭식증이 발생한다고 보고되었다. 거식증과 유사하게 성취 지향적이고, 날씬함에 대한 사회적 기대에 부응하고자 하는 경향이 지나친 경우에 발병하기도 한다. 심리적으로 청소년기의 욕구를 적절하게 표출하거나 해소하지 못하는 경우나 병적 절도, 알코올 의존, 자해 등의 충동 조절 장애를 갖고 있는 경우에 발병하기도 한다.

(2) 증상 및 진단

- 신경성 폭식증 환자는 폭식 후에 체중 증가를 두려워하여 목구멍에 손가락을 넣어 구토를 유발하거나 설사약, 관장약, 이뇨제 등을 남용하고, 폭식 이후 음식을 거부하거나 격렬한 운동을 통해 체중을 감량하려는 행동을 보인다.
- 폭식증 이전에 거식증 증상을 보이는 경우가 있을 수도 있다. 폭식 후 속이 더부룩하다거나 복통을 호소하며, 구토 후에 이러한 증상은 없어지지만 우울감을 느낀다. 일반적으로 초콜릿, 아이스크림, 케이크 등의 고에너지 음식을 선호하며 혼자만의 공간에서 빨리 먹는 경우가 많고, 심지어 씹지 않고 삼키기도 한다. 구토를 자주 하는 경우, 토사물에 의해 치아가 손상, 변형될 수 있으며 충치가 생기기 쉽다.
- 구토를 자주 하거나 설사약, 이뇨제 등을 남용하는 경우에는 체액이 과도하게 배출되어 전해질 농도 이상이나 탈수증이 생기기 쉽다. 대다수 폭식증 환자는 거식증 환

자와 달리 체중이 정상 범위에 있는 경우가 많고 자신의 체중과 외모에 대한 관심과 걱정이 지나치게 많은 편이다. 정신과 전문의의 진찰과 병력 청취, 질의응답 과정을 통해 진단이 내려진다.

(3) 영양관리

- 폭식증의 증상을 경감시키기 위해 신경계의 세로토닌 시스템을 항진시키는 항우울제를 이용한 약물치료와 함께 폭식과 관련된 식이 행동을 조절해야 한다. 건강을 유지하는 데 필요한 영양소가 골고루 담긴 균형 잡힌 식사를 규칙적으로 한다. 그렇지 않으면 환자가 허기를 느끼거나, 달콤하고 에너지가 높은 음식에 대한 갈망을 느낄 수 있으므로, 하루 동안 필요한 에너지를 계산하여 그 범위를 넘지 않는 정도에서 적절한 간식을 먹도록 한다.
- 음식, 체중, 체형 등에 대한 잘못된 신념을 교정하는 인지행동치료가 도움이 될 수 있다. 폭식증에 대해 적절히 치료를 받을 경우, 거식증에 비하여 완치될 확률이 높아 약 1/2 정도는 완전히 회복되지만, 약 1/3 정도는 치료 후에도 계속 폭식증 증상을 겪을 수 있다.

3) 폭식장애

- 다이어트에서 실패한 경험이 많은 비만인 중 특히 여성이 잘 걸리는 폭식장애(binge eating disorder)는 신경성 폭식증처럼 폭식이 반복적으로 일어나나 이에 따르는 제거 행위가 없는 폭식장애이다.
- 비만인의 20~30%는 충동적 폭식을 되풀이하며, 폭식에 대한 통제력이 없다. 폭식장애가 있는 사람들은 매우 빠르게 배가 불러서 몸이 불편해질 때까지 먹고, 배가 고프지 않을 때도 많은 양의 음식을 먹는 특징이 있다.

(1) 원인

- 폭식장애는 생리적 · 심리적 · 사회적 요인 등 다양한 요소에 의해 유발된다. 폭식을 동반한 비만 환자가 그렇지 않은 비만 환자보다 세로토닌 운반자 결합이 저하되어,

배고픔과 음식 섭취를 증가시키는 관련성이 보고되었고, 위의 저장 능력이 커져 포만감을 느끼는 데 장애가 생긴 것도 원인이 된다.

- 폭식장애 환자는 폭식 시에 정상 식사 시보다 지방질을 더 섭취하고 단백질을 덜 섭취하는 경향을 보인다. 섭식 태도에 문제가 있는 사람들은 높은 우울 수준, 낮은 자아 존중감, 자신의 신체에 불만족하는 특징을 보이며, 마르고 싶은 욕망, 불안, 긴장감, 절망감, 외로움, 지루함, 초조, 화 등과 같은 부정적 감정에 의해 폭식이 유발된다. 비현실적인 신체 지각으로 인한 왜곡된 신체상과 신체 불만족, 혹은 마른 것에 대한 욕구는 비정상적인 섭식 장애 행동을 일으켜 폭식 행동을 유지시키는 주요 요인이 된다(Van den Berg, Wertheim, Thompson & Paxton, 2002).

(2) 증상

- 일단 먹기 시작하면 폭식을 통제할 수가 없어 배가 불러 몸이 불편해질 때까지 먹는다. 대부분의 폭식은 몰래 하고, 준비하에 이루어지며 남들 앞에서는 적게 먹는다. 폭식 후에는 심한 자책감, 우울감, 자신에 대한 혐오감을 느끼며, 자가 유도 구토나 이뇨제, 하제 등을 사용하지 않는다. 대부분이 비만이거나 과체중이며 자신의 체형이나 체중에 대해 병적으로 왜곡되어 있는 현상을 보이지 않는다.
- 폭식은 보통 일주일에 1~2번 이루어지고, 탄수화물과 에너지가 많은 음식을 먹는다. 폭식이 장기적으로 체중에 영향을 끼칠 것이라는 불안감을 갖고 있고, 자신에 대한 혐오, 자신의 신체에 대한 혐오, 분노, 공허함을 보이며 대인관계에 예민해져서 상처받기 쉽다. 우울증이 흔하고, 의존성·회피성 등의 성격장애를 동반하는 경우가 많으며, 합병증으로는 비만과 고혈압이 있다.

(3) 영양관리

- 폭식장애는 비만이 특징적이고, 이들의 비만 발병 연령은 어리다. 폭식장애가 생기면 체중 감소나 다이어트에 더 많은 시간을 투자하며 자신의 체형과 체중에 더 많은 관심을 가진다. 이들은 기존의 비만 치료에 잘 반응하지 않고 체계적인 평가나 치료적 접근을 못 받을 확률이 높다. 환자의 치료를 위해 체중 변화를 검사하고 체중 감소 프로그램을 시도한다.

- 생리적으로 배고플 때만 먹게 한다. 이를 위해 심리치료, 인지행동치료, 대인관계치료, 항우울제 같은 약물치료가 사용된다. 초저에너지 다이어트 프로그램을 통한 영양관리는 체중 감소뿐만 아니라 폭식의 감소에도 효과가 있다.
- 영양사, 정신과의사, 내과의사, 심리치료사 등으로 구성된 팀 치료가 이상적이다.

표 8-18 섭식장애의 특징 및 치료법 비교

형태	신경성 식욕부진증	신경성 폭식증	폭식장애
취약군	사춘기 소녀	성인 초기	다이어트에서 실패한 경험이 많은 비만인 중 여성
식습관	성공적 다이어트에 대해 자부심을 느끼며, 극도로 쇠약해짐	반복적 폭식 후 제거 행위	폭식하지만 제거 행위가 없음
현실자각과 원인	자신이 비만하다고 왜곡되게 믿고 자신의 행동이 비정상적임을 인정하지 않음	자신의 행동이 비정상적임을 인정하고 폭식과 장 비우기를 비밀리에 함	자신을 통제할 수 없다고 포기함
치료법	식사량을 증가시켜 우선 기초대사량을 유지할 수 있는 체중을 회복한 후 문제의 원인을 찾도록 정신과 치료	영양교육과 함께 자신을 인정하도록 하는 정신과 치료	생리적으로 배고플 때만 먹도록 학습시킴

자료 : 손숙미 외(2018). 임상영양학. 교문사. 재구성.

요점정리

SUMMARY

- 소아형 비만 : 지방세포 수가 증가하는 지방세포 증식형 비만으로 식사치료가 어려움
- 성인형 비만 : 지방세포 크기가 증대하는 지방세포 비대형 비만
- 복부 비만 : 허리/엉덩이 비율이 높고, 당뇨병, 심혈관계 질환 등 만성질환 발병위험이 높은 상체형 비만으로 남성에게 많고, 사과형 비만이라고 함
- 체질량지수 : 체중(kg)/신장$(m)^2$으로 18.5~23 미만은 정상, 23~25 미만은 과체중, 25~30 미만은 경도 비만, 30~35 미만은 중증도 비만, 35 이상은 고도 비만으로 판정
- 대한당뇨병학회의 표준체중 : 남성[키$(m)^2 \times 22$], 여성[키$(m)^2 \times 21$]
- 바람직한 체중 감량 방법 : 1달에 2kg을 감량하되, 체지방 감량을 최대화하고 근육 손실을 최소화하여 요요 현상 발생을 막아 장기적으로 감량된 체중을 유지해야 함. 또한 식사치료, 운동치료, 행동치료를 병행 적용해야 함
- 거식증 : 신경성 식욕부진증으로, 사춘기 소녀에게서 주로 발생하고, 지나친 체중 감량을 하여 근육쇠약, 피로, 기초대사 저하, 빈혈과 변비, 저혈압, 맥박 수 감소 등이 나타나며, 정신과 치료와 병행해야 함
- 신경성 폭식증 : 고칼로리 음식을 단기간에 지나치게 많이 섭취하고 구토하여 음식을 제거하는 행위를 계속하여 식도 및 위 파열, 입 · 식도 · 후두 점막 부식, 치아의 에나멜층 부식, 신부전, 테타니, 급성발작, 심장 부정맥 등의 합병증을 초래함

사례연구

K 씨는 키 169cm, 체중 64kg의 48세 여성으로 사무직인 직장에서 스트레스를 많이 받아 식사를 불규칙적으로 하고 커피를 많이 마신다. 아침에는 일어나기가 힘들어 식사를 대충 하고, 저녁식사 후에는 바로 자는 습관이 있다. 자가 운전으로 출퇴근하면서 운동할 여유도 갖지 못하여 체지방률이 36%에 이르는 것을 건강검진에서 발견하였다.

1. K 씨의 이상체중을 체질량지수법으로 계산하고 비만 여부를 판정하시오.
2. K 씨의 식생활은 어떻게 처방하는 것이 좋은지 설명하시오.

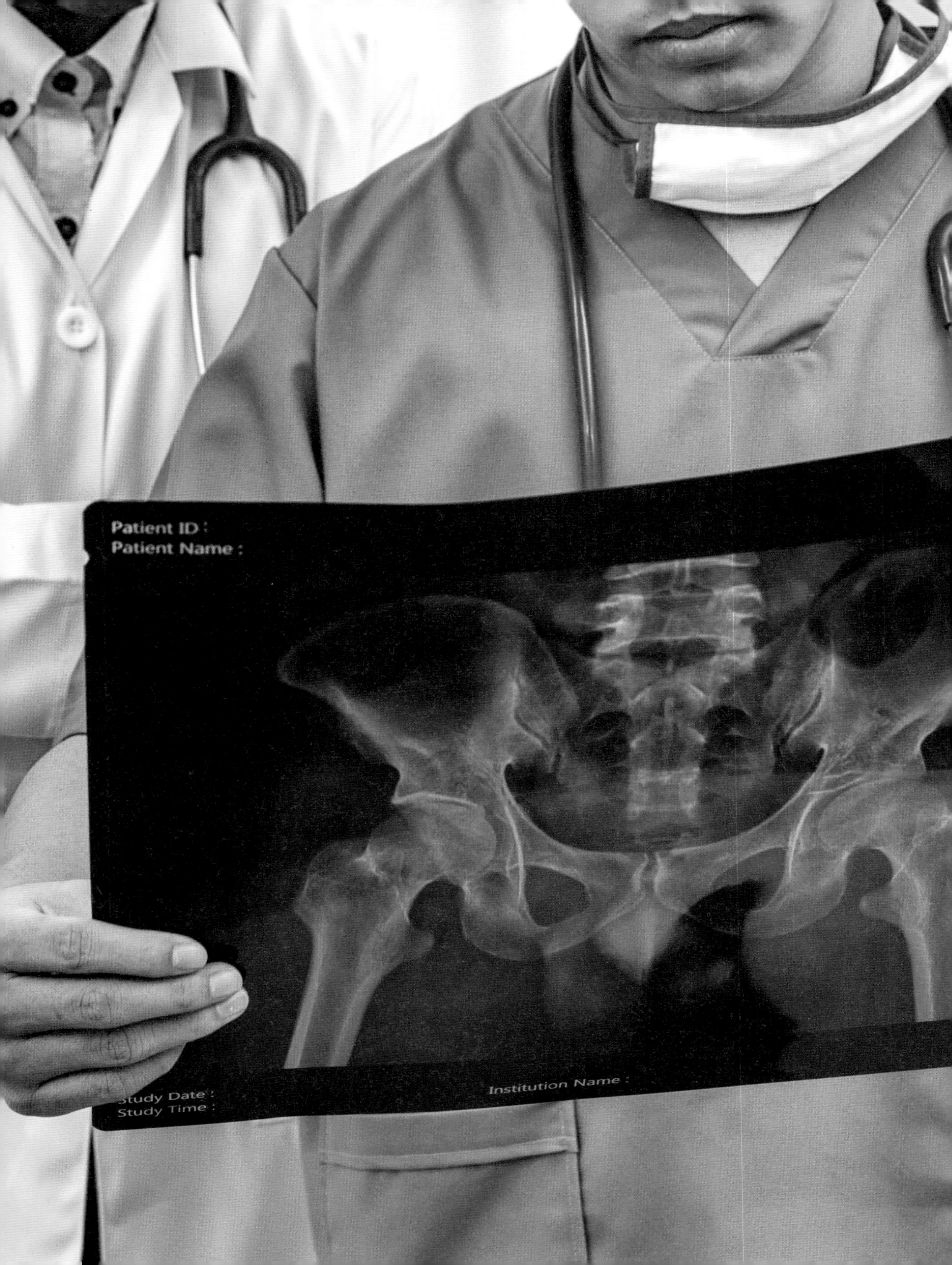
Patient ID :
Patient Name :
Study Date :
Study Time :
Institution Name :

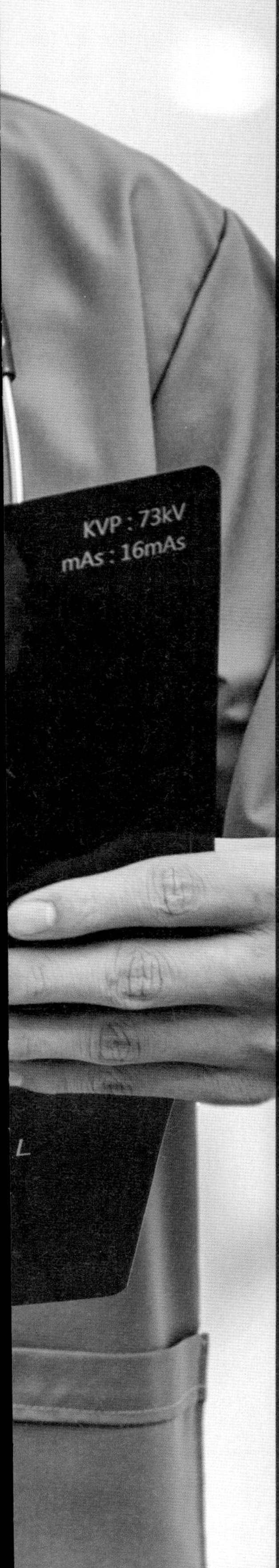

CHAPTER 9

골관절 질환 및 치아 건강

CHAPTER 9
골관절 질환 및 치아 건강

용어 정리

류마티스성 관절염(Rheumatoid Arthritis, RA)
일종의 자가면역질환으로 관절의 활액막이 감염되어 부으면서 파손되고 다른 관절에까지 퍼지며 골, 연골조직에까지 감염에 확대되어 심한 손상을 일으키는 만성적 질환

골관절염(osteoarthritis)
퇴행성 관절질환이라고 하며 관절 주위나 내부 연조직과 뼈의 증식에 의한 관절 연골의 손실에 따라 점진적으로 약화되어 나타나는 질환

통풍(gout)
체내 퓨린체 대사이상으로 혈액의 요산 수치가 증가하나 배설량이 감소하여 요산이 체내 관절에 축적됨으로써 발병하는 질환

레쉬 니한 증후군(Lesch Nyhan syndrome)
유전적으로 HGPRTase(Hypoxanthine-Guanine Phosphoribosyl Transferase)의 결핍으로 AMP, GMP 재생이 어렵고 요산 생성량을 증가시킴

골세포(osteocyte)
골조직의 기본 세포로서 15~27㎛의 편평한 타원형이며 섬유아세포로부터 형성되는 것으로 골조직의 제조자임

조골세포(osteoblast)
뼈를 형성하는 세포로 콜라겐 기질에 칼슘과 인의염을 침착시키는 역할

파골세포(osteoclast)
뼈의 무기질을 용해시키고 콜라겐 기질을 분해하는 세포

압박골절(compression fracture)
외부의 강한 힘에 의해 척추 모양이 납작해진 것처럼 변형되는 것으로 골절의 형태

해면골(spongy bone)
해면상에 많은, 불규칙한 형의 골수강이 있는 골조직

골다공증(osteoporosis)
골질량의 감소와 골격 기능 손상으로 쉽게 골절이 일어날 수 있는 대사성 골질환

골연화증(osteomalacia)
비타민 D 부족 시 뼈의 무기질화 과정에 이상을 초래하여 뼈가 얇아지고 쉽게 구부러지며 골밀도가 감소하는 성인 질환으로, 어린이의 구루병과 비슷함

퓨린(purine)
세포 핵단백질의 성분으로 질소 염기인 아데닌과 구아닌을 말하며 최종대사 산물은 요산임

1. 골격의 구조와 대사

1) 구조

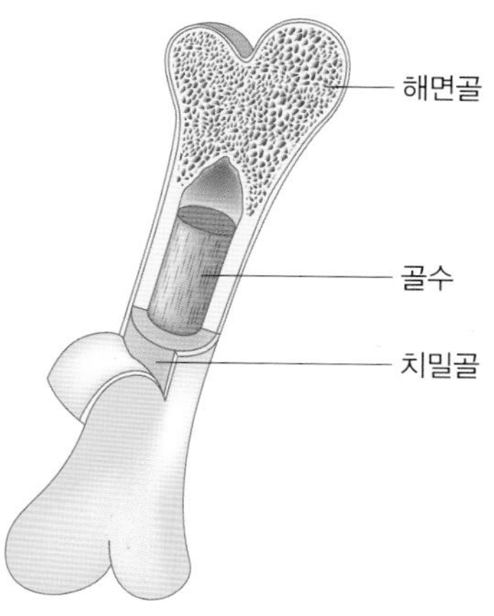

그림 9-1 뼈의 구조

- 뼈는 주로 단백질로 이루어진 유기질 기질에 칼슘과 인, 마그네슘 등 무기질이 침착된 조직이다. 뼈 조직에는 조골세포(osteoblast), 파골세포(osteoclast)와 골세포(osteocyte)가 존재한다. 조골세포는 뼈를 형성하는 세포로 콜라겐 기질을 만들고 칼슘과 인을 침착시키는 역할을 하는 반면, 파골세포는 뼈의 무기질을 용해시키고 콜라겐 기질을 분해하는 작용을 한다. 골세포는 뼈에 많이 분포되어 있는 구성세포이다.
- 뼈는 성장이 종료한 후에도 계속적인 분해와 생성이 동시에 일어나는 조직으로 뼈의 생성과 분해의 균형이 골질량을 결정하게 된다. 특히 파골세포에 의해서 뼈가 분해되는 데는 1~3주가 소요되나 조골세포에 의하여 뼈가 형성되는 데는 3개월 이상이 소요된다.
- 뼈는 주로 두 종류의 뼈 조직인 치밀골과 해면골로 구분된다. 팔과 다리의 긴 뼈는 주로 치밀골을, 손목과 발목뼈, 척추 등 짧은 입방형의 뼈는 해면골을 많이 포함하고 있다. 뼈 세포는 성장기 동안 골단 연골의 골화에 의해 길어지며 골막 부착과 내골 횟수에 의해 직경이 증가한다.

2) 대사

- 골격의 대사는 여러 가지 호르몬에 의해 조절된다. 그중 칼슘의 항상성을 유지하는 것은 생명 유지에 필수적이다. 혈장 칼슘이 정상치보다 낮아지면 부갑상샘 호르몬이 분비되어 신장에서 칼슘 재흡수를 증가시키고, 비타민 D를 활성형으로 만들어 소장에서 칼슘 흡수, 신장에서 칼슘 재흡수, 뼈에서 칼슘 용출을 증가시킨다. 반면 혈

장 칼슘이 정상치보다 높아지면 갑상선에서 칼시토닌이 분비되어 부갑상샘 호르몬 분비를 감소시킨다(그림 9-2). 부갑상샘 호르몬 외에 비타민 D, 갑상샘 호르몬, 부신피질호르몬은 과다할 경우 골격에서 칼슘 용해가 촉진되어 골질량을 감소시킨다. 반면 칼시토닌, 에스트로겐, 인슐린, 성장 호르몬은 골질량을 증가시키는 작용을 한다(표 9-1).

표 9-1 골격 대사에 영향을 미치는 호르몬

호르몬		기능
과다 시 골격 약화	부갑상샘 호르몬	• 신장에서 1-히드록시라아제(1-hydroxylase)와 $1,25(OH)_2D_3$ 증가 • 뼈의 용해 증가 • 신장에서 인의 재흡수 감소 • 칼슘 재흡수 증가
	비타민 D	• 소장에서 칼슘과 인 흡수 증가 • 뼈의 용해 증가 • 신장에서 칼슘, 인의 재흡수 증가 • 부갑상샘 호르몬 분비 저해
	갑상샘 호르몬	• 뼈의 용해 촉진 • 부족 시 어린이에서 성장지연과 어른에서 뼈의 전환율 감소
	부신피질호르몬	• 조골세포 활성 저하
부족 시 골격 약화	칼시토닌	• 조골세포에 의한 뼈의 무기질화 증가 • 파골세포에 의한 뼈의 용해 감소
	에스트로겐	• 부족 시 뼈의 용해를 촉진시켜 골다공증 유발
	인슐린	• 조골세포에 의한 콜라겐 합성 촉진 • 부족 시 성장과 골질량 저해
	성장 호르몬	• 연골과 콜라겐 합성 촉진 • $1,25(OH)_2D_3$의 생성과 칼슘 흡수 증가 • 과잉 시 거대증과 거인증 발생 • 부족 시 어린이에서 왜소발육증 유발

2. 관절의 구조와 기능

- 정상적인 관절은 압축성과 탄성을 가지며 표면에 윤활제를 분비하여 골의 연결 시 마찰을 방지하고 자연스럽게 운동할 수 있도록 하는 구조물이다. 관절의 양쪽 뼈는 관절막으로 연결되고 그 내부를 아주 얇은 활액막으로 싸고 있다.

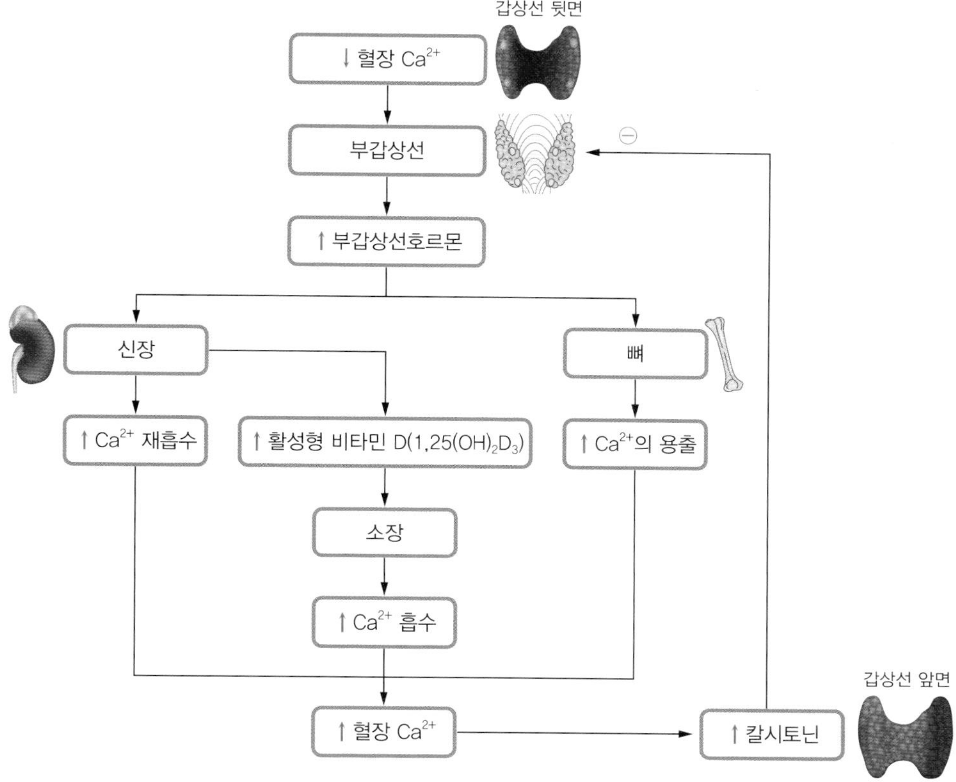

그림 9-2 인체의 혈액 칼슘 농도 조절

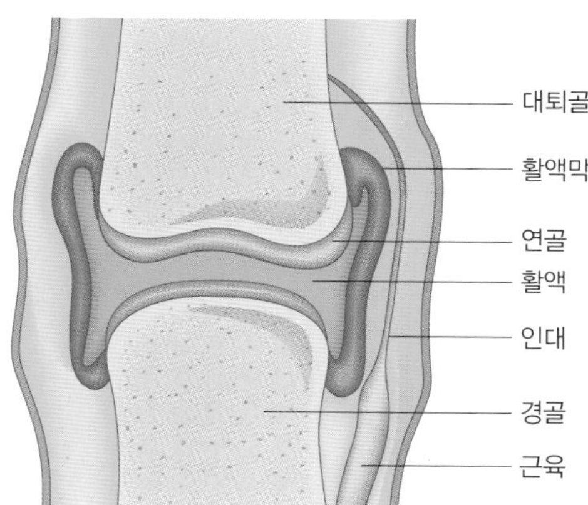

그림 9-3 관절의 구조

- 활액막 안에는 윤활작용을 하는 활액이 들어 있다. 또한 뼈의 말단은 관절연골이 덮고 있고 연골에는 혈관이 없어 혈액에서 영양분을 직접 흡수한다. 인대는 뼈에 붙어 있는 근육으로 뼈의 운동을 위하여 필요하다.

3. 골질환

1) 골다공증

- 세계보건기구(WHO)에 의하면, 골다공증은 '골량의 감소와 미세구조의 이상을 특징으로 하는 전신적인 골격계 질환으로서 결과적으로 뼈가 약해져서 부러지기 쉬운 상태가 되는 질환', 미국국립보건원에 의하면 '골강도의 약화로 골절의 위험성이 증가하는 골격계 질환'이다. 골강도는 골량(quantity)과 골질(quality)에 의해 결정되는데, 골량은 주로 골밀도로 측정해 골다공증 진단에 사용한다.
- 골다공증이 되면 뼈가 약해져 부러지기 쉬운 상태이지만 X-선상에 척추골 퇴화가 나타나거나 골절이 생기기 전까지는 증상이 없어서, '침묵의 질병'이라고 불리기도 하고 골절이 생기면 통증과 함께 등이 굽거나 키가 작아지는 체형 변화가 생긴다.

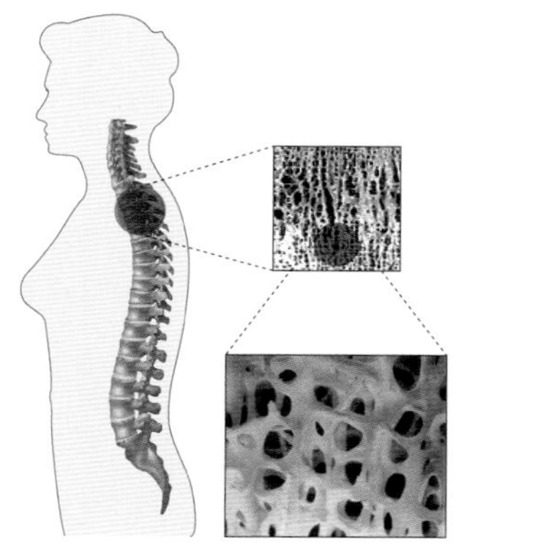

정상인

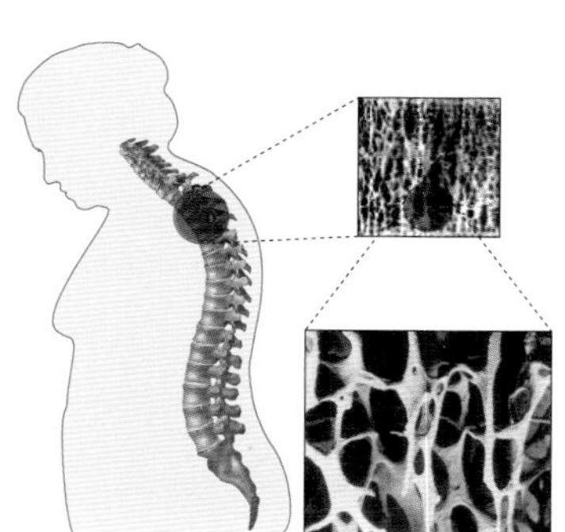

골다공증 환자

그림 9-4 정상인과 골다공증 환자의 뼈

자료 : 대한골대사학회(www.ksbmr.org).

- 골다공증은 남성보다 여성에서 발병률이 높은데, 그 이유는 여성이 남성보다 최대 골질량이 낮을 뿐만 아니라 칼슘 섭취량이 적고 골 손실은 빨리 시작되기 때문이다.
- 특히 폐경기에 에스트로겐 생성의 감소로 골손실률이 가속화되기 때문에 폐경 후 골다공증이 빈발한다.

(1) 분류

폐경 후 호르몬의 급격한 변화로 나타나는 폐경성 골다공증과 노화에 따른 골질량 감소로 나타나는 노인성 골다공증은 1차성 골다공증으로 분류하고, 여러 가지 질환과 약물 등으로 인해 발생할 때는 2차성 골다공증으로 분류한다.

① 1차성 골다공증

- **폐경성 골다공증** 여성의 경우 폐경 후 에스트로겐의 분비량은 급격하게 감소된다. 이러한 에스트로겐의 감소는 칼슘의 흡수 또한 감소시켜서 폐경 후 여성의 골질량은 급격히 감소한다. 이러한 골질량의 소실이 몇 년간 지속되면 골다공증이 나타나게 된다. 일반적으로 비만한 여성은 마른 여성보다 지방세포에 의한 에스트로겐 합성 비율과 최대 골질량이 더 많기 때문에 1형 골다공증에 걸릴 위험이 적다.

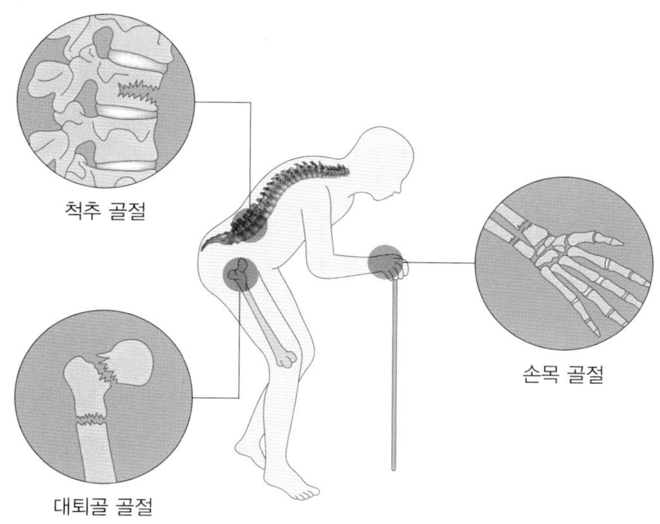

그림 9-5 골다공증 환자에게서 골절이 잘 발생되는 부위

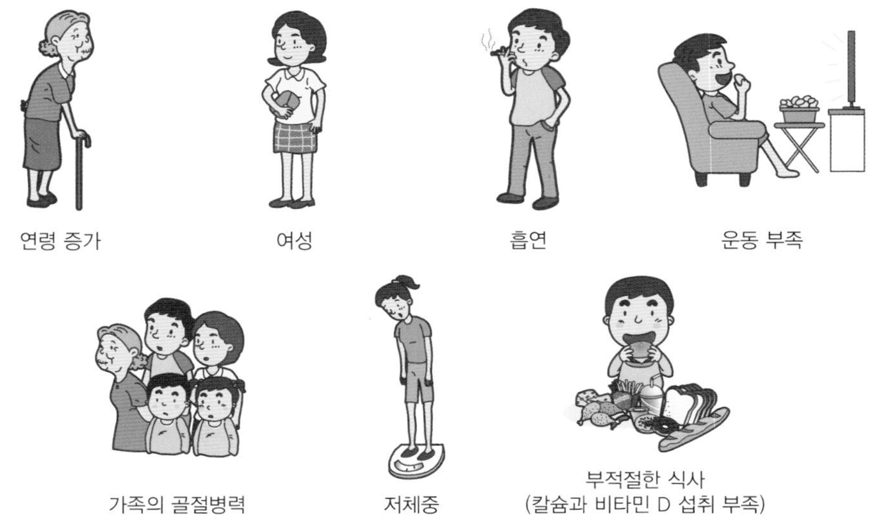

그림 9-6 골다공증 위험인자

- **노인성 골다공증** 노화가 진행됨에 따라 조골세포의 활성은 현저하게 감소되는 반면, 파골세포의 활성은 계속해서 유지된다. 이로 인해 골격 대사가 불균형하게 되면서 골 손실이 일어나고 결국 골다공증이 발병하게 된다. 노인성 골다공증은 70세 이상의 남녀 노인에게서 진단된다. 노인성 골다공증의 특징은 비타민 D의 활성형인 1,25(OH)$_2$D$_3$의 생합성 감소와 부갑상샘 호르몬 활성 증가, 골 형성장애 등이 주요 원인이다. 비타민 D는 피부에서 합성되고 간과 신장에서 활성화되어야 하는데, 노인의 경우 피부를 통한 비타민 D의 합성능력이 현저히 감소하고 활성형으로의 전환도 활발하지 못해 효과적으로 칼슘이 이용되지 못한다. 특히 질환을 보유하여 외부활동이 자유롭지 못한 경우에는 비타민 D의 합성량이 더욱 적어 골다공증이 쉽게 발생한다.

② 2차성 골다공증

- 2차성 골다공증은 1차적인 원인 질환에 의해 이차적으로 골다공증이 발생한 경우를 말한다. 2차성 골다공증의 원인이 되는 질병으로는 갑상샘기능항진증, 부갑상샘기능항진증, 림프종, 백혈병, 다발성골수증 등 일부 암과 칼슘의 흡수 및 비타민 D의 활성형 전환에 관련이 있는 소장, 간, 신장 및 췌장에 질환이 있는 경우이다.

- 또한 거동이 불편하여 장기간 누워서 요양하는 환자의 경우에는 골격의 항상성 유지가 손상되어 골다공증이 나타난다.
- 골 대사에 영향을 미치는 약제인 코르티코스테로이드, 헤파린, 과량의 갑상샘 호르몬 등을 장기간 복용할 때 골질량 감소를 초래하여 골다공증이 유발된다.

표 9-2 골다공증 발생 관련 식사요인

영양소	관련 작용
칼슘 부족	• 지속적인 칼슘섭취 부족은 최대골질량을 감소시킴 • 성장기, 임신 · 수유기, 최대골질량 형성 기간인 18~30세 동안의 칼슘 섭취가 중요 • 칼슘 이용률이 높은 우유 및 유제품 섭취 증가 필요 • 비타민 D, 에스트로겐을 칼슘과 함께 이용하면 보다 효과적임
비타민 D 부족	• 소장에서 칼슘 흡수 촉진, 신장에서 칼슘 재흡수 촉진 • 골다공증 환자는 대체로 비타민 D의 영양상태가 불량
인	• 부갑상샘 호르몬 분비를 자극하여 신 세뇨관에서 칼슘 재흡수 촉진 • 적당량의 인은 골 밀도를 증가시키나 과량의 인 섭취는 칼슘 흡수율을 감소시키고 배설을 촉진시킴 • 칼슘과 인의 섭취비율은 1 : 1이 바람직함
단백질	• 동물성 단백질은 소변을 산성화시켜 고칼슘뇨증의 원인 • 대두단백질(이소플라본 함유)은 골의 칼슘 용출을 저해 • 메티오닌, 시스테인 함량이 높은 정제단백질은 소변의 칼슘 배설 증가
나트륨	• 과잉섭취하면 소변을 통한 나트륨 배설 시 칼슘 배설이 동반됨 • 장기간 나트륨을 과잉섭취하면 칼슘 이용 효율을 떨어뜨림 • 1일 2.3g(100mmol)의 나트륨을 부하하면, 소변을 통한 칼슘 배설이 40mg(1mmol) 더 증가
식이섬유	• 식이섬유가 풍부한 식품은 수산이나 피트산이 다량 함유되어 칼슘의 체내 이용 감소 • 식이섬유 분자 그 자체가 식품 내 칼슘과 결합하여 칼슘을 체외로 배설시킴 • 장 운동을 증가시켜 장 내용물의 소화관 통과시간을 단축시키고 칼슘 흡수시간 감소 • 식이섬유 형태, 크기, 칼슘 섭취량, 고식이섬유 식사에 대한 적응 정도에 따라 체내 칼슘 이용에 미치는 영향 달라짐
카페인	• 신장과 장 통한 칼슘 배설 촉진 • 1일 150mg의 카페인 섭취 시 소변을 통한 칼슘 배설이 1일 5mg 정도 증가 • 폴리페놀이나 아미노산 때문인지 카페인 자체 때문인지 불확실
알코올	• 만성적 알코올 섭취자는 대체로 골질량이 감소되어 있음 • 조골세포의 활성을 저하시킴으로써 골세포 형성에 직접적으로 나쁜 영향 주기 때문임
당류	• 서당, 과당, 자일로스(xylose), 포도당, 유당 등 당분은 장관 내에서 칼슘 흡수 촉진 • 유당은 폐경 후 여성에서 혈청 칼슘 증가시키는 데 효과적
기타	• 탄산음료 과다 섭취도 골다공증 진행시키는 요인

(2) 발생 요인

- 노화가 진행됨에 따라 혈청 칼슘 수준이 감소되고 뼈의 세포기능이 저하되어 골다공증 발병의 위험이 높아진다. 골다공증은 위험요인이 다양하지만 여성의 폐경 이후 에스트로겐이 감소되어 많이 나타난다.
- 골다공증의 발병 관련 요인은 부적절한 영양섭취와 알코올, 흡연 및 운동 부족 등이며 〈표 9-2〉에 골다공증 발생 관련 식사요인이 요약되어 있다. 적절한 운동은 골밀도 향상에 크게 도움이 되며, 특히 체중부하운동은 뼈, 관절, 근육에 중력을 가함으로써 골손실을 감소시키고 골질량을 증가시킨다. 그러나 과다한 운동은 오히려 골질량을 감소시킬 수 있다. 또한, 흡연은 에스트로겐을 감소시킴으로써 칼슘 이용률을 떨어뜨린다.

(3) 진단

골다공증은 특별한 증세가 없으므로 골밀도를 측정하여 진단한다. 세계보건기구(WHO)에서는 이중 에너지 방사선 흡수법(DEXA)으로 젊은 여성의 골밀도를 측정한 결과 T-값이 -1.0SD 초과이면 정상, -2.5SD 초과 -1.0SD 이하이면 골연화증(골감소증), -2.5SD 이하이면 골다공증으로 정의하였다. 심한 골다공증은 -2.5SD 이하이면서 한 곳 이상이 비외상성 골절을 동반하는 경우로 정의된다.

① 이중 에너지 방사선 흡수법(Dual Energy X-ray Absorptiometry, DEXA)

- 중심 뼈인 척추와 대퇴골을 측정하는 방법과 말단골인 상지, 발, 손을 측정하는 방법이 개발되어 있다.
- 세계보건기구의 진단법은 척추와 대퇴골을 측정한 것을 기준으로 분류하였으며, 이 두 부위를 측정할 수 없는 경우에는 상지(팔목 부위)의 측정으로 진단할 것을 권고하고 있다.

② 정량적 컴퓨터 단층촬영법(QCT)

- 일반적으로 사용하는 컴퓨터 단층촬영법(CT)에 골밀도를 계산할 수 있는 컴퓨터 프로그램을 추가하여 사용한다. 척추, 대퇴골과 말단골을 측정할 수 있으며 3차원적으로 측정이 가능하고 뼈를 해부학적으로 분리하여 측정이 가능하다는 것이 장점이다.

이중 에너지 방사선 흡수법(DEXA)

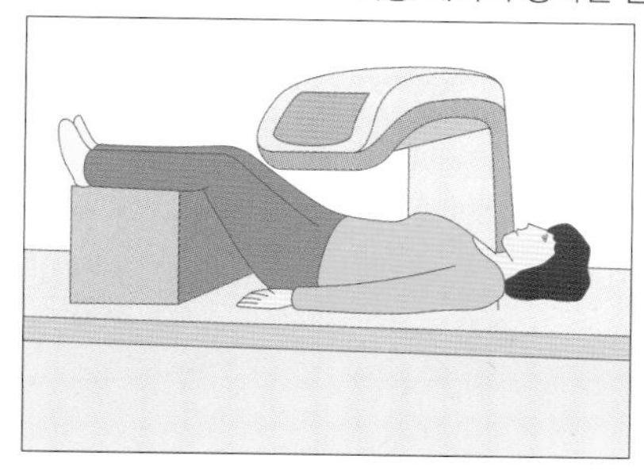

척추 및 대퇴골 부위

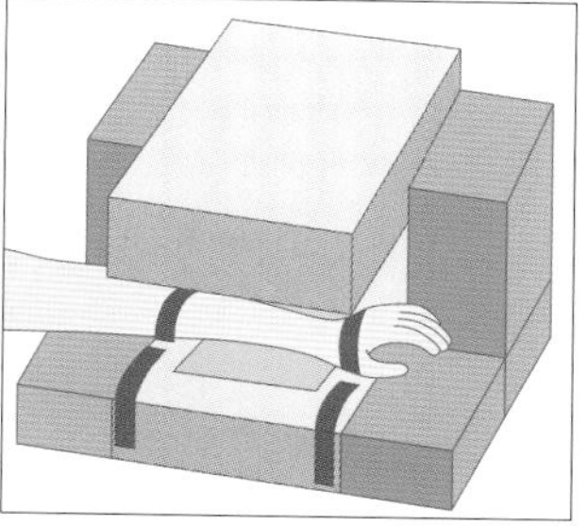

손목 부위

정량적 컴퓨터 단층촬영법(QCT)

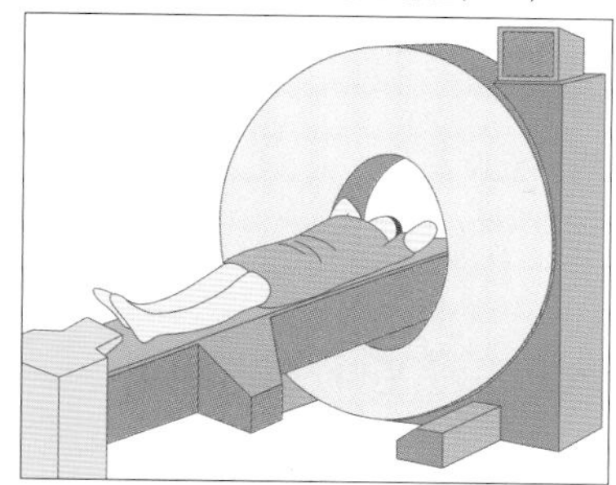

정량적 초음파 측정법

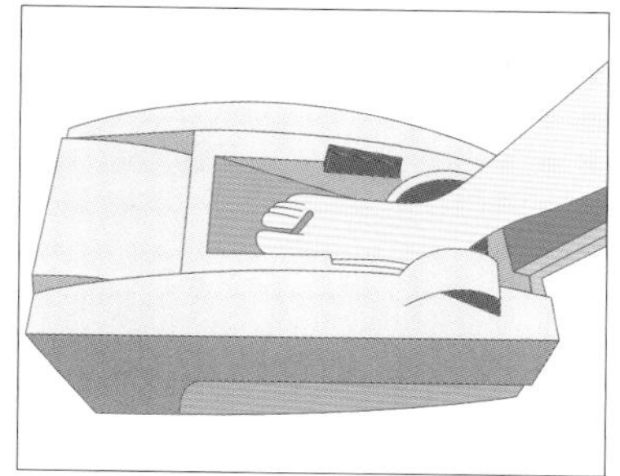

그림 9-7　골밀도 측정방법

- 하지만 이중 에너지 방사선 흡수법에 비하여 방사선 조사량이 많고 가격이 비싸다는 것이 단점이다.

③ 정량적 초음파 측정법

- 정량적 초음파 측정법은 종골, 경골, 슬개골과 같은 말단 부위 측정에 이용된다.
- 뼈의 질을 반영하기 때문에 골절 예측에 도움이 되고 방사선에 노출되지 않는 점과 기계가 가벼워 쉽게 이동이 가능하다는 장점 때문에 환자의 예비적인 발견에 주로 사용된다. 하지만 정확도 면에서 검증이 되지 않아 치료 효과를 판정하는 데는 사용하지 않고 있다.

④ 골밀도검사에 의한 골다공증 진단

- 골밀도를 판정할 때는 측정된 절대값을 사용하기보다는 T-값과 Z-값을 주로 사용한다. T-값은 동일한 성별에서 젊은 성인 집단의 평균 골밀도와 비교하여 표준편차

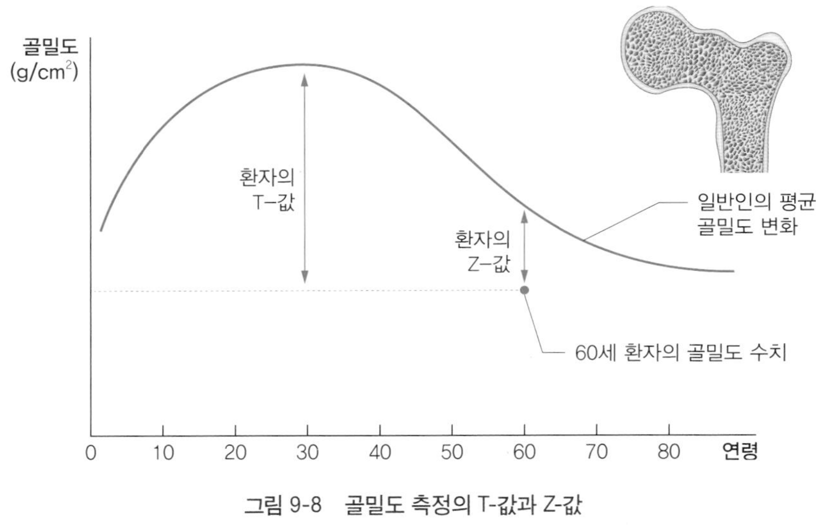

그림 9-8 골밀도 측정의 T-값과 Z-값

자료 : 보건복지부. 대한의학회.

로 나타낸 값으로, 건강한 성인과의 차이를 의미하게 된다. 이에 반해 Z-값은 같은 연령대의 골밀도 평균치와의 차이를 의미한다.

- 폐경 이후의 여성과 50세 이상의 남성에서는 T-값에 따라 골다공증을 진단하고 소아, 청소년, 폐경 전 여성과 50세 이전 남성에서는 T-값을 사용하지 않고 Z-값을 사용한다.
- Z-값이 -2.0 이하이면 '연령 기대치 이하(below the expected range for age)'라고 정의하며 2차성 골다공증의 가능성을 생각해야 한다.

T-값과 Z-값

- T-값 : 동일한 성별에서 젊은 성인 집단의 평균 골밀도와 비교하여 표준편차로 나타낸 값. 건강한 젊은 성인과의 차이를 의미
- Z-값 : 같은 연령대의 성인들과의 골밀도 평균치의 차이를 의미

아시아인 골다공증 자가 측정표(Osteoporosis Seif-assessment Tool for Asians, OSTA)

OSTA 점수지표 = (체중×0.2) (나이×0.2) 정수화

나이와 체중에 따른 점수지표를 구한 뒤 그 점수지표가 0점 이상이면 저위험군, -1~-4라면 중간위험군, -5 이하라면 고위험군으로 나누어 임상에 적용함

예 체중 56kg, 나이 72세 : (56×0.2) (72×0.2) = -3.2 → 정수화하면 3

(4) 영양관리

- 20대 중반에서 30대 초반의 청장년 시기에는 일생 중 최대 골질량이 형성되며 그 이후 연령 증가에 따라 골 소실이 진행된다. 특히 여성의 경우 폐경 이후 에스트로겐의 결핍으로 급격한 골 소실이 진행되므로 골다공증을 예방하기 위해서는 어려서부터 최대 골질량을 형성하고 골 소실을 최대한 막도록 노력해야 한다.
- 골다공증의 영양관리에서 가장 중요한 것은 무엇보다 충분한 칼슘을 섭취하는 것이다. 그러나 칼슘의 흡수, 이용을 높이기 위하여 여러 가지 사항을 고려하여야 한다.

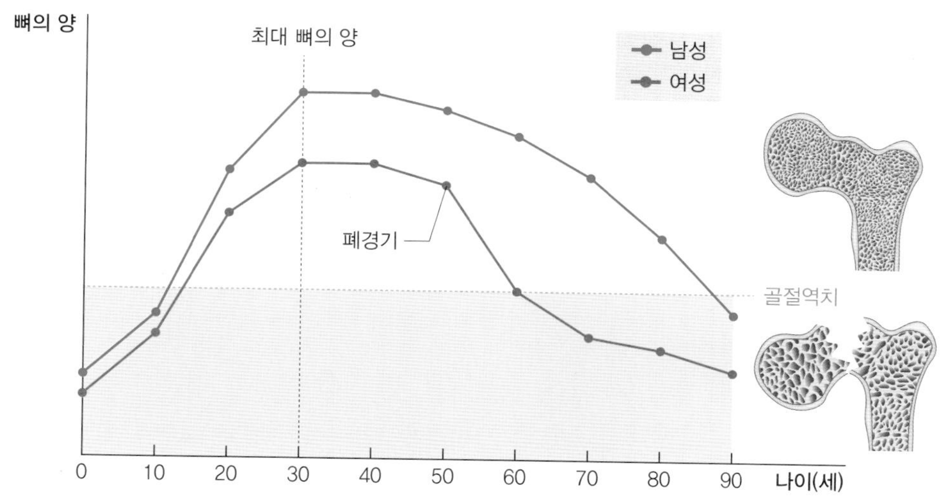

그림 9-9 최대골량의 형성과 나이에 따른 뼈의 감소

자료 : 대한골대사학회(2022). 골다공증진단 및 치료지침.

그림 9-10 칼슘 함유 식품

골다공증의 영양관리

- 칼슘이 풍부한 식품을 매일 2회 이상(어린이나 청소년, 임산부 등은 3회 이상) 섭취. 저지방우유, 요구르트(유당불내증 시) 등이 좋고 어류, 해조류, 들깨, 달래, 무청 등을 많이 섭취
- 균형 있는 식사를 통해 단백질, 비타민 D, 비타민 K, 칼슘, 마그네슘, 구리 등을 충분히 섭취
- 싱겁게 먹고 과다한 양의 단백질이나 지나친 식이섬유 섭취를 피해야 함
- 비타민 D와 DHA, EPA 등과 같은 n-3 지방산이 풍부한 생선을 일주일에 2회 이상 섭취
- 콩, 두부를 충분히 섭취. 콩 제품은 익힌 것이 단백질 흡수에 좋음
- 비타민 C, 비타민 K(오스테오 칼신 합성 촉진), 칼륨 등의 무기질 섭취를 위해 신선한 채소와 과일을 충분히 섭취
- 골다공증의 위험인자인 저체중일때는 총 열량 및 칼슘, 단백질 섭취를 증대시킴
- 무리한 체중 감량은 삼가고, 감량을 해야 할 때는 칼슘을 보충해야 함
- 탄산음료에 많은 인산은 칼슘 흡수를 방해하고, 커피에 많은 카페인은 칼슘 배설을 촉진하므로 섭취를 줄여야 함. 카페인 음료가 필요할 때는 차(예 녹차, 홍차 등)를 섭취
- 흡연을 피하고 술은 하루 1~2잔만 섭취

자료 : 대한골대사학회(2022). 골다공증 진단 및 치료지침.

① 식품을 통한 칼슘 섭취

- 평소에 식품을 통해 칼슘을 적절히 섭취하는 것이 바람직하다. 충분한 양의 칼슘을 섭취하기 위해서는 우유 및 유제품을 섭취하는 것이 가장 효과적이며 그 외에 칼슘 급원을 적절히 활용하도록 한다. 칼슘은 우유와 유제품, 뼈째 먹는 생선류, 해조류, 녹황색 채소류 등에 많이 함유되어 있다.

- 유당불내증이나 우유 섭취 시 복부팽만, 복부경련, 설사 등의 증상이 있는 경우 우유나 유제품을 소량씩 섭취하거나 식사와 함께 섭취하면 그 증상이 줄어들 수 있고, 유당분해효소가 첨가된 저락토오스 유제품이 사용될 수 있다.

② 칼슘 보충제

- 골다공증 치료를 위하여 칼슘 보충제를 사용하는 경우 칼슘염의 종류, 적절한 사용법, 부작용(예 변비 등)을 최소화할 수 있는 방법을 주지시켜야 한다. 장기간의 칼슘 보충제 사용은 고칼슘혈증, 고칼슘뇨증, 요석증 및 위산분비 증가 등의 부작용을 일으킬 수 있기 때문이다.
- 탄산칼슘, 유산칼슘, 칼슘글루코네이트, 칼슘시트레이트 등의 칼슘 보충제는 식사와 함께, 그리고 한번에 섭취하는 것보다 여러 번에 나누어 먹는 것이 흡수율과 이용률을 증가시킬 수 있는 방법이다. 칼슘을 함유하는 제산제 또한 칼슘의 급원이다. 칼슘 정제를 삼키기 어려운 사람에게는 액체 형태의 칼슘제제를 이용하도록 할 수 있다.

비타민 D

- 칼슘의 흡수를 돕고 뼈와 근육 기능, 신체 균형 유지에 중요한 역할을 하며 골밀도를 증가시키는 데 관여함
- 비타민 D는 피부에서 태양의 자외선을 받아 합성되므로 매일 햇볕을 20~40분 정도 쬐어야 하며, 햇볕 노출이 제한된 경우에는 식품으로 반드시 섭취해야 함
- 비타민 D 급원 식품으로는 연어, 고등어, 참치, 달걀 등이 있고 비타민 D 강화식품으로부터 섭취할 수 있음
- 대부분의 골다공증성 골절환자는 20ug(800IU)의 비타민 D 보충이 필요함

〈비타민 D 영양판정〉

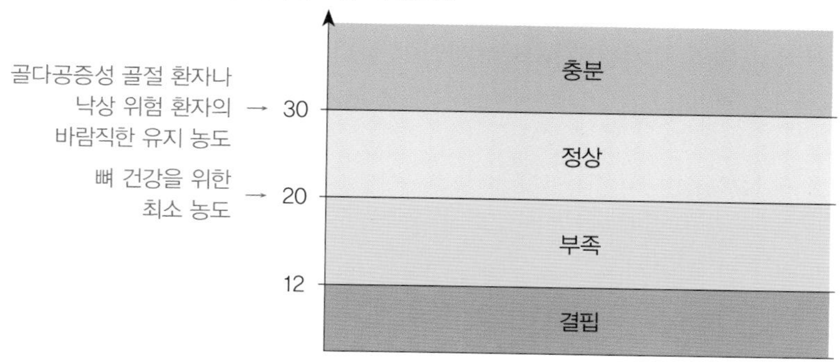

2) 골연화증

골연화증(osteomalatia)은 비타민 D 결핍으로 인해 아이들에게 발병하는 구루병과 비슷한 증상이 어른들에게 나타나는 질환으로서 비타민 D 부족 시 뼈의 무기질화 과정에 이상을 초래하여 뼈가 얇아지고 쉽게 구부러지며 골밀도가 감소한다.

(1) 원인

골연화증의 원인은 자외선 노출 제한, 비타민 D 섭취 부족, 비타민 D 대사의 유전적 결함, 신장장애로 인한 인의 흡수 손상, 비타민 D 활성화 불능 및 칼슘 섭취 부족과 배설 증가, 만성적인 산중독증, 항경련성 진정제의 장기복용 등 다양하다. 태양광선을 적게 받거나 저에너지 섭취 및 임신과 수유를 자주하는 여성에게서 많이 나타나며, 옥외에서 노동을 하거나 질적으로 우수한 식사를 하는 사람에게는 좀처럼 발생하지 않는다.

(2) 증상

골연화증이 발생하면 뼈의 통증, 유연화, 근육약화와 척추가 체중을 지탱하지 못하여 신체가 구부러지거나 기형을 유발한다. 심한 경우 뼈의 통증으로 잠을 잘 수가 없으며 물러진 뼈에서의 골절은 일반적인 현상으로 나타난다.

(3) 영양관리

골연화증인 경우 충분한 태양광선을 쬐어서 비타민 D를 합성할 수 있게 하고, 양질의 단백질과 우유 등의 칼슘공급원을 충분히 섭취하는 것이 중요하다. 환자의 상태가 심각한 경우 매일 0.5~1mg의 비타민 D와 칼슘보충제를 공급하여 체내의 칼슘 및 인의 양을 증가시키고 뼈의 무기질화를 촉진시켜야 한다.

표 9-3 골다공증과 골연화증의 차이점

구분		골다공증	골연화증
임상적 증상	골격의 통증	발작적, 때로는 골절 야기	주 증상, 지속됨
	근무력증	증상이 나타나기도 함	거의 나타나는 증상으로 심한 경우에는 보행에 지장
	골절	골절이 잘 일어나며 치유는 정상적	일반적이지 않으나 치유가 지연됨
	골격의 기형	골절 시에만 나타남	매우 일반적인 현상으로 척추후만이 관찰됨
방사선 조사	골밀도	불규칙하고 때로는 척추에 현저히 나타남	전반적으로 고르게 나타남
생리적 변화	혈장 칼슘 및 인	정상	저하
	혈장 알칼리 포스파타아제	정상	상승
	요중 칼슘	정상이거나 상승	저하
치료	비타민 D	약간 효과를 나타냄	매우 효과적

4. 관절질환

관절질환은 관절염 활액막에 감염이 있거나 직접적인 외상에 의해서 관절이 붓고 통증을 일으키는 질환이다. 만성관절염의 대표적인 것은 염증이 심하게 나타나는 류마티스성 관절염과 관절의 염증이 별로 심하지 않으면서 관절의 운동장애와 통증을 일으키는 골관절염(퇴행성 관절염), 요산결정이 침착하여 발생하는 통풍 등이 있다.

1) 류마티스성 관절염

류마티즘은 대부분 자가면역질환으로 관절 및 근골격계에 통증을 일으키는 전신성 질환이다. 류마티스는 크게 관절을 침범하는 관절염과 장기를 침범하는 비관절성 류마티즘으로 구분된다.

(1) 원인

- 류마티스성 관절염은 가장 보편적인 관절질환으로 관절의 활액막이 감염되어 부으면서 파손되고 다른 관절에까지 퍼지며 상태가 진행됨에 따라 골, 연골조직에까지

감염이 확대되어 심한 손상을 일으키는 만성적 질환이다.

- 손이나 발 등의 마디에 대칭적으로 나타나기 쉽다. 정확한 발병 원인은 알려져 있지 않으나 부분적으로 전신성 자가면역 기전에 의해서 발생하는 것으로 보인다.
- 최대 발병률은 20~50세 사이에 주로 나타나고, 특히 여성의 발병률이 남성의 3배 이상 높으며 이러한 성별의 차이는 나이가 증가함에 따라 감소하는 경향이 있다.

(2) 진단과 증상

- 혈액검사로 면역항체 중 류마티스 인자(RF), 항 CCP(ACPA) 항체의 역가가 정상치보다 3배 이상 높고 급성 염증반응에서 양성이면 류마티스 관절염의 가능성이 높다.
- 증상은 관절이 뻣뻣해지고 특히 아침에 증세가 심한 강직현상이 나타나며 이러한 강직의 정도는 질병의 진행 정도를 판별하는 중요한 지표가 된다.
- 발병 초기에는 피로, 식욕부진, 일반적인 허약증세가 몇 주에서 몇 달간 지속되다가 점차로 체중 감소, 고열, 오한이 동반된다.
- 활액막의 감염 시 부종, 압통이 나타나며 이로 인해 정상적인 행동을 할 수 없게 된다. 부종은 활액이 축적되고 활액막이 팽대되거나 관절낭이 비후되기 때문에 발생한다.

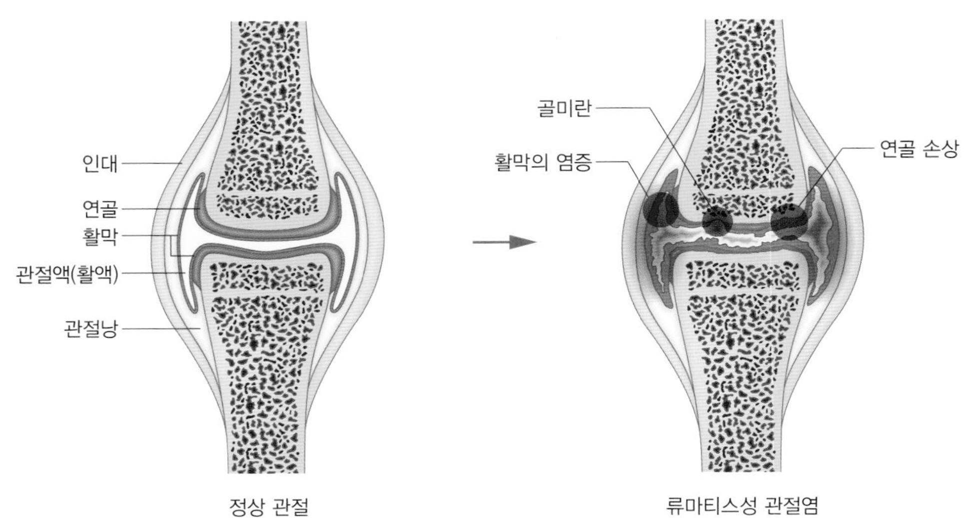

그림 9-11 류마티스성 관절염의 개념

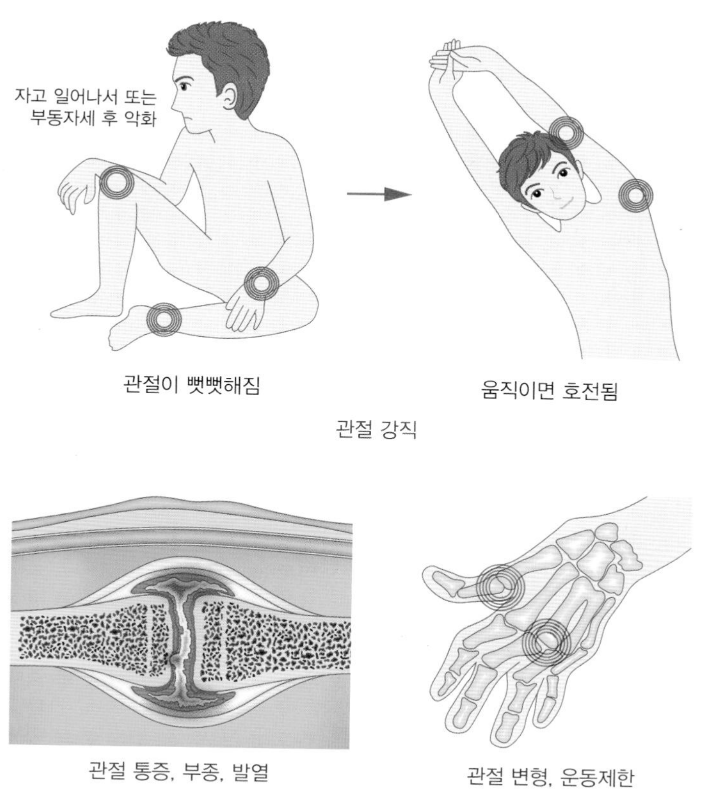

그림 9-12 류마티스성 관절염의 관절 증상

- 증세의 완화와 악화가 반복되며 고통이 매우 심하고 질병의 상태가 심한 경우에는 섬유조직이 비정상적으로 증식하게 되어 골의 강직현상과 함께 불구가 되는 경우도 있다.

(3) 영양관리

- 류마티스성 관절염은 만성 질환으로 질병이 오랫동안 지속되면서 여러 가지 원인에 의하여 적절한 식이섭취가 어려워지고 이로 인해 영양불량이 빈번하게 나타난다. 따라서 질병을 완화시키기 위해서는 영양불량의 원인을 파악하고 적절한 영양관리를 통한 영양상태의 증진을 계획하는 것이 필수적이다.

류마티스성 관절염 환자의 영양불량 원인

- 일반적으로 감염 시 영양 요구량이 증가함
- 감염 과정에서 생기는 위, 소장기 점막의 변화로 영양분의 흡수율이 감소함
- 류마티스성 관절염과 함께 동반되는 소화성 궤양과 위염에 의하여 식욕이 감퇴됨
- 류마티스성 관절염의 합병증에 의한 침의 분비가 저하되고 연하곤란과 충치가 발생함

- 류마티스성 관절염은 감염에 의해 주로 발생하므로, 환자의 영양상태는 신체 면역반응에 큰 영향을 끼친다. 따라서 이상체중의 유지, 균형 잡힌 식사, 면역반응 보존을 위해 환자의 식단 작성에 주의를 기울여야 한다. 또한 환자의 식사 형태 및 식습관을 잘 관찰하고, 영양관리가 환자에게 미치는 영향을 교육시킴으로써 균형 잡힌 식사를 지속적으로 섭취할 때 질병을 극복할 수 있다는 자신감을 주는 것이 중요하다.

표 9-4 류마티스성 관절염 환자의 영양관리

영양소	내용
에너지	• 관절부담을 줄이기 위해 이상체중을 유지해야 함 • 과체중의 경우 적절한 에너지 섭취 제한
지방	• 염증반응 억제를 위하여 n-3 지방산의 섭취 증가 • 어유, 올리브유, 달맞이꽃기름 등의 섭취 증가
비타민 D	• 류마티스성 관절염의 합병증으로 빈발하는 골연화 방지 기능 • 과량공급 시 신장의 석회화 등 부작용 가능
비타민 C	• 관절의 기질인 교원섬유 합성 촉진 • 아스피린 치료 시 백혈구 내 비타민 C 감소로 빈혈 유발 가능
비타민 B_6	• 약물치료에 의한 위 점막 손상으로 요구량 증가
아연	• 환자의 혈청 아연 감소 시 아연을 보충하면 증세 호전
철	• 합병증으로 빈혈이 나타나는 경우 철 섭취에 유의
알레르기성 식품	• 뼈의 통증 경감을 위하여 알레르기성 식품 제한

(4) 약물치료

- 류마티스성 관절염을 치료하기 위한 약제가 개발되었으나 부작용 또한 많은 것으로 알려지고 있다(표 9-5).
- 관절염의 상태가 매우 심각한 경우 환자의 고통을 경감시키고 기형을 보정하여 적절한 기능을 회복할 수 있도록 하기 위하여 수술을 실시하기도 한다.

표 9-5 류마티스성 관절염에 사용되는 약의 종류와 부작용

구분	종류	사용 목적	부작용
비스테로이드성 소염제	아스피린, 부루펜, 나부메톤, 브렉신, 인다신	소염, 진통을 목적으로 사용	위장장애, 간기능장애, 신장 기능장애 등
스테로이드 호르몬제	프레드니솔론	소염, 진통, 관절경직 완화에 효과	골다공증, 비정상적 지방 축적, 위십이지장궤양, 우울증, 세균감염 등
항류마티스약제	항말라리아제, 설파살라진, 페니실라민, 면역억제제	관절염의 진행 억제 목적으로 사용, 치료효과는 수주 혹은 수개월 후에 나타남	다양한 부작용이 나타나므로 정기적인 추적검사가 요구됨

2) 골관절염

- 골관절염(osteoarthritis)은 퇴행성 관절질환이라고 하는 매우 흔한 질병 중의 하나로 관절 주위나 내부의 연조직과 뼈의 증식에 의한 관절연골의 손실에 따라 점진적으로 약화되어 나타나는 질환이다.
- 모든 관절에서 발견되나 특히 체중을 지탱하거나 자주 사용하는 관절인 무릎, 엉덩이, 발목, 척추 등에서 자주 발생하며, 과체중 및 비만인에서 발병률이 더 높게 나타난다.

(1) 원인

- 골관절염의 원인은 관절 부위의 외상, 관절의 과다 사용, 어긋난 모양으로 잘못 연결된 관절 등 여러 복합적인 원인에 의해 발생하며 유전적인 요인도 작용한다.
- 류마티스성 관절염과는 달리 체중 초과 및 과잉영양에 의해 관절염이 발생하기도 한다.

(2) 증상

- 골관절염의 초기 증상은 연골에 미세한 틈이 생기고 부분적으로 침식이 나타나서 사용하는 관절 부위가 뻣뻣해지고 활동의 제약을 받게 된다. 특히 관절을 과다하게 사용한 저녁과 잠자기 전에 심한 통증을 느끼게 된다.
- 골관절염의 진행은 서서히 이루어지며 증세가 심해졌다 호전되었다가 반복되면서 점

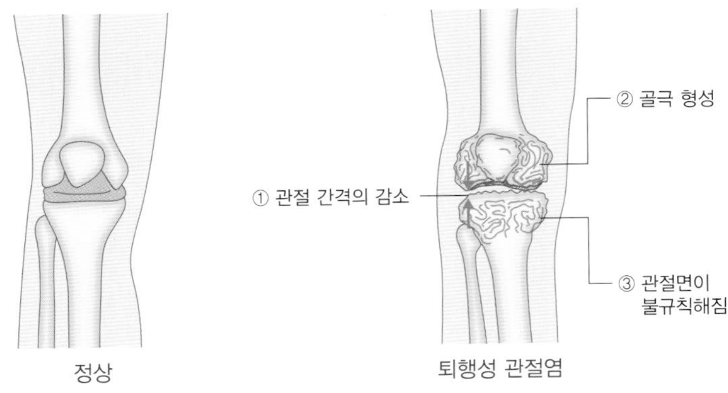

그림 9-13 퇴행성 관절염의 방사선 사진

차 악화된다. 그러나 골관절염은 대체로 자주 사용하는 한두 개의 관절에 국한되고 전신 증상은 나타나지 않는 것이 특징이다.

(3) 영양관리

- 과체중인 골관절염 환자는 질병의 진행을 억제하기 위하여 체중을 줄이는 것이 바람직하다. 그러나 운동을 통한 체중 감량은 자칫 관절에 무리를 줄 수 있으므로 식사관리를 통해 체중을 줄이는 것이 좋다.
- 또한 골다공증을 예방하기 위하여 칼슘 및 비타민 D를 충분히 섭취한다.

(4) 운동 · 물리치료

- 골관절염 치료의 주된 목적은 통증을 감소시키고 관절의 파괴 및 변형을 예방하는 것이다. 이를 통하여 관절의 기능 손상을 예방하고 질병의 진행속도를 완화시킬 수 있다.
- 골관절염의 치료방법으로는 물리적 치료, 약물치료, 운동 및 수술치료 등이 있으며 보조적으로 적절한 식사요법이 요구된다.
- 관절을 무리하게 움직이지 않고 보호하기 위해서는 적정 체중 유지와 지팡이를 사용함으로써 관절의 부담을 줄일 수 있다.
- 또한 환자가 안정을 취할 수 있도록 휴식과 함께 관절 부위를 자주 마사지하는 것이

효과적이며 관절 주변 근육의 강도를 높이기 위해 무리하지 않는 적당한 운동이 필요하다.

3) 통풍

- 통풍은 바람만 스쳐도 통증이 나타나는 질환으로 체내 퓨린체(purine)의 대사이상으로 혈액의 요산(uric acid)이 축적되어 관절에 염증을 일으킨다.
- 과잉의 요산은 혈액을 통하여 연골 관절 주위 조직에 요산나트륨 결정(monosodium urate crystal)으로 침착되고 이것이 극심한 통증과 함께 염증을 일으킨다.
- 통풍은 30~50대 남성에게서 많이 발생하고 여성은 폐경 이후 발병 가능성이 증가한다.
- 통풍이 오래되면 골, 연골이 파괴되고, 관절이 변형, 섬유화, 골강직증 등으로 진행된다.

(1) 원인

- 혈중 요산은 음식물로 섭취된 외인성 요산과 신체에서 파괴된 세포에서 유래되는 내인성 요산이 있다.
- 혈중 요산의 농도는 생성량과 배설량의 균형에 따라 조절되는데, 통풍은 체내의 요산 생성이 증가하거나 요산 배설이 감소하여 생성량과 배설량 간의 균형이 깨짐에 따라 체내에 요산이 과잉 축적됨으로써 발생한다.
- 식품 섭취에 의한 요산은 탄수화물, 지방, 단백질 섭취 시 모두 생성될 수 있는데, 특히 간, 췌장, 신장과 같이 핵단백질이 풍부한 내장식품과 일반육류 및 곡류와 두류의 씨눈 등의 섭취 후에 요산이 다량 생성된다.
- 수술이나 외상으로 세포가 파괴되어 핵산으로부터 과량의 요산이 생성되거나 비만치료를 위해 굶거나, 정신적 스트레스, 알코올의 과량섭취, 티아지드(thiazid)계 강압이뇨제 및 항결핵제의 사용으로 요산 배설이 감소되거나, 일부 유전적인 유인이 있을 때에도 통풍이 발생된다.

정상적인 요산의 배설

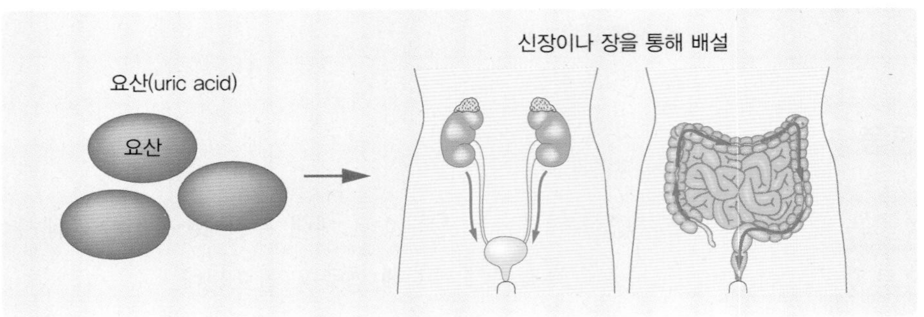

통풍의 발생기전

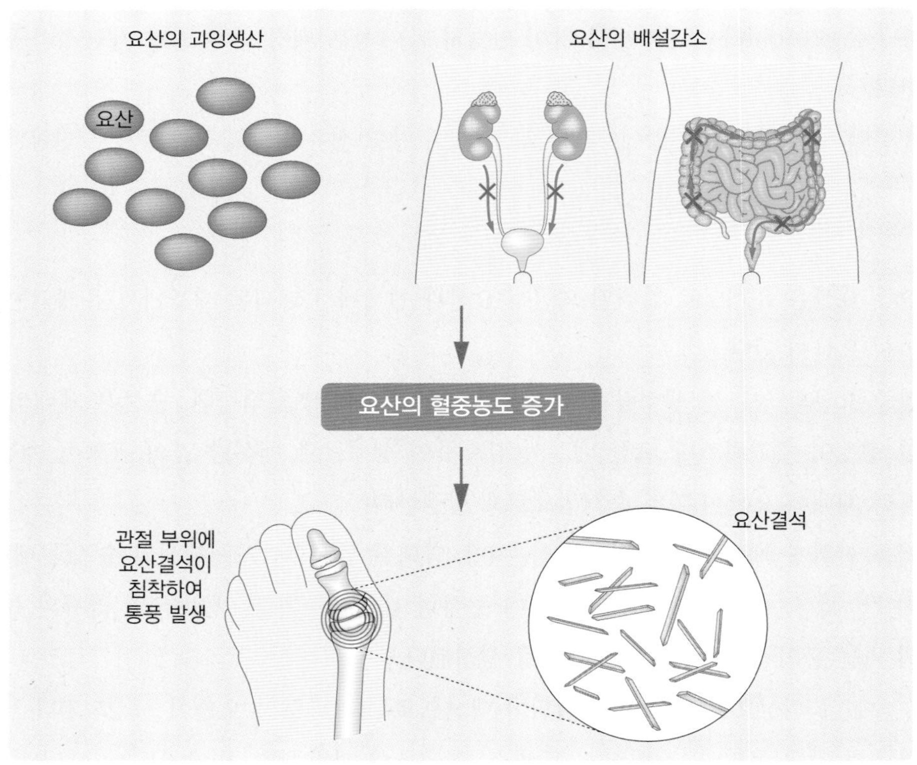

그림 9-14 요산과 통풍

요산 생성 증가의 원인
- 세포의 이화 촉진(백혈병, 악성 임파종, 골수암, 용혈성 빈혈, 감염 등)
- 퓨린의 생합성 증가
- 식사 중 퓨린 섭취 증가
- 레쉬 니한 증후군(Lesch Nyhan syndrome) : 유전적으로 HGPRTase(hypoxanthine-guanine Phosphoribosyl transferase)의 결핍으로 AMP, GMP 재생이 어렵고 요산 생성량 증가
- 정신적 스트레스나 수술, 과로

요산 배설 감소의 원인
- 당뇨병, 알코올 과음으로 인한 케톤증으로 요의 산성화
- 신장질환으로 인한 세뇨관에서의 요산분비장애

(2) 퓨린 대사

- 체내 퓨린 뉴클레오티드(purine nucleotide) 함량은 세포의 이화, 체내 퓨린의 생합성, 식사로의 퓨린 섭취를 통해 증가하며 세포의 동화, 요산의 배설 과정을 통해 감소된다.
- 체내 퓨린 뉴클레오티드는 주로 AMP(adenosine monophosphate), GMP(guanosine monophosphate)로 구성되어 있으며, 퓨린 생합성에는 글리신, 아스파테이트, 글루타민 등의 아미노산과 포르민산, CO_2 등이 필요하다.

(3) 증상

- 통풍의 증상은 급성통풍발작으로 시작되는 것이 일반적이지만 발작 후 수개월 혹은 수년간 재발하지 않는 경우가 많다.
- 질병이 악화되면서 통풍발작이 잦은 빈도로 나타나게 되며 만성적으로 진행하게 되고, 관절의 연골이나 관절상 주위의 연부조직에 요산이 침착하고 점차 귓바퀴, 팔꿈치 관절 후면, 엄지발가락이나 손가락 관절에 통풍결절이 생성된다.
- 결절 생성 후 특히 엄지발가락 관절이 빨갛게 부어오르고 국부발열 후 격심한 통증이 있다가 2~3주 후에 증상이 완전히 사라진다. 통풍이 진행되면 차츰 통증의 주기가 빨라지고, 발작 기간도 길어지며 때로는 발열, 오한, 두통, 위장장애가 나타난다. 통풍결절이 커져서 융합하게 되면 관절조직을 파괴시켜 만성관절염을 유발하고 심

표 9-6 퓨린 함량에 따른 식품 분류(식품 100g에 함유된 퓨린 질소 함량)

식품군	제1군 : 고퓨린 함유 식품 (100~1,000mg)	제2군 : 중퓨린 함유 식품 (9~100mg)	제3군 : 극소퓨린 함유 식품
곡류군	-	완두콩, 강낭콩, 잠두류	밥, 떡, 죽, 국수, 빵류
어육류군	청어, 고등어, 정어리, 연어 내장부위(간, 콩팥, 심장, 지라, 신장, 뇌, 혀), 멸치, 효모(보충제로 섭취 시), 베이컨, 고기국물, 가리비, 게, 홍합	육류, 가금류, 생선류, 조개류	달걀
채소군	-	시금치, 버섯, 아스파라거스	제2군 채소 제외한 모든 채소
지방군	-	-	버터, 식용유, 견과류
우유군	-	-	우유, 치즈, 아이스크림
과일군	-	-	과일류
기타	-	-	설탕, 커피, 차류, 코코아
주의사항	급성기, 재발기 환자의 식사에 이용하지 말 것	재발기 동안 하루에 어육류군 1교환, 채소군 1교환 정도만 허용	매일 섭취해도 무방한 식품들

한 경우 골절을 초래하기도 한다.

- 또한 신장에 축적되어 신우염, 신결석 등을 유발함으로써 신장의 세뇨관 등이 손상을 입어 환자 중 20~25%가량이 사망하게 된다.
- 통풍은 고혈압, 동맥경화, 심근장애, 당뇨병 등 다른 여러 질병과 관계가 있으나, 특히 비만과 밀접한 관계가 있다. 당뇨병 환자의 20~50%에게서 고요산혈증이 나타났으나 모두 통풍을 야기하는 것은 아니며, 아직 혈청 포도당 농도와 혈청 요산 간의 상호관계는 확실하게 규명되지 않았다.

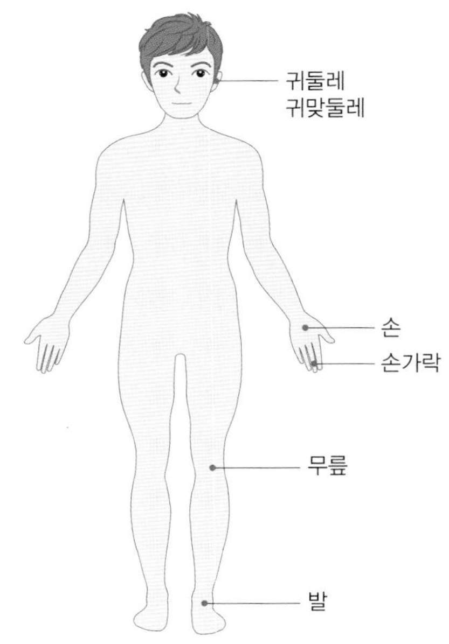

그림 9-15 만성 통풍의 결절 및 궤양

(4) 진단

- 통풍의 진단방법으로는 혈액의 생화학적 검사인 요산, 요소질소 및 신장기능검사, 요검사, 관절액검사, 관절 X-선 검사 등이 있다. 혈중 요산 수치가 8mg/dL 이상, 발

작이 1년에 2회 이상, X-선 검사에서 뼈의 파괴가 보이거나 통풍결절이 있는 경우 약물복용이 필요한 것으로 진단한다.

- 통풍은 관절이나 연부조직을 천자하여 관절액이나 조직에서 바늘 모양의 특징적인 형태의 요산 결정을 증명하면 확진이 되는데 편광현미경으로 관찰한다. 편광 현미경이 없는 경우에는 광학 현미경의 관찰소견이 어느 정도 진단에 도움이 된다.

(5) 영양관리

- 통풍의 치료를 위해서는 외인성 요산을 감소시키기 위해 퓨린 함량이 낮은 식품을 위주로 한 식사를 하는 것이 가장 중요하며, 이외에도 에너지, 단백질, 지방, 수분의 섭취에 유의하여야 한다. 또한 소변에서 요산의 배설을 촉진하기 위해 소변의 pH를

표 9-7 통풍 환자의 영양관리

영양소	내용
퓨린	• 체내의 내인성 요인에 의해서도 퓨린 생성 • 식사 중 퓨린 함량 100~150mg 정도로 제한 필요 (정상인은 600~1,000mg 정도 퓨린 섭취) • 식사조절보다는 약물을 통한 요산의 조절이 필요함
에너지	• 이상체중을 유지하거나 10%가량의 체중 감소가 효과적 • 에너지 섭취 감소는 서서히 하고 단식요법은 절대 금물 • 에너지 섭취 : 남성 30~35kcal/kg 체중/day, 여성 25~30kcal/kg/day • 약 1,200~1,600kcal/day 정도의 에너지를 권장
단백질	• 단백질 섭취는 내인성 요산 생성을 증가시킴 • 지나친 단백질 제한은 필수아미노산 결핍 초래 • 단백질 섭취 : 60~75g/day(1~1.2g/kg 체중/day) • 달걀과 우유가 좋은 급원(퓨린 함량 낮음)
지방	• 고지방 식사는 요산의 정상적인 배설 방해, 통풍의 합병증인 고혈압, 심장병, 고지혈증, 비만 등과 관련됨 • 지방 섭취 : 50g 이하로 제한 • 포화지방산보다 불포화지방산 섭취 증가 권장
수분	• 약제 복용으로 인한 탈수현상 방지, 혈중 요산 농도 희석 및 요산 배설을 촉진하여 결석 형성을 억제하기 위해 다량의 수분 공급 • 신장질환, 심장병 없는 경우 3L가량의 수분 공급 필요
알코올	• 알코올은 요산 배설을 방해하고 요산의 생합성을 촉진하므로 알코올 섭취 제한, 만성 환자는 기분 전환을 위해 소량의 알코올 섭취 가능
염분	• 고혈압, 당뇨병, 고지혈증 등의 합병증 우려가 있으므로 염분은 가급적 제한하는 것이 바람직함

6.2~6.8로 유지시키는 것이 중요하다.

- 소변의 알칼리도는 식품 섭취에 따라 쉽게 변하는 것은 아니지만 가능한 한 채소, 과실 등 알칼리성 식품을 적극적으로 섭취하면 좋다.

통풍 환자의 식품선택 및 퓨린을 줄이는 요령

- 고퓨린 식품은 절대적으로 금지
- 커피나 차의 퓨린은 요산과 직접적인 관계가 없으므로 수분 섭취를 위해 자유롭게 공급
- 환자의 식욕증진을 위한 향신료의 사용도 바람직함
- 단백질 급원으로 육류보다는 두부, 달걀, 우유 등을 다양하게 공급
- 콩보다 두부의 퓨린 함량이 적으므로 두부를 단백질 급원으로 사용
- 에너지 급원으로 탄수화물 식품인 곡류, 감자류를 적극 활용
- 소변의 알칼리성 유지를 위하여 채소, 과실류를 적극 권장
- 수분의 충분한 섭취를 위해 죽, 수프, 차 등을 자주 마시도록 함
- 퓨린은 물에 쉽게 용해되는 반면, 기름에는 용해되기 어려우므로 육류 조리 시 굽는 것보다는 삶아서 그 국물(육수)은 섭취하지 않게 함. 육수 외에 다른 국물은 섭취 가능
- 염분 섭취량은 하루 10g 이내로 하고, 염장가공품은 피하게 함

(6) 약물치료

- 통풍은 비교적 발병의 기전 및 치료법이 잘 밝혀져 있으므로 초기에 발견하여 적절한 치료를 한다면 충분히 극복할 수 있다.
- 통풍의 치료법으로는 통증을 억제시키기 위한 급성기 약물치료와 장기적으로 요산 수치를 떨어뜨리기 위한 치료가 있으며, 통풍과 동반된 만성퇴행성 질환이 있는 경우 반드시 이를 병행하여 치료하는 것이 바람직하다.

① 급성 통풍발작의 치료제

- 콜히친(colchicine), 비스테로이드성 소염제, 스테로이드 호르몬제 등이 사용되는데, 콜히친은 급성 발작을 치료하고 염증을 조절하는 약들 중 가장 오래된 약물로서 여러 번 나누어서 소량씩 복용해야 하며 설사, 오심 등의 부작용이 나타나면 약 복용을 중지해야 한다.
- 인도메타신(indomethacin)과 같은 비스테로이드계 소염진통제는 통풍발작의 부종과 통증치료에 사용된다. 소화불량, 두통, 위장 자극, 발진 등의 부작용이 나타날 수

표 9-8 통풍치료 약물

작용	약물	작용 기전	부작용
통증완화	• 콜히친(colchicine)	• 뼈의 통증을 완화시킴	• 설사, 구토, 복통 등
요산 수치 저하	• 프로베네시드(probenecid) • 설핀피라존(sulfinpyrazone)	• 신장에서 요산의 배설을 증가시켜 혈중 요산 농도를 감소시킴	• 신장 결석 위험 • 설사, 오심, 복통 • 아스피린은 요산 배설 촉진 효과 중지
	• 알로퓨리놀(allopurinol)	• 요산의 생성 억제	• 발진, 발열, 혈관염 약제에 민감성인 사람은 위험

있으나 단기간만 사용된다면 일반적으로 견딜만하다. 심한 전신 증상을 보이거나 반응이 없을 때에도 스테로이드 호르몬제제를 투여한 다음 증상이 호전되면 빠른 시간 내에 용량을 줄여나간다.

② 요산 수치를 감소시키는 약물

- 급성 통풍발작이 조절된 후 급성 발작의 재발 및 통풍결절의 발생을 예방하기 위하여 사용된다.
- 요산 형성을 방해하는 알로퓨리놀(allopurinol)은 부작용으로 피부발진과 위장장애 등이 있다.
- 신장으로의 요산 배출을 증가시키는 요산배설 촉진제는 통풍 결정체의 용해를 돕고 관절 내 요산 침착을 방지한다.

표 9-9 관절염의 종류 및 특성 비교

구분	류마티스성 관절염	퇴행성 관절염	통풍
연령	• 20~50세 여성에 많음	• 50세 이상에 많음	• 남성 95%, 30세 이상
발병 부위	• 손과 발의 작은 관절 • 하중과 무관함	• 무릎, 발목, 손가락 마디 • 하중을 많이 받는 부위	• 발가락, 발목 • 하지부에 먼저 발병
변형 속도	• 여기저기 일어나는 다발성 • 붓고 물이 차며 움직이기 힘듦 • 2~3년 사이에 급격히 변형됨	• 한 부위에서 서서히 늘어남 • 서서히 붓고 변형이 진행됨	• 한 부위에 발병 • 빨갛게 염증반응이 심함 • 서서히 통풍석 형성
증상	• 움직이지 않으면 통증을 느끼지 못함 • 국소발열, 심하면 전신발열 • 아침에 통증	• 움직일 때만 아픔 • 발열 거의 없음	• 많이 사용한 뒤에 통증 • 가만히 있어도 아픔 • 국소발열 간혹 전신발열 • 취침 중 통증

- 부작용으로는 소변 내 요산 농도의 증가로 신장에 결석 형성의 위험이 증가하기 때문에 수분을 충분히 섭취하여 소변 내 요산 농도를 희석시키는 것이 중요하다.
- 초기에는 소변 내의 요산 배출량이 적으면 요산 배설 촉진제를 사용하며, 소변 내의 요산 배출량이 하루 1g을 넘으면 알로퓨리놀을 투여하여 혈중 요산 수치를 정상 범위 내로 조절한다.

5. 치아질환

- 식사와 구강 건강과의 관계는 매우 밀접하다. 다양한 영양소의 결핍이 구강과 혀의 점막에 염증을 일으킨다. 영양은 면역력에 영향을 끼치며, 면역력은 구강 내 세균의 정도에 영향을 끼치고, 구강 내 세균은 충치를 일으킨다.
- 치아 상태가 좋지 않으면 특히 노인에게서 음식물을 씹는 데 어려움을 일으켜, 식품 섭취의 양과 다양성이 제한되면서 영양불량으로 발전될 수 있다. 영양은 국부적으로나 전신적 영향력을 가져 치아 건강 유지에 중요한 역할을 한다.

1) 치아조직 생리

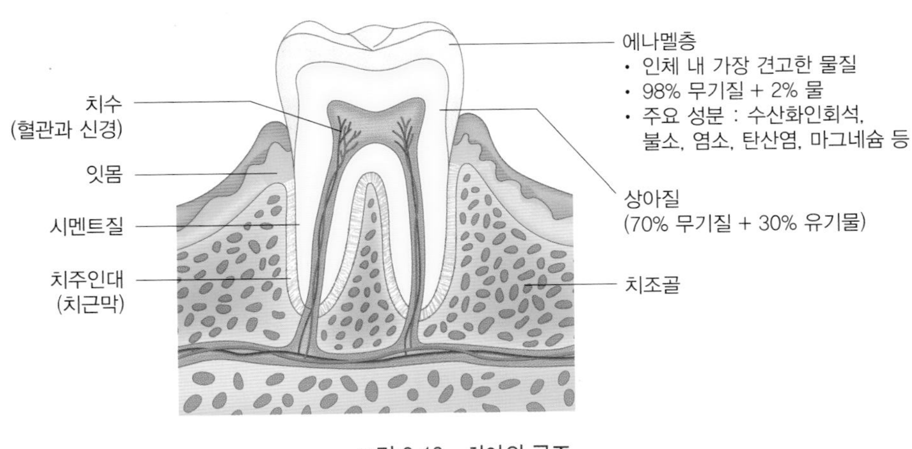

그림 9-16 치아의 구조

2) 치아질환 종류

(1) 치아우식증

① 원인과 병리

치아 표면 플라크 중 박테리아가 작용하여 당질로부터 유기산을 생성하여 침의 pH를 5.5 이하로 만들면 치아의 무기질층이 분해되기 시작하여 충치가 발생한다. 영향요인에는 유전, 생활습관, 구강 위생 등이 있다.

> **충치 발생의 4대 요인**
> - 구강 내 세균
> - 식사 내 발효 가능한 탄수화물
> - 불소나 기타 식사 내 무기질에 노출 부족
> - 타액의 양과 성분 등

(2) 치주질환

① 증세 : 치은염은 구강 박테리아 등에 의한 잇몸염증으로 잇몸부종, 출혈, 통증이 있는 것이고, 치주염은 염증이 뼈에까지 진행되어 있는 것으로, 방치 시 잇몸과 치아 연결 부위의 손상으로 구취, 고름, 저작 시 불편감, 치아 흔들림이 생긴다. 치주골 염증이 발전하면 치아 사용이 불가능하다.

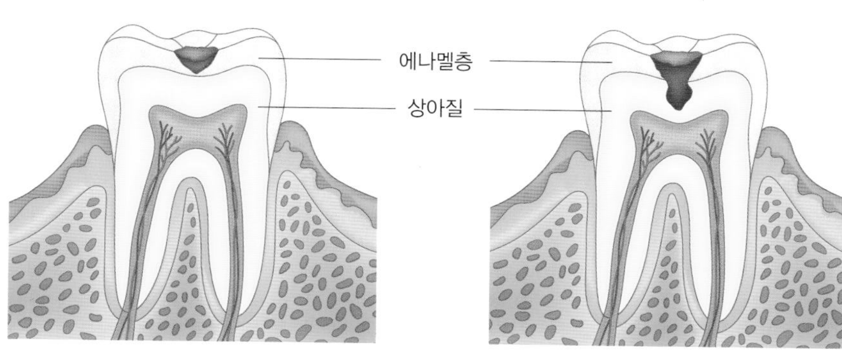

그림 9-17 치아우식증의 증상

② 원인 : 잇몸과 치아 연접 부위의 플라크막인 세균막, 치석, 치주낭들이 잇몸과 치아 사이에 공간을 만들어 치주질환을 초래한다.

③ 악화요인 : 단백질과 비타민 등의 영양부족, 임신, 당뇨병, 흡연, AIDS 등이다.

3) 영양관리

(1) 치아우식증의 예방과 영양관리

- 올바른 식습관과 양치질 습관이 필요하다. 단당류 식품 섭취를 제한하고, 섭취 시 식사와 별도로 섭취하거나, 식이섬유가 많은 채소류 섭취와 병행하는 것이 유리하다.
- 불소를 섭취하면 에나멜과 상아층으로 침투하여 불소인회석을 형성하는데, 이것은 산에 강한 무기질층으로 충치의 초기 보수기능을 발휘하고, 충치균 작용을 억제한다.
- 어린아이들이 불소강화 치약, 젤 등을 사용하다가 불소를 과잉섭취하면 치아의 과도한 경화가 일어나 오히려 쉽게 깨져 충치균 노출 가능성이 증가될 수도 있다.

(2) 치주질환의 예방과 영양관리

- 플라크 형성 방지를 위해 구강청결, 정기적 스케일링을 통해 치석을 제거하고 양치액을 사용한다. 균형식을 섭취하고 간식을 제한한다.
- 치주질환으로 인해 장기간 불충분한 식사량을 섭취했을 경우 충분한 단백질, 에너지, 비타민 C를 섭취한다.
- 심한 염증의 경우 자극적 음식을 제한한다. 금연하고 가능한 한 금주한다.
- 만니톨(mannitol)이나 솔비톨(sorbitol)과 같은 당알코올(sugar alcohol)은 단당류나 이당류보다 천천히 발효되어 충치를 덜 유발시키나, 당알코올 역시 습관적으로 다량 섭취한다면 세균들도 그에 적응하게 된다.
- 유당(lactose)은 충치를 유발하지 않는 것으로 나타나, 우유 섭취는 충치의 위험을 약간 감소시킨다.
- 자일리톨(xylitol)은 충치를 유발하지 않고, 사카린(saccharin)은 동물 실험에서 충치 생성을 저해하는 것으로 나타났다.

- 자일리톨과 같이 충치 유발과 무관한 물질로 단맛을 낸 껌은 세균의 산을 중화시키는 타액의 생산 및 분비를 촉진하고, 음식물 찌꺼기를 제거함으로써 치태를 감소시키는 예방적 효과가 있다. 자일리톨 껌은 소아 및 성인 모두에서 충치균인 뮤탄스균(*S. mutans*)의 성장을 방해한다. 식사 내 설탕 섭취를 줄이는 것도 치아 건강에 도움이 되나, 불소 함유 치약을 사용하여 1일 2회 이상 양치질을 지속적으로 하는 것이 치아 건강에 더 큰 효과가 있다.
- 치아 발달 기간 중, 단백질과 에너지의 영양불량이 있다면 이가 나는 것이 지연되고 치아의 크기도 줄어든다.
- 치아 발달 기간 중, 비타민 A의 결핍은 치아 기형을 유발하기도 하며 비타민 D, 칼슘, 인의 부족은 치아의 무기질화(mineralization)에 장애를 일으킨다.
- 불소에 충분히 노출된다면 치아의 에나멜층이 강화되나, 과량의 불소는 오히려 치아의 반점을 형성시킨다.
- 요오드 결핍은 치아가 나는 시기를 지연시키고 치아 성장 유형도 변화시킨다.
- 칼슘, 불소, 요오드 결핍은 모두 충치를 유발한다. 비타민 C의 결핍은 치아 발달에 장애를 일으키고 충치를 유발할 수도 있다.

불소

불소는 치아의 수산화인회석[hydroxyapatite, $Ca_{10}(PO_4)_6(OH)_2$]과 결합하여 불화인회석[fluorapatite, $Ca_{10}(PO_4)_6F_2$]이 되어 치아가 탈무기질화(demineralization)되는 것을 감소시켜 줌. 불소는 뮤탄스균(*S. mutans*)의 효소 복제를 방해함. 그러나 불소를 다량 섭취하게 되면 불소증(fluorosis)이 발생함

코엔자임(coenzyme Q, ubiquinol)

코엔자임의 치주질환의 예방 및 치료에 대한 잠재적 역할이 많은 주목을 받아왔으나 현재로서는 이에 대한 뚜렷한 증거가 없음

요점정리
SUMMARY

- 골다공증 : 골질량 감소로 뼈 조직이 엉성해져 골절을 초래하는 질병
- 노령화됨에 따라 뼈에서 칼슘 용출을 증가시키는 부갑상샘 호르몬 분비는 증가하고, 뼈에 칼슘 침착을 촉진하는 칼시토닌은 노령화에 따라 감소함
- 에스트로겐 : 여성의 성 호르몬으로 부갑상샘 호르몬 작용을 억제하고 칼시토닌 작용을 촉진시켜 칼슘 평형을 개선시키므로, 폐경 후 여성의 골다공증 발생률이 높아짐
- 골다공증 1형 : 여성의 폐경기에 에스트로겐 분비 부족으로 해면골 손실, 요추 압축, 파열 골절 증후군으로 나타남
- 골다공증 2형 : 노인성으로 70세 이후 해면골, 치밀골이 모두 손실되며, 대퇴 골절이 잘 일어나고, 칼슘 보충이 필요함
- 통풍 : 퓨린체 대사이상으로 요산이 요산칼슘염 결정을 형성하여 엄지발가락, 귓바퀴, 팔꿈치, 손가락 관절에 통풍결절을 생성하여 격심한 통증, 발열, 오한 두통, 위장장애, 골절을 일으킴. 30세 이후 남성, 육식, 비만, 과격한 운동, 갱년기 이후 여성에게 발병함
- 퓨린체(아데노신, 구아노신) → 하이포잔틴 → 잔틴 → 요산이 되는 요산 생성은 과잉되고, 배설이 저하될 때 요산이 과잉 축적됨. 요산 생성 과잉의 원인은 세포분해 촉진, 퓨린체 생합성, 식사 중 퓨린 섭취 증가, 퓨린 대사이상임
- 통풍의 영양관리를 위해 육류의 내장, 멸치, 등푸른 생선(고등어, 연어, 청어), 조개류를 제한하고, 수분을 충분히 섭취하고, 체중조절, 알코올 제한이 필요함
- 퇴행성 관절염 : 골관절염으로, 관절의 노화로 인한 연골마모로 움직일 때 통증을 일으킴. 영양관리는 저에너지식으로 정상체중의 하한선을 유지하고 단백질, 비타민, 철, 칼슘을 공급해야 함
- 류머티스성 관절염 : 염증성 관절염으로, 관절을 둘러싼 활막에 염증이 생겨 활막세포가 연골에 침입해 뼈와 관절을 손상시켜 부종과 압통을 주어 행동에 제약을 줌. 정상체중을 유지하고, 항염증작용이 있는 n-3 지방산을 많이 함유한 생선류를 섭취

사례연구

류마티스성 관절염

P 씨는 세 자녀를 둔 48세 사무직 워킹맘 여성이다. 3년 전부터 관절염 증상이 있어서 하루에 소염제인 모트린(motrin) 400mg을 한 알씩 두 번, 스테로이드제제인 프레드니손(prednisone) 10mg을 한 알씩 복용하여 왔다. 1년 전 폐경이 되어 관절염이 심해 매우 힘들어하고 우울해졌다. 증상이 심해져 병원을 방문하여 검사를 한 결과 다음과 같은 임상결과가 나왔다.

신장 : 158cm, 체중 : 68kg, 3년간 체중 증가 6kg

검사항목	결과(정상치)	검사항목	결과(정상치)
Hb	12g/dL(12~16)	TG	176mg/dL(<150)
Hct	387%(36~48)	TC	190mg/dL(<200)
FBS	119mg/dL(70~110)	Ca	8.5mg/dL(8.8~10.5)
Albumin	4.0g/dL(3.3~5.2)	P	4.5mg/dL(2.5~4.5)

P 씨의 식사력은 다음과 같다.

- 아침 : 잡곡밥, 김치, 김, 우거지국, 커피
- 점심 : 수제비, 김치
- 오후 간식 : 커피
- 저녁 : 현미밥, 삼겹살구이, 상추쌈, 쌈장, 파겉절이, 콩나물국
- 후식 : 사과

1. P 씨에게 골밀도 감소가 나타난 이유는 무엇인지 설명하시오.
2. P 씨의 에너지 필요량을 계산하고 영양관리의 원칙을 제시하시오.
3. P 씨의 새로운 약처방으로 발생할 수 있는 영양적 문제는 무엇인지 설명하시오.

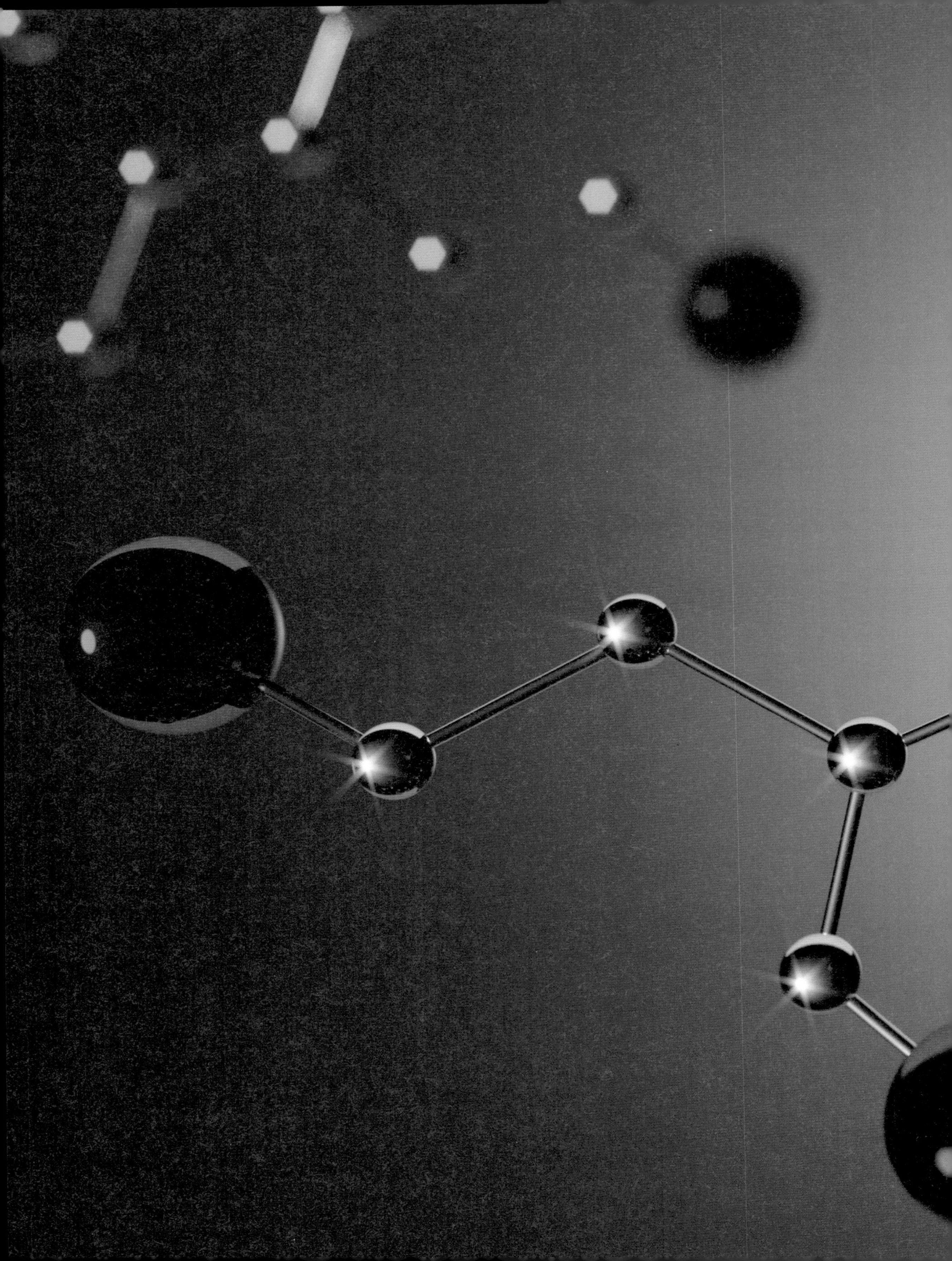

CHAPTER 10

면역질환

1. 면역계의 구성 및 작용
2. 영양과 면역
3. 면역반응에 따른 대사적 변화
4. 면역 관련 질환

CLINICAL
NUTRITION

CHAPTER 10
면역질환

용어 정리

과립구(granulocyte)
백혈구의 한 종류로 호중구, 호산구, 호염기구가 있음

과민반응(hypersensitivity)
비병원체에 대한 과도한 면역반응

내재면역(innate immune)
선천적인 비특이적 면역반응

대식세포(macrophage)
백혈구의 한 종류로 조직 내에서 외래물질과 미생물을 식작용하는 세포

림프구(lymphocyte)
백혈구의 한 종류로 이물질을 인식하여 특이적인 면역반응 수행

만성 염증성 질환(chronic inflammatory disease)
면역반응에 의해 활성화된 면역계가 비활성화 상태로 복귀하지 못하고 지속되는 질환

면역결핍(immunodeficiency)
유전적인 원인이나 2차적인 결과로 면역계 구성요소의 결손이나 기능의 저하가 발생함

시토카인(cytokine)
면역세포에서 분비되는 면역반응 조절물질

자가면역질환(autoimmune disease)
자신의 조직을 외부유래 항원으로 인식하여 면역반응을 일으키는 질환

적응면역(adaptive immune)
림프구에 의해 수행되는 후천적 면역

1. 면역계의 구성 및 작용

면역체계는 미생물뿐 아니라 외부로부터 침입한 이물질과 자신의 체내에서 유래한 비정상적인 세포를 제거하여 신체의 항상성을 해치는 자극으로부터 보호하는 기능을 수행한다.

1) 면역기관

- 면역계를 구성하는 기관과 조직은 전신에 걸쳐 존재하여 면역기능을 담당하는 면역세포를 분화시키고, 면역세포와 면역물질이 면역기능을 수행하도록 순환시킨다. 또한 피부와 점막에는 면역세포의 광범위한 관계망이 형성되어 있어 전반적인 면역계의 방어작용에 중요한 역할을 수행한다(그림 10-1).
- 면역과 관련된 기관으로는 흉선, 비장, 림프절이 있고 각 기관에서 유래한 면역기능을 담당하는 면역세포들이 있다(표 10-1).
- 림프관은 이러한 면역기관의 연결과 면역세포의 이동을 위한 그물망을 형성한다.
- 골수는 혈액세포를 만드는 조혈조직으로 면역을 담당하는 조직은 아니나 조혈모세포로부터 백혈구가 분화되므로 흉선이 퇴화한 성인에서 면역세포의 공급과 관련이 있다.

표 10-1 면역기관의 기능

면역기관	특성
흉선	• 림프구로 채워진 상피세포 주머니로 갑상샘과 심장 사이에 위치하는 중앙면역기관 • T세포의 생성, 분화 및 성숙에 관여
비장	• 췌장 왼쪽, 신장의 위쪽에 위치하는 장기로서 림프구를 만들고 오래된 적혈구를 파괴하는 역할 담당
림프절 및 림프조직	• 림프절은 결합조직으로 이루어진 작은 결절에 림프구로 채워져 있음 • 사지가 연결된 겨드랑이, 사타구니, 목 외에도 전신에 분포하며 림프액을 걸러내어 세균 등을 여과함 • 이 밖에도 점막, 기관지, 위장관에 분포하는 림프조직(파이어판)이 외부 이물질의 침입에 대해 1차적으로 방어하는 역할을 함

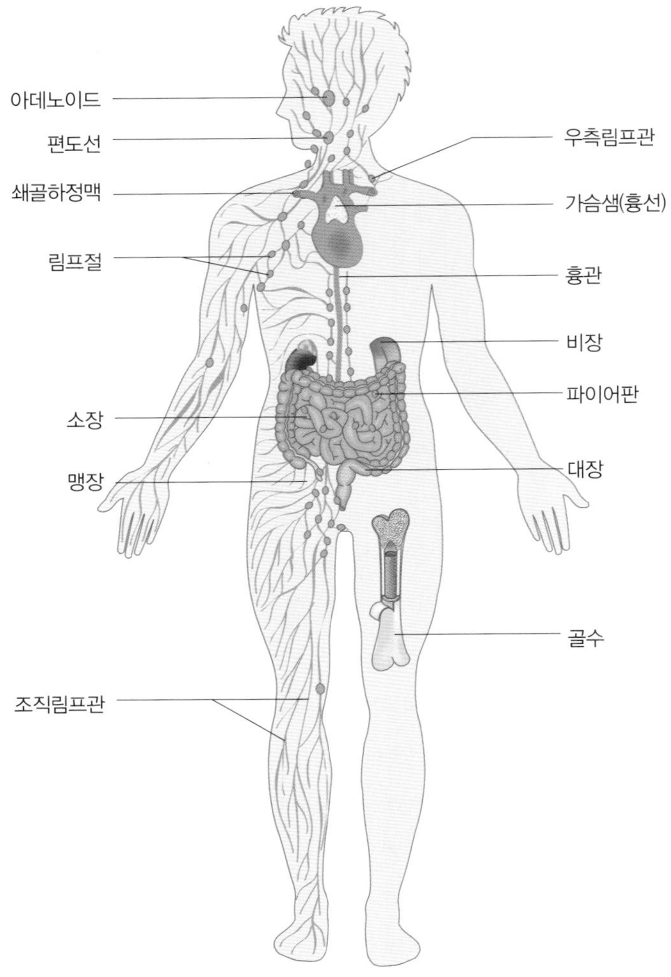

그림 10-1 신체 면역계의 분포

2) 면역세포

- 면역세포의 주요 기능은 이물질과 이상세포를 인식하여 그 존재를 알리고 이물질과 이상세포를 제거하는 것이다.
- 면역에 관여하는 세포들은 골수의 줄기세포로부터 분화되며 흔히 백혈구라고 불린다(그림 10-2). 말초혈액에서 관찰되는 면역세포는 크게 림프구(lymphocyte), 단핵세포(monocyte), 과립구(granulocyte)의 3가지로 분류한다(표 10-2).

림프관과 림프

림프관은 면역기관과 조직을 연결하고 면역세포를 순환시키는 한 방향의 판막을 가진 관으로 전신에 그물망처럼 분포한다. 모세혈관에서 유출된 혈장은 세포 사이에 축적되어 세포간질액을 형성하는데, 세포간질액의 압력에 의해 림프관을 형성하는 내피세포 간 틈이 열려 세포간질액이 림프관으로 들어간다. 들어간 후에는 내부 압력으로 세포 사이의 틈은 다시 닫힌다.

림프관으로 유입된 세포간질액은 림프라고 한다. 림프는 림프관을 순환하며 전신의 세포 사이에 존재하는 항원들이 면역기관으로 이동되도록 하고 혈관에서 과량으로 여과된 혈장을 가슴 부위의 정맥으로 되돌려 보내 신체의 수분 평형을 유지한다.

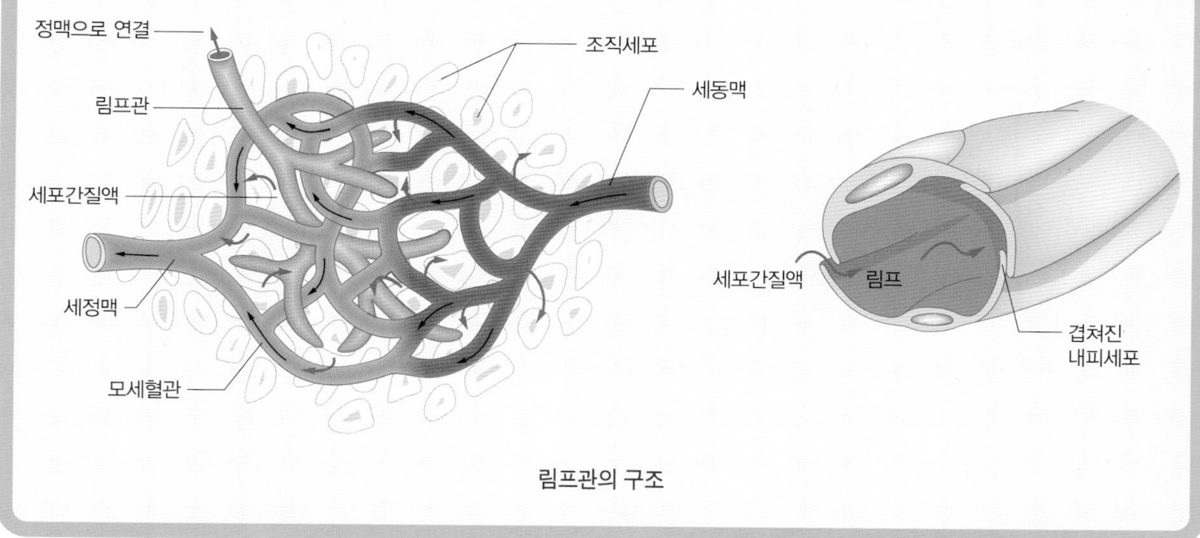

림프관의 구조

- 림프구는 혈류와 림프를 순환하며 면역기능을 수행한다.
- 말초혈액의 단핵세포는 폐의 표면과 장관벽의 심층부로 이동하여 외래물질과 미생물을 식작용하는 대식세포(macrophage)가 된다.
- 면역반응에 중요한 역할을 하는 과립구에는 호중구, 호염구, 호산구가 있다.

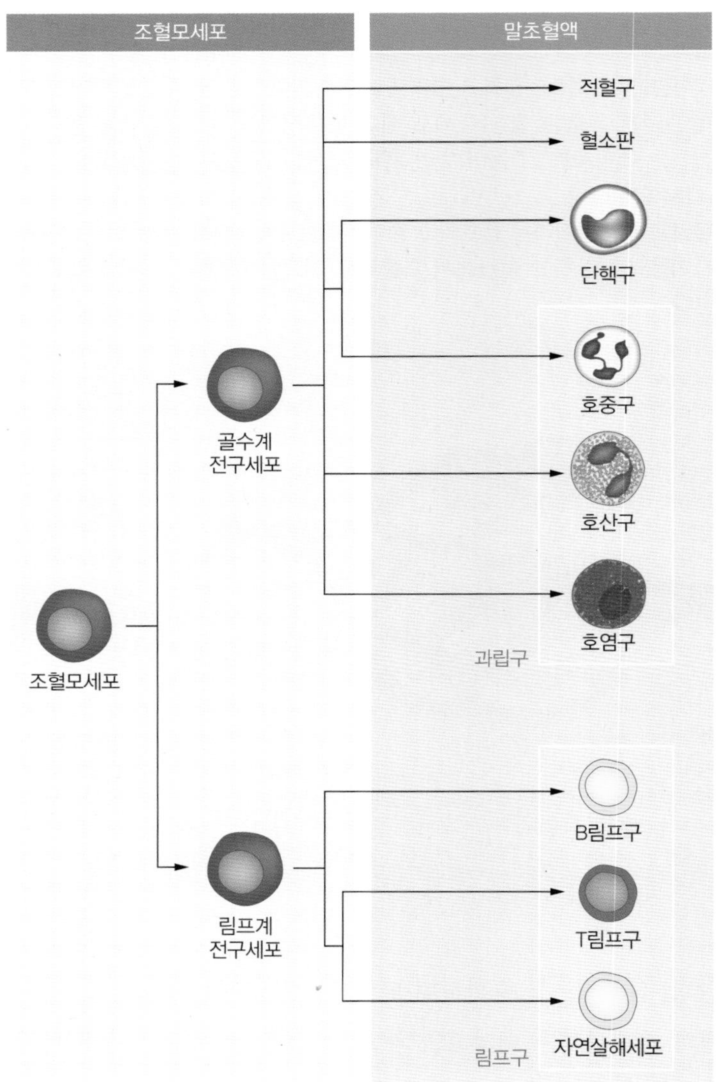

그림 10-2 조혈모세포로부터 면역세포의 분화

자연살해세포(Natural Killer Cell, NKC)
보통 림프구의 일종으로 분류하며 골수의 조혈모세포로부터 분화한 후 간이나 골수에서 성숙과정을 거침. 정상세포를 구분하는 센서 역할을 하는 단백질을 가지고 있어 바이러스 감염세포나 암세포를 찾아내어 비특이적인 식세포 작용을 함

표 10-2 면역세포의 종류와 특징

종류		특징
림프구		• 세포성 면역과 항체 생성을 통한 체액성 면역에 관여하며 각각 T림프구와 B림프구가 담당 • 골수의 조혈모세포로부터 분화하여 림프절이나 비장에서 생성되며 T림프구는 흉선에서 성숙
대식세포		• 림프계를 통해 골수의 조혈모세포로부터 분화한 단핵구가 조직으로 이동하여 형성됨 • 체내 모든 조직에 분포하며 이물질, 세균 등을 포식하는 아메바상의 식세포
과립구	호중구	• 백혈구의 60%를 차지하며 급성 염증 시 증가 • 식세포 작용을 하며 세포 내 과립에는 프로테아제 등 여러 종류의 가수분해효소 함유
	호산구	• 백혈구의 2~5%를 차지하며 알레르기, 감염, 자가면역질환 시 증가
	호염구	• 백혈구의 0.5~1%를 차지하며 알레르기, 골수성 백혈병 시 증가하고 스트레스 상황에서 감소

3) 면역반응

(1) 내재면역과 적응면역

면역계가 활성화되면 두 종류의 반응이 나타난다. 첫 번째로는 급속한 비특이적 반응으로 주로 염증반응을 매개한다. 두 번째로는 특이적인 반응으로 과거에 침입했던 이물질을 기억하여 이에 집중된 반응을 나타내는 것이다.

- 비특이적 반응은 생물체에 선천적으로 내재된 면역(innate immune)으로 주로 침입한 외래물질에 대한 초기 방어를 담당한다. 이와 관련된 것으로 피부와 점막, 보체계, 식작용을 하는 각종 면역세포, 락토페린, 리소자임 등이 있다.
- 특이적 면역반응은 이물질을 인식하여 특이적으로 작용하는 단백질의 생성을 통해 이물질을 제거한다. 이는 후천적으로 발달하는 적응면역(adaptive immune)에 해당하며, T림프구와 B림프구가 관여한다.

(2) 외래물질의 구분

면역반응에서 신체에 손상을 일으키지 않고 외래물질을 제거하기 위해서는 자기자신과 외래물질을 구분하는 능력이 필요하다.

- 내재면역의 비특이적인 면역반응에서는 면역세포가 외부 미생물에 존재하는 부분을 인식하여 작용하거나, 손상된 세포 또는 미생물을 감지한 면역세포에서 분비되는 신호물질이 면역반응을 유도한다.
- 적응면역의 특이적인 반응에서는 외래물질에 의해 면역글로불린 생성이 유도된다. 외래물질과 면역글로불린을 각각 항원과 항체라 부르는데 대식세포와 같은 식세포가 제시한 항원을 인지하여 특이적인 항원-항체반응이 일어난다.

(3) 적응면역의 과정

적응면역에서는 특이적 면역반응을 통해 면역반응을 유발시킨 원인물질이 제거된다. 적응면역에 관여하는 림프구는 B림프구와 T림프구로 구분한다(표 10-3).

- T림프구는 골수에서 형성된 후 흉선에서 성숙과정을 거쳐 항원을 만나면 다수의 림프구로 복제된다. 세포독성 T세포는 항원을 파괴하고, 도움 T세포는 T세포와 B세포를 자극하며, 억제 T세포는 T세포와 B세포를 억제한다.
- B림프구는 골수에서 형성되는데, 식세포가 제시한 항원의 자극을 받아 분화하여 항원에 특이적인 항체를 생산하는 세포로 변환된다. B림프구의 분화과정은 도움 T세포에 의해 촉진된다. 항체를 형성할 수 있는 B림프구를 형질세포라고 한다. 외래물질과의 특이적인 반응을 수행한 면역세포는 기억세포를 남겨서 후에 같은 병원체가 재 침입했을 때 더 신속하고 강하게 반응할 수 있도록 한다(그림 10-3).

표 10-3 림프구의 종류와 특징

구분	B림프구	T림프구		
		도움 T세포		세포독성 T세포
주요 기능	• 항체 생산 • 외래성항원의 제시 • 항원기억	• 세포독성 T세포와 대식 세포의 활성화 • 항원기억	• B림프구의 분화와 항체 생산 유도 • 항원기억	• 바이러스감염 세포, 종양세포 파괴 • 항원기억
특징	• 특이항원 인식 후 도움 T세포의 작용으로 형질세포로 분화	• 항원제시세포에 의해 제시된 항원 펩타이드를 특이적으로 인식하고 다른 면역세포 감독		• 이상세포 표면에 제시된 항원을 특이적으로 인식

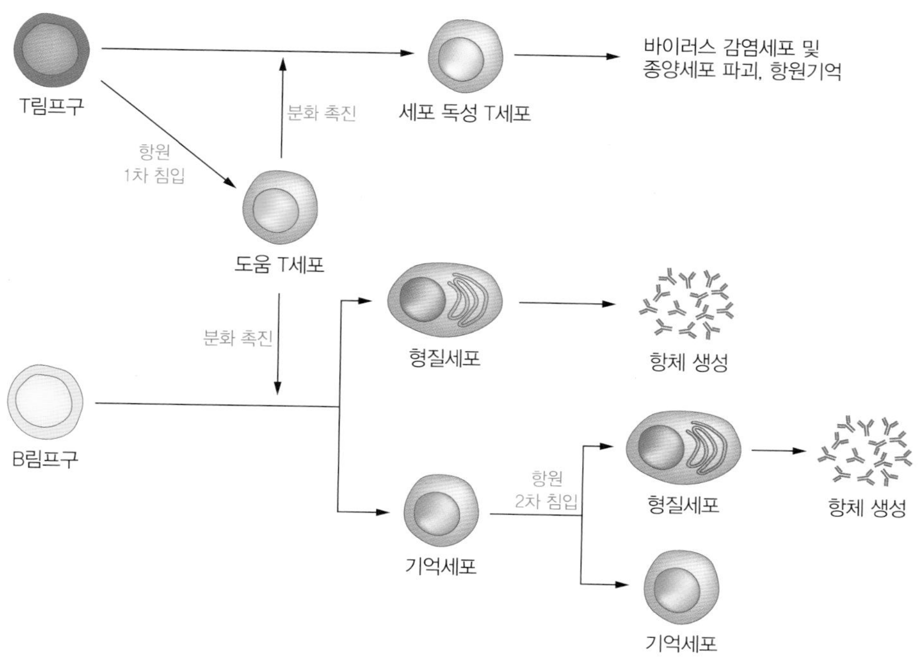

그림 10-3 적응 면역 과정

(4) 항원-항체반응

- 항체는 중화 · 응집 · 침전 반응을 통해 항원을 불활성화시키고, 형성된 항원-항체 복합체는 식세포 반응과 염증반응을 증진시킨다(그림 10-4).
- 보체는 항원-항체반응을 촉진하고 면역반응 대상 세포를 용해시킨다.

(5) 항체의 작용

항체는 구조에 따라 A, D, E, G, M의 5가지 종류로 분류한다(표 10-4).

- IgA는 세포와 점막세포층을 통과할 수 있어서 눈물, 타액, 장분비물, 유즙 등 여러 분비액에서 발견되므로 일명 분비형 IgA라고도 한다.
- IgD는 B림프구 표면에 항체 수용체로 존재한다. B림프구의 분화에 관여하는 것으로 추정되나 분명하지 않으며 만성염증 시 증가하는 경향이 있다.
- IgE는 항체 중 가장 낮은 수준으로 분포하는데 기생충 감염, 페니실린 쇼크, 화상,

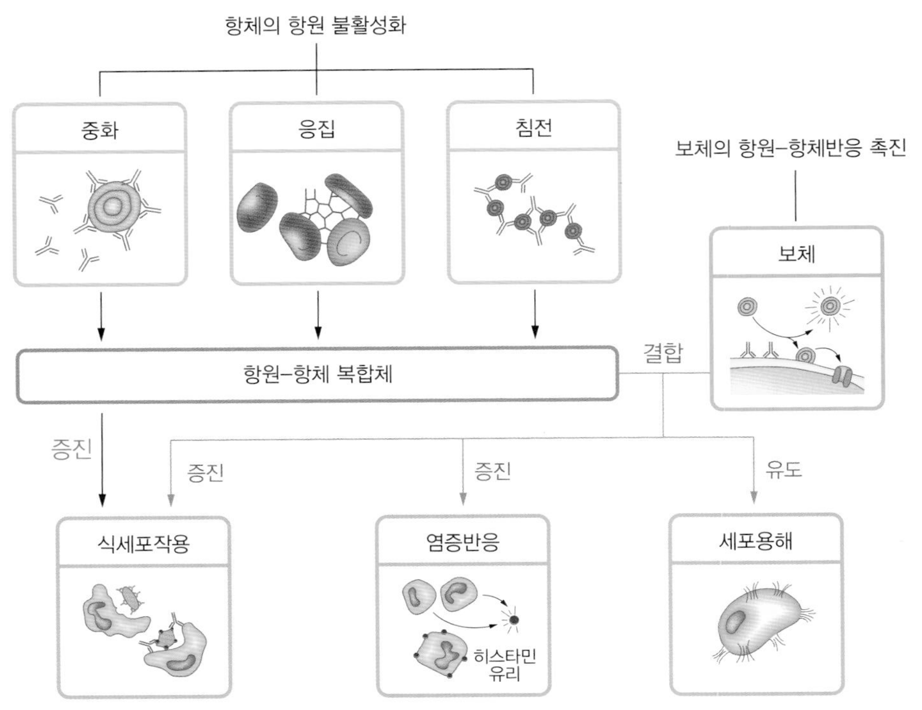

그림 10-4 항원-항체반응

표 10-4 항체의 종류와 특징

구분	항체 종류별 특징				
	IgA	IgD	IgE	IgG	IgM
형태					
발생	외분비선	B림프구 표면	외분비선	체액과 혈장	혈장
혈청 속 농도 (mg/dL)	200~300 (총 면역 글로불린의 10~20%)	3 (총 면역 글로불린의 0.2%)	0.02~0.05	1,000~1,400 (총 면역 글로불린의 80%)	100~150 (총 면역 글로불린의 5~10%)
반감기(일)	6	3	3	21	5
작용	• 대부분은 점막에서 분비되어 국소면역 작용 • 모유에 함유	• B림프구 표면에 항체 수용체로 존재 • 만성감염증에서 상승	• 비만세포에 부착 • I형 알레르기 반응 관여	• 항체 중 유일하게 태반 통과 • II형, III형 알레르기 반응 관여	• 감염 시 가장 먼저 증가하여 보체 활성화 및 응집반응 • II형, III형 알레르기 반응 관여

각종 자극성 화학 중독에 따른 알레르기 반응에서 증가한다. 비만세포(mast cell)를 활성화시켜 히스타민 및 기타 알레르기 반응 연관 화합물을 분비하도록 한다.

- IgG는 태반의 통과가 가능하여 모체의 면역이 태아에게 전달되도록 한다.
- IgM은 항원 인지 후 가장 먼저 생성되어 그 수준이 일시적으로 상승하며 면역반응을 촉진한다.

비만세포
알레르기의 주요 요인이 되는 면역세포로 동물의 결합조직과 점막조직에서 주로 발견됨

요점정리
SUMMARY

- 면역계는 신체의 항상성을 해치는 신체 내외의 자극으로부터 보호하는 기능을 수행함
- 면역을 담당하는 세포, 조직, 기관은 전신에 걸쳐 광범위한 관계망을 형성함
- 면역기능을 수행하는 면역세포로는 과립구, 대식세포, 림프구가 있으며 과립구는 호중구, 호염구, 호산구로 구분함
- 면역기능은 내재면역과 적응면역, 세포성 면역과 체액성 면역 등으로 구분함

2. 영양과 면역

영양과 면역계는 상호 영향을 미친다. 면역계의 작용은 영양상태를 악화시키고 영양섭취의 변화는 면역작용의 강도에 영향을 미치게 된다.

(1) 단백질-에너지 영양불량

- 전반적인 섭취부족은 면역기관의 유지와 발달을 저해하여 면역기능을 감소시킨다. 영유아기 영양불량은 특히 흉선을 위축시켜 T림프구 수의 감소를 가져 온다. 이로 인한 도움 T세포의 감소는 세포성 면역과 체액성 면역에 모두 부정적인 결과를 초래

한다.

- 감염 시 분비되는 급성기 단백질과 글루타치온은 단백질, 특히 함황아미노산 및 글루타민 섭취의 영향을 받는다.

(2) 항산화영양소

- 신체의 항산화방어계는 면역조절기능을 가지는데 감염에 따른 면역반응으로 고갈된다. 항산화방어계에 관여하는 영양소의 면역기능에 미치는 영향은 다음과 같다.
  - 아연은 체내에서 여러 메탈로엔자임의 중요한 보조인자로 작용한다. 결핍 시 T세포의 성숙이 저해된다. 또한 만성적인 아연결핍은 글루코코티코이드 수준을 증가시켜 면역기능을 억제하는 효과를 나타낸다.
  - 철 결핍은 세포매개성 면역의 손상을 가져온다. 또한 철 과잉은 면역기능을 손상시켜 종양이 발생하기 쉽게 된다.
  - 필수아미노산의 결핍은 체액성 면역을 억제한다. 함황아미노산은 글루타치온의 합성에 관여한다. 산화질소는 혈관조직에서 중증 감염에 대한 반응에 중요한 작용을 하여 아르기닌 보충은 내막기능을 증진시킨다. 글루타민과 타우린도 면역기능을 증진시키는 것으로 알려져 있다.
  - 리보핵산을 구성하는 염기인 우라실을 식이보충제로 투여하면 대사적 스트레스가 높은 상황에서 면역기능을 증진시킨다.
  - 뚜렷한 비타민 C 결핍 상태에서는 정상적인 면역기능을 수행할 수 없지만 면역증진을 목적으로 고용량의 보충제로 투여하는 것이 면역기능을 증진시키는 지는 확실하지 않다. 따라서 면역기능을 위해 최소한 비타민 C를 충분히 섭취해야 한다는 것에는 이견이 없으나 바이러스 감염에 대한 저항력을 높이기 위해 과량의 비타민 C를 섭취하는 것은 권장하지 않는다.
  - 비타민 A의 결핍은 항체반응은 물론 점막 상피조직을 통한 방어체계를 손상시킨다. 그러나 보충제 투여를 통한 면역기능 증진에 대해서는 결과가 확실하지 않다.
  - 비타민 E는 항산화기능을 가지는 세포막의 중요한 구성분이다. 비타민 E 결핍 시 염증반응을 증진시키고 면역반응에 관여하는 요소들을 억제하며, 비타민 E 보충은 세포성 면역과 체액성 면역 모두를 증진시킨다.

- 셀레늄은 면역기능을 증진시키고 결핍 시 보충을 하면 암 발생 가능성을 감소시키는 중요한 미량영양소이다.
- N-6 다가불포화지방산 함량이 많은 식사는 종양 형성을 증진시킨다. N-3 다가불포화지방산은 아라키돈산과 염증반응을 촉진하는 아이코자노이드를 억제하여 항염증성 효과가 있으나 T세포의 기능을 억제한다는 부정적인 측면도 있다.

항산화 기능이 있는 식품들

베리류

블루베리, 라즈베리, 딸기, 석류, 체리, 붉은 오렌지 등에는 항산화물질인 안토시아닌이 풍부하다.

브로콜리

브로콜리에는 산화방지제로도 쓰이는 케리세틴이 많이 함유되어 있다.

시금치

엽록체 속에 루테인이 다량 함유돼 산화작용을 한다.

마늘

파, 마늘류에는 체내의 활성산소를 제거하는 성분이 많이 함유되어 있다.

콩

검은콩에는 안토시아닌과 이소플라빈이 많이 함유되어 있다.

차

녹차의 떫은 맛을 내는 카테킨이 항산화작용을 한다.

레드 와인

레드 와인에는 항산화물질인 카테킨과 레스베라트롤이 풍부하다.

노란색, 오렌지색 뿌리채소

당근, 고구마, 호박 등 노란색과 오렌지색을 내는 뿌리채소에는 항산화작용을 하는 β-카로틴이 풍부하다.

토마토

토마토에는 리코펜이 풍부하다.

견과류

견과류에는 항산화성분인 폴리페놀이 풍부하게 함유되어 있다.

3. 면역반응에 따른 대사적 변화

1) 시토카인

- 시토카인은 림프구와 대식세포가 분비하는 여러 종류의 단백질을 말한다. 그 종류로는 인터루킨, 종양괴사인자, 인터페론이 있다.
- 시토카인은 외분비, 방분비, 내분비 방식으로 분비되어 면역계의 여러 작용을 조정한다.
  - 부신과 췌장의 내분비샘을 자극하여 아드레날린, 노르아드레날린, 글루코코티코이드, 글루카곤을 분비시킨다. 그 결과 신체 내 이화작용이 촉진된다.
  - 인슐린에 대해서는 둔감한 반응을 나타내도록 한다. 그 결과 혈당이 증가하여 면역세포, 섬유아세포, 결합조직 형성 세포 및 뇌조직으로의 에너지 공급을 증가시킴으로써 전신의 면역반응을 촉진한다.

2) 대사적 변화

- 감염이 일어났을 때 나타나는 증상과 증후의 대부분은 염증 증진성 시토킨에 의한 직간접적인 결과이다.
- 여러 대사적 변화는 신체에 침입한 미생물에 대항하는 환경 조성, 면역계의 작용을

표 10-5 면역반응에 따른 대사적 변화

구분	내용
단백질과 지방 대사의 변화	• 근육 단백질이 이화되어 면역반응에 필요한 새로운 세포와 단백질의 합성을 위한 아미노산 공급 • 지방이 빠른 속도로 분해되어 에너지 필요량을 충족을 위한 지방산 공급(예 체온 상승을 위한 기초대사율 증가)
체온과 식욕의 변화	• 시토킨과 시상하부의 상호작용 • 병원체에 대한 공격적인 환경을 조성하기 위한 체온 상승 • 체내 대사를 면역반응에 집중하도록 식욕 감소(예 결핵, 암)
미량무기질과 비타민 대사의 변화	• 미생물의 이용을 감소시키고, 체내 필요기관으로 재분포됨에 따라 철, 구리, 아연과 같은 양이온의 혈장 농도 변화 • 전신적인 면역반응의 결과 혈중 비타민 수준 감소
간에서의 단백질 합성 변화	• 일상적으로 합성하던 알부민이나 다른 분비 단백질의 합성 감소 • 면역반응의 촉진과 면역반응에 대한 신체보호를 위한 급성기 단백질 합성 증가

위해 신체 내에 존재하는 영양소의 공급, 염증반응으로부터 체내 건강한 조직 방어 증진을 위한 조정과정으로 볼 수 있다. 〈표 10-5〉에는 여러 대사적 변화에 대해 제시하였다.

감염이나 염증성질환 시 영양상태 평가지표 해석

- 급성기 단백질의 합성을 위해 간에서 일상적으로 합성하던 알부민의 합성이 감소하여 단백질 결핍으로 잘못 이해되는 경우가 있음. 어떤 경우라도 알부민 농도가 감소하였다면 전신적 염증반응이 존재하거나 발생했을 가능성이 있으므로 고려하여야 함
- 감염 시 혈장 양이온 농도의 변화에 따라 철 농도가 감소됨. 이는 미생물로의 영양공급을 차단하기 위한 면역반응 과정인데 결핍으로 잘못 판정하여 보충제를 투여하게 되면 미생물의 증식을 촉진하는 결과를 가져올 수 있음. 따라서 말라리아 등 감염성 질환이 만연한 지역에서는 철 영양상태 개선을 위한 보충제 공급은 주의가 필요함. 철 결핍인 경우라도 단백질 결핍과 동반되는 경우가 많아 전반적인 면역기능이 억제되기 때문에 단백질 수준의 회복이 우선되어야 함

요점정리
SUMMARY

영양상태와 면역기능은 상호 영향을 미치는데, 면역기능의 수행에 따라 영양상태가 고갈되고 영양불량 상태는 면역기능의 저하를 초래함. 면역조절기능을 가지는 신체의 항산화방어계의 기능을 증진시키기 위해 항산화 영양소의 충분한 섭취가 권장됨

4. 면역 관련 질환

면역체계는 신체의 항상성을 방해하는 여러 가지 자극으로부터 신체를 보호하는 기능을 수행한다. 이러한 자극으로는 병원균 외에도 외상, 암세포, 환경오염물질, 방사능, 알레르기 유발물질같은 것이 있으며, 미생물에 대한 대응방식과 유사한 방식으로 활성화되어 감염과 손상으로부터 신체를 보호한다.

- 면역체계가 제대로 작동하지 못한다면 감염이 증가하고 악성종양이 성장할 수 있으며, 면역결핍 상태에서는 신체를 보호할 수 없다.
- 비정상적으로 과다한 경우에도 만성적 염증상태, 자가면역, 과민반응 등과 같은 면역질환들이 발생하여 인체에 해로운 결과를 초래한다.

1) 만성 염증성 질환

- 자극에 대한 면역체계의 정상적인 대응은 침입에 대해 신체가 회복되어 가면서 활성화 상태에 있던 것들이 비활성화 상태로 복귀하는 것이다.
- 만성 염증성 질환(chronic inflammatory disease)에서는 초기의 활성화 상태가 지속되어 면역반응을 매개하는 시토카인에 의해 인체는 대사적으로나 영양적으로 큰 소모를 겪는다.
- 대표적인 질환으로는 류마티스 관절염, 크론병, 천식, 건선 등이 있고 동맥경화성 심질환, 비만, 당뇨병, 알츠하이머도 이에 포함된다.

2) 자가면역질환

- 자가면역질환(autoimme disease)은 인체의 기관이나 조직을 외부유래 항원으로 인식하여 면역 반응을 일으킴으로써 인체에 해를 미치는 상태이다.
- 대표적인 자가면역질환으로 류마티스 관절염, 경피증, 홍반성 낭창 등이 있다.

3) 과민반응

- 병원체가 침입했을 때 발생하는 면역반응 외에도 비병원체에 대한 과도한 면역반응으로 인채에 해를 끼치는 경우가 있는데, 흔히 알레르기라고 부르는 과민반응(hypersensitivity)이다.
- 식품알레르기는 식품 섭취 후 나타나는 과민반응이다. 〈그림 10-5〉는 식품알레르기를 유발하는 식품이다.
  - 식품알레르기의 예로는 밀가루 섭취 후 글루텐 단백질에 대한 면역반응으로 인

그림 10-5 알레르기 유발 식품

주 1) 난류 : 가금류에 한함
2) 아황산류 : 이를 첨가하여 최종제품에 SO_2로 10mg/kg 이상 함유된 경우에 한함
3) 조개류 : 굴, 전복, 홍합 포함

표 10-6 과민반응의 종류와 특징

유형	특징	비고
I형	• 면역세포에 부착된 IgE와 외부항원 간의 결합으로 알레르기 염증반응 발생 • 히스타민 등 화학매개물질이 분비되어 수십 분 내에 혈관을 확장시키고 투과성을 증가시키며, 우리 몸의 평활근을 수축시킴과 동시에 분비선의 기능을 증가 • 관련 질환 : 아토피, 알레르기 천식 등	속발형 체액성
II형	• 세포 표면에 있는 항원에 대해 IgG 또는 IgM 항체가 결합 • 관련 질환 : 적혈구 용혈 및 혈소판 감소증(맞지 않는 혈액형의 피 수혈 시)	속발형 체액성
III형	• 항원과 항체가 결합된 면역복합체가 순환하다가 신장, 폐, 혈관벽에 부착되어 백혈구의 면역반응을 유발, 분비된 단백질 분해효소에 의해 주변 조직 손상 • 관련 질환 : 혈청병, 사구체신염, 과민성 폐렴 등	속발형 체액성
IV형	• 외부항원에 의해 활성화된 T림프구가 혈관내피세포를 자극하여 면역매개물질 분비하여 염증반응 유발 • 보통은 매개물질에 의해 유도된 대식세포가 항원을 제거하고 반응을 종결하나 항원이 완전히 제거되지 못하면 대식세포에 대한 자극이 지속되어 육아종 등을 형성 • 관련 질환 : 결핵, 나병, 접촉성 피부염, 인슐린 의존형 당뇨병	지연형 세포성

자료 : 국가건강정보포털.

한 소아지방변증과 포진피부염과 같은 증상을 보이는 것이 있다.

- 락테이즈 결핍으로 인한 유당불내응성과 같은 식품불내응성(food intolerance)과는 구별된다.

- 식품알레르기의 특성은 〈표 10-7〉과 같다. 식품알레르기가 의심되는 경우에는 정확한 진단이 필요하다. 불필요한 식품제한은 성장 및 영양상태에 부정적인 영향을 미칠 수 있기 때문이다.
- 어린 아이들은 대체로 3~5년 안에 알레르기가 사라지고 큰 아이들이나 어른들은 얼마 지나지 않아 알레르기가 사라지므로 필요 이상의 제한을 지속하지 않기 위해 주기적으로 알레르기 재평가를 시행할 것을 권고한다. 그러나 땅콩, 견과, 해산물에 대한 알레르기를 가진 경우는 좀처럼 좋아지지 않는다. 재평가 시 피부반응 검사나 경구유발검사를 시행한다.

표 10-7 식품알레르기의 특성

구분	내용
발생 기전	• 주로 불완전하게 소화되어 흡수된 단백질 조각이 면역반응 유발 • IgE가 비만세포와 호염구에 부착되어 히스타민 등 염증반응 매개물질분비 유도
증상	• 피부발진, 소양증, 복통, 구토, 설사 등 • 심한 경우 호흡곤란, 혈압저하를 유발하는 아나필락시스 상태 발생
진단	• 피부반응 검사 : 상업적으로 판매하는 식품추출물을 피부에 도입하여 나타나는 반응 확인 • 항체검사 : 식품마다 섭취 후 혈청의 IgE 항체 수준 측정 • 식품 제거 : 알레르기 증상이 사라질 때까지 알레르기 유발이 의심되는 모든 식품을 식사에서 제외시킨 후 한 가지씩 다시 섭취를 시도하며 피부반응과 항체 수준을 살핌 • 경구유발검사 : 알레르기를 일으킨다고 의심되는 식품을 제공한 후 결과를 살핌. 중증 아나필락시스 병력을 가진 환자에게는 수행할 수 없음
치료	• 항원을 포함하는 모든 식품을 식사에서 제외 • 아나필락시스 상태에서는 에피네프린 주사

4) 면역 결핍

(1) 분류

- 면역결핍증은 그 원인에 따라 유전적으로 면역계에 결손이 있는 선천성 면역결핍과 출생 후 면역계를 손상시키는 원인에 의해 2차적인 결과로 발생하는 후천성 면역결

핍으로 구분할 수 있다. 면역결핍 시 결손되거나 기능의 저하가 나타나는 면역계 구성요소가 무엇인가에 따라 감염성에 미치는 결과가 다양하게 나타난다.

- 후천적으로 면역기능을 저하시키는 요인으로는 인간 면역결핍 바이러스(Human Immunodeficiency Virus, HIV)에 의한 것이 대표적이다. 이 밖에도 림프계 종양, 중증 감염증, 내분비 대사장애, 면역억제 치료, 영양불량 등에 의한 결과로 면역결핍이 발생한다.

(2) HIV 감염과 후천성 면역결핍증

- HIV 감염에 따른 신체의 변화는 〈표 10-8〉과 같다.

표 10-8 HIV 감염에 따른 신체의 변화

종류	내용
지질이상증	• 이상지질혈증, 체지방 재분포, 혈중 지질 이상, 인슐린 저항성 발생 • 복부지방은 축적되고 안면과 사지의 지방은 손실, 유방조직이 비대해지며 목 아래쪽에 지방 축적
체중 감소와 소모	• 6개월 이내에 7.5%의 체중 감소가 있거나 12개월 이내에 10%의 체중 감소가 있을 경우 HIV로 인한 근육조직 소모로 진단
식욕부진과 섭취 감소	• 감정적 스트레스, 통증, 피로 : 사회적 문제의 두려움, 근심, 우울감으로 인한 식욕부진 • 구내감염 : 칸디다증-아구창이라 하며 입안의 통증과 연하곤란, 미각변화를 유발, 헤르페스-입술 주변과 입안에 통증이 있는 상해를 일으킴 • 호흡기 장애 : 흉부통, 숨참, 기침 • 암 : 카포시육종은 입과 목구멍에 상해를 일으켜 먹는 것을 고통스럽게 함 • 약물치료 : 식욕부진, 메스꺼움, 구토, 미각변화, 설사
위장관 합병증	• 소장내벽의 융모가 짧아지고 평평해져서 흡수 면적이 감소함으로써 흡수불량, 지방변, 설사 발생 • 소장관의 불편감, 세균 과증식, 흡수불량과 구토, 지방변, 설사로 인한 영양불량 발생
신경학적인 합병증	• 치매증상, 근약증, 보행장애, 다리와 발의 통증, 무감각, 저림
기타 합병증	• 영양소 흡수불량, 혈액손실, 골수기능장애, 빈혈, 피부병(발진, 감염, 암), 신장병(신증후군, 만성신장질환), 안질환(망막감염 망막박리), 관상동맥심질환

- 후천성 면역결핍증(Acquired Immune Deficiency Syndrome, AIDS)은 HIV 감염이 진행된 단계이다. 현재 AIDS는 여전히 불치병으로 남아 있지만 HIV 감염의 예방과 치료로 질병을 통제할 수 있다.
  - HIV 감염을 치료하지 않으면 HIV 감염의 26~36%가 7년 이내에 AIDS로 진행된다.

- AIDS로 진행되면 중증 감염이나 암과 같은 더 심각한 질병과 합병증이 나타난다.

- HIV 감염의 치료를 위해 항레트로바이러스 제제를 이용한다. 이를 통해 AIDS로 진행되는 속도를 늦추고 합병증을 줄이며 통증을 감소시킬 수 있다.
- 〈표 10-9〉는 HIV 감염 시 영양치료 내용이다. HIV 감염의 치료에는 체중과 근육양 유지, 영양불량 예방, 치료과정 중의 영양 관련 부작용의 대처방법에 대한 교육이 포함된다.

표 10-9 HIV 감염 시 영양치료

구분	내용
체중조절	• 체중 감소, 근소모가 있는 환자는 고에너지 고단백질 식사 - 1일 30~40kcal/kg의 에너지와 1.0~2.0g/kg 체중의 단백질 섭취 • 식품 섭취가 어려울 경우 소량으로 자주 섭취 • 단백질바, 에너지바, 액상조제식 이용
대사적 합병증	• 적정 체중 유지 • 식사 중 포화지방은 단일 불포화지방 및 다가불포화지방으로 대체 • 식이섬유의 섭취 증가 • 트랜스지방산, 콜레스테롤, 당분의 첨가 및 알코올 섭취 제한
비타민과 무기질	• 비타민 · 무기질 보충처방에 적용할 근거가 미약하므로 비타민 무기질 복합제제로 보충
대증치료	• 항레트로바이러스제 치료로 인한 구토와 설사 등의 부작용에 대한 대증치료 • 구토억제제와 지사제를 이용하여 수분 손실을 줄이고 전해질과 함께 수분을 자주 섭취 • 소량씩 자주 섭취하고 짠 음식과 단 음식 자제
식품안정성	• HIV 감염 시 면역력이 저하되어 식중독의 위험이 증가하므로 저균식 처방 • 물은 1분 정도 끓여서 사용
영양집중 지원	• 위장관 기능이 있는 경우 관급식 시행 • 정맥영양은 위장관 폐색과 같이 식품의 섭취가 어렵고, 장관영양도 할 수 없는 경우에 한함

AIDS의 발생기전

HIV에 감염되면 세포 표면에 단백질 성분인 CD4를 가지는 면역세포를 파괴하여 면역결핍상태를 유발함. 공격받는 대부분이 도움 T세포이며, 이외에 CD4를 가지는 세포로는 조직의 대식세포, 혈중 단핵세포, 중추신경계의 일부 세포가 있음. HIV 감염의 초기증상은 특이적이지 않으며, 발열, 후두염, 오한, 림프절의 부어오름, 피부발진, 근육과 관절의 통증, 설사 등이 나타날 수 있음. 이러한 증상이 사라지고 나면 5~10년 혹은 그 이상 동안 아무런 증후도 보이지 않는 경우가 많음. HIV 감염이 치료되지 않는다면, T세포가 고갈되어 건강한 상태에서는 병을 일으키지 않는 미생물에 의해 감염되는 기회감염의 감수성이 증가하게 됨

요점정리

SUMMARY

면역계가 감염과 손상으로부터 신체를 보호하는 것에 실패하면 감염의 증가와 악성종양의 성장을 초래하는데, 이 밖에도 면역기능이 비정상적으로 작동하여 자가면역, 만성적인 염증상태, 과민반응, 면역결핍 등과 관련된 질환이 발생할 수 있음

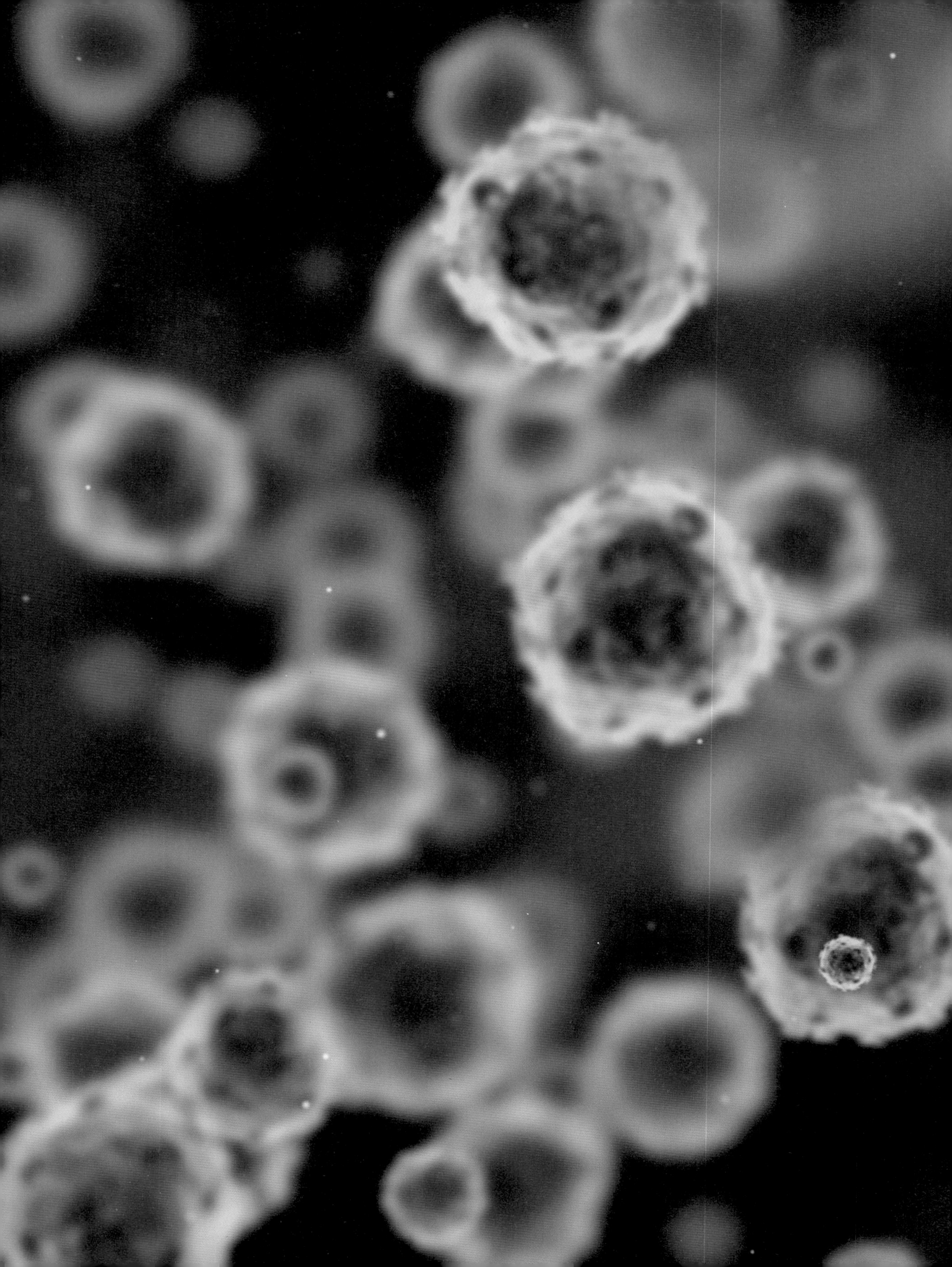

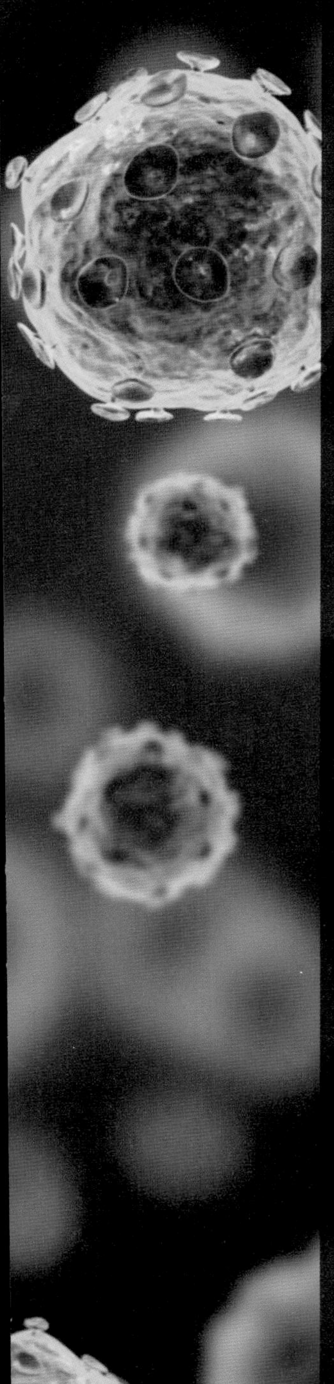

CHAPTER 11
암

1. 발생 과정
2. 발생 원인
3. 증상
4. 진단과 치료
5. 주요 암의 특성
6. 영양관리

CLINICAL
NUTRITION

CHAPTER 11
암

용어 정리

면역요법(immunotherapy)
암세포를 파괴하거나 암의 진행을 방해하는 작용을 하는 면역물질을 이용한 치료법

방사선요법(radiation therapy)
X-선, 감마선 등을 이용하여 암세포를 사멸시키는 치료법

악액질(cachexia)
다수의 암 환자에게서 관찰되는 중증영양불량 상태로 대부분 식욕부진 및 근육조직 소모와 관련이 있음

암(cancer)
주위 조직을 침범하고 다른 장기로 퍼지는 특성을 가지는 종양

저균식(low-microbial diet)
면역억제 상태에 있는 환자에게 처방하는 치료식

전이(metastasis)
암세포가 다른 장기로 이동하여 퍼짐

종양(tumor)
세포분열을 통제하는 유전자에 변이가 생겨 성장이 통제되지 않는 세포 덩어리

호중구감소증(neutropenia)
골수의 손상으로 인한 혈구 생성이 감소되어 백혈구 중의 하나인 호중구가 감소하는 증상

화학요법(chemotherapy)
종양의 성장을 억제하는 약물치료

1. 발생 과정

암(cancer)은 여러 가지 이유로 세포에 변화가 생겨 불완전하게 성숙하고 과다 증식하여 주위 조직이나 장기를 침범하고 다른 장기로 퍼져 손상시키는 악성 조직이다. 오랜 시간에 걸쳐 서서히 진행되는 암화과정(carcinogenesis)을 통해 신체 내 여러 조직에서 다른 특성을 가진 암이 발생한다(그림 11-1).

- 세포 분열을 통제하는 유전자에 변이가 발생함으로써 암화 과정이 개시된다. 그러나 돌연변이가 발생한 세포가 모두 암세포가 되는 것은 아니다. 스스로 증식할 능력을 얻게 되기 전까지는 전암병변 단계(precanceraous state)라 한다.
- 돌연변이로 인해 세포는 성장이 촉진되고, 성장제한이 방해되며, 세포자멸이 저지된다. 이로써 세포 분열을 중단하는 원래의 기능을 상실하고, 동일한 손상을 가진 세포를 증식하여 비정상적인 세포덩어리, 즉 종양(tumor)을 형성한다. 이 과정은 오랜 시간에 걸쳐 서서히 진행되는데, 종양 촉진인자에 의해 가속화되기도 한다.
- 종양 조직이 성장하면서 필요한 영양소 공급을 위해 혈관 조직이 형성되고 주변의 정상적인 조직의 기능을 방해하지만 여기에서 그친다면 치명적이지는 않다. 종양 세포 중 빠른 속도로 성장하며, 주변의 다른 조직을 침범하고, 체내 다른 부위로 퍼져 이동하는 전이(metastasis)를 일으키는 악성종양을 암이라고 한다. 양성종양은 비교적 성장속도가 느리며 침윤성과 전이성을 나타내지 않는다.

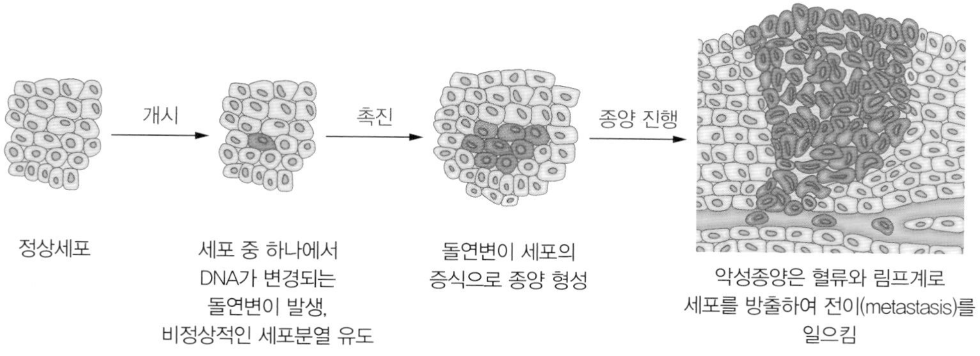
개시
촉진
종양 진행
정상세포
세포 중 하나에서 DNA가 변경되는 돌연변이 발생, 비정상적인 세포분열 유도
돌연변이 세포의 증식으로 종양 형성
악성종양은 혈류와 림프계로 세포를 방출하여 전이(metastasis)를 일으킴

그림 11-1 암의 발생 과정

2. 발생 원인

암이 발생하는 이유는 여러 가지로 다양하다. 그러나 일반적으로 암은 개인의 유전자와 환경 간의 상호작용에 의해 발생하는 것으로 인식하고 있다.

- DNA의 구조나 기능, 손상의 복구에 있어 유전적 결함을 타고나는 경우 암에 취약한 특성은 때로 유전되기도 한다.
- 인체의 대사과정 중에 암화과정이 개시되기도 한다.
  - 면역세포 중 식세포가 DNA의 손상을 유발하는 산화제를 생성한다.
  - 만성적인 염증반응으로 인해 세포 분열 속도와 돌연변이 가능성이 증가하기도 한다.
  - 에스트로겐, 테스토스테론과 같이 인체에서 정상적으로 세포분열과 성장을 촉진하는 호르몬이나 성장인자가 전암병변단계의 유방세포나 전립선세포에 작용하여 암화과정을 촉진하게 될 수도 있다.
- 암화 과정이 시작되는 변이를 유발하는 외부적인 요인으로는 바이러스나, 발암성 화학물질, 방사선 등이 있다(표 11-1).
- 식사와 관련된 영양요인은 환경적 요인으로서 암 발생의 위험과 관계가 깊다. 〈표 11-2〉는 암 발생 부위별 위험을 증가시키거나 감소시키는 영양요인이다. 식사는 다음과 같은 방식으로 암 발생의 위험에 영향을 미친다.
  - 식품성분 중에는 DNA를 직접적으로 손상시키는 것도 있다.

표 11-1 암의 가능성을 증가시키는 환경적인 요인에 따른 암 발생 부위

환경요인	암 발생 부위
석면	폐, 늑막, 복막
크롬	비강, 폐
에스트로겐-프로게스테론 대체요법	유방
면역억제제	림프조직, 간
헬리코박터 감염	위
간염 바이러스 B, C 감염	간
인간 파필로마 바이러스	자궁경부
방사선(X-선, 방사성 동의원소 등)	백혈구, 식도, 위, 대장 갑상선, 폐, 방광, 유방
담배	비강, 폐, 입, 인후, 식도, 위, 대장, 간, 신장, 방광
자외선	피부

표 11-2 암의 가능성에 영향을 미치는 영양 관련 요인과 암 발생 부위

구분	영양요인	암 발생 부위
위험 감소	식이섬유	결장 및 직장
	전분함량이 낮은 채소	입, 인두, 후두, 식도, 위
	파, 마늘류	위, 결장 및 직장
	과일 및 채소	입, 인두, 후두, 식도, 위, 폐
	엽산	췌장
	카로티노이드	입, 인두, 후두, 식도, 폐
	토마토(리코펜)	전립선
	감귤류(β-카로틴, 비타민 C)	식도
	우유 및 칼슘 보충제	결장 및 직장
	셀레늄 보충제	전립선
	신체활동	결장, 유방(폐경 이후), 자궁내막
	체지방 축적	유방(폐경 전)
위험 증가	아플라톡신	간
	붉은색 육류, 가공 육류	결장 및 직장
	염분 및 염장식품	위
	고칼슘식(>1.5g/일)	전립선
	음용수의 비소 함량	식도, 폐, 피부
	알코올	입, 인두, 후두, 식도, 결장 및 직장 간, 유방
	β-카로틴 보충제	폐
	신체활동 부족	결장, 유방(폐경 이후), 자궁내막
	체지방 축적	식도, 췌장, 결장 및 직장, 유방(폐경 이후), 자궁내막, 신장, 담낭
	복부비만	결장 및 직장, 유방(폐경 이후), 자궁내막
	성인기 체중 증가	유방(폐경 이후)

자료 : World cancer research fund & American institute for cancer research. *Food, Nutrition, Physical activity, and the prevention of cancer : a global perspective*, Washington DC : American institute for cancer research, 2007.

- 간에서 분비되는 효소작용을 통해 발암물질의 대사에 영향을 미치거나 체내의 발암물질 생성을 저해할 수도 있다.
- 영양섭취에 따른 에너지 균형과 성장 속도가 세포분열 속도에 영향을 미침으로써 발생된 돌연변이의 복제 속도를 변화시키기도 한다. 특히 비만은 세포 성장에 영향을 미치는 성호르몬, 인슐린, 성장인자 등의 여러 호르몬의 혈중 수준을 변화시켜 여러 종류의 암에 있어서 그 발생 가능성을 증가시킨다.

- 식품의 조리방법도 특정 발암물질의 생성과 관련이 있다. 육류, 가금류, 어패류를 튀김이나 구이와 같은 조리법을 통해 고온에서 가열하면 아미노산과 크레아틴이 서로 반응하여 발암물질을 생성한다. 식육 또는 어육가공품의 제조과정 중에 단백질의 아민이나 아미드가 아질산염 같은 산화질소 화합물과 반응하여 발암의심물질 중 하나인 니트로사민이 생성될 가능성이 높다.
- 과일과 채소의 항산화 영양소와 피토케미칼은 암 발생을 방지하는 보호효과가 있다. DNA의 손상을 일으키는 세포내 산화반응을 감소하거나 방지할 수 있고, 체내에서의 발암물질 생성을 저지하며, 발암물질을 비활성화시키는 효소반응을 증진시킨다.

암 예방을 위한 권고

① 정상체중범위에서 가능한 낮은 체중을 유지한다.
- 아동기 및 청소년기에는 정상체중범위의 낮은 수준을, 성인기에는 정상체중범위 내에서 유지할 수 있도록 한다.
- 성인기 동안 체중 및 허리둘레의 증가를 피한다.

② 일상생활을 활동적으로 한다.
- 활기차게 걷는 정도의 중등도 신체활동을 매일 30분 정도 한다. 체력이 증가하면 중등도 신체활동을 60분 정도하거나, 강도 높은 신체활동을 30분 정도 한다.
- TV를 보는 등의 비활동적인 생활습관을 최소화한다.

③ 에너지 밀도가 높은 식품의 섭취를 제한하고 가당 음료의 섭취를 삼간다.

④ 식물성 식품 위주로 섭취한다.
- 다양한 종류의 채소와 과일을 하루 5회 이상 매일 섭취한다.
- 도정율이 낮은 곡물과 두류를 매일 섭취한다.
- 정제된 전분식품을 제한한다.

⑤ 붉은색을 띠는 육류의 섭취를 제한하고 가공 육류의 섭취를 최소화한다.

⑥ 알코올 음료의 섭취를 제한한다.
- 하루에 마시는 양이 여성은 1잔, 남성은 2잔을 넘지 않도록 한다.

⑦ 식품의 저장 및 가공에 주의한다.
- 염분의 섭취를 제한한다.
- 곰팡이가 핀 곡류와 두류를 피한다.

⑧ 하루 필요한 영양소는 식사를 통해 충족할 수 있도록 한다.
- 암 예방을 목적으로 하는 보충제 섭취는 권장하지 않는다.

자료 : World cancer research fund & American institute for cancer research. *Food, Nutrition, Physical activity, and the prevention of cancer : a global perspective*, Washington DC : American institute for cancer research, 2007.

요점정리
SUMMARY

- 암 : 침윤성과 전이성을 가지는 악성 종양
- 암 발생 : 유전적인 요인과 환경적인 요인이 관여하며, 특히 전 생애를 거쳐 노출되는 식사습관은 암 발생 위험과 깊은 관련이 있음

3. 증상

- 초기 단계에서는 아무런 증후가 나타나지 않아 건강상의 문제를 감지하지 못할 수 있다.
- 암으로 인한 비특이적인 증상은 식욕부진, 무력감, 체중 감소, 수면 중의 식은땀, 발열 등이 있는데 암에서 나타나는 특징적인 대사의 변화와 관련이 있다.
- 특이적인 증상은 종양이 주변 조직에 미치는 영향에 의해 여러 합병증이 발생하여 종양이 발생한 위치에 따라 나타나게 된다.

1) 대사적 변화

면역매개물질인 시토카인은 암세포와 면역세포 모두에서 분비되어 신체대사 과정을 이화상태로 유도한다.

- 암환자에서는 단백질 전환율은 증가하지만 근육 단백질의 합성이 감소된다. 근육이 당신생합성을 위한 아미노산을 공급하여 체내 단백질은 더욱 고갈된다.
- 중성지방의 분해는 증가하고 혈중 지질 수준은 증가한다.
- 인슐린 저항성이 나타나는 경우가 많다.

2) 근육조직 소모와 악액질

- 식욕부진, 가속화된 비정상적 대사, 암세포 성장을 위해 영양 공급이 전환되는 등의 복합적인 작용으로 영양 부족이 발생하여 근육조직이 소모된다.
- 치료과정과 약물의 영향으로도 식욕부진이 발생할 수 있으며, 이로 인해 식품 섭취의 감소를 심화시킬 수 있다.
- 악액질(cachexia)은 중증 영양불량상태로 암환자의 50% 이상에게서 나타난다. 식욕부진, 근육조직 소모, 수면 중의 식은땀, 빈혈, 피로감은 암으로 인한 악액질의 전형적인 증상이다. 기아와는 달리 암에서 악액질로 인한 영양불량은 영양중재만으로는 회복하기 어렵다.
- 암 진단 시 분명한 체중 감소가 있고, 질병 후기에 전형적으로 나타나게 되는 중증 영양불량이 동반되면 궁극적인 사망 원인으로 작용한다.
  - 의도하지 않은 10% 이상의 체중 감소는 상당한 영양불량 상태임을 나타내는 것이므로 주의 깊게 관찰해야한다.
  - 과체중이나 비만 환자의 경우 의도하지 않은 체중 감소를 간과하지 않도록 주의한다.

요점정리
SUMMARY

- 악액질 : 암 환자에게서 나타나는 전형적인 중증 영양불량 상태로, 근육의 소실을 특징으로 하는 복합적인 대사증후군. 보통 식욕부진을 동반함

4. 진단과 치료

1) 암의 진단

- 암이 발생하면 조기 진단하여 치료가 불가능한 암으로 진행하기 전에 또는 완치가 가능한 조기 암 단계에서 치료할 수 있도록 하는 것이 중요하다.
- 암의 진단에는 의사의 진찰을 비롯해 다양한 장비와 암조직의 대사적 특성을 활용한 방법들이 개발되어 이용되고 있다. 〈표 11-3〉에는 암의 진단에 이용되는 방법을 제시하였다.
- 종양표지자 검사는 암세포나 암세포에 영향을 받아 정상세포에서 배출되는 단백질 물질의 수준을 측정하는 것이다. 간암 표지자로서 AFP(alpha-fetoprotein), 난소암 표지자로서 CA-125, 전립선암 표지자로서 PSA(prostate-specific antigen) 등이 있다. 수치가 증가하는 경우 암의 존재를 나타내지만, 암이 아닌 경우에도 증가하므로 좀 더 명확한 방법으로 확진의 과정을 거친다.
- 암 진단 시 암의 진행단계를 TNM법으로 나타낸다. 이는 종양(tumor, T)의 크기와 주위 조직으로의 침범 정도, 주변 림프절(node, N)로 퍼진 정도, 전이(metastasis, M) 여부에 따라 각각 단계를 나누어 표시한다.

2) 암의 치료

- 암의 치료는 암세포의 제거와 더 이상의 암세포 증식 방지 및 증후의 완화를 목표로 한다. 1차적인 의학적 치료는 수술, 화학요법, 방사선치료 및 이들의 조합으로 이루어진다.
- 이외에도 암의 종류에 따라 조혈줄기세포이식이나 면역반응을 기초로 하는 생물학적 요법을 적용하기도 한다.

(1) 수술

- 수술적 방법은 종양의 제거와 암의 진행 정도 결정, 주변조직의 보호를 위해 수행된다.

표 11-3 암의 진단방법

<table>
<tr><th colspan="2">진단방법</th><th>내용</th></tr>
<tr><td colspan="2">의사의 진찰</td><td>• 의사의 진찰을 통해 증상을 상담하고 신체의 부위를 체계별로 검진
• 전신진찰, 유방과 갑상샘 등의 촉진검사, 항문을 통한 직장수지검사 등</td></tr>
<tr><td colspan="2">내시경 검사</td><td>• 내시경을 통한 병변의 직접관찰로 암의 크기, 모양, 위치 평가와 동시에 조직검사
• 위내시경, 대장내시경, 방광경 등</td></tr>
<tr><td rowspan="6">영상 진단 검사</td><td>단순방사선 영상</td><td>• 가장 많이 사용되는 방법으로 해부학적인 구조변화를 관찰
• 방사선이 인체를 통과하면서 조직과 뼈 등의 구조와 기능에 대한 영상을 제공
• 폐, 유방, 뼈 등의 검사에 사용</td></tr>
<tr><td>투시검사</td><td>• 조영제를 사용하여 장기의 모양과 위치, 병변 검사
• 단순 방사선 영상으로 구분이 잘 안되는 내부장기검사, 암의 진단과 수술 시 절제 범위 결정
• 상부 위장 조영술(UGI), 대장이중조영검사, 대장투시검사, 내시경적 역행성 담췌관 조영술(ERCP) 등</td></tr>
<tr><td>전산화 단층촬영 (CT)</td><td>• X-선을 이용한 연조직의 해부학적인 상태 단층 사진 제공
• 병변의 악성여부 구별, 병변의 특성 및 부위 확인, 전이 여부 등 규명
• 일반적으로 중추신경계, 머리와 목, 폐, 복부의 장기를 평가할 때 사용</td></tr>
<tr><td>초음파 검사</td><td>• 음파를 이용한 비침습적 검사
• 종양내부의 구조 확인, 주변 장기 침범 여부, 다른 장기로의 전이 여부를 검사
• 복부 장기, 갑상샘, 유방, 골반 내의 난소, 자궁, 전립선, 심장 등 검사</td></tr>
<tr><td>자기공명 영상(MRI)</td><td>• 인체 내 자기장과 방사파의 상호작용을 기반으로 인체 여러 방향의 단층상 제공
• 조직의 여러 형태를 인식하여 정상, 양성종양, 악성종양 구분, 병기나 전이 여부 확인
• 뇌, 척수, 유방, 근골격계, 복부 장기 등의 검사에 유용하나 폐, 위, 대장 등 움직이는 장기의 검사로는 부적절함</td></tr>
<tr><td colspan="2">핵의학 검사</td><td>• 암세포의 대사변화를 단층 촬영 및 3차원의 이미지로 나타냄
• 정맥주사 된 방사능 표지물질이 종양이나 이상부위에 농축되는 것을 검출
• 암의 유무 및 분포 진단에 이용되어 전이가 의심되나 그 위치를 알기 어려운 경우, 암과 감별이 어려운 경우에 유용하나, 다른 원인에 의한 방사능물질 농축 가능성 때문에 확진에 이용하기는 어려움
• 양전자방출단층촬영술(PET), 골스캔, 갑상샘스캔 등</td></tr>
<tr><td colspan="2">종양표시자검사</td><td>• 암세포로 인한 대사산물을 혈액, 조직, 배설물 등에서 검출하며 주로 항체를 이용함
• 암의 유무, 암세포 특성, 수술 후 잔류암 여부, 재발 여부 등 조사
• 검사 결과의 특이성이 낮으므로 종양표지자검사 단독으로 확진하지는 않으며, 타당한 종양 표지자가 없는 암의 경우도 많음</td></tr>
<tr><td colspan="2">조직 세포병리검사</td><td>• 암 조직에서 암세포를 진단하여 암을 확진하고 암세포의 종류 확인
• 피부절개 후 직접 생검, 주사기를 이용한 세침 흡인(미세침흡인생검검사)
• 접근하기 힘든 장기검사에는 초음파나 CT검사, 투시검사 등의 유도하에 실시
• 혈액암은 직접 정맥채취 또는 골수검사, 자궁경부암은 작은 브러시를 이용해 자궁경부세포 채취, 그 밖에 소변이나 가래, 뇌척수액 등도 이용</td></tr>
</table>

자료 : 국립암정보센터 홈페이지(http://www.cancer.go.kr).

다른 치료법을 통해 새로운 종양이 발생하는 것을 방지한 후에야 시행해야 하는 경우가 보통이다.

- 수술에 따른 급성의 대사적 스트레스는 단백질과 에너지의 필요를 증가시키고 근육조직 소모를 악화시킨다.
- 수술 후 통증, 피로감, 식욕부진은 영양필요가 큰 시기임에도 식품 섭취를 감소시키는 원인이 되기도 한다.
- 혈액의 손실은 영양소 손실을 가져오고 영양불량을 악화시킨다.
- 수술부위에 따라 영양상태에 장기적인 영향을 미치게 되기도 한다.

(2) 항암 화학요법

- 항암 화학요법은 약물치료를 말하는데, 종양의 성장 억제, 수술 전 종양 크기 감소, 전이 방지 및 근절을 위해 시행한다. 일부 암 치료 약물은 세포분열을 방해하고 어떤 것은 휴지기에 있는 세포가 분열하지 못하게 한다.
- 대부분의 약물은 정상세포에 독성을 가진다. 특히 위장관, 피부, 골수와 같이 급속하게 분열하는 세포가 크게 영향을 받는다. 골수의 손상은 적혈구의 생성을 억제하여 빈혈을, 백혈구의 생성을 억제하여 호중구감소증(neutropenia)을 일으킬 수 있다.

(3) 방사선치료

- 방사선치료는 X-선, 감마선 등을 이용하여 암세포를 사멸시키는 치료법으로서 방사선으로 활성 산소종을 생성하여 세포의 DNA를 손상시키고 세포를 사멸시킨다.
- 수술과 비교할 때 방사선치료의 이점은 기관의 구조와 기능은 유지한 상태에서 종양의 크기를 줄일 수 있다는 점이다.
- 항암 화학요법과 비교할 때는 전신의 세포에 영향을 미친다기보다는 특정 부위에만 집중적으로 치료를 적용할 수 있다는 이점이 있다.
- 그러나 방사선치료 역시 건강한 조직을 손상시킬 수 있고 영양상태에 장기적으로 부정적인 영향을 미칠 수 있다. 머리와 목 부위에 방사선을 조사할 경우 침샘과 미뢰가 손상되고 염증, 구내건조, 미각 감소가 나타난다. 심한 경우 손상이 영구 지속될 수도 있다. 하복부에 방사선조사 시 장염이 발생하기도 한다. 이로 인한 오심, 구토,

설사가 수개월에서 수년간 지속되면서 만성적인 흡수불량이 나타난다.

(4) 조혈 줄기세포 이식

- 조혈 줄기세포 이식은 고용량의 항암 화학요법과 방사선치료에 의해 파괴된 조혈 줄기세포를 교체하는 시술이다. 이 치료과정은 백혈병, 림프종(lymphoma), 다발성 골수종(multiple myeloma)에 적용될 수 있다.

(5) 호르몬 요법

- 암세포의 증식에 호르몬이 영향을 미치는 경우 종양의 성장을 늦추거나 중단하기 위해 호르몬이나 호르몬 길항제를 이용하여 호르몬 작용을 높이거나 차단(또는 제거)하는 방법을 적용한다. 유방암이나 전립선암이 이에 해당한다.

(6) 생물학적 요법

- 최근의 암치료법 중에는 암세포에 대해 면역반응을 일으키는 생물학적 분자들을 사용하는 방법인 면역요법(immunotherapy)이 있다.
- 항체, 시토카인 및 면역계를 강화하는 단백질류를 이용하여 암세포를 파괴하거나 암의 진행을 방해한다.
- 부작용은 다양하지만, 대개 식욕부진, 위장관증상, 불편감, 식품 섭취능력이나 욕구가 감소하는 증상을 보인다.

요점정리

SUMMARY

- 암의 진단 : 의사의 진찰, 내시경검사, 영상진단 검사, 핵의학 검사, 종양표지자 검사, 조직세포병리 검사 등이 있으며, 종양의 특성 및 진행 단계에 따라 알맞은 진단방법을 적용
- 암의 치료 : 암의 근치적 치료는 기본적으로 수술적인 방법을 통하며, 이 밖에 항암 화학요법, 방사선치료, 면역요법 등이 있고, 치료 시 병의 상태에 따라 한 가지 이상의 치료방법을 선택 조합하여 시행함

5. 주요 암의 특성

암은 한 가지 질병이 아니다. 체내의 여러 조직에서 각기 다른 종류의 악성조직이 성장하여 발생하는 다양한 종류의 암이 있다. 각 종류의 암은 저마다 다른 특성과 진행과정을 나타내며 그에 따라 다른 치료방법이 필요하다. 피부암과 같이 독립적인 기관에 발생한 경우는 영양상태에 영향을 주지 않고 수술을 통한 제거로 치료할 수 있지만, 소화관이나 췌장 등에 발생한 경우는 영양상태에 크게 영향을 미친다.

10대 주요 암에 대한 종류별 증상, 진단, 치료 및 예방법을 〈표 11-4〉에 제시하였다.

표 11-4 암의 종류에 따른 특성

암종	구분	특성
갑상샘암	정의 및 분류	• 갑상샘에 혹이 생긴 것을 갑상샘결절이라 하고 양성과 악성으로 나눔 • 여포세포 기원암과 비여포세포 기원암으로도 구분함
	일반적 증상	• 대부분 증상이 없음
	진단방법	• 신체검진, 갑상샘기능검사, 갑상샘초음파, 미세침흡인세포검사, 갑상샘스캔, 경부전산화단층촬영, PET/CT • 미세침흡인세포검사는 갑상샘암의 진단에 있어서 가장 중요한 검사로 갑상샘 결절이 있는 환자에서 암이 의심되는 경우 시행함
	치료방법	• 가장 중요한 치료방법은 수술이며, 수술 후 평생 갑상샘 호르몬 보충 필요 • 이외에 방사성 요오드치료, 외부 방사선조사가 있음 • 항암제치료에는 잘 반응하지 않아서 널리 사용되지는 않음
	위험요인	• 방사선노출(치료적 또는 환경재해) • 노출된 방사선의 용량에 비례하여, 특히 어린 나이일수록 발병위험도 증가
	예방법	• 어릴 때는 두경부가 방사선에 노출되지 않도록 함 • 갑상샘 수질암에 가족력이 있는 경우, 반드시 RET 유전자돌연변이 유무검사
위암	정의 및 분류	• 위장에서 발생하는 암으로 점막에서 발생하는 선암이 대부분이며, 림프종, 육종 등이 있음 • 조기 위암과 진행성 위암으로 나눔
	일반적 증상	• 초기에는 특별한 증상이 없으며, 다른 일반적인 위장질환과 구분이 어려움 • 암의 진행에 따라 속쓰림, 메스꺼움, 구토, 체중 감소, 복통, 음식물을 삼키기 어려운 증상, 피가 섞인 구토물, 흑색변, 어지러움, 피로 등의 증상이 나타남
	진단방법	• 상부위장관촬영술, 위내시경검사 시행 • 조직검사로 암세포를 발견하면 확진
	치료방법	• 국소적 치료 : 개복술, 내시경 점막절제술, 복강경 쐐기절제술, 복강경 위절제술 등 • 전신적치료 : 항암 화학요법

(계속)

암종	구분	특성
위암	위험요인	• 흡연, 짠 음식, 탄 음식, 헬리코박터 파일로리균 감염, 위와 관련된 질병(위수술, 용종성 폴립, 가족 중 위암이 있는 경우와 만성 위축성위염) 악성 빈혈, 유전 등
	예방법	• 신선한 채소와 과일 충분히 섭취 • 짠 음식, 탄 동물성 식품 삼가 • 정기적인 검진(위질환이 있는 경우 정기적인 위내시경검사) • 금연(흡연자의 위암 위험이 1.5~2.5배)
대장암	정의 및 분류	• 결장과 직장에 생기는 악성종양을 말함 • 대부분 대장의 점막에서 발생하는 선암이며, 림프종, 평활근 육종 등이 있음
	일반적인 증상	• 초기에는 대부분 아무런 증상이 없음 • 주된 증상으로는 배변습관의 변화, 설사, 변비, 배변 후변이 남은 느낌, 혈변 또는 점액변, 복통, 복부팽만, 피로감, 식욕부진, 소화불량 등
	진단방법	• 대장암의 약 35%(직장암의 약 75%)가 직장수지검사만으로도 진단이 가능하며 그 외 대장조영술, 에스결장경, 대장내시경 등 시행 • 대장 전체 관찰과 조직검사가 동시에 가능한 대장내시경이 가장 효과적이고 정확한 검사로 추천됨
	치료방법	• 종양의 조직침투 정도에 따라 치료방법 결정 • 수술은 가장 근본이 되는 치료이며, 항암 화학요법, 방사선치료 병행
	위험요인	• 50세 이상의 연령, 붉은 육류 및 육가공품의 다량 섭취, 비만, 음주, 가족 중 대장암이 있는 경우, 가족성 대장용종증, 선종성 대장용종, 만성 염증성 대장질환 등
	예방법	• 규칙적인 운동, 절주, 정기적 검진 • 식이섬유 섭취, 충분한 칼슘 섭취, 붉은색 육류(예 쇠고기, 돼지고기) 제한
폐암	정의 및 분류	• 폐에 생긴 악성 종양 • 원발성 폐암과 전이성 폐암으로 구분 • 암세포의 크기와 형태에 따라 악성도가 강해 대부분 전이 상태로 발견되는 소세포 폐암과 비소세포 폐암으로 나눔
	일반적인 증상	• 초기에는 전혀 증상이 없으며, 진행한 후에도 일반 감기같은 증상 • 그 밖에 피 섞인 가래 혹은 객혈, 호흡곤란, 흉부의 통증, 쉰 목소리, 상대정맥증후군, 뼈의 통증과 골절, 두통, 오심, 구토 등
	진단방법	• 흉부 X-선 촬영, 흉부 CT촬영, 객담검사, 기관지 내시경검사, 경피적 세침생검술
	치료방법	• 수술, 항암 화학요법, 방사선치료 등 • 병기, 환자의 전신상태와 개개인의 치료선호도에 따라 다름
	위험요인	• 간접 흡연을 포함한 모든 흡연은 폐암의 가장 중요한 발병요인 • 그 외에 환경적 요인(예 간접흡연 등), 직업적 요인(예 석면, 비소, 크롬 등), 방사성동위원소(예 우라늄, 라돈 등) 등의 노출
	예방법	• 약 90%의 폐암이 금연을 통해 예방 가능 • 그 밖의 위험요인에 대한 노출감소 • 신선한 과일과 채소를 포함한 균형 있는 영양섭취

(계속)

암종	구분	특성
간암	정의 및 분류	• 원발성 간암은 간에 1차적으로 발생하는 악성종양 • 대부분 간세포 암종과 담관 상피암종
	일반적 증상	• 상복부의 통증, 덩어리 만져짐, 복부팽만, 체중 감소, 심한 피로감, 소화불량 등 • 대체로 증상이 늦게 나타남
	진단방법	• 혈청 속의 알파태아단백을 검사하는 혈액 검사법, 초음파 검사, 전산화 단층 촬영, 혈관조영술 등의 영상검사
	치료방법	• 간기능이나 전신상태에 따름 • 근치적 치료 : 수술, 간이식, 고주파열치료, 에탄올주입술 등을 통해 완치를 목적으로 치료 • 비근치적 치료 : 간암이 보다 진행된 경우 경동맥화학색전술, 방사선치료, 항암 화학요법 등
	위험요인	• B형 및 C형 간염 바이러스 감염
	예방법	• 알려진 위험요인을 최소화 • 만성 간질환, 간경변증은 간암 위험을 증가시킴 • 정기검진 필수
유방암	정의 및 분류	• 대부분 유관과 소엽의 상피세포에서 발생 • 침윤 정도에 따라 비침윤성(초기암)과 침윤성(진행된 상태)으로 구분
	일반적 증상	• 초기에는 대부분 증상 없음 • 통증이 없는 멍울이 만져지는 것, 유두에 피 섞인 분비물 등 • 진행되면 유방피부가 오렌지 껍질 같이 두꺼워짐
	진단방법	• 자가검진 및 임상진찰, 방사선검사(예 유방촬영술, 유방초음파술 등), 생검, 전산화단층촬영, 자기공명영상, 양전자방출단층촬영(PET) 등
	치료방법	• 수술, 약물요법, 방사선치료 • 환자의 연령, 폐경의 유무, 종양의 크기 및 액와부 림프절의 전이 정도, 환자의 다른 건강상태에 따라 의사가 판단
	위험요인	• 비만, 음주, 유방암 가족력, 이른 초경, 늦은 폐경, 폐경 후 장기적인 호르몬 치료, 모유 수유를 하지 않은 경우, 첫 출산 연령이 늦은 경우
	예방법	• 금연, 절주, 적당한 운동, 적정 영양상태의 유지(예 신선한 채소, 과일 섭취), 초산은 30세 이전, 수유기간 연장 등 • 유전적으로 유방암 발생 확률이 높을 경우 항호르몬제제 복용 고려

(계속)

암종	구분	특성
전립샘암	정의 및 분류	• 대부분은 전립샘세포에서 발생하는 선암 • 선의 형태 분화도에 따라 1(좋음)~5(나쁨) 등급
	일반적 증상	• 초기에는 증상 없음 • 어느 정도 진행되면 각종 배뇨증상과 전이에 의한 증상이 발생
	진단방법	• 직장수지검사, 혈청전립선특이항원(PSA)검사, 경직장초음파검사 및 전립선 생검, 암조직의 조직학적 분화도, 영상진단법, 골반림프절절제술, 분자생물학적 방법 • 기타 전립선 관련 질환과의 감별 필요
	치료방법	• 대기관찰요법, 근치적 수술, 방사선치료, 호르몬치료, 항암 화학요법 등 • 두 가지 이상의 방법을 병행하는 것이 좋음
	위험요인	• 고령(50세 이상에서 급격히 증가), 인종, 남성호르몬, 당뇨병, 가족력, 비만, 동물성 지방 섭취 증가
	예방법	• 동물성 지방의 과다한 섭취 삼가 • 충분한 식이섬유 섭취(예 신선한 과일과 채소, 통곡식, 콩류 등) • 건강체중 유지(예 일주일 5회 이상, 매회 30분 이상 땀이 날 정도의 신체활동)
담낭 및 담도암	정의 및 분류	• 담낭 및 담도에서 발생한 암세포 종괴 • 선암종이 대부분 • 발생부위에 따라 상부(근위부), 중부, 하부(원위부) 담도암으로 구분
	일반적 증상	• 초기에는 증상 없음 • 초기암의 경우, 황달증상은 없고 비특이적인 복통이나 간기능검사 이상이 나타남 • 담석에 의한 것으로 오인되기 쉬움
	진단방법	• 초음파검사, 전산화단층촬영, 자기공명영상, 내시경적 역행성담췌관조영술, 경피경간담도조영술, 내시경적초음파검사, 양성자방출단층촬영, 혈청종양표지자 등
	치료방법	• 수술적 절제술 • 적절한 수술법의 선택은 담낭암의 진행 정도에 따라 다름 • 근치적 절제가 불가능한 경우 항암 화학요법이나 방사선치료 고려
	위험요인	• 발생기전 불확실 • 환경적 요인과 유전적 요인의 복합적 결과로 추정
	예방법	• 현재 확립된 예방 수칙 미비

(계속)

암종	구분	특성
췌장암	정의 및 분류	• 췌장에 생긴 암세포 종괴 • 90~95%는 췌관 선암
	일반적 증상	• 복통, 체중 감소, 황달, 소화 장애, 당뇨병 등
	진단방법	• 복부 초음파 검사, 복부 전산화 단층촬영, 자기공명영상, 내시경적 역행성 담췌관 조영술, 내시경적 초음파 검사, 양성자방출단층촬영, 혈액검사, 혈청 종양 표지자, 복강경 검사, 조직검사 등
	치료방법	• 암의 크기, 위치, 병기, 환자의 나이와 건강상태 등 고려 • 수술은 완치 가능한 유일한 방법(췌장암 환자의 20% 내외에서 수술 가능) • 그 밖에 항암 화학요법, 방사선치료 등
	위험요인	• 환경적 요인과 유전적 요인의 복합적 결과로 추정 • 유전적 요인 : K-ras 유전자 이상(췌장암의 90% 이상에서 발견) • 환경적 요인 : 흡연, 비만, 당뇨병, 만성췌장염, 가족성 췌장암, 나이, 음주, 식이, 화학물질 등
	예방법	• 현재 확립된 예방 수칙 미비
비호지킨 림프종	정의 및 분류	• 림프조직에 발생하는 종괴 • 호지킨림프종과 악성인 비호지킨림프종으로 분류 • WHO 분류법에 따라 면역표현형과 세포계열로 분류
	일반적 증상	• 발열, 야간발한, 체중 감소 등 • 호지킨림프종은 주로 머리나 목 부위의 림프절에 통증이 없는 단단한 종괴 형성 • 비호지킨림프종은 말초림프절 및 여러 장기 침범
	진단방법	• 조직검사 후 면역조직화학염색 및 분자유전학적 검사 진행 • 복부초음파 및 전산화단층촬영으로 림프종 침범 여부 감별 • 양성종양과 암의 감별이 중요
	치료방법	• 악성도, 병기, 림프종의 종류, 병변의 위치 및 수에 따라 차이 • 혈액암의 일종으로 치료로서 수술이 적용되는 경우는 희박 • 방사선치료 및 복합 항암 화학요법 적용
	위험요인	• 바이러스, 비정상면역조절, 면역결핍 상태에서 림프종 발생 • 장기이식, 후천성면역결핍증, 선천성면역결핍증후군, 자가면역질환 등에서 발생 빈도 증가
	예방법	• 현재 확립된 예방 수칙 미비

자료 : 국립암정보센터 홈페이지(http://www.cancer.go.kr).

6. 영양관리

암 환자에 대한 영양관리는 체중 감소와 근육 손실을 최소화하고, 영양 결핍을 교정하며 질환에 따른 합병증으로 고통받는 환자들이 즐거이 먹을 수 있는 식사를 제공하는 것을 목표로 한다. 영양불량 상태에 있는 암 환자들은 영양상태가 좋은 환자에 비해 합병증도 많고 생존기간도 짧다.

암의 종류가 매우 많고 가능한 치료방법도 다양하기 때문에 암 환자들에게 필요한 영양요구량에는 차이가 많다. 또한, 질환의 진행단계에 따라 필요량도 달라지게 된다. 암 진단 시 영양불량 여부를 선별해야 하며 치료과정과 회복시기에 다시 평가할 필요가 있다.

1) 암 환자의 영양문제

(1) 암으로 인한 영양문제

암 환자에게서는 여러 요인으로 인해 식욕부진이 나타나게 되는데, 암과 관련된 근육조직 소모의 주요 원인이 된다. 식욕부진이나 섭취감소에 영향을 미치는 요인들은 다음과 같다.

- **만성적 오심, 조기 포만감** : 암 환자들은 메스꺼움과 조금만 먹어도 곧 배가 부르다는 느낌을 가지는 때가 많다.
- **피로** : 암 환자들은 쉽게 피로하고 식사를 준비하거나 섭취하는 데 기운 없어 한다.
- **통증** : 통증이 있는 경우 먹고 싶은 욕구를 덜 느끼게 되는데 특히 먹는 것이 통증을 유발하게 되는 경우에 더욱 그렇다.
- **정신적 스트레스** : 암 진단은 그 자체가 스트레스이며, 불안과 우울감을 가져오고, 이로 인해 식욕이 감소할 수 있다. 암 치료를 앞두고 있거나 진행 중인 경우에는 심리적인 스트레스가 부가된다.
- **위장관 폐색** : 종양이 위장관의 일부나 전체를 막게 되면 오심, 구토, 조기 포만감, 위배출 지연, 세균 이상증식 등을 일으킨다. 경우에 따라서는 식사의 경구 섭취가 어려울 수도 있다.

- **대사이상** : 암세포와 이에 대응하는 정상세포에서 분비되는 면역매개물질들이 전신 염증반응과 이화작용을 촉진한다. 이러한 매개물질은 영양소 대사와 식욕조절체계에도 영향을 미쳐 식욕부진을 유발한다.

(2) 암의 치료에 따른 영양문제

치료방법들은 식품 섭취와 영양소 흡수를 저해하는 부작용을 동반한다. 〈표 11-5〉에는 암 치료에 따른 영양 관련 부작용에 대해 정리하였다.

표 11-5 암 치료에 따른 영양 관련 부작용

치료방법	영양 관련 부작용
수술	• 수술 후 급성 대사적 스트레스–단백질과 에너지의 필요를 증가시켜 근육조직 소모 악화 • 수술 후 통증, 피로감, 식욕부진–식품 섭취 감소 • 부위별 – 머리, 목 : 구내 건조 및 통증, 저작 및 연하 곤란, 미각 및 후각 감퇴 – 식도절제 : 위산역류, 위장운동 감소, 연하곤란 – 위절제 : 덤핑증후군, 조기만복감, 위산 부족, 흡수불량(철, 엽산, 비타민 B_{12}) – 장절제 : 담즙산 부족, 수분과 전해질 불균형, 흡수불량 – 췌장절제 : 당뇨병, 흡수불량
항암 화학요법	• 통증, 식욕부진, 구내궤양, 오심, 구토, 미각 감퇴–식품 섭취 감소 • 설사, 위장관염, 흡수불량 구토–영양소 손실 • 골수 손상으로 인한 빈혈 및 면역기능 저하, 수분 및 전해질 불균형, 질소 및 미량영양소 불균형, 고혈당
방사선치료	• 식욕부진, 침샘 및 미뢰 손상, 염증, 구내건조, 미각감소–식품 섭취 부족 • 방사선성 장염으로 인한 오심, 구토, 설사–만성적인 흡수불량
조혈줄기세포 이식	• 이식 전 시행되는 고단위의 항암 화학요법과 방사선치료로 면역기능 손상–식품을 매개로 하는 질환의 위험 증가 • 오심, 구토, 구강건조, 미각 변화, 점막염증, 흡수불량, 설사–식품 섭취 부족 및 손실, 영양지원 필요
생물학적 요법	• 식욕부진, 위장관증상, 불편감–식품 섭취 감소

2) 에너지와 단백질

- 에너지가 부족하면 단백질을 이용하여 에너지를 발생하기 때문에 체중 감소와 근육조직 소모를 방지하기 위해서는 적절한 수준의 단백질과 에너지 섭취를 보장해야 한다.

- 탄수화물을 충분히 보충하고 고칼로리 고단백 식품을 섭취하도록 한다.
- 일일 에너지 필요량은 체중 유지를 위해서 25~35kcal/kg체중/day, 감소한 체중의 회복을 위해서는 35~45kcal/kg체중/day 정도를 권장한다.
- 근육조직을 유지하기 위해 단백질은 1.0~1.5g/kg체중/day, 제지방조직을 회복하기 위해서는 1.5~2.0g/kg체중/day 수준을 섭취하도록 권장한다.

- 환자가 필요한 수준의 섭취를 하고 있는지 체중변화를 모니터하여, 섭취가 불충분하다면 영양밀도가 높은 조제식을 보충섭취하도록 한다.
- 체중 감소가 대부분의 암환자에게서 나타나는 문제이기는 하나 유방암의 경우 종종 체중이 증가하는 경우도 있다. 체중증가는 진단 후 초기 2년간 나타날 수 있으며 체지방의 증가와 연관이 있다. 진단 후 바로 체중 유지와 관련해 상담을 하고 신체활동을 독려함으로써 불필요한 체중증가를 피할 수 있다.

3) 대증치료 및 합병증 치료

(1) 식욕부진

- 소량씩 자주 섭취한다.
- 정해진 시간에 먹는 것이 좋으나 너무 얽매이지 말고 먹고 싶을 때, 상태가 좋을 때 최대한 섭취한다.
- 식사에 앞서 다른 음식을 먹거나 특히 음료를 많이 마시지 않도록 한다.
- 식사는 영양밀도가 높은 식품으로 구성한다.
- 식사량이 적은 경우 과자, 빵, 과일, 아이스크림 등의 간식을 섭취하여 열량을 보충한다.
- 고형물을 먹기 힘든 경우 주스, 수프, 우유, 두유 등의 음료를 마신다.
- 식사시간, 장소, 분위기 등 식사할 때 기분 좋고 편안한 환경을 만든다. 좋아하는 음악을 듣거나 TV를 보는 것도 방법이다.
- 식욕증진을 위해 가벼운 산책을 하거나 필요하다면 식욕증진을 위한 약물처방을 받을 수 있다.

식욕부진과 근육조직 소모에 대한 약물치료
암 환자의 식욕부진을 치료하기 위해 식욕을 자극하고 체중 증가를 촉진하는 약물을 처방하기도 함. 메게스트롤 아세테이트는 프로게스테론과 유사한 구조의 합성화합물이며, 마리놀은 마리화나에 함유된 향정신성 성분과 유사하지만 정신적 효과는 최소화하는 용량으로 식욕을 자극함. 성장 호르몬이나 성장인자의 분비를 유도하거나 염증 증진성 시토카인을 저해하여 근육 단백질을 합성하는 효과를 가지는 약물도 개발되고 있음

(2) 메스꺼움과 구토

- 메스꺼움이 덜 할 때 최대한 섭취한다.
- 메스꺼움으로 음식섭취가 어려우면 물대신 육수 등으로 섭취 보충한다.
- 소량씩 천천히 먹는다.
- 여러 가지 음식을 먹어보면서 메스꺼움이 덜한 것을 찾도록 한다. 냄새가 강하거나 기름진 것은 피한다.
- 식사장소도 환기를 잘하여 음식냄새가 나지 않도록 한다.
- 입안을 자주 헹구어 준다.
- 식후에는 한 시간 정도 앉아서 휴식을 취한다.
- 휴식 시에는 머리를 약간 높인 상태로 하여 위치를 자주 바꿔준다.
- 항암화학요법으로 메스꺼움이 생기는 경우도 있으므로 치료 2시간 전에는 음식물을 섭취하지 않도록 한다.

(3) 저작 및 연하곤란

- 대체로 농도가 묽은 음료, 건조식품, 끈적한 식품은 삼키기 어렵다. 음식물의 점도를 시험해서 가장 잘 삼킬 수 있는 정도를 찾도록 한다.
  - 너무 묽은 음료를 삼키기 어려우면 증점제를 이용하여 자신에게 맞는 농도로 조절하거나 빨대를 이용한다.
  - 건조식품은 소스류와 함께 먹으면 좋다.
  - 식사 중에 물을 조금씩 먹으면 씹고 삼키기 편하다.
- 머리를 약간 기울여서 삼키기 편한 자세를 찾아보도록 한다.

(4) 구내염과 점막염

- 입안의 염증부위를 자극할 수 있는 자극적인 식품, 종실류 및 거친 질감을 가진 식품은 피한다.
  - 음식을 부드럽게 해서 먹고 건조식품은 소스류와 함께 먹으면 도움이 된다.
  - 식품을 잘게 잘라 섭취하면 입안의 자극을 줄일 수 있다.
  - 음료는 빨대를 이용하면 염증부위를 자극하지 않고 섭취할 수 있다.
  - 차가운 음식은 염증으로 인한 통증을 감소시켜준다.
- 필요에 따라 국소 마취액을 처방받아 식사 전에 복용하여 식사 시 통증을 감소시킬 수도 있다.

(5) 저균식

저균식은 세균이나 다른 미생물에 오염되지 않은 식품으로만 구성하는 것이다. 면역억제 혹은 호중구감소증을 가진 환자에게는 저균식(low-microbial diet 또는 neutropenic diet)을 처방한다.

- 고기와 달걀은 완전히 익힌다.
- 유제품은 살균한다.
- 과일과 채소는 잘 세척하여 섭취한다.
- 위생적으로 처리되지 않은 식품이나 노상에서 판매하는 음식은 피한다.
- 포장된 식품은 보관과정 중에 잘 변질되지 않는 종류를 선택한다.
- 조리된 음식을 구입할 경우 오븐이나 전자레인지를 이용해 데워 먹도록 한다.
- 조리한 음식은 오래 두고 먹지 않는다.
- 남은 음식은 밀봉하여 냉장고에 보관하고, 다시 먹을 때는 충분히 재가열하여야 한다.
- 조리 전이나 식사 전 반드시 손을 씻고 조리기구, 식기, 수저는 반드시 소독한다.

(6) 영양집중지원

암 치료 중 장관 및 정맥영양은 장기간 또는 영구적인 위장관 손상이 있거나 식품 섭취를 방해하는 합병증이 있는 경우에만 제한적으로 제공된다. 위장관 기능의 보존과 감염 방지를 위해 정맥영양보다는 장관영양을 시행하며, 정맥영양은 식사를 하기에 위장관 기능이 충분하지 않을 때에만 시행한다.

- 머리와 목에 방사선치료를 받는 환자는 장기간의 장관영양이 필요하고 가정에서도 지속해야 할 필요가 있다.
- 방사선 치료로 인해 만성적인 장염이 있는 경우는 정맥영양이 필요할 수 있다.

대체요법

환자들 자신이 암과 싸워 이겨내기 위한 조력수단으로 대체요법을 찾는 경우가 많아지고 있다. 대체요법에 관심을 가지게 되는 것은 치료과정을 본인 스스로 통제하기를 원하거나 정규 치료방식에 대한 효과를 염려하기 때문이다. 정규적인 의학적 치료를 포기하는 환자들이 소수 있으나 대부분 한두 가지 대체요법과 병행하고 있으며, 많은 환자들이 의사와 상의하지 않은 채 대체요법을 사용하고 있다.

대체요법 중 가장 흔한 것은 복합비타민과 약초 보충제의 사용이다. 대부분의 보충제는 별다른 위험이 없지만 간혹 부작용을 나타내거나 병행하는 정규 치료과정에 방해가 되는 것도 있을 수 있다. 약초제제 중에는 항암제의 효능을 떨어뜨리는 것이 있고, 항산화 보충제는 항암 화학요법과 방사선치료를 방해하기도 한다.

요점정리

SUMMARY

- 암은 발생한 조직에 따라 진행과정 및 특성이 다르고 그에 따라 치료방법도 달라지게 됨
- 암의 치료과정에 있어서 중요한 영양문제는 식욕부진과 섭취감소에 따른 영양불량문제이므로 환자의 영양상태를 정확히 평가하여 적절한 영양관리계획을 수립하고 섭취증가를 도울 수 있는 방법을 찾아야 함

주요 암의 식생활 관리

① 갑상샘암

- 아직까지 갑상샘암 환자의 치료를 위해 권하는 음식이나 특별히 주의해야 할 음식으로 정해진 것은 없으며 균형 잡힌 식생활을 유지하도록 한다.
- 수술 후 부갑상샘기능저하증이 발생하여 칼슘 수치가 떨어진 경우는 칼슘이 많이 함유된 음식(예 멸치, 두부, 우유, 천년초, 톳 등)을 섭취한다.
- 방사성 요오드 치료를 해야 하는 환자의 경우에는 방사성 요오드 치료 전까지 요오드가 함유된 해초류의 섭취를 제한한다.

② 위암

- 위절제술 직후 : 가스가 나오면 소량의 물부터 시작해 미음, 죽으로 식사를 진행하며, 수술 후 덤핑증후군으로 인한 증상과 식후 불편감을 예방하기 위한 식사지침은 다음과 같다.
  - 부드러운 음식 위주로 조금씩 자주 여러 번 잘 씹어서 천천히 먹는다.
  - 식사 시 국이나 물을 같이 먹으면 음식물이 내려가는 속도가 빨라진다. 국물이 있는 음식은 가급적 피하고 물은 식후 30분~1시간 후에 1/3~1/2컵 정도를 천천히 마신다.
  - 식사를 한 후 바로 움직이지 않으며 15~30분 정도 비스듬히 기대어 편안한 자세로 쉰 다음 가벼운 운동을 한다.
  - 사탕, 꿀, 음료수 등과 같이 당분이 많은 음식은 한번에 많은 양을 섭취하지 않는다.
  - 너무 짜거나 매운 음식은 삼가 한다.
  - 기름기가 많은 튀긴 음식, 너무 질기거나 딱딱한 음식은 소화가 잘되지 않으므로 주의한다.
- 위절제 환자의 일상식 : 위절제수술 후 식사량이 적고 소화 · 흡수율도 낮아 체중 감소와 영양불량이 발생할 수 있으므로 이에 주의한다.
  - 체력 회복과 체중 유지를 위해 양질의 단백질을 섭취한다.
  - 여러 가지 음식을 골고루 섭취하여 영양을 충분히 공급한다.
  - 입원 중과 마찬가지로 덤핑 증후군을 예방하기 위해 소량씩, 자주, 천천히 음식을 섭취한다.
  - 식사 중에는 수분의 섭취는 자제한다.
  - 식이섬유가 많아 질긴 식품, 말린 식품, 맵고 짠 음식 및 술, 담배, 카페인음료는 삼간다.

③ 간암

- 소화능력을 고려하여 영양분(탄수화물, 단백질)을 고르게 섭취한다.
- 신선한 채소와 과일을 적절히 먹는다.
- 간 기능이 저하된 환자들에게는 개고기, 쇠고기, 돼지고기, 조류, 어류 등이 포함된 동물성 단백질 음식이 간성 혼수를 발생시킬 수 있어 제한한다.
- 담배와 술은 가급적으로 피한다.
- 소금, 간장, 된장은 염분이 많으므로 이를 이용한 조리 시 짜게 먹지 않도록 한다.

④ 대장암

- 대장수술 후 식사는 대체로 가스 배출 후에 섭취한다.
  - 상처 치유를 위해 고단백질, 고에너지식이와 비타민 C를 충분히 섭취한다.
  - 기름기가 없는 살코기나 생선, 두부, 달걀 등을 매 끼마다 포함시키고, 우유나 두유 등을 간식으로 섭취한다.
  - 고기는 굽거나 튀기기는 것보다 찌거나 삶는 방법으로 조리한다.
  - 고식이섬유 음식(부종, 변비, 장폐색 가능성 있음)은 수술 후 6주간 제한한다.
  - 해조류나 콩류는 소량씩 섭취하고 견과류는 가능한 삼간다.
  - 균형 있는 영양소 섭취와 적당한 운동을 한다.

- 장루환자
  - 장루 조성술을 한 환자는 하루 1,500~2,000mL의 수분 섭취를 한다.
  - 고단백·고탄수화물·고칼로리의 저잔사 식이를 한다.
  - 비타민 A, 비타민 D, 비타민 E, 비타민 K, 비타민 B_{12}의 보충제가 필요하다.
  - 설사나 불편감을 일으킬 수 있는 음식물은 되도록 피하도록 하고, 식이섬유가 많아 장폐색을 유발할 수 있는 음식은 수술 후 6주간 삼간다.

⑤ 폐암

- 폐암은 대체적으로 음식과는 관련이 없으므로 환자의 평소 식성에 맞게 음식을 섭취해도 무방하다.
- 영양적으로 균형 있는 식사를 하도록 노력하며 과일이나 채소를 충분히 섭취한다.

⑥ 유방암

- 모든 영양소를 골고루 섭취한다. 특히 비타민 A, 비타민 C, 비타민 E, 엽산, 칼슘이 풍부한 음식 섭취를 권장하며, 비타민과 무기질의 섭취를 보충제를 복용하는 것도 좋다.
- 칼슘을 많이 섭취할 수 있는 식품으로는 우유, 요플레, 치즈 등의 유제품, 마른 새우, 멸치 등 뼈째 먹는 생선, 김, 미역, 다시마, 시금치 등의 해조류와 녹색 채소류, 참깨, 두유, 두부와 같은 콩류의 섭취를 권장한다.
- 육류는 기름이 없고 연한 것으로, 생선은 신선하고 뼈째 먹을 수 있는 것으로 섭취한다.
- 튀기는 요리보다 찌는 조리법을 사용한 요리가 가장 좋으며, 구운 음식의 경우 태운 것은 먹지 않는다.
- 많은 양의 설탕이나 밀가루가 들어 있는 음식을 조심하고 가공 육류나 훈제 식품은 제한한다.
- 음식의 양을 줄이고 특히 저녁 식사를 적게 한다. 배가 고프면 소량씩 자주 먹는다.
- 음식은 잘 씹어서 먹고, 과식은 하지 않는다.
- 담배는 금한다.
- 늘 활동적으로 지내고 이상적인 체중을 유지한다.

⑦ 전립샘암

- 붉은색 육류, 유제품 등의 고지방식은 전립선암의 성장을 자극하므로 제한한다.
- 과식을 피한다.
- 저지방식 및 신선한 과일, 채소, 콩 종류를 충분히 섭취한다.
- 토마토에는 전립선암 세포의 성장을 억제하는 리코펜이 많이 함유되어 있다.
- 비타민 E가 많은 식품을 먹되, 150IU/day를 넘지 않도록 한다.

⑧ 췌장암

- 췌장암 환자는 일상생활에서 할 수 있는 가벼운 운동을 1회 최소 30분, 1주일에 수회 하는 것이 좋다.
- 체중변화와 탈수 증상이 나타나지 않는지 주의 깊게 관찰해야 한다.
- 지방의 섭취를 줄이고 소화가 잘되는 부드러운 고에너지의 음식을 조금씩 자주 섭취한다.
- 췌장암 수술 후에는 인슐린 분비 감소로 당뇨 증상이 발생하고 그에 따른 합병증의 가능성이 있으므로 인슐린 치료와 영양치료를 통한 혈당조절이 필요하다.

사례연구

M 씨는 45세 여성으로 대장암 진단을 받고 수술 후 항암 화학요법을 시작하였다. 임상검사 결과와 식사 섭취 상태는 다음과 같다.

구분	검사 결과		
신체계측	• 신장 : 171cm	• 체중 : 66kg	• 체중 변화 : 8.5kg/2개월
생화학적 검사	• 총 단백질 : 6.1g/dL • 백혈구 : $10.0 \times 10^3 \mu L$	• 알부민 : 3.2g/dL • 림프구 분율 : 11%	• 헤모글로빈 : 10.0g/dL • BUN : 18mg/dL
식사력	• 수술 후 식사량이 충분히 회복되지 못했으며 음식 냄새를 맡기 힘들고 먹고 싶은 생각이 들지 않아 섭취량이 매우 감소된 상태 • 세끼 식사는 밥 1~2숟가락에 물김치 정도 • 간식으로 빵, 과일, 유제품 섭취 • 항암치료에 따른 부작용과 그에 대한 대처요령에 대한 지식이 부족함		
	영양소 섭취량 평가 결과 • 에너지 800kcal(탄수화물 : 단백질 : 지방 = 75.2 : 9.6 : 15.2) • 단백질 19g, 당질 156g, 지방 14g		

1. 영양문제를 진단하고 문제의 원인과 그 징후에 대해 검사 결과를 기초로 설명하시오.
2. 체중 상태를 평가하고 그 결과에 따라 적절한 에너지 필요량과 단백질 필요량을 계산하시오. (단, 필요량 계산 시 한국영양학회에서 제안하는 이중표시수분방법에 의거한 에너지 필요량 산출공식을 적용하며, 암에 의한 스트레스 계수를 1.5로 한다. 표준체중은 BMI 21을 기준으로 산출하시오.)

MEMO

SCIENCE
MEDICAL
HEALTH
CARE

CHAPTER 12

기타 질환

1. 수술과 영양
2. 화상과 영양
3. 감염과 영양
4. 호흡계 질환과 영양
5. 빈혈과 영양
6. 선천성 대사이상 질환과 영양
7. 신경계 질환과 영양

CHAPTER 12
기타 질환

용어 정리

흡인성 폐렴(aspiration pneumonia)
기관지 및 폐로 이물질이나 병원균이 들어가 발생하는 폐렴

만성 폐쇄성 폐질환(chronic obstructive pulmonary disease)
유해한 입자나 가스의 흡입에 의해 폐에 비정상적인 염증 반응이 일어나면서 이로 인해 점차 기류 제한이 진행되어 폐 기능이 저하되고 호흡곤란을 유발하게 되는 호흡기 질환으로, 만성기관지염과 폐기종이 이에 속함

급성호흡곤란증후군(Acute Respiratory Distress Syndrome, ARDS)
다양한 원인에 의해 양측 폐에 광범위하게 폐부종이 발생하여 폐포의 정상적 가스교환 기능이 소실되는 상태

빈혈(anemia)
혈액이 인체 조직의 대사에 필요한 산소를 충분히 공급하지 못해 조직의 저산소증을 초래하는 경우

페닐케톤뇨증(phenylketouria)
페닐알라닌을 분해하는 효소의 결핍으로 페닐알라닌이 체내에 축적되어 경련 및 발달장애를 일으키는 상염색체성 유전 대사 질환

단풍당뇨증(maple syrup urine disease)
루신, 이소루신, 발린 등의 곁가지 아미노산의 산화적 탈탄산화를 촉진시키는 효소의 결핍으로 일어나는 질환

갈락토오스혈증(galactosemia)
체내에서 갈락토오스를 포도당으로 전환시키는 효소의 결핍으로 일어나는 상염색체 열성유전질환으로 갈락토오스와 그 대사산물이 축적되는 질환

윌슨병(Wilson's disease)
구리 대사이상으로 인하여 간, 뇌, 각막, 신장 및 적혈구에 구리가 침착되어 생기는 상염색체 열성 유전질환

치매(dementia)
정상적으로 생활해오던 사람이 다양한 원인에 인해 뇌 기능이 손상되면서 이전에 비해 인지 기능이 지속적이고 전반적으로 저하되어 일상생활에 상당한 지장이 나타나고 있는 상태

뇌전증(epilepsy)
뇌전증 발작을 유발할 수 있는 원인 인자 등 발작을 초래할 수 있는 신체적 이상이 없음에도 불구하고, 뇌전증 발작이 반복적으로 발생하여 만성화된 질환

파킨슨병(Parkinson's disease)
뇌의 흑질에 분포하는 도파민의 신경세포가 점차 소실되어 발생하며 안정 떨림, 경직, 운동완만 및 자세 불안정성이 특징적으로 나타나는 신경계의 만성 진행성 퇴행성 질환

1. 수술과 영양

수술 전후 환자의 영양상태가 좋으면 수술의 성공 가능성이 높아지고, 합병증이 감소되어, 재원 일수가 단축되는 효과가 있다. 그러나 환자는 수술 전과 후에 금식 등의 사유로 음식 섭취가 충분하지 못하여 영양상태가 나빠질 수 있다. 따라서 영양사는 환자의 영양상태를 파악한 후 적절한 조치를 취하여, 영양상태 개선을 도모해야 한다.

1) 수술 전 영양관리

수술 전 영양치료의 목표는 헤모글로빈 농도가 정상의 75% 이상, 혈청 단백질 6.0g/dL, 헤마토크리트 41% 이상이다. 수술 전 환자가 구강으로 충분히 음식을 섭취하기 어려운 경우 장관영양 또는 정맥영양을 고려할 수 있다.

- **에너지** : 수술 전 영양불량 환자는 평상시보다 30~50% 더 추가된 에너지 공급이 필요하다. 특히 수술 전과 수술 시 충분한 포도당 공급이 필요하다. 포도당은 체내 단백질을 절약하고, 수술 후 케톤증과 구토 방지에 도움을 주며, 간에 글리코겐 저장량을 증가시켜 간 기능을 보호한다. 체내 단백질 대사 상태는 수술의 위험을 감소시키는 데 매우 중요하다.
- **단백질** : 평상시보다 30~50% 많은 양을 공급하여 수술 전 혈청 단백질 수준을 최저 6.0~6.5g/dL 이상이 되도록 한다.
- **비타민** : 비타민 K는 혈액 응고에 관여하므로, 수술 중 지혈을 돕는다. 비타민 C는 단백질 합성에 관여하므로 상처회복에 필요하다. 에너지 섭취량이 증가하므로, 조효소로 에너지 대사에 관여하는 비타민 B 복합체 섭취도 증가되어야 한다.
- **무기질** : 수술 중 출혈이 발생하므로, 빈혈을 예방하고 조혈을 위하여 철과 구리가 필요하다. 혈액 응고에 관여하는 칼슘도 지혈을 위해 충분히 공급되어야 한다. 아연은 상처 치유와 면역 기능을 증진시키므로 보충이 필요하다.

2) 수술 후 영양관리

수술 후 음식 섭취는 장음과 가스배출로 장기능이 정상화된 것이 확인된 후 허용된다. 대개 1~2일 후 맑은 유동식으로부터 전유동식, 연식, 일반식 순으로 진행된다. 수술 후 장기간 음식 섭취량이 충분하지 못한 경우, 환자의 상태에 따라 장관영양 또는 정맥영양을 고려해야 한다.

(1) 수술 후 체내 대사의 변화

- 수술 후 체내 호르몬 변화로 인하여 영양소의 이화작용이 활성화된다(표 12-1).
- 인슐린에 대한 저항성이 증가되어 당뇨병과 비슷한 고혈당 증세가 나타난다. 이때 인슐린을 투여하면 혈당이 정상화될 수 있고, 유병률과 사망률을 낮추는 효과가 있다.
- 아미노산으로부터 당신생이 증가하기 때문에, 체단백질의 분해가 촉진되어 소변 중 단백질 대사산물인 질소화합물이 다량 배설되는 음의 질소 평형이 발생한다.
- 지방을 에너지원으로 이용하기 위하여 체지방으로부터 지방산이 유리되므로 체지방이 급속히 감소한다.
- 항이뇨호르몬과 알도스테론의 분비가 증가되어 소변량과 나트륨 배설이 감소된다.

표 12-1 수술 후 체내 대사의 변화

호르몬	농도 변화	대사 변화
카테콜아민	↑	• 간 글리코겐 분해 ↑ • 아미노산으로부터 당신생 ↑ • 유리지방산 이동 및 분해 ↑
코티솔	↑	• 아미노산으로부터 당신생 ↑ • 유리지방산 이동 및 분해 ↑
글루카곤	↑	• 간 글리코겐 분해 ↑ • 아미노산으로부터 당신생 ↑ • 글리코겐, 체단백질, 체지방 ↓
항이뇨호르몬	↑	• 신장에서 수분 보유 ↑
알도스테론	↑	• 신장에서 나트륨 보유 ↑

(2) 수술 후 영양관리 방안

- **에너지** : 충분한 에너지 섭취는 필수적이다. 조직 합성에 사용될 단백질을 절약하기 위해 탄수화물을 충분히 공급하고, 지방도 적정량 공급한다. 일반적으로 많이 쓰이는 에너지 필요량 계산 공식은 해리스-베네딕트 공식이다(표 12-2).
- **단백질** : 1일 필요량이 체중 kg당 1.0~2.0g으로 증가한다. 수술로 인한 조직 손상은 체단백질의 손실을 초래하여 혈청 단백질 농도는 저하되고 소변으로의 질소배설은 증가되어 음의 질소 평형 상태가 된다. 만일 수술 전에 영양불량 상태였거나 만성 감염증이 있었다면 환자의 단백질 결핍증은 더욱 심해지고, 합병증이 유발될 수 있다. 단백질이 결핍되면 상처회복 지연, 골절회복 지연, 빈혈, 감염에 대한 저항력 저하, 체중 감소, 간 손상, 사망률 증가 등 여러 가지 문제가 발생할 수 있다.
  수술 후 단백질 필요량이 증가하는 이유는 아래와 같다.

수술 후 단백질 필요량 증가 이유

- 상처 회복을 위한 조직 합성
- 부종 방지
- 감염에 대한 저항력
- 쇼크 방지
- 골격 회복
- 지질 운반

- **비타민** : 비타민 C는 콜라겐 형성을 통해 상처 치유에 도움을 줄 수 있으므로 하루 100~300mg이 권장된다. 비타민 A는 상피조직 구성에 필요하므로 결핍 시 상처회복이 지연된다. 비타민 K 결핍 시에는 혈액의 프로트롬빈 함량이 낮아져 지혈에 지장을 줄 수 있으므로 수술 전후에 보충하여 과다한 출혈을 예방하여야 한다. 비타민 B 복합체(티아민, 리보플라빈, 니아신, 피리독신)는 탄수화물과 단백질 대사에 필요

표 12-2 해리스-베네딕트 공식을 이용한 수술 후 환자의 1일 에너지 필요량

1일 필요칼로리(kcal) = 기초소비에너지 × 활동계수 × 상해계수
• 남성 : 기초소비에너지 = 66.4 + 13.7 × 체중(kg) + 5.0 × 키(cm) - 6.8 × 나이(세) • 여성 : 기초소비에너지 = 655 + 9.6 × 체중(kg) + 1.8 × 키(cm) - 4.7 × 나이(세)
• 활동계수 : 1.2 누워 있는 환자, 1.3 거동이 가능한 환자, 1.5 보통의 활동도, 1.75 매우 활동적 • 상해계수 : 1.2 가벼운 수술, 1.44 수술

한 조효소로 수술 후 결핍되기 쉬우므로 보충이 필요하다.

- **무기질** : 아연은 상처 치유와 면역 기능의 유지에 필요하므로 보충해야 한다. 체조직 분해로 인한 칼륨과 인의 손실, 출혈로 인한 철분의 손실이 발생하므로 보충이 필요하다. 체액 손실에 따른 나트륨 손실이 있으나, 수술 후 항이뇨호르몬의 분비로 소변량이 감소되어 나트륨 배설은 줄어들기 때문에 보충은 필요하지 않다.

요점정리
SUMMARY

수술의 영양관리

- 수술 전 영양관리의 목표 : 헤모글로빈 농도가 정상의 75% 이상, 혈청 단백질 6.0g/dL 이상, 헤마토크리트 41% 이상
- 수술 후 체내 대사 변화 : 이화작용을 활성화시키는 호르몬의 분비가 증가되어 단백질, 탄수화물, 지질이 분해되고 에너지로 이용
- 수술 후 영양관리 방안
  - 에너지 : 해리스-베네딕트 공식을 이용하여 에너지 필요량을 산정 후 제공
  - 단백질 : 1일 필요량이 체중 kg당 1~2g으로 증가, 상처 회복을 위한 조직 합성 등에 사용
  - 비타민 : 비타민 A, B군, C, K의 필요량 증가
  - 무기질 : 아연, 칼륨, 인, 철 보충 필요

2. 화상과 영양

- 화상은 주로 열에 의해 피부와 피부 부속기에 생긴 손상을 의미한다. 화상의 약 90% 정도가 뜨거운 액체나 물건, 화염, 일광 등에 의해 생긴다. 전기 화상이나 화학 물질에 의한 경우 심각한 후유증을 남길 수

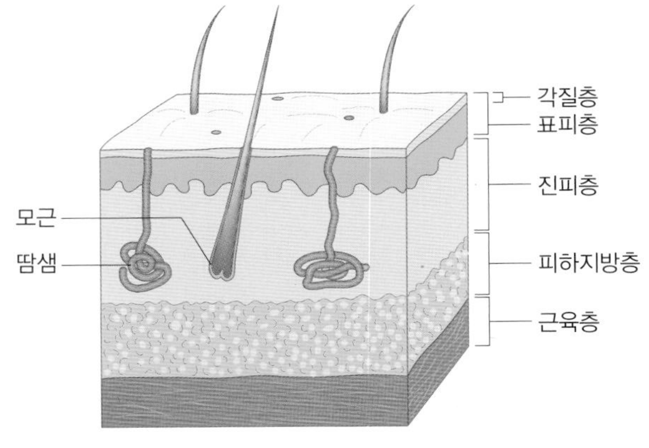

그림 12-1 피부의 구조

있다.

- 피부의 구조는 〈그림 12-1〉과 같고, 화상의 깊이에 따라 1도에서 3도 화상으로 분류된다(그림 12-2). 표피층만 손상된 경우 1도 화상, 표피층과 진피의 상당 부분이 손상된 2도 화상, 진피층과 피하조직까지 손상된 경우 3도 화상으로 분류한다.

1) 화상 후 생리적 변화

화상 후 인체는 급격한 생리적 변화를 경험한다(표 12-3). 이러한 생리적 변화 단계별로 적절한 영양관리가 환자의 회복을 위해 필수적이다.

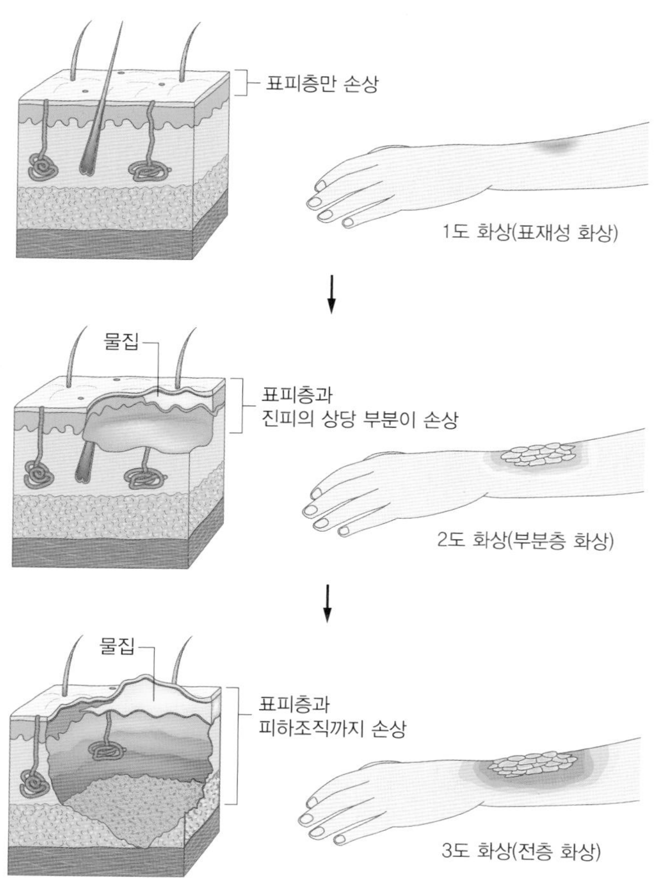

그림 12-2 화상의 분류

표 12-3 화상 후 생리적 변화

단계	감퇴기	유출기	
		초기(급성기)	후기(적응기)
기간	• 화상 직후부터 3~5일 정도	• 화상 후 7~12일째	-
생리적 변화	• 화상부위를 통해 다량의 체액과 전해질의 손실로 쇼크 위험 증가 • 인슐린 수준 저하로 고혈당 • 산소소비량 감소로 대사율 저하 – 심박출량, 혈압, 체온 등 저하	• 이화 호르몬(예 카테콜아민, 글루카곤, 글루코코르티코이드 등)의 분비 촉진으로 대사율 항진, 당신생, 지방 분배, 단백질 분해 증가	• 이화 호르몬의 분비 감소로 대사율과 이화작용 감소 • 동화 상태로 변환 • 혈당 정상화 • 상처회복과 피부조직 정상화

2) 화상 후 영양관리

- **수분과 전해질 보충** : 화상 부위를 통해 많은 양의 수분과 전해질이 손실되므로 1~2일 동안 수분과 전해질 보충이 중요하다. 심한 화상 후 수분과 전해질의 손실이 적혈구 손실보다 많아 헤모글로빈과 헤마토크리트 수준이 증가한다. 이때 쇼크를 막기 위해 수분, 전해질, 알부민이 포함된 회생액을 공급해야 한다. 회생액 공급이 완료되면 체내 일정량의 수분을 보유시키고 화상 부위를 통해 증발되는 수분 손실량을 보충하기 위해 매일 7~10L의 물을 공급한다. 충분한 수분과 전해질 공급은 정상적인 순환을 유지시키고 급성신부전을 막는다.
- **에너지** : 화상 환자의 에너지 필요량은 화상의 크기가 넓을수록 증가한다. 심한 화상의 경우 에너지 소모가 2배 정도 증가한다. 간접열량계를 사용하여 직접 측정할 것을 권장한다.
- **고에너지식** : 고에너지식으로 탄수화물을 적당히 공급하여 조직재생에 필요한 단백질을 절약한다. 탄수화물은 화상 환자의 주요 에너지 급원으로 권장되나, 과량의 탄수화물은 산화되지 않고 지방으로 전환될 수 있다. 탄수화물은 전체 에너지 필요량의 50~60% 정도 공급하고 60%를 넘지 않도록 한다. 과다한 탄수화물은 고혈당을 악화시키고 삼투적 이뇨, 탈수, 호흡곤란 등을 야기한다. 지방은 농축된 에너지 급원이나, 많이 섭취했을 때 면역반응이 저하되고 감염 위험성이 높아진다. 그러나 ω-3 지방산은 면역저해 성질을 가지는 프로스타글란딘 E2와 루코트리엔 생성을 방해하여 면역반응을 향상시키는 것이 보고되었다. 지방은 전체 에너지의 15% 정도로 공급한다.

- **단백질** : 화상 환자의 단백질 필요량은 소변과 상처로 손실, 포도당 생성, 조직 재생에 필요한 양의 증가로 매우 높아진다. 총 에너지의 20~25% 또는 체중 kg당 1.5~2g의 단백질이 필요하다. 이 정도의 단백질은 100~150kcal당 1g의 질소에 해당된다. 체표면적의 30% 이상이 화상인 환자는 더 많은 양의 단백질이 권장되어, 에너지 : 질소 비율을 100 : 1에 가깝게 제공한다.
- **비타민** : 비타민 C는 콜라겐 합성에 관련하기 때문에 화상 환자에게 1일 1~2g이 권장되므로, 보충제를 이용한다. 면역기능과 상피조직 재생에 필요한 비타민 A도 권장 섭취량 이상이 요구되며, 에너지 대사에 관여하는 비타민 B 복합체의 섭취도 증가시킬 필요가 있다.
- **무기질** : 화상으로 인한 다량의 체액손실과 세포 파괴로 저나트륨혈증과 저칼륨혈증이 나타날 수 있는데, 이러한 전해질 불균형은 수분조절에 의해 개선될 수 있다. 화상면적이 30% 이상인 환자에게서 혈청 칼슘 수준이 저하되고, 환자가 움직이지 못할 경우 더욱 많이 나타난다. 칼슘 보충과 더불어 운동이나 보행을 빨리 시작하는 것이 필요하다. 혈청 아연 수치도 감소하는데 식욕부진을 개선하고 상처치유를 위해 아연 보충이 필요하다. 아연은 체내 저장량의 20%가 피부에 있어서 화상을 입었을 때 손실이 크고, 소변으로 아연 배설량도 증가하므로, 아연을 충분히 공급하기 위해 보충제를 사용하기도 한다. 화상 초기에 나타나는 빈혈증상은 철 부족과는 관련이 없는 경우가 많아 철 보충으로 치료되지 않고 적혈구를 공급하여 치료한다.

요점정리
SUMMARY

화상의 영양관리

- 화상 후 생리적 변화 : 급격한 생리적 변화를 감퇴기와 유출기로 나누고, 단계별로 영양관리를 함
- 화상 후 영양관리
  - 수분과 전해질 : 화상부위를 통해 많은 양의 수분과 전해질이 손실되므로 회생액을 공급
  - 에너지 : 간접열량계로 측정
  - 단백질 : 체중당 1.5~2g, 화상 면적이 체표면적의 30% 이상의 경우 에너지 : 질소 비율 = 100 : 1
  - 비타민 : 비타민 A, B군, C 섭취 증가
  - 무기질 : 칼슘, 아연 공급

3. 감염과 영양

감염성 질환은 세균이나 바이러스 등 병원체가 인체에 침입하여 발생한다. 그러나 병원체와 접촉한 모든 사람에게서 감염성 질환이 발병하는 것이 아니라, 인체의 저항력이 약하여 병원체의 발육과 증식이 왕성히 일어난 경우에만 발병한다. 환자의 영양상태가 불량하면 면역 능력이 감소하고 질환에 대한 저항력이 손상되어 감염성 질환이 발생하기 쉽다. 반대로 감염성 질환으로 인한 식욕부진, 발열로 인한 에너지 소비량 증가 등으로 인해 영양불량이 초래되기도 한다.

1) 감염에 의한 체내 대사 변화

- 감염성 질환은 대부분 열이 나고 체온이 상승한다. 감염과 염증에 의해 시상하부에 있는 체온 조절 중추가 자극되어 체온이 상승된다. 체온이 1℃ 상승하면 기초대사량은 약 13% 증가하여 에너지 소모가 많아진다.
- 감염된 환자의 체내에서는 에너지 생성을 위하여 이화작용을 촉진하는 호르몬 분비가 증가된다(표 12-4).

표 12-4 감염 시 체내 대사

종류	내용
단백질 대사	• 근육단백질 이화 • 아미노산의 포도당으로 전환
탄수화물 대사	• 글루카곤 및 당질 코르티코이드 분비 증가 • 글리코겐 분해 • 당신생 촉진 • 혈당 상승
수분 및 무기질 대사	• 항이뇨호르몬과 알도스테론 분비 증가 • 수분 및 나트륨 재흡수 증가

- 감염성 질환에 걸린 환자 대부분은 식욕부진으로 음식 섭취량이 감소하는 반면, 호흡 수와 땀 배출량의 증가, 구토, 설사 등으로 인하여 탈수와 전해질의 손실이 발생한다. 이를 보완하기 위해 항이뇨호르몬과 알도스테론의 분비가 증가하여 신장에서 수분과 나트륨을 재흡수시킨다.

2) 감염 시 영양관리

감염성 질환에 걸리면 체온이 높아져 수분 손실과 기초대사량이 증가하므로 감염 시에는 고에너지, 고단백, 고비타민식을 섭취하여 환자의 빠른 회복을 도와야 한다. 그러나 환자의 식욕이 감퇴되고, 소화기능이 떨어져 있는 상태이므로 유동식이나 연식을 자주 제공해야 한다.

- **에너지** : 환자의 체온 상승 여부 및 활동 정도에 따라 에너지 섭취를 10~30% 증가시킨다. 급성기에는 3,000~4,000kcal/day의 고에너지식을 제공하기도 한다. 간의 글리코겐 저장량이 감소되고 당신생이 항진되므로, 단백질을 절약하고 케톤증을 방지하기 위해 하루 섭취 에너지 중 50~60%를 탄수화물로 공급한다.
- **단백질** : 감염되면 체내 단백질이 분해되어 음의 질소 평형이 나타나므로 손실된 체조직을 보충하고, 면역체 형성을 위하여 고단백식을 공급한다. 체중 kg당 성인은 1.2~2.0g/day, 소아는 3.0g/day를 소화가 잘되는 양질의 단백질로 공급한다.
- **수분** : 감염에 의해 체온이 상승하면 호흡 수와 땀 배출이 증가하여, 체내 수분이 손실된다. 구토, 설사가 동반된 경우 수분 손실량이 더 증가된다. 감염되었을 때 수분을 충분히 보충해 주어야 체온 조절이 가능하므로 하루 3~3.5L의 물을 공급하고,

구강으로 섭취가 어려울 경우 정맥 주사로 공급한다.

- **비타민** : 에너지 섭취가 증가하므로, 에너지 대사에 관여하는 비타민 B군의 필요량이 증가된다. 티아민, 리보플라빈, 니아신을 보충해야 한다. 조직의 재생과 분화, 면역력 증강에 필요한 비타민 A와 C의 공급도 증가시킨다.
- **무기질** : 체온 상승, 땀 배출, 구토, 설사 등으로 인한 나트륨 손실이 발생하고, 체세포가 분해되어 칼륨이 손실되므로 나트륨과 칼륨의 보충이 필요하다. 아연은 면역글로불린 활성과 손상된 조직 보수에 필요하므로 충분히 공급한다. 철은 미생물의 성장에 이용되므로 감염 시 보충하지 않는다.

3) 감염성 질환의 종류와 영양관리

(1) 장티푸스

① 원인과 증상

장티푸스(typhoid fever)는 살모넬라 티피균의 감염으로 발생하는 전염병이다. 환자나 보균자의 대소변에 의해 오염된 음식이나 물을 통해 감염되는 수인성 전염병의 일종이다. 증상으로는 40℃ 정도의 고열이 7일 이상 지속되고 오한, 두통, 무기력, 권태감이 나타난다. 많은 환자가 설사를 하며, 악화되어 장출혈, 혈변, 장천공 등이 발생하기도 한다.

② 영양관리

- 고열로 인해 기초대사량이 증가하고, 단백질 분해가 증가하므로, 고에너지, 고단백식을 공급한다. 체중 kg당 에너지는 40~50kcal/day, 단백질은 2~3g/day 이상 공급한다.
- 발열과 설사 증상이 있으므로 수분을 충분히 공급해야 한다. 비타민과 무기질을 충분히 공급한다.
- 장을 자극하는 식이섬유 등을 제한하는 저잔사식을 제공한다. 장출혈이 있는 경우 금식한다.

(2) 류마티스열

① 원인과 증상

류마티스열(rheumatic fever)은 연쇄상구균이 심장판막에 감염을 일으키는 질환이다. 사회적 · 경제적으로 열악하고, 위생과 영양이 불량한 지역에 사는 어린이들에게 발생률이 높다. 주요 증상은 피로, 식욕부진, 발열 등 류마티스성 관절염의 초기와 같으며, 조기에 치료하지 않으면 심장 판막이 손상되어 울혈성 심부전이 합병증으로 발생될 수 있다.

② 영양관리

- 급성기에 염증 치료를 위해 스테로이드제가 처방된 경우, 약물에 의한 체내 수분 보유가 발생하므로 나트륨 제한 식사를 제공한다.
- 초기에 유동식이나 연식으로 부드러운 음식을 주고 점차 고에너지, 고단백질, 고비타민의 상식을 제공한다.

(3) 콜레라

① 원인과 증상

콜레라(cholera)는 비브리오 콜레라에 감염되어 발생하며, 오염된 식수와 음식물 등을 통해 집단적으로 발생한다. 갑작스런 대량 설사로 전해질과 수분의 심한 손실이 일어나 체액의 농도 및 산-염기의 불균형을 초래하여 발병 수시간 내에 쇼크와 사망이 일어나는 치명적 질병이다.

② 영양관리

수분과 전해질 공급이 매우 중요하다. 가급적 빨리 정맥주사로 수분을 공급해 주고, 전해질과 포도당은 구강으로 섭취하도록 한다. 설사가 멈출 때까지 유동식을 제공한다.

요점정리
SUMMARY

감염의 영양관리

- 감염에 의한 체내 대사 변화 : 이화작용을 촉진하는 호르몬이 분비되고, 단백질, 탄수화물, 수분 및 무기질 대사에 변화 발생
- 감염 시 영양관리
  - 에너지 : 환자의 체온 상승 및 활동 정도에 따라 10~30% 증가
  - 단백질 : 체중 kg당 성인 1.2~2.0g/일, 소아 3.0g/일
  - 수분 : 하루 3~3.5L
  - 비타민 : 비타민 A, B군, C 섭취 증가
  - 무기질 : 나트륨, 칼륨, 아연 보충

4. 호흡계 질환과 영양

1) 호흡계의 구조

호흡계는 비강, 비공, 인두, 후두, 기관, 기관지, 세기관지, 폐포관 및 폐포로 구성되어 있다. 상부 호흡기관은 비강, 비공, 인두, 후두로 이루어져 있고, 하부 호흡기관은 기관, 기관지, 세기관지, 폐포관, 폐포로 이루어져 있다(그림 12-3).

2) 호흡계의 기능

- 호흡계의 주요한 기능은 기체교환이다. 폐는 신체가 세포대사 요구에 필요한 산소를 얻고 대사 과정에 의해 생성된 이산화탄소를 제거할 수 있도록 한다.
- 호흡계의 두 번째 기능은 신체의 산-염기 평형 유지이다. 호흡성 산혈증은 기체교환의 감소로 이산화탄소 배출이 억제되어 일어나는 반면, 호흡성 알칼리혈증은 기체교환의 증가로 이산화탄소가 손실되어 일어난다. 산혈증이 일어나면 보상작용으로 호흡계가 활성화되어 폐는 많은 양의 이산화탄소를 빠르게 배출하는 반면, 알칼리

혈증이 일어나면 보상작용으로 호흡계가 비활성화되어 이산화탄소가 축적된다. 이러한 작용에 의해 체내 pH가 정상적으로 유지된다.

- 마지막 기능으로 폐는 흡입한 공기를 여과하고 계면활성제, 면역글로불린 및 점질다당류를 합성하며 안지오텐신 I을 안지오텐신 II로 전환시킨다.

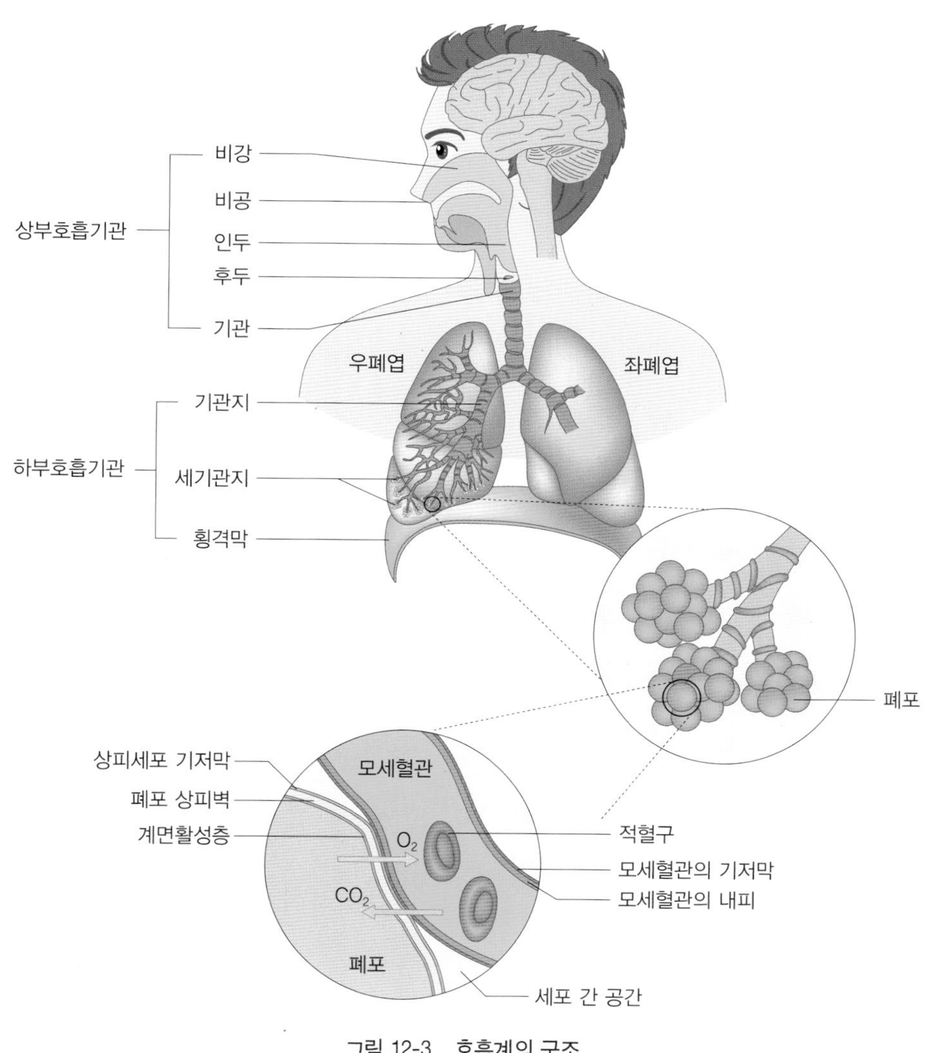

그림 12-3 호흡계의 구조

3) 호흡계와 영양의 관계

(1) 영양불량이 호흡계에 미치는 영향

- 영양불량은 폐의 구조, 탄성, 기능(호흡근육의 양, 강도, 지구력), 폐 면역방어기전 및 호흡조절에 나쁜 영향을 준다.
- 단백질과 철 결핍으로 헤모글로빈 농도가 낮아지면 혈액의 산소운반능력이 감소한다. 저단백혈증은 콜로이드성 삼투압이 감소함으로써 체액을 세포 간 공간으로 이동시켜 폐부종을 유발시킨다.
- 단백질과 인지질로부터 합성되는 계면활성제의 농도가 감소하면 폐포가 붕괴되어 호흡이 증가한다.
- 폐의 결합조직은 콜라겐으로 이루어져 있고 콜라겐 합성에 비타민 C가 필요하다. 정상적인 기도 점액은 물, 당단백질과 전해질로 이루어진 물질이다.
- 불충분한 영양섭취로 인한 영양불량은 호흡기계 근육, 특히 횡격막의 힘과 지구력에 영향을 주어 폐의 연조직이 감소하게 된다.
- 계속적인 영양불량으로 체중 감소가 일어나고 면역이 손상되면 폐가 감염될 위험이 증가한다.
- 세포외액에 존재하는 비타민 C, 비타민 E, β-카로틴 및 셀레늄은 담배 연기나 기타 오염물질의 흡입에 의해 유도되는 염증반응으로 인한 산화적 손상으로부터 폐를 보호하는 역할을 한다.

(2) 호흡계 질환이 영양상태에 미치는 영향

- 폐기관계 질환은 에너지 소모를 증가시킨다.
- 폐질환이나 합병증은 적절한 섭취와 소화를 어렵게 하여 영양소의 흡수, 순환, 세포 이용, 저장 및 분비의 문제가 발생한다.

4) 호흡계 질환

- 대기와 혈액 간 기체 교환과정에 문제가 발생하면 혈액의 산소공급이 감소하고 이산화탄소가 증가하는 호흡스트레스가 일어나게 된다.
- 많은 호흡계 질환에 의해 일어나는 호흡곤란은 정상적인 숨쉬기보다 많은 에너지를 소모하여 에너지 필요량이 증가하고 이산화탄소 생성이 증가한다.
- 호흡계 질환은 신체활동을 어렵게 하여 근육소모가 일어나며 이로 인해 체중 감소와 영양불량의 위험률이 증가한다.

(1) 폐렴

폐렴(pneumonia)은 영양적 관련성이 있는 폐의 염증으로, 병원성 미생물에 의한 감염 또는 음식, 액체 또는 분비물의 흡인(흡인성 폐렴)으로 인해 일어난다. 최적의 영양상태와 적절한 식이가 폐렴 감염을 예방하는 데 도움이 된다.

> **흡인성 폐렴**
> 구강 분비물이나 위에 있는 내용물 등의 이물질이 기도로 들어가 폐에 염증이 발생하는 질환

① 증상

고열과 함께 기침, 가래, 호흡곤란 등 폐의 정상적인 기능에 장애가 생기는 증상과 구역, 구토, 설사 등의 소화기 증상 및 두통, 피로감, 근육통, 관절통 등의 신체 전반에 걸친 전신 증상이 발생할 수 있다.

② 치료 및 영양관리

- 광범위한 종류의 세균에 대해 유효한 페니실린(penicillin) 항생제를 투여하여 치료하며 비정형적인 세균일 경우 에리스로마이신(erythromycin)이 첨가될 수 있다. 심각한 경우 산소요법이 사용된다.
- 고열로 인한 탈수를 방지하기 위해 매일 충분한 수분 보충(3~3.5L)이 필요하다. 식사는 조금씩 자주 하는 것이 좋고 비타민과 무기질 보충이 필요하며 변비를 예방하기 위해 식이섬유도 공급한다. 과일과 과일주스의 섭취로 필요한 칼륨을 공급한다.

(2) 폐결핵

- 결핵(tuberculosis)은 마이코박테리아인 마이코박테리움 튜버큐로시스(*Mycobacterium tuberculosis*), 마이코박테리움 보비스(*Mycobacterium bovis*), 마이코박테리움 아프리카늄(*Mycobacterium africanum*)에 의한 박테리아성 질환으로, 장애인보호생활시설, 양로원 또는 병원의 의료종사자와 거주자, 암 환자, 만성질환 또는 후천성 면역결핍증 환자와 같이 면역력이 약화된 사람이 결핵에 걸릴 위험률이 높다.
- 결핵균은 약물요법에 저항성이 계속 증가하기 때문에 독성을 가진 변종이 계속 증가해왔다.

① 증상

증상은 저영양, 체중 감소, 식은땀, 피로, 만성기침, 호흡곤란 및 각혈이다.

② 치료 및 영양관리

- 결핵환자는 항생제를 장기간 투여해야 하는데 약물을 처방대로 복용하지 않으면 치료에 실패하여, 결핵을 감염시키고 약제 내성이 생길 수 있다.
- 항생제에는 아이소나이아지드(isoniazid, INH), 리팜피신(rifampicin), 에탐부톨(ethambutol) 및 피라진아미드(pyrazinamide)가 있다.
- 결핵약과 영양소 간의 상호작용이 있는데, 예를 들면 아이소나이아지드를 복용하면 식품흡수가 감소하므로 식후 2시간 또는 식전 1시간에 복용한다. 비타민 B6를 고갈시키므로 비타민 B6를 보충해야 한다. 또한 비타민 D 대사를 방해하여 칼슘과 인의 흡수를 감소시키므로 칼슘과 비타민 D 보충이 필요하다.
- 영양관리의 목적은 체중을 유지하거나 체중 감소를 막는 것이다. 충분한 양의 단백질과 에너지와 수분을 증가시키는 것이 필요하다. 적절한 칼슘, 철, 비타민 C 및 비타민 B 복합체를 섭취한다.

(3) 만성 폐쇄성 폐질환

- 만성 폐쇄성 폐질환(chronic obstructive pulmonary disease)은 유해한 입자나 가스의 흡입에 의해 폐에 비정상적인 염증반응이 일어나면서 점차 폐를 통한 공기흐

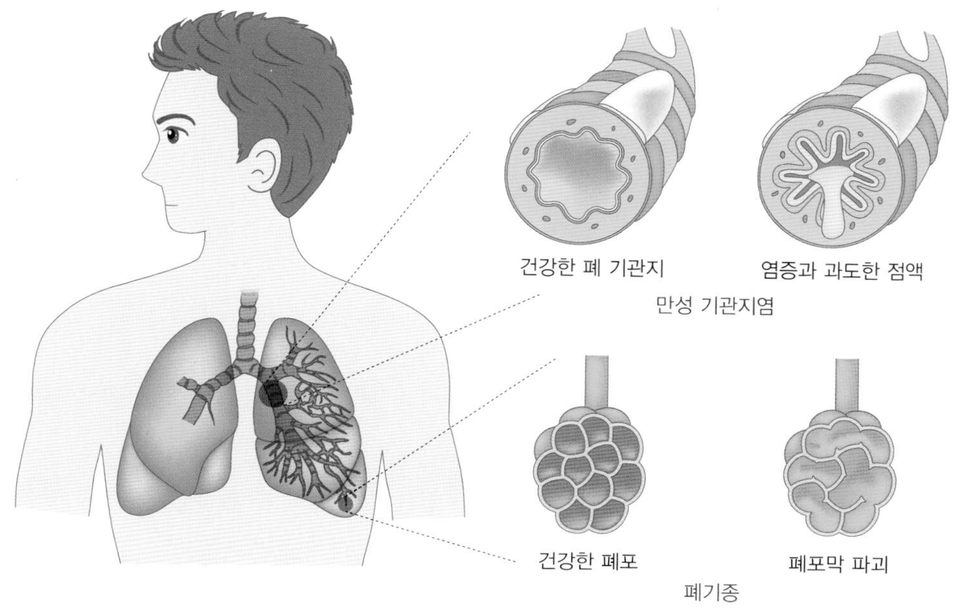

그림 12-4 만성 폐쇄성 폐질환

름이 제한되어 폐기능이 저하되고 호흡곤란을 유발하는 호흡기질환으로 만성 기관지염(chronic bronchitis)과 폐기종(emphysema)이 있다(그림 12-4).

- 만성 기관지염과 폐기종의 증상은 저산소증과 고탄산증 및 호흡곤란 등이다.
- 만성 폐쇄성 폐질환의 첫 번째 위험요인은 흡연이며, 호흡감염이나 직업적으로 먼지나 화학물질에 노출될 때 특히 폐가 손상된다. 흡연자의 15% 정도에서 만성 폐쇄성 폐질환이 일어난다.
- 유전적 요인은 폐 결합조직의 분해를 방해하는 알파-1-항트립신(alpha-1-antitrypsin) 결손으로 조기에 만성 폐쇄성 질환이 발병하며, 만성 폐쇄성 폐질환의 1~2%를 차지한다.

① 만성 기관지염

- 폐의 주요 기도(기관지, 세기관지)에서 지속적인 염증과 과량의 점액분비가 특징이며, 기도가 두꺼워져 좁아지기 때문에 점액을 제거하기 어렵다.
- 만성 기관지염은 만성적으로 기침이 1년에 3개월 이상 지속될 때 진단된다.

② 폐기종

- 폐의 탄성구조의 파괴와 세기관지와 폐포벽의 파괴가 특징이며, 호흡에 필요한 표면적이 유의하게 감소한다.
- 질환이 진행됨에 따라 호흡곤란이 악화되어 신체활동과 삶의 질이 현저하게 감소한다. 목욕하거나 옷 입기와 같은 일상생활 활동으로도 지치거나 숨 쉬기가 어렵게 된다.
- 과대사, 음식 섭취 감소와 여러 염증단백질의 작용으로 체중 감소가 일어나게 된다.

③ 치료

- 만성 폐쇄성 폐질환 치료의 첫 번째 목표는 주요 증상인 호흡곤란과 기침을 감소시키는 것이다.
- 금연이 중요하며, 매연이나 기타 대기 중 오염물질에 노출을 피하며, 질환의 진행을 막고 합병증을 피하기 위해서 독감이나 폐렴백신을 예방 접종한다.
- 기관지확장제(기도 확장)와 부신피질호르몬(corticosteroid)이 자주 처방된다.
- 심할 경우 산소보충요법이 혈액에서 정상적인 산소 수준을 유지해주고 사망위험률을 낮춘다.

④ 영양관리

- 만성 폐쇄성 폐질환의 식사요법의 주요 목표는 영양불량을 교정하고 건강한 체중을 유지하며 근육소모를 막는 것이다. 음식을 적절히 섭취하도록 격려하는 것이 영양계획에 있어서 중요하다.
- 에너지 만성감염과 호흡근의 작업부하 증가로 인한 과대사 때문에 에너지 요구는 증가한다(약 20%). 과체중은 호흡계에 부가적인 압박을 줄 수 있으므로 에너지 제한으로 점차 체중을 줄여야 한다. 탄수화물(40~55%), 단백질(15~20%), 지방(30~45%)의 균형 잡힌 비율이 적절한 호흡상을 유지하는 데 중요하다. 지방을 섭취할 때의 이산화탄소와 산소 소비의 비율이 탄수화물을 섭취할 때의 비율보다 더 낮기 때문에, 장관영양액은 지방으로부터 좀 더 많은 에너지를 공급하고 탄수화물로부터는 거의 에너지를 공급하지 않는다.
- 단백질 폐근력을 유지하고 면역기능을 촉진하기 위해서 체중 kg당 1.2~1.7g 정도의 충분한 단백질 섭취가 필요하다.

- 무기질 근육 수축과 이완에 작용하는 마그네슘 및 칼슘과 같은 무기질의 섭취가 중요하며 권장섭취량 정도로 섭취하는 것이 좋다. 폐심장증과 수분의 체내 저류가 있는 경우 나트륨과 수분의 제한이 필요하고, 이뇨제가 처방되면 칼륨의 섭취 증가가 필요하다.
- 비타민 골밀도가 감소하고 글루코코티코이드 약제 사용으로 비타민 D와 K의 보충이 필요하다.
- 식사횟수와 양 만성 폐쇄성 폐질환이 진행됨에 따라 음식 섭취는 감소하고 호흡곤란으로 씹거나 삼키는 것이 어렵게 된다. 횡경막과 폐에서의 변화로 인해 복부 부피가 감소하여 쉽게 포만감을 느끼게 된다. 식욕은 약제, 우울, 또는 불안, 맛 감지 변화에 의해 영향을 받는다. 환자들은 조금씩 자주 먹는 것이 좋은데, 적은 에너지 섭취는 이산화탄소 부하를 감소시키고 복부 불편감과 호흡곤란을 덜 느끼게 한다.
- 수분 적절한 수분 섭취는 지나치게 두꺼운 점액의 분비를 막는 데 도움이 되지만 음식 섭취를 방해하지 않기 위해서 식사 사이에 수분을 섭취한다.
- 운동 환자의 근육 소실을 막기 위해 운동은 도움이 되며, 질환의 심각성에 따라 처방된다.

(4) 호흡부전

- 호흡부전(respiratory failure)은 대기와 순환하는 혈액 간 기체교환이 심각하게 손상되어 동맥 산소와 이산화탄소 수준이 통상 범위 안에서 유지될 수 없어 생명을 위협할 수 있는 질환이다.
- 폐가 심각하게 손상되면 생명을 위협하는 질환인 급성 호흡곤란증후군(Acute Respiratory Distress Syndrome, ARDS)을 일으키며 정상적인 산소와 이산화탄소 수치를 회복시키기 위해 기계적 환기가 필요하다.

① 원인

호흡부전의 원인에는 감염(폐렴 또는 패혈증), 위 내용물의 흡인, 신체적 외상, 신경근 질환, 연기흡입 및 기도 폐색이 있다.

② 증상

- 호흡부전은 심각한 저산소증과 고탄산증이 특징이다. 조직의 저산소증은 세포기능을 방해하여 세포 사멸로 이끌고, 심각한 고탄산증은 산독증을 일으켜 중추신경계의 정상적인 기능을 방해한다.
- 호흡부전을 보상하기 위해 숨을 좀 더 빠르게 쉬게 되어 심박동 수가 증가한다.
- 피부는 땀이 나고 청색증이 발생한다.
- 두통, 혼동 및 졸림 증상과 심한 경우 심장부정맥, 혼수상태에 빠진다.

③ 치료

- 호흡부전의 치료는 폐의 기능을 교정하는 것이다.
- 산소요법으로 산소를 공급받아야 한다.
- 이뇨제가 처방되어 폐조직에 축적되는 수분을 제거할 수 있고 감염을 치료하고 염증을 줄이기 위해 약제가 처방된다.

④ 영양관리

- 호흡부전 영양치료의 목적은 충분한 에너지와 단백질을 공급하여 호흡계에 무리를 주지 않고 폐기능을 지지하는 것이다.
- 급성 호흡장애증후군의 경우 과대사 또는 이화과정으로 근육소모가 심하므로, 근육량과 폐 기능을 유지하기 위해 호흡계에 무리가 가지 않도록 충분한 에너지와 단백질이 필요하다.
  - 에너지 : 에너지 필요량은 체중 kg당 25~35kcal가 필요하다. 과식은 과량의 이산화탄소를 생성하고 호흡기능을 악화시킬 수 있기 때문에 피하도록 한다.
  - 단백질 : 단백질 필요량은 폐 손상이 가벼운 경우 체중 kg당 1.0~1.5g 정도를 권장하고 급성 호흡증후군인 경우 1.5~2.0g을 공급한다.
  - 수분 : 폐부종을 교정하기 위해 수분제한이 필요하다.
  - 장관영양 및 정맥영양 : 심각한 호흡부전 환자의 경우 식사를 할 수 없으므로 영양지원이 필요하며 장관영양이 선호된다. 급성 호흡곤란증후군인 경우 염증을 줄이고 치료를 촉진하기 위해 영양밀도가 높은 장관영양이 공급되고 장관영양은 n-3 지방산과 항산화영양소(β-카로틴, 비타민 E, 비타민 C)가 강화된다. 만약 흡

인의 위험이 있다면 정맥영양이 고려된다.

요점정리
SUMMARY

폐렴

- 영양적 관련성이 있는 폐의 염증으로, 병원성 미생물에 의한 감염 또는 음식, 액체 또는 분비물의 흡인으로 인해 일어남
- 증상 : 고열, 기침, 가래, 호흡곤란 등과 구역, 구토, 설사, 두통, 피로감, 근육통 및 관절통
- 치료 및 영양관리
  - 페니실린 항생제를 투여
  - 매일 충분한 수분 보충
  - 식사는 조금씩 자주 함
  - 비타민과 무기질 보충
  - 식이섬유 공급

폐결핵

- 마이코박테리아인 마이코박테리움 튜버큐로시스, 마이코박테리움 보비스, 마이코박테리움 아프리카늄에 의한 박테리아성 질환
- 증상 : 저영양, 체중 감소, 식은땀, 피로, 만성기침, 호흡곤란 및 각혈
- 치료 및 영양관리
  - 항생제(아이소나이아지드, 리팜피신, 에탐부톨 및 피라진아미드) 사용
  - 비타민 B_6 보충
  - 칼슘, 비타민 D 보충
  - 체중 감소를 막기 위해 충분한 에너지와 단백질 섭취
  - 수분 섭취 증가

만성 폐쇄성 폐질환

- 유해한 입자나 가스의 흡입에 의해 폐에 비정상적인 염증 반응이 일어나면서 점차 폐를 통한 공기 흐름이 제한되어 폐 기능이 저하되고 호흡곤란을 유발하는 호흡기 질환
- 종류
  - 만성 기관지염 : 폐의 주요 기도(기관지, 세기관지)에서 지속적인 염증과 과량의 점액분비가 특징이며, 기도가 두꺼워져 좁아지기 때문에 점액을 제거하기 어려움
  - 폐기종 : 폐의 탄성구조의 파괴와 세기관지와 폐포벽의 파괴가 특징이며, 호흡에 필요한 표면적이 유의하게 감소

- 치료 및 영양관리
  - 금연이 중요
  - 기관지확장제, 부신피질호르몬 처방
  - 고에너지식 : 지방 섭취 증가와 탄수화물 섭취 감소, 탄수화물(40~55%), 단백질(15~20%), 지방(30~45%)
  - 고단백질식
  - 마그네슘, 칼슘, 비타민 D, K 보충
  - 조금씩 자주 식사

호흡부전

- 대기와 순환하는 혈액 간 기체교환이 심각하게 손상되어 동맥 산소와 이산화탄소 수준이 통상 범위 안에서 유지될 수 없어 생명을 위협할 수 있는 질환
- 원인 : 감염(폐렴 또는 패혈증), 위 내용물의 흡인, 신체적 외상, 신경근 질환, 연기흡입, 기도 폐색
- 증상 : 심각한 저산소증과 고탄산증이 특징, 심박동수 증가, 청색증, 두통, 혼동, 졸림, 심한 경우 심장부정맥, 혼수
- 치료 및 영양관리
  - 산소요법
  - 충분한 에너지와 단백질 필요
  - 수분 제한
  - 영양지원(장관영양 선호) : n-3 지방산과 항산화영양소 강화
  - 흡인의 위험이 있으면 정맥영양 고려

5. 빈혈과 영양

1) 혈액의 기능과 조성

- 혈액은 신체조직 중 유일한 액체조직이다.
- 혈액은 고체성분인 적혈구, 백혈구, 혈소판과 액체 성분인 혈장으로 이루어져 있다. 혈액을 채취하여 원심분리하면 시험관 밑의 붉은 부분은 대부분이 적혈구이고 산소 운반 기능을 한다. 적혈구와 혈장 사이에 존재하는 얇고 흰 층은 백혈구연층으로 신체를 보호하는 백혈구와 혈액응고 기능을 하는 혈소판으로 구성되어 있다.
- 적혈구와 백혈구 연층은 전체 혈액 부피의 약 45%이고, 혈장은 55%이다(그림 12-5).

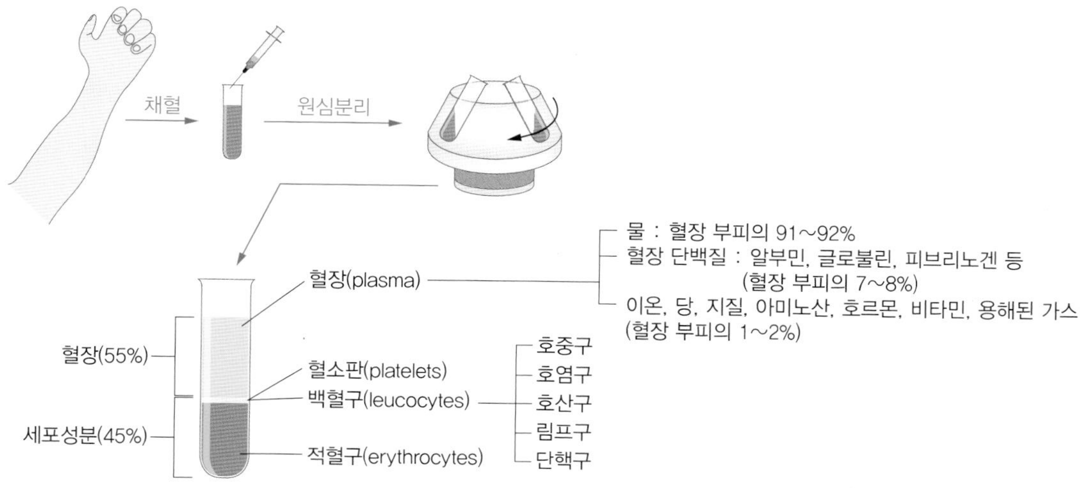

그림 12-5 전혈의 주요 구성요소

혈액의 기능

- 폐로부터 전체 체세포에 산소 운반, 소화관으로부터 전체 체세포에 영양소 운반
- 세포로부터 제거조직까지 대사 노폐물 운반
  (이산화탄소 제거를 위해 폐까지, 질소노폐물 제거를 위해 신장까지 운반)
- 내분비조직에서 표적조직까지 호르몬 운반
- 체열의 흡수와 분배를 통한 체온 유지
- 신체조직의 정상 pH 유지(혈액의 완충작용)
- 순환계의 적정 체액 유지
- 혈액소실 방지
- 감염 방지

(1) 적혈구

① 적혈구의 구조

- 정상 적혈구(erythrocyte)는 중앙이 움푹 들어간 원반형으로 지름이 약 7.5㎛이고 가장 두꺼운 부분의 두께는 1.9㎛이다. 이렇게 작고 독특한 모양은 부피에 비해 표면적이 크고, 원반형 모양은 기체 교환에 이상적이다.
- 적혈구는 어떤 모양으로도 변형될 수 있어 모세혈관을 통해 지나갈 때 변형되었다가

통과 후 다시 원반형으로 되돌아온다.

② 적혈구의 기능

- 적혈구의 첫 번째 주요 기능은 폐로부터 조직까지 산소를 운반하는 것이다. 헤모글로빈은 산소와 쉽게 가역적으로 결합하며 대부분의 산소는 헤모글로빈에 결합되어 있다. 정상 성인의 헤모글로빈 농도는 12~16mg/dL이다.
- 두 번째 기능은 이산화탄소를 중탄산염 형태로 조직으로부터 폐까지 운반하는 것이다. 적혈구는 이산화탄소와 물 간의 반응을 촉매하는 탄산무수화효소(carbonic anhydrase)를 포함하고 있어 반응속도를 1,000배 이상 빠르게 하여 혈액 내 물이 많은 양의 이산화탄소와 반응할 수 있다.
- 세 번째 기능은 전체 혈액의 완충액으로 작용하는 것이다. 헤모글로빈은 우수한 산-염기 완충액이다.

③ 적혈구의 생성

- 뼈의 골수에서 적혈구가 생성된다.
- 〈그림 12-6〉은 다능성 조혈줄기세포의 연속적인 분화로부터 다른 말초혈액세포의 형성을 보여준다.

④ 적혈구의 파괴

- 적혈구는 골수에서 순환계로 운반되어 평균 120일 정도 순환하다가 비장(지라)에서 파괴된다.
- 적혈구는 핵을 가지고 있지 않으므로 단백질을 합성하거나 성장하거나 분열할 수 없다. 성숙한 적혈구세포는 핵, 미토콘드리아, 소포체를 가지고 있지 않으며, 소량의 ATP를 혐기적 기전에 의해 생성할 수 있는 세포질 효소를 가지고 있다.
- 적혈구는 식균작용에 의해 파괴되고 헤모글로빈의 포피린 부분은 대식세포에 의해 담즙색소인 빌리루빈으로 전환되어 혈액으로 방출된 후 간에 의해 담즙으로 분비된다. 방출된 철은 트랜스페린 형태로 골수로 운반되어 새로운 적혈구를 생성하거나 간이나 다른 조직으로 운반되어 페리틴 형태로 저장된다.

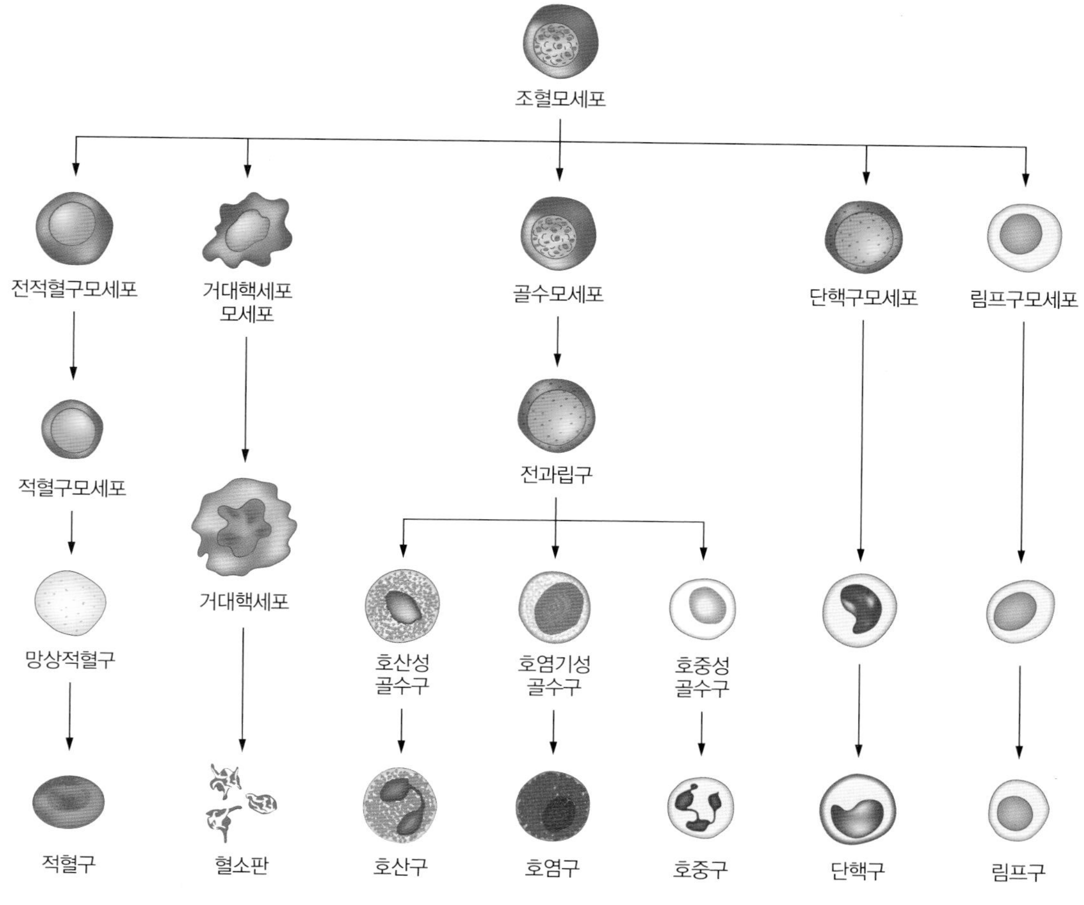

그림 12-6　골수에서 조혈과정

(2) 백혈구

- 백혈구는 적혈구보다 수는 적지만 질병에 대해 신체를 방어하는 데 중요한 역할을 한다.
- 백혈구는 평균적으로 $1mm^3$당 4,000~11,000개의 백혈구가 있으며 백혈구는 전체 혈액 부피의 1%를 차지한다.
- 백혈구는 핵과 세포소기관을 가지고 있다.
- 백혈구는 구조와 화학적 특성에 따라 과립백혈구와 무과립백혈구로 분류한다.
- 백혈구의 종류와 기능은 10장에 자세히 제시되어 있다.

(3) 혈소판

- 혈소판은 세포는 아니지만 거대하고 다핵세포를 의미하는 거대핵세포(megakaryocyte)의 조각이다.
- 혈소판은 혈관이 파괴되거나 손상될 때 혈장에서 일어나는 혈액응고 과정의 필수요소로, 손상 부위에 함께 뭉침으로써 갈라진 틈을 막는 일시적인 마개를 형성한다.
- 혈소판이 핵이 없기 때문에 혈액에서 빨리 노화하고 응고에 관여하지 않는다면 10일 이내에 퇴화한다.

(4) 혈장

- 혈장은 혈액에서 고형성분을 제거하고 남아 있는 끈적거리는 담황색의 액체이다.
- 혈장은 90%가 물이고 영양소, 기체, 호르몬, 노폐물, 세포활성의 생성물, 이온, 단백질(알부민, 응고단백질, 글로불린)을 포함한다.
- 혈장 무게의 약 8%를 차지하는 혈장단백질이 가장 풍부한 용질이다. 알부민은 혈장단백질의 약 60%를 차지하며 혈액 완충용액으로 작용하여 혈장 삼투압에 기여하는 주요한 혈액 단백질이다. 나트륨 이온은 혈액 삼투압에 기여하는 주요한 용질이다.
- 여러 항상성 기전에 의해 혈장 조성은 상대적으로 일정하게 유지된다.
- 혈장은 체내에 여러 물질을 운반할 뿐만 아니라 신체의 열을 분배하는 데 도움이 된다.

2) 빈혈

- 빈혈은 적혈구를 너무 빨리 잃거나 너무 느리게 생성함으로써 나타나는 적혈구의 부족을 의미하며, 어떤 이유이든 혈액의 산소운반능력이 감소한 상태이다. 적혈구의 크기나 수의 부족 또는 헤모글로빈의 결핍으로 인해 혈액과 조직 세포 간 산소와 이산화탄소의 교환이 제한된다.
- 빈혈은 세포 크기를 기준으로 대혈구, 정상혈구, 소혈구로 분류하고, 헤모글로빈 함량을 기준으로 저색소, 정상색소로 분류한다.
- 대부분의 빈혈은 적혈구 합성에 필요한 영양소, 특히 철, 비타민 B_{12}, 엽산의 부족으로 일어난다. 다른 요인으로는 출혈, 비정상적인 유전적 소인, 만성질병 상태 또는

약물중독이 있다.

- 철, 단백질, 비타민 B_{12}, 엽산, 비타민 B_6, 비타민 C, 구리 또는 다른 중금속의 부적절한 섭취로 일어나는 빈혈을 영양성 빈혈이라고 부른다.
- 여러 유형의 빈혈과 생리적 원인은 다음과 같다.

(1) 비영양성 빈혈

① 출혈성 빈혈

- 출혈성 빈혈(hemorrhagic anemia)은 많은 출혈 또는 만성적인 출혈로 인해 일어나는 빈혈이다. 많은 출혈 후 1~3일 안에 혈장은 대체되지만, 만성적인 혈액소실로 소장으로부터 충분한 철을 흡수할 수 없어 헤모글로빈을 빠르게 생성할 수 없으므로 빈혈이 발생한다.
- 너무 적은 양의 적혈구가 생성되므로 소혈구성 저색소성 빈혈이 나타난다.

② 용혈성 빈혈

- 용혈성 빈혈(hemolytic anemia)은 헤모글로빈 이상, 일치하지 않은 혈액의 수혈, 박테리아와 기생충 감염, 적혈구 혈장막의 선천적 결손 또는 비타민 E 부족(신생아) 등의 원인으로 미성숙한 형태의 적혈구가 파괴되거나 용해되는 빈혈이다.
- 비정상적인 적혈구 형성(abnormal hemoglobin)은 유전적인 원인으로 지중해성 빈혈(thalassemia)과 겸형적혈구빈혈(sickle cell anemia)이 있으며 심각하고 치료할 수 없으며 치명적인 질환이다. 두 질환에서 헤모글로빈 분자의 글로빈 부분이 비정상적이어서 생성된 적혈구는 미성숙하고 깨지기 쉬워 잘 파괴되며, 치료방법은 수혈이다.
- 지중해성 빈혈 그리스인과 이탈리아인과 같이 지중해 조상을 가진 사람에게서 전형적으로 나타나는 유전성 용혈성 빈혈로 비정상적인 α- 또는 β-글로빈 형성에 기인한다.
  - 글로빈 이용의 감소로 헤모글로빈 형성이 감소하여 저색소성이다.
  - 적혈구 수는 일반적으로 $1mm^3$당 2백만 개 이하이다.
- 겸형적혈구빈혈 아프리카의 말라리아 지대에 살고 있는 흑인에게서 주로 나타나는

유전성 용혈성 빈혈로, 아미노산 서열 중 하나가 정상인 것과 다르게 변이하여 적혈구가 길게 찌그러진 낫 모양으로 바뀌게 된다.

- 변형된 적혈구는 쉽게 파괴되고 혈액응고를 촉진하여 산소운반을 방해하고 극심한 통증을 유발한다.
- 말라리아가 유행하는 지역에서는 적혈구를 낫 모양으로 변형시키는 겸형적혈구 유전자를 가지고 있는 경우 말라리아 원충에 대한 강한 저항력을 보이므로 좀 더 생존에 유리하게 된다.

③ 재생불량성 빈혈

- 재생불량성 빈혈(aplastic anemia)은 골수형성부전으로 인해 적혈구가 생성되지 않아 일어나는 빈혈이다. 골수형성부전은 골수의 파괴나 방해로 기능하는 골수의 부족을 의미한다.
- 재생불량성 빈혈은 암, 외상, 자가면역질환, γ-방사선 등에 의해 발생한다.
- 골수파괴로 인해 혈액 내 고형물질의 생성이 손상되기 때문에 빈혈, 출혈문제 및 면역기능의 문제가 발생한다.

(2) 영양성 빈혈

① 철결핍성 빈혈

- 철결핍성 빈혈(iron deficiency anemia)은 철 함유 식품의 부적절한 섭취, 철 흡수 손상, 만성적인 혈액 소실 또는 월경으로 인한 혈액소실로부터 일어날 수 있다.
- 소적혈구성 저색소성 빈혈로 철 보충으로 치료될 수 있고, 만성적인 출혈이 원인이라면 수혈이 필요할 수 있다.
- 원인과 진단　철결핍성 빈혈은 장기간의 철 결핍으로 일어나며, 철 결핍의 원인은 부적절한 철 섭취, 부적절한 철 흡수, 부적절한 철 이용, 혈액량 증가에 필요한 철 요구량 증가, 철 배설 증가 및 철 방출과 철 이용의 유전적인 결함이다.
- 철 부족 단계와 영양상태 측정방법　철 부족은 4단계로 일어나는데, 철 흡수의 감소로 철 저장이 고갈되는 초기 음의 철 평형단계(1단계), 철 저장이 심각하게 고갈되는 철 고갈단계(2단계), 철 결핍으로 인한 조혈 기능 부전단계(3단계), 철결핍성 빈혈단계

(4단계)로 이루어진다. 철 부족 4단계에 따른 철 영양상태 지표의 변화는 〈표 12-5〉, 빈혈을 판정하는 지표는 〈표 12-6〉에 제시되어 있다.

- 증상
  - 빈혈은 장기간의 만성적인 철 결핍의 마지막 단계에서 나타나므로, 여러 증상이 다양하게 나타난다.
  - 신경학적 증상으로는 피로, 거식증, 이식증(특히 빙섭취증, pagophagia)이 있으며 성장 이상, 상피세포 이상 및 산도 감소 등이 있다.
  - 초기 철 결핍의 징후는 면역 감소, 특히 세포매개성 면역과 호중구의 식작용 감소로 감염이 잘 된다.
  - 철 결핍이 좀 더 심각해짐에 따라 상피세포, 특히 혀, 손톱, 입과 위의 상피세포의 구조와 기능에 결함이 나타나 피부가 창백해지고 눈밑이 분홍색이 되며 손톱은 얇고 평평해져 결국 숟가락형 손톱(koilonychia), 설염, 연하곤란, 위염 및 무산증의 증상이 나타난다.
  - 빈혈을 치료하지 않으면 심혈관과 호흡에 이상이 생겨 심부전이 나타난다.
- 치료 및 영양관리
  - 철결핍성 빈혈의 치료방법은 제1철의 형태(ferrous form, Fe^{2+})로 철을 경구투여

표 12-5 철 부족 4단계에 따른 철 영양상태 지표의 변화

지표	정상	초기 음의 철 평형단계	철 고갈단계	철 결핍 조혈 기능 부전단계	철결핍성 빈혈단계
골수 철	1~3+	1+	0~1+	0	0
트랜스페린 철결합능(μg/dL)	330±30	300~360	360	390	410
혈장 페리틴(μg/L)	100±60	<25	20	10	<10
철 흡수(%)	5~10	10~15	10~15	10~20	10~20
혈장 철(μg/dL)	115±50	<102	115	<60	<40
트랜스패린 포화도(%)	35±15	30	30	<15	<15
적혈구 프로토프르피린(μg/dL)	30	30	30	100	200
적혈구	-	정상	정상	정상	소혈구성/저색소성
페리틴-철(ng/mL)	정상	정상~낮음	낮음	매우 낮음	매우 낮음

표 12-6 빈혈을 판정하는 지표

지표	정의	정상 범위	WHO 빈혈판정기준
적혈구 수 (만 개/1mm³)	혈액 1mm³에 함유된 적혈구 개수	• 성인 남성 450~650 • 성인 여성 390~560	-
헤모글로빈 농도(g/dL)	혈액 100mL(dL) 속에 들어 있는 헤모글로빈의 중량을 g으로 나타낸 것	• 성인 남성 14~17 • 성인 여성 12~16	• 성인 남성<13 • 성인 여성<12 • 임신 여성<11 • 소아<12 • 유아<11
헤마토크리트(%) (적혈구 용적)	전체 혈액 부피 중 적혈구가 차지하는 용적 비율을 나타내는 것	• 성인 남성 40~54 • 성인 여성 37~47	• 성인 남성<39 • 성인 여성<36 • 임신 여성<33 • 소아<36 • 유아<33
평균 적혈구 용적(fL, femtoliter) (Mean Corpuscular Volume)	적혈구 1개의 평균 부피 [헤마토크리트치(%)×100/적혈구 수(백만)]	• 90(80~100)	-
평균 적혈구 혈색소(pg/cell) (Mean Corpuscular Hemoglobin, MCH)	적혈구 1개가 가지고 있는 평균 헤모글로빈의 양 [헤모글로빈 농도(g/100mL)×10/적혈구 수(백만)]	• 26~34	-
평균 적혈구 혈색소 농도(g/dL) (Mean Corpuscular Hemoglobin Concentration, MCHC)	헤마토크리트치 1%당 헤모글로빈 농도 [헤모글로빈농도(g/100mL)×100/헤마토크리트치(%)]	• 평균치 34(30~36)	-

하는 것이다. 보통 3달 동안 철의 경구투여가 필요하다.

- 공복 시 철이 가장 잘 흡수되지만 위에 염증을 일으킬 수 있다. 공복 시 철 복용으로 인한 위장의 부작용은 구역질, 상복부의 불편감, 팽창감, 가슴앓이 및 설사이며, 부작용이 일어난다면 공복에 투약하지 말고 식사와 함께 투약하는 것이 좋다.
- 철 보충 시 비타민 C는 철을 환원 상태(제1철의 형태)로 유지하여 철의 흡수를 크게 증가시키므로 비타민 C와 함께 섭취하는 것이 좋다.
- 철 보충뿐만 아니라 식품으로 철의 섭취량을 증가시킨다. 간, 신장, 쇠고기, 달걀노른자, 말린 과일, 말린 콩, 견과류, 녹색잎채소, 당밀, 전곡빵과 곡류, 강화곡류는 철 함량이 높은 식품이므로 섭취량을 증가시키는 것이 좋다.
- 철의 생체 이용성에 영향을 주는 인자들은 〈표 12-7〉에 제시되어 있다.

표 12-7 철 흡수를 증진시키거나 방해하는 요소

철 흡수를 증진시키는 요소	철 흡수를 방해하는 요소
• 헴철 • 고기, 생선, 가금류 • 위산, 비타민 C • 설탕 • 철분 결핍성 빈혈(저장철 고갈) • 임신, 수유, 성장기, 출혈 • 유전성 혈색소침착증	• 비헴철 • 위산분비 부족(제산제, 위절제, 무산증) • 탄산, 수산(옥살산), 인산 및 피틴산 • 차, 커피 등 탄닌 • 식이섬유 • 칼슘, 인 • EDTA • 철 과잉 섭취

② 거대적아구성 빈혈

- 거대적아구성 빈혈(megaloblastic anemia)은 혈액과 골수에서 DNA 합성이 저해되어 적혈구, 백혈구, 혈소판 및 전구체에서 형태적, 기능적인 변화가 나타난다.
- 거대적아구성 빈혈은 핵단백질 합성에 필수인 비타민 B_{12}나 엽산의 결핍에 의해 일어난다. 혈액학적 변화는 같지만 엽산 결핍이 먼저 일어난다. 비타민 B_{12}, 엽산 및 위점막의 내적인자의 부족으로 인해 골수에서 적혈구 모세포인 적아구가 매우 느리게 생성되고 너무 크고 이상한 형태라서 거대적아구라고 부른다.
- 악성빈혈 또는 전체 위절제 후 위점막이 위축되어 거대적아구성 빈혈이 생길 수 있다.
- 장 스프루 환자에서 엽산, 비타민 B_{12} 및 다른 비타민 B 복합체의 흡수불량이 생기므로 거대적아구성 빈혈이 자주 일어난다.

[악성빈혈(비타민 B_{12} 결핍 빈혈)]

- 비타민 B_{12} 결핍에 의한 거대적아구성 빈혈이다. 악성빈혈의 경우 적아구가 충분히 빠르게 증식하여 정상 적혈구 세포를 형성할 수 없으므로 대부분 크고, 이상한 모양이며 깨지기 쉬운 막을 가지고 있다.
- 원인 비타민 B_{12}는 육류, 가금류, 생선에 의해 충분히 제공되기 때문에 엄격한 채식주의자를 제외하고는 식사에서 비타민 B_{12} 부족 문제는 거의 일어나지 않는다. 위점막세포에서 분비되는 내적인자는 장세포에 의해 비타민 B_{12}를 흡수하는 데 필요한 당단백질인데, 대부분의 악성빈혈은 비타민 부족보다는 내적인자가 결핍된 경우가 더 많다.

- 증상　빈혈증상뿐만 아니라 소화관과 중추, 말초신경계에 영향을 주며 이러한 임상적 증상으로 인해 엽산 결핍성 빈혈과 구별된다. 신경의 수초화가 적절하지 않아 일어나는 증상은 감각이상(특히 손과 발에 무감각과 저린감), 진동과 자세 감각 감소, 운동실조, 기억력 실조 및 환각이며 결핍이 지속되면 신경계 손상이 비가역적으로 일어날 수 있다.
- 치료 및 영양관리
  - 치료는 근육 내 주사나 피하주사로 일주일에 한 번 100μg 이상을 투여한다.
  - 내적인자가 없을 때조차도 식이로 섭취한 비타민 B_{12}의 1%가 확산에 의해 흡수되므로 매우 많은 양(하루에 1,000μg 정도)의 비타민 B_{12} 섭취는 효과적이다.
  - 간의 기능과 혈액 재생기능을 위해 고단백질식(1.5g/kg 체중)을 권장한다.
  - 철과 엽산 모두를 포함한 녹색잎채소를 권장한다.
  - 비타민 B_{12}가 풍부한 육류(특히 쇠고기, 돼지고기), 달걀, 우유, 유제품을 자주 섭취하도록 권장한다.

[엽산 결핍성 빈혈]

- 엽산 결핍성 빈혈은 열대성 스프루와 관련되며 임산부에 영향을 주어 엽산 결핍성 임신부에서 태어난 영아에게서 나타난다. 임신 초기 엽산 결핍은 신생아에서 신경관손상증을 일으킨다.

> **열대성 스프루**
> 소장이 지방, 비타민, 무기질 등을 흡수하는 데 장애가 생기는 것이 특징인 후천적 질환

- 원인　장기간 엽산의 부적절한 섭취, 엽산의 이용과 흡수불량 및 요구량 증가가 원인이다. 알코올이 엽산의 장간 순환을 방해하기 때문에 대부분의 알코올중독자들은 음의 엽산 평형이 되어 엽산 결핍이 일어난다.
- 기전　비타민 B_{12}와 엽산은 티미딜산 합성에 서로 관련되어 있기 때문에 비타민 B_{12}나 엽산 결핍은 같은 임상적 증상, 즉 거대적아구성 빈혈이 나타난다. 결핍단계에서 미성숙한 핵은 적절하게 성숙될 수 없어서 크고 미성숙한 적혈구 세포가 된다.
- 증상　피로, 호흡장애, 혀의 통증, 과민성, 건망증, 거식증, 설염, 체중 감소이다.

- 진단 엽산 결핍성 빈혈의 진단은 혈청 엽산(〈3ng/mL)과 적혈구 엽산(〈140ng/mL) 농도가 아주 낮은 것으로 판정한다. 엽산 결핍성 빈혈과 비타민 B_{12} 결핍성 빈혈을 구별하기 위해서 혈청 엽산, 적혈구 엽산, 혈청 비타민 B_{12}, 트랜스코발아민 II(비타민 B_{12} 혈청 운반단백질인 transcobalaminII, TCII)에 결합된 비타민 B_{12} 농도를 측정한다.
- 치료 및 영양관리
  - 엽산의 경구 투여는 엽산 또는 비타민 B_{12} 결핍으로 인한 거대적아구성 빈혈을 바로잡을 수 있지만 비타민 B_{12} 결핍으로 인한 신경학적 손상이 비가역적으로 진행될 수 있으므로 그 원인을 정확한 진단하는 것이 중요하다.
  - 2~3주 동안 매일 1mg의 엽산을 경구 투여하는 것으로 엽산 저장고를 다시 채울 수 있고, 다시 채워진 엽산 저장고를 유지하기 위해서 하루에 최소 50~100μg의 엽산을 섭취하는 것이 필요하다.
  - 엽산이 열에 의해 쉽게 파괴될 수 있기 때문에(50~95% 파괴) 조리하지 않은 신선한 과일과 채소가 엽산의 좋은 급원이다.
  - 엽산이 많이 함유되어 있는 식품으로는 시금치와 아스파라거스와 같은 녹황색 채소와 간, 육류, 어류 및 말린 콩 등이 있다.
  - 엽산은 수용성 비타민으로 체내 저장량이 적으므로 매일 섭취하도록 한다.

요점정리
SUMMARY

비영양성 빈혈
- 출혈성 빈혈 : 많은 출혈 또는 만성적인 출혈로 인해 일어나는 소혈구성 저색소성 빈혈
- 용혈성 빈혈 : 헤모글로빈 이상, 일치하지 않는 혈액의 수혈, 박테리아와 기생충 감염 또는 적혈구 혈장막의 선천적 결손 및 비타민 E 부족(신생아) 등의 원인으로 미성숙한 형태의 적혈구가 파괴되거나 용해되는 빈혈
  - 지중해성 빈혈 : 그리스인과 이탈리아인과 같이 지중해 조상을 가진 사람에게서 전형적으로 나타나는 유전성 용혈성 빈혈로, 비정상적인 α- 또는 β-글로빈 형성에 기인
  - 겸형적혈구빈혈 : 아프리카의 말라리아 지대에 살고 있는 흑인에게서 주로 나타나며 적혈구 속의 헤모글로빈 단백질을 구성하는 아미노산의 서열 중 하나가 비정상적으로 바뀌어 일어나는 유전성 용혈성 빈혈로, 적혈구의 모양이 길게 찌그러진 낫 모양으로 바뀌게 되는 빈혈

- 재생불량성 빈혈 : 골수형성부전으로 인해 적혈구 생성이 되지 않아 일어나는 빈혈

철결핍성 빈혈

- 정의 : 철 함유 식품의 부적절한 섭취, 철 흡수 손상, 만성적인 혈액 소실 또는 월경으로 인한 출혈
- 영양관리
  - 제1철의 형태의 철 경구투여
  - 철 보충 시 비타민 C는 철을 환원 상태로 유지하여 철의 흡수를 크게 증가시키므로 비타민 C와 함께 섭취
  - 철 섭취 증가
  - 철 함량이 높은 식품 : 간, 신장, 쇠고기, 달걀노른자, 말린 과일, 말린 콩, 견과류, 녹색잎채소, 당밀, 전곡빵과 곡류 및 강화곡류
  - 철 흡수 증진 인자 : 헴철, 고기, 생선, 가금류, 위산, 비타민 C, 설탕
  - 철 흡수 저해 인자 : 탄산, 수산, 인산 피틴산, 탄닌, 식이섬유

거대적아구성 빈혈

- 핵단백질 합성에 필수인 비타민 B_{12}나 엽산의 결핍에 의해 일어나는 빈혈
- 비타민 B_{12} 결핍 빈혈의 영양관리
  - 근육 내 주사나 피하주사로 일주일에 한 번 100μg 이상을 투여
  - 하루에 1,000μg 정도의 비타민 B_{12} 섭취
  - 비타민 B_{12}가 풍부한 식품 : 육류(특히 쇠고기, 돼지고기), 달걀, 우유, 유제품
- 엽산 결핍성 빈혈의 영양관리
  - 2~3주 동안 매일 1mg의 엽산을 경구 투여
  - 엽산을 충분히 섭취
  - 엽산이 많은 식품 : 시금치와 아스파라거스 등과 같은 녹황색 채소, 간, 육류, 어류, 말린 콩 등

6. 선천성 대사이상 질환과 영양

- 선천성 대사이상 질환은 상염색체 열성형질로 유전되는 질환으로, 특정 효소 또는 보조인자가 선천적으로 활성이 없거나 감소된 질환이다. 선천성 대사이상 질환은 출생 후 즉시 빈번하게 나타나는 정신지체와 심각한 신경학적 손상과 관련이 있다. 특정 대사이상 질환의 진단은 어렵고 치료방법도 확실하지 않다.
- 신생아 검사 기술의 발달로 인해 조기에 진단하여 신경학적 위기를 예방할 수 있으며 지적, 그리고 신체적 예후를 향상시킬 수 있다.

- 선천성 대사이상 질환자의 영양치료는 유용한 기질의 제한, 생성물의 보충, 효소보조인자의 보충 또는 이러한 접근방법의 혼용이다.

1) 아미노산 대사이상 질환

(1) 페닐케톤뇨증

- 페닐케톤뇨증(phenylketouria)은 고페닐알라닌혈증으로, 페닐알라닌 수산화효소(phenylalanine hydroxylase)의 결핍이나 불활성으로 페닐알라닌이 티로신으로 대사되지 못해 체내에 페닐알라닌과 그 대산산물이 과도하게 축적되고 요중에 페닐케톤을 다량 배설하는 상염색체 열성 질환이다(그림 12-7).
- 발생빈도는 인종에 따라 다르며, 한국은 1/53,000, 미국은 1/14,000, 일본은 1/75,000이다.

① 원인

페닐케톤뇨증에 걸린 유아는 대부분이 페닐알라닌 수산화효소의 결손이다(그림 12-7).

② 증상

- 페닐알라닌과 그 대산산물의 축적은 유아 초기에 뇌의 정상적인 발달을 손상시켜 심각한 정신지체, 담갈색의 모발 및 피부의 색소 결핍 등의 증상이 나타난다.
- 페닐케톤뇨증을 조기에 발견하지 못하면 영구적인 지능저하가 초래된다.

③ 진단

페닐케톤뇨증의 진단 기준은 혈중 페닐알라닌 농도가 6~10mg/dL 이상이고, 티로신 농도가 3mg/dL 미만일 때이다.

④ 치료 및 영양관리

- 영양적 치료는 혈중 페닐알라닌 농도를 2~6mg/dL로 유지하도록 페닐알라닌을 제한하고 티로신을 보충하는 것이다.

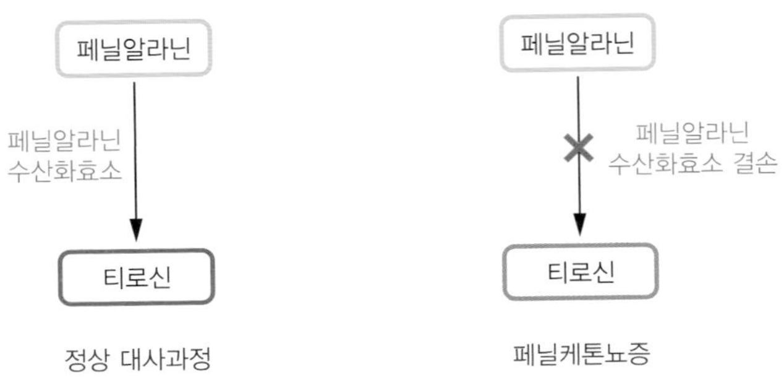

그림 12-7 페닐알라닌 분해효소의 대사 결함(페닐케톤뇨증)

- 페닐알라닌 제거 식사요법은 단백질로부터 페닐알라닌이 제거된 조제분유(formula)와 환자용 식품을 이용하는 것으로 단백질 급원은 페닐알라닌이 제거된 L-아미노산이다. 중등도 또는 저페닐알라닌 함유 식품이 조제분유와 환자용 식품에 보충제로 이용될 수 있다.

(2) 단풍당뇨증

단풍당뇨증(maple syrup urine disease)은 상염색체열성형질 유전 질환이다.

① 원인

단풍당뇨증은 곁가지 아미노산인 루신, 이소루신, 발린의 탈카르복실화반응의 결손(곁가지 α-케토산 탈수소효소복합체 결손)으로 일어난다(그림 12-8).

② 증상

- 태어날 때 정상적인 것 같지만 4~5일쯤 잘 먹지 못하고, 구토, 무기력(기면, lethargy) 및 주기적인 긴장항진이 나타난다. 1주일째에는 소변과 땀에서 달고 맥아 냄새가 특징적인 징후가 나타난다.
- 치료하지 않으면 산독증, 신경 악화, 발작, 혼수를 일으키고 결국 사망하게 된다.

③ 치료 및 영양관리

- 급성질환의 관리는 복막투석과 수분 보충이 필요하다. 혈장 루신 농도가 충분히 떨어졌을 때 곁가지 아미노산을 식사에 점차로 공급한다.

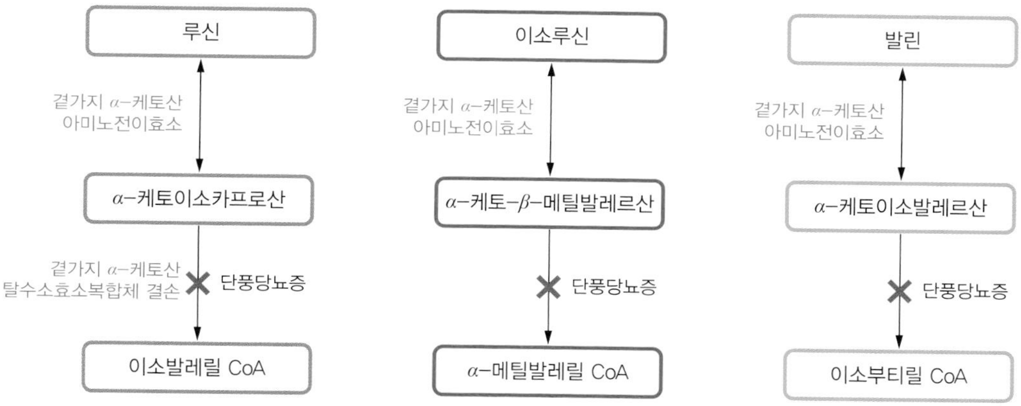

그림 12-8　결가지 아미노산의 대사 결함(단풍당뇨증)

- 단풍당뇨증 영아에게 생후 7일 이전의 조기 진단과 장기간 대사 조절은 지적발달의 정상화를 위해 중요하다.
- 혈장 루신 농도를 2~5mg/dL로 유지하는 것을 권장한다. 10mg/dL 이상의 농도는 α-케토산혈증과 신경학적 증상과 연관된다.
- 질환을 치료하도록 고안된 조제분유는 성장과 발달을 유지하기 위해 소량의 결가지 아미노산을 보충한다.

2) 요소회로 대사장애

(1) 종류, 원인 및 증상

- 요소회로 대사장애(disorders of urea cycle metabolism)는 모든 요소회로 결손으로 혈액에 암모니아가 축적된다(그림 12-9).
- 암모니아 농도가 증가하는 임상적인 증상은 구토와 무기력이며 발작, 혼수로 진행되어 사망하게 된다. 유아에서 고암모니아혈증이 빈번하고 심각하기 때문에 신경학적 손상이 일어난다.
- 요소회로 대사장애에 있어서 신경학적, 지능발달에 미치는 영향은 정상 IQ와 운동기능에서 심각한 정신지체와 뇌성마비까지 다양하다.

(2) 치료 및 영양관리

- 요소회로 대사장애의 치료 목적은 고암모니아혈증과 해로운 신경학적 손상을 예방하거나 감소시키는 것이다.
- 치료방법은 모든 요소회로 대사장애에서 유사하다. 증세가 가벼운 유아에게는 표준 유아조제식을 희석하여 하루에 체중 1kg당 1.0~1.5g의 단백질을 공급한다. 에너지, 비타민, 무기질 농도는 단백질이 제거된 조제식에 추가하여 권장섭취량만큼 공급한다.
- 급성질환은 탈수를 교정하고 에너지를 공급하기 위해 단백질 섭취를 중단하고 정맥으로 수분과 포도당을 주입한다.
- 고암모니아혈증이 심각하다면 복막투석, 혈액투석이나 교환수혈이 필요하다. 정맥 내 벤조산나트륨이나 다른 대체경로 화합물 투여는 고암모니아혈증을 감소시키는 데 이롭다.
- 장기간의 치료는 개개인의 내성에 따라서 단백질을 1.0~2.0g/kg/day로 제한한다. 이 질환을 가진 대부분의 유아와 어린이에서 아르기닌분해효소 결핍인 경우를 제외

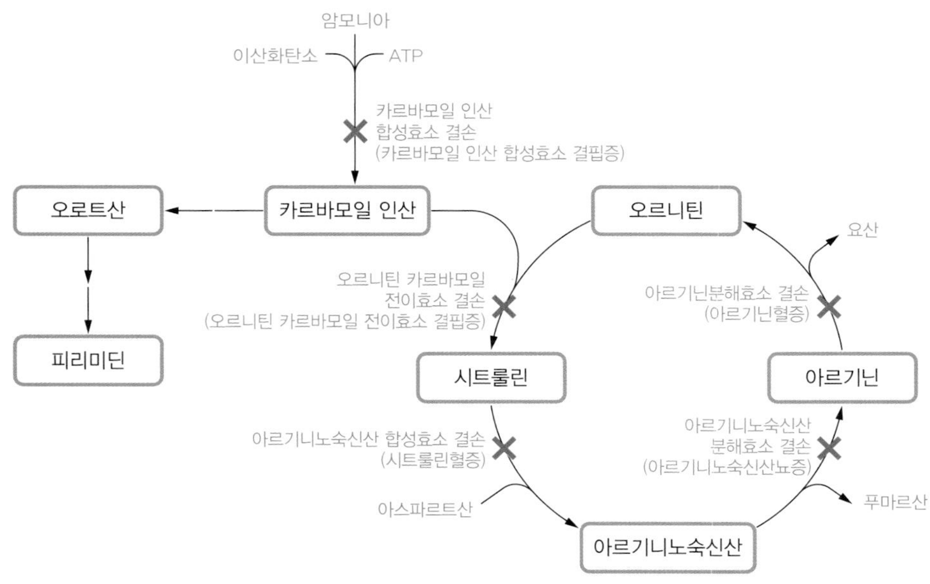

그림 12-9 요소회로 대사 결함

하고 아르기닌 결핍을 막기 위해 L-아르기닌 보충이 필요하다.

- 페닐부티르산이나 다른 대체경로 화합물이 암모니아 배설을 돕도록 처방된다.

3) 탄수화물 대사이상 질환

(1) 갈락토오스혈증

갈락토오스혈증(galactosemia, 갈락토세미아)은 상염색체열성형질로 유전되는 매우 드문 질환으로, 체내에서 갈락토오스를 포도당으로 전환시키는 능력이 손상되어 갈락토오스 및 그 대사 산물이 정상적으로 분해되지 못하고 축적되는 질환이다.

① 원인

갈락토오스혈증은 갈락토키나아제, 갈락토오스 1-인산 우리딜전이효소, UDP-갈락토오스에미머화효소 중 1가지 효소가 부족하여 발생하며(그림 12-10), 이 중 갈락토오스 1-인산 우리딜전이효소의 결핍이 가장 흔하다.

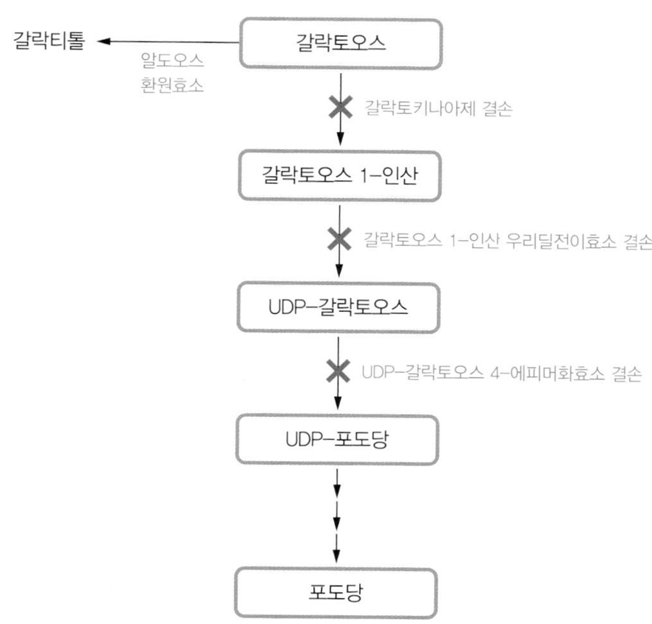

그림 12-10 갈락토오스의 대사 결함(갈락토오스혈증)

② 증상

- 갈락토오스 1-인산 우리딜전이효소 결핍증의 증상은 구토, 설사, 기면, 성장장애, 황달, 간비대, 백내장이다. 감염에 대한 저항력이 약해져서 2차적으로 패혈증이 발생할 수 있고 장기적으로는 정신지체가 발생할 수 있으며, 95%의 여성에게서 조기 난소부전이 나타날 수 있다.
- 갈락토키나아제 결핍증의 증상은 갈락토오스 1-인산 우리딜전이효소 결핍증의 증상보다 심하지 않은 것으로 알려져 있으며, 백내장이 흔하지만 다른 후유증은 거의 없다.
- UDP-갈락토오스 에미머화효소 결핍증은 매우 희박하며 장기적으로 난청, 발달지연, 기능저하 등의 위험성이 있다.

③ 치료 및 영양관리

- 장기간의 갈락토오스 제한으로 치료된다.
- 유당이 갈락토오스와 포도당으로 가수분해되기 때문에, 갈락토오스 제한은 우유와 유제품을 엄격히 제한하는 것이다.
- 상당한 양의 갈락토오스를 포함하는 과일과 채소의 제한이 또한 필요하다. 대추, 파파야, 피망, 감, 토마토, 수박은 모두 100g의 무게당 10mg 이상의 갈락토오스를 포함하고 있으므로 제한한다.
- 갈락토오스를 효과적으로 제한하기 위해 식품표시를 주의 깊게 읽는 것이 필요하다.

(2) 글리코겐 축적병

글리코겐 축적병(Glycogen Storage Disease, GSD)은 간에서 글리코겐을 포도당으로 대사할 수 없는 질환으로 가장 흔한 유형은 I형과 III형이다. 증상은 신체성장불량, 저혈당증, 간 비대 및 비정상적인 생화학적 지수(콜레스테롤과 중성지방)이다.

① 종류

- 글리코겐 축적병 I형[GSD Ia, 폰기에르케병(Von Gierke disease)] 포도당 6-인산 분해효소의 결손으로 당신생과정과 글리코겐분해과정이 손상된다. 이러한 환자는 간에 축적된 글리코겐을 대사할 수 없으므로 심각한 저혈당증이 나타나고 손상을 회복할 수 없다(그림 12-11).

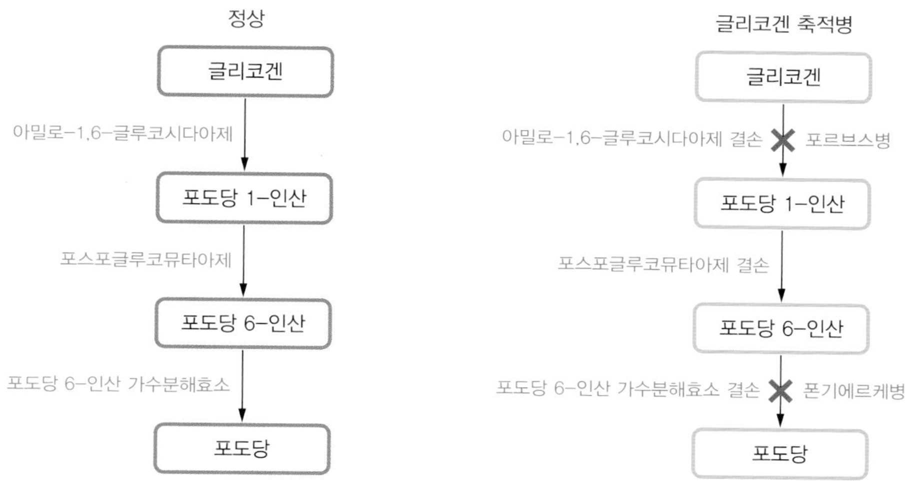

그림 12-11 글리코겐 축적병

- 아밀로-1,6-글루코시다아제결핍증[GSD Ⅲ 또는 탈분지효소 결핍증, 포르브스병(Forbes disease)] 탈분지효소의 결손으로 가지점에서 글리코겐을 분해할 수 없다. 글리코겐 분해과정이 비효율적인 GSD Ⅰ형과 유사하지만 당신생과정이 증가하여 포도당 생성을 유지하는 데 도움이 된다. GSD Ⅲ형은 보통 덜 심각하다(그림 12-11).

② 치료 및 영양관리

- 영양중재의 목적은 포도당을 공급함으로써 혈장 포도당 농도를 안전한 범위로 유지하고 저혈당증을 예방하는 것이다.
- 규칙적으로 생 옥수수전분의 투여와 고탄수화물 저지방식이 저혈당증을 막는 데 권장된다. 옥수수전분이 철 흡수를 방해하기 때문에 철 보충이 필요하다.

4) 윌슨병

- 윌슨병(Wilson's disease)은 구리 대사이상으로 인해 주로 간과 뇌의 기저핵에 과다한 양의 구리가 축적되는 상염색체 열성 유전질환으로, 백인보다 아시아인에서 더 흔하며 발병률은 30/1,000,000명이다.
- 발병연령은 평균 11.4세이고 6세 이전이나 40세 이후에는 드물다.

① 원인

윌슨병은 구리의 흡수에 관여하는 효소인 구리운반 P형 ATPase(copper transporting P-type ATPase, ATP7B) 유전자의 돌연변이에 의해 발병하며, 구리 운반 기능이 소실된다.

② 증상

증상은 간과 비장의 비대가 증상 없이 나타나며, 간 수치 상승, 거미혈관증, 급성간염(용혈성 빈혈이 동반되면 윌슨병을 암시하는 중요한 징후), 급성전격간염, 진행성 간부전, 뇌병증, 응고병증, 안정과 운동 떨림양상, 발음곤란, 근육긴장 이상 및 보행장애이다. 병이 진행될 경우 치매가 나타날 수 있다.

거미혈관증(spider angiomata)
가는 모세혈관이 확장되어 붉은 거미의 다리와 같이 보이는 병변

급성전격간염
드문 질환으로 이전의 간질환 과거력이 없으면서 갑작스러운 간세포의 기능부전과 대량의 간조직이 괴사되는 일종의 자가면역질환으로 간성혼수가 발생하는 것

표 12-8 구리 함량에 따른 식품 분류

식품군	높은 식품(0.2mg 이상)	중 정도인 식품(0.1~0.2mg)	낮은 식품(0.1mg 이하)
육류 및 어류제품	돼지, 오리, 양고기, 꿩, 거위, 연어 기타 생선, 간, 심장, 콩팥, 뇌 등 내장, 해산물(굴, 조개, 새우), 육류, 젤라틴, 대두육(콩단백 식품)	닭고기, 칠면조	쇠고기, 치즈, 달걀
지질과 기름	아보카도	땅콩버터	기타 모두
우유	초콜릿 우유, 코코아	올리브	기타 모든 유제품
곡류	말린 콩류, 콩가루, 기장, 보리, 맥아, 호밀, 고구마	통밀빵, 감자, 통밀크래커, 완두, 인스턴트 오트밀, 말린 곡식(즉석 식품)	기타 모두
채소	양송이 버섯, 브로콜리, 채소주스	근대, 시금치, 호박, 아스파라거스, 토마토(주스 및 가공품)	신선한 토마토를 포함한 기타 모든 채소
과일	천도 복숭아, 마른 과일(건포도, 건대추 등)	망고, 배, 파인애플, 파파야, 오렌지주스, 포도주스	신선한 토마토를 포함한 기타 모든 채소
설탕과 감미료	초콜릿, 코코아, 감초시럽	잼, 젤리 등 기타 모두	-
기타	맥주효모	토마토케첩	-
음료	인스턴트 음료, 술, 미네랄 워터	탄산음료, 기타 곡류 음료	과일향 음료 모두, 레몬에이드

자료 : 한국만성질환관리협회 홈페이지(http://www. acdm.or.kr).

③ 진단

간 내 구리 양 측정, 혈청 세룰로플라즈민 측정, 소변 내 구리 배출 측정으로 진단된다.

표 12-9 영양 관련 선천성 대사이상질환 요약

질환	영향받는 영양소	결손효소, 대사결함	영양치료
아미노산 대사이상			
페닐케톤뇨증	페닐알라닌	페닐알라닌 수산화효소 결손 : 페닐알라닌에서 티로신으로의 전환 이상	• 페닐알라닌 제한식 : 티로신 보충
단풍당뇨증	곁가지 아미노산 (루신, 이소루신, 발린)	곁가지 α-케토산탈수소효소 복합체 결손 : 곁가지 아미노산 대사이상	• 곁가지 아미노산 제한
요소회로 대사장애			
고암모니아혈증, 카르바모일인산 합성효소 결핍증	아미노산	카르바모일 인산 합성효소 결손	• 저단백질식
고암모니아혈증, 오르니틴 카르바모일 전이효소 결핍증	아미노산	오르니틴 카르바모일 전이효소 결손	• 저단백질식
고암모니아혈증, 시트룰린혈증	아미노산	아르기니노숙신산 합성효소 결손	• 저단백질식
고암모니아혈증, 아르기니노숙신산뇨증	아미노산	아르기니노숙신산 분해효소 결손	• 저단백질식
고암모니아혈증, 아르기닌혈증	아미노산	아르기닌 분해효소 결손	• 저단백질식
탄수화물 대사이상			
갈락토오스혈증	갈락토오스	갈락토키나아제, 갈락토오스 1-인산 우리딜전이효소, UDP-갈락토오스 4-에피머화효소 결손 : 갈락토오스에서 포도당으로의 전환 이상	• 유당과 갈락토오스 제한
글리코겐축적병	글리코겐	글루코오스 6-인산 분해효소 결손 : 글리코겐의 대사이상으로 조직에 글리코겐 축적	• 고탄수화물 저지방식(전분 함량이 많은 식사) 자주 섭취 • 경구용 생 옥수수전분의 간헐적인 보충
		아밀로-1,6-글루코시다아제 결손 : 글리코겐의 가지점에서 분해 이상으로 조직에 글리코겐 축적	• 단백질 섭취 증가 • 소량씩 자주 식사 • 20~25% 단백질, 40~50% 탄수화물, 25~25% 지방
무기질 대사이상			
윌슨병	구리	구리 배설 이상(구리 축적)	• 구리 제한식 : 아연 보충

④ 치료 및 영양관리

- 윌슨병의 치료는 체내 조직의 구리 균형을 복구하고 유지하는 데 중점을 둔다. 병 자체의 근본적인 결함이 해결되지 않으므로 평생 치료받아야 한다.
- 구리의 장내 흡수를 억제하기 위해 아연이 초기 치료에 이용된다. 암모늄 테트라티오몰리브데이트(ammonium tetrathiomolybdate, TM)는 구리와 복합체를 형성하여 소화관에서 구리 흡수를 억제하므로 초기 치료에 사용된다.
- 페니실라민(penicillamine)은 구리와 킬레이트를 형성하여 소변으로 배출하므로 치료에 사용되나 피리독신 길항제이므로 피리독신과 함께 투여한다.
- 내과적 치료에 저항하는 만성적이고 심각한 간 기능장애의 경우 간이식이 시행된다.
- 식사요법은 구리제한식으로, 갑각류와 간에 구리 함량이 높으므로 피할 것을 권장하고 있다(표 12-8).

7. 신경계 질환과 영양

- 신경계 질환은 심각한 건강문제를 야기하고, 많은 증상과 영양불량이 여러 유형의 신경계 질환을 동반할 수 있다. 영양적 병인을 갖는 신경계 질환은 흡수불량, 알코올중독 또는 영양불량에 주로 기인한다.
- 전 세계적으로 8억 이상의 인구가 영양이 불량하고, 이러한 영양불량은 인지기능장애와 신경질환의 중요한 원인이다.

1) 치매

- 치매(dementia)는 일상생활을 정상적으로 유지하던 사람이 뇌기능 장애로 인해 후천적으로 지적 능력이 상실되는 경우를 말한다. 따라서 치매는 어떤 단일 질환에 의한 진단명이 아니고 뇌를 직접 침범하는 퇴행성 질환이나 감염, 염증 이외에도 내분비 질환, 대사성 질환을 포함한 다양한 내과적 질환, 외상, 신생물, 혈관성 질환 등 여러 가지 원인에 의해 발생하는 특정 증후군이라고 할 수 있다.

- 임상에서 가장 흔히 접할 수 있는 원인질환은 알츠하이머성 치매, 루이소체치매(lewy body dementia), 이마관자엽치매(전두측두치매, frontotemporal dementia), 혈관치매이다.
- 혈관치매가 알츠하이머성 치매 다음으로 노인 치매의 중요한 원인으로 부각되고, 많은 경우 알츠하이머성 치매가 혈관성 요인들과 같이 나타난다는 것이 알려졌다. 특히 우리나라의 경우 서양에 비해 혈관치매의 비율이 높은 것으로 나타났다.

DSM-Ⅳ(Diagnostic and Statistical Mental Disorders-4th Edition)의 치매 진단 기준

단기기억 혹은 장기기억 장애가 반드시 있어야 하며 실어증, 실행증, 실인증, 집행기능 장애 중 적어도 한 가지 이상의 장애가 존재하고 이와 같은 장애로 인해 이전 수준에 비해 기능이 저하되어 직업적 업무수행이나 사회생활에 장애가 발생하는데, 이러한 장애는 섬망이 아닌 상태에서 발생해야 함

- 실어증(aphasia) : 입이나 발성기관 또는 귀의 외상 없이, 뇌의 병소나 손상으로 인해서 언어를 이해하거나 관념을 언어로 표현하는 능력이 상실된 상태
- 실행증(apraxia) : 감각 기관이나 운동 능력에 손상은 없으나 대뇌 일부의 손상으로 지시에 따른 행동이나 운동을 하지 못하는 상태
- 실인증(agnosia) : 감각 기관의 손상은 없으나 대뇌 일부의 손상으로 사물과 자극을 인식하지 못하는 상태
- 섬망(delirium) : 다양한 원인에 의해서 갑자기 발생한 의식의 장애, 주의력 저하, 언어력 저하 등 인지 기능 전반의 장애와 정신병적 증상을 유발하는 신경정신질환

(1) 혈관치매

- 혈관치매(vascular dementia)는 뇌혈관 질환에 의해 뇌조직이 손상을 입어 발생하는 치매이다.
- 혈관치매 중에서 임상적으로 중요한 것은 다발뇌경색치매(multi-infarct dementia), 전략뇌경색치매(strategic infarct dementia) 및 피질하혈관치매(subcortical dementia)이다.

① 원인

- 혈관치매는 허혈 또는 출혈 뇌혈관 질환이나 심혈관 이상으로 인한 허혈 저산소성 뇌 병변에 의해 발생한 치매이다.

- 뇌혈관 질환이 반복해서 발생하여 혈관치매가 생기는 경우가 대부분이지만, 주요 뇌 부위에 단 한 번의 뇌혈관 질환이 발생함으로써 생길 수도 있다.

② 증상

- 다발뇌경색치매와 전략뇌경색치매는 그 기전이나 경과가 뇌졸중과 같고, 주증상으로 마비나 감각장애 대신 인지기능의 장애가 오는 것으로, 치료방법도 일반적인 뇌졸중과 같다.
- 피질하혈관치매는 임상적으로는 알츠하이머성 치매와 비슷하게 나타날 수 있으며, 대개의 경우 환자 자신도 모르게 증상이 나타나서 서서히 진행된다.

③ 치료

- 혈관치매의 치료는 각각의 발생 기전에 따라 치료방법에 차이가 있다.
- 다발뇌경색치매와 전략뇌경색치매의 경우 뇌졸중의 일반적인 1차적 치료와 같고 2차적 예방도 같다.
- 피질하혈관치매의 경우에는 알츠하이머성 치매의 치료제로 사용되는 아세틸콜린에스터라아제 억제제를 인지기능의 개선을 위해 사용할 수 있다.

(2) 알츠하이머성 치매

- 알츠하이머성 치매(Alzheimer's disease)는 치매의 가장 흔한 형태로 서서히 발병하며 점진적으로 진행하여 결과적으로 착란 상태, 성격과 행동변화, 그리고 판단장애에 이르게 한다.
- 알츠하이머성 치매의 발병률은 남녀가 유사하고 40세 이후 기하급수적으로 증가한다.

① 원인

- 위험요인은 유전인자, 출생 순서, 출생 시 어머니의 연령, 두부 손상, 교육 수준, 자유라디칼 작용, 혈관혈류 이상 및 다운증후군이다.
- β-아밀로이드 단백질(β-amyloid protein)과 소포체 관련 결합단백질이 발병의 핵심으로 알려져 있다.
- 발병위험을 높이는 대표적인 유전자로는 Apo-E4(apolipoprotein E4)가 알려져 있

으며 콜레스테롤 운반에 관여한다.

② 증상

- 알츠하이머성 치매로 인해 기억과 지적 능력의 상실과 언어장애가 증가하게 되는 진행성 치매가 된다.
- 처음에는 기억력을 유지하지만 매일의 일상적인 일을 잊는다(소지품을 잘못 두고 찾지 못하거나 약속을 잊는다).
- 기억상실 후 대뇌기능이 감소하고 언어기능이 손상되어 실명사증, 반향언어, 실인증이 나타난다.
- 시간이 지남에 따라 운동기능이 악화되어 반사작용이 변화하고 발을 끌면서 걷는다.
- 마지막 단계에서 장과 방광 조절을 잃고 사지가 약해지고 경축이 일어나며 지적 능력이 중지되어 환자는 식물인간 상태로 정상적인 생활을 전혀 하지 못하게 된다.
- 이상섭식행동과 체중 감소가 일어난다.

표 12-10 알츠하이머성 치매와 혈관치매의 비교

구분	알츠하이머성 치매	혈관치매
특징	• 치매증상이 서서히 점차적으로 악화되는 경과를 보임	• 치매증상이 비교적 갑자기 나타남
기억력	• 최근에 있었던 일이나 사건을 기억하지 못하는 등의 증상 • 오래된 기억보다 최근 기억장애가 심함	• 기억 장애가 뚜렷하지 않음
언어능력	• 초기부터 말을 하려 할 때 적절한 단어가 떠오르지 않음 • 병이 진행되면서 점차 말로 표현하는 것이 어려워짐	• 말이 어눌함 • 손상부위에 따라 말을 하지 못하거나 발음장애
시공간파악능력	• 초기부터 시공간파악능력의 손상 • 시간, 장소, 사람을 알아보는 능력 감소 (시간, 장소, 사람의 순서로 감소)	• 알츠하이머성 치매보다 덜함
전두엽기능	• 혈관치매보다 덜함	• 두드러지게 관찰
마비나 감각이상	• 마지막 단계에서 일어남	• 알츠하이머성 치매보다 걸음걸이가 더 불편하고 한쪽 마비를 가지고 있는 경우가 많음
일상생활	• 일상생활의 장애가 서서히 진행	• 일상생활의 장애가 갑자기 발생

- 실명사증(anomia) : 사물의 이름을 기억하지 못함
- 반향언어(echolalia) : 남들에 의해 말해지는 말을 반복해서 따라 함
- 경축(contracture) : 근육과 건의 수축에 의해 사지의 운동이 제한된 상태

③ 치료 및 영양관리

- 알츠하이머성 치매는 조직병리학적으로 진단되며 현재 명확한 치료방법은 없다.
- 약물치료의 결합(예 아세틸콜린, 비타민 E, 다른 항산화제 및 비스테로이드성 소염제의 결합)이 현재 가장 효과적인 것으로 알려져 있다. 콜린에스터라아제 저해제는 아세틸콜린의 분해를 막고 인식기능을 향상시키는 것으로 알려져 있지만 위장관계 부작용으로 구역질, 구토, 설사 등이 있다.
- 알츠하이머성 치매 환자에서 엄청난 식욕이 있을 수 있지만, 일반적으로 영양불량으로 체중이 감소한다. 알츠하이머성 치매로 인한 인지기능 소실로 주의집중시간, 이성적 능력과 판단기능이 손상되기 때문에 배고픔, 갈증, 포만감을 인지할 수 없다. 말기로 갈수록 삼키는 것이 불가능하기 때문에 간식, 고영양 음식과 영양보충식이 체중 감소를 막는 데 도움이 될 수 있다.
- 초기 알츠하이머성 치매 환자에게 n-3 지방산, 비타민 B 복합체, 비타민 C 및 비타민 E 섭취를 증가시키는 것이 도움이 될 것으로 연구되고 있으나 그 효과를 입증하지 못하고 있다.

2) 뇌전증

- 뇌전증(epilepsy, 간질)은 많은 양의 대뇌신경이 갑작스럽고 무질서하게 흥분함으로써 일어나는 간헐적인 신경계의 교란이다.
- 대부분의 발작은 어린 시기에 일어나고 2세 이전의 발작은 발달결함, 분만손상 또는 대사질환에 의해 일어난다.

(1) 뇌전증 발작의 종류와 증상

뇌전증 발작은 크게 부분발작과 전신발작으로 나뉜다. 부분발작은 대뇌겉질(피질)의

표 12-11　뇌전증 발작의 종류별 증상

종류		특징적 증상
전신발작 시작부터 대뇌 양쪽 반구의 광범위한 부분에서 시작되는 발작	전신강직간대발작 (대발작 : generalized tonic-clonic seizure, grand mal)	• 전신발작 도중에 가장 흔히 볼 수 있는 발작 형태 • 발작 초기부터 갑자기 정신을 잃고, 호흡곤란, 청색증 등이 나타나면서 전신이 뻣뻣해지는 강직 현상 후 팔다리가 규칙적으로 떨리는 간대성 운동이 나타남
	소발작 (결신발작 : absence seizure, petit mal)	• 소발작은 주로 소아에서 발생 • 정상적으로 행동하다가 아무런 경고나 전조 증상 없이 갑자기 하던 행동을 멈추고 의식이 없이 5~10초 정도 멍함
	근육간대경련발작(myoclonic seizure)	• 빠르고 순간적인 근육의 수축이 한쪽 또는 양쪽 팔다리와 몸통에 한 번 또는 연달아 반복되는 것이 특징 • 깜짝 놀라는 듯한 불규칙적인 근육 수축이 나타나는데, 흔히 식사 중에 깜짝 놀라며 숟가락을 떨어뜨림
	무긴장발작(atonic seizure)	• 순간적인 의식 소실과 함께 전신의 근육에서 힘이 빠지면서 넘어짐
부분발작 대뇌겉질(피질)의 일부분에서 시작되는 신경세포의 과흥분성 발작	단순부분발작 (simple partial seizure)	• 대뇌의 일부분에서 시작되며 대뇌 전반으로 퍼지지 않고 의식이 유지되는 것이 특징 • 신체 일부가 떨리거나 감각장애
	복합부분발작 (complex partial seizure)	• 의식의 장애가 있다는 것이 특징 • 의식장애와 더불어 의도가 확실하지 않은 반복적 행동(자동증)이 나타날 수 있음
	부분발작에서 기인하는 2차성 전신발작 (partial seizure with secondary generalization)	• 발작 초기에는 단순부분발작이나 복합부분발작의 형태를 보이지만, 신경세포의 과활동성이 대뇌 전반적으로 퍼지면서 전신발작으로 이행

일부분에서 시작되는 신경세포의 과흥분성 발작이고, 전신발작은 대뇌 양쪽 반구의 광범위한 부분에서 시작되는 발작이다(표 12-11).

(2) 치료 및 영양관리

- 뇌전증 발작유형을 결정하는 것이 효과적인 치료를 수행하는 데 핵심이다.
- 전신발작은 보통 발프로산(valproate)이나 페니토인(phenytoin)으로 치료한다. 이 약제들은 간에서 대사되는 다른 약제들과 상호작용을 하기 때문에 이용하기 어렵고 간을 손상시킬 수 있다. 최근 가바펜틴(gabapentin)이 안정적이고 사용하기 쉽기

때문에 자주 사용되고 있다.

- 카르바마제핀(carbamazepine)이나 페니토인이 부분발작을 치료하는 데 이용되며 부분발작 조절을 못하면 발작수술을 고려해보는 것도 좋다.
- 항경련제 요법에 사용하는 약물은 환자의 영양상태를 변화시킬 수 있다. 페니토인은 간에서 비타민 D 대사를 증가시킴으로써 칼슘의 흡수를 방해하므로 비타민 D 보충이 필수이다. 페니토인은 혈액에서 알부민과 우선적으로 결합함으로써 혈청 알부민 농도를 감소시켜 영양불량을 일으킬 수 있다. 엽산 보충은 페니토인 대사를 방해한다.
- 케톤생성식이요법은 모든 약물치료가 실패한 모든 유형의 발작 치료에 마지막 수단이다. 케톤생성식이요법은 부작용은 최소이며 치유력이 있다. 다른 방법으로 통제할 수 없는 발작 어린이의 1/3에서 간질을 완전히 통제할 수 있고 다른 1/3의 어린이게서는 발작 횟수를 줄이거나 약물을 줄일 수 있다.
  - 케톤생성식이는 케톤증을 유도하여 포도당으로부터 케톤체로 뇌 대사를 이동시키려고 고안되었으며 고전적인 케톤생성식이는 지방 : 탄수화물과 단백질의 비율을 4 : 1로 공급한다. 간질환자에서 케톤체가 억제성 신경전달물질로 작용하여 신체에 항경련 효과를 나타낸다.
  - 케톤생성식이의 평가는 혈액 내 케톤생성지표는 혈중 β-하이드록시부티르산(β-hydroxybutyrate) 농도이며 이 농도가 어린이들에서 4.0mmol/L 이상으로 유지될 때 발작이 잘 조절된다.
  - 케톤생성식이의 부작용은 미량영양소 결핍, 특히 카르니틴 결핍, 저혈당증, 고지방혈증, 골다공증, 비정상적인 간의 기능, 시각 신경병증, 요로결석증 및 용혈성 빈혈 등이다.
  - 발프로산을 약제로 사용하는 경우 케톤생성식이와 함께 먹으면 해로운 영향을 미치므로 주의가 필요하다.

3) 파킨슨병

- 파킨슨병(Parkinson's disease)은 꾸준히 진행되며 장애를 일으키는 신경퇴행성 질환

으로, 움직임이 감소하고 느리며, 근육경직, 안정떨림 및 자세불안정 등이 특징이다.

- 환자의 약 66%가 5년 이내에 불구가 되고 88%는 10년 후 불구가 된다.
- 발병률은 65세 이상의 인구에서 약 1% 정도이며 아프리카, 아시아인은 백인에 비해 발병률이 낮다.

(1) 원인

- 파킨슨병의 원인은 불명확하지만 환경적 요인과 유전의 상호작용이다.
- 흑질에서 도파민 작동성 뉴런의 소실과 티로신 수산화효소(도파민 생성의 속도제한 효소)의 소실에 의해 일어나는 것으로 알려져 있다.

(2) 증상

손의 떨림, 강직, 운동완서는 파킨슨병의 전형적인 3가지 증상이며, 파킨슨병의 진단에 임상적 기준으로 받아들여진다(그림 12-12).

(3) 치료 및 영양관리

- 파킨슨병의 증상은 뇌의 흑질 부분에서 도파민 생성이 불충분하여 발생하기 때문에 중점적인 치료방법은 도파민을 공급하는 것이다. 도파민의 전구체인 레보도파(levodopa, L-dopa)가 효율적인 치료법이다.

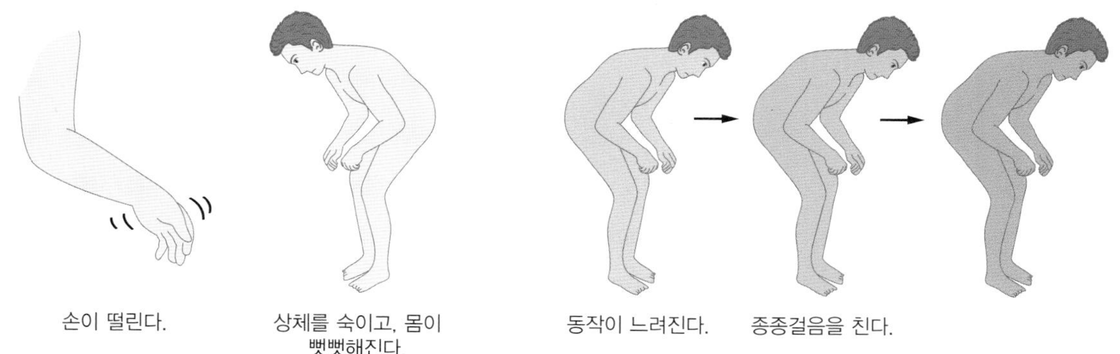

손이 떨린다.
상체를 숙이고, 몸이 뻣뻣해진다.
동작이 느려진다.
종종걸음을 친다.

그림 12-12 파킨슨병의 증상

- 다른 약물로는 도파민 작용제(도파민 결핍일 때 도파민 수용체에 결합하여 활성화)와 모노아민산화효소(monoamine oxidase, MAO) 억제제(도파민 분해 억제)가 있으며 신경보호작용을 한다.
- 파킨슨병 환자를 상담하는 데 가장 중요한 식사요법은 약물-영양 상호작용이다.
  - 특히 식이단백질과 레보도파 간 약물-영양소작용이 확인되었다. 위장관에서 중성의 큰 아미노산은 운반기전에 대해 경쟁을 하여 레보도파가 혈류로 들어와 뇌로 흡수되는 속도를 감소시킨다.
  - 과량의 비타민 B_6가 있을 경우 레보도파가 뇌에서 대사되지 않고 주변 조직에서 대사될 수 있어 비타민 B_6와 레보도파는 함께 복용하지 않는다.
  - 레보도파를 많이 함유하고 있는 식품은 잠두이므로 다른 단백질 대신 잠두로 대체한 식이는 유용하다.
- 질병이 진행됨에 따라 강직이 생기므로 환자가 혼자 식사하는 것이 어렵게 된다.
- 연하곤란은 나중에 나타나는 합병증이며 흡인의 위험이 있다. 적당한 영양을 섭취하도록 격려하고 지지하는 것이 핵심이다.

4) 근위축성 측색경화증

- 근위축성 측색경화증(amyotrophic lateral sclerosis)은 이 병에 걸린 유명한 야구선수인 헨리 루게릭(Henry Louis Gehrig)의 이름을 따서 루게릭병(LouGehrig's disease)이라고도 부르며 운동신경질환의 가장 흔한 유형이다.
- 발병률은 1~2/100,000이며, 남성이 여성보다 더 높고, 50대 후반부터 발병이 증가한다.

(1) 원인

- 근위축성 측색경화증은 노화하는 신경계의 신경퇴행성 질환으로 알려져 있지만 그 원인은 잘 알려져 있지 않다.
- 가족형은 5~10%이며 21번 염색체(Cu/Zn-SOD)의 돌연변이와 연관되어 있다.
- 다른 원인으로는 세포 내 칼슘, 산화적 손상, 자유 라디칼 손상, 미토콘드리아 기능장애, 신경미세섬유 응집 및 운반기전 기능장애로 뉴런 소실 증가와 관련되어 있다.

(2) 증상

근위축성 측색경화증은 점진적인 탈신경 위축과 근력저하가 특징적인 증상이므로 근위축증이라고 한다. 척수, 뇌간, 운동피질에서 상위와 하위 운동신경을 모두 잃게 되어 골격근력 저하, 근위축증(atrophy), 반사항진증(hyperreflexia)이 나타난다. 근위축성 측색경화증의 과정은 끊임없이 진행되어 수년 내 사망하게 된다.

> **반사항진증(hyperreflexia)**
> 운동반사, 특히 건반사(tendon reflexes, 슬개건이나 아킬레스건 등을 쳤을 때 건이 붙어 있는 근육에 일어나는 반사적 수축작용으로서 척수반사의 하나, 단 1개의 시냅스만이 관여하는 특징)가 항진해 있는 상태

(3) 치료 및 영양관리

- 기계적 인공호흡이 환자의 생명을 연장할 수는 있지만 질병의 진전을 느리게 치료하거나 더디게 할 수 있는 효과적인 치료방법은 없다.
- 영양불량과 탈수로 인한 2차적인 합병증을 예방하기 위해서 이 질환의 진전에 따른 연하곤란을 잘 감시해야 한다. 인두 허약은 흡인, 폐렴 및 패혈증의 위험률을 높이고 적절한 에너지와 단백질의 섭취를 감소시켜 환자의 생존에 영향을 미친다.

5) 중증 근무력증

- 중증 근무력증(myasthenia gravis)은 신경근접합부의 신경 전달 장애에 의해 발생하는 질환으로, 신체의 면역계가 아세틸콜린 수용체에 반응성이 증가하는 자가면역 질환이다.
- 중증 근무력증의 발병률은 14/100,000이다.

(1) 원인

- 중증 근무력증 환자는 아세틸콜린 수용체에 대한 항체를 만들어 아세틸콜린 수용체에 결합하여 아세틸콜린에 반응이 없도록 만들어 근육까지의 신경계 신호가 신경근

접합부에서 혼란스럽기 때문에 근육 허약이 일어난다.

- 중증 근무력증 환자는 지나치게 활동적인 흉선을 가지고 이 흉선은 B림프구(항체를 합성하도록 하는 세포)의 성숙에 중요한 역할을 한다.

(2) 증상

- 근육 허약과 피로가 중증 근무력증의 특징이다.
- 가장 흔한 증상은 외안근 무력증으로 인한 복시이다.
- 구음장애, 안면근 무력증 및 연하곤란 등의 증상이 나타난다.
- 33%의 환자가 저작 후 피로감으로 인해 연하곤란이 나타난다.

(3) 치료 및 영양관리

- 약물치료로 항콜린에스터라아제가 사용되는데, 항콜린에스터라아제는 아세틸콜린에스터라아제를 저해하는 약제로 신경근 접합부에 아세틸콜린의 양을 증가시킨다.
- 코티코스테로이드는 면역억제제로 사용된다.
- 흉선의 제거로 중증 근무력증의 증상이 향상될 수 있다.
- 저작과 연하가 중증 근무력증 환자에서 위험할 수 있고, 피로할 때 위험이 증가하므로 환자가 피로하기 전에 식사 시작부터 영양밀도가 높은 음식을 제공하는 것이 중요하다. 조금씩 자주 먹는 것이 씹거나 삼키는 데 도움이 된다.

6) 다발성 경화증

- 다발성 경화증(multiple sclerosis)은 중추신경계에 영향을 주어 신경수초(전기적 신경자극의 전달 기능)의 파괴가 특징인 만성질환이다.
- 다발성 경화증이라는 용어에서 다발성은 시신경, 척수, 뇌의 많은 부위에서 겪기 때문이고 경화증은 미엘린이 공막 또는 반흔조직으로 교체되기 때문이다.

(1) 원인

다발성 경화증의 정확한 원인은 잘 알려져 있지 않지만 햇빛 노출이 적으면 충분한 비타민 D_3을 생성할 수 없고 1,25$(OH)_2D_3$(자가면역질환을 저해하는 선택적 면역계 조절자) 양이 제한되어 다발성 경화증 위험률을 증가시킨다.

(2) 증상

다발성 경화증의 증상은 한쪽 또는 양쪽 시각장애/상실, 복시, 안구진탕증, 감각 및 운동장애, 배뇨 장애, 배변 장애, 성기능 장애, 마비, 피로, 보행 및 균형능력 장애, 떨림, 어지러움 무감각, 얼얼한 느낌, 운동실조 등이다.

(3) 치료 및 영양관리

- 다발성 경화증의 치료방법 중 입증된 것은 없다. 그러므로 초기 발발이나 악화로부터의 회복을 최대화하는 방법은 피로와 감염을 막고 모든 유용한 재활방법을 이용하는 것으로 물리치료, 작업치료, 약물요법이 이용된다.
- 다발성 경화증이 진행됨에 따라 뇌신경이 손상됨으로써 특히 신경학적 결손과 연하곤란이 나타날 수 있으므로 흡인을 막기 위해 식이가 변경되어야 한다.
- 항산화 영양소(β-카로틴, 비타민 C, 비타민 E, 셀레늄) 보충, 비타민 D 보충, n-3 지방산 보충 및 포화지방 제한이 다발성 경화증 환자에게 도움이 될 수 있다.
- 마지막 단계에서는 영양지원이 필요하다.

요점정리
SUMMARY

알츠하이머성 치매

- 치매의 가장 흔한 형태로 서서히 발병하며 점진적으로 진행하여 결과적으로 착란 상태, 성격과 행동변화, 그리고 판단장애에 이르게 함
- 증상 : 기억과 지적 능력의 상실, 언어장애, 자립의 상실, 이상섭식행동 및 체중 감소
- 치료 및 영양관리 : 약물치료의 결합(예 아세틸콜린, 비타민 E, 다른 항산화제 및 비스테로이드성 소염제의 결합)이 가장 효과적

뇌전증

- 많은 양의 대뇌신경이 갑작스럽고 무질서하게 흥분함으로써 일어나는 간헐적인 신경계의 교란
- 전신발작, 부분발작
- 치료 및 영양관리
  - 전신발작은 보통 발프로산이나 페니토인으로 치료
  - 케톤생성식이는 지방 : 탄수화물과 단백질의 비율을 4 : 1로 공급

파킨슨병

- 꾸준히 진행되며 장애를 일으키는 신경퇴행성 질환으로, 움직임이 감소하고 느리며, 근육경직, 안정떨림 및 자세불안정 등이 특징인 질환
- 원인 : 흑질에서 도파민 작동성 뉴런의 소실과 티로신 수산화효소의 소실에 의해 일어남
- 증상 : 손의 떨림, 강직, 운동완서는 파킨슨병의 전형적인 3가지 징후
- 치료 및 영양관리 : 도파민의 전구체인 레보도파 투여가 가장 효율적

근위축성 측색경화증

- 척수와 운동세포의 병변으로 인하여 만성적으로 골격근에 근위축을 가져 오는 질환
- 증상 : 근력약화, 근위축, 반사항진증, 사지마비, 언어장애, 연하곤란, 호흡기능 저하
- 치료 및 영양관리 : 기계적 인공호흡이 환자의 생명을 연장할 수 있지만 질병의 진전을 느리게 하거나 더디게 할 수 있는 효과적인 치료방법은 없음

중증근무력증

- 신경근접합부의 신경전달장애에 의해 발생하는 질환으로, 신체의 면역계가 아세틸콜린 수용체에 반응성이 증가하는 자가면역질환
- 증상 : 근육 허약, 피로, 복시, 구음장애, 안면근 무력증 및 연하곤란
- 치료 및 영양관리
  - 항콜린에스터라아제 사용
  - 영양밀도 높은 음식 제공

다발성경화증

- 중추신경계에 영향을 주어 신경수초의 파괴가 특징인 만성질환
- 증상 : 한쪽 또는 양쪽 시각장애/상실, 복시, 안구진탕증, 감각 및 운동장애, 배뇨장애, 배변장애, 성기능장애, 마비, 피로, 보행 및 균형능력장애, 떨림, 어지러움 무감각, 얼얼한 느낌, 운동실조
- 치료 및 영양관리
  - 물리치료, 작업치료, 약물요법 이용
  - 도움이 되는 영양소 : 항산화영양소, 비타민 D, n-3 지방산 보충, 포화지방 제한

사례연구 1

P 씨는 69세 남성으로 용접공으로 일하다가 은퇴하였다. 내원 2일 전부터 고열이 있었고 당일 심한 호흡곤란과 함께 기침 시 혈액을 포함한 가래가 있어 응급실을 통해 입원하였다. 검사 결과 만성 폐쇄성 폐질환(COPD)으로 진단되었다. 주 호소 증상은 호흡곤란, 기침, 가래, 열 및 식욕저하였다.

P 씨는 음주는 가끔 하며 담배는 15세부터 피기 시작하여 5년 전까지 하루에 1갑을 피웠다. P 씨의 검사 결과는 다음과 같다.

• 신장 : 170cm	• 체중 : 60kg	• 혈압 : 140/70mHg	• 체온 : 37.8℃
• 맥박 : 133회	• 호흡 : 31(호흡이 가쁘고 호흡양상이 불규칙함)		

1. 이 환자에서 COPD, 영양섭취, 영양소 대사의 상호 관련성에 대해 설명하시오.
2. 만성 폐쇄성 폐질환을 완화하기 위한 영양치료의 원리는 무엇인지 설명하시오.
3. 이 환자를 위한 식단을 계획하시오.

사례연구 2

아파트에서 누전으로 인한 화재가 발생하여, 잠을 자고 있던 42세 남자 A 씨가 화상을 입었다. A 씨는 119 구조대에 의해 응급실로 이송된 후 입원하였다. 화상 면적은 35%이고, 키는 180cm, 체중은 75kg이었다.

1. 이 환자의 에너지 필요량을 계산하시오.
2. 환자의 단백질 필요량을 계산하시오.

사례연구 3

대학교에 재학 중인 21세 여학생 L 양이 병원 내과의사에게 찾아가 상담을 하였다. 그녀는 몇 달 동안 계속 허약, 무력감을 느꼈고 일상적인 일을 제대로 수행할 수 없었다. 그녀는 지난 6개월 동안 월경을 할 때 과다한 출혈을 했고 계단을 오르는 동안 숨이 차고 심장이 두근거렸다. 기절할 정도는 아니지만 머리가 어지럽고, 다리에 쥐가 난 경험이 있었다. 또한 식욕도 감소하고 요즘에는 하루에 한 끼 정도만 채식 위주의 식사를 하고 있었다. 의사의 검사 결과 심계항진, 점막이 창백하고 혀가 부었다고 검사하였고 빈혈에 대한 혈액검사를 실시하였다. 적혈구 수 350만 개/mm^3, 혈색소 농도 7g/dL, 헤마토크리트치 30%, 혈청 철 농도가 낮았다.

1. L 양의 혈액검사치에서 알 수 있는 것은 무엇인지 설명하시오.
2. L 양의 빈혈이 오게 된 이유는 무엇인지 설명하시오.
3. L 양이 치료하지 않을 경우 나타날 수 있는 합병증은 무엇인지 설명하시오.
4. L 양을 위한 식사요법을 계획하시오.

사례연구 4

H 씨의 딸은 출생 후 선천성 대사질환을 스크리닝한 결과 PKU 환자로 진단되었다. 5개월이 되었을 때 키가 68cm, 체중이 7.6kg, 머리둘레가 43.3cm이며 건강상태가 양호하며 매우 활동적이다.

1. 이 아기를 위한 식사요법에 대한 계획을 세워보시오.
2. 이 아기를 위한 페닐알라닌과 티로신 양을 산출해 보시오.
3. 이 아기는 이 질환을 치료하기 위한 치료식을 언제까지 지켜야 하는지 설명하시오.

사례연구 5

알츠하이머성 치매를 앓고 있는 노인 I 씨는 70세 여성으로 키가 150cm, 40kg이며 최근 체중이 많이 감소하여 가족과 함께 병원을 방문하였다. 가족들은 I 씨의 행동에 많은 변화가 있었고 옷이 많이 헐렁해졌다고 이야기하였다. 특히 지난 3개월 동안 예전보다 계속 많이 돌아다니고 식사를 거르고 또한 기억이 많이 감소했다고 이야기하였다.

1. 왜 I 씨의 체중이 감소하였는지 설명하시오.
2. I 씨에게 어떤 도움이 주는 것이 체중 감소를 막는 데 가장 이로울 것인지 설명하시오.
3. I 씨에게 어떤 식사계획을 하는 것이 도움이 되겠는지 설명하시오.

부록

1. 2020 한국인 영양소 섭취기준 제정을 위한 체위기준

연령	2020 체위기준					
	신장(cm)		체중(kg)		BMI(kg/m²)	
0~5(개월)	58.3		5.5		16.2	
6~11	70.3		8.4		17.0	
1~2(세)	85.8		11.7		15.9	
3~5	105.4		17.6		15.8	
	남자	여자	남자	여자	남자	여자
6~8(세)	124.6	123.5	25.6	25.0	16.7	16.4
9~11	141.7	142.1	37.4	36.6	18.7	18.1
12~14	161.2	156.6	52.7	48.7	20.5	20.0
15~18	172.4	160.3	64.5	53.8	21.9	21.0
19~29	174.6	161.4	68.9	55.9	22.6	21.4
30~49	173.2	159.8	67.8	54.7	22.6	21.4
50~64	168.9	156.6	64.5	52.5	22.6	21.4
65~74	166.2	152.9	62.4	50.0	22.6	21.4
75 이상	163.1	146.7	60.1	46.1	22.6	21.4

2. 영양소별 섭취기준 (자료 : 한국영양학회, 한국인 영양소 섭취기준, 2020)

한국인 영양소 섭취기준 : 에너지 적정비율

보건복지부, 2020

성별	연령	에너지 적정비율(%)				
		탄수화물	단백질	지질 1)		
				지방	포화지방산	트랜스지방산
영아	0~5(개월)	–	–	–	–	–
	6~11	–	–	–	–	–
유아	1~2(세)	55~65	7~20	20~35	–	–
	3~5	55~65	7~20	15~30	8 미만	1 미만
남자	6~8(세)	55~65	7~20	15~30	8 미만	1 미만
	9~11	55~65	7~20	15~30	8 미만	1 미만
	12~14	55~65	7~20	15~30	8 미만	1 미만
	15~18	55~65	7~20	15~30	8 미만	1 미만
	19~29	55~65	7~20	15~30	7 미만	1 미만
	30~49	55~65	7~20	15~30	7 미만	1 미만
	50~64	55~65	7~20	15~30	7 미만	1 미만
	65~74	55~65	7~20	15~30	7 미만	1 미만
	75 이상	55~65	7~20	15~30	7 미만	1 미만
여자	6~8(세)	55~65	7~20	15~30	8 미만	1 미만
	9~11	55~65	7~20	15~30	8 미만	1 미만
	12~14	55~65	7~20	15~30	8 미만	1 미만
	15~18	55~65	7~20	15~30	8 미만	1 미만
	19~29	55~65	7~20	15~30	7 미만	1 미만
	30~49	55~65	7~20	15~30	7 미만	1 미만
	50~64	55~65	7~20	15~30	7 미만	1 미만
	65~74	55~65	7~20	15~30	7 미만	1 미만
	75 이상	55~65	7~20	15~30	7 미만	1 미만
임신부		55~65	7~20	15~30		
수유부		55~65	7~20	15~30		

1) 콜레스테롤 : 19세 이상 300mg/일 미만 권고

한국인 영양소 섭취기준 : 에너지와 다량영양소

보건복지부, 2020

성별	연령	에너지(kcal/일)				탄수화물(g/일)				식이섬유(g/일)			
		필요 필요량	권장 섭취량	충분 섭취량	상한 섭취량	평균 필요량	권장 섭취량	충분 섭취량	상한 섭취량	평균 필요량	권장 섭취량	충분 섭취량	상한 섭취량
영아	0~5(개월)	500						60					
	6~11	600						90					
유아	1~2(세)	900				100	130					15	
	3~5	1,400				100	130					20	
남자	6~8(세)	1,700				100	130					25	
	9~11	2,000				100	130					25	
	12~14	2,500				100	130					30	
	15~18	2,700				100	130					30	
	19~29	2,600				100	130					30	
	30~49	2,500				100	130					30	
	50~64	2,200				100	130					30	
	65~74	2,000				100	130					25	
	75 이상	1,900				100	130					25	
여자	6~8(세)	1,500				100	130					20	
	9~11	1,800				100	130					25	
	12~14	2,000				100	130					25	
	15~18	2,000				100	130					25	
	19~29	2,000				100	130					20	
	30~49	1,900				100	130					20	
	50~64	1,700				100	130					20	
	65~74	1,600				100	130					20	
	75 이상	1,500				100	130					20	
임신부[1)]		+0 +340 +450				+35	+45					+5	
수유부		+340				+60	+80					+5	

[1)] 1, 2, 3 분기별 부가량

성별	연령	지방(g/일)				단백질(g/일)				수분(mL/일)					
		평균 필요량	권장 섭취량	충분 섭취량	상한 섭취량	평균 필요량	권장 섭취량	충분 섭취량	상한 섭취량	음식	물	음료	충분섭취량 액체	충분섭취량 총 수분	상한 섭취량
영아	0~5(개월)			25				10					700	700	
	6~11			25		12	15			300			500	800	
유아	1~2(세)					15	20			300	362	0	700	1,000	
	3~5					20	25			400	491	0	1,100	1,500	
남자	6~8(세)					30	35			900	589	0	800	1,700	
	9~11					40	50			1,100	686	1.2	900	2,000	
	12~14					50	60			1,300	911	1.9	1,100	2,400	
	15~18					55	65			1,400	920	6.4	1,200	2,600	
	19~29					50	65			1,400	981	262	1,200	2,600	
	30~49					50	65			1,300	957	289	1,200	2,500	
	50~64					50	60			1,200	940	75	1,000	2,200	
	65~74					50	60			1,100	904	20	1,000	2,100	
	75 이상					50	60			1,000	662	12	1,100	2,100	
여자	6~8(세)					30	35			800	514	0	800	1,600	
	9~11					40	45			1,000	643	0	900	1,900	
	12~14					45	55			1,100	610	0	900	2,000	
	15~18					45	55			1,100	659	7.3	900	2,000	
	19~29					45	55			1,100	709	126	1,000	2,100	
	30~49					40	50			1,000	772	124	1,000	2,000	
	50~64					40	50			900	784	27	1,000	1,900	
	65~74					40	50			900	624	9	900	1,800	
	75 이상					40	50			800	552	5	1,000	1,800	
임신부						+12[1] +25[1]	+15[1] +30[1]							+200	
수유부						+20	+25						+500	+700	

[1] 2, 3 분기별 부가량

한국인 영양소 섭취기준 : 지용성 비타민

보건복지부, 2020

성별	연령	비타민 A(μg RAE/일)				비타민 D(μg/일)			
		평균 필요량	권장 섭취량	충분 섭취량	상한 섭취량	평균 필요량	권장 섭취량	충분 섭취량	상한 섭취량
영아	0~5(개월)			350	600			5	25
	6~11			450	600			5	25
유아	1~2(세)	190	250		600			5	30
	3~5	230	300		750			5	35
남자	6~8(세)	310	450		1,100			5	40
	9~11	410	600		1,600			5	60
	12~14	530	750		2,300			10	100
	15~18	620	850		2,800			10	100
	19~29	570	800		3,000			10	100
	30~49	560	800		3,000			10	100
	50~64	530	750		3,000			10	100
	65~74	510	700		3,000			15	100
	75 이상	500	700		3,000			15	100
여자	6~8(세)	290	400		1,100			5	40
	9~11	390	550		1,600			5	60
	12~14	480	650		2,300			10	100
	15~18	450	650		2,800			10	100
	19~29	460	650		3,000			10	100
	30~49	450	650		3,000			10	100
	50~64	430	600		3,000			10	100
	65~74	410	600		3,000			15	100
	75 이상	410	600		3,000			15	100
임신부		+50	+70		3,000			+0	100
수유부		+350	+490		3,000			+0	100

성별	연령	비타민 E(mg α-TE/일)				비타민 K(μg/일)			
		평균 필요량	권장 섭취량	충분 섭취량	상한 섭취량	평균 필요량	권장 섭취량	충분 섭취량	상한 섭취량
영아	0~5(개월)			3				4	
	6~11			4				6	
유아	1~2(세)			5	100			25	
	3~5			6	150			30	
남자	6~8(세)			7	200			40	
	9~11			9	300			55	
	12~14			11	400			70	
	15~18			12	500			80	
	19~29			12	540			75	
	30~49			12	540			75	
	50~64			12	540			75	
	65~74			12	540			75	
	75 이상			12	540			75	
여자	6~8(세)			7	200			40	
	9~11			9	300			55	
	12~14			11	400			65	
	15~18			12	500			65	
	19~29			12	540			65	
	30~49			12	540			65	
	50~64			12	540			65	
	65~74			12	540			65	
	75 이상			12	540			65	
임신부				+0	540			+0	
수유부				+3	540			+0	

한국인 영양소 섭취기준 : 수용성 비타민

보건복지부, 2020

성별	연령	비타민 C(mg/일)				티아민(mg/일)			
		평균 필요량	권장 섭취량	충분 섭취량	상한 섭취량	평균 필요량	권장 섭취량	충분 섭취량	상한 섭취량
영아	0~5(개월)			40				0.2	
	6~11			55				0.3	
유아	1~2(세)	30	40		340	0.4	0.4		
	3~5	35	45		510	0.4	0.5		
남자	6~8(세)	40	50		750	0.5	0.7		
	9~11	55	70		1,100	0.7	0.9		
	12~14	70	90		1,400	0.9	1.1		
	15~18	80	100		1,600	1.1	1.3		
	19~29	75	100		2,000	1.0	1.2		
	30~49	75	100		2,000	1.0	1.2		
	50~64	75	100		2,000	1.0	1.2		
	65~74	75	100		2,000	0.9	1.1		
	75 이상	75	100		2,000	0.9	1.1		
여자	6~8(세)	40	50		750	0.6	0.7		
	9~11	55	70		1,100	0.8	0.9		
	12~14	70	90		1,400	0.9	1.1		
	15~18	80	100		1,600	0.9	1.1		
	19~29	75	100		2,000	0.9	1.1		
	30~49	75	100		2,000	0.9	1.1		
	50~64	75	100		2,000	0.9	1.1		
	65~74	75	100		2,000	0.8	1.0		
	75 이상	75	100		2,000	0.7	0.8		
임신부		+10	+10		2,000	+0.4	+0.4		
수유부		+35	+40		2,000	+0.3	+0.4		

성별	연령	리보플라빈(mg/일)				니아신(mg NE/일)[1]			
		평균 필요량	권장 섭취량	충분 섭취량	상한 섭취량	평균 필요량	권장 섭취량	충분 섭취량	상한섭취량 니코틴산/니코틴아미드
영아	0~5(개월)			0.3				2	
	6~11			0.4				3	
유아	1~2(세)	0.4	0.5			4	6		10/180
	3~5	0.5	0.6			5	7		10/250
남자	6~8(세)	0.7	0.9			7	9		15/350
	9~11	0.9	1.1			9	11		20/500
	12~14	1.2	1.5			11	15		25/700
	15~18	1.4	1.7			13	17		30/800
	19~29	1.3	1.5			12	16		35/1,000
	30~49	1.3	1.5			12	16		35/1,000
	50~64	1.3	1.5			12	16		35/1,000
	65~74	1.2	1.4			11	14		35/1,000
	75 이상	1.1	1.3			10	13		35/1,000
여자	6~8(세)	0.6	0.8			7	9		15/350
	9~11	0.8	1.0			9	12		20/500
	12~14	1.0	1.2			11	15		25/700
	15~18	1.0	1.2			11	14		30/800
	19~29	1.0	1.2			11	14		35/1,000
	30~49	1.0	1.2			11	14		35/1,000
	50~64	1.0	1.2			11	14		35/1,000
	65~74	0.9	1.1			10	13		35/1,000
	75 이상	0.8	1.0			9	12		35/1,000
임신부		+0.3	+0.4			+3	+4		35/1,000
수유부		+0.4	+0.5			+2	+3		35/1,000

1) 1mg NE(니아신 당량)=1mg 니아신=60mg 트립토판

성별	연령	비타민 B_6(mg/일)				엽산(μg DFE/일)[1]			
		평균 필요량	권장 섭취량	충분 섭취량	상한 섭취량	평균 필요량	권장 섭취량	충분 섭취량	상한 섭취량[2]
영아	0~5(개월)			0.1				65	
	6~11			0.3				90	
유아	1~2(세)	0.5	0.6		20	120	150		300
	3~5	0.6	0.7		30	150	180		400
남자	6~8(세)	0.7	0.9		45	180	220		500
	9~11	0.9	1.1		60	250	300		600
	12~14	1.3	1.5		80	300	360		800
	15~18	1.3	1.5		95	330	400		900
	19~29	1.3	1.5		100	320	400		1,000
	30~49	1.3	1.5		100	320	400		1,000
	50~64	1.3	1.5		100	320	400		1,000
	65~74	1.3	1.5		100	320	400		1,000
	75 이상	1.3	1.5		100	320	400		1,000
여자	6~8(세)	0.7	0.9		45	180	220		500
	9~11	0.9	1.1		60	250	300		600
	12~14	1.2	1.4		80	300	360		800
	15~18	1.2	1.4		95	330	400		900
	19~29	1.2	1.4		100	320	400		1,000
	30~49	1.2	1.4		100	320	400		1,000
	50~64	1.2	1.4		100	320	400		1,000
	65~74	1.2	1.4		100	320	400		1,000
	75 이상	1.2	1.4		100	320	400		1,000
임신부		+0.7	+0.8		100	+200	+220		1,000
수유부		+0.7	+0.8		100	+130	+150		1,000

성별	연령	비타민 B_{12}(μg/일)				판토텐산(mg/일)				비오틴(μg/일)			
		평균 필요량	권장 섭취량	충분 섭취량	상한 섭취량	평균 필요량	권장 섭취량	충분 섭취량	상한 섭취량	평균 필요량	권장 섭취량	충분 섭취량	상한 섭취량
영아	0~5(개월)			0.3				1.7				5	
	6~11			0.5				1.9				7	
유아	1~2(세)	0.8	0.9					2				9	
	3~5	0.9	1.1					2				12	
남자	6~8(세)	1.1	1.3					3				15	
	9~11	1.5	1.7					4				20	
	12~14	1.9	2.3					5				25	
	15~18	2.0	2.4					5				30	
	19~29	2.0	2.4					5				30	
	30~49	2.0	2.4					5				30	
	50~64	2.0	2.4					5				30	
	65~74	2.0	2.4					5				30	
	75 이상	2.0	2.4					5				30	
여자	6~8(세)	1.1	1.3					3				15	
	9~11	1.5	1.7					4				20	
	12~14	1.9	2.3					5				25	
	15~18	2.0	2.4					5				30	
	19~29	2.0	2.4					5				30	
	30~49	2.0	2.4					5				30	
	50~64	2.0	2.4					5				30	
	65~74	2.0	2.4					5				30	
	75 이상	2.0	2.4					5				30	
임신부		+0.2	+0.2					+1				+0	
수유부		+0.3	+0.4					+2				+5	

[1] Dietary Folate Equivalents, 가임기 여성의 경우 400μg/일의 엽산보충제 섭취를 권장

[2] 엽산의 상한섭취량은 보충제 또는 강화식품의 형태로 섭취한 μg/일에 해당

한국인 영양소 섭취기준 : 다량무기질

보건복지부, 2020

성별	연령	칼슘(mg/일)				인(mg/일)				나트륨(mg/일)			
		평균필요량	권장섭취량	충분섭취량	상한섭취량	평균필요량	권장섭취량	충분섭취량	상한섭취량	필요추정량	권장섭취량	충분섭취량	만성질환위험감소섭취량
영아	0~5(개월)			250	1,000			100				110	
	6~11			300	1,500			300				370	
유아	1~2(세)	400	500		2,500	380	450		3,000			810	1,200
	3~5	500	600		2,500	480	550		3,000			1,000	1,600
남자	6~8(세)	600	700		2,500	500	600		3,000			1,200	1,900
	9~11	650	800		3,000	1,000	1,200		3,500			1,500	2,300
	12~14	800	1,000		3,000	1,000	1,200		3,500			1,500	2,300
	15~18	750	900		3,000	1,000	1,200		3,500			1,500	2,300
	19~29	650	800		2,500	580	700		3,500			1,500	2,300
	30~49	650	800		2,500	580	700		3,500			1,500	2,300
	50~64	600	750		2,000	580	700		3,500			1,500	2,300
	65~74	600	700		2,000	580	700		3,500			1,300	2,100
	75 이상	600	700		2,000	580	700		3,000			1,100	1,700
여자	6~8(세)	600	700		2,500	480	550		3,000			1,200	1,900
	9~11	650	800		3,000	1,000	1,200		3,500			1,500	2,300
	12~14	750	900		3,000	1,000	1,200		3,500			1,500	2,300
	15~18	700	800		3,000	1,000	1,200		3,500			1,500	2,300
	19~29	550	700		2,500	580	700		3,500			1,500	2,300
	30~49	550	700		2,500	580	700		3,500			1,500	2,300
	50~64	600	800		2,000	580	700		3,500			1,500	2,300
	65~74	600	800		2,000	580	700		3,500			1,300	2,100
	75 이상	600	800		2,000	580	700		3,000			1,100	1,700
임신부		+0	+0		2,500	+0	+0		3,000			1,500	2,300
수유부		+0	+0		2,500	+0	+0		3,500			1,500	2,300

성별	연령	염소(mg/일)				칼륨(mg/일)				마그네슘(mg/일)			
		평균필요량	권장섭취량	충분섭취량	상한섭취량	평균필요량	권장섭취량	충분섭취량	상한섭취량	평균필요량	권장섭취량	충분섭취량	상한섭취량[1]
영아	0~5(개월)			170				400				25	
	6~11			560				700				55	
유아	1~2(세)			1,200				1,900		60	70		60
	3~5			1,600				2,400		90	110		90
남자	6~8(세)			1,900				2,900		130	150		130
	9~11			2,300				3,400		190	220		190
	12~14			2,300				3,500		260	320		270
	15~18			2,300				3,500		340	410		350
	19~29			2,300				3,500		300	360		350
	30~49			2,300				3,500		310	370		350
	50~64			2,300				3,500		310	370		350
	65~74			2,100				3,500		310	370		350
	75 이상			1,700				3,500		310	370		350
여자	6~8(세)			1,900				2,900		130	150		130
	9~11			2,300				3,400		180	220		190
	12~14			2,300				3,500		240	290		270
	15~18			2,300				3,500		290	340		350
	19~29			2,300				3,500		230	280		350
	30~49			2,300				3,500		240	280		350
	50~64			2,300				3,500		240	280		350
	65~74			2,100				3,500		240	280		350
	75 이상			1,700				3,500		240	280		350
임신부				2,300				+0		+30	+40		350
수유부				2,300				+400		+0	+0		350

1) 식품 외 급원의 마그네슘에만 해당

한국인 영양소 섭취기준 : 미량무기질

보건복지부, 2020

성별	연령	철(mg/일)				아연(mg/일)				구리(μg/일)			
		평균 필요량	권장 섭취량	충분 섭취량	상한 섭취량	평균 필요량	권장 섭취량	충분 섭취량	상한 섭취량	평균 필요량	권장 섭취량	충분 섭취량	상한 섭취량
영아	0~5(개월)			0.3	40			2				240	
	6~11	4	6		40	2	3					330	
유아	1~2(세)	4.5	6		40	2	3		6	220	290		1,700
	3~5	5	7		40	3	4		9	270	350		2,600
남자	6~8(세)	7	9		40	5	5		13	360	470		3,700
	9~11	8	11		40	7	8		19	470	600		5,500
	12~14	11	14		40	7	8		27	600	800		7,500
	15~18	11	14		45	8	10		33	700	900		9,500
	19~29	8	10		45	9	10		35	650	850		10,000
	30~49	8	10		45	8	10		35	650	850		10,000
	50~64	8	10		45	8	10		35	650	850		10,000
	65~74	7	9		45	8	9		35	600	800		10,000
	75 이상	7	9		45	7	9		35	600	800		10,000
여자	6~8(세)	7	9		40	4	5		13	310	400		3,700
	9~11	8	10		40	7	8		19	420	550		5,500
	12~14	12	16		40	6	8		27	500	650		7,500
	15~18	11	14		45	7	9		33	550	700		9,500
	19~29	11	14		45	7	8		35	500	650		10,000
	30~49	11	14		45	7	8		35	500	650		10,000
	50~64	6	8		45	6	8		35	500	650		10,000
	65~74	6	8		45	6	7		35	460	600		10,000
	75 이상	5	7		45	6	7		35	460	600		10,000
임신부		+8	+10		45	+2.0	+2.5		35	+100	+130		10,000
수유부		+0	+0		45	+4.0	+5.0		35	+370	+480		10,000

성별	연령	불소(mg/일)				망간(mg/일)				요오드(μg/일)			
		평균 필요량	권장 섭취량	충분 섭취량	상한 섭취량	평균 필요량	권장 섭취량	충분 섭취량	상한 섭취량	평균 필요량	권장 섭취량	충분 섭취량	상한 섭취량
영아	0~5(개월)			0.01	0.6			0.01				130	250
	6~11			0.4	0.8			0.8				180	250
유아	1~2(세)			0.6	1.2			1.5	2.0	55	80		300
	3~5			0.9	1.8			2.0	3.0	65	90		300
남자	6~8(세)			1.3	2.6			2.5	4.0	75	100		500
	9~11			1.9	10.0			3.0	6.0	85	110		500
	12~14			2.6	10.0			4.0	8.0	90	130		1,900
	15~18			3.2	10.0			4.0	10.0	95	130		2,200
	19~29			3.4	10.0			4.0	11.0	95	150		2,400
	30~49			3.4	10.0			4.0	11.0	95	150		2,400
	50~64			3.2	10.0			4.0	11.0	95	150		2,400
	65~74			3.1	10.0			4.0	11.0	95	150		2,400
	75 이상			3.0	10.0			4.0	11.0	95	150		2,400
여자	6~8(세)			1.3	2.5			2.5	4.0	75	100		500
	9~11			1.8	10.0			3.0	6.0	80	110		500
	12~14			2.4	10.0			3.5	8.0	90	130		1,900
	15~18			2.7	10.0			3.5	10.0	95	130		2,200
	19~29			2.8	10.0			3.5	11.0	95	150		2,400
	30~49			2.7	10.0			3.5	11.0	95	150		2,400
	50~64			2.6	10.0			3.5	11.0	95	150		2,400
	65~74			2.5	10.0			3.5	11.0	95	150		2,400
	75 이상			2.3	10.0			3.5	11.0	95	150		2,400
임신부				+0	10.0			+0	11.0	+65	+90		
수유부				+0	10.0			+0	11.0	+130	+190		

성별	연령	셀레늄(μg/일)				몰리브덴(μg/일)				크롬(μg/일)			
		평균 필요량	권장 섭취량	충분 섭취량	상한 섭취량	평균 필요량	권장 섭취량	충분 섭취량	상한 섭취량	평균 필요량	권장 섭취량	충분 섭취량	상한 섭취량
영아	0~5(개월)			9	40							0.2	
	6~11			12	65							4.0	
유아	1~2(세)	19	23		70	8	10		100			10	
	3~5	22	25		100	10	12		150			10	
남자	6~8(세)	30	35		150	15	18		200			15	
	9~11	40	45		200	15	18		300			20	
	12~14	50	60		300	25	30		450			30	
	15~18	55	65		300	25	30		550			35	
	19~29	50	60		400	25	30		600			30	
	30~49	50	60		400	25	30		600			30	
	50~64	50	60		400	25	30		550			30	
	65~74	50	60		400	23	28		550			25	
	75 이상	50	60		400	23	28		550			25	
여자	6~8(세)	30	35		150	15	18		200			15	
	9~11	40	45		200	15	18		300			20	
	12~14	50	60		300	20	25		400			20	
	15~18	55	65		300	20	25		500			20	
	19~29	50	60		400	20	25		500			20	
	30~49	50	60		400	20	25		500			20	
	50~64	50	60		400	20	25		450			20	
	65~74	50	60		400	18	22		450			20	
	75 이상	50	60		400	18	22		450			20	
임신부		+3	+4		400	+0	+0		500			+5	
수유부		+9	+10		400	+3	+3		500			+20	

3. 식품구성 자전거

참고문헌

국내문헌

국립암센터(2008). **식사처방지침서.**

김수경 외 공역(2012). **임상약리학**. 정담미디어.

대한가정의학회 대사증후군연구회(2007). **대사증후군 매뉴얼**. 청운.

대한영양사협회(2022). **임상영양관리지침서 제4판.**

서울대학교병원(1998). **치료식 처방집.**

서정숙 외 공저(2011). **임상영양 서비스의 질적 수준 향상을 위한 직무분석 및 표준 가이드라인 등 개발**. 대한영양사협회, 한국건강증진재단.

한국지질·동맥경화학회 이상지질혈증 치료지침 제정위원회(2009). **이상지질혈증 치료지침**, 2판 수정보완판. 청운.

홍준현(1997). **의무기록관리학**. 고문사.

국외문헌

American dietetic association. ***Nutrition care manual***. American dietetic association, 2011.

Debruyne LK, et al. ***Nutrition and Diet Therapy***, 7th Ed. Cengage Learning, 2007.

Gell PGH, et al, eds. ***Clinical aspects of immunology***, 3rd Ed. Blackwell scientific publication, 1975.

Giroux I. ***Applications and Case Studies in Clinical Nutrition***. Lippincott Williams & Wilkins, 2008.

Goldstein–Fuchs D and, Goleddeke–Merickel CM. Nutrition and kidney disease, in Greenberg A, ed. ***Premier on kidney diseases***. Sanders, 2009.

Katz DL. ***Nutrition in clinical practice***, 2nd Ed. Lippincott Williams & Wilkins, 2008.

Kushi LH, et al. ***American cancer society guidelines on nutrition and physical activity for cancer prevention : reducing the risk of cancer with healthy food choices and physical activity***. CA : a cancer journal for clinicians 56(2006) : 254–281.

Mahan LK and Escott–Stump S. ***Krause's Food, Nutrition and Diet Therapy***, 11st Ed. Saunders, 2004.

Marieb EL and Cummings B. ***Human Anatomy and Physiology***, 8th Ed. 2009.

Nelms M, et al. ***Nutrition Therapy and Pathophysiology***, 2nd Ed. Cengage Learning, 2010.

Pollen M. ***The age of nutritionism***. New York Times Magazine, January 28, 2007.

Rolfes SR, et al. ***Normal and Clinical Nutrition***, International Edition, 2012.

Rolfes SR, et al. *Understanding Normal and Clinical Nutrition*. Thomson Wadsworth, 2006.

The Nutrition Society. *Clinical Nutrition*, 2nd Ed. Wiley−Blackwell, 2013.

World cancer research fund and American institute for cancer research. Food, Nutrition, Physical activity, and the prevention of cancer : a global perspective. *American institute of cancer research*, 2007.

웹사이트

http://www.cspinet.org/new/pdf/salt_lawsuit.pdf (Center for Science in the Public Interest)

http://www.kidney.org/professionals/KDOQI/guidelines_commentaries.cfm (National Kidney Foundation)

http://health.mw.go.kr/HealthPromotionArea/HealthInfo/View.do?idx=3690&subIdx=2&searchCate=&searchType=&searchKey=&pageNo= (국가건강정보포털, 보건복지부)

http://www.cancer.go.kr (국가암정보센터)

http://www.diabetes.or.kr/general/food/index.php (대한당뇨병학회)

http://www.bokjiro.go.kr/data/statusView.do?board_sid=297&data_sid=5951029 (보건복지부, 국민건강영양조사 제5기 2차년도 결과보고서, 2011)

http://www.bioin.or.kr/board.do?bid=todaynews&cmd=view&num=231624 (한국경제)

http://terms.naver.com/entry.nhn?docId=927664&cid=875&categoryId=875 (서울대학교병원)

http://www.foodnara.go.kr/pollution/pollution/pollution_02.jsp?po=5&ps=35 (식약청, 식품오염물질 포털)

http://bric.postech.ac.kr/webzine (생물학연구정보센터)

http://www.kns.or.kr (한국영양학회)

찾아보기

■ ㅊ

■ ㅌ

■ ㅍ

■ ㅎ

■ 기타

저자 소개

임경숙

서울대학교 대학원 식품영양학과(이학박사, 영양학 전공)
수원대학교 총장
전 대한영양사협회 회장(2014~2017년)

허계영

연세대학교 보건대학원(석사, 역학 및 질병관리학 전공)
전 사단법인 WITH 곤명 영양개선연구소 소장
강남세브란스 영양교육 파트장

김숙희

서울대학교 대학원 식품영양학과(이학박사, 영양학 전공)
혜전대학교 제과제빵과 교수
North Carolina State University(Visiting Scholar)
전 서울대학교 병원 영양사

김형숙

서울대학교 대학원 식품영양학과(이학박사, 영양학 전공)
수원대학교 식품영양학과 교수
University of Illinois at Chicago(Postdoctoral Research Associate)
전 서울대학교 병원, 국립암센터 임상영양사
풀무원 식문화연구원 연구위원

박경애

서울대학교 대학원 식품영양학과(이학박사, 영양학 전공)
가야대학교 외식조리영양학부 교수
서울대학교 BK 핵심분야 박사 후 연구원

심재은

서울대학교 대학원 식품영양학과(이학박사, 영양학 전공)
대전대학교 식품영양학과 교수
University of Illinois at Urbana-Champaign(Visiting Scholar)
전 서울대학교 생활과학연구소 연구교수

KB155075

개정증보판

부수部首를 알면 한자漢字가 보인다

개정증보판

부수(部首)를 알면 한자(漢字)가 보인다

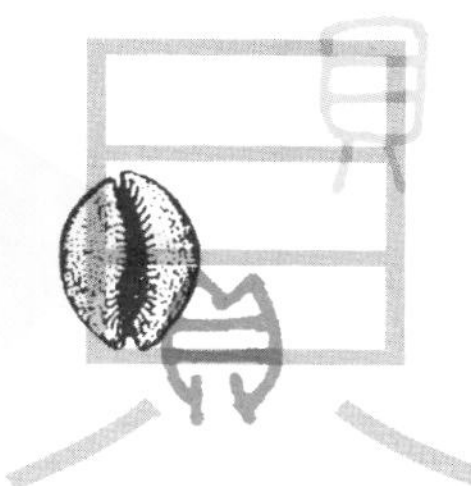

| 김종혁 지음 |

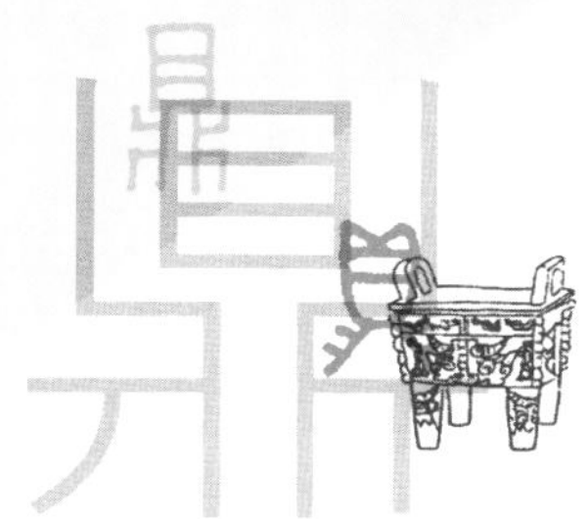

학민사
Hakmin Publishers

최근 주요 일간지마다 지면紙面을 할애해 한자에 관한 설명을 하고 있는 사실에서 보듯, 한자에 대한 관심이 점점 높아지고 있다. 그런 관심과 달리 대부분 사람은 왜 한자가 중요한지, 또 필요한지 인식하지 못하고 막연한 느낌을 갖는 것 같다.

사실 한자는 우리말에서 사용하는 어휘의 70% 이상과 관련이 있다. 어휘 대부분은 학술용어學術用語나 개념어槪念語로 이뤄져 있다. 뿐만 아니라 한자는 지구상地球上에 살고 있는 인구人口의 25% 이상이 사용하는 문자文字다. 2000년대에는 한자를 사용하는 중국이나 일본, 우리나라의 국민 총생산량이 그 어떤 문화권보다 큰 비중을 차지할 것이라는 학자들의 예견豫見도 있다.

이런 현실을 좌시坐視하지 않는 대기업체에서도 입사시험에 한자 비중을 높이고 있다. 심지어 초등학교에서도 한자 교육을 병행하고 있는 실정이다. 이런 결과는 한자의 필요성이나 중요성을 이미 인식하고 있기 때문이다.

그런데 왜 혹자들은 한자를 멀리하고 한글 전용을 주장할까? 필자는 그 가장 큰 이유가 사람들이 한자를 배우기 어려운 문자로 여기기 때문으로 본다. 그 문제를 해결하기 위해서는 한자를 좀 더 쉬운 문자로 여기고 가까이할 수 있는 책이 있어야 할 것이다.

하지만 한자 교육서 출판 현실을 보면, 그에 합당한 책을 찾아보기 힘든 형편이다. 대부분 한자를 제대로 설명하지 않고 한자어만 풀이한 책이기 때문이다. 한자를 직접적으로 다룬 책들은 또 어떤가? 대부분 주입식注入式이나 강독식講讀式의 책으로, 이들 책은 거의가 천지현황天地玄黃식으로 구성되어 天[하늘 천]자부터 배우게 되어 있거나, 가나다 순서대로 家[집 가]자부터 배우게 되어 있다. 한자를 쉽게 익히려면 天(천)자 이전에 사람이 두 팔과 두 다리를 크게 벌리고 있는 모습에서 이뤄진 大[큰 대]자를 먼저 배우고, 天(천)자를 배워야 한다. 家(가)자도 집 모양에서 비롯된 宀[집 면]자부터 배워야 한다. 나아가 家(가)자처럼 宀(면)자와 합쳐진 室[집 실]·宅[집 택]·宮[집 궁]·宇[집 우]·宙[집 주]자 등을 배운다면 누가 한자를 어려워하겠는가?

天(천)자나 家(가)자를 배우기 전에 배워야 할 大(대)자나 宀(면)자는 부수다. 한자를 쉽게 배우고자 한다면 부수 학습이 선행先行되어야 한다. 하지만 국내에는 부수에 대해 체계적으로 정리된 책을 찾아볼 길이 없다. 필자가 본서를 집필하기에 앞서 정규 교육 과정에서 처음 한자를 접하는 중학교 5종의 한자 교과서와 널리 알려진 5종의 한자 사전에서 조사한 부수 명칭마저도 90여자나 서로 다르게 사용되고 있었다. 부수가 한자 학습에서 가장 중요시되는 데도 그 필요성이나 중요성을 인식하지 못하고 일관된 작업을 하지 않았기 때문이다.

따라서 필자는 후생後生이나 후학後學이 한자를 접함에 있어 제일 먼저 알아야 할 부수에 대해 연구하면서 이 책을 쓰게 되었다. 일천日淺하고 천박淺薄한 실력에도 불구하고 앞뒤를 불문하고 쓰다 보니 그동안 많은 곡절이 있었다. 옆에서 도움을 준 오교정씨와 이찬호씨, 그리고 주위 분들의 성원聲援으로 이 책이 세상의 빛을 보게 되었다. 그 분들에게 감사의 마음을 전하며, 이 책을 선뜻 출판해 준 학민사에게도 감사의 마음을 전한다.

1996년 12월 김종혁

이 책의 초판이 세상에 나온 지 25년쯤 되었다. 1991년에 집필을 시작해 우여곡절 끝에 1996년 연말 출간했는데, 그때까지만 해도 한자나 한문에 관심을 갖는 이들에게조차 부수는 그다지 관심의 대상이 되지 못하였고, 제대로 된 관련 서적도 없었다. 이 책은 부수자 214개의 연원과 쓰임을 체계적으로 정리한 우리나라 최초의 연구서이다.

최초 부수 책이다 보니 참고할 기존의 서적이 없는데다 당시에는 중국中國과 정식으로 수교修交가 되기 전후前後 시기여서 책 쓰는 데 도움이 되는 문자학文字學 관련 자료를 구입하는 데도 어려움이 있었다. 그런 상태에서 집필하다보니 내용이 미진한 부분이 있었고, 더구나 근래에 후학들이 부수를 연구하는 데 자료로 활용되고 있음을 보고 적확的確하고 의미意味 있게 도움이 되도록 해야겠다는 생각에 개정판을 내게 되었다.

이 책이 나온 이후 부수의 중요성이나 필요성에 대해 더 많은 관심이 생겨 요즘 시중에 출판되는 한자 서적들의 제목을 보면 부수란 타이틀(title)을 내세우고 있는 책들이 제법 눈에 띈다. 하지만 여전히 부수를 한자의 부속품쯤으로 여기는 이들도 적지 않다.

부수는 수많은 한자를 체계적으로 구성하는 데 큰 역할을 하며, 대개 뜻에 영향을 주는 의부義部의 역할을 하는 같은 형태의 글자다. 예컨대 癌[암 암]·疫[염병 역]·疹[홍역 진]·痘[천연두 두]·癩[문둥병 라]자에서 공통으로 쓰이는 疒[병들 녁→104 참고]자가 바로 부수다. 따라서 疒(녁)자가 병들어 침상에 누운 사람 모습

갑골문 疒자

에서 비롯된 부수임을 알면 그 자형이 덧붙여지는 모든 한자는 질병疾病과 관련이 있음을 미뤄 짐작할 수 있다.

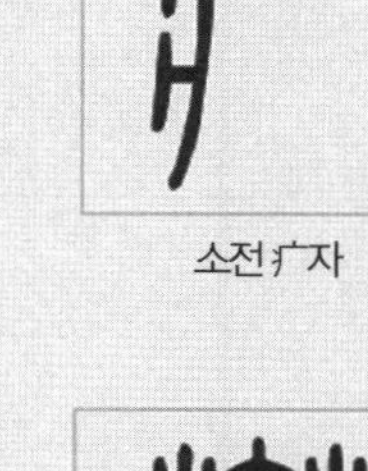
소전疒자

뿐만 아니라 부수는 한자 전체를 이해하는 데도 큰 역할을 한다.

오늘날 우리나라 사람들이 언어생활에서 익히 사용하는 말 가운데 가장 복잡한 획수劃數로 쓰이는 한자는 아마도 鬱蒼(울창)이나 憂鬱(우울)의 鬱[우거질 울]자일 것이다. 鬱(울)자는 두 개의 木[나무 목]자와 缶[장군 부]자와 冖[덮을 멱]자와 鬯[울창주 창]자와 彡[터럭 삼]자가 합쳐진 한자로, 모두 부수로 이뤄져 있다. 따라서 鬱(울)자를 제대로 이해하려면 그 자소字素가 되는 5개의 부수를 알지 않으면 안 된다.

소전 鬱자

더구나 부수는 우리나라[國] 말[語]인 국어國語를 구사하는 사람이라면 누구나 배워서 알아두어야 할 필요성이 있다. 교육현장에서 늘 주장해왔듯 모든 학문學問의 출발점은 문자文字를 아는 것인데, 국어 어휘의 대부분을 이루는 한자어의 한자는 모두 부수로 이뤄져 있기 때문이다. 사실 부수는 한문 교육보다는 국어 교육을 위해 더 필요하다 하겠다.

이 책은 그렇게 한자와 국어에 도움이 되는 부수에 대해 애초에 한자의 3요소인 자형字形 · 자음字音 · 자의字義를 밝혀 썼는데, 이를 저본底本으로 다시 설문해자說文解字와 인문학적人文學的 내용을 추가해 학문적으로 보강했다. 뿐만 아니라 관련 사진이나 그림을 한층 더 첨가하고, 고문자 자형을 많이 사용해 부수를 이해하는 데 도움이 되도록 했다. 30년 넘게 오로지 한자 하나에 천착穿鑿해 온 필자가 교육현장에서 올바르게 부수를 교육하기 위해 연구한 내용을 바탕으로 한 것이다.

그동안 힘이 되어주던 아버지는 곁을 떠나고, 사십이 넘은 나이에 인연을 만나 얻은 자식은 어느덧 고등학생이 되었다. 그런 와중에도 독립군獨立軍처럼 한자 연구를 해오고 있는데, 남은 것은 몇 권의 책뿐이다. 그 책 가운데 가장 큰 의미를 지닌 이 책에 새 옷을 입히는 데 도움을 준 학민사 관계자들에게 고마움을 전한다.

2020년 8월 김종혁

차 례

일러두기

1 이 책은 부수를 중심으로 1972년 당시 문교부가 지정한 교육용 기초한자 1800자를 모두 표기(굵은 글씨체)했고, 필자가 자의적으로 학교 교육과 일상 언어생활에서 필요하다 여기는 한자까지 표기했다.

2 한자의 음성학적 정보인 뜻과 음을 동시에 표기할 때는 반드시 대괄호를 사용했다.

3 이 책에 수록된 한자의 자의는 일정한 기준을 두기 위해 동아출판사의 『동아 한한대사전』을 기준으로 민중서림의 『한한대자전』을 참고했다.

4 이 책에 삽입된 고문자 자형은 중화서국(中華書局)의 『古文字類編』과 『金文編』, 사천사서출판사(四川辭書出版社)의 『甲骨文字典』과 『甲金篆隷大字典』 등 10여권의 자료를 사용했는데, 그 자형을 갑골문 → 금문 → 소전 → 예서의 순서대로 수록했다.

5 이 책은 학습목표인 부수의 이해를 돕기 위해 『설문해자(說文解字)』를 수록했고, 이어서 고문자를 바탕으로 풀이한 문자학자들의 견해나 필자의 견해를 덧붙였다.

6 이 책은 자의(字義)를 이해하는 데 도움이 되도록 한자의 본의(本義)를 중심으로 인신의(引伸義)나 가차의(假借義)를 설명하고, 이의 설명에 마땅한 어휘를 수록했다.

7 이 책은 자형(字形)과 자의(字義)와 자음(字音)을 이해하는 데 도움이 되는 그림과 사진, 또는 고문자 자형을 수록했다.

8 이 책에 사용된 부수 명칭은 1991년 당시 정규 교육과정에서 사용한 중학교 5종 한문 교과서(동아출판사, 교학사, 박영사, 금성출판사, 평화출판사)와 5종의 한자 사전(동아한한대사전, 명문한한대사전, 민중대옥편, 삼성대옥편, 대한한사전)을 참고해 필자가 기준을 세운 뒤에 정해졌다.

한자의 변천 과정

1. 갑골문甲骨文

주로 거북껍데기나 소뼈에 새겨진 문자다. 옛날에는 전쟁이나 수렵 등 행하고자 하는 뒷일에 좋고 나쁨을 알기 위해 거북껍데기나 소뼈에 홈을 파고 불로 지져 반대편에 나타난 파열된 무늬로 길흉을 미리 점쳤다. 길흉을 점친 후 그 위에 점과 관련된 내용을 문자로 기록했는데, 바로 그 문자가 갑골문이다.

초기의 갑골문은 매우 상형적象形的인 요소를 지니고 있어 마치 그림에 가까운 자형이 보이기도 한다. 그러나 후대로 내려오면서 점차적으로 필획筆劃이 많아지고, 그 필획이 직선으로 바뀌면서 문자의 틀이 네모꼴로 변하였다. 상형적인 요소가 퇴색되면서 부호화된 것이다. 갑골문은 한자 연구를 할 때에 가장 오래된 문자를 살필 수 있는 자료가 된다.

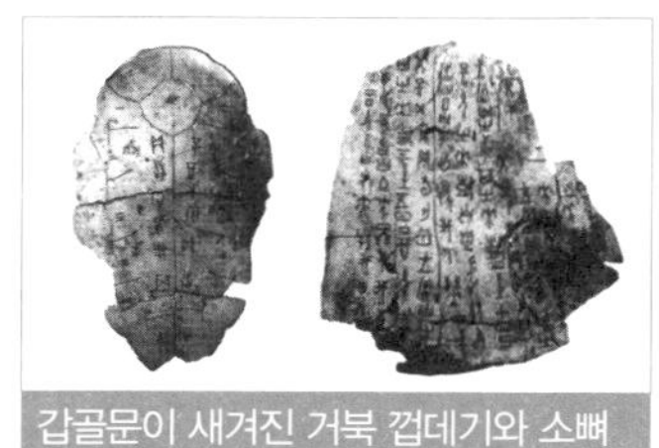
갑골문이 새겨진 거북 껍데기와 소뼈

2. 금문金文

여러 형태의 청동기물青銅器物에 새겨진 문자다. 옛날에는 천신天神 숭배사상이 있었고, 숭배를 위해 제사를 지낼 때는 제물을 담는 청동기물이 사용되었다. 바로 그 청동기물에 신성성神聖性을 부여하여 화려하고 웅장하게 무늬를 새겼으며 문자를 써 넣었는데, 그 문자가 바로 금문이다. 청동기물에

금문이 새겨진 모공정 명문

새겨진 문자를 금문이라 한 것은 고대에 청동을 금金으로 보았기 때문이다.

금문은 곡선과 직선의 변화가 비교적 자유롭고 개방적開放的이다. 그러나 갑골문보다 이전에 쓰인 자형이 있기도 하기 때문에 갑골문보다 상형象形의 단계를 벗어나지 못한 자형이 보이기도 한다.

3. 소전小篆

진시황제秦始皇帝가 중국을 통일한 후에 승상丞相 이사李斯의 건의를 받아들여 이전에 쓰이던 번잡한 서체書體를 개량한 문자가 소전이다. 금문이 쓰이던 전국시대戰國時代에는 제후국諸侯國의 난립 때문에 여러 문자가 생겨 나라가 다르면 문자가 서로 통하지 않았다. 이에 효율적으로 나라를 다스리고, 백성을 교화시키기 위해 문자를 통일할 필요가 있었기 때문에 소전의 서체가 만들어진 것이다.

소전은 그 형체가 상당히 규범적規範的이어서 필획이 완곡하면서도 평평하다. 또 필획이 굵어지거나 가늘어지는 변화가 없고, 필획 사이의 공간이 고르면서 자형이 조금 길다. 소전은 한자가 정형되는 데 큰 역할을 하였다.

소전으로 쓰인 역산각석비

4. 예서隸書

예서는 소전의 복잡한 필법을 좀 더 간편하게 변화시켜 형성된 서체로, 한漢나라 때에 주로 쓰였던 문자다. 관청의 하급 관리인 예인隸人들이 행정 사무를 효율적으로 처리하기 위해 사용하면서 형성된 문자라 하기도 하고, 옥리獄吏인 정막程邈이 감옥에서 만든 문자라 하기도 한다. 또 '노예도 알아볼 만큼 쉬운 서체'라 하여 예서라 불렸다 하나 분명치 않다. 다만 예서는 소전보다 쓰기 쉽고, 읽기 쉬운 문자가 요구되어 생긴 것으로 보인다.

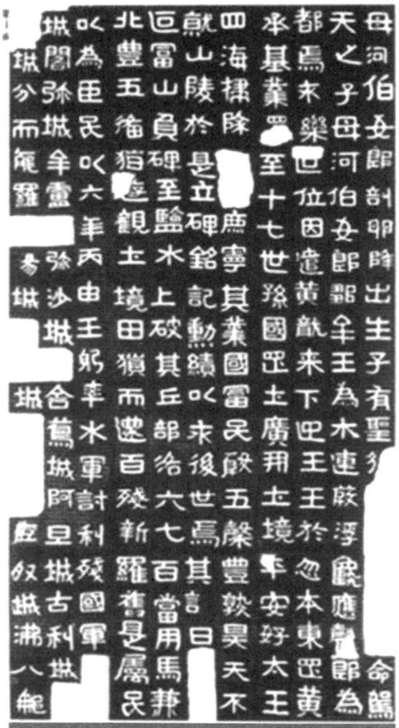

예서는 서체에서 상형적 요소가 사라지고, 필획도 간략하게 직선화하였다. 또 글자 모양도 네모꼴인 방괴자方塊字로 바뀌었다. 예서는 한자가 고문자에서 금문자로 들어섰음을 보여주는 문자로, 이후에 쓰인 해서楷書의 기초가 되었다.

예서로 쓰인 광개토대왕비 탁본

부수 위치에 따른 명칭

1. 변

글자 구성에서 왼쪽에 쓰이는 자형에 붙이는 명칭이다.

예컨대 仁(인)·仙(선)·休(휴)자의 왼쪽에 쓰인 자형인 亻은 人[사람 인]자가 변화된 형태인데, 이는 글자 구성에서 항상 왼쪽에 쓰이기 때문에 人(인)자의 음 '인'에 위치에 따른 명칭 '변'을 붙여 '인변'이라 한다.

2. 방

글자 구성에서 오른쪽에 쓰이는 자형에 붙이는 명칭이다.

旣[이미 기]자의 오른쪽에 쓰인 旡를 위치에 따른 명칭 '방'을 덧붙여 '이미기방'이라 한 것이 그런 경우다.

3. 머리(두)

글자 구성에서 위에 쓰이는 자형에 붙이는 명칭이다.

家(가)·室(실)·宅(택)자에서 위에 쓰인 宀은 집에서 비롯된 글자이므로 '집면'이라 하나 예전에 위치에 따른 명칭 '머리'를 덧붙여 '갓머리'라 한 것이 그런 경우다. 예외로 草(초)자의 머리에 쓰인 艸(초)자의 변형 ++는 '머리'를 뜻하는 한자 頭(두)자의 음 '두'를 빌어 '초두'라 한다.

4. 발

글자 구성에서 아래에 쓰이는 자형에 붙이는 명칭이다.

熱(열)·熟(숙)·焦(초)자에서 아래에 네 점으로 쓰인 灬은 火[불 화]자가 변화된 형태인데, 이는 글자 구성에서 늘 아래에 쓰이기 때문에 위치에 따른 명칭 '발'을 붙여 '연화발'이라 한다.

5. 엄

글자 구성에서 위와 왼쪽을 덮는 부분에 쓰이는 자형에 붙이는 명칭이다.

虐(학)·虛(허)·虞(우)자에서 위와 왼쪽을 덮는 虍는 虎[범 호]자에서 일부분이 생략되었는데, 虎(호)자와 구별해 위치에 따른 명칭 '엄'을 덧붙여 '범호엄'이라 한다.

6. 받침

글자 구성에서 왼쪽을 덮으면서 아래를 받치는 자형에 붙이는 명칭이다.

道(도)·迫(박)·通(통)자에서 왼쪽을 덮으면서 아래를 받치는 辶은 辵[쉬엄쉬엄 갈 착]자가 변화된 형태인데, 辵(착)자의 음 '착'과 위치에 따른 명칭 '받침'을 덧붙여 '착받침'이라 한 것을 오늘날 '책받침'이라 한다.

7. 몸

글자 구성에서 사방이나 위와 좌우를 에워싸는 자형에 붙이는 명칭이다.

包[쌀 포]자에서 '勹'는 위와 좌우를 에워싸는 자형이기에 위치에 따른 명칭 '몸'을 덧붙여 '쌀포몸'이라 한다.

8. 제부수

자형을 더 이상 나누지 않고, 부수가 그대로 한 글자로 구성되었을 때 붙이는 명칭이다.

木(목)·魚(어)·龍(룡)자 등의 부수가 모두 여기에 해당된다.

한자의 창제원리와 부수배열법의 고전

『설문해자說文解字』

후한後漢 때 허신許愼(58경~147경)이 서기西紀 100년에 편찬한 자전字典이다. 본문은 14권이고 서목 1권이 추가되어 있다. 9,353개의 글자가 수록되었고, 중문重文이 1,163자이며 해설한 글자는 13만 3,441자이다. 최초로 부수部首 배열법을 채택하여 한자 형태와 편방 구조에 따라 540개의 부수로 분류했다. 통행하던 전서를 주요 자체로 삼아 고문·주문 등의 이체자를 추가시켰다. 글자마다 지사指事·상형象形·형성形聲·회의會意·전주轉注·가차假借의 '육서六書'에 따라 자형字形을 분석하고 자의字義를 해설했으며 독음讀音을 식별했다. 고문자에 대한 자료가 많이 수록되어 있어 중국 고대서적을 읽거나 특히 갑골문·금석문 등의 고문자를 연구하는 데 참고할 만한 가치가 있다. 원본은 전해지지 않으며, 현재 송나라 때 서현徐鉉이 쓴 교정본이 남아 있다. 이 책에 대한 후세인들의 연구 저작이 대단히 많으나 청나라 시대 단옥재段玉裁의 『설문해자주說文解字注』가 가장 자세하다.

『자휘字彙』

명나라 때 매응조梅膺祚가 『정운正韻』, 『설문해자說文解字』, 『운회韻會』 등을 참고하여 1615년에 펴낸 자전字典이다. 12간지에 따라 12집으로 분류하여 간행되었는데, 부록을 합쳐 모두 14권이다. 경사經史에 나오는 한자는 물론 당시 통용되었던 속자를 포함한 33,179개의 표제자를 수록하였는데, 글자는 해서楷書를 기본으로 삼았다. 매응조는 『오경문자五經文字』에서 160개 부수로 나누었던 것에 영향을 받아 『설문해자』의 540개 부수를 대폭 축소하여 1획부터 17획까지 획수 순서대로 214개의 부수로 나누어 배열하였다. 이렇게 표제자들을 획수에 따라 배열함으로써 한자를 찾아보기 쉽게 하였다. 이처럼 획수에 따라 한자를 검색할 수 있도록 한 『자휘』의 표제자 배열 방법은 이후에 편찬된 장자열張自烈의 『정자통正字通』, 청나라 때 간행된 『강희자전康熙字典』 등 여러 자전들이 채택함으로써 한자 자전의 표제자 배열의 일반적인 방법이 되었다.

『강희자전康熙字典』

청나라 때 강희제康熙帝 칙명勅命에 따라 대학사大學士 장옥서張玉書, 진정경陳廷敬 등 30여 명이 5년에 걸쳐 『설문해자說文解字』와 『자휘字彙』 등과 여러 운서韻書 내용을 인용해 1716년에 간행한 자전이다. 모두 42권으로, 12지支 순서로 12집集으로 나누면서 119부部로 세분해 구성했다. 정자正字 47,035자와 고문古文 1,995자 모두 49,030자를 표제자로 선정했고, 『자휘』에서 214 부수를 획수별로 배열한 방법을 따라 표제자를 배열함으로써 부수별로 배열한 자전의 본보기가 되었다. 또 한자마다 반절反切에 의한 발음이나 속자俗字·통자通字를 표시했다. 아울러 『설문해자』 등 여러 자서字書에서 제시한 뜻풀이를 인용했고, 경전, 역사서, 제자백가의 저서 등에서 인용한 예문을 제시하면서 출처를 밝혀놓았다. 따라서 오늘날에도 유익한 자전으로 널리 활용되고 있다.

車 車

001

一

1획

한 일

옛날 사람들은 어떤 물체의 개수를 문자로 나타내고 싶으면 그 물체를 개수만큼 그대로 그려 표현했다. 그러나 물체로 표현할 수 없는 하루나 이틀과 같은 개념은 문자로 나타내는 데 어려움이 있었다. 이에 대한 문제를 해결하기 위해 오랜 시간에 걸쳐 궁리를 거듭한 끝에 비로소 추상적인 형태의 반듯한 획(劃)으로 숫자와 관련된 문자를 만들었다. 그런 문자의 하나인 一자는 반듯한 획이 하나로 이뤄진 데서 그 뜻이 '하나'가 되었다.

갑골문(甲骨文)	금 문(金文)	소 전(小篆)	예 서(隸書)

마제잠두(馬蹄蠶頭) 형태 一자

『설문해자』에서 一자는 "태초에 도는 하나에서 비롯되어 하늘과 땅을 나누고 만물이 생겨났다(惟初太始, 道立于一, 造分天地, 化成萬物)."라고 하며 철학적인 내용으로 풀이를 하고 있다.

하지만 갑골문 一자 자형은 그냥 하나의 선으로 표현되어 있다. 금문과 그 이후의 소전이나 예서의 一자 자형도 갑골문 형태에서 벗어나지 않고 거의 같은 형태를 유지하면서 오늘날에 이르고 있다.

一자는 一口二言(일구이언)이나 一石二鳥(일석이조)에서처럼 수의 처음인 '하나'의 뜻 외에 一網打盡(일망타진)이나 一刀兩斷(일도양단)에서처럼 단 하나의 동작과 관련해 '한번'의 뜻을 지니기도 하고, 一等(일등)이나 天下一味(천하일미)에서처럼 가장 앞선 하나의 위상(位相)과 관련해 '첫째'의 뜻을 지니기도 한다. 뿐만 아니라 專一(전일)이나 精神一到(정신일도)에서처럼 오직 하나의 방향과 관련해 '오로지'의 뜻을 지니기도 하며, 一同(일동)이나 乾坤一擲(건곤일척)에서

'일동 차렷'의 옛날 아침조회

처럼 하나가 된 전체와 관련해 '모두'의 뜻을 지니기도 한다. 아울러 一助(일조)나 一寸光陰(일촌광음)에서처럼 큰 존재에서 작은 하나의 부분과 관련해 '조금'의 뜻을 지니기도 하고, 一說(일설)이나 一長一短(일장일단)에서처럼 큰 존재에서 떨어진 하나의 개체와 관련해 '어떤'의 뜻을 지니기도 한다.

一자 부수에 속하는 한자 가운데 一자가 글자 구성에 도움을 주면서 뜻이나 음에 영향을 미치는 경우는 단 한 자도 없다. 하지만 一자 부수에 속하는 한자는 적지 않다. 다음은 그 부수에 속하는 한자다. **(굵은 글씨체 표기는 교육용 한자 1800자임)**

丁 [넷째 천간 정] **丈 [어른 장]** **丘 [언덕 구]** **世 [인간 세]** **七 [일곱 칠]**
下 [아래 하] **丙 [셋째 천간 병]** **且 [또 차]** **三 [석 삼]** **不 [아닐 불(부)]**
丕 [클 비] 丞 [도울 승] **上 [위 상]** **丑 [소 축]**

위와 같이 一자와 무관한 한자들은 『설문해자』에서 소전 자형을 바탕으로 540개 부수 체계를 세울 때에 대부분 각자 하나의 부수였다. 하지만 시간이 흘러 그 자형이 변하면서 해서의 자형을 바탕으로 새롭게 214개 부수 체계를 세운 『자휘(字彙)』란 책에서 그 자형의 일부가 一자 형태를 지니고 있음을 들어 편의상 一자 부수에 속하도록 한 한자가 대부분이다.

소전 壹자

청동호(靑銅壺)

一자는 고금을 통해 1획으로 가장 간단하게 쓰이기 때문에 그로 인한 문제가 간혹 초래되기도 했다. 그 자형이 二[두 이]자나 三[석 삼]자, 또는 七[일곱 칠]자나 十[열 십]자 등으로 쉽게 변형되어 나쁘게 사용될 소지가 큰 형태의 문자기 때문이다. 따라서 오늘날에는 그런 문제가 발생하기 쉬운 문서의 작성이나 계약서의 금액을 쓸 때에 필획(筆劃)이 비교적 많으면서 독음(讀音)이 같은 병(甁)과 관련된 壹[한 일]자를 갖은자로 대신해 사용하고 있다.

002 丨 1획 뚫을 곤

丨자는 수직선 모양을 한 부수로, 위에서 아래로 그을 수도 있지만 아래에서 위로 그을 수도 있다. 위에서 아래로 그은 것은 물러섬을 나타내고, 아래서 위로 그은 것은 나아감을 나타내면서 위와 아래가 서로 통하도록 뚫고 있음을 나타낸 한자다. 따라서 丨자는 그 뜻이 '뚫다'가 되었다.

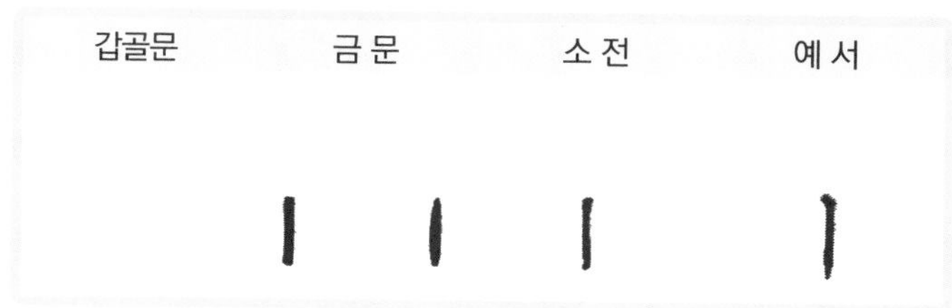

『설문해자』에서 丨자는 "위와 아래가 통한다(上下通也)."라고 했다. 丨자의 뜻 '뚫다'도 위와 아래를 서로 통하도록 뚫는다는 데서 비롯되었다. 하지만 갑골문에 丨자는 그 자형이 보이지 않는다. 그나마 금문에서 수직선 모양으로 몇몇 자형이 보이고 있고, 이후의 자형은 금문과 유사한 형태로 쓰이고 있다.

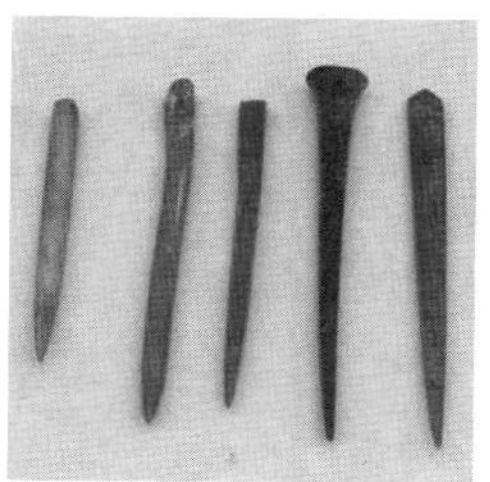
옛날의 뼈로 된 바늘

串자 고문자

'뚫다'의 뜻을 지닌 丨자는 '위아래로 통하다'의 뜻을 지니기도 하지만 부수 역할만 하고, 문자로 역할은 하지 않고 있다. 주로 다른 글자 구성에 도움을 주면서 필획(筆劃)의 하나로 쓰이고 있다.

丨자 부수에 속하면서 오늘날 익히 쓰이는 한자로는 **中[가운데 중]**자와 串[꿸 관, 땅 이름 곶]자가 있다. 그 가운데 串(관·곶)자는 한자문화권에서 우리나라만 장산곶(長山串)이나 호미곶(虎尾串)에서처럼 땅이름으로 쓰일 때에 '곶'의 음으로 읽히고 있다. 또 患[근심 환]자의 구성에 도움을 주면서 음의 역할을 하기도 한다.

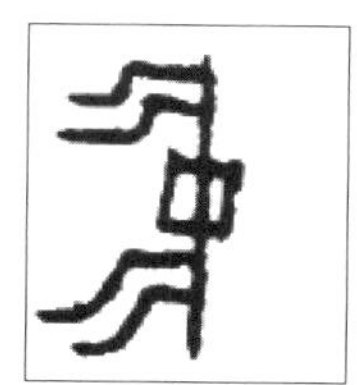
갑골문 中자

003 丶 1획

불똥 주

불에서 생기는 작은 불덩이를 흔히 불똥이라 한다. 그 불똥은 심지의 끝이 다 타서 엉겨 붙은 것을 뜻하기도 한다. 하지만 이를 문자로 표현하기 쉽지 않다. 따라서 '불똥'을 뜻하는 丶 자는 불이 붙은 심지의 모양에서 그 자형이 이뤄진 것으로 보인다.

등잔의 심지

『설문해자』에서 丶자는 "멈추고자 하는 바에 표지를 한다(有所絕止, 丶而識之也)."고 풀이했다.

하지만 丶자는 갑골문에 보이지 않는다. 비로소 금문이나 소전에서 丶자는 여러 형태로 표현되어 있는데, 심지의 불똥을 나타낸 것으로 보인다. 丶자는 후에 예서의 과정을 거쳐 오늘날처럼 쓰이고 있다.

소전 主자

丶자는 오늘날 하나의 문자로 역할을 하지 않고, 흔히 『설문해자』의 풀이에서처럼 문장이 끊어지는 곳에 표시하는 부호의 역할을 하고 있다. 그 외에 주로 필획으로 사용되는데, 필획으로 사용될 때에 丶자는 그 명칭을 그냥 '점'이라 한다. 그렇게 글자 구성에서 점으로 사용될 때는 玉[구슬 옥]자에서처럼 사물을 분별(分別)하거나, 刃[칼날 인]자에서처럼 강조하는 데 의미를 부여하고 있다.

丶자 부수에 속하면서 익히 쓰이는 한자로는 **丸[알 환]**자와 **丹[붉을 단]**자와 井[우물 정=丼]자, 그리고 丶자가 음에도 영향을 미치는 **主[주인 주]**자가 있다.

004

丿

1획

삐칠 별

오른쪽 위에서 왼쪽 아래로 삐쳐 내린 형상의 丿자는 그 본래의 뜻을 알기 어려우나 쓰이는 형상에 의해 '삐치다'의 뜻을 지니며, 글자 구성에 도움을 주면서 단지 필획으로서 역할만 한다. 따라서 덧붙여진 글자의 의미에 영향을 미치지 않는다. 필획으로서 역할만 할 때 그 명칭도 그냥 '삐침'이라 한다.

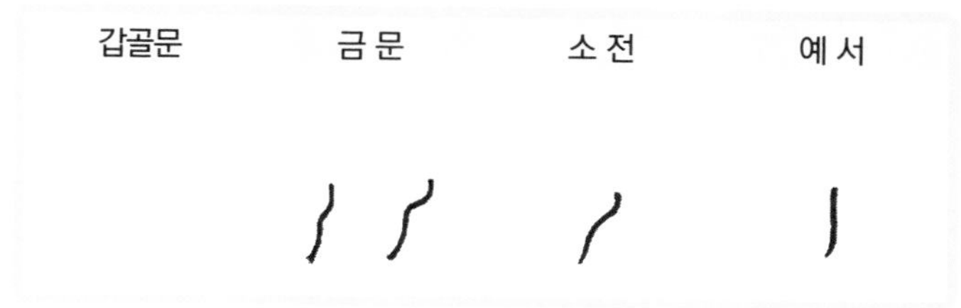

『설문해자』에서 丿자는 "오른쪽에서 어그러진 것이다. 왼쪽으로 당겨진 형태를 본떴다(右戾也. 象左引之形)."라고 했다.

하지만 갑골문에 丿자 자형은 보이지 않는다. 금문에 비로소 보이기 시작하는데, 그 자형의 유형(類型)이 많지 않다. 오늘날 쓰이는 丿자 자형은 소전의 서체를 거쳐 예서에서 정형된 형태다.

丿자는 하나의 문자로서 제대로 역할을 하지 않는다. 그러나 이와 같은 글자가 부수의 하나가 된 것은, 수많은 한자가 부수의 체계로 정리될 때에 필요하게 사용될 수밖에 없었던 요인이 있었기 때문이다.

丿자를 부수로 삼으면서 오늘날 익히 쓰이는 한자는 다음과 같다.

乃 [이에 내]	**久 [오랠 구]**	**之 [갈지]**	乍 [잠깐 사]	乏 [가난할 핍]
乎 [어조사 호]	乓 [탁구 팡(병)]	乒 [탁구 핑(병)]	乖 [어그러질 괴]	**乘 [탈 승]**

위 한자 외에 乀[파임 불]자 역시 그 부수에 속한다. 乀자는 丿자와 함께 필획이나 필순을 학습할 때 반드시 알고 있어야 할 한자다.

005 乙 1획 새 을

乙자는 새 모양을 닮은 자형으로 인해 '새'를 뜻하게 된 한자다. 그러나 오늘날 乙자는 그 자원에 대해 의견이 분분하다. 학자들에 따라 '물고기의 내장'을 나타냈다 이르기도 하고, '칼'을 나타냈다 이르기도 하며, '작은 시냇물'을 나타냈다 이르기도 한다.

乙형태의 새

갑골문	금문	소전	예서

구부러진 새싹

『설문해자』에서 乙자는 "봄에 초목이 구부러져 나오는 것을 본떴는데, 음기가 아직은 강해 그 나오는 모양이 구불구불한 것이다(象春艸木冤曲而出, 陰氣尚彊, 其出乙乙也)."라고 했다.

갑골문이나 금문의 乙자 자형은 한 선이 완만하게 구부러진 모양으로 나타냈는데, 이도 초목이 굽어서 나는 모양으로 보인다. 그 자형이 소전의 과정을 거쳐 예서에서 오늘날처럼 좀 더 확실하게 구부러진 모양의 자형으로 쓰이고 있다. 갑골문이나 금문의 자형으로 볼 때 오늘날 乙자의 뜻인 '새'를 나타낸 자형으로 여기는 것은 타당치 않아 보인다.

乙자는 변형되어 乚의 형태로도 쓰이는데, 乚은 예부터 전해진 명칭이 없어 '乙[새 을] 변형자'라 하고 있다.

乙자는 간지(干支)로 흔히 쓰이는 한자다. 간지는 실제로 우리 생활 가운데 시각이나 방향 등을 나타낼 때 사용되고 있다. 그 외에 연도를 나타낼 때도 자주 사용되는데, 乙未事變(을 미사변)과 乙巳勒約(을사늑약)의 乙자가 바로 그런 경우다. 뿐만 아니라 乙자는 간지에서 십간(十干)의 둘째로 사용되기 때문에 순서나 차례 등을 나타낼 때 '둘째'의 뜻을 지니기도 한다. 乙科(을과)나 乙種(을종)의 乙자가 그런 경우다. 그 외에 乙자는 甲論乙駁(갑론을박)이나 甲男乙女(갑남을녀)의 乙에서처럼 '아무개'의 뜻으로 쓰이기도 한다.

乙자 부수에 속하면서 익히 쓰이는 한자는 **九[아홉 구]**, **乞[빌 걸]**, **也[어조사 야]**, **乳[젖 유]**, **乾[하늘 건]**, **亂[어지러울 란]**자 등이 있다. 이들 한자는 대부분 乙자를 부수로 헤아리는 데 어려움이 있다. 따라서 그 부수가 乙자임을 잘 기억해 둠이 좋겠다.

갑골문 也자

갑골문 乳자

그 외에 乙자는 所(소), 注(주), 者(자)자 등의 자형 밑에 덧붙여져 해당 한자의 음이 'ㄹ'받침을 더한 '솔(乺), 줄(乼), 잘(乽)'로 읽히도록 하는 데 영향을 미치기도 한다. 이런 한자들을 국자(國字)라 하는데, 예부터 우리나라 사람들이 필요에 따라 만들어 사용한 데서 비롯되었다. 1905년 을사늑약이 체결되자 이듬해 의병을 일으켜 일제와 싸웠던 의병장 '신돌석(申乭石)'의 '돌'을 한자로 '乭[돌 돌]'자라고 쓰는데, 바로 그 乭(돌)자도 국자다. 알파고(AlphaGo)와 승부를 겨뤘던 바둑기사인 '이세돌'의 '돌'도 역시 한자로 乭(돌)자다. 나아가 乙자가 변형된 乚의 형태가 덧붙여진 軋[삐걱거릴 알]자나 札[패 찰]자에서는 乙(乚)자가 음의 역할을 하고 있다.

신돌석 초상화

1획

갈고리 궐

亅자는 오늘날의 자형으로 보면 위에서 아래로 그어 내린 다음 끝에서 왼쪽 위로 삐쳐 올린 형상으로 언뜻 무엇을 표현했는지 분명하지 않다. 하지만 이전(以前)의 자형을 보면 갈고리의 형상임을 분명히 알 수 있다. 따라서 亅자는 그 뜻이 '갈고리'가 되었다.

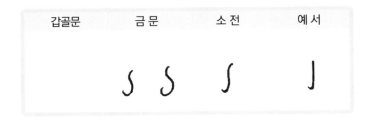

갑골문	금 문	소 전	예 서

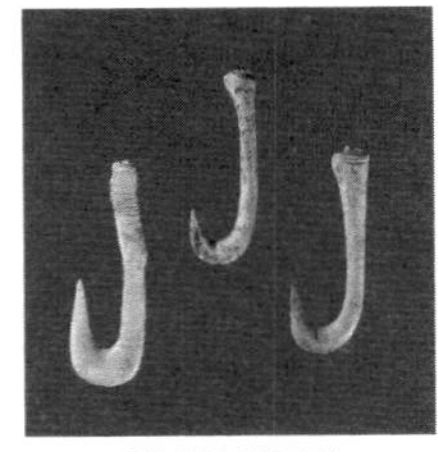

옛날의 갈고리

『설문해자』에서도 亅자는 "갈고리가 거슬러져 휜 것을 일러 亅이라 한다. 형상을 본떴다. 橛(궐)과 같게 읽는다(鉤逆者謂之亅, 象形, 讀若橛)."라고 했다.

하지만 亅자는 갑골문에 그 자형이 보이지 않는다. 금문에서부터 그 자형이 보이기 시작하는데, 그 형상 역시 갈고리로 되어 있다. 소전에서 亅자는 좀 더 덜 휘어진 형상의 갈고리로 바뀌어 쓰이기 시작하며, 예서에서는 끝 부분만 휜 형태의 갈고리를 나타낸 자형으로 변해 쓰이고 있다.

亅자는 독자적인 하나의 문자로 쓰이지 않고, 부수 역할만 하고 있다. 단지 글자 구성에 도움을 주면서 필획 역할만 한 것이다. 필획으로 쓰일 때는 세 형태가 있다. 하나는 壽(수)자에서 네 번째 쓰인 필획으로, 이는 '평 갈고리'라 한다. 또 하나는 小자에서 첫 번째 쓰인 필획으로, 이는 '왼 갈고리'라 한다. 또 다른 하나는 艮(간)자에서 네 번째 쓰인 필획으로, 이는 '오른 갈고리'라 한다.

亅자 부수에 속하면서 익히 쓰이는 한자로는 **了[마칠 료]**자와 **事[일 사]**자가 있다. 하지만 이들 한자에서 亅자는 그 뜻이나 음에 전혀 영향을 미치지 않는다. 부수 체계를 세울 때 자형 일부가 亅자를 닮은 데서 그 부수에 속하게 된 것뿐이다.

007

2획

두 이

숫자에 대한 인류의 감각은 아주 오랜 역사를 지닌다. 이는 적게 잡아도 100만 년의 역사를 거슬러 올라가야 할 정도다. 그러나 숫자에 대한 감각이 문자로 표현된 것은 그다지 길지 않다. 가장 길게 잡아 대략 1만~2만 년 전에 비로소 쓰이기 시작한 것으로 추측되며, 갑골문을 기준으로 보면 3천여 년 정도로 추측된다. 그 갑골문에 二자는 두 개의 횡(橫)으로 이뤄져 있다. 따라서 二자는 그 뜻이 '둘'이 되었다.

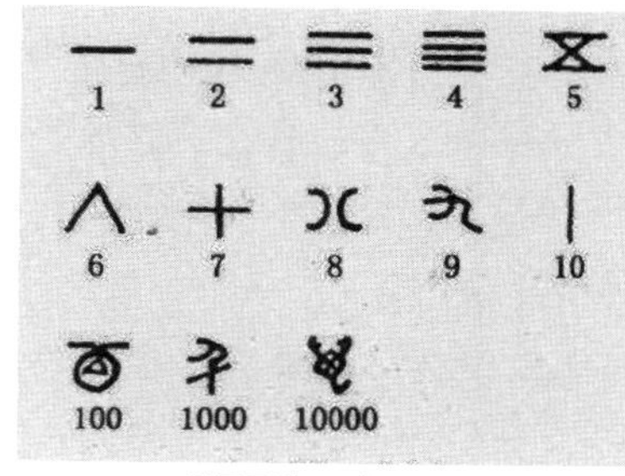

갑골문에 보이는 숫자

갑골문	금문	소전	예서

『설문해자』에서 二자는 "땅에 해당하는 수다. 짝을 지어 一을 따랐다(地之數也. 从偶一)." 라고 하여 一[한 일]자 다음의 숫자가 二자임을 설명하고 있다.

갑골문에 二자 자형은 서로 구분이 없는 길이의 횡이 위아래로 두 개 표현되어 있다. 그러나 二자는 이후에 금문 과정을 거쳐 소전에서 위쪽의 횡이 짧아지기 시작했고, 예서에서 확실하게 위쪽의 횡이 약간 짧은 횡으로 바뀐 형태가 되었다.

二자는 唯一無二(유일무이)나 二人三脚(이인삼각)에서처럼 흔히 숫자로서 '둘'의 뜻을 지니지만 二等兵(이등병)이나 二壘手(이루수)에서처럼 첫째의 다음과 관련해 '둘째'의 뜻을 지니기도 한다. 뿐만 아니라 二자는 二重過歲(이중과세)에서처럼 '두 번'의 뜻을 지니기도 하고, 二世(이세)에서처럼 으뜸의 다음 가는 '버금'의 뜻을 지니기도 한다.

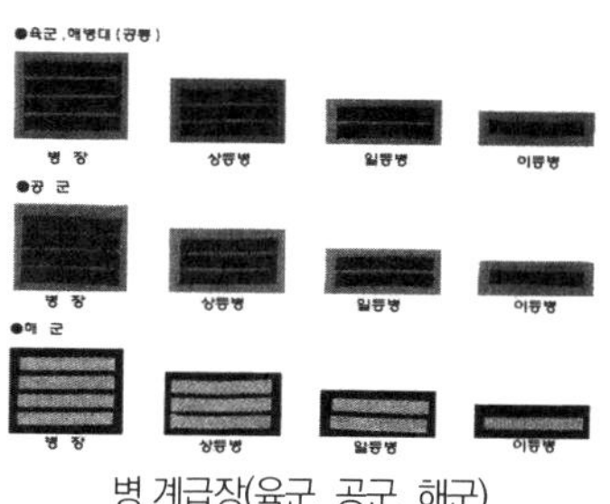

병 계급장(육군, 공군, 해군)

二자 부수에 속하면서 익히 쓰이는 한자에는 **于[어조사 우]**, **云[이를 운]**, **互[서로 호]**, **五[다섯 오]**, **井[우물 정]**, 些[적을 사], **亞[버금 아]**자 등이 있다. 그 가운데 些(사)자를 제외한 모든 한자는 수를 나타내는 二자와 전혀 관계없이 단지 부수의 체계를 세울 때 하나로 묶이는 과정에서 그 부수에 포함되었다. 이들 한자 자형의 일부가 二자와 닮았기 때문이다. 오히려 그 부수에 속하지 않는 次[버금 차]자나 仁[어질 인]자가 些(사)자처럼 二자가 그 글자 구성에 도움을 주면서 뜻에 영향을 주고 있다.

금문 次자

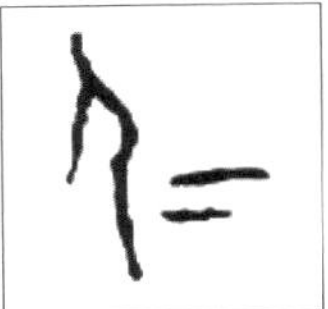

갑골문 仁자

二자는 또 그 필획이 단순하여 一(일)자와 마찬가지로 문서의 작성이나 계약서의 금액을 쓸 때에 변형되어 나쁘게 사용될 소지가 있기 때문에 그런 문제를 피하기 위해 독음이 같은 貳[두 이]자를 갖은자로 사용하고 있다.

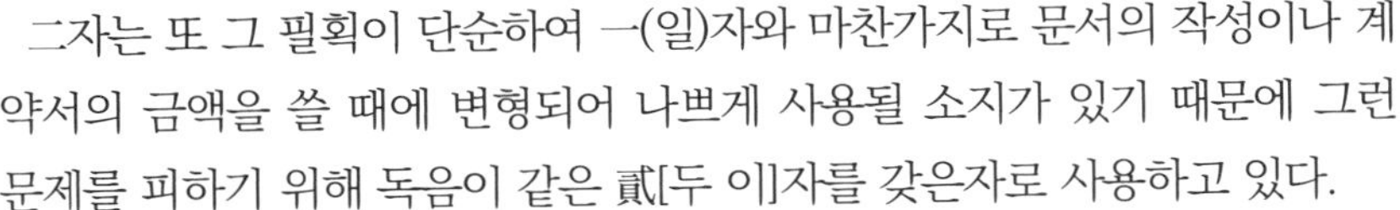

008

2획

돼지해머리

亠자는 자형을 구성하는 데 사용될 뿐이지 단독으로 쓰이는 한자가 아니다. 따라서 亠자는 뜻을 지니지 않고 있다. 단지 '두'라는 자체의 음만 지니고 있다. 하지만 亠자는 '두'라는 음만으로 지칭(指稱)할 수 없기에 오늘날 그 자형이 덧붙여진 亥[돼지 해]자의 머리 부분의 형태와 같다고 하여 '돼지해머리'라 부르고 있다.

금문 亥자

갑골문	금 문	소 전	예 서

멧돼지 머리

『설문해자』에 亠자는 보이지 않는다. 고문자인 갑골문이나 금문에서도 그 자형을 엿볼 수 없다. 소전에서 비로소 그 자형을 살펴볼 수 있다. 하지만 그 자형으로 본의를 헤아리는 데 어려움이 있다. 예서 이후 亠자는 오늘날의 형태로 이어지고 있다.

亠자를 부수로 삼으면서 오늘날 비교적 자주 사용되는 한자는 다음과 같다.

亡 [잃을 망]	**亢 [막을 항]**	**交 [사귈 교]**	**亥 [돼지 해]**	**亦 [또 역]**
亨 [형통할 형]	**享 [드릴 향]**	**京 [서울 경]**	**亭 [정자 정]**	**亮 [밝을 량]**

위의 한자는 모두 亠자가 자체의 구성에 도움을 줄 뿐 그 뜻에 영향을 미치지 않는다. 원래 亠자는 소전 자형을 바탕으로 부수의 체계를 처음 세웠던 『설문해자』에는 없었지만 후대에 해서를 바탕으로 부수의 체계를 세웠던 『자휘(字彙)』에서 亥(해)자의 윗부분만 떼어 같은 형태가 보이는 위와 같은 한자들의 부수로 삼은 데서 생겨났다.

009 人·亻

2획

사람 인·인변

흔히 사람을 만물의 영장이라고 한다. 사람은 만물 가운데 가장 고귀한 존재로, 다른 동물에서 찾아볼 수 없는 여러 특징이 있기 때문이다. 그 가운데 하나가 서서 활동하며, 팔과 다리를 자유롭게 사용하는 것이다. '사람'을 뜻하는 人자는 그 팔과 다리를 분명하게 드러내고 서 있는 사람의 옆모습을 본떠 자형이 이뤄졌다.

갑골문 금문 소전 예서

사람의 진화과정

『설문해자』에서도 人자는 "하늘과 땅의 성(性)에서 가장 귀한 것이다. 이는 주문이다. 팔과 다리의 형태를 본떴다(天地之性最貴者也. 此籒文. 象臂脛之形)."라고 했다.

갑골문이나 금문 人자도 서 있는 사람의 팔과 다리를 나타냈다. 자형에서 윗부분은 도구를 사용하는 데 필요한 팔을 나타냈고, 아랫부분은 바로 설 수 있도록 한 다리를 나타냈다. 일부 자형에서는 맨 윗부분의 머리 모양이 강조되어 있는 것을 볼 수도 있다. 그러나 소전에서 人자는 이미 간략하게 쓰이면서 이전 자형만큼 사람 모양이 명확하지 않다.

人자가 고문자에서 편방으로 쓰일 때는 그 위치가 고정되어 있지 않아 왼쪽이나 오른쪽에 사용되기도 했고, 위쪽에 사용되기도 했다. 때문에 시간이 지남에 따라 그 형태에도 많은 변화가 이뤄졌다. 그러나 예서에서 결국 두 종류의 형태로 굳어져 쓰이게 되었다. 그 하나는 仙(선)자나 仁(인)자에서 보듯 글자의 왼쪽에 덧붙여진 형태[亻]며, 또 다른 하나는 企(기)자나 介(개)자에서 보듯 글자의 위쪽에 덧붙여진 형태[人]이다. 그 중에서 왼쪽에 덧붙여진 형태인 亻은 '인변'이라 부르는데, 이는 人자의 음 '인'에 부수가 왼쪽에 덧붙여질 때 지칭하는 말인 '변'을 합친 명칭이다. 오늘날 人자 부수에 속하는 절대 다수의 한자는 亻으로 쓰이고 있다.

청동기시대 암각화 사람들

人之常情(인지상정)이나 人山人海(인산인해)에서 '사람'의 뜻으로 쓰이는 人자는 문장 가운데에서 我자와 상대되는 개념인 '남'의 뜻으로도 자주 쓰인다. 아울러 人자는 爲人(위인)이나 法人(법인)에서처럼 '인품'이나 '인격'을 뜻할 때도 쓰이고, 五人組(오인조)에서처럼 '사람을 세는 단위'로도 쓰인다. 그 외에 人자는 經濟人(경제인)이나 有色人(유색인)에서처럼 사람을 직업·국적·인종 등으로 분류하여 일컬을 때의 접미사로도 흔히 쓰이고 있다.

人자를 부수로 삼는 대부분의 한자는 그 뜻이 사람과 관련이 있다. 사람은 말과 글, 그리고 도구 따위를 만들어 쓰는 존재로 복잡하고 다양한 인류 사회를 구성한다. 따라서 그 부수에 많은 한자가 속해 있다. 1972년 당시 문교부가 교육용 한자로 지정한 1.800자를 보면 120여 자에 이를 정도다. 하지만 그처럼 많은 한자도 그 뜻의 쓰임에 따라 구분하면, 대체로 다음 네 유형에 속하고 있다.

1. 사람의 유별이나 형체를 나타내는 한자(명사류)

什 [열 사람 십]	**仙 [신선 선]**	仞 [길 인]	**他 [남 타]**	伍 [다섯 사람 오]
伊 [저 이]	**仲 [버금 중]**	佝 [꼽추 구]	**伴 [짝 반]**	**伯 [맏 백]**
佛 [부처 불]	侏 [난쟁이 주]	侶 [짝 려]	俑 [허수아비 용]	**俊 [준걸 준]**
俳 [광대 배]	倡 [광대 창]	**偶 [짝 우]**	**傑 [호걸 걸]**	傀 [꼭두각시 괴]
傅 [스승 부]	僮 [아이 동]	**僚 [벼슬아치 료]**	僕 [종 복]	**像 [형상 상]**
僧 [중 승]	**儒 [선비 유]**	儡 [꼭두각시 뢰]		

2. 사람의 성품이나 정신 상태를 나타내는 한자(형용사류)

仁 [어질 인] 仔 [자세할 자] 佚 [방탕할 질(일)] **佳 [아름다울 가]** 侈 [사치할 치]
俠 [호협할 협] 倨 [거만할 거] 倦 [게으를 권] **健 [굳셀 건]** **偉 [위대할 위]**
傲 [거만할 오] 僭 [참람할 참] **儉 [검소할 검]** **優 [넉넉할 우]** 儼 [의젓할 엄]

3. 사람의 활동이나 행위를 표시하는 한자(동사류)

介 [끼일 개] 仄 [기울 측] **代 [대신할 대]** **付 [줄 부]** **仕 [벼슬할 사]**
以 [써 이] **企 [꾀할 기]** **伐 [칠 벌]** **伏 [엎드릴 복]** **仰 [우러를 앙]**
任 [맡길 임] **休 [쉴 휴]** **似 [같을 사]** 伺 [엿볼 사] **伸 [펼 신]**
佑 [도울 우] **作 [지을 작]** **低 [낮을 저]** **佐 [도울 좌]** **住 [살 주]**
佈 [펼 포] **供 [이바지할 공]** **使 [부릴 사]** **侍 [모실 시]** **依 [의지할 의]**
佩 [찰 패] **係 [걸릴 계]** **侮 [업신여길 모]** **保 [지킬 보]** 俘 [사로잡을 부]
信 [믿을 신] **促 [재촉할 촉]** **侵 [침노할 침]** **便 [편할 편(변)]** **倒 [넘어질 도]**
倣 [본받을 방] 倂 [아우를 병] **修 [닦을 수]** **借 [빌릴 차]** 偃 [누울 언]
停 [머무를 정] 偵 [염탐할 정] 做 [지을 주] 偸 [훔칠 투] **偏 [치우칠 편]**
備 [갖출 비] **傾 [기울 경]** 僂 [구부릴 루] **傷 [다칠 상]** 傭 [품팔이할 용]
傳 [전할 전] **催 [재촉할 최]** 僑 [높을 교] 僥 [바랄 요] 僵 [쓰러질 강]
僻 [후미질 벽] 儗 [본뜰 의] **償 [갚을 상]** 儺 [역귀 쫓을 나]

4. 사람과 관련해 그 뜻의 쓰임을 구분하기 어려운 한자

仗 [무기 장] **件 [일 건]** 伽 [절 가] **但 [다만 단]** **位 [자리 위]**
何 [어찌 하] **例 [법식 례]** 佾 [춤 일] **俗 [풍습 속]** **個 [낱 개]**
俱 [함께 구] 倆 [재주 량] **倫 [인륜 륜]** **倍 [곱 배]** 俸 [녹 봉]
倭 [왜나라 왜] **値 [값 치]** 倖 [요행 행] **候 [기후 후]** **假 [거짓 가]**
側 [곁 측] 偕 [함께 해] **傍 [곁 방]** **僅 [겨우 근]** **債 [빚 채]**
僞 [거짓 위] **價 [값 가]** **億 [억 억]** **儀 [거동 의]**

소전 侯자

위 한자 외에 **今[이제 금]**, **令[하여금 령]**, **余[나 여]**, **來[올 래]**, 俎[도마 조], **侯[과녁 후=矦]**, **倉[곳집 창]**, 傘[우산 산], 僉[다 첨]자도 人자 부수에 속하지만 그 글자 구성이 사람과 관련이 없다. 반면에 化[화할 화], 囚[가둘 수], 坐[앉을 좌], 夾[낄 협], 絛[가지 조]자는 그 글자 구성이 사람과 관련이 있지만 人자 부수에 속하지 않는다.

010 儿

2획

어진 사람 인

儿자는 사람 모습에서 비롯된 人[사람 인→009 참고]자의 이체자다. 따라서 그 뜻이 사람과 관련이 있는데, 人자의 뜻과 약간 다르게 '어진 사람'이라 한다. 그러나 儿자는 문자로 쓰이지 않고, 하나의 글자를 구성하는 데 도움을 주면서 부수 역할만 하는 한자다.

갑골문	금 문	소 전	예 서
			儿

『설문해자』에서 儿자는 "어진 사람이다(仁人也)."라고 풀이했다.

갑골문에 편방으로 쓰인 儿자 자형을 살펴보면, 人자의 갑골문 자형과 같은 형태임을 알 수 있다. 실제로 儿자를 편방으로 삼는 兒[아이 아]자나 兄[맏 형]자가 갑골문에서 모두 人자 형태로 되어 있는 것을 볼 때 儿자는 人자의 이체자임을 알 수 있다. 儿자는 그 자형이 항상 자체의 아래에 위치했기 때문에 금문에서 人자의 자형과 다르게 그 형태가 차차 변하기 시작해 소전의 과정을 거쳐 예서에서 오늘날 쓰이는 형태로 이어졌다.

갑골문 兒자

갑골문 兄자

儿자 부수에 속하면서 비교적 자주 쓰이는 한자는 다음과 같다.

允 [미쁠 윤]	元 [으뜸 원]	兄 [맏 형]	充 [찰 충]
兆 [조짐 조]	兇 [흉악할 흉]	先 [먼저 선]	光 [빛 광]
克 [이길 극]	免 [면할 면]	兒 [아이 아]	兢 [삼갈 긍]
兔 [토끼 토=兎]			

소전 兔자

위 한자 가운데 兆(조), 克(극), 兔(토)자를 제외하고 모두 그 뜻이 사람과 관련된 상태나 동작과 관련이 있다. 그러나 兄(형)자와 兒(아)자 외에는 사람과 관련된 뜻이 분명하게 드러나지 않고 있다.

011 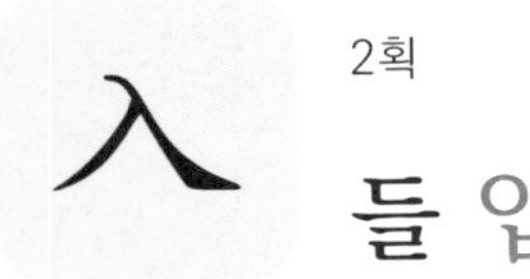 2획 들 입

밖에서 안이나 속을 향해 움직이는 동작을 이르는 말이 '들다'이다. 사람의 가장 편안한 안식처는 집이지만 항상 집 안에서만 머무를 수는 없다. 생존을 위해 밖에서 먹을 것을 구해야 하기 때문이다. 결국 사람은 집 밖으로 나와 활동해야 하며, 때가 되면 언제든 다시 집으로 들게 된다. 이때 집으로 들게 되는 동작과 관련된 '들다'를 뜻하는 한자가 入자다.

갑골문 금문 소전 예서

고대인의 주거지(재현)

『설문해자』에서 入자는 "안에 들인다는 것이다. 위로부터 아래까지 모두 본떴다(内也. 象从上俱下也)."라고 했다. 무엇을 나타냈는지 분명히 풀이하고 있지 않다. 그 자원을 헤아리기 어려운 한자인 것이다. 그 때문인지 그 자원에 대해 의견이 분분하다. 초목의 뿌리가 땅 위에서 밑으로 뻗어 들어가는 형상, 어떤 물체가 위에서 내려오다가 중간에 둘로 갈라져 들어가는 형상, 뾰족한 윗부분이 물체 속으로 들어갈 때에 갈라진 아랫부분도 뒤따라 들어감을 나타낸 형상, 옛날에 움집 생활을 할 때 움집 안으로 허리를 굽혀 들어가는 사람의 형상 혹은 그 입구의 형상에서 만들어졌다하기도 한다. 그러나 入자가 덧붙여진 內[안 내]자의 고문자가 주거지와 관련된 자형이고, 入자의 상대 뜻을 지닌 出[날 출]자의 고문자 자형도 주거지와 관련되어 있음을 볼 때 그 자형은 주거지의 입구를 표현한 형태로 보인다.

內자 고문자

갑골문과 금문 入자 자형은 모두 좌우 모양이 대칭을 이루고 있다. 소전 入자는 갑골문과 금문에서 일반적으로 쓰이는 자형이 정형되었다. 그 자형이 예서에서 비로소 오늘날 쓰이는 형태와 같게 변화되었다.

入자는 그 자형이 人[사람 인]자나 八[여덟 팔]자와 비슷하기 때문에 단독체의 문자로 쓸 때는 서로 잘 구별되어 사용되고 있다. 그러나 하나의 글자를 구성하는 데 덧붙여질 때는 서로 잘 구별되지 않고 사용되는 경향이 종종 있다. 內(내)자나 全(전)자가 그런 경우로, 入자 형태로 쓰여야 하나 간혹 人자나 八자의 형태로 잘못 쓰이고 있음을 볼 수 있다. 실제로 국립중앙도서관의 과거 건립기념비에는 사람 성씨(姓氏)의 全자에서 위에 쓰이는 자형이 入자가 아닌 人자로 쓰여 있음을 볼 수 있다. 이렇게 그 쓰임의 구분이 잘 되지 않고 사용되기 쉬운 入자의 서사법(書寫法)은 삐침[丿]보다 파임[乀]이 길어 위로 나오는 형태다. 반면에 人자는 삐침이 파임 위로 길게 나오는 형태며, 八자는 두 필획(筆劃)인 삐침과 파임이 서로 분리되어 있는 형태다. 서사법이 서로 약간씩 다름을 분명하게 구분해 바른 글자를 쓰도록 해야 할 것이다.

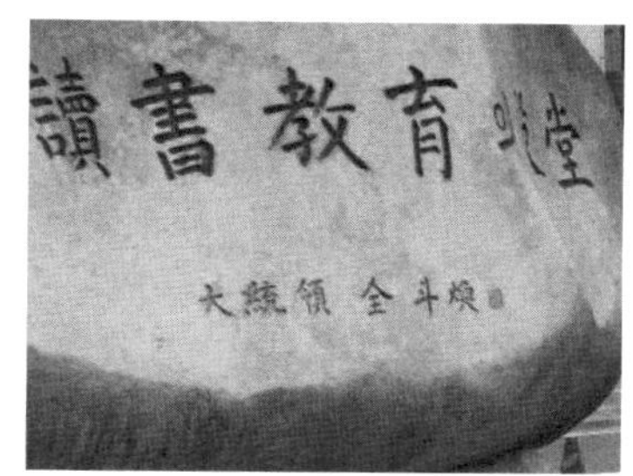

국립중앙도서관 건립기념비

漸入佳境(점입가경)이나 四捨五入(사사오입)에 쓰이는 入자는 속이나 안으로 '들어오다'나 '들어가다'의 뜻 외에 入閣(입각)·入門(입문)·入賞(입상)에서 보듯 조직 또는 기관 등의 구성원(構成員)이 되거나 시험에 합격했을 때도 사용된다. 뿐만 아니라 入자는 入庫(입고)나 入棺(입관)에서 보듯 '넣다'의 뜻으로도 사용된다. 아울러 入자는 沒入(몰입)에서처럼 '빠지다'의 뜻으로도 사용된다.

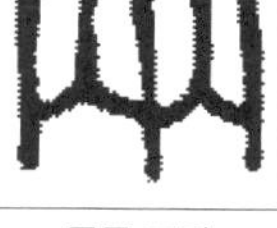
금문 兩자

內[안 내], **全[온전할 전]**, **兩[두 량]**, 兪[점점 유]자 등은 入자 부수에 속하면서 비교적 자주 쓰이는 한자다. 따라서 이들 한자를 옥편에서 찾으려면, 人자나 八자가 아닌 入자 부수에서 찾아야 한다. 하지만 全(전), 兩(량), 兪(유)자의 자원(字源)은 入자와 관련이 없다.

금문 兪자

012  2획 여덟 팔

옛날에는 수를 계산할 때에 산가지를 이용했는데, 一에서 三까지는 산가지를 나란히 놓은 것처럼 수를 표시했다. 그러나 四 이상의 수는 그런 식으로 표시할 수 없어 다른 한자를 빌려 썼다. '여덟'을 뜻하는 八자도 그런 한자다.

갑골문	금문	소전	예서
)(	八 八		
)( )(	八 八	)(	八

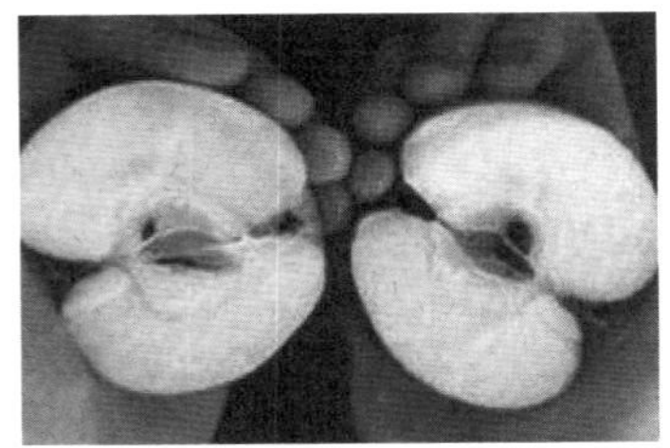
사과를 나누는 모양

『설문해자』에서 八자는 "나누는 것이다. 나눠져 서로 등진 형상을 본떴다(別也. 象分別相背之形)."라고 했다.

실제로 갑골문 八자 자형도 무언가 좌우로 나눠진 형태로 되어 있다. 금문이나 소전의 八자 자형도 이전 형태를 그대로 이어서 쓰고 있다.

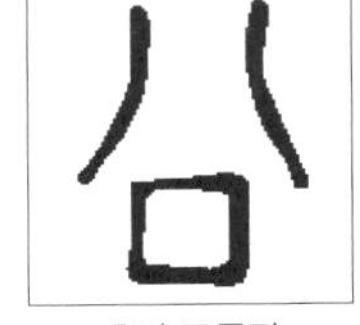
公자 고문자

八자는 오늘날 그 본의인 '나누다'의 뜻으로 사용되는 용례를 찾아 볼 수 없다. 八字(팔자)나 八等身(팔등신)에서처럼 주로 '여덟'을 뜻하는 데 쓰이고, 七顚八起(칠전팔기)에서처럼 종종 횟수인 '여덟 번'의 뜻으로도 사용되고 있다.

八자 부수에 속하는 한자는 다음과 같다.

公 [공변될 공] **六** [여섯 륙] **共** [함께 공] **兵** [군사 병] **具** [갖출 구]
其 [그 기] **典** [법 전] **兼** [겸할 겸] **兮** [어조사 혜]

위 한자는 公(공)자 외에 모두 그 자원이 八자와 관련이 없다. 하지만 半[반 반]자와 分[나눌 분]자는 그 부수에 속하지 않아도 八자의 본의인 '나누다'의 뜻과 관련이 있다.

013 冂 2획 멀 경

눈앞에 펼쳐진 고을[邑]과 같은 일정한 지역 주변의 먼 경계를 표현한 한자가 冂자다. 冂자에서 좌우의 두 선과 그 끝에 이어진 한 선은 먼 경계를 나타냈다. 따라서 冂자는 그 뜻이 '멀다'가 되었다.

갑골문	금문	소전	예서

남원관부도

『설문해자』에서 冂자는 "邑(읍)의 바깥을 郊(교)라 하고, 郊(교)의 바깥을 野(야)라 하며, 野(야)의 바깥을 林(림)이라 하고, 林(림)의 바깥을 冂(경)이라 한다. 먼 경계를 본떴다(邑外謂之郊, 郊外謂之野, 野外謂之林, 林外謂之冂. 象遠界也)."라고 했다.

冂자는 갑골문에 그 자형이 보이지 않지만 금문에서 먼 경계를 약간 다른 네 가지 형태로 나타냈다. 그 가운데 한 형태가 소전 과정을 거쳐 예서에서 오늘날처럼 쓰이는 형태로 이어졌다. 아울러 冂자는 일정한 지역을 나타낸 口의 형태를 덧붙인 冋자로도 쓰이고 있다.

冂(冋)자는 그 자형에서 보듯 고을[邑]과 같은 일정한 지역 주변의 먼 지경과 관련해 '멀다'의 뜻을 지닌다. 뿐만 아니라 冂자는 '비다'의 뜻을 지니기도 한다. 그러나 오늘날은 부수로만 쓰이고 있기 때문에 어휘를 통해 그 쓰임을 찾아볼 수 없다.

冂자 부수에 속하는 한자로는 **冊[책 책=册]**, **再[두 재]**, **冒[무릅쓸 모]**, 冑[투구 주], 冕[면류관 면]자 등이 있다. 모두 부수 편제(編制)시 자형의 일부가 冂자와 유사함으로 말미암아 그 부수에 포함된 한자다. 특히 冒(모), 冑(주), 冕(면)자는 모두 冃[쓰개 모]자와 관련된 한자로, 冃(모)자는 오히려 冖[덮을 멱]자 부수와 관련이 있다.

014

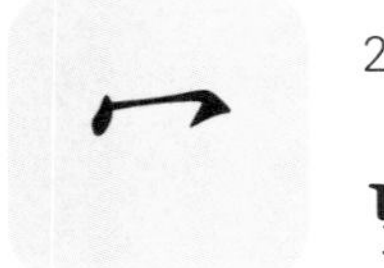

2획

덮을 멱

冖자는 위가 밋밋하면서 좌우가 아래로 드리워진 모양으로 이뤄진 한자다. 흔히 사물을 덮어 놓은 형상을 나타내거나, 혹은 추상적으로 덮는 일을 가리키는 데 쓰이는 한자로 여겨지고 있다. 따라서 冖자는 그 뜻이 '덮다'가 되었다.

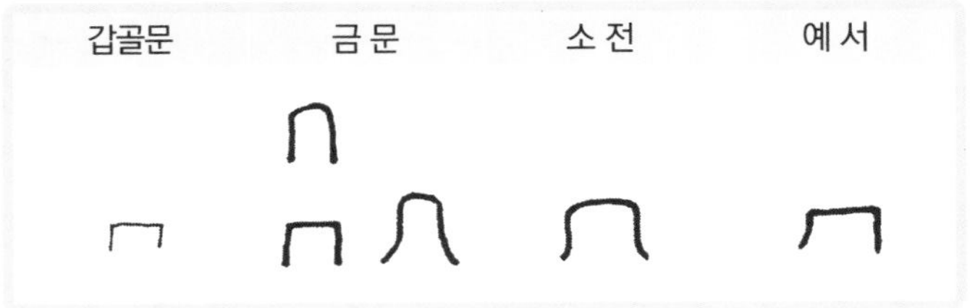

『설문해자』에서 冖자는 "덮는 것이다. 一을 아래로 드리웠음을 따랐다(覆也. 从一下垂也)."라고 풀이했다.

하지만 갑골문에 冖자는 그 자형이 많지 않다. 금문도 갑골문 冖자와 비슷하지만 모두 사물을 덮을 수 있도록 한 형태로 쓰이고 있다. 이후의 자형인 소전 冖자도 이전과 크게 다르지 않는 형태로 쓰이다가 예서의 과정을 거쳐 오늘날처럼 쓰이는 형태가 되었다.

冖자는 그 자형에서 보듯 '덮다'나 '덮어 가리다'의 뜻을 지니고 있다. 그러나 오늘날 단독의 문자로 쓰이지 않고, 부수 역할만 하고 있다. 따라서 어휘나 문장을 통해서 그 쓰임을 살펴볼 길이 없다.

冖자를 부수로 삼는 한자는 대개 덮어 가리어지는 사물이나 상태와 관련된 뜻을 지닌다. 하지만 그 부수에 속하면서 익히 쓰이는 한자는 그다지 많지 않다. 그런 한자로는 **冠[갓 관]**, 冤[원통할 원=寃], **冥[어두울 명]**자가 있고, 冢[덮을 몽]자나 冢[무덤 총]자도 그 부수에 속한다. 나아가 寫[베낄 사]자의 속자(俗字)인 冩자, 富[부자 부]자의 속자인 冨자, 宜[마땅할 의]자의 속자인 冝자에서도 여전히 그 쓰임을 엿볼 수 있다.

월하정인도(신윤복)

015

冫

2획

얼음 빙

물이 얼어서 굳어진 것이 얼음이다. 그 얼음은 사람이 더위를 물리치는 데 큰 도움을 줄뿐 아니라 음식이 상하는 것을 지연시키는 데도 큰 도움을 준다. 하지만 물이 어는 추운 겨울에는 자연스럽게 접할 수 있지만 더운 여름에는 접할 수 없다. 따라서 문명이 그다지 발달되지 않았던 옛날의 여름에 얼음은 귀하게 여겨졌다. 그 '얼음'을 뜻하는 한자가 冫자다.

갑골문	금문	소전	예서

『설문해자』에서 冫자는 "얼은 것이다. 물이 언 형상을 본떴다(凍也. 象水凝之形)."라고 풀이했다.

원래 '얼음'을 뜻하는 한자는 갑골문과 금문과 소전의 자형을 보면 仌자로 쓰고 있음을 알 수 있다. 마치 오래된 자기(瓷器)에서 볼 수 있는 무늬처럼 물이 추위를 만나 얼어 붙을 때나 추위가 물러나 녹을 때에 생기는 얼음무늬를 간략하게 나타낸 것이다.

실제 얼음무늬

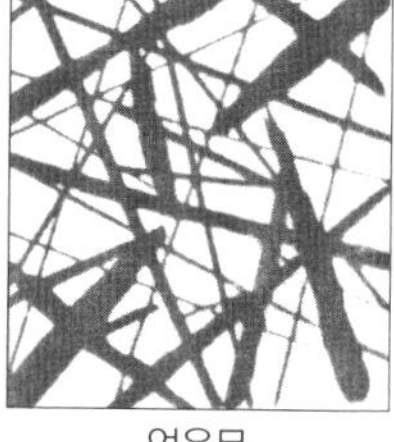
얼음문

얼음무늬가 보이는 자기

하지만 仌자는 훗날 그 뜻 '얼음'을 더욱 분명히 하기 위해 水[물 수]자를 덧붙여 변화된 冰(빙)자로 쓰이게 되었다. 그러자 仌자는 결국 쓰이지 않고, 대신에 그 형태가 예서에서 간략하게 변화된 冫자만 따로 하나의 부수가 되었다. 예서 이후에도 冫자는 계속해서 그 형태를 유지하고 있다. 일부에서는 冫자를 水(수)자에서 변형된 氵[삼수변]의 명칭에 빗대어 '이수변'이라 지칭하기도 한다. 하지만 冫자는 冬[겨울 동]자에서처럼 자체의 밑에도 쓰이므로 왼쪽에 덧붙여질 때의 명칭 '변'을 사용한 '이수변'은 온당치 않은 용어임을 알 수 있다.

冫자는 애초에 어는 것과 관계되어 동사형 '얼다'와 명사형 '얼음'의 두 가지 뜻을 지녔다. 후에 그 뜻을 서로 구분해서 써야 할 필요가 있자 '얼다'의 뜻은 凝[얼 응]자가 대신했고, '얼음'의 뜻은 다시 水자가 덧붙여진 冰자가 대신했다. 하지만 冰자는 다시 그 자형의 일부를 생략해 오늘날 흔히 氷자로 쓰이고 있고, 부수 역할도 水자가 하고 있다.

冫자 부수에 속하는 한자는 대부분 얼음과 관련해 차거나 추운 뜻을 지닌다. 다음은 그런 한자다.

冬 [겨울 동]	冶 [불릴 야]	**冷 [찰 랭]**	凄 [찰 처]	凋 [시들 조]
凌 [얼음 릉]	**凍 [얼 동]**	凜 [찰 름]	**凝 [얼 응]**	

그 외에 准[승인할 준]자도 冫자 부수에 속하나 이는 準[법도 준]자의 속자(俗字)인 凖(준)자를 간략하게 쓴 한자다. 따라서 准자는 원래 冫자와 직접적인 관련이 없는 한자임을 알 수 있다. 그런 한자로는 欠[하품 흠]자 부수에 속하는 次[버금 차]자도 있다. 次(차)자는 흔히 冫자를 덧붙여 쓰나 二(이)자를 덧붙여야 하는 한자기 때문이다. 따라서 次(차)자도 冫자와 전혀 관련이 없는 한자다.

또한 宀[집 면]자 부수에 속하는 寒[찰 한]자의 冫자도 원래 깔개를 나타낸 =의 형태였다. 나아가 準(준)자를 凖(준)자로 바꿔 쓴 것처럼 沖[빌 충]자는 冲자를, 決[터질 결]자는 决자를, 況[하물며 황]자는 况자를, 涼[서늘할 량]자는 凉자를 속자(俗字)로 삼아 바꿔 쓰기도 하는데, 이들 한자에서도 冫자 자형을 엿볼 수 있다. 뿐만 아니라 冫자는 馮[탈 빙·성 풍]자에서 음의 역할을 하고, 馮(빙)자는 다시 憑[기댈 빙]자에서 음의 역할을 한다.

소전 準자

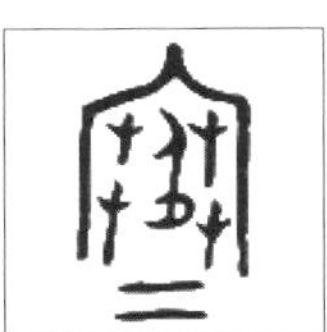
갑골문 寒자

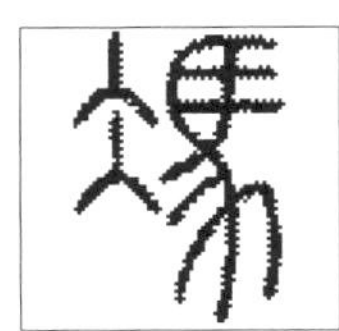
소전 馮자

016

几 2획 안석 궤

안석(案席)은 사람들이 자리를 잡고 앉을 때에 몸을 기대는 도구다. 옛날에 나라에서 임금이 나이가 많은 대신(大臣)이나 중신(重臣)에게 내려주기도 한 나지막한 의자를 말하기도 한다. 几자는 그 '안석'을 뜻한다.

갑골문	금 문	소 전	예 서
	∩		
	几	几	几

『설문해자』에 几자는 "기대는 것이다. 형상을 본떴다(踞几也. 象形)."라고 했다.

갑골문에는 그 자형이 보이지 않지만 금문에는 안석의 대표적인 모양을 단순화시켜 정면에서 바라본 형태로 나타냈다. 소전이나 예서의 几자는 금문과 거의 같은 자형을 계속해 쓰고 있다.

안석에 기댄 사람 모습

사궤장(賜几杖) 연회도첩

几자는 '안석'의 뜻만 아니라 제향(祭享) 때에 '희생을 얹는 기구'를 뜻하기도 한다. 안석과 같은 형태가 제향 때에 사용되었기 때문이다. 또한 几자는 안석이 책상과 관련이 있어 机[책상 궤]자와 같은 한자로 쓰였기 때문에 '책상'의 뜻을 지니기도 한다.

几자 부수에 속하면서 비교적 자주 쓰이는 한자로는 **凡[무릇 범]**, 凰[봉새 황], 凱[즐길 개]자 등이 있다. 그 가운데 凡(범)자와 凰(황)자는 几자와 전혀 관련이 없다. 凱(개)자는 豈[어찌 기]자가 원래 '즐기다'의 뜻을 지녔으나 '어찌'의 뜻으로 빌려 쓰이자 그 음(音)을 더욱 분명히 하기 위해 几자가 덧붙여진 한자다. 그처럼 几자는 飢[주릴 기=饑]자나 肌[살 기]자에서도 음의 역할을 한다.

017

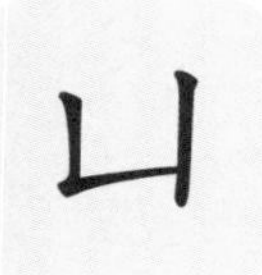

2획

입 벌릴 감

옛날 사람들은 땅을 파고 지은 집에서도 살았다. 그때 움푹 파인 땅이 하늘을 향해 입을 벌린 모양처럼 생긴 凵자는 그 뜻이 '입 벌리다'가 된 한자가 되었다.

갑골문	금 문	소 전	예 서

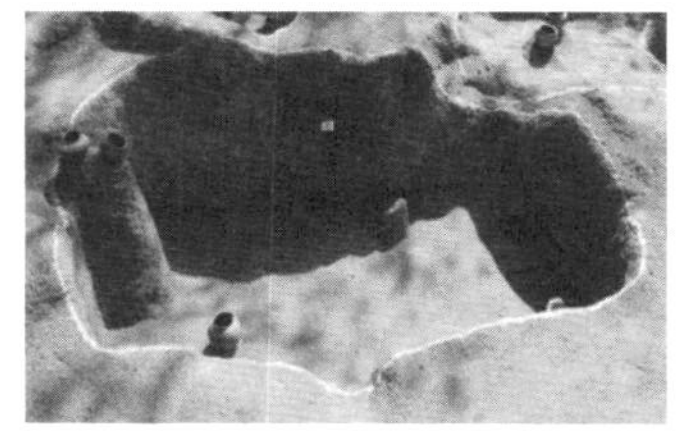

구덩이 모양(움집)

『설문해자』에서 凵자는 "입을 벌린 것이다. 형상을 본떴다(張口也. 象形)."라고 하면서 口[입 구]자와 관련지어 풀이했고, 일부에서 입의 윗부분의 입술을 생략하면서 '입 벌리다'의 뜻을 지니게 된 한자로 보기도 하나 이는 그 부수에 속하는 한자를 볼 때 잘못된 분석으로 보인다.

하지만 凵자는 갑골문에 그 자형이 보이지 않는다. 따라서 처음 그 자형을 살필 수 있는 금문으로 보면 움푹 파인 구덩이 모양으로 보인다. 凵자와 같은 음으로 읽히는 坎[구덩이 감]자가 凵자의 이체자임을 볼 때도 그 풀이가 마땅함을 알 수 있다. 금문 이후의 소전이나 예서의 凵자 자형은 큰 변화 없이 쓰이고 있다.

갑골문 出자

凵자는 '입 벌리다'의 뜻 외에 '위 터진 그릇'의 뜻을 지니기도 한다. 그러나 오늘날에는 단독으로 사용되는 문자의 역할을 하지 않고, 글자 구성에 도움을 주면서 단지 부수의 역할만 하고 있다.

구덩이 함정

凵자 부수에 속하면서 비교적 자주 쓰이는 한자로는 **凶[흉할 흉]**, **出[날 출]**, 凹[오목할 요], 凸[볼록할 철], 函[상자 함]자 등이 있다.

018 刀·刂

2획

칼 도·선칼도

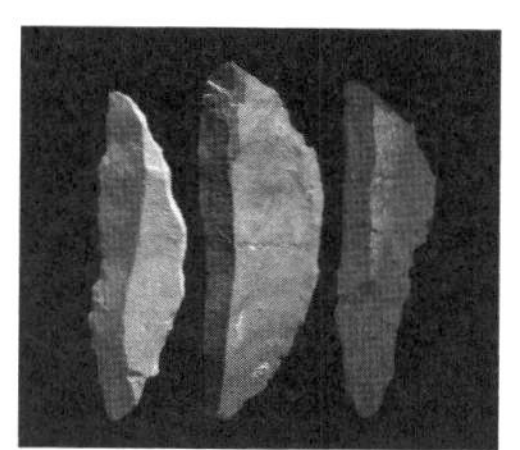
고대의 돌칼

인류는 처음에 돌이나 뼈를 이용해 만든 칼을 사용했다. 후에 쇠를 이용할 줄 알게 되면서 비로소 쇠로 만든 칼을 사용하게 되었다. 그러자 인류는 그 칼로 좀 더 다양한 물건을 생산할 수 있게 되었고, 좀 더 편리한 생활을 할 수 있게 되었다. 刀자는 그 '칼'을 뜻하는 한자다.

갑골문	금문	소전	예서

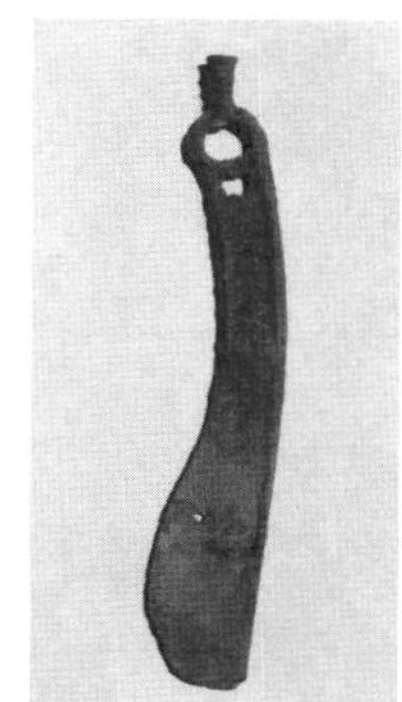
고대 청동칼

『설문해자』에서 刀자는 "병기다. 형상을 본떴다(兵也. 象形)."라고 풀이했다. 칼이 병기(兵器)로 사용되고 있음을 나타낸 것이다.

갑골문에 刀자는 자루가 있는 칼로 표현되어 있다. 그 칼의 형태를 간략하게 선을 사용해 위는 칼자루를, 아래는 칼날과 칼등을 나타냈다. 한 쪽에만 날이 있는 칼을 나타낸 것이다. 그 자형이 금문과 소전에서도 비슷하게 쓰였지만 예서에서는 좀 더 간략하게 쓰였다.

刀자가 편방으로 쓰일 때의 고문자 자형은 서로 비슷하다. 그러나 그 자형이 예서에서는 양쪽에 날이 있는 '칼'을 뜻하는 劍[칼 검]자에 보듯 刂의 형태로 쓰였다. 이는 刀자의 변형이기에 그 뜻과 음인 '칼 도'에 글자의 형태가 두 선으로 곧게 선 형태라 하여 '선'을 앞에 붙여 '선칼도'라 한다. 切(절)자나 初

(초)자 등의 일부 한자에서는 여전히 刀자의 형태를 그대로 쓰기도 한다.

명도전

果刀(과도)나 銀粧刀(은장도)에서 '칼'의 뜻으로 쓰이는 刀(도)자는 칼 모양의 '거룻배'를 뜻하기도 하고, 칼 모양의 '돈'을 뜻하기도 한다. 하지만 오늘날에는 칼 모양의 배나 돈이 없기 때문인지 그 뜻으로의 쓰임을 살펴볼 길이 없다.

예부터 칼은 일상생활에서 유용한 도구로 사용되었고, 전시에는 병기로도 사용되었다. 따라서 刀(刂)자 부수에 속하는 한자는 적지 않다. 그 한자는 대개 칼로 베는 동작이나 물건을 자른 상태, 혹은 칼을 사용하는 여러 활동과 관계되는 뜻을 지닌다. 다음은 그런 뜻을 지니면서 비교적 자주 쓰이는 한자다.

刃 [칼날 인]	**切 [끊을 절(체)]**	**分 [나눌 분]**	刈 [벨 예]	**刊 [책 펴낼 간]**
刎 [목 벨 문]	**刑 [형벌 형]**	**列 [벌일 렬]**	**判 [가를 판]**	**別 [나눌 별]**
利 [날카로울 리]	**初 [처음 초]**	**券 [문서 권]**	刮 [깎을 괄]	**制 [마를 제]**
刷 [인쇄할 쇄]	**刺 [찌를 자(척)]**	**刻 [새길 각]**	刹 [절 찰]	**則 [법칙 칙(즉)]**
削 [깎을 삭]	剋 [이길 극]	剌 [어그러질 랄]	**前 [앞 전]**	剔 [바를 척]
剖 [쪼갤 부]	**剛 [굳셀 강]**	剝 [벗길 박]	剪 [벨 전]	**副 [버금 부]**
剩 [남을 잉]	**割 [나눌 할]**	**創 [비롯할 창]**	剽 [빠를 표]	**劃 [그을 획]**
劈 [쪼갤 벽]	**劇 [심할 극]**	劉 [죽일 류]	**劍 [칼 검]**	劑 [약 지을 제]

금문 到자

위 한자 외에 **到[이를 도]**자도 刀(刂)자 부수에 속한다. 하지만 到(도)자는 칼과 관련이 없다. 그 고문자를 살피면 오늘날의 到(도)자에 덧붙여진 刂의 형태는 사람을 나타낸 자형이 잘못 변화된 형태기 때문이다. 아울러 그 부수에 속하는 初[처음 초]자는 덧붙여진 刀자가 음의 역할을 한다.

019 力 2획

힘 력

사람이나 동물이 스스로 움직이거나 다른 물건을 움직이게 하는 근육의 작용은 바로 힘에서 비롯된다. 사람은 누구나 그 힘을 주로 생산적인 활동에 활용하고 있다. 생산적 활동에서 사람에게 가장 중요한 것은 먹을거리를 마련하는 것이다. 오늘날 우리가 볼 수 있는 가장 오래된 한자는 갑골문인데, 갑골문이 쓰였던 시대는 농경사회가 시작된 때다. 그 당시 사람들은 먹고 살기 위해 힘을 써서 땅을 일궈 농사를 지었다. 이때 땅을 일구는 원시적인 형태의 농사 도구에서 비롯된 力자가 그 '힘'을 뜻한다.

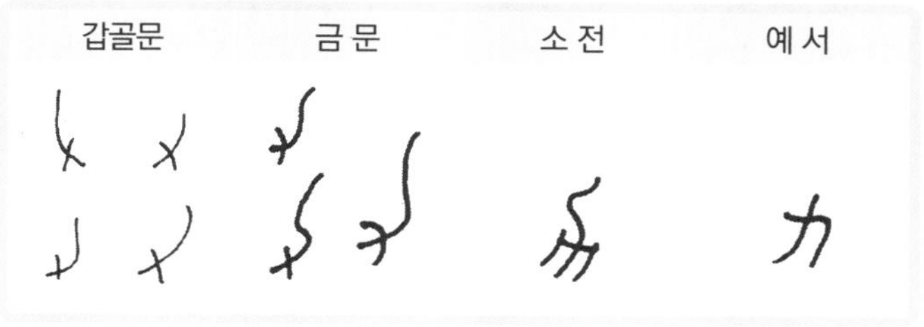

옛날의 쟁기

『설문해자』에서 力자는 "근육이다. 사람의 근육 형상을 본떴다(筋也. 象人筋之形)."라고 했다. 그러나 이는 잘못된 풀이다.

실제로 갑골문과 금문에 대한 많은 연구 결과, 力자는 여러 학자들에 의해 땅을 파는 원시적인 도구로 밝혀졌기 때문이다. 맨 아래 끝이 뾰족하고 긴 나무 몽둥이와 그 밑쪽에 발판을 묶어 놓아 발로 흙을 파내는 데 편리하도록 만든 단순한 형태의 쟁기를 나타낸 것이다. 그런 쟁기에서 만들어진 力자가 '힘'의 뜻으로 변화되어 쓰인 것은 쟁기질에 많은 힘이 필요했기 때문이다. 『설문해자』에서 근육 모양으로 그 자원을 풀이한 것은 소전 자형을 보고 사람이 힘쓸 때, 팔이나 어깻죽지에 생기는 힘줄 모양이라고 생각한 데서 비롯되었다. 이런 잘못은 소전 이전의 고문자인 갑골문과 금문을 살펴보지 못하고 그 자원을 판단했기 때문이다. 그 자형이 덧붙여진 男[사내 남]자의 고문자를 살펴봐도 力자는 손[爪]으로 다루는 도구임을 알 수 있다.

男자 고문자

萬有引力(만유인력)이나 怪力亂神(괴력난신)에서 '힘'의 뜻으로 쓰이는 力자는 오늘날 다양하게 쓰이고 있다. 視力(시력)이나 體力(체력)에서처럼 인체에서 발휘되는 작용의 '힘'뿐만 아니라 火力(화력)이나 風力(풍력)에서처럼 사물에서 발휘되는 작용의 '힘'을 뜻하기도 하기 때문이다. 또 力자는 力說(역설)이나 力作(역작)에서처럼 '힘쓰다'나 '힘을 다하다'라는 뜻을 지니기도 한다.

쟁기질 하는 사내

力자를 부수로 삼는 한자는 대부분 무엇인가 힘들여 행한다는 뜻과 관련이 있다. 다음은 그런 한자다.

加 [더할 가]	**功 [공 공]**	**劣 [못할 렬]**	劫 [위협할 겁]	劬 [수고로울 구]
努 [힘쓸 노]	**助 [도울 조]**	劾 [캐물을 핵]	**勉 [힘쓸 면]**	勃 [우쩍 일어날 발]
勇 [날랠 용]	**勅 [조서 칙]**	**勘 [헤아릴 감]**	**動 [움직일 동]**	**勒 [굴레 륵]**
務 [힘쓸 무]	**勞 [일할 로]**	**勝 [이길 승]**	**勤 [부지런할 근]**	**募 [모을 모]**
勢 [기세 세]	勳 [공 훈]	**勵 [힘쓸 려]**	**勸 [권할 권]**	

위 한자 가운데 勒[굴레 륵]자는 力자가 음의 역할을 한다. 그처럼 力자 부수에 속하는 肋[갈빗대 륵]자도 力자가 음의 역할을 한다. 아울러 力자는 幼[어릴 유], 男[사내 남], 辦[힘쓸 판]자 등의 글자 구성에 도움을 주고 있다.

덧붙이기

한자의 국음화(國音化) 현상

한자는 원래 음대로 읽히지 않고 변형될 때가 있다. '力道'나 '女子'를 '력도'나 '녀자'라 하지 않고, '역도'나 '여자'라 한 것이 바로 그런 경우다. 이는 한자의 음이 국음화한 것으로, 주로 우리말에서 음운조화가 일어나는 때와 관용구로 굳어질 때 생기는 현상이다. 그 외에 옛 종족명(種族名)이나 범어 중에도 한자를 원음대로 읽지 않을 때가 있다. 아래의 내용은 음이 변화되어 읽히는 경우다.

1. 우리말의 음운조화 현상에서 오는 경우
   十月(십월→시월), 赤裸裸(적라라→적나라)
2. 관용어로 굳어진 경우
   木瓜(목과→모과), 初八日(초팔일→초파일)
3. 옛 종족명이나 범어에서 오는 경우
   契丹(글단→거란), 菩提樹(보제수→보리수)

020 勹

2획

쌀 포

무언가 보호하거나 보관하기 위해 안에 넣고 잘 보이지 않게 씌워 가리거나 둘러 마는 행위가 싸는 것이다. 그렇게 무언가 쌀 때에 가장 간단한 방법은 막 바로 팔에 이어진 손을 이용해 감싸는 것이다. 勹자는 바로 그런 상황과 관련되어 '싸다'의 뜻을 지니게 된 한자다.

갑골문	금문	소전	예서

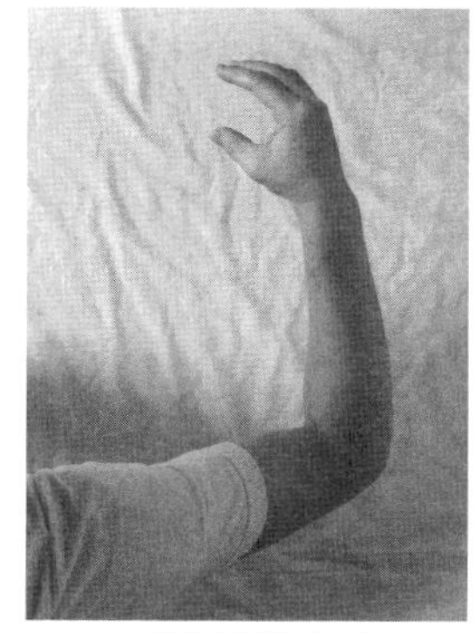

손으로 감싸는 모습

『설문해자』에서 勹자는 "싼다는 것이다. 사람이 구부러진 형상을 본떴는데, 싸는 바가 있다는 것이다(裹也. 象人曲形, 有所包裹)."라고 했다. 사람이 몸을 구부려 무언가 싸안는 모습을 나타낸 한자로 풀이하고 있다. 하지만 이는 소전 자형을 바탕으로 풀이를 한 것이다.

소전보다 이전에 쓰인 갑골문이나 금문의 勹자 자형을 살피면 『설문해자』의 견해와 달리 팔에 이어진 손을 안으로 구부려 무언가 감싸는 형상을 나타낸 것으로 보인다. 그 자형이 소전에서 좀 더 간략하게 쓰였는데, 이를 보고 『설문해자』에서는 갑골문이나 금문의 자형을 참고한 풀이와 달리 한 것이다. 勹자는 소전의 과정을 거쳐 예서에서 오늘날처럼 쓰이게 되었다.

勹자는 '싸다'의 뜻을 지니나 후에 싸서 보호하는 대상인 아이를 나타낸 巳(사)자를 덧붙인 包(포)자가 그 뜻을 대신한 문자로 쓰이게 되었다. 그러자 勹자는 하나의 글자를 구성하는 데 도움을 주는 부수의 역할만 하고 있다.

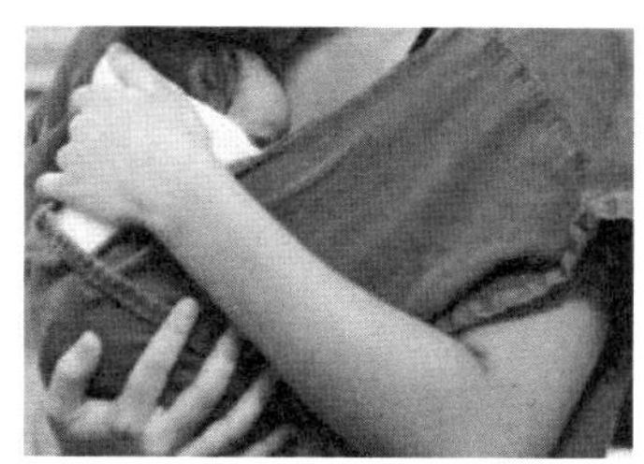

캥거루 캐어

勹자를 부수로 삼는 한자는 대부분 '싸다'의 뜻과 관련이 있다. 그러나 그에 해당하는 한자는 그다지 많지 않다. 다음은 그 부수에 속하는 한자다.

勿 [말 물] **包** [쌀 포] **匈** [오랑캐 흉] **匍** [기어갈 포] **匐** [기어갈 복]
匏 [박 포]

위 한자 가운데 匏자는 包자가 음의 역할을 한다. 그처럼 한자에는 包자가 음의 역할을 하는 한자가 비교적 많다. 다음은 그 가운데 익히 쓰이는 한자다.

갑골문 勿자

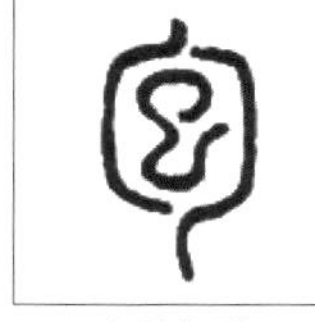
소전 包자

胞 [태보 포] 砲 [대포 포] 抱 [안을 포] 飽 [배부를 포] 泡 [거품 포]
咆 [으르렁거릴 포] 袍 [핫옷 포] 鮑 [절인 어물 포] 疱 [천연두 포] 庖 [부엌 포]
炮 [통째로 구울 포]

위 한자는 모두 包자가 덧붙여져 그 음이 '포'로 읽힌다. 하지만 風飛雹散(풍비박산)의 雹[우박 박]자는 包자가 음의 역할을 하지만 그 음이 '포'에서 변화되어 '박'으로 읽힌다.

021 匕 2획

비수 비

형가가 비수로 진왕을 암살하려는 모습

인류가 돌로 칼을 만들어 사용한 이후에 다양한 재료로 많은 종류의 칼이 만들어졌다. 그 가운데 날이 예리한 짧은 칼이 바로 비수(匕首)다. 비수는 오늘날에도 여전히 사용되고 있는데, 그 형태가 비교적 작아 휴대하거나 관리하기 편하기 때문이다. 匕자는 바로 그 '비수'를 뜻하는 한자다. 그렇게 匕자가 '비수'를 뜻하게 된 것은 일부 학자들이 그 자형이 刀[칼 도→018 참고]자와 방향만 바뀐 모양으로 보고 칼과 관련된 한자로 보았기 때문이다.

갑골문	금문	소전	예서

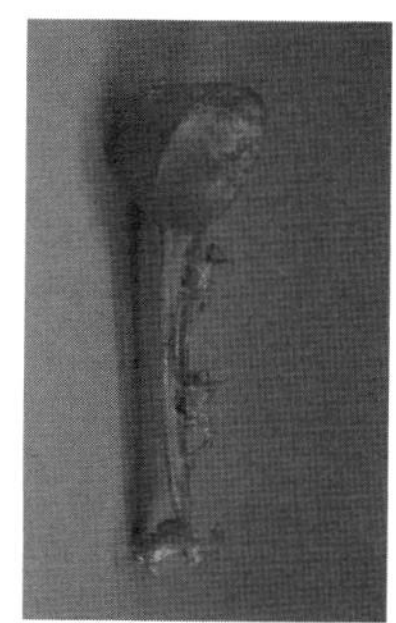
옛날 숟가락

『설문해자』에서 匕자는 "또 그것을 가지고 밥을 먹는다. 일명 숟가락이다(亦所以用比取飯. 一名柶)."라고 했다.

그러나 갑골문이나 금문에 보이는 匕자 자형으로는 비수를 나타냈는지, 숟가락을 나타냈는지 분명히 알 길이 없다. 오늘날의 자형은 소전을 거쳐 예서에서 정형된 것이다.

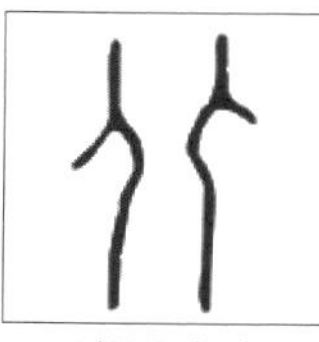
갑골문 北자

匕자는 그 자형이 '비수', 또는 '숟가락'과 관련되었다고 한 데서 알 수 있듯 두 뜻과 상관이 있다. 그러나 실제 우리 생활에서 이 한자를 활용하는 말에는 匕首(비수) 밖에 없다.

匕자 부수에 속하면서 비교적 자주 사용되는 한자는 **化[화할 화]**, **北[북녘 북·달아날 배]**, 匙[숟가락 시]자뿐이다. 그 중에 化(화)자와 北(북)자는 匕자와 전혀 관계없이 그 자형의 일부가 닮은 데서 匕자 부수에 속하게 되었다.

022 匚 2획 상자 방

물건을 넣어 두기 위해 나무, 대(대나무), 두꺼운 종이 같은 것으로 만든 네모난 그릇을 상자라 한다. 상자는 대개 물건을 담아 손상되지 않도록 보호하거나 오랫동안 보관하는 데 사용하는 것이다. 匚자는 그 '상자'를 뜻한다.

갑골문	금문	소전	예서

곡식을 담는 그릇(되)

『설문해자』에 匚자는 "물건을 담는 그릇이다. 형상을 본떴다(受物之器. 象形)."라고 했다.

갑골문 匚자는 상자 입구의 방향이 위나 아래, 혹은 왼쪽이나 오른쪽을 향해 다양한 형태로 나타냈다. 금문 匚자 자형 역시 상자 입구가 고정되어 있지 않다. 그러나 소전에서 匚자는 그 자형이 하나의 형태로 고정되면서 비로소 상자 입구가 오른쪽을 향해 터져 있고, 상자 바닥이 왼쪽을 향하게 되었다. 예서도 같은 형태를 따르고 있다.

성냥갑

匚자는 '상자'의 뜻을 지니나 오늘날에는 단독의 문자로 쓰이지 않고, 단지 부수 역할만 하고 있다.

대상자

匚자 부수에 속하는 한자는 물건을 담아두는 그릇이나 물건을 담는다는 뜻과 관련이 있다. 그러나 그 부수에 속하는 한자는 그다지 많지 않다. 匠[장인 장], 匣[상자 갑], 匪[대상자 비], 匛[관 구=柩], 匱[함 궤=櫃]자 정도가 비교적 자주 사용되고 있을 뿐이다.

023 匸 2획

감출 혜

남이 보거나 찾아내지 못하도록 가리는 행위가 감추는 것이다. 감춰서 남이 알지 못하는 상태를 나타낸 데서 그 자형이 이뤄진 匸자는 그 뜻이 '감추다'가 되었다.

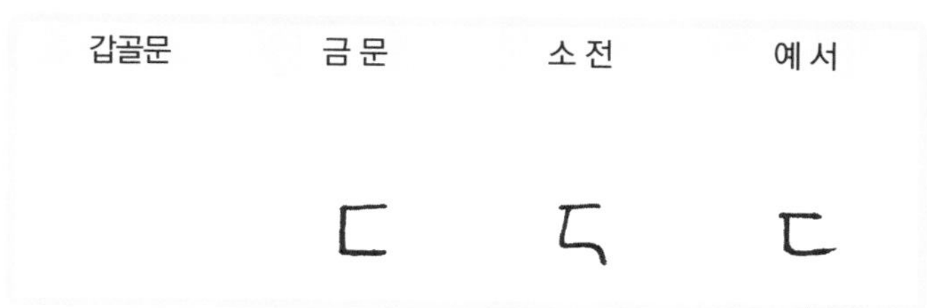

갑골문	금 문	소 전	예 서

『설문해자』에서 匸자는 "비탈져 위태한 것이다. 끼어 넣어 감출 수 있다. 乚을 따르고, 위에 있는 一은 가리는 것이다(衺徯, 有所俠藏也. 从乚, 上有一覆之)."라고 풀이했다.

그러나 갑골문에 匸자는 그 자형이 보이지 않는다. 금문 匸자는 자신의 자형과 비슷한 匚[상자 방→022 참고]자의 소전 자형과 구별 없이 쓰이고 있다. 하지만 소전의 匸자는 약간 변형되어 쓰이면서 비로소 匚(방)자와 구별되어 각자 다른 부수로 나눠지게 되었다.

匸자는 '감추다'나 '덮다'의 뜻을 지닌 한자다. 그러나 匸자는 匚(방)자와 자형이 비슷하고 그 뜻도 연관성이 깊다. 그 때문인지 오늘날 匚[상자 방]자와 구분하지 않고 쓰이고 있다. 그래도 匸자와 匚자의 서사법상(書寫法上) 차이점은 맨 처음의 획[一]이 두 번째 획[乚]과 서로 맞대어 쓰이는 경우가 匚(방)자며, 맨 처음의 획[一]이 두 번째 획[乚]의 왼쪽으로 조금 삐쳐 나오게 쓰이는 경우가 匸자다.

匸자를 부수로 삼으면서 오늘날 우리 언어생활 속에서 익히 쓰이는 한자는 **匹[필 필]**, 匿[숨을 닉], **區[지경 구]**자뿐이다. 그 외에 匸자와 矢자가 합쳐져 화살을 꽂아 넣는 물건을 이르는 '동개'를 뜻하는 医[동개 예]자는 醫[의원 의]자의 약자(略字)로도 쓰이고 있다.

소전 医자

024 十 2획

열 십

오늘날 인류 문명을 이룩하는 데 기초 단위가 되는 숫자 '열'은 아득한 옛날 사람들까지도 기본적인 수치로 사용했다. 사람의 열 손가락은 수를 세는 데 아주 손쉬운 도구의 역할을 했기 때문이다. 十자는 그 숫자 '열'을 뜻한다.

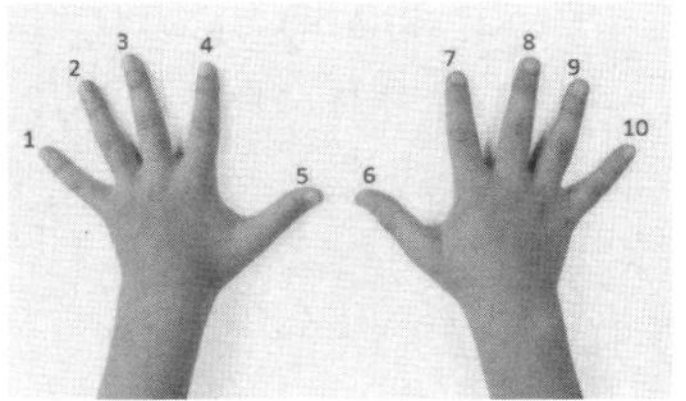

열 손가락

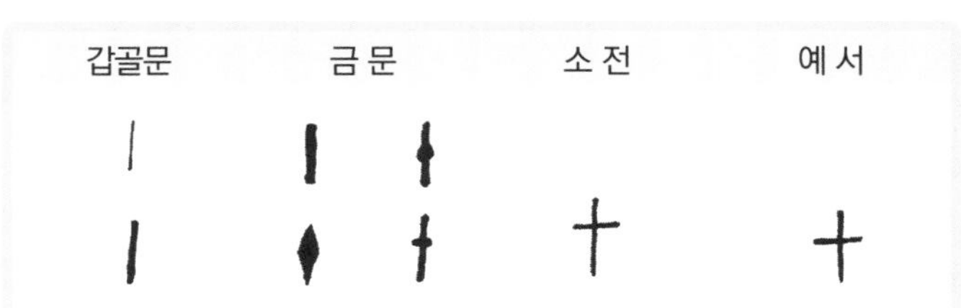

『설문해자』에 十자는 "수가 갖춰진 것이다. 一은 동서가 되고, 丨은 남북이 된다. 곧 사방과 중앙이 갖춰진 것이다(數之具也。一爲東西, 丨爲南北, 則四方中央備矣)."라고 풀이했다.

중국인의 손가락 숫자 세기

하지만 갑골문에 十자는 위에서 아래로 곧게 그어 내린 모양만으로 표현되어 있다. 이후 금문에서 그 형태가 묶인 것임을 드러내기 위해 곧게 그어 내린 획의 중간이 두툼하게 변하고, 다시 점으로도 바뀌며, 마침내 짧은 가로획으로까지 변화되고 있음을 볼 수 있다. 그것이 소전에 이르러 오늘날에 쓰이는 자형처럼 쓰이고, 이를 예서에서도 이어서 쓰고 있다.

十長生(십장생)이나 十中八九(십중팔구)에서 '열'을 뜻하는 十자는 그 의미가 확대되어 十伐之木(십벌지목)에서처럼 '열 번'의 뜻을 지니기도 한다. 아울러 十자는 완전히 갖춰진 수이기 때문에 '열'이라는 고정된 수를 나타내기보다 완전하거나 부족함이 없는 의미를 지니면서 十分(십분)에서처럼 '전부'나 十目所視(십목소시)에서처럼 '많다'의 뜻을 지니기도 한다. 나아가 十자는 十月(십월→시월)이나 十方世界(십방세계→시방세계)에서 보듯 그 음이 '시'로 읽힐 때도 있다.

十자 부수에 속하면서 익히 쓰이는 한자는 대부분 十자가 그 글자의 뜻이나 음에 영향을 미치지 않는다. 다음은 十자 부수에 속하는 한자다.

千 [일천 천]	升 [되 승]	**午 [일곱째 지지 오]**	**半 [반 반]**	卉 [풀 훼]
卍 [만자 만]	**卑 [낮을 비]**	**卒 [군사 졸]**	**卓 [높을 탁]**	**協 [도울 협]**
南 [남녘 남]	**博 [넓을 박]**			

위 한자 가운데 協(협)자와 博(박)자를 제외하고 모두 十자와 관련이 없다. 그 자형의 일부에 十의 형태가 덧붙여진 데서 十자 부수에 속하게 된 것뿐이다. 반면에 그 부수에 속하지 않는 什[열 사람 십·세간 집]자나 汁[즙 즙]자는 十자가 음의 역할을 하고 있다.

강희자 博자

十자는 一(일)자나 二(이)자처럼 다른 한자로 쉽게 변형되어 쓰일 우려가 있기 때문에 문서나 계약서를 작성할 때는 흔히 拾[주울 습·열 십]자를 갖은자로 삼아 대체되어 쓰이고 있다.

숫자의 쓰임새

숫자 두 개가 연속으로 쓰이는 말에서 그 숫자의 쓰임새는 다양하게 사용되는 경우가 많다.

1. 十五夜(십오야)와 十八金(십팔금)의 十五나 十八은 그 숫자 그대로 15와 18을 나타낸다.
2. 十中八九(십중팔구)의 八九는 89가 아니라 8이나 9를 나타낸다.
3. 十一除(십일제)와 十一條(십일조)의 十一은 11이 아니라 10분의 1을 나타낸다.
4. 二八靑春(이팔청춘)의 二八은 28이 아니라 2와 8을 곱한 수인 16을 나타낸다.
5. 三七制(삼칠제)와 四六制(사륙제)의 三七이나 四六은 37이나 46이 아니라 3대 7과 4대 6의 비율을 나타낸다.

025

2획

점 복

점친 거북 껍데기

옛날 사람들은 과학에 대한 지식이 부족했다. 때문에 전쟁·수렵·제사 등 하고자 하는 뒷일의 좋고 나쁨을 알기 위해 거북 껍데기나 짐승 뼈의 한편에 홈을 파고 반대편에서 불로 지져 나타난 파열된 무늬로 길흉의 조짐을 미리 추정하는 점을 쳤다. 그렇게 점을 칠 때는 주로 거북 껍데기를 사용했다. 이는 예부터 거북이 십장생의 하나로, 천년을 사는 신령스러움이 깃든 동물로 여겼기 때문이다. 거북은 용·봉황·기린과 함께 사령(四靈)에 속하기도 하는데, 옛날 사람들은 그런 거북의 일부로 점을 치면 신령스러움이 드러난다고 생각했던 것이다. 卜자는 그런 활동에 사용된 거북 껍데기나 짐승 뼈의 파열무늬에서 비롯된 한자로 '점'이란 뜻을 지니게 되었다.

갑골문	금 문	소 전	예 서

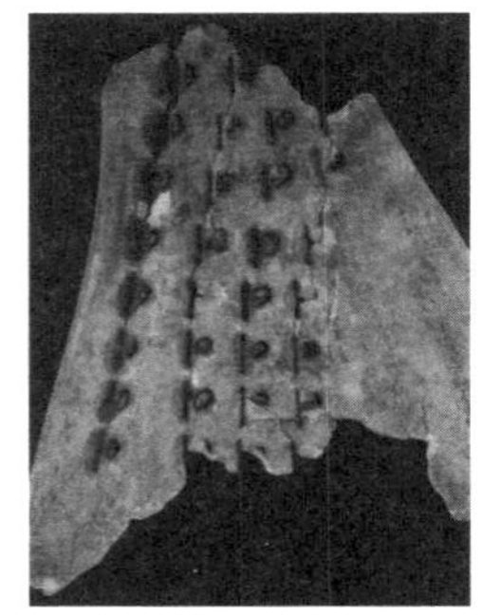
점친 소의 뼈

『설문해자』에 卜자는 "벗긴 거북껍데기를 태운다는 것이다. 태운 거북껍데기 형태를 본떴다. 일설에 거북껍데기에 나타난 조짐이 세로와 가로로 갈라졌음을 본떴다(灼剥龜也, 象炙龜之形. 一曰象龜兆之从横也)."라고 했다. 그처럼 卜자의 갑골문 자형도 파열된 무늬를 본떴다. 파열된 무늬의 방향은 왼쪽을 향해 있기도 하고, 오른쪽을 향해 있기도 한다. 그러나 卜자는 금문 과정을 거쳐 소전에서 오른쪽을 향한 형태로 정착되기 시작하여 예서에서 더 이상 변화되지 않고 오늘날 쓰이는 형태로 굳어졌다.

점쟁이 문어

卜자는 거북 껍데기나 짐승 뼈의 '점'에서 그 의미가 확대되어 곤충이나 새뿐만 아니라 꽃과 같은 것을 이용해 길흉을 판단하는 모든 행위의 '점'을 뜻할 때에도 쓰이고, '점쟁이'나 '점치다'를 뜻할 때에도 쓰인다. 하지만 오늘날 卜자가 덧붙여져 익히 쓰이는 말로는 卜債(복채)나 占卜(점복) 등에서 그나마 볼 수 있다.

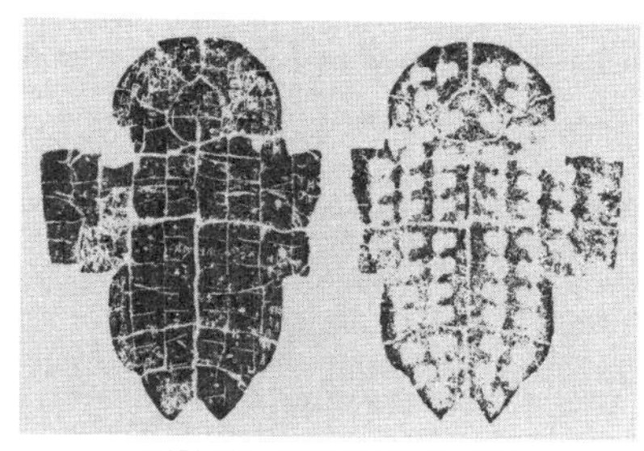
점친 거북 껍데기의 양면 모양

卜자를 부수로 삼으면서 익히 쓰이는 한자는 **占[점칠 점]**자와 卦[점괘 괘]자뿐이다. 그러나 卜자는 朴[후박나무 박], 赴[나아갈 부], 訃[부고 부]자의 구성에 도움을 주면서 음의 역할을 한다. 아울러 卜자는 外[밖 외]자의 구성에도 도움을 주고 있다.

026 卩 2획

병부 절

병부(兵符)는 발병부(發兵符)를 줄인 말로, 옛날 황제나 제후가 군사를 동원하면서 명령을 내릴 때 사용한 신표(信標)를 말한다. 양면에 글자를 써서 가운데를 쪼개 한 쪽은 군사를 동원할 책임자에게 주고, 한 쪽은 황제나 제후가 가지고 있다가 교서(敎書)와 함께 그 한 쪽을 내리면 책임자가 자신이 가진 또 다른 한 쪽과 맞춰 보고 틀림없다고 인정하면서 군사를 동원했다. 卩자는 그때 사용한 '병부'를 뜻한다.

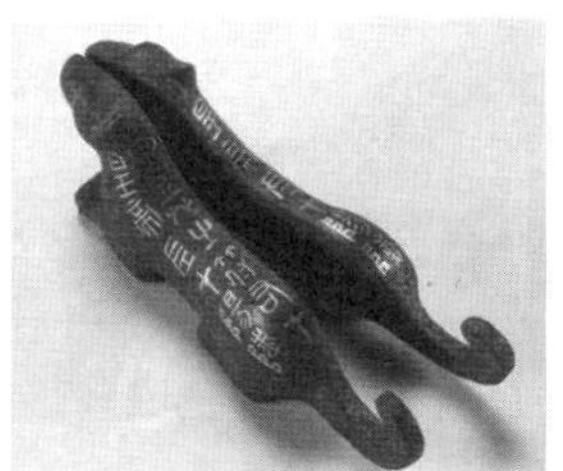

병부의 하나

갑골문	금문	소전	예서

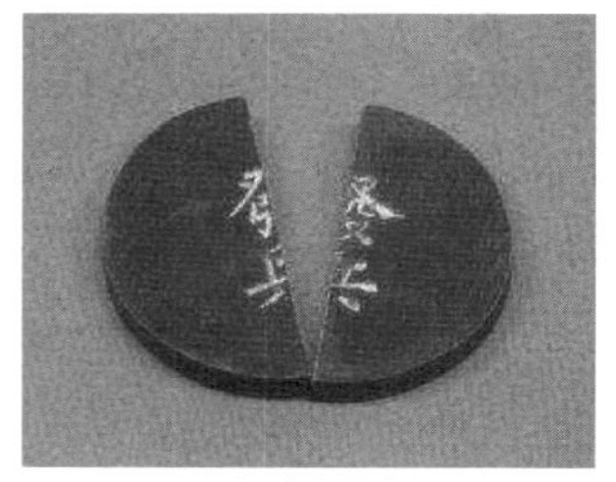

병부(발병부)

『설문해자』에서 卩자는 "상서로운 신표다(瑞信也)."라고 했다. 하지만 卩자의 갑골문이나 금문 자형은 사람이 무릎을 꿇고 있는 모습으로 나타나 있다. 신표인 병부를 받는 사람을 나타낸 것으로 보인다. 소전 卩자도 이전 자형과 비슷하나 예서에서는 오늘날의 자형처럼 쓰이고 있다.

나아가 卩자가 예서에서 하나의 글자 구성에 도움을 주면서 덧붙여져 쓰일 때는 㔾의 형태로도 쓰이고 있다. 㔾의 형태는 이전부터 전해진 별도의 명칭이 없어 흔히 '卩[병부 절] 변형자'라 한다.

卩(㔾)자는 고문자로 보면 황제나 제후의 명령을 받들어 책임자가 병부를 받고 있는 모습으로 보인다. 따라서 그 뜻이 '병부'가 되었다. 병부는 황제 등의 명령을 받들 때 사용하기에 命令(명령)의 命[명령할 명]자와 令[명령할 령]자에서 그 쓰임을 볼 수 있다.

병부를 지닌 이순신 장군

卩(㔾)자 부수에 속하는 한자에는 **卯[넷째지지 묘]**, **印[도장 인]**, **危[위태할 위]**, **却[물리칠 각=卻]**, **卵[알 란]**, **卷[책 권]**, **卽[곧 즉]**, **卿[벼슬 경]**자가 있다. 아울러 卩(㔾)자는 節[마디 절]자나 絕[끊을 절]자에서 음의 역할을 한다. 絕(절)자는 오늘날 糸[실 사]자와 刀[칼 도]자와 卩(㔾)자에서 변형된 巴의 형태가 어우러진 자형으로 쓰이고 있다. 실[糸]을 칼[刀]로 끊는다 하여 그 뜻이 '끊다'가 되고, 巴의 형태로 변화되었지만 卩(㔾)자로 인해 그 음이 '절'이 된 한자다. 糸(사)자와 더불어 ⺈의 형태와 巴의 형태가 어우러진 色[빛 색→139 참고]자가 합쳐진 絶자는 잘못 쓰인 한자다.

소전 却자

소전 絕자

027

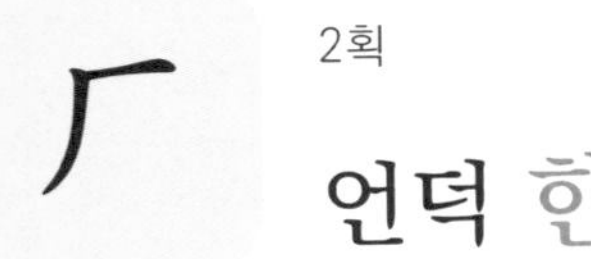

2획

언덕 한

땅이 비탈지고 높은 곳이 언덕이다. 厂자는 그런 언덕 아래에 굴이 바위로 이뤄진 부분이 있는 모양을 나타낸 한자다. 따라서 厂자는 '언덕'이나 '굴 바위'의 뜻을 지닌다.

갑골문	금문	소전	예서

언덕 아래의 석굴

『설문해자』에서 厂자는 "산에 돌로 이뤄진 벼랑이다. 사람이 살 만한 곳이다. 형상을 본떴다(山石之厓巖, 人可居. 象形)."라고 했다.

갑골문과 금문의 厂자도 깎아지른 듯한 낭떠러지의 험하고 가파른 언덕인 벼랑을 나타낸 것으로 보인다. 오른쪽 아래의 빈 부분은 사람이 살 수 있는 공간으로 여겨진다. 일부 금문 자형에서는 음을 나타내는 干(간)자를 더한 厈[언덕 안]자가 보이기도 한다. 厈자는 후대에 다시 그 뜻을 더욱 분명히 하기 위해 山(산)자를 덧붙인 岸[언덕 안]자로까지 발전되었다.

厂자는 '언덕' 외에 '낭떠러지'나 '석굴'의 뜻을 지니기도 한다. 또 '굴 바위'를 뜻하기도 하는데, 이때의 그 음은 '엄'이다. 그러나 厂자는 오늘날 부수로만 쓰이고 있다.

厂자를 부수로 삼으면서 익히 쓰이는 한자에는 **厄[재앙 액]**, 厓[언덕 애=崖], 厖[클 방], **厚[두터울 후]**, **原[언덕 원]**, **厥[그 궐]**, 厭[싫을 염]자 등이 있다. 그 외에 厠[뒷간 측], 厨[부엌 주], 厩[마구간 구]자도 그 부수에 속하는데, 이들 한자는 오늘날 广[집 엄→053 참고]자를 덧붙인 廁(측), 廚(주), 廐(구)자로도 흔히 쓰이고 있다. 집 짓는 방법을 알지 못했던 옛날 사람들은 언덕 아래의 공간에서도 살았기 때문에 집 모양에서 비롯된 广(엄)자와 바뀌어 쓰이기도 한 것이다.

028

厶 사사 사

2획

일반 사회의 여러 사람이 정신적으로나 물질적으로 힘을 함께 하는 것을 공적인 일이라 한다면, 그와 반대로 개인적인 성질의 의미를 '사사롭다'고 한다. 厶자는 그 '사사롭다'의 '사사'를 뜻한다.

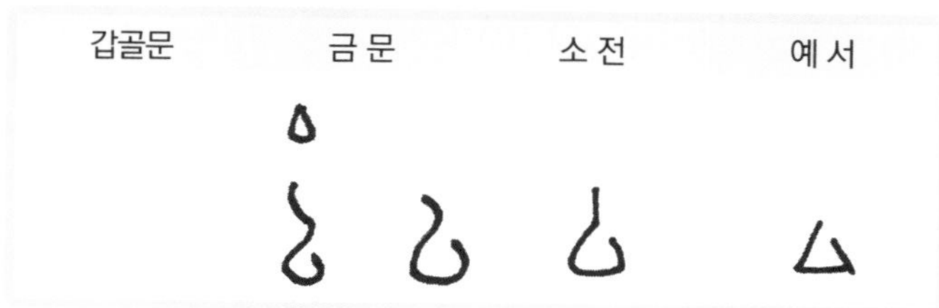

『설문해자』에서 厶자는 "사사롭다는 것이다. 한비자가 말하기를 창힐이 글자를 만들었는데 스스로를 이롭게 하는 것을 厶라고 한다(姦衺也. 韓非曰 : '蒼頡作字, 自營爲厶')."라고 했다. 姦(간)자와 衺(사)자는 같은 뜻을 지닌 한자인데, 『설문해자』에 姦자는 '私也(사사롭다는 것이다)'라고 했으니 그처럼 풀이한 것이다.

하지만 갑골문에 그 자형은 없고, 금문에 처음 보이는데 그 자원에 대한 해석이 분분한 글자다. 문자학자들에 따라 손이 안으로 굽어진 모습, 팔뚝의 알통, 남자의 생식기, 혹은 보습을 본뜬 글자로 보기도 한다. 또 소전 자형을 바탕으로 해 자신의 소유물을 묶어놓고 있음을 본뜬 글자로 보기도 한다. 그러나 厶자는 아직 그 자원에 대해 연구가 좀 더 필요한 한자다.

厶자는 '사사롭다'의 '사사'를 뜻하는데, 후대에 사사롭게 생각되는 것 가운데 가장 중요하게 여겨지는 '벼'에서 비롯된 禾[벼 화→115 참고]자를 덧붙인 私자가 그 뜻을 대신하며 하나의 문자로 쓰이고 있다. 대신에 厶자는 오늘날 부수 역할만 하고 있다.

厶자 부수에 속하는 한자에는 厷[팔뚝 굉=肱], **去[갈 거]**, **參[석 삼·참여할 참]**자 등이 있다. 나아가 厶자는 台[기뻐할 이·별이름 태]자에서 음의 역할을 하고, 다시 台자는 冶[불릴 야], 始[처음 시], 治[다스릴 치], 胎[태보 태], 苔[이끼 태], 殆[위태할 태], 颱[태풍 태], 怠[게으를 태], 笞[볼기칠 태], 跆[밟을 태]자 등에서 음의 역할을 한다.

029

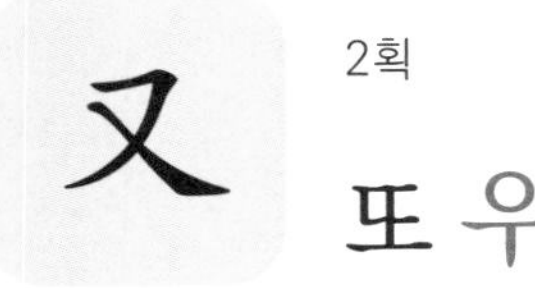

2획

또 우

흔히 손을 '제2의 뇌'라 한다. 칸트(Kant)도 손을 가리켜 '눈에 보이는 뇌의 일부'라 했다. 사람이 고등동물이 된 것은 자유롭게 사용할 수 있는 바로 그 손의 자극에 영향을 받아 뇌가 커졌기 때문이다. 손이 사람을 다른 동물과 구분시킨 것이다. 又자는 그 손 가운데 오른손을 나타낸 한자다. 따라서 글자가 만들어진 초기에 又자는 '오른손'을 뜻했다. 그러나 오늘날 又자는 오른손이 대체적으로 모든 활동을 주도하면서 사용되고 또 사용되는 손이라 하여 반복의 의미인 '또'의 뜻을 지니게 되었다.

사람(장욱진)

갑골문	금문	소전	예서
			又

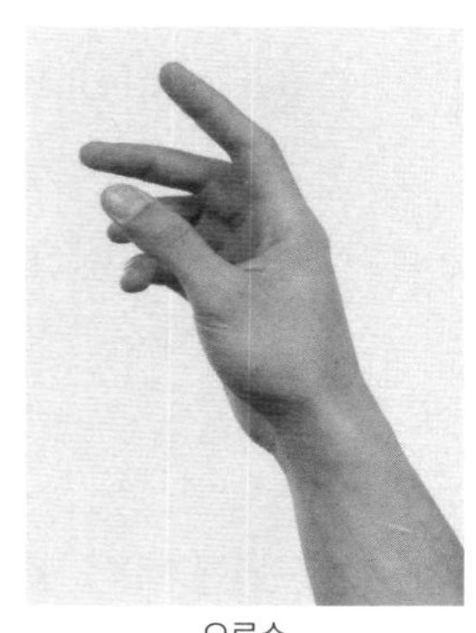

오른손

『설문해자』에서 又자는 "손이다. 형태를 본떴다. 세 개의 손가락인 것은, 손가락이 많아 줄여서 세 개가 넘지 않도록 한 것이다(手也. 象形. 三指者, 手之列多略不過三也)."라고 했다. 손이라고만 했지 오른손이라 풀이하지 않고 있다.

하지만 갑골문이나 금문에 보이는 又자 자형은 무엇인가 잡을 수 있도록 펼쳐져 있는 오른손의 옆모습을 나타냈다. 오른쪽 아래로 비껴 내린 기다란 하나의 획은 손에 연이어진 팔을 나타내며, 왼쪽을 향해 비껴 펼쳐진 세 개의 획은 세 손가락으로 다섯 손가락을 간략히 나타낸 것이다. 손의 옆모습으로 말미암아 다른 두 개의 손가락이 나타나 보이지 않은 듯하나 세 개의 숫자로 손의 전체를 표시하고 있다. 이는 발 모양에서 만들어진 止[그칠 지→077 참고]자가 발가락을 세 개로 표현한 경우와 같다. 소전 又자는 이전 자형과 비슷하며, 예서에서 오늘날과 같은 형태로 쓰이고 있다.

펜필드의 호문쿨루스

又자는 '또'의 뜻으로 문장 중에 자주 사용되는데, 一杯一杯又一杯(일배일배우일배)나 日日新又日新(일일신우일신)의 又자가 바로 그런 뜻으로 쓰였다. 또한 又자는 손을 사용해 '조작하다'는 뜻을 지니기도 한다. 하지만 又자가 덧붙여져 익히 쓰이는 어휘는 찾아볼 수 없다.

又자를 부수로 삼으면서 오늘날 비교적 자주 쓰이는 한자는 다음과 같다.

叉 [깍지 낄 차] **及 [미칠 급]** **反 [돌이킬 반]** **友 [벗 우]** **受 [받을 수]**
叔 [아재비 숙] **取 [취할 취]** **叛 [배반할 반]** 敘 [베풀 서=敍·敘] **叡 [밝을 예]**
叢 [모일 총]

위 한자들은 그 뜻이 모두 손과 관련되어 있다. 그 외에 又자는 여전히 支[지탱할 지], 攴[칠 복=攵], 殳[칠 수], 皮[가죽 피], 鼓[북 고]자와 같은 부수자를 구성하는 데 도움을 주기도 한다. 그 형태가 바뀌었지만 또 다른 부수자인 寸[마디 촌], 廾[손 맞잡을 공], 父[아비 부], 聿[붓 율], 隶[미칠 대], 鬥[싸울 투]자도 그 고문자를 살피면 又자와 관련된 글자임을 알 수 있다.

금문 右자

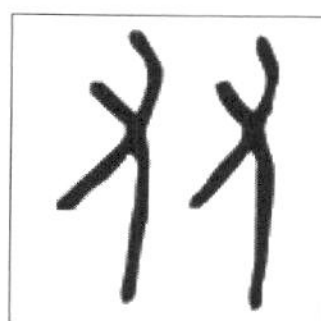
갑골문 友자

이처럼 又자는 많은 한자 구성에 도움을 주고 있는 아주 중요한 부수다. 뿐만 아니라 又자는 반듯하게 변형되어 𠂇의 형태로도 쓰이는데, 右[오른 우]·友[벗 우]·有[있을 유]자에 공통으로 보이는 형태가 바로 그것이다. 그렇게 𠂇(又)의 형태로 변했지만 右(우)·友(우)·有(유)자는 덧붙여진 바로 그 형태가 음의 역할을 한다.

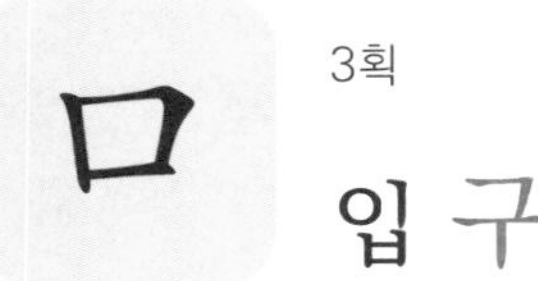

3획

입 구

입은 먹고 말하는 두 가지의 큰 구실을 하는 인체의 기관이다. 하지만 입으로 먹는 데 절제하지 않으면 병(病)이 생기고, 말하는 데 삼가지 않으면 화(禍)가 생기게 만드는 부위가 되기도 한다. 아울러 눈과 더불어 사람의 인상을 크게 좌우하는 부위의 하나다. 口자는 그 '입'을 뜻한다.

갑골문	금문	소전	예서

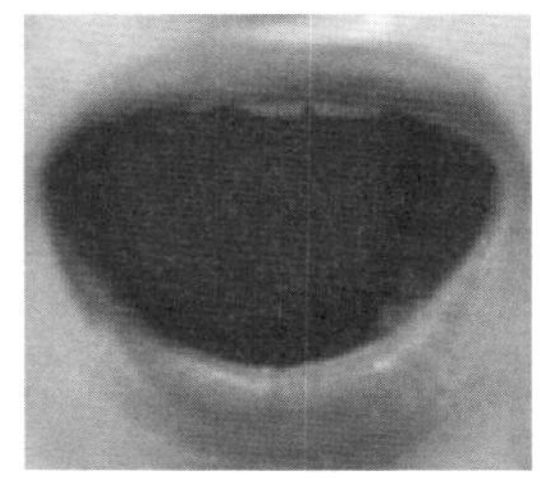

사람의 입

『설문해자』에서 口자는 "사람이 말하고 먹는 부분이다. 형상을 본떴다(人所以言食也. 象形)."라고 했다.

갑골문·금문·소전 口자 자형도 서로 비슷한 형태로 입을 나타내고 있다. 예서에서 口자는 오늘날 쓰이는 자형처럼 네모난 형태로 쓰이고 있다. 사람의 입 모양에서 비롯된 글자가 네모난 형태로 쓰인 것은 갑골문에서부터 문자로 표현될 때에 칼과 같은 서사(書寫)의 도구를 사용했기 때문이다.

緘口令(함구령)이나 耳目口鼻(이목구비)에서처럼 口자는 처음에 단지 사람의 '입'만 나타내는 한자였으나 모든 동물에도 입이 있기 때문에 그로 인해 虎口(호구)나 口蹄疫(구제역)에서처럼 동물의 '입'을 나타내는 데에도 사용되고 있다.

범의 입(호구)

그 외에 口자는 사람에게 누구나 입이 있기 때문에 家口(가구)나 戶口(호구)에서처럼 '사람'의 뜻을 지니며, 입 모양과 비슷한 형태나 입으로 음식이 드나들 듯 무엇인가 드나들 수 있는 상태나 상황으로 말미암아 非常口(비상구)와 噴火口(분화구)에서처럼 '구멍'이나 '어귀'의 뜻을 지니기도 한다.

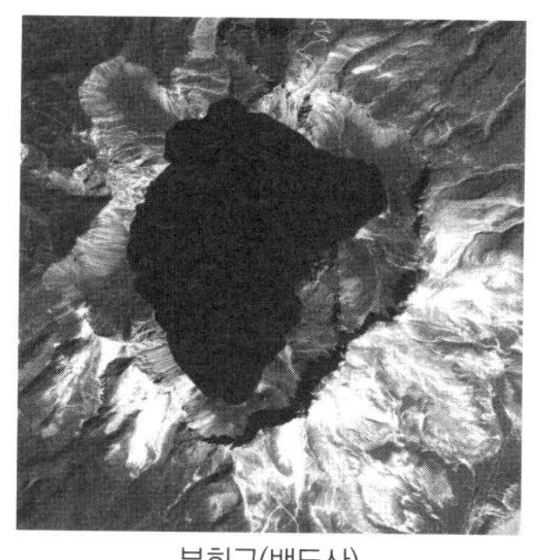
분화구(백두산)

아울러 입의 기능에서 말미암은 의미인 '말하다'의 뜻을 지니기도 하는데, 이런 뜻의 쓰임은 口辯(구변)이나 口頭(구두)의 口자에서 볼 수 있다.

口자와 합쳐져 이뤄진 한자는 일반적으로 입의 기관이나 그 활동과 관련된 뜻을 지닌다. 그러나 그 한자의 수가 많은 데다 적지 않은 한자의 자원이 분명치 않아 그 본래의 뜻을 헤아려 구분하는 데 어려움이 많다. 그래도 그런 한자들을 굳이 구분해 살펴보면 다음 네 유형이 있다.

1. 입과 관련된 기관을 나타낸 한자

吻 [입술 문] 咽 [목구멍 인] 喉 [목구멍 후]

2. 언어활동과 관련된 뜻을 지닌 한자

可 [옳을 가] **叫 [부르짖을 규]** **召 [부를 소]** 叱 [꾸짖을 질] 吃 [말 더듬을 흘]
告 [알릴 고] **君 [임금 군]** 吶 [말 더듬을 눌=訥] **否 [아닐 부]** 吩 [분부할 분]
吾 [글 읽는 소리 오·나 오] **吟 [읊을 음]** 呈 [드릴 정] 呵 [꾸짖을 가] **命 [명령할 령]**
咐 [분부할 부] 呪 [빌 주] 咨 [물을 자] **咸 [다 함]** 哥 [노래 가=歌]
唆 [부추길 사] **哲 [밝을 철=喆]** 哨 [망볼 초] **啓 [열 계]** **問 [물을 문]**
唯 [대답할 유·오직 유] **唱 [부를 창]** 喝 [꾸짖을 갈] **善 [착할 선]** 喩 [깨우칠 유]
喊 [소리 함] 喚 [부를 환] **嗚 [탄식할 오]** 嗾 [부추길 주] 嘆 [탄식할 탄=歎]
囉 [소리 얽힐 라] 囑 [부탁할 촉]

3. 언어활동 외에 입과 관련된 뜻을 지닌 한자

古 [예 고] **句 [글귀 구]** **右 [오른 우]** **只 [다만 지]** 叭 [입 벌릴 팔]
同 [한 가지 동] **名 [이름 명]** **吐 [토할 토]** 吝 [아낄 린] **吹 [불 취]**
呑 [삼길 탄] 吠 [짖을 폐] **含 [머금을 함]** 吼 [울 후] **吸 [숨 들이쉴 흡]**
呱 [울 고] **味 [맛 미]** 呻 [끙끙거릴 신] 咀 [씹을 저] 咆 [으르렁거릴 포]
呼 [숨 내쉴 호] **和 [화할 화=龢]** 咯 [토할 각] **哀 [슬플 애]** **哉 [어조사 재]**
咳 [기침 해] 哽 [목멜 경] **哭 [울 곡]** **唐 [당나라 당]** 哺 [먹을 포]
哮 [으르렁거릴 효] 啖 [먹을 담] 唳 [울 려] 啞 [벙어리 아] 唾 [침 타]

啄 [쪼을 탁]	喀 [토할 객]	喫 [마실 끽]	喇 [나팔 라]	喎 [입 비뚤어질 괘(와)]
喘 [헐떡거릴 천]	嗜 [즐길 기]	嗣 [이을 사]	嗽 [기침할 수]	噴 [뿜을 분]
嘲 [비웃을 조]	嚆 [울릴 효]	嚬 [찡그릴 빈=顰]	嚼 [씹을 작]	

4. 口자를 부수로 하나 입과 관련이 없는 한자

司 [맡을 사]	**史 [사관 사]**	**各 [각각 각]**	**吉 [길할 길]**	**吏 [벼슬아치 리]**
合 [합할 합]	**向 [향할 향]**	后 [임금 후]	呂 [등뼈 려]	呆 [어리석을 매·지킬 보]
吳 [나라 이름 오]	咎 [허물 구]	**周 [두루 주]**	咫 [길이 지]	**品 [물건 품]**
員 [수효 원=鼎]	**商 [장사 상]**	喬 [높을 교]	**單 [홑 단]**	**喪 [잃을 상]**
喜 [기쁠 희]	嗇 [아낄 색]	嗅 [맡을 후]	嘉 [아름다울 가]	**嘗 [맛볼 상]**
器 [그릇 기]	嚮 [향할 향]	**嚴 [엄할 엄]**	囊 [주머니 낭]	囍 [쌍 희]

口자 자형이 포함된 한자는 항상 입과 관련된 의미를 지니지 않는다. 예컨대 品(품)자의 口는 물건(物件)을 나타낸 것이며, 向(향)자의 口는 북창(北窓)을 나타낸 것이고, 各(각)자의 口는 일정한 구역(區域)을 나타낸 것이다. 위 네 번째 유형에 속하는 한자들이 모두 그런 경우다.

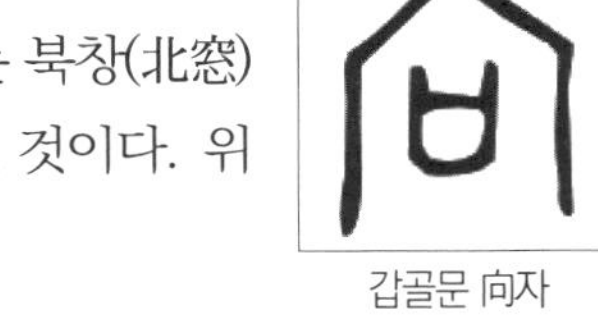
갑골문 向자

그 외에 口자는 加[더할 가], 占[점칠 점], 兄[맏 형], 知[알 지], 鳴[울 명]자 등 여러 한자의 구성에 도움을 주기도 한다. 그러나 이들 한자는 口자 부수에 속하지 않는다.

갑골문 各자

갑골문 各자

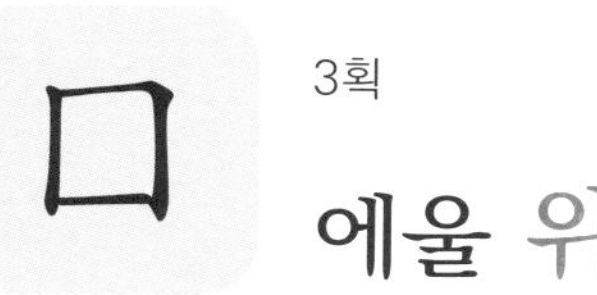

3획

囗 에울 위

일정하게 경계 지은 사방을 빙 둘러 싼 모양을 이르는 말이 '에우다'다. 囗자는 그 '에우다'를 뜻하는 부수로, 사방을 빙 둘러 에워싼 모양에서 그 자형이 이뤄졌다. 口[입 구→030 참고]자와 같은 형태지만 그 보다 더 큰 모양으로 입과 관련이 없다.

갑골문	금문	소전	예서

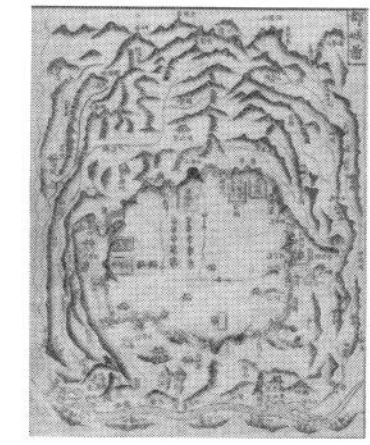

한양 도성도

『설문해자』에서 囗자는 "두른 것이다. 둘러 싼 형상을 본떴다(回也. 象回帀之形)."라고 했다.

갑골문과 금문에 보이는 囗자 자형도 모두 사방을 둘러싼 모양이다. 소전 이후 자형도 이전과 별 차이 없는 형태를 유지하고 있다.

囗자는 '에우다'의 뜻을 지니지만 후에 음을 나타내는 韋[다룬 가죽 위→178 참고]자를 덧붙인 圍[에울 위]자가 그 뜻을 대신하는 문자(文字)로 사용되자 부수로만 쓰이고 있다.

囗자 부수에 속하면서 오늘날 비교적 자주 쓰이는 한자는 다음과 같다.

囚 [가둘 수]	**四 [넉 사]**	**回 [돌 회]**	**因 [인할 인]**	**困 [곤할 곤]**
囹 [옥 령]	**固 [굳을 고]**	圃 [밭 포]	圄 [옥 어]	圈 [우리 권]
國 [나라 국]	**圍 [에울 위]**	**園 [동산 원]**	**圓 [둥글 원]**	**圖 [그림 도]**
團 [둥글 단]				

위 한자는 대부분 경계를 둘러 에워싼다는 뜻과 관련이 있다. 하지만 四(사)자와 回(회)자는 囗자와 직접적인 관련이 없고, 圓(원)자와 團(단)자도 둥그런 형태를 囗의 형태로 나타낸 한자다.

032

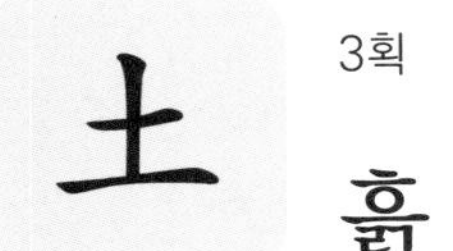

3획

흙 토

흙은 만물이 소생하는 바탕이 된다. 사람 역시 그 흙에서 나서 흙에서 살다 흙으로 돌아간다. 흙을 일구고 그 흙 속에 식물을 키워 먹을 것을 마련하며, 흙으로 지은 집에서 삶을 살다가 죽는 것이다. 土자는 그 '흙'을 뜻한다.

갑골문	금문	소전	예서
		土	土

『설문해자』에 土자는 "땅이 생물을 토해내는 것이다. 二는 땅의 아래와 땅의 가운데를 본떴다. ㅣ은 생물이 나는 것이다(地之吐生物者也. 二象地之下, 地之中, ㅣ, 物出形也)."라고 했다. 땅에서 싹이 나는 모양으로 풀이한 것이다.

흙덩이로 만드는 그릇

하지만 갑골문에 보이는 土자는 땅 위의 흙덩이 모양으로, 대부분 자형이 상하(上下)가 뾰족하면서 중간이 불룩한 모양으로 표현되어 있다. 아마도 그릇 등을 만들기 위한 흙덩이를 나타낸 것으로 여겨진다. 어떤 자형은 점(點)이 더해졌는데, 이는 흙덩이를 반죽하는 데 필요한 물방울을 나타낸 것으로 보인다. 자형에 보이는 一은 흙이 깔린 땅의 일반적인 모양인데, 그 모양만으로 표현하지 않은 것은 숫자 一[한 일]자와 혼동되지 않도록 하기 위한 것이다. 또 흙덩이 모양만으로 표현하지 않은 것은 그 모양만으로 흙을 나타내기에 부족하다고 생각했기 때문으로 보인다. 土자는 다시 소전과 예서에서 거친 필체로 말미암아 굵은 필획이 가로로 된 가는 선으로 변형되어 오늘날 쓰이는 형태로 이어졌다.

黃土(황토)나 高嶺土(고령토)에서 '흙'의 뜻으로 쓰이는 土자는 그 의미가 확대되어 國土(국토)나 領土(영토), 또는 土俗(토속)이나 土豪(토호)에서처럼 '땅'이나 '지방'의 뜻으로도 다양하게 쓰인다. 그 외에 현대 사회 도시 문명이 시멘트나 아스팔트로 뒤덮여 있기 때문에 흙을 농촌에서 제대로 보고 접할 수 있는 것처럼, 土자는 '농촌'과 관련된 뜻으로도 흔히 쓰이고 있다. 사람은 흙에서 태어나 흙에서 살기 때문에 土자는 또 '살다'의 뜻을 지니기도 한다.

土자를 부수로 삼는 한자는 흙과 관련된 지형이나 구조물, 또는 성질이나 상태와 관련된 뜻을 지닌다. 다음은 이들 한자를 뜻에 따라 크게 세 유형으로 구분한 것이다.

1. 흙이나 흙으로 이뤄진 지형과 관련된 한자

地 [땅 지]	坎 [구덩이 감]	坑 [구덩이 갱]	坊 [동네 방]	址 [터 지]
坤 [땅 곤]	坮 [터 대]	垢 [때 구]	垓 [지경 해]	**基 [터 기]**
堊 [백토 악]	**域 [지경 역]**	堆 [언덕 퇴]	**場 [마당 장]**	**塊 [흙덩이 괴]**
塗 [진흙 도]	**境 [지경 경]**	塵 [티끌 진]	塹 [구덩이 참]	墟 [언덕 허]
壑 [골 학]	壟 [언덕 롱]	壤 [흙 양]		

2. 흙으로 이뤄진 구조물과 관련된 한자

型 [거푸집 형]	**城 [성 성]**	**堂 [집 당]**	埠 [선창 부]	堵 [담 도]
堡 [작은 성 보]	**堤 [방죽 제]**	塑 [토우 소]	塋 [무덤 영]	塚 [무덤 총]
塔 [탑 탑]	**墓 [무덤 묘]**	塾 [글방 숙]	塼 [벽돌 전]	**墨 [먹 묵]**
墳 [무덤 분]	**壇 [제단 단]**	**壁 [벽 벽]**	壘 [진 루]	

3. 흙의 성질이나 상태 또는 동작과 관련된 한자

在 [있을 재]	**均 [고를 균]**	**坐 [앉을 좌]**	**垂 [드리울 수]**	坦 [평평할 탄]
坪 [평평할 평]	**埋 [묻을 매]**	**堅 [굳을 견]**	**培 [북돋울 배]**	堪 [견딜 감]
堯 [높을 요]	**塞 [막을 색·변방 새]**	塡 [메울 전]	**增 [불을 증]**	墜 [떨어질 추]
墮 [떨어질 타]	墾 [개간할 간]	壅 [막을 옹]	**壓 [누를 압]**	**壞 [무너질 괴]**

그 외에 **執[잡을 집]**자와 **報[갚을 보]**자도 그 부수에 속하나 土자와 관련이 없다. 이들 한자에 덧붙여진 幸[다행 행]자는 손을 묶는 형구에서 비롯되었기 때문이다. 아울러 土자는 吐[토할 토], 徒[무리 도=辻], 杜[팥배나무 두]자에서 음의 역할을 한다.

執자 고문자

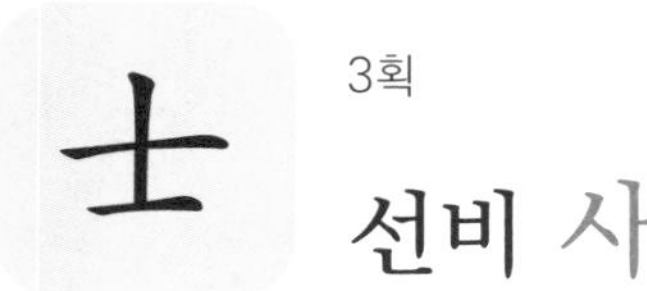

3획

선비 사

옛날에는 학식은 있으나 벼슬하지 않은 사람을 일러 '선비'라 했다. 또 학문을 닦는 사람, 학식이 있고 행동과 예절이 바르며 의리와 원칙을 지키고 관직과 재물을 탐내지 않는 고결한 인품을 지닌 사람을 이를 때도 '선비'라 했다. 士자는 그런 '선비'를 뜻한다.

갑골문	금 문	소 전	예 서

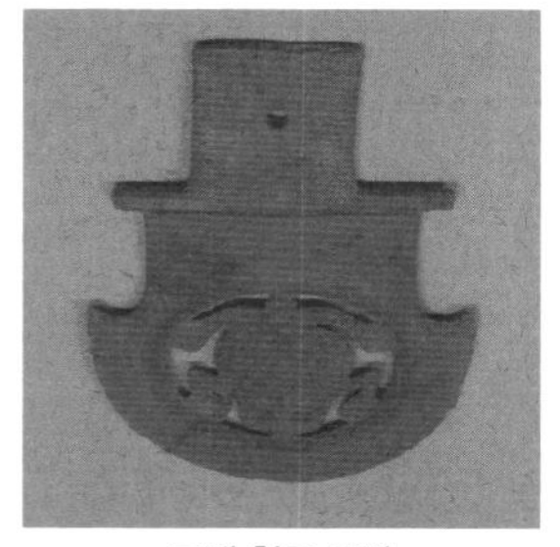
고대 청동 도끼

『설문해자』에서 士자는 "일하는 것이다. 수는 一에서 시작해 十에서 끝난다. 一과 十을 따랐다. 공자가 말하기를 '十과 一이 합쳐져 士가 되었다'(事也. 數始於一, 終於十. 从一从十. 孔子曰 : "推十合一爲士)."라고 했다.

하지만 맨 처음 그 자형이 보이는 금문에 士자는 도끼를 나타낸 것으로 보인다. 실제로 도끼는 고대에 王과 같은 특정 계급의 상징물이었다. 도끼를 무기로 해서 천하를 정복하고 왕으로 군림할 때, 그것을 스스로의 상징으로 삼았던 것이다. 따라서 王[임금 왕]자도 도끼 형태에서 그 자형이 이뤄졌다. 뿐만 아니라 왕을 수행하는 사람들 역시 도끼를 사용했는데, 그로부터 '선비'를 뜻하는 士자가 이뤄진 것이다. 이를 소전 자형을 참고해 『설문해자』를 쓴 허신(許愼)은 一자와 十자가 합쳐진 수와 관련된 한자로 잘못 풀이했고, 후대(後代)의 학자들 중에서도 수를 세는 일은 학식을 가진 선비가 하는 일이라 그 뜻이 '선비'가 되었다고 했다. 그러나 이는 그 고문자 자형을 보면 분명 잘못된 견해라 하겠다.

금문 王자

옛날 권위의 상징물이었던 도끼는 무기의 하나였다. 따라서 도끼에서 비롯된 士자는 고금을 통해 무기를 사용하는 사람인 武士(무사), 軍士(군사), 鬪士(투사), 勇士(용사), 戰士(전사),

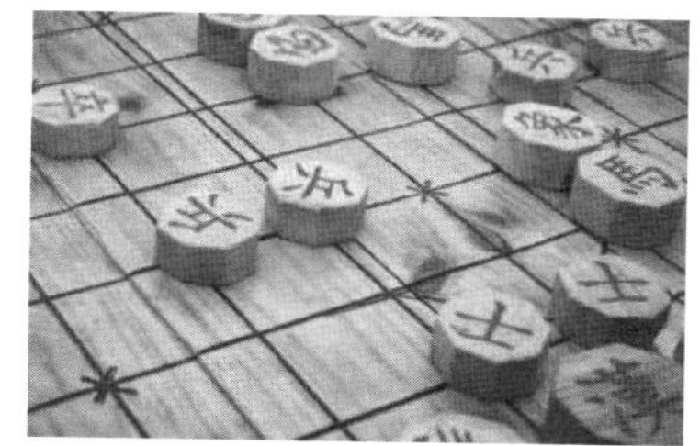
장기판의 士(오른쪽 아랫부분)

兵士(병사), 義士(의사) 등의 많은 말에 쓰이고 있다. 장기판에서 상대 말과 싸우는 '士'도 같은 경우고, 사마천의 『사기』에 나오는 '士爲知己者死(사위지기자사-선비는 자기를 알아주는 사람을 위해 죽는다)'의 '士'도 같은 경우다.

하지만 士자는 후대로 내려오면서 武(무)보다 文(문)을 중시하게 되면서 마침내 학문을 하는 사람과 관련된 뜻으로 흔하게 인식되는 한자가 되었다. 文士(문사), 博士(박사), 隱士(은사), 處士(처사), 道士(도사), 策士(책사), 學士(학사) 등에 士자가 그런 뜻으로 쓰였다. 나아가 무사(武士)나 문사(文士)가 벼슬을 했기 때문에 士자는 士禍(사화)나 士大夫(사대부)에서 보듯 왕과 같은 지배자 밑에서 일하는 '벼슬아치'의 뜻을 지니기도 한다. 뿐만 아니라 人士(인사), 名士(명사), 棋士(기사), 樂士(악사), 力士(역사) 등의 말에서처럼 士자는 '사람'의 뜻을 지니기도 한다.

사관생도의 모습

士자 부수에 속하면서 익히 쓰이는 한자에는 **壬[아홉째 천간 임]**, **壯[씩씩할 장]**, 壺[병 호], 壹[한 일], 壻[사위 서=婿], **壽[목숨 수]**자 등이 있다. 그 가운데 壯(장)자와 壻(서)자 외의 한자는 그 자형이 士자와 전혀 관련이 없다. 자형의 일부에 士자와 같은 형태가 있어 그 부수에 속하게 된 것뿐이다. 이는 心(심)자 부수에 속하는 志[뜻 지]자도 마찬가지다. 志(지)자에 보이는 士의 형태는 원래 발에서 비롯된 止[그칠 지→077 참고]자와 관련이 있기 때문이다. 志(지)자의 음이 '지'인 것은 止(지)자가 음의 역할을 하기 때문이다. 그 외에 士자는 仕[벼슬할 사]자의 구성에 도움을 주면서 음의 역할을 하기도 한다.

금문 志자

소전 志자

034

3획

뒤져 올 치

사람의 발에서 비롯된 한자는 止[그칠지→077 참고]자다. 하나의 한자가 구성될 때에 그 자형이 발과 관련된다면 바로 그 止자와 연결되는 경우가 대부분이다. 夂자도 그런 한자로, 발이 위나 앞을 향하지 않고 아래나 뒤를 향한 모습에서 그 뜻이 '뒤져 오다'가 되었다.

갑골문	금문	소전	예서

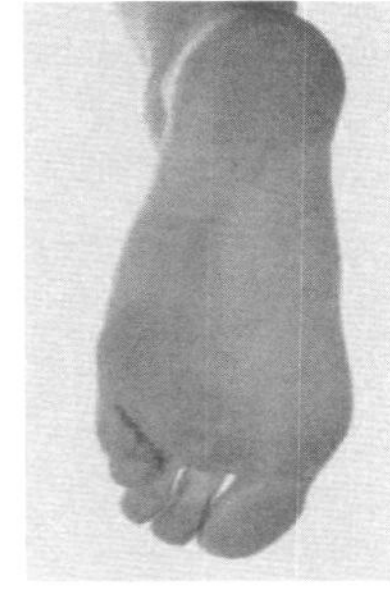

아래를 향한 발

『설문해자』에 夂자는 "뒤에 이른다는 것이다. 사람의 두 종아리가 뒤에 이름이 있음을 본떴다(从後至也. 象人兩脛後有致之者)."라고 했다.

갑골문이나 금문에 夂자는 모두 발을 나타낸 止자 자형이 반대(아래)로 향한 형태다. 소전과 예서도 이전의 자형과 큰 차이가 없이 쓰이고 있다.

夂자는 부수의 역할만 하며, 하나의 문자로 역할을 하지 않는다. 다음 차례에 배우는 夊[천천히 걸을 쇠→035 참고]자도 같은 형태에서 나온 부수다. 두 부수는 같은 형태에서 비롯되었기 때문에 원래 같은 뜻을 지녔다. 그러나 부수로 체계화될 때 서로 구분됨에 따라 오늘날에는 각기 딴 글자가 되었다. 나아가 夂자는 하나의 한자 구성에 덧붙여질 때에 윗부분에 쓰이고, 夊자는 아랫부분에 쓰이는 차이점을 갖게 되었다. 하지만 오늘날 대부분의 사람들은 두 부수의 차이점을 모르고 구분 없이 쓰고 있다.

夂자 부수에 속하면서 익히 쓰이는 한자는 없다. 하지만 夂자는 降[내릴 강]자의 고자(古字)인 夅(강)자에서 그 자형을 엿볼 수 있다. 아울러 峰[봉우리 봉=峯], 蜂[벌 봉], 逢[만날 봉], 鋒[칼끝 봉], 烽[봉화 봉]자 등에서 음의 역할을 하는 夆[끌 봉]자에서도 그 쓰임을 엿볼 수 있다.

갑골문 降자

035

3획

천천히 걸을 쇠

夊자도 夂(치)자와 마찬가지로 발에서 비롯된 止[그칠 지→077 참고]자가 변형된 한자다. 따라서 夊자는 夂(치)자처럼 止(지)자가 뒤나 아래를 향한 형태인데, 뒤나 아래를 향한 발이 천천히 걷는 모양에서 그 뜻이 '천천히 걷다'가 되었다.

갑골문	금문	소전	예서

『설문해자』에도 夊자는 "다닐 때 천천히 걷는다는 것이다. 사람의 두 종아리가 천천히 걷는 바가 있음을 본떴다(行遲曳夊夊, 象人兩脛有所躧也)."라고 했다.

조정의 모습 재현

갑골문에 夊자 역시 발이 뒤나 아래를 향하는 모습으로 보인다. 그 자형이 금문을 거쳐 소전에서 좀 더 정형된 형태로 쓰이고 있다. 다만 같은 모양에서 비롯된 夂자와 달리 夊자는 세 번째 획인 ㇏의 형태가 첫 번째 획인 ㇒의 형태보다 위쪽으로 나오도록 쓰이고 있다.

옛날 사람들은 조정(朝廷)이나 의식(儀式)에서 발을 높이 들지 못하고 조심스럽게 행동했다. 그때 뒤로 물러나는 동작도 발을 끌고 천천히 걷는 것처럼 행동했는데, 夊자는 바로 그와 같이 공손히 행동하는 발 모습에서 비롯된 '천천히 걷다'의 뜻을 지니게 되었다.

夊자 부수에 속하는 한자에는 **夏[여름 하]**자 하나만 그나마 비교적 자주 쓰이고 있다. 하지만 凌[얼음 릉], 綾[비단 릉], 稜[모 릉]자에서 음의 역할을 하는 陵자의 고자(古字)인 夌[언덕 릉]자와 俊[준걸 준], 竣[마칠 준], 駿[준마 준]자에서 음의 역할을 하는 夋[천천히 갈 준]자와 復[돌아올 복·다시 부], 腹[배 복], 複[겹칠 복]자에서 음의 역할을 하는 复[갈 복]자에서 여전히 그 자형의 쓰임을 엿볼 수 있다.

036 夕

3획

저녁 석

옛날 사람들은 하루를 둘로 나눠 해가 뜨면 일어나 활동하는 낮으로 보고, 달이 뜨면 누워 자는 저녁으로 보았다. 문자가 쓰이던 초기에 月[달 월→074 참고]자와 같은 형태로 표현되었던 夕자는 본래의 의미인 '달'의 뜻 외에 '저녁'의 뜻으로도 쓰였다. 그러나 후대에 달의 윤곽에서 점이 없는 夕자는 '저녁'의 뜻을 지니고, 점이 있는 月자는 '달'의 뜻을 지닌 한자로 나눠 쓰이게 되었다.

갑골문	금문	소전	예서

달의 일부 모양

『설문해자』에서 夕자는 "저무는 것이다. 달이 반쯤 보이는 것을 따랐다(莫也. 从月半見)."라고 했다.

갑골문 夕자도 달의 일부 모양에서 그 자형이 이뤄지고 있음을 볼 수 있다. 하지만 금문 夕자 자형은 갑골문에 비해 달 모양이 조금씩 그 형태를 잃고 있다. 그러다 夕자는 소전을 거쳐 예서에서 그 원래 모양을 알아 볼 수 없을 정도로 변화되었다.

夕자는 朝變夕改(조변석개)·花朝月夕(화조월석)·朝飯夕粥(조반석죽)에서처럼 아침과 상대가 되는 '저녁'의 뜻을 지닌다. 하지만 저녁은 밤이기도 하니 夕자는 除夜(제야)에서처럼 낮의 상대가 되는 '밤'의 뜻을 지니기도 한다.

夕자를 부수로 삼는 한자에는 **外[밖 외]**, **多[많을 다]**, 夙[일찍 숙], **夜[밤 야]**, **夢[꿈 몽]**자가 있다. 그 가운데 多자는 夕자와 아무 관련이 없고, 고깃덩이를 나타낸 肉[고기 육→130 참고]자의 고문자와 관련이 있다. 고깃덩이를 겹쳐놓은 데서 多자는 그 뜻이 '많다'가 된 것이다.

갑골문 多자

037

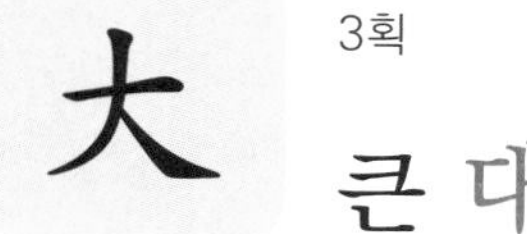

3획

큰 대

세상의 모든 물체는 그 형태에 따라 '크다'와 '작다'로 구분된다. 이때 '크다'와 '작다'는 상대적이며, 그 뜻도 구체적이지 않고 추상적이다. 옛날 사람들은 그렇게 상대적이며 추상적인 뜻의 하나인 '크다'를 나타내기 위해 만물의 영장인 사람을 들어 大자로 표현했다. 그 사람도 가장 크게 보이는 정면을 향해 두 팔과 두 다리를 벌리고 서 있는 모습으로 나타냈다. 그것도 아이보다 어른, 여자보다 남자를 나타냈는데, 그런 모습이 그 뜻 '크다'를 나타내는 데 적절하다고 여겼기 때문으로 보인다.

갑골문	금 문	소 전	예 서
			大

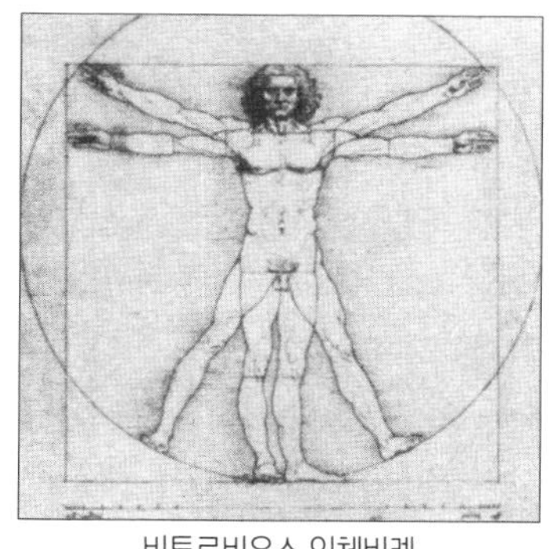

비투르비우스 인체비례

『설문해자』에서 大자는 "하늘도 크고, 땅도 크고, 사람 역시 크다. 고로 大는 사람의 형상을 본떴다(天大, 地大, 人亦大. 故大象人形)."라고 했다.

갑골문 大자 자형도 사람을 나타냈다. 그러나 금문의 일부 자형은 사람 형상이라 볼 수 없을 정도로 생략되어 쓰이고 있음을 볼 수도 있다. 하지만 대부분의 大자 자형은 선획(線劃)의 차이가 약간 있으나 결국 모두 사람을 그 형상 그대로 나타내고 있다. 소전과 예서의 大자도 그 자형을 그대로 이어서 쓰고 있다.

大자는 큰 사람에서 비롯된 한자로, 큰 사람은 한자로 大人(대인)이다. 大人은 다시 몸이 아주 큰 사람, 자라서 어른이 된 사람, 말과 행실이 바르고 점잖으며 덕이 높은 사람, 신분이나 관직이 높은 사람 등의 여러 뜻을 지닌다. 그처럼 大자는 여러 상황에서 다양한 뜻을 지닌다. 부피·길이·넓이뿐만 아니라 규모나 범위 혹은 힘이나 세력, 심지어 도량이 '크다'함을 나타낼 때에도 쓰이기 때문이다. 하지만 大자는 주로 크기와 관련해 '작다'의 뜻을 지닌 小[작을 소]자의 상대가 되는 뜻으로 주로 쓰이고 있다. 積小成大(적소성대)·小貪大失(소탐대실)·針小棒大(침소봉대)의 大자가 바로 그런 뜻으로 쓰였다. 나아가 大衆(대중)의 大자처럼 '수량이 많음'을 나타내기도 하고, 大學者(대학자)의 大자처럼 '지위나 업적이 높거나 훌륭함'을 나타내기도 하며, 大王(대왕)의 大자처럼 '존경이나 찬미'를 나타내기도 한다. 아울러 大略(대략)·大綱(대강)·大概(대개)의 大자로도 쓰이고, 그 음(音)을 달리해 太[클 태]자와 서로 통용되면서 '태'로 읽혀지기도 한다.

소전 失자

大자 부수에 속하는 한자는 그 뜻이 일반적으로 본의인 '크다'의 의미와 관련이 있거나 사람 혹은 사람의 일과 관련된 뜻을 지닌다. 다음은 그 부수에 속하는 한자다.

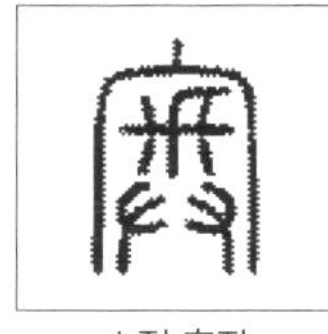
소전 奥자

夫 [사내 부]	夭 [어릴 요]	**天 [하늘 천]**	**太 [클 태]**
失 [잃을 실]	**央 [가운데 앙]**	**夷 [오랑캐 이]**	夾 [낄 협]
奇 [기이할 기]	**奈 [어찌 내·나락 나]**	**奉 [받들 봉]**	**契 [맺을 계]**
奎 [별이름 규]	**奔 [달릴 분]**	奏 [아뢸 주]	套 [덮개 투]
奚 [어찌 해]	奢 [사치할 사]	奠 [제사지낼 전]	奧 [속 오]
奬 [권면할 장]	**奪 [빼앗을 탈]**	**奮 [떨칠 분]**	

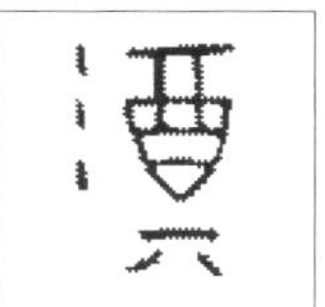
금문 奠자

위 한자 가운데 失(실), 奈(내), 奉(봉), 契(계), 奔(분), 奏(주), 奠(전), 奧(오), 奪(탈), 奮(분)자는 大자 부수에 속하더라도 그 고문자를 살피면 大자와 전혀 관련이 없다. 그 자형의 일부가 大자처럼 쓰여 부수의 체계를 세울 때 그 부수에 속하게 된 것뿐이다. 반면에 尖[뾰족할 첨], 美[아름다울 미], 爽[시원할 상], 因[말미암을 인]자는 大자와 관련이 있으나 그 부수에 속하지 않는다.

금문 奮자

038 女

3획

계집 녀

'계집'은 오늘날 여자나 아내를 낮잡아 이르는 말로 널리 통하고 있다. 하지만 조선시대 초기까지만 해도 아내를 가리키는 평범한 말이었다. 속담에 '계집 때린 날 장모 온다'나 '이방 저 방 좋아도 내 서방이 젤 좋고, 이 집 저 집 좋아도 내 계집이 젤 좋다'의 '계집'은 아내를 이른 것이다. 女자는 그 아내를 옛날 널리 이르던 '계집'의 뜻을 지닌 한자다. '계집'은 안 일과 바깥 일이 구분되던 시절 집 안에서 일하는 사람과 관련된 말이다. '계시다'의 '계'와 '집'이 합쳐진 데서 비롯된 말로 여겨지고 있다. 아내도 계집의 말과 비슷하게 '집 안'의 '안'과 사람을 의미하는 접미사 '해'가 합쳐진 데서 비롯된 말로 여겨지고 있다.

갑골문	금문	소전	예서
			女

『설문해자』에서도 女자는 "지어미인 사람이다. 형상을 본떴다(婦人也. 象形)"라고 했다. 지어미는 남편이 있는 여자로 아내를 예스럽게 이르는 말이다.

길쌈하는 여인

갑골문 女자는 대체로 두 손을 앞에 모으고 무릎을 꿇고 있는 사람 모습으로 표현되어 있다. 다소곳이 무릎을 꿇고 있는 그 모습에서 봉건시대의 사회적 지위가 드러나는 순종적인 여자로 보는 이들이 적지 않다.

그러나 오랜 기간 문자학에 천착해 온 필자의 입장에서 보면 女자는 집 안의 일을 하는 여자를 나타낸 것으로 보인다. 그 뜻과 상대가 되는 男[사내 남]자가 집 밖에 나가 농토[田]에서 쟁기질[力]하며 농사를 지어 밥[食]을 해결하는 사람을 나타낸 한자인데 반해 女자는 집 안에서 길쌈을 해서 옷[衣]를 해결하는 사람을 나타낸 한자로 본 것이다. 의식(衣食)을 해결하는 일은 가족을 부양해야 할 지아비[男]와 지어미[女]에게 아주 중요한 일이기 때문이다. 갑골문의 일부 자형에서는 혼인을 한 여자가 머리에 꽂은 비녀를 나타내는 一의 형태가 덧붙여져 있음을 볼 수 있다. 그 자형은 금문

여인 방적하는 모습(기산풍속도)

을 지나 소전에서 좀 더 유려한 형태로 쓰이고 있고, 예서에서는 오늘날처럼 쓰이고 있다.

女자는 有夫女(유부녀)나 女必從夫(여필종부)에서 보듯 혼인한 여자와 관련해 그 뜻이 '계집'인 한자다. 그러나 후대로 내려오면서 女자는 그 뜻이 확대되어 오늘날 南男北女(남남북녀)나 男負女戴(남부여대)에서 보듯 흔히 男(남)자와 상대되는 개념으로 모든 '여자'를 뜻하는 데도 쓰이고 있다. 하지만 그 뜻이 축소되어 女息(여식)이나 長女(장녀)에서처럼 한 세대 아래 태어난 여자아이인 '딸'의 뜻을 지니기도 한다. 아울러 여자의 삶과 관련해 女자는 '시집보내다'의 뜻을 지니기도 한다. 또한 여자가 남자 입장에서 보면 그 상대자가 되기 때문에 女자는 제 2인칭의 의미인 '너'의 뜻을 지니기도 한다. 이때에 女자는 氵[삼수변]을 더한 汝[너 여]자와 서로 통한다.

女자를 부수로 삼는 한자는 당연히 여자와 관련된 뜻을 지닌다. 다음은 그 뜻을 세 유형으로 나눠 본 것이다.

1. 여자의 부류와 관련된 명칭을 나타낸 한자(명사류)

奴 [노예 노] **妃 [왕비 비]** **妓 [기생 기]** **妹 [누이 매]** 姆 [여스승 모]
姊 **[누이 자=姉]** 姐 [누이 저] **姑 [시어미 고]** **妻 [아내 처]** **妾 [첩 첩]**
姨 [이모 이] **姪 [조카 질]** 姬 [아씨 희] **娘 [계집 낭]** 娼 [노는계집 창]
婢 [계집종 비] **婦 [지어미 부]** 婆 [할미 파] 媛 [미인 원] 婿 [사위 서=壻]
媽 [어미 마] 嫂 [형수 수] 嫡 [정실 적] 嬪 [아내 빈] 嬰 [아이 영]
孀 [과부 상] 孃 [계집 양]

2. 여자의 모양이나 역할과 관련된 한자

好 [좋을 호] 妊 [아이 밸 임=姙] 妖 [아리따울 요] **妙 [묘할 묘]** **妥 [편안할 타]**
始 [처음 시] **委 [맡길 위]** **姻 [혼인할 인]** **威 [위엄 위]** **姿 [맵시 자]**
娛 [즐거워할 오] 娠 [애 밸 신] 娩 [해산할 만] 婉 [순할 완] **婚 [혼인할 혼]**
娶 [장가들 취] **媒 [중매 매]** 媤 [시집 시] 嫁 [시집갈 가] 嬌 [아리따울 교]

3. 여자를 무시한 의미를 지닌 한자

奸 [범할 간] **妄 [허망할 망]** **妨 [거리낄 방]** 妬 [시기할 투] **姦 [간사할 간]**
媚 [아첨할 미] 嫉 [시새움할 질] **嫌 [싫어할 혐]**

위 세 번째 유형은 사회가 부권(父權) 중심으로 들어선 후에 만들어진 한자로 보인다. 그 한자의 뜻을 살피면 남자 중심 사회에서 여자에게 차별 대우가 행해졌음을 보여주고 있기 때문이다. 하지만 女자 부수에 속하는 한자 가운데 **姓[성씨 성]**자는 고대 사회가 한때 모권 중심의 사회였음을 보여주고 있다. 姓(성)자가 한 혈족(血族)을 나타내기 위해 사용되는 한자인데, 이에 女자를 덧붙이고 있는 데서 그런 사실을 미뤄 짐작할 수 있기 때문이다. 나아가 그 부수에 속하는 **如[같을 여]**자는 女자가 음의 역할을 한다. 그처럼 水(氵)자 부수에 속하는 汝(여)자도 女자가 음의 역할을 한다. 아울러 女자 부수에 속해야 할 要[구할 요→146 참고]자는 襾[덮을 아]자 부수에 속하고 있다.

소전 要자

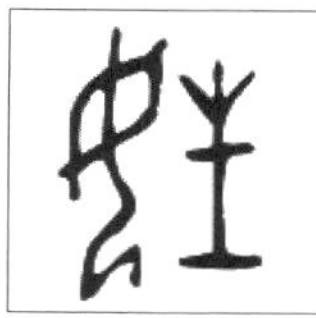
갑골문 姓자

039

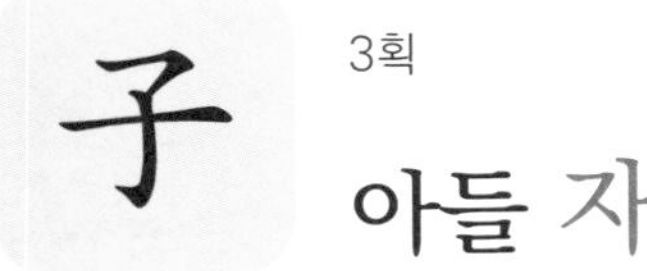

3획

아들 자

사람이 막 태어났을 때는 주로 '아기'라 하고, 보통은 4세나 5세 때부터 초등학생까지 '아이'라고 한다. 하지만 나이가 어린 사람이면 모두 '아이'라 할 수 있다. 심지어 태어나지 않았는데 '아이가 들어섰다'라고 하며 '아이'란 말을 쓴다. 子자는 바로 그 '아이'를 뜻하는 한자다. 하지만 子자는 막 태어난 아이를 본떴다. 아이를 본떴기에 옛날에는 사내아이나 계집아이 모두 '子'라고 했다. 그러다 성별을 밝힐 필요가 있으면, 子자 앞에 男[사내 남]자나 女[계집 녀]자를 붙여 사용했다. 하지만 후대에 子자는 그 의미가 축소되어 사내아이, 즉 '아들'만의 뜻으로 쓰였다. 이는 농경시대에 농사에 좀 더 도움이 되는 아들을 우선시하는 남아 선호사상이 있었기 때문으로 보인다.

갑골문	금문	소전	예서
			子

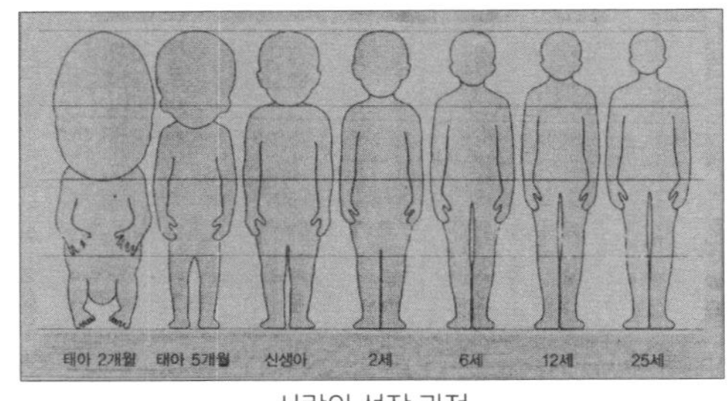

사람의 성장 과정

『설문해자』에서 子자는 "십일월이고, 양기가 움직이면서 만물이 자라게 하는 것이다. 사람을 그로써 일컬었다. 형상을 본떴다(十一月, 陽气動, 萬物滋, 人以爲偁. 象形)."라고 했다. 좀 난해한 설명을 덧붙였지만 사람과 관련해 풀이하고 있다.

갑골문 子자는 아이의 큰머리와 머리카락 및 다리를 나타낸 복잡한 자형과 머리카락이 없이 아이를 나타낸 간단한 자형이 보인다. 그 자형에서 머리를 비교적 크게 나타낸 것은 아이일 때가 전신(全身) 가운데 머리 부분이 다른 곳보다 크기 때문이다. 이후 금문에 이어진 소전 子자는 두 자형 가운데 간단한 형태가 바탕이 되었으며, 그 형태가 다시 예서 과정을 거쳐 오늘날처럼 쓰이고 있다.

父傳子傳(부전자전)이나 父子有親(부자유친)에서 '아들'의 뜻으로 쓰이는 子자는 內子(내자)나 亂臣賊子(난신적자)에서처럼 '자손'이나 '사람'의 뜻으로도 쓰인다. 또한 子자는 孔子

(공자)나 孟子(맹자) 혹은 梁上君子(양상군자)에서처럼 '남자에 대한 존칭(尊稱)'이나 '미칭(美稱)'으로도 쓰인다. 아울러 種子(종자)·骨子(골자)·卵子(난자)에서처럼 子자는 '식물의 씨'나 '열매' 혹은 '동물의 알'이나 '새끼'를 나타낼 때에도 사용된다. 아이는 어른에 비해 작기 때문에 子자는 또 微粒子(미립자)나 눈瞳子(동자)에서처럼 '작은 것'을 뜻하기도 하고, 亭子(정자)나 冊子(책자)에서처럼 '접미사'의 역할을 하기도 한다. 그 외에 子자는 12지지(地支-:子·丑·寅·卯·辰·巳·午·未·申·酉·戌·亥)나 다섯 개 작위(爵位:公·侯·伯·子·男)의 한 글자로 빌려 쓰이기도 한다. 子자가 12지지(地支)로 쓰일 때에 나타내는 시각은 오후 12시며, 방향은 정북(正北)을 가리킨다. 따라서 오후 12시를 뜻하는 子時(자시)나 정북과 정남을 통해 그은 선을 뜻하는 子午線(자오선)에 子자가 쓰이고 있다.

12지지와 방위

子자 부수에 속하는 한자는 대체로 아이의 행동이나 상태 등과 관계된 뜻을 지닌다. 다음은 그런 한자다.

孑 [외로울 혈]	孔 [구멍 공]	孕 [아이 밸 잉]	字 [글자 자]	存 [있을 존]
孝 [효도 효]	季 [끝 계]	孤 [외로울 고]	孟 [맏 맹]	孩 [어린아이 해]
孫 [손자 손]	孰 [누구 숙]	孵 [알 깔 부]	學 [배울 학]	孺 [젖먹이 유]
孼 [서자 얼]				

위 한자 가운데 孰(숙)자는 그 부수에 속해도 子자와 관련이 없다. 아울러 字자는 子자가 음의 역할을 한다. 그처럼 子자가 음의 역할을 하는 한자에는 仔[자세할 자]자와 李[오얏나무 리=杍]자도 있다. 李자는 음의 역할을 하는 利(리)자를 덧붙인 梨[배나무 리]자를 梸(리)자로, 每(매)자를 덧붙인 梅[매화나무 매]자를 槑(매)자로 쓰는 것처럼 음의 역할을 하는 子자를 덧붙인 杍(리)자로도 쓸 수 있다. 『설문해자』에서도 李(杍)자는 "과실이다. 木은 뜻을 나타내고, 子는 소리(음)를 나타낸다(果也. 从木. 子聲)."라고 했다. 李(杍)자에서 子자가 음의 역할을 한다고 한 것이다.

갑골문 孰자

3획

집 면

한자는 중국 문화 속에서 성숙된 문자다. 중국은 황하문명을 이룩한 나라로, 황하 주변에는 엄청난 황토(黃土)가 켜켜이 쌓여 있다. 그 황토 땅을 파서 집을 지으면 비교적 시원하게 여름을 나고, 따뜻하게 겨울을 날 수 있었다. 바로 그렇게 지은 집 모양에서 비롯된 한자가 宀자다. 따라서 宀자는 그 뜻이 '집'이 되었다.

갑골문	금문	소전	예서

『설문해자』에 宀자는 "엇걸려 덮은 깊숙한 집이다. 형상을 본떴다(交覆深屋也. 象形)."라고 했다.

갑골문 宀자 자형도 엇걸려 덮은 지붕과 양쪽의 기둥을 나타내고 있다. 그 모양에서 옛날 사람들이 살았던 집의 흔적을 엿볼 수 있다. 금문 宀자 자형도 갑골문과 비슷한데, 소전 과정을 거쳐 예서에 보이는 자형은 이전보다 좀 더 간략하게 쓰이고 있다.

고인들이 살았던 집 형태

아주 옛날 사람들은 짐승과 마찬가지로 천연 동굴에서 생활했다. 그러다 거친 자연환경에 적응하기 위해 인위적으로 집을 만들어 살게 되었다. 宀자는 바로 그런 상황에서 만들어진 집과 관련해 그 뜻이 '집'이 되었다. 하지만 宀자는 단독의 문자로 사용되지 않고 '집'을 뜻하는 家[집 가], 宮[집 궁], 室[집 실], 宅[집 택], 宇[집 우], 宙[집 주]자 등과 같은 한자 구성에 도움을 주면서 주로 뜻의 역할을 하고 있다.

단독의 문자로 사용되지 않기 때문에 예전에 宀자는 '갓머리'라는 부수 명칭으로 더 자주 불렸다. '갓머리'는 소전 이후의 그 자형이 '갓'처럼 생겼고, 또 그 자형이 다른 글자와 합쳐질 때에 항상 '머리' 부분에 덧붙여지기 때문에 '갓'과 '머리'를 합쳐 부른 명칭이다. 하지만 '갓머리'라는 명칭은 宀자가 덧붙여지는 한자를 이해하는 데 전혀 도움이 되지 않는다. 오히려 방해가 될 뿐이다. 따라서 그 명칭의 사용을 자제하는 것이 좋겠다.

宀자 부수에 속하는 한자는 대부분 집의 상태나 집과 관련된 활동과 관련된 뜻을 지닌다. 다음은 그 부수에 속하면서 비교적 자주 쓰이는 한자다.

宅 [집 택(댁)]	**宇 [집 우]**	**守 [지킬 수]**	**安 [편안할 안]**
宋 [나라 이름 송]	**完 [완전할 완]**	宏 [클 굉]	宕 [방탕할 탕]
宗 [마루 종]	**官 [벼슬 관]**	**宙 [집 주]**	**定 [정할 정]**
宛 [굽을 완]	**宜 [마땅할 의]**	**客 [손님 객]**	**宣 [베풀 선]**
室 [집 실]	宥 [용서할 유]	宦 [벼슬 환]	**宮 [집 궁]**
宰 [재상 재]	**害 [해로울 해]**	**宴 [잔치 연]**	**家 [집 가]**
容 [담을 용]	**宿 [잘 숙·성수 수]**	**寂 [고요할 적]**	**寄 [부칠 기]**
寅 [셋째지지 인]	**密 [빽빽할 밀]**	寇 [도둑 구]	**富 [넉넉할 부]**
寐 [잠잘 매]	**寒 [찰 한]**	寓 [머무를 우]	寞 [쓸쓸할 막]
察 [살필 찰]	**寡 [적을 과]**	**寢 [잘 침]**	寤 [깰 오]
實 [열매 실]	**寧 [편안할 녕]**	**審 [살필 심]**	**寫 [베낄 사]**
寬 [너그러울 관]	寮 [벼슬아치 료]	寵 [괼 총]	**寶 [보배 보]**

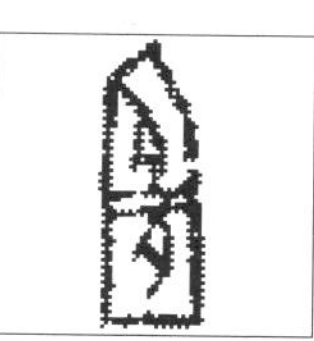
갑골문 宜자

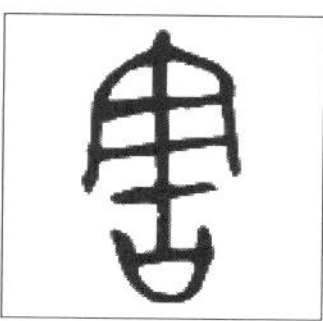
갑골문 害자

갑골문 容자

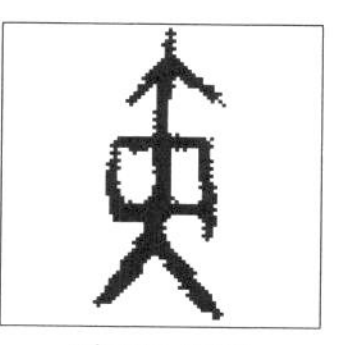
갑골문 寅자

위 한자 가운데 宜(의), 害(해), 容(용), 寅(인)자는 宀자 부수에 속해도 宀자와 관련이 없다. 부수의 체계를 세울 때에 자형의 일부에 宀의 형태가 덧붙여져 있어 그 부수에 속하게 된 것뿐이다. 반면에 字[글자 자], 牢[우리 뢰], 塞[막을 색·변방 새], 蜜[꿀 밀], 賓[손님 빈]자는 宀자 부수에 속하지 않아도 그 자형의 형성에 宀자가 영향을 미치고 있다.

041 寸 3획 마디 촌

사람들이 짧은 길이를 나타내는 데 흔히 사용하는 말이 '마디'다. 예컨대 언어에서 짧은 어절, 음악에서 곡의 짧은 단위, 곤충에서 몸을 이루는 짧은 부분을 이를 때 사용하는 말이 '마디'인 것이다. 이렇게 짧은 길이를 나타내는 '마디'를 뜻하는 한자는 寸자다. 寸자는 사람의 손을 이용해 이뤄졌다. 예부터 길이는 사람의 몸을 표준으로 정해진 경우가 많았기 때문이다.

갑골문	금문	소전	예서

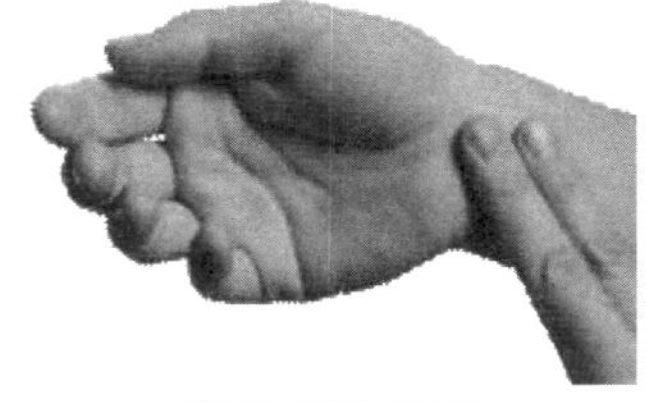
촌구를 짚은 손가락

『설문해자』에서 寸자는 "10푼이다. 사람의 손에서 一寸이 되는 곳에 맥박이 뛴다. 이를 일러 寸口라 한다. 又를 따랐고, 一을 따랐다(十分也. 人手卻一寸動𧖴, 謂之寸口. 从又, 从一)." 라고 했다.

하지만 寸자의 갑골문 자형은 又[또 우→029 참고]자처럼 손으로만 표현되어 있다. 그러다 금문 자형에서 비로소 작은 선(線)의 형태가 덧붙여지고 있음을 볼 수 있다. 그 자형이 이후 소전 寸자 자형의 바탕이 되었으며, 예서의 자형으로까지 이어졌다. 예서의 寸자 자형에서 작은 선을 제외한 부분은 손 모양을 직선으로 표현한 것이며, 작은 선은 손으로부터 일촌(一寸)이 되는 거리의 부위를 특징적으로 강조해 표시한 것이다. 작은 선 부위는 『설문해자』에서 풀이한 것처럼 촌구(寸口)인데, 흔히 의사가 맥을 짚는 곳이다. 이는 손목에서 손가락 하나를 끼워 넣을 정도의 거리에 위치한다. 따라서 寸자의 뜻인 '마디'는 손가락 한 마디를 이르는 것이 아니고, 손가락 하나의 폭을 이르는 것이다.

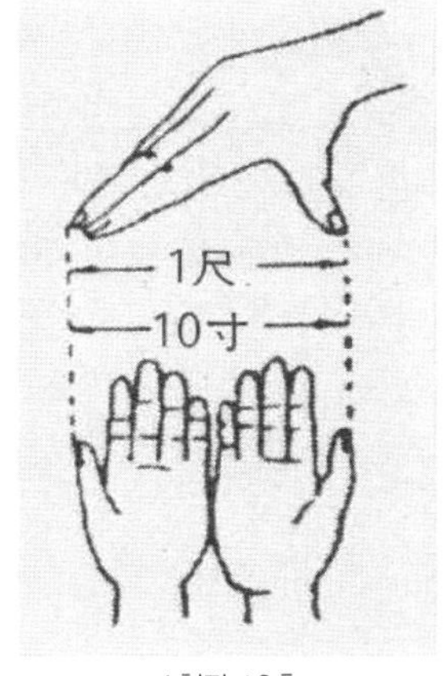

1척과 10촌

寸蟲(촌충)이나 方寸(방촌)에서 '마디'를 뜻하는 寸자는 마디로 일정한 길이를 법도에 따라 헤아린다 하여 '법도'의 뜻을 지니기도 한다. 또 한 마디는 아주 짧은 길이기 때문에 寸자는 寸志(촌지)나 寸鐵殺人(촌철살인)에서 보듯 '약간'이나 '조금'의 뜻으로도 사용된다. 아울러 寸자는 三寸이나 四寸에서 보듯 혈족의 세수를 세는 말인 촌수를 나타내는 뜻으로도 사용된다. 가장 짧은 길이의 단위인 寸자를 이용해 혈족(血族)의 친소(親疏) 관계를 나타낸 것이다.

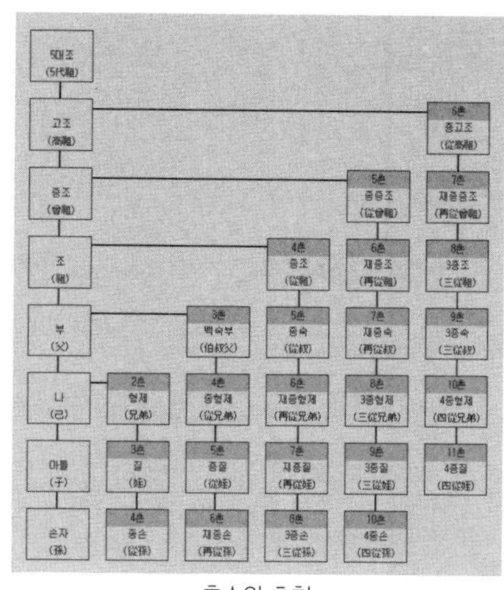

촌수와 호칭

寸자는 손과 관련되어 이뤄졌으므로 그 부수에 속하는 한자는 일반적으로 손과 관련되어 이뤄진 뜻을 지닌다. 다음은 그 가운데 오늘날 비교적 자주 쓰이는 한자다.

寺 [절 사]	**封 [봉할 봉]**	**射 [쏠 사]**	**尉 [벼슬 위]**	**將 [장수 장]**
專 [오로지 전]	**尋 [찾을 심]**	**尊 [높을 존]**	**對 [대답할 대]**	**導 [이끌 도]**

위 한자 가운데 尊자는 원래 자형 아래에 두 손을 나타낸 형태가 후대에 음의 역할을 하는 寸자로 바뀌었다. 그처럼 村[마을 촌], 忖[헤아릴 촌], 紂[껑거리끈 주], 酎[진한 술 주]자도 寸자가 음의 역할을 한다. 그 외에 耐[견딜 내], 辱[욕되게 할 욕], 守[지킬 수], 奪[빼앗을 탈], 討[칠 토], 付[줄 부]자 등에서는 寸자가 그 글자 구성에 도움을 주고 있다.

금문 尊자

042

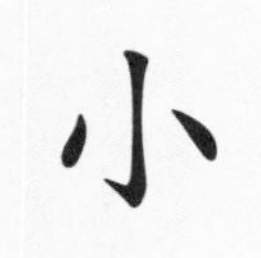

3획

작을 소

‘크다’의 상대어가 ‘작다’다. ‘작다’는 흔히 길이, 부피, 면적이 보통에 미치지 못할 때 쓰는 말이다. 나아가 값이나 효능이 보통 정도에 미치지 못하거나 우열의 차이가 가늠하기 어려울 정도로 덜할 때도 쓴다. 아울러 일의 규모, 범위, 정도, 중요성 따위가 비교 대상이나 보통 수준에 미치지 못하거나 사람됨이나 생각 따위가 좁고 보잘 것 없을 때 사용되는 말도 ‘작다’이다. 小자는 그 ‘작다’를 뜻한다.

태양과 지구의 대비

갑골문	금문	소전	예서

‘작다’는 추상적인 개념을 지닌 말이기 때문에 그 뜻을 나타내기 위해 어떤 작은 물체에서 뜻을 빌려 그 자형이 이뤄질 수밖에 없다. 『설문해자』에서도 “小자는 물체가 작은 것이다. 八은 뜻을 나타냈고, 丨은 보아서 나눈다는 것이다(小, 物之微也. 从八, 丨見而分之).”라고 했다. 八과 丨으로 이뤄졌다는 풀이는 잘못이지만 역시 물체가 작은 것을 나타냈다고 보고 있다. 하지만 그 물체가 무엇을 나타냈는지 헤아리는 데 어려움이 있다. 따라서 小자는 그 자원이 오늘날까지 여러 학자들에 의해 다양하게 주장되고 있다. 그렇지만 그 글자가 ‘작은 물체에서 비롯되었다’라는 사실에 대해서는 서로의 견해가 일치한다. 옛날이나 오늘날이나 사람에게 가장 특별한 것이 먹는 것이니 小자는 쌀과 같은 작은 곡물의 알갱이(또는 알맹이)를 간단히 세 개만 나타낸 것이 아닐까 짐작된다. 곡물의 알갱이는 작지만 하나의 생명을 품고 있는 특별한 존재이기에 이를 바탕으로 그 자형이 이뤄졌다 여긴 것이다.

작은 곡물의 알맹이

갑골문 米자

갑골문이나 금문 小자를 보면, 그 자형이 가늘고 작은 물체를 나타내고 있음을 알 수 있다. 小자는 소전에 이르러 분명하게 가느다란 세 개의 선으로 변화되었고, 예서에서 다시 그 자형이 더욱 정형되어 오늘날 쓰이는 형태에 이르게 되었다.

小자는 원래 '작다'와 '적다'의 뜻을 동시에 나타내었으나 나중에 '적다'의 뜻이 少[적을 소]자로 구분되어 쓰이면서 주로 '작다'라는 뜻으로 사용되고 있다. 그렇게 小貪大失(소탐대실)이나 針小棒大(침소봉대)에서처럼 흔히 '작다'의 뜻으로 쓰이는 小자는 다시 그 의미가 확대되어 小康狀態(소강상태)에서처럼 '조금'의 뜻으로도 쓰이고, 小曲(소곡)에서처럼 '짧다'의 뜻으로도 쓰이며, 小兒(소아)에서처럼 '어리다'의 뜻으로도 쓰인다. 아울러 小자는 小室(소실)이나 小生(소생)에서처럼 '첩'이나 '소인(자기의 겸칭)'의 뜻으로도 쓰이고, 小官(소관)이나 小宴(소연)에서처럼 '겸양의 뜻을 나타내는 접두어'로도 쓰이고 있다.

금문 尙자

小자를 따르는 한자는 대체로 '작다'와 관련된 뜻을 지닌다. **少[적을 소]**, **尖[뾰족할 첨]**, 雀[참새 작], 肖[닮을 초], 劣[못할 렬]자가 바로 그런 한자다. 그 중에 少자와 尖(첨)자가 **尙[오히려 상]**자와 더불어 小자 부수에 속한다. 하지만 尙자는 그 고문자를 살피면 小자와 관련이 없다. 반면에 少자와 肖(초)는 小자가 음의 역할을 하는데, 少자와 肖자는 또다시 비교적 많은 한자에서 음의 역할을 한다. 다음은 그런 한자다.

1. 少자가 음의 역할을 하는 한자

沙 [모래 사=砂] 紗 [깁 사] 裟 [가사 사] 娑 [춤 출 사] 莎 [향부자 사]
抄 [노략질할 초] 炒 [볶을 초] 秒 [시간 단위 초·까끄라기 묘] 妙 [묘할 묘]

2. 肖자가 음의 역할을 하는 한자

消 [사라질 소] 逍 [거닐 소] 霄 [하늘 소] 銷 [녹일 소] 趙 [나라 조]
哨 [망볼 초] 硝 [초석 초] 梢 [우듬지 초] 削 [깎을 삭]

043

3획

절름발이 왕

불운하게 한쪽 다리가 짧거나 다쳐서 걷거나 뛸 때에 몸이 한쪽으로 가볍게 절게 되는 사람을 낮잡아 이르는 말이 절름발이다. 尢자는 그 '절름발이'를 뜻하는 한자로, 팔과 다리를 크게 벌린 사람 모습에서 이뤄진 大[큰 대]자에서 한쪽 다리를 변형시켜 尢자로 쓴 것이다. 尢자는 원래 尤[허물 우]자의 본자(本字)였고, 尢자가 원래 '절름발이'를 뜻하는 한자였다. 그것이 후대로 내려오면서 尢자 대신에 尢자가 '절름발이'의 뜻으로 사용되고 있다.

갑골문	금문	소전	예서

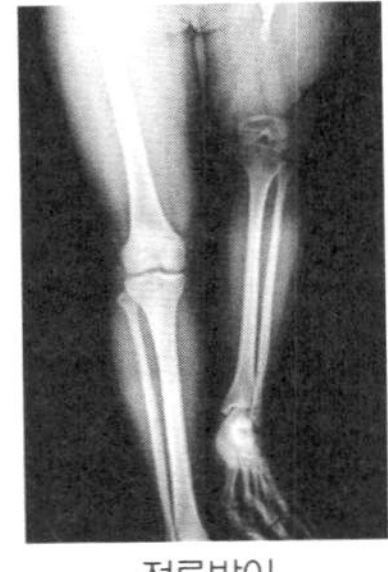

절름발이

『설문해자』에서 尢자는 "절룩거리는 것이다. 정강이가 굽은 사람이다. 大자를 따랐는데, 한쪽이 굽은 형태를 본떴다(𡯁也. 曲脛人也. 从大, 象偏曲之形)."라고 했다.

하지만 갑골문에는 그 자형이 보이지 않는다. 금문 尢자 역시 다리 하나가 온전치 않은 모습으로 나타나 있다. 그 형태가 소전 과정을 거쳐 예서에서 결국 오늘날처럼 쓰이고 있다.

尢자는 '절름발이'의 뜻 외에 등이 굽고 키가 작은 사람인 '곱사등이'의 뜻을 지니기도 한다. 후대에 음의 역할을 하는 王자를 덧붙여 尪(왕)자로도 쓰고, 변형되어 尣(왕)자로도 쓴다. 그러나 오늘날은 문자로 사용되지 않고, 단지 부수 역할만 하고 있다.

尢(尣)자 부수에 속하면서 익히 쓰이는 한자로는 **尤[허물 우]**자와 尤(우)자가 다시 음의 역할을 하는 **就[나아갈 취]**자, 그리고 犬[개 견]자를 변형시킨 尤의 형태에 彡[터럭 삼]자를 덧붙인 尨[삽살개 방]자뿐이다.

갑골문 尨자

044

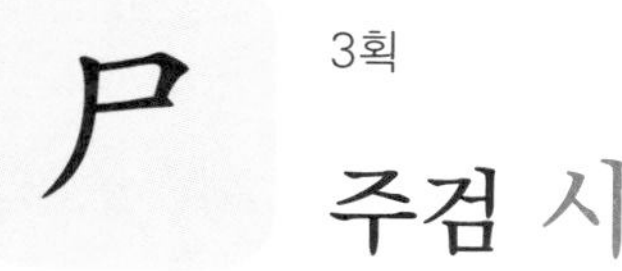

3획

주검 시

불가(佛家)에서는 삶을 고해(苦海)라 한다. 삶을 '고통[苦]의 바다[海]'를 건너는 것으로 비유했다. 그 고통의 바다를 건너며 겪는 것이 바로 생로병사로, 나서[生] 늙고[老] 병들어[病] 죽으면서[死] 고통을 겪는다는 뜻이다. 병들어 죽으면서 고통을 경감하려면 대개 몸을 자연스럽게 움츠려 구부리게 된다. 예나 지금이나 병들어 죽은 사람을 보면 몸을 구부린 경우가 적지 않은 것이 바로 그 때문이다. 그처럼 몸을 구부린 채 죽은 사람의 주검을 나타내면서 그 뜻이 '주검'이 된 한자가 尸자다. 그 뜻이 '죽다'와 관련이 있기 때문에 후대에 死[죽을 사]자를 덧붙여 屍(시)자로 쓰기도 한다.

갑골문	금 문	소 전	예 서

굴신장한 주검

『설문해자』에서 尸자는 "늘어진 것이다. 누워있는 형상을 본떴다(陳也。象臥之形)."라고 했다. 몸을 구부린 채 죽어 땅 속에 묻힐 때의 주검 모습을 설명한 것이다.

갑골문이나 금문 尸자 자형은 일부에서 사람이 몸을 구부리고 앉은 모습으로 보기도 하나 역시 몸을 구부리고 누운 주검의 모습을 나타낸 것으로 보인다. 소전 尸자는 이전의 자형이 약간 변한 형태로 쓰이고, 예서에서는 오늘날과 유사한 형태로 쓰이고 있다.

行尸走肉(행시주육)에서 '주검'의 뜻으로 쓰이는 尸자는 尸位素餐(시위소찬)에서처럼 제사를 지낼 때 신위(神位) 대신 교의(交椅)에 앉히던 어린아이인 '시동'의 뜻으로도 쓰인다. 나아가 尸자는 다시 그 의미가 변하여 '위패'나 '신주'의 뜻을 지니기도 한다. 또 죄인의 경우, 그 주검을 나무에 매달아 여러 사람에게 보이기도 했기 때문에 尸자는 '효시하다'의 뜻을 지니기도 한다.

옛날 장례모습(고창 고인돌 박물관)

尸자 부수에 속하는 한자의 뜻을 살피면 의미가 아주 다른 세 유형이 있음을 알 수 있다. 다음은 그 세 유형으로 나눈 것이다.

1. 주검과 관련된 한자

屍 [주검 시] **屛 [병풍 병]** 屠 [잡을 도]

2. 몸을 구부려 앉은 사람과 관련된 한자

尼 [중 니] 尿 [오줌 뇨] **尾 [꼬리 미]** **居 [살 거]** 屆 [이를 계]
屈 [굽을 굴] 屎 [똥 시] **展 [펼 전]** **履 [신 리]** **屬 [이을 촉·무리 속]**

3. 집과 관련된 한자

屋 [집 옥] **屢 [여러 루]** **層 [층 층]**

갑골문 尹자

금문 尺자

위 한자 가운데 두 번째 유형은 사람이 몸을 구부려 앉은 모습도 몸을 구부려 눕힌 주검과 같은 형태로 표현되기 때문에 尸의 형태로 쓰이면서 그 부수에 속하게 된 것이다. 세 번째 유형은 집과 관련이 있는데, 아주 옛날 사람들은 낭떠러지에서 돌출되어 나온 언덕 아래 석굴을 집으로 삼기도 했다. 이때의 집도 尸의 형태로 표현될 수 있기 때문에 그 부수에 속하게 된 것이다. 뿐만 아니라 尸자 부수에 속하는 한자에는 위 세 유형과 전혀 관련이 없는 尹[다스릴 윤], **尺[자 척]**, **局[판 국]**자도 포함되어 있음을 꼭 기억해 두어야 하겠다.

045 屮

3획

왼손 좌

사람은 보통 왼손과 오른손, 그 두 손을 모두 활용해 생활한다. 두 손 가운데에서도 대부분 오른손을 더 자주 사용한다. 해서 '왼손은 거들 뿐'이란 말도 하는데, 屮자는 그 '왼손'을 뜻한다. 그러나 屮자는 艸[풀 초→140 참고]자의 절반 형태인 屮[싹 날 철]자와 그 자형이 비슷해 서로 구분되지 않고 사용하는 경우가 적지 않다. 실제로 한자 사전에서조차 屮자 부수에 속해 있는 屮(철)자를 살피면 서로 잘못 표기되어 있음을 볼 수 있다.

갑골문	금문	소전	예서

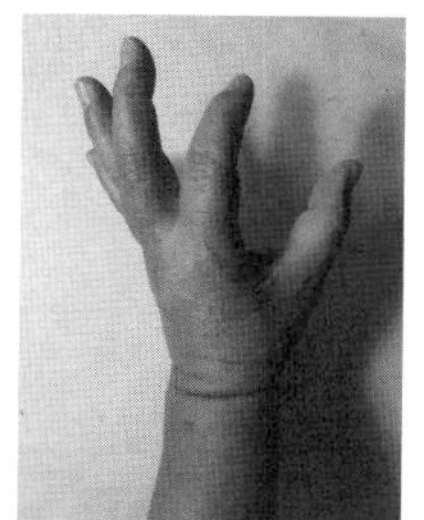

왼손의 모습

『설문해자』에 屮자는 보이지 않는다.

하지만 갑골문이나 금문에서 屮자는 오른손 모양에서 이뤄진 又[또 우→029 참고]자 자형과 반대 형태로 쓰이고 있음을 볼 수 있다. 그 자형은 又자와 마찬가지로 다섯 손가락을 세 개의 선으로 간략하게 나타내고 있다. 그것이 소전 과정을 거쳐 예서에서 오늘날처럼 쓰이고 있다.

'왼손'을 뜻하는 屮자는 후에 도구와 관련된 工[장인 공→048 참고]자를 더한 左(좌)자가 그 뜻을 대신해 사용되자 부수로만 쓰이고 있다. 반면에 屮(철)자는 초목(草木)의 싹이 나는 모양을 나타낸 한자이므로 '싹 나다'의 뜻을 지닌다.

屮자 부수에 속하면서 오늘날 익히 쓰이는 한자는 **屯[어려울 준·진칠 둔]**자 단 한 글자뿐이다. 하지만 屯(둔)자는 屮자가 아닌 屮자와 관련이 있다. 추운 겨울을 지나 언 땅을 뚫고 초목의 싹이 어렵게 움터 나오는 모양에서 그 자형이 비롯되었기 때문이다.

금문 屯자

046 山 뫼 산

3획

우리나라는 국토의 3분의 2가 산(山)으로 이뤄져 있다. 사람들은 바로 그 산에 의지해 오랜 옛날부터 살아오고 있다. 산은 사람들에게 풍부한 자원과 커다란 위안을 제공해 주고 있기 때문이다. 뿐만 아니라 사람의 생존에 아주 중요한 산소를 공급해 주기도 한다. 이렇게 사람들에게 중요한 역할을 하는 산을 옛날에는 '뫼'라고 불렀다. '태산이 높다하되 하늘 아래 뫼이로다'로 시작되는 양사언(楊士彦)의 시조에 보이는 '뫼'는 15세기부터 사용되고 있다. 山자는 그 '뫼'를 뜻한다. 山자의 뜻을 '메'라 이르기도 하나 우리말 표준어 규정의 기준이 '원형과 가까운 말을 택한다'했으니 원형과 가까운 '뫼'로 그 뜻을 지칭함이 온당한 것으로 보인다.

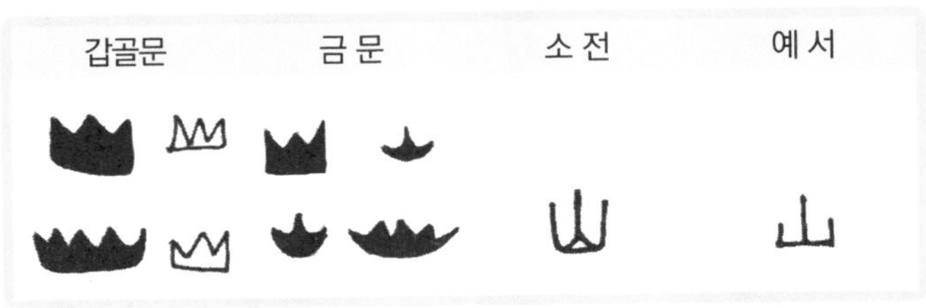

『설문해자』에 山자는 "펴진 것이다. 기운을 펴서 흩어졌고, 만물을 낳는다. 돌이 있고 높다. 형상을 본떴다(宣也. 宣气散, 生萬物, 有石而高. 象形)."라고 했다.

삼각산(도성삼군문분계지도)

갑골문 山자 자형은 몇 개의 산봉우리가 펼쳐져 있는 모양이다. 그 자형의 윗부분은 산봉우리를 나타냈고, 아랫부분은 산과 평지가 접해져 있는 부위를 나타냈다. 금문 山자 자형 역시 갑골문 형태와 유사하게 쓰였다. 그러나 소전에서 山자는 산봉우리를 나타내는 부분이 선으로 표현되면서 세 개로만 쓰이고 있다.

泰山(태산)이나 白頭山(백두산)에서처럼 흔히 '산'의 뜻으로 쓰이는 山자는 그 의미가 확대되어 '산신'의 뜻을 지니기도 한다. 뿐만 아니라 山자는 불가에서 흔히 이름난 산을 가려 절을 지었기 때문에 '절'의 뜻을 지니기도 한다. 절의 문(門)과 방(房)을 山門(산문)과 山房(산방)이라 하는데, 이때 山자가 바로 그런 뜻이다. 또한 山자는 '무덤'을 뜻하기도 한다. 이는 대개 무덤이 산에 있기 때문으로, 山所(산소)나 先山(선산)에 보이는 山자가 바로 그런 뜻으로 쓰였다.

山자를 부수로 삼는 한자는 산과 관련된 뜻을 지니는데, 이를 그 뜻의 쓰임에 따라 나누면 다음 두 유형으로 볼 수 있다.

1. 산의 부류나 산의 일부분을 나타내는 한자

岐 [갈림길 기] 岬 [산허리 갑] 岡 [언덕 강=崗] 岳 [큰 산 악] **岸 [언덕 안]**
島 [섬 도=嶋·㠀] 峰 [봉우리 봉=峯] 峴 [재 현] 峽 [골짜기 협] 崖 [언덕 애=厓]
嶺 [재 령] 嶼 [섬 서] **嶽 [큰 산 악=岳] 巖 [바위 암=岩·嵒]**

2. 산의 모양이나 변화를 나타내는 한자

峙 [우뚝 솟을 치] 峻 [높을 준] 崎 [험할 기] **崩 [무너질 붕] 崇 [높을 숭]**
崔 [높을 최·성 최] 嵌 [산 깊을 감] 嶇 [험할 구]

그 외에 仙[신선 선], 密[빽빽할 밀], 炭[숯 탄]자도 그 자형에 山자가 보이나 이들 한자는 山자 부수에 속하지 않는다. 하지만 그 뜻이나 음에 山자가 영향을 주고 있다. 仙(선)자는 山자가 음의 역할을 하고, 密(밀)자와 炭(탄)자는 山자가 뜻의 역할을 한다. 반면에 그 형태가 보이는 豈[어찌 기]자는 山자와 전혀 관련이 없다.

소전 豈자

● 우리나라 주요 산 명칭

한라산에서

가야산(伽倻山), 계룡산(鷄龍山), 관악산(冠岳山), 금오산(金烏山), 내장산(內藏山), 대둔산(大屯山), 덕유산(德裕山), 도봉산(道峰山), 마니산(摩尼山), 마이산(馬耳山), 모악산(母岳山), 무등산(無等山), 백두산(白頭山), 백운산(白雲山), 불암산(佛巖山), 북한산(北漢山), 삼악산(三岳山), 설악산(雪嶽山), 소백산(小白山), 소요산(逍遙山), 속리산(俗離山), 수락산(水落山), 오대산(五臺山), 월악산(月岳山), 월출산(月出山), 주왕산(周王山), 지리산(智異山), 천마산(天摩山), 청계산(淸溪山), 치악산(雉岳山), 태백산(太白山), 토함산(吐含山), 팔공산(八公山), 한라산(漢拏山).

047 巛·川

3획

개미허리·내 천

예부터 사람들은 내에서 많은 시간을 보내며, 미역을 감거나 물고기를 잡기도 했다. 특히 농사짓는 사람들은 작물이 생장하는 데 내의 물이 매우 중요함을 잘 알고, 이를 유용하게 사용했다. 그렇게 다양한 활동이 이뤄진 곳인 '내'를 뜻하는 한자가 바로 川자다. 원래 '내'를 뜻하는 데는 巛가 쓰였다. 巛는 그 모양이 개미허리처럼 생겼다 하여 '개미허리'라 불린다. 하지만 巛는 오늘날 단독의 문자로 쓰이지 않고, 오로지 편방자(偏旁字)로만 쓰이고 있다. '내'를 뜻하는 문자로는 변형자(變形字)인 川자가 쓰인다.

갑골문	금문	소전	예서

물이 흐르는 내

『설문해자』에 川(巛)자는 "꿰뚫고 통하여 흐르는 물이다(貫穿通流水也)."라고 했다.

갑골문에 川(巛)자도 양쪽에 내의 주변 윤곽을 나타냈고, 가운데는 점(點)이나 선(線)으로 내의 물이 흐르는 모양을 나타냈다. 이후 내의 모양은 금문이나 소전에서 선으로만 쓰이고 있다.

川자는 그 의미가 확대되어 '들판'이나 내의 신(神)인 '물귀신'을 뜻하기도 하나 그런 뜻으로 익히 사용되는 어휘는 없다. 淸溪川(청계천)이나 晝夜長川(주야장천)에서처럼 주로 '내'를 뜻하는 데 쓰이고 있다.

川(巛)자를 부수로 삼는 한자에는 **州[고을 주]**, **巡[돌 순]**, 巢[집 소]자가 있다. 그 가운데 巡(순)자는 川(巛)자가 음의 역할을 하는데, 順[순할 순], 馴[길들 순], 訓[가르칠 훈]자도 같은 경우의 한자다. 하지만 巢(소)자는 川(巛)자와 관련이 없다.

금문 巢자

048 工

3획

장인 공

사농공상(士農工商)이라 하여 옛날에 백성을 나누던 네 가지 계급 가운데 선비[士]나 농민[農]보다 낮고 상인[商]보다 위인 사회적 신분을 지녔던 사람이 장인(匠人)이다. 장인은 손으로 물건 만드는 일을 업으로 삼는 사람이다. 장인이 만든 물건은 사람이 생활하는 데 수준의 향상을 가져다줬다. 그런 물건을 만드는 데 사용한 공구(工具)와 관련해 이뤄진 工자는 '장인'의 뜻을 지니게 되었다.

갑골문	금문	소전	예서

『설문해자』에 工자는 "교묘히 꾸미는 것이다. 사람에게 원형(그림쇠)과 사각형(곱자) 그리는 도구가 있음을 본떴다(巧飾也. 象人有規榘)."라고 했다.

장인(김준근)

도구와 관련된 한자임을 설명하고 있는데, 갑골문이나 금문의 工자 자형으로는 무엇을 나타냈는지 알 길이 없다. 문자학자들은 『설문해자』에서처럼 그림쇠나 곱자를 나타냈다 여기기도 하지만 도끼나 절굿공이를 나타냈다 여기기도 한다. 그 외에 악기나 수준기를 나타냈다 하는 이들도 있다. 어떤 견해를 따르든 장인과 관련된 도구와 관련이 있음을 알 수 있다. 工자는 소전을 거쳐 예서에서 위쪽의 횡이 아래쪽의 횡보다 조금 짧은 형태로 쓰이게 되었다.

도공(폴 자쿨레)

木工(목공)이나 陶工(도공)에서 '장인'을 뜻하는 工자는 일하는 도구 모양에서 비롯되었기 때문에 '일'의 뜻으로도 쓰인다. 아울러 工자는 장인이 물건 만드는 사람이므로 人工衛星(인공위성)에서처럼 '만들다'의 뜻으로도 쓰이며, 장인의 일이 정밀하고 정교하기 때문에 工巧(공교)에서처럼 '교묘하다'의 뜻으로도 쓰인다. 그 외에 工자는 어떤 일에 속달한 사람, 즉 '악인(樂人)'이나 '점쟁이'의 뜻을 지니기도 한다.

工자 부수에 속하면서 비교적 자주 쓰이는 한자는 **巨[클 거]**, **巧[공교할 교]**, **左[왼 좌]**, 特[사람 이름 걱], 巫[무당 무], **差[어긋날 차]**자 등으로 그다지 많지 않다. 그러나 工자가 음의 역할을 하는 한자는 비교적 많은데, 그런 한자를 음에 따라 구분하면 다음과 같다.

금문 巨자

1. '공'의 음으로 읽히는 한자

空 [빌 공] 功 [일 공] 攻 [칠 공] 貢 [바칠 공] 恐 [두려울 공]
控 [당길 공] 鞏 [묶을 공] 箜 [공후 공]

2. '강'의 음으로 읽히는 한자

江 [강 이름 강] 腔 [빈 속 강]

3. '항'의 음으로 읽히는 한자

項 [목 항] 肛 [똥구멍 항] 缸 [항아리 항]

4. '홍'의 음으로 읽히는 한자

紅 [붉을 홍] 鴻 [큰 기러기 홍] 虹 [무지개 홍] 訌 [무너질 홍]

위에 工자가 덧붙여져 음의 역할을 하는 한자는 '공'의 음 외에 모두 변음(變音)으로 쓰이고 있다. 그 변음을 살피면 음가(音價) 'ㄱ'이 'ㅎ'으로, 'ㅗ'가 'ㅏ'로 변화되어 쓰이고 있음을 알 수 있다. 이런 변화는 여러 다른 한자에도 적용되고 있으므로 잘 기억해 둠이 좋겠다.

049 己 3획 몸 기

주로 사람의 머리·목·동체·팔다리 따위 모든 것을 포함해 그 형상을 이룬 전체 부위를 이르는 말이 '몸'이다. 그 '몸'은 '천한 몸'이나 '귀하신 몸'이란 말에서 보듯 '사람'을 이르기도 한다. 따라서 '몸'을 뜻하는 己자는 그 자형이 사람의 몸에서 비롯되었다고 이르는 사람들이 적지 않다. 사람이 공손히 허리를 구부리고 있는 모습인데, 이는 다른 사람에 대해 자기 몸의 태도를 나타냄으로 '몸'의 뜻을 지닌 한자가 되었다고 한 것이다. 자원을 연구하는 문자학자들에 의해 己자는 아직도 그 본의가 분명히 밝혀지지 않는 한자다.

갑골문	금문	소전	예서

구부러진 굵은 줄

『설문해자』에서 己자는 "가운데 궁이다. 만물이 궁벽한 곳에 감춰져 굽힌 형상을 본떴다. 己는 戊를 이었고, 사람의 배를 상징한다(中宮也. 象萬物辟藏詘形也. 己承戊, 象人腹)."라고 했다.

그러나 갑골문과 금문의 己자 자형으로 보면 사람과 관련해 이뤄진 한자로 보이지 않는다. 오히려 기다란 굵은 줄을 구부려 나타낸 것으로 보인다. 굵은 줄은 벼리가 되어 이어져 있는 물체를 다스리는 역할을 한다. 따라서 기다란 굵은 줄에서 비롯된 己자의 원래 뜻은 '다스리다'였던 것으로 보인다. 하지만 후대에 '다스리다'를 뜻하는 데는 다시 糸[실 사→120 참고]자를 덧붙인 紀[다스릴 기·벼리 기]자가 만들어져 쓰이게 되었다. 그러자 己자는 몸을 다스린다는 데서 다시 '몸'의 뜻을 지니게 된 것으로 보인다. 己자는 소전에서 한 형태로 굳어져 쓰이고, 예서에서 오늘날과 같게 쓰이고 있다.

원래 '다스리다'의 뜻을 지녔던 것으로 보이는 己자는 克己訓鍊(극기훈련)이나 利己主義者(이기주의자)에서처럼 자기 몸을 다스린다 하면서 '몸'이나 '자기'의 뜻을 지니게 되었다. 또

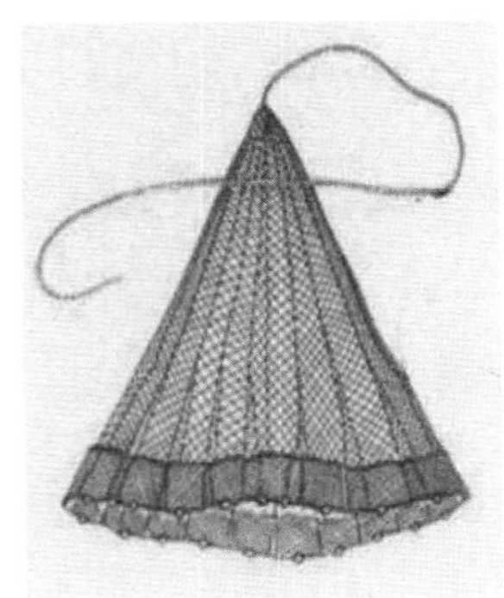
위에 벼리가 있는 그물

己卯士禍(기묘사화)나 己未獨立運動(기미독립운동)에서처럼 십간(十干:甲·乙·丙·丁·戊·己·庚·辛·壬·癸)의 '여섯째 천간'으로도 빌려 쓰이고 있다.

소전 己자

己자가 하나의 글자 구성에 도움을 주면서 음의 역할을 하는 한자는 적지 않다. 紀[다스릴 기]자 외에 記[기록할 기], 起[일어날 기], 忌[꺼릴 기], 杞[나무 이름 기], 改[고칠 개], 妃[왕비 비], 配[짝 배]자가 바로 그런 한자다.

소전 巷자

하지만 己자를 부수로 삼으면서 익히 쓰이는 한자는 많지 않다. **已[이미 이]**, **巳[여섯째 지지 사]**, 巴[땅 이름 파], **巷[거리 항=衖]**자가 정도가 있을 뿐이다. 게다가 이들 한자는 모두 己자와 상관이 없이 자형의 일부가 닮은 데서 그 부수에 속하게 되었다.

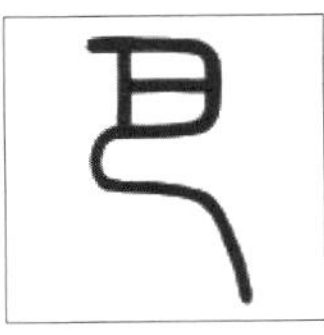
소전 巴자

이는 『설문해자』의 540개 부수를 『자휘』에서 214개 부수로 대폭적으로 줄인 데서 비롯된 영향이 크다. 그처럼 『자휘』에서는 『설문해자』에서 원래 부수였던 毌[꿰뚫을 관]자가 毋[말 무]자에, 王[임금 왕]자가 玉[구슬 옥]자에, 臼[깍지 낄 국(거)]자가 臼[절구 구]자에, 西[서녘 서]자가 襾[덮을 아]자에, 谷[웃을 갹]자가 谷[골 곡]자에, 才[재주 재]자가 手[손 수]자에, 臣[턱 이]자가 臣[신하 신]자에 속하도록 편재했다. 자형이 서로 크게 구별이 없는 두 부수를 하나의 부수로 통합한 것이다.

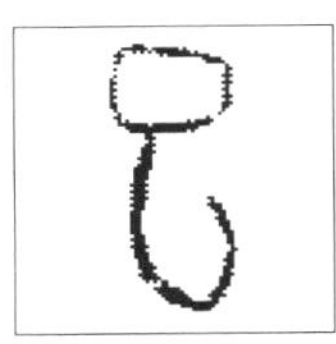
갑골문 巳자

050 巾

3획

수건 건

수건은 얼굴이나 몸 등을 닦기 위해 사용된다. 옛날 사람들은 수건을 옷고름이나 허리띠에 차고 다니며 물건을 닦거나 싸는 데도 사용했고, 손으로 음식을 먹은 후 손을 닦는 데도 사용했다. 오늘날의 쓰임과 약간 다르지만 巾자는 그 '수건'을 뜻한다.

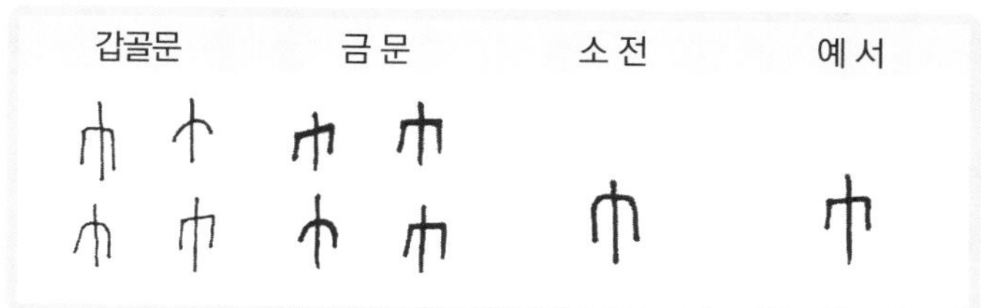

늘어뜨린 수건

『설문해자』에 巾자는 "늘어뜨린 수건이다. 冂을 따르고, 丨의 형태는 실을 본떴다(佩巾也. 从冂, 丨象糸也)."라고 했다.

갑골문 巾자도 아래로 늘어져 있는 수건 모양을 나타냈다. 이후에 쓰인 금문과 소전의 巾자 자형도 갑골문과 거의 비슷한 모양으로 표현되어 있다.

巾자는 '수건' 외에 三角巾(삼각건)에서처럼 '헝겁'의 뜻으로도 쓰인다. 이는 수건이 헝겁으로 만들어지기 때문이다. 그 외에 巾자는 幅巾(복건)이나 紅巾賊(홍건적)에서처럼 헝겊으로 이뤄진 '두건(頭巾)'의 뜻을 지니기도 한다.

수건은 방직물 가운데 가장 많이 쓰는 물건이기에 巾자 부수에 속하는 한자는 주로 방직물과 관련된 뜻을 지닌다.

布 [베 포]	帆 [돛 범]	**希 [바랄 희]**	帛 [비단 백]	帙 [책갑 질]
帖 [표제 첩]	帑 [금고 탕]	**帥 [장수 수]**	**席 [자리 석]**	**常 [항상 상]**
帳 [휘장 장]	帽 [모자 모]	幀 [그림 족자 정]	**幅 [폭 폭]**	**幕 [장막 막]**
幢 [기 당]	幟 [기 치]	**幣 [비단 폐]**	幇 [도울 방]	

아울러 **市[저자 시]**, **帝[임금 제]**, **師[스승 사]**, **帶[띠 대]**자도 그 부수에 속하나 그 자원이 巾자와 관련이 없다.

051

干

3획

방패 간

방패는 전투를 할 때에 적의 창이나 칼로부터 자신의 몸을 보호하기 위해 사용한 병기 가운데 하나이다. 예부터 방패는 쉽게 파괴되지 않는 나무·등(藤)·피혁·금속 등의 단단한 재료를 사용해 만들었다. 그 모양은 여러 종류가 있어서 네모난 것도 있고, 둥근 것도 있으며, 어떤 것은 적을 공격할 수 있는 장치를 덧붙인 것도 있다. 干자는 바로 그 '방패'를 뜻한다.

조선의 방패

갑골문	금 문	소 전	예 서
			干

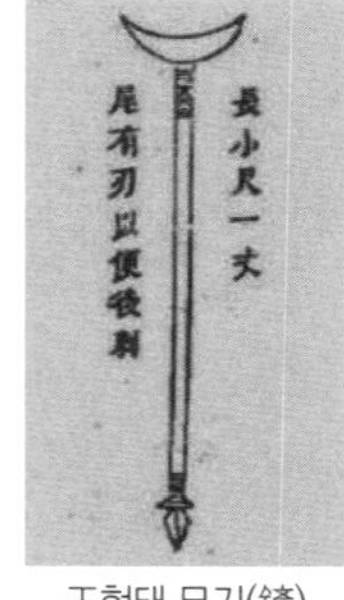

干형태 무기(鏟)

『설문해자』에서 干자는 "범하는 것이다. 거꾸로 된 入을 따랐고, 一을 따랐다(犯也. 从反入, 从一)."라고 했다. 범한다고 풀이했는데, 이는 공격하는 무기임을 이른 것이다.

갑골문 干자 자형도 끝에 갈라진 가지가 있어 상대를 공격할 수 있는 원시적인 형태의 무기로 보인다. 상대를 공격하는 것은 상대를 막는 최선의 방법이 된다. 따라서 상대를 공격할 수 있는 무기에서 비롯된 干자는 결국 상대를 막는 무기와 관련되면서 '방패'의 뜻을 지닌 한자가 된 것으로 보인다. 금문에 干자는 이전의 자형 가운데 간단한 형태를 이어서 쓰고 있으며, 다시 그 형태가 소전 干자의 바탕이 되었다. 예서에서 干자는 비로소 오늘날처럼 쓰이고 있다.

干자는 적을 범하는 것이 자신을 막는 행위이기 때문에 '범하다'의 뜻을 지니면서 干城(간성)에서처럼 '막다'의 뜻을 지닌다. 뿐만 아니라 干자는 막는 무기인 방패와 관련해 干戈(간과)에서처럼 '방패'의 뜻을 지니기도 한다. 그 외에 干자는 범하는 행위에서 그 의미가 더욱 확대되어 干與(간여)에서처럼 '간섭하다'의 뜻으로도 쓰이며, 干求(간구)에서처럼 '구하다'의 뜻으로도 쓰인다. 아울러 干자는 '말리다'의 뜻으로도 자주 쓰이는데, 이는 干자가 乾[마를 건]자나 旱[가물 한]자와 음(音)이 비슷하기 때문에 그 글자의 뜻을 빌려다 사용한 것에서 연유되었다. 干滿(간만)·干拓(간척)·干潟地(간석지)에 보이는 干자가 바로 그런 뜻으로 쓰였다. 나아가 干자는 若干(약간)이나 如干(여간)에서처럼 '얼마'의 뜻을 지니기도 한다. 또 옛날에 干자는 '십간(十干)'을 나타내는 글자로도 자주 쓰였다. 십간은 갑(甲)·을(乙)·병(丙)·정(丁)·무(戊)·기(己)·경(庚)·신(辛)·임(壬)·계(癸)를 말하는데, 이는 오늘날에도 연도(年度)나 시일(時日) 등을 나타내는 데 사용되고 있다.

干형태의 무기를 가지고 싸우는 모습

갑골문 年자

干자를 부수로 삼는 한자로는 **平[평평할 평]**, **年[해 년=秊]**, 幷[어우를 병], **幸[다행 행]**, **幹[줄기 간=榦]**자가 있다. 이들 한자는 모두 干자와 관련이 없다. 자형의 일부가 닮아 干자 부수에 속하고 있을 뿐이다. 하지만 干자가 음의 역할을 하는 한자는 적지 않다. 다음은 그런 한자다.

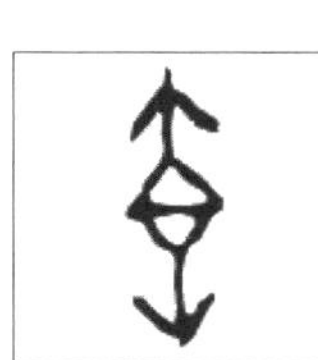
갑골문 幸자

刊 [책 펴낼 간]　肝 [간 간]　奸 [범할 간]　竿 [장대 간]
杆 [나무 이름 간=榪]　岸 [언덕 안]　汗 [땀 한]　旱 [가물 한]
罕 [그물 한]　軒 [추녀 헌]　硏 [갈 연=研]　姸 [예쁠 연=妍]
筓 [비녀 계=笄]

위 한자 가운데 硏(연), 姸(연), 筓(계)자는 干자가 좌우로 나란히 쓰인 幵[평평할 견]자가 음의 역할을 하고 있다.

소전 幹자

052

3획

작을 요

'작다'의 뜻은 구체적인 대상을 들어 나타낼 수 없다. 따라서 그 뜻을 드러내기 위해 옷을 만드는 데 요긴한 물건인 작은 실타래를 빌어 나타내기도 했는데, 幺자가 그런 한자다. 幺자는 실 가닥까지 표현된 실타래에서 비롯된 糸[실 사→120 참고]자의 윗부분만으로 이뤄졌다.

갑골문	금문	소전	예서

작은 실타래

『설문해자』에서 幺자는 "작다는 것이다. 아이가 막 태어난 형상을 본떴다(小也. 象子初生之形)."라고 했다.

그러나 갑골문 幺자 자형을 살피면 그 견해는 믿을 수 없음을 알 수 있다. 오히려 작은 실타래를 나타낸 것으로 보인다. 금문 幺자 자형은 비교적 다양한 형태로 쓰이고 있으며, 소전 幺자 자형은 금문 자형 가운데 가장 간단한 형태를 이어서 쓰고 있다. 그 자형은 예서의 과정을 거쳐 오늘날 쓰이는 형태로 이어졌다.

幺자는 작은 실타래에서 '작다'의 뜻이 비롯되면서 다시 그 의미가 확대되어 '나이가 어리다'의 뜻을 지니기도 한다. 아울러 幺자는 작은 숫자인 '하나'를 뜻하기도 한다.

幺자 부수에 속하면서 익히 쓰이는 한자에는 幻[변할 환], **幼[어릴 유]**, **幽[그윽할 유]**, **幾[거의 기]**자가 있다. 그 가운데 幼(유)자와 幺자가 나란히 쓰인 幺幺[작을 유]자가 다시 덧붙여진 幽(유)자는 幺자가 음의 역할을 한다. 그 외에 幺자는 後[뒤 후]자, 또는 繼[이을 계]자나 斷[끊을 단]자의 구성에 도움을 주기도 한다.

길쌈하는 모습

053

3획

집 엄

아주 옛날 사람들은 짐승처럼 동굴 등에서도 살았다. 그러다 환경에 적응하기 위해 인위적으로 집을 짓기 시작했다. 그렇게 지은 집은 사람을 주변의 맹수로부터 보호해 주고, 비바람이나 추위로부터 피할 수 있게 해 주었다. 广자는 그런 '집'을 뜻한다.

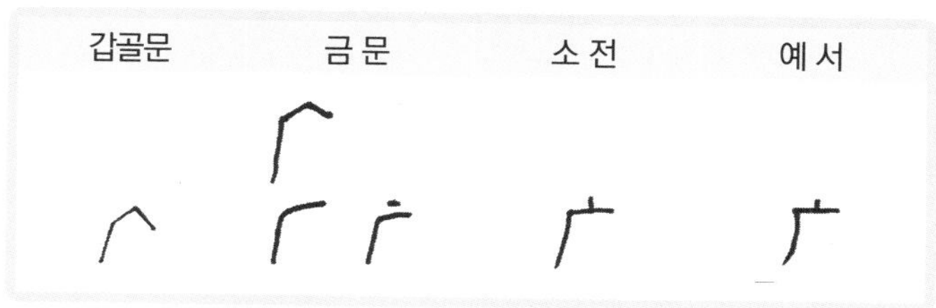

옛날의 집

『설문해자』에서 广자는 "언덕에 의지해 지은 집이다. 厂을 따르고, 대하여 찌를 듯 높은 곳의 집 형상을 본떴다(因厂爲屋也. 从厂, 象對刺高屋之形)."라고 했다.

갑골문이나 금문의 广자 자형도 한쪽에만 기둥이 있는 집을 나타내고 있다. 소전 이후의 广자는 오늘날처럼 쓰이고 있다.

广자는 언덕에 기대어 세운 허름한 '집'을 뜻한다. 그 외에 '마룻대'의 뜻을 지니기도 하나 오늘날 广자는 부수 역할만 하고 있다.

广자 부수에 속하는 한자는 그 뜻이 대체로 작고 열악한 형태의 집과 관련이 있다. 다음은 그런 한자다.

庇 [덮을 비]	**序 [차례 서]**	**床 [상 상]**	**底 [밑 저]**	庖 [부엌 포]
店 [가게 점]	**府 [곳집 부]**	**度 [법도 도·헤아릴 탁]**	**座 [자리 좌]**	**庫 [곳집 고]**
庭 [뜰 정]	庵 [암자 암]	**庶 [여러 서]**	廁 [뒷간 측]	**廉 [청렴할 렴]**
廊 [행랑 랑]	廓 [둘레 곽]	廚 [부엌 주]	廛 [가게 전]	**廟 [사당 묘]**
廠 [헛간 창]	**廢 [폐할 폐]**	**廣 [넓을 광]**	廬 [오두막집 려]	**廳 [관청 청]**

그 외에 **庚[일곱째 천간 경]**, **康[편안할 강]**, **庸[떳떳할 용]**자도 자형의 일부가 广자와 닮은 부분이 있어 그 부수에 속하고 있다.

054

3획

길게 걸을 인

사람의 보행은 흔히 길에서 이뤄진다. 그 길에서 많은 사람이 다닐 수 있는 곳은 대개 사거리인데, 사거리 모양에서 비롯된 한자는 行[다닐 행→144 참고]자다. 보행과 관련해 '길게 걷다'의 뜻을 지닌 廴자는 바로 그 行(행)자의 반쪽인 彳[자축거릴 척→060 참고]자와 관련해 그 자형이 이뤄졌다.

갑골문	금 문	소 전	예 서

사거리의 반쪽(옛날 서울)

『설문해자』에서 廴자는 "길게 간다는 것이다. 彳이 늘어졌음을 따랐다(長行也. 从彳引之)."라고 했다.

그러나 갑골문과 금문에는 廴자 자형이 보이지 않는다. 단지 소전에 약간의 자형이 보이고 있다. 그 자형은 사거리 모양에서 비롯된 行(행)자의 왼쪽 절반인 彳(척)자의 아래쪽 필획을 약간 길게 변형시켜 놓은 모양이다. 예서의 廴자는 소전 자형을 좀 더 간략하게 쓰고 있다.

廴자는 길에서 비롯되었기 때문에 '길'과 관련된 뜻을 지닌 한자였으나 길과 관련해 '길게 걷다'의 뜻을 지니게 되었다. 하지만 오늘날은 부수의 역할만 하고 있다.

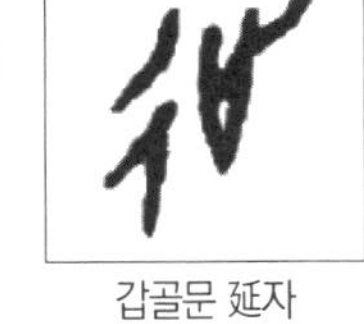

갑골문 延자

廴자는 辵[쉬엄쉬엄 갈 착→162 참고]의 변형인 辶[책받침]과 자형과 자의가 비슷하기 때문에 한 때 서로 바꿔 쓰기도 했다. 그 때문인지 오늘날 廴자 부수에 속하는 한자는 그다지 많지 않다. 그래도 그 가운데 자주 쓰이는 한자로는 **延[끌 연]**, **廷[조정 정]**, **建[세울 건]**, 廻[돌 회]자 등이 있다. 이들 한자는 그 뜻이 길과 관련이 있다.

금문 廷자

055

廾

3획

손 맞잡을 공

사람은 나면서 두 손을 지니고 태어난다. 그 두 손을 이용해 많은 일을 해결한다. 그렇게 일을 해결할 때 혹여 크거나 무거운 것이 있으면 대개 두 손을 맞잡게 되는데, 廾자는 바로 그 두 손을 맞잡는 모습에서 그 뜻이 '손 맞잡다'가 된 한자다. 간혹 '스물 입'이라 하는 이들도 있으나 '스물 입'을 뜻하는 한자는 卄[스물 입]자다. 卄(입)자는 十[열 십]자 둘을 합쳐 이뤄진 것으로 廾자와 다른 한자다.

갑골문	금 문	소 전	예 서

『설문해자』에 廾자는 "움츠리는 손이다. 왼손을 따랐고, 오른손을 따랐다(竦手也. 从屮, 从又)."라고 했다.

갑골문 廾자 자형도 왼손과 오른손을 간략하게 나타내고 있다. 금문과 소전 廾자의 자형도 갑골문과 비슷하게 쓰이다가 예서에서 다시 3획의 형태로 더 간략하게 쓰이고 있다.

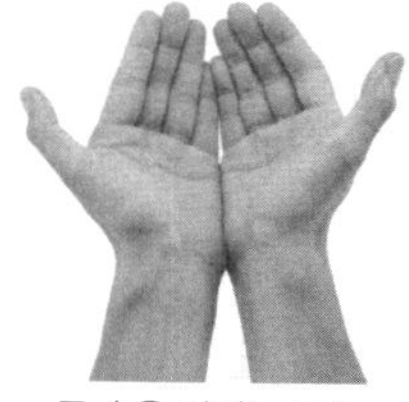

두 손을 맞잡는 모습

廾자는 '손 맞잡다' 외에 손을 맞잡아 무언가 들고 있다 하여 '들다'의 뜻을 지니기도 한다. 하지만 오늘날은 부수 역할만 하고 있다.

갑골문 共자

廾자를 부수로 삼는 한자는 두 손의 동작과 관련된 뜻을 지닌다. 그러나 그 부수에 속하면서 익히 쓰이는 한자는 弁[고깔 변], **弄[희롱할 롱]**, **弊[해질 폐]**자 등이 있을 뿐이다. 나아가 廾자는 戒[경계할 계], 開[열 개], 算[셀 산]자에서 여전히 그 자형의 쓰임을 엿볼 수 있고, 共[함께 공], 兵[군사 병], 具[갖출 구]자의 자형 아래에 덧붙여진 형태로 변형되어 쓰이기도 한다. 그 가운데 共(공)자는 廾자가 음의 역할을 한다.

갑골문 兵자

056

3획

말뚝 익

아래 끝을 삐죽하게 깎아 만든 기둥이나 몽둥이처럼 된 것으로 땅에 박아 두고, 소나 염소와 같은 가축이 묶인 줄을 매어 두는 데 사용하는 것이 말뚝이다. 弋자는 바로 그 말뚝 모양에서 비롯되었기 때문에 그 뜻이 '말뚝'이 되었다. 하지만 弋자는 말뚝처럼 줄을 매어 두는 물건으로, 줄이 매인 화살인 '주살'의 뜻을 지니기도 한다. 오늘날 많은 책이나 사람이 弋자의 대표적인 뜻을 '주살'로 삼아 '주살 익'이라 하나 이는 그 자원(字源)을 살필 때 잘못된 지칭으로 보이므로 '말뚝 익'이라 함이 마땅하다.

말뚝에 묶이는 소

갑골문	금문	소전	예서

『설문해자』에서도 弋자는 "말뚝이다. 나무를 꺾어 비스듬하고 날카롭게 한 모양을 본떴다(橜也. 象折木衺銳著形)."라고 했다.

갑골문 弋자 자형도 아래쪽 끝 부분이 뾰족한 모양으로 말뚝을 나타낸 것으로 보인다. 금문에서는 그 자형이 간략하게 표현되었고, 소전에서는 이전의 형태를 잃고 반듯하게 그어 내린 자형이 약간 휜 모양으로 변했다. 이는 창을 나타낸 戈[창 과→062 참고]자의 영향을 받은 것으로 보인다. 예서에서 弋자는 오늘날처럼 쓰이고 있다.

말뚝에 묶인 소

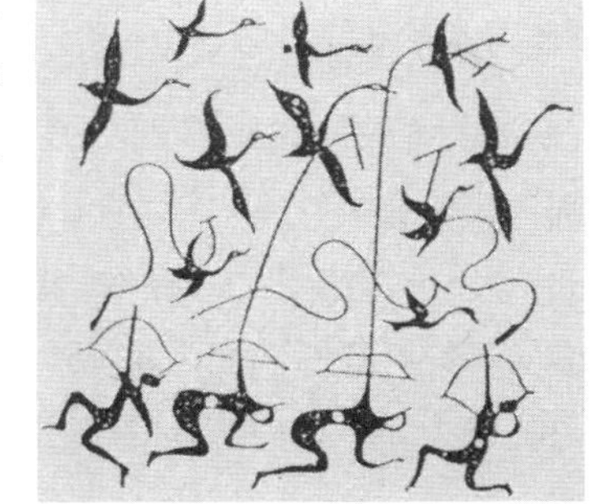

주살로 사냥하는 모습

弋자는 원래 '말뚝'을 뜻했으나 후대에 木(목)자를 덧붙인

杙[말뚝 익]자가 그 뜻을 대신하고, 자신은 '주살'의 뜻으로 더 자주 쓰이고 있다. 주살은 새를 잡는 데 사용된 것이기에 弋자는 다시 '잡다'의 뜻을 지니기도 한다. 그러나 오늘날 익히 쓰이는 어휘에서 '주살'이나 '잡다'의 뜻으로 쓰이는 경우는 찾아볼 수 없다. 그나마 弋자는 옛날 적을 막기 위해 얕은 물 속에 박아 놓던 끝이 뾰족한 말뚝인 木弋(목익=木杙)에서 그 쓰임을 볼 수 있다.

진해 웅천읍성 해자의 목익

弋자는 亠(두)·无(무)·爿(장)·艮(간)·父(부)자와 더불어 부수체계에 큰 변화가 있었던 책인 『자휘(字彙)』에서 필요에 의해 새롭게 만들어진 부수다. 그렇게 만들어진 弋자의 부수에 속하면서 오늘날 비교적 자주 쓰이는 한자는 **式[법 식]**자와 式(식)자가 음의 역할을 하는 弑[죽일 시(교체)]자가 있다. 그런데 式(식)자는 弋자가 음의 역할을 한다. 그처럼 弋자가 음의 역할을 하는 한자에는 代[대신할 대]자도 있다. 나아가 式(식)자는 다시 弑(시)자 외에 拭[닦을 식]자와 試[시험할 시]자에서 음의 역할을 하며, 代(대)자 역시 貸[빌릴 대]·垈[터 대]·袋[자루 대]자에서 음의 역할을 한다. 그 외에 鳶[소리개 연]자도 弋자가 덧붙여져 있다. 그러나 鳶(연)자는 鳥(조)자 부수에 속한다. 나아가 武자에도 언뜻 弋자가 덧붙여진 것처럼 보이나 이는 戈[창 과]자와 관련이 있다. 戈(과)자는 弋자와 한 획의 차이가 있을 뿐이나 그 모양이 서로 비슷해 자칫 혼동해 쓸 우려가 큰 한자다. 서로의 자형에 주의를 기울여 둠이 좋겠다.

소전 式자

갑골문 武자

소전 武자

057 弓

3획

활 궁

수렵도(고구려 무용총)

오늘날 국제경기에서 우리나라 선수들이 좋은 결과를 이루는 상황이 활과 관련된 경기를 할 때다. 예부터 우리나라 사람들은 활을 주된 무기로 삼았다. 실제로 우리나라 신석기 시대 유적에서는 많은 화살촉이 나오고 있다. 이것은 오랜 옛날부터 우리 선조들이 활을 사용했다는 증거다. 고구려 시대 벽화에서도 우리 선조들이 활을 널리 사용했음을 많이 찾아 볼 수 있다. 弓자는 그 '활'을 뜻한다.

갑골문	금 문	소 전	예 서

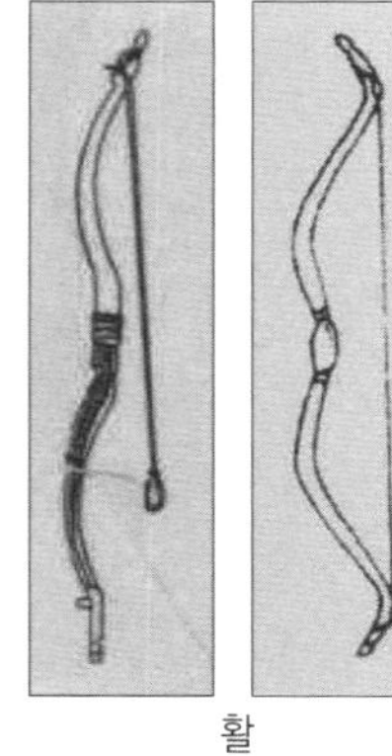

활

『설문해자』에서 弓자는 "가까운 데로부터 먼 데 이르는 것이다. 형태를 본떴다(以近窮遠. 象形)."라고 했다. 활에 대해 풀이 한 것이다.

갑골문 弓자도 시위가 매어져 있는 활이나 시위가 없는 활로 나타냈다. 자형 위쪽에 보이는 하나의 짧은 획은 활을 거는 갈고리 모양이다. 금문에서도 두 형태 모두 사용되다가 후에 하나의 형태로 발전되어, 시위가 없는 모양이 소전 弓자의 바탕이 되었다. 예부터 사람들은 싸움이 없을 때 활의 시위를 풀어둠으로써 그 탄력을 잃지 않게 하고, 싸울 때만 시위를 맨 활로 먼 곳의 적을 향해 화살을 쐈다. 아무래도 시위를 풀어두는 때가 많으니 그 형태가 오늘날 쓰이는 자형으로 이어진 것이다.

國弓(국궁)이나 洋弓(양궁)에 쓰이는 弓자는 '활'의 뜻뿐만 아니라 활을 쏘는 기술인 '궁술(弓術)'의 뜻을 지니기도 한다. 아울러 弓자는 '길이의 단위'로도 쓰이고 있다. 이는 활이 다섯 자의 일정한 길이로 만들어졌기 때문이다. 고대에는 그처럼 흔히 병기나 도구를 이용해

측량의 표준으로 삼았다. 도끼를 뜻하는 斤(근)자가 무게 단위로 쓰인 것이 그런 경우다.

활쏘기(김홍도)

弓자가 부수가 되어 글자를 이룰 때는 대체로 활 또는 화살을 쏘는 동작과 관계된 뜻을 지닌다. 그러나 그 글자들은 대부분 뜻의 역할이 분명하게 드러나지 않는다. 다음은 弓자 부수에 속하는 한자다.

引 [끌 인]	弔 [조상할 조=吊]	弗 [아닐 불]	弘 [넓을 홍]	弛 [늦출 이]
弟 [아우 제]	弦 [시위 현]	弧 [활 호]	弱 [약할 약]	強 [강할 강=强]
張 [베풀 장]	弼 [도울 필]	彈 [탄알 탄]	彊 [굳셀 강]	彌 [두루 미]
彎 [굽을 만]				

위 한자 가운데 弔(조), 弗(불), 弟(제)자는 그 자원이 弓(궁)자와 관련이 없다. 하지만 躬[몸 궁]자는 弓자가 음의 역할을 하고, 躬(궁)자는 다시 窮[다할 궁]자에서 음의 역할을 한다.

갑골문 弔자

금문 弟자

058 彐·彑

3획

돼지 머리 계

자신이나 집안에 액운이 없어지고 행운이 오도록 제물을 차려 놓고 신령에게 사람들이 비는 일이 고사를 지내는 것이다. 이때 제물로 흔히 차리는 것이 돼지 머리다. 彐자와 彑자는 바로 그 '돼지 머리'를 뜻하는 한자다.

갑골문	금 문	소 전	예 서
	彑		彐
	彑	彐	彑

돼지 머리

『설문해자』에서 彐(彑)자는 "돼지의 머리며, 그 끝이 뾰족하고 위로 보이는 것을 본떴다. 罽(계)로 읽는다(豕之頭, 象其銳而上見也. 讀若罽)."라고 했다.

하지만 갑골문에 그 자형이 보이지 않는다. 금문에서 겨우 그 자형을 살펴볼 수 있는데, 『설문해자』의 풀이에서처럼 돼지 머리가 위로 뾰족하게 튀어 나와 있는 모양을 나타낸 것으로 보인다. 소전 彐(彑)자도 금문 자형과 비슷하며, 예서에서는 彐자나 彑자로 나눠 쓰이고 있다.

소전 彗자

彐(彑)자는 오늘날 단독의 문자로 사용되지 않고 단지 부수의 역할만 하고 있다. 하지만 부수로도 그 역할이 많지 않다.

소전 彙자

彐(彑)자 부수에 속하면서 오늘날 우리 주변에서 그나마 익히 쓰이는 한자에는 彖[단 단·돼지 달아날 단], 彗[비 혜], 彙[무리 휘]자 등이 있을 뿐이다. 그 가운데에서 彗(혜)자는 彐(彑)자와 전혀 관련이 없다. 彗(혜)자에 덧붙여진 아랫부분의 형태가 彐자와 닮은 데서 그 부수에 속하게 된 것뿐이다. 彗(혜)자는 손에 비(빗자루)를 든 모습을 표현한 한자다.

059

3획

터럭 삼

사람이나 짐승의 몸에 난 실 가닥처럼 생긴 섬유 형태의 물질이 터럭이다. 터럭 가운데 날짐승의 깃에 터럭은 다양한 빛깔을 지니고 있어 예부터 몸을 꾸미는 데 사용되었다. 터럭으로 몸을 꾸미면 화려하게 보일뿐만 아니라 더 크게 보여 위엄을 드러내 보이는 효과가 있었다. 彡자는 그런 '터럭'을 뜻한다.

갑골문	금문	소전	예서

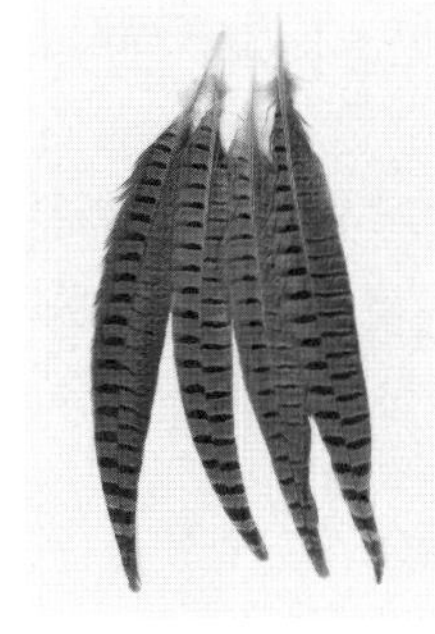
꿩의 터럭

『설문해자』에서 彡자는 "터럭을 그려 무늬로 꾸민 것이다. 형태를 본떴다(毛飾畫文也. 象形)."라고 했다.

갑골문에 彡자 자형도 다양한 형태로 쓰이고 있으나 모두 터럭을 나타내고 있다. 금문과 소전의 彡자는 터럭 모양이 세 개로 간략하게 쓰이고 있다. 그렇게 세 개로 나타낸 것은 한자에서 세 개는 많다는 의미를 지니기 때문이다. 彡자는 예서에서도 금문과 소전의 형태를 계속 이어서 쓰고 있다.

彡자는 '터럭' 외에 길게 자랐거나 아름답게 장식한 '머리털'을 뜻하기도 한다. 하지만 오늘날 단독의 문자로 쓰임이 거의 없고, 단지 부수의 역할만 하고 있다.

예부터 터럭은 장식을 하는 데 사용되었으므로 彡자를 부수로 삼는 한자는 색깔·형상·소리·빛 등을 아름답게 갖추어 장식한다는 뜻과 관련이 있다. **形[형상 형]**, 彥[선비 언=彦], 彫[새길 조], **彩[무늬 채]**, 彰[밝을 창], **影[그림자 영]**자가 바로 그 부수에 속하는 한자다. 하지만 彥(언)자는 원래 彡자와 관련이 없었다. 반면에 衫[적삼 삼], 杉[삼나무 삼], 參[별이름 삼·참여할 참]자는 彡자는 여전히 글자 구성에 도움을 주면서 음의 역할을 하고 있다.

금문 彥자

060 彳 3획 자축거릴 척

다리의 힘이 빠져 능숙하게 걷지 못하고 조금 잘록거린다는 의미를 지닌 말이 '자축거리다'다. 하지만 '자축거리다'를 뜻하는 彳자는 거리에서 비롯되었다.

갑골문	금문	소전	예서

옛날의 서울 거리

『설문해자』에서 彳자는 "작은 걸음이다. 사람 정강이의 세 부위가 서로 이어진 것을 본떴다(小步也. 象人脛三屬相連也)."라고 했다.

하지만 갑골문 彳자를 살피면 길에서 비롯된 한자임이 분명하다. 그것이 금문과 소정의 과정을 거쳐 예서에서 오늘날처럼 쓰이고 있다.

彳자는 '자축거리다' 외에 '조금 걷다'의 뜻을 지니기도 한다. 일설에 彳자는 '왼쪽 걸음'을 뜻한다고 했다. 반면에 '오른쪽 걸음'을 뜻하는 데는 亍(촉)자를 쓴다고 했다. 하지만 彳자와 亍자를 합쳐 만든 行[다닐 행→144 참고]자는 분명 사거리에서 비롯된 한자다.

彳자 부수에 속하는 한자는 대체로 거리에서 이뤄진 동작과 관련된 뜻을 지닌다. 다음은 그 가운데 오늘날 비교적 자주 쓰이는 한자다.

彷 [거닐 방]	**役 [부릴 역]**	彿 [비슷할 불]	**往 [갈 왕]**	**征 [칠 정]**
彼 [저 피]	**待 [기다릴 대]**	**律 [법 률]**	徊 [노닐 회]	**後 [뒤 후]**
徑 [지름길 경]	**徒 [무리 도]**	**徐 [천천할 서]**	**得 [얻을 득]**	徘 [노닐 배]
徙 [옮길 사]	**御 [어거할 어]**	**從 [좇을 종]**	徧 [두루 편(변)]	**復 [돌아올 복·다시 부]**
循 [좇을 순]	徨 [노닐 황]	**微 [작을 미]**	**德 [덕 덕]**	
徵 [부를 징·음률 이름 치]	**徹 [통할 철]**	徼 [구할 요]	徽 [아름다울 휘]	

61 心·忄·⺗

4획

마음 심·심방변·밑 마음심

사람의 몸에서 산소와 영양분이 포함된 혈액을 온 몸으로 보내는 기관이 심장이다. 그 심장이 뛰지 않으면 이는 죽음을 의미한다. 심장은 예부터 생명을 의미했다. 또한 옛날 사람들은 희로애락 등 인간의 감정에 큰 변화가 일어날 때 가슴이 뛰는 것을 느끼며 정신이 가슴에 있어서 마음을 주관한다고 여겼다. 그 심장 모양에서 비롯된 心자는 '마음'을 뜻한다.

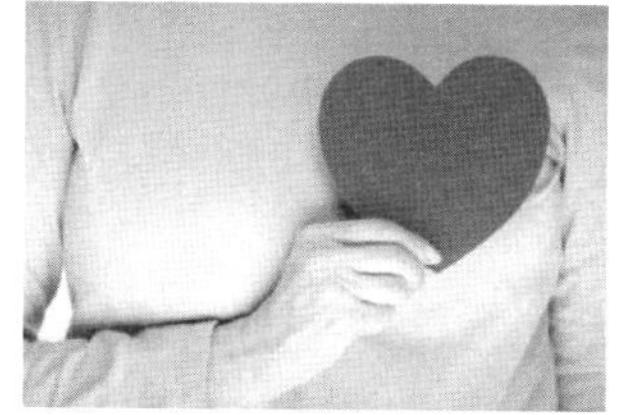

심장의 이미지 하트(heart)

갑골문　금 문　소 전　예 서

『설문해자』에서 心자는 "사람의 심장으로 土에 속하는 장기다. 몸 가운데 있다. 형태를 본떴다(人心, 土藏也. 在身之中. 象形)."라고 했다.

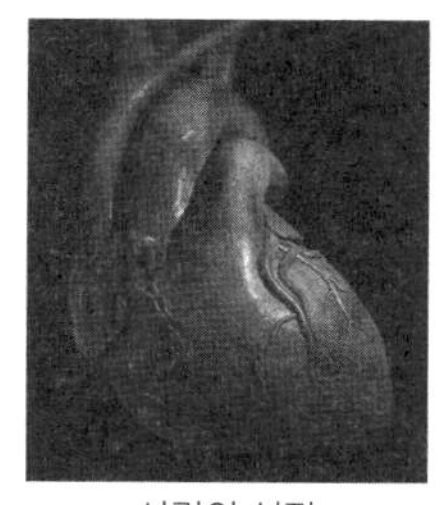

사람의 심장

갑골문 心자도 심방(心房)과 심실(心室)을 감싸는 선(線)과 그 선에 이어진 판막(瓣膜)이 있는 심장을 나타냈다. 금문이나 소전 心자 자형은 좀 더 분명하게 심장 모양이 드러나 보인다. 그러나 예서에서는 심장의 형태를 알아보기 힘든 형태로 바뀌어 쓰이고 있다.

心자가 편방으로 쓰일 때에는 자체에서 그 위치가 같지 않으므로 인해 세 가지 형태로 구분되어 쓰이고 있다. 첫째는 단독으로 쓰일 때 외에 글자 밑이나 가운데 혹은 우측에 쓰일 때의 형태로 忍(인), 愛(애), 恥(치)자에 보이는 경우며, 둘째는 글자 좌측에 쓰일 때의 형태로 性(성), 快(쾌)자에 보이는 경우고, 마지막은 삐침[丿]과 파임[㇏]이 연이어진 글자 밑에 쓰인 형태로 恭(공), 慕(모)자에 보이는 경우다. 그 중에 둘째 형태인 忄은 항상 글자의 좌측에 쓰이기 때문에 '심방변'이라 하고, 마지막 형태인 㣺은 항상 글자 밑에 쓰이기 때문에 '밑 마음심'이라 한다. '심방변'은 心자의 음 '심'에 다른 자형 곁에 덧붙여진다 하여 곁을 뜻하는 傍[곁 방]자의 음 '방'과 부수가 왼쪽에 덧붙여질 때의 명칭 '변'을 합한 명칭이다. '밑 마음심'은 자형의 '밑'에 쓰이는 '마음 심'의 형태라 하여 이를 합한 명칭이다.

心자는 심장 모양에서 만들어진 글자기 때문에 그대로 '심장'의 뜻을 지닌다. 心房(심방)이나 心室(심실), 혹은 狹心症(협심증)이나 心電圖(심전도) 등의 心자가 바로 그 뜻으로 쓰였다. 그러나 그 어휘 대부분이 의학 용어에 국한되어 있음을 볼 수 있다. 그 외에 心자는 心機一轉(심기일전)이나 以心傳心(이심전심), 혹은 焉敢生心(언감생심)이나 一心同體(일심동체)에서처럼 거의 모두가 심리 활동과 관련되어 '마음'의 뜻으로 쓰인다. 뿐만 아니라 心자는 심장이 신체 내부에 있는 기관으로 사람 몸에서 가장 중요한 부분이며, 몸 한가운데 있기 때문에 '사물의 중앙 부분'이나 '중요한 부분'을 나타내는 뜻으로도 쓰인다. 鉛筆心(연필심)이나 遠心力(원심력), 혹은 都心(도심)이나 核心(핵심)에 쓰이는 心자가 그런 경우다.

한자 가운데 사상(思想)이나 감정(感情)을 나타내는 한자는 모두 心자를 부수로 덧붙여 사용하고 있다. 그와 같은 부류에 포함된 한자를 그 뜻의 쓰임에 따라 나누면 다음 세 가지 유형으로 볼 수 있다.

1. 사람의 성품이나 성질과 관련된 한자

志 [뜻 지]	**忠 [충성 충]**	**快 [쾌할 쾌]**	**怪 [기이할 괴]**	**性 [성품 성]**
怠 [게으를 태]	**恭 [공손할 공]**	**恣 [방자할 자]**	**恒 [항상 항]**	恢 [넓을 회]
悖 [어그러질 패]	悳 [덕 덕]	惇 [도타울 돈]	**惡 [악할 악·미워할 오]**	**情 [뜻 정]**
愚 [어리석을 우]	**意 [뜻 의]**	惰 [게으를 타]	愎 [괴팍할 퍅]	慷 [강개할 강]
慢 [게으를 만]	**慾 [욕심 욕]**	**慧 [슬기로울 혜]**	**懇 [정성 간]**	懃 [살뜰할 근]
懈 [게으를 해]	懦 [나약할 나]	懶 [게으를 나]		

2. 사람의 사유(思惟) 활동과 관련된 한자

忘 [잊을 망]	**念 [생각할 념]**	**思 [생각할 사]**	**悟 [깨달을 오]**	**悠 [멀 유]**
恍 [황홀할 황]	悛 [고칠 전]	惘 [멍할 망]	**惟 [생각할 유]**	**惑 [미혹할 혹]**
惚 [황홀할 홀]	**感 [느낄 감]**	**想 [생각할 상]**	慌 [어렴풋할 황]	**慮 [생각할 려]**
慕 [사모할 모]	憬 [깨달을 경]	**憶 [기억할 억]**	**懷 [품을 회]**	**戀 [사모할 련]**

3. 심리적 활동과 관련된 한자

忌 [꺼릴 기]	**忙 [바쁠 망]**	**忍 [참을 인]**	忿 [성낼 분]	**忽 [소홀히 할 홀]**
怯 [겁낼 겁]	**急 [급할 급]**	**怒 [성낼 노]**	怏 [원망할 앙]	**怨 [원망할 원]**
怖 [두려워할 포]	恪 [삼갈 각]	**恐 [두려워할 공]**	恝 [소홀히 할 괄]	**恕 [용서할 서]**
恩 [은혜 은]	**恥 [부끄러워할 치]**	**恨 [한할 한]**	恤 [근심할 휼]	悚 [두려워할 송]
悅 [기뻐할 열]	悤 [바쁠 총]	**患 [근심 환]**	**悔 [뉘우칠 회]**	悼 [슬퍼할 도]
悶 [번민할 민]	**悲 [슬플 비]**	**惜 [아낄 석]**	悽 [슬퍼할 처]	悴 [파리할 췌]
惠 [은혜 혜]	**惱 [괴로워할 뇌]**	愍 [근심할 민]	**愁 [근심할 수]**	慽 [근심할 척]
愕 [놀랄 악]	**愛 [사랑 애]**	惹 [이끌 야]	愉 [기뻐할 유]	惻 [슬퍼할 측]
惶 [두려워할 황]	愾 [성낼 개]	慊 [찐덥지 않을 겸]	**愧 [부끄러워할 괴]**	慄 [두려워할 률]
愼 [삼갈 신]	慂 [권할 용]	慇 [괴로워할 은]	**慈 [사랑 자]**	愴 [슬퍼할 창]
慨 [분개할 개]	**憂 [근심 우]**	**慰 [위로할 위]**	慫 [권할 종]	**慘 [아플 참]**
慙 [부끄러워할 참]	**憐 [불쌍히 여길 련]**	**憫 [근심할 민]**	**憤 [결낼 분]**	**憎 [미워할 증]**
憚 [꺼릴 탄]	憾 [한할 감]	**懲 [징계할 징]**	懺 [뉘우칠 참]	**懼 [두려워할 구]**

위 한자들의 유형 구분은 어려움이 있었다. 한자가 포함하는 뜻의 범위가 모호한 데다 여러 뜻을 지니기도 하기 때문이다. 따라서 자의적(恣意的)인 면이 다분한 구분이 되었다. 뿐만 아니라 그 뜻에 따라 유형을 구분 짓는 데 어려움이 있는 한자도 적지 않았는데, **息[숨 쉴 식]**, 恰[마치 흡], **態[모양 태]**, **慶[경사 경]**, **慣[버릇 관]**, 憩[쉴 게], 憑[기댈 빙], 憔[수척할 초], **憲[법 헌]**, **應[응할 응]**, **懸[매달 현]**자가 바로 그런 경우에 속한다. 아울러 心자 부수에 속하지만 그 자원이 전혀 관련이 없는 **必[반드시 필]**자 같은 경우도 있다.

금문 必자

062 戈 4획 창 과

원거리 무기인 활과 달리 가까이에서 적을 공격할 수 있는 무기가 창이다. 창은 활이 다른 물건을 이용해 자신을 방어할 수 있는 인간에게 그 효용이 크게 감소되자 전적으로 상대를 해치기 위해 만들어진 새로운 형태의 무기다. 戈자는 그 '창'을 뜻한다.

갑골문	금문	소전	예서

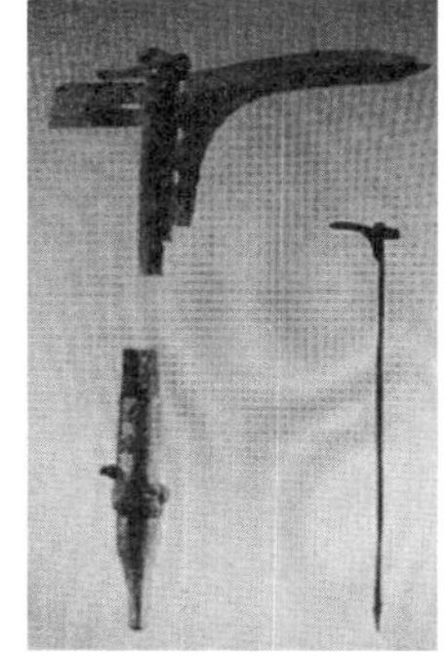

옛날의 창

『설문해자』에서 戈자는 "평평한 끝이 있는 창이다. 弋을 따랐고, 一을 가로질렀다. 형태를 본떴다(平頭戟也. 从弋, 一橫之. 象形)."라고 했다. 말뚝을 뜻하기도 하고, 주살을 뜻하기도 하는 弋자를 따랐다고 했지만 관련이 없다.

갑골문과 금문 戈자의 자형을 보면 대체로 윗부분의 왼쪽에 적을 해치는 뾰족한 날이 창 자루에 달려 있으며, 그 반대편에는 밑으로 늘어뜨린 장식이 있다. 창 자루의 몸체는 곧고, 창 자루의 머리는 오른쪽으로 구부러져 있다. 또 창 자루의 맨 아랫부분은 창을 땅에 세우는 데 도움이 되는 모양이 보이기도 한다. 소전 戈자는 이전 자형을 바탕으로 쓰이고 있지만 창 자루의 몸체가 좀 더 구부러져 있으며, 그 자형이 다시 예서에서 오늘날의 형태처럼 쓰이고 있다.

창과 활을 든 무사

창은 전쟁에서 중요하게 사용되었던 무기의 일종이었기 때문에 戈자는 '창'의 뜻 외에 '전쟁'의 뜻을 지니기도 한다. 따라서 옛 문장 가운데에서 戈자는 종종 '전쟁'의 뜻으로 쓰이고 있다. 그러나 오늘날 그 뜻을 담고 있으면서 그나마 우리가 사용하고 있는 어휘는 干戈(간과) 하나뿐이다.

무기 혹은 무기의 사용 등 전쟁과 관계된 한자는 흔히 戈자를 한 부분으로 삼아 그 자형이 이뤄진다. 다음은 그 부수에 속하면서 익히 쓰이는 한자다.

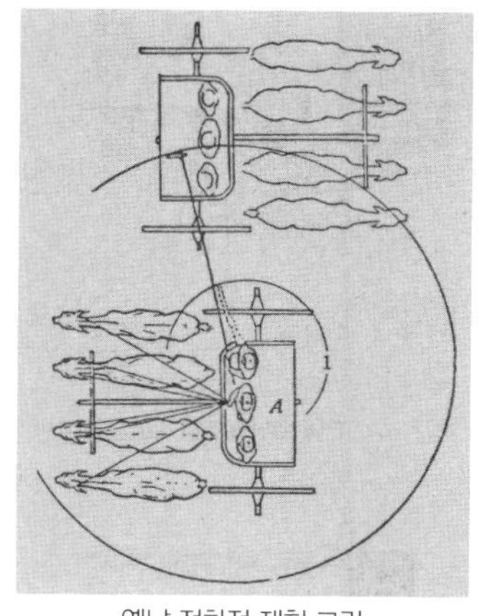
옛날 전차전 재현 그림

戊 [다섯째 천간 무] 戉 [도끼 월] 戍 [지킬 수]
戌 [열한째 지지 술] 戎 [병장기 융=戣] **戒 [경계할 계]**
成 [이룰 성] **我 [나 아]** **或 [혹시 혹]**
戚 [겨레 척] 戟 [창 극] 截 [끊을 절]
戮 [죽일 륙] **戰 [싸움 전]** 戲 **[놀 희=戱]**
戴 [일 대]

戴자 고문자

위 한자 가운데 맨 마지막의 戴(대)자는 才(재)자와 戈자가 합쳐진 𢦏[손상할 재]자가 간략하게 쓰인 𢦏(재)자가 음의 역할을 하는데, 같은 형식으로 쓰인 哉[어조사 재], 載[실을 재], 裁[마를 재], 栽[심을 재]자는 그 부수에 속하지 않는다. 아울러 威[위엄 위], 咸[다 함], 賊[도둑 적]자에서도 그 자형의 쓰임을 엿볼 수 있으나 이들 한자도 역시 그 부수에 속하지 않는다.

063 戶

4획

지게 호

사람에게 뜨거운 햇빛이나 차가운 바람을 막아주고 외부와 차단하여 몸을 편히 쉬게 해주는 보금자리가 집이다. 그 집을 맹수나 남의 시선으로부터 보호하기 위해 울타리나 담을 주변에 두르고 출입을 위해 만드는 것은 대개 두 짝의 문이다. 반면에 방(房)으로 출입하기 위해 예전의 사람들이 흔히 만들었던 문은 외짝의 문이었다. 그 외짝의 문을 '지게문'이라 했고, 줄여서 '지게'라고도 했다. 戶자는 그 '지게'를 뜻한다.

갑골문	금문	소전	예서

지게문(외짝문)

『설문해자』에서 戶자는 "보호해주는 것이다. 門의 반을 戶라고 말한다. 형태를 본떴다(護也. 半門曰戶. 象形)."라고 했다.

갑골문 戶자도 하나의 나무기둥에 한 짝의 문을 달아 놓은 모양으로, 옛날의 지게문을 나타냈다. 금문 戶자 자형은 지게문과 더불어 나무를 나타낸 형태가 보이기도 한다. 지게문이 나무로 이뤄졌음을 나타낸 것이다. 그러나 소전에서 나무를 나타낸 형태는 없어지고, 예서에서는 이전의 자형과 유사한 형태로 쓰이고 있다.

戶자는 窓戶紙(창호지)에서처럼 그 본의가 '지게문(지게)'이었으나 사람이 출입을 할 때에 문을 반드시 거쳐야 하기 때문에 그로 말미암아 의미가 확대되어 門戶(문호)에서처럼 '출입구'의 뜻으로도 쓰인다. 또한 戶자는 문이 출입을 막는 구실을 하기 때문에 '막다'의 뜻을 지니기도 한다. 그러나 문이 없는 집이란 없기 때문에 戶자가 가장 많이 쓰이는 뜻으로는 '집'을 통칭하는 경우다. 戶籍(호적)·戶主(호주)·家家戶戶(가가호호)·千門萬戶(천문만호)에 보이는 戶자가 바로 그런 뜻을 지닌다. 그 외에 지게문이 있는 집은 사람이 사는 곳이기 때문에

酒戶(주호)나 破落戶(파락호)에서처럼 戶자는 '사람'의 뜻을 지니기도 한다.

戶자를 부수로 삼는 한자는 일반적으로 문과 관련된 뜻을 지닌다. 그러나 그 부수에 속하는 한자는 그다지 많지 않다. 戾[어그러질 려], **房[방 방]**, **所[곳 소]**, 扁[넓적할 편], 扇[문짝 선], 扈[뒤따를 호], 扉[문짝 비]자 정도가 비교적 자주 쓰이고 있을 뿐이다. 그 가운데 扈(호), 所(소), 戾(려)자의 경우는 다소 음의 변화가 커 보이지만 그래도 戶자가 음의 역할을 하는 한자다. 그처럼 戶자는 여전히 雇[새 이름 호·품 살 고]자와 雇(고)자가 다시 음의 역할을 하는 顧[돌아볼 고]자, 戾(려)자가 다시 음의 역할을 하는 淚[눈물 루]자의 음에도 영향을 미치고 있다.

초가집

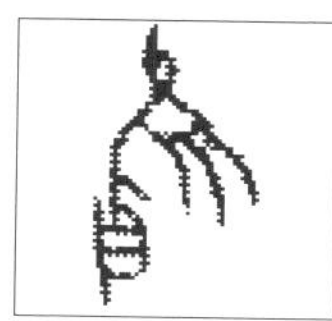

갑골문 雇자

064 手·扌

4획

손 수·재방변

사람의 생존에 중요한 구실을 하는 신체의 한 부위가 손이다. 사람의 두뇌가 아무리 발달되어 있더라도 명령을 수행할 손이 없으면 두뇌는 제약을 받게 된다. 따라서 찾고, 만지고, 만드는 등 여러 기능을 하는 손은 두뇌의 발달을 자극하는 데 중요한 역할을 해 왔다. 손은 몸 밖의 두뇌로, '제 2의 뇌'라 불리며 사람을 동물과 구별 짓는 부위다. 手자는 그 '손'을 뜻한다.

갑골문	금문	소전	예서

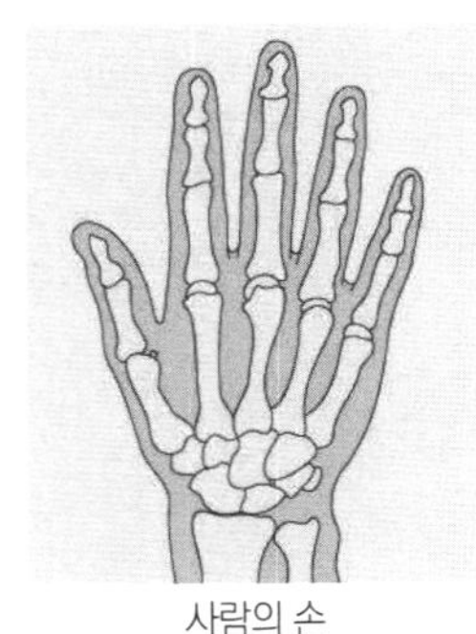
사람의 손

『설문해자』에서 手자는 "손이다. 형태를 본떴다(拳也. 象形)."라고 했다. 원래 拳[주먹 권]자는 주먹을 쥔 손이 아니라 펼쳐진 손을 나타낸 글자로 여겼기에 그처럼 풀이했다.

하지만 手자 자형은 갑골문에 보이지 않는다. 이는 사용 어휘가 많지 않았던 당시에 단순히 손과 관련된 뜻이라면 오른손에서 비롯된 又[또 우-029 참고]자로 손을 나타냈기 때문으로 보인다. 그러나 手자는 금문에 다섯 손가락과 손목을 선(線)으로 간략히 표현한 형태로 쓰이고 있다. 그 자형이 소전 과정을 거쳐 예서에서 다시 손과 전혀 관계없는 형태처럼 쓰이고 있다.

手자가 편방으로 사용될 때에는 두 유형이 있다. 그 하나는 단독으로 사용될 때와 같은 형태로 掌(장), 拳(권), 擊(격)자에서처럼 글자 밑에 보인다. 또 다른 하나는 왼쪽 변에 쓰이는데, 이는 指(지), 投(투), 拇(무)자에서 볼 수 있는 扌의 형태다. 扌은 才[재주 재]와 닮아 그 한자의 음 '재(才)'와 心(심)자가 변한 忄을 '심방변'이라 하는 것처럼 글자 곁에 덧붙여진다 하여 傍[곁 방]의 음인 '방(傍)'과 항상 왼쪽에 덧붙여질 때의 명칭 '변(邊)'을 합쳐서 '재방변'이라 한다. 일부에서는 '재방변'의 '재'가 提[들 제]자의 음에서 비롯되었다 이르기도 한다.

雙手(쌍수)·握手(악수)·魔手(마수) 등에 쓰이는 手자는 손목으로부터 손가락 끝까지를 나타낼 뿐만 아니라 팔이나 어깨의 끝부터 손가락 끝까지를 나타내는 '손'을 뜻하기도 한다. 또한 手자는 손을 사람만 자유롭게 사용할 수 있으므로 歌手(가수)·白手(백수)·投手(투수)에서 보듯 '사람'의 뜻으로도 쓰이고, 나아가 國手(국수)·名手(명수)·高手(고수)에서 보듯 '전문가'의 뜻으로도 쓰인다. 아울러 손이 기량이나 솜씨를 발휘할 수 있으므로 手자는 惡手(악수)·妙手(묘수)·上手(상수)에서처럼 '기량'이나 '솜씨'의 뜻을 지니기도 한다. 그 외에 手자는 手劍(수검)에서처럼 '쥐다'의 뜻으로도 쓰이며, 手記(수기)에서처럼 '손수'의 뜻으로도 쓰인다.

손은 물건을 생산하고 생활을 하는 데 많은 활동을 하여 사회의 발달과 번영에 중요한 역할을 한다. 때문에 手자를 부수로 삼는 한자는 적지 않다. 아울러 그 한자들은 대부분 손 동작과 관련된 동사 형태로 쓰이고 있다. 다음은 그런 한자만 나열한 것이다.

打 [칠 타]	**托 [밀 탁]**	抉 [도려낼 결]	扱 [거두어 모을 급]	**扶 [도울 부]**
扮 [꾸밀 분]	**批 [칠 비]**	抒 [풀 서]	**承 [받들 승]**	**抑 [누를 억]**
折 [꺾을 절]	**抄 [노략질할 초]**	**投 [던질 투]**	**把 [잡을 파]**	**抗 [막을 항]**
拒 [막을 거]	拐 [속일 괴]	**拘 [잡을 구]**	拏 [붙잡을 나]	拈 [집을 념]
拉 [꺾을 랍]	抹 [바를 말]	**拍 [칠 박]**	**拔 [뺄 발]**	**拂 [떨 불]**
押 [누를 압]	拗 [꺾을 요]	**抵 [거스를 저]**	**拙 [졸할 졸]**	**拓 [주울 척·박을 탁]**
招 [부를 초]	**抽 [뺄 추]**	**抱 [안을 포]**	拋 [던질 포]	披 [나눌 피]
拷 [칠 고]	括 [묶을 괄]	拿 [붙잡을 나]	**挑 [돋울 도]**	**拾 [주울 습·열 십]**
拭 [닦을 식]	按 [누를 안]	**持 [가질 지]**	捏 [이길 날]	挽 [당길 만]
捐 [버릴 연]	挺 [뺄 정]	挫 [꺾을 좌]	**振 [떨칠 진]**	**捉 [잡을 착]**
捕 [사로잡을 포]	挾 [낄 협]	据 [일할 거]	控 [당길 공]	**掛 [걸 괘]**
掘 [팔 굴]	捲 [말 권]	捺 [누를 날]	捻 [비틀 념]	**掠 [노략질할 략]**
排 [밀칠 배]	**捨 [버릴 사]**	**掃 [쓸 소]**	**授 [줄 수]**	掩 [가릴 엄]
接 [사귈 접]	措 [둘 조]	**採 [캘 채]**	捷 [이길 첩]	**推 [옮을 추·밀 퇴]**

探 [찾을 탐]	揀 [가릴 간]	揭 [들 게]	描 [그릴 묘]	插 [꽂을 삽]
握 [쥘 악]	**揚 [오를 양]**	**援 [당길 원]**	揄 [끌 유]	**提 [끌 제]**
換 [바꿀 환]	**揮 [휘두를 휘]**	搗 [찧을 도]	搏 [잡을 박]	搬 [옮길 반]
搔 [긁을 소]	**損 [덜 손]**	搜 [찾을 수]	**搖 [흔들릴 요]**	搾 [짤 착]
搭 [탈 탑]	**携 [끌 휴]**	摩 [갈 마]	摸 [찾을 모]	**摘 [딸 적]**
摺 [접을 접]	摯 [잡을 지]	撓 [어지러울 뇨]	撞 [칠 당]	撈 [잡을 로]
撫 [어루만질 무]	撲 [칠 박]	撥 [다스릴 발]	撒 [뿌릴 살]	撰 [지을 찬]
撤 [거둘 철]	撮 [취할 촬]	撐 [버틸 탱]	**播 [뿌릴 파]**	**據 [의거할 거]**
擊 [칠 격]	擒 [사로잡을 금]	撻 [매질할 달]	**擔 [멜 담]**	擄 [사로잡을 로]
擁 [안을 옹]	**操 [잡을 조]**	**擇 [가릴 택]**	擱 [놓을 각]	擡 [들 대]
擬 [헤아릴 의]	擦 [비빌 찰]	擢 [뽑을 탁]	攀 [더위잡을 반]	擾 [어지러울 요]
擲 [던질 척]	攄 [펼 터]	擺 [열릴 파]	**擴 [넓힐 확]**	攘 [물리칠 양]
攝 [당길 섭]	攣 [걸릴 련]	攪 [어지럽힐 교]	攫 [붙잡을 확]	

갑골문 折자

소전 承자

갑골문 才자

위 한자들은 대부분 '손으로 무엇을 한다' 또는 '손의 일' 등과 같은 인체 활동과 관련된 뜻을 지니고 있다. 하지만 折(절)자는 手(扌)자와 관련이 없다. 그 고문자를 보면 나무[木]가 도끼[斤]로 잘린 모양인데, 잘린 나무가 扌의 형태로 쓰인 것뿐이다. 반면에 承자는 언뜻 手자와 관련이 없어 보여도 그 고문자를 살피면 손의 형태가 분명히 드러나 보이는 한자다. 따라서 承(승)자는 手자 부수에 속하게 되었다. 아울러 **技[재주 기]**, 拇[엄지손가락 무], **拜[절 배]**, **拳[주먹 권]**, **指[손가락 지]**, 掖[겨드랑 액], **掌[손바닥 장]**자는 대부분 손의 부위와 관련되면서 그 뜻이 명사의 형태로 쓰이고 있다.

그 외에 手자를 부수로 삼는 한자에는 『자휘(字彙)』에서 214개 부수자 설정될 때 마땅히 속해야 할 곳이 없어 자형의 비슷함을 들어 편의상 그 부수에 속하게 된 **才[재주 재]**자도 포함되어 있다.

065 支 4획 지탱할 지

무언가 너무 높거나 약해서 계속 버터 상태를 유지하는 데 어려움이 있을 때 이를 뒷받침하는 일이 지탱하는 것이다. 실제로 그런 상황에서 뒷받침할 때에 옛날 사람들은 흔히 나뭇가지를 이용해 손으로 지탱하는 방법을 썼다. '지탱하다'를 뜻하는 支자는 그런 상황에서 비롯된 한자다.

갑골문	금문	소전	예서
	(금문 자형)	(소전 자형)	支

나무로 지탱하는 모습

『설문해자』에서 支자는 "잘라낸 대의 가지다. 손으로 竹자의 반쪽을 잡고 있음을 따랐다(去竹之枝也. 从手持半竹)."라고 했다. 손에 댓가지를 잡고 있다고 한 것이다.

그 자형이 맨 처음 보이는 금문 支자도 손[又]에 무언가 잡고 있음을 나타냈다. 하지만 손에 잡은 것은 댓가지가 아닌 나뭇가지로 보인다. 支자는 소전 과정을 거쳐 예서에서 오늘날처럼 쓰이고 있다.

支柱(지주)나 支石墓(지석묘)에서 '지탱하다'의 뜻으로 쓰이는 支자는 나뭇가지와 관련되어 이뤄진 한자이므로 '가지'의 뜻을 지니기도 한다. 하지만 후에 木(목)자를 덧붙인 枝[가지 지]자가 그 뜻을 대신하고 있다. 아울러 支자는 가지가 줄기에서 갈라져 나온 것이기 때문에 支流(지류)나 支社(지사), 혹은 支離滅裂(지리멸렬)에서처럼 '가르다'나 '흩어지다'의 뜻을 지니기도 한다. 또 支拂(지불)이나 支給(지급), 혹은 度支部(탁지부)에서처럼 '지출하다'나 '헤아리다'의 뜻을 지니기도 한다.

支자 부수에 속하면서 오늘날 익히 쓰이는 한자는 단 하나도 없다. 그러나 支자는 자신에서 분화된 枝(지)자 외에 肢[사지 지], 技[재주 기], 妓[기생 기], 伎[재주 기], 翅[날개 시]자에서 음의 역할을 한다.

066

攴·攵

4획

칠 복·등글월문

사람이 하는 동작 가운데 '치다'는 수많은 모습에서 볼 수 있다. 예컨대 목적물에 부딪다, 소리 나게 두드리다, 공을 튕기다, 전보를 보내다, 적을 공격하다, 뾰족한 것을 박다, 신호 소리를 내다, 선을 긋다, 무언가 세차게 움직이다, 고운 가루를 뽑아내다, 무언가 베거나 자르다, 계산에 넣다, 무언가 끼얹다, 점괘를 알아 보다, 무언가 따르거나 붓다 등이 바로 그런 경우다. 이처럼 많은 행위는 모두 가볍게 치는 모습과 관련이 있는데, 그렇게 가볍게 치는 행위를 나타내기 위해 만들어진 한자가 攴자로 '치다'의 뜻을 지닌다.

갑골문		금문		소전	예서
					攵
					攴

팽이를 치는 모습(김준근)

『설문해자』에서 攴자는 "가볍게 치는 것이다. 又를 따랐고, 卜은 음이다(小擊也. 从又, 卜聲)."라고 했다. '가볍게 치는 것이다'라는 풀이는 틀림이 없지만, '卜은 음이다'라고 한 것은 잘못된 풀이로 보인다.

갑골문의 攴자 자형을 보면 손[又]에 채찍과 같은 도구[卜의 형태]를 든 것으로 보이기 때문이다. 금문 攴자 자형도 갑골문과 비슷한데 소전에서는 그 자형 가운데 하나가 정형되어 오늘날과 비슷하게 쓰이고 있다.

예서에서 攴자가 하나의 글자 구성에 도움을 주면서 덧붙여질 때는 敍(서)자나 敲(고)자 등을 제외하고 대부분 약간 변형되어 攵의 형태로 쓰이고 있다. 攵은 文[글월 문]자에서 맨 위의 획이 왼쪽으로 등지고 있는 형태로 보아 文(문)자의 뜻과 음인 '글월 문'에 '등지다'의 '등'을 앞에 덧붙여 '등글월문'이라고 한다. 일부에서는 攵이 文(문)자와 같아 보여 '같다'의 뜻을 지닌 等(등)자의 음인 '등'자를 덧붙인 것이라 여기기도 한다.

攴자는 '치다'나 '채찍질하다'의 뜻을 지닌다. 그러나 攴자는 오늘날 단독의 문자로 쓰이지 않고 부수의 역할만 하고 있다. 攴자가 변형된 攵은 하나의 글자 구성에 도움을 줄 때만 쓰이고 있다.

서당(김홍도)

攴(攵)자 부수에 속하는 한자는 대개 사람의 모습이나 행위 등과 관련해 가볍게 친다는 뜻이 있다. 다음은 그 가운데 오늘날 익히 쓰이고 있는 한자다.

收 [거둘 수]	**改 [고칠 개]**	**攻 [칠 공]**	攸 [바 유]	**放 [놓을 방]**
政 [정사 정]	**故 [일 고]**	**效 [본받을 효]**	**敎 [가르칠 교]**	**救 [건질 구]**
敏 [재빠를 민]	**敍 [차례 서=敘·叙]**	敕 [조서 칙=勅]	**敗 [패할 패]**	**敢 [감히 감]**
敦 [도타울 돈]	**散 [흩을 산]**	**敬 [공경할 경]**	敭 [오를 양=揚]	敲 [두드릴 고]
敷 [펼 부]	**數 [셀 수]**	**敵 [원수 적]**	**整 [가지런할 정]**	斂 [거둘 렴]
斃 [넘어질 폐]	斅 [가르칠 효]			

위 한자 외에 攴(攵)자 부수에 속하지 않지만 赦[용서할 사], 枚[줄기 매], 變[변할 변], 牧[기를 목], 啓[열 계]자도 그 자형이 덧붙여져 있다. 뿐만 아니라 원래 夊[뒤져 올 치→034 참고]자를 덧붙였던 致치[이를 치]자가 잘못 변화된 致(치)자에서도 그 자형의 쓰임을 엿볼 수 있다.

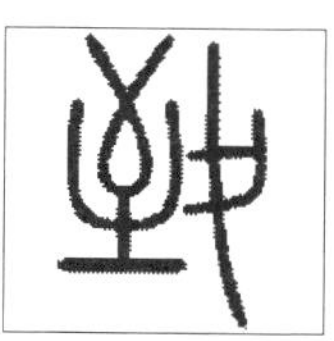
소전 致자

067

文 4획 글월 문

부모가 물려준 몸에 함부로 상처 내는 것을 저어했던 유교 문화에서 문신은 야만인의 풍습이었다. 하지만 고대 사회에 사람들은 종교의식 등을 행할 때, 의식의 위엄을 더하면서 특별한 모습으로 신을 만나기 위해 문신을 했다. 문신을 할 때는 신체의 일부 혹은 전부에 꽃무늬나 자연물의 그림을 주로 새겨 넣었다. 그런 그림에서 비롯된 것이 바로 글(글자)인데, 그 글의 옛말은 '글월'이다. 文자는 그 '글월'을 뜻한다. 文자는 문신의 그림에서 오늘날 쓰이는 의미로 변화되어 사용된 한자다.

갑골문	금 문	소 전	예 서
			文

몸에 문신한 사람

『설문해자』에서 文자는 "어긋나게 그린 것이다. 엇갈린 무늬를 본떴다(錯畫也. 象交文)."라고 했다. 문신의 무늬를 나타냈다 풀이한 것으로 보인다.

실제 갑골문이나 금문의 文자는 大[큰 대→037 참고]자와 자형이 비슷하다. 그러나 文자는 바르게 서 있는 한 사람의 가슴에 갖가지 그림으로 자신의 의미를 새겨 놓은 문신이 있다. 어떤 자형은 오늘날 쓰이는 형태와 거의 흡사하게 간단히 표현되어 있다. 그 자형이 소전의 과정을 거쳐 오늘날의 자형으로 이어졌다.

文身(문신)의 文자는 문신이 신체를 무늬 등으로 아름답게 꾸미는 작업이므로 斑文(반문)이나 無文土器(무문토기)에서 보듯 본래 '무늬'의 뜻을 지닌 한자였다. 하지만 후대에 糸[실 사]자를 덧붙인 紋[무늬 문]자가 그 뜻을 대신하기도 했다. 나아가 文자는 무늬와 같은 '그림'에 'ㄱ+ㅡ+ ㄹ'에서 '글'이 생겨났기에 결국 文壇(문단)이나 古文(고문)에서처럼 '글(글월)'의 뜻을 지니게 되었다. 또한 文자는 '글(글월)'에서 그 의미가 확대되어 不文律(불문률)이나 成文法(성문법)에서 보듯 '문자'의 뜻으로도 사용되며, 名文(명문)이나 上疏文(상소문)에서 보듯 '문장'의 뜻으로도 사용된다. 뿐만 아니라 文자는 文民政府(문민정부)에서처럼

'武[호반 무]자와 상대(相對)'가 되는 뜻으로도 쓰이고 있다. 그 외에 文자는 '野[들 야]자와 상대'가 되는 뜻을 지니기도 한다. 이는 野(야)자가 수식(修飾)을 가하지 않은 상태를 의미한 것에 반(反)하여 文자가 수식을 가한 상태를 의미한 것이기 때문이다.

그렇게 그림에서 출발한 글(글월)은 오늘날 다시 거꾸로 돌아가 그림으로 인식되기도 한다. 한글로 쓴 'ㅠㅠ'가 눈물을 흘리고 있는 그림으로 받아들여져 '울고 있다'라는 의미로 인식되는 채팅어가 된 것이 바로 그런 경우다. 영어의 알파벳 대문자 'OTL' 같은 경우도 '좌절'로 인식되는 채팅어로 쓰이고 있다.

'좌절'을 의미하는 'OTL'

文자를 부수로 삼는 한자는 많지 않다. 실제로 그 부수에 속하면서 오늘날 익히 쓰이는 한자는 斑[얼룩 반]자 하나뿐이다. 굳이 더 살펴본다면 이름에 종종 쓰이는 斌[빛날 빈]자가 있다. 하지만 文자가 음의 역할을 하는 한자는 그 부수에 속하면서 익히 쓰이는 한자보다 많다. 그런 한자로는 紋[무늬 문], 紊[어지러울 문], 蚊[모기 문], 閔[위문할 민·성 민], 吝[아낄 린]자 등이 있다.

소전 斑자

068 斗

4획

말 두

고대에는 술과 같은 액체 물질을 술 단지 등에서 떠내기 위해 긴 자루의 국자와 같은 기구를 만들어 사용했다. 그것은 나중에 곡식을 담아 용량을 재는 도량형 기구로도 쓰이게 되었다. 그런 용량 가운데 '말'은 술과 같은 액체나 곡물 따위를 재는 데 쓰이는 단위로, 되의 열 곱절에 해당되는 양을 이른다. 斗자는 그 '말'을 뜻한다.

갑골문 금문 소전 예서

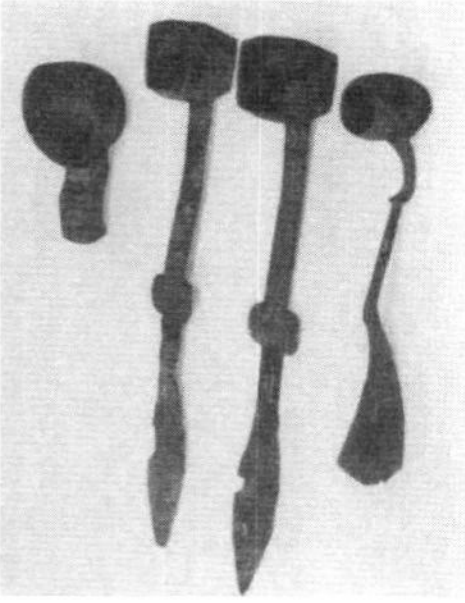

옛날의 斗

『설문해자』에 斗자는 "열 되다. 형상을 본떴고, 자루가 있다(十升也. 象形, 有柄)."라고 했다.

갑골문이나 금문 斗자 자형으로 보면 윗부분은 국자의 그릇 형태를 나타냈고, 아랫부분은 그 자루를 나타냈다. 그러나 斗자는 소전에서 그 자형에 변화가 심하게 이뤄져 원형(原形)과 거리가 멀어진 형태로 쓰이다가 예서 이후에 다시 오늘날 쓰이는 형태로 정형되었다.

옛날 사람들은 사물의 양을 헤아리기 위해 처음에는 감각기관(感覺器官)에만 의존했다. 그러다 상업 활동이 점차적으로 활발해지면서 국자와 같은 그릇인 구기 등을 이용해 도량기구로 삼았다. 따라서 구기 등의 국자 모양에서 만들어진 斗자는 車載斗量(거재두량)에서처럼 용량을 재는 용기(容器)인 '말'의 뜻 외에 斗酒不辭(두주불사)에서처럼 '열 되들이 용량의 단위'를 나타내는 뜻으로도 쓰인다. 또한 斗자는 泰斗(태두)에서처럼 '별 이름'으로도 사용되는데, 그냥 '斗'라 할 때는 대개 북두(北斗)를 지칭(指稱)한다. 북두는 그 모양이 마치 국자처럼

북두가 보이는 고흐 그림

괴성도(삼재도회)

생겼기 때문에 斗자를 사용해 나타낸 것이다.

斗자를 부수로 삼는 한자는 일반적으로 양을 재는 일종의 사물과 관련이 있으나 그 뜻의 역할이 글자에 분명하게 드러나지 않는다. **料[되질할 료]**, **斜[기울 사]**, 斟[술 따를 짐(침)], 斡[관리할 알]자가 그 부수에 속하는 한자 가운데 오늘날 비교적 자주 쓰이고 있다. 아울러 科[조목 과]자와 魁[으뜸 괴]자는 斗자가 부수의 역할은 하지 않지만 그 글자 구성에 도움을 주고 있다.

069 斤

4획

도끼 근

도끼는 나무를 찍거나 패는 연장의 하나다. 도끼는 상황에 따라 무기로도 사용되었는데, 실제로 고대 사회에서 전쟁이 일어나 적합한 무기가 없으면 사람들이 이를 이용해 싸우기도 했다. 오늘날 사람들이 볼 수 있는 한자 가운데 가장 오래된 문자인 갑골문이 쓰이던 시절은 청동으로 도구를 만들기 시작하던 시대였지만 청동의 쇠로 만든 도끼를 사용하던 이들은 지배층이었다. 반면에 일반 사람들은 여전히 돌로 만든 도끼를 사용했다. 한자에서 '도끼'를 뜻하는 斤자는 그 돌로 만든 도끼 모양에서 비롯된 한자로 보인다.

갑골문	금문	소전	예서

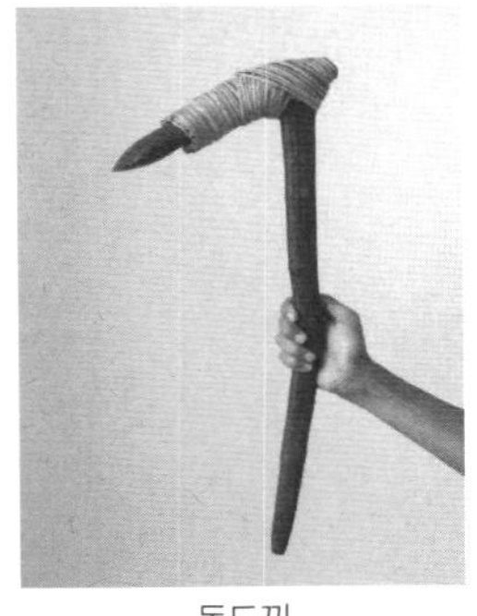

돌도끼

『설문해자』에서 斤자는 "나무를 베는 도끼다. 형상을 본떴다(斫木斧也. 象形)."라고 했다.

갑골문에 斤자 자형도 굽은 자루에 날이 선 도끼 모양으로 나타나 있다. 그 자형에서 화살표로 보이는 부분이 도끼의 날이고, 나머지 부분이 도끼의 자루다. 금문 斤자 자형은 도끼의 날을 나타낸 부분이 무딘 형태로 변하고 있지만 획을 좀 더 크게 표현하고 있다. 그것이 소전의 과정을 거쳐 예서에서 오늘날처럼 쓰이고 있다.

斤자는 오늘날 '도끼'의 뜻보다 무게의 단위인 '근'의 뜻으로 더 자주 쓰이고 있다. 무게에 대한 개념은 아주 옛날 사람들에게도 있었다. 그러나 상업이 활발해진 사회가 되면서 사람들은 비로소 그 개념에 대해 주의를 기울이게 되었다. 상업은 이익을 추구하는 행위로 그 목적을 이루려면 정확하게 무게를 계산해야만 하기 때문이다. 그러나 당시에는 도량형이 확립되어 있지 않았다. 따라서 당시 사람들

돌도끼를 만드는 원주민

은 교역물(交易物)의 무게를 헤아리기 위해 흔히 볼 수 있는 물건을 표준으로 삼는 게 편했으므로 인류 최초의 도구이자 필수품이었던 도끼를 취해 도량형의 기구로 삼았다. 따라서 도끼를 나타낸 斤자가 무게의 단위인 '근'의 뜻을 지니게 된 것이다. 이렇게 斤자가 斤兩(근량), 斤數(근수), 千斤萬斤(천근만근)에서처럼 무게의 단위로 전용되자 도끼를 뜻하는 데는 다시 金(금)자를 덧붙인 釿[도끼 근]자나 父(부)자에서 분화(分化)된 斧[도끼 부]자를 사용하고 있다.

斤자가 덧붙여지는 한자는 그 뜻이 도끼와 관련이 있다. 그런 한자로 **斥[물리칠 척]**, 斧[도끼 부], 斫[벨 작], 斬[벨 참], **斯[쪼갤 사·이 사]**, **新[새 신=新(본자)]**, **斷[끊을 단]**자는 그 부수에 속하면서 오늘날 비교적 자주 쓰이고 있다. 하지만 그 가운데 斥(척)자는 정자(正字)가 㡿(척)자로 斤자와 아무 관련이 없다. 반면에 斤자 부수에 속하지 않지만 匠[장인 장], 所[바 소], 近[가까울 근], 欣[기뻐할 흔], 折[꺾을 절], 析[쪼갤 석], 祈[빌 기]자 등에서도 여전히 그 쓰임을 볼 수 있다. 그 중에 近(근), 欣(흔), 祈(기)자는 斤자가 음의 역할을 한다.

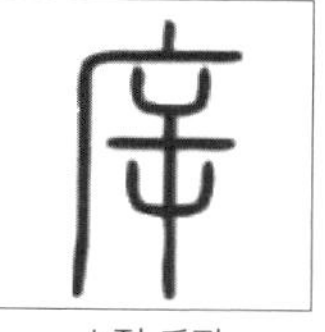
소전 斥자

소전 新자

070 方

4획

모 방

정에 맞는 돌

'세모'나 '네모', 또는 '모난 돌이 정(釘)에 맞는다'는 말 속의 '모'는 물건의 거죽으로 쑥 튀어나온 귀퉁이를 의미한다. 또는 공간의 구석이나 모퉁이, 선과 선의 끝이 만난 곳을 의미하기도 한다. 뿐만 아니라 사람이나 사물의 면면이나 측면, 까다롭거나 표가 나는 성격을 의미하기도 한다. 그처럼 여러 의미를 지닌 '모'를 뜻하는 한자가 바로 方자다.

갑골문	금문	소전	예서

옛날의 쟁기

方자는 『설문해자』에서 "나란히 한 배다. 두 배를 생략해 본떴으나, 뱃머리를 묶은 형상이다(併船也. 象兩舟省, 總頭形)."라고 하면서 배와 관련된 글자로 풀이했다.

하지만 갑골문이나 금문 方자 자형을 살펴보면, 배와 상관없이 농기구인 옛날의 쟁기를 나타낸 글자로 보인다. 그 아래 부분이 모가 난 두 개의 날로 이뤄진 원시적인 형태의 쟁기에서 비롯된 글자로 본 것이다. 쟁기의 생명력은 땅을 파는 모난 부분에 있기 때문에 方자는 결국 그 뜻이 '모'가 되었다. 方자는 소전 과정을 거쳐 예서에서 이전보다 약간 간략한 형태로 쓰이면서 오늘날의 형태로 이어지고 있다.

농경문(쟁기질 하는 사람-오른쪽 윗부분)

方자는 네모로 일정하게 모난 것인 方席(방석)이나 方舟(방주)에서처럼 '모'의 뜻을 지니고, 일정하게 모난 것은 바른 형태이므로 品行方正(품행방정)에서

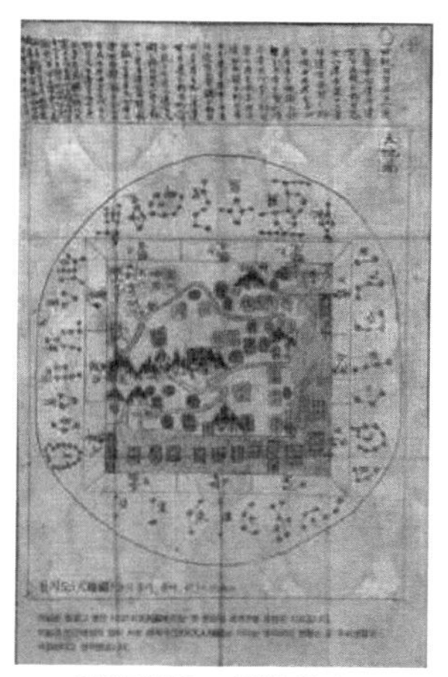
천원지방을 표현한 천지도

처럼 '바르다'의 뜻을 지니기도 한다. 뿐만 아니라 옛날 사람들이 사람 사는 땅은 네모로 이뤄졌다고 여긴 데서 方자는 四方八方(사방팔방)이나 八方美人(팔방미인)에서처럼 일정한 '방향'을 뜻하기도 하고, 일정한 방향을 정해 두고 무언가 행한다 하여 祕方(비방)이나 百方(백방)에서처럼 '방법'을 뜻하기도 한다. 아울러 方자는 방향과 관련해 '나라'나 '장소'의 뜻을 지니기도 하는데, 方言(방언)이나 方外人(방외인)에서 그런 뜻의 쓰임을 엿볼 수 있다.

나아가 方자는 方今(방금)이나 時方(시방)에서처럼 '이제'의 뜻을 지니기도 하며, 萬化方暢(만화방창)이나 血氣方壯(혈기방장)에서처럼 '바야흐로'의 뜻을 지니기도 한다. 그 외에 天方地軸(천방지축)이나 天方地方(천방지방)의 方자는 放[놓을 방]자가 갖고 있는 의미와 가까운 '제멋대로 하다'의 뜻을 지니기도 한다.

方자는 주로 글자 구성에 도움을 주면서 음의 역할을 하는데, 그 가운데 익히 쓰이는 한자는 다음과 같다.

防 [막을 방]	房 [방 방]	放 [놓을 방]	紡 [자을 방]	訪 [찾을 방]
妨 [해로울 방]	芳 [꽃다울 방]	肪 [기름 방]	坊 [동네 방]	彷 [거닐 방]
枋 [다목 방]	倣 [본뜰 방]	旁 [두루 방]	傍 [곁 방]	榜 [패 방]
謗 [헐뜯을 방]	膀 [오줌통 방]			

금문 於자

方자 부수에 속하면서 익히 쓰이는 한자에는 **於[어조사 어]**, **施[베풀 시]**, **旅[나그네 려]**, **旋[돌 선]**, 旌[깃발 정], **族[겨레 족]**, 旒[깃발 류], **旗[깃발 기]**자가 있다. 그러나 이들 한자에서 方자는 그 뜻과 음에 전혀 영향을 미치지 않고, 於(어)자를 제외한 모든 한자는 그 뜻이 '깃발'과 관련이 있다. 이는 한 때 부수의 하나로, 깃대에 깃발이 흩날리고 있는 모양에서 비롯된 㫃[깃발 언]자가 이들 한자의 구성에 도움을 주면서 그 뜻에 영향을 미치고 있기 때문이다. 하지만 후에 㫃(언)자 자형 속에 方자와 같은 형태가 덧붙여져 있으므로 말미암아

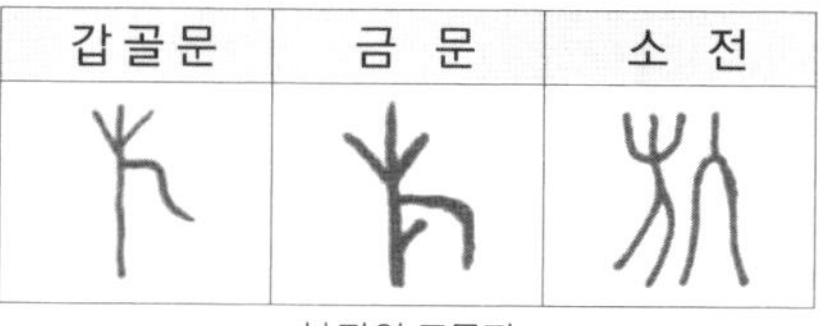

㫃자의 고문자

『자휘(字彙)』란 책에서 方자 부수에 귀속(歸屬)되었기 때문에 결국 이들 한자도 方자 부수에 속하게 된 것이다.

깃발 들고 행진하는 군사(반차도 일부)

그렇게 된 것은 소전(小篆)을 바탕으로 자형을 분석해 기원후 100년에 쓰인 최초의 자전(字典)인 『설문해자』(허신)의 540개 부수를, 해서(楷書)를 바탕으로 자형을 분석해 1615년에 쓰인 『자휘』(매응조)에서 214개 부수로 줄이면서 서로 닮은 자형이 있는 부수를 하나로 통합한 데서 비롯된 결과다.

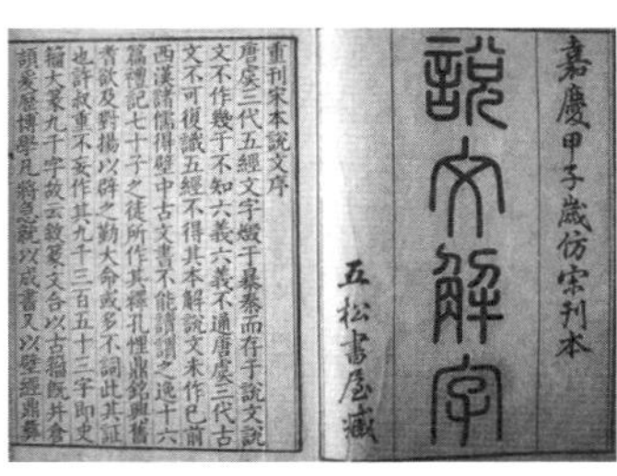
嘉慶甲子歲仿宋刊本

說文解字

五松書屋藏

허신의 설문해자(100년)

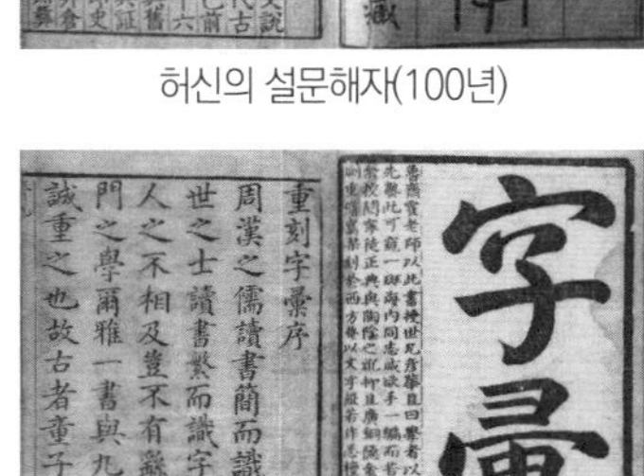
字彙

重刻字彙序

周漢之儒讀書簡而識字精後世之士讀書繁而識字鮮古今人之不相及豈不有爲歟我聖門之學爾雅一書與九經並列識重之也故古者童子六歲教

매응조의 자휘(1615년)

원래 『설문해자』에서 하나의 부수였던 兔[토끼 토]자가 儿[어진 사람 인], 重[무거울 중]자가 里[마을 리], 明[밝을 명]자가 日[날 일], 束[묶을 속]자가 木[나무 목], 易[바꿀 역]자가 日[날 일], 寅[셋째 지지 인]자가 宀[집 면], 員[인원 원]자가 口[입 구], 多[많을 다]자가 夕[저녁 석], 市[저자 시]자가 巾[수건 건]자 부수 등으로 바뀐 것도 같은 상황에서 비롯되었다.

071

无

4획

없을 무

'있다'의 반대는 '없다'다. 따라서 무언가 한 자리에 있지 않다는 것은 없다는 것이 된다. 아울러 존재하고 있어도 보이지 않게 하면 없다 여겨진다. 无자는 그런 존재 부정 상태의 '없다'를 뜻한다.

물의 존재 여부 모양

갑골문	금문	소전	예서

无자는 無[없을 무]자의 고자(古字)다. 한데 无자는 소전 이전의 자형이 보이지 않아 그 자원을 정확하게 따져 볼 길이 없다. 그러나 일부 학자들은 손에 깃털을 쥐고 춤추는 사람 모습에서 비롯된 無(무)자의 고자인 데서 춤추는 사람을 간략하게 나타낸 자형으로 보았다. 일부에서는 온전치 않은 사람[尢]의 머리 위에 '一'의 부호를 더해 머리가 보임이 없게 함을 뜻한 글자로 보기도 했다. 따라서 无자는 '없다'의 뜻을 나타내고, 無자와 통해 쓴다고 했다.

갑골문 無자

나아가 无자를 부수로 삼는 한자에는 자형이 비슷한 旡자도 같은 부수로 편재(偏在)되어 있다. 旡자는 '숨 막힐 기'라 하는데, 머리를 돌리고 입을 다물고 있는 사람 모습에서 '숨 막히다'의 뜻을 지니게 되었다.

갑골문 旡자

无자는 실제로 『노자(老子)』나 『역경(易經)』에 보면 無자 대신 '없다'의 뜻으로 사용되고 있다. 또한 无자는 南无阿彌陀佛(나무아미타불)에서처럼 불경(佛經)을 욀 때 '발어사'로 쓰이기도 한다.

갑골문 旣자

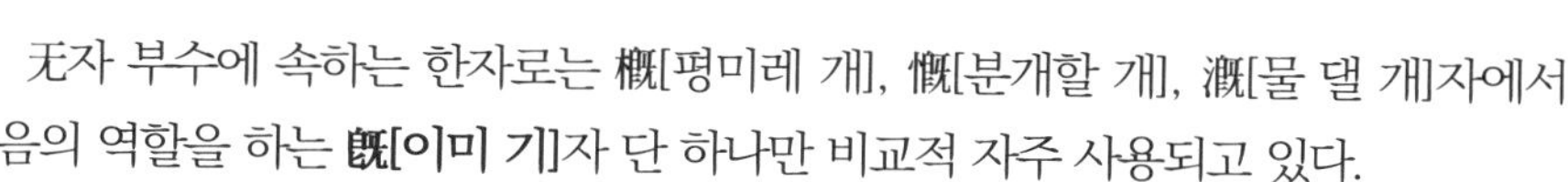

无자 부수에 속하는 한자로는 槪[평미레 개], 慨[분개할 개], 漑[물 댈 개]자에서 음의 역할을 하는 **旣[이미 기]**자 단 하나만 비교적 자주 사용되고 있다.

072 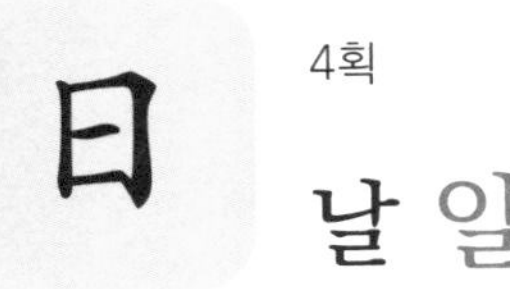 4획

날 일

해는 지구에서 가장 가까운 항성으로, 태양계의 중심이 되어 지구 위에 밤과 낮, 그리고 사계절이 오게 하는 천체(天體)다. 만물의 생장은 해에 의지되며, 사람 역시 이를 떠나서 결코 생존할 수 없다. 해는 항상 제자리에 있지만 지구에서 보면 뜨고 지기를 반복한다. 그렇게 해가 뜨고 질 때마다 날이 간다. 따라서 해에서 비롯된 日자는 '날'을 뜻하는 한자가 되었다.

갑골문	금문	소전	예서

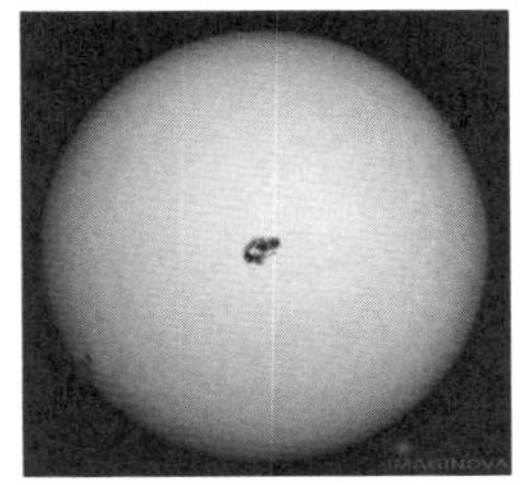
해의 모양

『설문해자』에서 日자는 "가득 찬 것이다. 태양의 정기는 이지러지지 않는다. 口와 一을 따랐다. 형태를 본떴다(實也. 太陽之精不虧. 从口一. 象形)."라고 했다.

갑골문이나 금문 자형에서 日자는 바깥 둘레가 해의 윤곽이고, 그 자형 가운데 하나의 점이나 짧은 횡은 흑점(黑點)을 나타냈다. 하지만 옛날 사람들은 해 속에 삼족오(三足烏)가 산다고 여겼기에 이를 나타냈다고 보는 이도 있다. 일부에서는 해의 중심에 충만한 기운이 있다고 보았고, 그것이 빛이나 열을 내는 원천(源泉)이 된다고 믿었다. 따라서 그 윤곽 안에 충만한 기운을 흑점으로 나타냈다 여기기도 했다. 하지만 해의 윤곽 안에 흑점은 태양의 표면 온도 가운데 낮은 부분이 검게 보이기 때문이다.

해 속의 삼족오

나아가 日자는 그 자형에서 보듯 해의 윤곽을 나타낸 부분이 본래의 형태처럼 원형이 아니라 다각형이나 네모난 형태로 나타나 있다. 이는 갑골에 문자를 새길 때, 칼과 같이 뾰족한 물체를 사용한 까닭으로 둥글게 쓰기가 어려웠기 때문이다. 소전 日자에서는 이전에 점이나 짧은 횡으로 표현된 부분이 확실하게 하나의 선으로 변화되었다. 그 자형이 예서에서 비로소 오늘날 쓰이는 형태와 같게 사각형으로 고정됐으며, 曰[가로 왈→073 참고]자

와 구별하기 위해 위아래로 약간 길게 사용됐다.

日자는 日照權(일조권)이나 日射病(일사병)에서처럼 처음에 단지 '해'를 뜻했지만 지구가 태양을 공전하면서 한번 자전하는 데 걸리는 시간이 하루이므로 作心三日(작심삼일)이나 此日彼日(차일피일)에서 보듯 후에 하루 동안의 의미인 '날'의 뜻을 지니게 되었다. 또 白日場(백일장)에서처럼 하루 가운데 활동할 수 있는 시간을 통틀어 日이라고도 하는데, 이때에 日자는 활동하지 않고 잠을 자는 밤의 상대(相對)로 해를 볼 수 있는 시한인 '낮'을 뜻한다. 아울러 日자는 日刊新聞(일간신문)에서처럼 그 글자가 하루의 시간을 헤아리는 단위이므로 '매일'의 뜻을 지니기도 한다.

日자를 부수로 삼는 한자는 주로 해나 햇빛으로 인해 파생된 현상과 관련된 뜻을 지닌다. 이를 그 뜻에 따라 크게 구분해 보면 명사와 형용사나 동사의 형태가 있다.

1. 명사의 형태로 쓰이는 한자

旦 [아침 단]	**旬 [열흘 순]**	旭 [아침 해 욱]	**早 [새벽 조]**	昆 [형 곤]
昔 [예 석]	昧 [새벽 매]	**星 [별 성]**	**昨 [어제 작]**	**春 [봄 춘]**
時 [때 시]	**晨 [새벽 신]**	**晝 [낮 주]**	**景 [볕 경]**	**暇 [틈 가]**
暫 [잠시 잠]	**曆 [책력 력]**	**曉 [새벽 효]**	曙 [새벽 서]	

2. 형용사나 동사의 형태로 쓰이는 한자

明 [밝을 명]	**旱 [가물 한]**	**昇 [오를 승]**	昂 [오를 앙]	旺 [성할 왕]
昌 [창성할 창]	**昏 [어두울 혼]**	**昭 [밝을 소]**	**映 [비출 영]**	**晩 [저물 만]**
普 [널리 보]	晳 [밝을 석]	晶 [밝을 정]	**晴 [갤 청]**	**暖 [따뜻할 난]**
暑 [더울 서]	**暗 [어두울 암]**	**暢 [펼 창]**	**暮 [저물 모]**	**暴 [사나울 포·쬘 폭]**
曖 [가릴 애]	**曜 [빛날 요]**	曝 [쬘 폭]		

그 외에 旨[뜻 지], **易[바꿀 역]**, **是[옳을 시]**, 晉[나아갈 진], **智[슬기 지]**자도 日자 부수에 속하나 이들은 그 고문자 자형을 살펴보면 해와 전혀 관련이 없다. 이들 한자는 자형의 일부가 日자와 닮아 그 부수에 속하게 된 것뿐이다.

금문 易자

073 

4획

가로 왈

'공자 가라사대', 또는 '맹자 가로되'의 '가라사대'나 '가로되'는 '가로다'에서 나온 말이다. '가로다'는 '말하다'를 예스럽게 이른 것이다. 따라서 '가로다(말하다)+치다(기르다)'에서 나온 말인 '가르치다[訓]'의 뜻도 '말[言]하여 기른다'는 의미를 지닌다. 나아가 그 '가르치다'의 '가르'와 같은 말이 바로 '가로'인데, '가로'는 남의 말이나 글을 이용할 때에 쓰이는 말이다. 오늘날 '말하되'나 '말하기를'의 의미와 통한다. 曰자는 그 '가로'를 뜻한다.

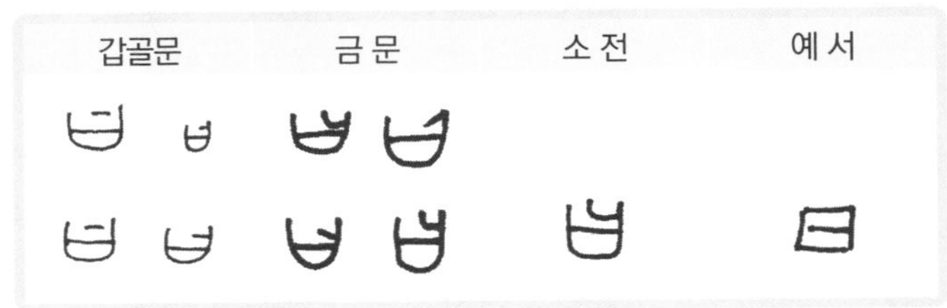

『설문해자』에서 曰자는 "말하는 것이다. 口를 따르고 乙은 음이다. 또한 입 기운이 나오는 것을 본떴다(詞也. 从口乙聲. 亦象口气出也)."라고 했다. 하지만 '乙은 음이다'라는 풀이는 잘못된 것이다. 曰자는 입과 관련된 글자이므로 口[입 구]자를 바탕으로 말할 때 입 속으로부터 나오는 소리의 기운을 나타내는 ㅡ의 부호가 덧붙여져 이뤄진 글자기 때문이다.

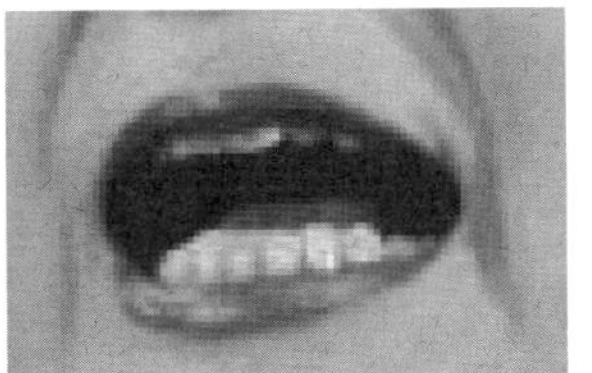
말하는 입

실제로 갑골문 曰자 자형도 입 모양과 입 위에 하나의 짧은 가로획인 ㅡ의 형태가 덧붙여져 있는 모양으로 나타나 있다. 입 위의 짧은 가로획인 ㅡ의 형태는 금문이나 소전에서 다시 굽어진 모양으로도 나타나는데, 이는 글자를 쓰는 사람이 그 글자의 모양새를 갖추기 위해 그렇게 한 것으로 보인다. 하지만 예서에서 굽어진 모양의 자형은 좀 더 긴 바른 획으로 바뀌어 쓰이고 있다.

공자

曰자는 孔子曰(공자왈)이나 孟子曰(맹자왈)하는 말에서 보듯 '가로'의 뜻으로 쓰이는 외에 曰可曰否(왈가왈부)에서 보듯 '이르다'의 뜻으로도 쓰인다. 曰자는 또 사물을 열거할 때 붙이는 말인

'~라 하다'의 뜻이나 '어조사' 혹은 '발어사'로도 쓰이고 있다. 뿐만 아니라 曰牌(왈패)나 曰字(왈자)에서 보듯 '얌전하지 못한 계집'을 뜻할 때에도 曰자가 사용되고 있다.

曰자를 부수로 삼는 한자는 그다지 많지 않으며, 그 자원이 曰자와 관련이 없는 경우의 한자가 대부분이다. 다음은 그 부수에 속하면서 익히 쓰이는 한자다.

曲 [굽을 곡]	曳 [끌 예]	**更 [다시 갱·고칠 경]**	**書 [쓸 서]**	曺 [성 조]
曼 [끌 만]	曹 [마을 조]	**曾 [일찍 증]**	**替 [바꿀 체]**	**最 [가장 최]**
會 [모일 회]				

소전 曳자

해서 曼자

소전 最자

위 한자 가운데 정작 그 자원이 曰자와 직접 관련된 글자는 替(체)자 단 하나뿐이다. 특히 曳(예)자에 덧붙여진 曰자는 臼[깍지 낄 국(거)]자로 쓰여야 한다. 曼(만)자나 最(최)자에 덧붙여진 曰자도 冃[쓰개 모]자로 쓰여야 옳은 형태가 된다. 따라서 이들 한자는 曰자와 전혀 관련이 없다. 또한 早[이를 조], 旱[가물 한], 昆[형 곤], 昇[오를 승], 昻[오를 앙], 昌[창성할 창], 昏[어두울 혼], 星[별 성], 晨[새벽 신], 晝[낮 주], 景[별 경], 普[널리 보], 晳[밝을 석], 暑[더위 서], 暫[잠시 잠], 曆[책력 력]자에 보이는 曰의 형태는 日자와 관련이 있다. 이들은 모두 日자 부수에 속하는 한자로, 방괴자(方塊字)로 쓰이는 한자의 특성을 살리기 위해 曰의 형태로 바뀌어 쓰이고 있는 것뿐이다. 이처럼 曰자와 日자는 혼용되고 있지만, 엄밀하게 나타낸다면 曰자는 좌측에서 우측으로 길게 써야 하는 반면에 日자는 위에서 아래로 길게 써야 한다.

074 月 4획 달 월

아폴로 16호 달 착륙

아주 오랜 옛날부터 사람들이 바라보고 신비스럽게 생각하면서 신화와 전설의 좋은 대상이 되기도 했던 달은 천체 가운데 우리 민족에게 가장 친근한 존재였다. 그러나 인간이 1969년 아폴로 11호로 최초의 달 착륙을 이룸에 따라 달은 더 이상 신비의 대상으로 머물지 않게 되었다. 月자는 그 '달'을 뜻한다.

갑골문	금문	소전	예서
			月

이지러진 달

『설문해자』에 月자는 "이지러진 것이다. 태음(달)의 정기다. 형태를 본떴다(闕也. 大陰之精. 象形)."라고 했다.

갑골문과 금문의 月자 자형도 모두 이지러진 형태를 하고 있다. 달은 비록 가득 차 둥그런 때도 있으나 이지러져 있을 때가 더욱 많기 때문이다. 뿐만 아니라 만월(滿月)인 둥그런 형태로 표현하면 같은 형태인 日자와 혼동이 되기 때문에 이를 피하기 위해서도 이지러진 형태로 나타낸 것으로 보인다. 이지러진 자형 가운데 간혹 덧붙여진 짧은 획은 달 표면에 보이는 그림자를 본뜬 것이다. 그 그림자는 달에 별똥별이 떨어지면서 움푹 파인 부분으로, 이는 크레이터(crater)라 한다. 月자는 소전을 거쳐 예서에서 이지러진 달의 모양을 상상하기 어려운 형태로 바뀌어 쓰이고 있다.

달의 변화

옛날 사람들은 하루를 둘로 구분(區分)해 해가 나오

면 낮(아침)이고, 달이 나오면 밤(저녁)으로 여겼다. 그러므로 月자는 애초에 '달' 외에 '밤(저녁)'의 의미를 지니기도 했다. 후에 두 의미가 분화(分化)되면서 '밤(저녁)'을 뜻하는 데 夕(석)자가 쓰이게 되자 月자는 '달'만을 뜻하게 되었다. 따라서 滿月(만월)이나 空山明月(공산명월)에서 보듯, 月자는 오늘날 주로 '달'의 뜻으로 쓰이고 있다. 그러나 月자는 日久月深(일구월심)이나 日就月將(일취월장)에서처럼 월수(月數)의 의미인 '매달'이나 '다달이'의 뜻으로도 쓰인다. 이는 달이 1개월에 한 번씩 똑같은 모양인 보름달이 된다는 점을 취해 이뤄진 뜻이다. 月자는 또 시간의 흐름과 관련지어 '세월(歲月)'을 나타내는 경우에도 쓰이며, 여성의 생리현상이 매달 한 번씩 이뤄지므로 '월경(月經)'의 뜻으로도 쓰인다.

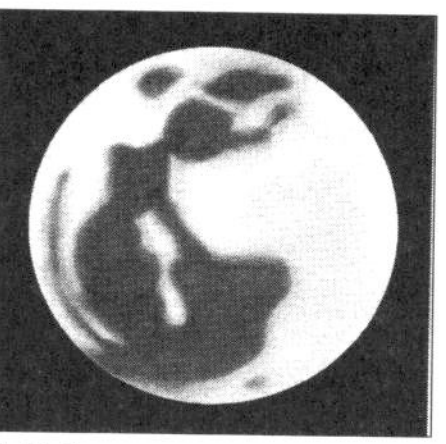
보름달의 형태

月자가 글자 구성에 도움을 주면서 덧붙여질 때는 朦(몽)자나 朧(롱)자 등의 한자를 제외하고 거의 대부분이 글자의 오른쪽에 쓰인다. 이는 肉[고기 육]자가 변형된 月[육달월]이 주로 왼쪽에 덧붙여지는 점과 구별된다. 다음은 그 부수에 속하면서 익히 쓰이는 한자다.

有 [있을 유] **朋** [벗 붕] **服** [옷 복] 朕 [나 짐] **朔** [초하루 삭]
望 [바랄 망] 朗 [밝을 랑] **朝** [아침 조] **期** [기약할 기] 朦 [흐릴 몽]
朧 [흐릴 롱]

금문 有자

갑골문 朋자

위 한자 가운데 有(유), 朋(붕), 服(복), 朕(짐)자는 月자 부수에 속해도 月자와 전혀 관련이 없다. 그 가운데 有(유)자의 경우는 원래 『설문해자』에서 540개 부수의 하나였으나 『자휘(字彙)』에서 214개로 줄이면서 자형의 일부가 닮아 그 부수에 속하게 된 것이다. 하지만 有(유)자는 肉[고기 육→130 참고]자 부수에 속해야 했다. 有(유)자에 덧붙여진 月의 형태가 肉(육)자가 변형된 月[육달월]이기 때문이다. 나아가 朋(붕), 服(복), 朕(짐)자도 그 자형의 일부가 닮아 月자 부수에 속한 한자다.

075

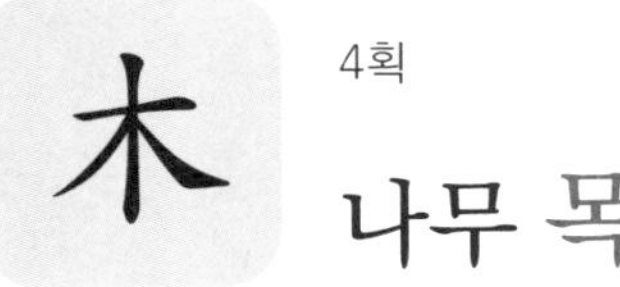

4획

나무 목

나무는 그 재질이 비교적 가볍고 연하기 때문에 필요로 하는 모양을 만들기 쉬우며, 갖가지 크고 작은 물건을 만들기에도 적합하다. 따라서 나무는 예부터 가장 실용적이고 흔한 재료로 사용되었으며, 그 중요성은 현재까지 계속되고 있다. 木자는 그 '나무'를 뜻한다.

갑골문	금문	소전	예서

몬드리안, 회색 나무

『설문해자』에서 木자는 "무릅쓰는 것이다. 땅을 무릅쓰고 생겨난다. 동방의 오행이다. 屮을 따랐고, 아래는 그 뿌리를 본떴다(冒也. 冒地而生. 東方之行. 从屮, 下象其根)."라고 했다. 나무에 대해 풀이한 것이다.

그처럼 갑골문이나 금문 木자 자형도 최대한 간략하게 나무를 나타냈다. 나무의 본질(本質)이 되는 부분만으로 나타낸 것이다. 실제 그 자형을 살펴보면 줄기는 가운데 세로의 선(線)으로 나타냈고, 이를 중심으로 윗부분은 줄기에서 갈라져 나온 가지를, 아랫부분은 뿌리를 나타냈다. 소전 자형에서는 뿌리를 나타내는 부분이 가지를 나타내는 부분보다 좀 더 크게 변화되었다. 木자는 예서에서 다시 뿌리를 나타내는 부분이 더욱 분명하게 커졌으며, 가지를 나타내는 부분이 반듯하게 되었으나 나무의 기본적인 윤곽에는 큰 변함이 없이 쓰이고 있다.

巨木(거목)이나 古木(고목)에서 '나무'의 뜻으로 쓰이는 木자는 나무를 베어 내거나 쪼개고 나면 목재가 되기 때문에 그 의미가 확대되어 '목재'의 뜻으로도 쓰인다. '朽木不可彫(후목불가조)'의 木자가 바로 그 뜻을 담고 있다. 木자는 또 나무를 재료로 해서 만든 물건을 지칭(指稱)할 때도 사용되는데, 그 중에 특히 '널'의 뜻으로 자주 쓰이고 있다. 이는 죽은 사람을 땅에 묻을 때, 흔히 나무로 만든 관(棺)을 사용하기 때문이다. 그 외에 木자는 나무가 감각이나 감정이 없는 물체이므로 '무정함'을 비유할 때에도 쓰이며, 나무의 재질이 다른 어떤 물체보다 질박한 성질을 지니고 있기 때문에 '질박하다'는 뜻으로도 쓰인다. 하지만 오늘날 그런 뜻을 지니면서 자주 쓰이는 어휘는 찾아볼 수 없다. 반면에 木花(목화)와 관련된 廣木(광목)이나 木掌匣(목장갑)에서 보는 바와 같이 木자는 '무명'의 뜻으로 종종 쓰이기도 한다. '무명'은 木花(목화)의 솜을 이르는 목면(木棉·木綿)의 중국어 발음에서 비롯된 말이다.

목화나무의 솜을 따는 사람

나무는 종류가 매우 많고 쓰임도 매우 다양하여 사람의 생활이나 생산 활동에 밀접한 관계를 맺고 있다. 그 때문인지 木자를 부수로 삼는 한자는 적지 않다. 그 한자의 뜻은 대체로 나무의 종류나 나무의 각 부분 명칭 또는 목재로 만든 물건과 관계가 있다. 다음은 그 뜻의 쓰임에 따라 나눠 본 것이다.

一. 나무와 관련된 한자

1. 나무나 나무의 종류

樹 [나무 수] **朴 [후박나무 박]** 杞 [나무이름 기] 杜 [팥배나무 두] **李 [오얏나무 리]**
杏 [살구나무 행] **松 [소나무 송]** 柑 [감자나무 감] 柰 [능금나무 내] **柳 [버들 류]**
柏 [나무 이름 백=栢] 柹 [감나무 시=柿] 枳 [탱자나무 기(지)] **桂 [계수나무 계]** **桃 [복숭아나무 도]**
桐 [오동나무 동] **栗 [밤나무 률]** **桑 [뽕나무 상]** **梨 [배나무 리]** **梅 [매화나무 매]**
梧 [벽오동나무 오] 梓 [가래나무 재] 棘 [멧대추나무 극] 棗 [대추나무 조] 椒 [산초나무 초]
楊 [버들 양] 楡 [느릅나무 유] 楮 [닥나무 저] 楚 [모형 초] 椿 [참죽나무 춘]
楓 [단풍나무 풍] 楷 [나무 이름 해] 榴 [석류나무 류] 槿 [무궁화나무 근] 橘 [귤나무 귤]
橡 [상수리나무 상] 樺 [자작나무 화] **檀 [박달나무 단]** 檜 [노송나무 회] 櫟 [상수리나무 력]
櫻 [앵두나무 앵] 欒 [나무이름 란]

2. 나무의 구성 성분과 관련된 한자

果 [실과 과] 枚 [줄기 매] **枝 [가지 지]** 柴 [섶 시] **根 [뿌리 근]**
株 [그루 주] **核 [씨 핵]** **條 [가지 조]** 梢 [우듬지 초] **標 [우듬지 표]**
樵 [땔나무 초]

3. 나무의 상태나 동작과 관련된 기타 한자

朽 [썩을 후] **林 [수풀 림]** **析 [가를 석]** 枉 [굽을 왕] **板 [널빤지 판]**
枯 [마를 고] **柔 [부드러울 유]** **格 [바로잡을 격]** **栽 [심을 재]** **森 [빽빽할 삼]**
植 [심을 식] 椭 [길쭉할 타=橢]

二. 목재와 관련된 한자

1. 목재 건축물과 관련된 한자

架 [시렁 가] 枺 [기둥 말] **柱 [기둥 주]** 柵 [울창 책] **校 [학교 교]**
梁 [들보 량=樑] 棟 [용마루 동] 棚 [시렁 붕] **樓 [다락 루]** 樊 [울 번]
樞 [지도리 추] **橋 [다리 교]** 棧 [잔도 잔] 檻 [우리 함] **欄 [난간 란]**

2. 목재로 만든 기물과 관련된 한자

札 [패 찰] 机 [책상 궤] 杖 [지팡이 장] **材 [재목 재]** **杯 [잔 배]**
枕 [베개 침] 柯 [자루 가] 柩 [널 구] 柄 [자루 병] 柶 [수저 사]
案 [책상 안] 桎 [차꼬 질] **械 [형틀 계]** 梏 [쇠고랑 곡] 梯 [사다리 제]
桶 [통 통] 棺 [널 관] 棋 [바둑 기] 棒 [몽둥이 봉] 棍 [몽둥이 곤]
櫛 [빗 즐] 榜 [매 방] 槍 [창 창] 槌 [망치 추] **槪 [평미레 개]**
槨 [덧널 곽] 槽 [구유 조] **機 [틀 기]** 樽 [술통 준] 櫃 [함 궤]
權 [저울추 권] 欌 [장롱 장]

三. 나무와 관련된 의미를 구분하기 어려운 한자

村 [마을 촌] 栮 [목이 이] 梗 [대개 경] 梵 [범어 범] 梟 [올빼미 효]
棉 [목화 면] 棲 [살 서=栖] **極 [다할 극]** **末 [끝 말]** **未 [아닐 미]**
本 [밑 본] **朱 [붉을 주]** 杳 [어두울 묘] **某 [아무 모]** **査 [사실할 사]**
染 [물들일 염] **業 [업 업]** **構 [얽을 구]** **榮 [영화 영]** **模 [법 모]**
樂 [풍류 악] **樣 [모양 양]** **橫 [가로 횡]** **檢 [검사할 검]**

그 외에 **棄[버릴 기]**, **束[묶을 속]**, **東[동녘 동]**, 橐[전대 탁]자도 木자 부수에 속하나 이들 한자는 나무와 전혀 관련이 없다. 아울러 困(곤), 牀(상), 床(상), 相(상), 采(채), 集(집), 閑(한)자 등은 木자가 글자 구성에 도움을 주고 있지만 그 부수에 속하지 않는다.

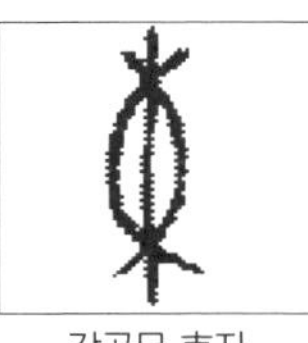
갑골문 束자

076 欠

4획

하품 흠

'소리 없는 외침'으로 불려온 하품은 지루함을 간접적으로 표현하는 의미로 통하기도 한다. 하지만 하품은 실제로 부족한 산소를 보충하려는 몸의 자연스럽고 유익한 동작이다. 欠자는 바로 그 '하품'을 뜻하는 한자다.

갑골문	금문	소전	예서

『설문해자』에서 欠자는 "입을 벌려 숨 쉰다는 것이다. 기가 사람 위로 나가는 형상을 본떴다(張口气悟也. 象气从人上出之形)."라고 했다. 하품하는 모습을 설명한 것인데, 갑골문 欠자도 크게 입을 벌린 사람을 나타냈다. 그러나 欠자는 금문을 거쳐 소전에서 이전과 달리 윗부분이 크게 변화되어 쓰이고 있다.

하품을 하는 소녀(뭉크)

옛날 사람들은 하품이 몸에 기가 부족해 생기는 것으로 여겼다. 때문에 '하품'을 뜻하는 欠자는 그 의미가 확대되어 '부족하다'의 뜻을 지니기도 한다. 欠缺(흠결)이나 欠談(흠담)의 欠이 그런 뜻으로 쓰인 경우다. 흔히 하는 말 '흠을 잡다'나 '흠을 내다'의 '흠'도 그런 뜻을 지닌다.

하품은 입을 크게 벌리는 동작이므로 欠자가 덧붙여지는 한자는 그 뜻이 대개 입을 크게 벌리는 동작과 관련이 있다. 그런 한자로 **次[버금 차]**, 欣[기뻐할 흔], **欲[하고자할 욕]**, **欺[속일 기]**, 欽[공경할 흠], 款[정성 관], 歆[받을 흠], 歇[쉴 헐], **歌[노래 가]**, **歎[탄식할 탄=嘆]**, 歐[토할 구], **歡[기뻐할 환]**자는 欠자 부수에 속한다. 하지만 吹[불 취], 炊[불 땔 취], 飮[마실 음], 軟[연할 연]자는 그 뜻이 입을 크게 벌리는 동작과 관련이 있지만 欠자 부수에 속하지 않는다.

077 止 4획 그칠 지

발은 사람 몸에서 가장 굵고 강한 근육이 발달해 있는 부위다. 또 몸 중에서 인대(靭帶)가 가장 많이 밀집되어 있는 곳이기도 하다. 사람은 그 발이 없으면 자연스럽게 움직일 수 없다. 발로 움직이고, 또 발로 멈춰 설 수 있다. 나아가 발로 멈춰 선다는 것은 움직임을 그치는 것이 된다. 그러나 그 그치다의 의미는 구체적이지 않고 추상적인 개념이다. 따라서 구체적인 형태를 지닌 발 모습에서 이뤄진 止자가 '그치다'의 뜻을 지니게 되었다.

갑골문	금 문	소 전	예 서

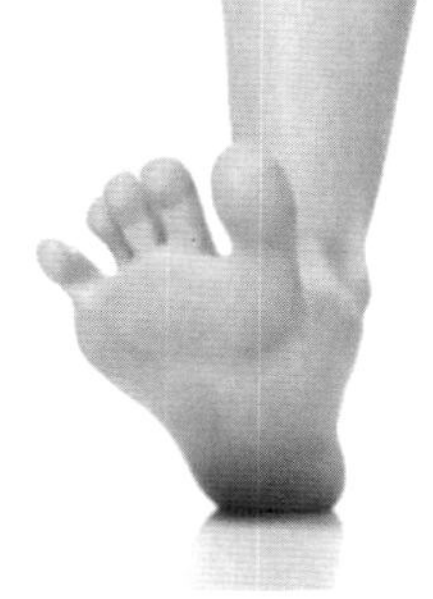

사람의 발

『설문해자』에서 止자는 "아래의 터다. 초목이 터에서 나고 있음을 본떴다. 고로 止를 발로 여겼다(下基也. 象艸木出有址, 故以止爲足)."라고 했다. 止자를 초목과 관련해 풀이를 했는데 이는 잘못이다.

실제 갑골문이나 금문 止자의 대부분 자형을 살펴보면 윗부분은 다섯 개의 발가락을 세 개의 발가락으로 간략하게 나타냈고, 아랫부분은 발뒤꿈치 부분을 나타냈다. 발을 그처럼 나타낸 것이다. 소전에서 止자는 이전 자형에서 가장 간략한 형태를 바탕으로 하여 표현하고 있으며, 예서에서는 오늘날과 같은 형태로 쓰이고 있다.

止자는 발 모습에서 비롯되었기 때문에 원래 '발'을 뜻하는 한자였다. 한데 사람은 대개 발로 몸을 움직이고, 그 움직임이 발을 멈추며 그친다 하여 止자는 '그치다'의 뜻을 지니게 되었다. 그렇게 中止(중지)나 停止(정지)에서 '그치다'의 뜻을 지닌 止자는 다시 그 의미가 확대되어 禁止(금지)나 制止(제지)에서 보듯 '막다'의 뜻을 지니기도 한다. 나아가 멈추어 서는 것도 하나의 행동이 되므로, 止자는 다시 行動擧止(행동거지)에서 보듯 '행동'의 뜻을 지니기도 한다. 뿐만 아니라 멈추어 서 있는 것은 한 곳에 머물러 있는 상태가 되므로, 止자는 또 明鏡止水(명경지수)에서 보듯 '머무르다'의 뜻을 지니기도 한다.

발을 나타낸 자형

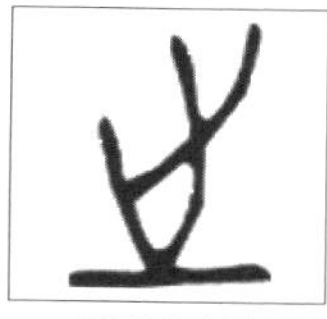
갑골문 之자

止자를 부수로 삼는 한자는 흔히 발과 관련되어 이뤄진 뜻을 지닌다. 그러나 오늘날 止자 부수에 속하면서 비교적 자주 쓰이는 한자로는 **正[바를 정]**, **此[이 차]**, **步[걸을 보]**, **武[굳셀 무]**, 歪[비뚤 왜], **歲[해 세]**, **歷[지낼 력]**, **歸[돌아갈 귀]**자 정도가 있을 뿐이다. 그 외에 止자의 원래 의미 '발'을 나타내기 위해 만들어진 趾[발 지]자처럼 祉[복 지], 址[터 지], 企[꾀할 기], 徙[옮길 사=辿]자와 부수자인 齒[이 치→211 참고]자는 止자가 음의 역할을 한다. 뿐만 아니라 전혀 관련이 없을 것 같은 之[갈 지], 志[뜻 지], 市[저자 시], 是[옳을 시], 寺[관청 시·절 사]자도 그 고문자(古文字) 자형을 살피면 止자가 음의 역할을 하는 한자임을 알 수 있다.

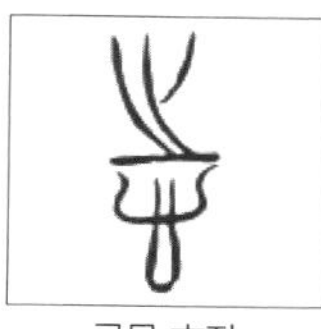
금문 志자

금문 市자

금문 是자

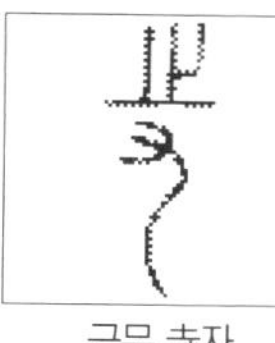
금문 寺자

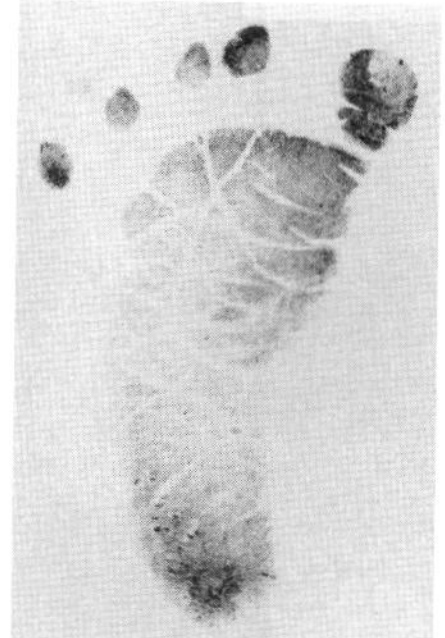
신생아 발 도장

078 歹·歺

4획

뼈 앙상할 알

사람은 흔히 '흙에서 나서 흙으로 돌아간다'고 한다. 흙으로 돌아가는 것은 달리 말하면 '백골(白骨)이 진토(塵土)'가 되는 것이다. 진토가 되기 전의 백골은 이미 살이 문드러져 없어지고 뼈만 앙상하게 남은 모습이다. 그처럼 짐승이 죽어도 결국 뼈만 앙상하게 남게 된다. 바로 그런 뼈와 관련해 이뤄진 歹(歺)자는 그 뜻이 '뼈 앙상하다'가 되었다.

갑골문	금문	소전	예서
			歺
			歹

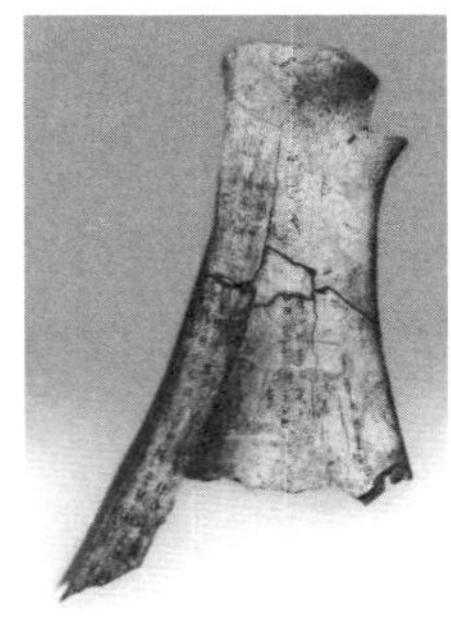

소 견갑골 복사

『설문해자』에서 歹(歺)자는 "살을 발라낸 뼈의 나머지다. 반쪽 冎를 따랐다(剡骨之殘也. 从半冎)."라고 했다.

갑골문 歹(歺)자 자형도 뼈에 금이 간 모양을 나타내고 있다. 그 자형이 금문의 과정을 거쳐 소전에서 좀 더 정형되었고, 예서에서는 歹자와 歺자로 나눠 쓰이고 있다. 그러나 歺자는 오늘날 餐[먹을 찬]자나 粲[정미 찬]자 등의 몇몇 한자에서만 볼 수 있다.

'뼈 앙상하다'의 뜻을 지닌 歹(歺)자는 '부서진 뼈'를 뜻하기도 하고, '나쁘다'의 뜻을 지니기도 한다. 하지만 오늘날에는 단독의 문자로 쓰이지 않고 단지 부수 역할만 하고 있다.

歹(歺)자가 덧붙여지는 한자는 그 뜻이 앙상한 뼈와 관련해 흔히 죽음과 관련이 있다. 다음은 그 부수에 속하는 한자다.

死 [죽을 사] 歿 [죽을 몰] **殃** [재앙 앙] **殆** [위태할 태] **殊** [죽일 수]
殉 [따라 죽을 순] 殖 [번성할 식] **殘** [해칠 잔] 殞 [죽을 운] 殮 [염할 렴]
殯 [대렴할 빈] 殲 [다 죽일 섬]

079 殳

4획

칠 수

상대를 치는 매도 아껴서 행할 때가 있고, 미워서 행할 때가 있다. 이때 치는 강도는 자연히 다를 수밖에 없는데, 대개 아끼는 이에게 치는 매는 경각심을 불러일으킬 정도로 가볍게 행한다. 하지만 정녕코 원수처럼 미운 이에게는 죽을 만큼, 또는 죽도록 매를 치는데 殳자는 그렇게 세게 치는 행위와 관련해 이뤄진 한자로 '치다'의 뜻을 지닌다.

갑골문	금문	소전	예서

철퇴를 들고 있는 손

『설문해자』에서 殳자는 "창으로 사람을 죽이는 것이다. …. 又을 따르고, 几는 음이다(目杸殊人也. …. 从又, 几聲)."라고 했다. 처음에는 창과 관련해 풀이했으나 나중에는 창이라 해야 할 几의 형태를 음의 역할을 한다고 했다.

하지만 갑골문 殳자 자형은 대체로 무언가 치기 위해 끝이 뭉뚝한 형태로 이뤄진 자루를 손에 쥐고 있는 모양으로 나타나 있다. 자루가 손에 드는 도구라는 것을 분명히 드러내기 위해 그 자형에 오른손을 나타낸 又[또 우→029 참고]자가 덧붙여진 것으로 보인다. 금문이나 소전의 殳자는 끝이 뭉뚝한 형태로 이뤄진 자형이 선(線)으로 변화되어 오늘날처럼 쓰이고 있다.

殳자는 '치다'의 뜻을 지닌 한자로, 다시 상대를 치는 물건과 관련해 '몽둥이'나 '창'의 뜻을 지니기도 한다. 그러나 오늘날은 주로 부수의 역할을 하고 있다.

殳자가 덧붙여지는 한자는 대개 세게 때리는 동작과 관련된

옛날의 무기 殳

뜻을 지닌다. 다음은 그 부수에 속하는 한자다.

금문 殷자

段 [조각 단]	殷 [성할 은]	**殺 [죽일 살]**	殼 [껍질 각]
殿 [큰 집 전]	毁 **[헐 훼]**	毆 [때릴 구]	毅 [굳셀 의]

소전 毁자

그 외에 殳자는 投[던질 투], 役[부릴 역], 設[베풀 설], 股[넓적다리 고], 般[돌 반], 穀[곡식 곡]자의 구성에 도움을 주기도 한다. 하지만 이들 한자는 殳자 부수에 속하지 않는다. 다만 그 가운데 投(투)자나 股(고)자의 경우는 그 음의 변화가 커 보이지만 殳자가 음의 역할을 한다.

080

毋 4획 말 무

문명이 발달되기 전의 사람들은 생명의 탄생이 어떻게 이뤄지는지 구체적으로 알지 못했다. 다만 생명을 탄생시키는 어머니는 분명히 알 수 있었다. 힘의 논리가 지배되기 전까지 그 어머니를 중심으로 모계사회를 이루며 살았다. 이때에 어머니는 외부의 위험으로부터 아이를 통제해야만 했을 것이다. '말다'의 뜻을 지닌 毋자는 그런 상황에서 만들어진 한자로 보인다.

갑골문	금문	소전	예서

고대의 여자(재현)

『설문해자』에서 毋자는 "금지하는 것이다. 女를 따랐고, 간사한 것이 있기 때문이다(止之也. 从女, 有奸之者)."라고 했다.

하지만 毋자의 갑골문 자형은 두 점으로 젖을 덧붙인 여자 모습에서 비롯된 母[어미 모]자와 같은 자형으로 쓰이고 있다. 실제로 毋자는 母자와 한 글자였는데, 후에 '말다'의 뜻을 지니게 되자 母(모)자와 구분해 쓰기 위해 두 점(點)을 선(線)으로 바꿔 毋자로 쓰게 된 것으로 보인다. 일부에서는 선의 형태가 몸을 범하지 못하도록 막는다는 의미로 덧붙인 부호(符號)로 보기도 했다.

강희자 毒자

毋자는 금지사의 의미인 '말다'의 뜻 외에 無[없을 무]자와 같은 글자로 '없다'의 뜻을 지니기도 한다. 아울러 부정사의 의미인 '아니다'의 뜻을 지니기도 한다.

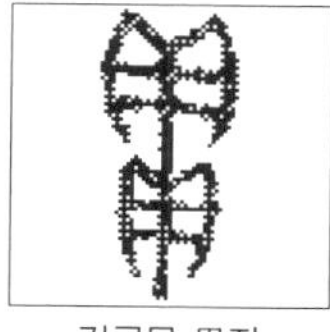
갑골문 毌자

毋자 부수에 속하는 한자에는 **母[어미 모]**, **每[매양 매]**, **毒[독 독]**자가 있다. 그 외에 貫[꿰뚫을 관]자의 고자(古字)인 毌(관)자나 育[기를 육]자의 본자(本字)인 毓(육)자도 그 부수에 속한다.

081 比 4획

견줄 비

둘 이상의 사물을 마주 대어 그 질이나 양의 차이를 알아보는 행위가 견주는 것이다. 하지만 견주다의 뜻은 구체적이지 못하고 추상적이기 때문에 문자로 표현하는 데 어려움이 있다. 옛날 사람들은 그런 어려움을 해결하기 위해 만물의 영장인 사람을 들어 그 뜻 '견주다'를 나타내는 比자를 만들었다.

갑골문	금 문	소 전	예 서

고구려 쌍영총 벽화

『설문해자』에서 比자는 "가까이한다는 것이다. 두 人은 从이고, 从을 반대로 하면 比다(密也. 二人爲从, 反从爲比)."라고 했다.

갑골문이나 금문에서 比자 자형은 가까이한 두 사람이 나란히 따르는 모습으로 나타냈다. 나란히 따르는 두 사람을 견주고 있음을 보여주고 있다. 比자는 소전을 지나 예서에서 따르는 모습을 알아볼 수 없는 형태로 쓰고 있다.

강희자 比자

比等(비등)이나 比例(비례)에서 '견주다'를 뜻하는 比자는 그 자형이 사람이 나란한 모습에서 비롯되었기 때문에 櫛比(즐비)나 比肩(비견)에서처럼 '나란하다'의 뜻을 지니기도 한다.

比자는 주로 하나의 한자가 구성되는 데 도움을 주면서 음의 역할을 한다. 다음은 그런 한자다.

批 [칠 비]　砒 [비상 비]　庇 [덮을 비]　琵 [비파 비]　毘 [도울 비=毗(本字)]
毗 [도울 비=毘자와 同字]　毖 [삼갈 비]　妣 [죽은 어미 비]

위 한자 가운데 毘(비), 毗(비), 毖(비)자만 比자 부수에 속한다. 나아가 毘(비=毗)자는 다시 篦[빗치개 비]자에서 음의 역할을 한다.

082

毛 4획 터럭 모

살갗의 보호나 보온에 도움을 주는 것으로 생물체에 나는 실 모양의 각질(角質)을 터럭이라 한다. 毛자는 그 '터럭'을 뜻한다.

갑골문	금문	소전	예서
	(금문 자형)	(소전 자형)	毛

깃대의 터럭

『설문해자』에서 毛자는 "눈썹이나 머리터럭에 속한 것과 짐승 터럭이다. 형상을 본떴다(眉髮之屬及獸毛也. 象形)."라고 했다.

그 자형이 처음 보이는 금문 毛자는 몇 가닥의 짧은 터럭과 한 가닥의 긴 터럭으로 나타나 있다. 이는 날짐승인 새의 깃대와 그 깃대에서 갈라져 나온 터럭을 나타낸 것으로 보인다. 毛자는 다시 소전의 과정을 거쳐 예서에서 오늘날과 유사하게 쓰이고 있다.

羽毛(우모)나 毛筆(모필)에서 새의 '터럭'을 뜻하는 毛자는 그 의미가 확대되어 羊毛(양모)나 毛髮(모발)에서처럼 길짐승이나 사람의 '털'을 뜻하기도 한다. 나아가 毛자는 根毛(근모)에서처럼 식물에서 난 '털'을 뜻하기도 한다. 사람이나 짐승의 몸에 나는 털은 대지(大地)와 비교하면 풀과 같다. 따라서 毛자는 不毛地(불모지)에서처럼 '풀'을 뜻하기도 한다. 또 毛細管(모세관)에서처럼 毛자는 '약간'이나 '조금'의 뜻을 지니기도 한다. 이는 털이 미세한 것이기 때문이다. 그 외에 毛자는 毛遂自薦(모수자천)에서처럼 사람의 성씨로도 쓰이고 있다.

毛자를 부수로 삼는 한자에는 毬[공 구], **毫[가는 털 호]**, 毯[담요 담]자가 있다. 그 외에 毛자는 耗[줄 모]자나 芼[풀 우거질 모]자에서 음의 역할을 하고, 尾[꼬리 미]자나 麾[대장기 휘]자의 구성에 도움을 주면서 뜻의 역할을 하기도 한다.

083 氏 성씨 씨

4획

오늘날에도 주로 아버지와 자식 간에 대대로 계승되는 것이 성씨다. 성씨는 혈족을 나타내기 위해 붙이는 칭호인데, '성씨'의 '성'과 '씨'는 한자로 '성씨 姓(성)'과 '성씨 氏(씨)'로 같은 뜻의 말이다. 그러나 애초에 두 글자는 그 쓰임에 차이가 있었다. 姓자는 그 글자에 女(녀)자가 덧붙여진 것에서 보듯 본래 부녀자에게 사용되었고, 氏자는 사회가 부계사회로 변모되자 남자의 집안을 지칭할 필요에 따라 남자에게 사용되었다. 그러다 다시 두 글자의 의미가 점차 변화하여 姓자는 동일한 조상을 표시했고, 氏자는 동일한 조상이 갈래를 달리한 경우를 표시했다. 하지만 또다시 두 글자의 의미가 모두 확대되자 결국 모두 혈족을 나타내는 '성씨'를 의미하는 같은 뜻의 말이 되었다. 그처럼 氏자는 '성씨'를 뜻한다.

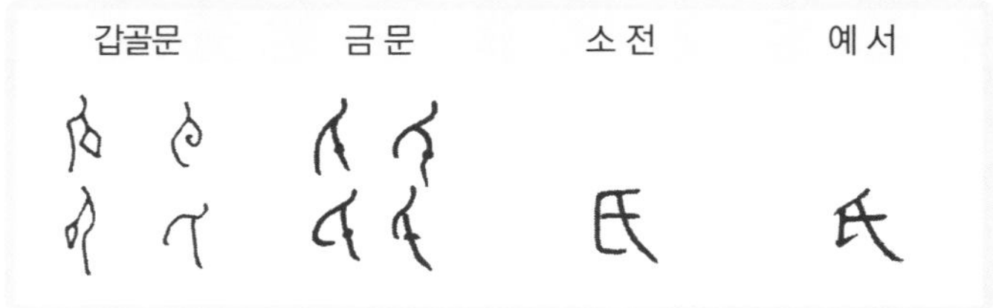

뿌리와 씨앗의 모양

『설문해자』에서 氏자는 "파촉의 산 이름이다. 언덕이 좁고 옆이 무너져 떨어지려는 것을 氏라고 한다. 氏가 무너지면, 그 소리가 수 백리까지 들린다. 형태를 본떴고, ㇏은 음이다(巴蜀山名. 岸脅之旁箸欲落墮者曰氏, 氏崩, 聞數百里. 象形, ㇏聲)."라고 했다.

하지만 오늘날에도 氏자 자원(字源)에 대해서는 그 의견이 분분하다. 땅 속의 굽은 나무뿌리가 지상에 조금 나온 형태를 본떴다 여기기도 하고, 손잡이가 달린 숟가락 형태를 본떴다 여기기도 한다. 또 갑골문 자형을 보고 사람이 몸을 구부려 손에 물건을 내민 형태를 본떴다 여기기도 하며, 금문 자형을 보고 나무뿌리와 씨앗을 나타낸 형태를 본떴다 여기기도 한다. 어떤 견해가 그 자원을 분명하게 설명한 것인지 알 길이 없어 더 연구가 필요한 글자다. 그러나 氏자에 日자를 덧붙인 昏[어두울 혼]자나 一의 형태를 덧붙인 氐[근본 저]자와 마찬가지로 日(일)자를 덧붙인 杳[어두울 묘]자나 一의 형태를 덧붙인 本[근본 본]자가 같은 뜻을 지니는 상관관계를 볼 때 氏자는 木(목)자와 관련해 그 자원이 나무뿌리와 씨앗을 나타낸

고종 인산일 방상시

형태를 나타낸 한자가 아닐까 짐작된다. 氏자는 소전의 과정을 거쳐 예서에서 오늘날처럼 쓰이고 있다.

氏果實(씨과실)이나 氏家畜(씨가축)에서처럼 '씨앗'의 뜻을 지니기도 하는 氏자는 某氏(모씨)나 無名氏(무명씨)에서처럼 '성씨'를 뜻하며, 弟氏(제씨)나 伯氏(백씨)에서처럼 사람의 성이나 이름 밑에 붙여서 '존칭하는 뜻'으로도 쓰인다. 氏자는 또 '각시'의 뜻을 지니기도 한다. 옛날에 부인은 친정의 성에 氏자를 붙여 이름을 대신했기 때문에 생긴 뜻이 바로 '각시'다. 師任堂申氏(사임당 신씨)라 부를 때, 氏자가 그런 경우로 쓰였다. 뿐만 아니라 氏자는 方相氏(방상시)에서처럼 본음(本音)인 '시'로도 읽히며, 大月氏(대월지)에서처럼 '나라 이름'으로 쓰일 때는 그 음이 '지'로도 읽힌다. 그 음 '지'는 紙(지)자의 음에 영향을 미치고 있다.

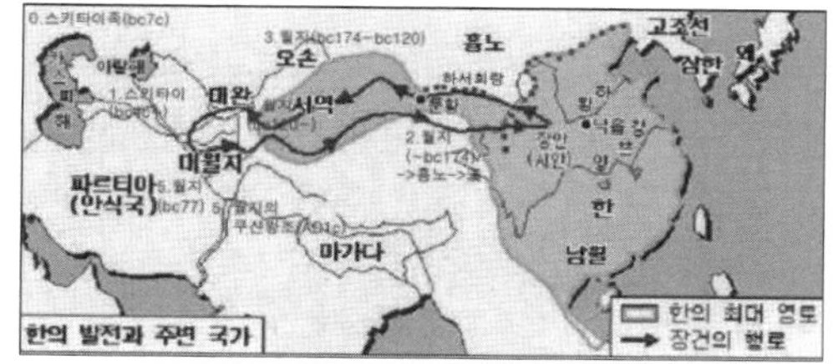

한나라 때의 대월지

금문 民자

氏자를 부수로 삼으면서 오늘날 비교적 자주 쓰이는 한자는 **民[백성 민]**자 뿐이다. 하지만 民자는 그 자원이 氏자와 전혀 관련이 없으며, 그냥 서로 비슷한 자형으로 말미암아 그 부수에 속하는 한자가 되었다. 나아가 氏자는 위에서 설명했듯 紙[종이 지]자의 음에 영향을 미치며, 氐[근본 저]자와 氐자가 다시 음의 역할을 하는 低[낮을 저], 底[밑 저], 抵[막을 저], 邸[집 저]의 구성에 도움을 주면서 그 음에도 영향을 미치고 있다.

084 气

4획

기운 기

하늘과 땅 사이에 가득 차서, 만물이 나고 자라는 힘의 근원이 바로 기운이다. 기운 가운데 눈으로 분명하게 볼 수 있는 것이 구름의 기운이다. '기운'을 뜻하는 气자는 그 구름의 기운에서 비롯되었다.

갑골문	금문	소전	예서
三 三 三	三 气 气	气	气

구름의 기운

『설문해자』에 气자는 "구름의 기운이다. 형상을 본떴다(雲氣也. 象形)."라고 했다.

갑골문 气자 자형도 구름의 기운이 첩첩으로 피어나는 모양을 나타낸 것으로 보인다. 하지만 三[석 삼]자와 구별하기 위해 가운데 획이 조금 짧게 쓰이고 있고, 금문에서는 자형 가운데 일부가 조금 구부러진 형태로 변화되고 있다. 그것이 소전 과정을 거쳐 예서에서 오늘날처럼 쓰이고 있다.

气자는 '구름 기운'의 뜻에서 그 의미가 확대되어 모든 기체(氣體)를 뜻하는데, 오늘날은 다시 米[쌀 미]자를 덧붙인 氣(기)자가 그 뜻을 대신하고 있다. 氣(기)자는 원래 쌀[米]로 만든 '음식을 보내다'라는 뜻을 지닌 한자였다. 하지만 예서(隸書)에서 气자를 대신해 쓰이게 되었고, 자신의 원래 뜻은 다시 食[밥 식]자를 덧붙인 餼[보낼 희]자가 대신하고 있다. 그렇게 气자의 뜻을 氣자가 대신하자, 气자는 부수 역할만 하고 있다.

气자 부수에 속하는 한자에는 그 뜻을 대신하는 **氣[기운 기]**자 한 자뿐이다. 하지만 气자는 자신이 음의 역할을 하는 汽[김 기]자에서, 氣(기)자는 자신이 음의 역할을 하는 愾[성낼 개]자에서 여전히 그 쓰임을 엿볼 수 있다.

085 水·氵

4획

물 수·삼수변

고대 그리스 철학자 탈레스(Thales)는 '만물의 근원은 물'이라 했다. 오늘날 '만물의 영장'이라 하는 사람도 몸의 대략 70%가 물로 이뤄져 있다. 사람의 몸 안에 고여 있는 피와 땀, 눈물 모두가 물인 것이다. 게다가 사람이 사는 지구의 표면도 70% 이상이 물로 이뤄져 있다. 애초에 지구의 모든 생명체는 그 물에서부터 비롯되었다. 사람이 태어나기 전에 어머니가 잉태하고 있는 공간도 물과 관련된 양수(羊水)였다. 이처럼 물이 없으면 사람은 존재할 수 없다. 水자는 그 '물'을 뜻한다.

갑골문	금 문	소 전	예 서
			水
			氵

흐르는 물

『설문해자』에서 水자는 "평평한 것이다. 북방의 오행이다. 많은 물이 나란히 흐르는데, 가운데는 작은 양기가 있음을 본떴다(準也. 北方之行. 象衆水竝流, 中有微陽之气也)."라고 했다. 물의 성질과 음양오행설을 들어 풀이했다.

갑골문이나 금문 水자 자형은 가운데 획이 깊은 곳에서 흐르는 물의 모양을, 그 주변의 짧은 획이 얕은 곳에서 흐르는 물의 모양을 나타냈다. 물은 구체적인 형태가 없기에 자연의 상태에서 흔히 볼 수 있는 흐르는 물로 그 형태를 나타낸 것이다. 水자는 소전 과정을 거쳐 예서에서 흐르는 물의 모양을 알아보기 어려울 정도로 그 자형이 변하고 있다. 그러나 기본적인 필획은 여전히 원형의 흔적을 유지하고 있다.

水자가 갑골문이나 금문에서 하나의 한자에 편방으로 덧붙여져 쓰일 때의 형체는 단독으로 쓰일 때와 서로 비슷하다. 하지만 예서에서 그 형체는 江(강)자나 海(해)자에서처럼 자체의 좌측에 덧붙여져 氵으로 쓰였는데, 氵은 '삼수변'이라 한다. 이는 水자의 음 '수'을 중심으로, 그 자형이 세 개의 점으로 이뤄졌다 하여 三[석 삼]자의 음 '삼'을 앞에 덧붙이면서 부수가 자체의 왼쪽에 쓰일 때의 명칭 '변'을 뒤에 덧붙인 명칭이다. 또 水자는 泰(태)자의 자형 아래에 氺의 형태처럼 약간 변형되어 쓰이기도 한다.

여러 종류의 음료수

水자는 生水(생수)·飮料水(음료수)·上善若水(상선약수)에서처럼 일반적으로 말하는 '물'의 뜻 외에 물이 흐르거나 괸 곳, 즉 내·호수·바다 등 육지와 상대되는 개념을 나타낼 때도 쓰인다. 심지어 물이 범람한 상태인 '홍수'의 뜻으로 쓰일 때도 있다. 뿐만 아니라 水자는 물이 액체 상태의 물질이기 때문에 羊水(양수)나 水蜜桃(수밀도)에서처럼 '모든 액체'를 이르기도 한다. 또한 물의 표면이 어느 곳에서나 평평하므로 水자는 水準器(수준기)나 水平計(수평계)에서처럼 종종 '평평하다'의 뜻을 지니기도 한다. 그 외에 水자는 오행(五行)의 하나로도 쓰이는데, 이는 고대인에게 물이 우주를 구성하는 원소의 하나로 생각되었기 때문이다. 아울러 水자는 태양계 행성 중에서 가장 작고 태양에 제일 가까운 별인 '수성'의 뜻을 지니기도 한다.

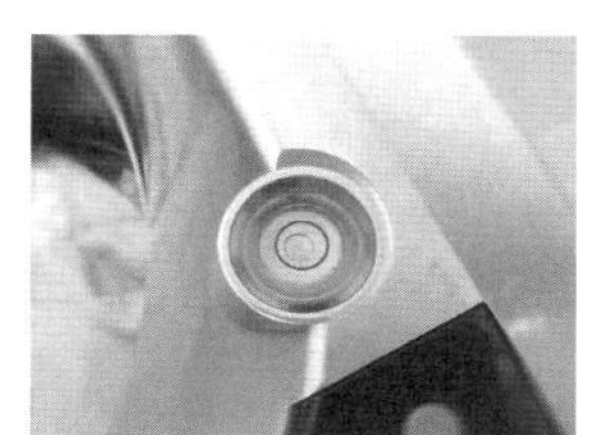
세탁기 수평계

물은 사람을 포함한 생물의 생장과 생존에 없어서는 안 되는 물질이다. 따라서 사람이나 여러 생물은 예부터 물과 밀접한 관계를 맺어왔다. 그 때문인지 우리나라 사람이 익히 사용하는 한자에는 水(氵)자 부수에 속하는 글자가 적지 않다. 실제로 교육용 한자 가운데에는 水자 부수에 속하는 한자가 91자로 제일 많다. 그 많은 한자를 전체적으로 살펴보기 쉽도록 뜻의 쓰임에 따라 구분하면 다음과 같다.

一. 명사류

1. 물의 구체적 명칭과 관련된 한자

江 [강 이름 강] 汝 [물 이름 여·너 여] **河 [강 이름 하]** **洛 [강 이름 락]** 涇 [강 이름 경]
淮 [강 이름 회] **渤** [바다 이름 발] **渭** [강 이름 위] **漢 [한수 한]**

2. 물의 처소와 관련된 한자

汐 [조수 석] **池 [못 지]** 沼 [늪 소] **泉 [샘 천]** **洞 [골 동·통할 통]**
洑 [나루 복·보 보] **洋 [큰 바다 양]** **洲 [섬 주]** 津 [나루 진] **派 [물갈래 파]**
浪 [물결 랑] **浦 [물가 포]** **海 [바다 해]** **涯 [물가 애]** 淵 [못 연]
渦 [소용돌이 와] **港 [항구 항]** **湖 [호수 호]** **溪 [시내 계]** 溝 [봇도랑 구]
源 [근원 원] **漠 [사막 막]** 滸 [물가 호] 澗 [산골 물 간] 潟 [개펄 석]
潮 [조수 조] **澤 [못 택]** 濤 [큰 물결 도] 濱 [물가 빈=瀕] 濠 [해자 호]
瀆 [도랑 독] 瀑 [폭포 폭] 瀾 [물결 란] 灘 [여울 탄] 灣 [물굽이 만]

3. 물과 관련된 사물을 나타낸 한자

氷 [얼음 빙=冰] 汁 [즙 즙] **汗 [땀 한]** 汽 [김 기] **沙 [모래 사=砂]**
泥 [진흙 니] 沫 [거품 말] **油 [기름 유]** **波 [물결 파]** 泡 [거품 포]
涅 [개흙 날] **淚 [눈물 루]** **液 [진 액]** **湯 [끓인 물 탕]** 漿 [미음 장]
滴 [물방울 적] 滓 [찌끼 재] **漆 [옻 칠=柒]** 澱 [앙금 전]

二. 동사류

1. 물의 활동을 나타낸 한자

氾 [넘칠 범] **決 [터질 결]** 冲 [빌 충] 泌 [샘물 흐르는 모양 비] 沸 [끓을 비]
泄 [샐 설] **沿 [따를 연]** 洸 [물 용솟음할 광·황홀할 황] 洩 [샐 설] 洶 [물결 세찰 흉]
流 [흐를 류] 湃 [물결 이는 모양 배] 湧 [샘솟을 용] 滔 [물 넘칠 도] 溜 [방울져 떨어질 류]
溶 [질펀히 흐를 용] 溢 [넘칠 일] **漏 [샐 루]** 滲 [스밀 삼] **演 [흐를 연]**
漸 [점점 점] 潺 [물 흐르는 소리 잔] 澎 [물결 부딪는 기세 팽] **激 [부딪칠 격]** **濫 [넘칠 람]**

2. 물과 관련이 있는 활동을 나타낸 한자

汎 [뜰 범] 汨 [빠질골·내이름멱 汩 [빠질 골·흐를 율] 汲 [길을 급] 沐 [머리 감을 목]
沒 [가라앉을 몰] 沃 [물 댈 옥] **沈 [가라앉을 침]** 汰 [일 태] **泊 [배 댈 박]**
泛 [뜰 범] **泳 [헤엄칠 영]** 沮 [막을 저] **注 [물댈 주]** **泣 [울 읍]**
治 [다스릴 치] **洗 [씻을 세]** **浮 [뜰 부]** 洽 [윤택하게 할 흡] **涉 [건널 섭]**
浴 [목욕할 욕] **浸 [담글 침]** 淘 [일 도] 淪 [물놀이 륜] 淋 [물 뿌릴 림]
添 [더할 첨] **渴 [목마를 갈]** 涵 [젖을 함] **混 [섞을 혼]** **減 [덜 감]**
渡 [건널 도] 渫 [칠 설] 游 [놀 유] 湮 [잠길 인] **測 [잴 측]**
溺 [빠질 닉] **滅 [멸할 멸]** 滋 [불을 자] 漑 [물 댈 개] 漱 [양치질할 수]

漁 [고기 잡을 어] 漕 [실어 나를 조] 滌 [씻을 척] 漂 [떠돌 표] 潰 [무너질 궤]
潑 [뿌릴 발] **潤 [적실 윤]** **潛 [잠길 잠]** **濟 [건널 제]** 濯 [씻을 탁]
濾 [거를 려] 瀉 [쏟을 사] 瀝 [거를 력] 灌 [물 댈 관]

三. 형용사류

1. 물의 상태와 관련된 한자

永 [길 영] **泰 [클 태]** **洪 [큰물 홍]** **活 [살 활]** **消 [사라질 소]**
浚 [깊을 준] **浩 [클 호]** **深 [깊을 심]** **淺 [얕을 천]** 渺 [아득할 묘]
滿 [찰 만] **漫 [질펀할 만]** **滯 [막힐 체]** 潭 [깊을 담]

2. 물의 성질과 관련된 한자

汚 [더러울 오] 沌 [어두울 돈] **淡 [묽을 담]** 涼 **[서늘할 량]** **淑 [맑을 숙]**
淨 [깨끗할 정] **淸 [맑을 청]** 渾 [흐릴 혼] **溫 [따뜻할 온]** 滄 [찰 창]
滑 [미끄러울 활] **潔 [깨끗할 결]** 澁 [떫을 삽] 澄 [맑을 징] 濃 [짙을 농]
澹 [담박할 담] **濁 [흐릴 탁]** **濕 [축축할 습]**

해치(해태)

금문 法자

위 한자 외에 **法[법 법=灋]**, **況[하물며 황]**, 淳[순박할 순], **淫[음란할 음]**, **準[법도 준]**자도 그 부수에 속한다. 그러나 이들 한자는 그 뜻의 쓰임에 따라 위에서처럼 구분하는 데 어려움이 있다. 뿐만 아니라 **求[구할 구]**자도 그 부수에 속하지만 고문자를 살피면 水자와 전혀 관련이 없음을 알 수 있다. 반면에 酒[술 주], 畓[논 답], 尿[오줌 뇨]자 등은 물과 밀접한 관련이 있지만 水자 부수에 속하는 한자가 아니므로 주의해 둠이 좋겠다.

금문 求자

짐승 가죽

086 火·灬

4획

불 화·연화발

고대인의 불 사용

인간은 불을 사용함으로써 추위를 견딜 수 있게 되었고, 음식을 익혀 먹을 수 있게 되었다. 또 맹수로부터 몸을 보호할 수 있게 되는 등 다양한 삶을 누릴 수 있게 되었다. 그렇게 불은 인류 문명의 상징으로, 인간에게 지대한 영향을 미쳤다. 火자는 그 '불'을 뜻한다. 불은 눈으로 볼 수는 있지만 일정하게 정해진 형태가 없다. 때문에 고대인들이 일상생활에서 흔히 썼던 나무의 불길이 타오르는 모습으로 그 형태를 표현했다.

갑골문	금문	소전	예서

타오르는 불

『설문해자』에서 火자는 "불꽃이다. 남방의 오행이고, 불꽃을 내며 타오르는 것이다. 형상을 본떴다(燬也. 南方之行, 炎而上. 象形)."라고 했다.

갑골문과 금문 火자 자형도 불의 형상이 확실하다. 소전 火자 자형은 아랫부분이 넓으면서 윗부분이 좁은 모양으로, 불길이 위로 타오르는 형상을 나타냈다. 양쪽 두 점은 타오르는 불꽃을 나타냈다.

火자가 편방으로 쓰일 때는 그 자형이 많이 변했다. 예서 자형을 보면 熱(열)·熟(숙)·焦(초)자에 보이는 바와 같이 자체 아래에서 네 개의 점(點)으로 쓰이게 되는 경우가 생겼다. 이때 자형인 灬의 명칭은 '연화발'이라 한다. '연화발'은 火자의 음 '화'를 중심으로 그 자형이 네 개의 점으로 이어졌다 하여 '잇다'의 뜻을 지닌 連[이을 련(연)]자의 음 '연'을 앞에 붙이고, 부수가 자체의 구성에서 아래에 덧붙일 때의 명칭 '발'을 뒤에 덧붙인 것이다.

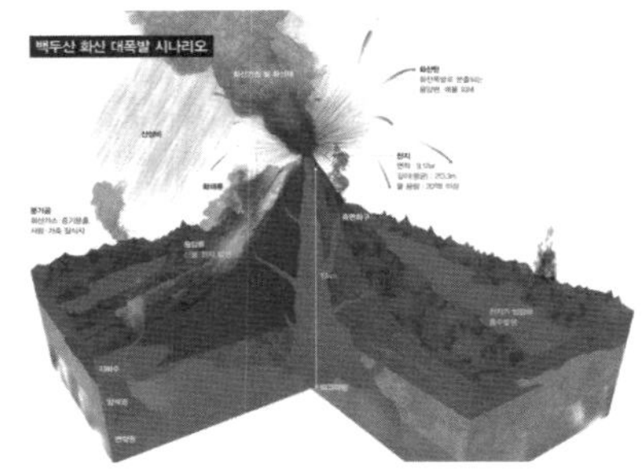

백두산 화산 폭발 시나리오 그래픽

火山(화산)이나 點火(점화)에서 '불'의 뜻으로 쓰이는 火자는 火賊(화적)이나 火田民(화전민)에서처럼 불과 관련되어 '불사르다'라는 뜻으로도 쓰인다. 불은 인류에게 도움을 주기도 하지만 매우 위험하게 만들기도 한다. 만약 불이 위험하게 사용된다면, 사람은 화급(火急)함을 당하게 되기 때문에 火자는 '급하다'의 뜻으로도 쓰인다. 또 사람의 심기가 불편해 분노를 터트릴 때는, 그 기세가 마치 불이 맹렬하게 타오르는 모양과 같기에 火자는 心火(심화)나 火病(화병)에서처럼 '화나다'의 '화'를 이르기도 한다. 그 외에 火筒(화통)이나 火砲(화포)에서처럼 火자는 '화약'의 뜻으로도 종종 쓰인다. 이는 전쟁과 같은 상황에 사용되었던 화약이 발사된 후에 흔히 불꽃을 발하며 목표물에 이르러 불을 일으키기도 하기 때문이다.

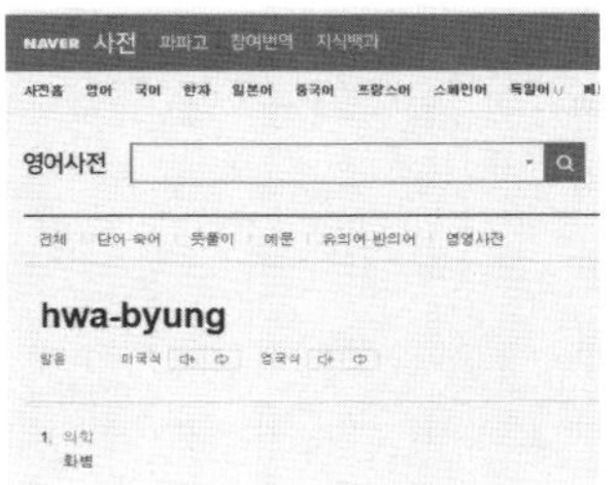

화병의 영문표기(네이버 사전)

불은 인류에게 소중한 에너지를 공급한다. 때문에 아주 많은 한자가 火(灬)자를 부수로 삼고 있다. 그런 한자는 주로 불과 관련된 현상이나 사물 등과 관계되는 뜻을 지니는데, 그 뜻을 자세히 구분하면 대체로 다음 세 가지 유형으로 볼 수 있다.

1. 불의 특성이나 불과 관련된 현상을 나타내는 한자

炎 [불탈 염] 炸 [터질 작] 烔 [빛날 형] **烈 [세찰 렬]** **煖 [따뜻할 난=暖]**
煌 [빛날 황] 熙 [빛날 희] 熄 [꺼질 식] **熱 [더울 열]** 熾 [성할 치]
燦 [빛날 찬] 燻 [연기 낄 훈] **爆 [터질 폭]**

2. 불과 관련된 사물을 나타내는 한자

灰 [재 회] **炭 [숯 탄]** 烽 [봉화 봉] 焰 [불꽃 염=燄] 煤 [그을음 매]
煙 [연기 연=烟] **燈 [등불 등]** 燎 [화톳불 료] 燐 [도깨비불 린] 燮 [불꽃 섭]
燧 [부싯돌 수] **燭 [촛불 촉]** 爐 [화로 로]

3. 불을 이용한 활동과 관련된 한자

灸 [뜸 구]	灼 [사를 작]	炙 [고기 구울 적(자)]	炊 [불 땔 취]	炮 [통째로 구울 포]
烙 [지질 락]	烹 [삶을 팽]	焚 [불사를 분]	焦 [그을릴 초]	煉 [불릴 련]
煮 [삶을 자]	煎 [달일 전]	**照 [비출 조]**	煽 [부칠 선]	**熟 [익을 숙]**
燔 [구울 번]	**燒 [사를 소]**	**燃 [사를 연]**	**燥 [마를 조]**	爛 [문드러질 란]
熔 [녹일 용]				

그 외에 **災[재앙 재]**, **然[그럴 연]**, **煩[괴로워할 번]**, 煞[죽일 살], 熊[곰 웅]자도 그 부수에 속한다. 아울러 그 자원(字源)이 불과 전혀 관련이 없는 **烏[까마귀 오]**, **焉[어찌 언]**, **無[없을 무]**, **燕[제비 연]**, **營[경영할 영]**자도 火(灬)자 부수에 속한다. 이들 한자는 자형의 일부가 火자나 灬과 닮아 편의상 그 부수에 포함되었다. 그 가운데 烏(오)자나 燕(연)자는 원래 540개 부수 체계를 세운 『설문해자』에서 하나의 부수 역할을 했다. 그러다 214개 부수로 재편한 『자휘(字彙)』에서 결국 火(灬)자 부수에 속하게 된 것이다.

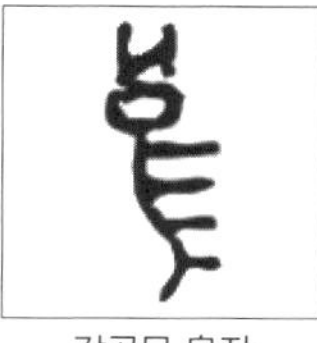
갑골문 烏자

갑골문 燕자

087 爪·爫

4획

손톱 조·손톱조머리

손은 인류 문명을 발전시키는 데 지대한 역할을 했다. 그런 손이 활동을 하는 데 손가락은 아주 중요한 역할을 하는 부위(部位)이며, 다시 그 손가락으로 무언가 잡으려면 손톱 부위가 큰 역할을 한다. 爪자는 그 '손톱'을 뜻하는 한자로, 손의 일부분인 손톱을 분명히 표현하기 위해 전체적인 손 모양에서 그 자형이 이뤄졌다.

갑골문	금 문	소 전	예 서

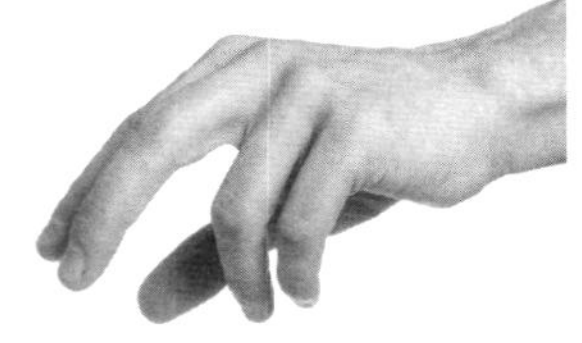
손톱이 보이는 손

『설문해자』에서 爪자는 "잡는다는 것이다. 손으로 덮는 것을 爪라 한다. 형상을 본떴다(丮也. 覆手曰爪. 象形)."라고 했다.

갑골문 爪자 자형도 모두 손을 간단한 형태로 나타냈다. 금문 爪자 자형은 갑골문과 마찬가지로 손을 간단하게 나타냈으나, 손톱을 분명하게 나타낸 형태가 보이기도 한다. 소전 爪자 자형은 아래를 향한 손가락을 이전 형태처럼 세 개만으로 나타내고 있다. 세 개는 예부터 많은 것을 의미함으로 다섯 손가락을 대신한 것이다. 그 爪자는 예서에서 오늘날과 같은 형태로 쓰이고 있다.

爪자가 하나의 문자를 구성하면서 덧붙여질 때는 爭(쟁)자나 爲(위)자에 보듯 그 글자의 머리에 보이는 爫로 쓰이며, 이는 '손톱조머리'라 한다. 爪자의 뜻과 음인 '손톱 조'에 그 자형이 항상 자체의 머리에 쓰인다 하여 '머리'를 덧붙인 명칭이다.

오조룡 무늬 백자

爪자는 美爪師(미조사)에서처럼 '손톱'의 뜻 외에 五爪龍(오조룡)이나 雪泥鴻爪(설니홍조)에서처럼 '짐승 발톱'의 뜻으로도 그 의미가 확대되어 쓰이고 있다. 뿐만 아니라 爪자는 爪毒(조독)이나 爪痕(조흔)에서처럼 '잡다'와 '긁다'의 뜻으로도 쓰인다. 이는 손톱이 작은 물건을 잘 잡을 수 있고, 가려운 곳과 같은 부분을 잘 긁을 수 있기 때문이다.

고대의 爵

갑골문 爵자

爪(爫)자를 부수로 삼는 한자는 그 뜻이 대체로 손을 이용한 활동과 관련이 있다. **爭[다툴 쟁]**, 爬[긁을 파], **爲[할 위]**, **爵[술잔 작]**자가 바로 그런 한자다. 하지만 爵(작)자는 그 자원이 爪(爫)자와 관련이 없다. 그 외에 爪(爫)자는 妥[평온할 타], 受[받을 수], 采[캘 채], 奚[어찌 해], 覓[찾을 멱]자 등의 글자 구성에 도움을 주면서 그 뜻에 영향을 미치기도 한다. 반면에 그 자형이 보이는 愛[사랑 애]자는 爵(작)자처럼 爪(爫)자와 관련이 없다. 愛(애)자의 본자(本字)자는 㤅(애)자인데, 㤅(애)자에 보이는 旡[숨 막힐 기]자가 후대에 爫의 형태로 변했기 때문이다.

소전 愛자

088

4획

父 아비 부

《사자소학》의 첫 구절은 '父生我身(부생아신)'으로 시작한다. '아버지는 나의 몸을 나게 해주셨다'라는 뜻을 지닌 구절이다. 옛날에는 그렇게 세상에 나의 몸을 나게 해주셨던 아버지를 '아비'라 했다. 父자는 그 '아비'를 뜻한다.

갑골문	금문	소전	예서

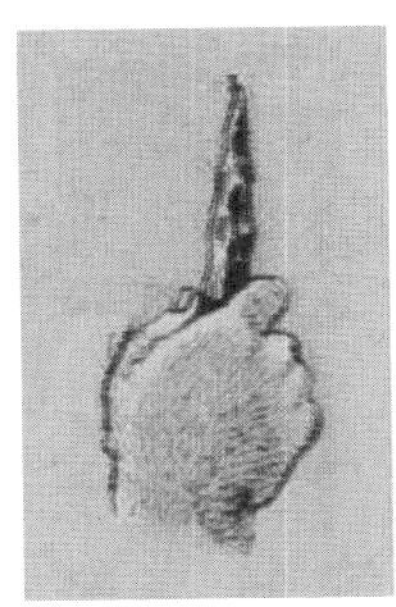

돌도끼를 쥔 손

『설문해자』에서 父자는 "법도가 있는 것이다. 집의 어른으로 거느리고 가르치는 자다. 又자를 따르면서 막대기를 들고 있다(矩也. 家長率敎者. 从又擧杖)."라고 했다.

하지만 갑골문이나 금문 父자 자형은 오른손에 든 도구가 무언지 분명치 않다. 다만 문자가 처음 쓰이던 시대 상황을 짐작해 봤을 때 돌도끼로 보인다. 그 자형은 소전 과정을 거쳐 예서에서 오늘날처럼 쓰이고 있다.

필자의 부친

父자는 원래 고대에 돌도끼를 손에 들고 사냥 등을 해 식구를 부양해야 할 남자를 통칭하는 뜻을 지녔던 한자였다. 오늘날처럼 父親(부친)이나 父傳子傳(부전자전)에서처럼 '아비(아버지)'의 뜻으로 쓰인 것은 식구를 부양해야 할 남자에서 비롯되었다. 나아가 父자는 부친과 같은 연배의 친족 어른이나 연로한 사람의 경칭으로도 쓰이고 있다. 父老(부로)나 漁父(어부)의 父자가 그런 뜻으로 쓰였다.

父자 부수에 속하면서 익히 쓰이는 한자는 없다. 하지만 父자는 斧[도끼 부]자나 釜[가마솥 부]자에서 음의 역할을 한다. 布[베 포]자도 원래 父자가 음의 역할을 했다.

089

4획

점괘 효

고대 사람들은 사냥이나 전쟁 등의 일을 행할 때에 그 일의 길흉을 미리 알아보기 흔히 점을 쳤다. 그렇게 점을 쳐서 길흉을 판단하기 위해 나온 괘(卦)인 '점괘'를 뜻하는 한자가 爻자다.

갑골문	금 문	소 전	예 서

엇걸린 산가지

『설문해자』에서 爻자는 "엇걸린 것이다. 《주역》의 육효가 엇걸린 것을 본떴다(交也. 象《易》六爻頭交也)."라고 했다.

갑골문이나 금문의 爻자 자형도 교차된 무늬가 엇걸린 모양으로 나타나 있다. 소전은 엇걸린 형태가 두 개만으로 정형되었으며, 그 자형은 예서를 거쳐 오늘날 쓰이는 爻자의 토대가 되었다.

'점괘'의 뜻을 지닌 爻자는 점괘를 알아보기 위해 흔히 사용된 시초(蓍草)나 산가지가 엇걸린 모양에서 비롯되었기 때문에 '엇걸리다'의 뜻을 지닌다. 또한 점괘와 관련해 '육효'의 뜻을 지니기도 한다. 아울러 점괘를 알아보기 위해 사용된 산가지로 수를 헤아리기도 했기 때문에 數爻(수효)라는 말에서처럼 '수'를 뜻하기도 한다.

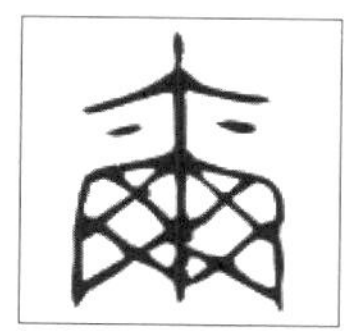
금문 爽자

爻자 부수에 속하면서 익히 쓰이는 한자로는 爽[시원할 상]자와 爾[너 이]자가 있다. 駁[얼룩말 박]자나 樊[울타리 번]자도 그 자형이 덧붙여져 있지만 그 부수에 속하지 않는다. 이들 한자는 모두 그 자원이 爻자와 관련이 없다. 반면에 肴[안주 효]자나 學[배울 학]자, 또는 敎[가르칠 교]자는 爻자가 그 자형의 구성에 도움을 주면서 음의 역할을 하고 있다.

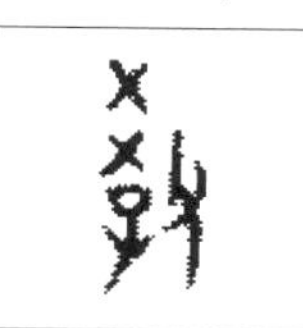
금문 爾자

갑골문 敎자

090 爿

4획

조각 장

예부터 사람들은 주위에서 흔히 보면서 쉽게 구할 수 있는 재료를 이용해 여러 물건을 만들었다. 그런 재료로 자주 쓰인 것은 돌이나 나무였다. 하지만 돌은 딱딱한 데다 무거워 다루기 쉽지 않았다. 반면에 나무는 돌에 비해 무르고 가벼워 다루기가 비교적 쉬운 편이었다. 사람들은 그 나무를 이용해 원하는 물건을 용이하게 만들었던 것이다. 나무를 이용해 물건을 만들 때는 흔히 나무에서 떼어 낸 작은 조각을 이용했다. '조각'을 뜻하는 爿자도 그 조각을 이용해 만든 평상(平牀=平床)과 관련된 한자다.

갑골문	금 문	소 전	예 서

『설문해자』에 爿자는 보이지 않는다. 하지만 단옥재(段玉裁)가 쓴 『설문해자주(說文解字注)』의 片部(편부) 맨 뒤에 보면 爿자에 대한 설명이 덧붙여져 있는데 "片을 돌이키면 爿이 된다. 牆(장)과 같게 읽는다(反片爲爿, 讀若牆)."라고 했다. 같은 뜻을 지닌 片[조각 편→091 참고]자를 들어 설명한 것이다.

평상의 모양

실제로 갑골문이나 금문의 爿자 자형은 片(편)자 자형과 같은 모양으로 표현되어 있다. 그렇게 고문자에서는 자형의 좌향와 우향을 구분하지 않고 글자를 나타냈다. 따라서 爿자도 片(편)자처럼 평면 아래에 다리가 있는 평상을 본뜬 글자인 것이다. 寐[잠잘 매], 寢[잘 침], 寤[깰 오]자의 고문자를 살피면 그 자형에 덧붙여진 爿자가 평상을 나타내고 있음을 분명히 알 수 있다. 소전 이후에 爿자는 오늘날 쓰이는 형태와 같게 4획의 한자로 변화되었다.

금문 寐자

소전 寢자

爿자는 나무 조각으로 만든 '평상'의 뜻을 지니나 후에 그 뜻을 더욱 분명히 하기 위해 다시 木자가 덧붙여진 牀[평상 상]자를 만들어 그 뜻을 대신했다. 그러자 爿자는 평상을 만드는 데 사용된 나무 조각과 관련해 '조각'의 뜻을 지니게 되었다. 하지만 『설문해자』에서는 木[나무 목]자의 가운데를 자른 한쪽 조각의 형태에서 비롯되었다고 하였다. 오늘날 爿자는 단독의 문자로 쓰이지 않고, 부수로서 역할만 하고 있다.

爿자가 부수로 쓰일 때에 그 명칭을 일부에서 '조각널'이라 이르기도 한다. 아울러 자신이 덧붙여져 가장 자주 쓰이는 將[장수 장]자의 왼쪽 '변'에 덧붙여진 자형이라 하여 '장수장변'이라고도 한다. 그러나 將자는 爿자 부수에 속하지 않고, 寸(촌)자 부수에 속한다. 따라서 '장수장변'의 명칭은 온당치 않게 여겨지는 부분이 있는 쓰임이다. '조각널'의 명칭도 '널'이 '조각'의 의미를 포함하고 있기에 동의가 중복된 말이 된다. 따라서 '조각널'도 정식의 명칭으로 삼기 어렵다는 것을 알 수 있다. 爿자가 '조각'의 뜻을 지닌 片[조각 편]자와 자형이 상대가 되는 한자지만 같은 모양에서 비롯되었음으로 같은 '조각'의 뜻으로 지칭함이 온당하다 하겠다.

갑골문 將자

爿자가 덧붙여지는 한자는 흔히 '장'의 음으로 읽힌다. 다음은 모두 그런 한자다.

將 [장수 장]	奬 [권면할 장]	醬 [젓갈 장]	蔣 [줄 장·성 장]
漿 [미음 장]	壯 [씩씩할 장]	裝 [꾸밀 장]	莊 [풀 성한 모양 장]
藏 [감출 장]	贓 [장물 장=贜]	檣 [장롱 장]	臟 [오장 장]
牆 [담 장=墻]			

갑골문 臧자

갑골문 牆자

그 외에 狀[형상 상·문서 장]자나 牀[평상 상=床]자도 '장'의 음에서 비롯된 '상'의 음으로 읽힌다. 그러나 이상(以上)의 한자 가운데 牀(상)자와 牆(장)자만 爿자 부수에 속하고 있다.

091 片 4획 조각 편

종이가 발명되면서 사람들은 손으로 일일이 글자를 써서 책을 만들었는데, 그렇게 책 만드는 일은 시간이 오래 걸렸다. 그런 단점을 보완하기 위해 사람들은 나무 조각에 글자를 새겨 먹을 칠하고 종이에 찍어내는 인쇄술을 발명해 대량으로 책을 만들 수 있게 되었다. 片자는 그처럼 인쇄술에 사용된 나무의 '조각'을 뜻하는 한자다.

갑골문	금문	소전	예서

『설문해자』에서 片자는 "쪼갠 나무다. 절반의 木자를 따른다(判木也. 从半木)."라고 했다. 그 자형이 木[나무 목]자의 왼쪽 절반[爿:조각 장→090 참고]을 생략하고 남은 형태로 이뤄진 한자라 한 것이다. 옛날에는 글자를 우향이나 좌향의 어느 쪽으로 써도 같은 경우가 많았다. 따라서 片자도 爿자처럼 절반의 木자가 아닌 나무 조각으로 만든 평상을 나타낸 것으로 보인다.

팔만대장경 목판

실제로 갑골문 片자 자형은 평상이 좌향과 우향의 구분이 없이 쓰이고 있음을 볼 수 있다. 그 자형은 금문과 소전을 거치면서 오늘날에 쓰이는 형태로 고정되었다.

片자는 片肉(편육)이나 一片丹心(일편단심)에서 보듯 '조각'이란 뜻을 지니나 조각이 쪼개진 물건이기 때문에 片麻巖(편마암)에처럼 '쪼개다'의 뜻을 지니기도 한다. 뿐만 아니라 片자는 片道(편도)나 片側痲痹(편측마비)에서 보듯 '한편'을 뜻하기도 하고, 片鱗(편린)이나 一葉片舟(일엽편주)에서 보듯 '극히 작은 것'을 뜻하기도 한다.

片자를 부수로 삼는 한자는 그 뜻이 대체로 평평한 나무 조각에서 비롯된 사물과 관련이 있다. **版[널 판]**, 牋[장계 전], 牌[패 패], 牒[글씨 판 첩], 牘[편지 독]자 등이 바로 그런 한자다.

092 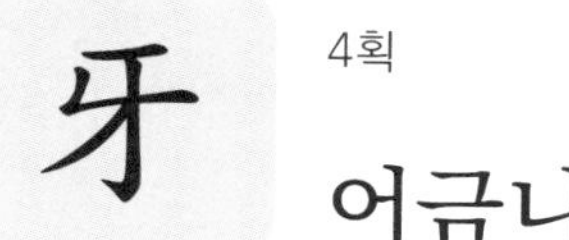

4획

어금니 아

입 속에서 어금니는 다른 이보다 크며, 주로 음식 씹는 역할을 한다. 그렇게 씹는 데 도움이 되도록 절구처럼 오목하게 생겼다. 흔히 입 속의 모든 이를 齒牙(치아)라 하는데, 그 가운데 齒[이 치→211 참고]자는 앞 입술에 있는 이를 뜻한다. 그에 반(反)해 牙자는 입 안쪽에 있는 '어금니'를 뜻한다.

갑골문	금문	소전	예서

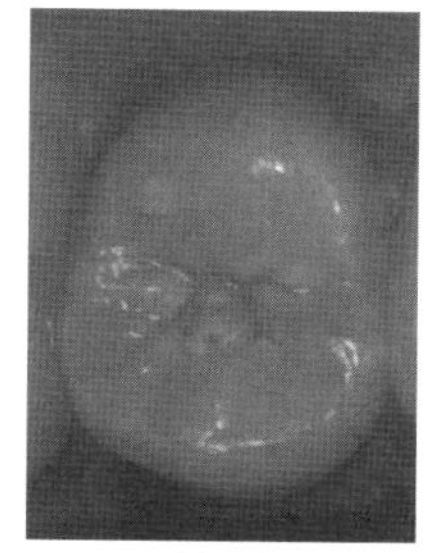
어금니

『설문해자』에서 牙자는 "어금니다. 위아래가 서로 맞물린 형상을 본떴다(牡齒也. 象上下相着之形)."라고 했다.

하지만 맨 처음 보이는 금문 牙자 자형을 살피면 이어지는 어금니 가운데 하나를 중심으로 양 옆의 어금니 일부와 함께 나타냈다고 보는 것이 더 타당해 보인다. 그러나 금문 이후 소전에 보이는 牙자 자형은 그 자원을 짐작하기 어렵게 나타내고 있다.

齒牙(치아)의 牙자는 '어금니'의 뜻 외에 그 의미가 확대되어 '이의 총칭'으로도 쓰이고, 象牙(상아)에서처럼 '입 밖으로 나온 이'를 뜻하기도 한다. 아울러 牙자는 어금니가 먹는 데 큰 도움이 되므로 爪牙之士(조아지사)에서처럼 '도와서 지키다'의 뜻을 지니기도 한다. 또한 牙자는 '천자나 대장이 세우는 기'를 뜻하기도 한다. 이는 깃대 위를 상아(象牙)로 장식했기 때문이다. 牙城(아성)의 牙자가 바로 그런 뜻으로 쓰였다.

牙자 부수에 속하면서 익히 쓰이는 한자는 없다. 그러나 牙자는 芽[싹 아], 雅[떼 까마귀 아], 鴉[갈 까마귀 아], 訝[맞을 아], 邪[간사할 사]자의 구성에 도움을 주면서 음의 역할을 하고 있다. 그 외에 耶[어조사 야]자에 덧붙여진 耳의 형태도 원래 牙자 음의 역할을 했다.

소전 耶자

093

4획

牛 소 우

소는 '하품 빼고 버릴 것이 없다'고 하는 소중한 동물이다. 그래서 옛날 사람들은 야생의 소를 사냥하는 데 큰 공을 들인 것으로 보인다. 이는 한자가 막 쓰이던 시대에 사람들이 남긴 암각화 등의 그림을 보면 쉽게 알 수 있다. 그 시대 사람들에게 먹는 것을 해결하는 일은 삶의 궁극적인 목표로 작용했다. 사냥한 한 마리의 소는 꽤 긴 시간 많은 이의 먹는 문제를 해결해 주는 동물이기 때문이었다. 牛자는 그런 '소'를 뜻한다.

고대인의 소 사냥 암각화

물소

『설문해자』에 牛자는 "큰 희생물이다. 牛는 件(건)이다. 件은 소 잡는 일을 하는 것이다. 뿔이 있는 머리를 셋으로 본뜨고, 붙어 있는 꼬리 형상이 있다(大牲也. 牛, 件也. 件, 事理也. 象角頭三, 封尾之形)."라고 했다. 풀이에 牛는 '件也'라 했는데, 『설문해자』에 件은 '分也'라 했다. 이때 分은 반(半)으로 나누는 것으로, 이는 소와 같은 짐승을 잡는 것이다. 따라서 풀이에 소 잡는다고 했다.

나아가 소를 뿔이 있는 머리와 꼬리 형상까지 본떴다고 풀이했지만 갑골문과 금문 牛자 자형을 살피면 뿔이 있는 소머리만으로 이뤄진 한자임을 알 수 있다. 소는 전체적인 모양이 복잡해 그 자형을 표현하는 데 적지 않은 시간이 필요하자, 羊[양 양→123 참고]자처럼 그 특징이 가장 잘 드러나는 커다란 뿔과 머리만으로 나타낸 것이다. 소전 牛자 자형에서 반원(半圓)처럼 쓰인 윗부분의 선(線)은 커다란 두 뿔을 나타냈고, 나머지 十의 형태는 두 귀와 아래로 길쭉

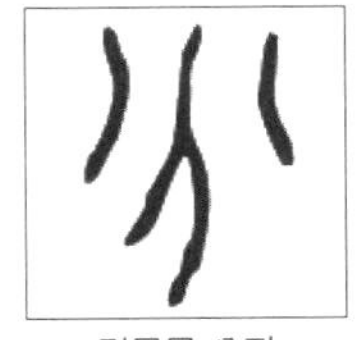

갑골문 分자

금문 半자

한 머리 부분을 간략하게 나타냈다. 한자는 중국 문화 속에서 성숙한 문자로, 중국에서 흔히 볼 수 있는 커다란 뿔이 있는 물소의 머리를 나타낸 것이다. 牛자는 해서(楷書)에서 오늘날의 자형과 같게 왼쪽에 하나의 필획(筆劃)이 확실하게 삐쳐진 모양으로 변화되었다.

韓牛(한우)나 碧昌牛(벽창우)에서 '소'의 뜻으로 쓰이는 牛자는 원래 야생의 '물소'나 '들소'를 뜻했다. 그러나 그 소를 가축으로 키우면서 오늘날은 '젖소' 등을 포함한 모든 소를 뜻하고 있다. 또 옛날 나라에서 큰 제사를 지낼 때에 소를 희생물로 삼았기 때문에 牛자는 '희생'의 뜻을 지니기도 한다. '희생'을 한자로 '犧牲'이라 쓰는데, 두 한자에 牛자가 덧붙여진 것도 그 때문이다. 그 외에 소는 牽牛星(견우성)에서처럼 '별 이름'으로도 쓰이고 있다.

평안북도(벽동과 창성)

소는 가축 중에서 힘든 일을 가장 많이 하는 동물로, 사람이 하기 어려운 일을 하면서 먹이로 풀을 먹어 사람의 양식을 축내지 않는다. 더구나 살아서는 우유를, 죽어서는 고기와 가죽까지 남겨 인간 생활에 큰 도움을 주고 있다. 따라서 예부터 소는 사람들에게 귀중하게 여겨진 가축이었다. 특히 사람이 기르는 육축(六畜:소·말·양·개·돼지·닭) 가운데 으뜸으로 여겨진 가축이기에 가축과 관련된 한자가 이뤄질 때에 牛자는 자주 그 구성에 도움을 주고 있다. 하지만 오늘날 익히 쓰이는 한자 가운데 牛자가 덧붙여지는 한자는 의외로 많지 않다. 다음은 牛자 부수에 속하는 한자로, 그 뜻은 소나 가축과 관련이 있다.

牟 [소 우는 소리 모]	牝 [암컷 빈]	牢 [우리 뢰]	牡 [수컷 모]	**牧 [기를 목]**
物 [만물 물]	牲 [희생 생]	**特 [수컷 특]**	**牽 [끌 견]**	犀 [무소 서]
犢 [송아지 독]	犧 [희생 희=犠]			

094

犬·犭

4획

개 견·개사슴록변

야생동물 가운데 가장 먼저 사람에 의해 길들여진 동물이 개다. 개는 오랜 세월 동안 사람에게 길들여지면서 주인을 잘 따르는 '충직의 상징'이라 할 동물이 되었다. 우리나라는 남한에 진돗개(진도견·진도개)와 북한에 '범을 잡는 개'인 풍산개, 그리고 '귀신을 쫒는 개'인 삽살개가 유명하다. 犬자는 그 '개'를 뜻한다.

고구려 안악3호분 부엌 앞의 개

갑골문	금문	소전	예서

진돗개(진도견·진도개)

『설문해자』에서 犬자는 "개에서 발가락이 달린 것이다. 형상을 본떴다(狗之有縣蹏者也. 象形)."라고 했다.

갑골문 犬자 자형은 개의 형태가 이미 간략하게 가는 선으로 표현되어 있는데, 이는 개의 몸체가 호리호리하고 꼬리가 위로 말려 올라가 있음을 나타냈다. 금문 犬자 자형은 갑골문 형태보다 더 간략하게 표현되어 있다. 그 자형이 소전에서 다시 윗부분은 머리와 머리에서 이어진 앞다리를, 아랫부분은 몸체에서 이어진 뒷다리와 꼬리를 나타냈다. 하지만 개의 원래 형태를 알아 볼 수 없게 바뀌었고, 예서에서도 이를 이어서 쓰고 있다.

犬자가 하나의 문자 구성에서 왼쪽에 덧붙여져 쓰일 때의 형태는 그 자형의 변화가 크다.

특히 예서로 쓰일 때는 확연히 다른 형태로 표현되었다. 狗(구)자나 獵(렵)자의 좌측(左側)에 덧붙여진 犭이 바로 그 형태다. 犭은 그 형태가 사슴뿔처럼 보이기 때문에 사슴을 뜻하는 鹿[사슴 록]자의 뜻과 음인 '사슴 록'에 개와 관련된 자형이므로 '개'를 앞에 덧붙이고, 항상 글자에서 왼쪽에 쓰이므로 '변'을 뒤에 덧붙여 '개사슴록변'이라 한 것으로 보인다.

삽살개(김두량)

犬자는 고문자에서 보듯 그 형상이 위로 서있는 상태로 표현되어 있다. 이는 종이가 일반적으로 사용되기 전에 사용된 죽간(竹簡)의 넓이에 제한이 있었기 때문이다. 죽간에 문자를 가로로 쓰면 그 폭이 좁아 어려움이 있었던 것이다. 따라서 가로로 길게 표현되는 동물을 나타내는 한자는 폭이 넓은 세로로 세워서 표현했다. 오늘날 '책'을 뜻하는 冊[책 책]자는 죽간에서 비롯된 한자로, 그 자형을 살피면 犬자처럼 동물과 관련된 한자가 필연적(必然的)으로 위를 향해 세로로 표현될 수밖에 없음을 잘 보여준다. 부수 가운데 犬자처럼 표현되는 한자로는 魚[물고기 어], 豕[돼지 시], 馬[말 마], 黽[맹꽁이 맹], 鼠[쥐 서], 龜[거북 귀]자 등이 있다.

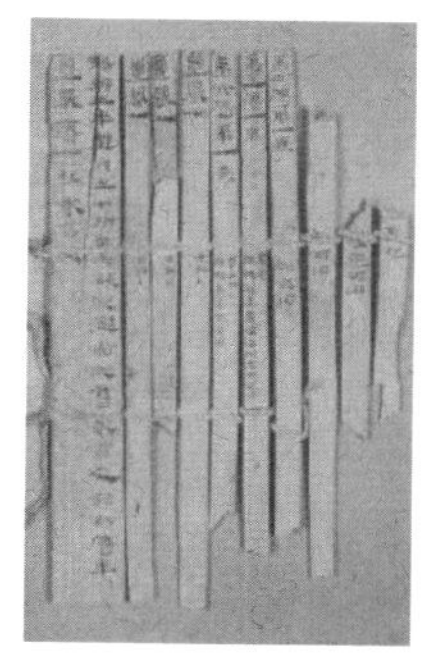

죽간

犬자는 獵犬(엽견)이나 愛玩犬(애완견)에서처럼 '개'를 뜻하나 후대로 내려오면서 '하찮은 것'을 비유할 때도 흔히 쓰이고 있다. 특히 상대방에게 자기 몸을 낮춰 겸손하게 이르고자 할 때에 쓰인다. 이때에 犬자는 흔히 馬[말 마]자와 함께 쓰이는데, 기꺼이 개나 말이 감당할 만한 수고로 상대방을 대하겠다는 의미다. 犬馬之勞(견마지로)·犬馬之誠(견마지성)·犬馬之心(견마지심)·犬馬之齒(견마지치)의 어휘가 바로 그런 경우다. 반면에 犬자는 남을 경멸하는 뜻으로도 쓰이고 있다.

화하유구도(이암)

오늘날 개는 충실하고 의리 있는 가축으로, 사람의 생활과 가장 밀접하지만 원래 야생(野生)의 동물인 늑대를 길들인 것이다. 따라서 犬(犭)자를 부수로 삼는 한자는 일반적으로 개나 야생의 동물과 관련된 뜻을 지닌다. 다음은 그 뜻의 쓰임에 따라 두 유형으로 나눈 것이다.

1. 개나 야생 동물의 명칭과 관련된 한자

犲 [승냥이 시=豺] **狗 [개 구]** 狙 [원숭이 저] 狐 [여우 호] 狼 [이리 랑]
狸 [삵 리=貍] 狽 [이리 패] 猫 [고양이 묘=貓] 猩 [성성이 성=狌] 猪 [돼지 저]
獅 [사자 사] 猿 [원숭이 원] 獒 [개 오] 獬 [짐승 이름 해] **獸 [짐승 수]**
獺 [수달 달]

2. 개나 야생 동물의 성격이나 행동과 관련된 한자

犯 [범할 범] **狂 [미칠 광]** 狎 [친압할 압] 狡 [교활할 교] 狩 [사냥할 수]
狹 [좁을 협] **猛 [사나울 맹]** 猜 [새암할 시] 猝 [갑자기 졸] 猖 [미쳐 날뛸 창]
猥 [함부로 외] **猶 [머뭇거릴 유]** 猾 [교활할 활] 獗 [날뛸 궐] **獨 [홀로 독]**
獪 [교활할 회] **獲 [얻을 획]** **獵 [사냥할 렵]** **獻 [바칠 헌]**

금문 獄자

금문 然자

위 한자 외에 **狀[형상 상·문서 장]**, 狄[오랑캐 적], **獄[옥 옥]**자도 그 부수에 속한다. 하지만 獄(옥)자에 보이는 犭은 犬자와 관련이 없다. 반면에 戾[어그러질 려], 默[잠잠할 묵]자는 犬자가 덧붙여져 있어도 그 부수에 속하지 않는다. 나아가 犬자는 肰[개고기 연]자 구성에 도움을 주면서 음의 역할을 하고, 肰(연)자는 다시 然[그럴 연]자에서 음의 역할을 하며, 然(연)자는 다시 燃[사를 연]자에서 음의 역할을 한다.

095 玄 5획

검을 현

'가마 밑이 노구솥 밑을 검다 한다'는 속담이 있다. 이는 더 검은 가마솥이 덜 검은 노구솥을 도리어 검다고 흉본다는 것이다. 일설에는 속담에서 언급한 '가마'도 그 어원이 '검다'와 관련이 있다고 하는데, 그렇다면 아예 가마솥은 검은 솥이 된다. 그래서인지 예전 사람들이 많이 읽었던 천자문의 첫 구절 '天地玄黃(천지현황)'도 재미있자고 '하늘 천[天], 따 지[地], 가마솥[玄]에 누룽지[黃]'하는 식으로 읽은 게 아닐까 싶다. 그때 가마솥과 관련된 玄자는 그 뜻이 '검다'인 한자다.

옛날 서당의 모습

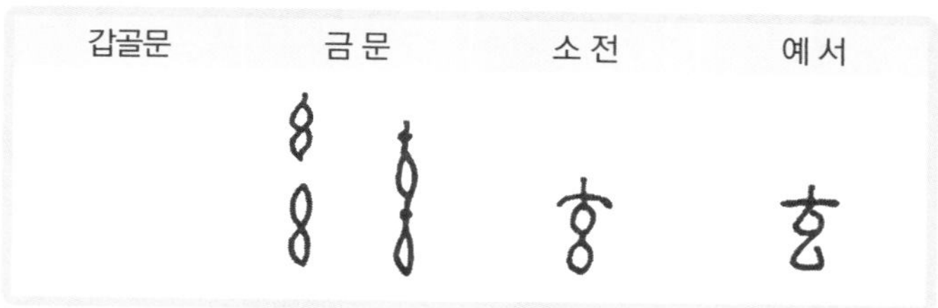

작은 명주 실타래

『설문해자』에서 玄자는 "아득하고 먼 것이다. 검으면서 붉은 빛이 있는 것을 玄이라 한다. 아득하면서 入으로 덮은 것을 본떴다(幽遠也. 黑而有赤色者爲玄. 象幽而入覆之也)."라고 했다.

하지만 갑골문에 玄자 자형은 보이지 않고, 금문에서 작은 실타래인 幺[작을 요→052 참고]자로 쓰고 있다. 따라서 玄자는 그 뜻이 幺(요)자의 뜻과 관련된 것으로 보인다. 幺자는 뜻이 '작다'인데, 아무리 큰 것도 멀리 있으면 작게 보이니 '작다'는 '멀다'와 관련이 있다. 또 멀리 있게 되면 아무리 밝은 물체도 검게 보이니 '작다'에서 비롯된 幺(요)자와 관련된 玄자는 결국 '검다'의 뜻을 지니게 된 것으로 보인다. 소전 玄자는 幺자 위에 亠의 형태가 덧붙여졌는데, 『설문해자』에서는 이를 덮는 것으로 보았다. 아래에 작은 것[幺]을 위에서 덮었음[亠의 형태]을 나타낸 한자로 본 것이다. 그러나 그 견해는 금문 玄자 자형으로 보면 온당치 않은 견해임을 알 수 있다.

玄鶴(현학)이나 縞衣玄裳(호의현상)에서 '검다'의 뜻으로 쓰이는 玄자는 玄妙(현묘)에서처럼 '멀다'의 뜻을 지니면서 다시 먼 '하늘'이나 '하늘빛'의 뜻을 지니기도 한다. 천자문의 天地玄黃(천지현황)에서 天[하늘 천]자와 玄자가 대구(對句)가 되고 있음을 보면 이를 알 수 있다. 뿐만 아니라 '멀다'의 뜻과 관련이 있는 玄자는 사람이 사방 가운데 대체로 가장 멀리 하는 방향인 '북쪽'과 관련이 있다. 玄武(현무)나 玄海灘(현해탄)의 玄자가 바로 그런 뜻으로 쓰였다. 아울러 玄자는 玄關(현관)이나 玄學(현학)에서 보듯 '오묘하다'의 뜻을 지니기도 한다. 그 외에 먼 후손이 되는 사람과 관련해 玄자는 '현손(玄孫)'의 뜻을 지니기도 한다.

현해탄 주변도

玄자 부수에 속하면서 오늘날 익히 쓰이는 한자로는 **玆[검을 자]**자와 **率[거느릴 솔·비율 률]**자가 있을 뿐이다. 그 외에 田[밭 전]자 부수에 속하는 畜[기를 축]자에도 玄자가 보이지만 그 자원(字源)을 살피면 서로 관련이 없다. 하지만 玄자가 음의 역할을 하는 한자는 적지 않다. 다음은 그런 한자다.

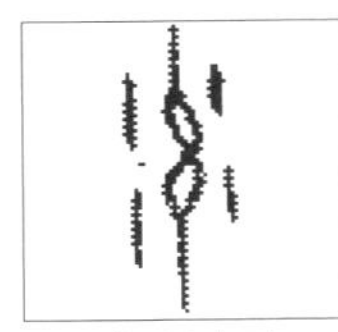
갑골문 率자

鉉 [솥귀 현]	弦 [시위 현]	絃 [줄 현]	眩 [아찔할 현]
舷 [뱃전 현]	衒 [발보일 현]	牽 [끌 견]	

갑골문 畜자

096 玉·王

5획

구슬 옥·구슬옥변

옥은 단단하고 광택이 좋으며 빛깔이 아름다워 귀하게 여겨지는 일종의 돌이다. 옛날 통치자들은 이 옥으로 국가의 중요한 기물과 극히 귀중한 장식품 등을 만들었다. 그러나 후대로 내려오면서 일반인들 역시 아름다움을 추구하기 위해 옥으로 몸을 치장했다. 옥으로 몸을 치장하려면 대개 실에 꿸 수 있도록 옥의 원석을 갈고 다듬어 작은 구멍을 뚫어 구슬로 만들어야 했다. 玉자는 그 '구슬'을 뜻한다.

옥색 구슬

갑골문	금문	소전	예서

구슬 장신구

『설문해자』에 玉자는 "돌의 아름다운 것이다. 다섯 가지 덕성이 있다. 윤택하여 따뜻하니 인(仁)에 비유할 수 있고, 결이 있어 겉에서 그 안을 알 수 있으니 의(義)에 비유할 수 있으며, 그 소리가 퍼져 나가 멀리까지 전해져 들리니 지(智)에 비유할 수 있으며, 굽어지지 않고 쪼개지니 용(勇)에 비유할 수 있으며, 날카로우나 해를 끼치지 않으니 결(潔)에 비유할 수 있다. 세 개의 옥이 이어져 있음을 본떴다. ㅣ은 꿴 것이다.(石之美. 有五德；潤澤以溫, 仁之方也；䚡理自外, 可以知中, 義之方也；其聲舒揚, 尃以遠聞, 智之方也；不撓而折, 勇之方也；銳廉而不技, 絜之方也. 象三玉之連. ㅣ, 其貫也)."라고 했다.

갑골문 玉자도 몇 개의 구슬을 끈으로 이어서 두 끝의 매듭이 노출되게 꿰어 놓은 장식품의 모양이다. 둥근 구슬은 그 형태만으로 구슬의 의미를 나타내는 데 어려움이 있다. 세상에는 둥근 형태의 물건이 너무 많기 때문이다. 따라서 그 대표적인 쓰임인 구슬을 꿰어 놓은 장식품의 모양으로 글자가 이뤄진 것이다. 금문에 보이는 玉자 자형은 모두 옥을 나타내는 세 개의 횡으로 된 선과 옥을 꿴 끈을 나타내는 한 개의 종으로 된 선으로 표현되어 있다. 세 개의 횡으로 된 선 사이의 간격은 서로 같다. 세 개의 옥으로 자형이 이뤄진 것은 예부터 세 개의 숫자가 반드시 세 개만을 가리키는 것이 아니라 많다는 의미로 사용되었기 때문이다. 소전의 玉자 자형은 두 끝의 매듭을 확실하게 생략하였다. 반면에 玉자의 자형과 비슷한 王[임금 왕]자는 세 개의 횡에서 중간 횡을 맨 위 횡과 가까이 두고, 맨 아래 횡과 멀게 두는 형태로 나타냈다. 서사도구(書寫道具)가 발달되지 않았던 옛날, 소전의 玉자와 王자의 자형은 서로 분명히 구분하는 데 어려움이 있었다. 그러자 玉자는 예서에서 다시 자형 사이에 한 점을 덧붙였다. 하지만 소전의 玉자 자형은 理(리)자나 現(현)자에서처럼 글자의 왼쪽 '변'에 덧붙여질 때에 여전히 그 형태로 쓰이고 있다. 그 자형[王]을 흔히 '임금왕변'이라 잘못 지칭하는 이들이 있으나 '구슬옥변'이라 부르는 것이 바른 명칭이다. 玉자가 다른 글자와 합쳐져 밑에 사용될 때는 璧(벽)자나 璽(새)자에서처럼 예서에서 점을 찍은 자형으로 쓰기도 한다.

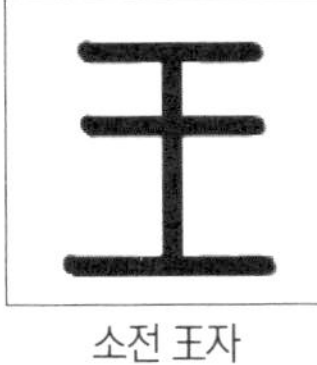
소전 玉자

玉碎(옥쇄)나 玉貫子(옥관자)에서 '구슬'의 뜻으로 사용되는 玉자는 玉石俱焚(옥석구분)나 玉不琢不成器(옥불탁불성기)에서처럼 '옥'의 뜻으로도 사용된다. 그 외에 구슬이 귀한 물건이기 때문에, 그 의미가 확대되어 玉자는 '구슬과 같은 사물을 비유'하기도 한다. 玉童子(옥동자)나 金科玉條(금과옥조)의 玉자가 바로 그런 뜻을 담고 있다. 뿐만 아니라 玉자는 구슬이 사람에게 소중히 여겨지듯 '상대방의 것을 소중히 여기는 말'로도 사용된다. 그런 경우의 뜻으로 우리 주위에서 자주 사용되는 어휘로는 玉體(옥체)나 纖纖玉手(섬섬옥수) 등이 있다. 도가(道家)에서는 또 玉자를 '하늘'의 의미로 사용하고 있다. 玉皇上帝(옥황상제)라는 어휘는 그렇게 해서 생긴 말이다.

옥색의 옥돌

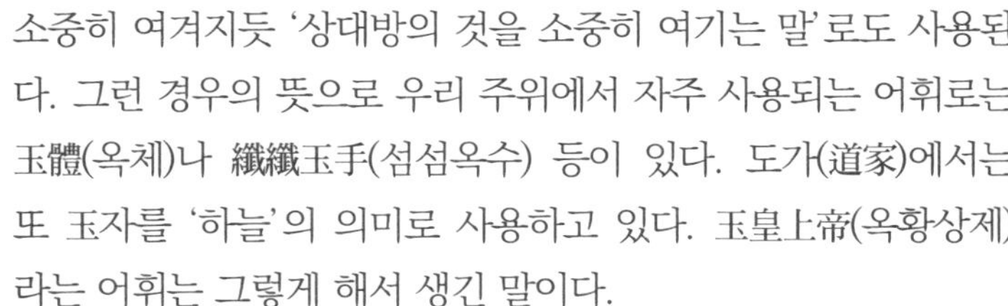

옥 장식 고대 무덤

예부터 사람들은 옥으로 여러 물건을 만들었다. 따라서 玉(王)자를 부수로 삼는 한자는 여러 가지 가치 있는 옥이나 옥처럼 여겨진 사물, 옥으로 만들어진 물건이나 옥과 관련된 동작(상태)과 관계되는 뜻을 지닌다. 그 뜻을 쓰임에 따라 나누어 보면 대체로 다음 세 유형이 있다.

1. 옥이나 옥처럼 여겨진 사물의 명칭과 관련된 한자

玖 [옥돌 구] 珀 [호박 박] 珊 [산호 산] 琉 [유리 류] 瑯 [옥 이름 랑=琅]
珐 [법랑 법] 琥 [호박 호] 瑙 [마노 노] 瑚 [산호 호] 瑪 [마노 마]
瑤 [아름다운 옥 요] 璃 [유리 리] 瓊 [옥 경]

2. 옥으로 만들어진 물건과 관련된 한자

珍 [보배 진] **珠 [구슬 주]** **球 [공 구·아름다운 옥 구]** **璋** [반쪽 홀 장]
璧 [둥근 옥 벽] **環 [고리 환]** 璽 [도장 새]

3. 옥과 관련된 동작이나 상태와 관련된 한자

玩 [희롱할 완] 玲 [옥 소리 령] **班 [나눌 반]** **理 [다스릴 리]** **現 [나타날 현]**
琤 [옥 소리 쟁] 琢 [쪼을 탁] 瑞 [상서로울 서] 瑕 [티 하] 瓏 [옥 소리 롱]

거문고연주(박다울)

그 외에 **琴[거문고 금]**, 琵[비파 비], 琶[비파 파], 瑟[큰 거문고 슬]자도 玉(王)자 부수에 속하나, 글자 위쪽에 보이는 두 개의 자형 王이 현악기(絃樂器)의 줄 모양에서 비롯된 것이기 때문에 구슬과 관련이 없다. 旺[성할 왕], 枉[굽을 왕], 往[갈 왕], 匡[바룰 광], 狂[미칠 광], 皇[임금 황]자의 구성에 도움을 주면서 음의 역할을 **王[임금 왕]**자 역시 玉(王)자의 부수에 속한다. 王자는 고대(古代)에 권위의 상징물이었던 도끼를 나타낸 한자다. 아울러 玉(王)자는 弄[희롱할 롱], 全[온전할 전], 碧[푸를 벽]자 등의 구성에 도움을 주기도 한다.

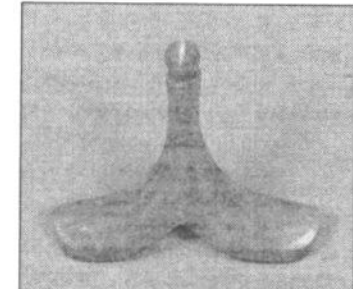
기러기발(雁足)

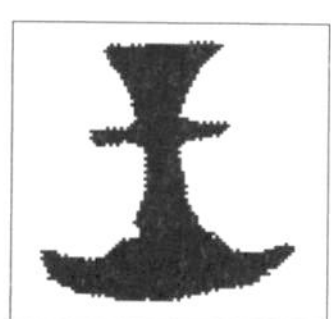
금문 王자

금문 往자

097  5획 오이 과

한창 모래도 삭힌다는 나이에 허기지면 집 주변 돌담의 덩굴 속에서 찾아 먹던 것이 오이였다. 그 오이는 95%를 차지하는 수분을 제외하면 함유하고 있는 영양분이 거의 없다고 해야 할 섬유질 덩어리나 마찬가지인 채소 열매다. 瓜자는 그 '오이'를 뜻한다.

갑골문	금문	소전	예서
	𤓯	𤓯	瓜

오이

『설문해자』에서 瓜자는 "덩굴이 약한 것이다. 형상을 본떴다(㼌也. 象形)."라고 했다.

갑골문에 그 자형이 보이지 않지만 처음 보이는 금문 瓜자 자형은 덩굴에 열매가 달려 있는 모양으로 나타나 있다. 그 자형의 왼쪽 획은 원줄기, 오른쪽 획은 잎줄기, 가운데가 오이를 나타냈다. 이후 瓜자는 소전을 거쳐 예서에서 오늘날처럼 쓰이고 있다.

瓜田不納履(과전불납리)에서 '오이'를 뜻하는 瓜자는 같은 박과에 속하는 '참외'를 뜻하기도 한다. 나무에서 익으면 마치 참외처럼 보이는 모과를 한자로 '木瓜'라 하는데, 이때 瓜자가 '참외'와 관련이 있다. 또 瓜자는 예부터 파자(破字)하여 두 개의 八(팔)자가 합쳐진 한자로 보았기 때문에 8을 두 번 더한 16의 숫자와 관련이 있다. 혼기(婚期)에 이른 16세 전후의 여자 나이를 瓜자를 써서 瓜年(과년)이라 한 것이 그 때문이다.

모과나무 모과

瓜자 부수에 속하면서 오늘날 익히 쓰이는 한자로는 瓢[박 표]자와 瓣[외씨 판]자뿐이다. 하지만 瓜자는 孤[외로울 고], 呱[울 고], 狐[여우 호], 弧[활 호]자의 구성에도 도움을 주면서 음의 역할을 한다.

098

瓦 기와 와

5획

예부터 흔히 진흙 등으로 일정한 모양을 만들고, 다시 이를 구워서 지붕을 덮는 데 쓰이는 물건이 기와다. 그 기와로 지어진 집이 기와집인데, 옛날 기와집은 부잣집의 상징이었다. 瓦자는 그 기와집의 '기와'를 뜻한다.

청기와 집(창덕궁 선정전)

갑골문	금 문	소 전	예 서

기와

『설문해자』에서 瓦자는 "흙을 구워 만든 기물의 총칭이다. 형상을 본떴다(土器已燒之總名. 象形)."라고 했다.

그러나 금문 瓦자 자형은 기와가 겹쳐진 모양을 나타내고 있다. 소전과 예서도 금문과 유사한 형태로 쓰이고 있음을 볼 수 있다.

瓦자는 『설문해자』의 설명에서 보듯 원래 '기와'와 더불어 흙으로 빚어 구워 만든 모든 토기의 뜻을 지닌다. 이는 기와나 모든 토기가 그 모양만 다를 뿐 같은 방법으로 만들어지기 때문이다. 그러나 후대로 내려오면서 瓦解(와해)나 青瓦臺(청와대)에서처럼 瓦자는 그 의미가 축소되어 주로 '기와'를 뜻하고 있다. 그래도 여전히 瓦器(와기)나 瓦棺(와관)의 瓦자는 '토기'를 뜻하기도 하고, 弄瓦之慶(농와지경)의 瓦자는 '실패'를 뜻하기도 한다.

瓦자를 부수로 삼는 한자는 대개 그 뜻이 토기와 관련이 있다. 그런 한자로는 瓮[독 옹=甕], 瓷[오지그릇 자], 瓶[병 병], 甄[질그릇 견], 甑[시루 증]자가 있다.

099 甘 5획 달 감

사람들은 아주 일찍부터 맛을 다섯 가지로 구분할 줄 알았지만 그것을 한자로 표현하는 데에는 어려움이 있었다. 맛은 일정한 형태가 없기 때문이다. 하지만 맛 가운데 단 것은 사람들이 좋아하는 맛이기 때문에 흔히 입 속에 그것을 넣고 음미한다. 따라서 '달다'의 뜻을 지닌 甘자는 입과 관련해 그 자형이 이뤄지게 되었다.

갑골문	금 문	소 전	예 서

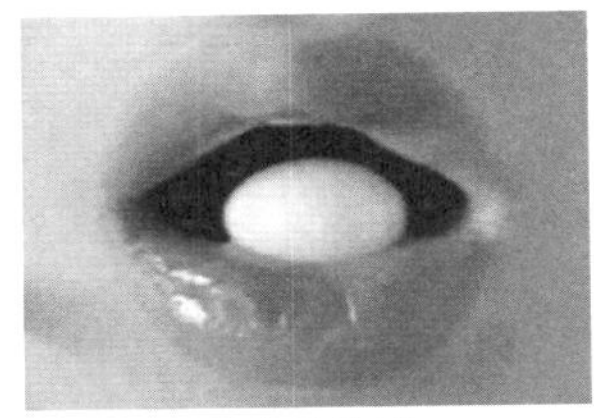
입 속의 단 것

『설문해자』에서 甘자는 "맛 나는 것이다. 입에 一을 머금고 있음을 따랐다. 一은 도(道)다(美也, 从口含一. 一, 道也)."라고 풀이하고 있다.

실제로 갑골문 甘자에서 그 자형의 외곽은 입을 나타냈고, 자형 가운데 짧은 획은 단 것을 나타냈다. 정확히 어떤 물건인가 확정할 수 없음으로 짧은 획으로 단맛을 표현한 것이다. 금문 이후의 자형도 거의 비슷한 형태로 나타내고 있지만 예서에서 맨 위의 가로 획이 이전보다 길게 쓰이고 있다.

甘草(감초)나 甘呑苦吐(감탄고토)에 보이는 甘자는 '달다'의 뜻으로 쓰였다. 나아가 맛나면 '맛이 달다'라고 한 데서 알 수 있듯 甘자는 甘露水(감로수)나 甘井先竭(감정선갈)에서처럼 '맛나다'를 뜻하면서 다시 맛나면 달게 여긴다 하여 甘受(감수)나 甘言利說(감언이설)에서처럼 '달게 여기다'의 뜻을 지니기도 한다.

甘자를 부수로 삼는 한자로는 **甚[심할 심]**자 한 자만 오늘날 비교적 자주 사용되고 있다. 그러나 甘자는 柑[감자나무 감], 疳[감질 감], 紺[반물 감], 嵌[산 깊을 감], 邯[땅 이름 한(함)]자의 구성에 도움을 주면서 음의 역할을 한다.

금문 甚자

100 生

5획

날 생

초목은 생명력이 강하기 때문에 돌 밑이나 그늘진 곳, 겨우내 얼어 있었던 땅일지라도 때가 되면 그 싹이 움터 나는 것을 개의치 않는다. 의술이 발달되지 않았던 고대 사회의 사람들은 자신의 후손들이 초목의 싹처럼 강인하면서 어떤 어려운 환경에서도 영원히 번식할 수 있기를 바랐다. 따라서 초목의 싹이 나는 모양으로 '나다'의 뜻을 지닌 生자가 만들어진 것으로 보인다.

갑골문 금문 소전 예서

싹이 나는 모습

『설문해자』에 生자는 "오르는 것이다. 초목이 나서 흙 위로 자라는 것을 본떴다(進也. 象艸木生出土上)."라고 했다.

갑골문 生자 자형도 하나의 초목이 흙에서 나는 것을 나타내고 있다. 흙 위로 본잎과 떡잎이 보이는 초목의 싹이 난 모양을 나타낸 것이다. 그 자형의 일부에서는 세로의 획 가운데에 점을 덧붙이는 형태가 보이기도 한다. 그 점은 금문에서 짧은 선으로 바뀌면서 소전에서 결국 土자로 쓰이고 있다. 그처럼 점이 나중에 짧은 선으로 바뀌게 된 경우의 한자는 적지 않다. 부수 가운데도 矢[화살 시], 干[방패 간], 辛[매울 신], 里[마을 리]자의 고문자 자형을 살피면 그런 변화를 엿볼 수 있다. 生자는 예서 이후에 오늘날의 자형으로 정형되었다.

生日(생일)이나 生老病死(생로병사)에서 '나다'의 뜻으로 쓰이는 生자는 生産(생산)이나 前妻所生(전처소생)에서처럼 '낳다'의 뜻으로도 쓰인다. 아울러 生存(생존)이나 起死回生(기사회생)의 生자는 '살다'나 '살리다'의 뜻으로도 쓰이고 있다. 그 외에 生자는 '익다'의 상대가 되는 '날 것'이나 '가공하지 않은 것'의 뜻을 지니기도 하는데, 生食(생식)이나 生麥酒(생맥주)의 生자가 그런 뜻을 포함하고 있다. 또 익은 것은 자주 접한 것이지만 익지 않은 것은 낯설기 때문에 生자는 '설다'의 뜻을 지니기도 한다. 生疏(생소)나 生面不知(생면부지)에 보이는 生자가 바로 그런 뜻으로 쓰이고 있다. 뿐만 아니라 사람과 관련되면서 '학문이 있는 사람'을 지칭(指稱)할 때도 사용되는데, 儒生(유생)이나 白面書生(백면서생)에 보이는 生자가 바로 그런 뜻으로 쓰였다. 게다가 生자는 小生(소생)이나 老生(노생)에서처럼 자신을 낮추는 '자기의 겸칭'으로도 쓰이고 있다. 그 외에 生자는 분명하게 나눠서 설명할 수 없을 정도로 다양한 뜻을 지니고 있다.

옛날 아이 낳는 모습

금문 産자

生자가 단독의 문자로 쓰일 때는 다양하게 쓰이고 있지만, 그를 부수로 삼는 한자는 많지 않다. **産[낳을 산=產]**, 甥[생질 생], 甦[깨어날 소=蘇]자 정도가 오늘날 비교적 자주 접할 수 있을 뿐이다. 그 가운데 甥(생)자는 生자가 음(音)의 역할을 한다. 그처럼 生자가 음의 역할을 하는 한자는 적지 않다. 다음은 그런 한자다.

牲 [희생 생]	甥 [생질 생]	笙 [생황 생]
性 [성품 성]	星 [별 성=曐(본자)]	姓 [성씨 성]
醒 [깰 성]	猩 [성성이 성]	旌 [기 정]

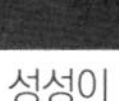
성성이

101 用 5획 쓸 용

사람을 다른 동물로부터 구분해 주는 중요한 특징 가운데 하나가 도구를 만들어 쓴다는 것이다. 물론 동물 중에 일부는 자연적인 상태의 물건을 도구로 삼아 있는 그대로 쓰기도 한다. 하지만 사람은 자신에게 주어진 상황에 맞춰 다양한 도구를 손수 만들어 쓸 뿐만 아니라 도구를 좀 더 실용성이 높도록 만들어 쓰면서 이를 통해 삶의 질을 높이고 편안함을 추구한다. 이렇게 도구를 쓴다는 상황과 관련해 만들어진 用자는 '쓰다'의 뜻을 지닌다.

갑골문	금문	소전	예서
			用

옛날의 종(樂鐘)

『설문해자』에서 用자는 "시행할 수 있다는 것이다. 卜을 따랐고, 中을 따랐다(可施行也. 从卜, 从中)."라고 했다.

그러나 갑골문과 금문 用자를 살피면 卜자와 中자로 이뤄진 자형으로 보이지 않는다. 그 외에 문자학자(文字學者)들에 따라 잘라낸 대나무 마디, 시렁 위의 방망이, 울타리의 형상, 쇠북(종)과 같은 악기 등의 여러 견해가 주장되고 있으나 무엇을 나타낸 한자인지 정론(定論)이 없다. 하지만 그 가운데 가장 마땅한 하나의 견해를 택한다면 마지막의 쇠북(종)과 같은 악기를 나타낸 것이 아닐까 여겨진다.

특종

예부터 쇠북(종)은 사람들에게 하루의 중요한 때를 알려주는 역할을 하는 데 쓰였다. 뿐만 아니라 나라에 중요한 의식이 있으면 그 위엄을 더하기 위해 음악을 연주했는데, 그런 음악을 연주할 때는 맨 처음 쇠북(종)이 하나 달린 악기인 특종(特鐘)을 쳐서 그 의식을 시행했다. 의식을 시행하는 데 음악의 시작을 알리는 일은 매우 중요했다. 쇠북(종)은 음악의 시작을 알리는 데 쓰는 중요한 악기이기에 이를 나타냈다 여긴 用자가 '쓰다'의 뜻을 지니게 된 것으로 보인다. 실제로 한자사전에 보면 用자는 '쇠북(종)'의 뜻을 지니기도 하

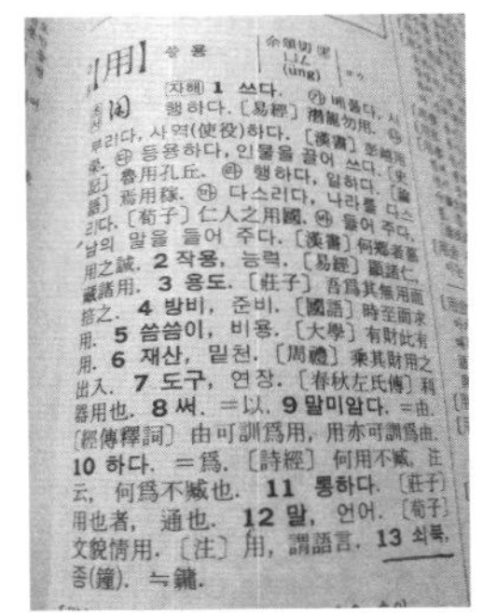
[用]

[자해] 1 쓰다. ㉮ 베풀다, 행하다. 〔易經〕 潛龍勿用. ㉯ 부리다, 사역(使役)하다. 〔漢書〕 ㉰ 등용하다, 인물을 끌어 쓰다. 〔史記〕 ㉱ 행하다, 일하다. ㉲ 다스리다, 나라를 다스리다. 〔荀子〕 仁人之用國. ㉳ 들어 주다, 남의 말을 들어 주다. 〔漢書〕 2 작용, 능력. 〔易經〕 3 용도. 〔莊子〕 4 방비, 준비. 〔國語〕 時至而求用. 5 씀씀이, 비용. 〔大學〕 有財此有用. 6 재산, 밑천. 〔周禮〕 乘其財用之出入. 7 도구, 연장. 〔春秋左氏傳〕 器用也. 8 써. =以. 9 말미암다. =由. 〔經傳釋詞〕 由可訓爲用, 用亦可訓爲由. 10 하다. =爲. 〔詩經〕 何用不臧. 箋云, 何爲不臧也. 11 통하다. 〔莊子〕 用也者, 通也. 12 말, 언어. 〔荀子〕 文貌情用. 〔注〕 用, 謂語言. 13 쇠북, 종(鐘). ≒鏞.

用자 풀이(동아출판사)

는 한자다. 뿐만 아니라 用자가 덧붙여진 甬(용)자도 쇠북(종)과 관련된 '쇠북꼭지'의 뜻을 지니고, 다시 金(금)자가 덧붙여진 鏞(용)자도 그 뜻이 '쇠북(종)'임을 볼 때에 그 견해가 더욱 믿음이 간다할 수 있겠다.

쇠북(종)의 모양에서 비롯되었다 여겨지는 用자는 一回用(일회용)이나 男女共用(남녀공용)에서처럼 '쓰다'의 뜻을 지니면서 無用之物(무용지물)에서처럼 '쓰이다'의 뜻을 지니기도 한다. 그 외에 用자는 費用(비용)에서처럼 '씀씀이'의 뜻을 지니기도 하며, 用途(용도)에서처럼 '쓸데'의 뜻을 지니기도 한다. 뿐만 아니라 用자는 運用(운용)이나 效用(효용)에서처럼 '작용'의 뜻으로도 쓰이고 있다.

일회용 나무(한국방송광고공사, 김진경)

用자 부수에 속하면서 오늘날 비교적 자주 쓰이는 한자는 甫[클 보]자뿐이다. 그러나 甫(보)자는 자형의 일부가 用자를 닮아 그 부수에 속하게 된 것이지 그 고문자 자형을 살피면 전혀 관련이 없다. 반면에 그 부수에 속하는 甬[쇠북꼬지 용]자는 자체적(自體的)으로 자주 쓰이지는 않지만 用자가 글자 구성에 도움을 주면서 음의 역할을 한다. 나아가 甬(용)자는 다시 踊[뛸 용], 俑[허수아비 용], 勇[날랠 용=勈], 涌[샘솟을 용=湧], 慂[권할 용], 誦[욀 송], 通[통할 통], 痛[아플 통], 桶[통 통], 筩[대통 통]자에서 음의 역할을 한다.

갑골문 甫자

勇자 강희자

102 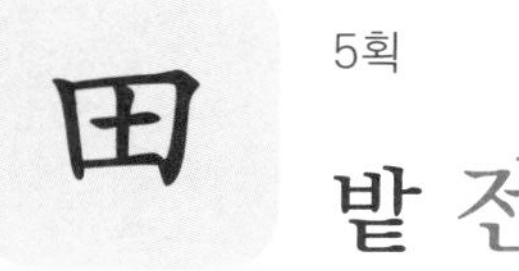

5획

밭 전

물을 넣지 않고 작물을 심어 가꾸는 땅이 밭이다. 옛날 사람들은 그 밭에 벼나 보리 등의 볏과에 속하는 작물도 심었다. 오늘날에도 우리나라 일부 지역에서는 여전히 밭벼를 심는 이들이 있다. 하지만 볏과에 속하는 작물, 특히 주식이 되는 볍쌀을 얻는 벼는 물을 좋아해 후대로 내려오면서 많은 시간 동안 물을 넣어 두는 상태의 땅에서 가꾸었다. 이에 우리나라는 물을 뜻하는 水자를 덧붙인 畓[논 답]자를 만들어 '논'을 뜻하게 하고, 田자는 물을 넣지 않고 작물을 심어 가꾸는 땅인 '밭'을 뜻하게 되었다.

섬진강과 평사리 들녘의 논

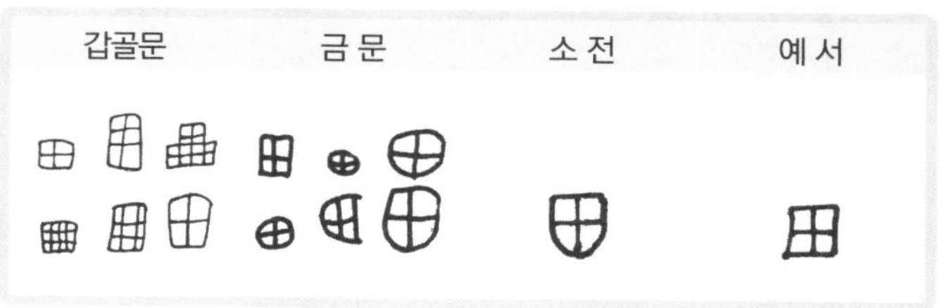

제주의 돌담밭

『설문해자』에서 田자는 "늘어놓은 것이다. 곡식 심는 곳을 田이라 한다. 네 개의 口을 본떴고, 十은 두렁으로 제한된 곳이다(陳也. 樹穀曰田. 象四口, 十, 阡陌之制也)."라고 했다.

갑골문 田자 자형은 대체로 사각(四角)의 모양 안에 가로와 세로로 몇 개의 선이 표현된 농토를 나타냈다. 그 자형에서 밖으로 에워싼 선은 사방의 경계를 나타냈고, 가운데 十의 형태는 『설문해자』에서 풀이했듯 두렁을 나타냈다. 이렇게 田자에 두렁이 표현되어 있음은 당시에 이미 사유재산제도(私有財産制度)가 실시되었음을 알게 해주는 것이다. 금문에서도 田자는 다양하게 쓰이고 있지만 소전은 이전보다 좀 더 간략한 형태로 쓰이고 있다.

원래 모든 곡식을 심는 농토를 뜻했던 田자는 南田北畓(남전북답)에서처럼 '밭'의 뜻뿐만 아니라 田獵(전렵)에서처럼 '사냥하다'의 뜻을 지니기도 한다. 아주 옛날 사람들은 농사를 짓기 위해 산기슭이나 들판에 불을 질러 짐승을 사냥하고, 불타고 남은 자리를 일구어 밭을 만들었기 때문이다. 여전히 田자는 我田引水(아전인수)에서처럼 '논'의 뜻으로도 쓰이고 있고, 鹽田(염전)에서처럼 '밭 모양을 한 것'의 뜻으로도 쓰이고 있다. 그 외에 田자는 '심다'나 '밭 갈다', 혹은 '생업'이나 '농업' 등의 다양한 뜻을 지니기도 한다.

불 질러 밭을 만드는 사람

田자를 부수로 삼는 한자는 대체적으로 농사를 짓는 땅의 뜻과 관련이 있다. 그런 한자는 다음과 같다.

갑골문 甲자

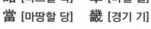

男 [사내 남]	町 [밭두둑 정]	**界 [지경 계]**	**畓 [논 답]**
留 [머무를 류]	畔 [두둑 반]	**略 [다스릴 략]**	**畢 [마칠 필]**
番 [차례 번]	畸 [뙈기밭 기]	**當 [마땅할 당]**	**畿 [경기 기]**
疆 [지경 강=畺]	疇 [밭두둑 주]		

갑골문 畏자

위 한자 외에 **甲[갑옷 갑]**, **申[아뢸 신]**, **由[말미암을 유]**, **畏[두려워할 외]**, **畜[가축 축]**, **異[다를 이=異]**, **畫[그림 화=畵(속자)]**, 疊[겹쳐질 첩]자도 田자 부수에 속한다. 하지만 이들 한자는 그 자원이 田자와 아무 관련이 없다. 그 한자의 일부가 田자를 닮아 그 부수에 속하게 된 것뿐이다. 그처럼 다른 부수에 속하는 思[생각 사=恖], 毗[도울 비=毘, 毘], 毘[도울 비=毘, 毗], 胃[밥통 위], 雷[우레 뢰]자에 공통으로 보이는 형태도 田자와 관련이 없다. 반면에 鈿[비녀 전], 畋[사냥할 전], 佃[밭갈 전]자에서는 田자가 글자 구성에 도움을 주면서 음의 역할을 하고 있다.

금문 異자

소전 思자

103

5획

발 소

신체의 맨 아래에 있으면서 바닥을 딛고 멈춰 서 있거나 움직일 때에 가장 중요한 역할을 하는 부위가 발이다. '제 2의 심장'이라 불릴 만큼 중요한 것이 발이다. 疋자는 그 '발'을 뜻한다.

갑골문	금문	소전	예서

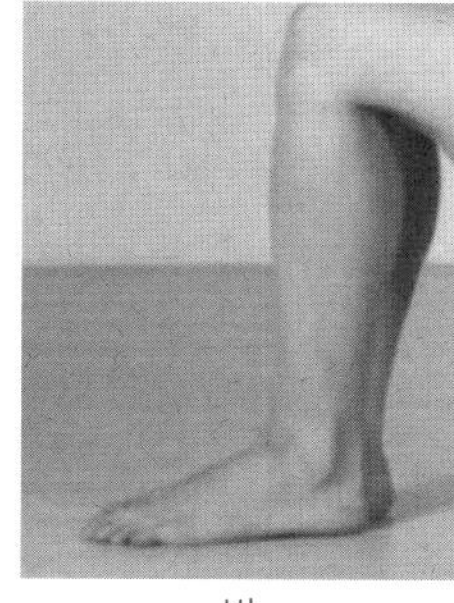

발

『설문해자』에서 疋자는 "발이다. 위는 장딴지를 본떴고, 아래는 발을 따랐다(足也. 上象腓腸, 下从止)."라고 했다.

갑골문 疋자 자형도 좀 복잡해 보이나 정강이와 장딴지까지 보이는 종아리가 포함된 발을 나타냈다. 금문 疋자는 그 자형이 좀 생략된 형태로 나타나 있으며, 다시 소전 과정을 거쳐 예서에서 오늘날처럼 쓰이고 있다. 疋자가 하나의 문자 구성에 도움을 줄 때는 그 자형이 약간 바뀌어 ⺪의 형태로도 쓰이고 있다.

疋자는 발에서 비롯된 한자기 때문에 본래 뜻이 '발'이다. 그러나 한(漢)나라 때부터 疋자는 匹[짝 필]자와 통용되었기 때문에 '짝 필'이라 이르기도 한다. 뿐만 아니라 疋자는 '바르다'의 뜻을 지니면서 '아'의 음으로도 읽힌다. 이는 疋자가 '바르다'의 뜻을 지닌 正(정)자의 이체자(異體字)인 疋자와 비슷하기 때문에 '바르다'의 뜻을 얻으면서 다시 '바르다'의 뜻을 지닌 雅[바를 아]자와 통용되었기 때문으로 보인다.

疋(⺪)자 부수에 속하며 익히 쓰이는 한자는 **疏[트일 소=疎]**자와 **疑[의심할 의]**자뿐이다. 더구나 疏자는 疋(⺪)자가 음의 역할을 한다. 그처럼 楚[모형 초]자나 胥[서로 서]자도 疋(⺪)자가 음의 역할을 한다. 蛋[새알 단]자나 旋[돌 선]자는 疋(⺪)자가 뜻의 역할을 한다.

104

5획

병들 녁

오늘날과 달리 효과적인 치료 방법이 없었던 옛날에는 병든 사람의 사망률이 매우 높았다. 때문에 일단 병이 들면 가장 나쁜 결과를 예측해 병든 사람을 임시로 만든 침상 위에 올려두고 돌봤다. 그렇게 하는 것이 돌보는 데도 용이할 뿐만 아니라 돌보는 이가 침상 위의 병든 사람을 보기만 해도 금방 무슨 일이 일어났는지 알 수 있었기 때문이다. 이렇게 침상 위에 병든 사람이 누워 있는 모습으로 '병들다'의 疒자가 만들어졌다.

갑골문	금문	소전	예서

병자와 저승사자들

『설문해자』에서 疒자는 "기대는 것이다. 사람이 병이 있어 아픈 것이다. 기대어 붙어있는 형상을 본떴다(倚也. 人有疾痛也, 象倚箸之形)."라고 했다. 병든 사람이 침상에 기대어 있다고 풀이한 것이다.

갑골문 疒자 자형에서도 사람이 침상 위에 누워 있는 모습을 확연히 볼 수 있다. 자형에 보이는 점(點)들은 병든 사람의 땀이나 피를 나타낸 것으로 보인다. 금문 疒자 자형에서는 침상과 사람이 누워 맞닿은 부분이 하나의 획으로 바뀌기 시작했고, 그 자형이 다시 소전 과정을 거쳐 예서에서 오늘날처럼 쓰이고 있다.

疒자는 '병들다'나 '병들어 기대다'의 뜻을 지닌 한자며, 다시 '앓다'의 뜻을 지니기도 하는 한자다. 그러나 오늘날 단독의 문자로 사용되지 않고 부수 역할만 하고 있다.

疒자를 부수로 삼으면 오늘날 익히 쓰이는 한자는 적지 않다. 다음은 그런 한자다.

疥 [옴 개]	**疫 [염병 역]**	疤 [흉 파]	疳 [감질 감]	痀 [곱사등이 구=佝]
疸 [황달 달]	**病 [병 병]**	疵 [흠 자]	疽 [등창 저]	**症 [증세 증]**
疹 [홍역 진]	**疾 [병 질]**	疱 [천연두 포]	**疲 [지칠 피]**	痒 [가려울 양=癢]
痍 [상처 이]	痔 [치질 치]	痕 [흉터 흔]	痙 [심줄 당길 경]	痘 [천연두 두]
痢 [설사 리]	**痛 [아플 통]**	痼 [고질 고]	痰 [가래 담]	痳 [임질 림]
痲 [저릴 마]	痹 [저릴 비]	瘀 [어혈질 어]	瘍 [종기 양]	瘦 [파리할 수]
瘥 [앓을 차]	瘡 [부스럼 창]	瘠 [파리할 척]	瘧 [학질 학]	瘻 [부스럼 루]
癎 [경풍 간=癇]	療 [병 고칠 료]	癌 [암 암]	癖 [적취 벽]	癒 [병 나을 유]
癡 [어리석을 치=痴]	癨 [곽란 곽]	癩 [문둥병 라]	癬 [옴 선]	癮 [두드러기 은]

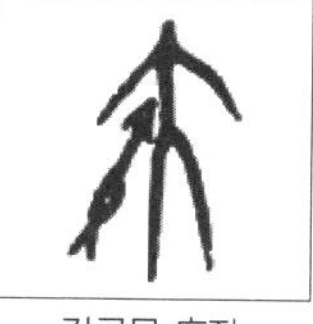
갑골문 疾자

위에서 疒자를 부수로 삼는 한자는 흔히 질병이나 신체 이상(異常)과 관련된 뜻을 지닌다. 이들 한자에는 疒자의 의미가 명확하게 담겨져 있는데, 이런 한자는 후대로 내려올수록 점차적으로 증가되고 있다. 이는 질병에 대해 옛날 사람들이 상당히 잘 알고 있었음을 보여주는 것이다. 그래서인지 서로 다른 질병에 대해서도 각기 다른 한자를 만들었다. 한데 옛날 사람들은 몸이 피로하거나 여윈 것도 병적인 현상으로 생각했고, 어리석은 사람 역시 질병이 든 것으로 생각했다. 따라서 그런 한자도 疒자를 부수로 삼고 있다.

105 癶

5획

걸을 발

지구에 살고 있는 생물체 가운데 자유자재로 걸을 수 있는 존재는 사람뿐이다. 사람은 아주 오랜 옛날 직립을 하면서 비로소 두 발로 걷기 시작했다. 그렇게 걷는 두 발이 위나 앞을 향한 모습에서 비롯된 한자가 '걷다'의 뜻을 지닌 癶자다.

갑골문	금문	소전	예서

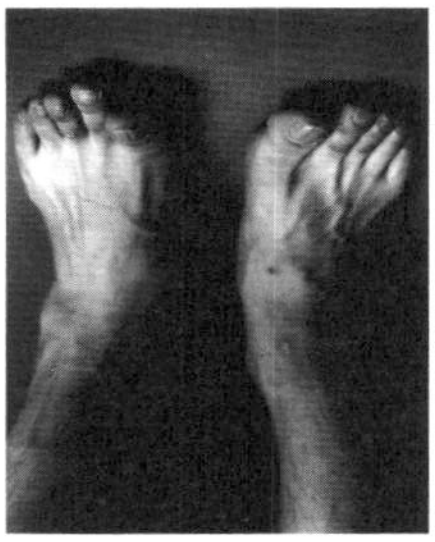

두 발의 모습(박지성)

『설문해자』에서 癶자는 "발이 어그러진 것이다. 止자와 少자를 따랐다. 撥(발)과 같게 읽는다(足剌癶也. 从止·少, 讀若撥)."라고 했다.

갑골문에는 그 자형이 보이지 않는다. 금문 癶자 자형은 두 발이 위나 앞을 향한 모습으로 나타나 있다. 소전 癶자 자형은 두 발을 나타낸 형태의 아래가 八자 모양처럼 생겼고, 그 자형은 좀 더 간략하게 나타낸 예서의 형태로 이어지고 있다.

癶자는 '걷다'의 뜻 외에 '벌리다'나 '등지다'의 뜻을 지니기도 한다. 그러나 오늘날에는 단독의 문자로 사용되지 않기 때문에 그 뜻의 쓰임을 찾아볼 수 없다.

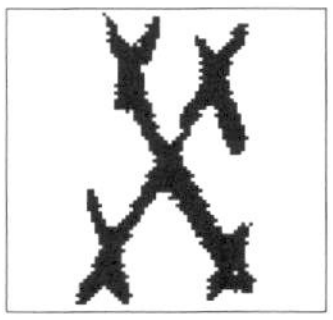

갑골문 癸자

癶자 부수에 속하면서 오늘날 익히 쓰이는 한자는 **癸[열째 천간 계]**, **登[오를 등]**, **發[쏠 발]**자뿐이다. 그러나 그 중에 癸(계)자는 癶자와 전혀 관련이 없다. 하지만 發(발)자는 癶자가 음의 역할을 한다. 發자는 癹[짓밟을 발]자가 음의 역할을 하고, 癹(발)자는 다시 癶자가 음의 역할을 하는 한자기 때문이다. 나아가 發(발)자는 撥[다스릴 발], 醱[술 괼 발], 潑[뿌릴 발]자에서 다시 음의 역할을 한다. 그 음의 변화가 커 보이지만 廢[폐할 폐]자도 發(발)자가 음의 역할을 하는 한자다.

106

5획

흰 백

빛의 삼원색을 합치면 그 색깔은 희다. 하지만 '희다'의 색깔은 아무런 색깔이 없다고 봐야 하는 색이기도 하다. 따라서 희다는 '없다'와 관련되며, 나아가 단순, 순수, 정직, 청결, 순결 등을 상징하는 색깔로 여겨지고 있다. 白자는 그 색깔 '희다'를 뜻한다.

갑골문	금문	소전	예서

심지의 하얀 불덩이

『설문해자』에서 白자는 "서쪽의 색이다. 음(陰)이 사물로 쓰이면, 물건의 빛이 희게 된다. 入을 따르고 二와 합쳐져 있다. 二는 음수다(西方色也. 陰用事, 物色白. 从入合二. 二, 陰數)."라고 했다. 음양오행설(陰陽五行說)에 따라 풀이했으나 그 자원(字源)과 관계없다.

하지만 白자의 고문자인 갑골문이나 금문 자형을 살펴봐도 무엇을 나타냈는지 알아내기 쉽지 않다. 따라서 문자학자들에 의해 주장되는 몇 가지 견해로 그 자원을 짐작해 볼 수밖에 없다. 우선 엄지손가락을 본뜬 모양, 해가 막 솟아오를 때의 모양, 등불이나 촛불의 심지에 타오르는 작은 불덩이 모양에서 생겨난 글자로 보는 견해가 있다. 또 얼굴 모양이나 곡식 알갱이 모양 등으로 보는 견해도 있다.

금문 丶자

白자는 그 외에도 몇 가지 견해가 더 있으나 모두 분명하게 그 자원이라 주장하는 데에는 부족한 여지가 있다. 그래도 그 가운데 白자는 등불이나 촛불의 심지에 타오르는 작은 불덩이 모양과 관련되어 이뤄졌다는 견해가 가장 타당해 보인다. 이는 白자의 고문자인 갑골문이나 금문의 자형이 불똥을 나타낸 丶[불똥 주→003 참고]자의 고문자와 같은 형태를 지니고 있기 때문이다. 작은 불덩이인 불똥이 타오를 때에 비치는 빛과 관련해 白자가 '희다'의 뜻을 지니

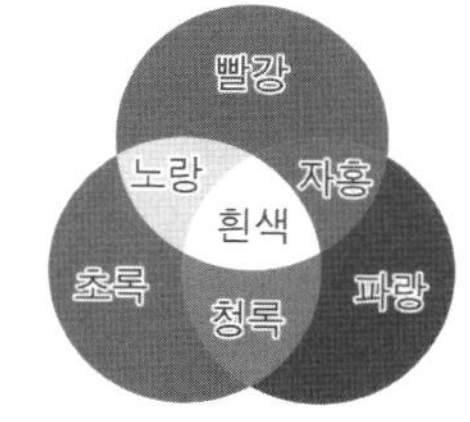

빛의 삼원색

게 되었다고 본 것이다. 빛의 삼원색을 합치면 흰색이 된다. 따라서 불빛으로 새까만 밤을 밝히면 그 밤은 불빛이 빛나는 하얀 밤이 된다. 그처럼 낮을 밝히는 것은 햇빛이다. 따라서 불빛과 관련된 白자는 햇빛과 서로 통하면서 '햇빛'의 '해'와 같은 뿌리에서 나온 '희다'의 뜻을 지니게 된 것으로 보인다. 일부에서는 '희다'라는 말의 어원이 '해'와 관련이 있고, 그 자형이 해에서 비롯된 日[날 일→072 참고]자를 바탕으로 하고 있음을 볼 때에 白자는 해와 관련되어 그 자형이 이뤄졌다 보기도 한다. '희다'는 그 의미가 추상적이기 때문에 그 뜻을 지닌 白자는 구체적인 대상물로 표현되지 못하고 밀접한 관련이 있는 사물로 나타냈는데, 그 자형이 무엇에서 비롯되었는지 앞으로 좀 더 연구가 필요한 한자라 하겠다.

해돋이 풍경

청천백일만지홍기의 백일

현장소장 백

白骨難忘(백골난망)이나 白衣民族(백의민족)에서처럼 '희다'를 뜻하는 白자는 그 색깔이 상징하듯 '없다'는 뜻을 지니기도 하는데, 白痴(백치)나 白手(백수)의 白자가 바로 그런 뜻으로 쓰였다. 뿐만 아니라 白자는 그 의미가 확대되어 潔白(결백)이나 白日下(백일하)에서 보듯 '깨끗하다'나 '밝다'의 뜻을 지니기도 한다.

그 외에도 白자는 告白(고백)이나 獨白(독백)에서처럼 '말하다'의 뜻을 지닌다. 이는 공사장 주변의 길거리에서 볼 수 있는 간판(看板)의 맨 밑에 글에서 우리가 흔히 보는 '현장소장 백'의 '백'이 한자로 白자인 데서도 그 쓰임을 엿볼 수 있다.

갑골문 皇자

白자를 부수로 삼으면서 익히 쓰이는 한자로는 **百[일백 백]**, **的[과녁 적]**, **皆[다 개]**, **皇[임금 황]**, 皎[달빛 교], 皓[흴 호]자가 있다. 그 가운데 皇(황)자는 그 자원(字源)이 白자와 전혀 관련이 없다. 그 자형의 일부에 白자의 형태가 덧붙여져 있어 그 부수에 속하게 된 것뿐이다. 반면에 百(백)자는 白자가 글자 구성에 도움을 주면서 음의 역할을 한다. 그처럼 白자가 음의 역할을 하는 한자는 적지 않다. 이를 그 한자의 음에 따라 구분해 살펴보면 다음과 같다.

1. 백으로 읽히는 한자

百 [일백 백]　伯 [맏 백]　柏 [나무이름 백=栢]　魄 [넋 백]　帛 [비단 백]

2. 박으로 읽히는 한자

迫 [닥칠 박]　舶 [큰 배 박]　拍 [칠 박]　泊 [배 댈 박]　箔 [발 박]
珀 [호박 박]

그 외에 그 음이 약간 더 변화됐지만 碧[푸를 벽]자와 貊[북방종족 맥]자에서도 白자가 글자 구성에 도움을 주면서 음의 역할을 한다.

107 皮 5획 가죽 피

짐승 가죽에는 털을 제거한 것과 털이 붙어 있는 것이 있다. 皮자는 털이 있는 가죽을 나타내는 한자다. 반면에 皮자와 똑같은 뜻을 지닌 革[가죽 혁→177 참고]자는 털을 제거한 가죽을 나타내는 한자다. 짐승 가죽은 부드럽고 질기며 화려한 빛깔을 지니고 있으므로 예부터 옷 만드는 재료로 흔히 사용되었다. 皮자는 그처럼 옷 등을 만드는 데 사용된 '가죽'을 뜻한다.

갑골문	금 문	소 전	예 서
			皮

『설문해자』에서 皮자는 "짐승 가죽 벗기는 것을 皮라고 한다. 又를 따르고, 爲의 생략된 형태는 음이다(剝取獸革者謂之皮. 从又, 爲省聲)."라고 했다.

'爲의 생략된 형태는 음이다'라는 풀이는 잘못이지만 금문에 皮자 자형도 눕힌 짐승 몸에서 손으로 가죽을 벗기는 모양을 나타낸 것으로 보인다. 皮자는 이후의 소전 자형에서 좀 더 간략한 형태로 쓰이다가 오늘날의 형태로 정형되었다.

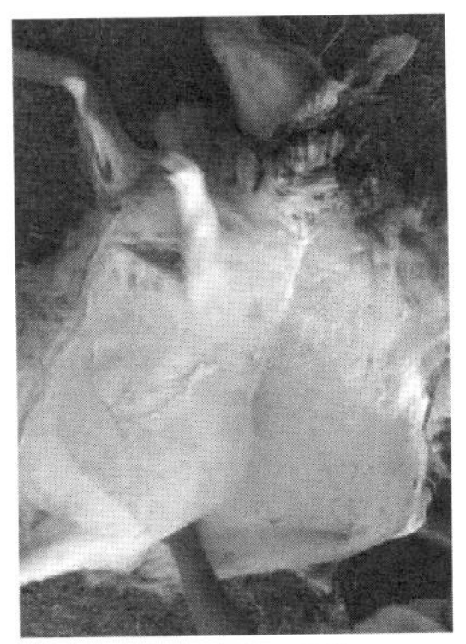
가죽 벗기는 모양

皮자는 鐵面皮(철면피)나 虎死留皮(호사유피)에서처럼 주로 동물의 표피(表皮)인 '가죽'의 뜻으로 쓰이지만 楡根皮(유근피)나 草根木皮(초근목피)에서처럼 그 의미가 확대되어 식물의 표피인 '껍질'이나 '껍데기'의 뜻을 지니기도 한다. 또한 皮자는 皮封(피봉)이나 皮相的(피상적)에서 보듯 사물의 표면인 '겉'을 뜻하기도 한다.

皮자 부수에 속하면서 익히 쓰이는 한자는 없다. 하지만 皮자가 음의 역할을 하는 한자는 적지 않다. 被[입을 피], 疲[고달플 피], 彼[저 피], 披[헤칠 피], 波[물결 파], 破[깨질 파], 婆[할미 파], 坡[비탈 파], 頗[치우칠 파], 跛[절뚝발이 파]자 등이 그런 한자다.

108

皿

5획

그릇 명

그릇은 주위에서 쉽게 구할 수 있는 흙을 재료로 이용해 자유롭게 다룰 수 있기 때문에 비교적 다양한 형태로 만들어져 여러 용도로 사용된다. 그러나 그릇이 인간에 의해 처음으로 만들어졌을 때에는 물을 담는 것이 주요 목적이었던 것으로 보인다. 그러다 점차적으로 음식이나 곡물을 담거나 저장하는 데 사용되기도 했다. 皿자는 그런 '그릇'을 뜻한다.

옛날의 그릇

『설문해자』에서 皿자는 "밥을 먹는 데 쓰는 그릇이다. 형상을 본떴는데 豆자와 같은 뜻이다. 猛(맹)자와 같게 읽는다(飯食之用器也. 象形, 與豆同意. 讀若猛)."라고 했다.

갑골문에 보이는 皿자 자형도 대체로 위에 음식을 담을 만한 오목한 부분이 있으며, 아래에 굽이 있는 그릇을 나타내고 있다. 금문 자형도 갑골문과 비슷하나 음식을 담는 부분이나 굽이 조금씩 낮아지고 있음을 볼 수 있다. 皿자는 그 후 소전을 지나 예서에서 오늘날의 형태처럼 쓰이고 있다.

皿자는 납작한 '그릇'을 뜻하며, 그릇의 '덮개'를 뜻하기도 한다. 오늘날 자주 사용되는 말은 아니지만, 살림살이에 쓰는 그릇을 통틀어 이르는 말인 器皿(기명)이란 어휘에서 그나마 그 쓰임을 엿볼 수 있다.

기명절지화 일부(장승업)

皿자를 부수로 삼는 한자는 일반적으로 물건을 담기 위해 둥그런 입이 있는 그릇이나 잔 종류의 생활 용기와 관련된 뜻을

청동 그릇의 종류

지닌다. 다음은 바로 그런 한자를 그 뜻의 쓰임에 따라 두 유형으로 나눈 것이다.

1. 그릇의 종류를 뜻하는 한자

盂 [바리 우] 盃 [잔 배=杯]
盆 [동이 분] 盒 [합 합]
盞 [잔 잔] **盤 [소반 반]**
盧 [밥그릇 로·성 로]

2. 그릇과 관련된 상태나 활동을 뜻하는 한자

盈 [찰 영] **益 [더할 익]**
盜 [훔칠 도] **盛 [담을 성]**
盟 [맹서할 맹] **監 [볼 감]**
盡 [다될 진]

위 한자 외에 孟[맏 맹], 蓋[덮을 개], 蠱[독 고], 鹽[소금 염]자 등에서 皿자는 글자 구성에 도움을 주지만 부수의 역할은 하지 않고 있다. 아울러 孟(맹)자는 皿자가 음의 역할을 하고, 孟(맹)자는 猛[사나울 맹]자에서 음의 역할을 한다.

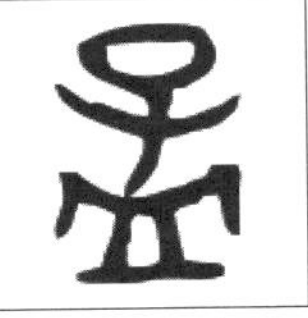
금문 孟자

5획

눈 목

사람 눈에는 눈빛이 있어 정신이 살아 있으면 눈빛이 빛나 보이며, 선한 사람의 경우 눈빛이 온화하고 해맑갛게 보인다. 그렇게 눈은 상대방 마음을 읽을 수 있게 하는 뇌의 일부로 "마음의 창"이라 불리기도 한다. 예부터 사람들은 그 눈을 "몸이 천 냥이면 눈이 구백 냥"이라 하며 아주 소중한 존재로 여겼다. 目자는 그 '눈'을 뜻한다.

갑골문	금 문	소 전	예 서
			目

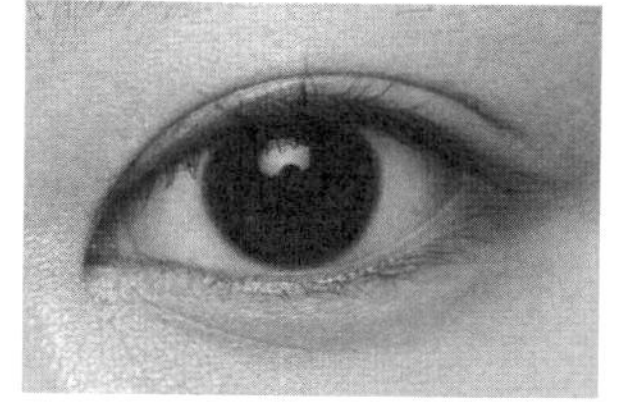

사람의 눈

『설문해자』에서 目자는 "사람의 눈이다. 형상을 본떴다. 겹쳐진 것은 눈동자다(人眼. 象形. 重, 童子也)."라고 했다.

갑골문 目자 자형에서 그 외형은 눈의 전체적인 형태를, 내부는 눈동자를 나타냈다. 금문에서는 이미 눈동자를 간략히 두 선으로 표시한 자형이 엿보이기도 한다. 소전 자형에서는 가로 형태의 눈이 세워진 모양으로 변해 원형과 멀어졌다. 이렇게 세워진 모양이 된 것은 죽간(竹簡)에 세워 쓰기 편했고, 다른 글자와 합쳐져 쓰일 때도 서사법상 편했기 때문이다. 이런 경우는 또 문자가 상형 단계에서 벗어나 한 단계 진보되고 있음을 보여주는 것이다.

目자가 편방으로 덧붙여질 때는 대개 相(상)자나 看(간)자에서처럼 目자로 쓰이지만 夢(몽)자나 蔑(멸)자에서처럼 罒의 형태로도 쓰인다. 그 형태로 쓰인 것은 자체(字體) 가운데 쓰이는 위치가 같지 않기 때문이다.

耳目口鼻(이목구비)나 目不忍見(목불인견)에서처럼 흔히 '눈'의 뜻으로 쓰이는 目자는 눈이 보는 역할을 하는 신체의 한 부위이므로 一目瞭然(일목요연)이나 目不識丁(목불식정)에서처럼 '보다'의 뜻을 지니기도 한다. 또한 무언가 보게 되면 그에 대한 견해를 갖게 되므로 目자는 眼目

(안목)에서처럼 '견해'의 뜻을 지니기도 한다. 그 외에 要目(요목)의 目자는 '중요하다'의 뜻으로 쓰이며, 頭目(두목)의 目자는 '우두머리'의 뜻으로 쓰인다. 이는 눈이 인체에서 차지하는 실제적인 위치나 상징적인 위상과 관련되어 만들어진 뜻이다. 뿐만 아니라 옛날 사람들은 눈이 테두리를 두른 곳에 들어 있다고 생각해 그처럼 테두리를 두른 물건에도 目자를 사용했다. 五目(오목)에서처럼 '바둑판의 눈'을 目이라 한 것이 바로 그런 경우다. 나아가 目자는 얼굴에서 눈이 차지하는 위치와 같게 하나의 종이 위에 글을 쓸 때에 표제의 이름을 써넣기에 題目(제목)이나 名目(명목)에서처럼 '이름'을 뜻하기도 하고, 그렇게 쓰인 여러 목록과 관련해 物目(물목)이나 作目(작목)에서처럼 '목록'을 뜻하기도 한다. 아울러 분류학상 큰 항목 가운데에서 나눠진 작은 항목인 '조목'을 나타내기도 하는데, 德目(덕목)이나 曲目(곡목)에 보이는 目자가 바로 그런 뜻으로 쓰였다.

目자를 부수로 삼는 한자는 눈과 관련된 기관이나 눈의 역할과 관계있는 뜻을 지닌다. 이를 그 뜻의 쓰임에 따라 구분하면 다음 세 가지 유형으로 볼 수 있다.

1. 눈이나 눈과 관련된 기관을 나타내는 한자

眼 [눈 안] 眄 [애꾸눈 면] **眉 [눈썹 미]** 眸 [눈동자 모] 睛 [눈동자 정] 瞳 [눈동자 동]

2. '보다'의 뜻을 지닌 한자

看 [볼 간] **相 [볼 상·서로 상]** 眈 [노려볼 탐] 眷 [돌아볼 권] 眺 [바라볼 조] **督 [살펴볼 독]** 睹 [볼 도] 瞰 [볼 감] 瞥 [언뜻 볼 별] 瞻 [볼 첨]

3. '보다'라는 뜻 외에 눈의 활동이나 상태와 관련된 한자

盲 [소경 맹] **直 [곧을 직]** **省 [살필 성(생)]** **眠 [잠잘 면]** 眩 [아찔할 현] **睦 [화목할 목]** **睡 [졸 수]** 瞑 [눈감을 명] 瞋 [부릅뜰 진] 瞞 [속일 만] 瞭 [밝을 료] **瞬 [눈 깜작일 순]**

위와 같이 目자 부수에 소속된 한자는 모두 눈과 관련되는 뜻을 나타내지만 어떤 한자의 뜻은 한자를 잘 모르는 이들이 이해하기 힘들게 되어 있다. 盾[방패 순], **眞[참 진]**, **着[붙을 착]**, 矗[우거질 촉]자 등이 바로 그런 경우의 한자인데, 眞(진)자나 着(착)자는 그 자원이 눈과 전혀 관련이 없다.

110 矛

5획

창 모

사람이 가장 만들기 쉬운 무기가 창이다. 단순히 기다란 나무나 대(대나무)의 끝을 뾰족하게 만들기만 해도 되기 때문이다. 또한 만드는 시간도 많이 들지 않을 뿐만 아니라 만드는 비용도 많이 들지 않는다. 그러나 상대를 해치는 파괴력은 적지 않는 무기다. 矛자는 戈[창 과→062 참고]자와 더불어 그 '창'을 뜻한다.

갑골문	금문	소전	예서

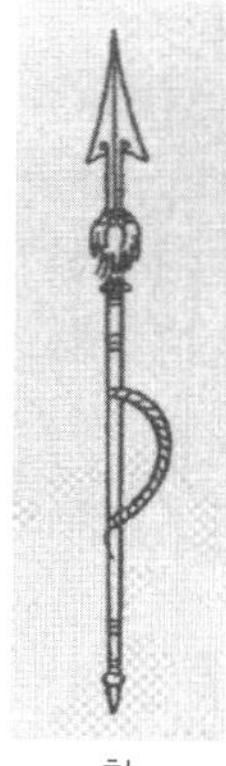
창

『설문해자』에서 矛자는 "창이다. 전차에 세우는데 길이는 2장이다. 형상을 본떴다(酋矛也. 建於兵車, 長二丈. 象形)."라고 했다.

하지만 갑골문에 矛자 자형은 보이지 않는다. 금문에서 矛자는 긴 자루 위에 뾰족한 창날이 달려 있는 무기 형상으로 나타나 있다. 옆에는 고리가 하나 달려 있어 장식물을 달 수 있도록 되어 있다. 소전 이후 矛자는 금문 자형과 비교하면 그 형태가 많이 변화되어 있다. 그 후에 矛자는 예서 과정을 거쳐 오늘날 쓰이는 형태로 고정되었다.

휘둘러 베는 부분이 있는 창 모양에서 이뤄진 戈(과)자와 달리 矛자는 찌르는 부분만으로 이뤄진 '창'을 뜻한다. 오늘날에는 그 모양에 관계없이 창을 일반적으로 이르는 의미로 사용되고 있다. 矛자는 익히 사용되는 어휘로 矛盾(모순)이란 말 외에 거의 쓰이지 않고 있다.

矛자 부수에 속하는 한자로는 矜[창 자루 근·자랑할 긍]자 단 한 자만 비교적 자주 쓰이고 있다. 그러나 矛자는 자신이 음의 역할을 하는 茅[띠 모], 務[일 무], 霧[안개 무], 柔[부드러울 유], 蹂[밟을 유]자 등에서 여전히 그 쓰임을 엿볼 수 있다.

갑골문 戈자

111 矢

5획

화살 시

사람들로 하여금 반드시 적이나 짐승에게 가까이 접근하지 않고도 살상할 수 있는 능력을 갖게 하는 무기가 바로 화살이다. 화살은 상대에게 근접해서 일어나는 위험을 피할 수 있게 하는 이점(利點)이 있는 무기인 것이다. 矢자는 바로 그 '화살'을 뜻하는 한자다.

갑골문	금 문	소 전	예 서

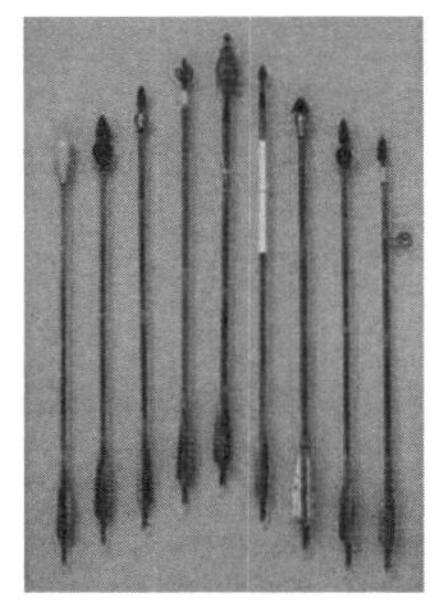

여러 형태의 화살

『설문해자』에서 矢자는 "활과 쇠뇌의 화살이다. 入을 따르고, 촉과 대와 깃의 형상을 본떴다(弓弩矢也. 从入, 象鏑·栝·羽之形)."라고 했다.

갑골문에 矢자도 화살을 나타냈는데, 촉이 뭉툭한 형태와 뾰족한 형태로 되어 있다. 금문 矢자 자형은 촉이 뾰족한 형태가 바탕이 되었으나 소전 이후 자형은 화살의 원래 형태를 잃고 있다.

애초에 화살은 상대를 해치기 위해 끝이 날카로운 촉으로만 되어 있었다. 그러나 후대로 내려오면서 사용처에 따라 그 촉도 다양하게 바뀌었다. 어떤 것은 상대를 산 채로 잡기 위해 맞으면 정신을 잃도록 끝을 뭉툭하게 만들었고, 어떤 것은 경계의 신호로 사용하기 위해 소리가 나도록 만들었다. 우리가 쓰는 말 가운데 嚆矢(효시)가 바로 소리가 나도록 만든 화살과 관련이 있다. 뿐만 아니라 矢자는 그 모양에 의해 '바르다'를 뜻하기도 하고, 그 쓰임에 의해 '맹세하다'를 뜻하기도 한다.

矢자 부수에 속하는 한자에는 **矣[어조사 의]**, **知[알 지]**, **短[짧을 단]**, 矮[키 작을 왜], **矯[바로잡을 교]**자가 있다. 그 중에 知(지)자는 矢자가 음의 역할을 한다. 그처럼 矢자는 疾[병 질]자나 雉[꿩 치]자에서도 음의 역할을 한다.

금문 知자

112 石

5획

돌 석

인류 문화는 1백만여 년 전 돌을 깨뜨려 도구를 만들어 사용한 구석기시대를 기점(起點)으로 발달해 왔다. 돌은 인류가 가장 먼저 쉽게 이용한 자연적 재료로 단단하며 잘 닳지도 않는다. 더구나 깨진 돌 조각은 날카로운 모서리가 있어서 무엇인가 절단을 하거나 짐승을 잡을 때 이상적인 도구로 사용되었다. 石자는 그 '돌'을 뜻한다.

갑골문	금문	소전	예서

석기시대 돌도끼

『설문해자』에서 石자는 "산에 있는 돌이다. 언덕의 아래에 있고, 口는 형상을 본떴다(山石也. 在厂之下, 口, 象形)."라고 했다.

하지만 갑골문 石자 자형을 보면 口의 형태가 없이 쓰이기도 하는데, 이는 인류 최초의 도구인 돌도끼를 나타낸 것으로 보인다. 그 형태가 금문 이후에 厂의 형태로 바뀌면서 『설문해자』에서는 이를 언덕으로 본 것이다. 만약 厂의 형태가 언덕이라면 갑골문에 口의 형태가 없이 쓰이는 돌을 뜻하는 자형은 없었을 것이다. 따라서 石자는 그냥 언덕 아래에서 흔히 볼 수 있는 돌덩이가 아니라 사람이 필요에 의해 만들어 쓴 돌도끼를 나타냈다 여기는 것이 더 마땅해 보인다.

石자는 나중에 돌도끼에서 비롯된 그 원래의 뜻인 돌을 더욱 분명히 하기 위해 돌을 덧붙였거나 돌로 만들어진 석기, 또는 돌도끼로 판 구덩이를 나타냈다 여겨지는 口의 형태가 덧붙여진 것으로 보인다. 그렇게 정형된 石자는 다시 소전과 예서의 과정을 거쳐 오늘날은 厂의 형태 부분을 丆의 형태로 쓰고 있다.

黑曜石(흑요석)이나 大理石(대리석)이나 麥飯石(맥반석)에서처럼 '돌'을 뜻하는 石자는 돌과 관련된 기물인 비석, 돌로 만든 악기, 돌침 등의 뜻을 지니기도 한다. 뿐만 아니라 齒石(치석)이나 結石(결석)에서처럼 돌처럼 여겨지는 물질을 뜻하는 데도 쓰이고 있다. 나아가 石자는 돌이 단단한 물질이기 때문에 鐵石肝腸(철석간장)이나 金石之交(금석지교)에서처럼 '단단하다'의 뜻을 지니기도 한다. 아울러 石자는 돌이 우리 주위에서 쓸모없을 정도로 많이 있기 때문에 石女(석녀)에서처럼 '쓸모없음'을 뜻하기도 한다. 그 외에 돌이 비교적 무거운 물질이기 때문에 무게의 단위로도 쓰이고 있다. 萬石洑(만석보)나 萬石君(→만석꾼)의 石자나 효녀 심청이 몸을 판 값으로 받은 공양미(供養米) 三百石(삼백석)의 石자가 바로 그런 뜻으로 쓰였다.

石자를 부수로 삼는 한자는 그 뜻이 돌이나 돌처럼 여겨지는 물질 등과 관련이 있다. 이를 그 뜻의 쓰임에 따라 나누면 대체로 다음 네 부류가 있다.

1. 돌의 유형과 관련된 한자

乭 [돌 돌] 砂 [모래 사=沙] **碧 [푸른 옥돌 벽·푸를 벽]** 磐 [너럭바위 반]
磁 [자석 자] 礁 [물에 잠긴 바위 초] 礫 [조약돌 력]

2. 돌로 만들어진 기물과 관련된 한자

砦 [울타리 채] 砭 [돌침 폄] 砲 [대포 포] 硯 [벼루 연] 碁 [바둑 기=棋]
碑 [비석 비] 碇 [닻 정] 磬 [경쇠 경] **礎 [주춧돌 초]**

3. 돌과 관련이 있는 활동이나 상태를 나타낸 한자

破 [깨뜨릴 파] **研 [갈 연]** **硬 [굳을 경]** 碌 [돌 모양 록] 碎 [부술 쇄]
磋 [갈 차] **確 [굳을 확=碻]** **磨 [갈 마]** 礙 [거리낄 애=碍]

4. 화학물질과 관련된 한자

砒 [비상 비] 硅 [규소 규] 硃 [주사 주] 硫 [유황 류] 硝 [초석 초]
硼 [붕사 붕] 礬 [명반 반]

위에서 네 번째 부류의 화학물질과 관련된 한자들은 금속(金屬)과 관련 없고 광석(鑛石)과 관련이 있기 때문에 石자를 부수로 삼고 있다. 그 외에 碩[클 석]자도 그 부수에 속하나 石자가 뜻의 역할을 하지 않고 음의 역할을 한다. 그처럼 拓[넓힐 척·박을 탁]·斫[벨 작]·妬[시기할 투]자도 石자가 음의 역할을 한다.

113 示

5획

보일 시

옛날 사람들은 영적인 힘을 빌려 다른 종족과 싸우거나 요사(妖邪)한 기운(氣運)의 해침을 받지 않도록 자기를 보호하기 위해 외경(畏敬)스런 마음을 기탁(寄託)할 수 있는 대상에게 제사를 지냈다. 제사를 지내는 과정에서 사용된 제탁(祭卓)에서 '보이다'의 뜻을 지닌 示자가 만들어졌다. 제사를 한자로 祭[제사 제]자와 祀[제사 사]자로 쓰는데, 두 한자에 공통으로 示자가 덧붙여진 것도 그 때문이다.

갑골문	금문	소전	예서

옛날의 제탁

『설문해자』에서 示자는 "하늘이 징후를 드리워 길흉을 나타내며 사람에게 보여주는 것이다. 二를 따랐고, 세 개의 드리운 것은 해와 달과 별이다. 천문을 보며 그로써 때의 변화를 살핀다. 示는 신의 일이다(天垂象, 見吉凶, 所以示人也. 从二, 三垂, 日月星也. 觀乎天文, 以察時變, 示, 神事也)."라고 하며 다소 철학적인 풀이를 하고 있다.

하지만 갑골문 示자 자형은 의식(儀式)에 사용된 제탁으로 보인다. 그 자형이 다양하지만 제탁인 丅의 형태를 기본으로 위나 아래에 짧은 선이 덧붙여진 형태로 이뤄져 있다. 그렇게 짧은 선이 덧붙여진 형태가 이후 금문과 소전의 과정을 거쳐 예서에서도 같은 형태로 쓰이고 있다. 丅의 형태는 집 안에서 제사를 지내는 모양을 나타낸 寧[편안할 녕]자에서도 살펴볼 수 있다.

금문 寧자

示자는 원래 '제탁'을 뜻했으나 오늘날 示威(시위)나 示範(시범)에서 보듯 흔히 '보이다'의 뜻으로 쓰이고 있다. 이는 신(神)이 좋은 일이나 나쁜 일을 사람에게 보여 알릴 수 있는 능력이 있다고 여긴 옛날 사람들이 제탁에 제물을 올려 신으로 하여금 흠향(歆饗)하게 하고, 그 영험함을 사람에게 보이기를 바랐던 데서 비롯된 뜻이다. 그 외에 示자는 告示(고시)나 明示(명시)에서처럼 '알리다'의 뜻을 지니기도 한다. 아울러 示자는 視[볼 시]자와 통용(通用)되면서 '보다'의 뜻을 지니기도 한다.

풍곡 제각(남원군 산동면 목동리)

示자 부수에 속하는 한자는 대체로 그 뜻이 신이나 화복, 또는 신에 대한 숭배 활동과 관련이 깊다. 이를 그 뜻의 쓰임에 따라 구분하면 크게 다음 세 부류로 볼 수 있다.

1. 귀신에 대한 한자

社 [토지의 신 사] 祇 [토지의 신 기] **神 [귀신 신]**

2. 제사나 그 행위와 관련된 한자

祀 [제사 사] **祈 [빌 기]** 祛 [떨어 없앨 거] 祕 **[숨길 비=秘]** 祠 [사당 사]
祐 [도울 우] **祖 [조상 조]** **祝 [빌 축]** **祥 [상서로울 상]** **祭 [제사 제]**
禁 [금할 금] 禦 [막을 어] **禪 [봉선 선]** **禮 [예도 례]** 禱 [빌 도]

3. 화복과 관련된 한자

祉 [복 지] 祚 [복 조] 祜 [복 호] **祿 [복 록]** **福 [복 복]**
禍 [재앙 화] 禧 [복 희]

위 한자 외에 **票[쪽지 표=㶾(본자)]**자도 그 부수에 속한다. 하지만 票(표)자는 그 고문자를 살피면 원래 示자가 아닌 火[불 화]자와 관련된 한자였다. 나아가 示자는 視[볼 시]자나 柰[능금나무 내]자, 또는 柰(내)자에서 비롯된 奈[어찌 내·나락 나]자의 구성에 도움을 주면서 음의 역할을 하기도 한다.

소전 票자

114 禸

5획

짐승 발자국 유

옛날 사람들에게 먹는 것을 해결하는 일은 삶의 궁극적인 목표였다. 그 목표를 해결하기 위해서는 열매를 채취하거나 짐승을 사냥해야만 했다. 열매는 찾기만 하면 해결이 되었지만 짐승은 사람을 피해 도망 다니기 때문에 이를 쫓아 잡아야 했다. 짐승을 쫓기 위해서는 짐승 발자국을 잘 분별해야 했는데, 그런 상황에서 '짐승 발자국'을 뜻하는 禸자가 이뤄진 것으로 보인다.

갑골문	금 문	소 전	예 서

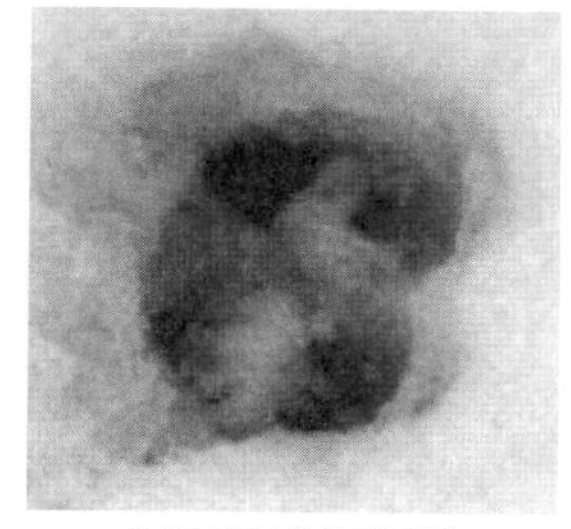
초식동물 발자국(산양)

『설문해자』에서 禸자는 "짐승 발이 땅을 밟은 것이다. 蹂(유)는 전서로 발을 따랐고, 柔(유)는 음이다(獸足蹂地也. 蹂, 篆文从足, 柔聲)."라고 했다.

하지만 갑골문에 禸자 자형은 보이지 않는다. 단지 금문에서 몇몇 자형이 보이는데, 모두 짐승의 뭉툭한 발자국을 본뜬 모양으로 보인다. 소전과 예서의 禸자 자형도 금문 자형과 유사하게 쓰이고 있다.

禸자는 '짐승 발자국'의 뜻을 지니나 단독의 문자로 그 쓰임이 전혀 없다. 오늘날은 단지 부수의 역할만 하고 있다.

禸자 부수에 속하면서 오늘날 비교적 자주 쓰이는 한자는 禹[벌레 우·하우씨 우]자와 **禽[날짐승 금]**자뿐이다. 그 외에 禺[긴꼬리원숭이 우], 离[흩어질 리], 禼[사람 이름 설=卨]자도 禸자 부수에 속하나 이들 한자는 그 쓰임이 많지 않다. 다만 이들 한자는 자주 쓰이는 遇[만날 우], 愚[어리석을 우], 偶[짝 우], 寓[머무를 우]자와 離[흩어질 리], 璃[유리 리], 螭[교룡 리]자와 竊[훔칠 절]자에서 다시 음의 역할을 하고 있다.

금문 禽자

115  5획

벼 화

벼는 지구의 절반 이상 사람이 주식으로 삼는 곡물이다. 한자문화권의 사람도 많은 사람들이 곡물 가운데 벼를 주식으로 삼고 있는데, 그렇다 보니 벼는 모든 곡물을 대표하기도 한다. 벼는 볏과에 속하는 곡물을 아우르며, 볏과에 속하는 곡물은 벼 외에 보리나 밀, 조, 기장, 귀리, 수수, 율무 등이 있다. 禾자는 그런 볏과 곡물의 일반적인 모양에 착안하여 만들어지면서 그 뜻이 '벼'가 되었다. '벼'만을 뜻하는 한자로는 稻[벼 도]자를 쓰고 있다.

갑골문	금 문	소 전	예 서

벼가 자라는 모양

『설문해자』에서 禾자는 "좋은 곡식이다. 2월에 자라기 시작해 8월에 익으며, 때의 가운데 기운을 얻었기에 禾라고 이른다(禾, 嘉穀也. 二月始生, 八月而孰, 得時之中, 故謂之禾)."라고 했다.

갑골문 禾자 자형은 벼와 같은 곡물을 나타내고 있다. 자형에서 위는 숙이고 있는 이삭이고, 가운데는 줄기와 가지며, 아래는 뿌리다. 이삭을 드리운 방향은 왼쪽으로도 되어 있고, 오른쪽으로도 되어 있다. 그러나 금문에서는 왼쪽으로 고정되었다. 禾자는 소전을 지나 예서에서 오늘날처럼 쓰이고 있다.

원래 禾자는 볏과의 곡물을 나타냈기 때문에 禾本科(화본과)라는 말에서 보듯 '볏과 곡물'을 뜻했으나 그런 곡물 가운데 벼가 사람들에게 가장 중요하게 여겨진 데서 '벼'의 뜻을 지니게 되었다. '낟알이 많이 달린 벼'를 이르는 嘉禾(가화)의 禾자가 그런 뜻을 지닌다. 나아가 禾자는 '벼농사를 짓다'라는 뜻을 지니기도 한다.

홍콩 영화사 嘉禾(가화) 이미지

禾자 부수에 속하면서 오늘날 비교적 자주 쓰이는 한자는 그 뜻이 대체적으로 곡물의 종류나 곡물과 관련된 활동과 관련이 있다. 이를 그 쓰임에 따라 나누면 다음 세 유형이 있다.

1. 곡물의 종류나 일부를 나타내는 한자

秒 [까끄라기 묘·시간 단위 초] 秧 [모 앙] 稗 [피 패] **種 [씨 종]**
稿 [볏짚 고] **穀 [곡식 곡]** **稻 [벼 도]** 稷 [기장 직] 穗 [이삭 수]

2. 곡물의 상태나 관련된 활동을 나타내는 한자

秀 [빼어날 수] 秉 [잡을 병] **秩 [차례 질]** **移 [옮길 이]** **稀 [드물 희]**
稠 [빽빽할 조] 稚 [어릴 치=穉] 稼 [심을 가] **積 [쌓을 적]** **穫 [거둘 확]**

3. 곡물과 관련이 분명히 드러나지 않는 한자

禿 [대머리 독] **私 [사사 사]** **科 [조목 과]** **秋 [가을 추=龝]** 祕 [숨길 비=秘]
租 [구실 조] 秦 [나라 이름 진] **稅 [구실 세]** **程 [한도 정]** 稜 [모(모서리) 릉]
稟 [곳집 름·녹 품] **稱 [저울 칭=秤]** 稽 [상고할 계] 穩 [평온할 온]

소전 稽자

해서 禾자

위 한자는 모두 禾자와 관련이 있는 것 같으나 그 가운데 稽(계)자에 덧붙여진 禾자만은 원래 나무[木] 끝이 굽어서 자라지 못하는 모양을 본뜬 禾[멈출 계]자로 쓰였다. 그러나 후대로 내려오면서 비슷한 자형의 禾자로 잘못 쓰이면서 그 부수에 속하게 되었다. 科(과)자의 경우도 다른 한자는 모두 禾자가 뜻의 역할을 하나 유일하게 음의 역할을 하고 있다. 그렇게 禾자가 음의 역할을 하는 한자로는 口자 부수에 속하는 和[화할 화=龢]자도 있다. 그 외에 禾자는 부수의 역할을 하는 香[향기 향→186 참고]자나 黍[기장 서→202 참고]의 구성에도 도움을 준다. 아울러 禾자는 다른 부수에 속하는 利[이로울 리], 季[끝 계], 委[맡길 위]자 구성에도 도움을 주고 있다.

116 穴 5획

구멍 혈

실제 주거지가 된 굴

옛날 사람들은 굴을 집으로 삼아 살았다. 굴은 바람과 비를 피할 수 있었고, 추위로부터 몸을 보호하는 데 도움을 주었기 때문이다. 뿐만 아니라 맹수의 습격으로부터 방어를 하는 데 편리하기도 했다. 이때 집으로 삼을 수 있도록 파헤쳐진 구멍 난 굴 모양에서 생겨난 穴자는 '구멍'을 뜻하는 한자다.

갑골문	금 문	소 전	예 서

단양 금굴

『설문해자』에서 穴자는 "흙으로 이뤄진 집이다. 宀을 따르고, 八은 음이다(土室也. 从宀, 八聲)."라고 했다. 宀자가 뜻의 역할을 하고, 八자가 음의 역할을 하는 형성자(形聲字)로 풀이한 것이다. 하지만 그 전체적인 형태가 상형자(象形字)인 한자다.

갑골문에 그 자형이 보이지 않으나 금문 穴자를 보면 그 형태에 약간 차이가 있어도 모두 굴 모양으로 이뤄져 있음을 볼 수 있다. 오늘날 쓰이는 穴자 자형에서 宀의 형태는 굴 입구의 모양을 나타낸 것으로 보이며, 八의 형태는 흙이 없는 깊고 텅 빈 굴 속의 모양을 나타낸 것으로 보인다.

空(공)자나 突(돌)자에서처럼 편방(偏旁)으로 쓰일 때의 穴자는 단독체로 쓰일 때의 형태와 서로 비슷하다. 그래도 다른 글자와 합쳐져 그 글자의 머리에 덧붙여지므로 예서에서 약간 변화되어 쓰이고 있다.

風穴(풍혈)이나 三姓穴(삼성혈)에서 '구멍'을 뜻하는 穴자는 그 의미가 확대되어 구멍이 있

제주 삼성혈

는 모든 '굴'을 뜻하기도 한다. 예컨대 사람뿐만 아니라 짐승이 숨어 사는 작은 굴과도 관련이 있다. 우리가 사용하는 어휘 가운데 穴居生活(혈거생활)이나 虎穴(호혈)의 穴자는 바로 그런 뜻을 지니고 있다. 그 외에 구멍과 관련해 穴자는 經穴(경혈)이나 百會穴(백회혈)에서처럼 사람 몸에 침(鍼)을 놓을 때의 올바른 자리인 '혈'이나 墓穴(묘혈)이나 偕老同穴(해로동혈)에서처럼 풍수지리(風水地理)에서 정기(精氣)가 모인 자리인 '무덤'을 뜻할 때에도 사용되고 있다.

穴자를 부수로 삼는 한자는 일반적으로 구멍이나 굴과 관련되어 이뤄진 뜻을 지닌다. 다음은 그 뜻의 쓰임에 따라 크게 두 유형으로 나눠본 것이다.

1. 구멍이나 굴과 관련된 한자

穽 [허방다리 정] **窓 [창 창=窗]** 窟 [굴 굴] 窯 [기와 굽는 가마 요]
窺 [구멍 규] 竈 [부엌 조]

2. 구멍이나 굴과 관련된 활동이나 상태의 한자

究 [궁구할 구] **空 [빌 공]** **突 [갑자기 돌]** 穿 [뚫을 천] 窈 [그윽할 요]
窄 [좁을 착] 窕 [정숙할 조] 窒 [막을 질] 窘 [막힐 군] **窮 [다할 궁]**
竄 [숨을 찬] **竊 [훔칠 절=窃]**

117 立 5획 설 립

최초로 지구에 등장했던 사람은 원래 맹수를 피해 원숭이나 침팬지처럼 주로 땅 위의 나무에서 살았다. 그러나 지구에 빙하기와 같은 추위가 오면서 무성한 나무로 이뤄진 밀림은 초원으로 바뀌었다. 그러자 사람도 나무 위에서 생존할 수 없게 되었고, 결국 초원을 생존의 터로 삼게 되었다. 비로소 땅 위에 살게 된 것이다. 그렇게 땅 위에 살면서 먹이를 찾고 천적(天敵)을 경계하기 위해 몸을 세우게 되었는데, 바로 그런 활동을 통해 사람은 비로소 서서 활동할 수 있는 존재가 되었다. 立자는 바로 그렇게 서 있는 사람 모습에서 비롯된 한자로 '서다'의 뜻을 지닌다.

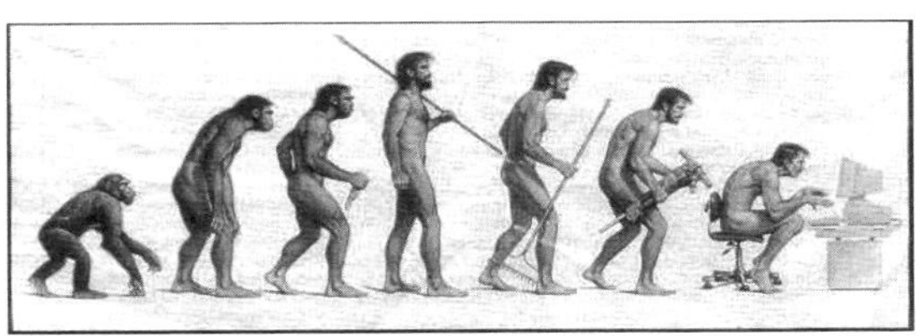

사람의 진화과정

갑골문	금 문	소 전	예 서

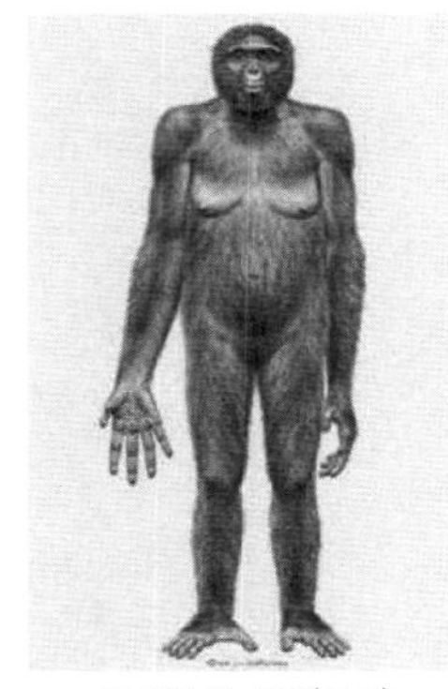

최초의 선 사람(루시)

『설문해자』에서 立자는 "서 있는 것이다. 大를 따르고, 一의 위에 있다(侸也. 从大, 在一之上)."라고 했다.

갑골문과 금문의 立자 자형도 사람이 한 자리에서 두 다리를 땅 위에 딛고 서 있는 모습이다. 그 자형에서 아랫부분의 一은 땅을 나타냈고, 一의 윗부분은 정면을 향한 사람 모습을 나타냈다. 立자는 소전을 거쳐 예서에서 원래의 형태를 약간 알아보기 힘든 자형으로 쓰이고 있다.

自立(자립)이나 直立(직립)에서 '서다'의 뜻으로 쓰이는 立자는 立身(입신)이나 而立(이립)에서처럼 그 의미가 확대되어 '인격(人格)의 확립(確立)'이나 '사리(事理)의 정립(定立)'과 같은 뜻을 지니기도 한다. 그 외에 立자는 立志(입지)나 立錐(입추)에서 보듯 '서다'의 타동사인 '세우다'란 뜻으로도 쓰이고 있다. 뿐만 아니라 立자는 서 있는 자세가 무슨 행동이든 곧바로 할 수 있기 때문에 '곧'의 뜻을 지니기도 한다.

立자를 부수로 삼는 한자는 대체로 사람이 서 있거나 물체가 세워져 있는 뜻과 관련이 있다. 다음은 오늘날 비교적 쓰임이 많은 그 부수에 속하는 한자다.

竝 [아우를 병=並] 站 [우두커니 설 참]
竟 [마침내 경] **章 [문채 장]** **童 [아이 동]**
竦 [두려워할 송] 竣 [마칠 준] 竪 [세로 수=豎]
竭 [다할 갈] **端 [바를 단]** **競 [겨룰 경=竸]**

갑골문 竟자

금문 章자

위 한자 가운데 竟(경), 章(장), 童(동), 競(경)자에 보이는 立의 형태는 죄인이나 노예에게 문신을 새기는 도구에서 비롯된 辛[매울 신→160 참고]자에서 十의 형태가 생략된 것이다. 그 고문자를 살피면 立자와 전혀 관련이 없음을 알 수 있다. 이는 女(녀)자 부수에 속하는 妾[첩 첩]자에서도 볼 수 있다. 반면에 笠[삿갓 립], 粒[알 립], 拉[꺾을 랍], 泣[울 읍], 位[자리 위]자는 立자가 글자 구성에 도움을 주면서 음의 역할을 한다.

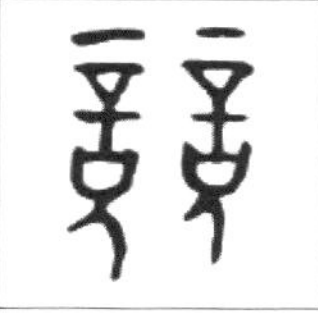
금문 競자

금문 童자

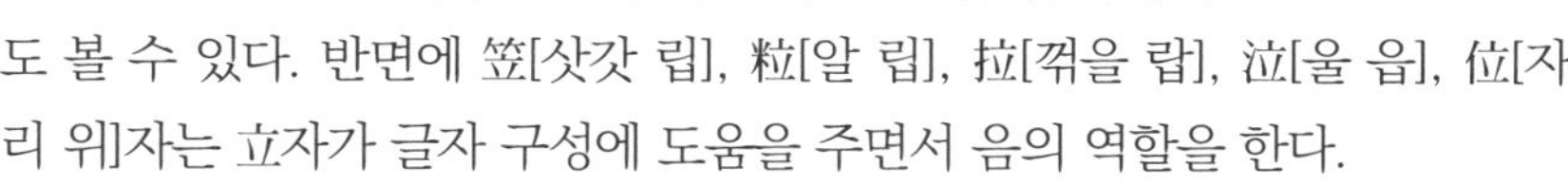

갑골문 妾자

118 竹·⺮

6획

대 죽·대죽머리

추운 겨울에도 그 푸른빛이 변하지 않으며, 곧은 줄기로 말미암아 절개를 상징하는 식물이 대다. 대는 예부터 나무처럼 건축이나 기물의 제작에 요긴하게 사용된 재질이 비교적 단단한 존재의 식물이다. 따라서 나무처럼 여겨져 '대나무'라 이르기도 하는데, 사실은 풀과 관련된 존재이므로 '나무'를 붙여 지칭하는 것은 온당치 않다. 하지만 오랫동안 '대나무'라 지칭된 데서 오늘날은 '대'와 함께 통용되는 말이 되었다. 竹자는 그 '대'를 뜻한다.

갑골문	금문	소전	예서

눈이 쌓인 대(대나무)

『설문해자』에서 竹자는 "겨울에도 자라는 풀이다. 형상을 본떴다. 아래로 드리운 것은 댓잎과 댓가지다(冬生艸也. 象形. 下垂者, 箁箬也)."라고 했다.

갑골문 竹자 자형도 양 가지의 댓잎을 아래로 늘어뜨린 대(대나무)를 나타냈다. 금문이나 소전 자형은 댓가지를 둘로 나누면서 잎이 붙은 형태로 나타냈다. 그 자형에서 윗부분은 댓잎을 나타냈고, 아랫부분은 댓가지를 나타냈다. 댓가지 두 줄기를 가지런히 사용한 것은 대가 무리지어 자라면서 많은 가지가 나는 식물이기 때문이다.

竹자가 편방으로 사용될 때는 예서에서 筍(순)자나 節(절)자의 머리에 덧붙여진 ⺮의 형태처럼 간략하게 쓰였다. 그 자형은 항상 글자의 머리에 사용되기 때문에 부수 위치에 따른 명칭인 '머리'를 붙여 '대죽머리'라 부른다.

烏竹(오죽)이나 孟宗竹(맹종죽)에서 보듯, 竹자가 자주 사용되는 뜻은 '대'다. 그 외에 竹자는 絲竹(사죽)에서처럼 '피리'의 뜻으로도 쓰이는데, 이는 대가 피리를 만드는 재료로 흔히 사용되기 때문이다. 아울러 종이가 없었던 시대에는 대를 쪼개 만든 대쪽에 글자를 새겨 썼다. 오늘날 책을 뜻하는 冊[책 책]자는 바로 그 대쪽을 여러 개 묶은 모양에서 비롯되었고,

竹자는 '대쪽'이라는 뜻을 지니기도 한다.

옛날의 책인 죽간

대는 인간 생활에 매우 유용한 식물이기 때문에 많은 한자가 竹자를 부수로 삼고 있다. 그런 한자는 대체로 대로 만들어진 물건과 관련이 있다. 다음은 그 뜻의 쓰임에 따라 다섯 유형으로 나눠 본 것이다.

1. 대와 직접 관련된 뜻을 지닌 한자

竺 [대나무 축] 竿 [장대 간] 筍 [죽순 순] **管 [대롱 관]** **節 [마디 절]**
簇 [조릿대 족]

2. 대로 만들어진 기물과 관련된 한자

笈 [책 상자 급] 笊 [조리 조] 笏 [홀 홀] 笠 [삿갓 립] **符 [부신 부]**
笄 [비녀 계] **策 [채찍 책]** 筒 [대통 통] 箕 [키 기] 箔 [발 박]
箱 [상자 상] 箴 [바늘 잠] 箸 [젓가락 저] 箭 [화살 전] 篦 [빗치개 비]
簣 [삼태기 궤] 簞 [대광주리 단] 簪 [비녀 잠] 簾 [발 렴] 簽 [농 첨]
籃 [바구니 람] 籌 [투호 살 주] 籠 [대그릇 롱] 籤 [제비 첨] 籬 [울타리 리]

3. 서사 및 저술과 관련된 사물을 나타낸 한자

筆 [붓 필] 箋 [찌지 전] 篆 [전자 전] **篇 [책 편]** **答 [대답할 답]**
等 [무리 등] **簡 [대쪽 간]** **簿 [장부 부]** **籍 [서적 적]**

4. 악기의 명칭으로 쓰인 한자

笙 [생황 생] 笛 [피리 적] 筑 [악기 이름 축] 箜 [공후 공] 箏 [쟁 쟁]
篌 [공후 후] 簫 [퉁소 소] 簧 [피리 황] 籥 [피리 약]

5. 대와 관련된 그 외에 뜻을 지닌 한자

笑 [웃음 소] **第 [차례 제]** 笞 [볼기 칠 태] 筋 [힘줄 근] 箇 [낱 개]
算 [셀 산] **範 [법 범]** 簒 [빼앗을 찬] **築 [쌓을 축]** **篤 [도타울 독]**

위 한자 가운데 筑(축)자와 篤(독)자는 竹자가 음의 역할을 한다. 아울러 筑자가 다시 음의 역할을 하는 築(축)자도 결국은 竹자가 음의 역할을 하는 한자라 하겠다.

119 米 6획 쌀 미

영양가가 뛰어나기 때문에 사람에게는 하늘이 내려준 축복의 선물로 여겨진 것이 쌀이다. 오늘날 많은 이들이 벼의 껍질을 벗긴 알맹이만을 쌀로 흔히 알고 있지만 원래 쌀은 볏과에 속하는 곡식의 껍질을 벗긴 알맹이를 통틀어 이르는 말이었다. 볍쌀, 보리쌀, 밀쌀, 귀리쌀, 기장쌀, 메밀쌀, 수수쌀, 좁쌀의 쌀이 바로 볏과에 속하는 곡식의 알맹이다. 米자는 바로 그 '쌀'을 뜻하는 한자다. 쌀은 이론의 여지가 있지만, 고대 인도에서 비롯된 말로 보인다. 고대 인도의 말인 산스크리트어에서 쌀을 '사리(sari)라 했는데, 바로 그 말에서 비롯되었다고 본 것이다.

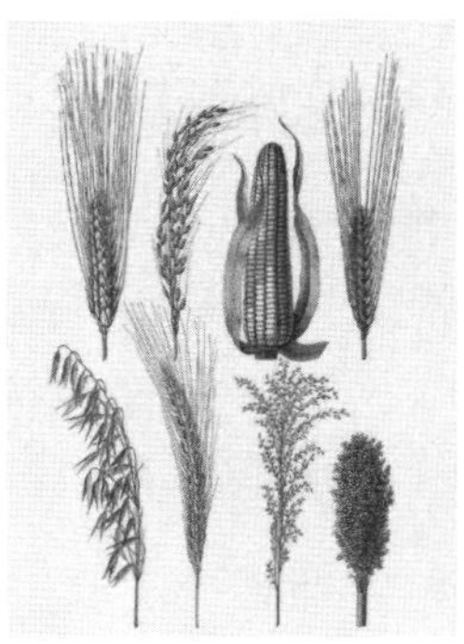
볏과 곡물의 이삭

갑골문	금문	소전	예서

벼 이삭

『설문해자』에서 米자는 "볏과의 열매다. 벼나 기장의 형상을 본떴다. 무릇 米에 속한 것은 다 米를 따른다(粟實也. 象禾黍之形. 凡米之屬皆从米)."라고 했다.

갑골문과 금문의 米자 자형을 보면 이삭 줄기에 딸린 산개(散開)한 몇 개의 작은 곡물 알갱이를 나타내고 있다. 그 자형의 작은 점 사이에 보이는 획은 이삭 줄기를 나타내고, 그 획의 위와 아래 작은 점은 이삭 줄기에 달린 곡물 알갱이를 간략하게 세 개로 나타낸 것으로 보인다. 소전에서는 자형의 필획 분포가 균형이 잡히도록 十의 형태를 사용하면서 사방에 산개한 곡물 알갱이로 표현되어 있다.

원래 이삭 줄기에 달린 볏과 곡물의 알갱이를 나타낸 米자는 후대에 그 알갱이에서 껍질을 벗긴 알맹이인 '쌀'을 뜻하고 있다. 그것도 오늘날은 볏과 곡물의 여러 알맹이 가운데 벼의 알맹이를 주로 이르는 데 사용되고 있다. 政府米(정부미)나 安南米(안남미)의 米자가 바로 그런 뜻으로 쓰이고 있다. 아울러 막 바로 베어낸 벼의 알갱이를 찧어 얻은 쌀의 색깔로 말미암아 米자는 米色(미색)에서처럼 '옅은 노랑'의 뜻을 지니기도 한다. 그 외에 米자는 나라 이름으로도 쓰이는데, 예전에 우리나라는 미국(America)을 米國(미국)으로 표기했기 때문이다. 오늘날에도 일본은 여전히 그렇게 쓰고 있다. 또한 米자는 길이를 나타낼 때도 쓰이고 있다. 이는 米자가 길이의 단위인 미터(meter)의 음과 비슷하기 때문으로, 萬米競走(만미경주)의 米자가 그런 경우로 쓰였다. 뿐만 아니라 米壽(미수)의 米자는 여든 여덟을 나타내기도 하는데, 이는 米자를 파자(破字)하면 八十八(팔십팔)이 되기 때문이다.

米자의 부수에 속하는 한자는 일반적으로 곡물과 관련된 뜻을 지닌다. 다음은 그런 뜻을 지니면서 오늘날 비교적 자주 쓰이는 한자다.

粉 [가루 분] 粒 [알 립] 粘 [끈끈할 점=黏] 粗 [거칠 조] **粟 [조 속]**
粧 [단장할 장] 粥 [죽 죽=鬻] 粱 [기장 량] 粹 [순수할 수] **精 [자세할 정]**
糊 [풀 호] 糕 [떡 고] **糖 [엿 당·사탕 탕]** 糠 [겨 강] 糞 [똥 분]
糟 [지게미 조] **糧 [양식 량=粮]**

위 한자 외에 迷[헤맬 미], 屎[똥 시], 氣[기운 기], 料[헤아릴 료]자도 米자가 덧붙여져 있으나 그 부수에는 속하지 않는다. 그 가운데 迷(미)자는 米자가 음의 역할을 하고, 迷(미)자는 다시 謎[수수께끼 미]자에서 음의 역할을 한다.

미로

120  6획

실 사

실은 인류의 문화생활에 기초가 되는 의식주 가운데 하나인 옷을 만드는 데 필요한 물건이다. 옛날 사람들은 실을 사용하면서 제대로 된 옷을 만들어 입을 수 있게 되었다. 그 '실'을 뜻하는 한자가 糸자다.

갑골문	금문	소전	예서

작은 실타래

『설문해자』에서 糸자는 "가는 실이다. 실을 묶은 형상을 본떴다. 覛(멱, 맥)과 같게 읽는다(細絲也. 象束絲之形. 若讀覛)."라고 했다. 糸자는 '가는 실'을 뜻하며, '멱(맥)'의 음으로 읽는다고 한 것이다. 실제로 糸자는 그 뜻과 음을 합쳐 '가는 실 멱'이라 하고, '실 사'는 원래 絲[실 사]자로 썼다. 한데 후대에 絲(사)자를 간략하게 糸자로 쓰면서 결국 糸자도 '실 사'라 한 것이다.

갑골문에 糸자 자형은 일정한 형태를 두지 않고 있다. 어떤 자형은 실타래만 보이고, 어떤 자형은 실타래 윗부분만 실 가닥이 보이며, 어떤 자형은 실타래 양쪽에 실 가닥이 보인다. 금문 糸자도 갑골문과 유사하나 소전에서는 실타래 아래에 세 개의 실 가닥이 있는 모양으로 나타냈고, 실타래의 뭉친 부분도 두 개로 고정되었다. 그 자형이 예서에서 오늘날처럼 쓰이고 있다.

糸자는 원래 '가는 실'을 뜻하면서 그 의미가 확대되어 '가늘다'나 '작다'의 뜻을 지니기도 했다. 그러나 糸자는 오늘날 絲(사)자의 뜻과 음인 '실 사'로 불리며, 부수로만 쓰인다.

糸자를 부수로 삼는 한자는 적지 않으며, 대부분 그 뜻이 실의 종류나 성질, 또는 활동과 관련이 있다. 다음은 그 뜻의 쓰임에 따라 대략 네 유형으로 나눈 것이다.

1. 실과 관련되거나 관련되어 이뤄진 물건을 나타낸 한자

紀 [벼리 기] **級 [등급 급]** 紐 [끈 뉴] 紗 [깁 사] 紋 [무늬 문]

紙 [종이 지] **索 [동아줄 삭·찾을 색]** **純 [생사 순]** 絆 [줄 반]

紳 [큰 띠 신] **組 [끈 조]** 紬 [명주 주] **絃 [줄 현]** 絢 [무늬 현]

絲 [실 사] 絨 [융 융] **絹 [명주 견]** **經 [날 경]** **綱 [벼리 강]**

綺 [비단 기] 綸 [낚싯줄 륜] 綾 [비단 릉] 網 [그물 망] **綿 [솜 면=緜]**

維 [밧줄 유] 緞 [비단 단] **緖 [실마리 서]** **線 [줄 선]** **緣 [가선 연]**

緯 [씨 위] 縞 [명주 호] 繪 [그림 회] 縷 [실 루] 繩 [노끈 승]

2. 실과 관련된 활동을 나타낸 한자

系 [이을 계] **糾 [꼴 규]** **約 [묶을 약]** **納 [들일 납]** 紡 [자을 방]

累 [포갤 루] 紹 [이을 소] **終 [마칠 종]** **絡 [이을 락]** **結 [맺을 결]**

絞 [목맬 교] 絕 **[끊을 절]** **統 [거느릴 통]** **緊 [굵게 얽을 긴]** 綢 [얽을 주]

綜 [모을 종] 綴 [꿰맬 철] **練 [익힐 련]** 締 [맺을 체] **編 [엮을 편]**

緘 [봉할 함] 縛 [묶을 박] **縣 [매달 현·고을 현]** 繆 [얽을 무] 縫 [꿰맬 봉]

繃 [묶을 붕] **績 [실 낳을 적]** **總 [거느릴 총]** 繕 [기울 선] 繡 [수놓을 수]

織 [짤 직] **繫 [맬 계]** 繹 [풀어낼 역] **繼 [이을 계=継]** 辮 [땋을 변]

纂 [모을 찬] **續 [이을 속]** 纏 [얽힐 전]

3. 실과 관련된 성질이나 상태를 나타낸 한자

紊 [어지러울 문] **紛 [어지러울 분]** **細 [가늘 세]** **給 [넉넉할 급]** 綽 [너그러울 작]

綻 [옷 터질 탄] **緩 [느릴 완]** 緻 [밸 치] **繁 [많을 번]** **縱 [늘어질 종]**

縮 [오그라들 축] 纖 [가늘 섬]

4. 색깔을 나타낸 한자

紅 [붉을 홍] **素 [흴 소]** 紺 [반물 감] **紫 [자줏빛 자]** **綠 [푸를 록]**

緋 [붉은빛 비] 緇 [검을 치]

한자에서 오색(五色:靑·白·赤·黑·黃)을 제외한 색깔을 뜻하는 한자는 흔히 위 네 번째 유형에서 보듯 糸자를 부수로 삼는다. 색깔은 추상적인 의미를 지니기 때문에 구체적인 사물에 의거해야만 그 뜻을 나타낼 수 있다. 그런데 옛날 사람들이 색깔을 대함에 있어 가장 인상이 깊은 때가 실이나 실로 짠 옷감에 물을 들이는 경우였다. 따라서 색깔과 관련된 뜻을 지닌 한자가 흔히 糸자를 부수로 삼고 있다.

121 缶 6획 장군 부

장군을 짊어진 사람

'장군'하면 우리나라 사람 거의 모두가 우선 생각하는 게 '이순신 장군'의 '장군'이다. 하지만 우리말 특징 가운데 하나가 동음이의어다. 따라서 '장군'도 '이순신 장군'의 '장군'만 있는 게 아니다. '똥장군', '오줌장군'의 '장군'도 있기 때문이다. '똥장군', '오줌장군'의 '장군'은 원래 장이나 술처럼 액체를 담는 그릇의 하나로 사용되었다. 그것이 후대에 운반 중에 흘리면 안 되는 똥물이나 오줌을 담는 데도 사용되면서 '똥장군'이나 '오줌장군'의 그릇으로도 쓰이게 된 것이다. 한자에서 缶자는 바로 그 그릇의 일종인 '장군'을 뜻하는 한자다.

갑골문	금문	소전	예서
			缶

흙으로 만든 옛날의 장군

『설문해자』에서 缶자는 "질그릇이다. 이로 술이나 장을 담는다. 진나라 사람들은 이를 치며 노래의 박자를 맞추었다. 형상을 본떴다(瓦器. 所以盛酒漿. 秦人鼓之以節謌. 象形)."라고 했다.

갑골문과 금문의 缶자 자형도 그릇을 나타냈는데, 절굿공이처럼 생긴 방망이가 그 속에 있는 모양으로 보인다. 방망이를 이용해 진흙으로 이뤄진 그릇을 만들고 있음을 나타낸 것으로 보인다. 소전은 절굿공이처럼 생긴 방망이를 나타낸 자형과 그릇의 몸체를 나타낸 자형이 더욱 간략하게 쓰이고, 그 자형이 예서에서 좀 더 정형되어 쓰이고 있다.

방망이로 그릇 만드는 모습

국악기 缶

缶자는 액체를 담는 질그릇의 하나인 '장군'을 뜻하는데, 옛날 사람들은 연회 등에서 바로 그 질그릇을 장구 치듯이 쳐서 노래의 맞추는 악기로 사용했다. 때문에 缶자는 다시 '질장구'의 뜻을 지니기도 한다. 하지만 오늘날은 주로 부수의 역할을 하고 있다.

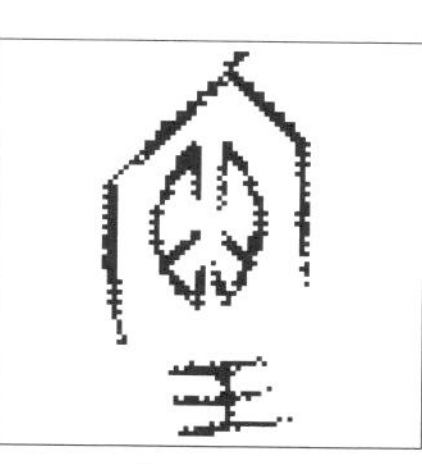
갑골문 寶자

금문 寶자

缶자는 그 자형의 형성이 그릇과 관련이 있으므로 그 부수에 속하는 한자도 그 뜻이 그릇과 관련이 있다. 缸[항아리 항], **缺[이지러질 결]**, 罁[항아리 강], 罐[두레박 관]자가 바로 그런 한자인데, 그처럼 缶자 부수에 속하면서 오늘날 비교적 자주 사용되는 한자는 많지 않다. 하지만 그 부수에 속하는 䍃[항아리 요(유)]자나 勹[쌀 포→020 참고]자 부수에 속하는 匋[질그릇 도]자에서 여전히 그 쓰임을 볼 수 있다. 아울러 䍃(요)자는 다시 謠[노래 요], 搖[흔들 요], 遙[멀 요], 瑤[아름다운 옥 요]자에서 음의 역할을 하고, 匋(도)자는 다시 阝[좌부방]을 덧붙인 陶[질그릇 도]자나 萄[포도 도]자나 淘[일 도]자에서 음의 역할을 한다. 그 외에 缶자는 寶[보배 보]자의 구성에 도움을 주면서 음의 역할을 하기도 한다.

122 网(罒·⺳·罓)

6획

그물 망

사람이 먹을 것을 해결하는 데 한꺼번에 많은 생산성을 가질 수 있도록 해 준 물건이 그물이다. 그물은 사람의 식생활에 육식의 비중을 높여주는 데 큰 역할을 했다. 网자는 바로 그 '그물'을 뜻하는 한자다.

갑골문	금문	소전	예서

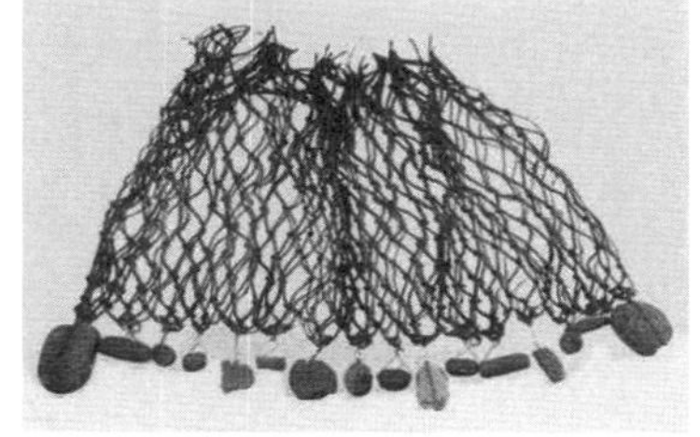

옛날의 그물(재현)

『설문해자』에서 网자는 "포희씨가 줄을 꼬아 물고기를 잡았던 것이다. 冂을 따르고, 아래에 그물이 얽힌 무늬를 본떴다. 罔은 网의 혹체자로 亡을 더했다(庖犧所結繩以漁. 从冂, 下象网交文. 罔, 网或从亡)."라고 했다.

갑골문 网자 자형은 물고기나 새를 잡는 그물 모양이 분명히 드러나 있다. 금문에서는 그 자형이 좀 더 간략하게 표현되어 있다. 다시 网자를 소전 자형으로 살펴보면 겉 부분은 그물 외형의 줄을 나타냈고, 속 부분은 그물코를 나타냈다.

포희씨

网자가 편방으로 쓰일 때는 罒·⺳·罓의 형태로 변화되는데, 그 자형의 변화가 적지 않다. 그 가운데 오늘날 자주 쓰이는 자형은 罒의 형태다. 반면에 ⺳의 형태는 드물게 쓰이고, 罓의 형태로 쓰이는 경우는 거의 보기 어렵다.

'그물'을 뜻하는 网자는 후대로 내려오면서 음의 역할을 하는 亡(망)자를 덧붙인 罔[그물 망·없을 망]자로도 쓰이게 되었다. 하지만 罔(망)자도 '그물'의 뜻보다 인신된 '없다'의 뜻으로 전용되자, 다시 뜻을 더욱 분명히 하기 위해 糸[실 사→120 참고]자를 덧붙인 網[그물 망]자를 만들어 그 뜻을 대신하는 문자로 사용했다. 결국 오늘날 '그물'을 뜻하는 데는 網(망)자를 쓰고, 网자는 부수 역할만 하고 있다.

그물은 물고기나 새를 통제하거나 구속하는 도구다. 따라서 사람들이 지켜야 할 법률을 표현하는 데도 흔히 网(罒·⺳)자를 덧붙인 한자를 만들어 사용했다. 곧 범죄자가 법률의 제재를 벗어날 수 없음을 물고기나 새가 그물에서 벗어날 수 없음에 비유한 것이다. 다음은 그런 뜻을 지닌 网(罒·⺳)자 부수에 속하는 한자다.

그물로 고기 잡는 모습

罔 [그물 망·없을 망=罒]		罕 [그물 한]	罟 [그물 고]	罫 [줄 괘]
罪 [허물 죄]	**置 [둘 치]**	**罰 [벌 벌]**	**署 [관청 서]**	罵 [욕할 매]
罷 [파할 파]	罹 [거릴 리]	**羅 [벌일 라]**		

위 한자 가운데 罒의 형태를 변형해 덧붙인 罔(망)자와 ⺳의 형태를 덧붙인 罕(한)자를 제외하고 모두 罒의 형태가 글자의 머리에 쓰이고 있다. 그러나 같은 형태로 쓰이고 있는 買[살 매]자는 貝[조개 패→154 참고]자 부수에 속한다. 반면에 驛[역참 역], 譯[번역할 역], 繹[풀어낼 역], 釋[풀 석], 澤[못 택], 擇[가릴 택]자에서 음의 역할을 하는 睪[엿볼 역]자의 罒의 형태는 网(罒·⺳)자와 관련이 없이 目[눈 목]자와 관련이 있다.

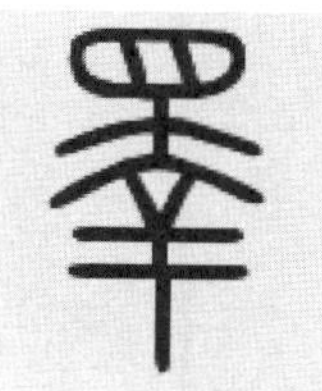
소전 睪자

123 

6획

양 양

사람이 개 다음으로 가장 오래 전부터 가축으로 길들인 동물이 양이다. 먹이로는 풀을 먹어 사람이 따로 먹이를 구해줄 필요가 없는데, 사람에게 젖과 고기와 털과 가죽까지 제공해 주고 있다. 겁이 엄청 많아 무리지어 활동하는 특징이 있고, 일반적으로 다른 동물에 비해 온순하여 많은 힘을 들이지 않아도 기를 수 있는 가축이다. 그렇게 온순해서인지 옛날에는 길상(吉祥)의 상징으로 여겨졌다. 羊자는 바로 그런 '양'을 뜻하는 한자다.

갑골문	금문	소전	예서

가축이 된 양(무플론)

羊자는 『설문해자』에서 "상서로운 것이다. 𦍌를 따르고, 네 발과 꼬리의 형상을 본떴다(祥也. 从𦍌, 象四足尾之形)."라고 했다. 양의 전체적인 모양에서 그 자형이 이뤄졌다고 풀이했다.

그러나 갑골문 羊자 자형을 보면 뿔이 아래로 굽은 양 머리 모양만으로 이뤄진 한자임을 분명히 알 수 있다. 牛[소 우→093 참고]자와 마찬가지로 동물 모습 일부분으로 '양'을 뜻하는 한자가 이뤄진 것이다. 소나 양은 다른 가축과 달리 그 뿔에 큰 특징이 있기 때문에 뿔이 있는 머리 부분만으로 그 종족을 대표했다. 금문 羊자 자형은 오히려 양 머리의 형태가 더욱 분명한 자형이 보이기도 한다. 하지만 소전 이후의 羊자 자형은 오늘날과 같은 형태로 쓰이고 있다.

양은 솟과에 속하는 포유동물이다. 그 양을 오늘날은 주로 '면양(綿羊)'과 '산양(山羊)'으로 구분하고, '면양'만을 그냥 '양'이라 하고 있다. 산양을 길들인 가축은 다시 염소라 한다. 犧牲羊(희생양)이나 贖罪羊(속죄양)에서 '양'의 뜻으로 쓰이는 羊자는 사실 산양을 길들인 염소와 관련이 있다. 나아가 제천의식이 중요했던 옛날에는 그런 양을 제물로 삼은 상서로운 짐승의 하나였기 때문에 羊자는 '상서롭다'는 뜻을 지니기도 한다.

한데 羊자는 그 뜻과 똑같게 그 음도 '양'이라 한다. 이는 한자가 처음 우리나라에 들어와 사용될 때에 대부분 고유어의 뜻으로 지칭했던 한자들이 그 고유어 사용이 점차 줄어드는 반면에 그 자음의 사용이 점차 늘어나자, 결국 고유어의 뜻이 사라지고 그 대신 자음이 뜻으로도 쓰인 결과다. 부수 가운데 龍[용 룡]자나 門[문 문]자도 바로 그런 경우의 한자다.

희생양을 잡는 모습

羊자 부수에 속하는 한자는 일반적으로 양과 관련된 뜻을 지닌다. 다음은 그런 한자로 오늘날 비교적 자주 쓰이고 있는 한자다.

美 [아름다울 미] 羚 [영양 령] 羘 [수양 장·양 양] 羞 [부끄러워 할 수·맛있는 음식 수]
群 [무리 군=羣] 羨 [부러워할 선] **義 [옳을 의]** 羲 [숨 희] 羹 [국 갱]

갑골문 美자

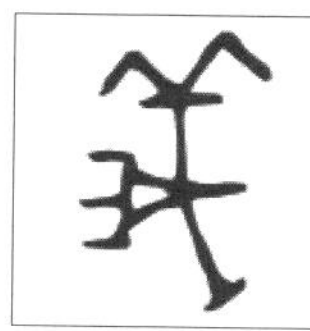
갑골문 義자

위 한자 가운데 美(미)자와 義(아)자에 공통으로 보이는 ⺷의 형태는 논란의 여지가 있지만 뿔이 있는 양의 머리에서 이뤄진 羊자와 관련이 없고, 장식을 한 깃털로 보인다. 곧 美자는 의식을 행하는 사람[大]의 머리 위에 깃털[⺷]이 아름답게[美] 장식된 모습을 나타냈고, 義자는 창[我]의 맨 위에 깃털[⺷]을 장식하면서 이를 가지고 행하는 의식이 옳다[義]함을 나타낸 한자로 본 것이다.

아울러 羘(양)자는 羊자가 음의 역할을 하는데, 그처럼 羊자가 음의 역할을 하는 한자는 적지 않다. 다음은 그런 한자다.

洋 [큰 바다 양] 養 [기를 양] 樣 [모양 양] 痒 [가려울 양=癢] 祥 [상서로울 상]
詳 [자세할 상] 翔 [빙빙 돌아 날 상] 姜 [성 강]

124 羽 6획 깃 우

새가 하늘을 나는 데 큰 도움을 주는 부위가 깃털이다. 깃털은 새의 몸통 표면을 덮고 있는 털로, 줄여 깃이라 한다. 깃은 몸통 겉에 공기의 층을 만들어 체온을 보존하고, 몸통의 비중을 가볍게 하는 기능을 한다. 羽자는 바로 그 '깃'을 뜻하는 한자다.

갑골문	금문	소전	예서

깃(깃털)

『설문해자』에 羽자는 "새의 긴 털이다. 형상을 본떴다(鳥長毛也. 象形)."라고 했다.

갑골문이나 금문의 羽자도 새의 깃가지와 깃대와 깃촉이 보이는 두 깃으로 표현되어 있다. 소전 이후의 자형은 완만하게 구부러진 필획이 직선 형태로 변했으나 기본적으로는 이전 자형과 큰 차이가 없다. 예서의 羽자는 깃가지의 방향이 바뀌고 있으나 오늘날은 다시 이전의 형태를 유지하고 있다.

羽자는 애초에 羽毛(우모)나 鳥羽冠(조우관)에서처럼 '깃'을 뜻했으나 후에 그 의미가 확대되어 羽角(우각)이나 拔羽機(발우기)에서처럼 새 몸에 나는 모든 '깃털'을 뜻하기도 한다. 羽자는 또 깃이 날개에서 큰 역할을 하므로 羽化(우화)에서처럼 '날개'를 뜻하기도 하고, 깃이 새가 하늘을 나는 데 큰 도움을 주므로 羽翼(우익)에서처럼 '돕다'를 뜻하기도 한다. 아울러 羽자는 모든 새가 깃털이 있기 때문에 傷弓之羽(상궁지우)에서 보듯 '새'의 뜻을 지니기도 한다. 그 외에 고대인(古代人)들은 사람이 일정 기간 수련을 하면,

조우관을 쓴 기사(쌍영총)

신선(神仙)이 되어 날 수 있다고 믿었기 때문에 나는 데 조건이 되는 깃털의 羽자를 빌어서 '신선'을 뜻하기도 한다. 우리가 사용하는 羽人(우인)이나 羽士(우사)의 어휘에 羽자는 바로 그런 뜻으로 쓰였다. 뿐만 아니라 羽자는 오음(五音)인 宮(궁)·商(상)·角(각)·徵(치)·羽(우)의 하나로도 쓰이고 있다.

우화등선을 표현한 벽화(강서고분)

羽자를 부수로 삼는 한자는 일반적으로 새의 깃털과 관련된 의미를 지닌다. 그 한자를 일률적으로 살펴보면 다음과 같다.

翅 [날개 시] **翁 [목털 옹·늙은이 옹]** 翎 [깃 령] **習 [익힐 습]**
翌 [다음 날 익] 翔 [빙빙 돌아 날 상] 翡 [물총새 비] 翟 [꿩 적] 翠 [물총새 취]
翫 [가지고 놀 완] 翩 [빨리 날 편] 翰 [붓 한] 翻 [날 번=飜] **翼 [날개 익]**
耀 [빛날 요]

그 외에 羽자는 蓼[여뀌 료], 廖[공허할 료], 寥[쓸쓸할 료], 謬[그릇될 류], 戮[죽일 륙], 膠[아교 교], 繆[얽을 무]자에서 음의 역할을 하는 翏[높이 날 료(류·륙)]자나 戶(호)자 부수에 속하는 扇[문짝 선]자의 구성에 도움을 주기도 한다.

금문 扇자

125 老·耂

6획

늙을 로·늙을로엄

옛날에는 머리털을 자르지 않았다. 따라서 머리털은 나이가 들수록 그 변화가 밖으로 분명하게 드러나는 좋은 표본이 되었다. 뿐만 아니라 머리털이 빠져 성기고, 기력이 쇠해 머리털을 제대로 갈무리하지 못한 산발한 모습은 더더욱 늙은 사람의 모습을 연상할 수 있게 했다. 한자에서 '늙다'를 뜻하는 老자는 바로 그런 늙은 사람의 머리털을 특징으로 삼아 그 자형이 이뤄졌다.

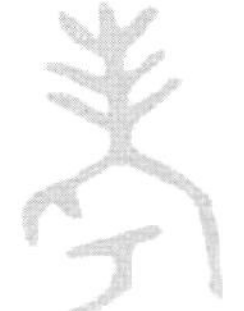

갑골문	금문	소전	예서
			耂 老

『설문해자』에서 老자는 "늙은 사람이다. 70세를 老라고 한다. 人·毛·匕를 따르고, 수염과 머리털이 하얗게 변했음을 말한다(考也. 七十曰老. 从人毛匕, 言須髮變白也)."라고 했다.

갑골문 老자 자형도 머리털을 늘어뜨리거나 산발한 늙은 사람의 모습으로 나타내고 있다. 게다가 허리가 구부러지고 일부 자형은 손에 지팡이를 짚고 있어 체력(體力)에 문제가 있음을 분명히 하고 있다. 금문 老자 자형은 지팡이를 나타내는 형태가 크게 변화되어 쓰이고 있으며, 그 모양이 다시 소전에서 匕의 형태로 굳어졌다. 예서에서 老자 자형은 필획이 좀 더 생략된 형태로 쓰이고 있다.

늙은 사람

老자가 하나의 글자 구성에서 덧붙여져 쓰일 때는 匕의 형태가 생략된 耂의 형태로 쓰이기도 한다. 耂는 글자 구성에서 그 위치가 '엄'의 자리에 쓰이기에 老자의 뜻과 음인 '늙을 로'에 이를 뒤에 덧붙여 '늙을로엄'이라 한다.

그림 속의 불로초

不老草(불로초)나 百年偕老(백년해로)에서 '늙다'의 뜻으로 쓰이는 老자는 敬老席(경로석)이나 男女老少(남녀노소)에서처럼 '늙은이'의 뜻을 지니기도 하면서 長老(장로)와 같은 말에서 보듯 '어른을 높이어 이르는 말'로도 쓰이고 있다. 나이가 많은 늙은이가 존경을 받는 것은 예부터 전통적인 미덕이었으므로 老자가 어른을 높이어 이르는 말로 쓰인 것이다. 또한 老자는 老身(노신)이나 老生(노생)에서처럼 늙은 사람이 자기 자신을 낮춰 이를 때도 쓰이고 있다. 그 외에 老兄(노형)에서처럼 나이가 많지 않아도 자기에 비해 나이가 많으면 老자를 사용하고 있다. 뿐만 아니라 사람의 나이가 많을 때 老자를 사용하듯 老松(노송)이나 老鋪(노포)에서처럼 오래된 것을 이를 때도 老자를 사용한다. 아울러 오래되면 익숙해질 수 있으니 老鍊(노련)이나 老熟(노숙)에서처럼 '익숙하다'의 뜻으로도 老자를 쓰고 있다.

갑골문 者자

금문 者자

老(耂)자를 부수로 삼는 한자에는 **考[상고할 고]**, 耆[늙은이 기], **者[놈 자]**자 정도만 비교적 자주 쓰이고 있다. 더구나 者(자)자는 그 자원이 老(耂)자와 전혀 관련이 없다. 그 자형의 일부에 耂의 형태가 덧붙여져 있어 老(耂)자 부수에 속한 것뿐이다. 하지만 子[아들 자]자 부수에 속하는 孝[효도 효]자는 老(耂)자가 글자 구성에 도움을 주면서 뜻의 역할을 하고 있다.

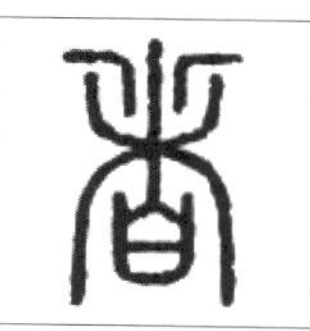
소전 者자

126 而 6획

말 이을 이

무인시대 정중부(KBS2)

문명이 발달되지 않았던 시대의 어른인 남자들은 예외 없이 수염을 깎지 않았다. 수염을 깎고 싶어도 깎을 도구가 없었던 것이다. 더구나 부모가 물려준 신체를 온전히 보전하는 것이 효를 행하는 일로 여겼던 유교 문화에서는 신체의 일부인 수염을 자르지 않고 길렀다. 때문에 그런 시대상을 담은 사극에 등장하는 남성은 아이나 내시를 빼고 수염을 기르고 있음을 볼 수 있다. 그 사극에서는 지체가 높은 남자가 간혹 수염 쓰다듬는 장면을 볼 수 있는데, 이는 대개 자신의 권위를 드러내고자 할 때 보이는 장면이다. 그렇게 옛날에는 수염이 '권위의 상징'이었다. 而자는 바로 그 수염에서 비롯된 한자다. 하지만 오늘날 而자는 '말 잇다'의 뜻으로 쓰이고 있다.

공재 윤두서 자화상

『설문해자』에서 而자는 "뺨의 털이다. 털의 형상을 본떴다(頰毛也. 象毛之形)."라고 했다.

하지만 맨 처음 보이는 금문 而자 자형은 턱수염을 나타낸 것으로 보인다. 소전과 예서의 而자 자형은 금문의 형태가 좀 더 정형되어 쓰이고 있다.

而자는 턱수염에서 비롯되었기에 원래 '턱수염'을 뜻했으나 우리나라 고문헌에는 이미 그 뜻이 바뀌어 '입겯(입겿/입곁)'으로 표기되어 있다. '입겯'은 사람의 '입'과 어떤 사물의 중요한 성질에 부차적으로 곁따른다는 뜻의 '겯'이 합쳐진 말이다. 한문을 입으로 읽을 때 편의를 위해 각 구절의 뒤에 곁따라 쓰는 말인 것이다. 이는 말 잇는 역할을 하는 것이기도 하다. 따라서 턱수염에서 비롯된 而자가 '입결'으로 쓰이다가 결국 '말 잇다'의 뜻을 지니게 되었다. 원래 뜻인 '턱수염'이 가차(假借)되어 바뀌는데, 바뀐 옛 고유어의 뜻인 '입결'이 새 고유어의 뜻인 '말 잇다'로 바뀐 것이다.

似而非(사이비)나 形而上學(형이상학)에서 그 쓰임을 볼 수 있는 而자는 오늘날 단어나 문장의 말을 잇는 접속사로 쓰이고 있다. 접속사로 사용될 때는 學而時習(학이시습)의 而자에서처럼 '그리고(~하고)'의 뜻으로 쓰이기도 하고, 過而不改(과이불개)의 而자에서처럼 '그러나(~하나)'의 뜻으로 쓰이기도 한다. '그리고(~하고)'의 뜻으로 쓰일 때의 而자는 순접(順接)의 접속사로 사용된 것이고, '그러나(~하나)'의 뜻으로 쓰일 때의 而자는 역접(逆接)의 접속사로 사용된 것이다. 뿐만 아니라 而자는 문장(文章)에서 2인칭 대명사 '너'의 뜻으로도 쓰이고, 而已(이이)나 而已矣(이이의)로 연용(連用)되어 '~일 따름이다(~일 뿐이다)'의 뜻으로도 쓰인다.

而자 부수에 속하면서 오늘날 비교적 자주 쓰이는 한자로는 **耐[견딜 내]**자뿐이다. 그 외에 端[바를 단], 喘[헐떡거릴 천], 瑞[상서로울 서]자에서 음의 역할을 하는 耑[끝 단]자도 而자 부수에 속하나 그 자원(字源)은 而자와 전혀 관련이 없다. 그처럼 雨자 부수에 속하는 需[구할 수]자도 그 자원이 而자와 전혀 관련이 없다. 단지 오늘날의 그 자형에 而의 형태가 덧붙여져 있는 것뿐이다.

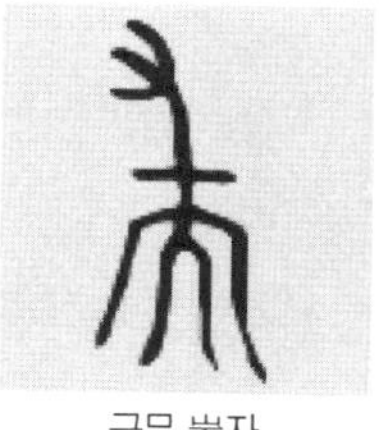
금문 耑자

금문 需자

127

6획

쟁기 뢰

사람이 정착생활을 한 후부터 시작된 농사 활동에는 여러 도구가 필요했다. 그 가운데 거칠고 굳은 땅을 갈아 일구기 위해 만든 농사의 도구가 쟁기다. 사람들은 그 쟁기로 깊게 판 땅에 씨를 뿌려 많은 식량을 수확할 수 있게 되었다. 이렇게 쟁기는 농업의 발달에 지대한 영향을 미쳤다. 耒자는 그 '쟁기'를 뜻한다.

갑골문	금문	소전	예서

신농씨 쟁기질

『설문해자』에서 耒자는 "손으로 밭을 가는 굽은 나무다. 木과 위에 丯를 따랐다(手耕曲木也. 从木推丯)."라고 했다.

갑골문 耒자 자형은 그림을 그려놓은 듯 손에 잡은 쟁기 모양이 확연하게 표현되어 있다. 손으로 쟁기를 밀어서 밭갈이하는 것을 나타낸 것이다. 금문 耒자는 쟁기 모양이 이미 선으로 간략하게 쓰이고 있다. 소전 耒자는 금문 자형을 그대로 이어 쓰고 있으며, 예서의 자형은 그 원래의 형태를 알아보기 힘든 형태로 쓰이고 있다.

耒자는 '쟁기'의 뜻 외에 다른 특별한 뜻을 지니지 않고 있다. 글자 자체도 단독의 문자로 사용되지 않기 때문에 부수로서 역할만 하고 있다.

농경문 청동기

耒자를 부수로 삼는 한자는 일반적으로 그 뜻이 농사 활동과 관련이 있다. 그러나 그런 뜻을 지닌 한자는 그다지 많지 않다. 그래도 오늘날 비교적 자주 쓰이는 한자로는 **耕[밭갈 경]**, 耗[줄 모], 耘[김맬 운], 耤[적전 적]자 정도가 있다.

128

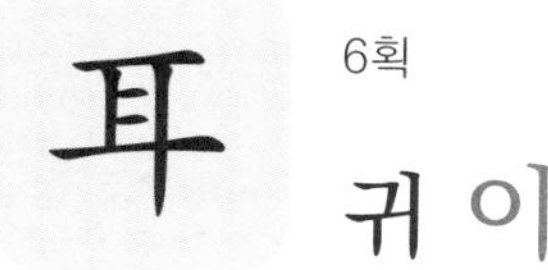

6획

귀 이

사람의 머리 양 옆에 있으면서 소리를 듣는 기능을 하는 인체의 한 기관이 귀다. 그렇게 귀로 자기 바깥의 소리를 듣는다는 것은 자기 바깥의 세계와 소통하여 자신의 세계를 키우는 것이 된다. 나아가 그 귀는 식욕에 큰 영향을 미치고, 평형감각을 담당하는 부위이기도 하다. 아울러 사람이 죽을 때 제일 늦게까지 자신의 역할을 하는 부위로도 알려져 있다. 耳자는 그 '귀'를 뜻한다.

귀가 큰 노자 석상

갑골문 금문 소전 예서

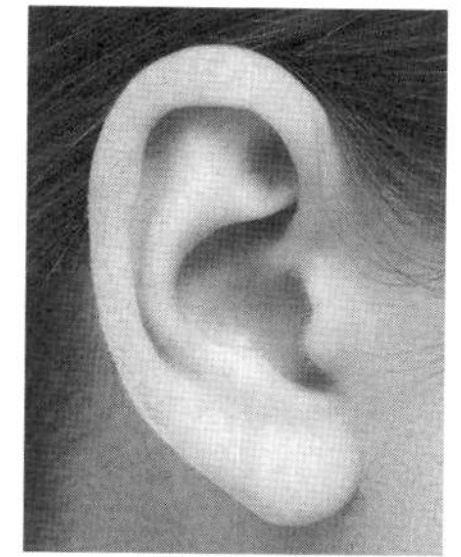
사람의 귀

『설문해자』에서 耳자는 "주로 듣는 것이다. 형상을 본떴다(主聽也. 象形)."라고 했다.

갑골문이나 금문 耳자 자형은 모두 귀의 윤곽과 귓구멍 부위를 나타내고 있다. 소전 耳자는 자형이 반듯한 형태로 약간 변했지만 바깥은 귀의 윤곽을, 가운데 가로 그은 두 개의 획은 귓구멍을 나타내고 있다. 예서에서 耳자는 오늘날과 같은 형태로 쓰이고 있다.

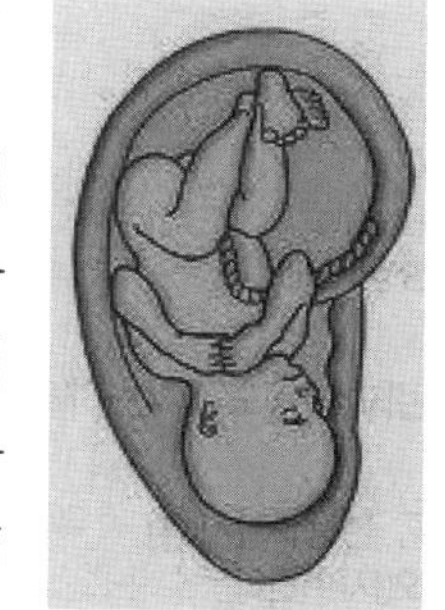
태아역귀지도

耳目口鼻(이목구비)나 耳鼻咽喉科(이비인후과)에서 '귀'의 뜻으로 쓰이는 耳자는 木耳(목이)나 石耳(석이)에서처럼 '귀의 형상을 닮은 물건'을 나타낼 때에도 쓰인다. 또한 耳자는 귀가 머리 양쪽에 달려 있기 때문에 '물건에서 양쪽에 달려 있는 것'을 나타낼 때에도 쓰이고 있다. 뿐만 아니라 고문장에서 耳자는 흔히 '어조사'의 뜻으로 빌려 쓰이기도 한다. 而已(이이)의 두 글자 독음이 耳의 음과 같기 때문이다. 이때 耳자는 문장의 끝에서 흔히 '~뿐이다(~따름이다)'의 뜻으로 쓰이고 있다.

耳자를 부수로 삼는 글자는 일반적으로 듣는 활동과 관련된 뜻을 지닌다. 다음은 바로 그 부수에 속하는 한자다.

耶 [어조사 야]	耽 [즐길 탐]	聊 [애오라지 료]	**聘 [부를 빙]**	**聖 [성스러울 성]**
聞 [들을 문]	聚 [모일 취]	**聯 [잇닿을 련]**	**聲 [소리 성]**	聳 [솟을 용]
聰 [귀 밝을 총]	**職 [직분 직]**	聾 [귀머거리 롱]	**聽 [들을 청]**	

금문 耶자

위 한자 가운데 耶(야)자는 耳자 부수에 속해도 귀와 관련이 없다. 반면에 耳자는 栮[목이 이], 餌[먹이 이], 恥[부끄러워할 치], 茸[우거질 용·버섯 이]자에서 음의 역할을 하기도 한다. 그러나 聚[모일 취], 趣[달릴 취], 娶[장가들 취], 最[가장 최]자에서 음의 역할을 하는 取[취할 취]자는 又(우)자가 부수이므로 주의해 두어야겠다.

129

6획

붓 율

그림을 그리거나 글을 쓰는 도구가 다양하지 않았던 옛날에는 붓이 가장 진보된 서사도구였다. 옛날 사람들은 짐승 털을 가지런히 모아 묶어서 가느다란 대나 나무 끝에 끼우고 실로 동여매어 고정시킨 붓을 만들어 사용했다. 聿자는 그 '붓'을 뜻한다.

갑골문	금문	소전	예서

『설문해자』에서 聿자는 "이로써 글을 쓴다. 초나라는 율(聿)이라 이르고, 오나라는 불률(不律)이라 이르고, 연나라는 불(弗)이라 이른다. 聿은 뜻이고, 一은 음이다(所以書也. 楚謂之聿, 吳謂之不律, 燕謂之弗. 从聿, 一聲)."라고 했다.

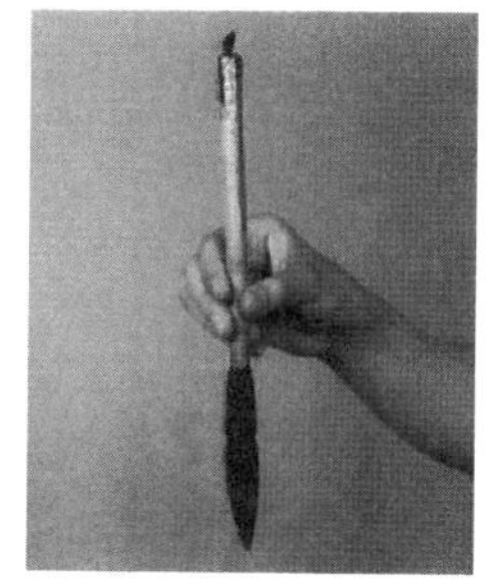

손으로 잡은 붓

그러나 갑골문이나 금문에 聿자는 한 손으로 털이 있는 붓대를 잡고 있는 모양을 본뜨고 있다. 손이 함께 표현된 것은 붓을 사용할 때 손으로 잡기 때문으로, 그 뜻을 더욱 분명히 해주기 위해서다. 聿자가 예서에서 다른 글자와 합쳐져 쓰일 때는 書(서)자나 畫(화)자의 자형 위에 쓰이는 것처럼 가장 아래로 삐쳐 나온 선이 생략된 형태로도 사용되었다.

聿자는 애초에 '붓'의 뜻을 지녔으나 나중에 그 자형에 竹[대 죽]자가 합쳐져 이뤄진 筆[붓 필]자가 만들어져 붓의 뜻으로 쓰이게 되자 자신은 단지 부수의 역할만 하고 있다.

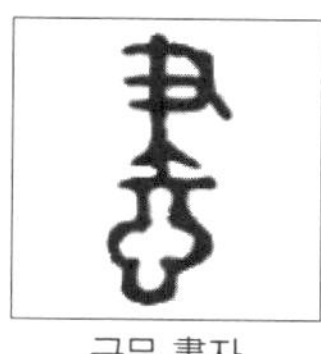

금문 畫자

聿자가 덧붙여져 익히 쓰이는 한자는 그다지 많지 않다. 聿자를 대신한 筆(필)자 외에 書[글 서], 畫[그림 화=畵], 晝[낮 주], 津[나루 진], 律[법 률], 建[세울 건]자 정도가 있다. 그러나 이들 한자는 모두 聿자 부수에 속하지 않는다. 그나마 聿자에 부수에 속하는 **肅[엄숙할 숙]**자는 聿자가 온전히 쓰이지 않고 있다.

130 肉·月

6획

고기 육·육달월

먼 옛날 인류는 채집과 더불어 사냥을 하면서 생활했다. 따라서 사람이 일정한 수준으로 증가되기 전까지, 인류는 사냥을 통해 비교적 자유롭게 어류나 짐승 등을 잡아먹을 수 있었다. 나아가 농경시대가 시작되어 정착 생활을 시작한 후에도 인류는 짐승을 길러 이를 먹을 것으로 삼았다. 肉자는 그렇게 사냥하거나 길렀던 동물을 통해서 얻었던 '고기'를 뜻한다.

고대인의 사냥 벽화

갑골문	금문	소전	예서
			肉
			月

고기 덩어리

『설문해자』에서 肉자는 "크게 썬 고기다. 형상을 본떴다(胾肉, 象形)."라고 했다.

갑골문 肉자 자형도 저민 고기를 나타냈다. 저민 고기는 일정하게 고정된 형태가 없기 때문에 구체적으로 표현하기 어려운데, 갑골문 肉자의 자형은 한쪽을 반듯하게 저민 한 덩어리의 고기로 나타내고 있다. 금문 肉자 자형에서는 한 덩어리의 고기에서 반듯하게 저민 부분이 그 두께를 드러내기 위해 두 선(線)으로 바뀌고 있다. 소전은 금문 肉자 자형과 거의 같은 형태로 쓰이고 있으며, 예서에서는 원래의 형태를 알아보기 어렵게 정형되어 쓰이고 있다.

편방자로 쓰이는 갑골문 肉자 자형은 단독의 문자로 쓰이는 형태와 비슷하다. 그러나 예서에서 肉자의 편방자는 月[달 월→074 참고]자와 유사한 月의 형태로 쓰이고 있다. 月은 그 명칭을 '육달월'이라 한다. 이는 그 형태가 月(월)자와 유사하지만 肉자에서 변한 것이기 때문에 肉자의 음인 '육'에 月자의 뜻과 음인 '달 월'을 합친 명칭이다. 나아가 月[육달월]은 자형 가운데 짧은 두 선[=의 형태]이 冂형태의 양쪽에 모두 붙여 쓰이지만 月(월)자는 그 짧은 두 선이 왼쪽에만 붙여 쓰인다. 하지만 오늘날 일상생활 속에서 두 한자를 쓸 때는 크게 구분하지 않고 있다.

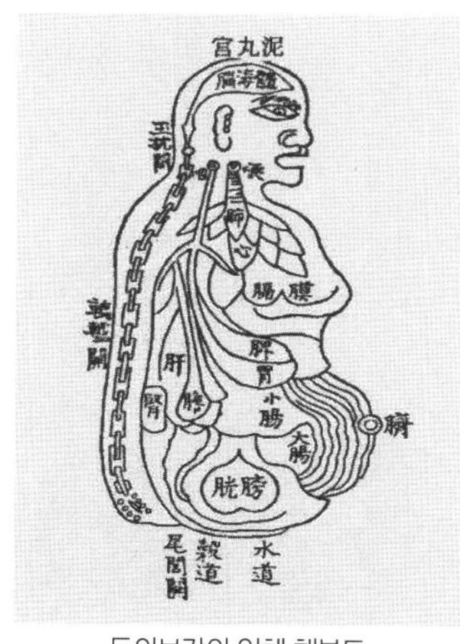

동의보감의 인체 해부도

猪肉(저육)이나 熟肉(→수육)에서 '고기'의 뜻으로 쓰이는 肉자는 그 의미가 확대되어 筋肉(근육)이나 骨肉(골육)에서처럼 '인체를 구성하는 부드러운 부분'을 총칭하는 뜻으로도 쓰인다. 또한 肉자는 동물의 고기만을 뜻하지 않고, 果肉(과육)이나 肉桂(육계)에서처럼 식물 껍질과 씨를 제거하고 몸피를 이룬 부드러운 부분의 '살'을 나타내는 데도 쓰이고 있다. 그 외에 肉자는 肉彈(육탄)이나 肉重(육중)에서처럼 '몸'의 뜻으로도 쓰이고, 肉眼(육안)이나 肉聲(육성)에서처럼 기계나 기구를 사용하지 않고 '몸으로 직접하다'의 뜻으로도 쓰인다.

肉(月)자를 부수로 삼는 한자는 대개 신체의 일부나 신체와 관련된 성질, 상태와 관련된 뜻을 지닌다. 이를 그 뜻의 쓰임에 따라 구분하면 다음 세 유형으로 볼 수 있다.

1. 신체의 일부와 관련된 한자

肌 [살 기]	肋 [갈빗대 륵]	**肝 [간 간]**	肛 [똥구멍 항]	肓 [명치끝 황]
肩 [어깨 견]	股 [넓적다리 고]	肱 [팔뚝 굉]	**肯 [뼈 사이 살 긍·즐길 긍]**	
肢 [사지 지]	**肺 [허파 폐]**	胛 [어깨뼈 갑]	**背 [등 배]**	**胃 [밥통 위]**
胞 [태보 포]	**胡 [턱밑 살 호·오랑캐 호]**		胱 [오줌통 광]	胴 [큰창자 동]
脈 [줄기 맥=脉]	胰 [등심 이]	脊 [등뼈 척]	**脅 [갈빗대 협]**	**胸 [가슴 흉]**
脛 [정강이 경]	**脣 [입술 순]**	腔 [빈 속 강]	腑 [장부 부]	脾 [지라 비]
腎 [콩팥 신]	腋 [겨드랑이 액]	腕 [팔 완]	腳 **[다리 각=脚]**	腱 [힘줄 밑둥 건]
腦 [뇌 뇌]	**腹 [배 복]**	腺 [샘 선]	**腰 [허리 요]**	**腸 [창자 장]**

膈 [흉격 격] 膀 [오줌통 방] 腿 [넓적다리 퇴] 膜 [꺼풀 막] 膚 [살갗 부]
膝 [무릎 슬] 膵 [췌장 췌] 膽 [쓸개 담] 臀 [볼기 둔] 臂 [팔 비]
臆 [가슴 억] 膺 [가슴 응] 臍 [배꼽 제] **臟 [오장 장]**

2. 신체와 관련된 사물을 나타낸 한자

肪 [기름 방] 肴 [안주 효] 脂 [기름 지] 脩 [포 수] 脯 [포 포]
腫 [부스럼 종] 膏 [기름 고] 膊 [포 박] 膠 [아교 교] 膳 [반찬 선]
膿 [고름 농] 膾 [회 회] 臘 [납향 랍] 臙 [연지 연]

3. 신체와 관련된 성질이나 상태를 나타낸 한자

肖 [닮을 초] **肥 [살찔 비]** 胚 [아이 밸 배] 胤 [이을 윤] 胎 [아이 밸 태]
脆 [무를 취] **脫 [벗을 탈]** **腐 [썩을 부]** 脹 [배부를 창] 膣 [새살 돋을 질]
膨 [부풀 팽]

소전 育자

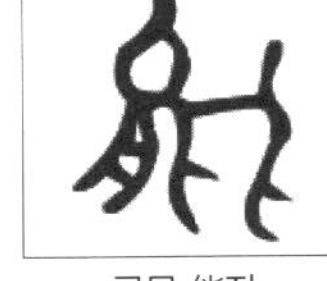
금문 能자

위 세 유형 가운데 첫 번째 유형은 머리를 제외하고 신체의 일부인 내장기관과 관련된 명사형의 뜻을 지닌 한자가 대부분이다. 그 외에 **育[기를 육]**자와 **能[능할 능]**자도 肉(月)자 부수에 속하는데, 育(육)자는 肉(月)자가 음의 역할을 한다. 하지만 能(능)자는 肉(月)자와 그 자원이 관련이 없다. 能(능)자는 동물인 '곰'의 모양에서 비롯된 한자기 때문이다. 반면에 牂[수양 장·양 양]자와 豚[돼지 돈]자는 肉(月)자 부수에 속하지 않지만 그 자원(字源)이 肉(月)자와 밀접한 관련이 있다.

곰의 모양

131

臣

6획

신하 신

왕을 섬기며 벼슬을 하는 사람은 신하다. 그런데 신하는 원래 노예에서 비롯되었다. 고대에는 부족과 부족이 싸워 이긴 부족이 진 부족의 사람들을 노예로 삼았다. 이때 노예가 된 사람은 지배자를 섬겼는데, 후대에 지배자의 권력이 강해지면서 그 지위가 왕으로 바뀌자 노예가 되는 사람도 신하가 된 것이다. 臣자는 그 '신하'를 뜻한다.

갑골문	금문	소전	예서

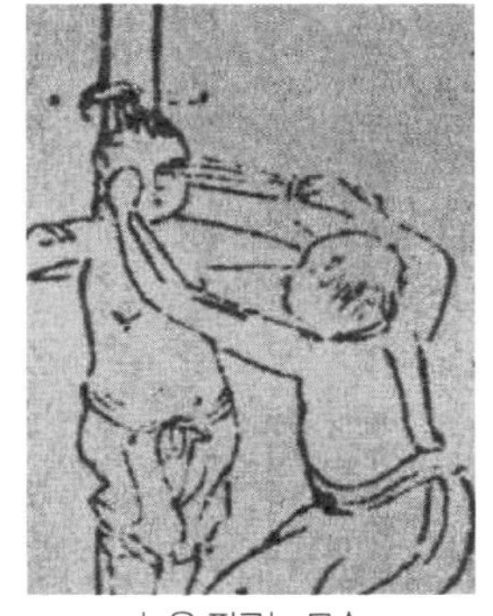
눈을 찌르는 모습

『설문해자』에서 臣자는 "이끄는 것이다. 임금을 섬긴다. 굴복한 형상을 본떴다(牽也. 事君也. 象屈服之形)."라고 했다. 굴복한 형상이라 풀이했지만 이는 잘못이다.

고대에 신하처럼 지배자를 섬겼던 노예 가운데 반항 능력이 있는 사람들은 한 눈을 뾰족한 도구로 찔러 앞을 보지 못하게 제재를 가했다. 이렇게 제재를 가하면 의기가 꺾기는 데다 한쪽 눈이 보이지 않아 행동반경의 폭이 작아져 반항 능력이 떨어질 수밖에 없었다. 그렇게 되도록 갑골문 臣자 자형은 뾰족한 도구로 제재가 가해진 눈을 나타낸 것이다. 그 자형에서는 제재가 가해진 눈동자 부위를 강조해 돌출시켜 표현했다. 눈동자 가운데 보이는 점은 찔린 부위를 나타냈다. 하지만 臣자는 금문 과정을 거쳐 소전에서 점이 없어지고 돌출된 눈동자가 보이는 눈을 나타낸 형태로만 쓰이게 되었다.

갑골문 民자

금문 民자

『설문해자』에서는 臣자가 굴복한 모습, 곧 신하가 임금 앞에 취하고 있는 자세로 봤으나 이는 갑골문뿐만 아니라 금문 자형을 봐도 잘못된 견해임이 분명하다. 신하는 임금의 백성이 되기도 하니 '백성'을 뜻하는 民[백성 민]자도 역시 눈이 제재를 당한 모습에서 그 자형이 이뤄졌다.

國祿之臣(국록지신)이나 社稷之臣(사직지신)에서 '신하'의 뜻으로 쓰이는 臣자는 市井之臣(시정지신)에서처럼 '백성'의 뜻으로도 쓰인다. 백성들은 모두 임금의 신하라 할 수 있기 때문이다. 小臣(소신)이나 臣妾(신첩)에서처럼 臣자는 또 신하가 임금에게 쓰는 '자칭(自稱) 대명사'로도 쓰이며, '자기의 겸칭(謙稱)'으로도 쓰인다.

臣자를 부수로 삼는 한자에는 **臥[누울 와]**자와 **臨[임할 림]**자가 있다. 그 외에 熙[빛날 희]자와 姬[아가씨 희]자에서 臣자와 유사하게 쓰이는 𦣞[턱 이]자도 그 부수에 속한다. 𦣞(이)자는 熙(희)자와 姬(희)자에서 음의 역할을 한다. 하지만 熙(희)자와 姬(희)자는 臣자를 덧붙여 煕와 姫로도 쓰이고 있다. 아울러 뾰족한 도구로 눈을 찌르는 모습에서 비롯된 臤[단단할 견]자나 臧[착할 장]자에서도 臣자의 쓰임을 엿볼 수 있다. 臤(견)자는 다시 堅[굳을 견], 腎[콩팥 신], 竪[세로 수], 緊[굵게 얽을 긴], 賢[어질 현]자에서 음의 역할을 하고, 臧(장)자는 다시 藏[감출 장], 欌[장롱 장], 臟[오장 장], 贓[장물 장]자에서 음의 역할을 한다.

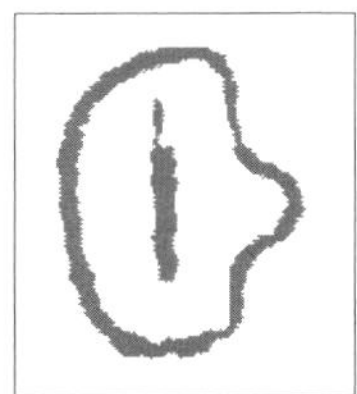
𦣞자 고문자

臤자 고문자

臧자 고문자

132

6획

스스로 자

코는 사람 얼굴 한 가운데에 있으면서 스스로의 특징을 가장 잘 드러내는 부분이다. 따라서 코 모양에서 이뤄진 自자는 '스스로'의 뜻을 지니게 되었다. 그 원래의 뜻인 '코'는 自자에 다시 음의 역할을 하는 畀[줄 비]자를 더한 鼻[코 비→209 참고]자가 쓰이고 있다.

갑골문	금문	소전	예서

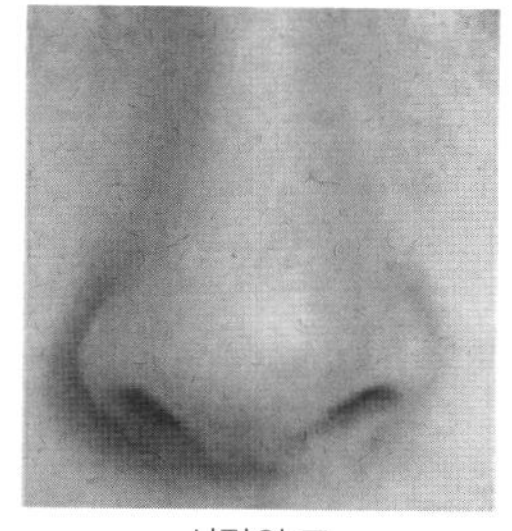

사람의 코

『설문해자』에서 自자는 "코다. 코의 형상을 본떴다(鼻也, 象鼻形)." 라고 했다.

갑골문 自자 자형도 코 윤곽이 간략하게 나타나 있으며, 금문 自자 자형 역시 코 모습에서 이뤄진 한자임이 분명하게 나타나 있다. 소전 自자 자형에서는 가운데 두 개의 가로획과 윗부분에 세 개의 짧은 세로획이 보이는 모양으로 정형되었다.

원래 코를 뜻하던 自자는 후에 그 의미가 확대되어 自手成家(자수성가)나 毛遂自薦(모수자천)에서 보듯 '스스로'의 뜻으로 쓰이게 되었다. 또 '저절로'나 '제멋대로'의 뜻으로도 쓰이는데, 自由自在(자유자재)나 自然淘汰(자연도태)에 보이는 自자가 바로 그런 뜻을 포함하고 있다. 아울러 自자는 예부터 출처·이유·기점 따위를 나타내는 어조사(語助辭)로서 '~로부터'라는 뜻을 지니기도 한다. 이런 쓰임은 自初至終(자초지종)이나 自古以來(자고이래)에서 볼 수 있다.

自자는 코를 나타냈기 때문에 그와 합쳐지는 한자 역시 코와 관련된 뜻을 지닌다. 息[숨 쉴 식], 熄[꺼질 식], 憩[쉴 게], **臭[냄새 취]**, 嗅[맡을 후]자가 바로 그런 한자다. 그러나 그 가운데 臭(취)자 한 글자만 自자 부수에 속하고 있다

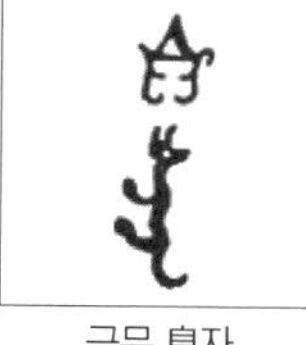

금문 臭자

133 至 6획 이를 지

사람은 동물이다. 동물은 한자로 '움직이다'의 뜻을 지닌 動[움직일 동]자를 쓴 데서 알 수 있듯 움직이는 존재다. 그 움직임은 느리게 할 수도 있고, 빠르게 할 수도 있다. 하지만 사람은 느리게 하는 것보다 빠르게 하는 것에 더 한계가 있다. 그 때문인지 어딘가에 '이르다'하는 뜻의 至자는 사람이 아닌, 사람보다 더 빠르게 움직이는 화살과 관련해 그 자형이 이뤄졌다. 문명이 발달되지 않았던 옛날에는 비교적 먼 목적지를 향해 화살만큼 빠르게 이르는 존재가 드물었기 때문으로 보인다.

갑골문	금 문	소 전	예 서
			至

땅에 이르러 꽂힌 화살

『설문해자』에서 至자는 "새가 날아 높은 곳으로부터 내려와 땅에 이른 것이다. 一을 따르는데, 一은 땅이다. 형상을 본떴다. 不은 위로 날아가는 것이지만 至는 내리는 것이니 오는 것이다(鳥飛从高下至地也. 从一, 一猶地也. 象形. 不, 上去, 而至, 下, 來也)."라고 했다.

하지만 갑골문 至자 자형을 보면 화살이 먼 곳으로부터 어떤 지점[땅 또는 과녁]에 이르러 꽂힌 모양을 나타낸 것으로 보인다. 이는 至자와 화살을 뜻하는 矢[화살 시]자의 음(音)이 '시'와 '지'로 같은 성부(聲符)를 지니고 있다는 점으로도 서로 밀접한 관련이 있음을 미뤄 짐작할 수 있다. 至자는 금문과 소전의 과정을 거치며 그 원래 형태를 점점 잃고 있다. 하지만 그 자형에서 윗부분은 활을 나타낸 것이고, 맨 아랫부분의 선은 땅 또는 과녁을 나타낸 것이다.

遝至(답지)나 自初至終(자초지종)에서 '이르다'의 뜻으로 쓰이는 至자는 至毒(지독)이나 至誠感天(지성감천) 등 실제 생활에 자주 사용되는 어휘를 통해 살펴보면 극진한 데까지 이르다라는 의미에서 비롯된 '지극하다'

의 뜻으로 더 자주 쓰이고 있음을 알 수 있다. 그 외에 至자는 한 해 중 낮이 가장 짧은 날과 가장 긴 날인 '동지(冬至)'와 '하지(夏至)'의 뜻을 지니기도 한다. 아울러 至자가 '가벼이 발(發)하는 모양'을 뜻할 때는 그 음이 '질'로 읽히는데, 바로 이 음은 至자가 다른 글자에 덧붙여져 음의 역할을 할 때에 영향을 미치고 있다.

시위를 떠난 화살

至자를 부수로 삼으면서 익히 쓰이는 한자로는 **臺[돈대 대=臺·坮]**자와 **致[이를 치]**자 정도가 있을 뿐이다. 두 한자 가운데 臺(대)자는 그 자원이 至자와 관련이 없이 닮은 자형이 덧붙여져 있다. 반면에 致(치)자는 至자가 음의 역할을 한다. 그처럼 至자는 비교적 많은 글자의 구성에 도움을 주면서 음의 역할을 하고 있다. 다음은 至자가 음의 역할을 하는 한자다.

소전 臺자

금문 到자

致 [이를 치]	緻 [빽빽할 치]	窒 [막을 질]	膣 [새살 돋을 질]
姪 [조카 질]	桎 [차꼬 질]	室 [집 실]	

그 외에 至자를 부수로 생각하기 쉬운 到[이를 도]자는 刀(刂)자 부수에 속하며, 屋[집 옥]자도 尸(시)자 부수에 속한다.

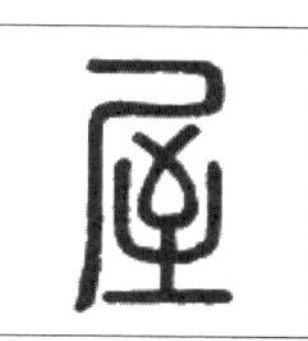
소전 屋자

134 

6획

절구 구

곡식 따위를 넣고 절굿공이로 빻거나 찧게 되어 있는 속이 우묵한 기구가 절구다. 절구는 '절굿공이와 절구통'을 아울러 이르는 한자어인 杵臼(저구)에서 비롯된 말이다. 그 杵臼의 臼자가 바로 '절구'를 뜻한다.

갑골문	금 문	소 전	예 서

옛날 돌로 만든 절구

『설문해자』에서 臼자는 "찧는 것이다. 옛날에는 땅을 파서 절구를 만들었는데 그 후에는 나무나 돌을 뚫어 만들었다. 형상을 본떴고, 가운데는 쌀이다(舂也. 古者掘地爲臼, 其後穿木石. 象形, 中米也)."라고 했다.

절구 안에 쌀이 들어 있는 형상이라 했는데, 금문으로 살피면 절구 안의 표면이 거친 형상을 하고 있는 자형으로 보인다. 臼자는 금문 이후, 그 자형이 바탕이 되어 오늘날 쓰이는 형태와 같게 되었다.

'절구'를 뜻하는 臼자는 臼齒(구치)나 脫臼(탈구)에서 그나마 그 쓰임을 엿볼 수 있는 한자다. 그 외에 臼자는 '절구질하다' 뜻을 지니기도 하고, '허물'의 뜻을 지니기도 하나 어휘로서 그 쓰임은 살펴볼 수 없다.

臼자를 부수로 삼는 한자에는 그 모양이 비슷한 臼[깍지 낄 국·들 거]자도 포함되어 있다. 臼자는 좌우 두 손을 합해 든다는 뜻을 나타낸 한자다. 臼자 부수에 속하는 臾[잠깐 유], 舅[시아비 구], **與[줄 여]**, **興[일 흥]**, **舊[예 구]**자 가운데 臾(유), 與(여), 興(흥)자는 臼자와 관련이 있다. 그 외에 舅(구)자와 舊(구)자는 臼자가 음의 역할을 한다.

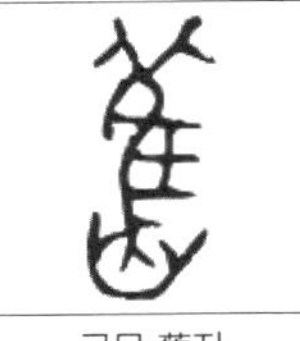

금문 舊자

135 舌

6획

혀 설

맛을 구별하고 음식을 받아 삼키며, 사람에게는 말을 하는 데 일정한 구실을 하는 등 여러 작용을 하는 입 안의 길쭉한 모양을 한 근육이 바로 혀다. 혀는 사람의 수많은 근육 가운데 크기나 굵기로 대비해 가장 강한 곳의 하나로, 인체에서 중요한 부위다. 舌자는 그 '혀'를 뜻한다.

갑골문	금문	소전	예서

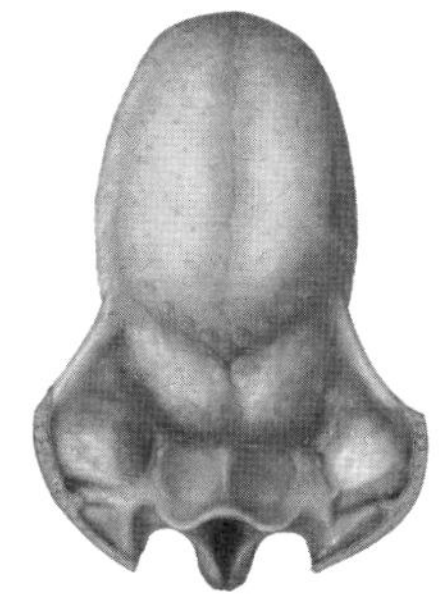
사람의 혀

『설문해자』에서 舌자는 "입에 있으며, 이로써 말하고 달리 맛도 본다. 干과 口로 뜻을 나타내는데, 干은 음의 역할도 한다(在口, 所以言也, 別味也. 从干, 从口, 干亦聲)."라고 했다. 형성자로 풀이하고 있다.

하지만 舌자에 대해 대부분 문자학자(文字學者)는 입과 혀 두 부분으로 구성된 글자라 주장하고 있다. 口[입 구]자를 보조자(補助字)로 이용하여 자신의 의미인 혀를 나타낸 형상으로 본 것이다. 그런 시각으로 살펴본다면, 갑골문 舌자는 사람의 혀가 입에서 내밀어진 모양을 표현한 것으로 여겨진다. 아랫부분은 사람의 입으로 보았고, 윗부분의 갈라진 선은 혀로 보았다. 일부 자형에 덧붙여진 점들은 침으로 보았다. 舌자는 갑골문 飮[마실 음]자의 자형을 통해서도 사람의 혀가 입에서 내밀어진 모양임을 엿볼 수 있다. 舌자는 금문에서 침이 보이지 않지만 자형이 정형되어 가고 있고, 그 자형이 소전을 거쳐 예서에서 오늘날처럼 쓰이고 있다.

갑골문 飮자

筆舌(필설)이나 舌苔(설태)에서 '혀'를 뜻하는 舌자는 舌盒(→서랍)이나 雀舌茶(작설차)에서 보듯 물건에 딸려 '혀 모양을 하고 있거나 혀 기능을 하는 것'을 뜻하기도 한다. 뿐만 아니라 舌자는 舌戰(설전)이나 舌禍(설화), 혹은 毒舌家(독설가)나 長廣舌(장광설)에서 보듯 그 의미가 확대되

작설차 찻잎

어 '말'이나 '언어'를 뜻하기도 한다.

갑골문 舍자

소전 話자

금문 昏자

舌자를 부수로 삼는 한자는 그 수가 많지 않다. 더욱이 오늘날 비교적 자주 쓰이는 **舍[집 사]**자나 舒[펼 서]자는 혀와 전혀 관련이 없다. 그나마 心(심)자 부수에 속하는 憩[쉴 게]자에서 제대로 된 그 쓰임을 엿볼 수 있다. 刮[긁을 괄=劀], 括[묶을 괄=㧢], 活[살 활=𣶒], 話[말씀 화=䛡]자에 공통으로 보이는 형태도 舌자가 아니고 𠯑[입 막을 괄]자가 와변(訛變)된 형태다. 따라서 話(화)자에 덧붙여진 舌의 형태를 舌(설)자로 보지 않도록 해야 한다.

136 舛 6획 어그러질 천

발의 방향이 위나 앞을 향할 때는 몸의 움직임이 자유롭지만 발의 방향이 아래나 뒤를 향한다면 아무래도 편하지 않을 것이다. 그렇게 발의 방향이 아래나 뒤를 향한 것은 발이 늘 움직이는 모습과 어그러진 형태가 되기 때문이다. 한자에서 '어그러지다'의 뜻을 지닌 舛자는 그런 발 모습에서 비롯되었다.

갑골문	금문	소전	예서
	[고문자 자형]	[고문자 자형]	[고문자 자형]

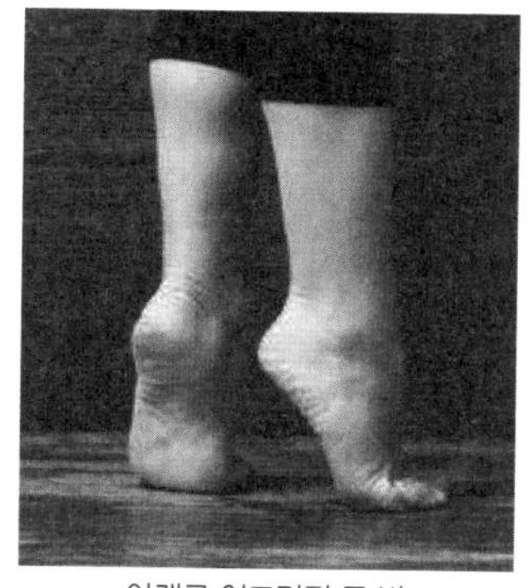
아래로 어그러진 두 발

『설문해자』에서 舛자는 "대하여 누운 것이다. 夊와 㐄가 서로 등진 것을 따랐다(對臥也. 从夊㐄相背)."라고 했다.

하지만 맨 처음 舛자를 볼 수 있는 금문 자형에서는 오른발과 왼발이 아래(뒤)를 향해 어그러진 모습으로 나타나 있다. 이후 소전의 과정을 거쳐 예서에서 오른발은 夊[뒤져 올 치]자로, 왼발은 㐄[걸을 과]자로 쓰이고 있다.

舛자는 '어그러지다'의 뜻에서 그 의미가 확대되어 '어지럽다'나 '어수선하다'의 뜻을 지니기도 한다. 그러나 일상 언어생활에서 익히 사용하는 어휘 가운데 舛자와 어울려 쓰이는 말은 찾아볼 수 없다.

舛자 부수에 속하면서 오늘날 그나마 종종이라도 쓰이는 한자는 舜[순임금 순=𦳝(본자)]자와 **舞[춤출 무]**자뿐이다. 그 가운데 舜(순)자는 舛자가 음의 역할을 하는데, 舜(순)자는 다시 瞬[눈깜짝일 순]자에서 음의 역할을 한다. 그 외에 舛자는 桀[홰 걸]자나 燐(린)자의 본자(本字)인 粦[도깨비불 린]자의 구성에 도움을 주고 있다. 桀(걸)자는 다시 傑[뛰어날 걸]자에서, 粦(린)자는 다시 鄰[이웃 린=隣], 麟[기린 린], 鱗[비늘 린], 憐[불쌍히 여길 련]자에서 음의 역할을 한다.

137 舟

6획

배 주

고대인들은 마실 물을 편리하게 구하고, 물고기를 쉽게 잡기 위해 대부분 물과 가까운 곳에 살았다. 그러나 물은 지역을 단절시키고, 고기를 잡는 범위에 제한을 주기도 했다. 따라서 옛날 사람들은 물길에 의해 가로 막힌 곳을 다니고, 먼 곳에서 물고기를 잡기 위해 배를 만들어 사용했다. 舟자는 그 '배'를 뜻한다.

갑골문	금문	소전	예서

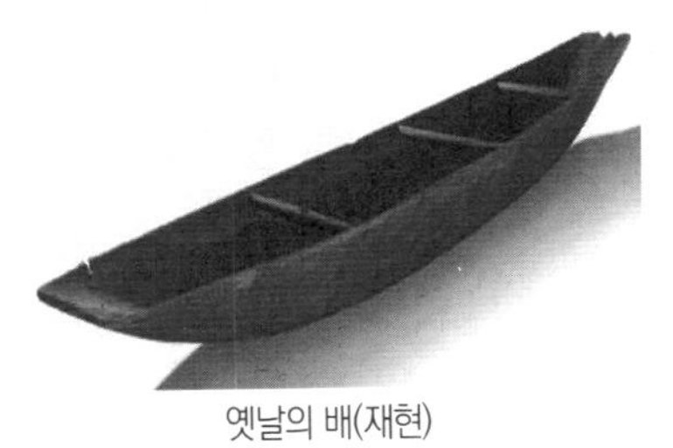

옛날의 배(재현)

『설문해자』에서 舟자는 "배다. 옛날 공고(共鼓)와 화적(貨狄)이 나무를 파서 배를 만들고, 나무를 깎아 노를 만들고, 통하지 못하는 곳을 건너게 했다. 형상을 본떴다(船也. 古者共鼓·貨狄刳木爲舟, 剡木爲楫, 以濟不通. 象形)."라고 했다.

갑골문 舟자 자형은 배의 좌우측(左右側)을 튼튼히 연결시키기 위해 여러 조각의 판자(板子)가 붙여진 형상으로 나타나 있다. 중간은 배의 몸체이고, 양끝에 돌출된 부분은 뱃머리와 뱃고물이다. 소전 舟자 자형은 물 위에서 배가 잘 나가도록 앞쪽 부분이 뾰족하게 변화되었다. 가운데 짧은 두 선(線)은 판자를 나타내는 부분이 변화되었다.

금문 服자

舟자가 고문에서 편방으로 쓰일 때의 형체는 서로 비슷하며, 예서로 쓰일 때에는 대부분 舟자 형태로 썼으나 어떤 때에는 月의 형태로도 썼다. 服[다스릴 복]자에 보이는 月의 형태가 바로 그 배의 형태에서 비롯되었다. 따라서 服(복)자는 月의 형태를 대신해 舟자를 덧붙여 舩(복)자로도 쓸 수 있다.

배 형태의 용기

노아의 방주 상상도

예전 사람들은 유희(遊戲)를 할 때, 종종 술을 채운 배 모양의 잔을 배와 같이 물에 띄워 마시기도 했다. 때문에 舟자는 '술그릇을 받치는 쟁반', 또는 '술을 치는 데 쓰는 예기(禮器)'를 뜻하기도 한다. 그러나 舟자는 오늘날 方舟(방주)나 一葉片舟(일엽편주)에서처럼 주로 '배'의 뜻으로 쓰이고 있다.

舟자를 부수에 속하면서 비교적 자주 쓰이는 한자는 일반적으로 배와 관련된 뜻을 지닌다. 다음은 그처럼 그 뜻이 배와 관련된 한자다.

航 [건널 항]	**般 [돌 반]**	舶 [큰 배 박]	**船 [배 선]**	舷 [뱃전 현]
舵 [키 타]	艇 [거룻배 정]	艙 [선창 창]	艦 [싸움배 함]	

138  6획

그칠 간

상대를 외면한다는 것은 보지 않는다는 것이고, 보지 않는다는 것은 상대와 관계를 계속 유지하지 않고 그치겠다는 것이 된다. 그처럼 관계를 그치다할 때의 '그치다'를 뜻하는 한자인 艮자는 상대를 눈으로 보지 않고 외면하는 모습에서 그 자형이 비롯되었다.

갑골문	금 문	소 전	예 서

외면하는 모습

『설문해자』에서 艮자는 "다툰다는 것이다. 匕와 目을 따른다. 匕와 目은 눈으로 서로 견주며, 서로 낮추려 하지 않는다는 것이다(很也. 从匕目, 匕目, 猶目相匕, 不相下也)."라고 했다.

하지만 금문 艮자는 눈이 사람 뒤에 표현되어 있음을 볼 수 있다. 눈을 사람 뒤에 두어 외면하고 있음을 나타낸 것이다. 소전에서는 눈을 目으로, 사람을 匕의 형태로 나타냈는데, 두 자형이 어울려 다시 예서에서 오늘날과 비슷하게 쓰이고 있다.

艮자는 '그치다'의 뜻보다는 팔괘(八卦) 가운데 하나인 '괘 이름'으로 오늘날 더 자주 사용되고 있다. 이때의 괘(卦)는 ☶으로 나타내며, 이는 산(山)을 상징한다.

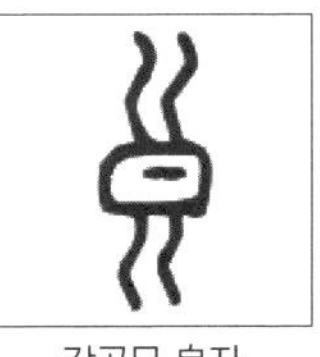
갑골문 良자

艮자를 부수로 삼으면서 오늘날 비교적 자주 쓰이는 한자는 **良[어질 량]**자와 艱[어려울 간]자뿐이다. 그나마 良(량)자는 그 자원이 艮자와 전혀 관련이 없다. 그 자형의 일부가 艮자를 닮아 그 부수에 속하게 된 것이다.

하지만 艮자가 글자 구성에 도움을 주면서 음의 역할을 하는 한자는 적지 않다. 懇[간절할 간], 墾[따비질할 간], 限[지경 한], 恨[한할 한], 眼[눈 안], 根[뿌리 근], 痕[흉터 흔], 銀[은 은], 齦[잇몸 은]자 등이 그런 한자다.

139 色

6획

빛 색

어떤 물체의 거죽에 나타나는 밝고 어두움이나 빨강, 파랑, 노랑 따위의 물리적 현상이 빛이다. 나아가 빛은 번쩍이는 것을 이르기도 한다. 그 외에 '빛'은 '희망'이나 '광명'을 뜻하기도 한다. 뿐만 아니라 '피로한 빛을 나타내다'라고 말할 때의 '빛'은 '얼굴빛'을 뜻한다. 하지만 그 빛은 구체적인 대상물로 표현할 수 없다. 따라서 그 뜻을 나타내는 글자를 만드는 데 어려움이 있었겠지만, 옛날 사람들은 사람과 관련해 '빛'을 뜻하는 色자를 만들었다.

갑골문	금문	소전	예서

서로 어르는 모습(신라시대 항아리)

『설문해자』에서 色자는 "얼굴의 기운이다. 人을 따랐고, 卩을 따랐다(顔气也. 从人, 从卩)."라고 했다.

人과 卩은 두 사람을 이른 것인데, 갑골문이나 금문의 色자 자형을 보면 역시 두 사람을 나타냈다. 그 두 사람이 서로 어르는 모양을 나타낸 것으로 보인다. 소전에서 色자 자형은 위에 있는 사람과 아래에 앉은 사람이 서로 어르는 모습으로 고정시켜 나타냈다. 서로 어르는 상황에서 그 희비의 기운이 흔히 얼굴빛으로 드러난다 하여 원래 '얼굴빛'을 뜻하는 한자였다. 사람의 가장 원초적 본능이 드러난 얼굴빛을 뜻한 것이다.

서로 어르는 그림(신윤복)

大驚失色(대경실색)이나 巧言令色(교언영색)에서 '얼굴빛'을 뜻하는 色자는 오늘날 草綠同色(초록동색)이나 五色玲瓏(오색영롱)에서처럼 의미가 확대되어 주로 '빛'의 뜻으로 쓰이고 있다. 뿐만 아니라 '어르다'와 같은 어원(語源)을 지닌 '어른'과 관련해 色자는 어른이 어르는 대상에서 비롯된 말인 英雄好色(영웅호색)이나 酒色雜技(주색잡기)에서 보듯 '여색(女色)'을 뜻하기도 한다. 그 외에 色자는 빛이 여러 가지가 있기 때문에 各樣各色(각양각색)이나 四色黨派(사색당파)에서 보듯 '갈래'의 뜻을 지니기도 한다.

오색으로 이뤄진 주머니

色자는 자체로 쓰임이 다양하지만 부수로 그 역할이 크지 않다. 그 부수에 속하는 한자로는 艷[고울 염=豔]자 단 한 글자만 가끔 쓰이고 있을 뿐이다. 糸(사)자 부수에 속하는 絶[끊을 절]자에 덧붙여진 色의 자형은 원래 刀[칼 도]자와 卩[병부 절=㔾]자가 변한 巴의 형태로 써야 하기 때문에 色자와 관련이 없다. 絶자는 덧붙여진 色의 자형에서 ⺈의 형태를 刀자로 바꿔 絕(절)자로 써야 바른 한자가 된다. 絕(절)자는 실[糸]을 칼[刀]로 끊는다 하여 그 뜻이 '끊다'가 되고, 그 음은 巴의 형태로 변했지만 卩(㔾)자로 인해 '절'이 된 한자인 것이다.

소전 絕자

실제로 2007년 당시 교육인적자원부는 고시(제2007-79호)를 내려 《강희자전》의 정자(正字) 자형을 기준으로 한다는 원칙에 의거하여 10개 한자 자형에 대한 수정안을 제시했는데, 그때 絶(절)자도 絕(절)자로 쓰도록 조정한 바가 있다. 그 조정안에 따르면 絕(절)자 외에 强[강할 강]자는 強자로, 凉[서늘할 량]자는 涼자로, 隣[이웃 린]자는 鄰자로, 戱[놀 희]자는 戲자로, 栢[나무 이름 백]자는 柏자로, 兎[토끼 토]자는 兔자로, 姉[누이 자]자는 姊자로, 况[하물며 황]자는 況자로, 奬[권면할 장]자는 獎자로 써야 한다고 했다. 그 외에도 오늘날 교육현장에서 쓰이는 한자에는 수정을 해서 써야 할 한자가 아주 많다. 이에 대한 조정도 반드시 필요할 것으로 보인다.

해서 奬자(수정 전)

해서 獎자(수정 후)

140 艸·艹

6획

풀 초·초두

나무가 아닌 식물을 일반적으로 통틀어 이르는 말이 풀이다. 풀은 대개 아무 곳에서나 왕성하게 잘 자라지만 목질(木質)이 아니어서 줄기가 연하고, 쉽게 시들면서 대부분 한 해를 자라고 죽는다. 하지만 세상에서 어느 존재 못지않게 강한 생명력을 지녀 이듬해에 어김없이 싹을 틔우는 자연물 가운데 하나다. 艸자는 그 '풀'을 뜻한다.

갑골문	금문	소전	예서

풀이 자라는 모양

『설문해자』에서 艸자는 "온갖 풀이다. 두 개의 屮을 따른다(百芔也. 从二屮)."라고 했다.

오늘날 '풀'을 뜻하는 데 草[풀 초]자를 쓰고 있지만 고문자에서 보듯 원래 艸자로 썼다. 艸자는 두 포기의 풀[屮]을 중첩(重疊)해 나타낸 한자다. 한자 중에는 그 형체가 잘 드러나지 않거나 다른 한자와 분별하기 어려울 때 흔히 중첩해 쓰기도 하는데, 艸자가 그처럼 쓰인 것이다. 더욱이 풀은 주로 군집(群集)해 자라기 때문에 두 포기 풀을 가지런히 표현해 놓음으로서 그 수효(數爻)가 많음을 나타냈다.

갑골문과 금문에 艸자는 단독체의 자형이 보이지 않는다. 그러나 편방으로 쓰이는 갑골문 자형은 세 형태로 나타나 있다. 그 형태는 쓰이는 모양만 다를 뿐 의미에 차이가 없이 모두 풀을 뜻한다. 금문에서 편방으로 쓰이는 자형은 풀을 좌우로 표현하고 있다. 艸자의 편방자는 그 후 해서(楷書)에서 다시 ++의 형태로 정형되었다. ++는 덧붙여지는 글자에서 항상 그 글자의 머리 부분에 쓰이므로 艸자의 음 '초'에 '머리'를 뜻하는 頭[머리 두]자의 음 '두'를 합쳐 '초두'라 한다.

다산초당 편액

하지만 오늘날 艸자는 그 자형에 음을 나타내는 早[이를 조]자가 덧붙여져 이뤄진 草(초)자로 대체되어 쓰이고 있다. 한때 艸자와 草자가 동시에 쓰였는데, 사람들이 점차 그 음을 쉽게 알아서 사용할 수 있는 草자로 풀을 뜻하는 데 전용(專用)하게 되면서 결국 艸자는 주로 부수의 역할을 하고 있다.

옛날 사람들은 오늘날 식물학에서 구분하는 바와 같이 식물을 엄격하게 분류하지 못해 포자(胞子)로 번식하는 은화(隱花)식물이나 엽록소를 갖지 않는 곰팡이 등의 균류(菌類) 및 소수의 목본(木本)식물도 초본(草本)식물로 여겼다. 따라서 艸자를 부수로 삼는 한자는 균류와 같은 하등식물뿐만 아니라 수목과 같은 고등식물과 관련된 한자를 포함하기도 한다. 그러나 대부분 한자는 초본식물과 관련이 있으며, 그런 식물의 상태나 각 부분 명칭과도 관련이 있다. 이를 그 뜻의 쓰임에 따라 살펴보면 대체로 다음 네 유형이 있다.

一. 식물의 명칭을 나타낸 한자

1. 초본류

艾 [쑥 애] 芍 [함박꽃 작] 芥 [겨자 개] 芙 [연꽃 부] 芝 [지초 지]
芭 [파초 파] 茄 [가지 가] 茅 [띠 모] 莎 [향부자 사] **荷 [연 하]**
菊 [국화 국] 萊 [명아주 래] 菩 [모사풀 배·보살 보] 菽 [콩 숙] 菖 [창포 창]
萍 [부평초 평] 萱 [원추리 훤] 蒐 [꼭두서니 수] 蒻 [부들 약] 蒲 [부들 포]
蓖 [아주까리 비(피)] **蓮 [연 련]** 蓼 [여뀌 료] 蓉 [연꽃 용] 蓬 [쑥 봉]
蔘 [인삼 삼] 蕨 [고사리 궐] 蕉 [파초 초] 薑 [생강 강] 薇 [살갈퀴 미·장미 미]
薔 [물여뀌 색·장미 장] 蕭 [맑은대쑥 소] 藍 [쪽 람] 薯 [참마 서] 藜 [명아주 려]
蘆 [갈대 로] **蘇 [차조기 소]** 藷 [사탕수수 저] **蘭 [난초 란]**

2. 은화식물이나 균류

藻 [말 조] 苔 [이끼 태] 蘚 [이끼 선] **菌 [버섯 균]**

3. 목본류

茶 [차 다(차)] 茱 [수유 수] 葡 [포도 포] 萄 [포도 도] 荊 [모형나무 형]
萸 [수유 유] 蕣 [무궁화 순] 薔 [장미 장] 葛 [칡 갈] 藤 [등나무 등]

二. 식물의 부분을 나타낸 한자

芻 [꼴 추] 芒 [까끄라기 망] **芽 [싹 아]** **花 [꽃 화]** **苗 [싹 묘]**
英 [꽃부리 영] 莖 [줄기 경] 荳 [콩 두] 菓 [과일 과] 萁 [콩깍지 기]
萌 [싹 맹] **菜 [나물 채]** **華 [꽃 화]** 荏 [들깨 임] **葉 [잎 엽]**
蔓 [덩굴 만] **蔬 [푸성귀 소]** 蕾 [꽃봉오리 뢰] 薪 [섶나무 신] 藿 [콩잎 곽]

三. 식물의 생장과 과정에서 일어나는 현상을 나타낸 한자

芳 [꽃다울 방] 菲 [엷을 비] 萎 [시들 위] **落 [떨어질 락]** **著 [드러날 저(착)]**
蕪 [거칠어질 무] 蕃 [우거질 번] **薄 [엷을 박]** 薰 [향풀 훈] **茂 [우거질 무]**
荒 [거칠 황] **茫 [아득할 망]** 茸 [무성할 용] 茲 [무성할 자] **莊 [풀 성한 모양 장]**
蒼 [푸를 창]

四. 식물과 관련되어 이뤄진 의미나 사물을 나타낸 한자

草 [풀 초] 苛 [매울 가] **苦 [쓸 고]** **苟 [진실로 구]** 苶 [나른할 날]
苑 [나라 동산 원] **莫 [없을 막]** 萃 [모일 췌] 董 [바로잡을 동] **葬 [장사지낼 장]**
蓋 [덮을 개] **蒙 [덮을 몽]** 蓑 [도롱이 사] 蓐 [요 욕] **蒸 [찔 증]**
蓄 [쌓을 축] 蔭 [그늘 음] **薦 [천거할 천]** **蔽 [덮을 폐]** 藉 [깔개 자]
藏 [감출 장] **藥 [약 약]** **藝 [심을 예]**

식물은 그 종류가 매우 많으며, 게다가 사람의 생활과 밀접한 관련이 있다. 때문에 艸자 부수에는 아주 많은 한자가 속해 있다. 그런 한자 가운데 芻(추)자와 卉(훼)자를 제외하고 모두 부수 艸자가 변형된 ++가 글자 머리에 쓰이고 있음을 볼 수 있다. 이는 그 형체가 옆으로 쓰기 쉬워 다른 글자와 합쳐 쓰일 때, 상하식(上下式)을 채택했기 때문이다. 아울러 **若[만약 약(야)]**, **萬[일만 만]**, 蔑[업신여길 멸]자도 艸(++)자의 부수에 속하지만 이들 한자는 풀과 전혀 관련이 없다.

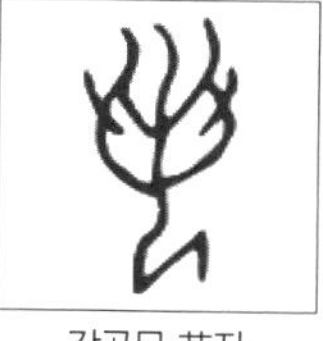
갑골문 若자

갑골문 萬자

갑골문 蔑자

141 虍

6획

범의 문채 호

우리나라를 강점했던 일제는 우리 기질을 나약하게 만들기 위해 우리 강산이 연약하고 길들이기 쉬운 토끼 모양과 닮았다고 했다. 그러나 우리 선인들은 삼천리강산을, 옛날 우리 땅이었던 만주 벌판을 향해 포효하는 범 모양에 견주어 왔다. '범'을 뜻하는 虎[범 호]자는 바로 그와 같은 모양을 표현한 한자다. 하지만 범과 관련되어 이뤄지는 한자들은 대체로 虎자의 일부가 생략된 虍자로 쓰고 있다. 虍자는 그 뜻을 '범의 문채'라 한다.

갑골문	금문	소전	예서

근역강산맹호기상도

소년 창간호

『설문해자』에서 虍자는 "범의 무늬다. 형상을 본떴다(虎文也. 象形)."라고 했다.

갑골문 虎자나 虍자의 자형을 보면 범의 모양이 확연한데, 상세한 형태는 호리호리한 긴 몸에 크게 입을 벌리고 있는 머리와 두 다리와 꼬리를 특징적으로 나타내고 있다. 간략한 형태는 범의 전신을 나타낸 모양에서 큰 머리 부분을 남기고 나머지 부분이 생략되어 있다. 두 형태는 이후에 虎자와 虍자로 나눠져 쓰이게 되었는데, 그 중에 虍자가 부수의 역할을 하게 된 것이다. 虍자는 虎자에서 범의 뒷부분인 뒷다리와 꼬리가 변한 儿의 형태를 생략했다. 이는 虎자를 편방으로 쓸 때에 다른 글자와 조합을 용이하게 하기 위한 방편으로, 그 자체의 일부만 취한 것이다.

虍자와 虎자는 갑골문에서 보듯 원래 서로 구분이 없었는데, 후에 虍자는 '범의 문채'를 나타내는 뜻으로, 虎자는 '범'을 나타내는 뜻으로 쓰이게 되었다. 범의 일부분에서 비롯된 虍자가 어떻게 '범의 문채'를 뜻하게 되었는지는 알 길이 없다. 다만 虎자와 관련된 글자이므로 그와 같은 뜻을 지니게 된 것으로 보인다.

근역강산맹호기상도(고려대)

오늘날 虍자 부수에 속하는 虎자는 그 뜻이 '범'이지만 일상 언어생활에서는 흔히 '호랑이'라는 말로도 쓰이고 있다. 하지만 '호랑이'는 虎[범 호]자의 '호'와 狼[이리 랑]자의 '랑'과 명사형 접미사인 '이'가 합쳐진 말이다. 범이나 이리 등의 맹수를 총칭하기 위해 만들어진 말로 알려져 있다. 그렇게 '호랑이'는 맹수를 총칭하는 말이었지만, 그 맹수의 대표가 되는 동물은 '범'이다. 따라서 '호랑이'가 '범'을 뜻하기도 한 것이다. 분명하게 꼬집어 虎자의 뜻을 말하고자 한다면 '범'이라 함이 좋겠다.

虍자를 부수로 삼는 한자는 일반적으로 범과 관련된 뜻을 지니나, 그 대부분 한자에 범과 관련된 뜻이 잘 드러나지 않는다. 다음은 그 부수에 속하는 한자다.

虎 [범 호] 虐 [사나울 학] 虔 [정성 건] **處 [살 처]**
虜 [사로잡을 로=擄] **虛 [빌 허=**虚**]** 虞 [염려할 우]
號 [부르짖을 호] 虧 [이지러질 휴]

소전 虜자

소전 虛자

소전 盧자

위 한자 가운데 虎(호), 處(처), 虜(로), 虛(허), 虧(휴)자는 그 음에 다소 변화가 있어 보이지만 모두 虍자가 음에 영향을 주고 있다. 그처럼 虍자는 여전히 琥[호박 호], 墟[언덕 허], 戱[놀 희=戲], 據[의거할 거], 遽[갑자기 거], 醵[술잔치 거(갹)], 劇[심할 극], 盧[밥그릇 로·성 로], 爐[화로 로], 蘆[갈대 로], 櫨[두공 로], 廬[오두막집 려], 慮[생각할 려], 濾[거를 려], 攄[펼 터], 膚[살갗 부=臚]자의 구성에 도움을 주면서 그 음에 영향을 미치고 있다.

142 

6획

벌레 훼

일반적으로 작은 동물들을 두루 이르는 말이 벌레다. 이때의 벌레는 곤충 이외에 여러 작은 동물도 포함된다. 그 벌레가 지구에는 수많이 존재하고 있다. 그 가운데 뱀도 예부터 장충(長蟲)이라 하여 몸이 긴 벌레로 보았다. 뿐만 아니라 뱀을 벌레 가운데 대표가 되는 동물로 생각하기도 했다. 따라서 뱀 모양에서 '벌레'를 뜻하는 虫자가 이뤄졌다.

갑골문	금문	소전	예서
			虫

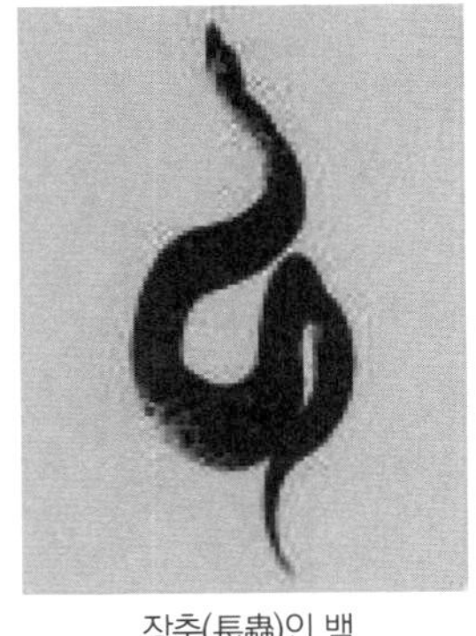
장충(長蟲)인 뱀

『설문해자』에서 虫자는 "일명 살무사다. 넓이는 세 치고, 머리 크기가 엄지손가락과 같다. 그 누워있는 형상을 본떴다(一名:蝮. 博三寸, 首大如擘指. 象其臥形)."라고 했다.

갑골문 虫자 자형도 가늘고 긴 몸체에 꼬리를 구부린 뱀 모양으로 나타나 있다. 그 모양에서 뱀의 머리를 표현한 부분은 두 가지 형태로 쓰이고 있다. 하나는 삼각형(三角形)과 같이 표현한 형태며, 또 다른 하나는 선(線)으로만 표현한 형태다. 그 중에 전자의 형태가 후에 더욱 부드러운 모양으로 변화되어 예서 이후에 오늘날 자형과 유사하게 쓰이게 되었다.

오늘날 虫자는 흔히 서사(書寫)의 편의를 위해 蟲[벌레 충]자의 약자(略字)로 사용되고 있다. 그러나 이전에 虫자는 '살모사'를 뜻하면서 '훼'의 음으로 읽히는 한자였다. 하지만 후대에 兀(올)자를 덧붙인 虺[살모사 훼]자가 그 뜻을 대신하자, 자신은 '벌레'의 뜻을 지니게 되었다. 살모사와 같은 뱀을 옛날 사람들은 장충(長蟲)이라 하면서 모든 벌레의 대표로 여겼기 때문이다. 그렇게 虫자가 '벌레'의 뜻을 지니게 되자, 마침내 같은 뜻을 지닌 蟲(충)자와 통용되면서 약자(略字)가 된 것이다.

虫자가 벌레의 뜻으로 쓰일 때는 오늘날보다 옛날에 비교적 넓은 의미로 쓰였다. 하늘을 나는 동물이나 땅에 사는 동물, 그리고 물속에 사는 동물뿐 아니라 심지어 사람을 지칭하기도 했기 때문이다. 오늘날에도 밥만 먹고 하는 일 없이 지내는 사람을 일러 "식충이(食蟲-)"라고 한 것을 보면 이를 미뤄 짐작할 수 있다. 蠻[오랑캐 만]자 역시 사람과 관련된 뜻을 지닌 한자로 虫자가 그 자형에 덧붙여져 있음을 볼 수 있다. 이를 보면 옛날 사람들이 생각하고 있던 벌레는 그 범위가 오늘날에 비해 훨씬 넓었음을 미뤄 짐작할 수 있다.

초충도(민화)

虫자를 부수로 삼는 한자는 작은 동물과 관련이 있을 뿐만 아니라 개구리와 같은 兩棲類(양서류)나 대합조개와 같은 패류(貝類)와 관련된 뜻을 지닌다. 심지어 고슴도치와 같은 포유류(哺乳類)와도 관련이 있다. 학문의 발달이 이뤄지기 전의 옛날에는 동물을 오늘날처럼 체계적으로 구분하지 못하고, 그 형태가 작으면 모두 벌레로 취급했기 때문이다. 다음은 그 부수에 속하는 한자다.

蚊 [모기 문]	蚤 [벼룩 조]	蚌 [방합 방]	**蛇 [뱀 사]**	蛙 [개구리 와]
蛔 [거위 회]	蛤 [대합조개 합]	**蜂 [벌 봉]**	蜃 [무명조개 신]	蜉 [하루살이 부]
蛾 [나방 아]	蜚 [바퀴 비]	蝸 [달팽이 와]	蝟 [고슴도치 위]	蝣 [하루살이 유]
蝶 [나비 접]	蝦 [새우 하]	蝴 [나비 호]	螂 [사마귀 랑]	螟 [마디충 명]
螢 [개똥벌레 형]	螳 [사마귀 당]	螭 [교룡 리]	蟬 [매미 선]	蟯 [요충 요]
蟾 [두꺼비 섬]	螺 [소라 라]	蠅 [파리 승]	蟻 [개미 의]	蟹 [게 해]
蠱 [독 고]	蠶 [누에 잠]	蠻 [오랑캐 만]		

위 한자 가운데 蚌(방), 蛤(합), 蜃(신), 螺(라)자는 모두 조개류와 관련된 뜻을 지닌다. 물가에서 조개가 벌레처럼 기어 다니기 때문에 虫자를 덧붙인 것이다. 그 외에 **蟲[벌레 충]**자나 蜀[벌레 촉·나라 이름 촉]자뿐만 아니라 蛋[새알 단], **蜜[꿀 밀]**, 虹[무지개 홍], 蜺[무지개 예], 蝕[좀먹을 식], 蠕[굼틀거릴 연=蝡], 融[녹일 융], 蟄[숨을 칩], 蠟[밀 랍], 蠢[꿈틀거릴 준]자도 虫자 부수에 속한다.

143 

6획

피 혈

옛날에는 제사를 지낼 때, 소나 양 등의 피를 그릇에 담아 신(神)에게 보답하기도 했다. 피는 구체적인 형태를 지니고 있지 않기 때문에 그 형상, 즉 그릇에 희생물의 피가 담긴 형상에서 그 뜻 '피'를 나타내는 血자가 이뤄졌다.

갑골문	금 문	소 전	예 서

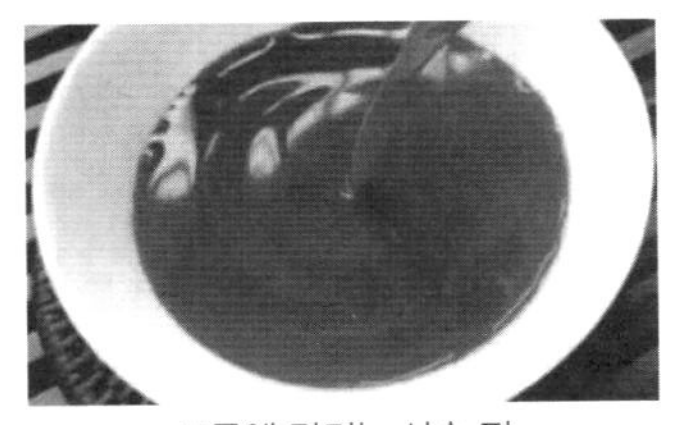
그릇에 담기는 사슴 피

『설문해자』에서 血자는 "제사에 바치는 희생의 피다. 皿을 따르고, 一은 피의 형상을 본떴다(祭所薦牲血也. 从皿, 一象血形)."라고 했다.

갑골문 血자 자형도 가운데에 표현되어 있는 O은 피를 나타냈으며, 자형을 곁에서 본 모양일 때는 I이 피를 나타냈다. 나머지는 그릇을 나타냈다. 血자는 그 후 금문과 소전 과정을 거쳐 예서에서 그릇을 나타낸 皿[그릇 명→108 참고]자 위에 짧은 한 선을 더한 모양으로 변하고, 이후에 선은 삐침으로 변화되었다.

鳥足之血(조족지혈)이나 冷血動物(냉혈동물)에 쓰이는 血자는 본래 제사에 바치는 가축의 '피'를 나타냈으나 후대에 血液型(혈액형)이나 白血病(백혈병)에서처럼 사람의 '피'로도 쓰이게 되었다. 이는 사물의 이름을 사람에게 적용한 것이다. 또한 血자는 血肉(혈육)이나 血統(혈통)에서처럼 피를 나눈 관계인 '골육(骨肉)'의 뜻을 지니기도 한다.

갑골문 衆자

血자 부수에 속하는 한자에는 **衆[무리 중]**자 단 하나만 비교적 자주 쓰이고 있다. 그러나 衆자에 덧붙여진 血자는 태양에서 비롯된 모양이다. 단지 恤[구휼할 휼]자 한 자만 血자가 그 글자 구성에 도움을 주면서 음의 역할을 하고 있다.

144 行 다닐 행

6획

산짐승이 다닌 눈길

사람이나 짐승이 자주 다니면서 자연스럽게 땅 위에 일정하게 생겨난 것이 길이다. 그러나 문명이 발달되면서 사람이나 짐승이 더욱 편히 걸어 다니기 위해 인위적으로 길이 만들어졌고, 그 길로 인해 교통이 발달되면서 더 크고 다양한 형태의 길이 만들어졌다. 그런 길 가운데 많은 사람이 사방으로 다닐 수 있는 길 모양에서 비롯된 行자는 '다니다'라는 뜻을 지닌다.

갑골문	금문	소전	예서

『설문해자』에서 行자는 "사람이 걷고 달리는 것이다. 彳을 따랐고, 亍을 따랐다(人之步趨也. 从彳, 从亍)."라고 했다.

옛날 광화문 사거리

하지만 갑골문이나 금문 行자 자형은 두 가닥이 서로 교차(交叉)되어 사방(四方)으로 트인 사거리를 본뜬 모양으로 나타냈다. 어떤 것은 대로(大路)의 양쪽에 갈라져 나간 작은 길이 있는 모양처럼 보이고, 어떤 것은 동서남북으로 교차된 十자 모양의 길처럼 보인다. 소전 이후의 자형은 비록 그 원래의 형태가 많이 소실된 모양으로 변했으나 여전히 사거리의 형상을 추측하는 데 큰 어려움이 없다.

行자는 그 자형에서 보듯 원래 사거리의 길을 뜻했는데, 길이 사람들을 편리하게 다닐 수 있도록 해주므로 行方不明(행방불명)이나 行不由徑(행불유경)에서처럼 '다니다'나 '가다'의 뜻을 지니게 되었다. 다니는 것은 발이 어느 한 곳에 고정되어 있지 않고 움직이는 상태에 있기 때문에 行자는 또 論功行賞(논공행상)이나 務實力行(무실역행)에서처럼 어떤 일을 움직여 '행하다'라는 뜻으로도 쓰이며, 品行方正(품행방정)이나 言行一致(언행일치)에서처럼 행하고 난 후에 외면(外面)에 반영된 '품질'이나 '행실'의 뜻으로도 쓰인다. 그 외에 行자는 行

裝(행장)이나 行色(행색)에서처럼 '떠나다'나 '여행'의 뜻을 지니기도 한다. 아울러 行자는 서체의 한 가지인 '행서(行書)'의 뜻으로도 쓰이며, 길거리에 있는 은행(銀行)과 같은 '점포'의 뜻으로도 쓰인다.

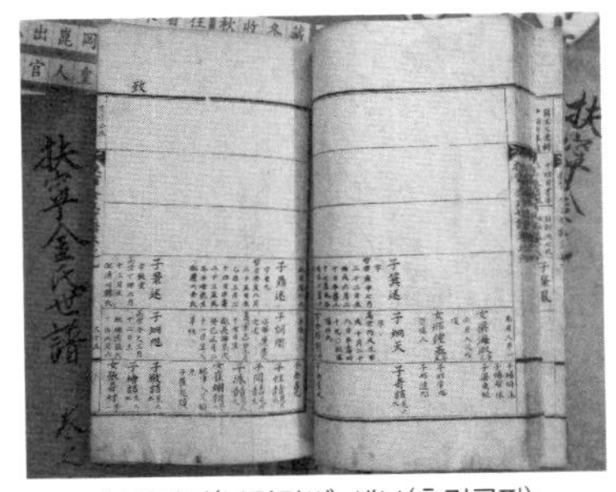
부안김씨(부령김씨) 세보(충경공파)

뿐만 아니라 行자는 위에서 설명한 뜻으로 쓰일 때에 그 음이 '행'으로 읽히는 것과 달리 '항'의 음으로도 읽힌다. 이때 行자는 '항렬(行列)'이나 '서열(序列)' 또는 '같은 또래'나 '대열(隊列)'의 뜻을 지닌다. 다니는 것이나 행하는 것은 순서가 있으므로 항렬(行列)의 항(行)과 같이 된 것이다.

이렇게 行자와 같이 자의(字義)에 따라 자음(字音)이 달라지는 한자를 이음자(異音字)라 한다. 이음자가 생기는 이유는 단음절어(單音節語)인 한자가 전혀 다르게 생각되는 여러 개의 자의를 가지기 때문으로, 그 자의를 분명하게 구별하기 위해 복수(複數)의 음을 쓰게 되면서부터다.

行자를 부수로 삼는 한자는 주로 길과 관련된 뜻을 지닌다. 다음은 그 부수에 속하는 한자다.

衍 [넘칠 연]	**術 [꾀 술]**	衒 [발보일 현]	**街 [거리 가]**	衙 [마을 아]
衝 [찌를 충]	**衛 [지킬 위=衞]**	**衡 [저울대 형·가로 횡]**		衢 [네거리 구]

위 한자들을 살펴보면 行자가 음의 역할을 하는 衡(형)자와 물이 넘치는 물가와 관련되면서 行자와 자원(字源)이 관련 없는 衍(연)자를 제외하고 모두 부수인 行자 가운데에 음(音)의 역할을 하는 朮[삽주 출], 玄[검을 현], 圭[홀 규], 吾[나 오], 重[무거울 중], 韋[다룬 가죽 위], 瞿[볼 구]자가 놓여 있다. 그러나 그와 같은 유형의 銜[재갈 함]자는 음으로 쓰이는 金(금)자가 부수 역할을 한다.

금문 衡자

갑골문 衍자

145 衣·衤

6획

옷 의·옷의변

고대인의 옷

태초에 사람들은 추위나 잡목으로부터 몸을 보호하기 위해 짐승 가죽이나 풀잎 등으로 만든 조잡한 옷을 만들어 입었다. 그것이 후대에 방직 기술의 발달로 다양한 옷감이 생산되자 신분을 구별하기 위해 여러 유형의 옷을 만들어 입기 시작했다. 오늘날 옷은 주로 자신의 멋을 표현하는 수단으로 더 큰 역할을 하고 있다. 衣자는 그런 '옷'을 뜻한다.

갑골문	금문	소전	예서

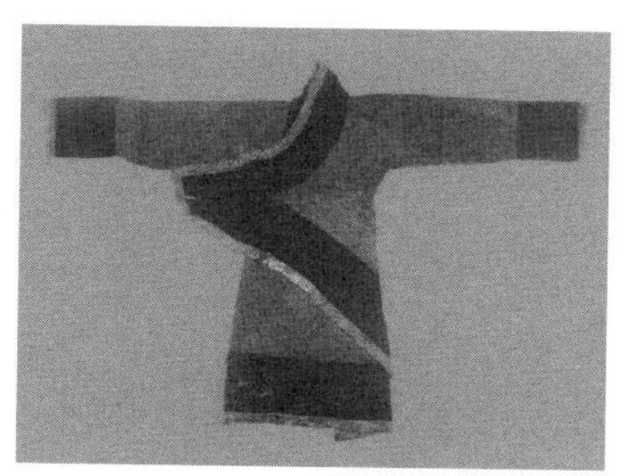
옛날 사람의 옷

『설문해자』에서 衣자는 "의지하는 것이다. 위는 衣고, 아래는 常(상)이다. 두 사람을 덮고 있는 형상을 본떴다(依也. 上曰衣, 下曰常, 象覆二人之形)."라고 했다. 아래옷은 후대에 다시 裳[치마 상]자가 대신하고 있으며, 두 사람을 덮고 있는 형상이라 한 것은 잘못된 풀이다.

그런데 衣자를 갑골문이나 금문 자형으로 살펴보면, 깃과 섶이 있는 옷의 모양으로만 나타나 있다. 그 옷은 섶을 아래로 길게 여미는 형상으로 되어 있다. 그처럼 깃이 있는 최초의 옷은 그냥 위에 입는 옷의 밑단을 아래까지 길게 해 입은 것으로 보인다. 후대로 내려오면서 위에 입는 옷은 그 밑단이 짧아지고, 대신에 아래의 옷이 만들어져 비로소 오늘날처럼 위와 아래를 구분한 옷을 만들어 입은 것으로 보인다. 소전 衣자는 이전의 자형과 유사하고, 예서의 자형은 좀 더 정형된 형태로 쓰이고 있다.

마왕퇴 한묘의 부인 복식

衣자가 다른 글자에 덧붙여질 때는 세 가지 형태로 구분되어 쓰이고 있다. 첫 번째는 자체의 좌측에 사용되는 형태로 衫(삼)자나 袖(수)자 등에 덧붙여진 자형이다. 두 번째는 자체의 밖에서 에워싸는 형태로 衮(곤)자나 裵(배)자 등에 덧붙여진 자형이다. 마지막 세 번째는 자체의 위나 아래에 사용되는 형태로 裔(예)자나 袈(가)자 등에 보이는 자형이다. 그 가운데 첫 번째 형태인 衤은 衣자가 한자 구성에서 '변'으로 쓰일 때의 자형으로, 그 위치에 따른 명칭을 덧붙여 '옷의변'이라 부른다. 衤은 示[보일 시→113 참고]자의 편방자로 쓰이는 礻[보일시변]과 비슷하므로 잘 구분할 필요가 있는 자형이다.

녹의홍상의 춘향영정

衣食住(의식주)나 白衣民族(백의민족)에서 '옷'을 뜻하는 衣자는 綠衣紅裳(녹의홍상)이나 縞衣玄裳(호의현상)에서 보듯 아래옷(치마)을 나타내는 裳[치마 상]자에 반(反)하여 '윗옷'만을 나타내는 뜻을 지니기도 한다. 아울러 衣자는 錦衣還鄕(금의환향)이나 白衣从軍(백의종군)에서 보듯 '옷을 입다'라는 뜻을 지니기도 한다. 뿐만 아니라 衣자는 糖衣錠(당의정)에서 보듯 '감싸다'의 뜻을 지니기도 한다. 이는 옷이 사람의 몸을 감싸듯 어떤 물건에 옷을 입힌다고 할 때, 그것이 바로 기물(器物)의 겉을 감싸는 것이기 때문이다.

衣자를 부수로 삼는 한자는 대개 옷이나 옷감과 관계된 뜻을 지닌다. 이를 그 뜻의 쓰임에 따라 구분하면 다음과 같이 크게 네 유형으로 나눠 볼 수 있다.

1. 옷과 관련된 명칭

衫 [적삼 삼] 衮 [곤룡포 곤=袞] 袈 [가사 가] 袖 [소매 수] 袍 [핫옷 포]
裘 [갖옷 구] 裙 [치마 군] 裟 [가사 사] 褂 [마고자 괘] **裳 [치마 상]**
褐 [털옷 갈] 褙 [속적삼 배] **複 [겹옷 복]** 襟 [옷깃 금=衿] 襤 [누더기 람]

2. 옷과 관련된 활동 및 상태

衲 [기울 납] **衰 [쇠할 쇠]** 袁 [옷 길 원] **被 [입을 피]** **裂 [찢을 렬]**
裁 [마를 재] **補 [기울 보]** **裝 [꾸밀 장]** 裹 [쌀 과] 裸 [벌거숭이 라]
裵 [옷 치렁치렁할 배·성 배] **製 [지을 제]** 褸 [남루할 루] 褪 [바랠 퇴]
褻 [더러울 설] 褶 [주름 습]

3. 옷에 관한 의미가 드러나지 않은 한자

表 [겉 표] **裏 [속 리=裡]** 衷 [속마음 충] 裔 [후손 예] **裕 [넉넉할 유]**
裨 [도울 비] 裮 [창피할 창] 褫 [빼앗을 치] 襄 [도울 양] 褒 [기릴 포=襃]
襲 [엄습할 습]

4. 옷감으로 이뤄진 물건과 관련된 명칭

衾 [이불 금] 袋 [자루 대] 褓 [포대기 보] 褥 [요 욕] 襁 [포대기 강]
襪 [버선 말]

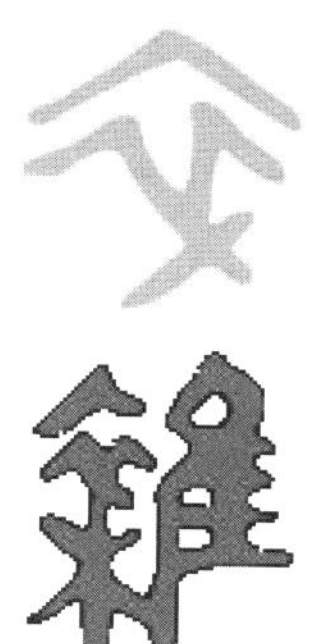

그 외에 十(십)자 부수에 속하는 卒[군사 졸=卆]자와 隹(추)자 부수에 속하는 雜[섞일 잡=襍]자도 원래는 衣자와 관련된 한자다. 두 한자에 공통으로 덧붙여진 㐺의 형태가 衣자의 변형된 자형이기 때문이다. 아울러 刀(도)자 부수에 속하는 初[처음 초]자와 口(구)자 부수에 속하는 哀[슬플 애]자에서도 그 자형을 엿볼 수 있다. 나아가 衣자는 依[의지할 의]자의 구성에 도움을 주면서 음의 역할을 한다.

146

6획

덮을 아

덮는다는 것은 밖으로 드러나지 않게 가리기 위해 윗부분에 무언가 씌우는 행위를 말한다. 그렇게 무언가 씌울 때에 덮는 물건을 덮개라 한다. 襾자는 그런 덮개를 나타내면서 '덮다'의 뜻을 지니게 되었다.

갑골문	금문	소전	예서

『설문해자』에서 襾자는 "덮는다는 것이다. 冂을 따르는데, 위에서 아래로 덮는다는 것이다. 罯(아)와 같게 읽는다(覆也. 从冂, 上下覆之. 讀若罯)."라고 했다.

덮개

갑골문에 襾자 자형은 보이지 않는다. 금문에는 그 자형으로 여겨지는 몇몇 형태가 보이는데, 이는 무엇인가 덮을 수 있는 물건의 형태를 나타낸 것으로 보인다. 소전 襾자 자형도 금문과 비슷하며, 예서에서는 오늘날의 형태와 같게 쓰고 있다.

그릇의 뚜껑처럼 무엇인가 덮을 수 있는 물건의 형태를 나타낸 襾자는 '덮다'의 뜻을 지니지만 오늘날 단독의 문자로 사용되지 않고, 부수 역할만 하고 있다.

소전 西자

襾자를 부수로 삼는 한자는 매우 적으며, 그런 한자는 더욱 襾자의 뜻과 관련이 없다. 단지 **覆[뒤집힐 복·덮을 부]**자 한 글자만 襾자의 뜻과 밀접한 관련이 있다. 반면에 **西[서녘 서]**자와 **要[구할 요]**자는 그 부수에 속해도 자원이 襾자와 관련이 없다. 示(시)자 부수에 속하는 票[쪽지 표]자도 마찬가지다. 하지만 襾자는 여전히 賈[장사 고·성 가]자 구성에 도움을 주며 음의 역할을 한다. 나아가 오늘날의 형태로 정형된 栗[밤 률]자나 粟[조 속]자에서도 그 쓰임을 엿볼 수 있다.

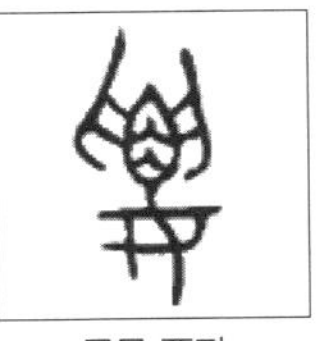

금문 要자

147 見

7획

볼 견

사람에게 눈은 물체를 능히 볼 수 있는 인체의 한 기관이다. 눈은 뇌 활동의 많은 부분을 담당하는데, 사람이 받아들이는 외부 정보의 70% 가량은 바로 그 눈을 통해 보는 것으로 이뤄진다. 따라서 사람이 행동하는 데 얼굴의 모든 부위를 다 가려도 되지만 눈만은 가릴 수 없다. 그 때문인지 '보다'라는 뜻의 見자도 사람의 형상 위에 눈만을 덧붙여 강조해 이뤄졌다.

갑골문	금 문	소 전	예 서
[glyph]	[glyph]	[glyph]	見

『설문해자』에서 見자는 "보는 것이다. 目과 儿를 따른다(視也. 从目儿)."라고 했다. 눈을 나타내는 目[눈 목→109 참고]자와 人(인)자의 이체자 儿[어진 사람 인→010 참고]자가 합쳐져 뜻을 나타냈다고 한 것이다.

갑골문 見자 자형도 크게 눈뜨고 있는 사람을 나타내고 있다. 금문 자형도 갑골문과 비슷하나 눈을 나타낸 부분이 조금씩 달라지고 있다. 그것이 소전에서 눈의 원형(原形)을 잃고 반듯하게 쓰이고 있으며, 예서에서도 그 형태가 이어서 쓰이고 있다.

옥으로 된 사람 형상

百聞不如一見(백문불여일견)에서 보듯 見자는 본래 '보다'의 뜻으로 쓰였으나 視而不見(시이불견)에서처럼 '보이다'의 뜻을 지니기도 한다. 보이는 것은 눈에 사람이나 사물이 비침으로서 이뤄진다. 때문에 보이는 것에 대해서 나름대로 견해를 갖게 되므로 見자는 '견해'의 뜻을 지니기도 한다. 高見(고견)이나 卓見(탁견)의 見자가 바로 그런 뜻으로 쓰였다. 또한 見자는 피동(被動)의 뜻인 '당하다'로도 쓰이는데, 그런 뜻의 쓰임은 흔히 문장에서 볼 수 있다. 뿐만 아니라 見자는 옛날에 現[나타날 현]자와 서로 통용되기도 했다. 이는 現(현)자가 없었던 이전에 見자가 그 의미로 사용되었기 때문이다. 따라서 이때에 見자는 오늘날 활용

왕을 알현하는 모습(재현)

되고 있는 現(현)자와 같게 '나타나다'의 뜻을 지니며, 그 음(音)도 現(현)자와 같게 '현'으로 읽힌다. 見자가 '뵙다'의 뜻으로 쓰일 때도 역시 그 음을 '현'으로 읽는다. 現身(현신)의 見자가 바로 '나타나다'의 뜻으로 쓰였고, 謁見(알현)의 見자가 바로 '뵙다'의 뜻으로 쓰였다.

소전 規자

소전 親자

見자를 부수로 삼는 한자는 흔히 눈의 역할, '보다'라는 뜻을 지닌다. **視[볼 시]**, 覩[볼 도=睹], 覲[뵐 근], **覽[볼 람=覧]**, **觀[볼 관]**자가 바로 그런 한자다. 아울러 **規[법 규]**, 覓[찾을 멱], **親[친할 친=亲見]**, **覺[깨달을 각]**자도 見자 부수에 속하는 한자다. 뿐만 아니라 見자는 硯[벼루 연], 現[나타날 현], 峴[재 현]자의 구성에 도움을 주면서 음의 역할을 하기도 한다.

148 角 7획

뿔 각

소·양·사슴 등의 초식동물이 자신을 방어하면서 상대를 공격하기 위해 머리 위에 나 있는 뼈처럼 단단한 물질이 뿔이다. 뿔은 그 자체(自體)로도 단단하고 뾰족하여 구멍을 파거나 동물을 찔러 죽이는 데 유용한 천연적(天然的)인 도구가 되기 때문에 옛날 사람들이 비교적 일찍부터 이용했던 재료였다. 角자는 그 '뿔'을 뜻한다.

황소1(이중섭)〉

갑골문	금 문	소 전	예 서
			角

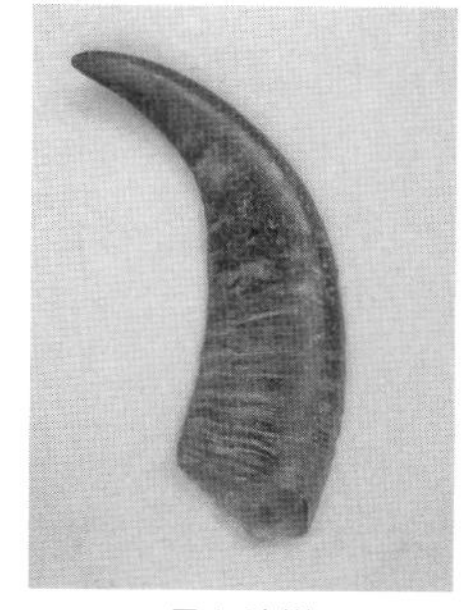
물소의 뿔

『설문해자』에서 角자는 "짐승 뿔이다. 형상을 본떴다. 角은 刀와 魚를 합한 것과 서로 비슷하다(獸角也. 象形. 角與刀魚相似)."라고 했다.

갑골문 角자 자형도 뿔을 나타내고 있다. 금문 자형에서는 자라고 있는 뿔끝의 모양이 변하고 있으며, 소전에는 그 뿔끝이 원래의 형상을 알아볼 수 없게 쓰이고 있다. 그 자형을 보고 소전을 바탕으로 자형을 분석해 『설문해자』를 쓴 허신은 刀(도)자와 魚(어)자가 합쳐진 글자와 비슷하다고 한 것이다. 하지만 그 자형에서 윗부분은 자라고 있는 뾰족한 뿔끝을, 아랫부분은 뿔의 몸체와 그 안에 각질층이 생길 때에 보이는 무늬를 나타내고 있다. 예서에서 角자는 오늘날처럼 쓰이고 있다.

뿔로 사자와 겨루는 들소

頭角(두각)이나 骨角器(골각기)에서 '뿔'을 뜻하는 角자는 뿔이 상대와 겨루거나 다투는 데 사용되므로 角逐戰(각축전)이나 互角之勢(호각지세)에서처럼 '겨루다'나 '다투다'의 뜻을 지니기도 한다. 아울러 예부터 뿔이 여러 도구를 만드는 데 사용되었기에 三絃六角(삼현육각)에서처럼 角자는 '뿔피리'와 관련된 뜻을 지니기도 한다. 또 뿔이 짐승 머리 양쪽에 나 있는 것처럼 옛날 혼인을 하지 않았던 사내들이 머리카락을 머리 양쪽에 상투로 묶었기 때문에 總角(총각)에서처럼 '상투'의 뜻을 지니기도 한다. 아울러 角자는 뿔이 머리에서 모가 나게 튀어 나와 있기 때문에 四角(사각)이나 銳角(예각)에서 보듯 '모'의 뜻을 지니기도 한다. 그 외에 角자는 뿔이 각질(角質)로 이뤄진 것처럼 피부 각질이 섬유질(纖維質)로 변해 이뤄진 角膜(각막)과 관련이 있다.

총각(동자상)

角자를 부수로 삼으면서 오늘날 익히 쓰이는 한자는 그다지 많지 않다. 그나마 **解[풀 해]**, 觱[필률 필], 觴[잔 상], **觸[닿을 촉]**자가 비교적 자주 쓰이고 있을 뿐이다.

갑골문 解자

149

言

7획

말씀 언

사람이 동물과 다른 점은 손을 사용하여 자유자재로 일을 하는 것 외에 말을 사용하여 상대방에게 의사를 전달하는 것이다. 말은 사람의 사상이나 감정을 표현하는 음성부호다. 이른바 사람의 생각을 목구멍을 통해 조직적으로 나타내는 소리를 말한다. 言자는 그런 소리인 '말씀'을 뜻한다. '말씀'은 통상적으로 상대방 말을 높이거나 자기 말을 낮출 때 쓰이는 용어로, 그 뜻이 입과 관련이 있듯 그 뜻을 나타내는 한자의 자형도 입과 관련이 있다.

갑골문	금문	소전	예서
			言
			言

『설문해자』에서 言자는 "곧게 말하는 것이 言이고, 논란하는 것이 語다. 口를 따랐고, 辛은 음이다(直言曰言, 論難曰語. 从口辛聲)."라고 했다.

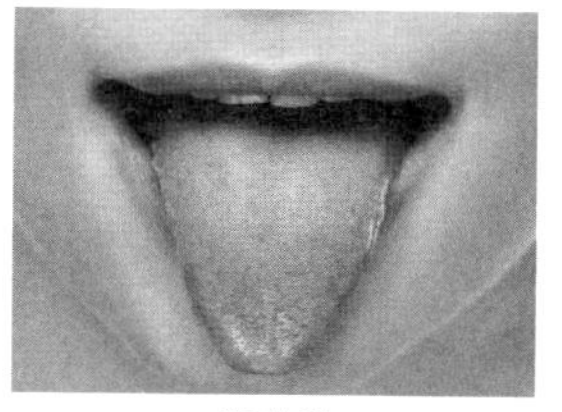

입과 혀

그러나 갑골문 言자 자형을 보면, 舌[혀 설→135 참고]자 자형에서 살펴봤듯이 입과 혀가 변화되어 이뤄진 글자로 보인다. 갑골문 言자도 말을 하는 입[口]과 그 위에 혀의 형태를 나타낸 글자로 본 것이다. 言자는 금문과 소전 과정을 거치면서 오늘날 혀를 나타낸 형태가 선(線)으로 바뀌어 쓰이고 있다. 일부에서는 입으로 악기를 연주하고 있는 형태로 보기도 한다.

名言(명언)이나 一口二言(일구이언)에서 흔히 '말씀'의 뜻으로 쓰이는 言자는 言必稱(언필칭)이나 重言復言(중언부언)에서 보듯 '말하다'의 뜻으로도 쓰인다. 어떤 때에는 言자가 말을 문자(文字)로 나타내는 '글씨' 혹은 '글의 의미를 담은 한 자(字)[한 구(句)]'를 뜻하기도 한다. 한시(漢詩)에서 한 구에 다섯 글자나 일곱 글자로 지어진 시를 五言詩(오언시)와 七言詩(칠언시)라 한 것이 바로 그런 경우다.

言자를 부수로 삼는 한자는 대체로 언어활동과 관련된 뜻을 지닌다. 언어활동은 인간의 빈번한 사교(社交) 활동에 의해 다양하게 된다. 따라서 言자 부수에는 많은 한자가 포함되어 있다. 다음은 그 뜻의 쓰임에 따라 둘로 나눠 본 것이다.

1. 언어와 관련해 동사나 형용사의 뜻을 지닌 한자

訂 [바로잡을 정]	**計 [셀 계]**	訊 [물을 신]	訌 [어지러울 홍]	**討 [칠 토]**
訓 [가르칠 훈]	託 [부탁할 탁]	**記 [기록할 기]**	訛 [잘못될 와]	**訟 [송사할 송]**
訣 [헤어질 결]	訥 [말 더듬을 눌=吶]	**訪 [찾을 방]**	**設 [베풀 설]**	**許 [허락할 허]**
訴 [하소연할 소]	診 [물을 진]	註 [주낼 주]	**詐 [속일 사]**	**評 [평할 평]**
詠 [읊을 영]	詣 [이를 예]	**試 [시험할 시]**	詭 [속일 궤]	詰 [물을 힐]
該 [갖출 해]	誅 [벨 주]	**誇 [자랑할 과]**	**誌 [기록할 지]**	**認 [알 인]**
誘 [꾈 유]	誡 [경계할 계]	誣 [속일 무]	**誤 [그릇할 오]**	**誦 [욀 송]**
誓 [맹서할 서]	**課 [매길 과]**	誹 [헐뜯을 비]	諂 [아첨할 첨]	**請 [청할 청]**
論 [말할 론]	諜 [염탐할 첩]	諫 [간할 간]	諮 [물을 자]	諱 [꺼릴 휘]
諷 [욀 풍]	**諾 [대답할 낙]**	**謀 [꾀할 모]**	**謁 [아뢸 알]**	**謂 [이를 위]**
謗 [헐뜯을 방]	**講 [풀이할 강]**	**謝 [사례할 사]**	謄 [베낄 등]	謬 [그릇될 류]
謳 [노래할 구]	**證 [증명할 증]**	**識 [알 식]**	**譯 [번역할 역]**	**議 [의논할 의]**
警 [경계할 경]	譬 [비유할 비]	譴 [꾸짖을 견]	**護 [보호할 호]**	**譽 [기릴 예]**
讀 [읽을 독(두)]	**讓 [사양할 양]**	**讚 [기릴 찬]**	**詳 [자세할 상]**	**謙 [겸손할 겸]**
謹 [삼갈 근]	誼 [옳을 의]	**誠 [정성스러울 성]**	**諒 [살필 량]**	**調 [고를 조]**

2. 언어와 관련해 명사의 뜻을 지닌 한자

訃 [부고 부]	詔 [조서 조]	**詞 [말씀 사]**	**詩 [시 시]**	**話 [이야기 화]**
誕 [거짓말 탄·태어날 탄]	**語 [말씀 어]**	**說 [말씀 설(세·열)]**	**誰 [누구 수]**	**談 [말씀 담]**
諸 [모두 제]	諡 [시호 시]	諺 [상말 언]	謎 [수수께끼 미]	**謠 [노래 요]**
譚 [이야기 담]	**譜 [계보 보]**	譫 [헛소리 섬]	**讐 [원수 수=讎]**	讖 [참서 참]

위에서 동사나 형용사의 뜻을 지닌 한자는 명사의 뜻으로도 쓰이고, 명사의 뜻을 지닌 한자 역시 동사나 형용사의 뜻으로도 쓰인다. 그 외에 攴(攵)자 부수에 속해야 할 **變[변할 변]**자도 言자 부수에 속하고 있다. 나아가 言자 부수에 속해야 할 辯[말 잘할 변]자나 信[믿을 신]자와 言자가 음의 역할을 하는 這[이 제]자에서도 그 자형을 엿볼 수 있다. 반면에 燮[불꽃 섭]자는 그 자원이 言자와 관련이 없다.

갑골문 燮자

150 谷 7획 골 곡

두 산 사이가 움푹 패어 들어가 있어서 물이 흐를 수 있는 곳이 골짜기다. 따라서 골짜기가 깊으면 깊을수록 물을 많이 담을 수 있다. 그런 골짜기의 줄임말 '골'을 뜻하는 한자가 谷자다.

갑골문	금문	소전	예서

물이 흘러나오는 골

『설문해자』에서 谷자는 "샘에서 나와 내를 통해 골이 된다. 水의 반만 갖추어 따랐고, 입구에서 흘러나온다(泉出通川爲谷也. 从水半具, 出於口)."라고 했다.

갑골문이나 금문 谷자 자형도 윗부분은 물이 골의 입구로부터 흘러나오는 모양을 나타냈고, 아랫부분은 두 산 사이의 골에서 물이 흘러나오는 어귀를 나타냈다. 소전 谷자 자형도 이전과 유사한 형태로 쓰이며, 그 자형이 예서의 과정을 거쳐 오늘날 쓰이는 형태가 되었다.

溪谷(계곡)이나 峽谷(협곡)에서처럼 '골'의 뜻을 지니는 谷자는 골이 산 속의 깊은 데서부터 흐르기 때문에 進退維谷(진퇴유곡)에서처럼 '막히다'의 뜻으로도 쓰인다. 골이 흐르는 깊은 곳으로 들어갈수록 막히는 지형으로 바뀌기 때문이다. 그 외에 谷자는 '나라 이름'으로도 쓰이는데, 이때는 '욕'의 음으로 읽힌다. 오늘날 谷자가 음의 역할을 하는 한자의 일부는 바로 그 음이 영향을 받고 있다.

谷자를 부수로 삼는 한자에는 谿[시내 계=溪]자와 豁[뚫린 골 활]자만 비교적 자주 사용되고 있다. 아울러 谷자는 俗[풍속 속], 欲[하고자 할 욕], 浴[목욕할 욕], 裕[넉넉할 유]자의 구성에 도움을 주면서 음의 역할을 한다. 하지만 却[물리칠 각]자의 본자(本字)인 卻(각)자나 容[담을 용]자에 보이는 자형은 谷자처럼 보여도 서로 관련이 없다.

151

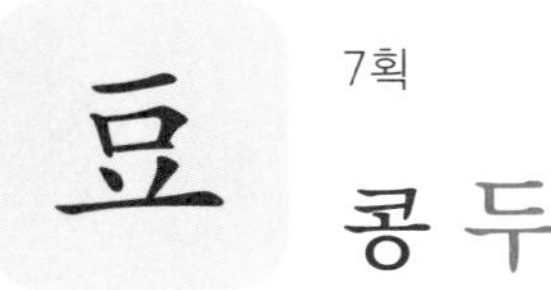

7획

콩 두

'밭에서 나는 고기'라 할 정도로 단백질과 지방이 풍부한 식물이 바로 콩이다. 예부터 우리나라 사람은 간장·된장·두부 등 여러 가지 전통 식품을 콩으로 만들어 널리 먹어 왔다. 그 '콩'을 뜻하는 한자가 豆자다. 하지만 豆자는 제기(祭器) 모양에서 그 자형이 이뤄졌다.

녹두

갑골문	금 문	소 전	예 서

豆형태의 그릇

『설문해자』에서 豆자는 "옛날 음식과 고기를 담는 그릇이다. 口를 따르고, 형상을 본떴다(古食肉器也. 从口, 象形)."라고 했다. 豆자는 그릇의 전체를 표현한 한자이므로 별도로 口를 따른다는 풀이는 잘못된 것이다.

실제로 갑골문이나 금문 豆자 자형은 전체가 그릇 모양으로 표현되어 있다. 그 자형에서 위는 그릇의 뚜껑을, 가운데는 그릇의 몸체를, 아래는 그릇의 높은 굽을 나타내고 있다. 일부 자형에서 그릇의 몸체 속에 보이는 하나의 작은 횡(橫)은 그릇에 담긴 음식을 가리키는 부호(符號)로 보인다. 소전 이후의 자형도 이전의 형태와 비슷하게 쓰고 있다.

하지만 그릇 모양에서 비롯된 豆자는 오늘날 그 자형과 전혀 관련이 없이 '콩'의 뜻으로 쓰이고 있다. 이처럼 그 글자가 원래의 뜻과 전혀 상관이 없는 뜻으로 변화되어 쓰이게 된 것은 언어가 생성되거나 소멸되는 과정에서 어떤 뜻을 지닌 개념은 있으나 이를 나타내는 글자가 없을 때, 또는 그 뜻에 해당되는 글자가 잘 사용되지 않을 때, 비슷한 다른 글자를 빌려 썼기 때문이다.

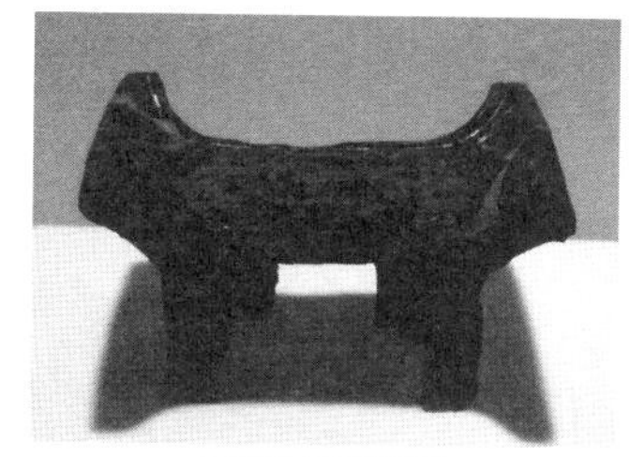

옻칠한 조두(俎豆)

豆자는 고문자에서 보듯 음식을 담는 그릇을 나타내면서 후대에 그 그릇이 주로 제사 음식을 담는 제기(祭器)로 사용되었기 때문에 木豆(목두)나 俎豆(조두)에서처럼 원래 '제기'를 뜻했다. 그러나 오늘날 豆자는 綠豆(녹두)나 豌豆(완두)의 어휘에서 보듯 주로 '콩'의 뜻으로 쓰이고 있다. 豆腐(두부)·軟豆色(연두색)·種豆得豆(종두득두) 등의 어휘도 그 뜻이 '콩'과 관련이 있다.

소전 豈자

원래 제기에서 비롯된 豆자를 편방(偏旁)으로 삼는 한자도 역시 그 자원(字源)처럼 제기(祭器)와 관련된 뜻을 내포하고 있다. 登[오를 등]자와 **豐[풍성할 풍]**자, 그리고 禮[예도 례]·醴[단술 례]·體[몸 체]자의 구성에 도움을 주면서 음의 역할을 하는 豊[굽 높은 그릇 례(豐자의 속자)]자가 바로 그런 한자다. 하지만 그 가운데 豐(풍)자와 豊(례)자만 豆자 부수에 속한다. 또 콩과 관련된 뜻을 지닌 豌[완두 완]자와 그 자형이 북과 관련된 **豈[어찌기·즐길 개]**자도 豆자 부수에 속한다. 그 외에 豆자는 자신의 뜻을 대신한 荳[콩 두], 그리고 頭[머리 두], 痘[천연두 두], 短[짧을 단]자의 구성에 도움을 주면서 음의 역할을 하기도 한다.

옛날의 북(建鼓)

152 

7획

돼지 시

돼지는 비교적 멀리 다니기에 불편해 보이는 신체적 특성과 사람이 먹다 남긴 음식물을 먹는 습성으로, 집을 짓고 정착생활을 한 사람들에 의해 길러지기 시작한 가축이다. 豕자는 그 '돼지'를 뜻한다.

멧돼지

갑골문	금 문	소 전	예 서

『설문해자』에서 豕자는 "돼지다. 그 꼬리를 세우기 때문에 일컬어 豕라 한다. 털과 다리, 그리고 뒤에 꼬리가 있음을 본떴다. 豨(희)와 같게 읽는다(彘也. 竭其尾, 故謂之豕. 象毛足而後有尾. 讀與豨同)."라고 했다.

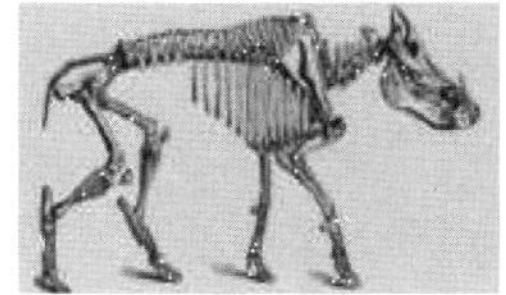

멧돼지의 골격

갑골문 豕자 자형도 돼지를 나타내고 있다. 그 자형은 살이 찐 몸집을 중심으로 머리와 짧은 다리, 그리고 꼬리를 나타내고 있다. 금문 豕자 자형은 돼지 형상이 선(線)으로만 표현되어 있고, 이후의 소전과 예서의 자형은 그 선이 더욱 간략하게 표현되어 있다.

호저 털에 찔린 사자

豕자는 멧돼지와 집돼지를 총칭하는 '돼지'를 뜻한다. 하지만 오늘날 멧돼지를 뜻하는 데는 주로 豬[돼지 저=猪]자를 쓰고, 집돼지를 뜻하는 데는 豚[돼지 돈]자를 쓰고 있다. 豕자는 단독의 문자로 잘 쓰이지 않고, 주로 부수 역할을 한다.

豕자 부수에 속하는 한자에는 **豚[돼지 돈]**, 豬[돼지 저], **象[코끼리 상]**, **豪[호저 호]**, **豫[미리 예]**자가 있다. 그 외에 豕자는 家[집 가]자나 彖[돼지 달아날 단]자의 글자 구성에 도움을 주고 있다.

153

豸 7획 발 없는 벌레 치

동물은 식성에 따라 크게 초식동물과 육식동물로 나뉜다. 육식동물은 초식동물을 잡아먹는 데 적절하도록 오랜 기간에 걸쳐 그 몸의 형태를 진화시켜 왔다. 豸자는 그런 몸의 형태를 지닌 동물을 나타냈다. 하지만 오늘날 豸자는 '발 없는 벌레'의 뜻을 지닌다.

갑골문 금문 소전 예서

『설문해자』에서 豸자는 "짐승으로 긴 등뼈가 있으며, 행동은 웅크린 듯한데, 먹이를 엿보아 죽이려는 형상이다(獸長脊, 行豸豸然, 欲有所司殺形)."라고 했다.

옛날의 육식동물

갑골문 豸자 자형도 입이 있는 머리와 길게 이어진 등, 다리와 꼬리가 있는 먹이를 노리는 짐승으로 보인다. 금문 豸자 자형은 갑골문과 유사하며, 소전과 예서에서는 좀 더 정형되어 쓰이고 있다.

豸자는 짐승이 먹이를 두고 웅크려 노려보는 모양에서 비롯되었기에 원래 '웅크려 노려보다'의 뜻을 지닌 한자였다. 하지만 중국에서 가장 오래된 자서(字書)인 이아(爾雅)라는 책에서 '발 있는 벌레'는 蟲[벌레 충]이라 하고, '발 없는 벌레'는 豸라고 한 데서 오늘날도 흔히 그 뜻과 음을 합쳐 '발 없는 벌레 치'라 하고 있다. 그러나 豸자가 전설상의 짐승인 獬豸로 쓰일 때는 그 음을 '채'나 '태'로 읽기도 한다.

광화문의 해치(獬豸)

豸자는 주로 육식을 하는 날쌘 짐승의 명칭과 관련이 있는 한자의 부수로 쓰인다. 豹[표범 표], 豺[승냥이 시], 貂[담비 초], 貍[삵 리=狸], 貓[고양이 묘=猫]자가 바로 그런 한자다. 그 외에 貊[북방 종족 맥]자와 **貌[얼굴 모]**자도 그 부수에 속한다.

154 貝 7획 조개 패

옛날에는 법랑질(琺瑯質)로 되어 있으며, 자줏빛이 도는 자패(紫貝)와 같은 조개를 화폐(貨幣)로 사용하였다. 조개가 화폐로 사용될 수 있었던 것은 작고 가벼운데 비교적 단단하며, 물이나 불에 의해 잘 변하지 않기 때문이었다. 뿐만 아니라 먼 남쪽 바닷가에서나 볼 수 있어 내륙에 살았던 옛날 사람들은 흔하게 볼 수 없었던 물건이었고, 교통이 발달되지 않았던 시대에 쉽게 구할 수도 없었던 물건이어서 귀하게 여겨졌기 때문이기도 했다. 더구나 옛날에는 다산과 순산을 기원하면서 남성이나 여성의 상징물처럼 보이는 존재를 숭배의 대상으로 삼았는데, 자패와 같은 조개는 여성의 상징물을 닮았기에 더욱 소중하게 여겨졌다. 貝자는 그 '조개'를 뜻한다.

갑골문	금문	소전	예서

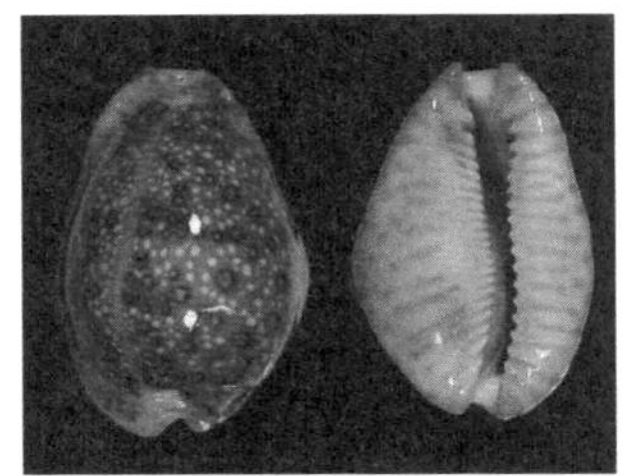
화폐로 사용된 자패

『설문해자』에서 貝자는 "바다에 껍데기가 있는 벌레다. 뭍에 사는 것은 猋(표)라 하고, 물에 있는 것은 蜬(함)이라 한다. 형상을 본떴다. 옛날에는 조개를 화폐로 삼았고 거북을 보배로 삼았다. 주나라에 화폐인 泉(천)이란 옷감이 있었고, 진나라에 이르러 화폐인 貝(패)가 없어지면서 錢(전)이 쓰였다(海介蟲也. 居陸名猋, 在水名蜬. 象形. 古者貨貝而寶龜. 周而有泉, 至秦廢貝行錢)."라고 했다.

갑골문 貝자 자형은 자패의 파인 뒷부분을 똑바로 바라본 모양을 나타냈다. 금문 貝자 자형은 자패의 형상을 좀 더 반듯하게 나타냈으며, 소전에서는 오늘날 쓰이는 형태로 정형되었다.

비너스의 탄생(보티첼리)

貝자는 貝貨(패화)란 어휘에서 짐작할 수 있듯 '돈'의 뜻을 지니고, 나아가 돈처럼 여겨지는 물건

패총(부산 동삼동)

과 관련해 寶貝(→보배)이나 貝物(패물)의 어휘에서 보듯 가치 있는 물건을 이르는 '재화(財貨)'를 뜻하기도 한다. 그러나 貝자는 자패가 조개의 한 종류인 데서 오늘날은 貝塚(패총)이나 魚貝類(어패류)에서 보듯 주로 '조개'의 뜻으로 쓰이고 있다. 뿐만 아니라 옛날 사람들은 소라 등의 종류까지도 조개로 생각했기에 貝자는 '소라'를 뜻하기도 한다.

고대의 화폐였던 자패

옛날에 조개를 돈으로 사용한 데서 貝자를 부수로 삼는 한자는 일반적으로 돈이나 돈처럼 값진 재물 등과 관계된 뜻을 지닌다. 貝자를 부수로 삼으면서 익히 사용되는 한자는 다음과 같다.

貞 [곧을 정]	**負 [질 부]**	**貢 [바칠 공]**	**財 [재물 재]**	**販 [팔 판]**
貧 [가난할 빈]	**貨 [재화 화]**	**貪 [탐할 탐]**	**貫 [꿸 관]**	**責 [꾸짖을 책·빚 채]**
貯 [쌓을 저]	貶 [떨어뜨릴 폄]	貳 [두 이]	貰 [세낼 세]	**貴 [귀할 귀]**
買 [살 매]	**貸 [빌릴 대]**	**貿 [무역할 무]**	**費 [쓸 비]**	**賀 [하례 하]**
賂 [뇌물 뢰]	**賊 [도둑 적]**	**賃 [품팔이 임]**	**資 [재물 자]**	賈 [장사 고·성 가]
賑 [구휼할 진]	**賓 [손 빈]**	**賜 [줄 사]**	賠 [물어 줄 배]	**賤 [천할 천]**
賦 [구실 부]	**賞 [상줄 상]**	**賢 [어질 현]**	**賣 [팔 매]**	**質 [바탕 질]**
賭 [걸 도]	**賴 [힘입을 뢰]**	賻 [부의 부]	購 [살 구]	**贈 [보낼 증]**
贊 [도울 찬]	贓 [장물 장]	贖 [바꿀 속]		

금문 貞자

금문 則자

위 글자 가운데 貞(정)자는 貝자와 전혀 관련이 없다. 貞(정)자의 본자(本字)는 鼎(정)자로, 원래 음의 역할을 하는 鼎[솥 정→206 참고]자와 뜻의 역할을 하는 卜[점 복→025 참고]자가 합쳐진 한자였다. 그러나 후대로 내려오면서 복잡한 자형의 鼎(정)자를 간략하게 貝의 형태로 쓰면서 결국 貝자 부수에 속하게 된 것이다. 그처럼 則[법칙 칙]자와 員[인원 원]자도 鼎刂(칙)자와 鼎(원)자가 본자인데, 貞자처럼 덧붙여진 鼎자가 후대에 貝의 형태로 바뀌었다. 그 외에 貝자는 敗[패할 패], 狽[이리 패], 唄[찬불 패]자에서 음의 역할을 하고 있다.

갑골문 貝자

나아가 '조개'와 직접 관련된 뜻을 지닌 蜃[무명조개 신=蜄], 螺[소라 라], 蚌[방합 방], 蛤[대합조개 합]자는 그 자형에서 보듯 貝자가 아닌 虫[벌레 훼→142 참고]자를 부수로 삼고 있다. 조개가 강가나 바닷가에서 벌레처럼 꾸물꾸물 돌아다니기 때문에 虫(훼)자를 부수로 삼아 덧붙인 것이다.

155

赤

7획

붉을 적

흔히 정열의 상징으로 여겨지는 색깔이 붉은 색이다. 지구의 모든 생명체가 에너지를 얻는 태양도 그 색깔이 붉으며, 사람이 문명을 발달시킬 때 지대한 영향을 미친 불도 태양처럼 그 색깔이 붉다. 뿐만 아니라 지구 생명체 가운데 하나로 만물의 영장인 사람의 피도 붉다. 그렇게 자극이 강렬한 색깔로 태양, 불, 피를 상징한 것이 붉은 색이다. 赤자는 그런 색깔인 '붉다'를 뜻한다.

갑골문	금 문	소 전	예 서
			赤

불 앞에 선 사람

『설문해자』에서 赤자는 "남방의 색이다. 大를 따르고, 火를 따른다(南方色也. 从大, 从火)."라고 했다.

갑골문이나 금문 赤자도 그 자형을 살펴보면, 팔과 다리를 크게 벌리고 있는 사람 모습에서 생겨난 大[큰 대]자와 타고 있는 불 모양에서 생겨난 火[불 화]자가 합쳐져 이뤄진 글자임을 알 수 있다. 따라서 赤자는 불[火]빛이 일어날 때, 팔과 다리를 벌리고 서 있는 사람[大]의 안색(顔色)이 붉어지는 데에서 그 뜻을 얻었다. 혹자는 크게[大] 활활 타오르는 불[火]빛의 색깔이 붉음에서 그 뜻이 비롯되었다고 했다. 그러나 갑골문 문장에 赤자가 안색의 의미로 쓰이고 있음을 볼 때, 전자(前者)의 견해가 더 타당해 보인다. 赤자는 예서에서 이전 자형과 차이가 많이 나는 형태로 바뀌었다.

예전의 소련 국기

赤十字(적십자)나 赤信號(적신호)에서 '붉다'의 뜻으로 쓰이는 赤자는 赤裸裸(적나라)나 赤子之心(적자지심)의 어휘에서 보듯 '벌거숭이'의 뜻을 지니기도 한다. 아이가 막 태어났을 때는 벌거숭이의 몸이 붉기 때문에 그런 뜻을 지니게 된 것이다. 나아가 赤자는 벌거숭이가 몸에 아무 것도 입은 것이 없기 때문에 '없다'의 뜻을 지니기도 한다. 赤手空拳(적수공권)이나 赤貧無依(적빈무의)의 赤자가 바로 그런 뜻으로 쓰였다. 뿐만 아니라 赤化(적화)로 쓰일 때의 赤자는 '공산주의'를 뜻하기도 한다. 붉은 색은 흔히 공산주의(共産主義)를 상징하는 색깔로 사람들에게 인식되어 있다. 이는 공산주의 국가에서 주로 붉은 색의 기(旗)를 사용하기 때문이다.

시청 앞 붉은 악마 응원단

赤자를 부수로 삼으면서 오늘날 자주 쓰이고 있는 한자는 많지 않다. 赦[용서할 사=赦(본자)]자와 赫[빛날 혁]자 단 두 글자가 있을 뿐이다. 하지만 赦(사)자는 그 자원(字源)이 赤자의 자형과 비슷한 亦[또 역]자와 관련이 있다. 赫(혁)자는 필자의 이름에서처럼 사람 이름에 자주 쓰이고 있다.

금문 赦자

156

7획

달아날 주

오늘날처럼 건강을 다지기 위해 자발적으로 달리는 일은 한자를 처음 만들어 사용되기 시작하던 때에는 없는 일이었다. 당시 사람에게는 건강이란 개념이 있지 않았기 때문이다. 반면에 달아나는 일은 맹수에게 쫓기거나 힘센 적을 피해 도망갈 때 이뤄질 수 있는 행위였다. 그런 행위에서 비롯된 '달아나다'의 뜻을 지닌 한자가 走자다.

갑골문	금 문	소 전	예 서

달리는 사람

『설문해자』에서 走자는 "빨리 달리는 것이다. 夭와 止를 따른다. 夭라는 것은 굽힌다는 뜻이다(趨也. 从夭·止. 夭者, 屈也)."라고 했다.

하지만 금문 走자 자형은 윗부분에 달아나는 사람과 아랫부분에 달아날 때에 신체에서 가장 중요한 역할을 하는 발을 나타내고 있다. 소전 走자도 금문과 비슷하게 쓰이고 있다. 하지만 예서에서 走자는 윗부분에 사람의 팔과 다리를 나타낸 필획이 모두 직선인 土의 형태로 변하고, 발도 止의 형태로 쓰이고 있다.

走자는 고문장(古文章)에서 대부분 패하여 도망갈 때의 상황과 관련해 '달아나다'의 뜻으로 쓰였다. 敗走(패주)나 走爲上策(주위상책)의 走자가 그런 뜻을 지닌다. 또한 달아나는 일은 달리는 행위니 競走(경주)나 走馬看山(주마간산)에서 보듯 走자는 '달리다'의 뜻을 지니기도 한다. 아울러 走자는 '자기의 비칭'으로도 쓰이지만 남을 낮추어 말할 때도 쓰이는데, 走狗(주구)의 走자가 그런 뜻을 지닌다.

走자 부수에 속하는 한자는 대개 달리는 행동과 관련된 뜻을 지닌다. **赴[나아갈 부]**, **起[일어날 기]**, **越[넘을 월]**, 趁[좇을 진], **超[넘을 초]**, 趙[나라 조], **趣[달릴 취]**, 趨[달릴 추]자가 바로 그런 한자다.

157 足·⻊

7획

발 족·발족변

발은 신체 맨 아래에서 체중을 지탱하며 몸의 균형을 유지시켜 줌으로써 서 있을 수 있게 하거나 걸어 다닐 수 있게 하는 부분이다. 발은 인간의 직립보행을 가능하게 하고, 두 손을 자유롭게 해 인류의 문명을 시작하게 하는 데 지대한 역할을 했다. 足자는 그 '발'을 뜻한다.

갑골문	금문	소전	예서

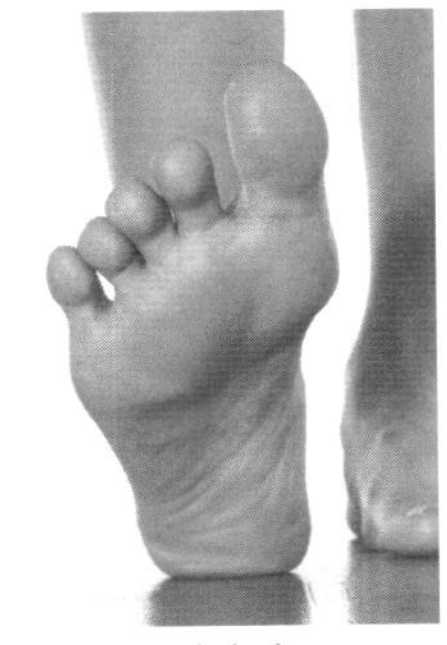
사람의 발

『설문해자』에서 足자는 "사람의 발이다. 몸 아래에 있다. 口와 止를 따른다(人之足也. 在體下. 从口止)."라고 했다.

갑골문에 보이는 足자 자형도 무릎아래 정강이와 종아리 주위의 형태에 이어진 발가락과 발뒤꿈치를 드러낸 발의 형태를 나타내고 있다. 인체(人體)에서 정강이와 종아리는 위에 있고, 발은 아래에 있다. 따라서 사람의 시선(視線)을 기준으로 정강이와 종아리의 형태는 그 자형 위에 두었고, 발의 형태는 그 자형 아래에 두었다. 이는 문자의 상형이 평면적으로만 표현될 뿐 입체적으로 표현되지 못하기 때문이다. 금문 이후 소전과 예서의 足자 자형은 정강이와 종아리를 口의 형태로, 발의 형태를 止자가 아닌 ⺊의 형태로 나타내고 있다.

소전에서 足자가 편방자(偏旁字)로 쓰일 때의 형태는 그 자형 아래 부분이 단독체로 쓰일 때의 형태와 약간 다르게 쓰이고 있다. 그 자형이 다시 예서에서 편방자로 쓰일 때는 路(로)자나 跡(적)자의 왼쪽에 덧붙여진 ⻊의 형태로 쓰이는데, 이는 자체 위치에 따른 명칭 '변'

을 붙여 '발족변'이라 한다. 그러나 足자의 편방자가 자체 아래에 덧붙여질 때는 蹇(건)자나 蹙(축)자에서 보듯 여전히 단독체의 문자로 쓰일 때와 같다.

蛇足(사족)·駿足(준족)·纏足(전족)에서처럼 '발'의 뜻으로 쓰이는 足자는 움직이고 싶으면 언제 어디든 두 발만으로도 족하게 돌아다닐 수 있기에 '족하다'의 뜻을 지니기도 한다. 실제로 足자는 오늘날 '발'의 뜻으로 쓰임 못지않게 '족하다'의 뜻으로 쓰임이 적지 않다. 不足(부족)·充足(충족)·豐足(풍족) 등에 보이는 足자가 바로 그런 뜻을 지닌다. 발은 신체의 제일 아래에 있기에 사람의 발처럼 물체의 맨 아래에 있는 것도 역시 足자를 사용한다. 頭足類(두족류)나 鼎足之勢(정족지세)의 足자가 그런 경우다. 뿐만 아니라 발로 땅을 밟고 다니기에 遠足(원족)에서처럼 足자는 '밟다'의 뜻을 지니기도 한다. 아울러 足자는 '더하다'나 '지나치다'의 뜻으로도 쓰이는데, 이때는 그 음을 '주'로 읽는다.

전족

足자를 부수로 삼는 한자는 일반적으로 발의 활동과 관련된 뜻을 지닌다. 다음은 바로 그런 한자다.

趺 [책상다리할 부]	跆 [밟을 태]	跋 [밟을 발]	跌 [넘어질 질]	跏 [책상다리할 가]
跛 [절뚝발이 파]	**距 [떨어질 거]**	**跡 [자취 적=蹟]**	**路 [길 로]**	**跳 [뛸 도]**
踊 [뛸 용]	**踏 [밟을 답]**	**踐 [밟을 천]**	踪 [자취 종]	踵 [발꿈치 종]
蹂 [밟을 유]	蹄 [굽 제]	蹈 [밟을 도]	蹉 [넘어질 차]	蹟 [자취 적=跡]
蹤 [자취 종]	蹙 [대지를 축]	蹴 [찰 축]	蹶 [넘어질 궐]	躁 [성급할 조]
躇 [머뭇거릴 저]	躊 [머뭇거릴 주]	**躍 [뛸 약]**	躪 [짓밟을 린]	

그 외에 足자는 促[절박할 촉], 捉[잡을 착], 齪[악착스러울 착]자에서 음의 역할을 한다.

158  7획 몸 신

신체에서 배가 정상적인 모습과 다르게 크게 부른 때는 대개 부녀자가 아이를 배고 있는 경우다. 부녀자가 아이를 배고 있을 때는 아무 음식이나 먹지 않고 행동을 조심하며 몸을 소중히 하게 된다. 따라서 아이를 밴 몸에서 비롯된 身자는 원래 '아이를 배다'의 뜻을 지녔으나 그런 상태에서 몸을 소중히 한 데서 그 뜻이 '몸'이 되었다.

갑골문	금 문	소 전	예 서

『설문해자』에서 身자는 "몸이다. 사람의 몸을 본떴다. 人을 따르고, 厂은 음이다(躳也. 象人之身. 从人, 厂聲)."라고 했다.

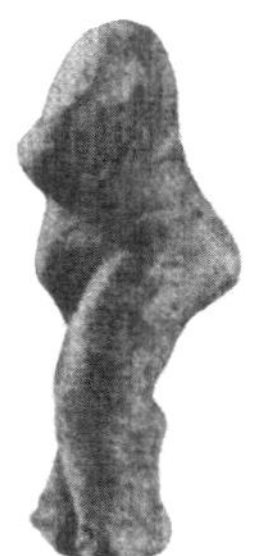
임신한 토우

하지만 갑골문 身자 자형은 크게 배가 부른 사람 몸을 특징적으로 나타내고 있다. 배 가운데 보이기도 하는 작은 획(劃)은 잉태하고 있는 아이를 표현했다. 자형 윗부분은 머리와 팔이며, 가운데 부분은 크게 부른 배고, 아랫부분은 다리다. 금문 身자 자형에 보이는 아랫부분의 선은 사람이 땅에 서 있는 모양을 나타낸 것으로 보인다. 그 선이 후대에 위로 이동해 삐침의 필획으로 변화되었다. 身자는 소전을 거쳐 예서에서 오늘날처럼 쓰고 있다.

敗家亡身(패가망신)이나 身邊雜記(신변잡기)에서처럼 '몸'의 뜻으로 쓰이는 身자는 碑身(비신)이나 砲身(포신)에서처럼 단지 사람 몸만 뜻하지 않고 물체에서 주축(主軸)을 이루는 부분, 즉 줄기가 되는 부분을 나타낼 때에도 똑같이 쓰이고 있다. 따라서 身자는 '줄기'의 뜻을 지니기도 한다.

身자를 부수로 삼는 한자는 신체와 관련된 뜻을 지닌다. 하지만 그런 뜻을 지니며 익히 쓰이는 한자로는 軀[몸 구]자와 躬[몸 궁]자뿐이다. 射[쏠 사]자는 身자와 관계없는 자형이다.

금문 射자

159 車

7획

수레 거(차)

장기판

최초의 수레는 사람이 이동을 편히 하거나 많고 무거운 짐을 한꺼번에 옮기기 위해서 만들어진 것이 아니었다. 적과 싸우기 위한 병거(兵車), 전차(戰車)로서의 수레였다. 마치 초패왕(楚霸王) 항우(項羽)와 한고조(漢高祖) 유방(劉邦)의 싸움을 놀이로 만든 장기판(將棋板)의 '車'와 같은 역할을 한 것이다. 車자는 그런 '수레'를 뜻한다.

갑골문	금 문	소 전	예 서

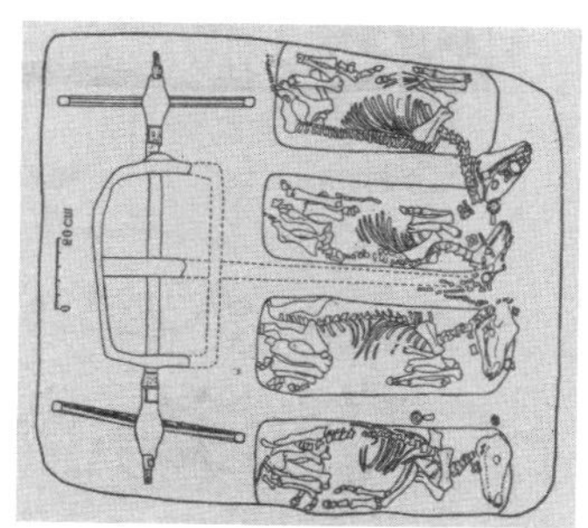
고대의 전차(병거)

『설문해자』에서 車자는 "수레의 총명이다. 하나라 우임금 때 해중이 만들었다. 형상을 본떴다. 轂는 주문의 車다(輿輪之總名也. 夏后時奚仲所造. 象形. 轂, 籒文車)."라고 했다.

갑골문 車자 자형은 여러 형태로 쓰였는데, 일부 자형은 이미 비교적 중요하지 않는 부분을 생략하면서 가장 기본적인 부품인 바퀴를 중심으로 수레를 나타내고 있다. 수레의 특징이 바퀴에 있기 때문이다. 금문 車자 가운데에는 갑골문보다 수레의 형태가 더 자세히 표현된 자형이 보이기도 한다. 하지만 오늘날 쓰이는 형태처럼 간략하게 정형된 소전 자형은 가운데 부분에 수레바탕을 나타냈고, 위에서 아래로 그어 내린 선은 수레의 축(軸)을 나타냈으며, 위와 아래의 양쪽 선은 수레의 바퀴를 나타냈다.

車자는 고대에 주로 전차인 '수레'의 뜻했으나 후대로 내려오면서 바퀴가 달린 형태의 '수

진시황릉의 전차(병거)

레', 즉 사람의 힘이나 소나 말의 힘에 의한 것은 물론 기름이나 전기의 힘을 빌려 달리는 자동차 등 둥근 바퀴가 달린 '수레' 모두를 뜻하게 되었다. 또 바퀴를 이용해 회전하는 기구도 역시 車자를 사용했다. 따라서 人力車(인력거), 馬車(마차), 汽車(기차), 裝甲車(장갑차) 뿐 아니라 風車(풍차)나 水車(수차), 그리고 紡錘車(방추차) 등에도 車자가 쓰이고 있다.

車자는 두 가지 음(音)으로 읽힌다. 하나는 自轉車(자전거)에서처럼 '거'로 읽히는 경우며, 또 다른 하나는 自動車(자동차)에서처럼 '차'로 읽히는 경우다. 한자는 처음에 한 글자 한 음의 원칙하에 만들어졌다. 그러나 시대가 바뀌고 언어사회가 복잡해짐에 따라 점차 인간이 표현하고자 하는 광범위하고 풍부한 사상이나 감정을 제한된 한 음만으로 표현하기에 적지 않은 불편이 따르게 되었다. 따라서 글자 하나를 가지고 다른 음으로 활용될 수 없을까 하는 생각이 싹트게 되었고, 그것이 바로 車자처럼 동자이음(同字異音)으로까지 확대되었다.

車자를 부수로 삼는 한자는 일반적으로 수레와 관련된 뜻을 지닌다. 이를 그 뜻의 쓰임에 따라 나누면 다음 세 유형이 있다.

1. 수레 및 그 부속물과 관련된 한자

軸 [굴대 축] 輔 [덧방나무 보] 輛 [수레 량] **輪 [바퀴 륜]** 輻 [바퀴살 복(폭)]
輿 [수레 여] 轄 [비녀장 할] 轎 [가마 교]

2. 수레와 관련된 사물이나 상태 및 그 활동을 표현한 한자

軋 [삐걱거릴 알] **軟 [연할 연=輭(본자)]** **較 [견줄 교]** **載 [실을 재]** **輕 [가벼울 경]**
輓 [끌 만] **輸 [나를 수]** 輳 [모일 주] 輯 [모을 집] **轉 [구를 전]**
輾 [구를 전] 轍 [바퀴 자국 철] 轟 [울릴 굉] 轢 [삐걱거릴 력]

3. 수레와 관련 있으나 뜻의 구분이 명확하지 않은 한자

軍 [군사 군] **軌 [법 궤]** **軒 [추녀 헌]** **輩 [무리 배]** **輝 [빛날 휘]**

그 외에 車자는 斬[벨 참], 庫[곳집 고], 陣[진칠 진], 連[이을 련]자 구성에 도움을 주고 있다. 하지만 이들 한자는 車자 부수에 속하지 않는다.

160 辛

7획

매울 신

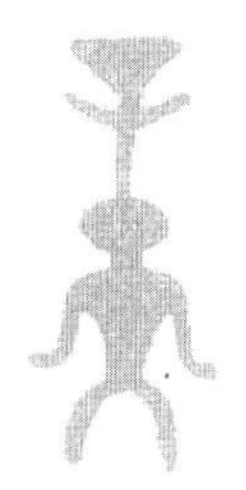

오늘날 우리가 볼 수 있는 가장 오래된 한자는 갑골문이다. 그 갑골문에 쓰인 한자는 은나라 시대 문자인데, 은나라는 중국에서 청동기시대가 시작된 때였다. 청동기를 이용해 농경생활을 시작하던 때이기도 했다. 그러다 청동기를 가진 자와 못 가진 자가 생기고, 청동기를 가진 자는 이를 무기로 만들어 이를 가지지 못한 자와 싸워 농산물을 빼앗고 사람들을 노예로 삼았다. 그렇게 사람들을 노예로 삼을 때는 노예임을 나타내는 문신을 얼굴에 새겼다. 이때 문신을 새기는 도구에서 비롯된 한자가 '맵다'의 뜻을 지닌 辛자다.

갑골문	금 문	소 전	예 서

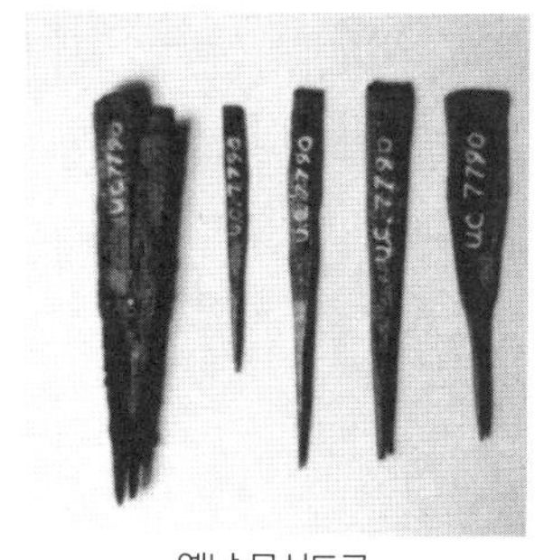

옛날 문신도구

『설문해자』에서 辛자는 "가을에 만물이 성장하고 익는 것이다. 金은 강하고, 맛은 맵다. 맵고 괴로우면 곧 눈물이 난다. 一과 䇂을 따른다. 䇂은 허물이다. 辛은 庚을 이은 것이고, 사람의 넓적다리를 본떴다(秋時萬物成而孰. 金剛, 味辛, 辛痛即泣出. 从一, 从䇂. 䇂, 罪也, 辛承庚, 象人股)."라고 했다. 처음에는 음양오행설과 간지에 따라, 끝에는 사람의 넓적다리를 본떴다고 했으나 잘못된 풀이다.

갑골문이나 금문 辛자 자형을 살피면 위는 평평한 반면 아래는 뾰족하고 날카롭게 생겨 무언가 새기는 데 사용하는 도구를 나타낸 것으로 보인다. 문신의 도구를 나타낸 것이다. 소전 辛자 자형은 원형의 실체를 그 윤곽에 따라 선으로 나타내고 있다. 예서의 辛자 자형은 소전과 거의 유사한 형태로 쓰이고 있다.

옛날에는 노예뿐 아니라 포로나 죄인처럼 허물이 있는 사람에게도 辛자와 같은 모양의 도구로 얼굴에 검은 먹을 새겼다. 그렇게 검은 먹이 새겨진 자는 뼈에 사무치는 고통을 겪으며

문신 새기는 모습

괴롭게 살아야 했다. 따라서 辛자는 艱辛(간신)이나 千辛萬苦(천신만고)에서처럼 '괴롭다'의 뜻을 지니게 되었다. 그처럼 매운 맛 역시 참기 괴롭기 때문에 辛자는 다시 辛辣(신랄)이나 香辛料(향신료)에서처럼 '맵다'의 뜻을 지니기도 한다. 아울러 辛자는 辛未洋擾(신미양요)나 辛亥革命(신해혁명)에서처럼 '천간 이름'의 하나로도 빌려 쓰이고 있다. 그 가운데 오늘날 辛자는 주로 '맵다'의 뜻으로 쓰이고 있다. 특히 매운 맛을 지닌 라면인 '辛拉麵(→신라면)'의 '辛'자로 잘 알려져 있다.

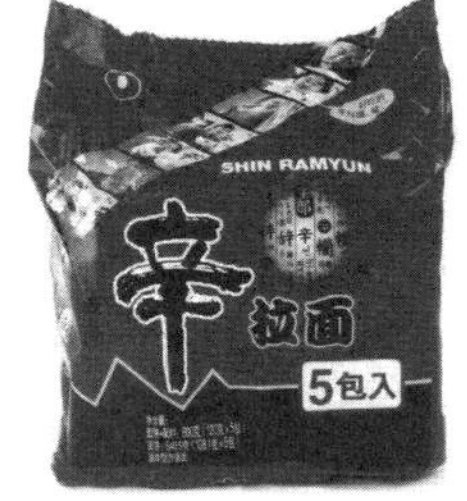

신라면

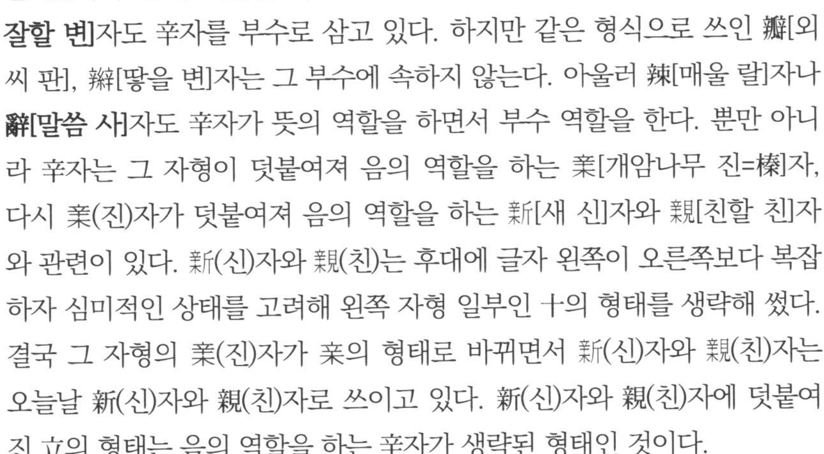

辛자는 옛날 포로나 죄인처럼 허물이 있는 사람에게 사용된 도구에서 비롯되었기 때문에 그 자형이 덧붙여진 辜[허물 고], 辟[허물 벽], 辠[허물 죄], 辥[허물 설]자는 모두 '허물'의 뜻을 지니고 있으며, 이들 한자는 모두 辛자 부수에 속한다. 그 외에 辛자를 겹쳐 쓴 辡[송사할 변]자가 음의 역할을 하는 **辨[분별할 변=辧]**, 辦[힘쓸 판], **辯[말잘할 변]**자도 辛자를 부수로 삼고 있다. 하지만 같은 형식으로 쓰인 瓣[외씨 판], 辮[땋을 변]자는 그 부수에 속하지 않는다. 아울러 辣[매울 랄]자나 **辭[말씀 사]**자도 辛자가 뜻의 역할을 하면서 부수 역할을 한다. 뿐만 아니라 辛자는 그 자형이 덧붙여져 음의 역할을 하는 亲[개암나무 진=榛]자, 다시 亲(진)자가 덧붙여져 음의 역할을 하는 新[새 신]자와 親[친할 친]자와 관련이 있다. 新(신)자와 親(친)는 후대에 글자 왼쪽이 오른쪽보다 복잡하자 심미적인 상태를 고려해 왼쪽 자형 일부인 十의 형태를 생략해 썼다. 결국 그 자형의 亲(진)자가 亲의 형태로 바뀌면서 新(신)자와 親(친)자는 오늘날 新(신)자와 親(친)자로 쓰이고 있다. 新(신)자와 親(친)자에 덧붙여진 立의 형태는 음의 역할을 하는 辛자가 생략된 형태인 것이다.

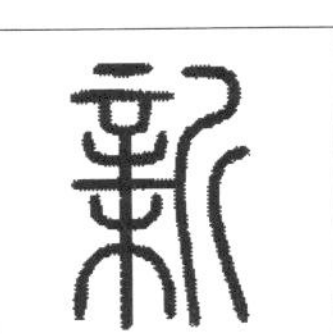

소전 新자

소전 親자

161 辰 7획 별 진

조개는 아주 오랜 옛날부터 사람이 식용으로 삼았던 대상으로, 잡기 쉬우면서 가볍고 다루기도 편했다. 뿐만 아니라 그 껍데기가 깨진 부분은 아주 예리해 별로 가공하지 않아도 사람들이 쉽게 이용할 수 있는 이상적인 절단 도구가 되었다. 그 껍데기는 곡물의 이삭을 자르는 데 적합한 농사 도구로 사용되었다. 그렇게 농사 도구로 사용되었던 조개 모양에서 비롯된 한자가 辰자다. 하지만 후대에 조개를 나타내는 데는 虫(훼)자를 덧붙인 蜃[대합조개 신=蜄]자를 쓰고, 辰자는 '별'의 뜻을 지닌 한자가 되었다.

갑골문	금문	소전	예서

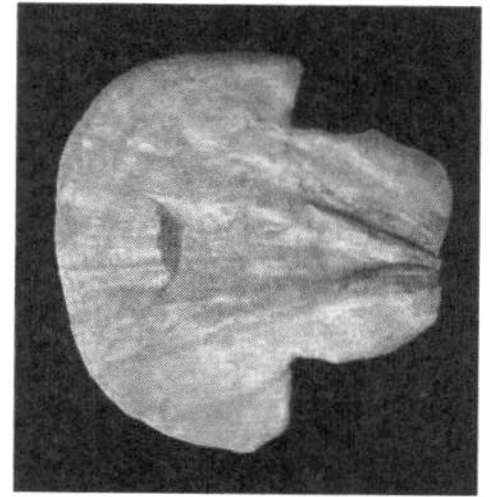
고대의 패도(조개칼)

『설문해자』에서 辰자는 "흔들리는 것이다. 삼월에 양기가 움직이고, 우레와 번개가 치니, 백성이 농사를 지을 때다. 만물이 다 자라므로, 乙과 匕(化)를 따른다. 匕(化)는 완전히 자라남을 본떴다. 厂은 음이다. 辰은 房星(방성)으로, 하늘의 때다. 二를 따르는데, 二은 고문 上이다(震也. 三月, 陽氣動, 雷電振, 民農時也. 物皆生, 从乙. 匕, 匕象芒達, 厂聲. 辰, 房星, 天時也. 从二, 二, 古文上字)."라고 했다.

하지만 갑골문 辰자 자형은 조개를 나타낸 것으로 보인다. 금문에서는 여러 자형으로 표현되어 있으나 모두가 갑골문의 기본적인 형태에서 벗어나지 않고 있다. 그러나 辰자는 소전 과정에 이르면서 이미 그 원형과 거리가 먼 형태로 바뀌어 후인들이 그 자형이 어떤 모양에서 비롯되었는지 헤아리기 어렵게 되어 있다.

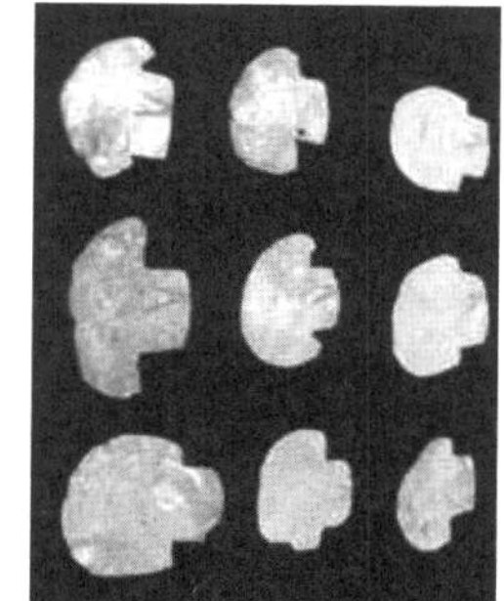
고대의 여러 조개칼

농사 도구로 사용되었던 조개 모양에서 비롯되면서 農[농사 농]자에도 덧붙여진 辰자는 농사와 밀접한 관련이 있는 한자다. 한데 옛날 사람들은 농사를 지을 때 그 적절할 때를 알기 위해 하늘의 별을

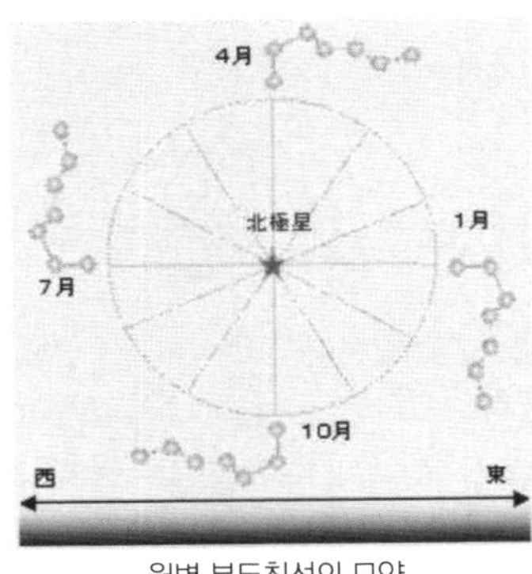

월별 북두칠성의 모양

보고 판단했다. 따라서 辰자는 '별'의 뜻을 지니게 되었다. 또 별을 보고 때를 판단했으므로 辰자는 '때'의 뜻을 지니기도 한다. 천자문에 보이는 辰宿列張(진수열장)의 辰자는 이어지는 宿[별 수·잘 숙]자처럼 '별'을 뜻하면서 그 음을 '진'으로 읽는다. 하지만 '태어난 날'을 뜻하는 生辰(생신)이나 誕辰(탄신)의 辰자는 '때'를 뜻하면서 그 음을 '신'으로 읽는다. 따라서 辰자는 그 뜻과 음을 '별 진'이라 이르기도 하지만 '때 신'이라 이르기도 한다.

천자문 일부

이렇게 한 글자가 두 가지 혹은 그 이상의 음을 지니게 된 것은 대부분의 한자가 보다 많은 사람들에게 습득되어지도록 하기 위해 대표가 되는 하나의 뜻과 음만 지니고 있는 사실에 상반되는 현상으로, 대등하게 사용되는 또 다른 하나의 뜻과 음이 필요에 따라 생긴 결과로 보인다. 214개 부수 가운데 그런 경우의 한자로는 辰자 외에 行(행·항), 金(금·김), 龜(귀·구·균)자 등이 있다. 辰자는 또 연월일시(年月日時)를 나타내기 위해 천간(天干)과 지지(地支)로 이뤄진 간지(干支)에서 '다섯째 지지'로도 쓰인다. 壬辰倭亂(임진왜란)에서 그런 쓰임을 볼 수 있다.

辰자를 부수로 삼으면서 익히 쓰이는 한자로는 **辱[욕되게 할 욕]**자와 **農[농사 농]**자뿐이다. 하지만 辰자가 하나의 문자(文字) 구성에 도움을 주면서 음의 역할을 하는 경우는 적지 않다. 그런 한자에는 振[떨칠 진], 震[벼락 진], 賑[구휼할 진], 娠[애 밸 신], 晨[새벽 신], 蜃[대합조개 신=蜄], 脣[입술 순]자가 있다.

갑골문 農자

금문 農자

소전 農자

162 辵·辶 7획

쉬엄쉬엄 갈 착·책받침

문명이 발달되지 않았던 시대의 길은 그저 사람의 발길이 많이 닿아 자연스럽게 만들어진 좁고 자그마한 길이었지만 오늘날의 길은 주로 자동차가 다니기 위해 인위적으로 만들어진 길이 대부분이다. 그처럼 인위적으로 만들어진 길과 발이 합쳐져 이뤄진 한자가 '쉬엄쉬엄 가다'의 뜻을 지닌 辵자다.

갑골문	금문	소전	예서
[glyph] [glyph]	[glyph] [glyph] [glyph] [glyph]	[glyph]	[glyph]

길을 걷는 발

『설문해자』에서 辵자는 "잠깐 가다가 잠깐 서다라는 것이다. 彳을 따르고, 止를 따른다(乍行乍止也. 从彳, 从止)."라고 했다. 彳을 가는 것으로, 止를 서는 것으로 풀이하면서 쉬엄쉬엄 간다고 여긴 것이다.

하지만 갑골문의 辵자 자형은 사거리의 반쪽인 길을 나타낸 彳[자축거릴 척→060 참고]자와 발을 나타낸 止[그칠 지→077 참고]자로 이뤄졌다. 그냥 길에 발이 있는 모양을 나타낸 것이다. 금문 辵자 자형도 마찬가지다. 그것이 소전에서 길을 나타낸 彳자가 彡의 형태처럼 변화되어 위에 쓰이고, 발을 나타낸 止(𠃊)자가 아래에 쓰이면서 좀 더 정형된 형태가 되었다.

辵자가 하나의 글자 구성에서 덧붙여질 때는 예서를 거쳐 해서에서 辶으로 쓰이기 시작했다. 辶은 그 명칭을 '책받침'이라 한다. 그러나 '책받침'은 '착받침'에서 비롯된 명칭이다. 오늘날 그 원형(原形)인 辵자가 하나의 문자로 사용되고 있지 않지만 '착'의 음을 지닌 한자고, 그 자형이 글자 구성에서 '받침'의 위치에 쓰이기 때문에 두 말을 연용(連用)해 '착받침'이라 하다가 '착'에 'ㅣ'모음을 추가시켜 결국 '책받침'이라 한 것이다.

辵자는 '쉬엄쉬엄 가다'나 또는 '달리다', '뛰어넘다'의 뜻을 지닌 한자이나 오늘날은 단독의 문자로 사용되지 않고 부수의 하나로만 그 역할을 하고 있다.

辵(辶)자를 부수로 삼는 한자는 대부분 발로 걷는 길과 관련된 뜻을 지닌다. 그런 한자의 뜻을 다시 구분해 보면 소수의 한자만 형용사(부사)나 명사의 뜻을 지니고, 다수의 한자는 동사의 뜻을 지니고 있다. 다음은 그런 한자를 세 유형으로 구분해 본 것이다.

1. 동사 형태의 뜻을 지닌 한자

返 [돌아올 반]	**迎 [맞이할 영]**	迦 [막을 가]	**迫 [닥칠 박]**	**述 [지을 술]**
迭 [갈마들 질]	**逃 [달아날 도]**	**迷 [헤맬 미]**	**送 [보낼 송]**	**逆 [거스를 역]**
追 [쫓을 추]	**退 [물러날 퇴]**	逅 [만날 후]	**連 [잇닿을 련]**	**逢 [만날 봉]**
逝 [갈 서]	逍 [거닐 소]	**造 [지을 조]**	**逐 [쫓을 축]**	**通 [통할 통]**
透 [통할 투]	逋 [달아날 포]	**逸 [달아날 일]**	週 [돌 주]	**進 [나아갈 진]**
逮 [잡을 체]	**過 [지날 과]**	**達 [통할 달]**	遁 [달아날 둔=遯]	**遇 [만날 우]**
運 [움직일 운]	**違 [어길 위]**	**遊 [놀 유]**	逼 [죄어칠 핍]	遑 [허둥거릴 황]
遣 [보낼 견]	遝 [미칠 답]	遡 [거슬러 올라갈 소]	**遞 [갈마들 체]**	**適 [갈 적]**
遭 [만날 조]	遮 [막을 차]	**選 [가릴 선]**	**遺 [남길 유]**	**遵 [좇을 준]**
遲 [늦을 지]	**遷 [옮길 천]**	邁 [갈 매]	邀 [맞을 요]	**避 [피할 피]**
邂 [만날 해]	**還 [돌아올 환]**	邏 [돌 라]		

2. 형용사나 부사 형태의 뜻을 지닌 한자

迅 [빠를 신]	迂 [멀 우]	**近 [가까울 근]**	逞 [굳셀 령]	**速 [빠를 속]**
遂 [드디어 수]	**遍 [두루 편]**	遐 [멀 하]	遜 [겸손할 손]	**遙 [멀 요]**
遠 [멀 원]	遼 [멀 료]	遽 [갑자기 거]	邈 [멀 막]	

3. 명사 형태의 뜻을 지닌 한자

迹 [자취 적=跡·蹟]	逑 [짝 구]	**途 [길 도]**	這 [이 저]	**道 [길 도]**
邊 [가 변]				

위 한자는 모두 부수인 辵자의 변형 辶이 덧붙여져 뜻의 역할을 한다. 그 가운데 형용사의 뜻을 지닌 한자의 경우는 대부분 길의 원근(遠近)과 관련된 뜻을 지닌다. 그 외에 같은 형식의 巡[돌 순]자는 辵(辶)자 부수에 속하지 않고, 巛(川)의 부수에 속한다.

163

邑·阝

7획

고을 읍·우부방

사회가 발전됨에 따라 고대인들은 정착 생활을 하게 되었고, 그렇게 되자 자연스럽게 사람들이 한 곳으로 모이게 되어 많은 식량을 필요로 하게 되었다. 그로 인해 고대인들은 농경 생활을 활발히 했고, 땀 흘려 경작한 농작물을 적의 약탈로부터 보호하고 또 야수의 침입을 막기 위해 일정한 경계로 둘러싸인 고을을 형성했다. 그렇게 해서 생긴 '고을'을 뜻하는 한자가 邑자다.

갑골문	금문	소전	예서
			邑
			阝

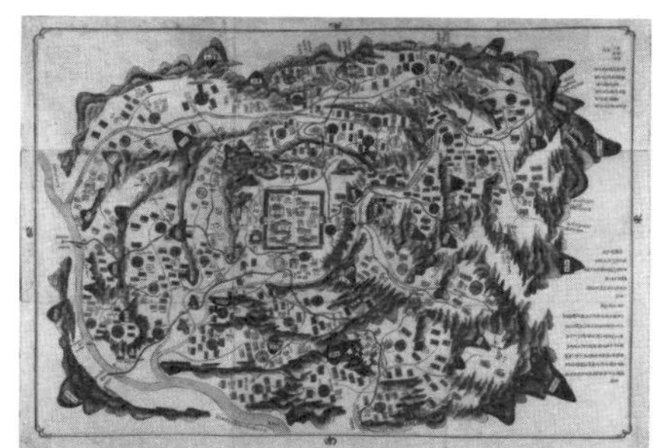
남원 읍성과 주변 마을(1872년)

『설문해자』에서 邑자는 "나라다. 口를 따른다. 선왕의 제도에 (신분의) 높고 낮음에 따라 (땅의) 크고 작음이 있었으므로, 卪을 따른다(國也. 从口. 先王之制, 尊卑有大小, 从卪)."라고 했다.

이를 갑골문과 금문의 邑자 자형으로 살피면 윗부분은 일정하게 계획된 경계를 지니고 있는 구역인데, 제후(諸侯)나 대부(大夫) 등이 백성을 다스리기 위해 만든 관아 등을 방비하거나 적을 물리치기 위한 지역[口의 형태]을 나타낸 것으로 보인다. 아랫부분은 일정하게 계획된 경계 안에서 생활하는 사람[巴의 형태]을 나타낸 것으로 보인다. 주위를 방비하기 위해 경계를 지은 구역과 그 안에서 생활하는 사람을 나타낸 데서 고을의 뜻을 지닌 邑자가 이뤄진 것이다. 금문 邑자 자형은 갑골문과 유사하며, 그 자형이 소전을 거쳐 예서에서 오늘날처럼 쓰이고 있다.

邑자가 편방으로 쓰일 때의 변화된 자형은 금문에 비로소 보인다. 이때 편방자 위치는 좌측(左側)과 우측(右側)의 구별이 없이 사용되었다. 그러나 소전에서는 일률적으로 우측에 두고 있다. 邑자의 편방자는 예서에서 다시 오늘날 쓰이는⻏의 형태로 통일되었다. ⻏은 阜[언덕 부→170 참고]자의 편방자인 ⻖[좌부방]과 그 형태가 같으나 항상 오른쪽에 붙여 쓰인다 하여 '좌부방'의 '좌' 대신에 오른쪽을 뜻하는 右[오른 우]자의 음 '우'를 덧붙여 '우부방'이라 한다.

都邑(도읍)이나 邑城(읍성)에서 '고을'을 뜻하는 邑자는 오늘날 邑面洞(읍면동)에서처럼 도(道)의 관할 구역 내에 있는 '행정 구역 이름'으로 자주 사용되고 있다. 도시 형태를 갖추고 대체로 인구 2만 이상, 5만 이하인 점이 또 다른 행정 구역인 면(面)과 구분된다. 그러나 邑자는 옛날에 제후(諸侯)나 대부(大夫)가 직접 다스리는 '영지(領地)'를 뜻하는 한자였다.

邑(⻏)자를 부수로 삼는 한자는 주로 나라나 일정한 구역에 관련된 명칭의 뜻을 지니고 있다. 그런 한자는 다음과 같다.

邯 [조나라 서울 한]	鄒 [나라 이름 추]	鄭 [나라 이름 정]	鄲 [조나라 서울 단]	邙 [산 이름 망]
邦 [나라 방]	邱 [땅 이름 구]	**郊 [성 밖 교]**	**郡 [고을 군]**	**郭 [성곽 곽]**
郵 [역참 우]	**都 [도읍 도]**			

위 한자 가운데 鄭(정), 邦(방), 邱(구), 郭(곽), 都(도)자 등은 사람의 성(姓)으로도 쓰인다. 이는 나라나 지역 이름을 성으로 사용한 데서 비롯되었다. 그 외에 **那[어찌 나]**, **邪[간사할 사]**, 邸[큰 집 저], **郎[사나이 랑]**, **部[거느릴 부]**, 鄙[다라울 비], **鄰[이웃 린=隣]**자도 邑(⻏)자 부수에 속하면서 원래 고을 이름이나 땅 이름 등에 관계되는 뜻을 지녔으나 오늘날은 제각기 다른 뜻으로 쓰이고 있다. 아울러 鄉[시골 향]자도 邑(⻏)자 부수에 속하지만 그 자형이 고을과 관련이 없다. 그 외에 耶[어조사 야]는 邑(⻏)자 부수에 속하는 한자로 보이지만 耳(이)자 부수에 속해 있다.

갑골문 鄉자

164 酉

7획

닭 유

술은 아주 오랜 옛날부터 사람들이 만들어 마셨던 음료로, 먹을 것이 넉넉하지 않았던 시대에는 곡물 등으로 만들었기에 주로 귀한 손님을 접대하는 데 사용하였다. 뿐만 아니라 사람이 한 세상을 살면서 겪는 중요한 네 가지 의례인 관혼상제(冠婚喪祭)에도 빠지지 않고 사용되었다. 그처럼 귀중한 술은 '백약의 으뜸'으로도 여겨지지만 '악마의 선물'로도 여겨지고 있다. 酉자는 그 술이 담긴 술병 모양에서 비롯된 한자다.

여러 술 단지

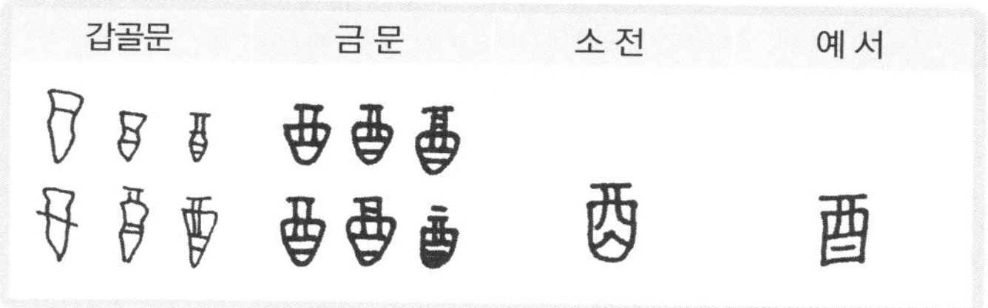

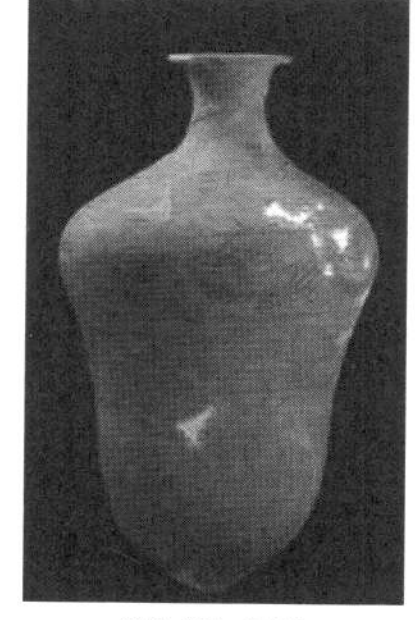
옛날의 술병

『설문해자』에서 酉자는 "익었다는 것이다. 8월에 기장이 익으면 진한 술을 만들 수 있다(就也. 八月黍成, 可爲酎酒)."라고 했다.

갑골문이나 금문 酉자 자형은 배가 불룩 나오고 입이 좁은 술병 모양으로 표현되어 있다. 그렇게 입이 좁은 것은 술이 증발되는 것을 방지하기 위해서 인 것으로 보인다. 소전 酉자 자형은 금문 자형을 좀 더 간략하게 표현했고, 예서에서는 오늘날의 자형과 거의 유사한 형태로 쓰이고 있다.

酉자는 술과 관련된 한자이므로 원래 '술'을 뜻했으나 후에 氵(水)를 덧붙인 酒[술 주]자가 만들어져 그 뜻을 대신하고, 자신은 주로 연월일시(年月日時)를 나타내는 간지(干支)의 하나인 12지지(地支)의 열째 지지로 빌려 쓰이면서 결국 '열째 지지'의 뜻을 지니게 되었다. 1945년 '乙酉解放(을유해방)'의 '乙酉(을유)', 1597년 '丁酉再亂(정유재란)'의 '丁酉(정유)', 1909년 '己酉覺書(기유각서)'의 '己酉(기유)', 1801년 '辛酉邪獄(신유사옥)'의 '辛酉(신유)', 1453년 '癸酉靖難(계유정난)'의 '癸酉(계유)'의 酉자가 바로 그런 경우에 속한다. 또한 그

'열째 지지'에 해당되는 동물이 '닭'인데, 酉자는 오늘날 바로 그 뜻을 대표적인 자훈(字訓)으로 삼고 있다.

신라 왕릉의 12지상

술은 미생물(微生物)의 화학적인 변화를 이용해 발효(醱酵)시킨 것이다. 따라서 酉자를 부수로 삼는 한자는 대개 술 외에 화학 작용에 의해 만들어진 물질과 관련된 뜻을 지닌다. 다음은 그런 한자다.

酊 [술 취할 정]	酋 [오래될 추]	**配 [짝 배]**	**酌 [따를 작]**	**酒 [술 주]**
酎 [진한 술 주]	酢 [초 초]	酪 [진한 유즙 락]	酬 [갚을 수]	酸 [초 산]
酲 [숙취 정]	酷 [독할 혹]	酵 [술밑 효]	醇 [진한 술 순]	**醉 [취할 취]**
醒 [깰 성]	**醜 [추할 추]**	醢 [젓갈 해]	**醫 [의원 의]**	醬 [젓갈 장]
醱 [술 괼 발]	醯 [초 혜]	醵 [술잔치 갹(거)]	釀 [빚을 양]	

위 한자 가운데 酒(주)자는 酉자에서 분화(分化)된 한자로, 酉자가 음의 역할을 하기도 한다. 그처럼 酋(추)자와 醜(추)자도 酉자가 음의 역할을 한자다.

165

7획

분별할 변

먹을 것이 충분하지 않았던 아주 옛날 사람들에게 동물성 단백질을 제공하는 고기는 아주 중요한 먹거리였다. 그와 같은 먹거리는 주로 사냥을 통해 이뤄졌다. 사냥을 할 때는 잡을 짐승의 발자국을 잘 분별해야 했다. 그 짐승 발자국에서 '분별하다'의 釆자가 이뤄졌다.

갑골문	금문	소전	예서

육식동물 삵의 발자국

『설문해자』에서 釆자는 "변별하는 것이다. 짐승 발톱이 나눠진 것을 본떴다. 辨(변)과 같게 읽는다(辨別也. 象獸指爪分別也. 讀若辨)."라고 했다.

갑골문 釆자 자형은 짐승 발톱 보다는 짐승 발자국의 발톱과 발바닥의 윤곽을 나타낸 것으로 보인다. 사방에 점(點)이 발톱을, 十의 형태가 발바닥을 나타냈다고 본 것이다. 금문과 소전의 釆자 자형은 갑골문과 비슷하나 十의 형태에서 세로의 획(劃)이 좀 더 구부러진 모양으로 변하고 있다.

釆자는 '분별하다'나 '나누다'의 뜻을 지니나 오늘날 그 뜻을 나타내는 데는 辨[분별할 변]자가 쓰이고, 자신은 주로 부수의 역할을 하는 데 쓰이고 있다.

釆자를 부수로 삼으면서 오늘날 비교적 자주 쓰이는 한자는 采[캘 채], 釉[윤 유], **釋[풀 석]**자뿐이다. 그나마 爪[손톱 조]자와 木[나무 목]자가 합쳐진 采(채)자는 釆자와 전혀 관련이 없다. 하지만 釆자는 番[차례 번]자 구성에 도움을 주면서 음의 역할을 하고, 番(번)자는 다시 飜[날 번=翻], 蕃[우거질 번], 播[뿌릴 파]자에서 음의 역할을 한다.

갑골문 釆자

166 里 마을 리

7획

예부터 우리 사회의 기본이 되는 자치(自治) 단위(單位)로서, 여러 사람이 한 동아리를 이뤄 모여 사는 지역 사회의 가장 기초적인 집단(集團)이 마을이다. 里자는 그 '마을'을 뜻한다.

갑골문	금 문	소 전	예 서

화전으로 일군 마을(안반데기)

『설문해자』에서 里자는 "사는 곳이다. 田을 따랐고, 土를 따랐다(居也. 从田, 从土)."라고 했다.

금문 이후에 비로소 보이는 里자 자형도 田[밭 전]자와 土[흙 토]자가 합쳐진 형태다. 田자는 사람이 곡식을 가꿔 먹을 수 있는 농토를, 土자는 농토인 땅을 나타낸 것으로 보인다. 농사지을 땅을 표현하면서 그 땅에 형성된 마을을 나타낸 것이다. 소전과 예서의 里자 자형도 금문의 형태를 이어서 쓰고 있다.

洞里(동리)나 里長(이장)에서 '마을'을 뜻하는 里자는 '南原市(남원시) 山東面(산동면) 木洞里(목동리)'의 '里'에서처럼 '지방 행정 구역의 기본 단위'로도 쓰인다. 아울러 里자는 里程標(이정표)나 漢陽千里(한양천리)에서처럼 '거리의 단위'로도 쓰이고 있다.

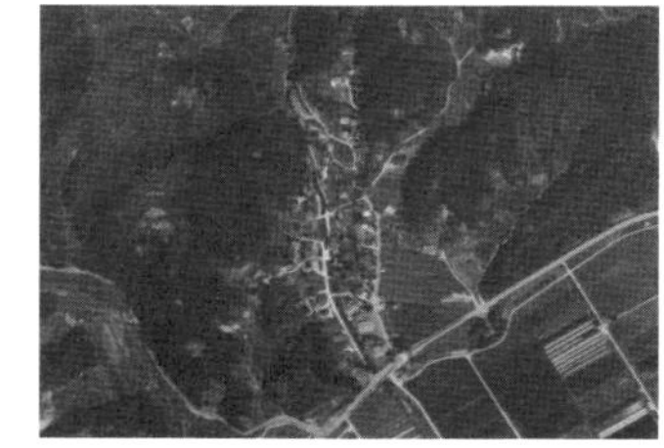

남원시 산동면 목동리

里자를 부수로 삼는 한자에는 **野[들 야]**자와 里자 자원(字源)과 관련이 없는 **重[무거울 중]**자와 **量[헤아릴 량]**자 등이 있다. 그 외에 里자는 理[다스릴 리], 裏[속 리=裡], 鯉[잉어 리], 厘[이 리], 浬[해리 리], 埋[묻을 매]자 구성에 도움을 주면서 음의 역할을 하기도 한다.

167 金

8획

쇠 금

'산업의 쌀'이라 불릴 만큼 오늘날 여러 산업분야에 매우 유용하게 쓰이는 물질이 쇠다. 쇠는 금속 자체를 대표하는 상징으로, 단단하여 여간해서는 파괴되지 않는다. 뿐만 아니라 불에 의해서도 쉽게 녹지 않는데, 일단 높은 온도에서 녹으면 어떤 모양으로도 만들 수 있는 장점이 있다. 아울러 열이 잘 전달되고, 전기가 잘 통하는 장점도 있다. 金자는 그런 '쇠'를 뜻한다.

쇠의 원료인 광석

갑골문	금문	소전	예서

『설문해자』에서 金자는 "다섯 가지 색의 쇠로, 누런빛이 으뜸이다. 오래 묻어 둬도 녹이 나지 않고, 백 번 담금질해도 가벼워지지 않으며, 바꿔도 어긋나지 않는다. 서방의 오행으로, 土에서 생겨난다. 土를 따르며, 왼쪽과 오른쪽의 점은 쇠가 흙 속에 있는 모양을 본떴다. 今은 음이다(五色金也. 黃爲之長. 久薶不生衣, 百鍊不輕, 从革不違. 西方之行, 生於土. 从土, 𠂇又注, 象金在土中形. 今聲)."라고 했다. 다시 말하면 今과 土와 두 점이 합쳐진 글자라 한 것이다. 그 중에 今은 음의 역할을 하고, 土와 두 점은 흙 속의 쇠를 나타냈다고 풀이했다.

쇳물로 솥 만드는 모습

하지만 그 자형이 처음 보이는 금문 金자는 『설문해자』에서 언급한 今자가 보이지 않는다. 처음에는 그냥 무언가 주조하는 원료인 쇳물을 두 덩이로 나타내다가 쇠로 주조(鑄造)하는 틀, 또는 주조물로 보이는 자형이 덧붙여진 형태를 나타낸 것으로 보인다. 혹자는 쇠를 녹이는 용광로를 나타냈다고 하기도 한다. 소전 金자 자형은 금문의 형태가 좀 더 정형된 형태며, 예서에서는 오늘날과 유사하게 쓰이고 있다.

金자는 처음에 주로 쇠의 하나로 구리인 동(銅)을 가리켰으나 나중에 모든 쇠를 총칭하면서 흔히 다섯 종류로 구분되었다. 옛날에는 학문의 체계가 세워지지 않았기 때문에 오늘날처럼 원자량(原子量)이나 화학(化學) 성분으로 여러 종류의 쇠를 구분할 수 없었다. 따라서 쇠의 색깔로 그 종류를 구분했는데, 그렇게 해서 구분된 다섯 종류의 쇠가 바로 백금(白金)의 은(銀), 적금(赤金)의 동(銅), 청금(青金)의 연(鉛)과 석(錫), 흑금(黑金)의 철(鐵), 그리고 황금(黃金)의 금(金)이었다. 그 가운데 예부터 오늘날에 이르기까지 사람들은 황금을 쇠 가운데 가장 좋은 것으로 여겼다. 때문에 오늘날 金자는 주로 '황금'의 '금'으로 일컬어지고 있다.

황금

뿐만 아니라 金자는 쇠로 만든 악기나 칼과 같은 무기 외에 심지어 말방울에 이르는 물건의 뜻으로도 쓰이며, 특히 쇠로 만든 종정(鐘鼎)과 같은 물건을 이르는 뜻으로도 쓰인다. 따라서 한자 자형의 연구를 할 때 종정에 새겨진 문자는 金자를 써서 金文(금문)이라 한다. 또한 쇠는 부피가 작더라도 가치가 높으며 휴대하거나 저장하기 용이하기 때문에 예부터 화폐로도 사용되었다. 金一封(금일봉)이나 一攫千金(일확천금)의 金자가 바로 '화폐'의 뜻을 지니며, 다시 金자는 '화폐 수량 단위'의 뜻을 지니기도 한다. 그렇게 쇠가 화폐로 사용될 만큼 귀중한 존재였기 때문에 金자는 '귀중하다'의 뜻을 지니기도 한다. 金言(금언)이나 金枝玉葉(금지옥엽)의 金자가 바로 그런 뜻으로 쓰였다. 아울러 쇠가 단단하기 때문에 金자는 金石之交(금석지교)나 金城湯池(금성탕지)에서처럼 '단단하다'의 뜻을 지니기도 하며, 황금의 빛으로 이뤄진 쇠와 관련해 金髮(금발)에서처럼 '황금빛'의 뜻을 지니기도 한다.

김알지 금궤도

그 외에 金자는 오늘날 우리나라에서 가장 많은 사람이 사용하는 성씨(姓氏)로도 쓰이는데, 이때는 그 음을 '김'으로 읽는다. 김씨(金氏)의 시조(始祖)가 되는 金閼智(김알지)나 金首露王(김수로왕)의 탄생설화를 보면 두 인물이 金으로 된 궤짝, 상자에서 나왔기 때문이다. 아울러 金자는 金海平野(김해평야)나 金浦空港(김포공항)에서처럼 지명(地名)으로 쓰일 때도 그 음을 '김'으로 읽고 있다.

김수로왕 관련 조형물(천강육란석조상)

金자를 부수로 삼는 한자는 일반적으로 쇠의 종류나 성질, 또는 쇠로 만든 기물과 관련된 뜻을 지닌다. 이를 그 뜻의 쓰임에 따라 살피면 다음 세 유형으로 크게 나눠볼 수 있다.

1. 쇠의 종류를 나타낸 한자

鉛 [납 연] **銅 [구리 동]** 銑 [무쇠 선] **銀 [은 은]** **鋼 [강철 강]**
錫 [주석 석] 鍮 [놋쇠 유] **鐵 [쇠 철]** **鑛 [쇳돌 광]**

2. 쇠로 만든 기물과 관련된 한자

釜 [가마 부] 釘 [못 정] **針 [바늘 침]** 鈴 [방울 령] 鉢 [바리때 발]
鈿 [비녀 전] **銃 [총 총]** 鋒 [칼끝 봉] **錢 [돈 전]** 錠 [제기 이름 정]
錘 [저울추 추] 錐 [송곳 추] 鍵 [열쇠 건] 鍾 [술병 종] 鍼 [침 침]
鎖 [쇠사슬 쇄] **鏡 [거울 경]** 鏑 [살촉 적] 鏢 [칼끝 표] **鐘 [쇠북 종]**
鐸 [방울 탁] **鑑 [거울 감]** 鑽 [끌 찬]

3. 쇠와 관련되어 이뤄진 동작이나 그 성질을 나타낸 한자

釣 [낚시 조] **鈍 [무딜 둔]** **銘 [새길 명]** 銓 [저울질할 전] 銷 [녹일 소]
銳 [날카로울 예] 鋪 [펼 포] 錮 [땜질할 고] **錄 [기록할 록]** 錚 [쇳소리 쟁]
錯 [섞일 착] 鍛 [쇠 불릴 단] 鍍 [도금할 도] **鍊 [불릴 련]** 鎔 [녹일 용]
鎭 [누를 진] **鑄 [쇠 부어 만들 주]** 鑠 [녹일 삭] 鑿 [뚫을 착]

그 외에 金자는 **錦[비단 금]**, 欽[공경할 흠], 銜[재갈 함]자에서도 그 쓰임을 엿볼 수 있다. 이들 한자는 위 세 유형에 속하는 한자와 달리 모두 金자가 음의 역할을 하는데, 그 가운데 錦(금)자와 銜(함)자는 金자 부수에 속한다. 반면에 欽(흠)자는 欠(흠)자 부수에 속한다.

금문 欽자

168

8획

긴 장

"원숭이 엉덩이는 빨개, 빨가면 사과, 사과는 맛있어, 맛있으면 바나나, 바나나는 길어, 길면 기차···"라는 가사의 동요가 있다. 바나나는 길어, 길면 기차라고 했는데 보기에 따라 세상에 긴 것은 여러 가지다. 그 가운데 하나가 머리털이다. 특히 옛날에는 머리털을 자르지 않았기 때문에 나이가 많으면 많을수록 머리털이 길었다. 과장된 말이지만 당나라 시인인 이백(李白)은 '백발삼천장(白髮三千丈)'이라고 표현할 정도였다. 그렇게 머리털이 긴 사람의 모습에서 비롯된 한자가 바로 '길다'의 뜻을 지닌 長자다.

갑골문	금문	소전	예서

『설문해자』에서 長자는 "오랜 것이다. 兀을 따르고, 匕(化)를 따르며, 亡은 음이다(久遠也. 从兀, 从匕, 亡聲)."라고 했다. 하지만 이는 허신이 소전 자형을 바탕으로 잘못된 풀이를 한 것이다.

긴 머리털의 사람

갑골문이나 금문 長자 자형은 산발한 긴 머리털이 있는 사람으로 나타나 있다. 사람의 긴 머리털이 추상적인 '길다'의 뜻을 나타내기에 적합하다고 여겼던 것이다. 일부 자형에는 얼핏 지팡이로 여겨지는 자형이 보이기도 한다. 長자는 소전에서 다시 그 자형에 많은 변화가 이뤄졌으며, 예서에서는 오늘날의 형태와 유사하게 쓰이고 있다.

長자가 하나의 글자 구성에서 덧붙여질 때는 肆[방자할 사]자나 套[덮개 투]자에서 보듯 镸의 형태로도 쓰이고 있다. 镸은 예부터 전해지고 있는 명칭이 없으므로 그냥 '長[긴 장] 변형자'라 함이 좋겠다.

長자는 長髮(장발)이나 長魚(장어)에서처럼 본래 길이와 관련해 長短(장단)의 短[짧을 단]자와 상대(相對)가 되는 '길다'의 뜻을 지니나 그 의미가 확대되어 十長生(십장생)에서처럼 시간의 장구함을 이를 때도 사용되고 있다. 또 긴 것은 거리가 먼 것이 될 수도 있기 때문에 長자는 長途(장도)나 長射程砲(장사정포)에처럼 '멀다'의 뜻으로도 쓰이고, 다시 길게 늘인다 하면서 助長(조장)에서처럼 '늘이다'의 뜻으로도 쓰인다. 그 외에 長자는 長點(장점)이나 一長一短(일장일단)에서처럼 '잘하다'나 '낫다'의 뜻으로도 쓰인다. 뿐만 아니라 옛날에는 숫자에 대한 개념이 약해 사람 나이를 잘 알지 못했으므로 머리털이 긴 사람을 어른으로 봤다. 따라서 긴 머리털이 있는 사람 모습에서 비롯된 長자는 長幼有序(장유유서)에서처럼 '어른'의 뜻으로도 쓰인다. 더불어 長子(장자), 長官(장관), 靈長(영장)에서처럼 항렬이 제일 앞선 사람인 '맏'이나 연배가 위인 '연장자', 그리고 직급이 제일 높은 사람인 '우두머리'를 뜻할 때도 長자가 쓰이고 있다.

십장생도(국립고궁박물관)

한자의 자훈(字訓)은 크게 두 유형으로 나눠져 쓰이고 있다. 하나는 '체언형(體言形)'이며, 또 다른 하나는 '용언형(用言形)'이다. '체언형'은 명사(名詞)나 수사(數詞) 형태의 뜻을 지니고, '용언형'은 동사(動詞)나 형용사(形容詞) 형태의 뜻을 지닌다. '용언형'은 다시 '용언형 어간+ㄹ'과 '용언형+ㄴ'으로 구분된다. 그 가운데 대부분 자훈은 '체언형'이나 '용언형 어간+ㄹ'로 쓰이고 있다. 그러나 長자의 자훈 '긴'은 드물게 사용되는 유형인 '용언형+ㄴ'으로 쓰이고 있다. 부수 가운데 長자 외에 大[큰 대]자나 白[흰 백]자도 역시 그런 유형에 속한다.

長자는 언어활동에 자주 사용되는 문자이나 그 부수에 속하면서 오늘날 비교적 자주 사용되는 한자는 찾아볼 수 없다. 그러나 자신이 음의 역할을 하는 張[베풀 장], 帳[휘장 장], 悵[슬퍼할 창], 脹[부를 창]자에서 여전히 그 쓰임을 볼 수 있다. 간략하게 쓰이는 镸[長 변형자]는 위에서 언급한 肆(사)자와 套(투)자 외에 부수의 하나인 髟[머리 늘어질 표→190 참고]자에서도 그 쓰임을 엿볼 수 있다.

소전 肆자

금문 套자

169 門

8획

문 문

사람이 들고나는 집의 문은 생활에 매우 중요한 역할을 한다. 우선 집 안을 단속하는 데 도움을 주며, 외부의 시선으로부터 집 안에서 일어나는 일을 알 수 없도록 차단해 주기도 한다. 또 바람이나 맹수의 침입을 막아 주는 역할을 하기도 한다. 심지어 고대인들은 문이 사악한 기운이나 병균의 침투를 막아 주는 역할을 한다고 믿기도 했다. 門자는 그 '문'을 뜻한다.

갑골문	금문	소전	예서
		門	門

두 짝의 문

『설문해자』에서 門자는 "듣는 것이다. 두 개의 외짝문을 따랐다. 형상을 본떴다(聞也. 从二戶. 象形)."라고 했다. 門을 聞[들을 문]으로 풀이했는데, 이는 허신이 당시에 유행하던 성훈법(聲訓法)에 의거하여 풀이한 것일 뿐이다. 또 두 개의 戶를 따랐다고 했는데, 戶[지게 호→063 참고]는 한 짝으로 만들어진 지게문(외짝문)에서 비롯되었다. 門자는 이 두 개의 戶로 이뤄졌다고 한 것이다.

실제로 갑골문 門자 자형에 보면 마주 선 기둥에 문이 각기 한 짝씩 달려 있는 모양으로 나타나 있다. 그 자형을 더욱 자세히 따져 보면, 세 가지 유형이 있다. 하나는 양쪽에 문만 있는 형태며, 또 다른 하나는 문에 빗장이 있는 형태고, 마지막 하나는 문 위에 상인방(上引枋)이 있는 형태다. 금문 자형은 갑골문 門자와 크게 다르지 않으나, 소전 자형은 갑골문 門자 가운데 양쪽에 문만 있는 유형을 바탕으로 정형되었다.

崇禮門(숭례문)이나 杜門不出(두문불출)에서 사람이 들고나는 '문'을 뜻하는 門자는 登龍門(등용문)이나 大道無門(대도무문)에서 보듯, 그 의미가 확대되어 들고 나는 모든 통로(通路)로도 쓰인다. 심하게는 頂門一鍼(정문일침)의 門자에서 보듯 정수리의 '숨구멍'을 뜻하기도 한다. 또한 門자는 문이 모든 집에 있기에 '집'이나 '집안'을 뜻하기도 한다. 滅門之禍(멸문지화)나 笑門萬福來(소문만복래)에 보이는 門자가 바로 그런 경우다. 그 외에 門자는 재능이 있는 사람을 양성하는 곳인 '배움터'를 뜻하기도 하는데, 그런 뜻을 담고 있는 말이 바로 門下生(문하생)이나 同門受學(동문수학)이다. 뿐만 아니라 門자는 어떤 한 분야 밖에 사람을 뜻하는 말인 門外漢(문외한)에서 보듯 '분야(分野)'의 뜻을 지니기도 한다. 또한 門자는 포문(砲門), 포 몇 문(門) 하는 식에 '대포(大砲)를 세는 수사(數詞)'로도 쓰이며, '생물 분류학상 단위[종(種)·속(屬)·과(科)·목(目)·강(綱)·문(門)·계(系)]'의 하나로도 쓰인다.

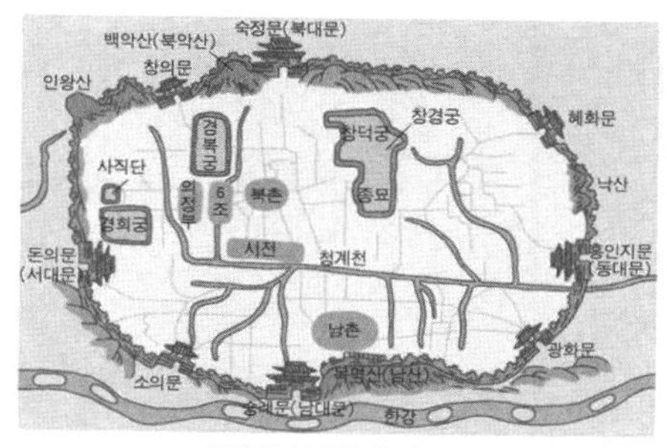

한양의 사대문과 사소문

門자를 부수로 삼는 한자는 대체로 문의 종류나 문의 상태와 관련이 있다. 그 한자를 일괄적으로 살펴보면 다음과 같다.

閃 [번쩍일 섬]	**閉 [닫을 폐]**	**開 [열 개]**	閔 [위문할 민]	**閑 [막을 한]**
閒 [사이 간·한가할 한]	**間 [閒의 속자(俗字)]**	閔 [근심할 민]	閘 [물문 갑]	**閣 [문설주 각]**
閥 [공훈 벌·문지방 벌]	閨 [도장방 규]	閤 [쪽문 합]	閭 [이문 려]	**閱 [검열할 열]**
閻 [이문 염]	閼 [가로 막을 알]	闊 [넓을 활]	闕 [대궐 궐]	**關 [빗장 관]**
闡 [열 천]	闢 [열 벽]			

위에서 보듯 門자는 다른 글자와 합쳐져 쓰일 때 자형 왼쪽이나 자형 아래에 쓰이는 경우가 없고, 모두 그 자형 안에 뜻이나 음의 역할을 하는 다른 글자가 들어 있게 하는 특징이 있다. 그 외에 門자는 問[물을 문], 聞[들을 문], 悶[번민할 민], **閏[윤달 윤]**자의 구성에 도움을 주면서 음의 역할을 하기도 한다.

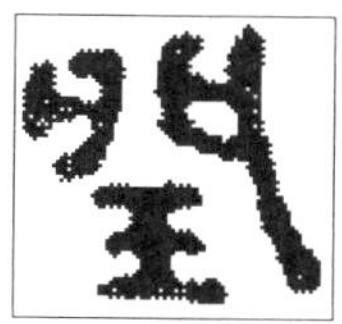
금문 閏자

170 阜·阝

8획

언덕 부·좌부방

사람이 사는 땅은 자연스러운 상태에서 보면 어디에서나 마냥 평평하지 않고 위와 아래로 굴곡이 진 상태로 되어 있다. 그 굴곡이 진 상태가 낮으면 흔히 물이 고여 강이나 바다가 되고, 높으면 산이나 언덕이 된다. 그런 지형 가운데 '언덕'과 관련해 이뤄진 한자가 阜자다.

갑골문	금 문	소 전	예 서
			阜
			阝

언덕길(깔딱고개)

『설문해자』에서 阜자는 "큰 땅이다. 산에 돌이 없는 것이다. 형상을 본떴다(大陸也. 山無石者. 象形)."라고 했다.

그러나 갑골문 阜자 자형은 비탈진 큰 언덕에 계단처럼 층층이 진 측면의 모양을 나타낸 것으로 보인다. 그 자형은 비교적 복잡한 형태와 간단한 형태로 되어 있는데, 계단처럼 층층이 진 측면의 모양은 좌측(左側)과 우측(右側) 모두를 향하고 있다. 그 가운데 우측을 향한 비교적 복잡한 자형이 소전 과정을 거쳐 오늘날 쓰이는 阜자 자형으로 이어졌다.

阜자가 하나의 글자 구성에 도움을 주면서 덧붙여질 때도 그 자형이 단독의 문자로 쓰일 때처럼 복잡한 형태와 간단한 형태 모두를 사용하고 있다. 하지만 소전에서는 좀 더 간략한 형태로 변해 글자 좌측에 고정되었고, 예서에서는 더욱 정형된 형태인 阝으로 쓰이고 있다. 阝은 항상 글자의 좌측에 덧붙여지기 때문에 '좌측'의 '좌'와 阜자가 변형되었기 때문에 阜자의 음인 '부'와 글자 곁에 붙여 쓴다 하여 곁을 뜻하는 傍[곁 방]

자의 음인 '방'을 합쳐 '좌부방'이라 한다. 그와 똑같은 형태로 邑[고을 읍→163 참고]자가 변형된 阝[우부방]은 항상 글자의 우측에 덧붙여지기 때문에 '우측'의 '우'를 써서 '우부방'이라 한다.

간혹 阜자가 변형된 阝을 '좌부변'이라 하는 이들이 있으나 '좌부변'의 '변'은 부수가 좌측에 덧붙여질 때의 명칭이다. 한데 이미 '좌부변'의 '좌'가 그 역할을 하고 있기에 '변'을 붙일 필요가 없다. 더구나 '좌부방'의 '방'은 '변방(邊旁)'의 '방(旁)'이 아니고, '심방변[忄]'이나 '재방변[扌]'에 보이는 '방(傍)'이다. 이를 '변방(邊旁)'의 '방(旁)'으로 오해한 이들이 '좌부변'으로 잘못 지칭하고 있고, 사전에서조차 잘못 표기하고 있는 것이다.

阜자는 비탈진 큰 언덕과 관련해 이뤄진 한자이므로 '언덕'의 뜻을 지니며, '크다'의 뜻을 지니기도 한다. 그 외에 크게 번성한다 하면서 '번성하다'나 '성하게 하다'의 뜻을 지니기도 한다. 그러나 오늘날 그런 뜻으로 쓰임을 살펴볼 길이 없다. 다만 공자(孔子)의 고향인 曲阜(곡부)나 동학농민운동(東學農民運動)의 시발지(始發地)인 古阜(고부)란 지명(地名)에서 그 쓰임을 엿볼 수 있다.

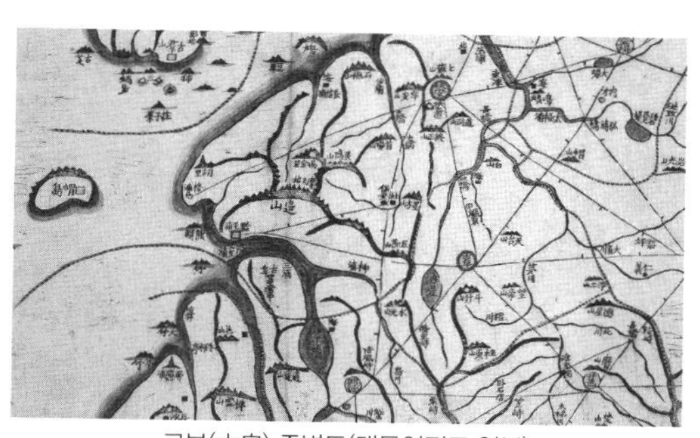
고부(古阜) 주변도(대동여지도 일부)

阜(阝)자를 부수로 삼는 한자는 일반적으로 높은 언덕이나 높낮이에 관계되는 땅의 상태를 나타내는 뜻과 관련이 있다. 다음은 그런 한자를 두 유형으로 나눠본 것이다.

1. 언덕과 관련해 그 뜻이 이뤄진 한자

阪 [비탈 판]　阿 [언덕 아]　**限 [지경 한]**　陜 [고을 이름 섬]　**院 [담 원]**
除 [섬돌 제]　陛 [섬돌 폐]　**陶 [질그릇 도]**　**陸 [뭍 륙]**　**陵 [언덕 릉]**
陰 [그늘 음]　**階 [섬돌 계]**　**隊 [대 대]**　**陽 [볕 양]**　隅 [모퉁이 우]
隍 [해자 황]　隙 [틈 극]　**際 [사이 제]**　**隣 [이웃 린=鄰]**　隴 [고개 이름 롱]

2. 언덕의 상태나 언덕과 관련된 활동을 뜻하는 한자

防 [막을 방]　**附 [붙을 부]**　阻 [험할 조]　陀 [비탈질 타]　陋 [좁을 루]

降 [내릴 강·항복할 항]	陞 [오를 승]	**陣 [진칠 진]**	陟 [오를 척]	陜 [좁을 협]
陪 [쌓아올릴 배]	**陳 [늘어놓을 진]**	**陷 [빠질 함]**	**隔 [사이 뜰 격]**	隘 [좁을 애]
隕 [떨어질 운]	**障 [가로 막을 장]**	**隨 [따를 수]**	**險 [험할 험]**	**隱 [숨길 은]**

위 한자 외에 **隆[클 륭]**자나 隋[제사 고기 나머지 타·나라 이름 수]자도 阜(阝)자 부수에 속한다. 그러나 隆(륭)자는 그 일부 생략되었지만 降(강)자가 음의 역할을 하고, 生[날 생]자가 뜻의 역할을 하는 한자다. 隋(수)자는 陏[무너질 타]자가 음의 역할을 하고, 肉[고기 육]자가 변형된 月[육달월]이 뜻의 역할을 하는 한자다. 결국 위 두 유형으로 구분한 모든 한자가 阜(阝)자에 의해 뜻이 이뤄지는 것과 달리 隆(륭)자와 隋(수)자는 生자와 肉(月)자가 뜻의 역할을 하고 있다.

소전 隆자

소전 隋자

171 隶

8획

미칠 대

사냥도구가 발달되지 않았던 옛날에는 토끼나 사슴처럼 연약한 짐승을 잡을 때는 맨 손으로도 잡았다. 이는 손과 짐승 꼬리를 나타내면서 '미치다'나 '밑'을 뜻하는 隶자를 통해 엿볼 수 있다. 隶자는 짐승을 잡기 위해 사람의 손이 꼬리 밑에 미친다는 데서 비롯된 한자기 때문이다.

갑골문	금문	소전	예서

짐승 꼬리를 잡은 손

『설문해자』에서 隶자는 "미친다는 것이다. 又를 따랐고, 尾가 생략된 형태를 따랐다. 손으로 꼬리를 잡은 것은 뒤로부터 미치었기 때문이다(及也. 从又, 从尾省. 又持尾者, 从後及之也)."라고 했다.

금문 隶자 자형과 이를 좀 더 정형된 형태로 표현한 소전 자형도 손과 짐승 꼬리를 나타냈다. 예서의 隶자 자형은 꼬리를 나타낸 부분이 손을 나타낸 형태와 어울린 모양으로 쓰이고 있다.

隶자는 그 음이 여러 가지로 읽히는 한자다. '미치다'의 뜻으로 쓰일 때는 '대'나 '태'로 읽히고, '밑'이나 '근본'의 뜻으로 쓰일 때는 '이'로 읽힌다. 뿐만 아니라 '나머지'의 뜻으로 쓰일 때는 '시'로도 읽힌다. 하지만 오늘날 隶자는 부수 역할만 하고, 그 뜻을 나타내는 데는 逮[미칠 대·잡을 체]자를 쓰고 있다.

隶자를 부수로 삼으면서 오늘날 비교적 자주 쓰이는 한자는 **隸[붙을 례]** 자뿐이다. 그 외에 隶자 자신이 음의 역할을 하며 원래 '대'의 음으로 읽혔던 逮[미칠 대·잡을 체]자와 康[편안할 강]자에서도 그 쓰임을 엿볼 수 있다. 하지만 康(강)자는 그 자원(字源)이 隶자와 전혀 관련이 없다.

갑골문 康자

172 隹

8획

새 추

날개가 특징적인 동물이 새다. 새는 하늘을 날 수 있는 날개를 가졌기 때문에 쉽게 잡을 수도 없고, 잡아도 그 수고에 비해 먹을 것이 그다지 많지 않다. 그럼에도 예부터 사람들은 많은 관심을 가지고 이를 잡는 데 신경을 써왔다. 이는 새가 사람이 기르는 농작물에 해를 끼치기 때문이다. 나아가 일부의 새를 가축으로 기르면서 완전식품이라 할 수 있는 알을 얻기도 했는데, 이는 사람에게 유용한 먹거리가 되기도 했다. 한자에서 隹자는 鳥[새 조→196 참고]자와 더불어 그 '새'를 뜻한다.

갑골문	금문	소전	예서

『설문해자』에서 隹자는 "짧은 꽁지를 지닌 새의 총칭이다. 형상을 본떴다(鳥之短尾總名也. 象形)."라고 했다.

고대의 새

그러나 갑골문 隹자 자형은 대가리와 몸체를 간략히 나타낸 새와 몸체의 깃을 풍부하게 갖추며 비교적 상세히 나타낸 새의 두 형태가 있다. 그것이 소전에서 다시 몸체를 비교적 간략하게 하면서 꽁지가 짧게 보이는 새로 표현했다. 그런데 『설문해자』에서는 이를 구별해 꽁지가 짧은 새는 隹자라 했고, 꽁지가 긴 새는 鳥(조)자라 했다. 그렇다면 우리 주변에서 흔히 볼 수 있는 새로, 꽁지가 긴 '꿩'을 뜻하는 雉[꿩 치]자는 鳥자를 붙여 써야 한다. 하지만 雉(치)자는 그 자형에 隹자를 덧붙이고 있다. 반면에 수염이 짧을 때 쓰는 '학의 꽁지 같다'는 말에서 보듯, 꽁지가 짧은 '학'을 뜻하는 鶴[두루미 학]자는 隹자를 붙여 써야 한다. 하지만 鶴(학)자는 그 자형에 鳥자를 덧붙이고 있다. 뿐만 아니라 '닭'을 뜻하는 鷄(계)자와 雞(계)자, '까치'를 뜻하는 鵲(작)자와 䧿(작)자의 경우는 隹자와 鳥자를 서로 바꿔 쓰기도 한 점을 볼 때, 그와 같은 구별은 온당하지 않음을 알 수 있다. 鳥자와 隹자는 본래 한 글자로, 쓰는 데 번잡함과 간편함이 있었을 뿐이다. 그것이 후에 鳥자와 隹자로 서로 나눠 쓰이고, 부수로서도 두 글자가 각자 하나의 자리를 차지하고 있는 것이다. 아울러 후대로 내려오면서 鳥자가 단독으로 쓰이는 데 반해 隹자는 단독으로 쓰이지 않으면서 다른 글자와 합쳐져 새와 관련된 뜻을 나타내거나 음의 역할을 하고 있다.

隹자는 '새'의 뜻을 지닐 뿐만 아니라 '높고 크다'의 뜻을 지니기도 한다. 이는 옛날에 隹자가 崔[높을 최·성 최]자와 서로 통용되어 쓰였기 때문이다. 따라서 隹자가 '높고 크다'의 뜻으로 쓰일 때는 그 음을 '최'로 읽는다. 하지만 隹자는 오늘날 부수의 역할만 하고 있다.

隹자를 부수로 한 한자는 대개 새와 관련되어 이뤄진 뜻을 지니고 있다. 다음은 그 부수에 속하는 한자다.

隻 [새 한 마리 척]	雀 [참새 작]	**雅 [떼가마귀 아·올바를 아]**		**雁 [기러기 안=鴈]**
雄 [수컷 웅]	**集 [모일 집]**	雇 [새 이름 호·품 살 고]		雌 [암컷 자]
雉 [꿩 치]	雔 [까치 작=鵲]	雕 [독수리 조]	**雖 [비록 수=錐]**	雞 **[닭 계=鷄]**
雙 [쌍 쌍]	**雜 [섞일 잡=襍]**	雛 [병아리 추]	**難 [어려울 난]**	
離 [떼놓을 리·꾀꼬리 리]				

위 한자 가운데 雖(수)자와 雜(잡)자는 隹자가 글자 구성에 도움을 주고 있으나 그 뜻과 전혀 관련이 없다. 雖(수)자는 뜻의 역할을 하는 虫(충)자와 음의 역할을 하는 唯(유)자가, 雜(잡)자는 뜻의 역할을 하는 衣(의)자가 변형된 衣의 형태와 음의 역할을 하는 集(집)자가 합쳐진 한자기 때문이다. 나아가 雖(수)자에서 음의 역할을 하는 唯(유)자는 다시 隹자가 음의 역할을 한다. 그처럼 隹자는 또 다른 글자와 어울려 음의 역할을 하는 경우로도 자주 사용되는데, 그런 한자는 雖[모름지기 수]자와 唯[오직 유]자 외에 推[옮을 추·밀 퇴], 錐[송곳 추], 椎[몽치 추], 誰[누구 수], 讐[원수 수], 維[밧줄 유], 惟[생각할 유], 焦[그을릴 초], 礁[물에 잠긴 바위 초], 蕉[파초 초], 樵[땔나무 초], 憔[수척할 초], 醮[초례 초], 崔[높을 최], 催[재촉할 최], 稚[어릴 치], 堆[언덕 퇴]자가 있다.

173

8획

비 우

자연의 일부인 사람에게 물의 공급원이 되어 주기도 하고, 재앙을 안겨 주기도 하는 것이 비다. 따라서 비는 공급원이 되는 물의 의미로는 '생명'을 상징하며, 재앙이 되는 홍수의 의미로는 죽음을 '상징'한다. 그렇게 상황에 따라 달리 느껴지는 비를 우리나라 사람들은 흔히 '비가 내린다'라고 하기보다 '비가 온다'라고 한다. 마치 기다리는 이가 오는 것처럼 표현하고 있다. 농경시대에는 비가 오길 바라는 경우가 더 많았기 때문으로 보인다. 雨자는 그런 존재인 '비'를 뜻한다.

갑골문	금 문	소 전	예 서

하늘에서 내리는 비

『설문해자』에서 雨자는 "물이 구름으로부터 내린 것이다. 一은 하늘을 본떴고, 冂은 구름을 본떴고, 물은 그 사이에서 떨어지는 것이다(水从雲下也. 一象天, 冂象雲, 水霝其間也)."라고 했다.

하지만 갑골문 雨자 자형은 하늘에서 빗방울이 떨어지는 모양으로만 나타내고 있다. 그 자형에서 위에 쓰인 一은 하늘을 나타내는 부호고, 一의 아래에 쓰인 점들은 빗방울을 나타냈다. 나중에 一의 형태와 빗방울의 윗부분이 서로 연결되어 冂의 형태로 쓰인 것이지 『설문해자』 풀이처럼 구름의 형태는 보이지 않는다. 금문 雨자 자형은 좀 더 정형된 형태로 쓰이고 있으며, 그 자형이 소전과 예서에서 오늘날처럼 쓰이고 있다.

雨자는 暴風雨(폭풍우)나 集中豪雨(집중호우)에서처럼 '비'를 뜻할 뿐만 아니라 祈雨祭(기우제)나 雨後竹筍(우후죽순)에서처럼 '비가 오다'의 뜻을 지니기도 한다. 아울러 비가 오면 그것이 대지의 만물을 적셔 주기 때문에 雨자는 '적시다'의 뜻을 지니기도 한다. 또한 비가 메마른 땅 위의 만물을 촉촉하게 적셔 주는 것과 관련해 雨자는 '은혜가 두루 미침'의 뜻을

기우제

지니기도 한다.

雨자 부수에 속하는 한자는 주로 기상현상(氣象現象)과 관련된 뜻을 지닌다. 해가 뜨는 날을 빼고 1년 가운데 가장 많이 볼 수 있는 기상현상이 비가 오는 경우이기 때문에 해 뜨는 상황을 뺀 모든 기상현상을 비를 뜻하는 雨자가 대표한 것이다. 다음은 그런 뜻을 지니면서 오늘날 비교적 자주 쓰이는 한자다.

雪 [눈 설=䨮]	雰 [안개 분]	**雲 [구름 운]**	**零 [떨어질 령]**	**雷 [우레 뢰=靁]**
雹 [우박 박]	**電 [번개 전]**	**需 [구할 수]**	霄 [하늘 소]	**震 [벼락 진]**
霎 [가랑비 삽]	霓 [무지개 예]	**霜 [서리 상]**	霞 [놀 하]	**霧 [안개 무]**
露 [이슬 로]	霰 [싸라기눈 산]	霹 [벼락 벽]	霸 [으뜸 패=覇]	霽 [갤 제]
靂 [벼락 력]	**靈 [신령 령]**	靄 [아지랑이 애]	靉 [구름 낄 애]	

위 한자 가운데 需(수), 霸(패), 靈(령), 靉(애)자를 제외한 모든 한자는 덧붙여진 雨자가 뜻의 역할을 하고, 나머지 자형이 음의 역할을 한다. 하지만 需(수)자는 雨자와 사람의 모습에서 비롯된 而의 형태가 합쳐진 이뤄진 한자로, 음의 역할을 하는 자형이 없다. 霸(패)자는 음의 역할을 하는 䨣[비에 젖은 가죽 박]자와 뜻의 역할을 하는 月[달 월]자가 합쳐진 한자고, 靈(령)자는 음의 역할을 하는 霝[떨어질 령]자와 뜻의 역할을 하는 巫[무당 무]자가 합쳐진 한자다. 靉(애)자의 경우는 雲(운)자가 뜻의 역할을 하고, 愛[사랑 애]자가 음의 역할을 하는 한자다.

금문 需자

금문 霸자

174 青

8획

푸를 청

‘하늘도 푸르고, 산도 푸르고, 바다도 푸르다’라고 할 때의 ‘푸르다’는 상쾌하고 쾌적하게 여겨지는 색이다. 흔히 남성을 상징하는 색으로 여겨지고 있지만 이는 옳지 않은 고정관념이고, 자유나 희망을 상징하는 색으로 여겨지고 있다. 靑자는 그런 색인 ‘푸르다’를 뜻한다.

하늘도 산도 바다도 푸른 채석강

갑골문	금 문	소 전	예 서

『설문해자』에서 靑자는 “동방의 색이다. 木이 火를 낳는 것이다. 生과 丹을 따랐다. 丹(단)과 靑(청)의 믿음이란 반드시 그렇게 하는 것을 말한다(東方色也. 木生火. 从生丹, 丹靑之信言必然).”라고 했다. 처음에는 오행설(五行說)에 따라 풀이하고, 이어서 生(생)자와 丹(단)자가 뜻을 나타낸다고 했다. 덧붙여 丹(단)과 靑(청)이 서로 살려주는 이치가 반드시 그렇게 함을 말한다고 했는데, 이는 그 자원(字源)과 멀어진 풀이로 여겨진다.

초목의 싹

실제로 맨 처음 그 자형이 드러난 금문 靑자에서는 윗부분에 초목의 싹[𡴀(生)의 형태]과 아랫부분에 우물[井(井)]을 나타내고 있는 것으로 보인다. 그 자형에 초목의 싹이 나는 모양에서 만들어진 𡴀(生)의 형태를 덧붙여 그 풀의 색깔로 인해 ‘푸르다’라는 뜻이 이뤄졌다고 한 것이다. 우물을 나타낸 井(정)자는 음을 나타내고 있는 것으로 보기도 하고, 뜻을 더욱 분명히 하기 위한 것으로 보기도 한다. 반면에 『설문해자』에서는 生자와

우물(모례가정)

丹자가 합쳐져 이뤄진 글자로 보았는데, 금문 靑자 자형에 분명 우물에서 비롯된 井자가 덧붙여진 형태가 있는 것으로 봐서 온당치 않는 견해로 보인다. 靑자는 소전을 거쳐 예서에서 青자로 쓰였다. 하지만 오늘날 青자는 같은 한자 문화권인 일본에서만 쓰고 있고, 우리나라와 중국은 靑자로 쓰고 있다.

靑山流水(청산유수)나 靑天霹靂(청천벽력) 등에서 '푸르다'의 뜻으로 쓰이는 靑자는 靑史(청사)에서 보듯 '대나무의 푸른 겉껍질'을 뜻하기도 한다. 또 초목이 한창 푸를 때가 사람에게는 젊은 때기 때문에 靑자는 靑孀寡婦(청상과부)나 二八靑春(이팔청춘)에서 보듯 '젊음'을 뜻하기도 한다. 뿐만 아니라 초목은 햇빛을 받아 푸르게 되니 오행(五行)에서 해가 뜨는 방향인 동쪽을 푸른색으로 보고 있다. 따라서 중국의 동쪽에 있는 우리나라를 靑자를 써서 靑丘(청구)라 했다.

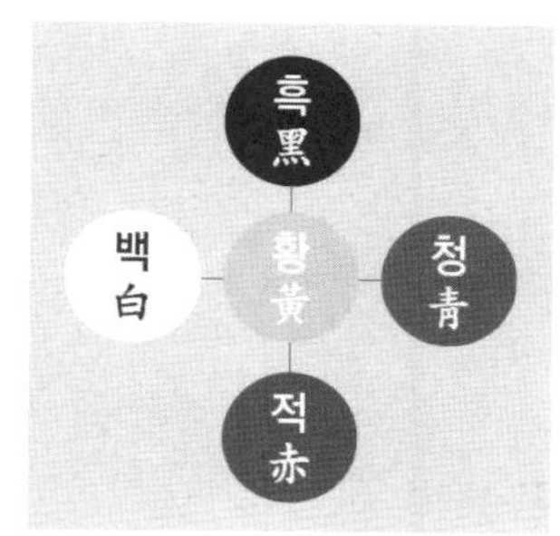

오행의 방위와 색

靑자는 다른 글자 구성에 도움을 주면서 음의 역할을 담당하는 경우로 자주 사용된다. 그 때의 음은 주로 '청'과 '정'인데, 그런 한자를 살펴보면 다음과 같다.

1. '청'으로 읽히는 한자

淸 [맑을 청] 請 [청할 청] 晴 [갤 청] 鯖 [청어 청] 凊 [서늘할 청(정)]

2. '정'으로 읽히는 한자

情 [뜻 정] 精 [자세할 정] **靜 [고요할 정]** 靖 [편안할 정] 睛 [눈동자 정]

위 한자 외에 猜忌(시기)의 猜[시기할 시]자 또한 靑자가 음의 역할을 한다. 하지만 그 가운데 靜(정)자와 靖(정)자만 靑자 부수에 속한다. 나머지 한자들은 靑자 부수에 속하지 않는다.

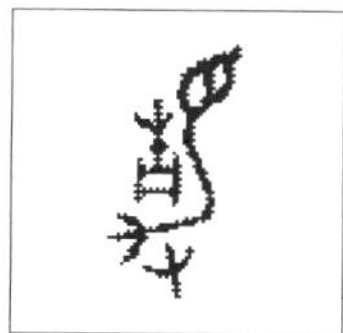
금문 靜자

소전 靖자

175 非

8획

아닐 비

'아니다'는 긍정의 상대 개념인 부정의 뜻을 지니기 때문에 어떤 사실을 부정할 때에 사용되는 말이다. 무언가 사정이 실제로 아주 나쁘거나 볼품없을 때도 '아니다'라는 말이 사용된다. 그 '아니다'를 뜻하는 非자는 새가 날 때에 보이는 두 날개에서 비롯되었다.

갑골문	금 문	소 전	예 서

펼쳐진 새의 두 날개

『설문해자』에서 非자는 "어긋난 것이다. 飛를 따르고, 아래는 날개다. 그 날개가 서로 등지고 있음을 취했다(韋也. 从飛, 下狘, 取其相背也)."라고 했다.

갑골문과 금문 非자 자형도 새의 두 날개가 각기 다른 방향으로 등지게 펼쳐져 있는 모양을 나타낸 것으로 보인다. 새가 날 때는 두 날개가 반드시 서로 등져서 같지 아니한 방향이 되기 때문에 그로 말미암아 위배(違背)의 의미를 지니면서 결국 '아니다'의 뜻을 지니게 된 것이다. 소전 非자는 이전에 사용된 자형 가운데 좌우(左右)가 균형을 이룬 형태가 이어서 쓰이고 있고, 그 자형이 예서에서 오늘날처럼 쓰이고 있다.

非자는 非賣品(비매품)이나 非常口(비상구)에서처럼 '아니다'의 뜻을 지니면서 非行少年(비행소년)이나 是是非非(시시비비)에서처럼 '그르다'의 뜻을 지니기도 한다. '아니다'는 어떤 사실이 옳지 아니하다 여기는 것이고, 이는 그르다 여기는 것이기에 '그르다'의 뜻을 지니게 된 것이다. 또한 非자는 예전에 誹[헐뜯을 비]자와 통용되었기 때문에 非難(비난)이나 非笑(비소)에서 보듯 '헐뜯다'나 '비방하다'의 뜻을 지니기도 한다.

非자 부수에 속하면서 오늘날 익히 쓰이는 한자는 靡[쓰러질 미]자 하나뿐이다. 그러나 非자는 하나의 글자 구성에 도움을 주면서 음의 역할을 하는 경우의 한자가 적지 않다. 그런 한자는 아래에서 보듯 '비'와 '배'의 두 음으로 나눠볼 수 있다.

1. '비'의 음으로 읽히는 한자

悲 [슬플 비] 緋 [붉은 빛 비] 匪 [대상자 비] 蜚 [바퀴 비] 誹 [헐뜯을 비]
扉 [문짝 비] 翡 [물총새 비] 菲 [채소 이름 비] 腓 [장딴지 비]

2. '배'의 음으로 읽히는 한자

裵 [옷 치렁치렁할 배·성 배=裴] 排 [밀칠 배] 輩 [무리 배] 徘 [노닐 배]
俳 [광대 배] 啡 [코 고는 소리 배·코오피 비]

그 외에 非자는 网(罒)자 부수에 속하는 罪[허물 죄]자의 구성에 도움을 주기도 한다. 罪(죄)자는 『설문해자』에서 "물고기를 잡는 대(대나무)로 만든 그물이다. 网과 非를 따랐다. 秦나라는 罪를 辠자로 삼았다(捕魚竹网. 从网·非. 秦以罪爲辠字)."라고 했다. 『설문해자』의 풀이에서처럼 본래 '허물'을 뜻하는 한자는 辠[허물 죄]자였다. 한데 삼황오제(三皇五帝)를 줄여 황제(皇帝)란 명칭을 처음 사용한 시황제(始皇帝)가 당시 문자(文字)인 소전체(小篆體)로 皇帝(황제)의 皇(황)자와 辠(죄)자가 비슷하다고 하여 사용하지 못하게 하고, 같은 음(音)을 지닌 罪(죄)자로 그 뜻을 대신하게 되면서 오늘날까지 이를 이어오고 있다.

소전 皇자

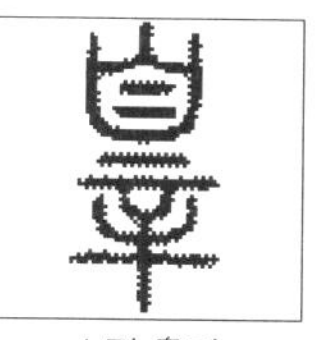

소전 辠자

176

9획

낯 면

낯은 신체에서 눈, 코, 입 따위가 있는 부위로, 사람의 인상을 가장 잘 대변해 주는 곳이다. 面자는 그 '낯'을 뜻한다.

갑골문	금 문	소 전	예 서

청동의 인면구

『설문해자』에서 面자는 "얼굴 앞부분이다. 𦣻를 따르고, 사람 낯의 형상을 본떴다(顔前也. 从𦣻, 象人面形)."라고 했다.

갑골문에 面자 자형에서 바깥 테두리는 옆으로 본 낯의 윤곽을, 그 안에 눈을 나타내고 있다. 낯의 윤곽에 눈만 나타낸 것은 눈이 낯에서 사람 주의(注意)를 가장 잘 끄는 부분으로, 눈으로 낯의 다른 기관을 대표하기 때문이다. 실제로 낯을 옆으로 표현해 보면 코·입·귀는 낯의 바깥 테두리에 연결되고, 눈만 그 안에 나타남을 알 수 있다. 소전에서는 얼굴 윤곽과 눈을 나타낸 선이 반듯한 사각(四角)의 형태로 쓰이고 있다.

面자는 顔面(안면)이나 鐵面皮(철면피)에서처럼 '낯'을 뜻하는 외에 낯이 겉으로 드러나는 부위이기 때문에 그로 말미암아 겉으로 드러나는 모든 '표면'을 뜻하기도 한다. 水面(수면)이나 路面(노면)에 사용되는 面자가 바로 그 뜻으로 쓰였다. 아울러 面자는 낯이 오른쪽이나 왼쪽 어디로도 향할 수 있기 때문에 面壁(면벽)이나 南面(남면)에서처럼 '향하다'의 뜻으로도 쓰인다. 또한 面자는 향하다의 뜻으로 말미암아 그 의미가 확대되어 '방향(方向)'이나 '방면(方面)'의 뜻을 지니기도 한다. 一面(일면)이나 反面(반면)의 面자가 바로 그런 뜻을 지니고 있다.

面자 부수에 속하면서 익히 쓰이는 한자는 단 하나도 없다. 단지 面자가 음의 역할을 하는 麵[밀가루 면]자와 緬[가는 실 면]자가 있을 뿐이다.

177 革

9획

가죽 혁

옷감을 인위적으로 만드는 기술이 없었던 아주 옛날에는 짐승 가죽이 옷을 만드는 중요한 재료였다. 짐승 가죽은 비교적 부드럽고 질겼으며, 추운 겨울에 두르고 있으면 몸을 따뜻하게 해 주었다. 옛날 사람들은 그런 가죽에 관심을 기울였고, 革자는 그 '가죽'을 뜻한다.

갑골문	금문	소전	예서
	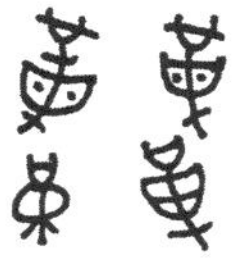		

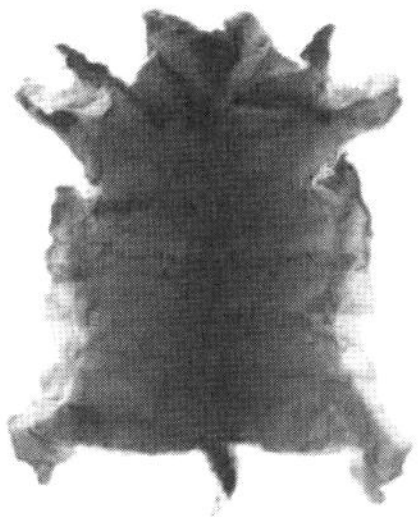

짐승의 가죽

『설문해자』에서 革자는 "짐승 가죽을 다뤄 털을 제거한 것이다. 革은 바꾸는 것이다(獸皮治去之毛. 革, 更之)."라고 했다.

금문 革자 자형은 옷과 같은 물건을 만들기 위해 평평하게 펼쳐진 짐승 가죽을 나타낸 것으로 보인다. 머리와 몸체, 그리고 다리와 꼬리 부분의 가죽이 간략하게 표현되어 있다. 소전에서 革자는 자형이 금문보다 더 간단하게 쓰이고 있다. 예서 革자 자형 또한 소전에서 간략하게 표현된 자형처럼 쓰이고 있다.

革자는 革帶(혁대)나 貫革(→과녁)에서 털을 제거한 '가죽'을 뜻하며, 그 가죽은 처음 상태를 고친 것이기 때문에 다시 그 의미가 확대되어 改革(개혁)이나 革新(혁신)에서처럼 '고치다'의 뜻을 지니기도 한다. 반면에 皮[가죽 피→107 참고]자는 털이 있는 가죽을 뜻하는 한자다.

革자를 부수로 삼는 한자는 주로 가죽으로 제작된 기물 등과 관련되는 뜻을 지닌다. 다음은 그런 한자다.

靴 [신 화] 靷 [가슴걸이 인] 靭 [질길 인] 韈 [버선 말] 鞏 [묶을 공]
鞠 [공 국] 鞦 [그네 추] 鞍 [안장 안] 鞋 [신 혜] 鞭 [채찍 편]
韆 [그네 천]

178 韋 9획 다룬 가죽 위

가죽을 무두질하는 시설

예나 지금이나 짐승 가죽은 옷을 만드는 데 유용한 재료가 되어주고 있다. 하지만 짐승 몸에서 막 벗겨낸 가죽을 그대로 이용해 옷을 만드는 데는 적지 않은 문제가 있다. 그것은 벗겨낸 가죽이 시간이 지나면 그 속에 지방이 굳어 딱딱해지기 때문이다. 딱딱한 가죽으로 만든 옷은 착용감이 좋지 않을 뿐만 아니라 옷을 만드는 일 조차 불편했다. 따라서 가죽 속의 지방을 없애는 무두질을 했다. 그렇게 무두질을 해 부드럽게 다룬 가죽을 뜻하는 한자가 바로 '다룬 가죽'을 뜻하는 韋자다.

갑골문	금문	소전	예서

가죽을 무두질하는 사람

『설문해자』에서 韋자는 "서로 어긋나는 것이다. 舛을 따르고, 囗는 음이다. 짐승 피부의 다룬 가죽은 물건을 묶으며 굽히고 어그러뜨려 서로 어긋나도록 할 수 있다. 고로 빌려 그것으로 가죽이라 한 것이다(相背也. 从舛, 囗聲. 獸皮之韋, 可以束物枉戾相韋背. 故借以爲皮韋)."라고 했다. 이를 다시 간단히 설명하면 두 발이 어그러진 모양에서 비롯된 舛[어그러질 천→136 참고]자는 뜻의 역할을 하고, 囗[에울 위→031 참고]자는 음의 역할을 한다고 한 것이다.

갑골문 韋자도 그 두 자형 舛(천)자와 囗(위)자가 어우러진 글자로 보이기도 한다. 하지만 갑골문의 자형 일부나 금문 자형에서 不의 형태처럼 쓰이는 자형을 보면 그 풀이가 온당치 않게 여겨진다. 오히려 발이 뭉친 가죽[口의 형태]이나 펼쳐진 가죽[不의 형태]을 향한 자형으로 보인다. 발로 뭉친 가죽이나 펼쳐진 가죽을 밟아 지방을 없애는 무두질을 해 다룬 가죽 만드는 모양으로 보이는 것이다. 자형 가운데 발은 처음에 좌우(左右)로도 썼지만 금문에서 위아래에 고정되고, 뭉치거나 펼쳐진

소가죽 모형도

가죽도 소전에서 뭉친 가죽 형태로 고정되어 韋자는 결국 오늘날 쓰이는 형태로 이어졌다.

韋자가 '가죽'의 뜻으로 쓰이는 말에는 韋編三絶(위편삼절)이 있다. 아울러 韋자는 예부터 圍[에울 위]자나 違[어길 위]자와 통용(通用)되었기 때문에 '에우다'나 '어기다'의 뜻을 지니기도 한다. 뿐만 아니라 사람의 성(姓)으로 韋자가 쓰이고 있는 경우도 있다.

소전 韓자

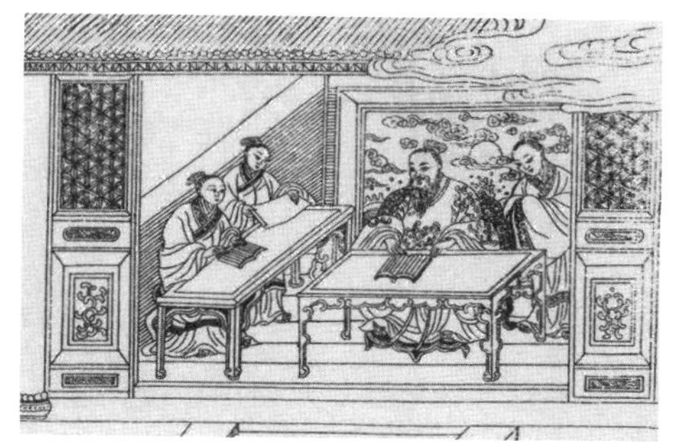

공자(孔子) 성적도(聖迹圖)

韋자 부수에 속하면서 오늘날 비교적 자주 사용되는 한자는 우리나라 국호(國號)에 쓰이는 **韓[나라 이름 한=韓(본자)]**자뿐이다. 하지만 韋자는 비교적 많은 한자에서 그 자형의 구성에 도움을 주면서 음의 역할을 하고 있다. 다음은 그런 한자다.

衛 [지킬 위=衞]　圍 [둘레 위]　偉 [위대할 위]　緯 [씨 위]　違 [어길 위]
葦 [갈대 위]　諱 [꺼릴 휘]

179

韭

9획

부추 구

음식 구하는 일은 고대인에게 매우 중요했다. 음식은 인간의 본능적인 욕구인 식욕을 만족시키는 구실을 하기 때문이다. 그처럼 고대인에게 음식은 단지 배를 채워 식욕을 해결하는 대상이었다. 그러나 후대로 내려오면서 점점 음식의 영양에 관심을 두기 시작하면서 맛도 중시하게 되었는데, 부추는 독특한 향미가 있어 입맛을 돋워 주는 역할을 해주는 채소다. 韭자는 그 채소인 '부추'를 뜻한다.

갑골문	금 문	소 전	예 서
		韭	韭

부추

『설문해자』에서 韭자는 "나물이다. 한번 심으면 오래 사는 것이다. 고로 韭라 이른다. 형상을 본떴다. 一의 위에 있는데, 一은 땅이다. 이는 耑과 같은 뜻이다.(菜也. 一種而久生者也. 故謂之韭. 象形. 在一之上. 一, 地也. 此與耑同意)."라고 했다.

고문장(古文章)에서 자주 韭자가 기록되어 있는 것을 보면 고대인이 즐겨 먹었던 채소로 여겨지나 갑골문이나 금문에는 그 자형이 보이지 않는다. 소전에서 비로소 볼 수 있는데, 그 자형에서 一은 땅을 나타냈다. 一의 위에 자형은 부추 줄기가 많이 나있는 모양을 나타냈다.

韭자는 '부추'나 '산 부추'를 뜻하며, 艸[풀 초→140 참고]자에서 변형된 艹[초두]를 더해 韮[부추 구]자로도 쓰인다. 하지만 오늘날은 주로 부수의 역할만 하고 있다.

소전 韱자

韭자 부수에 속하면서 오늘날 익히 쓰이는 한자는 찾아볼 수 없다. 그나마 纖[가늘 섬], 殲[멸할 섬], 籤[제비 첨], 懺[뉘우칠 참], 讖[참서 참]자에서 음의 역할을 하는 韱[산 부추 섬]자에서 겨우 그 쓰임을 살펴볼 수 있을 뿐이다.

180 音

9획

소리 음

어떤 물질이 떨리고 그 떨림이 다른 물질을 타고 퍼져 나가는 현상을 소리라 한다. 또한 청각에 의해 느끼는 진동을 이르기도 하는데, 音자는 그 '소리'를 뜻한다.

갑골문	금문	소전	예서

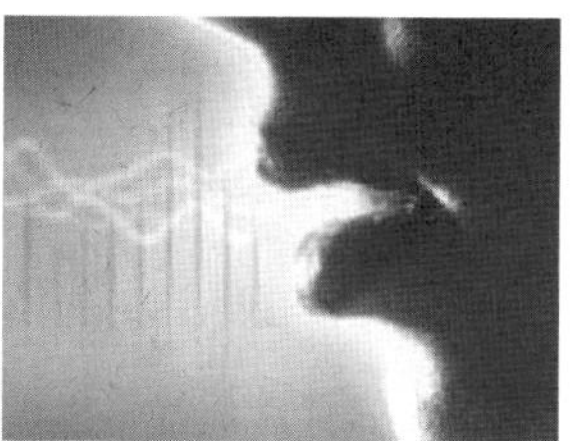

소리를 내는 입

『설문해자』에서 音자는 "소리가 마음에서 생겨 밖으로 마디를 갖춰 이뤄짐이 음이다.(중략) 言을 따르고, 一이 더해졌다(聲生於心, 有節於外, 謂之音. ..., 从言, 含一)."라고 했다.

그 자형이 처음 보이는 금문 音자도 『설문해자』 풀이처럼 言[말씀 언→149 참고]자 자형에서 입을 나타낸 부분에 -의 형태가 덧붙여진 모양이다. -의 형태는 말 속에 소리가 있음을 나타낸 부호로 여겨지고 있다. 그 자형이 소전 과정을 거쳐 예서에서 오늘날처럼 쓰이고 있다.

高音(고음)이나 騷音(소음)에서 '소리'의 뜻으로 쓰이는 音자는 福音(복음)이나 訃音(부음)에서처럼 '소식'의 뜻을 지니기도 한다. 또한 音(음)자는 소리가 음악과 밀접한 관련이 있기 때문에 音盤(음반)이나 音癡(음치)에서처럼 '음악'의 뜻으로도 쓰인다.

금문 章자

音자를 부수로 삼는 한자는 대개 음성이나 음악과 관련된 뜻을 지니나 오늘날 **韻[운 운]**자와 **響[울릴 향]**자만 비교적 자주 쓰이고 있다. 하지만 音자는 뜻의 역할을 하는 意[뜻 의]자와 음의 역할을 하는 暗[어두울 암], 歆[받을 흠]자에서도 그 자형을 엿볼 수 있다. 반면에 章[글 장]자나 竟[마칠 경]자는 音자 자형이 보여도 그 자원을 살피면 전혀 관련이 없음을 알 수 있다.

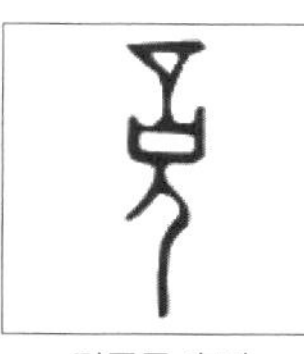

갑골문 竟자

181 頁 9획 머리 혈

사람의 몸에서 눈, 코, 입, 귀와 뇌가 함께 존재하는 신체기관이 바로 머리다. 몸통에서 팔과 다리가 없어도 죽지 않지만 그 머리가 없으면 사람은 세상에 존재할 수가 없다. 중국 신화에 등장하는 형천(刑天)처럼 머리가 없는 사람은 없다. 그렇게 몸에서 중요한 위치를 차지하는 '머리'를 뜻하는 한자가 頁자다.

신화 속의 형천

갑골문	금문	소전	예서
			頁

『설문해자』에서 頁자는 "머리다. 百를 따랐고, 儿을 따랐다. 고문의 䭫와 首도 이와 같다(頭也. 从百, 从儿. 古文䭫首如此)."라고 했다.

갑골문 頁자 자형으로 보면 그 의미를 강조하기 위해 특별히 과장된 머리를 윗부분에 두었고, 그 아래에 왼쪽을 향해 꿇어앉은 몸체를 두었다. 과장된 머리 가운데에는 눈이 있고, 그 위에는 머리털이 있다. 금문 頁자에서는 그 형체가 생략되면서 자형의 변화가 크게 이뤄졌다. 소전에서 頁자는 다시 사람 몸체를 간단히 나타낸 부분 위에 머리를 나타냈고, 그 자형이 예서 과정을 거치면서 오늘날 쓰이는 형태로 정형되었다.

청동 인물상

頁자는 '머리'의 뜻 외에 후대로 내려오면서 '책장 한쪽 면'을 가리키는 뜻으로도 쓰였다. 그러나 '책장 한쪽 면'의 뜻으로 쓰일 때에는 그 음이 '엽'으로 읽힌다. 頁자처럼 부수에 속하는 首[머리 수→185 참고]자도 역시 '머리'를 뜻하는 한자다. 하지만 首자가 단독의 글자로 자주 쓰이는 반면에 頁자는 단독의 글자로 거의 쓰이지 않고 머리와 관련된 뜻을 지닌 대부분 글자에 덧붙여져 쓰이고 있다.

頁자를 부수로 삼는 한자는 흔히 머리의 각 부위 기관이나 동작과 관련이 있다. 그런 한자는 다음 두 유형으로 나눠볼 수 있다.

1. 머리의 각 부위 기관과 관련된 한자

頂 [정수리 정] **須 [수염 수·모름지기 수]** 頉 [턱 이·탈 탈] **項 [목 항]** 頸 [목 경]
頭 [머리 두] 頷 [턱 함] **顔 [얼굴 안]** **額 [이마 액]** **題 [이마 제]**

2. 머리와 관련된 동작이나 그 외의 뜻을 지닌 한자

頃 [잠깐 경] **順 [순할 순]** 頓 [조아릴 돈] 頒 [나눌 반] **頌 [기릴 송]**
預 [미리 예] 頑 [완고할 완] **領 [거느릴 령]** **頗 [치우칠 파]** **頻 [자주 빈]**
頹 [무너질 퇴] 顆 [낟알 과] **願 [원할 원]** 顚 [넘어질 전] **顧 [돌아볼 고]**
顫 [떨릴 전] **顯 [나타날 현]**

위 한자 외에 뜻의 역할을 하는 犬[개 견]자와 음의 역할을 하는 頪[닮을 뢰]자가 합쳐진 **類[무리 류]**자와 뜻의 역할을 하는 卑[낮을 비]자와 음의 역할을 하는 頻[자주 빈]자가 합쳐진 顰[찡그릴 빈]자도 그 부수에 속한다. 하지만 煩[괴로워할 번], 傾[기울 경], 碩[클 석]자는 頁자가 그 글자 구성에 도움을 주고 있지만 頁자 부수에 속하지 않는다.

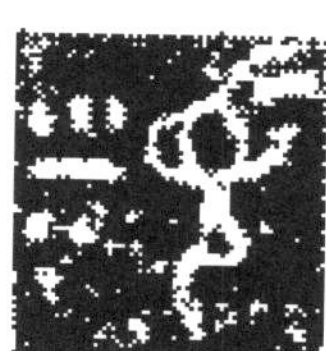

금문 類자

182 風

9획

바람 풍

농경시대가 시작될 때의 사람들은 따뜻한 바람이 부는 때와 차가운 바람이 부는 때가 농사의 시작과 끝인 때와 거의 일치함을 알고 농사에 밀접한 바람에 대해 관심을 갖게 되었다. 그러나 과학이 발달되지 않았던 당시 사람들은, 높은 온도의 공기가 상승하면서 그 빈자리에 낮은 온도의 공기가 유입되는 과정에서 생겨난 흐름이 바람인 것을 알지 못했다. 바람과 밀접한 물체나 바람을 불러일으킨다고 믿는 존재를 들어 '바람'을 뜻하는 風자를 만들어 사용했다.

갑골문	금 문	소 전	예 서
			風

『설문해자』에서 風자는 "바람이 일면 벌레가 생겨나는데, 벌레는 8일이면 화한다. 虫를 따르고, 凡은 음이다(風動蟲生, 故蟲八月而化. 从虫, 凡聲)."라고 했다.

검은 구름을 동반한 바람

하지만 갑골문 風자 자형은 凡[무릇 범]자나 鳳[봉새 봉]자를 빌려 그 뜻 '바람'을 나타내고 있다. 바람은 눈에 보이지 않기 때문에 문자로 그 형태를 나타내기 어렵다. 따라서 구체적인 물체나 상상 속의 존재에서 비롯된 凡(범)자나 鳳(봉)자를 빌려 그 뜻을 나타낸 것이다. 凡(범)자로 바람을 나타낸 것은 그 자형이 바람과 밀접한 돛에서 비롯되었기 때문으로, 돛은 배에 달아 바람을 받게 하는 것이다. 또 凡자에 鳥(조)자를 덧붙여 봉새를 뜻하는 鳳(봉)자로 바람을 나타낸 것은 바람이 생기는 현상을 몰랐던 고대인이 상상 속에서 만들어낸 엄청난 날개를 지닌 봉새가 바람을 생기게 한다고 여긴 데서 비롯된 것으로 보인다. 하지만 소전에서는 바람의 뜻으로 쓰였던 鳳(봉)자 속의 鳥(조)자가 虫(충)자로 교체되었다. 이는 문명이 점점 발달되면서 바람의 현상이 상상 속의 존재와 관련이 없음을 인식하고 좀 더 바람과

풍향계의 돛단배

밀접한 존재인 '벌레'로 바꾼 것으로 보인다. 당시 사람들은 벌레가 바람에 더 민감하다고 여긴 것이다. 따라서 소전 이후에 '바람'을 뜻하는 한자는 凡자와 虫자가 합쳐진 風자로 쓰고, 鳳(봉)자는 상상 속의 새인 '봉새'만을 뜻하는 한자가 되었다.

풍향계의 봉황

暴風(폭풍)이나 颱風(태풍)에서처럼 '바람'을 뜻하는 風자는 바람이 사람 사는 습속(習俗)이나 습관(習慣)에 큰 영향을 주므로 '풍속(風俗)'이나 '풍습(風習)'의 뜻을 지니기도 한다. 美風良俗(미풍양속)이나 風紀紊亂(풍기문란)에 보이는 風자가 바로 그런 뜻으로 쓰이고 있다. 게다가 바람은 사람 모습(貌襲)이나 기풍(氣風)에도 영향을 미치므로 威風堂堂(위풍당당)이나 玉骨仙風(옥골선풍)에서처럼 '풍모(風貌)'나 '풍채(風采)', 또는 사람 내면에 반영된 '풍격(風格)'의 뜻을 지니기도 한다. 뿐만 아니라 바람이 먼 곳에서 이르러 틈이 있는 곳은 어디나 뚫고 들어가므로 風자는 '소식'의 뜻을 지니기도 한다. 風聞(풍문)이나 風說(풍설)의 風자가 바로 그런 뜻으로 쓰였다. 아울러 바람이 자연계의 한 부분을 이루는 구성 요인이 되므로 風자는 風景(풍경)이나 風光(풍광)에서 보듯 '경치'의 뜻을 지니기도 한다. 그 외에 風자는 風樂(풍악)에서 보듯 '노래'의 뜻으로도 쓰이는데, 이는 고대에 노래를 부르거나 춤을 출 때에 바람을 일게 하는 긴 털을 쥐고 있는 데서 비롯되었다.

태풍의 모양

風자를 부수로 삼으면서 익히 쓰이는 한자는 그 뜻이 바람과 관련이 있으나 많지 않다. 颱[태풍 태]자와 飄[회오리바람 표]자가 있을 뿐이다. 하지만 風자는 楓[단풍나무 풍]자나 諷[욀 풍]자의 구성에 도움을 주면서 음의 역할을 하기도 한다.

183

9획

날 비

공중에 떠서 자유자재로 움직이는 것은 대개 날개가 있다. 그 날개는 새나 곤충이 나는 데 도움이 되는 기관이다. 새와 같은 경우는 앞다리가 변화한 기관으로서, 온통 깃이나 털로 덮여 있어 날아다닐 수 있도록 되어있다. 飛자는 그 깃이나 털로 이뤄진 새에서 비롯된 한자로, '날다'의 뜻을 지닌다.

갑골문	금 문	소 전	예 서

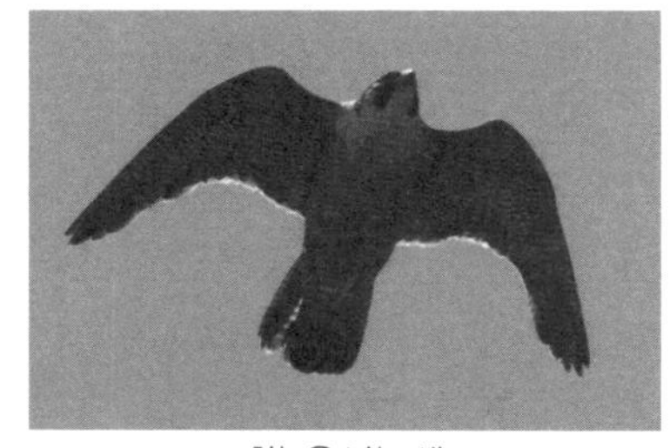

하늘을 나는 새

『설문해자』에서 飛자는 "새가 날아오른다는 것이다. 형상을 본떴다(鳥翥也. 象形)."라고 했다.

그 자형이 처음 보이는 금문 飛자도 새가 하늘에서 날개를 펴고 날아오르는 모양을 나타냈다. 소전 飛자 자형도 비슷한 모양인데, 금문보다 좀 더 좌우의 균형이 잡힌 형태로 쓰이고 있다. 그 자형에서 위쪽은 새의 머리와 목덜미의 털을, 아래쪽은 펼쳐진 양쪽 날개깃을 나타냈다. 예서에서는 오늘날과 거의 같은 형태로 쓰이고 있다.

飛行(비행)이나 飛翔(비상)에서 '날다'의 뜻으로 쓰이는 飛자는 새가 하늘을 높이 나는 짐승이므로 '높다'의 뜻을 지니기도 한다. 飛閣(비각)의 飛자가 그런 뜻으로 쓰였다. 아울러 飛자는 새가 날 때에 빠르게 날기 때문에 飛虎(비호)에서처럼 '빠르다'의 뜻으로도 쓰이고 있다. 또한 근거 없는 말이 떠돌 때에도 飛자가 쓰이는데, 流言飛語(유언비어)의 飛자가 그런 경우의 한자다. 流言飛語는 流言蜚語(유언비어)로도 쓰이며, 飛자와 蜚[바퀴 비·날 비]자는 서로 바꿔 쓰이기도 한다.

飛자를 부수로 삼으면서 오늘날 비교적 자주 쓰이는 한자는 **飜[날 번=翻]**자 단 하나뿐이다.

184 

9획

밥 식

예부터 '밥이 하늘이다(民以食爲天)'라고 했다. 사람들에게 먹는 일은 바로 생존과 직결(直結)되어 있기 때문이다. 심지어 오늘날은 살기 위해 먹는 게 아니라 먹기 위해 산다고 할 정도다. 그렇게 사람에게 중요한 먹거리 가운데 주식이 되는 밥은 의식주의 하나로, 쌀밥·보리밥·꽁보리밥·기장밥·메밀밥·나물밥·조밥·콩밥·수수밥·감자밥·팥밥·잡곡밥·오곡밥·콩나물밥·무밥·굴밥·송이밥... 등의 수많은 밥이 있다. 食자는 그 '밥'을 뜻한다.

갑골문	금문	소전	예서

그릇에 담겨 있는 밥

『설문해자』에서 食자는 "모아놓은 쌀이다. 皀을 따르고, 亼은 음이다. 혹은 亼과 皀을 따른다고도 말한다(亼米也. 从皀, 亼聲. 或說亼皀也)."라고 했다.

하지만 갑골문 食자 자형은 뚜껑과 그 뚜껑 아래 밥을 담은 그릇 모양을 나타냈다. 그 자형에 보이는 뚜껑은 밥을 덮어 그 맛과 온기를 보존하도록 한 것이다. 밥그릇 주변에 보이는 작은 점은 따뜻한 밥에서 나는 김으로 여겨진다. 금문과 소전의 食자 자형은 좀 더 간략하게 쓰이고 있고, 예서의 자형은 원래의 자형에서 더욱 멀어진 형태로 쓰이고 있다.

방짜유기 밥그릇

밥은 곡식을 익혀 끼니로 먹는 飮食(음식)을 말하지만, 飮食(음식)은 다시 액체 상태의 국이나 찌개 등을 이르는 飮[마실 음]과 고체 상태의 밥이나 반찬 등을 이르는 食으로 구분된다. 하지만 食자는 過食(과식)이나 斷食(단식)에서처럼 주로 '밥' 외에 동사 형태의 뜻으로 확대되어 無爲徒食(무위도식)에서처럼 '먹다'나 弱肉强食(약육

강식)에서처럼 '먹히다'의 뜻을 지니기도 한다. 아울러 食자는 糧食(양식)이나 美食(미식)에서처럼 '먹이'의 뜻을 지니기도 한다. 그 외에 食자는 옛날 나라에서 벼슬아치에게 내려준 '녹봉'의 뜻으로도 쓰이는데, 이는 녹봉으로 내린 물건이 쌀·콩·보리 등 먹을 것이었기 때문이다. 또한 食자는 日蝕(일식)이나 月蝕(월식)의 蝕[좀먹을 식]자를 대신해 사용되기도 한다.

조선시대 사람의 식사

食자는 '사'의 음으로도 읽힌다. 보잘 것 없는 음식과 관련해 '한 대그릇의 밥과 한 표주박의 마실 것'을 의미하는 一簞食一瓢飮(일단사일표음)이란 말의 食자가 바로 '사'의 음으로 읽힌다. 이렇게 食자가 '밥'을 뜻할 때는 '식'과 '사' 두 음으로 읽히는데, 두 음은 '일반적인 밥'을 뜻할 때는 '식'이지만 '거친 밥'을 뜻할 때는 '사'로 구분한다. 또한 食자가 자동사의 뜻인 '먹다'로 쓰일 때는 '식'으로 읽히고, 타동사인 '먹이다'로 쓰일 때는 '사'로 읽힌다. 하지만 후대에 '먹이다'로 쓰일 때의 食자는 다시 음의 역할자 司[맡을 사]자를 덧붙인 飼[먹일 사]자가 그 뜻을 대신하고 있다.

食자를 부수로 삼는 한자는 일반적으로 음식과 관련된 뜻을 지닌다. 그런 한자를 뜻에 따라 나누면 다음 두 유형으로 볼 수 있다.

1. 음식물과 관련된 명칭을 지닌 한자

飯 [밥 반] 餃 [엿 교] 餌 [먹이 이] 餠 [떡 병] 饅 [만두 만] 饌 [반찬 찬]

2. 음식물과 관련된 행동이나 표현을 나타낸 한자

飢 [주릴 기=饑] **飮 [마실 음]** 飼 [먹일 사] **飽 [배부를 포]** **養 [기를 양]** **餓 [주릴 아]** **餘 [남을 여]** 餐 [먹을 찬] 餞 [전별할 전] 饉 [흉년들 근] **饑 [주릴 기=飢]** 饒 [넉넉할 요] 饗 [잔치할 향]

위 한자 외에 **館[객사 관]**자와 **飾[꾸밀 식]**자도 그 부수에 속하는데, 위의 모든 한자는 食자가 뜻의 역할을 하는 데 반해 飾(식)자는 食자가 음의 역할을 한다. 그처럼 虫[벌레 훼→142 참고]자 부수에 속하는 蝕[좀먹을 식]자도 食자가 음의 역할을 한다.

185 

9획

머리 수

신체에서 맨 위에 있으면서 사지(四肢)를 관할하는 곳이 머리다. 그 머리에는 뇌와 눈·코·입·귀 등의 감각기관이 모여 있으며, 감각기관은 주변 환경의 여러 정보를 받아들이는 역할을 한다. 이를 뇌로 전달해 보고, 듣고, 맛을 보고, 감정을 느끼고, 운동을 하고, 말을 하고, 배고픔을 느끼는 등 모든 인간의 활동을 담당하게 한다. 그런 많은 활동이 일어나는 '머리'를 뜻하는 한자가 바로 首자다.

갑골문	금 문	소 전	예 서
			首 首

『설문해자』에서 首자는 "百와 같다. 고문의 百다. 巛은 머리터럭을 본떴다. 머리터럭을 鬊이라 하는데, 鬊이 곧 巛이다(百同. 古文百也. 巛象髮, 髮謂之鬊, 鬊卽巛也)."라고 했다. 앞에서 언급(言及)한 頁[머리 혈→181 참고]자처럼 首자도 '머리'를 뜻하는 부수의 하나다. 그러나 頁자가 사람 몸체 위에 두드러진 머리를 강조하여 이뤄진 것과 달리 首자는 머리 부분만으로 그 자형이 이뤄졌다.

고대의 인두상

갑골문의 그 자형을 살펴보면, 대부분 머리에 눈과 머리털이 있는 얼굴을 옆에서 본 모습이다. 그렇게 옆에서 본 모습으로 나타낸 것은 정면으로 얼굴을 자세히 묘사하기 힘들었기 때문으로 보인다. 首자의 금문 자형은 머리털과 눈의 형상이 서로 어우러져 그 자형이 이뤄지고 있는데, 얼굴의 눈이 머리를 대표하고 있다. 대부분 자형에서 눈을 나타낸 부분은 비스듬히 누워 있는 모습이며, 머리털을 나타낸 부분은 갖가지로 표현되어 있다. 일부 자형에서는 귀로 여겨지는 형상이 보이기도 하며, 눈동자로 여겨지는 형상이 보이기도 한다. 소전 首자 자형에서는 아랫부분에 머리를 대표하는 눈과 윗부분에 세 개의 머리털이 나타나 있다. 세 개의 개수(箇數)는 분명하게 정해진 수(數)가 아니고, '많다'를 나타내는 의미로 사용되었다.

首자는 鶴首苦待(학수고대)나 鳩首會議(구수회의)에서 보듯 '머리'를 뜻하는 한자다. 머리는 신체 가운데 가장 높은 곳에 위치하여 기억이나 생각을 하는 중심이 된다. 따라서 首자는 그 의미가 확대되어 사람의 무리 가운데 지위가 가장 높은 사람인 '우두머리'나 '임금'을 뜻하기도 한다. 魁首(괴수)와 元首(원수)의 首자가 바로 그런 뜻으로 쓰였다. 뿐만 아니라 首자는 시간적으로 가장 이를 때를 가리키면서 '시초(始初)'나 '먼저'의 뜻을 지니기도 하는데, 그런 뜻으로 쓰이는 首자는 歲首(세수)와 首唱(수창)에서 볼 수 있다. 또 首席(수석)이나 首位(수위)에서처럼 首자는 '첫째'의 뜻으로도 사용된다. 아울러 首자는 여러 사물 가운데 가장 돌출된 부분이나 종요로운 곳을 가리키기도 한다. 전국의 정치·경제·문화 중심지인 首都(수도)의 首자가 바로 그런 뜻으로 쓰였다. 뿐만 아니라 首자는 首肯(수긍)에서 보듯 '복종하다'의 뜻을 지니기도 한다. 이는 머리를 끄덕이는 것이 동의(同意)한다는 의미기 때문이다. 그 외에 首자는 自首(자수)에서처럼 '자백하다'의 뜻으로도 사용되고, 首邱初心(수구초심)에서처럼 '향하다'의 뜻으로도 사용되고 있다.

청동의 인면구

首자가 단독의 문자로 쓰일 때는 위에서 보듯 여러 뜻으로 다양하게 사용되고 있지만 부수로서 역할은 거의 하지 않고 있다. 실제로 首자를 부수로 삼으면서 오늘날 비교적 자주 사용되는 한자는 단 하나도 없다. 게다가 首자가 글자 구성에 도움을 주면서 덧붙여져 익히 쓰이는 한자도 道[길 도]자 뿐이다. 道(도)자는 음의 역할을 하는 首자와 뜻의 역할을 하는 辶(辵)이 합쳐진 한자다. 나아가 道(도)자는 다시 導[이끌 도]자에서 음의 역할을 한다.

금문 道자

소전 道자

186

9획

향기 향

향기는 달리 말하면 좋은 냄새를 이른다. 한데 오늘날 사람의 느낌으로 말하는 향기와 옛날 사람의 느낌으로 말하는 향기에는 그 의미에 적잖게 차이가 있다. 먹는 것을 해결하는 일이 삶의 궁극적인 목표로 작용했던 옛날에 좋은 냄새인 향기는 먹는 것과 밀접한 관련이 있었다. 香자는 그런 '향기'를 뜻한다.

갑골문	금문	소전	예서

『설문해자』에서 香자는 "향기롭다는 것이다. 黍를 따랐고, 甘을 따랐다(芳也. 从黍, 从甘)."라고 했다.

기장

기장밥

하지만 갑골문에 나타낸 香자는 黍[기장 서]자의 자형은 보이지만 甘[달 감]자의 자형은 보이지 않는다. 오히려 갑골문 香자는 기장과 같은 곡물을 나타낸 黍(서)자와 그릇 모양을 나타낸 口의 형태가 합쳐진 자형으로 되어 있다. 곡물은 익혀져 그릇에 담겨졌을 때, 사람의 구미(口味)를 당기는 좋은 냄새인 향기가 나기 때문에 그로 인해 '향기'란 뜻이 생겨난 것으로 보인다. 곡물을 나타낸 자형 주위에 간혹 보이는 작은 점(點)은 기장 등의 곡물로 지은 밥에서 무럭무럭 피어오르는 김을 표시하고 있는 것으로 여겨진다. 일부에서 香자는 술을 만드는 기장과 술을 담는 단지의 형태를 나타낸 한자로 보기도 했다. 원래 술에서 나는 향기를 나타냈으나 후에 의미가 확대되어 모든 좋은 냄새를 뜻하는 향기를 뜻하게 되었다고 한 것이다. 香자는 소전에서 기장을 나타낸 黍[기장 서]자와 그릇(단지)을 나타낸 曰의 형태가 합쳐진 𪏽자로 쓰였지만 후대에 덧붙여진 黍자보다 좀 더 간단한 자형인 禾[벼 화]자로 바뀌어 오늘날의 香자로 이어지고 있다.

기장쌀

芳香(방향)이나 蘭香(난향)에서 '향기'를 뜻하는 香자는 香水(향수)나 香油(향유)에서처럼 '향기롭다'의 뜻을 지니기도 한다. 또 香자는 焚香(분향)이나 香爐(향로)에서처럼 불에 태워 좋은 냄새가 나게 하는 '향'의 뜻으로도 쓰이고, 麝香(사향)이나 墨香(묵향)에서처럼 좋은 향내를 풍기는 각종의 '향'을 나타내는 뜻으로도 쓰인다.

香자 고문자

香자를 부수로 삼으면서 오늘날 익히 쓰이는 한자는 찾아볼 수 없다. 다만 이름에 종종 쓰이는 馨[향기 형], 馥[향기 복], 馝[향기로울 필]자가 정도가 있을 뿐이다.

187 

10획

말 마

말은 길쭉한 네 다리를 지니고 있어 빨리 달릴 수 있는 동물이다. 따라서 옛날에는 수렵과 군사적인 목적을 달성하는 데 주로 사용되었다. 특히 군사적인 사항은 국가의 존망(存亡)이 달려 있으므로 말은 중요한 동물로 다뤄졌다. 그러나 말은 굴레를 씌우지 않으면 다스리기 어려운 특성이 있어 몇몇 가축 중에서 가장 늦게 길들여진 동물로 보인다. 馬자는 그 '말'을 뜻한다.

갑골문	금 문	소 전	예 서
			馬 馬

몸을 세운 말

『설문해자』에서 馬자는 "세차고, 굳센 것이다. 말머리, 갈기, 꼬리, 네 발의 형상을 본떴다(怒也, 武也. 象馬頭髦尾四足之形)."라고 했다.

馬자의 갑골문 자형도 『설문해자』의 풀이와 똑같게 말을 나타내고 있는데, 세로로 선 형태로 되어 있다. 그처럼 말을 세로로 표현한 것은 종이가 없었던 시대에 사용된 세로로 된 기다란 죽간(竹簡)과 그 죽간에 글자를 위에서 아래로 내려 썼기 때문이다. 말의 정상적인 형상은 가로로 길쭉하게 나타내는데 죽간에는 그런 형상으로 표현하기 힘들기 때문에 세로로 세워서 표현한 것이다. 아울러 馬자는 그 자형이 단순하거나 조금 복잡한 형태이더라도 모두 말의 가장 큰 특징인 긴 얼굴과 큰 눈, 그리고 몸체의 갈기와 발과 꼬리를 간략하게 나타내고 있다. 금문의 일부 자형은 눈동자까지 표현되어 있으며, 그 외에 몇몇 자형은 많이 생략되어 쓰이는 소전 자형과 비슷하다. 하지만 갈기를 나타낸 부분은 머리를 나타낸 부분으로 옮겨가고 있음을 볼 수 있다. 예서에서 馬자는 다시 글자의 틀

죽간

이 네모난 형태로 자리를 잡아 오늘날 쓰이는 자형과 같게 되었다.

사마가 끄는 수레

擺撥馬(파발마)나 驛馬煞(역마살)에 쓰이는 馬자는 예부터 교통수단으로 사용된 '말'을 뜻하지만 원래는 전쟁에서 사용된 '말'과 관련이 있었다. 赤兔馬(적토마)나 千軍萬馬(천군만마)의 馬자는 말이 전쟁에 사용되었음을 알게 해준다. 이렇게 말이 교통과 전쟁에 중요한 역할을 했으므로 사람들은 백방(百方)으로 좋은 말을 구하고자 했다. 하루에 천리(千里)나 되는 먼 길을 달린다는 千里馬(천리마)가 그런 경우다. 馬자는 또 투호(投壺)를 할 때, 득점(得點)을 세는 물건인 '산가지'를 뜻하기도 한다.

馬자를 부수로 삼는 한자는 흔히 그 뜻이 말의 종류나 동작과 관련이 있으며, 그런 한자의 수(數)는 牛[소 우]자나 羊[양 양]자 부수에 속하는 한자보다 많은 편이다. 이는 옛날 사람들이 다른 동물에 비해 말을 중시해 세밀히 분류했음을 짐작하게 해준다. 다음은 그 부수에 속하면서 비교적 자주 쓰이는 한자를 두 유형으로 구분한 것이다.

1. 말의 종류와 관련된 한자

駁 [얼룩말 박]　駙 [곁마 부]　駟 [사마 사]　駿 [준마 준]　騅 [오추마 추]

2. 말과 관련된 동작이나 상태를 나타낸 한자

馮 [탈 빙]　馭 [말 부릴 어]　馴 [길들 순]　馳 [달릴 치]　駑 [둔할 노]
駐 [머무를 주]　駭 [놀랄 해]　**騎 [말 탈 기]**　騙 [속일 편]　**騰 [오를 등]**
騷 [떠들 소]　**驅 [몰 구]**　驀 [말 탈 맥]　驕 [교만할 교]　**驚 [놀랄 경]**
驗 [시험할 험]

위 한자 외에 駕[멍에 가], 駝[낙타 타], 駱[낙타 락], **驛[역참 역]**자도 馬자 부수에 속한다. 그 외에 馬자는 媽[어미 마], 瑪[마노 마], 罵[욕할 매]자의 구성에 도움을 주면서 음의 역할을 하기도 한다.

188

10획

뼈 골

척추동물의 살 속에서 그 몸을 지탱하는 단단한 물질이 뼈다. 뼈는 몸 속의 장기(臟器)를 보호하는 역할을 하며, 몸이 자유롭게 움직이는 데 도움을 주기도 한다. 주요 구성성분은 칼슘으로 이뤄져 있는데, 오늘날의 콘크리트보다 단단해 옛날 사람들이 골각기(骨角器)와 같은 도구로 사용하기도 했다. 骨자는 바로 그런 '뼈'를 뜻하는 한자다.

갑골문	금문	소전	예서

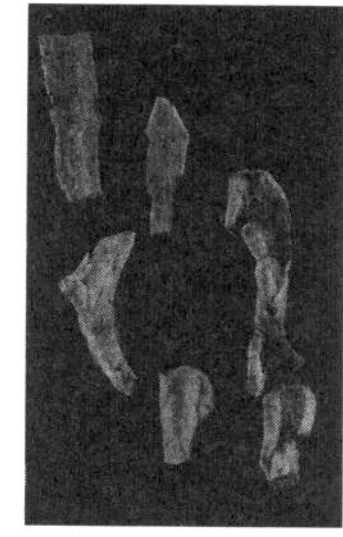
여러 형태 뼈

『설문해자』에서 骨자는 "살의 핵심이다. 冎을 따르고, 살이 있다(肉之覈也. 从冎, 有肉)."라고 했다.

갑골문 骨자 자형은 대체로 위가 좁고 아래가 넓은 뼈를 나타내고 있다. 자형에 보이는 작은 선(線)들은 뼈가 파열된 모습으로 보인다. 骨자는 소전에서 비로소 이전의 자형에 肉[고기 육]자가 변형된 月[육달월]을 의부(義符)로 덧붙인 자형으로 쓰이게 되었다.

粉骨碎身(분골쇄신)이나 皮骨相接(피골상접)에서 '뼈'의 뜻으로 쓰이는 骨자는 骨子(골자)에서 보듯 뼈와 같은 역할을 하는 '사물의 중추(中樞)'를 나타내는 뜻으로도 쓰인다. 또한 骨자는 뼈가 몸의 골격을 이뤄 밖으로 그 풍모를 드러내기 때문에 '풍채'와 '기골'의 뜻을 지니기도 한다. 貴骨(귀골)이나 壯骨(장골)의 骨자가 바로 그런 뜻을 지닌다. 그 외에 弱骨(약골)이나 신라 시대 골품 제도(骨品制度)에 의해 생긴 聖骨(성골)이나 眞骨(진골)의 骨자는 뼈가 몸을 이루는 데 주축이 되므로 '몸'의 뜻을 지니기도 한다.

뼈와 관련된 한자는 주로 骨자를 부수로 삼는다. 그러나 그 한자는 骸[뼈 해], 髀[넓적다리 비], 髓[골 수], **體[몸 체]**자 등으로 많지 않다. 滑[미끄러울 활]자와 猾[교활할 활]자는 骨자가 음의 역할을 한다.

189

高

10획

높을 고

옛날 통치자들은 높은 집을 만들어 기거했다. 높은 집은 물의 피해를 막고, 습한 기운을 피할 수 있게 했다. 또한 높은 곳에서 아래를 굽어볼 수 있어 적의 침입을 살필 수 있고, 적의 침입을 막기에도 유리했다. 뿐만 아니라 통치자 자신의 위엄을 드러내 보이기 데도 큰 역할을 했다. 高자는 그 높은 집을 나타내면서 그 뜻이 '높다'가 된 한자다.

갑골문	금문	소전	예서

높은 건물

『설문해자』에서 高자는 "높은 것이다. 누대의 높은 형상을 본떴다. 冂과 口를 따랐는데, 창고나 집과 같은 뜻이다(崇也. 象臺觀高之形. 从冂口, 與倉舍同意)."라고 했다.

갑골문이나 금문 高자 자형도 높이 솟아있는 집의 형상이 잘 나타나 있음을 한 눈에 알 수 있다. 높은 집이 추상적인 '높다'라는 뜻을 나타내기에 적당하다 여겼던 것으로 보인다. 소전에서 高자는 그 자형이 좀 더 단순한 형태로 쓰였다. 그 자형에서 윗부분은 누각(樓閣)의 지붕을 나타냈고, 가운데부분은 누각을 나타냈으며, 아랫부분은 누각의 토대를 나타냈다. 아랫부분 누각의 토대 속의 口의 형태는 『설문해자』에서 창고나 집이라 했으나 출입구로 보기도 한다. 예서에서는 오늘날처럼 쓰이고 있다.

고대광실 근정전

高臺廣室(고대광실)이나 高層建物(고층건물)에서 '낮다'의 상대적(相對的)인 개념인 '높다'를 뜻하는 高자는 高段者(고단자)나 高等法院(고등법원)에서처럼 등급(等級)이 '높은 위치'임을 뜻하기도 한다. 또 높고 낮음의 정도를 헤아리는 '높이'의 뜻으로도 쓰이는데, 波高(파고)나 物價高(물가고)의 高자가 그런 뜻을 지닌다. 뿐만 아니라 무언가 높은 것은 뛰어나다 할 수 있기에 高尙(고상)이나 高潔(고결)에서처럼 품행(品行)과 관련해 高자는 '뛰어나다'의 뜻을 지니기도 한다. 아울러 高자는 경의(敬意)를 나타내는 뜻으로도 쓰이는데, 高見(고견)이나 高堂(고당)의 高자가 바로 그런 뜻을 지닌다.

高자 부수에 속하면서 오늘날 익히 쓰이는 한자는 찾아보기 힘들다. 그러나 高자는 적지 않은 한자의 구성에 도움을 주면서 음의 역할을 하고 있다. 그런 한자는 다음과 같다.

稿 [볏짚 고] 膏 [기름 고] 藁 [볏짚 고]
敲 [두드릴 고] 槁 [마를 고] 縞 [명주 호]
毫 [잔털 호] 豪 [호걸 호] 濠 [해자 호]
壕 [해자 호] 嚆 [울 효]

몽촌토성 해자

위 한자 가운데 毫(호), 豪(호), 濠(호), 壕(호)자에 덧붙여진 高자는 오늘날 그 자형의 일부인 아랫부분의 口의 형태를 생략해 쓰고 있다.

190 髟 10획 머리 늘어질 표

옛날에는 머리털을 자르지 않고 길게 길렀다. 오늘날도 그렇게 머리털을 자르지 않고 자연스럽게 늘어트린 모습은 주로 여성에서 볼 수 있지만 옛날에는 남성들도 머리털을 자르지 않고 길게 길렀다. 그처럼 길게 길러 늘어진 머리털은 힘이나 건강을 상징했다. 髟자는 그런 모습을 표현한 한자로, '머리 늘어지다'의 뜻을 지닌다.

갑골문	금 문	소 전	예 서

『설문해자』에서 髟자는 "터럭이 길게 늘어진 것이다. 長을 따랐고, 彡을 따랐다(髮猋猋也. 从長, 从彡)."라고 했다.

하지만 갑골문에 髟자 자형은 보이지 않고, 금문에 비로소 그 자형이 드물게 보이고 있다. 그러나 그 자형 역시 본래의 뜻을 헤아리기 어려운 형태로 나타나 있다. 소전을 거쳐 이후에 쓰인 예서에서 정형된 자형으로 볼 때, 髟자는 긴 머리털을 지닌 사람을 나타낸 長[긴 장→168 참고]자가 변형된 镸의 형태에 그 뜻을 분명히 하기 위해 터럭을 나타낸 彡[터럭 삼]자가 합쳐진 한자로 쓰이고 있다.

인도 수행자 머리털

髟자는 머리털이 길게 드리워진 모습과 관련해 '머리 늘어지다'의 뜻을 지니나 오늘날 단독의 문자로 쓰이지 않고, 단지 부수의 역할만 하고 있다.

髟자를 부수로 삼는 한자는 흔히 머리털이나 수염과 관련된 뜻을 지닌다. 그런 뜻을 지니고 오늘날 비교적 자주 쓰이는 한자에는 髢[다리 체], 髣[비슷할 방], 髥[구레나룻 염=髯], **髮[터럭 발]**, 髴[비슷할 불], 鬐[갈기 기], 鬚[수염 수], 鬢[살쩍 빈]자 등이 있다.

191

鬥

10획

싸울 투

고대의 인류는 싸움을 통해 재물을 약탈하고, 심지어 사람을 잡아 노예로 삼기도 했다. 따라서 인류는 상대를 이기기 위해 점점 더 강력한 무기를 만들어 사용했는데, 그래도 가장 원초적인 싸움은 맨 손으로 하는 것이었다. 싸움은 비록 잔혹하지만 인류 문명의 발전에 커다란 원동력이 되기도 했다. 鬥자는 그 '싸움'을 뜻한다.

갑골문	금문	소전	예서
			鬥

싸우는 모습(고구려 각저총)

『설문해자』에서 鬥자는 "두 무사가 서로 대하면서, 무기를 뒤에 두고, 싸우는 형상을 본떴다(兩士相對, 兵仗在後, 象鬥之形)."라고 했다.

그러나 갑골문 鬥자 자형은 두 사람이 맨손을 내밀어 싸우는 모습을 나타내고 있다. 소전 자형을 근거로 鬥자를 설명한 『설문해자』의 풀이는 무기를 동원한 싸움이라 했으나 맨 손으로 싸우는 모습을 나타낸 것이다. 예서에서 鬥자는 오늘날처럼 쓰이고 있다.

鬥자는 '싸우다'나 '싸움'의 뜻을 지닌다. 또 '다투다'의 뜻을 지니기도 하는데, 이때는 그 음이 '각'으로 읽힌다. 그러나 오늘날 鬥자는 부수의 구실만 하고, 자신의 뜻을 나타내는 데는 鬪[싸울 투]자를 쓰고 있다. 鬪자는 본래 뜻을 나타내는 鬥자와 음을 나타내는 斲[깎을 착]자를 덧붙인 鬭자로 쓰였다. 그러다 그 형태가 복잡하자 斲(착)자를 斪의 형태로 줄였다가 다시 尌의 형태로 바뀌 결국 鬪자로 쓰면서 鬥자를 대신했다.

소전 鬭자

鬥자 부수에 속하면서 오늘날 익히 쓰이는 한자는 많지 않다. 鬥자를 대신하는 문자로 쓰이는 **鬪[싸울 투=鬭]**자 외에 惹鬧[야뇨→야료]에 쓰이는 鬧[시끄러울 뇨]자 정도가 있을 뿐이다.

192

10획

울창주 창

술은 주로 곡물을 발효시켜 만들기 때문에 좋은 술을 얻기 위해서는 곡물의 찌꺼기를 걸러야 한다. 그러나 그보다 더 좋은 술은 찌꺼기를 걸러낼 뿐만 아니라 특별한 향료를 넣는 것이었다. 제천의식을 중요시한 옛날 사람들은 향료를 쓰면 술맛이 좋게 된다는 사실을 알고 주위에서 흔히 볼 수 있는 울초(鬱草)와 같은 향료를 넣어 술을 빚었다. 鬯자는 그런 술인 '울창주(鬱鬯酒)'를 뜻한다.

갑골문	금문	소전	예서

울창주 담는 술잔(중앙박물관)

『설문해자』에서 鬯자는 "검은 기장과 울초로 빚어, 향기가 뛰어나 제사의 강신에 쓴다. 凵을 따르는데, 凵은 그릇이다. 가운데는 쌀을 본떴고, 匕는 뜨는 것이다(以秬釀鬱艸, 芬芳攸服以降神也. 从凵, 凵器也. 中象米, 匕所以扱之)."라고 했다.

갑골문과 금문 鬯자 자형도 모두 술 담는 그릇을 나타낸 것으로 보인다. 그 자형에서 윗부분은 술 담는 그릇 몸체를, 아랫부분은 굽을, 점들은 그릇에 새겨진 무늬로 보인다. 소전 鬯자는 원래 형태를 간략하게 쓰고 있고, 그 자형이 예서로 이어졌다.

鬯자는 신에게 바치기 위해 빚은 '울창주'를 뜻하며, 활을 넣어두는 자루인 '활집'을 뜻하기도 한다. 그러나 오늘날에는 글자 자체가 자주 쓰이지 않기 때문에 그 쓰임을 보기 쉽지 않다.

鬯자를 부수로 삼으면서 비교적 자주 쓰이는 한자는 鬱[우거질 울]자 단 하나뿐이다. 鬱(울)자는 오늘날 우리나라 사람이 익히 쓰는 한자 가운데 그 획수가 가장 많은 한자로, 모두 부수인 두 개의 木(목)자, 缶(부)자, 冖(멱)자, 鬯(창)자, 彡(삼)자로 이뤄져 있다.

193 鬲

10획

솥 력

그릇은 애초에 물을 담는 것이 목적이었는데, 후에 음식을 담거나 곡물을 저장하는 데 쓰기도 했다. 그러다 다시 그릇 아래에 다리를 만들어 달아 그 사이에 불을 피워 음식을 익히는 데 쓰기도 했다. 그렇게 불을 피워 음식을 익히는 데 쓴 그릇은 흔히 붉은 진흙으로 만들어 볕에 말리거나 약간 구운 다음 잿물인 오짓물을 입혀 다시 구워 만들었다. 그런 그릇을 오지그릇이라 하는데, 鬲자는 그 오지그릇의 하나인 '솥'을 뜻한다.

갑골문	금문	소전	예서

와제(瓦製) 솥

『설문해자』에서 鬲자는 "솥에 속하는데, 五觳이 담기며, 한 말 두 되가 觳이다. 배의 부위에 엇갈린 무늬가 있고, 세 발이 있다. 䰙은 鬲의 혹체자로 瓦를 따랐다. 歷도 한나라 율령에 鬲인데, 瓦를 따랐고, 厤이 음이다(鼎屬, 實五觳, 斗二升曰觳, 象腹交文, 三足. 䰙, 鬲或从瓦. 歷, 漢令鬲, 从瓦, 厤聲)."라고 했다.

갑골문이나 금문의 鬲자도 음식을 익히는 일종의 요리 기구로, 세 발을 가진 솥을 나타낸 것으로 보인다. 세 발은 볼록한 중간이 아래를 향해 가늘게 굽으면서 불을 지피기 편하게 되어 있고, 속은 비어 있어 열이 쉽게 전달되도록 되어 있다. 그 자형으로 보면 음식을 익히는 데 용이한 형태의 기구임을 알 수 있다. 소전에서 鬲자는 그 자형이 좀 더 정형된 형태로 쓰이고 있고, 예서 이후에 오늘날처럼 쓰이고 있다.

금속제(金屬製) 솥

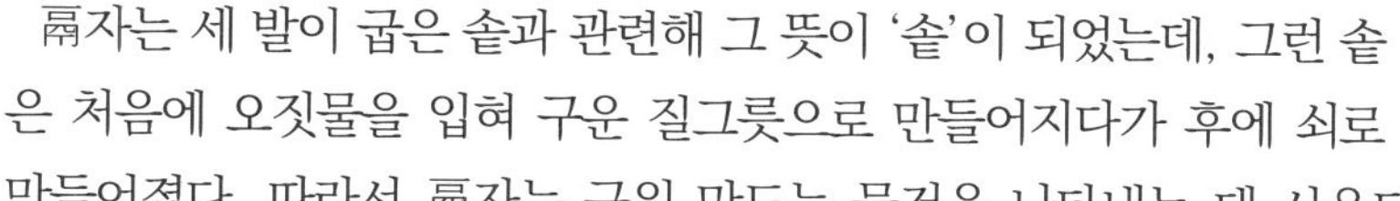

鬲자는 세 발이 굽은 솥과 관련해 그 뜻이 '솥'이 되었는데, 그런 솥은 처음에 오짓물을 입혀 구운 질그릇으로 만들어지다가 후에 쇠로 만들어졌다. 따라서 鬲자는 구워 만드는 물건을 나타내는 데 사용되는 瓦(와)자를 덧붙여

甂[솥 력]자로도 쓰이고, 쇠를 나타내는 데 사용되는 金(금)자를 덧붙여 鬲[솥 력]자로도 쓰인다. 또는 음의 역할자 厤(력)자를 덧붙여 曆[솥 력]자로도 쓰인다. 나아가 鬲자는 오짓물을 입혀 구운 질그릇, 오지그릇의 하나인 '오지병'의 뜻을 지니기도 한다. 그렇게 '오지병'의 뜻으로 쓰일 때에 鬲자는 '솥'의 뜻으로 쓰일 때의 음인 '력'과 달리 '격'으로 읽힌다. 따라서 일부에서 이에 영향을 받아 鬲자의 뜻과 음을 지칭(指稱)할 때에 '오지병 격'이라 하는 이들이 있으나 그 자원(字源)이 솥과 관련이 있기 때문에 '솥 력'이라 지칭하는 것이 더 온당하게 여겨진다.

금문 鬳자

鬲자를 부수로 삼는 한자는 솥과 같은 요리기구와 관련된 뜻을 지니는데, 그에 해당하면서 오늘날 비교적 자주 쓰이는 한자는 鬻[죽 죽·팔 육=粥]자 하나가 있다. 그 외에 鬲자는 자신이 음의 역할을 하는 隔[막을 격]자나 膈[흉격 격]자, 또는 뜻에 영향을 주는 融[화할 융]자나 鬳[시루 권]자에서 여전히 그 쓰임을 볼 수 있다. 나아가 鬳(권)자는 獻[바칠 헌]자의 구성에 도움을 주며 음의 역할을 한다.

도철문언(饕餮紋甗)

194

10획

귀신 귀

귀신은 현실의 생활 가운데 영험적이고 추상적인 현상을 대표하는 것으로 형상화 할 수 없다. 그런데 옛날 사람들은 사람이 죽으면 바로 그 귀신이 된다고 믿었다. 따라서 '귀신'을 뜻하는 鬼자는 사람 모습으로 그 자형이 이뤄졌다. 사람이 상상해 만들어 낸 귀신은 사람이 경험한 형상을 벗어날 수 없었기 때문이다. 다만 두렵고 무서운 효과를 주기 위해 사람의 형상과 차이가 있어야 했으므로 정상적인 형상과 다른 괴상한 형상의 사람 모습으로 나타냈다.

갑골문	금문	소전	예서

『설문해자』에서 鬼자는 "사람이 죽으면 귀신이 된다. 人을 따르고, 귀신의 머리를 본떴다. 귀신의 음기는 해로운 것이므로 厶를 따랐다(人所歸爲鬼. 从人, 象鬼頭. 鬼陰氣賊害, 从厶)."라고 했다.

귀신 그림

실제로 갑골문 鬼자 자형을 살펴보면 크고 기이한 머리가 있는 사람 모습으로 나타내고 있다. 그러나 그 자형에는 소전 자형에 나타나 있는 厶의 형태가 보이지 않는다. 厶의 형태는 의견이 분분하지만, 갑골문 일부 자형 가운데 두 팔을 나타낸 부분이 소전으로 변화될 때, 잘못되어 그 같은 형태로 변한 것이 아닐까 짐작된다. 갑골문과 금문의 일부 자형에서는 귀신이 제사(祭祀)의 대상이 되기 때문에 제사와 관련된 示(시)자의 자형이 엿보이기도 한다. 일부 문자학자들은 귀신에게 제사를 지내는 사람의 모습에서 그 자형이 비롯되었다 하기도 한다.

도깨비불

옛날에는 사람이 죽으면 정신(精神)을 주재(主宰)하는 '혼(魂)'은 승천(昇天)하여 신(神)이 되고, 육체(肉體)를 주재하는 '백(魄)'은 땅에 들어가 鬼가 된다고 여겼다. 이때 鬼자는

고대인이 상상했던 귀신

사람에게 복(福)과 화(禍)를 가져다준다는 '귀신'을 뜻하며, 죽은 사람의 '혼백'을 뜻하기도 한다. 餓鬼(아귀)나 妖鬼(요귀)에 쓰인 鬼자가 그 뜻으로 쓰였다. 그 외에 鬼자는 吸血鬼(흡혈귀)에서 보듯 '나쁜 음기(陰氣)의 화신(化身)'을 뜻하기도 한다. 뿐만 아니라 鬼자는 鬼才(귀재)에서 보듯 '지혜롭다'의 뜻을 지니기도 한다. 신출귀몰(神出鬼沒)한 존재로 본 귀신의 재주와 관련해 그런 뜻이 이뤄진 것이다.

鬼자를 부수로 삼는 한자는 일반적으로 혼(魂)·사자(使者)·악신(惡神) 따위와 관련된 뜻을 지니고 있다. 다음은 그런 한자다.

魁 [으뜸 괴] **魂** [넋 혼] **魅** [도깨비 매] **魃** [가물귀신 발] **魄** [넋 백] **魔** [마귀 마]

그 외에 醜[추할 추]자와 蒐[꼭두서니 수]자는 鬼자가 덧붙여져 있으나 다른 부수에 속한다. 아울러 鬼자 부수에 속하는 魁(괴)자와 더불어 傀[클 괴], 槐[홰나무 괴], 塊[흙덩이 괴], 愧[부끄러워할 괴]자는 鬼자가 음의 역할을 한다.

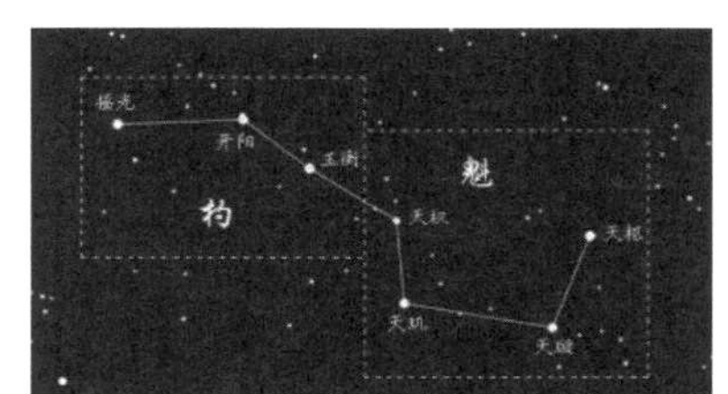

북두칠성(北斗七星) 괴성(魁星)

195  11획 물고기 어

원시시대에 사람들은 물과 가까운 곳에서 살았다. 이는 식수를 쉽게 구하는 데 편하고, 물을 찾아 물가로 나오는 짐승을 쉽게 잡을 수 있었기 때문이다. 뿐만 아니라 물에는 물고기가 풍부하므로 항상 잡기 쉬운 물고기를 가까이 할 수도 있었다. 그로 말미암아 '물고기'를 뜻하는 魚자가 문자 생활에도 자연스럽게 반영된 것으로 보인다.

갑골문	금문	소전	예서

물고기(붕어)

『설문해자』에서 魚자는 "물에 사는 동물이다. 형상을 본떴다. 魚의 꼬리와 燕의 꽁지는 서로 닮았다(水蟲也. 象形. 魚尾與燕尾相似)."라고 했다. 한데 魚자는 다른 한자에 비해 그 쓰임이 매우 빨랐던 문자로 보인다.

갑골문 魚자 자형을 보면, 원시 시대 그림의 흔적이 농후하게 남아 있다. 머리와 꼬리 및 몸체가 완전하게 갖춰진 물고기 모양을 그대로 본떴을 뿐만 아니라 지느러미나 비늘까지도 빠짐없이 표현되어 있다. 금문 魚자 일부 자형은 갑골문에 비해 더욱 사실적으로 표현되어 있다. 심지어 물고기의 눈과 벌어진 입 모양까지도 표현되어 있을 정도다. 그러나 그 자형에서 머리 방향은 위쪽을 향하고 있어 이미 자연스러운 모양을 잃고 있다. 이는 犬[개 견→094 참고]자나 馬[말 마→187 참고]자에서 언급(言及)한 바와 같이 서사법상(書寫法上)의 문제가 있었기 때문이다. 또 문자가 비교적 오랜 세월에 걸쳐 변화되었음을 반영해 주는 것이기도 하다. 魚자는 소전에서 좀 더 정형된 형태를 갖추고, 예서에서 비로소 오늘날과 같은 형태로 쓰이고 있다.

魚자는 실물 모양을 그대로 본떠 이뤄진 전형적(典型的)인 한자로, 鮒魚(부어→붕어)나 鯉魚(리어→잉어)에서 보듯 '물고기'를 뜻한다. 그 외에 어떤 때에는 '물 속에 사는 동물을 널리 지칭'하는 뜻으로도 쓰인다. 고래는 포유류 동물에 속하기 때문에 동물학상 결코 어류로 볼 수 없음에도 물 속에 사는 물고기의 일종으로 보는 경우가 그런 경우고, 文魚(문어)나 鰐魚(악어)에 魚자가 쓰인 것도 같은 경우다. 魚자는 또 동사(動詞)의 형태로 '고기 잡다'라는 뜻을 지니기도 한다. 그러나 후대에 水[물 수]자가 변형된 氵[삼수변]을 덧붙인 漁[고기 잡을 어]자가 그 뜻을 대신하였다. 따라서 '물고기 잡는 사람'을 이르는 '어부'의 '어'자는 한자로 魚자가 아니라 漁자를 써서 漁父(어부)나 漁夫(어부)라 하고, 그 중에 전문적으로 고기를 잡는 사람을 이를 때는 漁夫를 쓰고 있다.

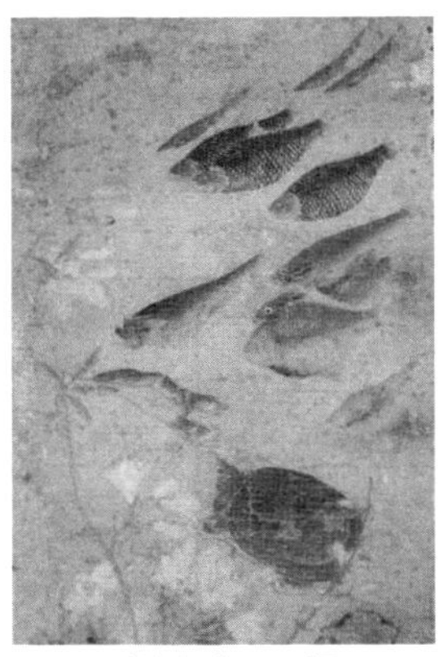
민화 속의 물고기들

魚자를 부수로 삼는 한자는 일반적으로 그 뜻이 어류와 관련이 있는데, 대부분 물고기 명칭으로 쓰이고 있다. 다음은 그 부수에 속하는 한자다.

魯 [미련할 로]	魴 [방어 방]	鮒 [붕어 부]	鮑 [절인 어물 포]	**鮮 [고울 선]**
鮟 [아귀 안]	鮞 [곤이 이]	鯉 [잉어 리]	鯨 [고래 경]	鯤 [곤이 곤]
鯖 [청어 청]	鰒 [전복 복]	鰐 [악어 악=鱷]	鰍 [미꾸라지 추=鰌]	鰕 [새우 하=蝦]
鰥 [환어 환]	鰱 [연어 련]	鱇 [아귀 강]	鰻 [뱀장어 만]	鱗 [비늘 린]

위 한자 가운데 魯(로)자와 鮮(선)자를 제외한 모든 한자는 자체(字體)의 오른쪽에 덧붙여진 자형이 음의 역할을 한다. 반면에 漁[고기 잡을 어]자와 穌[긁어모을 소]자는 魚자가 글자 구성에 도움을 주면서 음의 역할을 한다. 나아가 穌(소)자는 다시 蘇[차조기 소·깨어날 소]자에서 음의 역할을 한다.

갑골문 魯자

196

11획

새 조

자유롭게 높은 하늘을 날아다닐 수 있는 동물이 새다. 옛날 사람들은 높은 하늘을 숭배 대상으로 삼았고, 그 하늘을 날 수 있는 새도 지상을 초월하는 존재로 여겨 숭배하면서 봉황(鳳凰)이나 주작(朱雀)처럼 신격화하기도 했다. 또한 하늘을 자유롭게 날기 때문에 자유로운 느낌을 부여해 예부터 시인들이 자연을 찬미하는 시에 자주 등장시켰던 존재이기도 했다. 鳥자는 그 '새'를 뜻한다.

갑골문	금문	소전	예서
			鳥

새(까치)

『설문해자』에서 鳥자는 "긴 꽁지를 가진 날짐승의 총명이다. 형상을 본떴다. 새의 발은 匕와 닮았으므로, 匕를 따른다(長尾禽總名也. 象形. 鳥之足似匕, 从匕)."라고 했다.

갑골문 鳥자 자형도 필획(筆劃)이 비교적 상세하고 깃이 풍부한 새를 옆에서 본 형태다. 그 형태에는 대가리와 날개깃, 그리고 꽁지깃과 발가락 등이 나타나 있다. 금문 鳥자 자형은 갑골문 자형보다 더 자세한 형태가 보이기도 하나 많이 생략된 형태도 보인다. 소전에서 鳥자는 눈을 나타낸 자형이 작은 선으로 확실하게 덧붙여지고, 예서에 이르는 과정을 통해 그 자형의 변화가 비교적 크게 이뤄져 오늘날 쓰이는 형태에까지 이르게 되었다.

까치(조영석)

不死鳥(불사조)나 反哺鳥(반포조), 또는 寒苦鳥(한고조)나 比翼鳥(비익조) 등에서 주로 '새'를 뜻하는 鳥자는 결코 어떤 한 종류의 새를 가리키지 않고, '두 날개와 두 발을 가진 동물을 총칭'하는 뜻으로도 쓰인다. 또한 鳥자는 옛날에 島[섬 도]자를 대신해

비익조

사용되기도 했다. 따라서 '섬'의 뜻을 지니기도 하는데, 이는 섬에 새가 많기 때문이다.

鳥자를 부수로 삼아 익히 사용되는 한자는 **鳴[울 명]**자 외에 대개 새의 명칭과 관련된 뜻을 지닌다. 다음은 그런 한자다.

鳩 [비둘기 구]	**鳳 [봉새 봉]**	鳶 [소리개 연]	鴌 [봉새 봉·성 궉]	鴉 [갈가마귀 아]
鴈 [기러기 안=雁]	鴨 [오리 압]	鴦 [원앙 앙]	鴛 [원앙 원]	**鴻 [큰 기러기 홍]**
鵑 [두견이 견]	鵠 [고니 곡]	鵡 [앵무새 무]	鵝 [거위 아]	鵬 [붕새 붕]
鵲 [까치 작=䧿]	**鷄 [닭 계=雞]**	**鶴 [두루미 학]**	鷗 [갈매기 구]	鷺 [해오라기 로]
鷲 [수리 취]	鷸 [도요새 휼]	鷹 [매 응=雁]	鸚 [앵무새 앵]	

위에서 보듯 그 부수를 口(구)자로 오해하기 쉬운 鳴(명)자 외에 한자들은 모두 그 뜻이 새의 명칭으로 쓰이고 있다. 다만 鳳(봉)자와 鴌(봉·궉)자만큼은 새의 명칭 외에 성씨(姓氏)로도 쓰이고 있는데, 鴌자가 성씨로 쓰일 때는 그 음을 '궉'으로 읽는다. 나아가 鳥자는 島[섬 도]자에서 음의 역할을 하기도 한다. 島자는 嶼[섬 서]자와 함께 '섬'을 뜻하는 한자로, 島嶼地方(도서지방)이란 말에 쓰이고 있다. 島嶼地方의 嶼자는 덧붙여진 山(산)자로 인해 그 뜻이 바다 가운데의 산[山]인 '섬'이 되고, 與(여)자로 인해 그 음이 '여'에서 바뀌어 '서'가 된 한자다. 그처럼 嶋[섬 도]자와 동자(同字)인 㠀(도)자를 줄여 쓴 島(도)자도 덧붙여진 山(산)자로 인해 그 뜻이 '섬'이 되고, 오늘날 灬의 형태가 생략되었지만 鳥자로 인해 그 음이 '조'에서 바뀌어 '도'가 된 한자다.

갑골문 鳳자

소전 鳥자

197 

11획

소금밭 로

식탁에 으레 오르지만 오늘날 귀하게 여기지 않는 조미료가 소금이다. 그러나 소금은 실제로 인간 생존에 매우 중요한 물질이다. 따라서 옛날에는 소금 때문에 전쟁이 일어나 나라가 망하기도 하고, 소금을 기반으로 해 나라가 건설되어 문명이 꽃피기도 했다. 鹵자는 그 소금과 관련되어 이뤄진 한자로 '소금밭'을 뜻한다.

『설문해자』에서 鹵자는 "서녘 지방의 염분이 있는 땅이다. 西의 생략된 형태를 따르고, 소금 형상을 본떴다(西方鹹地也. 从西省, 象鹽形)."라고 했다.

하지만 처음 볼 수 있는 금문 鹵자 자형에서 겉 부분은 소금을 담는 자루로 보이고, 속 부분의 㐅과 점은 자루 얼개와 소금을 나타낸 것으로 보인다. 소전과 예서의 鹵자도 금문 형태와 유사하게 쓰이고 있다.

암염을 담은 큰 자루

채취 한 암염

鹵자는 『설문해자』 풀이에 의해 '소금밭'의 뜻을 지니게 되었지만 금문 자형을 보면 그 소금밭에서 채취한 암염(巖鹽)인 천연의 '소금'을 뜻하는 한자다. 반면에 바닷물을 이용해 만들진 인조(人造)의 소금은 鹽[소금 염]자로 나타낸다. 또한 오늘날과 달리 소금이 귀했던 옛날에는 노략질하는 중요한 대상이 되었으므로 鹵자는 鹵獲(노획)이란 말에서 보듯 '노략질하다'의 뜻을 지니기도 한다.

鹵자를 부수로 삼는 한자는 당연히 소금과 관련된 뜻을 지닌다. 그러나 오늘날 비교적 자주 쓰이는 한자는 鹹[짤 함]자나 **鹽[소금 염]**자뿐이다.

198 鹿 11획 사슴 록

예부터 동화나 설화에서 인간을 돕는 착한 존재로 등장하는 동물이 사슴이다. 사슴은 한 시인의 시로 인해 흔히 '목이 길어 슬픈 짐승'으로 불리지만 크고 아름다운 뿔이 특징인 동물이다. 약재로도 쓰이는 그 뿔로 인해 사슴은 인간에게 더욱 유용한 동물로 여겨지고 있다. 鹿자는 그 '사슴'을 뜻한다.

갑골문	금문	소전	예서

사슴

『설문해자』에서 鹿자는 "짐승이다. 머리와 뿔과 네 발의 형상을 본떴다. 鳥와 鹿의 발은 서로 닮았기에, 比를 따랐다(獸也. 象頭角四足之形. 鳥鹿足相似. 从比)."라고 했다.

갑골문과 금문 鹿자의 대부분 자형은 뿔과 귀를 강조한 작은 머리, 몸체와 다리, 그리고 꼬리가 보이는 사슴으로 나타나 있다. 소전의 鹿자 자형은 원래 사슴 모양과 거리가 멀어지고 있으며, 예서에서는 사슴 모양을 거의 알아볼 수 없는 형태로 쓰이고 있다.

鹿자는 馴鹿(순록)이나 白鹿潭(백록담)에서처럼 '사슴'을 뜻한다. 그 사슴은 예민한 데다 빠르기 때문에 옛날 사람들이 사냥하기 어려운 동물이었다. 그렇게 사냥하기 어려운 만큼 가치 있는 존재였기에 鹿자는 종종 가치 있는 존재를 나타내는 데 사용되기도 했다. 특히 가장 높은 위치에 있는 최고 권위자와 관련해 '왕의 권좌에 비유'하는 뜻을 지니기도 한다. 中原逐鹿(중원축록)의 鹿자가 바로 그런 뜻을 지닌다.

鹿자를 부수로 삼는 한자에는 麒[기린 기], **麗[고울 려]**, 麓[산기슭 록], 麟[기린 린]자가 있다. 그 가운데 麓(록)자는 鹿자가 음의 역할을 한다. 아울러 塵[티끌 진]자는 土(토)자 부수에 속한다.

199

11획

보리 맥

곡물은 인류의 생명을 유지시키는 기본적인 식물이다. 따라서 옛날부터 인류는 생존을 위해 곡물 생산(生産)에 많은 관심을 기울여 왔으며, 그로 인해 비교적 많은 곡물이 재배되었다. 보리는 그 가운데 드물고 귀하게 여겨졌던 곡물인데, 麥자는 그 '보리'를 뜻한다.

대맥(보리)과 소맥(밀)의 이삭

갑골문	금 문	소 전	예 서

보리

『설문해자』에서 麥자는 "까끄라기가 있는 곡식이다. 가을에 씨 뿌리고 두텁게 묻어주기에, 고로 麥이라 이른다. 보리는 金이다. 金이 왕성하면 나고, 火가 왕성하면 죽는다. 來를 따랐는데, 이삭이 있는 것이다. 夊도 따랐다(芒穀. 秋種厚薶, 故謂之麥. 麥, 金也. 金王而生, 火王而死. 从來, 有穗者. 从夊)."라고 했다. 하지만 원래 '보리'를 뜻하는 글자는 來[올 래]자였다. 그 來(래)자가 후대에 '오다'의 뜻으로 쓰이게 되자, 다시 '보리'를 뜻하기 위해 麥자가 만들어진 것이다.

麥자 갑골문 자형은 줄기가 곧고 잎은 아래로 드리웠으며, 뿌리는 특이한 형상을 하고 있다. 보리의 뿌리는 15~20cm정도지만 물이 부족하면 더 길어진다. 이때의 긴 뿌리를 특징으로 삼아 그 자형이 이뤄진 것이다. 또 보리 줄기는 벼 줄기보다 단단하므로 벼를 나타내는 禾[벼 화→115 참고]자와 달리 그 자형에서 이삭을 나타낸 부분이 곧게 표현됐다. 금문 麥자 자형도 갑골문과 유사하게 쓰이고 있으며, 소전에서는 좀 더 정형된 형태로 쓰이고 있다. 예서의 麥자 자형은 소전의 자형에 비해 오히려 오

갑골문 來자

늘날의 자형과 더 멀어진 형태로 쓰이고 있다.

菽麥(숙맥)·麥飯石(맥반석)·麥秀之嘆(맥수지탄)에서 麥자는 오곡의 하나인 '보리'를 뜻하지만 보리는 그 종류가 다양하다. 따라서 麥자는 麥酒(맥주)란 말에서 보듯 특정한 한 종류의 보리를 지칭한다기보다 모든 맥류를 총칭하는 뜻으로 사용된다. 麥자가 '메밀'이나 '귀리'의 뜻을 지니는 것도 바로 그 때문이다. 하지만 麥자는 크게 '보리'를 뜻할 때는 大麥(대맥), '밀'을 뜻할 때는 小麥(소맥)으로 나누고 있다. 따라서 '밀가루'를 小麥粉(소맥분)이라 한다.

밀과 밀가루

누룩 만드는 모양

麥자는 자체적으로 비교적 자주 쓰이지만 그 부수에 속하는 한자는 많지 않다. 麴先生傳(국선생전)이나 麴醇傳(국순전)의 麴[누룩 국]자와 冷麵(냉면)이나 拉麵(랍면→라면)의 麵[밀가루 면=麪]자 정도가 그나마 오늘날 비교적 자주 쓰이고 있다.

200 麻

11획

삼 마

옛날 사람들은 여러 재료를 이용해 만든 옷을 입었다. 그 중에 삼은 누구나 쉽게 구할 수 있었으며, 더운 여름에 입기 편한 옷을 만드는 데 요긴한 재료가 되었다. 따라서 삼은 예부터 사람들에게 중요시된 작물이었다. 麻자는 그 '삼'을 뜻한다.

갑골문	금 문	소 전	예 서

집에서 말리는 삼단

『설문해자』에서 麻자는 "𣏟과 같다. 사람이 다스리므로, 집 아래에 있다. 广을 따랐고, 𣏟를 따랐다(與𣏟同. 人所治, 在屋下. 从广, 从𣏟)."라고 했다.

그러나 麻자는 갑골문에 그 자형이 보이지 않는다. 처음 보이는 금문 麻자는 삼에서 겉껍질을 벗겨낸 삼 줄기가 나란히 언덕 아래 있는 모양으로 나타나 있다. 소전에서는 언덕이 집으로 바뀌었다. 삼은 껍질을 벗겨낸 뒤에 물에 삶거나 오랫동안 물 속에 담가 섬유를 분리해 낸다. 대개 이런 일은 집 안에서 처리되기 때문에 집을 나타낸 자형이 덧붙여진 것이다.

삼에서 벗겨낸 삼 줄기의 겉껍질은 옷감인 삼베를 짜는 데 쓰인다. 따라서 麻자는 大麻草(대마초)에서처럼 '삼'을 뜻할 뿐만 아니라 麻衣太子(마의태자)에서처럼 '삼베'나 삼베로 만든 '베옷'을 두루 일컫는 뜻으로도 쓰인다. 또한 麻자는 삼의 잎이나 꽃에 마취성 물질이 많이 들어 있기 때문에 痲[저릴 마]자와 서로 통용(通用)되어 麻辣烫(→마라탕)에서처럼 '마비하다'의 뜻을 지니기도 한다.

麻자를 부수로 삼으면서 오늘날 비교적 자주 쓰이는 한자는 麾[대장기 휘]자뿐이다. 그러나 麻자는 摩[문지를 마], 磨[갈 마], 魔[마귀 마], 痲[저릴 마], 靡[쓰러질 미]자에서 여전히 음의 역할을 한다.

201 黃 12획 누를 황

병아리처럼 어린 동물에서 흔히 볼 수 있는 누른 색깔은 심리적으로 자신감과 낙천적인 태도를 갖게 하며, 새로운 아이디어를 얻도록 도움을 주는 색깔로 알려져 있다. 또 예부터 귀히 여긴 황금의 색깔이 누르기 때문에 부와 권위, 풍요로움을 상징하는 색깔로 여겨지기도 한다. 아울러 민주주의와 자유를 상징하는 색깔로도 여겨지고 있으며, 희생자를 기리는 색깔로도 사용되고 있다.

하지만 색깔은 추상적인 개념으로 그 뜻을 나타내기 위한 구체적인 대상물이 없기 때문에 문자로 표현하기 쉽지 않다. 따라서 그 개념을 표현하기 위해 어떤 다른 대상물로부터 비롯된 문자를 빌어서 그 뜻을 나타낼 수밖에 없다. 그 결과 그 자원에 대한 설명도 의견이 분분할 수밖에 없는데, '누르다'라는 뜻의 색깔을 나타내는 黃자 역시 그와 마찬가지다.

갑골문	금문	소전	예서

『설문해자』에서 黃자는 "땅의 색이다. 田을 따르고, 炗은 음이다. 炗은 고문의 光이다(地之色也. 从田, 炗聲. 炗, 古文光)."라고 했다. 이는 소전 자형을 바탕으로 田[밭 전]자와 炗[빛 광=光]자가 합쳐진 글자로 분석하면서 밭[田]의 빛[炗(光)]에서 그 뜻이 비롯되었다고 한 것이다. 그러나 이는 마땅치 않는 풀이로 보이며, 오늘날 학자들에 의해 주장되는 자원 풀이가 『설문해자』의 그 풀이보다 더욱 마땅해 보인다. 그것은 黃자의 뜻이 패옥(佩玉) 모양에서 비롯되었다는 견해다. 옥은 양의 기운이 충만한 보석(寶石)으로, 고대 중국인들은 이를 몸에 지니고 있으면 좋은 기운이 생긴다고 여겼다.

패옥

갑골문과 금문 자형을 통해 살펴보면, 黃자는 옛날 황제들이 옥으로 만들어 몸에 차는 장신구인 패옥 모양으로 나타나 있다. 그 자형 가운데에 보이는 동그란 형태는 연결된 패옥의 몸체인 옥고리이며, 옥고리 아래는 내려뜨린 장식물이다. 이 자형이 후에 패옥과 관계없이

패옥을 찬 유방

그 색깔을 빌어서 '누르다'라는 뜻을 나타낸 것이다. 패옥을 뜻하는 데는 다시 玉(옥)자를 덧붙인 璜[패옥 황]자를 쓰고 있다. 黃자는 소전을 거쳐 예서에서 오늘날처럼 쓰이고 있다.

黃자는 패옥과 관련된 한자로, 원래 패옥으로 사용된 '황옥'을 뜻했으나 오늘날 黃砂(황사)나 黃人種(황인종)에서처럼 주로 오색(五色)의 하나인 '누르다'의 뜻으로 쓰인다. '누르다'의 색깔은 오행사상(五行思想)에서 중앙색(中央色)으로 통하며, 또 땅의 색깔로 여러 색깔 가운데 가장 귀중하게 여겨졌다. 따라서 黃자는 귀중한 사람으로 '황제'를 뜻하기도 한다. 그 외에 黃자는 황금(黃金)의 색깔이 누렇기 때문에 '황금'을 뜻하기도 하고, 유황(硫黃)에서처럼 '노란 빛의 물건'을 뜻하기도 한다. 아울러 黃자는 주둥이가 누런 새 새끼와 관련해 사람 가운데 '어린아이'를 뜻하기도 한다. 黃口簽丁(황구첨정)의 黃자가 그런 뜻으로 쓰였다.

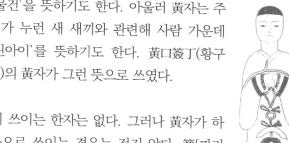

황벽(璜璧)

黃자 부수에 속하면서 오늘날 익히 쓰이는 한자는 없다. 그러나 黃자가 하나의 한자 구성에 도움을 주면서 음으로 쓰이는 경우는 적지 않다. 簧[피리 황], 横[가로 횡], 擴[넓힐 확], 廣[넓을 광], 鑛[쇳돌 광], 壙[광 광]자가 바로 그런 한자다.

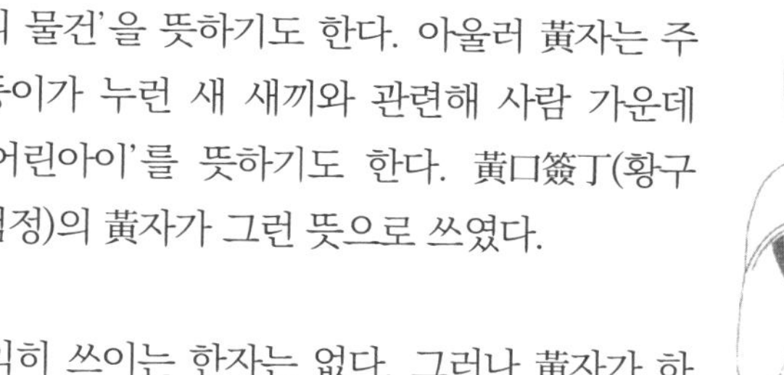

패옥을 찬 인형

202

12획

기장 서

기장은 옛날에 주로 술을 담그는 재료로 사용되었다. 술은 동서고금을 막론하고 많은 사람이 즐기는 음료로, 특히 제사를 중요시한 옛날에 없어서는 안 될 공물이었다. 따라서 옛날 사람들은 기장 생산에 특별한 관심을 기울였다. 黍자는 그 '기장'을 뜻한다.

갑골문	금문	소전	예서

기장

黍자는 『설문해자』에서 "볏과에 속하며 찰기가 있다. 대서에 심기에, 고로 黍라 이른다. 禾를 따르고, 雨의 생략된 형태가 음이다(禾屬而黏者也. 以大暑而種, 故謂之黍, 从禾, 雨省聲)."라고 했다.

그러나 갑골문 黍자 자형은 줄기가 곧은 식물의 이삭이 위로 뻗었다가 끝이 아래로 늘어진 모양으로 나타나 있다. 아울러 몇몇 자형은 식물 옆에 물방울이나 물의 형상이 덧붙여지기도 했다. 이는 기장이 찰기가 많은 식물임을 분명히 나타내려고 한 것으로 보인다. 소전 黍자는 이전 자형을 바탕으로 볏과 식물인 기장을 나타낸 형태 아래에 확실하게 물을 뜻하는 水[물 수]자를 더해 그 자형이 이뤄졌다.

黍자는 오곡의 하나인 '기장'을 뜻하는데, 기장은 한자로 黍稷(서직)이라 한다. 다시 黍稷의 黍자는 '메기장'을, 稷자는 '찰기장'을 뜻한다. 또 黍자가 이 둘을 뜻하기도 한다. 아울러 옛날에 기장을 무게의 단위로 삼았기에 黍자는 '용량(중량)의 단위'로도 쓰였다.

黍자를 부수로 삼으면서 오늘날 비교적 자주 쓰이는 한자는 많지 않다. 단지 黎[검을 려=黧]자와 黏[차질 점=粘]자가 있을 뿐이다.

203

12획

검을 흑

검은 색은 거의 모든 문화권에서 불길한 조짐을 나타내는 색깔로 통한다. 땅 밑의 세계, 죽음의 세계가 검은 장소이기 때문에 검은 색이 어두운 것, 그리고 죽음과 동일시된 것이다. 黑자는 그런 색깔인 '검다'를 뜻한다.

갑골문	금 문	소 전	예 서

죄인에게 문신을 새기는 모습

黑자는 『설문해자』에서 "불에 그을린 색이다. 炎을 따르고, 올라 천창으로 나가는 것이다(火所熏之色也. 从炎, 上出囪)."라고 했다. 윗부분의 천창(天窓)과 아랫부분의 불꽃이 합쳐져 천창 위로 불꽃이 타오를 때에 남겨진 색깔에서 '검다'라는 뜻이 비롯되었다고 했다.

하지만 금문 黑자 자형은 사람 얼굴에 문신을 새긴 모양으로 보인다. 이는 옛날에 죄인의 죄과를 드러내 보이려 할 때, 그 얼굴에 검은 먹물을 들였다는 점에 착안한 견해다. 소전 이후의 자형에서 黑자는 그 원래 형태를 잃고 오늘날처럼 쓰이고 있다.

黑死病(흑사병)이나 黑猫白猫(흑묘백묘)에서처럼 '검다'를 뜻하는 黑자는 그 의미가 확대되어 黑心(흑심)에서 보듯 '나쁘다'를 뜻하기도 한다. 아울러 黑자는 해가 지고 어두워지면 컴컴해지므로 黑夜(흑야)나 暗黑(암흑)에서처럼 '어둡다'의 뜻을 지니기도 한다.

먹물을 새긴 사람 도기

黑자 부수에 속하는 한자에는 **默[묵묵할 묵]**, **點[점 점]**, 黜[물리칠 출], 黥[자자할 경], **黨[무리 당]**자가 있다. 그 가운데 默(묵)자는 黑자가 음의 역할을 하는데, 그처럼 土(토)자 부수에 속하는 墨[먹 묵]자도 黑자가 음의 역할을 한다.

204

12획

바느질할 치

시대가 바뀌고 세상이 진보하여 신분제 사회가 되자 높은 계급에 속하는 사람은 자신의 신분을 과시하고자 몸에 장식물을 차기도 했지만 옷에 무늬를 넣어 입기도 했다. 옷에 수놓은 그림에는 전능함을 의미하는 해·달·별·용 등 구체적인 무늬가 사용되기도 했고, 기하학적인 무늬가 사용되기도 했다. '바느질하다'의 뜻으로 쓰이는 黹자는 그 기하학적인 무늬에서 비롯된 한자로 보인다.

갑골문	금문	소전	예서

수를 놓은 무늬

『설문해자』에서 黹자는 "바늘과 실로 기운 옷이다. 㡀와 丵의 생략형을 따르고, 바느질한 무늬를 본떴다(箴縷所紩衣也. 从㡀丵聲, 象刺文也)."라고 했다.

갑골문 黹자 자형도 바느질하여 수를 놓은 무늬 형상으로 보인다. 옛날 사람들은 두 개의 弓이나 己 모양을 서로 등지게 하거나 엮어지게 바느질하여 다양한 형태로 무늬를 나타내었다. 금문에는 黹자가 여러 자형으로 나타나 있으며, 그 자형이 다시 소전 과정을 거쳐 오늘날 쓰이는 형태로 정형되었다.

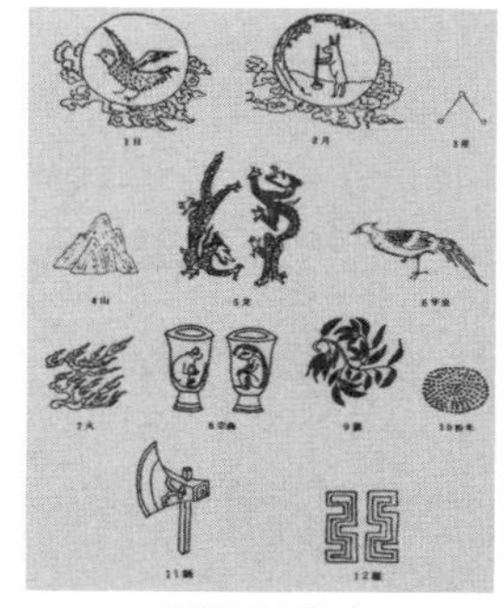

십이장복 무늬

黹자는 '바느질하다'의 뜻 외에 바느질하여 '수놓은 옷'이나 '수놓다'의 뜻을 지니기도 한다. 하지만 오늘날은 문자로 거의 쓰이지 않기 때문에 일상 언어생활에서 접하기 힘든 한자다.

黹자 부수에 속하는 한자는 바느질과 관련된 뜻을 지닌다. 그러나 오늘날 흔히 쓰이는 한자 가운데 黹자를 부수로 취하며 익히 쓰이는 한자는 찾아볼 수 없다.

205

黽

13획

맹꽁이 맹

말이나 동작이 답답하거나 고집을 부리는 사람, 또는 키가 작고 배가 뚱뚱한 사람을 실없이 이를 때에 그 행동이나 모습으로 말미암아 사람들이 잘 빗대어 이르는 동물이 맹꽁이다. 맹꽁이는 개구리를 닮았으나 머리의 폭이 넓고 배가 뚱뚱하며, 날이 흐리거나 비가 오면 논이나 개울에서 '맹맹맹'이나 '꽁꽁꽁'하며 요란스럽게 운다 하여 맹꽁이라는 이름이 붙여졌다. 黽자는 그 '맹꽁이'를 뜻한다.

갑골문	금문	소전	예서

맹꽁이

『설문해자』에서 黽자는 "개구리의 일종인 맹꽁이다. 它를 따른다. 형상을 본떴다(鼃黽也. 从它. 象形)."라고 했다.

갑골문 黽자 자형도 머리와 배, 그리고 네 개의 다리가 있는 맹꽁이를 나타냈다. 특히 그 특징인 큰 배가 잘 나타나 있음을 볼 수 있다. 그러나 黽자는 금문에서부터 꼬리가 보이기 시작하고, 소전에서는 그 꼬리가 완연히 드러나 있다. 예서의 黽자는 오늘날처럼 쓰이고 있다.

黽자는 '맹꽁이'를 뜻하고, '힘쓰다'나 '고을 이름'의 뜻을 지니기도 한다. 그러나 黽자는 '맹꽁이'를 뜻할 때만 '맹'의 음으로 읽힌다. 반면에 '힘쓰다'의 뜻으로 쓰일 때는 '민'으로, '고을 이름'으로 쓰일 때는 '면'으로 읽힌다. 하지만 오늘날 黽자는 단독의 문자로 그 쓰임이 거의 없는 한자다.

黽자 부수에 속하면서 그나마 자주 볼 수 있는 한자에는 鼈主簿傳(별주부전)의 鼈[자라 별=鱉]자가 있다. 그 외에 黽자는 繩[노끈 승]자나 竈[부엌 조]자의 구성에 도움을 주고 있다.

206 鼎 13획

솥 정

옛날에 천자(天子)나 제후(諸侯)는 만백성(萬百姓)을 대표해 하늘이나 산천에 제사를 지냈다. 그런 제사에는 흔히 소와 같이 큰 제물이 사용되었다. 그처럼 큰 제물이 사용될 때는 이를 요리할 수 있는 큰 솥이 필요했다. 그런 솥은 흔히 청동(靑銅)으로 만들어 색이 휘황찬란하며, 진열을 했을 때 제사 의식의 위용(威容)을 더해 주었다. 鼎자는 그런 '솥'을 뜻한다.

9주의 구정(九鼎)

갑골문	금문	소전	예서

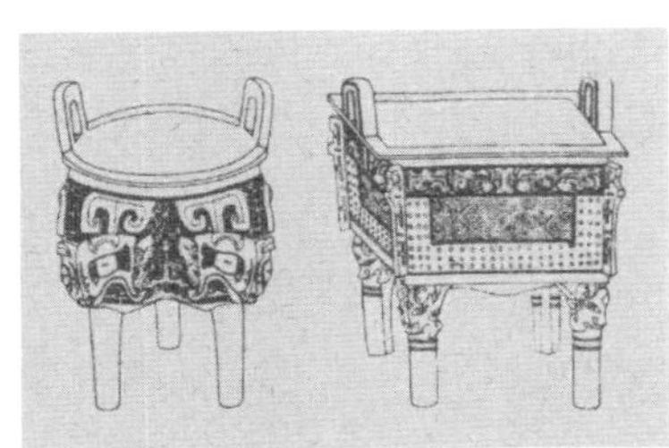

원정(圓鼎)과 방정(方鼎)

鼎자는 『설문해자』에서 "세 발과 두 귀가 있으며, 다섯 가지 맛을 조화시키는 보배로운 그릇이다. 옛날 우임금이 9주의 쇠를 거둬, 형산 아래에서 鼎을 주조해, 산림과 천택에 들였는데, 이매망량(도깨비)이 능히 가까이 못했고, 이로 하늘의 훌륭한 덕을 도와서 이었다(三足兩耳, 和五味之寶器也. 昔禹收九牧之金, 鑄鼎荊山之下, 入山林川澤, 魑魅魍魎, 莫能逢之, 以協承天休)."라고 했다.

갑골문 鼎자 자형도 대체로 두 개의 솥귀와 둥근 솥배, 그리고 두 개의 솥발이 나타나 있는 모양이다. 솥발은 실제로 세 개나 네 개로 만들어졌지만 정면에서 보면 두 개만 보이기 때문에 그 자형에는 두 개의 솥발로만 나타낸 것이다. 금문 鼎자의 일부 자형은 세 개의 솥발에 두 개의 솥귀가 확연히 나타나 있다. 소전 鼎자 자형은 이전의 일반적인 형태를 좀 더 정형된 형태로 나타냈고, 예서는 그 자형을 이어서 쓰고 있다.

홍콩 반환 기념 정(鼎)

鼎자는 '솥'을 뜻하는데, 고문장에 수많은 형태의 鼎자 자형이 있는 것으로 보아 옛날에는 그 쓰임이 많았음을 알 수 있다. 그렇게 쓰임이 많았던 솥은 나라에서 제사를 지낼 때와 같이 존귀한 일에 사용되었기 때문에 鼎자는 '존귀하다'의 뜻을 지니기도 한다. 뿐만 아니라 鼎자는 '정립하다'의 뜻을 지니기도 한다. 이는 주로 세 개의 솥발로 이뤄진 鼎의 모양에서 비롯된 뜻으로, 그런 솥발처럼 세 사람이 벌여 선 모습과 관련이 있다. 따라서 鼎談(정담)은 세 사람이 마주해서 하는 이야기를 의미한다.

갑골문 員자

鼎자 부수에 속하면서 오늘날 익히 쓰이는 한자는 찾아볼 수 없다. 하지만 鼎자는 員[수효 원]자의 고자(古字)인 鼏(원)자에서 그 쓰임을 엿볼 수 있다. 鼏(원)자는 원래 솥의 둥근 입을 나타낸 口의 형태와 鼎자가 합쳐진 한자였다. 그러나 후대에 鼎자의 쓰임이 복잡하자 貝의 형태로 바뀌 결국 員자로 쓰이게 된 것이다. 그처럼 원래 鼎자가 음의 역할을 한 鼑[곧을 정]자도 오늘날 그 자형에 덧붙여진 鼎자를 貝의 형태로 바뀌 貞자로 쓰고 있다. 이는 鼎刂[법칙 칙·곧 즉]자를 則자로 쓰는 데서도 볼 수 있다. 약간 다른 형태지만 具[갖출 구]자도 원래는 鼎자와 廾[손 맞잡을 공]자가 위와 아래에 합쳐 쓰이던 한자였다.

갑골문 具자

금문 則자

207 鼓

13획

북 고

북은 소리가 짧고 힘이 있어서 예부터 군대에서 병사들의 사기를 고취시키거나 전진을 할 때 박자를 맞추는 신호로 쓰였던 악기다. 오늘날은 대형 연주에서 박자를 맞추는 데 빼 놓을 수 없는 악기이기도 하다. 鼓자는 그 '북'을 뜻한다.

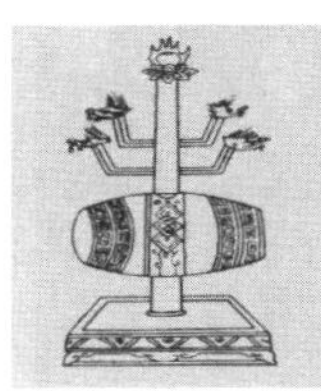

갑골문	금 문	소 전	예 서

북치는 사람

『설문해자』에서 鼓자는 "둘러싼 것이다. 춘분 때의 음악으로, 만물이 껍질에 둘러싸여 있다가 뚫고 나오므로, 고로 鼓라 이른다. 壴를 따르고, 屮과 又를 따른다. 屮은 늘어뜨린 장식을 본떴다. 又는 그 손으로 친다는 것을 본떴다(郭也. 春分之音, 萬物郭皮甲而出, 故曰:鼓. 从壴, 从屮又. 屮象𠂹飾, 又象其手擊之也)." 라고 했다.

갑골문과 금문 鼓자 자형도 대체로 손에 북채를 들고 북을 치는 형태다. 북을 표현한 형상에서 가운데 부분은 북의 몸체를 나타냈고, 그 몸체 아랫부분은 땅에 세울 수 있게 하는 북 아래의 받침대를 나타냈으며, 윗부분은 몸체 꼭대기에 나뉘어 갈라진 장식물을 나타냈다. 그 자형은 또 손으로 막대를 들고 있는 모양을 옆에 덧붙임으로서 북이 손으로 치는 악기임을 확실하게 표현하고 있다. 鼓자는 소전과 예서의 과정을 거쳐 오늘날처럼 쓰이고 있다.

自鳴鼓(자명고)나 申聞鼓(신문고)에서 '북'의 뜻으로 쓰이는 鼓자는 문자(文字)로 처음 사용될 때는 鼓手(고수)에서처럼 북을 치는 동작에서 '북을 치다'라는 뜻으로 쓰였다. 북은 애초에 전쟁에 사용되는 악기였으며, 전쟁이 끝나고 평화가 오면 오락(娛樂)이 흥하게 되어 자연스럽게 오락에 쓰이는 악기가 되기도 했다. 바로 그 북이 전쟁이나 오락에서 흔히 사기나 흥을 부추기기 때문에 鼓자는 '부추기다'의 뜻을 지니기도 한다. 북을 치고 나팔을 불어서 아군의 사기를 부추긴다는 의미의 고취(鼓吹)라는 어휘는 북이 전쟁에 사용되었음을 짐작하게 하며, 허리에 북을 매달고 치면서 춤을 춰 흥을 부추기는 의미의 鼓舞(고무)라는 어휘는 북이 오락에 사용되었음을 짐작하게 한다. 또 북이 울리는 것처럼 사람의 맥박(脈搏)이 뛰기 때문에 鼓자는 '맥박'의 뜻으로도 쓰이는데, 鼓動(고동)의 鼓자가 바로 그런 뜻을 지니고 있다. 뿐만 아니라 북은 쳐서 소리를 내는 악기기 때문에 '치다'의 뜻을 지니기도 한다. 鼓腹擊壤(고복격양)이나 含哺鼓腹(함포고복)의 鼓자가 바로 그런 뜻으로 쓰였다.

전쟁에 사용된 북(오른쪽)

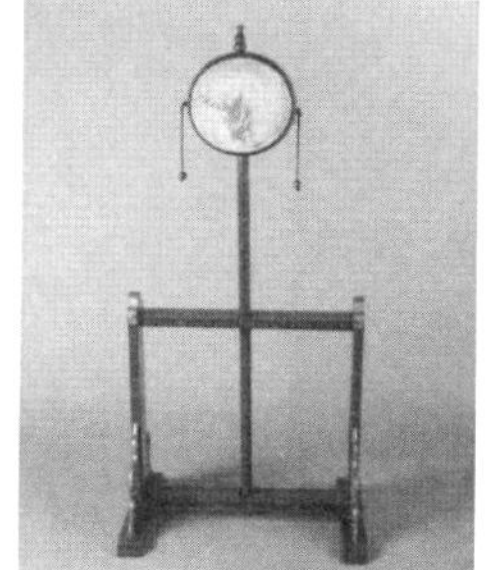
도고

오늘날 鼓자 부수에 속하면서 비교적 자주 쓰이는 한자는 찾아볼 수 없다. 그나마 흔들면 땡땡 하는 소리가 나게 만든 아이들의 장난감인 '땡땡이'를 뜻하는 鼗鼓(도고)의 鼗[땡땡이 도]자에서 그 쓰임을 살펴볼 수 있다.

도고 연주 화상석

208 鼠 13획 쥐 서

전 세계 포유류 가운데 그 수가 가장 많은 동물이 쥐다. 쥐는 예부터 주로 집 안에 살면서 사람의 양식을 축내고, 심지어 페스트균을 가진 벼룩을 인체에 퍼뜨림으로서 사람으로 하여금 고민에 빠지게 하는 동물이었다. 鼠자는 그런 '쥐'를 뜻한다.

갑골문	금문	소전	예서

쥐

『설문해자』에서 鼠자는 "구멍에 사는 동물의 총칭이다. 형상을 본떴다(穴蟲之總名也. 象形)."라고 했다.

고문자에 그 자형이 자주 보이지는 않지만 처음 보이는 금문 鼠자 자형은 전체적인 모양의 쥐를 나타내고 있다. 소전 鼠자 자형은 좀 더 정형된 형태로 쓰이고 있다. 그 자형에서 윗부분은 이빨이 두드러진 머리를, 아랫부분은 움츠린 두 발과 몸체에서 이어진 긴 꼬리를 나타내고 있다. 예서에서는 약간 다르게 쓰이고 있으나, 오늘날 쓰이는 鼠자 자형은 소전의 형태를 이어서 쓰고 있다.

鼠자는 설문 풀이에 의하면 원래 쥐과에 딸린 동물을 총칭했다. 하지만 오늘날 鼠자는 鼠生員(서생원)이나 鼠目太(서목태)에서처럼 단지 '쥐'만을 뜻하고 있다. 아울러 쥐가 설치류(齧齒類)에 속하기 때문에 鼠자는 靑鼠毛(→청설모)에서도 그 쓰임을 엿볼 수 있다. 뿐만 아니라 쥐가 사람에게 큰 해를 끼치기 때문에 鼠자는 '임금 측근에서 해를 끼치는 간신'을 비유하기도 한다.

鼠자 부수에 속하면서 오늘날 자주 쓰이는 한자는 찾아볼 수 없다. 그나마 穴[구멍 혈]자 부수에 속하는 竄[숨을 찬]자에서 그 쓰임을 엿볼 수 있으나, 竄(찬)자도 익히 쓰이는 한자는 아니다.

209

14획

코 비

코는 숨을 쉬거나 냄새를 맡는 역할을 하며, 발성을 하는 데도 도움을 주는 인체의 한 부위다. 또 얼굴 한복판에 도드라져 있어 얼굴의 균형미를 유지해 주는 부분이기도 하다. 鼻자는 그 '코'를 뜻한다.

갑골문	금 문	소 전	예 서

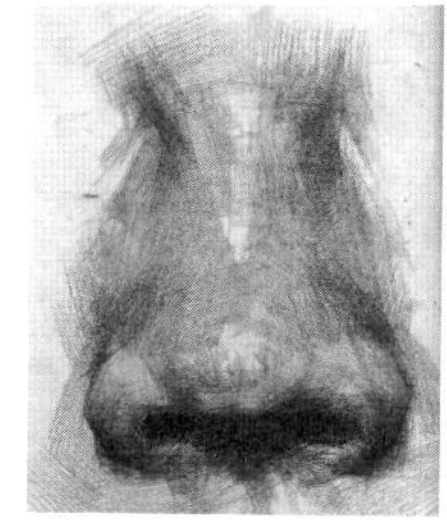

코 그림

鼻자는 『설문해자』에서 "기를 끌어들였다 내보내는 것이다. 自와 畀를 따랐다(引气自畀也. 从自畀)."라고 했다.

하지만 애초에 '코'를 뜻하는 한자는 코 모습에서 그 자형이 이뤄진 自[스스로 자→132 참고]자였다. 그러나 自자가 후대로 내려오면서 '코'의 뜻이 아닌 '스스로'의 뜻으로 전용(專用)되자 다시 自자에 음을 나타내는 畀[줄 비]자를 덧붙인 鼻자를 만들어 그 뜻 '코'를 대신했다.

鼻자에 덧붙여진 畀(비)자는 화살 모양에서 비롯된 한자다. 그러나 소전 鼻자에 덧붙여진 畀(비)자는 화살 모양을 알아볼 수 없게 변화되었고, 그 자형이 예서로 이어져 결국 오늘날처럼 쓰이게 되었다.

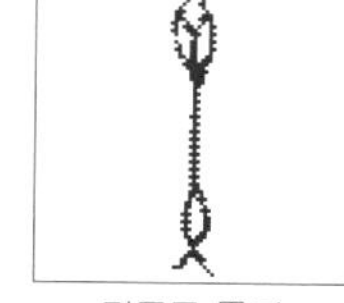

갑골문 畀자

금문 畀자

耳目口鼻(이목구비)나 耳鼻咽喉科(이비인후과)에서처럼 흔히 '코'의 뜻으로 쓰이는 鼻자는 吾鼻三尺(오비삼척)에서 보듯 '콧물'의 뜻으로도 쓰인다. 그 외에 鼻자는 鼻祖(비조)에서 보듯 '시초'의 뜻을 지니기도 한다. 옛날 사람들은 태생동물(胎生動物)이 모태(母胎)에 있을 때, 코부터 생긴다고 여겼기 때문이다. 아울러 鼻자는 '코 꿰다'의 뜻으로도 쓰이는데, 예부터 사람들이 소와 같은 짐승 코에 구멍을 뚫어 코뚜레나 막대기 같은 것으로 꿴 데서 그런 뜻이 비롯되었다. 또한 鼻자는 '손잡이'를 뜻하기도 한다. 이는 기물의 손잡이가 손으로 잡을 수 있도록 하기 위해 얼굴의 코처럼 튀어 나와 있기 때문이다.

소전 嗅자

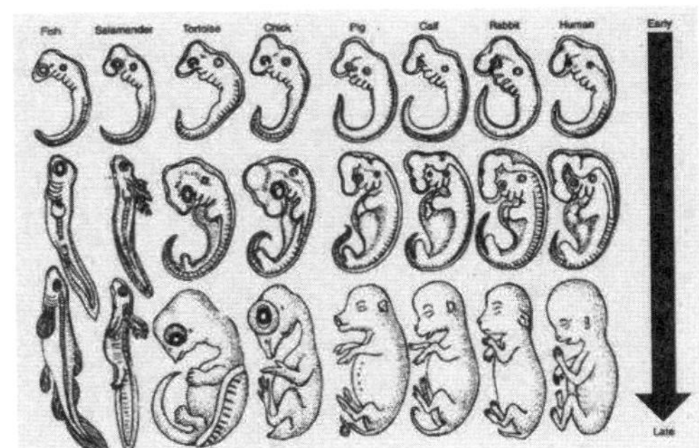

태생동물의 성장과정

鼻자는 부수에 속하면서 오늘날 비교적 자주 쓰이는 한자는 하나도 없다. 굳이 살펴본다면 嗅[맡을 후]자와 동자(同字)인 齅(후)자 정도가 있을 뿐이다. 鼻자가 하나의 글자 구성에 도움을 주며 익히 쓰이는 경우도 역시 찾아볼 수 없다.

210

齊

14획

가지런할 제

농경시대가 시작되면서 사람의 힘으로 재배된 곡물은 일률적으로 성장했으며, 때에 따라 재배 과정 중에 손질이 가해지기도 했다. 따라서 곡물은 일반적으로 가지런한 모양을 유지할 수 있었다. 齊자는 이렇게 같은 높이로 가지런히 자란 곡물 모양에서 그 자형이 이뤄지면서 그 뜻이 '가지런하다'가 되었다.

갑골문	금문	소전	예서
			齊

가지런히 자란 보리 이삭

『설문해자』에서 齊자는 "벼나 보리가 이삭이 패어 위가 가지런한 것이다. 형상을 본떴다(禾麥吐穗上平也. 象形)."라고 했다.

갑골문 齊자 일부 자형은 곡물 이삭이 들쭉날쭉하여 가지런하지 않게 보이지만, 이는 그 이삭을 위에서 내려다 본 모양으로 나타냈기 때문이다. 이를 옆으로 살펴본다면, 이삭 머리가 가지런함을 미뤄 짐작할 수 있다. 금문에서부터 齊자는 이삭을 나타낸 부분이 세 개로 고정되었다. 또 그 자형 가운데 =의 형태가 덧붙여지기도 했는데, 이는 가지런함의 의미를 표현하는 임의(任意)의 선으로 보인다. 일부에서는 지면(地面)으로 보기도 한다. 齊자는 소전 이후 좀 더 정형된 형태를 거쳐 오늘날처럼 쓰이고 있다.

齊자는 오늘날 '제·재·자·전'의 네 가지 음(音)으로 읽힌다. 그 가운데 주로 사용되는 음이 '제'로, 이때의 뜻은 修身齊家(수신제가)나 衣冠整齊(의관정제)에 쓰이는 齊자처럼 '가지런하다'다. 아울러 齊자는 齊

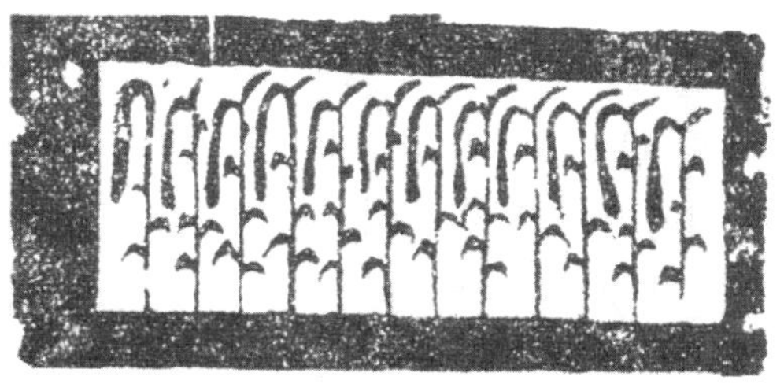

가지런히 자란 곡물 모양

표기가 잘못된 사십구재

唱(제창)이나 百花齊放(백화제방)에서처럼 '모두'의 뜻으로 쓰일 때도 '제'의 음으로 읽힌다. '재'로 읽힐 때는 齊자가 '재계하다'와 '상복(喪服)'의 뜻을 지니며, '자'로 읽힐 때는 '옷자락'의 뜻을 지닌다. 또 齊자가 '자르다'를 뜻할 때는 '전'으로 읽힌다. 하지만 우리 언어생활 속에서 齊자는 주로 '제'의 음으로 읽히고 있다.

齊자는 하나의 한자 구성에 도움을 주면서 음의 역할을 하는 데 주로 사용된다. 그때의 음은 '제'와 '재' 두 가지며, 濟[건널 제], 劑[약 지을 제], 霽[갤 제], 臍[배꼽 제], 齋[재계할 재]자 등이 그런 한자다. 그 가운데 齋(재)자는 齊자 부수에 속하면서 오늘날 익히 쓰이는 유일한 한자며, 그 음도 다른 한자와 달리 '재'로 읽힌다. 따라서 '사람이 죽은 지 49일 되는 날에 지내는 의식'을 이르는 말인 '四十九齋'도 '사십구재'라 해야 한다. 하지만 제사(祭祀)와 관련해 祭[제사 제]의 음 '제'로 잘못 인식되어서인지 '사십구제'라 하는 이가 적지 않다. 그 음에 유의해야 한다.

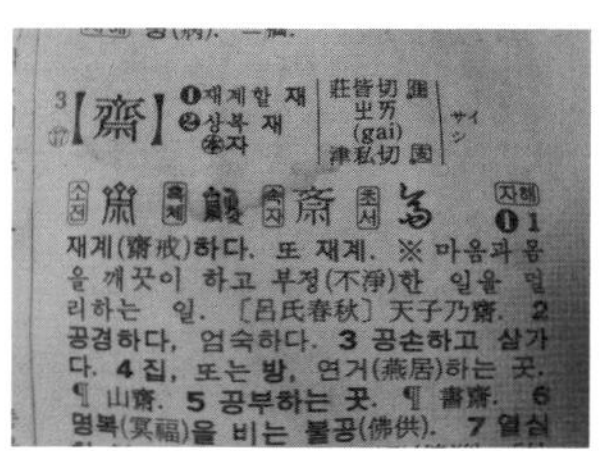
3 【齋】 ❶재계할 재 ❷상복 재 ㊔자

(gai)

자해 ❶ 1 재계(齋戒)하다. 또 재계. ※ 마음과 몸을 깨끗이 하고 부정(不淨)한 일을 멀리하는 일. 〔呂氏春秋〕 天子乃齋. 2 공경하다, 엄숙하다. 3 공손하고 삼가다. 4 집, 또는 방, 연거(燕居)하는 곳. ¶ 山齋. 5 공부하는 곳. ¶ 書齋. 6 명복(冥福)을 비는 불공(佛供). 7 열심

한한대사전 齋자

211 齒

15획

이 치

사람이 살아가는 데 아주 중요한 신체의 한 부위가 이다. 이는 사람이 음식을 먹고 말하는 데 큰 역할을 하기 때문이다. 튼튼한 이가 오복(五福)에 든다고도 한다. 하지만 이를 제대로 못 쓰게 된 사람들은 안다. 튼튼한 이가 열 효자보다 낫다는 것을. 齒자는 그 '이'를 뜻한다.

갑골문	금문	소전	예서

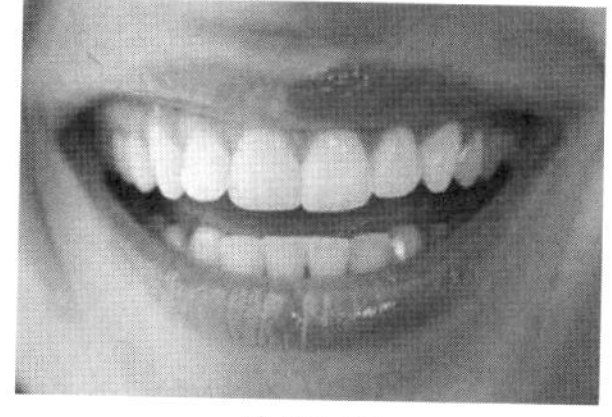
사람의 이

『설문해자』에서 齒자는 "입의 이 형상을 본떴다. 止는 음이다(象口齒之形, 止聲)."라고 했다.

갑골문 齒자도 이가 입 안의 위아래에 나란히 나 있는 모습이다. 금문 齒자에서 비로소 음(音)을 나타내는 止자 자형이 덧붙여지기 시작했다. 소전 齒자는 금문 자형에 이어서 입과 이, 그리고 음을 나타내는 止자 세 부분으로 그 자형이 이뤄졌다.

健齒(건치)나 永久齒(영구치)에서처럼 주로 '이'의 뜻으로 쓰이는 齒자는 角者無齒(각자무치)에서처럼 원래 '앞니'를 뜻하는 한자였다. 그러나 齒자는 그 의미가 확대되어 年齒(연치)에서처럼 '나이'를 뜻하기도 한다. 예컨대 말이나 소와 같은 동물의 나이를 알아보고자 할 때는 그 이를 세어 보는데, 이는 나이에 따라 이의 숫자가 다르기 때문이다.

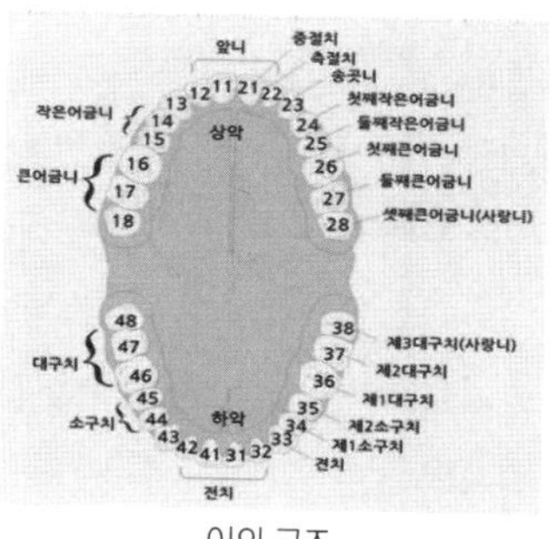

이의 구조

齒자를 부수로 삼는 한자는 일반적으로 이와 관계된 뜻을 지닌다. 齡[나이 령], 齦[잇몸 은 =齗], 齧[물 설], 齪[악착할 착], 齷[악착할 악]자 등이 그런 한자다.

212 龍

16획

용 룡

몸은 큰 뱀과 비슷하며, 등에 뻣뻣한 비늘이 있고, 네 개의 발에 발가락이 있는 상상의 동물이 '용'이다. 용은 그 얼굴이 사나우며, 뿔은 사슴에, 눈은 귀신에, 귀는 소에 가깝다고 한다. 또 몸을 자유자재로 변화시키면서 하늘에 오르거나 물에 잠기기도 하며, 구름과 비를 몰아 조화를 부린다고 한다. 龍자는 그 '용'을 뜻한다.

갑골문	금문	소전	예서
			龍

숭례문의 청룡과 황룡

『설문해자』에서 龍자는 "비늘을 가진 동물의 수장이다. 능히 숨길 수도 나타낼 수도 있으며, 능히 가늘어질 수도 굵어질 수도 있고, 능히 짧아질 수도 길어질 수도 있다. 춘분에는 하늘에 오르고, 추분에는 못에 잠긴다. 肉을 따르고, 나는 형상이다. 童의 생략형이 음이다(鱗蟲之長. 能幽能朙, 能細能巨, 能短能長, 春分而登天, 春分而潛淵, 从肉, 飛之形. 童省聲)."라고 했다.

갑골문 龍자 자형도 용을 나타냈는데, 대체로 뾰족한 뿔과 입을 크게 벌린 머리, 그리고 구부러진 기다란 몸체가 서 있는 형태로 나타나 있다. 금문 龍자 자형 역시 갑골문 자형과 비슷하나 입을 벌린 머리 부분이 月의 모양으로 변하고 있음을 알 수 있다. 소전에서 龍자는 뿔과 벌린 입을 나타낸 머리 모양을 좌측에 쓰고, 몸체를 우측에 쓰는 형태가 되었다. 그 형태는 결국 예서의 과정을 거쳐 오늘날의 자형으로 이어지고 있다.

용은 예부터 중국이나 우리나라에서 신비적인 숭배물, 혹은 민속적인 신앙물의 대상으로 여겨졌다. 뿐만 아니라 용은 기린·봉황·거북과 함께 사령(四靈)으로 여겨졌다. 그처럼 상서로운 동물로 여겨졌던 용은 물속에 사는 동물의 수장(首長)으로, 능히 구름과 비를 일으키는 조화를 부려 만물을 이롭게 하는 존재로 보았다. 그런 조화를 부리기에 하늘의 비를 바라보며 농사를 짓던 사람들에게 용은 숭배(崇拜)의 대상이 되었다. 따라서 靑龍(청룡)이나 飛龍(비룡)에서 '용'의 뜻으로 쓰이는 龍자는 그 의미가 인간에게까지 확대되어 龍床(용상)이나 龍顔(용안)에서처럼 숭배의 대상인 '천자'나 '군주'를 상징하는 뜻을 지니기도 한다. 뿐만 아니라 '뛰어난 인물'을 뜻하기도 하는데, 제갈공명(諸葛孔明)을 臥龍(와룡)으로 지칭하는 것이 바로 그런 경우다. 그 외에 龍자는 '방'의 음으로 읽히면서 '잡색'을 뜻하고, '총'의 음으로 읽히면서 '사랑'을 뜻하기도 하나 일상 언어생활 속에서 그런 쓰임을 찾아볼 수는 없다.

성균관대학교 청룡상

龍자를 부수로 삼는 한자는 龐[클 방·충실할 롱]자나 龕[감실 감]자가 있다. 그러나 이들 한자는 잘 쓰이지 않는다. 하지만 그 가운데 龐(방)자는 음의 차이가 커 보이지만 龍자가 음의 역할을 한다. 그처럼 龍자가 하나의 글자 구성에서 음의 역할을 하는 경우는 적지 않다. 다음은 그런 한자다.

籠 [대그릇 롱]　朧 [흐릿할 롱]　瓏 [옥 소리 롱]　聾 [귀머거리 롱]　壟 [언덕 롱=壠]
寵 [괼 총]

그 외에 龍자는 䶬[나는 용 답], 龘[용 가는 모양 답], 𪚥[수다할 철(절)]자의 구성에 도움을 주기도 한다. 그 중에 䶬(답)자는 다시 衣[옷 의]자 부수에 속하는 襲[엄습할 습]자에서 음의 역할을 하는데, 襲(습)자는 오늘날 그 자형의 일부가 생략되어 襲(습)자로 쓰이고 있다. 아울러 𪚥(철)자는 현재 우리나라에서 발행하는 한한대사전(漢韓大辭典)에 수록된 한자 가운데 가장 많은 획수인 64획으로 쓰이고 있다.

虍 [illegible] 1814	言 [illegible] 1950	鳥 [illegible] 2358
豆 豔 1954	馬 驪 2305	37획
足 [illegible] 2015	鬯 鬱 2319	艸 [illegible] 1808
金 鑜 2156	魚 鱹 2337	48획
钀 2156	鳥 鸛 2357	龍 龘 2393
钁 2156	鸜 2357	64획
鑿 2156	麥 [illegible] 2305	龍 𪚥 2393
钃 2156	齒 [illegible] 2390	
隹 雧 2212	30획	
面 [illegible] 2235	革 韊 2243	

한한대사전 총획색인

213 **龜** 16획

거북 귀

옛날 사람들이 보통 천년 동안이나 산다고 여겼던 장수의 동물이 거북이다. 그렇게 오래 살기에 사람들은 거북이 영험이 있어 능히 길흉을 알 수 있으며, 신과 인간 사이를 매개해준다고 믿었다. 그리고 사령의 하나인 영물로 숭배했다. 龜자는 그 '거북'을 뜻한다.

갑골문	금 문	소 전	예 서

갈라파고스 거북

『설문해자』에서 龜자는 "오래 산다. 겉은 뼈고 속은 살이다. 它를 따르는데, 거북 대가리는 뱀 대가리와 같다(舊也, 外骨內肉也. 从它, 龜頭與它頭同)."라고 했다.

龜자 갑골문 자형도 대가리와 발, 짧은 꼬리, 그리고 특히 껍데기가 두드러진 등이 있는 거북을 나타냈는데, 옆에서 본 모양과 위에서 본 모양 두 가지가 있다. 그 가운데 금문 龜자는 위에서 본 모양을 이어서 쓰고 있지만, 소전 龜자는 옆에서 본 모양을 이어서 쓰고 있다.

龜자는 '귀·구·균'의 세 음으로 읽힌다. 그 가운데 龜鑑(귀감)이나 龜趺(귀부)에서처럼 '귀'로 읽힐 때는 본의(本義)인 '거북'이나 '거북점'의 뜻을 지닌다. 龜尾(구미)나 龜州(구주)에서처럼 '구'로 읽힐 때는 '땅 이름'의 뜻을 지니는데, 이는 거북점의 계시(啓示)를 받아 이뤄진 지역과 관련이 있다. 龜裂(균열)에서처럼 '균'으로 읽힐 때는 '트다'나 '갈라지다'의 뜻을 지니는데, 이는 거북의 특징이 잘 드러난 갈라진 모양처럼 보이는 등에서 비롯되었다.

龜자 부수에 속하면서 자주 쓰이는 한자는 찾아볼 수 없다. 굳이 찾는다면 秋[가을 추]자의 고자(古字)인 穐자에서 그 쓰임을 살펴볼 수 있는데, 穐자에 덧붙여진 龜는 거북이 아닌 메뚜기를 나타낸 자형이다.

설문주문 秋

214

17획

피리 약

214개 부수 가운데 그 획수가 17획으로 가장 복잡한 한자가 '피리'의 뜻을 지닌 龠자다. 龠자 자형의 바탕이 된 피리는 원래 황죽(黃竹)으로 만든 중국 고대의 악기로, 단소(短簫)처럼 생겼다. 구멍은 대개 3개나 6개로 이뤄져 있으며 세로로 불게 되어 있다. 주로 사람을 여러 줄로 벌여 세워 춤을 출 때, 문무(文舞)하는 무생(舞生)이 왼손에 쥐었던 악기였다. 이 악기는 고려 때 우리나라에 들어 왔고, 오늘날은 문묘(文廟) 제례악(祭禮樂)에 쓰이고 있다.

갑골문	금 문	소 전	예 서

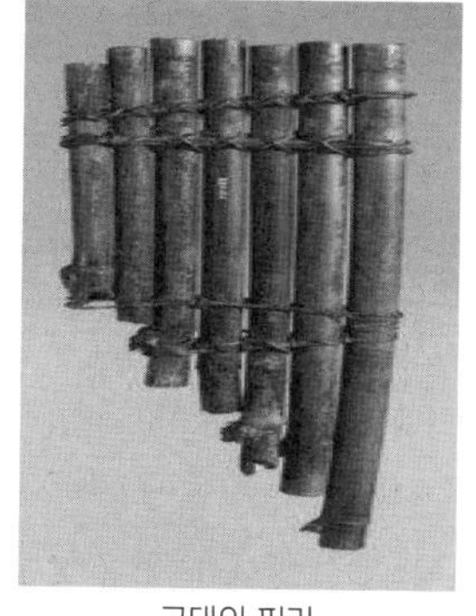

고대의 피리

『설문해자』에서 龠자는 "대로 만든 악기로, 세 개의 구멍이 있다. 이로써 여러 소리를 조화롭게 한다(樂之竹管, 三孔, 以和衆聲也)." 라고 했다.

실제로 갑골문 龠자 자형은 대(대나무)로 만든 악기를 나타냈으나 여러 개의 관(管)을 간략하게 줄여 두 개의 관으로 나타냈다. 관은 다시 구멍을 표시한 부분과 줄을 표시한 부분이 서로 어우러진 모양으로 되어 있다. 그 외에 몇몇 자형에서는 관 위에 스의 모양을 덧붙인 형태가 보이기도 한다. 스의 모양에 대해 학자들의 설명이 분분하지만 일반적으로 입을 뜻하는 口[입 구→030 참고]자가 아래쪽을 향하고 있는 형태로 보고 있다. 그렇게 본 것은 피리가 입으로 부는 악기기 때문이다. 마치 '북'을 뜻하는 鼓[북 고→207 참고]자 자형에서 북채를 손에 쥐고 있는 모양을 덧붙인 것과 같은 경우다. 이후에 龠자는 금문 자형을 거쳐 소전에서 다시 세 개의 관을 지닌 모양으로 통일되면서 오늘날 쓰이는 자형과 유사한 형태로 굳어졌다.

鼓자 고문자

가화만사성을 쓴 액자

龠자는 '피리'를 뜻하는 외에 한 홉의 10분의 1을 나타내는 '용량(用量)의 단위'로도 쓰인다. 그러나 일상 언어생활에서 글자가 사용되지 않으니, 그 뜻 또한 사용되는 실례(實例)를 접할 길이 없다.

龠자를 부수로 삼는 한자 역시 오늘날 그 쓰임을 쉽게 찾아 볼 수 없다. 그나마 그 흔적은 和[화할 화]자의 고자(古字)인 龢(화)자에서 살펴볼 수 있다. 하지만 龢(화)자는 후대에 그 자형에 덧붙여진 龠자가 복잡해 대신 口자가 사용되면서 咊(화)자로 쓰이고, 咊(화)자는 다시 좌우(左右)의 자형을 바꿔 和(화)자로 쓰이게 되었다. 그러자 결국 龢(화)자는 일상생활에서 쓰이지 않게 되었다. 하지만 고문자(古文字)인 갑골문이나 금문의 서체를 쓰시는 분들은 和(화)자 대신에 龢(화)자를 오늘날에도 여전히 사용하고 있다. 龢(화)자처럼 吹[불 취]자에 덧붙여진 口자도 원래는 龠자를 덧붙여 龡(취)자로 썼다. 이렇게 和(화)자의 고자(古字)인 龢(화)자나 吹(취)자의 고자인 龡(취)자에 쓰이는 龠자는 총획의 순으로 나열된 부수의 맨 마지막 한자가 된다.

금문 和자

강희자 吹자

획수별 부수 일람표

1획 一	丨	丶	丿	乙	乚	亅	2획 二	亠	人
亻	儿	入	八	冂	冖	冫	几	凵	刀
刂	力	勹	匕	匚	匸	十	卜	卩	㔾
厂	厶	又	3획 口	囗	土	士	夂	夊	夕
大	女	子	宀	寸	小	尢	尸	屮	屮
山	川	巛	工	己	巾	干	幺	广	廴
廾	廿	弋	弓	彐	彑	彡	彳	4획 心	忄
㣺	戈	戶	手	扌	支	攴	攵	文	斗
斤	方	无	旡	日	曰	月	木	欠	止
歹	歺	殳	毋	比	毛	氏	气	水	氵
氺	火	灬	爪	爫	父	爻	爿	片	牙
牛	犬	犭	5획 玄	玉	王	瓜	瓦	甘	生
用	田	疋	𤴔	疒	癶	白	皮	皿	目

矛	矢	石	示	内	禾	穴	立	6획 竹	⺮
米	糸	缶	网	罒	⺳	羊	羽	老	耂
而	耒	耳	聿	肉	月	臣	自	至	臼
臼	舌	舛	舟	艮	色	艸	艹	虍	虫
血	行	衣	衤	襾	7획 見	角	言	谷	豆
豕	豸	貝	赤	走	足	⻊	身	車	辛
辰	辵	辶	邑	阝	酉	釆	里	8획 金	長
镸	門	阜	阝	隶	隹	雨	青	非	9획 面
革	韋	韭	音	頁	風	飛	食	首	香
10획 馬	骨	高	髟	鬥	鬯	鬲	鬼	11획 魚	鳥
鹵	鹿	麥	麻	12획 黃	黍	黑	黹	13획 黽	鼎
鼓	鼠	14획 鼻	齊	15획 齒	16획 龍	龜	17획 龠		

참고문헌

高明, 『古文字類編』, 中華書局, 1987
____, 中國古文字學通論, 文物出版社, 1987
徐中舒, 漢語古文字字形表, 四川人民出版社, 1981
______, 甲骨文字典, 四川辭書出版社, 1990
加藤常賢, 漢字の起源, 角川書店, 昭和 60年
容庚, 金文編, 科學出版社, 1959
汪靜山, 金石文字典, 河北人民出版社, 1991
徐无聞, 甲金篆隸大字典, 四川辭書出版社, 1991
동아출판사 편집국, 東亞漢韓大辭典, 동아출판사, 1993
民衆書林 編輯局, 『漢韓大字典』, 民衆書林, 1997
민중서관 편집국, 民衆漢字辭典, 민중서림, 1992
신기철 · 신용철, 새우리말큰사전, 삼성출판사, 1993
許進雄, 中國古代社會, 동문선, 1991
陳初生, 金文常用字典, 陝西人民出版社, 1989
康殷, 古文字形發微, 北京出版社, 1990
李金中 · 鳴德寶, 今日一字, 文匯出版社, 1993
王朝忠 · 王文學, 常用漢字形義演釋字典, 四川辭書出版社, 1990年
張崇琛, 中國古代文化史, 甘肅人民出版社,1994
楊存田, 中國風俗槪觀, 北京大學出版社, 1994
張慶綿 · 申笑梅, 漢字述林, 遼寧大學出版社, 1989
李萬春, 漢字與民俗, 雲南教育出版社, 1992
夏淥, 評康殷文字學, 武漢大學出版社, 1991
呂奇特, 漢字常用部首今釋, 湖北教育出版社, 1991
姜寶昌, 文字學教程, 山東教育出版社, 1987
求錫圭, 古文字論集, 中華書局, 1992
康殷, 文字源流淺說, 國際文化出版公司, 1992
____, 說文部首銓釋, 國際文化出版公司, 1992
陸善采, 實用漢語語義學, 學林出版社, 1993

臧克和, 說文解字的文化說解, 湖北人民出版社, 1994
駱賓基, 中國上古社會新論, 華文出版社, 1991
王鳳陽, 漢字學, 吉林文史出版社, 1992
林蓁, 每日一字, 華藝出版社, 1989
王延林, 漢字部首字典, 上海出版社, 1990
白川靜, 中國古代文化, 文津出版社, 民國 72年
李孝定, 漢字的起源與演變論叢, 聯經出版事業公司, 民國 75年
李卓敏, 李氏中文字典, 中文大學出版社, 1989
李大遂, 簡明實用漢字學, 北京大學出版社, 1993
于省吳, 甲骨文字釋林, 中華書局, 1993
閔宗殿, 中國古代農耕史略, 河北科學技術出版社, 1992
許嘉, 中國古代衣食住行, 北京出版社, 1988
楊泓, 古代兵器史話, 上海科學技術出版社, 1989
張光直, 商文明, 민음사, 1988
陸宗達, 說文解字通論, 계명대학교 출판부, 1986
王力, 中國言語學史, 계명대학교 출판부, 1986
龍宇純, 中國文字學通, 학연사, 1987
죠셉 니담, 中國의 科學과 文明, 을유문화사, 1991
朱松植, 古代漢語通論, 延邊人民出版社, 1985
尹乃鉉, 中國의 原始時代, 단국대학교 출판부, 1991
南廣祐, 韓國語의 發音硏究, 일조각, 1993
윌리암스, 중국문화 중국정신, 고려서적주식회사, 1989
김현식, 세계상식백과, 동아출판사, 1990년
達世平·沈光海, 古漢語常用字字源字典, 上海書局, 1989
鄒曉麗, 基礎漢字字形義釋源, 北京出版社, 1990
zdic.net 漢典
guoxuedashi.com 國學大師

ㅇ

ㅈ

개정증보판

부수(部首)를 알면 한자(漢字)가 보인다

초판 1쇄 발행 | 1996년 12월 30일

개정증보판 1쇄 인쇄 | 2020년 9월 20일
개정증보판 1쇄 발행 | 2020년 9월 25일

지 은 이 | 김종혁
고 문 | 김학민
펴 낸 이 | 양기원
펴 낸 곳 | 학민사
등록번호 | 제10-142호
등록일자 | 1978년 3월 22일
주 소 | 서울시 마포구 토정로 222
한국출판콘텐츠센터 314호(04091)
전 화 | 02-3143-3326~7
팩 스 | 02-3143-3328
홈페이지 | http://www.hakminsa.co.kr
이 메 일 | hakminsa@hakminsa.co.kr

ISBN 978-89-7193-259-9 (03710), Printed in Korea

이 도서의 국립중앙도서관 출판예정도서목록(CIP)은
서지정보유통지원시스템 홈페이지(http://seoji.nl.go.kr)와
국가자료종합목록 구축시스템(http://kolis-net.nl.go.kr)에서 이용하실 수 있습니다.
(CIP제어번호: CIP2020037197)